"十五"
本书出版为"十一五"国家重点图书出版规划项目
"十二五"

本书编纂为 国家自然科学基金 / 中国科学院院长基金 资助项目

摄于1962年

第 16 卷

竺可桢全集

竺可桢　著

上海科技教育出版社

图书在版编目(CIP)数据

竺可桢全集.第16卷/竺可桢著.—上海:上海科技教育出版社,2023.4

ISBN 978-7-5428-7907-3

Ⅰ.①竺… Ⅱ.①竺… Ⅲ.①竺可桢(1890-1974)—全集 Ⅳ.①Z427

中国国家版本馆CIP数据核字(2023)第031523号

封面设计 杨 静

竺可桢全集(第16卷)

竺可桢 著

出版发行 上海科技教育出版社有限公司

(上海市闵行区号景路159弄A座8楼 邮政编码201101)

网　址 www.sste.com www.ewen.co

经　销 各地新华书店

印　刷 上海中华印刷有限公司

开　本 720×1000 1/16

印　张 45.25

插　页 10

版　次 2023年4月第1版

印　次 2023年4月第1次印刷

书　号 ISBN 978-7-5428-7907-3/K·35

定　价 208.00元

1962、1963年的竺可桢日记原本

1961年记事本

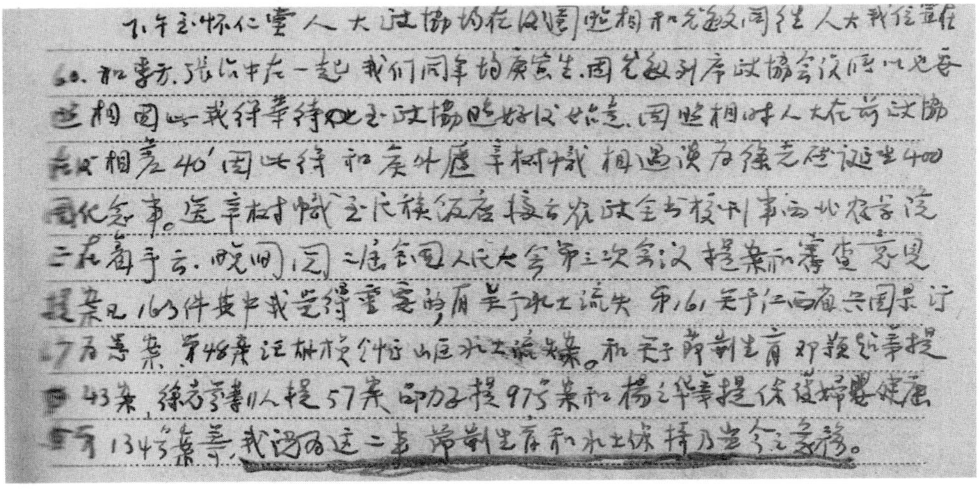

1962年4月15日日记手迹。其中记述了参加二届全国人大三次会议期间对代表提案的感想:“我认为这二事,节制生育和水土保持乃当今之急务。”

1961年9月3日(星期日),在院务扩大会议期间假日出游北京市郊的潭柘寺。照片中有林镕(右1)、童第周(右2)、郝桐生(右5)、竺可桢(左5)、施汝为(左4)、柳大纲(左3)、李敏华(左2)、吴仲华(左1)

率中国科学院代表团访英期间,向英国皇家学会会长H. W. 弗洛瑞赠送郭沫若院长的诗画册(1961年10月25日)

1962年春节(2月5日),在宅前与家人和亲属合影

右起:长孙竺天舒、三子竺安、三媳傅婉芳、孙女竺明芝、幼女竺松、侄孙女竺乃贤、竺可桢、侄外孙女姚竺绍、夫人陈汲、侄孙竺乃刚、侄孙媳黄汛、长媳孙祥清

参加二届全国人大三次会议期间摄于人民大会堂浙江厅(1962年4月)

前排坐者右起:竺可桢、徐赤文、邵力子、叶熙春、陈叔通、吴宪。后立者有:潘天寿(右1)、俞平伯(右2)、顾功叙(右3)、倪斐君(右5)、贝时璋(左4)

周恩来总理(前排居中)在人民大会堂会见中苏黑龙江资源考察第四次学术会议代表,前排右3为竺可桢(1962年4月17日)

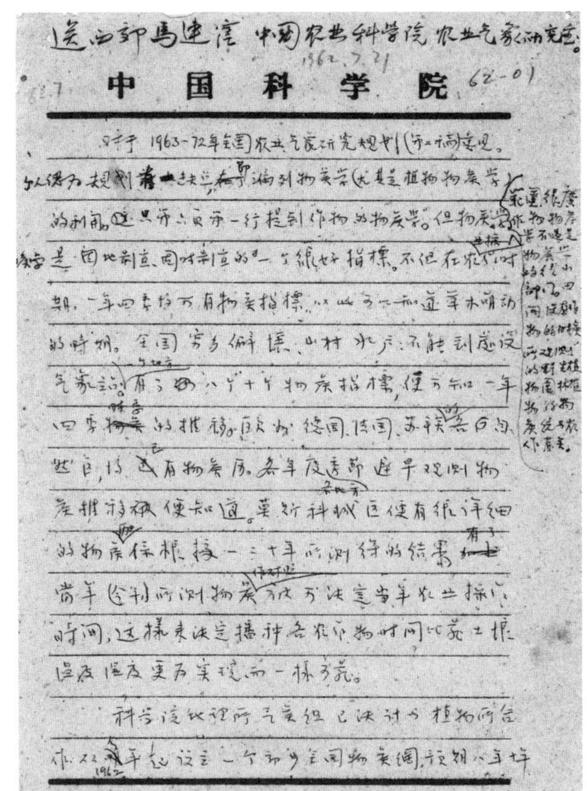

中国科学院

对中国农科院农业气象研究室编写的《1963—1972年全国农业气象研究规划》(第二稿)提出审读意见的手迹,其中指出在农业气象中应该特别重视物候学(1962年7月21日)

致郭沫若函手迹，谈及郭著电影剧本《郑成功》第三章中有关洪复、余新被俘后之表现，并提供《广阳杂记》所载史料供郭参考（1963年1月3日）

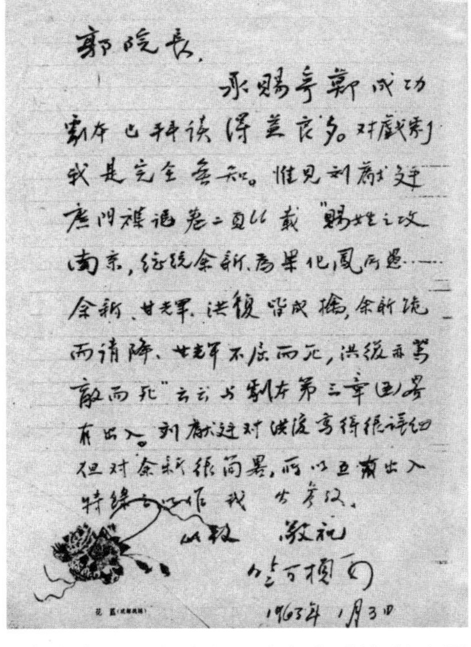

郭院长，

承赐寄郑成功剧本已拜读得益良多。对戏剧我是完全无知。惟见刘献廷广阳杂记卷二页66载"赐姓之攻南京，统领余新为梁化凤所遇……余新、甘辉、洪復皆被擒，余新跪而请降，甘辉不屈而死，洪復亦骂敌而死"云云与剧本第三章(五)略有出入。刘献廷对洪復写得很详细，但对余新很简略，所以互有出入，特录之以作我公参考。

此致

敬礼

竺可桢

1963年1月3日

陪同古巴科学院院长西门尼斯到中国科学院地理所访问，图为参观该所地图研究室（1963年6月26日）

前排右起：陈述彭、竺可桢、西门尼斯

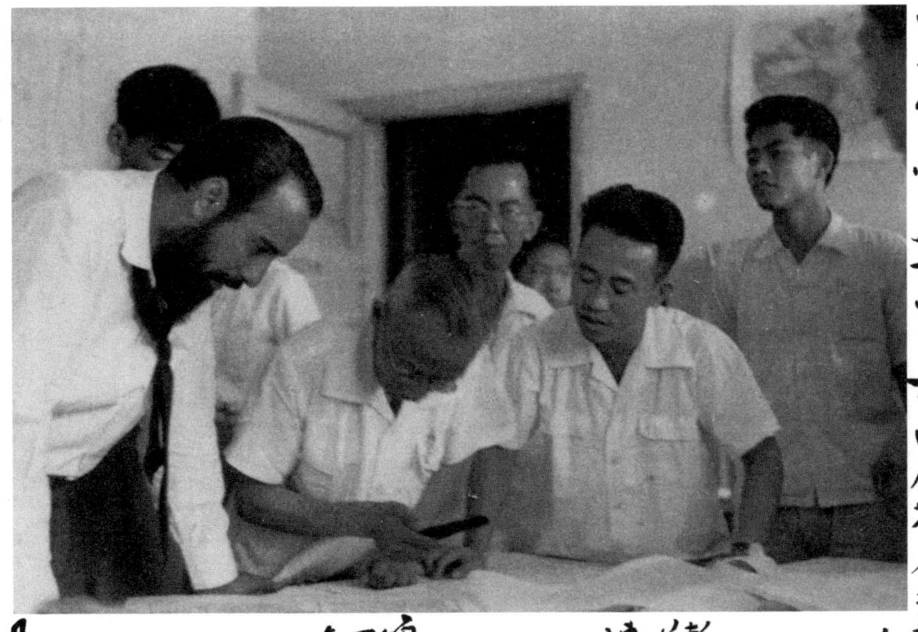

在西双版纳允景洪主持热带森林生物地理群落总结会议之后，在农垦部热带作物研究所考察（1963年4月1日）

图中正向坐者有吴征镒（右1）、江爱良（右2）、李秉枢（右3）、竺可桢（左2），背向坐居中者为黄秉维

赴宁夏中卫沙坡头主持治沙座谈会，会前到实地考察。图为在沙坡头山上观察火车在包兰铁路上通过情况（1963年9月16日）

图中立者前排右4为竺可桢，左2为黄秉维

在青岛休假的科学家们在海滨浴场水中(1963年8月)
右起:吕保维、张钰哲、黄鸣龙、竺可桢、吴有训、赵忠尧

与老友周仁在青岛中山公园合影(1963年8月12日)

在北京召开欧美同学会成立50周年纪念会,图为集体合影局部(1963年10月13日)
前排右6竺可桢、右3茅以升、右2周培源

在杭州召开中国地理学会第三次代表大会暨支援农业学术年会,图为全体合影(1963年11月)
二排坐者左9竺可桢,其左为黄秉维,右为周立三

《竺可桢全集》编辑委员会

第 16 卷目录

前　　言

一

竺可桢，字藕舫，卓越的科学家和教育家。1890 年 3 月 7 日出生于浙江绍兴东关镇（今属上虞），1974 年 2 月 7 日病逝于北京。

进入 20 世纪之前的中国，科举制是国家教育制度的主体。1898 年维新派主张改革教育制度，新风所被之处，绍兴东关镇也办起了新式学堂。竺可桢由此得以在家乡读完小学，到上海读中学，之后又进了唐山路矿学堂，打下了较为扎实的新学基础。1910 年，竺可桢考取第二批留美“庚款生”，先入伊利诺伊大学农学院，后入哈佛大学研究院地学系，攻读新兴的气象学，1918 年以论文《远东台风的新分类》获得哈佛大学博士学位。

西方科学在中国的传播，自传教士利玛窦入华算起，历经三百余年，断断续续，波波折折，直到 20 世纪初，才通过新学制把现代科学知识体系全面引进中国的课堂。随后的留学大潮又把现代知识分子群推上了新世纪的舞台。幸逢如此历史机缘，加上自身勤奋有恒，竺可桢终能跻身于中国第一代科学家的行列。

1915 年中国留美学生创办“以传播世界最新科学知识为帜志”的《科学》杂志，发起成立了“以联络同志共图中国科学之发达为宗旨”的中国科学社。竺可桢汇入到这股科学救国的洪流中，成为该社的第一批社员和《科学》杂志的早期编辑。以此为起点，他一生中始终坚持向民众传播科学知识，弘扬科学精神，宣传科学对社会进步的推动作用，利用各种机会呼唤全社会注重科学事业的发展，倡言“只问是非，不计利害”，勇于担起天下兴亡的社会责任。

回国后的竺可桢，先后在武昌和南京任教，在东南大学创建了中国大学中的第一个地学系，为日后中国现代地理学和气象学的发展培养了一批早期专门人才。在推动科学教育升级转型的同时，他长期参与中国科学社的领导工作，被推选为继任鸿隽、丁文江、翁文灏之后的第四任社长。在 1915 年至 1927 年期间，中国的科学体制处于团体化组织自流发展的状态，而吸纳科学家最多、学科覆盖面最广、社会影响最大的中国科学社，成为居于中国科学界首位的代表性组织。

中国科学社按英美模式勾画了未来中国科学事业的蓝图，但囿于国情条件，此梦难圆。1928 年以后，蔡元培等力主引进法国模式，中国科学体制由此进入了中央研究院时代。鉴于竺可桢的学术地位,从蔡元培着手筹备中央研究院之日起,他就被邀请来负责筹建气象学方面的研究机构。1928年至1946年间,他一直担任气象研究所所长,自1935年起担任中央研究院评议会的评议员,1948年被选为中央研究院院士。

竺可桢是中国现代气象学和气象事业的奠基人。他亲自主持在南京北极阁营建气象学研究基地,培养出一支精干的队伍。与此同时,他为国家争权益,经过苦心经营,中国终于从1930年元旦起能够独立自主地开展对我国领土领海的气象预报,结束了由外国人垄断中国气象预报的历史。继地质学与生物学之后,在竺可桢的领导下,气象科学实现了在中国的本土化和体制化。他本人在台风分类、季风、中国气候区划、气候变迁以及物候学等方面的研究,都处在科学的前沿。《竺可桢文集》(科学出版社, 1979年)的编者在卷前撰有"竺可桢的生平与贡献",对此已有较系统的评述。

1936年4月,竺可桢受命出任浙江大学校长。浙大前任校长推行法西斯主义教育,招致广大师生的激烈反抗,使学校处于瘫痪状态。竺可桢长校之后,尽力按哈佛办学模式塑造新浙大,着力革除弊政,聘选优秀教授,确立"求是"校训,注重通才教育,尊崇思想自由,推动科学研究。抗日战争的爆发,致使中国的大学进入颠沛流离的状态,而浙大是搬迁各校中组织得最好的一所。每到一地,即能迅速开课,图书馆、实验室也都随即开放,保证了教学与科研的进行。在竺可桢的领导下,浙大每到一地,都为当地的文化、教育、科学事业作出贡献,其影响在六七十年后的今天也清晰可见,因而浙大的西迁被称为"文军长征"。经历了遵义湄潭时期的相对稳定之后,浙江大学竟在艰难困厄中崛起,这所原为普通的地方性大学一跃而居于全国少数著名大学之列。

中华人民共和国成立之初,竺可桢即出任中国科学院副院长。从中国科学社到中央研究院,再到中国科学院,他在20世纪中国科学体制演化的历程中,始终发挥着重要作用。建院之初的首要任务,是在前中央研究院和北平研究院等原有基础上重新组建新的科研机构。由于竺可桢在科学界和教育界中具有很高的声望,在实现平稳过渡中发挥了无可替代的作用。他历来认为发展科学事业的关键是人才问题。在尊重人才、使用人才、吸引人才和保护人才方面,都给后世留下了许多令人感动的故事。

1955年,竺可桢当选为中国科学院学部委员,兼任生物学地学部主任。随着后来领导体制的变化,他开始把主要精力放在执行"十二年科学发展远景规划"的有关任务上,主要是全国范围内的自然区划和自然资源考察工作。他亲自筹划建立了中国科学院自然资源综合考察委员会,与各方面协调,组织了一系列的重要考察队。他在70岁的前后,以年迈之躯奔波在大河流域、西部高原和北漠南疆,足迹遍及除西藏和台湾以外的全国各个省区。这些考察成果为国家宏观规划和区域发展提供了最宝贵的第一手资料，与此相随，在全国布置了略具规模的研究机构和观测台站的网络，并直接促进了在冰川、冻土、沙漠、青藏高原综合研究等许多新兴研究领域的拓荒与耕耘。

人口、环境与资源，与竺可桢所从事的地学研究有关，更与50年代以后他分工领导的工作有关。在对自然资源的调查、研究、保护、开发和改造等方面，他都有过艰苦的考察实践和深入的理论思考，著述亦多。通过物候学的研究和资源考察工作，他较早地注意到了环境问题，晚年则对此给予了更大的关注。他从20年代起即关注我国的人口问题，50年代以后，面对人口陡增的形势和政府对策失误的现实，这一关注就更为持久和益显沉重。他在著作和日记中殷殷述说中国古人盲目开发资源而给后世遗下无穷祸患的惨痛历史教训，呼唤今人负起历史责任，不要再因我们的失误而殃及子孙后代。竺可桢立足于中国的国情，最为关注的是人口增长和水土流失两大问题。与源于西方的工业忧患不同，他表达的乃是源于本土的农业忧患，今人由此可以隐约看到"可持续发展"这一思想在中国的早期萌动。

自20世纪30年代起，竺可桢在中国气象学会和中国地理学会中长期担任领导职务。1950年任中华全国科学技术普及协会副主席，1954年起当选第一至第三届全国人大常委会委员，1958年任中国科学技术协会副主席。他的一生，除在气象学与气象事业、地理学与自然资源考察事业上作出了杰出贡献外，在科学史、科学普及、科学教育、科研管理和诸多科学文化领域皆有突出成就。

59岁以前的竺可桢，先后领导过一个系、一个研究所和一个大学；59岁以后，他参与领导中国科学院和全国的科学事业；66岁以后侧重于对地学和生物学科研的领导；晚年遭遇"文革"，开始"赋闲"，在特殊的政治保护中幸得"平安"。不过，早年的思想棱角已被连续淘磨多年，他尝以"落伍者"自责，对时代政治大局欲解而难解，对国家科学事业欲为而难为。他只有"躲进小楼成一统"，充分利用原来难得的时间，继续研究并潜心撰写《中国近五千年来气候变迁的初步研究》，又与合作者共同完成了《物候学》一书的修订。此外，他坚持逐期阅读国际上两种最权威的科学期刊《自然》(Nature)和《科学》(Science)，关注国际科学进展，思考中国科学和教育事业的前途；他认真检索几十年的日记，为澄清对有关人士历史问题的审查而认真书写证明材料；也曾为基础科学研究的命运和保卫钓鱼岛主权问题上书周恩来总理。当然，还有许多时光消耗在与病魔的周旋中。因"文革"时期宅内冬季供暖不足而周期性引发的肺气肿，严重损害了他的健康。

二

竺老离去的30年来，科学界、教育界一直以各种方式表达着对他的怀念。

中国科学院、中国科协、浙江大学，在他的诞辰和忌日，于1984年、1990年、

1994年、2000年举办过不同规模的纪念活动。

竺老的纪念文集和传记著作,已出版近20种。在中国人民邮政发行的当代中国科学家纪念邮票中,竺可桢名列第一组之中。

浙江上虞县东关镇辟设“竺可桢故居陈列室”,为该地文物保护单位。

在竺可桢的故乡命名“竺可桢中学”,为浙江省级农村示范初级中学。

由中国气象局投资,在浙江省绍兴市气象局辟设“竺可桢纪念馆”,作为中国气象系统开展传统教育基地之一。

江苏省气象局将中央研究院气象研究所旧址的会议厅命名为“藕舫厅”。

浙江大学设有“竺可桢教育基金会”“竺可桢学院”“竺可桢杰出学者年度讲座”,在竺可桢学院大楼内辟设“浙江大学竺可桢纪念馆”。

在浙大西迁所在地遵义,建有“竺可桢碑亭”,并将附近一座新建桥梁命名为“可桢桥”。

中国科学院及其直属机构设有“竺可桢野外科学工作奖”“竺可桢科学史讲席”“竺可桢科学史奖”和“竺可桢南森国际研究中心”。

竺可桢塑像见于各地:南京大学东南大楼、浙江大学校园、江苏省气象局内中研院气象所旧址、中国科学院917大楼、中国科学院大气物理研究所科研楼和上海青浦“东方绿舟”的知识大道等。

多年以来,在众多报刊上发表的纪念和回忆文章,就举不胜举了。

上述种种,尽管出面主持者的名义不同,但都发乎于人们内心那份历久弥深的真情。

国人以“立德、立功、立言”为不朽,纵观竺老之一生,“三立”皆备。他以求是精神醒世律己,以敬业精神继往开来,享中国气象学和地理学一代宗师之誉,研究水土风云,成果惠及百代,培育人才桃李满天下。竺老以地学为专攻,重实地考察而躬行各地,又终生奋笔不辍,著述虽多有佚失,而现尚可得各类遗存文稿约300万字,日记约1000万字。

出版界早就有人打算为竺可桢出集子,也作过收集文章的准备。1962年,主管科技界的聂荣臻副总理曾提出:“象竺可桢这样的科学家应该给他出个文集。”

1977年4月,中国科学院决定编辑《竺可桢文集》,此书于1979年3月由科学出版社出版,选收论文79篇,约70万字。受当时历史条件的限制,许多文章未能入选。后来还有科学普及出版社的《竺可桢科普创作选集》(1981),百花文艺出版社的《看风云舒卷》(1998)和浙江文艺出版社的《竺可桢文录》(1999)等,都是根据不同的需要编选的本子,文字量不大。日记方面,80年代由人民出版社和科学出版社先后出版了总共五卷本的《竺可桢日记》,约300万字,占原本字数的三分之一。

当历史走进21世纪的时候,人们自然而然把过去的世纪当作一个整体加以回顾、梳理和研究，于是悄然出现一波文化名人全集热。如蔡元培、胡适、顾毓琇、吕叔湘、赵元任等人的全集，基本上是学术界与出版界自发合作的结果。《竺可桢全集》的编辑出版，虽然也是时逢竺老逝世30周年的一种纪念，但从更深层说，和其他全集一样，已走出了宣传和纪念的局限，而更多的是为了透过文化名人的著述，去了解和研究20世纪的中国。

《竺可桢全集》拟出版20卷。第1—4卷，收录作者已刊和未刊的中文著述，既含讲演稿、工作报告、自存手稿以及新闻报道中引述、摘录的讲话，亦含书信、题词、诗作、自传、学习体会、思想汇报、履历表等。第5卷为外文著述。第6—19卷收录竺可桢1936—1974年的日记。最后一卷拟含补编、年表和人名索引等。

《竺可桢全集》的前4卷和第5卷，无论何种学科、体裁的文稿，一律按时间先后排序。这不仅是因为存在着无法严格区分学科领域和体裁类别的困难，更多的考虑还是想给读者提供一种历史考察的方便，无论是什么学科或体裁的哪一篇，都是竺可桢在20世纪中国历史中留下连续足迹的一个印记。

全书编辑加工以“存真”为基本要求，如实展现竺可桢的人生道路和社会文化变迁的历史进程，为后世提供具有独特价值的珍贵史料。

《竺可桢全集》所收文献纵亘1916—1974年，计59年，历经中国现代史之各个重要发展阶段，不仅所记述史实弥足珍贵，其文章写作样式、编辑出版规范、社会流行语言、术语译名演变，等等，也都真实地反映着不同时代的文化样态和流变趋势，具有特殊的史料价值。为此，我们坚持力求如实保存文本原貌，未完全按现有通行的编辑出版规范作加工处理。出于同样的原因，对作者文章中表述的学术观点和论据，有后世学者提出较大争议和较系统考订者，本书亦未予逐一注释和论列。编者的主要工作是广泛收集遗存文稿，考订其发表的时间和背景，选择适合入选文本，辨读文本内容，酌情予以必要的点校、考证和注释，对不同文本作参校订正。

三

《竺可桢全集》编纂工作启动之初，当务之急是搜集竺可桢的遗存著述，途径有四：(1)以《竺可桢文集》后附“竺可桢著作目录”所列篇目、竺可桢纪念文集和传记所引文献以及现存竺可桢全部日记有关记述为基础，按图索骥；(2)原“竺可桢研究会”在80年代收集的各类文稿；(3)对《科学》杂志、气象学和地理学领域的学术刊物、浙江大学校刊、中国科学院档案等作了系统查阅，并对近年相关出版物，如《蔡元培全集》、《南大百年实录》作了查索选录；(4)通过竺老亲属、浙大校友会北京分会等渠道，向与竺老有过各种联系的人员发函征集。

在检索文献的过程中，国家图书馆、中央档案馆、中国气象局图书馆、农业部办公厅档案处、中国科协秘书处、中国科学院文献情报中心、北京大学图书馆、清华大学图书馆、上海图书馆、复旦大学档案馆、浙江省档案馆、浙江大学档案馆、湖北省档案馆、重庆市档案馆、中国科学院办公厅档案处、中国科学院地理科学与资源研究所图书馆、中国科学院大气物理研究所图书馆、中国科学院自然科学史研究所图书馆、科学时报社档案室等单位,为本书提供了查阅和复制文献资料的方便。

王玉春、王昭雯、王涌泉、王鹏飞、尤芳湖、申图、冯雪骥、任葆薏、刘文漪、李玉海、宋琦、沈文雄、张九辰、张直中、陆家桔、陈立、陈邡、陈学溶、金宗达、竺宁、竺安、竺松、竺碚、赵新那、赵德煌、胡宗刚、胡思梅、姚鸿瑞、洪星、陶为霖、陶渴平、钱燕、钱永红、席泽宗、戚叔纬、舒昌荣、解莉华等同志,向编委会提供了信函、照片和重要的背景资料。

李岩峰、佟亦军、陈京辉、张蕴洁、周东军、赵小敏、沈颐等同志提供了录入、摄影和扫描等方面的帮助。

89岁高龄的黄宗甄先生和87岁高龄的陈学溶先生,在高强度的审校文稿工作中,投入了他们对竺老的爱戴之情。他们的严谨、执著和敬业精神,对全体参与者是极大的激励。

过兴先、任知恕等先生也承担了部分审稿工作。

中国科学院科技政策与管理科学研究所在全程工作中提供了人员、物质方面的保障。

国家自然科学基金和中国科学院院长基金,为本书的编纂工作提供了必要的经费资助。

国家新闻出版总署将本书的出版纳入“十五”国家重点图书出版规划。

上海科技教育出版社自编纂工作启动之初即决定承担本书的出版,参与编辑出版各环节的全体人员为保证整体工作的进度与质量作出了可贵的贡献。

上述各种支持,保证了本书得以顺利出版,在此一并表示衷心的感谢。

因时间跨度大,涉及领域多,在文稿搜集方面还会有遗漏。编辑出版者水平有限,虽尽可能勤勉从事,但在对入编文稿的甄别整理、辨读点校、考订注释、排版校对诸环节上,也一定会有讹误与疏漏。为对上述两方面有所弥补,拟在全书的最后一卷中,加设“补编”和“勘误”两项,盼识者予以指教。

《竺可桢全集》编辑委员会
2004年4月

关于竺可桢日记

一、藏本简况

据竺可桢早年的弟子胡焕庸说,“竺老可能早在哈佛大学读书时已记日记”(人民出版社 1984 年版《竺可桢日记》第 I 册“编者前言”之脚注)。按此,竺可桢记日记应始于他入哈佛大学的 1913 年夏季。由此起算,至 1974 年 2 月去世,历年足一甲子且有余。

不幸的是,这 60 年日记没能完全保存下来。它遭遇了两次大的劫难。一次是竺可桢在东南大学执教时,他所在的教学楼(口字楼)于 1923 年闹了一场大火,楼毁了。胡焕庸说,竺老的早年日记亦毁其中。屈指一算,那是 10 年的日记。另一次劫难是日寇侵华。抗战前,竺可桢筹款在南京珞珈路盖了一座小楼,1936 年 4 月赴杭州就任浙江大学校长时,并未作长久计,“家”还是在南京。全面抗战爆发后,他率校西迁,近年日记留在了南京寓所。据其 1938 年 10 月 5 日所记:“接宋楚白函,知珞珈路廿二号屋又为日本军官所特务机关长官所占,室内书籍送金陵女大”。这就是说,竺宅被日寇军官据占,藏书转移到了金陵女子大学,后来不知所终。据竺可桢 1962 年 7 月 3 日所记:“晚阅过去日记,我现留存日记惟余 1936 年以后,1936 年以前大约尚存 10 年,则在抗日战争中失去。”

1936 年以后的日记,由竺可桢本人精心保存下来,其中只有 1941 年 1 月前半月的内容失存。其后所记,一直持续到他去世前一天,即 1974 年 2 月 6 日。

至 20 世纪 80 年代,“竺可桢研究会”着手组织整理编订《竺可桢日记》和编写《竺可桢传》,为了工作上的便利,日记本从竺家移出。但因参与者甚众而又缺乏严格的保管制度,竟然先后丢失了 1953 年和 1961 年(含记于其中的 1960 年 10—12 月内容)的两册日记本。

竺可桢生前往往随身携带袖珍型的小笔记本,随时记录备忘。1980 年代出版的《竺可桢日记》中 1953 年、1961 年和 1960 年 10—12 月的文字,即利用这些记录本(又称“日记草稿本”)选录补入。

为加强对竺可桢日记的长期保管,并为中国科学院院史研究提供便利,竺可桢亲属和“竺可桢研究会”决定将珍藏的上述日记,交由中国科学院院史资料室保管,并于 1992 年 10 月 31 日举行了三方签字移交仪式。

中国科学院院史资料室至今保存的竺可桢日记藏本,计有:1936—1952年,1954—1960年1—9月,1962—1974年的日记本。保存的记录本有:1953年,1960年10—12月,1961年。

二、日记内容与文本结构

竺可桢对日记本的选择是比较在意的,早年大多采用市上出售的32开专用日记本。有些年份没有买到这种本子,代用品也要选用32开本。多数是每年用一本,每天记一页。

关于日记所记述的内容,根据记述顺序和在页面上的排布情况,可分为5类:(1)时间驻址,(2)天气物候,(3)记事提要,(4)日记正文,(5)收寄函电。其中,(1)记于每页的首行;(2)(3)记于首行之下;(4)记于版心;(5)记于切口和订口两侧的空白处。一般是如此,作者在旅途中或是特别忙碌的情况下,除(4)之外,其余各项有时缺记。也有时会因内容太多而打乱上述的文字排布,占满页面的所有空白处,甚至延伸至相邻页面。

日记正文所记,涉及作者当日起居、亲友来往、当日见闻,核心部分是每日的工作事务和社会活动,还常有读书笔记。记事的同时,常伴有作者的评述与心得。

除每日所记内容之外,每年之后还附有读书笔记、作者个人当年大事记要、通讯录、子女成绩表、收支一览表等。各年附录的选项不同,各表所取舍的内容也详略不一。总体上说,前期日记附录内容较为丰富,后期则显得简单。

三、竺可桢日记的史学价值

竺可桢生前从未以日记示人。1978年,在组织编纂《竺可桢文集》的过程中,人们方从竺家得知有此遗存。在1980年代,先是出版了1936—1949年摘编本Ⅰ—Ⅱ册(人民出版社),后又出版了1950—1974年摘编本Ⅲ—Ⅴ册(科学出版社)。20年来,这五册摘编本日记,已得到学术界的广泛关注,从事20世纪中国史研究和知识分子研究的学者从中发现了许多有价值的史料,为他们的学术著作所引用。另一方面,《竺可桢日记》摘编本总计约300万字,尚不及日记原本总字数的三分之一。尤其是,囿于时代氛围等因素,对竺可桢日记史学价值的认识和利用不够充分,致使大量有价值的史料未得入选,已版日记中出现的太多"……",给读者留下了太多的遗憾。

近些年来,中国近现代史的研究,几乎可以说是日新月异。通过学术界与出版界携手合作,记录20世纪中国历史的大量珍贵文献,有如笋生泉涌,令人目不暇接。其中很重要的一个选项,就是名人的全集,当然包括对日记的求"全"。

留存下来的竺可桢日记的文字总量,约有 1000 万字。与其他名人的日记相比,其特点有三。

(一) 历史跨度长。现存日记是从 1936 年元旦起,至其去世的 1974 年 2 月止,历 38 年,纵贯从抗日战争到“文革”后期的各个历史阶段。在后来的日记中,也常常出现提及从清末到三十年代前期的回忆。透过这些经历,展示了 20 世纪中国社会变迁的宏伟画卷,也描出了一位高级知识分子的人生轨迹和心路历程。从组织机构史的角度说,1949 年之前的日记,可同时视为浙江大学的校史;而 1949 年以后的日记,则可视为中国科学院的院史。由此旁涉,可在大时间尺度上为中国科学社、中央研究院、中国气象学会、中国地理学会、自然历史博物馆、北京天文馆等诸多科教文化事业提供极为丰富而具体入微的史料。

(二) 涉及范围广。竺可桢不仅是科学界、教育界的巨擘,也是广泛参与各界活动的社会名流。平生踪迹,国外留学及游访,及于欧美苏东;国内供职和考察,走遍了除台湾、西藏以外的各个省区。其个人兴趣广泛,除以气象学和地理学为专攻而外,数理天文,地质生物,国际政治,中外历史,哲学名著,流行小说,诗词歌赋,博物杂俎,无不涉猎。个人生活情趣亦广,爱旅游,爱看体育比赛和电影戏剧,爱聚会访友,爱游泳、滑冰、养花、摄影。最重要的,与我们今日所为相关,是他爱记日记。所记者,大到世界风潮和国务活动,小到天气物候、来往客人、收寄信件、飞机火车行程、物价开支、子女成绩及身高体重等等。

(三) 笔下人物多。竺可桢是从传统社会向近代社会转型时期诞生的第一代科学家中的佼佼者,时势英雄,风云际会,20 世纪中国诸多名人遂以不同的时空分布荟聚在他的日记中。且不说政府要员、社会名流、同窗友好、门生下属,由于他一生中无论主持何种事业都深入基层,每到一地都体察民情,也会随时随地记下相偕相遇之人的谈话与印象,其中不乏贩夫走卒、引车卖浆者流,当然也由此而可透视中国底层社会之种种。

日记为个人私藏,记述时虽然不可能像发表文章那样反复修改核校,但竺可桢对日记亦本其一贯行事的作风,极为认真、严谨而持恒,甚至在数十年之后还进行补记或补注。在正常情况下,作者是每日一记,时间在当日晚上或翌日清晨。只有极少数的情况是数日后补记,凡属这种情况,他都会在日记中作出说明。对于已经写过的文字,偶尔校正个别的人名和错字时,都是以划线表示改动,原字清晰可辨。发现已记述内容有误时,一般是在后来日记中予以说明,有时是在原记处加注,还会写明补注的时间。全部日记中没有撕毁和覆盖。竺可桢日记是为供自己备忘而记,不是准备日后当著作发表的。于竺生前,亲友皆不知他有如此“私藏”。其之所记,为亲见、亲闻、亲历,是他自己的自由思想和真实感受,没有一般公开出版物、官方文件、社交会谈等所常见的束缚和忌讳。

具备上述的即时性、“原生”性和隐秘性,竺可桢日记在总体上也就无可置疑地保证了它作为史料的真实性。

应当指出,这里针对史料作伪之风而言的"史料的真实性",并不直接等于史料所述事件的真实性。任何史料都有其局限。研究者引用史料时须有鉴别、考证,所谓"去伪存真"是也。日记所记,一己之见,未见得全面,未见得反映事物的本质。亲闻之事,属取之于他人的传言,未见得皆有真凭实据。正因为如此,竺日记中,尝有一事记述于先而更正于后,也有先是错责于人而后责己之误的情况。

日记中记述人物交往,随处可见褒贬是非短长之论。如今刊行于世,实难于为之避讳。如果编者把凡属涉及人短之处全都隐去,《全集》将会千疮百孔,也就全集不全、存真不真了。人在历史途中,历史已成往事。人非圣贤,何况也不存在无"过"之圣贤。乞望识者能以开放的眼光、宽容的精神和豁达的心态给我们以支持和谅解。

日记,可以填补史料之空白,佐辅史证之不足,纠正史述之讹误,展示时代之风尚,暴露社会之隐秘,发掘人物之心理,也因此向为史家所重视。现存的竺可桢日记,将全部入编《竺可桢全集》,从文字量来说,它也将成为《全集》的主体。竺可桢日记,对竺可桢研究,对浙江大学校史和中国科学院院史的研究,其重要性自不待言。以竺可桢的社会地位、人脉关系和丰富阅历而论,以其日记的连续性和"系统性"而论,目今可见国人之日记,恐难有与其相比肩者。可以预期,对20世纪中国的科技史、教育史、文化史、社会史、地方志、重要机构沿革、名人传记和诸多重要历史阶段、重大历史事件的专题研究,它一定会有所裨益的。竺可桢日记的全部刊行,只是敞开了一座宝库之门,而宝石之闪光,尚待探宝者的开掘与琢磨。

樊洪业

2005年12月

日记编例

一、卷次划分　视文字量多寡，将连续两年或三年日记内容归为一卷。各年日记皆以日为单元循序排列。各单元大致由日期、驻行地、天气、物候、事要、正文、函电接寄等内容组成。

二、日期、驻行地　年月日，以阿拉伯数字记；七曜，以汉字记；驻行地，编者注明的文字置于〔　〕内。

三、天气、物候　在各年首页中注明本年常用温标，各日仅在与当年常用温标有所不同时，才标出“°C”（摄氏）或“°F”（华氏）。

四、事要　所记当日活动提要、来往客人和重要时事等内容，一般按时间先后顺序整理排列；当日国内外时事多为作者日后补记，编者不另说明。

五、正文　原文一般未分段，编者酌情予以分段，不改变原文的记述顺序。

六、函电接寄　接、寄信函、电报、电话等内容，依类分别排序；相关说明文字，附在函电之后。

七、附录　原记于每年日记册前后空白页的各类专项记述文字，如读书笔记、通讯录、本年事要、收支一览表、子女成绩等，皆依类置于全年日记之后的附录中。原文无标题者，由编者拟加标题。

八、编者注　在各年首页注明作者本年的常住地、常用温标等事项；对原文有疑义之处作的考证性说明，一般加随文注，用仿宋体置于〔　〕中；说明文字较多时，则置于年末，序号用❶❷❸……。

九、繁体字　改用简体字，但在有可能影响原文文意时，则用原字。

十、古体字、异体字　改用相应的通行规范用字，但有特殊涵义者，则用原字。

十一、标点符号　原文无标点或标点不甚规范者，由编者加以标点。难以断句标点者，原文照录。原文所用的△、?、(?)、@、……等符号，一概照录。

十二、数字　原文所用表达方式尽量保留，不作统一处理。

十三、外文与译名　对外文拼写错误，径改不注。对外文文字，编者酌情附加中译名，以楷体置于原文之后。原有旧译名与今译名差异太大而易生误解时，编者在文中首次出现处加注今译名，用楷体置于〔　〕中。如：门兴〔慕尼黑〕；脑威〔挪威〕；阿比西尼亚〔埃塞俄比亚〕；华德〔瓦〕；帮浦〔泵〕；养〔氧〕气；轻养〔氢氧〕。对原文中手书的外文难以辨识者，原文照录，必要时后置〔?〕。

十四、错字　(1)对有充分根据认定的错字，径改不注；(2)认定原文语义不清,但无法确定应该如何修改时,原文照录,必要时后置〔?〕。

十五、疑似非规范惯用字词 作者的文字表述受时代、方言等影响,文中常出现一些与现今通行规范不合的惯用词,一概原文照录。例如:

(1) 神精病〔精神病〕,收音器〔收音机〕,息灭〔熄灭〕,工程司〔工程师〕,捏名信〔匿名信〕,延烧〔燃烧〕,撮影〔摄影〕,圕〔图书馆〕,秤称〔磅秤〕,担认〔任〕职务,叹息不置〔止〕,绍介〔介绍〕,运命〔命运〕,磁器〔瓷器〕(以上〔 〕内文字表示现在用法)。

(2) 五十周〔年〕纪念;演〔讲〕题〔目〕;教〔育〕部;财〔政部〕次〔长〕;一方〔面〕;民〔国〕十九〔年〕;浙〔江〕省;炭轻化〔合〕物;二年〔级〕(以上〔 〕内的字表示当时为习惯省略字)。

(3) 对个别旧词,加随文注释,用仿宋体。如:句钟〔小时〕;杰克〔夹克〕;原子笔〔圆珠笔〕;加洛列〔卡〕;外国冬至〔圣诞节〕;以太〔乙醚〕。

(4) 有些专有名词会以不同译名交替出现,如"哩"与"英里","水气"与"水汽"等,反映了当时学术名词不规范的实际状况,编者不予统一,一律保留原貌。

(5) 诸如"做、作""纪、记""他、它、牠""份、分""化、花""的、地、得、底""那、哪""像、象""予、与""称、秤""职、责""桶、筒"之类用字的区分,反映了作者在不同时代的行文用字习惯,只要不致误解,一般原文照录。

十六、编订符号

□ 表示残缺或无法辨认之字。

〈 〉 表示置于其中的字,系原文中的赘字,可删除。

〔 〕 表示置于其中的字,系编者为原文所加的漏字或省略字。漏字如:开〔会〕讨论;气〔象〕学。省略字如:收到临时〔费〕;中央〔银行〕汇款;重〔庆〕大〔学〕。在〔 〕中无字时,表示编者推定原文此处有漏字,但不能断定为何字。

〈 〉〔 〕 表示将〈 〉中的字,改为〔 〕中的字。如:中央研究院第〈三〉〔二〕届评议会。

〔补记〕等 表示作者在日后补写的眉批、夹注文字,编者酌情在此类文字之前置以仿宋体的〔补记〕〔补改〕〔补注〕或〔补示〕。

第16卷说明

本卷收录1961—1963年的竺可桢日记。

这三年,就大势而言,在共和国历史上属于较好发展的时期。为了解决“大跃进”带来的问题,毛泽东在1961年初说要让本年成为一个“调查年”“实事求是年”,中共中央决定实施“调整、巩固、充实、提高”的八字方针。随之,科学界有“十四条”和“七十二条”之制定,有广州会议之召开,明确了科研机构的基本任务是“出成果、出人才”。这种历史大背景,为年逾七十的竺可桢提供了较为宽阔的施展舞台。

“为了响应党所提出大兴调查研究之风的号召”,竺可桢自发地写了一篇《历史时代世界气候的波动》,其指向虽不属党号召之主旨,但却由此强化了他晚年研究工作的一大主题,也与当今世界研究全球气候变化之主流有高度的吻合。

党号召全党全民大办农业、大办粮食,各行各业支援农业。竺可桢身体力行,先是主持全院的支农会议,经过充分调查研究,在院党组扩大会上做了长篇的支农报告;又查阅大量文献,利用在青岛避暑的假期,写就《论我国气候的几个特点及其与粮食作物生产的关系》,正是此文让毛泽东读过之后承认了他那“农业八字宪法”的严重不足。

这三年中,竺可桢南下考察热带植物资源,赴西北研商抗旱、治沙大计,赴西南考察南水北调路线。参与讨论冀鲁豫防治盐碱化的对策,建议国家设立海洋局,领衔向党中央提出“关于自然资源破坏情况及今后加强合理利用与保护的意见”,并在全国人大会议上首倡建立“自然保护区”。

1962年6月4日,竺可桢被吸纳为中国共产党党员,此前还曾率团出访英国,涉足一次走进“帝国主义国家”的科学外交。

1961年日记原本不慎于1980年代丢失,有关情况见于黄宗甄先生为《竺可桢日记》第Ⅲ、Ⅳ、Ⅴ册所写的“编后记”(第Ⅴ册,科学出版社,1990年,第642页)。本卷对1961年内容依然采自四小册记事本。此四册皆为小32开,保存完整,依次所记为1960年11月至1961年2月,1961年2月至5月,1961年5月至10月,1961年11月至1962年2月。第1、2、4册封题“体育”,为公私合营祥记兴文教纸品制造厂出品;第3册封题“金心日记”,为重庆金心印刷厂出品。1962年日记册,32开,少年儿童出版社出品,保存完整。1963年日记册,32开,少部分纸页边缘有浸渍,致字迹模糊难辨。

有关1961年日记内容,特别说明两点。一、因作者有时记于飞行或乘车的颠簸途中,若干字迹无法辨认,编者只得以扫描方式录入;二、1961年记事本中对访英期间内容只以英文记述一部分,有多日失记。上述《竺可桢日记》第Ⅳ册(科学出版社,1989年)中对10月19日至11月4日的内容实为根据中国科学院档案文献编写。《全集》编者为保存历史原貌,则坚持按原本录入。

本卷三年日记由竺伯铭负责编订(参与者有赵萍、竺志勇、竺志奇、竺志强、张才雄和韩大兰),陈学溶、竺安和李玉海参与审校。人名简释表由樊洪业编制,家系人物表和略语表由竺安编制。竺安侧重审订外文内容。全卷由樊洪业通审定稿。

本书依"存真"宗旨,力求保存竺可桢文稿历史原貌,有关编订规则之大要,详见《日记编例》。

竺可桢日记

1961年

本年常住地为北京

常用温标为摄氏

〔记事目录表〕

月日	报告内容	地址	报告人
1/9	地理所1960年工作	地理所	朱震达等
1/13	《客杭日记》		郭天锡〔著〕
1/14	政治学习	院本部	
1/21	灌溉,美国	《农业年鉴》	
1/24	空〔气〕中 CO_2	*Tellus*, May '60	
1/26	华南热带植物会议		
2/1—7			
2/21	目前国内外形势	人大小礼堂	张劲夫
/22	印度农业水利	*Geo. J. of India*	Doyal
/26	国际形势	人大会堂楼上	周总理
/28	英国情况	人大常委	宦乡
3/4	刚果情况	政协礼堂	陈家康
3/9	冬季阻塞气压	地物所	陶诗言
3/11	国际形势	大会堂	陈副总理
3/18	院中整风情况和意见	本院	张副院长
3/24	地理学会理事会	文化俱乐部	
3/27	黑子周期、北极光		
3/28	院常务会议,西藏	本院	冷冰、贾局长
3/28	尼泊尔近况	人大	
3/31	地壳的结构	*Nature*	J. T. Wilson
4/3	国际、国内形势	人大	周总理
4/4	印中边界		
4/5	科协全国工作会议	科协、北京饭店	
4/5—12	西北地区防旱工作	香山饭店	
4/8	《农村人民公社工作条例》60条		
4/11	百花齐放、百家争鸣	北京饭店七楼	周扬
4/12	美国发展气象学	《美国气象学会会报》	
4/18	苏联宇宙飞船载人上天	钱学森	

（续表）

月日	报告内容	地址	报告人
4/20	世界科协	周培源	
4/25	国际地球物理年	院	
4/25	喜马拉雅山冰川	*Jour. of Geog.*	《地理学报》
4/27	古巴	人大常委	曾涛
5/6	甘孜阿坝州	《植物学报》	姜恕
5/9	太阳黑子与季风	*Weather*, Feb. 61	
5/9	气候变迁分期	《苏联地理学》	

日期	记事内容	地点	报告人
5 月 24—28	考察报告	马尔康	程鸿
29	马尔康出发	至红原	—
30	农场情况	至唐克农场	李仲明
6/1—2	阿坝农场	阿坝州	书记安文烈
6/5	工矿情况四川	成都	李克明
6/6	漫谈草原资源	成都	
6/7	四川矿藏	成都	地质局杨增先
6/12	贵州分院	贵阳	罗登义
6/14—15	路上行程	在遵义	
6/29	地理学会	北京	
7/2	苏联地球化学	北京	汪安球
7/9	日内瓦会议	北京	陈副总理
7/15	水貌与地理	北京	沈玉昌
7/17	《大地图集》会议	北京	
7/19	天气变迁	北京	Callendar
7/22	物候,苏联,物候,冰川	北京	
7/27	苏联气象局 40 年	北京	
7/30	顾炎武《日知录》	北京	
8/3	海洋探测	北京	
8/23—28	扩大院务会议	北京	
8/28—31	扩大院务总结	北京	
9/5、9/22	支援农业会议	北京	
9/12	Weather & Climate	期刊	
9/13	西藏考察		
9/14	1947 年去英国回顾	(北京)	
9/15	Weather Satellite		
9/25	宁蒙队考察		李文彦,李应海
9/27	云南综合考察		赵维城
9/12	Harwell 原子电站		吴院长报告
10/4	英国农业问题		*Discovery*
	皇家学会		
10/12	对外应注意事项		
10/19	日记		
	Montgomery 元帅报告	*Times*	
	Rothamsted 农业试场		
11/13	1963—69 七年长远规划		韩光

（续表）

日期	记事内容	地点	报告人
11/20	英国气象学研究状况		
11/21	测雨雷达		气象学会
11/24	院图书馆	图书馆	顾家杰
11/25	地学组规划		
11/28	地理学会学术会	上海	
12/11	太阳黑子和水旱		王涌泉
12/12	International Council of Sc. Unions		

1月6日 星期五

李之常报告西昌地震烈度。

据云西昌本地和西昌以北烈度为9°,以南为8°,认为白马、德昌和攀枝花均比西昌为合适。原定在维西、丽江、中甸、雅江、康定、雅安、五通桥、灌县、成都、江油、刷经寺、松潘、下关设十三个站,并在攀枝花、盐源、会理(米易)、宁南、西昌、冕宁、昭觉设西昌区七个站,但因广东河源水库造好后发生一系列地震,甚至日达380次,所〔以〕1961年预备把站移设河源,四个固定台,一个移动站。

民主德国对外文化协会秘书长Hans Meyer。H. N. Hinton, University of Bristol, Department of Zoology, December 21, 1960.

1月9日 星期一

地理所报告。

朱震达:塔里木盆地西南部人工控制流沙几个问题。

郑斯中、耿宽宏、谭见安(自然地理):克里野河60%水源未用,唐古兴已地表水一亿立方。民勤10 m高沙丘每年移10 m,小的25 m。400次的试验,不同自然条件对于沙的多少问题。理论根据。新华社记者闵福全所撮照片,胡杨平均高度8 m。和墨地区60年开荒100万亩。

耿宽宏:粘土沙障。平铺土埂2 cm厚, 40 cm长,土埂高15—20 cm,长30—50 cm。高沙障减42%,土沙〔障〕减25%到20 cm高度,格状低于带状,成活力提高2—6倍。

吕炯:寒潮路径(华南)。主要特点:平流霜(风),降温相对速度大,等温线梯度大, 54—56年寒潮东路54次,中路92,西路82次,以105°, 115°E为界。徐闻在南面,但寒潮来时〔气温〕低于茂名。

1月10日 星期二

地理所60年调查成绩。

川滇边区农业发展远景——程鸿〔报告〕26人六个专业写11万字。

地区:昌西专区和丽江及凉山彝族专区三方面, 13万平方〔公里〕, 31个县。已开垦800万亩,据初步估计尚有500〔万〕可垦。水稻只在2500 m以下〔种〕,在

3100以上种甜菜、亚麻,单位面积产量350—450。

张荣祖:青甘地区动物资源(分布),八个单位参加。四个自然保护区,海北保护混交林的动物,引进华北动物。

程天文:新疆水利资源。径流852亿立方,占全国3.1%,地下水191亿立方,占地面22%。冰川。

1月12日 星期四

《自然地图集》,陈述彭。

经过七次的修改,莫斯科大学和苏联地理研究所也专门开会讨论过。(高咏源主席)。7/1日可以绘成。《普通地图集》60人,《自然地图集》十六人,首先完成气候水文图,因其最易,而地貌最后,因其最难。存在问题:质量方面要争取专家的检核,甚至于原则性上问题,深入浅出问题,生物图太多而未突出,(加附录、拉丁名、形象等),要有四五万字的说明。技术革新未彻底,总结交流做得不够,资料不平衡。青藏高原的气候,南海地震和生物,渭河流域第四纪。地貌图分类未解决。自然图今年印,要包括:寒潮、台风和矿产,均未做,希望能放进去。天池图应改湛江。

航空照片。曾伟:航空照片在人民公社应用。全党全民大办农业粮食而提出,把科学交给群众,以昌平为基地,1960〔年〕10—12〔月为〕87,000亩。以大队为单位,为土地留档案,做出土地整理工作。三级所有,队为基础。拟定三包方案有助。

1月13日 星期五

元郭天锡《客杭日记》,至大戊申〈成〉〔武〕宗元年1308。

《知不足斋丛书》总634,59部二,元京口郭畀著。至大戊申九月初一日起,有雍正乙巳春三月杭州厉鹗跋。

杭州潘又新笔。九月十六日晴,晚趁占城夜航作钱唐之行,十七日到占城。时常州,十八晴煮蟹,十九午后抵平江,廿二四更到杭州城外,霜月满天,寒气逼人。九月廿四客杭,晴,湖上兜率寺见赵子昂学士不遇,乃侄赵仲美具茶。廿六阴,窗外矮桔数树〔旁注:杭州有桔〕,结子无数,压枝欲折。若吾乡则无此也。廿七日晴,晚登吴山,下视杭城烟瓦鳞鳞,莫辨处所,左顾西湖,右俯浙江,望故宫苍莽,独见白塔屹立耳。次谒伍子胥庙。

戊申十月初一日雨,初二雨,初三又雨,初四乍晴。初五阴,觅月到北新桥(住施水坊桥东岸沈氏楼)觅方仲明不遇,费一贯二百五十,大雨急回。初六、七、八均雨,初九喜晴。十一日又雨,湿热,急出而归,汗流湿衣。十二日雨作取伞,十三雨,十六又雨,十七晴。十八晴,游大般若寺,寺在凤凰山之左,即旧宫地也,地势高下不可辨其处所。三十晴冷,游石屋洞,深暗不可测,觉阴气逼人。游水乐洞,叩寺门久之乃得入,遶寺皆奇石。

十月份: 3〔日〕阴, 12〔日〕晴, 9〔日〕雨, 5〔日〕未记。戊申十一月初四日晴客杭州,十一月十五日客长兴,卅日冬至节客长兴,闰十一月十三客长兴,十五日束装赋归。至大二年己酉二月初九日,作焦山之行。

1月14日　星期六

院部学习第一次(每两周一次,星期六上午),1960年各国共产党和工人党声明《告世界人民书》。

1960年声明是八十一个共产党和工人党参加的,其声明中具名的实只78个,尚有三个因另有原因未具〈言〉〔名〕。这和1957年十二个党的签名的宣言〔比〕,声势浩大得多。但1957年公报却是经64国的工人党和共产党代表团所通过的,公报中有名而宣言中所无者有十五国家,但缺少了南斯拉夫。1957年的宣言南斯拉夫虽未具名,但却为代表团体之一。加了缅甸、伊朗、黎巴嫩、尼泊尔、苏丹、南非、萨尔瓦多、尼加拉瓜、海地。宣言中第一段(p. 6)即提出,战争还是和平是世界上政治的根本问题,而声明中(p. 16)则是说我们时代最迫切的问题是战争与和平问题。第一段提出眼前世界的特征是社会主义革命和民族解放革命时代,是帝国主义崩溃、殖民主义消灭时代,是社会主义共产主义胜利时代。宣言(p. 3)社会主义在向上发展,而帝国主义却在衰退。

政治学习,杜秘书长〔报告〕。学习《莫斯科声明》。学习《人民公社12条》。有30—40%的社工作做得不好。1960年受灾很大。上海开神仙会,所以谈《莫斯科声明》不要时间长,提几点要点。宣言背景,世界大势,统一内部见解。宣言的倾向是马克思主义,主要反对修正主义。和宣言比较,有很大特色: 1. 指出了美帝国主义是人民敌人; 2. 强调殖民主义; 3. 牵涉到南斯拉夫。革命调子相当高,中国党的观点得到充分反映。可以比较三篇文,和声明的比较。1. 时代特征。三篇文中说社会主义压倒资本主义时代,东风压倒西风时代,有人批评说"目前是革命战争时代"是不对的,但我们没有说过这样话。分析资本主义国家时, p. 6 资本主义〔国家〕共产党提意见, p. 7 指出美帝援助实质, p. 8 美帝是世界人民敌人。2. 第二部分中只有内部矛盾的意见尚未加入。3. 战争与和平问题。用马克思主义观点来看,人民要和平,但决定于制度。帝国主义存在,战争会存在,是否有战争要看二方对比力量。有战争的危险才有和平的需求,有人说战争的后果不同,所以不会有战争,这是错误的,是决定于社会主义制度,承认和平的需要、战争的危险和靠斗争来达此目标。有人疑心我们好战是说诳，光靠裁军不够，裁军要靠战争，不放弃谈判，最后靠力量，虽是实力政策，但是人民的力量。

战争的分类。和平主义者反对一切战争，但我们分为正义的战争和非正义的，赞成朝鲜战争而反对美国的战争，虽是同一个局部战争，局部战争也要看目的何在。不能像 Bernal 贝尔纳说法说太费钱太可怕了，而安静地希望掌握氢弹、原子弹的人放弃使用，不作斗争，是错误的。

1月16日　星期一

新疆综合考察总结。

去年10月前后在乌城，严钦尚、周廷儒、周立三、文振旺等六十多人参加，五十天准备，除农业、自然资〔源〕开发利用要报告外，另有主件、12个附件，有关协作单位参加到12/15开会，到12/19林书记掌握，科委书记，第一次的会议，生产兵团各室、张右儒、国家科委也到，参加170人。重要在谈综合基地，王书记到会，有40亿粮食，和田水如何调 Yarkand，地下水利用率到70%，与生产部门统一数目。1/10又修改简要报告，数据改变。区计委和荒地局、畜牧局统谈了。

专著：植被、地貌和自然地理尚有问题。5/1交卷，提出方案，调查干部。地理所陈哲良地貌。

今年采集28万标本，蚳醯（白蛾、蛹如米），斑蝥（甲虫）。九香虫（放屁虫、椿象），谷氨酸（虫内体），臭椿上有一种臭大姐（放屁虫），虫粉能止面肿。九香虫成都一带均吃，以为能抵抗热。

1月19日　星期四

周总理接见英国记者费力克斯·格林9/5日谈话。

12问，今天中国人口已接近七亿，而且每一年以一千四百万至一千六百万速度增长着。为什么现在不像57年时那样宣传节育。

答：中国是世界人口最多〔的〕国家，但是人口密度每方公里尚只70人，比美国、日本、印度还要低得多。中国人口每年增长2%左右，同我们地大物博的自然条件比较，这并不是算多……我们全国的已耕地不过一百多万平方公里，约占全国总面积1/9，经过今后长期开垦，耕地可以逐步扩大到二百万平方公里以上，因此根本不会发生耕地不够问题，更重要是我国粮食增长率高，工业日用品增长率更高，从1949—59十年中，人口平均每年增加2%，粮食平均每年增长9.8%，就是说粮食比人口的增长快四倍……随着我们为实现农业现代化而采取的各种步骤，单位面积产量将大大提高，再加上耕地面积的逐步扩大，粮食的增长率将继续比人口

的增长率快,因此不会发生由于人口增长而感到粮食不足的问题。(《人民日报》11/5 日第一版)

南水北调引水区的总结报告。各大协作区工业体系:生产总结、学科总结。19〔日〕讨论如何写法,结构,20〔日〕讨论内容。讨论提纲和内容,修改内容,今明二天讨论,以后五天改写,1/21—26。报告三天,1/30—2/1 日。生产力远景设想方案。成矿规律是否要,或在自然条件〔内〕,地震 6—8 万字。自然条件作为一章或分写在农、工部门。其他生物资源。重点要突出。国民经济发展现状是否要。成果,雅砻江、金沙江、工业布置和南水北调共有二百二十万字。凉山、西昌、大理、楚雄、丽江,这区水利占全国 1/6。

李文彦:要少走弯路。引水路线的总方案,输水路线谁来搞。要对口径,将来最后的需要,各组报告碰头,是否有重点。将来能供给其他各区。(青海省径流四十多亿,流入青海水十多亿。)

李凯明,经济所(初研)(生产力配置)。于强:新疆室内总结少,从现生产方面着眼,要从重要问题着眼,1958 年才从牧场,盐碱土,水土资源作为重点,过去综而不合。李凯明专业报告有 220 万字。但各专业不碰头,所以要总起来。小地区可以做研究,小区的计划也要做,作为西昌专区,有条件,是否为国家服务。1963 年提出远景规划。李龙云、李凯明、那文俊。

《列宁选集》第四卷《论战斗唯物主义的意义》p. 635。我们必须懂得,任何自然科学,任何唯物主义,如果没有可靠的哲学论据,是无法对资产阶级思想的侵袭和资产阶级世界观的复辟坚持斗争的。第三卷《俄共党纲草案》p. 801,党纲中经济部分的条文,苏维埃政权力求使任何劳动的报酬一律平等,力求实现完全的共产主义,但在目前只是开始从资本主义向共产主义过渡的时期,不能给自己提出立刻实现这种平等的任务。因此在一定的时期内,仍要给专家们较高的报酬,使他们工作得比以前不是坏些而是好些,为了同一目的,也不能取消鼓励成绩优良的工作,特别是组织工作的奖金制度。同样地,必须使资产阶级专家同觉悟的共产党员所领导的普通工人群众,手携手地同志般地共同劳动,从而促使被资本主义分开的体力劳动者和脑力劳动者互相了解和接近。始终不渝地遵守列宁的物质利益原则。

1 月 21 日　星期六

美国的灌溉。美国西部十七州生产全国 3/4 的小麦,4/5 的食粮,共有二千万 Hec. 到二千五百万 Hec. 的小麦田,中有八百万 Hec. 到一千四百八十万 Hec. 得灌溉,从灌溉所得小麦占全国 7—15%。西方的桔子和大米、甜菜统用灌溉。2/5 的饲料 Hay 干草,1/3 棉花,4/5 的蔬菜〔都有灌溉〕,而且灌溉重要性日在增加,棉花1939〔年为〕1/5，1949〔年为〕1/3，1953年3/5。灌溉地收获三倍于旱地。Bureau of Reclamation 垦荒局估计西部能灌16,800,000 Hec.,即6%耕地尚有6,000,000 Hec.水未用。从1954—1960每年加灌溉地6万Hec.,照现在的技术能1/3径流可作为灌溉之用,但只用了1/5,地下水利用未估计,到目前材料不够。Texas州1953—54年一年地下水下降4米。十七州灌溉面积11 000 000 Hec.,为3.5%,西方为耕种地12%,出产35%的粮食，1940—50只增加2 800 000 Hec.,加利福尼亚州85%农田用灌溉。*The Expansion of Irrigation in W.*《美国西部灌溉规模的扩大》，E. L. Grunshields，M. M. Thorp & C. W. Crickman. 31个东部南部诸州雨量20″—60″，1939—49灌溉田亩从28万Hec.加至60万〈亩〉〔公顷〕,大部为〈米〉〔稻〕,每acre英亩用12″—15″（30 cm—40 cm）of water per acre。10,000×0.35=3500,即每Hec.三千五百方,即每亩230 m^3,草地。

费用。建设费每acre 100元,用20 cm即130 cu. m.,一亩要六元8.75一亩。Wisconsin，Mich.省每亩10—30 $建设费,每acre玉米12元,棉花10元,三次灌水草场九元$。连工和燃料:棉花21.3〔$〕per acre，玉米26。Ill.用7″雨=20 cm，三次灌〔溉〕。

Irrigation Practice for the Prod. of Alf.《种植苜蓿的灌溉实践》，C. O. Stanberry.〔苜蓿〕能抗旱但吸水多，55年种八百万Hec.,大多数水不能为苜蓿所用,一T alfalfa苜蓿要800 T水,每公顷用即7500—15000 m^3。p.401—403,G. Haddock：Sugar Beet甜菜〔需〕30″—60″（75 cm—150 cm）的水，the frowing season收割季节甜菜要7500—15000的水每公顷。

The Irrigation & Culture of Rice《灌溉与稻米文化》，C. Roy Adver & Ryle Engler.十七世纪美洲始有稻田,起于Charleston，S. C.,在Cal.要3′—8′〔水〕，Arkansas 1.5—3′，40%用井灌，Cal.用径流,用池20—4000 ac.，Arkansas用电力,每acre $4.70—$11.2（80天要7500 T per Hec.）。Salt 600 parts per mil. should not be used to irri. rice shoot. 36″=9000，96″=24000。

p.37，*Trends in the Utilization of Water*《水利用的发展趋势》，Karl O. Kohler Jerx.近年来用水〔有〕很大转变,由于：(1)原子和氢弹工业，(2)河流和湖泊的污染，(3)人口的增加，(4)干旱的加剧。原子和氢弹工业是保密的东西,但他的用水量是很大的,如Georgia的Savannah。

1940年估计到1957人口175 mil.,但目〔前〕要超出二亿。在二次大战时期,因电力的价廉,工业骤然向西北各省移转,随之而来的农业需要,人口增加,灌溉面积加大，1939年6,900,000 Hec.，1955年11,000,000 Hec.。旱灾1950、1933—37,城邑的需水不够。污染的问题使城邑的水源成问题。美国全国雨量4,300,000,000,000 gallon（×14=6,020,000,000,000）,六万亿T一年。全国径流1,920,000,000,000,大约1/3雨量,雨量的32%(32% of Rainfall)，68%回到空气，但17个西部州占60%陆地和96%灌溉田地,却只有25%雨量(全国25%)。美国每年用水63,000,000,000 gallon a year。@ 1 gallon =3.785 kg =2384亿T一年,是六万〔亿〕T一年〔的〕4%。p.37,每亩灌溉数3000 T/Hec. =21,000 T /Hec.,种棉花800,000 gallons per ac. 约3000 Tons,即每亩500 T。

长影《绣江山》。崔炳润。北京电影管理处。

吉林省舒兰县开原人民公社97个生产队,7月普遍建立地理小组,掌握地理知识,从预报天气、测量土地、搜集植物资源,为大办农业,大办粮食服务,请老农当参谋,长影制有电影名为《绣江山》。

1月24日 星期二

空气中CO_2一般有年的周期,五、六月最高,10—11月最低,以为是由于植物的关系。南半球相差少,由于大陆少。在南极有比较长的记录。C. concentration has increased at the rate of 1.3 ppm per year. Over N. Pacific Ocean increase to be 0.5—1.2 ppm. 在南极的数字接近于每年全球烧煤的数目所加数(1.4 ppm),假使no removal from the atmosphere takes place,从此可以说海洋没有能减少空〔气〕中烧煤的CO_2。CO_2 in air 1/3000。P CO_2, Physical CO_2.

科委曾召集会议,〔旁注:郭俊杰〕谈副热带生物资源。刘型提意见,长远和目前结合,海南开发利用,如何和企业部门分工。油、香、饮、食四料是农垦部意见(医药、沈其震)。农垦在湛江先开会议,科委希望能抓起来。宋振能、张立平、高克仁。

中南科学院分院院长李尔重,李达,高尚荫,蔡承祖,王家祥,谢文生,许尊琦,秘书长王力全、黄云之副。〔旁注:晚$10^h50'$,卅一号晨到。〕

1957的报告。水电部1957年材料,水利情况建设报告,旱田灌溉:

	耕地	已灌溉	可能	水利资源
东北	20,000万亩	5000万亩	20,000 @ 1000 m^3	2400亿m^3
华北	74 000万亩	4000万亩	22,000 330	900亿m^3
南	52,000	26,000	52 000+	21,000亿m^3
青甘新	10,000	3000	15 000	600亿m^3
	15亿6000万亩	3亿8000万亩	10亿9000万亩	24900亿m^3

1953年2500万Hec.得到灌溉,1957年据说已到五亿亩。

据农业部发表农田数,共166,400,000亩。

河南	13,300,000亩	江苏	9,300,000
山东	14,000,000	安徽	8,700,000
新疆	3,000,000	浙江	3,300,000

青海	700,000	福建	2,200,000
甘肃	7,300,000	湖北	6,400,000
陕西	6,600,000	湖南	5,800,000
黑龙江	11,200,000	江西	4,200,000
吉林	7,000,000	广东	5,700,000
辽宁	7,200,000	广西	3,700,000
内蒙	8,300,000	四川	11,600,000
山西	6,800,000	贵州	3,000,000
河北	13,100,000	云南	4,000,000
占60%	98,500,000亩	占40%	67,900,000

1月25日 星期三

政治学习笔记,物质刺激原则。

《列宁传》«Биография В. И. Ленина»,莫斯科, 1960。第十二章,在国民经济恢复年代, 1920, 11月, 1922十二月,新经济政策。1920年大工业产值只有1913年的1/7,钢不到1/20,而农业产值只战前的一半多一点,粮食和最重要需用品统不够。1920年提出了"共产主义就是苏维埃政权加全国电力化",这一个著名公式把苏维埃政权和全国电力化(经济)统一起来。共产主义的物质技术基础应当是大工业,而且是重工业,而……大工业只能在电力化的基础上才能建立和发展,只有全国的电力化,才会有生产力的巨大高涨,才会有劳动力的不断提高,才能保证人民的福利和高度的文化水平。俄罗斯国家电力化计划规定,建立30个区域电站,总发电量为175万kW,每年发88亿°。1920年年底H. G. Wells到莫斯科和列宁谈电力化计划时,回后写了一本《俄罗斯之谜》,称列宁为"克里姆林宫的幻想家",Wells对俄国有同情,但他〔对〕电力化计划认为是电力的乌托邦,托洛茨基,李可夫和他〔们的〕信徒统大叫大喊说这个计划不现实,企图阻止他通过。根据列宁提议列入苏维埃第八次代表大会。

到1935据发电量来说已经超出了原计划三倍。1921年3月8—16日召开第十次党代表大会,通过列宁关于党的统一的决议,他说只要10—20年内和农民保持正确的关系,就能保证全世界范围内的胜利。1921年在十月革命四周年〔时〕列宁讲了"论黄金在目前和在社会主义完全胜利后的作用",也谈论了新经济政策。苏〔发电量〕1913年19亿度; 40年483亿度; 1950年912亿度,占欧洲第一、世界第二; 57年2097亿度,比1913年加100倍。

《列宁传》p. 556,列宁再一次极力强调指出,彻底实行同劳动精神的鼓励相结合的个人物质利益原则,是建设社会主义和共产主义最重要的不可缺少条件之一。

《列宁全集》33 p. 39,十月革命四周年,准备向共产主义过渡,需要经过国家资本主义和社会主义等许多阶段。不是直接依靠热情,而是借助于伟大革命的所产生的热情,依靠个人兴趣,依靠个人利益,依靠经济核算,在这个小农国家里先建立起牢固的桥梁,通过国家资本主义走向社会主义,否则你们就不能到达共产主义……(1921. 10月/14) p. 82,温情主义的罪恶并不亚于战争中利己主义,现在谁犯了纪律,谁就等于让敌人钻到我们队伍中来。p. 45,新经济政策的意义。新经济政策是以粮食税代替余粮收集制,就是在很大程度上转到恢复资本主义……因为废除余粮收集制,就是准许农民自由出卖缴纳粮食税以后剩余的农产品,而粮食税只收去他们产品中的一小部分。

《基督教科学箴言报》, Mary Eddy (1821—1910)创立,曾说华盛顿官员对最〔近〕在莫斯科所发表的共产党声明研究愈多,就愈觉得他麻烦。坚决支持整个亚洲、非洲和拉丁美洲的民族主义革命,指责自由世界在亚、非和拉丁美洲实行帝国主义和殖民主义。英国《泰姆士报》说莫斯科声明是革命的号角。

1月26日 星期四

华南热带植物资源。

橡胶生物合成,参加〔者〕上海三所(殷宏章,汪猷,王应睐),遗传,微生物,南京土壤。

不同抚育次数,割胶强度,刺激素的影响,含磷量和总〔产〕量有正关系。胶体中糖、有机酸三四种之多,柠檬酸、草酸、苹果〔酸〕,氨基酸〔有〕13种。在粤西调查。

生物合成不是从生产提出,有机所将停(汪猷)。植生〔所〕成胶排胶规律,从割胶办法了解其生产刺激素影响。放射性同位素尚未做,生化所拟做代谢光合作用在橡胶中如何分配。

微生物做病害,白粉病、麻点病的防治,以麻点为主,用598多种药剂做测定,玻片,其中有64种有效。

南京土壤所李庆逵曾去做了总结施肥方法制度。1961年云贵综考、速生总结与肥料实验、丰产制度、抚育措施。红壤荒山利用和土壤熟化。

植物资源工作总结和1961—62工作计划:1. 油料植物,竹柏长江以南各省,广东增城、合浦、台山等县,种子含油52. 5%, 5—6年(10年?)开花结果,并可作防护植〔物〕。山毛榉种子含油40%,在广东连阳、乐昌、英德各县。怀集县每株可达果二三百斤,产油50斤,@亩80株可产四千斤油。2. 淀粉植物,黄狗头(含糖70%)东兴一县产500万担,马蹄广东(年产100万担),野葛(含76%,全省200多万担)。3. 橡胶植物,土杜仲含硬胶34. 7%,桑科将军树含26%。4. 纤维植物,野生竹类800种以上,龙须草在连阳一带出12万T一年。

热带资源:华南植胶75万亩,已割胶100多万株。闽南10 000多亩生长良好,据调查最北可到26°N。目前全世界植胶面积6500万亩(430万公顷),华南可二千万亩。油料,椰子海南岛130万亩,产椰果三千多万个;油棕称为油王,'26年引种,海南岛已种100万亩,徐闻、北流及闽诏安也试种;腰果,海南岛15万亩,大陆上试种。纤维,剑麻纤维仅次于蕉麻,主产海南岛汀迈县,全岛种2.5万亩,59年产95 T。饮料,咖啡已种到闽北福安专区。

1960年3月成立工作站,与华南热带作物所合作。研究问题:植株个体发育与产胶、抗性生理、土壤和施肥、小气候控制、生物合成,62年得出结论,向生产部门推荐。59年曾进行野生植物普查。响应大办农业、大办粮食号召,已开始作猪油果、竹柏的调查。华南植物所地植物组在电白做水土保持工作,所中〔汽车?〕定位研究,在光裸坡地上用野香草作为人工恢复草被种类,能终年生存,光坡护林带60年生长良好,61年可得出防护效应总结。

迫切待解决问题。华南热带资源问题:①有毒植物的鉴定和去毒方法,如臼背叶,牛牙根,木本油料;②单宁植物利用;③生态与油料;④硬胶植物;⑤野果提维生素;⑥从高等植物提抗生素;⑦土农药;⑧树叶,巴弗他叶上有固氮细菌;⑨猪油果、竹柏推广,油渣果种子繁殖问题不大,但种子太少,雄的不结果,要鉴定,竹柏有大小年;⑩橡胶的速生丰产;⑪油棕果腐病;⑫咖啡、腰果等等问题。

以后问题:三亿亩荒地的利用,树叶蛋白质。三个重大问题:1. 野生淀粉油料利用;2. 荒地利用,海南西部一千万亩旱荒,因工矿人口集中;3. 橡胶生产。

1月27日　星期五

政治学习,《莫斯科声明》。

1月28日　星期六

政治学习。

潘老:物质原则与精神鼓励。前者见二处、新经济政策和〔　〕,精神见二会(政治为主)。张副院长:共产主义思想与社会主义政策,列宁主张共产主义风格,困难留给自己,有光荣让给人家。共产主义劳动态度、思想与风格,阶级立场就是阶级利益,但是何谓阶级利益,近期和远期(如水库)。思想要高,而办事要分期,不能以共产主义思想立刻代替政策。要远近结合,共产主义思想和社会主义政策问题,不能不谈革命阶段论,单谈革命不断论。裴副院长:赫氏的三无(军器、战争、士兵)世界使人心起纷乱。我们三篇文章提高了认识,围绕了三篇文章而提高,把是非道路搞清楚。世界战争可以防止,主席于47年已提出。和平可能也比宣言〔讲得清楚〕而民族解放战争讲得很好。资本主义国家发展不平衡,所以提法有商量余地(如瑞典),如各国人民的革命运动由亚非人民提了意见。中国的革命是印度〔共产〕党提出。列宁说帝国主义是泥塑巨人(纸老虎)。协商一致原则,理论一致,革命一致,反帝和建立共产主义社会一致。协商主义原则的重要性。

关于物质利益的原则。列宁《再论工会》, 1921年1月,第32卷, pp. 71—72。

1月29日　星期日　从北京去广州　晨-3°.3

机票$ 158.79。

$8^h23'$起飞,乘610〔航班〕IL 14〔飞机〕,@ 360 km/hr, $9^h15'$ @ 2800 m高度。

行年十六背长枪,挥泪送儿去岳阳。
杀敌未成违壮志,读书不遂叹亡羊。
失言自知咎应得,却病无方血遭殃。
~~石佛终年劳作苦~~

$10^h49'$到郑州,停至11^h起飞,天气昙。12^h30到武汉,天阴雨,后待50′。$13^h20'$飞, 8°C, 2100 m,云海上St.,上为A. St。14:30长沙阴,微雨, 5°C, 80 m。15^h起飞,低云从400 m—500 m,高度三千公尺,太阳。$4^h30'$到广州25,东区珠江宾馆东楼201。

海南植物园,兴隆, 120,000亩地,有1000多人。下午至农业大学,杨明汉,水稻和稗子杂交。石牌。赵善欢,华南农学院院长。

蒲寿仙,《农话蚕经》。《梭山农谱》,刘又许。《全芳备祖》,天台陈景沂。

1月30日　星期一　〔广州〕

谢三宾,《一笑堂诗集》,陈寅恪要,要抄一份,北京图书馆。在华南农学院看杨明汉远缘杂交〔稻〕,千粒穗,万粒斤。

行年十六气峥嵘,投军从戎别家门。杀敌未成违壮志,读书不遂〔　〕。

2月1日　星期三　〔广州〕

热带植物资源开发利用工作会议。

十六人中心小组:谢文生、谢鑫鹤、竺可桢、林镕、李庆逵、过兴先、王均与、黄云耀、陈焕镛、吴征镒、李秉枢、漆克昌、胡永畅、史乃展、殷宏章、陈超凡(福建),分为三组:Ⅰ. 华南地区改造自然组、生产力配置组,一楼会议室,沈理纶、李康寿、李文亮。Ⅱ. 资源植物、资源综合利用〔组〕,二楼会议室,吴征镒、钟济新。Ⅲ. 橡胶〔组〕,殷宏章、胡永畅、李秉枢。

下午。莫一凡(广西植物所副所长):主要在大瑶山、九万山调查,做植物普查工作,其时工作脱离生产, 57—58〔年〕以后以开发利用为目标,以玉林、梧州、南宁、百〔色〕四个区搜集3700多种药用植物, 59〔种〕经济植物。普查5个区共7237号,其中药材2400号、农药151号,三类型的萝芙木野生三万亩,桂皮。1960年提出开发山区方案,在百色、平乐县三个月工作,年产淀粉植物(橡子) 7000万斤(35,000吨)。萧起叶:一枝花治气喘(五角莲)、黄连、萝芙木、黄山药等。有制止疟疾的药用植物,百步香代沉香,大风子,萝芙木,黄藤作栽〔培〕试验。黄藤提尤朔素有止痛作用,黄山药做 Cortisone 可的松到2%。水电问题未解决。靠广西农学院,化验工作困难。海洋中的植物资源。

福建分院(热带作物资源)陈超凡:仙霞岭、武夷山障卫北方,使寒流不能侵入,又近海洋,冬天温高。同纬度地方,福建漳浦矮于广东的梅县,尚有马蹄形的山地向东南出口。戴云山离海100多km,尚可种胶。福建闽江以南试种橡胶、咖啡统生长好。24县31〔个〕农场已种热带作物,共三十多万亩,橡胶、咖啡各一万亩。59开始割胶, 56年种的到每天30 cc。永昌翻土施肥好, 2.5 cm翻土不好,年长1.5 cm,三年到10 cm, 58年始诏安长得更好,咖啡十万斤。油棕有开花的。有320万亩可种橡胶。福建割胶的有漳州、永春,最北到福安27°N。抗风,大叶桉最弱,木〔笔?〕、麻黄很好。闽南系侏罗纪为多,闽江以南〔海拔〕300 m以下可种,福安27°N也尚可种。希望联系,培养干部。科学技术跟不上热带作物的发展,缺乏工具、仪器,希望有种子、苗圃等。引种作物少。闽北建立生物保护区,闽北瓜□,雀雉。

李秉枢:橡胶的气候和地形。地形影响可差到2°—5°之多(当寒潮来时)。防风林工作,用赤磷熏烟增加1°C,在1.5°高处得到护霜结果。大田间作。苗圃防寒。割胶时间的试验,以温度23—27°C为最合适, RH 80%,风速1 m/sec.,土壤湿度70—80%。乳胶汁一天中以3—4^h为最好,秋末冬初干胶以7^h—9^h为高。

问题:防寒以幼苗、幼树为主。幼树占面积大,而且1 m—4 m空间的温度比幼苗增地温为困难。(可以用雾)到现在还没有一个方法,要用综合措施,喷雾建筑熏烟联合综合措施。损失大量幼芽,促进冬眠,可以保护,能控制12—1月不生幼苗。冬播问题(冬藏):有成功有失败的割胶季节,时间和强度。生物地理群落。以后集中三个问题。地点集中,做宜林地种橡〔胶〕区划要4省分担,防止寒害增加T°〔温度〕,人工控制小气候,寒潮降温规律。以后要缩短战线。

2月2日 星期四 〔广州〕

热带资源植物,史乃展主席。

殷宏章:橡胶合成。运20多箱仪器至海南,并一技工(吹玻璃)等人员。电不能常川供应,电力也不能稳定,结果尚在创造条件。开始做生理生化工作,带去仪器无法应用,甚至冰箱〔也〕不能用。同位素实验室未建立,防护设备差。植生所派一位副研、三〔位〕助理研究员、化学所一位副研究员不能起作用。

开胶。可影响到80—100 cm,胶的含磷量高则产量也高,丰产则糖少,共做了四个报告交院。文献资料搜集。中间产物可以做,但对生产不发生关系。产胶排胶规律,高强度割胶问题,200%可能代谢问题,光合作用,合成胶的器官和中间产物,酶系统,全没有落实。

问题、条件:电的供应不行,恒温室,冰箱,同位素试验,溶剂、甲醛等不能运输,恐一年内不能改变。争取领导不够。橡胶合成应如何做法,生化方面不如碳水化合物等问题是普遍的,而是专门性和地方性的。

李庆逵:热带红壤的特点和利用途径。1952年即参加工作,一年即发生40万亩。参加抚育工作,53—56之间参加勘察两广,56以后参加华南综考队。广东省热带利用开发委员会和农场合作土壤施肥,60年定出不同年龄的橡胶施肥。过去面很大,点的工作做得少。土地利用、土壤肥力、类型和定位试验工作。

第一区:海南岛兴隆、陵水、河口、保定,雨充分,土肥。

第二区:西双版纳、林苍坝、西北那大,旱季长,土肥。施磷肥只能提早开花结果,不需要施肥。植物保护没有派人。

第三区:文昌、徐闻,土肥,但磷肥有效,要加肥,但胶生长有益。

中等肥第四区:东兴、仪县,土壤低肥。

中等肥第五区:福建南、粤东,肥低,土壤水不够。

四类第六区:要大量肥,粤西北茂名,磷氮要施得多。晋江专区。

三类第七区:干旱区,要提高肥力。海南北、那大丘陵,防风林造好可种胶,福山、武鸣、红水河,需要钾肥。

六类第八区:要改造和加肥。合浦、遂溪应造林。贵南。

七类:海南西南部、云南怒江。沙土区域,必需灌溉。剑麻生长不好。

53年已发展到80万亩,华北磷肥、东北豆饼到海口年一亿元到七千万元,@每亩四五十元。当初即提出施肥规则,1960年海口积肥化肥五万T、施用浪费,订出不同地区橡胶施肥方案,分为三个类型,即肥高,中,缺。定出六年施肥方案、量和部位。高强度割胶可至170%,微量元素、放射元素放树皮上,四五个月结束。Cu, B少量可提高到80%,其生理如何作用不知道。

以后工作:速生丰产,胶粮双丰收,要做间作。红壤要改良,每株胶第一年需N

25 g、P 5 g、K 3 g,第二年 9 cm,三年 N 165 g、P 32〔g〕、K 81 g 每株所需,到第三年 16 cm,五年〔N〕282 g、〔P〕57 g、〔K〕150 g。在土壤中养分是够的,如何改进水分、空气、土壤物理等必须结合。固氮乔木木马风等,豆科均固氮,台湾相思〔树〕。华南雨水含氮成分高(钙和钾)。热带雨林落叶一亩 1900 克,〈气〉〔氮〕32 克,磷 2.5 克, Ca 208 斤,橡胶第一年 260 克叶,第三年 4600 克,土壤 CO_2 15%+,则 anaerobic 厌氧菌多,物理加〔土〕壤要有地表植被和土壤的肥力。地表累积和流失的东西。

江爱良:北移开花结果,慢慢有次序。抗寒品种,橡胶北移,茂名几十万株不受寒害,而灵山 99%受害。龙津-5°C 未受害,三千多株幼树。福建本地出苗寒害不大。广西产胶量比海南较少 1/2—2/3,但结种要减少到几十分之一,龙津幼树日产到 200 cc。

生理生化所张友尚:生理生化所实际未做合成而做分析,工作组条件不好,结果到上海做。是否在广州能生根建立基地,通过任务来充实生理生化力量。

要买的书:

1. *World Weather Records 1941—50*《1941—1950 年世界天气记录》, U. S. Department of Commerce, Weather B., Government Printing Office, 1959, $ 475.

2. Dudley Stamp, *Our Developing World*《我们正在发展的世界》, Faber & Faber, London, 1960, 21 $.

3. Desmond King-Hele, *Satellites & Scientific Research*《卫星与科学研究》, Routledge & Kegan Paul, 1960, 21 $.

4. *Antarctic Meteorology*《南极气象学》, Pergamon Press, London, £ 5 $ 5。

Kennedy 的科学顾问:科学技术特别助理维斯纳,科学顾问 Seaborg, IDA 所长 James Killian。

三包一奖:包产、包工、包成本,超产奖励。生产大队 250 户,生产小队三四十户。

2月3日 星期五 〔广州〕

第三组。1961—62 年所做题目。速生丰产包括抗寒、抗风,病虫害。

2月4日 星期六 〔广州〕

热带作物会议。

何敬真——华南亚热带作物科学研究所、华南热带作物学院、植物园主任。

卢有恒——华南热作所,华南热作学院热作系副主任。

沈理纶,第一组汇报。综考目的性,57年不明确,以后逐渐明确,为找宜林地,但做到什么程度不明白。缺乏长远计划性,质量不够高(云南片面于实习,人员每年调换)。不单纯橡胶问题,如油料也重要,工作有重复,开发方案中粮食比例关系。野生植物资源如何搞,沙荒首先是水的问题。综考的深度,川贵统开始搞综考,贵州考察归谁管。云南队称西南队。五万分一地形图(贵州)。

华南队宜林地总结。荒地、荒山勘察,海南区区域〔规〕划,海岸带调查。1961提出云南开发方案,62年和云南合做。云南做普查,面积落实。

钟济新,第二组汇报。植物资源种类多,但数量不多。科学院应提出重点,集中力量,要进一步分析,如毒物、质量、栽培(种子或插条)。建立基点,要分工协作,集中野生资源,如淀粉、油料和药物。

胡永畅,第三组。建立基地合作计划,61—62〔年〕计划,以近期为主。开发生产,速生丰产为主。1. 多种经营,生物地理群落,防寒等。云南(植、地)。2. 防寒、抗寒(福建分院地理所)。3. 土壤条件,养分供应。4. 育种、驯种。5. 产胶排胶生理生化问题。五个中心问题。各所如何在华南生根,尤其是生物合成,国际上未解决,现在橡胶生理问题统尚未做,所以生物合成尚难做,应包括生胶排胶的过程有了解。目前条件如同位素防护工作,有机〔试〕剂和冰箱等。广州没有大批胶林。加强华南植物〔所〕生理生化组。

橡胶北移不作重点,(1967年一千万亩)数字已足够而不作重点。广东、云南各800万亩无问题,抗寒也非重点,云南、福建统无问题,所以培育抗寒并非重点。院内外协作问题,近期应与热带作物所合作,60年有50人工作合作。生理生化组基本工作未做,因之分工不清楚。热作所支持很大,但分工不够明确,但要胶林,所以要合作,有需要建立基地,由中南分院出面,与热带植物所合作,把各所计划入华南植物所。院内协作要加强,气候、生物合成、土壤、遗传,应建立适当组织,有人提成立委员会。院内协作就要基地,设立站,是中南分院站,其他各所参加,但不在一二年内和热作所合作。

去海南岛日程,胜利牌车:

2/8日	海口,经直路,兴隆,(经文昌230 km),205〔km〕
9日	兴隆中午出发,〔经〕八所(300万T),110〔km〕,五点〔到〕三亚,120 km
10日	三亚,若梅,莺歌海,油林,80,南漆厂,莺歌海,100〔km〕
11日	莺歌海110,中午120,石录(八所),六点那大,200〔km〕
12日	那大—海口,中膳后出发,晚到海口,150 km
13日	在海口,十一点起飞回广州
14日	从广州飞北京

据何康云,橡胶现已植175万亩,其中海南岛90万亩、云南15万亩、广西10万、大陆广东六十万亩、福建一万多亩。目前割胶年不过四千T?。世界最多印尼

750万亩、马来亚次之，400万亩，各产70万T，锡兰次之。但产量以□□为最高，每公顷1100 kg，因其为后起。胶每lb 40 ¢ USA。

下午。何康：热带有三亿亩荒山荒地，有9000万可垦，共40万平方公里已摸清了资源，已定了方针：以橡〔胶〕为纲，以粮食（和热带作物）为基础，农林牧全面发展，将会〔有〕二千万亩粮食，二千万亩的橡胶和二千万亩的热带作物（粤省只4000万亩）。气候使割胶比南洋少二个月，但病虫害少，如何充分利用是问题。〔全世界〕85〔个〕国家、40%面积、1/3人口在热带，生产力大于温带，过去生产科学未发达。对于世界将会有利益。

热带资源。1. 橡胶。软〔胶〕为主，共产206万〔T〕，68 000 000亩，印尼22 M.亩72万T，马来22 000 000亩70万T，巴西13万T，Ceylon锡兰400万亩9—10万T，南越140万亩6—7万T。90%在东南亚。用处：60%汽车胎，次之为垫子，床垫，运输上更次之。代弹簧，空气弹簧之用，可700万次冲击。代皮革用，七百二十万双鞋，甚至铺路，200 km长。@ 40 ¢ /lb。做三角〈布〉〔皮带〕。天然橡胶二百万T，与钢比为钢：R橡胶=100：1.5。我们和苏联买40万。目前2/3为老树，所以在5—10〔年〕之内不能产270〔万〕，但到1970年只能产290〔万〕+人造200万T。我们需要大。

2. 木本油料。油棕、椰子为主，产量占（400多万T）17%，27 000 000〔亩〕，次于花生和大豆而已。全球八百万〈亩〉〔公顷〕，Nigeria尼日利亚，Congo刚果野生，每一公顷1300 kg，Sumatra苏门答腊2500 kg/Hec.，@亩300斤。三年可生产。在中国可亩200斤。油分二种，棕油=棉子油，仁油=花生油。从1926年起在海南始，现已100万亩。全国用油157万T，肥皂10万T，可做人造奶油，椰子五千七百万亩，次于咖啡一亿亩和胶。200万T。八年可结果，@五十果可产5—8斤油，海南4000万株，湛江尚可结果。次为腰果，含脂47%、蛋白质21%，Vitamin A、C，三年可生产，一年可产株50斤，已有二十万亩。印度可出口三万T，二千万$。耐旱但怕霜。次为海南油梨，30%为油，可种至福州。

3. 淀粉。木薯Tapioca。能利〔用〕阳光，高〔者〕亩千斤，甚至万斤，含淀粉至37%，全球一万万亩，中国400万亩。木薯可耐寒，可在胶园内橡〔胶〕树下种，仍可达亩500斤。

4. 硬质纤维。剑麻24 mm，可拉4—5 T，耐海水腐蚀，进口年一万T，年产五十万Tanganyika坦噶尼喀，12万T Mexico墨西哥，马尼拉麻十万T Phi. Is.菲律宾。软质有海岛棉，可到30 mm纤维，木棉为救生用。

5. 饮料。咖啡、可可等，以咖啡为大，一万万亩三百万T。中国福建、贵州也种，以出口为主；可可九十万T，以加纳为主，增长甚速，营养高。新民主〔主〕义国家要十万T，但最好。河口、海南已成功，要六个月4000积温。

6. 香料。香茅、香根可换外汇，3500 T，以台湾为主，我们出口一千T，直可至上海种。

7. 香料。胡椒、桂皮、丁香。胡椒 7 万 T 产量,云南亩可十斤, @ 十元一斤。

8. 药用植物。罗芙木、金鸡纳、平田(云南)已成功,槟榔,杀虫药, Cocaine。

9. 水果蔬菜。木瓜、菠萝,最高一株可年结 700 斤,木瓜四季可结果,芒果云南已种,印度为最,蔬菜贫乏。四、五、八、九月均少。留种,十字花科有困难。

10. 森林。丹宁(烤胶)大部出热带,进口一二万 T,大部用 Acacia 金合欢胶,含鞣至 40%,柚木、柳安、红木。

科学研究工作,解放前日本人在嘉义和恒春有试验场,河口有农场,印度尼西亚研究所张庚是华侨,现则省区直至江西、湖南也有亚热带作〔物〕研究单位。橡胶研究所很多,以东南亚为多。从 1910 年始,吉隆坡 60 年曾开会议,〔讨论〕品种培育,从无性系生产丰产有性系,原来每株 1—1½ kg,经选种可至 3—5 kg 一株,现可至 15 kg,大面〔积〕种也可至 8—10 kg。远缘杂交做得很少。柬埔寨 47 万亩产三万 T,印度 150 万亩〔产〕 24,000 T。覆盖做得不少,间作做得少,间作旱稻可增橡胶 40%生产,有机肥料做得少,树皮施肥也做,割胶制度做得不少,〔用〕化学刺激、杀菌剂等,老树有 30%增产。植保方面病害很多,巴西只产一万 T。美国失败由于一种病,落叶病、白粉病。胶乳性质,用 Cu、Mg 则胶易坏。橡胶细菌学,杀菌剂可以增产。加工方面目前 90 是胶片并向连续自动的方向,目前要三小时加 H_2SO_4 加固然后烤,目前一斤胶要半斤木材,也是问题。品种培育,从 1000 株老树产了 25 多个品系,可产至 3—5 kg。阶段发育一致性,分枝割胶,从 0.07 到 0.5 的高产。对环境适应要有影响,老态和幼态的遗传不同,芽接树寿命只十五年,而子产树可 50 年。几百万株割胶, 70 万株老树,幼苗选株可以一下子流到地。与抗性结合,广西经 1955〔年〕寒潮有 30 多株能抗寒, P2107 能抗寒。

2 月 6 日　星期一　〔广州〕

至华南植物研究所。黄敏元(办公室副主任)、冯钟元(华南植物研究所)、陈德昭(华南植物研究所)。研究人员 70,行政 20,技术人员 30,共 300。工人 300 人,分为四组:分类 40、生理 14、地植、资源。

下午,热带资源作物大会。沈其震:药用植物基本近况。1960 年卫生部召集会议,共种 480 万亩,可 130 万担, 130,000,000 公斤,@ 54 斤一亩,每人二两,值六亿元,连运费十亿元。中医开药买不到。1960 年海南岛十八万亩,其中 140 万种植物,但实际只六万亩。进口药中药和西药共各五百万美金。三七、山西当归、川贝等均系栽培(人参、土桂)。《本草纲目》(李时珍)指出 1091 种草药,植物园栽得很少,共只几亩地,不解决问题,不合生产要求。兴隆十一年种十一亩地。干部问题。进口东西:大风子、安息香、西寿紫胶、阿拉伯胶、马钱子、西洋参、没药、槟榔、木香、沉香、血竭、沙仁、豆蔻、西藏红花、首乌油、六块、儿茶、冰片、檀香木、芙钉鬼、藤黄、桂皮桂枝、丁香，Quinine 奎宁 60 T,马钱子、南丹草二十多种。

第一组李康寿：综合考察工作看法。应有重点、深度、综合开发利用方案、题目。海南区域规划，区党委，北京地理所。热带资源综合利用。气候区划。土壤资源。云南提出三个题目。以后并不需要大量调查，主要是分析所有材料，小队调查。分院应把工作抓起，西南希望用云南队名义。贵州南部、四川未派人。

张同铸：综合开发利用以热作为中心的生物资源，地区发展方向，明确方向和速度，措置要解决。云南南部五个区各不相同，不能薄于此厚于彼。云南南部五州原以为每人有900多斤，而实际只600多斤，所以要提粮胶并举方针，要保证粮食蔬菜肉食，农林牧综合经营、全面开发，要包括水果、蔬菜、燃料问题。

吴征镒：开发热带作物同时建立保护区，产业部门提油料作物，而植物学方面注意野生植物，建立基地保护区植物〈院〉〔园〕，重点〔为〕橡胶、油料代用品和药用〈杂〉〔植〕物、油料，野生以油渣果。水土保持、保护区。

第三组赵同芳：生物合成去年一月在那大开会，由生化做。研究基地如何能更好完成任务，要加强参加力量，院内外更密切合作，以那大为第一基地。看工作需要，适当地点选择，顾到其他作物。以热作所为主要基地，科学院也要考虑建立适当基地，加速干部的成长。61年计划五个题目：多种经营，寒害同抗寒高产遗传性规律，速生丰产土壤条件，产胶生理规律和合成。抗寒研究，广西、福建是存在的。多种经营就是生物地理群落。刺激剂增产，由于什么不知道。遗传要做，涉及生理生化，抗寒要植物遗传参加，是61年计划进展地方。工作条件的改善，将在三处进行工作，华南植物所生物组作为基地来进行生物合成。情报资料的交换：抗寒与生化遗传统有关，要加速情报。1961年年底开学术会议。

2月7日　星期二　〔广州〕

谢〔鑫鹤〕秘书长：长期着眼，近期着手，不从长期出发不能解决许多眼前问题。国家经济发展速度一定要和其他事业的发展速度〔相适应〕，土壤研究工作不能推广，由于与旁的国民经济脱离。要把陈永康丰产经验全部分析，把他来推广，是不易的。远近结合，以近为主。近年的困难，天灾以外，人〈事〉〔祸〕如三风：共产风、命令风、瞎指挥风和各种歪风。全国有多少粮食(多余粮食)能办多少事。突出重点，全面安排。每个人有他的片面性，重要是克服个人的片面性。强调培养干部。生产和理论、重点和全面。统一领导，因地制宜，自然环境不平衡，应依一个地方的环境来定种植什么。高度革命热情与科学精神相结〔合〕。

2 月 8 日　星期三　〔从广州飞往海口〕　晨阴，户外 56°F，761 mm。

晨六点乘 628 号 IL 14（Ил 14），$7^{h}45'$起飞，800 m 入云，1800 m 出云，在 2200 m 飞，上面 Cu。$9^{h}00'$下降，9：24 湛江— 9：52 不见海，720 m，稳定。$10^{h}28'$见海，500 m。10：34 到海口，760 mm。林书记在站相接，据云海南人口 320 万，水稻 480 万〔亩〕，旱田 100 多万亩，600×200＝120000 万≈@ 人 400 斤。叶明华科委书记，林树兰书记。党委招待所。在海口中膳，$1^{h}30'$出发。5：36，牛漏。

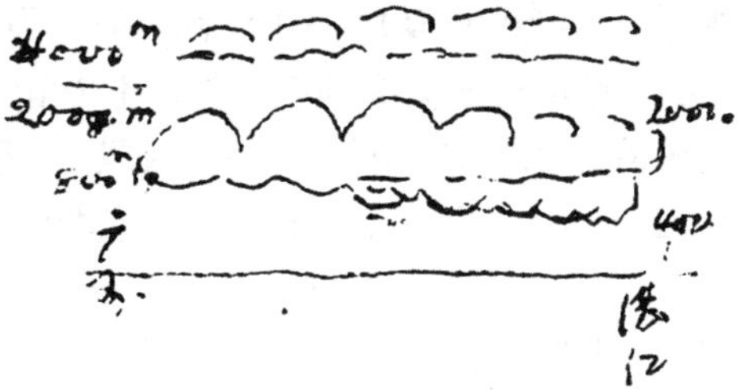

2 月 9 日　星期四　〔兴隆农场—三亚〕

下午从兴隆农场到三亚椰园。

13：45	出发，南林 220
14：20	分界岭 229
14：35	朱埔 240 km
14：43	陵水桥 246
15：00	新村港 258
15：46	前交藤桥 283（路牌）
16：00	山口 306
16：10	田独 288
16：18	红沙
16：20	榆林港
16：50	鹿回头

三亚椰园住 201（二楼）。

2 月 10 日　星期五　〔三亚—莺歌海〕

三亚到莺歌海 100 km。

12：15 椰园出发到三亚

　　21 km 天涯海角

12：45 花岗岩，马岭 13：25

13：45 41 km 南山兰坪农场，木棉花、油棕，42 km

$14^{h}00$ 南滨农场，1300 人，王书记、赵书记。〔属〕海南南垦局，有二千亩油棕。52 年始，橡〔胶〕、〔油〕棕一万亩、二万八千亩。1960〔年〕1100 mm，十一月以来无雨。52 年种橡胶，53 年种二千多亩，〔　〕株胶，以为不好。53—55〔年〕没有决定种什么。55年种海岛棉,病虫害多。华南热带所来人研究以后, 56〔年〕种蓖麻1000多亩,五六月〔虫〕把叶子吃光。56年从印尼带油棕籽, @ 45¢,种156亩, @ 12、15、18株一亩,到60年共28,000亩, '57 4460〔亩〕、'58 3150亩、59年8555亩、60年7460亩。最初165发芽,以后4天在温室抽芽,温度35°—40°C。每亩种18—10〔株〕,以十二株为好,要深耕、去草、施肥,现在有3400亩已结果,灌水授粉,每株可40斤—4斤籽。有一万株可割胶,种7000亩。油棕种子重要。劳动〔力〕1300,男742、女560。尚有十万亩未开,粮食自给。困难是加工问题,出油率。五个流量水可灌三万。(6—7级风,二万八千亩农田外,@ 250—300,稻600万)。半年无雨,尘多,雨季草生长快。热作所、分院各有五人在此工作做试验的400亩。

莺歌海盐场。3800公顷, 3.8%,有效2000公顷。工人8000人,劳动力6000多人,铁路已通三亚。化工出镁卤。1100 kW发电量。雨量1300—880。〔盐〕经初级、中级、高级和结晶池,一流程37天,高级25%,结晶28.8。计划70万T。每天蒸发1800—2300,雨量800—1300。

2月11日 星期六 〔莺歌海—热带作物所〕

彭光钦。曾友梅。〔参观石碌矿区。〕

10^h	离盐场,出发83	10:18	岔路口,106
10:30	佛罗港,110 km	10:47	白沙,14
11:03	板桥,132	11:06	本府,134
11:14	感城,141	11:35	宝上,157
11:48	剑麻,荒,166	12:00	八所港务局,286 km
12:45	252	13:20	223
13:22	叉河,220	13:26	水泥厂,216
13:38	202	14:00	石碌,停独,137 km,已采完磁铁矿

陈书记:三个矿区537 m,日本人搞基建,国民党也未恢复。57年七月投入生产,已知4亿T。赤铁矿平均58%,平炉矿一吨可炼4 T。运输一矿〔用〕胶带运、电车、火车。东方广播水电站设计(7000 kW) 4000瓩。去年出矿石270万T, 16个高炉@ 28 T, 77个0.5转炉,生产工人9000,实12 000人。粮食足食一个月, 340亩菜。300病肿,共1100人, @ 500,000大米一个月, @ 38斤一月菜22斤。

下午16:00	出发
18	大坡202
16:35	大度桥184
54	牙德信169
17:10	牙橡154
20	〔儋县〕

2 月 12 日　星期日　〔从热带作物所经海口到广州〕

10^h　热作所出发
10:15　那大 131
10:42　和舍 100
11:08　多文 85
11:30　福山红光农场 64
12:10　白莲 24
12:45　海口

下午 4^{h}10′起飞，天雨，626 伊尔 14 号，飞在云上 3100 m。6:00 到广州，云不厚。

2 月 20 日　星期一

哭希文

忆汝十六气峥嵘，投笔从戎辞母行。
杀敌未成违壮志，读书不遂负生平。
失言自知咎应得，却毒无方腹疾婴。
痛尔中年竟早世，使我垂老泪盈盈。
20 日　辛丑年正月初六

2 月 21 日　星期二

张劲夫〔副〕院长报告目前形势。

1. 国际关系：冲破国际反华大合唱，以美帝为首，民族资本主义国〔家〕以尼赫鲁为首，修正主义以 Tito 铁托为首，经过 21 月反华大合唱垮了台，反而把中国突出在国际上。59—60 年外宾反而特多。周培源到 Pugwash 帕格沃什(6 次会议)，美国人曾提成吉思汗的铁骑又要横行了。60 年和尼泊尔、阿富汗、缅甸、古巴、柬埔寨等五国订了和平友好条约，和九十九国有了来往交流。尼赫鲁的两面性是半人半鬼性。缅甸粮食有办法，而印度粮食有问题，用反华来转移目标。反华调越唱和者越少，吴努是主张和中国友好的，目前响应吴努者多，印尼也有点改变。在古巴，华侨在独立战争时，反对西班牙，迄今有纪念碑。华侨在印尼也有好印象，曾邀陈副总理访印尼。特别在一月间四百多人参加缅甸的国庆。我们现在要以大事小，如文艺团虽人数少，但影响大。去缅甸文艺团做了各国的舞蹈，对于在场各国影响很大。我国仍依万隆会议精神，许多国家要请我们专家去。

反华如何而起？反华即是反共，控制中间地位，以反苏已过时，以反华来代替。尼赫鲁为了转移目标，换言之，是一尖锐阶级斗争。反华也是因为我们最革命。55年他们以为中国是温和的共产主义，从有了总路线、大跃进、人民公社以后，资本主义国家认中国为可怕，也正是中国真正走革命路线。毛主席著作，古巴〔工〕农兵普遍学习。这样形势，是我国大好形势，倒是国内有点困难。美国科学促进会 American Association 也想到中国来（曾写信给华先生）。

2. 国内情况。仍三句话：成绩伟大，问题不少，前途光明。作为学习，我们要领会。

1）成绩伟大。三年大跃进成绩如何？从5方面看：（1）工业方面，可从生产方面、物质技术基础和工程队伍来看。工业产品60年比57年〔增长〕五倍，@年44%。产量方面，1870万T钢（1845万T），57年535万T，1949年15.8万T。比52年加十三倍，占全球第六位，和西德3400万T、英2400万T、日2200万T相似。日本进攻中国时1937年只钢800万T，比中国当时多80倍。1941年苏联1800万T，煤60年4.25亿T、1957〔年〕1.3亿T、49年3240万T，现占第二位。工业总产值59—60〔年〕加了二倍，60年50万台机床，57年只22万台，而49年只九万台机床。人的条件，57年17万5，60年40万人工程队伍，不计算研究队伍在内。（2）农业方面。59—60年二年灾荒，经努力而减轻，60年受灾九亿，成灾三亿亩。60年粮不到57年3700亿斤，经过三年大跃进增加了三亿亩，原只二亿四千万亩，1950—56〔年〕加三亿亩，如今有8亿亩。农业的排灌也增加440万匹马力，60年约500万kW，49年只九万八千马力而已。拖拉机三年内加6万台，共86,000台，49年只401台而已。（3）基本建设。三年的增加比从前五年还多50%，1960比1953〔年〕大中工厂多一倍，小厂多十倍。（4）运输。三年造铁路比第一五年〔计划〕多1.4倍，三年造一万一千八百km的铁路。（5）文教。60年在校学生九十八万，56年四十四万，50年十九万。国家加一个大学生每人四千元的负担（五年），而且减少了一个生产劳动力。所以说成绩伟大，比资本主义国家或兄弟国统快，钢从500万T—1800万T，英50年、美13年、德31年、苏8年，我们只3年，是三面红旗的效果。

2）国内困难。承认有困难，主要是两方面：生活用品紧张，发生经济不平衡。生活方面包括油脂、粮食、烟草、肉类、棉花等日用品，大部为农业材料，包括木材、煤也紧张（煤质不好浪费大），由于油少，运输脱节等问题，最突出是粮食问题，为何粮接近'57而如此紧张，由于二年〈凶〉〔灾〕荒，三年城市人口加4000万，基本工程大，如水库要费生产力，多时至七八千万人作工，河南、山东一带在乡的出外变了生活方式，消耗大增，到公共食堂贫〔下〕中农统增加了粮，密植增加了粮等等原因。原因何在，三方面：一则天灾是重要的，过关农业难于工业，不能控制灾害，连年特大灾荒对农业和轻工业〔影响大〕。二则安排不够，如火柴，只要少开几个矿，少铺几条路就可解决,社会主义建设的规律不容易掌握的,取得经验要有代价,列宁说学会一样必须付出学费,要靠实践。三则主观工作上有缺点,应该可以搞好而没有做好,当然缺点只是一个指头,但要严肃对付。错是在三方面,队伍不纯、思想片面性和考虑不周。方针,和马列主义相结合。对于中央方针、毛主席思想未能领会,对全面情况亦未了解,有的甚至糊涂官僚主义。在庐山会议时,毛主席把农业放第一,轻工业次之,重工业又次之。大家不了解,过去以为要适应建设,但没有想到适应经济。过快了,不能适应到国家能力。办一千多大学,是否国家能负担得起。1942—43 年规定脱离生产的〔人员〕不能超 3%。马克思认为一个国家能办多少事,要看一个农业生产者能生产自己供应外尚能养多少人。苏联一个农业工作者养 6½人,英国 26 人,而中国只 3 个人而已。近三年他方占劳动力太多了,而农粮太少了,有时我们藐视了敌人而重视不够,不断革命和革命阶段论也只顾前者,革命性和科学性也是如此,如高速度按比例也一样。粮食方面高计划、高估产、高征粮、高施用"四高"粮食政策,要情况明、决心大、方法对才行。二则作风不正,共产风、命令风、官僚风、瞎指挥风、夸张风等"五风"。三则队伍不纯,革命不彻底,以党的名义胡乱妄为,上瞒下压的风,农村有 3%干部是如此,所以要整风整队,现在甚至民主革命都尚未完成。总之困难由于思想、作风和队伍三方面的问题。

困难的性质,这困难是在发展中发现,可以补救而暂时性、局部性的。这是和资本主义的困难不同的,只要贯彻毛主席思想是可以解决的。情况明、决心大、方法对,就可挽回过来。高举三面红旗,鼓足干劲,夺取新胜利。61—62 年的新方针,三条路线,农业为基础,农、轻、重的次序,吃饭第一,市场第二,建设第三。大办农业、大办粮食,其次是调整、巩固、充实、提高。像钢铁就要巩固提高质量,如优质钢。多搞机械配件。规律改进,消耗减少,劳动生产力提高。基本建设如工厂少建(民航大楼要没收)。

二则《农村十二条》要执行。九中全会已有补充,调整上面建筑和基础。调整方面:自留地加到 7%,生产关系中要大纪律小自由,约有一亿亩为自留地(5%社用),副业和手工业均可做,养猪公私并养,私养老母猪以私为主,放假男劳力每月四天、女月六天,开放农村自由市场(城内暂缓),统购统销的货不买。要管,要不乱,价格要调整。

三则农村展开争论,纯洁队伍。城市也有"五风"问题,也要整风。学习毛主席学说,大开研究调查之风,不久情况可以改变,争取今明年内可以好转,在七年内粮食过关到每人 1500—2000 斤,把粮食紧张情况加以免除。有利积极因素很多。劳动力的调动至农业战线上已固定下来,并有保证给 150 万 T 的钢铁(61 年)。技术的进步,干部的经验,自然条件的改善,如水利方面灌溉面积大增加。黄河流域水不够,山东最困难,用运河〔水〕只要 35 万 kW 电可以办到。南水北调,通天河和三峡统不是近景所能办到,今年最紧在五月。近来党内高级干部两次减少薪水,使上下级薪水比较接近,但对于党外未如此做。共产党〔员〕总是忠心耿耿,只有钢材建筑多了一点不算坏罢。我们要同患难同甘苦,好好搞几年可以克服困难的。

四则几个理论性问题。1)对于大跃进的看法。是波浪式前进和螺旋式上升。有时发展有时要巩固,或扩大又提高。或跃进、稳定再跃进,是周期性。资本主义的周期性是下降的。2)提倡家庭手工业副业等是否会发生资本主义,这类事业统是附属的,不会发生根本性的危险。3)共产主义风格与社会主义的实际问题,现实政策还是要按劳取酬的办法,二十年不加改变。不注意共产主义风格也不对,不能上升至共产主义社会。单讲按劳取酬也不对,但目前就要"一平二调"也不对。实行绝对平均主义是反动的,即党内也不是绝对平均。对于汽车的供给每月要消耗几百元,不能人人有汽车,要反对特殊化,还要反对平均主义。最后,关于科学工作,也要肯定成绩,揭露矛盾思想和更正过去错误,最重要是创造了什么条件,建立了什么基础,找到了多少途径,不能从单纯得了多少结果来看。我们也有"五风"不正的缺点,要党内外同志、老少工作人员把问题摆出来,这样检查工作有好处。我们责任以后更大,要自力更生。有人讲中国政治好,但经济差,科学落后。以后要提高质量、增加种类,要靠科学。上海分院已做了神仙会,北京也需要总结三年大跃进工作。现有学习不能影响5/6的研究工作时间,要大家讨论今天报告。

2月22日　星期三

印度农业水利。

P. Doyal Patnalimu, Population Growth & Rural Urban Migration in India《印度的人口增长与乡村向城市移民》, *Nat. Geog. Jour. of India*, Dec. 59, pp. 179—185. 印度人口1891—1921卅年加12.2 mil., 1921—51〔年〕加108.8 mil.,在前卅年每年0.17%,后卅年1.2%。area of cultiv. land per capita 人均耕地面积后卅年减少25%。复种系数(doubled crop area)又从 fell from 12% in 1891 & 13% in 1921 to 10% in 1951, and the irrigated area form 16 cents in 1891, & 18 cents in 1921 to 14 cents in 1951。结果许多印度乡村农民趋向城市,在1921—51卅年中,乡村人口增加34.2%,而城市人口增加119.5%,大城邑更快,增加150%。

George N. Patterson *Tragic Destiny*《悲剧命运》, Faber & Faber, 1959, 19 S. He feels himself directed by God in the task of revealing to the world this Asiatic hegemony which drives com. China to any length. *Geog. Journal*《地理杂志》, June No. 60, B. Review 书评 p. 218.

"Where China Meets Russia: An Analysis of Staringer's Theory", by John E. Tashjian,《中亚 Collectanea》No. 2, Washington D. C., 1959, $ 2.75. Staringer,

1947—54在苏为俘虏,从苏联罪人中得到结论,以为中国人口过剩将使中国不得不向西伯利亚发展。*G. J.* 同上 p. 213。

2月25日　星期六

学习。

理论问题中提到共产主义风格与社会主义实际问题,这其间的矛盾。毛主席在《目前形势和我国任务》一文中,对于农民问题和革命统一战线有详细分析。在统一战线中,最基本是农民或者说城乡小资产阶级,领导者必须率领被领导者向着共同敌人作坚决的斗争,并取得胜利,同时给被领导者以物质的福利。我国的土地改革政策一直到现在还是世界上最完备的。俄国革命把土地收归国有,没有经过土地改革。联合中农,中立富农,这是毛主席的创作。同时还要教育农民,要农业社会化,即是农业集体化、生产资料公有化,这是改造农民、教育农民。

今日谈论了煤炭问题和人口问题。近来大爆破用1391 Ton药,炸103万方的石子,在南溪在东江(南溪在汕头)。大平衡,大运输,大估产,"三大"。

下次联系经济建设来讨论张副院长的演讲。

2月26日　星期日

周总理谈国际情况。

国际形势。莫斯科会议很成功,坚持团结,实现团结,还有若干原则性问题可由党与党间解决,保留了若干问题,在57年的宣言基础上共同前进,在这几个月就有大的发展。亚非拉丁美洲的斗争到了新高潮。掀起第二个战场,首先是古巴革命的激烈,要美国撤退基地,不下于北伐军到武汉。Kennedy上了台,他的外交军事集团仍是煤油大王集团的人,政策没有改变,这不是新政时代。他对内政治不能改进,对外要把经济的不景气嫁祸于人,要操纵大西洋集团,所以争持不休。中央条约因Iraq已不起作用,南亚集团对老挝问题不一致,西德和日本两个战败〔国〕统起来了,所以K的政策表面上和缓而内质不变。我们仍要揭露他的诡计,要认真坚持斗争。去年Edgar Snow是来侦察的,现在2个中国改为1½中国,以台湾承认中国为宗主国。他提出如乌克兰那么为联合国一员,但这是不许可的,要分裂中国是不成〔的〕,廖文毅、胡适之、蒋介石也不会赞同。日本也想谈复交问题,美国有意日本来试探两个中国问题,我们则注意日本人民的来往,一定要美国放弃两个中国政策才能复交。

国内形势。从1958年到现在工业有二倍增长,但有特大灾荒是眼前困难,必须讲清楚。钢从57年535万T—1845万T(1960)。

1. 农业问题。1959年歉收六亿亩，60年9亿亩。比光绪2—4年的情形，如光绪24年到27年尚未恢复。去年淮河以北旱、东北水，只有浙江、江西、云南和新疆是丰收的，现在是互相支援。衣以后没有进口，粮今年要进口，所以要节衣缩食。今年冬天还是旱象。今年订合同260万T进口，即52亿斤，每人不到十斤分配。去年苏联收成也不好。棉粮低于1957年的数字(<3700亿斤)，实际目前6亿8千万人口，不能不吃。棉也减少，不到2000万担。还要以棉布来换粮食，以200万担来出口。从三月起到八月底能供棉布，许多厂要停工。山东、河南许昌、贵州、安徽出烟，统有灾荒。糖、麻也不好，不但影响轻工业，也影响重工业。如棉、麻、芯子等，必须节衣缩食度过灾荒，向人民说清楚。

二则要建立一个新的工业体系，到现在还没有完成组织起来这样一个体系，我们要争取快。人民要很快摆脱落后，要整顿、巩固、充实、提高。我们在60年代而不是苏联的30年代，也不是Hitler希特勒的40年代，那时还没有原子能、氢弹和喷气机和遥远控制。三年大跃进提出了许多新的问题，我们不断地总结经验，农业、工业、交通统在做，要很大努力于短时内建立起来。苏联在全世界资本主义强国的破坏之下，单独能建立起来，我们为何不能，Snow就不相信。1952年Stalin〔时代〕的人就说当时无线电很落后，但到1957年已突破，而现在已超出各国，现在是60年代了，必须突破科学尖端，还是要自力更生，不对困难低头。兄弟国的帮助也欢迎，万里长征第一步已起头，同时也要扶助兄弟国家，朝、越、蒙、阿统要帮助，蒙要15 000 T粮，阿尔巴尼亚灾荒比我们大，此外也门、古巴、缅甸等也要资助。三则要勤俭建国。在煤的问题要大节省，钢发展到1845万T就有品种问题。苏联在20年代困难比我们还大，援助也少，我们的困难是暂时性的。我们要有信心，动员群众认清情况，毛主席说“情况明、决心大、方向对”。

2月28日　星期二

西藏。

水利资源。年楚河、拉萨河中部〔坡度〕只1/1000，曲水以西可作坝，离拉萨100 km（八十万kW），有峡谷。拉萨水电7500 kW只用二台，另一小电站一千kW，泽当以东可以筑坝到大渡口，三个可有四百多万kW（80万+530万kW）。大河湾以南尚有墨脱县有水稻、香蕉等。在波密以西如截弯取直可得2000 m，德阳3000 m，墨脱700 m，二十公里，1600米阳河〔旁?〕。拉萨西有七万kW（80 km）。江孜近尼阳河□水，54年因冰雪溶〔化〕，把河岸冲坏，淹没五十万亩。雪线上升，湖泊萎缩。曲水至泽当可太平。

农业。日喀则以南很有希望，农业落后，只墨脱、察隅宜于水稻，扩大耕地要高至4400 m，定日4600可熟青稞。温泉在隆子县可引至家中。全藏600万亩

3900 m 以下,现已开垦 300 万,羊卓雍湖 695 平方 km,多鱼 Wasloli,淡水湖,班戈湖 R. 195。畜牧。Ali 阿里有野驴 100 万头,喜马拉雅兔子,东经 86°以西为阿里。从拉萨、墨竹工卡到波密以东为大森林,直到金沙江以云杉、冷杉〔为主〕。110 年左右喜马拉雅松 140 000 平方 km、九千万立方。亚东也有,以泽当南为最好。

宦乡谈英国情况。54 年年底去英国,变化相当大,英国国势的衰弱有许多理由。初到时很骄傲,现在不同了,甚至高级官员也自承是小国,但英国人很关心政治,分三类: 1. 对于过去的恋恋不舍,次则绝望的观念,有所谓 bearitism 认命论,大多数(70—80%)倾向则不问政治。现在做一个发电站工人就要查明三代是不是有共产党,学生也如此。十五岁以前义务教育,毕业后就要查明其志趣,如有共产倾向,则不能进好高中,所以大家就不问政治,这样就在走下坡路,何以如此,大英帝国过去的光荣感泯灭无遗。

英国工业还是好的,美国统计最大的 100 公司(美国以外) 34 个在英国,西德 19 家、法国 8 家而已。英国 59 年海外投资 55 亿£ (战前的 1/3 价),伦敦仍为西欧中心金融,占对外贸易 1/2 是£ (英镑)结算,仍保留着前殖民地 50 多个附属国和殖民地,全球 100 多殖民地一半属英。共有人口一万三千万人,英占 1/3。在前殖民地中仍保有所有权,买通殖民地的有力人物作股东,政治上的组织有联邦。英国王朝有用处,说虚君本位是不对的。七国经济集团之能成立,由于皇室把丹麦、瑞典争取过来。

3 月 1 日　星期三

中英关系。英国对中国关系有重大变化,不但派人来,而且派重要人物,如 Montgomery 这样人。无论商人、议员,到中国后,外交部一定要谈话。十年中有 1300 人左右,知道中国政治上是团结而巩固的。M 以为中国人有高度热情,领导是稳固的, M 说我们还是贫穷,说每个人是下决心的国家,把一切努力贡献于国家,任何阻挠要排除,结论:第三次世界大战可能来自解放台湾。反映一个成熟中国的因素在殖民地〔影响〕愈来愈重,“黄龙追狮子”引起英国人警惕。研究经济刊物达 40 多种,估计 15—30 年成为现代的国家。Hinshelwood 对于科学文化有高度估计,只有 Mendelsohn 以为中国科学在萌芽时代,所看是在故宫的字画等。

在军事〔上〕M 最最有资格的,对于我们装备估价很高,以为制造军事很好,但尚不及英国。对于我国民兵,以为侵入中国要受民兵的麻烦,认为不能尝试打入中国。所最怕生产核武器,以为 1964 一定可以有。老爱登说,如中国有了,战争的方法要改变。一般以为中国将来一定是头等强国(二等是区域性的)。在 60 年代(MacMillan 说)四个因素,其中原子革命、苏联、反殖民主义兴起和共产中国的兴起。英国也当中国为一个潜在力量。美国原子弹—氢弹是1945—1954，而苏联是1949—1954五年，所以我们就有原子弹后要有氢弹有一个程序。外交上以为中国是第一个高举反殖民主义旗帜。英国（De Gaulle的军官读毛主席著作以镇压Algeria）在肯尼亚镇压革命的人也要毛主席著作。1960年把中国外交做了分析，以为有利有害的方面，但是有利的一方是基本的。周总理威望很高，Eden艾登的回忆录也如此估计。不利的一面会造临时困难，但不致很扩大。尼赫鲁在议会近来的反华演说听者寥寥，以为中英贸易有利可图，但同时要作为潜敌。基本上是矛盾，只能搞一个暂时的和缓，所以英国的看法是现实的。所以要制造"两个中国"：1）托管，2）台独立，3）1½中国，4）冻结，不解决问题。从58年大跃进以后，帝国主义起了畏惧，所以有四种方案，不放弃台湾，不撤离台湾海峡美军，和最重要的〔是〕阻止中国有核武器。

京杭大运河北段冬季冰情初步观测。吴思敬《北京通州水文站运河结冰状况》：

	开始结冰	全部解冰	冰期
1955—56	12/20	3/18	88天
56—57	12/7	2/28	83天
57—58	12/2	3/6	94天
58—59	12/27	2/7	42天

谈迁著的书中，述1654—6〔年〕北京运河1653〔年〕11/18河已冰，到次年（1656）3/7日解冻。

3月4日　星期六

陈家康：刚果情况和非洲形势。

《气象学报》第十二卷三期1936年卢鋈文，1958年四川大学应永深（蒙文通教授指〔导〕）寄来古代气候文。*Geog. Journal*，April，1949，165—195。*Scientific American*，February 1958。*Nature*，May 31，1958。

3月6日　星期一

地理学会理事会，黄秉维、褚亚平、侯学煜、陈凯、李立保。

全国科协二个文件：（1）加强自然科学方面各全国性学会工作的几点意见；（2）召开工作会议通知（四月初开）。讨论吸收会员办法。组织方面，设立专业委员会（地图、人民公社等）。权利、义务、活动、理事会如何改选、改组问题。教学组。《地理》八千份要到二万七。国际合作，有需要可派专人。

北京气象资料，1929—52 廿年的气候记录：

平均初霜 10/15	最早 10/4	终霜 3/24	最迟 5/4
12 年平均结冰 10/26	10/12	4/7	4/14
杭州降雪 1904—52 廿年平均	最早 1950 年 11/29	平均 3/16	最迟 1934. 3/28
杭州降霜 19 年平均 11/17	最早 '34. 10/26	平均 3/7	最迟 1952. 3/20

3月9日　星期四

冬季阻塞形势天气。陶诗言。

纬向的环流发生。Ural 乌拉尔阻塞形势。

长波式经向环流。阻塞形势生成。1955〔年〕10 月到 1960〔年〕3 月五个冬天对于乌拉尔、欧洲、欧洲大西洋岸、大西洋、太平洋五个地区的阻塞形势的 54（65）个例子作研究。暖平流的供给可使大西洋的阻塞形势向西发展。Alaska 阿拉斯加的阻塞形势也可以这样而生成。下游低压稳定，上游有纬向环流，崩溃上游变纬向速增加形势即向东，上游长波不稳定也可使下游崩溃（由于前面低压的不连续的后退）。阻塞高压 200 mb 以下〔疑为上〕为热平流，200—100 mb 以上才是冷平流。高空 25 mb（25 km 的骤然）暖 O_3 层由于太阳粒子的增加使温度骤然升高而使 Bloch H 向西，在 500 mb 的 H 也随之向西（德国 Schofer）。Ural H 维持，则天气稳定，崩溃则冷潮爆发，东亚寒潮由此而生。崩溃后加速 7°，Ural 的崩溃到北京只一天，大西洋的崩溃到北京要五天，使北京降温。行星波未做。

杨鉴初：预报阻塞形势出现。500 mb 三种环流 W、E、C 形如有转变，三天以内不会发生 Bloch H，六种转〔变〕中 W→C、E→C、W→E、C→E 欧洲沿岸也不会，E 时 H 在欧洲，C 时 H 在大西洋，如经向度 P 高度的相差愈大，则可能有 Bloch H，在脊与槽的转折点，在东西 5°的高度，东高西低二天之和>位 24 m 而增加则出现（83%）。阻塞形势至少三天，平均 8—9 天，可至 20 天，如环流转变则 100%必崩溃（四天内）。

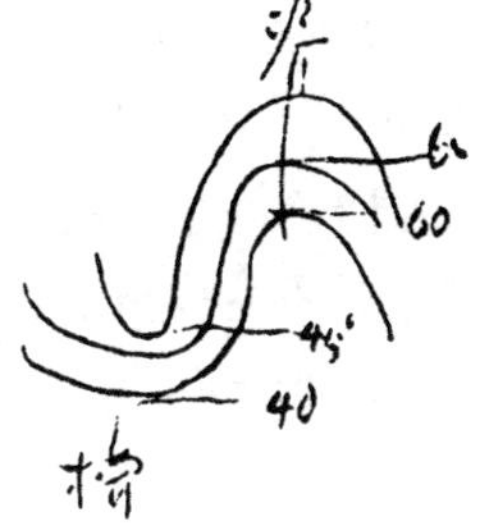

陈隆勋（研究生）：对流层情况，上游冷空气爆发会造成下游 Bloch H 成功，先有暖平流上流以发生上升，造成上暖下热，高空辐散下层融合，暖平流直至对流层顶。

3月11日　星期六

陈毅副总理“国际形势”。

谈谈国际形势,要大家贡献意见(1、2、3是谈国内)。计划已经四次讨论,世界问题究竟如何解决,问题很多,联合国问题,秘书长应换否,中印边界问题,刚果问题,拉丁美洲问题。有人以为将来世界问题是中、苏、美的问题,现在是苏、美、英、法不能解决问题,即使把中、印加入是否能解决问题吗?第一次世界大战以前也是八大国:英、法、美、意、奥、德、俄、日,以后是五大国:英、美、法、意、日,也没有解决。二次大战以后有四大国,英国想考虑除中、苏、美以外成立第四集团的势力。过去我国已经声明凡我国没有参加会议而且签字的条约或协定,我们一概不负义务来遵守。我们要长期和平共处,除出950万方公里以外余则不管,苏联同志参加UNO有经验,就是承担义务而弄得很狼狈。我们加入UNO后果如何,如不能得好结果不如在会外保存自由。去年和六个国家签订友好条约,但不参加帝国主义分赃。现在建立外交关系已39国。

我们的地位,现在地位很不坏,美国要找中美桥梁,各国统认为调〔任〕中国大使是荣幸事件。保持中美关系只能解决枝节问题,因为美国根本政策没有改,我们要保持反帝旗帜,世界只有中苏两国顶住美国,苏联比较和缓,因为没有台湾问题。现在许多人以为世界紧张由于中美关系。对于双方有利的事,统可采取,但我国让步而美国不动则不行。过去如罗斯福夫人要来,我们不马上答应也不拒绝。E对记者说中国粗暴,要中国让步,这是美国的优越感。我们也已经让Snow和Benson秘书来了,但是美国并没有还礼。

要借《元史》,《金履祥传》,秦嘉谟编《月令粹编》(嘉庆17年印行),胡厚宣《气候变迁与殷代气候的检讨》,1933年九月华西大学中国文化史研究所出版,《中国文化研究汇刊》第四卷上册,《禹贡》半月刊一卷三期,1934年3月,北平。

《气象杂志》11卷2—3期,16卷3—4合期,p. 20,西安桃始花于阳历3月下旬以前,李始花于三月中旬。苏联地理学会第二届全国代表大会1935〔年〕。地理学会工作总结47—53年。设长期生物气候站1947,卫国战〔争〕前有500名通讯员,1952年有532个,研究各个不同区域的自然季节现象,有实际意义。《易通卦验》纬书伪托孔子作,实起于西汉之末,朱彝尊《经义考》以为原书久佚,载《说郛》者凑合而成,《气象学报》第十六卷3、4合期。宛敏渭《中国之物候》pp. 186—193, 34—36。

3月15日　星期三

The Geo-physical Magazine《地球物理杂志》, 1958 March, In memory of Prof. Takematsu Okada《纪念冈田武松教授专集》, by Kiyoo Wadati, Director General of Japanese Met. Agency, Tokio.

冈田武松生〔于〕1874年8, 17, and died Sept. 2, 1956, at the age of 82, of chronic nephritis and cardiac asthma。1921年任中央台台长, Resigned July 1941, and the position was filled by Dr. Sakuhis Tsujinohara。工作: Long range forecast, Volcanic dust effect on cool summer, 1925 given Symon's medal。Bai-u 梅雨 Typhoons。

气象厅欧文汇报。

"Climatic Changes in India"《印度的气候变迁》, *Geogr. Rev.*《地理评论》, July 1955. 山桃花。

"Synoptic and Dynamical Aspects of Clim. Change"《气候变迁的物候学与动力学表现》, E. B. Kraus, *Quar. Jour. of RMS.*《皇家气象学会季刊》Jan. 1960.

Simpson World Climate Q. J.《辛普森世界气候季刊》'57, p. 459.

«Природа»《自然》1955, p. 96。

47、48两年南京、杭州物候更早,杭州梅花未到雨水即已落尽,桃花春分已盛开,南京迟不到五天。

3月18日 星期六

整风情况和意见(院内)。

张副院长:近开党内扩大会议,揭露问题,检查工作,十天左右。这是整风开始,是党员局厅长以上级〔别〕的研究,整什么?如何整的问题?

1. 对于三年大跃进看法。成绩伟大,问题不少,前途光明。方向是对的,问题在于做法,所以方向要肯定,问题要提出。我们三年工作,长期也受影响,政治挂帅,解放思想,把精神面貌大改了。如查文献、写论文是必须的,要力争上游,但所谓上游,仍有一个指标,一个限度。多快好省要从全国着想,要力争科学研究在生产前面,但研究规模只能在生产建设规模后面,因为科学研究本身不能产生财产,而只能为生产建设指出道路。过去只知多快好省,因而发展速度大,用钱多,以至于培养人多,而吸收的人太多,研究所扩张得太快,大学办得太多。

2. 群众路线。有所谓一阵风问题,最要是安安静静搞,调动多数人积极性。经常性和突击性要两条腿走路。群众与专家关系,党领导下群众民主和专家负责应结合起来,群众性工作签名问题也可解决,是一个负责问题。

3. 要有区别,右倾思想以为三面红旗有问题,这样就引起根本问题。另一方面是盲目自大,这也不好,问号要打在做法方面,而不是方向问题,要更自觉地来检查,目的在于执行路线,能更好进行。

56年提出向科学大进军,58年才真开始做,看成绩还要看到将来的成果,不但现在所获而已。过去不免有点浮夸,但积累资料,开辟领域,安定基础,统是重要的。为将〔来〕准备条件者,有干部、资料、装备品。58年只七千,已大增加,但与各国相比还是太少的。兰州已十几万〔平〕方米。应化所有极谱仪,能自制,有二架钴炮。缺质谱仪,全院有三架。红外光谱〔仪〕六架。空白学科如半导体、自动化、计算机、生物物理、无线电天文学,均开始工作。缺点也有,浪费、瞎指挥、不踏实,对于严密、严格、严肃"三严"还不够。

Ⅰ. 三年来是边学边干,党把院领导起来,但也有问题,突出是瞎指挥。总的讲还是好的,忙于实际工作,对于青年群众费时多,对于高级〔人员〕虚心不够,于执行路线有时有片面性。

Ⅱ. 目前工作阶段,八字方针:调整(整顿)、巩固、充实、提高,院也要贯彻,就是要谋质的大跃进。工业、交通提高品种的类别、减少成本、提高效率,与过去提高数量不同,保证质量,提高水平,充实基础,配套补缺,要做到工作到家,成果到手,是企业机关、也是科学机关应注意。

具体办法:根据以上的精神, a)变动与安静问题。上海讨论以为变动太多,因为情况不明的缘故,有多少变动是需要的,科学要有系统地搞。有人说人心思静,要定任务、定方向,不能老变。青年培养方向也如此。工作制度如实验室操作,贵重仪器不熟悉者可以搞坏,联系到计划工作,要有伸缩余地,把大纪律、小自由能应用到计划去(如自留地)。b)任务与学科。科学院如何提出这口号,大概在西郊宾馆,这不是方针,是方法。方针是理论联系实际,但学科也可以带动任务(创造任务)。c)干部基本训练。d) 5/6 的时间问题。这是几个政策碰头的问题,拟做一个专题报告,要节约时间,同时提高效果。e)学术活动与保密问题。过去是太宽,但没有经验,现尚在研究方法,既要保密,又要交流,生物科学方面已提这问题,要把界线搞清楚,不要把人家工作掠为己有。青年同志要加强学习,不能不求甚解。

整风如何做,要有一个准备时期,准备做得好,而实行时期要短,要着重改进工作。

Aurora 极光记录:《晋书·天文志》,黑子 187—188 汉灵帝 4—5 年(《汉书·五行志》与《后汉书·五行志》)。但北极光首见于 AD 194 (献帝兴平元年),在 839(〔唐〕文宗开成三〔年〕)、840 (开成四〔年〕)有极亮的北极光,到 993 (宋太宗淳化三年)又是一个北极光多时期,《唐书·天文志》和《晋书·天文志》。1675—1725 黑子极少出现。

H. C. Willet: "Long Period Fluctuations of the General Circ. of the Atmosphere"《大气环流的长期波动》, *J. of M.*《气象学杂志》, Vol. 6, 1949, pp. 34—50. 摘要: This basic change apparently consisted of a contraction〔*旁注*:小年,高指,纬〕& expansion〔*旁注*: 大年,经,低指〕of circumpolar zonal weather pattern accompanied by decrease & increase of cyclonic activity in the low pr. belts. It is emphasized that solar variability of the sunspots variety is the only possible factor of cli. control which might be made to account of all these variations.

黑子数目各周〔期〕大小不同。四十年大以后，隔以卅年小的。

	平均	
1755—1794	60. 55	
1795—1834	24. 33	但历史上在十三四〔世〕纪时，恐变动
1835—1874	61. 35	更大，但 1672—1704 则看不到有黑子，
1875—1914	31. 80	使 1705 的黑子大足惊异。
1915—1947	52. 38	

Hale period (54) = Double sunspot period

大黑子可达四千 Gausses in intensity。

Brückner 以为日常数增加时，使水陆风交流增加，所以陆上热，当减少时，则水陆交流减少而陆上冷，但他不以为日常数和日黑子有关。Gilbert Walter (1915) 用 C. C. 方法没有能得结果。1) 由于他用年平均，但冬季关系可不同，2) 在双黑子周内 Ma. 和 Mi. 的影响可相反，3) 不一定黑子的数目大小而是他的变动关系最大。W 希望找到日中黑子增加即日活动增加则风暴活动也增加。关于温度，在低纬度 W 寻出是负 C. C.，到 Leh 三千米这样高空则为正的(+0. 01，〔对〕比 Agra -0. 43，Calcutta -0. 44)，但到高纬度又变了正的。Hanzlik (1930) 用黑子增加三年和减少三年的气压来比较。当黑子增加年(Increased sunspot—Lower index activ.)。

3 月 21 日　星期二

Climatic Change, H. C. Willet.

1870、1893、1917 在北美到欧洲 Zonal Index 区域指数要减少，冰洲一带 P 气压加 5—6 mb，中纬度要减，但在黑子从最小到次 Max. 时则 Zonal Index 要增加。1883、1905 这时高纬气压减，而中纬气压增，Hanzlik 的结果证明冬夏情形可以不同，而且连续两个黑子周〔期〕也可相反结果，在中高纬、在低纬则不然。

Kullmer 1943 找出风暴路径和黑子最快增减年有关。Tannehill (1944) 以黑子多少为日光常数的指标，而没有把紫外光分开，他找出从 1867—1870 的大黑子数到 1877 的一周(十年)低纬的多风暴和 Low index 在大气环流，继以一个〔周〕期中纬的高温干热，而使 1930—39 的大热期(高纬)，到 1944 年又有如 1867 也那么中纬度 Low Index Min. 时间是 80 周年相近。Great Salt Lake 大盐湖和 Devils Lake 德弗尔斯湖(N. D. 北达科他州)均是无出口湖，于 1867—70 到最高水平，1940 最低，Great Salt Lake 几乎减少一半容量的水，盐度加了一倍。冰川溶解以 1930—39 为最快(1944 以后将要〔有〕一个多雨期)。p. 41，It does seem clear that a systematic comparison of the world weather anomaly (Low index—1867 水大,1930—1939 热,High Index?) patterns by seasons and by phases of sunspot cycles individually should be made with sunspots. 地质时〔期〕冰川期每2亿五千万年一次,第四纪冰川是第四次,余三为二叠纪(石炭二叠)、下玄武和上前玄武(Pre-C.),每次各长五千万年,间冰期每次二亿年。p.44,北半球有南半球的二倍大陆,但平均温度高2°C,雨量较少。在北纬60°,北半球有61%陆地,南半球无大陆,但二者相比,北比南高3°C,所以说大陆多会使冰川不能成立。Brooks是主张海陆说最力的人。Milankovitel-Zeuner 主张 Croll's (1875) Eccentricity 理由的,但南北两半球气候变动一致,驳斥了这说〔法〕。Simpson (1930)提出太阳辐射的变动,地质学家估计在冰川期比现时低7—8°C,在间冰川期最热, 3—4°高于现时。p.48,最后冰期之尾6500 B.C.,斯堪的那冰川和现相似。最近二万年冰川减缩,北美和欧洲同,不是作直线式,在二万到6500 B.C.,欧洲是大陆气候干冷,大陆气候在欧美。5000—1000 B.C.为optimum,比现在还热,此时欧洲潮湿,北美同低纬热干,中亚沙漠,湖面低,在高纬Ice sheet减低几千尺(Greenland格陵兰 & Antarctica南极洲),北极海无冰(永久冰),冬天间有之,此时海平面要比现在高数尺,此时风暴路线向两极移动,中纬和低纬均较干热。在1500—1000 B.C.英国大树不见,风暴增加。850 B.C.欧洲气候变坏, Alps阿尔卑斯冰川增大, Boden Sea博登湖升10米,欧洲大河均冻冰,风暴向赤道向移动。在美洲最冷在450 B.C.,这Sub-Atlantic Peat Bog period亚大西洋泥炭沼时期直至350 AD,此一段比现时为冷,此期冰川又前进,欧亚的无出口湖水面最高,此时干燥,中亚发展了文化,地中海也于此时天气潮〔湿〕所以发达,有许多地方今天已是沙漠,这是(小冰川)时期。在400—1000 AD有一个Second cli. Opt.气候次佳期,其时Viking在从前冷区得发展。Brooks认为那时Arctic北冰洋冰少,中亚又干,里海比800 AD、比十四世纪低12 m,此时所筑城和路在今4 m以下(从1700年海面变得从7′到-2′与今比),其时热带干得发生Maya玛雅(700—1000)和Angkor吴哥(600—1200 AD)文化。从十一世纪初起又变冷,最冷在13—14世纪, Greenland的Viking变为孤立而放弃, 14世纪为冰川所覆灭,此时欧洲人口减少甚至到50%,阿尔皖冰川阻塞了通路。十四世纪以后则未有很大变动,十七八世纪比较暖,而十九世纪较湿而风暴多。当两极低气压发达,风带向南移动,气候带随之以南,温北经向环流多,若相反则风带向北,而成纬向环流,凡Low index则要即有极低压扩大经向流增加,高Index相反。

天气变迁文献。*Quar. Jour. of R. Met. Soc.*《皇家气象学会季刊》, Jan. 1960, pp.1—15, E. B. Kraus, Synoptic and Dynamical Aspects of Climatic Change. Butzer, K., General Circulation of Pleistocene《更新世的大气环流》, *Geog. Annalen* 57《地理学年鉴1957》, p.48—p.105. Callender, '58 *Met. Mag.*《气象学杂志》, Vol.87, p.204. Drevey & Flint, Postglacial Hypsothermal, *Science*, '58, Vol.125,

p. 1182. G. Manly, The range of var. of B. Climate, *Geography*《地理学》, Vol. 117, 1951, p. 43. Simpson, World Climate《世界气候》, *Q. J. of R. M. S.*, Vol. 83, '57, p. 459. Yamamoto, "Climatic Changes in Japan"《日本的气候变迁》, *Proc. Japanese Acad.*《日本科学院汇刊》, '58, Vol. 33, p. 468. Sokolov, A. A., «Природа», 1955, p. 96.

10/5—10 西北干旱组开一会议,人工降雨、融冰化雪汇报会议, 62 年工作纲要,综考组开一次会议:委员会, 1. 提出成果,验收; 2. 今后如何做法。把黑龙江、内蒙报告送给委员;检查未做到的;四月中旬在南宁二队相谈规格;十二月集中北京定方案。

北京	大旱年	1869	1891	1920	1921			
		−1°. 5		−1. 9	−3. 1	−3. 0		
	旱年	1854	1875	1880	1899	1923	1926	1936	1941
		−4. 4	−2. 9			−2. 8		−6. 2	−2. 8

北京冬季三个月平均温−3°C。

上海年雨量平均(1873—1950) 1141 mm

	Above normal	Below normal years
1875—1900	11	14
1901—1925	(1+12) 13	(4+8) 12
1926—1950	12	13

表示二十世纪倾向少雨年,直到 1945。据 Kraus 云,温带 40°以南二十世纪倾向于雨少。

3 月 24 日　星期五

李之保、陈凯、褚亚平、侯学煜、郭敬辉、李〔　〕、王君衡。

1961 年学会工作计划。十条,当时当地各分会提。人民公社,深入生产,总〔结〕经验,土地利用。(综考会理论)学习毛主席理论。重点地区调查。物候工作(河南、吉林),为农业服〔务〕。国际活动,百家争鸣、百花齐放。综合考察(理论方法)经验来改进将来工作。总结全在学会〈物〉〔活〕动,恢复学报,每年四本。

国际活动,地理情报工作。

四组委员名单:设立

教学组:侯仁之,黄君衡,李,周。

自然地理组:周,黄,侯学煜,郭敬辉,吕炯,刘培桐。

经济地理〔组〕:王守礼,吴传钧,仇为之,张,任金春(师大)。

地图组:曾世英,陈述彭,赵汝梅(师),莫展友(北大),张世骏,黄文明。

会员,全国性学会只有团体会员,不吸收个人会员。

刊〈会〉〔物〕,主张重出《地理学报》,年四期。

《改造我们的学习》,《毛选》第二集页795—803。要从客观的真实情况出发,而不是从主观愿望出发,才能认真地研究出情况。

3月25日　星期六

政治学习。

赵九章:工场做车床不合格,因为辊的螺旋没有经过热处理,不合理,会走样。

严济慈:配套补缺,充实基础,保证质〔量〕,保〔　〕,提高水平,突破尖端。研究工作走在生产前面。群众民主、专家负责,真正的负责。浮夸。破除迷信,解放思想。大连催化的发现可以作为向前推进了一步。

华罗庚:解放以前不联系实际,运筹学的发展,数学有三个基本问题,代数运算、几何直觉、分析技巧,知此三者,几何代数化的问题。基本训练。考实习研究员外文。怕〈对〉〔戴〕帽子。(数理逻辑胡世华)。

尹赞勋:过去脱离政治、实际和政治挂帅,从学科出发来考虑问题,地质有趋向于任务为室。

蔡邦华:与农业部分工不够,资料积累、尖端实验不多,理论基础不好。不能解决问题。每所不能样样统搞,胰岛素这个问题是否对。

汤佩松:集中力量解决关键性问题。光合作用不能配套补缺。中关村电压变动大,270—380。灰尘。

(PIAJ) Kanda Shigeru, *Ancient Records of Sunspots & Auroras in the Far East and the Variation of the Period of Solar Activity*《远东古代太阳黑子与极光的记录及太阳活动周期的变化》, 1933, 9, 293页, *Proceedings of the Imperial Academy of Japan*《学士院汇刊》。

PMGP. Arakawa 荒川 H. *On the Relation between the Cyclic Variation of Sunspots & the Historical Rice Crop Farming in Japan*《太阳黑子的周期性变化与日本历史上水稻收成之间的关系》, 1953, 4, 151. Papers in Meteorology & Geophysics: Yamamoto, T., "On the Climatic Changes in Japan"《论日本的气候变迁》, *Proc. Japan Academy*, Vol. 33, 1958, p. 468. (Longley) Kraus, E. B., "Recent Climatic Changes"《近期的气候变迁》, *Nature*, 1958, Vol. 181, p. 666.

3月27日　星期一

黑子周期和日本的水稻丰歉。

H. Arakawa 认为有 89 年周期。把二百年以来的黑子数分为三种,以最多黑子年<69 为弱年,在 69—107 之间者为中年,以>107 为强年。作如此分配后,找出二百年当中有 1778、1788、1837、1871、1948 和未来的,即 1957 为强年。日本稻米,当夏季,尤其八月温度低,则收获不好。在日本历史上,稻米荒年为 1782—1787、1833—39、1866—69,所以他认为日中黑子强与稻米歉收有关。

Visser, S. W. 1953, Extrapolation of Sunspot Climate Relationship《太阳黑子与气候关系的外推》, *Journal of Met.*《气象学杂志》, Vol. 10, p. 232.

Some long-term means from The Phenological Reports (1891—1948) of the RMS Journal《从"皇家气象学会杂志"1891—1948 年物候报告得到的一些长期推测方法》, 1960 年一月, pp. 95, by E. P. Jeffree.

英国开花最早 SW 和 SE 英吉利,最迟北苏格兰,相差(Hashell)十天(Ivy)廿八天。从 Bristol 到 Aberdeen 640 km 间相差平均 21 天,即南北 30 km 一天或 1° 3.7 天。Hopkins, A. D. (1938 U. S, Ag. Depart. 美国农业部报告)以为是 1°差四天。他以为 Isophanes 等物候线是经度 5°差纬度 1°,每升 100′差一天,但各候不同。

Standard deviation of observ. in restricted locality appeared to be 5—7 days for late spring and summer flowers, and rising to 13 days for early spring flowers. (no validity greater than this should be attributed to a single obs.)

Ancient Records of S-Sp. & Auroras in the Far East & the Variation of the Period of Solar Activity, by Shigeru Kanda (东京天文台).

古代黑子记录

	时代	次数	
Williams	301—1205	45 次	*MN.* Vol. 23, 1873
Hirayama, S.	188—1638	77 次	*Observatory*《天文台》Vol. 12, 1889
Mordrey	BC 28—1638	79 次	*Bull. Ast.*《天文学通报》Vol. 21, 1904
Kanda, S.	BC 28—1743	142 中日朝	*Tokio As. Obs. Report*《东京天文台报告》1, 1932

其中中国 112 次,日本 851 年一次,朝鲜 1151—1734 共 35,其中五次相同,故实际 143 次。

最早纪录见《前汉书 · 五行志》,河平元年三月乙未。Aurora,中国 B. C. 30—1675, 53 次;朝鲜 478—1681, 24 次;日本 620—1928, 19 次。《前汉书 · 古今注》是最早记录,成帝建始三年七月得出。

O	E	O	E	O	E	O	E
-27.7	-153	388.9	-114	865.1	-70	1148.4	-44
						1160.5	-43
-120.2	-148	398.4	-113	875.6	-69	1171.9	-42
187.7	-133	501.1	-103	888.0	-65	1185.3	-41
302.0	-122	511.8	-102	927.2	-64	1193.9	-40
311.3	-121	567.1	-97	947.9	-62	1202.8	-39
322.1	-120	579.1	-96	974.1	-60	1239.0	-36
				1078.2	-51	1258.7	-34
342.2	-118	807.9	-75	1108.7	-48	1277.4	-32
354.2	-117	830.0	-73	1120.5	-47	1356.3	-25
359.9	-116	840.0	-72	1130.2	-46	1362.0	-24
372.6	-115	851.9	-71	1137.7	-45	1372.5	-23

Nature March 1958 (Vol. 181), pp. 666—670, Dr. E. B. Kraus "Recent Climatic Changes"。近来在高纬度冰川的退缩看出气候的波〔动〕,但在亚热带河流的径流变动亦极巨大,尤其在干旱年干旱区域,若用积累偏差图更能比平均图看得清楚。他把 NSW、Queensland、Charleston, S. C.、India、Nile discharge at Aswan、Central Cape Province 六处的雨量和径流从 1880—1940〔年〕作了比较,显出 1900 年左右有一个显著减少的变动。在 NSW,在 1879—97 雨量比六十年平均高 26%,但 1898—46 则低 11%,换言〔之〕在第一期年雨量 16.90″,而第二期 12.02″。Queensland 干期推迟了二年, Charleston 也是到 1900 后雨量减少,印度的改变不大,但也显出 1900 以后的锐减, 1921—30 尤少。Nile 河径流 1898 之后减少 30%,即 27×10 M^3/Y,南非也有这样情形。在干旱边界最大,如 Aden 在 1894—1924 年平均和 1880—1893 相比,前者多 80%(用 cumulative % deviation 图显示)。从赤道上的雨带于 1894 开始缩小,澳洲、非洲半干旱区受旱灾以来,到 1899 干旱影响各大洲、大陆东岸。1902 温带的 T 骤高, 1910 季风的加强使印度雨量稍加,同时高纬度雨量看不出变化。海洋蒸发靠风力,〔风〕大则蒸发大,而信风的力主要是凝结雨和高纬度的辐射热损失。Pleas (*Q. JRM* 1956, p. 30, Vol. 82) 以为 O_3 分布微小的改变,地面和云层温度到 2°C,在自由大气中每天由于 O_3 的变冷热不过 1°C 几分〔之〕几。在高纬 O_3 层相当厚,所以不受日照影响,此区变动多半由于垂直空气运行,但近赤道区则易受日射短波影响,日射短波增加可提高空气温度而使热带臭氧层降低,结果使对流层辐散热量减少,使信风带能量减少,这样(三星期后)会影响到环流。Menzil 和 Bell 又以为粒子流增加,可以使 70°N 的气压提高,而 40°N 减低。粒子流所带力量在一个区域可和日辐射相等。Bell 以为这样可以影响到地面上气压的分布,其机制如何不知道,如其这样则日活力强时要增加高纬温度,而低纬信风力减少,蒸发小而热带雨带将缩小。最近雨量又有增加趋势,在

目前要用边缘地区的资源时这一变动更为重要。

日中黑子数。依程廷芳《中国古代太阳黑子记录分析》,1955年《南京大学学报》(自然科学)四期,元帝永光元年:

1	2	3	4	5	6	7	8	9	10	11	12	13	14	15	16	17	18
1	2	1	2	2	12	0	0	9	2	5	19	6	18	0	1	6	

3月28日 星期二

四次常务会议。西藏综考。冷冰。

1960〔年〕58人,工作人员共80人,四个月考察。森林在波密区12万平方,以冷杉、云杉〔为主〕,冈底斯山以南,五、六月间紫云英、玫瑰很多,五月底油菜开花,十月又开。河谷地带一年二熟,藏北草原成群野驴,估计一百万〔头〕,占大牲〔畜〕1/10。大小湖泊370个,三万 km^2。B 硼, Li 锂。农业现有二百八十万亩,农民向不翻土,每亩几十斤,去年一亩160斤,现已开始种小麦和洋芋。现在〔有〕除草、条播、除虫、灌溉、施肥、护田林,可能到300斤一亩,洋芋可每亩五千余〔斤〕。人口120万(包括昌都三十万人),其中农80万,劳动力40万人,可耕荒地600万亩,农垦部六千万,主要是上线4000以上/3900〔旁注:Humboldt 洪堡 4700, 5400〕,现在4300也试种。登山队〔在〕定日在4600也种青稞,绒布寺5000 m,提高100 m可扩大面积数十万亩。森林3700、草地4500 m,积温,青稞、马铃薯70—80大可熟,冰雹的问题。4600藏北有高峰。今年去的,土壤15人、气象1人。黑河(东桥)有铬铁矿,铬:铁2.5:1,储量百万T,地表二十多万T。泽当SE罗布沙有Cr铬,地表25万T,品位好, 58%,比例大于3。班戈湖到黑河,丁青也是超基性,质量优于内蒙,锡3,钨2.5,藏>+3。B和Li有世界意义, 370个湖, 30,000 sq. km,硼共7,800,000 T,富的十四万T, Li 7,920,000>4/1000, 1,940,000, Ca、Mg少, 8.5倍于美国湖,加工易, B向北浓,向南淡,化学所。干流、大支县、日喀则、台水、泽当、兰县有峡谷, 410,700, 1000秒/米,可发540万kW,拉萨西90 km羊八井湖可发五万kW,落差2.6%。今年去147人, 1/4出发,粮食全部运去,北路找Fe、Cr和C,南路农业,林芝林业,昌都Fe和C。多大富全, B作高温燃料。要加强化学调查,用光谱分析、化工分析。

尼泊尔当前政治。

3月31日 星期五

《地壳的生成》, J. T. Wilson, *Nature* Feb. 2, '57。

地球和月球的面部完全不同,可能原因:月亮面部空穴多由于流星的击撞,地球因风蚀雨剥而成目前情形。但 Wilson 的意以为地壳全是火山或流熔岩泄流而成,最初地球是在 Mohorovicic 不连续面和月球面相似。由于地球面部发生一系列的裂缝,熔岩流出成地壳, O、H 泄出成洋海和大气,有人算出空气中 Argon 40 的成分可能从地球内部泄出的 K 40 而来。地壳可以当作一层厚 5 公里的 Basalt,在海陆上均有,在大陆棚上加了厚 30 km 的 andesite 安山岩,其中 59%的石英,而不是花岗岩。玄武岩的总容〈种〉〔量〕为 2.5×10^9 km^3,安山岩〔为〕4.5×10^9 km^3。四百五十年来每年流出熔岩 sapper 估计为 0.8 km^3/year,过去也许较大,整个地壳是地球有生命以来所完成,即四十五亿年 4.5×10^9 years,和上估计是相似,也许稍大。世界活火山统延两条 fracture system,其中小一条与之并行的有 mid Atlantic ridge,从 Arctic 到 Tristan da Cunha 到非洲南部转而与印度洋 Carlsberg Ridge 及澳洲南的太平洋 Ridge 相连,有浅的一系列的地震中心,这一带是 rifted 或有 Fracture 一带火山微弱的活动,喷出大部为玄武岩,可能是 70 公里深的 Fracture 是 Mantle 的熔解所成,熔岩流出如此慢,需地球整个生命的时间,因其厚〈尤〉〔约〕2—7 miles,Lomonosov ridge 也类似于此。大陆是比较一个活动〔的〕组织,成为倒 T(山)字形,沿线有活动的安山岩喷出火山和深到 720 km 的地震中心,也有浅的。T 的帽子(Stroke)是从南亚、海洋州到地中海与新西兰,干(Stem)是 Cebbes 到太平洋岸,其中大部是在下列第 1 和 2 的程度(岛屿弧、造山弧):

1. 岛屿弧—阿留申群岛—成立弧状 Fracture;
2. 成山时期—如英属哥伦比山脉—上升和变质为陆;
3. 不活动的山脉—Appalachian—活动带移他处;
4. Shield—Grenville Province→慢慢地剥蚀,大部熔岩被剥蚀而成沉淀,再上升变为花岗岩,再受剥蚀,因为深海中只有玄武岩,而大陆上才有大量安山〔岩〕。从深地震中心,可以推想玄武岩自从几十公里处的熔岩所成,而安山岩则从几百公里〔处〕所跑来。大陆的 Fracture 可移动,如北美洲从 Appalachian 移至 Rocky-Andes,从 Hercynian 移至 Alps, Himalaya, Yukon,日本, Alaska 移至 Aleutian,(Kuril)千岛(在 Mesozoic)。在加拿大可以看〔到〕金属矿从 Large Fault Belt 有关,近来同位素的研究证明大部金属矿从 Mantle 而来,以大断层为 Channels,地壳层的 extrusion 将使原来面部缩 100 km,比 Jeffrey 所预料 thermal contra. 多一倍,熔岩的流出可能扰动整个地球〔的〕moments of inertia 而使北极移动,这可能造成第四纪冰川,这样地面的断层移动最快是在加省 San Andreas 和新西兰 Alpine faults,每年 2.5 cm。

4月1日 星期六

政治学习。

王淦昌:青年人讨论时间比较少,给以时间。中级干部事情太忙,组织工作多,好坏没有考核。

邓叔群:变动和安定。分类,一时停一时做。《真菌志》要上马而忽然停下,以后又要搞。培养青年。学习而不做工作。

科协会议。(工业部门)陈维稷:1. 党的领导,结合需要;2. 充分发动群众,去顾虑;3. 充分准备,定出措施;4. 用马列主义方法来做调查研究;5. 用不同方法;6. 总结经验,广泛交流;7. 要有争鸣园地。杨显东:农学会要不要成立的问题。科普、科联〔学会〕的问题。会议的主要三个目标:1)明确思想,增加认识;2)交流经验,摸索规律;3)改进作风,提高领导水平。以第二项为要。

4月3日 星期一

5号	上午十点 香山开会(全国科协	上午主席团会议,下午分组)
	下午南水北调	
6	上午治沙	分组修改十二点计划
	下午冰雪水分平衡	
7	专题报告	
8	工作讨论	其他活动
10	组里规划(61—62年规划)	上午开大会,李主席讲话,全体会议
11	讨论纲要	典型情况介绍
12	上午通过纲要	典型情况介绍
13—14	分组研究	
15✓	上午主席团会议,下午会议闭幕	

周总理报告:人大会议要推迟,报告国内外形势。

国内问题。1) 三面红旗,这是总路线的总方向。在速度上提大跃进口号,政社合一,公社成为社会主义基本组织,从长远看,证明民主革命路线取得胜利。虽然旧的势力还存在,第一个五年计划是社会主义改造,三面红旗还只三年,要长远来看速度,虽是两年大灾荒,如钢57年535万T,而60年1890万T,煤57年一亿三千万T,而60年四亿多T,这统是大跃进,不仅要多快,还要省而好。人民大会堂试用一年半证明了多快好省,时间、人力还是省,面积过于故宫。小高炉有其作用,但第二步就要提高质量,从数量大跃进转化为质的大跃进。58年铁的含硫〔量〕很高,因大部来自中小炉群,铁矿来自就地,七千万T来自小铁矿(共一亿多万矿石),自动化只20%,必须由土转洋的过程,但也并不是土法完全不要,并不是的,大中小要结合,以后总要保留一部。执行总路线要从数量提高到质大跃进,要种类多,质量好(钢)。目前煤的机械化优于铁,甚至电也不好,有多少要改进,化工炼油,土法只能作辅助,大跃进在总路线的作用可见。

要从客观的可能来建立主观的能动性,不能一步登天,要上述二者结合起来。总路线是思想、方向,也产生了新的技术创造,但二者相比质还是落后,以六十年代眼光,喷气、电子管、超音速的时代,61—62经济建设放在调整、巩固、充实、提高这方面。调整各部门的关系,要使如在(57年200亿度电、145万T原油、2亿7万T运输力)这个平面上,而到61年则在另一个平面上,必须在这平面平衡起来。所以要调整关系、巩固成果、充实内容,提高质量,所以61—62要在这基础上使第三个五年计划能继续提高,这样不会影响到大跃进。60年工业两倍于57年,即使62年的工业产量和60一样,仍然是大跃进。钢2.4倍,(三年)煤不增也还有每年加26%。另一方面表现在人民公社方面。1958年北戴河、武昌两次会议决议,把他巩固起来,三包(包产、包工、包成本)一奖,在所有制上更切实,能执行。新的力量产生一定会冲破限制,但也会带来旁的副产。三级办社、队为基础,全民所有制一定要城乡公社能巩固起来才行,要把社会经济组织巩固起来。

2) 要承认局部性的困难。由于灾荒,也由于存在缺点。农业灾荒影响工业原料,这在社会主义社会才能克服。像光绪三年1877这样灾荒十年不能恢复。解决困难首先粮食,已签订进口264万T, @ 5,480,000,000斤,如再购150万T,则可到80亿斤。从50年以来从未进口,只有出口,这是第一次。为了换取粮食,要出口布匹。前年24尺,去年18尺,今年不可能维持以这样方式来克服灾荒,布匹容易换外汇。现在分配多劳多得、不劳不得的原则。要善于总结经验,对于国际斗争也是一样,情况明了就能掌握主动。同时社会性质也有关系,极大多数统拥护、热心,自能取得成绩。还有第三方面,从旧社会遗下来一批人,经过改造,但有一小部分未改造好,有极少数心存破坏。毛主席说共产党要不绝的学习,不断的改造,活到老改造到老,是长期艰苦的工作。思想斗争是长期的,帝国主义对我们不死心,因为我们中尚有他们同路人,这是两个阵营斗争所不免的,所以两条路〔线〕的斗争还是长期存在的。

3) 提出几个任务。a)农业过关。毛主席说农业是基础,五万万多在乡为农民,若不把农业过关是不行的。美国只16%在农村,生产水平是极高的,40%劳力为农〔业〕生产,工业生产要看农民能供应多少粮和经济作物,农业能产多少工业原料,能抽出多少劳力至工厂和其他职业,要看农业能供工业多大市场,要看能提出多少作运输工作。去年运输量近七亿T(铁路),3900个城市靠此,城市一亿三千九百万人,其中183个大城市8000万人,其余小城5000多万人,农村能供应多少商品就能办多少工业,不能把农民自己粮来做商品粮。毛主席在1959年已看出必须注意农业,工业交通占据了许多农田,几年来开荒和基建所占相比反而减少八千万亩,所以必须重视农业。工业当然不能不搞,国际地位也不能不搞,但要以农业为第一,水利、机械、化工来资助,单靠手工业也不行。是不是人多了,现在劳动力还不够。平均增产三百斤不是难事,加以水利、肥料可以做到,资本主义〔能〕做到,何以我们做不到?

第二个任务,建立独立60年代工业基地,其内容水平如何?苏联1941也是1840万T〔钢〕,Hitler 1939时代的水平,但目前技术、品种和1940年不同了,不能满足于那时的,所以要求质量大跃进,不然就不能为一个工业大国。大区只能作为协作的张本,如煤从北运南,铁从南运北,要调剂,但也不可能每个区完全独立,也许十年能完成。

第三个任务,突破技术尖端。超音速、喷气和电子时代要突破,像印度要在原子能突破,但不能解决问题。我想我们可以突破,要靠领导、大众和科学家,突破尖端一定要努力。印度自称已解〔决〕农业问题,但每年要进口300万T的粮。

第四个任务,要培植大量专门人材。小中大〔学〕共有一亿多人,小学一亿,大学一百万,人数不少,要提高质。不但在报上发表学术性文章,而且要做实验室工作,要多做工作少说话。这一年供应困难,照应不够,遇困难就说。

第五个任务,坚持艰苦奋斗。到如今一般还是顺利的。毛主席在1949年就说胜利了,但是仍是万里长征第一步,一定要节衣缩食,勤俭建国。人口六万万八千万,@一布75万担棉花,一人24尺要1700万担,1960去年只1800万担。购物证有人有意见,但是必需的。各大城市买糖一千万元一天。现时粮食是社会主义供应,一部是社会主义节制,可以缩小距离,也可以积累资金,但坚持不发公债,最后无法算账,内外债要67年统还清。多劳可奖励,工资要使高低接近,五千万职工,人数太多。七亿T运输量,煤钢电的水平不要五千万人,61—62年再压缩1/6。北京党政24万人已压缩到16万人,城市人口增产要有控制,目前25:75%,57年20:80%,50年90:10%,要使城乡接近,城市人口不要增加。

第六要增产节约。反对浪费,提高生产率,减免积压,爱护国家财产。

第七要加强调查工作。没有弄清楚不要提意见。要弄清理论,要深入下层,用毛主席思想作武器,委员要做调查,人大、政〈委〉〔协〕要帮助。

第八要调〔动〕各党各派人民的大团结,团结即是力量,和国际一样。

人大会议在下半年,转向质量大跃进,要一个时间,下半年做两年计划,看到今年夏收后看一看秋收状况,然后开会。

4月4日 星期二

印中边界问题。

王士鹤、熊宗英：西北边〔界〕，*Abode of Snow*，Mason 著，英国测量局局长，1955 出，驳斥 Johnson，此外 Sven Hedin *S. Thibet* 图 1870—1873。1920 *Journal of Royal Geo.* 有文批评 Johnson 图之错误。Forsythe 叶尔羌调查团两次调查图前后不符。"尼芒尼山为止"，尼芒尼就是喀喇昆仑，《新疆图志总论》中云。

4月5日　星期三

科协全国工作会议。

李主席：此次大会目的；大跃进以来新的成果；总报告的讨论；组织工作。范长江：主席团七条原则。原来科协主席、副主席，全部党组成员，统进。全国性专门学会组长，各大区召集人员，大区的代表和个别的特殊方面人物，共 39 人。我们经验不足是主要缺点，所以重点在于交流经验。57 以前团结改造为主，科联、文联均如此。过去学会自成体系，不受各级党委的指挥，而圈子太小，不能开展。58 以后明了科学为生产服务，作为党的助手，这样就解决了方向问题。学会的问题，大家以为有需要，现在重要的〔是〕交流经验，摸索规律。57 以前，学会〔是〕老办法，57—60 是党的领导办法，现在要把二者结合起来，如教学上的运筹学。单研究所院办刊物有困难。十二条不够成熟。国际学会问题，过去统采取消极办法，从来不总结经验，从九〔中〕全会后，于光远去世界科协会。现在拉丁美洲、非洲加入，4/1—3 在保加利亚开会，王顺桐、周培源、张维前往。学会外事活动将归科协。李主席：世界科协是争取国际科学界统一问题。单靠科协还不够，要靠学会。要采取积极态度，不怕推翻过去的，决定错的要改。《生理学报》登 100 周 Wester 纪念，1960 年五月《生理学报》。

西北地区防旱研究工作。

南水北调，周鸿石（黄河水利委员会）：三条线：通柴线，玉树黄河大转弯处，沙布到定西（洮河）。1. 通柴线：公路过长江 100 km，曲麻莱县地方建坝，4241 m 海拔，控 70 亿水，经昆仑 4677 到格尔木河 3574 m，昆仑山甚平，400 m 不困难，有 70—80 km 距离的 Tunnel 隧道；如抽水，要抽 380 m 过去后有 1200 m 落差以发电，尚有年 120 万 kW 电力，可以解决柴达木问题。玉树到黄河弯：250 亿水，三千到四千，从五千 m 高，地平也困难。沙布到〔定西〕：2000 亿水，以一半算，三千秒公方算水账并未落实，高坝长洞法可减至 1200 km，叠溪大小海子。困难：缺乏好图，地质调查缺乏。先易后难、结合实际。61—62 年工作：61 年做研究工作，内蒙为主，从研究结果提新线新方〈线〉〔案〕。第三线的长水洞翻雪山 70 km 有三四个洞，大小海子的研究。有 170 m 的落差，要测量总局测通柴线。62 年如有空测图做通柴，〔做〕室内工作，改造黄土高原就得要水，不调水是困难的。三则科研，四则第三线复核。牧区@每亩 50—100 m^3。输水线由西北五省做。定西至河西,定西至河套、内蒙,定西至鄂尔多斯,此外尚有支线。

谷德振:工程地质,高方案只 1200 km,从梭罗卡子把水坝〔建〕到 2600 m 水平。梭罗卡子问题最大,如能提到 2670 m 高,则水洞可短,而且可以缩短上游的水洞。盐原平原问题,和提高淹没稀有元素地区,同时水量要减少。科学问题,渠道渗漏和边坡稳定,抗震结构要研究,地震影响大,但地区人口少。新构造的研究,爆破问题,有天力。

郭敬辉:广东南水河大爆破 1300 T 当量,做 61 m 高坝, 104 万 T〔土〕石方。资源考察 50 万 km^2(60 年 12 万方, 61 年 43 万方), 1962 年自然资源〔考察〕完毕后, 63 年初提出引水地区生产力发展设想。1959 年 200 人做了工作, 1960 年 480 人,地震未能依计划做。西昌工业基地,金沙江石鼓到玉树无资料。今年四川阿坝、甘孜、雅安等,金沙江可完。综考工作属于西藏横断山脉这部分工作。百合滩水电〔站〕,巧家附近水电站,金沙江可以分段通航,雅砻江也逐步可以通航。大的平地是安宁河谷,八次大地震,五次在西昌。

4 月 6 日　星期四

西北地区防旱工作。

施雅风:西北冰川情况。西北径流多取源于山上冰川。贺兰山以西流出约 1000 亿方,河西 70 亿,柴达木 100 多亿,新疆 800 亿。初步查明 Pamir、天山、祁连山冰川分布及储藏量,祁连 1000 个冰川, 4200—5200 m+(雪线),冰川至 3800,最长 10 km, 400 亿 m^3。天山冰川 2700 m—3500 m,雪线 S 3900 m, N 3700。腾格里冰山长至 30 km,其上盖以石子, Karst 多, 4800,储 1800 亿公方。Masta-Pamir 帕米尔有 7000, 600 立方、400 亿 m^3,雪线 5700 m,冰川 4800 m,如冰帽,储水每年天山 60 亿方,祁连山十四亿方。高山降水多于平地,玉门 50 mm,冰川 200 mm, 4700 m 有 600 mm,东段可 1000,哈密 30 mm,高山 600 mm (3000+m)。天山 970 亿,300 多亿流出祁连山, 500 亿下雨,流出 150 亿,(天山积雪每年 50 cm),湖泊多,哈密天湖已控制起来,也多沼泽,有高沼泽、祁连 5.9,沼泽得 189,000,潜水多。定位观测(天马山)是否向上迁移,并非残余,而是继承者,是小冰期所成的,历史上小冰川二三,上升 250 m, 50 年缩 750 公尺,十六年退一公里。Masta 一年 1.7 公尺,从最后时期变薄 15 m。雪线上升 150—250 m,从五十年来,和气候的变动要推迟,雪线上升要早。冰川种雪面积,祁连山 1300 sq. km,天山 4800 km^2,冰川缩小对气候影响,地形,河西 1959 年 1700 劳力, 1900 万水。1960 四个月,高山河冰开湖,2000 劳力二亿方水、18 万 7 千劳力日一亿公方〔水〕, 40%供四十万亩地。哈密五千工一万元,加 4 百万水,工效快。奇台 1000 人上去不见水, 100 km 以外,太远,组织得不好。敦煌200 m。

技术方面:"黑化挂帅",开雪沟打冰等,飞机炸冰提高劳动力。荣昌搞得好,要工具改革,可提高1—3倍。

天山高山站洪水预报, 58年库车的悲剧, 59—60年有效80%,莫柴克冰川在伊犁阿克苏路上。甘肃是灾区,一千多万亩荒,原定要开四千万亩荒,要几百万亿水,现已下马。西北所70多人,有大学毕业生20人。雪线冰川高度等于年平均-10°C,哈密今年要融6000万方。

西北地区防旱工作,治沙。

刘老〔刘慎谔〕:三年来治沙工作总结。1959年900人, 1960〔年〕700人, 1961〔年〕400人。考察结果做100万分一专业地图,和土地类型〔图〕和措施配给图(400万分一)。沙自何来?以为就地起沙。巴丹吉林、腾格里沙统有若干水草,摸清水土资源一下, Taklamakan塔克拉玛干的风向↘↙ ↙↘,克里雅〔河〕以东NE,以西NW。风沙移动规律,机械固沙和生物固沙,在灵武有九千个高杆造林,在背风坡成功。沙地水分工作还做得不够,沙坡头植被密度不高,治沙限于工矿交通居民区,飞机播种是一个方向。农林牧利用,扩大耕地面积问题在于水,渗漏、土地改良、盐碱土,头道湖沙改碱方法,沙打苗问题,防护林与丰产有关,磴口试$ZnSO_4$ □化,沙枣对虫害有益,磴口种了棉(1960),去年产90斤籽棉。农牧矛盾:牧区饲料不够,而牲畜增加,新疆莫索湾苏丹草长得好(37 000斤一亩),民勤长新疆杨、榆林在沙地种油松也成功。

陈道明:方向不明确。重点1961年毛乌素6万〔平方〕公里,去年未做完,和田至阿克苏有280万亩,哲、昭盟50亿水径流,做水土资源调查。西部问题在盐和水?,东部在于沙打禾,产量低,原因是风沙,五月份是风沙季,受风沙害1/3,格尔木20%。从乌鞘岭到大同以北为风沙区,(高沙乌人民公社)单防护林不起作用。西面不要剃光头和排水,用赤霉素等来加速植被生长。毛乌素有许多泥炭(有多少,成分如何),盐质土以头道湖、柴达木和克里雅河为主。第七,飞机播种,植物种类和化学固定。

4月7日　星期五

$8^h45'$。黄秉维:西北干旱自然情况与水源。

降水, 1932亿立方米的降水, Ordos鄂尔多斯以西占所有空气H_2O 12%,由于高压中心在此,春秋在高压边上,夏天温度高,温度相当于东北, 6′/sec.的天气>200天。干旱酿成盐碱化,土质粗而肥少。地表水的水账、地表径流、降水2000亿,内蒙地下水动储5400亿,柴达木45亿,共1003亿。甘肃(河西) 74亿,黄河支流130亿,北疆422亿,南疆238亿,昆仑93亿。〔旁记:未能深入引水、拦沙、飞机播种、减少盐碱。以400方一亩计，16亿亩得2400亿立方。〕二十万平方，一亩地400方，可灌六亿亩土地，是否100%可用，水质也有问题，渗透和蒸发很多，利用率30%，石杨河利用50%。石腊可以制造高级醇以止蒸发，开沼泽和湖沼，凝结水也可利用，苏联40年代也做过，有效，55—57又做。由于日夜温差和地下面温度低，可得凝结〔水〕。淡化海水。1957—1958年得出结论，过西北后空中水气愈下愈多，也许1957—58是这样。

林之光：西北降水情况。民勤以北以西雨量均少，以Lopnor罗布泊为最少，柴达木次之。西北地区年变化，冬季寒冷，雨量少，夏季多。天水单峰季风型，内蒙南也如此。乌鲁木齐春多，吐鲁番尚有春季次高，安西过渡情况。降水特性，平均强度，北京春季雨量9.5%，向南加，山西14%，山东稍少，安阳11.6，信阳26%，强度安阳最强，安阳、北京、山东东部强度可10%。年变量变率，塔里木盆地Cv变异系数可到0.8，华北0.2—0.4。

高由禧：西北地区云雾物理与人工降水。以人工降水办法来控制天气，美国在Rocky落基山以东做，澳洲在干旱区。西北干旱区域是否能做人工降水？是可能的，土炮消雹，甘肃消雹是可能的，而土炮也可增加雨。100人在祁连山工作，60年北京地物所以为土炮可以降水，在暖云是可能的，混合云带催化剂结果如何，把盐分送上〔去〕则范围扩大，面积扩七八倍，雨量十几倍，时间延长，理论还不清楚，加盐声大，冲击波多。祁连山九个催化点，定西也做，大规模催化可以大规模下雨。对地形云的研究，干旱地区向天要水还是可能〔的〕。〔大〕气组现已有100人。缺点：生产部分压力很大，地长、线长，科学问题不突出，不能提高，室内人少；去年祁连山四月—十月，云雾台没有气象仪器，马灶山3890 m，祁连山3800 m，(闻风岭北坡)谈不到云雾物理。培养干部。

人工降水应在何处，地形有关，拔海高雨多。(天山900亿方、祁连山500亿方，合就占1400大部。)西北搞水要在山上搞，祁连山雨时长，但量不多，所以潜力大。太行山(阴山)、秦岭、祁连山和天山是四个大地形，可以有可能要水。此外六盘山、乌鞘岭及塔里木盆地也可想法，尤其六盘山、酒泉70 mm，至七一冰川700 mm (5300 m)，南岳衡山相差雨量一倍。河套以东由于锋面低压，甘肃以西降雨大部由于地形雨，柴达木和河西走廊云量大，但多高云。地形云，祁连山云高只300—500 m，河北1000 m。暖云多办法也多，时间稳定，有一定路线。地形云云量和可能降水量，祁连山六条山脉形成云动力，湿度和日常变化是三个成因。高于4000 m有8万平方公里，山脉宽20 km，云底5200 m，0°C+，云顶8000 m，厚3000 m±，云顶-15°，24 km^3，可以算出祁连山(山顶最高5500 m)可下多少雨，挪威500 m高、厚500 m，可加雨量两倍，300 mm—600 mm，估计夏天不用催化〔剂〕4 mm/hr，每天二小时可8 mm，每月十二日即230亿方夏季三个月，但目前只400亿方，(240,000)面积内1/3云体面积，但平均下雨实际只1 mm/hr，为何相差3/4？

人工降水可增加10—20%是人所公认的,理论计算可加200%,如加0.5 mm/hr,则可加夏天80亿方。祁连山每年下250—300 hr。

经济作用,山区雨量和河流变化,57—59年结果平均下雨360亿方,地下水27亿方,径流142亿方,蒸发192,雨量53%,地下水7%。春季1/5为径流,夏1/4、秋1/2为径流(雨量之),所以经济利益是不小的。人工降水比南水北调还实际。从三方面入手,云雾物理人工降水,中期的控制途径,干旱发生物理过程。

施雅风:利用积雪以增加生产。石河子城积雪观测站。准噶尔20 cm以上、阿勒泰、富蕴可80 cm积雪,北疆每亩地可25—30方,在春市1960年12/21—23三万四千方面积上得17亿立方水。保温作用未做,但要延长开土时间。北疆风大,地作沟泷地(宽10—30 cm)来积雪,风不大可积雪,昌吉县做此,留〈蹉〉〔茬〕,但积雪多,耕时迟。戴雪播种办法,从4/8提早20天,戴雪播种可以加250斤,而平均只206亿,早种提高生产力,积雪以后可比做旱作,如有80 mm夏雨,30 cm积雪就可做,农6师积木农场可得亩230斤,敦煌巴里坤从清末已做□冰工作。

张更生所〔长〕:西部地下水在2,800,000平方,250 mm雨线以NW为干旱区,从大兴安岭起到乌鞘岭、新疆、宁夏、内蒙等立了站做勘探,但最初在城市范围做普查,有了一点认识。内蒙高原层很薄,水量小,打井少。在57年白云打100 m深,有5个含水层所在高原第三纪有水,可以解决畜牧区问题。鄂尔多斯苦水沟58石油打800〔m〕白垩纪,一天有一万T。榆林地下水富,新疆在盆地边有自流井,南北疆一样。柴达木西部较困难,东部有大量好水,责成各省区做调查,并派人下去,并整理资料。水质,去年站限于城市,一个控制站管辖全区有困难,用什么公式还没有经验,要水文气象结合才能估计出来。

席承藩:黄河中游水土保持。水土流失严重者50万,比原估计为多,丘陵地点50%,原10%。58、59年雨多,泥沙30.1,58年28.6亿,59年库容149亿T,为什么增加,58、59黄河水量大,治理区只10 km^2,起作用是绿化和水平梯田。水平地一亩要27个工,骊山每二公顷153.6 T,治理沟未治的363.5 T,泥沙-57.8,黄土侵蚀以几次暴雨为集中,丘陵区以沟面〈各〉〔为〕重要,在塬则以沟化为主。措施:坡地上50—70斤一亩,60年20—30,在梯田可收多得多,15°以上做梯田尚有问题,打堤阡地能增产,但只能增千分之五。坝常为大雨所破坏,70%于短期内破坏。山西离石刘家湾水库一次大雨破坏一系列的坝,绿化虽好而慢,三年蒲县种二年柏树四十万亩,邙县种青冈木也成功,陕北54年种的也好。近有河岸坍的问题。

4 月 8 日　星期六

《人民公社工作条例(草案)》，1961 3/29 日发。

1960 年 11 月发出关于 12 条政策的紧急指示，但仍有若干问题待解决：1)在分配上(队与队，社员和社员)存有平均主义；2)公社规模偏大；3)社对生产大队，大队对队(生产小队名称取消)管得太死；4)各级民主制度不够健全；5)党委包办严重，所以需要制定一个农村人民公社工作条例。(草案六十条)分为十章，以下是《人民公社工作条例(草案)》。

一章，现阶段组织和规模，五条。二章三条，社员代表大会和社员大会。三章七条，公社管理委员会。四章十条，生产大队管理委员会。五章十条，生产队管理委员会。第六章四条，社员家庭副业：(36)鼓励社员利用剩余时间和假日发展家庭副业，补助社员收入。(37)家庭副业包括在社分配〔的〕自留地(占耕地 5%)上生产，开垦零星荒地饲养猪、羊、鸡、鸭，在许可条件下还可养一两头大〔牲〕畜以及渔、猎、植果木、竹子等。(38)家庭副业收入归社员所有，拿到集市上进行交易，家庭积肥按质论价交社。第七章三条，社员：(40)要保障社员个人所有生活资料，包括房屋、家具、衣被、自行车、缝纫机、银行存款永远归社员所有，任何人不得侵犯，鼓励社员修建住宅，小农具、工具也归社员所有。执行放假制度，男社员每月四天，女六天，农事忙时可以移前移后，女社员在产假期要给以补贴。(42)过去〔的〕地主、富农分子勤劳生产的，可以允许他们入社，改变他们成分。不好不坏的当候补社员，不改成分，坏的不能作社员。凡过去〔的〕地主、富农分子即使改变成分，都不能当人民公〔社〕各级组织〔的〕干部。第八章八条，干部。第九章四条，人民公社各级监察委员会。第十章 6 条，人民公社党组织。

4 月 10 日　星期一

全国科协工作会议〔日程〕。

10 日　下午分组讨论。

4/11　上下午大会。上海组报告。纺织工会。上海区的报告。大连为农业服务。山西技术上门。张振球、王顺桐。科协搞农业、搞学会。

4/12　未定。如何开展农业工作，如何为人民服务。执行主席茅以升。晏百总工程〔师〕十一日主席。

4 月 11 日　星期二

水分平衡小组，陆钦侃，水电部规划局总工程师。

碳氢化合物 C_3 饱和能把水中的盐固成固体以后，变成流质又可用。13,000,000,700,000。新疆已开地 45,000,000，可开 120,000,000，柴达木 1,000,000，西北共开七千万亩，八年可到一亿四。

高由禧：长江流域如水网化，可加5%。水分平衡，大型湍流理论问题有其重要性，空气相〈当〉〔对〕湿度的增加。建立一个水平〔面〕研究队伍，雨量网要设立高山网。新疆可用地下水180亿，合径流1000亿，再加一亿二千〔万〕亩，现有三千〔万〕亩。如何压低用水定额，减少蒸发、渗漏。古气候研究对华北更重要。（实际只能用60%，1000亿水。）

陆钦侃：1970年要用到南水北调机会不大，长江引水农业方面影响不大，如一万亿引一千亿，不发生影响，但发电要发生影响。西北水的损失很大，损失到1/3—1/5。第五个五年计划中的科学方面工作。南雨北调，西北下雨多，则华北也潮湿。

高由禧：祁连山可降400亿方，天山970亿，昆仑山300亿，共1700亿方。如能加1/10，也〔有〕170亿。一个催化剂点管2000 km^2，只要40〔个〕烧碘化银站，融冰化雪20亿。地下水西北900多亿方。成立研究所。8万平方km，祁连山北坡支流多，由于径流一万六千亿立方水，只下一千八百亿水，只12%下了雨。

周扬同志：百花齐放、百家争鸣。

要〔有〕两个大队伍（军队而外），一个是马列主义队伍，一个是科学队伍。大学生有九十多万，85%为理、工、农、医，文科只15万人。这是为了现代工业、农业、国防。有关经过政治、文化、经济、技术、科学五个革新，面貌大不相同（和大跃进以前比），以乒乓球为例，已大跃进。四个现代化，三个半是自然科学。

〔旁记：一等强国：1）军事装备；2）政治领导成熟；3）科学队伍。〕

对科学家的要求：要求科学技术成果为社会主义服务，要求钢的多种产品，要求农学方〔面〕多产农粮，和要求文学多产创造性的作品。57年两条路线的斗争为了扫清基地，在其上建立社会主义需要的经济建设和文化建设。基础解决以后，质量必须提高，在文学、科学统如此。不但是方向正确，而还要有水平。科学家、文学家不是多了，而是少了。（斗争不是建设）〔旁记：不要以为放毒草者就要整，要解决几个问题。〕

对科学家要求红，红到如何地步？〔旁记：要红透专深是正确的，但红到如何地步？红：1）拥护马列主义，靠近党；2）唯物；3）爱国。〕是否成为一个马克思主义者，那必会影响他的业务。红是灵魂、是统帅，他是笼罩，但不是侵占，如侵占，变成一个政治活动家。对于分配任务对不对，可以提出意见的，提意见不是反党，而是爱党的，这是对人民负责。反对右派是为他的政治路线不对，这是第一个标准，爱国还是不爱国，反对共产主义或否。第二个标准（世界观）是唯心或唯物，不从事物出发，不从调查研究出发，就流于唯心主义。一个外科医生能做好手术〔旁

注:冯兰教外科医生〕,就是唯物,但苟他相信宗教,你也可让他。如果接受唯心主义就不能为社会主义服务,不能这样说,宗教也可为社会主义服务。〔旁记:树立世界观是长期复杂问题。〕

学术观点可以是资产阶级观点的,也许是错的,也许不是。自然科学没有阶级性,但政策有阶级性。生活方式、世界观等也要分析,生活方式可以资产阶级方式,也有因为职业关系,有人喜欢关起门来做,需要改造,适合于新时代,是进步的改变,使和工农〈搞弄〉〔靠拢〕,成为人民科学家,这是红的要求。反对社会主义绝对不能允许,但是生活方式、世界观不能适应,这虽不好,但可以允许的。对文学家、科学家、工程师的要求不能和政治活动家一样,所以专门家要有正确政治方向,〈做的〉〔参加〕政治活动那是必不可少的〔旁记:成了一个专家不能不有政治活动〕。开会是政治家、活动家的园地,而实验室、图书馆是科学家的工地。有人问学校是不是应以教学为主?这是无可争辩的。科学研究工作也要保证生产,要保证专,红是保证专的统帅。政治专门家和科学家不同,如党委书记,工农商学兵统要顾,文化教育的人稍专,专家必须避免片面性,要和群众相处得好,老青科学家相处要好。红是主要,是政治态度,有政治方向,不要抹杀个性。〔旁记:要大声疾呼,保证各人园地不受侵犯。〕歌就大家唱歌,不要去读书。不能要求太高,在大学里要求大学生掌握马克思主义,政治是灵魂、是统帅,不要花多时间,不必要多花时间,要贯彻一切。从前谈义理、词章、考据,夫子之文章可得而闻也,夫子之性与天道不可得而闻焉。李恕谷、颜习斋是反对空想,所以他说义理之祸甚于焚坑。世界观是身体力行的。〔旁注:李塨字刚主,号恕谷,清蠡县人,康熙时人,务实用之学。〕

对于专的要求:对于国家的需要、时代、阶级的需要有了彻底认识。我们定科学规划为社会主义建设服务,要求生产方面提出问题,要求提高农工生产水平,和资产阶级不同,要靠觉悟而不靠金钱,不能把科学和生产没有关系就不要。科学、文艺为当前事业服务是需要的,但并不〔是〕说不能为当前生产服务的科学就不要了。〔旁记:为当前、当时、当地服务是对的,但这是一个方面,不然就太狭窄了。〕为生产服务范围很广,多样化比狭义更好。如文艺为钢铁服务,一定〔要〕写钢铁、画钢铁、舞钢铁,这是不行的。科学是不是能为生产服务,非一天可能看出,所以尖端和基本理论是一定需要的。服务方向要确定,但可以多种途径和方式。我们为了革命,但如不当心,可以做到资产阶级立场,就是强调实用,这是走到资产阶级理论方面去,如搞狭的会歪曲。〔旁记:一等强国:1)军事装备;2)政治领导(成熟);3)科学队伍。〕

另一要求是近年所提的群众路线,打破冷冷清清的局面,青老结合、专家与群众结合,但除国家所规定外,应该鼓励科学家以自由研究的机会,也不是所有科学家一定要和群众在一起。不奖励大学生不上课,编教科书,这是教员任务,可以训练他做研究。总之红不是要做政治家,专要走群众路线,但也不反对个人做他的专业。特殊有才能的要加以特殊训练,有个人主义时可以加以批评。要培养一个强大科学队伍,这是国家根本利益。对于政治要求严格,不走到错误道路,但同时对于业务也要严格,每一个艺术家、科学家做了什么应该加以检查。

百家争鸣。要各学科不同学派自由争论,不要有偏,使各派能共同发展,不要平均主义,但也不要缺门,使各派自由讨论。57年以〔来〕反右派、右倾、反修正主义,统是反对资产阶级思想。青年可爱,但有片面性,热诚有余,考虑不够全面,要教育他们。

政治与学术的界线,有联系也有区别,过去常混在一起,所以要区别。政治、世界观和学术的区别,世界观有唯心、唯物,把学术问题统提至唯心、唯物,不能把世界观提反动,一定要把学术问题当学术问题来讨论,不提到世界观,就是唯心主义更也不是反动,提到政治上去。〔旁记:以前斗争了三年,但以后还会有斗争,不会那么长了。〕在自然科学领域要坚持这三个范畴的分别。科学没有阶级的,思想有错误的方法,有缺点。加帽子是最简单方法,不是好方法〔旁记:不提倡乱戴帽子〕。要讲道理,不要扣帽子,或是大家来扣帽子,要有战斗性和科学性,如过去对于摩尔根学派是学术上的学派,以后教科书中不敢说细菌,王彬说西医是资本主义医,中医是封建医。

技术政策问题。政策问题也可讨论,报纸上没有讨论,如教育方针,如劳动太多等问题。技术问题应该讨论,不要在报上公开讨论。〔旁记:如密植问题可以讨论,密到如何程度,但反对密植不要登报。〕政策也可讨论,要有范围,课程改革、教育改革,中宣部、教育部随便改变也是有问题的。一部分是改得对的,也还有一部(有问题)。把十九世纪 Tolstoi 托尔斯泰和 Balzac 巴尔扎克抬得太高或要〔求〕牛顿过高是不对的,自然科学有否资产阶级体系,不能这样说。毛主席自己说,他的学说只是马列主义的枝叶,要把敢想、敢说、敢做,和胡说、胡想和胡干分别开来。对于科学的规律性,要全体努力来建立新体系,课程也是一样。科学工作者可以写文章,为了工作做好。

政策问题要考虑去掉不适合的简单化论调。中西医合作有成绩,但中医的阴阳五行,大家不敢提,西医有理论、有科学性,中医有经验,但讲不出理论,应该找西医和中医的特殊规律,中西合流是一个长期的工作,能合则合,不能合则否,不能勉强。中国画和油画也一样。调西医来总结中医是办不好〔的〕,因中医有顾虑。不要把学习毛主席思想庸俗化、形式化,主要是内容,自己不用脑筋,用方程式来套,把内因与外因混起来,毛主席说内因是主要的。原则不是研究的出发点,而是研究之结果(Engels 恩格斯),具体的结果只有研究、详细的研究才能得出结果。大家来发动百家争鸣,坚持要科学、要革命。〔旁记:马列主义关于社会科学的发展规律可以包括自然科学的规律,但不能代替他。〕

学会的基本任务:文学会搞创作,科学会搞学术,主要活动即学术交流、推广成果、讨论学术问题和普及科学,通过学术会议和刊物。此外则做宣传工作,促成学术的提高,少开会,包生产,自我学习,自我改造。三则国际交流。文联每年有一个时期的学习。科协包括各学会的联合,使学术争辩系统化?。学会是有作用的,会员不能收得太多,要交流经验,讨论学术问题。县不办学会,就是普及会,文联不领导分会,由党领导地方和全国性协会,业务上联系,会员的资格可以不同,要创造气氛,使青老融和合作,心神要愉快来做工作,不居领导之名而能起领导之实。官僚主义有两种,一种不管事,一种管了太多。学会做提高,科协做普及。〔旁记:不赞成标签主义,那个是马列主义,那个不是。对于争鸣大家有顾虑,必须解除,不要绝口不谈政治,学派讨论不是大是大非。政治观点,学术问题,百花齐放为了提高水平。〕

4月12日 星期三

西北防旱小组会议。

晋远(农业部):成立西北防旱研究所,水利化以后有提高。盐碱化,防渗性,灌溉问题,喷灌问题,研究理论问题。张更生:用深层水可得更多的量。华北古河道能弄清楚,有希望得淡水,要设立一个研究机构。张彬如(♀),科规会:南水北调,第一、第三线的继续研究。通柴线二百多公里尚未做工程地质评价。治沙,初步估计可垦荒地二亿多亩,高杆造林,胶树固沙。磴口产棉,98.5斤子棉。防护林营造。融冰化雪6700 sq. km。60年融雪一亿立方,耗费劳动力多。水文平衡,西北动储量1100亿公方地下水。

61—62年初步规划纲要:1.了解情况,摸清资源;2.对关键性问题;3.理论性问题。南水北调:提出干旱地区需水状况。通柴线的勘测和大渡河、黄河间考察研究。62年至白龙江考察地质、地貌等研究。阿坝抽水方案,考察研究重大工程问题。(甘南可交青甘队)。治沙:扩大耕地面积,着重治理流沙,增进农业生产,和提出风沙为害的规律,62总结群众经验。61—62沥青乳剂的大量生产,在榆林磴口继续作飞机播种,提出毛乌素三个典型地区开采地下水,凝结水,盐渍化影响,头道湖盐碱土的利用。毛乌素提出河西走廊和柴达木治沙规划。

融冰化雪,冰雪热力学,充分利用日光。61总结祁连山,62总结天山。水源利用和水分平衡。〔旁记:调整、巩固、充实、提高。〕

西北干旱小组会议总结。裴副院长:西北防旱组总的任务,改变西北干旱,总任务中研究几个重大科学技术问题。人工造雨归入另一小组,水土保持由农业部领导,另有一组。在进行中发现困难,黄土高原有渗漏和坍坡问题。南水北调总在长江三峡之后。通柴线和引洮线一定要做(南水北调包括引洮),水源利用与水分平衡是一个理论问题,要不要二千亿?水账如何算法。要解决重大科学技术问题,以改变西北干旱的面貌。要不要提以水为纲,不必这样提,因是一个综合工作,水是重大因素,但要防止片面性,也不能把地下水估计得太高,植被要草木结合,水土保持也是如此。

水分平衡问题,要有综合研究,已列十个题目,概括为三条:气候变化,自然界形成和规律,水的供输和平衡,改成水源利用和水分平衡组,以水为主的一个组,也要包括热,治沙未有大争论,先易后难。南水北调是长远计划,目前做路线勘察,地质以洮河作试验,此外有引白龙江济洮问题。综考明年结束,改名为西南考察队,但引洮工作继续,融冰和雪。

今后注意问题,要实事求是,要防止下马太快,坚持重大课题,百家争鸣、百花齐放。分组开会,政治问题和学术问题的界线不清楚。要以六条标准为限。

美国发展气象学。

英国严冬1894—5、1916—17、1946—7,次年五月大热。

美国发展气象学 Commit. on Atmosph. Sc., Paul E. Klopstig, Chairman, N. A. of Sc.。

1959年 Research Grants At. Sc. Prog. $2.4 M. 其中1.1 M. 为了 conduct research in weather modification。1960总数4.7 M. $。

UCAR(大学委员会空间研究)十四个大学参加,以 Henry G. Houghton 为 Chairman, Horace R. Byers 副之,在1958年秋冬开了十七次双日会议,谈如何组织〈空〉〔大〕气研究,每次谈一个问题。150科学家参加了,谈题目、设备和政府大学关系,结果做一个 UCAR 向 Nat. Sc. Foundation 国家科学基金会第二个报告。

成立 National Center for Atmos. Research 大气研究全国中心。专门做基本研究,尤其是综合研究,为各大学所不能做,集全世界最著名的科学家,使其为真的国际综合研究中心,将自有飞机、电子计算机,使大学教授统可入所研究。Operation of center is under the direct superv. of a Sc. Director. 1960年6/27日 NAC 院指定 Dr. Walter O. Robert 为中心主任,他原任 Colorado 大学高空台台长和天文地球物理系主任。

Committee on Atmo. Science 大气科学委员会于1960年30日给 N. A. S. 美国科学院的报告中说,从1958年第一报告之后已做了不少工〔作〕,认识了气象研究的重要性,其中尤以水陆空间的热力和物质交换过程的机制,实验技术和工具,卫星所搜集材料的整理和四年(56—60)以来科学的进步,除上四者而外,对生物气候学也要加以注意。本报告有六个 resolution 决议:

1. 各大学的气象学资助金应立即加50—100%,用以增进基本研究,以中央拨款为主,每年加一百五十到二百万美金,1959年大学和研究所得二百四十万元,其中1.1 M.为改造天气之用，60年4.7 M.。

2. 建立 National Institute of Atmos. Res. 国立大气研究所。在58年七月十四个大学共同主张如此办理，59年春成立 Corporation for Atmos. Research，Henry G. Houghton 为董事会主任，Byers 副之。UCAR（旅行保险公司）指定 Dr. Thomas Malone 等三人做一报告，1958秋至1959春曾举行了十七次会议来讨论组织工作，编成 UCAR 第二次报告，要成立一个研究中心，中心要罗致世界最著名的科学家专做理论基础工作，要自己备飞机和电子计算机、图书馆等，希望 National Sc. Foundation 出钱，本委员〔会〕阅后认为应照 UCAR 所定这样办，委员会认〔为〕空中放射性活〔度〕对于人的卫生和健康有重大关系，所以更有必要建立研究中心，中心的 Director 人选已指定为 Dr. Walter O. Roberts。

3. 气象学会的活动要增加十倍，可向 N. C. F. 要款，设法使气象人才迅速增进，设法与大中学的接触加强。59年使21个科学家在84〔所〕学校演讲，60年将有29科学家到100 college，61年将继续。夏季召集中学生集会 Summer Science Program。六十年继续，三、四〔年〕级大学生训练四个星期，使他们对于研究有兴趣。

4. 各大学气象学教授成立大学际委员会，讨论课程，教本。因为 Man power 问题是目前最大问题（郭晓岚等目前可以红一个时候，到以后便被弃置一旁的危险）。在50—59年全国博士（气象）学位只平均12，以后要增加至50—60人，而且各大学用不着增加教员可以做到。

5. 气象局局长应得大学所组的委员会的资助，以使该局教育和发展计划得以实现。1959年已经成立一个委员会，以 Horace R. Byers 为主任。

6. 大学气象委员会和其他气象学家应知道学习气象学的奖金情况，以便奖助适当中学毕业生予以机会入学。

近年来气象学进步在下列方面：高空气球探测使我们知道两极地区冬夏活动大，春秋活动少，二百公里以下的温度变动复杂，高层 mesosphere 散逸层、低层游离层的运行从流星的 Radio 观测和游离层的反射无线电得来。二百 km 高空的密度从卫星的 air drag 空气阻力得来，其密度的变动与太阳 solar flare 日晕和地磁有关。从高空照相得到云的全球分布，从卫星观测得日光和地球辐射。Van Allen 辐射层的发现，卫星观测发现可以从水汽、氧气等光谱算出红外辐射（向上或向下）之数。

洋流方面，赤道流的底层流和类似墨西哥湾的 Jet stream 急流，CO_2 在空中与海洋的交换，用同位素测定水气在空中停留时间和以 C14 及 O_3〔测〕量同温层的环流。University Corporation for Atmos. Research 是为了建立 National Center 而设。

Great advances have been achieved in the technology of putting satellites into desired orbits and in the instrumentation of satellites for observing and transmitting pictorial graphic and numerical data on atmosp. phenomena such as cloud cover, radiation balance, T, etc. at several hundred miles from earth. 气象卫星将积累无数材料,若不早事预备,人才与器具将成废物。

4月17日　星期一

黄河水文气象会议。

黄河流域的蒸发与水平衡(林冠蒸发)。黄河降水变化,经水土保持后。〔*旁补*:王正非〕。崔启武:黄河流域径流算法。

4月18日　星期二

庆祝苏联宇宙飞船载人上天。

钱学森:从1957年10/4之后,3年6月08天,即卫星上天之后,三年半功夫苏联第一宇宙间的旅行、第一个宇宙人已经实〈行〉〔现〕。美国的水星计划预备把人放在弹头打到200 km高,行300 km落到海里,估计只400″,即七分钟,而Juri Alexseyevich Gagarin *加加林*则走了108′钟,又〈向〉〔想〕用洲际弹道来送人上天,980 kg入轨道,比第六个宇宙船4725 kg已不可同日而语,而美国计划迄今未实现。

动力装置之需要送4725 kg和水星计划的比较,红石式弹道式火箭长19.2 m, dia. 1.78 m,重18.1 T,发动机推力34 T,只能送人上天200 km高,走300 km,时间7′。宇宙神火箭长24.7 m, dia. 3.05 m,重110 T,三个发动机@75两个, 27一个,共177.2 T推力,送980 kg上天,按比例算出4725 kg卫星,则火箭重531 T,推力855 T。美国还没如此推力和重量。唯一尚未实现的计划,土星计划,三级火箭用8台85 T推力火箭发动机,用液氧和煤油,其推力683 T, 或FE型发动一个大的发动机。二级用液氧、液氢4个9 T推力,三级也用液氢、氧二台9 T推力,使总的推力接近700 T,接近苏联的推动力。美国虽已设计和正在实验,但从初步试车到最后发射要过许多技术关口,没有几年时间办不到。Vostock东方号的发射成功和安然返回,开了宇宙飞行的新纪元,运行速度接近宇宙第一速度8 km/sec.。上天比较简单,不停加速,下来能安全更困难,要回来减速可以反其道而行之,但需要很大推力,即同样大的火箭(即800 T的推力) 800 T/4750 kg,这样就得把800 T的推力送上天。另一办法用空气阻力刹车,但这样就要产生高温,所以要用新的结构,能受高压。但在发射12,000 km落地的火箭,可知苏联已解决这一问题。从Tass *塔斯社*所公布的消息, $15^{h}/25^{m}$(北京时间)开始自动刹车下降,落地时间15/55,三十分钟从开始落地到地下。绕一周89.1′,用一周的1/3时间从始降至落地,可知非直下来的。Gagarin接到命令后,要把发动机调到飞行前方,在一瞬间开动刹车, 1″会差 8 km,火箭可能灭火,如减少飞行速度则要下降,下降很慢成椭圆形弧线,几千公里的下降大部是在高空中, 60 km d 万分之一, 90 km 百万分之一, 30 km 1/100,以 7 m/sec. 的速度比声速 25∶1,到空气层可能有另外一个装置(如金属伞)使阻力增加,用空气阻力,增阻力,但 V 速度大产生热,可达一万度,有一团火围绕飞船,所以船外要有保护材料,但时间短,也许一二分钟,以后速度即降低,人要受到加重影响,也是 1′— 2′,以后就等于飞机或声速的温度,并已在指定降落点附近,此时打开另外一伞,大伞把宇宙飞船降到地面。

同时方向也要对准,才能入空气层不被烧掉。结构、材料、无线遥控技术和计算机已做到惊人程度。从几百 km 到金星的 40,000,000 公里相差几十万倍,但从五十年前飞机发展史看,那时只能飞几十公尺,而现在可以飞几万公里,相差也达百万倍了。4/12 开辟了科学研究的新纪元。用宇宙第三速度到南门星要几万年,用液氨可达 2 km/sec. ,用液氧可达 4 km/sec. ,用原子反应堆热液氢可达 8 km/sec. ,喷气速度要接近光速,喷气燃烧时要用到燃料能 20%,而目前只能用到 1%,就这样也不过光速 1/60,所以宇宙航行目前尚不可能,只是行星际的航行。〔旁记:南门星,明星,α Centauri 半人马座三个太阳, mi 86,000 (300,000 km)×4.5×864,000, 40 万亿公里。〕

赵九章:三十 km 以上必须用于火箭,始于 1940〈起〉Форповский 福尔波夫斯基。1953 年提出国际地球物〔理〕年的组织,要知道 0— 60 km 的大气参数, 58 年有了一个详细的记录,在 1957 年以前所测得的数字不是十分精密。流星速度 10—70 km/sec. ,但质量小,几亿分之〔一〕gr,每平方米每小时可遇到一个。辐射,太阳来的短波为空气所吸,不能到地。1959 年发现 1000— 4000 km 在磁纬度 35°N—35°S,有强辐射带,另一带 25 000 km 直到磁纬 65°N 或 S,美国人称 Van Allen Belt 范艾伦带, Вернов 维尔诺夫首先解释了这一带理由(虽是 Van Allen 已经知道仪器失效),辐射带内有离子或电子,由于磁场使电子不能出去,外带由于太阳的爆发 Prominence (日珥),内辐射带由于地球放射性。月亮照片从六万 km 照,从几百公里照将更清楚。美国用气象卫星做侦察工作,加加林可以看到农场和牧场,二百公里可以照到一百万平方公里,全国九张可以照出来,五六个卫星就可以把全世界的天气统统照出来。

4 月 20 日　星期四

世界科协,周培源校长报告。

1. 工作:1946 年发起科学者协会,为了原子弹的乱用和美帝国主义的垄断,成立于伦敦。九个〔国家〕,英、法、美、德、南非、中、新、澳,于 48 年 Prag 布拉格成第一次大会。1951 年在巴黎,我们只到了 Prag,苏联加入。1953 年第三次,希腊、澳、加、新西兰、瑞典七国退出,到现在有21国。其中12国是社会主义国家,六个资本主义:英、法、美、德、丹等。若〈有〉〔计〕个人,九个国家参加,合为卅国家,代表20万人,其中我国十万人。秘书长 Piquard。三个中心:北京, Prag 和伦敦,另有执行局十一人。核子利用委员会 Curie 约里奥-居里于57年去世,代之以 Powell 鲍威尔(世界和平理事会1940年成立),副主席中如 Noregard 历史学家,思想落后,但反对西德帝国主义。

五年来所做工作,科学为人类服务,反对核子武器和试验。〈1946〉〔1956〕年在中国举行会的执行委员会,并成立十周年大〔庆〕,美因进行细菌战,组委员会调查事实, Curie 还发表了声明, 57年发动了 Pugwash 帕格沃什会议,用 Bertrand Russell 罗素的名〔义〕。Pugwash 会近已变质,如1960在 Moscow 美国就派了 Kennedy 顾问 Wiesner。1959年 Warsaw 开科学讨论会,去年和今年在 Sofia 索菲娅开了执行委员会,今年将在 M 城开高等教育会议,在 Moscow 大学。

刊物四种,《科学世界》季刊,四种文字发表,古巴要求出西班牙文。《会员通讯》、《核子为害通讯》及专刊《卫生与健康》及《粮食与人口》等。

2. 存在问题:帝国主义的迫害,美帝把世界科协放在黑名单内,美国会员只250人,其中如 Pauling 鲍林原为副主席就受迫害,法国也有迫害,所以秘书处在美国、英国也不能活动。57年在 Helsinki 赫尔辛基内部也发生问题,英国代表反对 Curie 做主席,要 Oparin 奥巴林出来,而暗下提出 Babah (1955年美国推 Babah 为日内瓦原子委员会主席),英国也排斥 Bernal 贝尔纳为副主席,以后选出 Powell 为主席。

1959年 Budapest 布达佩斯的会也有内部斗争,修正主义不要革命,不反对帝国主义,以为贫困与落后是战争原因,只要和平就好,支持联合国,夸大原子弹威力,所以向 UNO 联合国组织的一个提议调子尚低,不敢提帝国主义。61年在 Sofia 为了古巴又发生争执。二月间由中国科协发电,大多数会员国赞同提卢蒙巴和古巴,美国科协反对,不谈纯政治问题,但宪章规定可讨论政治问题,而且有行动,以后由会出公报谴责美国侵古巴和 UNO 杀害卢蒙巴。

3. 社会主义国家的支持:在资本主义国家开会有困难,每年经费7000 £,每年多由社会团〔体〕支持,苏、中每国1000 £,加1000和500 £ 的旅行费。英国150 £,丹20 £。

4. 能起什么作用:美国不能发展,美国科协是职工会,大部是讲师以下人员,不做多少政治活动,但反对军事基地,最近人数有点增加。法国科学家思想水平比美国高,近来七个团体合〈撤〉〔并〕成法国科〈学〉〔协〕,有三千人,以 Sadeu 为首。丹麦有二千人,古巴与 Cameroon 喀麦隆的加入有影响,巴基斯坦已不到会,印度原要成立中心,近来把科学技术部长兼印度科协主任,成中心有困难。一方要团结,一方要反帝,做世界科学宣传社会主义,斗争也增加社会主义国家的团结。用意在于宣传成就,如明年的高等科学技术会议内容,教育目的性,在东西方的组织和内容，成立委员会来预备；要支持世界科协。我们将在粮食和人口，考古、教育与生产劳动及医药写文（要有插图）。

4月22日　星期六

周总理外交报告。

老挝问题。目前蒋介石有二千人在老挝，人民信佛教，怕打死人。我们主张首先要开14国会议，承认富马政府，停火要两面，并开停火谈判。印度为检查委员会主席，态度是不公正的。

古巴问题。七十二小时解决了美帝所附庸的反动兵，美国出了大丑，弄得Caribbean Sea的演习不得不停。（就地停战，准备改编。）七年以前杜勒斯不愿和周恩来握手，现则陈毅要考虑是否和Rusk握手问题。

我们在刚果、古巴和老挝均支持合法政府，而美帝则否。

米丘林诞生百周纪念大会。1955年10/28在政协大礼堂举行，尤金大使、郭老统讲了话，陈副总理。31闭幕，最后我作了总结。读了29篇论文。胡先骕《植物分类简编》p.343页说："苏联以政治势力推行李森科的学说，重视帝国主义的植物学工作，和蔑视劳动人民对水土保持工作的开始。"

要黄秉维所长谈雹的文章如何处置、波兰地理学会等三个项目。

大理湖（洱海）	250 km^2	最深	40 m	高
昆明湖	400 km^2		18—20 m	1873 m
昆明草海	40 km^2		4 m	1973 m

滇池附近问了农民，知最大一次洪水是1895年，淹没了龙王庙很高的崖壁，超过1957年6月的3 m。其次为1912年，维持三个月之久，其次1919—1920和1933，其次1939。1947没有像1933大。可以看出1895、1912、1919季风特大，可能1957也特别大。以上照人们的记忆力。

4月23日　星期日

全国科协工作会议总结，范长江同志。

1. 会议的估计，对于发展科学有何好处？2. 公布三个文件的实质。3. 工作的方法。

1. 初步总结了经验。开会的目的以李主席第二项"交流经验、摸清规律"为重点，科学中的若干思想问题，周扬同志很深刻地解决了。把政治、世界观与学术的联系和区别讲清楚，讲区别比讲联系更重要，是明确思想中核心问题，是党中央贯彻百花齐放、百家争鸣的学理。政治观与世界观应加以区别，说自然科学是天然唯物论也不对,但一个信天主教的好外科医生开刀的时候是唯物的。第一点认清形势、明确思想经周扬同志〔讲〕应该做到了。关于交换经验、摸清规律,有三个特点使我们重新缔造自然科学学会:(1)大批革新家加入,人数众多,会员数不清(700万);(2)受党的指导和命令;(3)每个学会有所依靠(将来为学报将开专门会议),过去工作已使学会成为不可少的发展科学工具。目的在于广泛调动科学技术人员,这样有利于发展工业、农业,更有〔利〕于发展科学理论。三个文件还要在实践中考验。

2. 文件的实质。学会会员分级问题至今是意见分歧的,最后肯定要分,作为一个方向,有利于科学发展和人员的成长,不否定科学有不平等现象。这样也可由地方掌握一部〔分〕人才,要用大力量来搞提高工作。52年把大学无线电专业去掉是大错,到1956年才恢复。周扬同志也主张要分级,首先做一个过渡办法,大多数科学家不主张分,但周扬同志讲后,大众主张分。

3. 主要是支援农业工作。农村科学组织是否在公社?少数主张大队。工业文件以大城市为基础。

开会是手段,目的是在得成果,要粮、棉、钢,要上天,要能呼风唤雨等,如这次开会对于学会、科协工作的能效有益,那虽费了十几天是有作用的,祖国需要是成果,要争取一分光能发生十分热。过去不批判是不对的。4/26纪念詹天佑100年诞生。外边有的我要有,没有也要建立起来,要有这样气魄。从落后变为先进,珠穆朗玛和乒乓球统被征服了,科学的高峰岂不能征服。《生理学报》就误解了党的领导,要把党的领导和业务结合起来,要把党的方针时时向科学家报告。领导是党的方向,而不是个别的人随便可以指导。正确领会党的领导,才能工作做好,要有很好的合作,使干部不是外行,而且变为内行。

58年以来三年的经验。认为调查研究之风尚差,所以往往做得不深不透,过去是,这次也是。

4月25日　星期二

国际地球物理年。

1959年2/28中国国家委员开12次会议,到竺、赵、陈宗器、程茂兰、李善邦、程纯枢、吕保维、沈保维?。报告谢绝参加I. G. C.,但希望得Special Committee S. C. G.的资料。S. C. G.下有四个委员会:SCOR海洋专门研委会,SCAR南极专门委员会,ISWD世界日国际服务和COSPAV空间研究委员会。我国虽不参加,但工作仍进行:

1. 编制我国国际地球物理年工作报告办法,并推定负责人:宇宙线萧健;世界日朱伯隶;经纬度李珩、邹仪新;气象程纯枢;冰川施雅风;地磁陈宗器;海洋毛汉礼;

极光程纯枢;气辉程茂兰;卫星观测 a. 张钰哲 b. 电子所;电离层吕保维;地震李善邦;太阳活动张钰哲;重力测定方俊。定于三月(1959)底交由科学出版社出版。

2. 订定资料中心组织规程通过,设立资料中心。

3. 要电子研究所人造卫星射电观测办公室。

4. 要气象局大气化学观测台站测 CO_2、S、Cl、Na、K、Mg、Ca 等。

5. 世界日晕另印。

此事因陈宗器去世而无形停顿,到 1960 7/19 做了国际地球物理年工作总结。各种资料尚由各部门分〔别〕保〔管〕,提议由中国科学院负责统一编印,各有关的观测组的科学活动及观测情况也一并刊印,作为内部资料。

处理事件: 1. 日本 T. Nagata 来信要求回信; 2. 购买"Instruction Manual on World Mag. Survey"《世界地磁调查指导手册》, @ 25 ¢; 3. 欧亚地区国际会议; 4. Вуланже 布兰热信; 5. Helsinki 会议结果。

喜马拉雅山冰川。

W. Kick "The 1st. Glaciologist in C. Asia"《中亚的第一位冰川学家》, *J. of Glaciology*《冰川学杂志》, Oct. 1960, pp. 687—692.

Hermann, Adolf & Robert Schlagentweit 兄弟由洪保德的推荐至喜马拉雅测量地磁。They investigated many glaciers in Himalaya, Karakorum & Kunlun during the years 1854—57 (Adolf 于 1857 八月在 Kashgar 被杀死). Adolf painted the Pindar Glaciers of Kumaun Himalaya on May 30, 1855. The leader of Nanga Parbat by Exp. of 1934 Prof. R. Finnster Walder compared the painting with his 1∶50000 map of 1934, he was certain that the galcierization of the E and S sides of N. P. was much extensive in 1856 than in 1934. It must have been close to the max. as is shown by huge moraines. It is interesting to note that amount of decrease since that max. is not as great as comparable alpine glaciers. ... In the case of these Kessel Gletscher, the masses of névé suddenly came down from great h. & are changed to ice at bottom, ∴ the line of p. snow on the g. lie lower than on the Mulden Gletscher (有 névé) and position not regular. 〔旁注: Firn meer—névé field no névé〕

4月27日　星期四

Chain Ernest Boris 1906 生,化学微生物研究中心,罗马, 28 日到。

曾涛,新华社驻古巴社长:在古巴已一年,去年申健已谈一次,不重复,只说 4/17—20 雇佣军登陆事: 1. 反巴基斯坦胜利之后,美帝破坏活动; 2. 战争情形; 3. 今后斗争问题; 4. 古巴和中国关系以及拉美人民对中国关系。

4月29日 星期六

阿坝甘孜藏族自治州山地草甸和森林。

《四川省西部山地的草甸和森林》，姜恕，《植物学报》Vol. 9，No. 2，1960年6月份，pp. 125—134。范围34°—30°N，98°30′—103°40′E。地质：1）成都盆地西缘，白垩纪红色岩层丘陵；2）大渡河、岷江、金沙江中游，古生代灰岩、志留纪片岩，花岗和变质岩，中度和深度切割山地；3）折多山以西松潘以北，砂岩、页岩、片岩构成高原宽谷。

气候（1）海拔<2000 m〔为〕盆地、丘陵、亚热带，T = 14°—18°，年平均积温>3000—3500，最冷月温>5°C，雨量1000+ mm，山毛榉为主〔的〕常绿林（栎类），林下有山地黄壤、黄壤和红壤。（2）马尔康、大小金地区，地面高二千至四千米，年平均6°—12°，绝对最低米亚罗 = -14.4°，生长季160—180天，年降雨量470—820 mm，〔为〕发阴暗针叶林，蓝兵，林下土壤非灰化土，而是棕色森林土和灰化棕色森林土。大渡河、岷江和金沙江河谷，岷江、大渡河河谷由于焚风出现仙人掌（*Opuntia*）、合欢（*Albizzia*）、狼牙刺（*Sophora viciifolia*）。

邀请Chain Ernest，在1956、58年医学会发请帖，他愿做科学院的客人，和王应睐谈。去年裴秘书长请了他，提出去美国路费未允，至三月无消息，签证不在护照上，从罗马至〔驻〕苏使馆无人接，要见刘晓大使，王参赞去看他，刘大使于27日请他吃饭。于2:30 PM到北京，原定二等机票又改头等票。

预备讲五次，一个月时间，5/27离北京。

4/28—5/10 北京　30 历史，北海，宴会，晚人大会堂

5/1“五一”天安门　2 长城，明陵

5/3—4—5 下午报告，上午参观化学、微生物〔所〕

5/6 医学会接见　5/7 故宫　8—9 下午报告

5/11 石家庄华北制药厂，与化工部联系

5/12—20 在上海，由沪安排　/22 杭州　25 回北京　26 留一天

Singer 去年七个人。

The IGU Newsletter《国际地理理事会新闻通讯》Vol. 12，No. 1，1961. Executive Commi.，10 General Assembly，Stockholm，Aug. 5，’60.

Prof. Carl Troll，G. I. der Universität，Franziskaner Strasse 2，Bonn，Germany.

从1501开始黄河、北方五省、华东六省和东北、华南、西北的旱灾情况，五省1501—1900共13 000次（一县一年为单位），华北5000，华东六省5800次，59年大旱，标准：75县以上（十一省900多县），最大旱到300县。

1508、23、28、44、45、85、87、88、89

1615、38—39—40—41、46、52、61、65、70、71、78—79、89—90、93

1708、14、20—21—22—23、38、43、51、59、78、84、85、92

1802、05、07、11—12—13—14、20、32、35、46、47、56、57、67、75—76—77—78、1900。大于 1/2 14〔年〕,大于 2/3 8 年。

1638—1690, 1778—1820 旱灾特多。

1913、17、20、21、28、29、42、59—60

三级 319 年,旱年在下坡〈队〉〔阶〕段。下降时间三四倍于上升,三级波动也如此。黑子最多年在二级顶 1639、1718、1778、1837、1875、1957。下降〔时期〕干旱骤而相差大,太阳加强时期缓。

Давитая 达维塔亚《苏联的旱灾》文,苏联最干旱年:

1891	1921	1946
逼最低点上升	下降	黑子上升阶段
连续三年的:	1890、91、92	1906—07—08
	1800 Minimum	1905 Maximum

5 月 4 日　星期四

1961 年 5/4 日检验身体,高 159 cm,重 46 kg。X 光照射,孙医,边有黑点,左肺 calcify 钙化点。大动脉稍屈曲,外科陶大夫绍兴人,痔+微,睾丸有水。耳鼻喉正常,能听手表尚是好的。眼科。内科王大夫, 70—110 血压,肝下垂。

5 月 5 日　星期五

地理学会理事会。

要纪念世界名人,世界和平理事会在 Bucharest 布加勒斯特,今年所纪念十一人中,有两人和地理学有关: Fridtjof Nansen 南森,挪威极地科学家, 1861 年 10/10 生,和 Ломоносов 罗蒙诺索夫 250 周诞生纪念, 1711 年 11/20 日生。

沈淑华专职干部。会员暂时以专业委员名义过渡。成立自然地理、经济地理、水文气候、地貌、地图、教学六个专业委员会,总数 400—500〔人〕,常委设北京。

自然:周廷儒,黄秉维,李孝芳,刘培桐,侯学煜;经济:侯,仇为之,王,高泳源,(土壤,刘培桐),李;气候郭敬辉,李保之;地貌:沈玉昌,王乃梁;地图:张,曾,陈述彭,吕炯,毛;教学:陈凯,王,褚。恢复《地理学报》为季刊,编辑轮编。国际活动委员会。

5 月 6 日　星期六

《四川山地的草甸》,姜恕著(续 158 页〔4 月 29 日〕)。

第三类是高原宽谷地区,冷湿而风大,积温350—1000,平均-0.2到-3.1°,降水量500—700 mm,宜于草甸和灌丛发展,到南部年平均6°C。前者有富于有机质的山地草甸土,后者为强酸性草甸土。

高山草甸一般草高10 cm,海拔4200—4500,苔草和莎草为主。亚高山草甸3300—4200,草高40—50 cm禾草和10 cm高苔草。禾草叶片宽大,和普通草原不同,沼泽化草甸在若尔盖一带面积大,从前是湖盆。理塘塔子坝是冰川湖,龙日坝则由于地势低,排水不良(火拉麻地方同)。森林带则有2000 m下的常绿阔叶林带,以栎类和樟科为主,黄壤也有亚热带针叶林,如马尾松、杉木、柏木等。针叶、阔叶混林2000—3000米,有槭*Acer*、桦*Betula*和云杉*Picea*、华山松*Pinus armandii*,混交有葛藤*Pueraria thunbergiana*,金银花*Lonicera henryi*,藤本这是亚热带山地植被特点之一。在二郎山东侧海拔二千至二千三百,但以西就升高到三千—2400 m,到鹧鸪山因高度抬高本带已消失,这带有人不承认或说是过渡带。第三带是亚高山针叶林带,上限雀儿山为4300 m,以云杉、北冷杉为主,甘孜以西无冷杉,因怕干,愈西则森林带愈高。

5月8日　星期一

接见德国新任大使Joseph Hagen。(洪)方敏,陈传松。

东四三条14号,二十个友协的会址。

5月9日　星期二

《太阳黑子与印度季风》, By K. Raphavon, Met. Off. Poona。

"Solar Influences on the Monsoon storms in the Bay of Bengal"《太阳对孟加拉湾季风雨的影响》. Ray Sircar (1958) worked out frequencies of storms that crossed different coastal areas adjoining the Bay of Bengal during the years 1890—1950. There is a general tendency for the No. of storms (during monsoon season) to increase and decrease periodically (those that invaded the coast) although the total number does not . . . . It appears that the anticyclone prevailing over the 西藏高原 above 6 km in the upper troposphere may be responsible for deflecting the storms. As 西藏 high moves S. the E. components of the mid tropospheric wind over the region may become more predominant. 从1931—1950 Calcutta在季风时期高空4 km图看出,当风暴不上陆东风来得多,有风暴上陆多则高空东风少。

从英国*Weather*《天气》Feb. 1961, pp. 59—64.

Becker and Scherhag (在*Ann. Met.*《气象学年鉴》1951和*Ber. Dt. Wetterdi-*

enst, *US Zone*《德国气象局报告——美国地区》1951)：由于 intense 紫外光线 in association with solar flares, upper troposphere 的 T 有很大变动，又经 1955 Attmauspacher (Met. Rund.)的证实，此种 T 骤增可从同温层慢慢地传至上层 Troposphere，当黑子增多时，活动也多，紫外光可骤增。西藏高原在夏季本是热区(Ramakrishnan 1958, "Symposium on the Monsoon of the World")，遂使高空的 H 展扩，而迫使风离开。There is a general tendency (Fig. 6) for the storms to develop at more N. latitude in the Bay during the years of decreasing spots, while the storms tend to develop at lower lat. when the No. of spots increases from Mi. to Max.

《气候变迁》，«Советская География»《苏联地理》1960年出版，274—276页。

Предтеченский Очерк Позднелед Никовой и Последниковой Истории Климата СССР. Тр. Лабор Озероведения АН СССР, Том 5.

时代	年代	温度
1 Озерныи 北冰洋时期	11900—9600 BC 共长2300年	最高时比今低1°—1.5°，冰融
2 Новоозерныи 亚北冰洋时代	9600—7900 BC	大气环流加强，冰川更融得多，最高时比今高 1.5°—2°C，在草地1°
3 Бореальныи 北方时代	7400—5100 BC 2300年长	森林进入森林草地带，温度比今高出1°—1.5°
4 Океанический 大平洋时期	5100—2800 BC 长2300年	温度高而湿，森林进入草地，温度比今热2.5°—4°
5 Суббореалныи 亚北方带	2800—600〔BC〕 长2200年	是干而热的时代，到最后温度稍低而变潮，温度比现高2.5°，但渐渐比现时略低
6 Субокеанический 亚大西洋时代	600 BC—1450 AD 共2050年	有三个水大时期，在那时天气比现时冷1°—1.5°C，到后期冷而多风暴
7 Новобореальныи 新北方时期	1450—3630 AD 长2200年	温度慢慢恢复，到2000年达高潮，那时温度比今高2.5°C

5月13日 星期六

政治学习，《十四条》。尹〔赞勋〕，主张《十四条》前要有一个说明，科学院的所。

川大校长许琦之。〔科学院〕四川分院〔在〕成都市锣鼓巷80号，1958成立，院长康纳文，副马识途，秘书长任廷梁，副常跃五、周鲁，办公室樊其惠，新址华西坝。研究所化工，何伟发教授，农生〔所〕叶方银和中医中药(重庆)共14个研究所，共 1800 人，行政干部 380 人，其中转业军人 500 多，正副研究员只 10 人，助研 43 人，研实 553 人，技术人员 457 人，60 年分配大学生 400 人。主要〔课〕题：天然气，合成橡胶。天然气做酒精，树脂交换。副书记武春生、黄锐、赵烨。

5 月 16 日　星期二

阿坝州。

高度表（下面高度低的去年以气压表测，高的 61 年以高度表测，因基点是成都，去年作 460，今 500 m，所以高下不同。）

成都	460 m	500	鹧鸪山顶	4020	4040
灌县	680	700	刷马分点	3160	3230
漩口	740		马塘	3100	
七盘沟渡口	1280		马尔康	2580	2700
茂汶	1280	1330	回途		
通化镇	1420		福堂坝	1000	
狮子坪	2100		银杏	960	
米亚罗	2640	2700	漩口	780	
大朗坝	2880		青城山足	750	

回途至银杏下的白岩 820，见竹柴坪铺水电站 740 m，地质复杂，有 overthrust 掩冲断层，坝要向上移，茂汶至柴坪铺坡降 3%，灌县以下 5‰。

阿坝州州长苏新（羌族人），书记王俊，副州长索观瀛、华尔公臣列。全州五十多万人口，汉、藏各二十多万人，羌、彝族等二十多种，辖茂汶，金川、松潘、若尔盖、阿坝、黑水、小金、马尔康、红城、理县和壤塘等十个县。农业以小麦、稞麦、玉米为主，金川有大米。林业每年伐木 303 万立方米。矿产茂县钢铁，丹巴白云母用于无线电、Radar。金川上游有白色锂，含量多至 10%，为全国性的矿。出口雪梨，年二百多万斤，奶粉和罐头、肉类。缺乏煤。苹果茂县二十万斤。农业人口卅四万，牧〔民〕三万八，工业交通十五万，面积八万 km^2，耕地 120 万亩，林 220 万亩，共有二亿五千万立方木材。白河发源地黑水，莫尔干河、杂谷脑〔河〕入岷江，梭穆河、多柯河和阿坝河入金川。49 解放，55 开始建设。1933 松潘地震。阿坝州现有 7 万学生，文盲 40 岁以下 30%。过去粮食要入口，1959 年自给。90%合作化。每人可得肉四斤，农区肉每人月二斤，平均每人粮一斤。公社每人收入，牧区 500 元，米亚罗 400 元，马尔康农区 200 元。全区有铁矿十亿 T，轻工业有罐头、造纸、胶板、制糖、机械。牲口 140 万头，在 3400 m 青稞丰收，甜菜可亩三千斤。在若尔盖、唐克地方种 640 万亩，@ 300 斤。茂汶出熊猫 Panda 和金丝猴。公路干线有成都、阿坝至大金川，丹巴线和中山铺至丹巴三线。

在马尔康每人每日伙食 2. 50 元。

卓克基看伐木场，马尔康森工局有工人 6700 人，60 年出 60 万立方木材，阿坝州1/5以云杉、冷杉、铁杉为主,赤桦、青冈次之。药材有大黄、贝母及一种灌木名三颗针,能代黄连,每五六十斤得一两(26 grs.),价60元,可治胃炎、痢疾。去年买口蘑二斤,@ 1.76。

从马尔康到成都392 km,至刷马分点66 km。成都至茂汶146。从茂汶至鹧鸪山以云杉、铁杉为主要林木,也有赤桦、青冈和杨木。每年开砍一百万立方。杉最高可至3200 m,卅年可长至14 m高、30 cm直径。茂汶九月有霜。

去年在成都,和水利电力厅汤学元、设计院颜道丰谈,知对岷江大渡河有梯级开发计划。岷江注意茂汶至灌县一段,计三级。灌县八万三千kW,柴坪铺原定60万kW,要移上游,汶川90万kW,岷江至涪、沱二江至嘉陵江要灌溉三千七百万亩,而目前只灌溉六百万亩,缺90秒公方,希望南水北调。

大渡河在乐山附近有三级开发计划。沙湾16万,铜街子18万kW,龚嘴36万,瀑布沟24万,富林50万,72年以前完成。大渡河平均流量1020秒公方,雅砻江1475,金沙江1430,如调大渡河一半水发电,影响40%,如调金、雅一半水,影响不大,可在阿坝州灌溉1200万亩,甘孜500万亩云。

齐燕铭副部长报告文化工作。

Ⅰ. 知识分子劳动化和劳动人民的知识化,使文艺方面取得伟大成就,可从各方面看:1. 文艺创作如《红旗谱》、《林海雪原》均出版在百万本以上(《林海雪原》210万册)。戏剧方面有大跃进,传统剧改进和新的,话剧民族化,歌剧有了新创造,有了民族化或欧化,如《文成公主》、《蔡文姬》、《降龙伏虎》、《枯木逢春》。舞剧是完全新的,如《两代人》、《洪湖赤卫队》。电影五九年有了高的质量的如《林则徐》、《万水千山》、《五朵金花》、《老兵新传》;新闻片如《登珠穆朗玛高峰》、《战斗的古巴》,即主要为小孩的片,也有改进。此外如卡〈登〉〔通〕片,由皮影戏等改造,如齐白石的画也可作为卡〈东〉〔通〕片。

2. 从队伍看,57年以后文物方面学校,高等艺术、音乐学校41所,增进1½;学生加了一万二千人,即五倍,中等艺术学校从72所→180所→800所。老的艺术家有了不同的进步,有的进了党。音乐中如《广陵散》已经恢复,梅兰芳、盖叫天统写了书。昆曲、京戏、越剧均在改进。文化干部,表演人员已达业余,已形成无产阶级队伍。

3. 从文化事业,如电影放映队(单位)1956年380个,1960年16,600个,增加43倍,几乎一个公社有一个放映大队。〈1936〉〔1956〕年影院368个,现也70倍,有2200个剧团。出版方面,马列主义经典著作,〈38〉〔58〕年以前很慢,有了大跃进,《毛选》出版仅4个月,60年年底发行640万册,四种前后一亿一千万册。《革命之友》42万册,《毛选》第四集80万册(60年)。

4. 文物收藏,近年数字相当于过去数十年,如山西出土大禹……鼎;书画方面也有收获。基本建设大跃进,发现了大量文物,有了实际的发现(如周处墓中的含铅多的物件),对爱国主义教育也起了大作用。

少数民族地区的文化工作也有大发展,现则有傣、藏、蒙、满、壮族、白族、彝族的文艺,从37万—20万字,对于国内起了团结民族作用。

文化技术活动,做了外交的先行,毛主席著作在古巴受到很大欢迎。电影在香港(《杨门女将》)受大欢迎,政治意义极为重大,有新的形式,新的艺术。

这成绩如何取得的?首先是总路线、人民公社和大跃进,是三年以来的最重要的原因,推动文艺工作,而文艺工作也推进了生产。通过《武训传》批判,作者思想有了提高以后,批判胡适和胡风的斗争,对于文化艺术界有了很深影响,明确了方向,一直到了57年的反右,明确了为社会主义服务的方向和百花齐放、百家争鸣的方针。

Ⅱ. 提高质量。过去是波浪式的发展,要总结经验以备继续前进。发展不平衡时要调整,从实际工作中来学习,文化工作必须与经济工作相适,尤其是以农业为基础思想。文艺团发展过快,影响劳动,人数应有一定比例。59年3月决定人民公社中文工团不能规模大。剧团、出版均在整顿,戏剧方〔面〕旦角很多而老生不多。出版方面装订困难,印刷机很多,能出口,印刷缺乏藤黄,要出口,宣纸缺货,但要100 T。山西要马尾5000斤,为做须用。

影片过去注意故事片,但新闻片太少,科学片更少,应该把科学教育工作能够更推广,现在要每个大区统发展图书馆,书多无处可容。

劳逸结合,做戏者很少看戏,排字者很少能看书或出外看看。从思想上注意提高质量,贯彻百花齐放、百家争鸣。有人以为画山水不能为政治服务,不知道知识也是为政治服务,看了使人愉快,更有利于工作,也是为政治服务。

5月17日 星期三 〔北京—成都〕

乘402次,678号Ил 14号飞机 。

7:50起飞,754 mm,晴,15°。8^h20 2200 m,Clear。9^h00 经一个大水库,滹沱河。$9^h35'$太原,750 m,$10^h03'$起飞。太原机场设备简陋。时芍药开花(太原37°50′,112°30′,北京〔物候〕比太原迟:8(Lat.)+1(Long.)-3.5(Alt.)=迟5.5天)。$10^h20'$ 2200 m,$11^h50'$ 2750 m,Bumpy △u 高度表指针摇摆不定。$11^h06'$过黄河,Cu. 二千公尺,2800 m,800 m。西安11:48到,380 m,12:56起飞,云从800 m在渭河上面盘旋。$13^h16'$ 3280 m,廿分钟上了三千公尺,$13^h18'$ 3540 m,$13^h20'$ 3800 m,在云上共花24分钟,3900 m过秦岭。13:38即下降至3600 m。14:40丘陵地带,2700 m。14:46涪江,2200 m,入积云。14:53成都平原,1/4是水,$14^h40'$。成都天阴,480 m。15^h00到城南20 km双流机场。

5月19日 星期五 〔成都〕

61年南水北调队现况。李副总理的指示。四川气候。

全队293人,业务242人,行政51人。有75单位,省里出1/3人数和单位。4/27出发,水利工程〔队〕至大渡河较晚,共12组:矿产、工〈地〉〔程〕地震、地貌、气候、水文水利、地震、土壤、植物、林业、动物昆虫(阿坝)、水生生物、农牧、工业交通(5人)等12个组。阿坝、康北、康南、动物、天然医援、地震、矿产、工交、水文水利、大渡河、雅砻江、金沙江卅队。康南在康定为中心,阿坝以马尔康为中心。

任务:岷江以梭罗卡为中心地质,叠溪、大小海子为任务,宏观地震,工程地震。

矿产有8个小组:德格墩、道孚和四川地〔质〕局合作(刘增乾总工程师领导),地层,阿坝煤炭,宝兴地层、德格金汤的地层,构造断裂,丹巴、乾宁一带的稀有元素(李道胜)。

3. 水利分队:金沙江、大渡河、雅砻江,于十三号才出发,搜集各河流水文资源,选大爆破坝址。

4. 阿坝分队:泥炭、农、牧、植、土,何金海;绵阳到平武(熊猫、金丝猴),杉、桐。茂汶、马尔康农业利用现状和森林分布的现状。马尔康—黑水,龙日坝、阿坝,泥炭、沼〈薄〉〔泊〕和荒地面积。雅安,二郎山、泸定(天全)经济林木,二郎山东坡。(省科委李主任)宋先,泥炭的研究。

沼泽小队:土壤、水文、地质、植物、矿产,去年在阿坝至若尔盖、阿坝以南含锂7—15%?。白河,黑河发电问题(33°, 103°)。〔旁记:若尔盖发现煤,质量不顶好。〕

康北大队,程鸿为队长,以马尔康、大小金川〔为中心〕,调查植被、气候、土壤,以便开垦。总结农业生产经验,以便提出农业布局。抚育经济林,掌握重要林区森林分布。壤塘—色达32°—33°N,101°E两边草地同林的过渡。马尼干戈31°50,99°15′,石渠(33°10′, 97°50′)。甘孜、道孚、乾宁农牧业,小麦。康南北以康定、巴塘为界。

康南(罗来兴、彭鸿绶为队长)面积大,要步行一千公里。从康定、道孚〔到〕甘孜,牧农云以地貌为主,但情况不明。

8. 昆虫动〔物组〕:阿坝、康南、自然医援三小组。阿坝,自然医援。昆虫在马尔康、在林场、在207林场、米亚罗、龙日坝鼠害调查。在草原地带很多鼠疫,57年甘南有鼠疫。

9. 水生生物〔组〕:水生生物所四人,唐克。龙日坝,马尔康和茂汶,岗托(德格南)和甘孜,道孚,新都桥,重点在阿坝州。

10. 工业交通〔组〕:成都外围远景设想方案有工业交通组,燃料动力,化学工业等等。交通方面,预定由成都、小金至丹巴铁路。

李副总理对西南区三个原则(工业):1. 西南区稳步前进,八年设想;2. 在一定数量发展基础上,进一步提〔高〕质量;3. 着重解决原料、燃料、动力、交通等。贯彻上述执行方针,基础要解决部署问题,这着棋要下得稳。西南重点应该是:1)铁路建设;2)可靠钢铁基地,必须煤、铁矿、运结合,不要单图数量,必须注意品种、质量;3)星罗棋布,布置有色金属和稀有金属;4)石油开发和天然气利用。对于部署要抓好地区规划,根据地区资源条件和特点;如天然气是西南特点,天然气利用在动力方面、原料、工业、化工利用都可得到解决,适合于天然气的发展利益,如何代替煤,可以产什么原料与化工产品。你们长期计划,重点是找天然气。此外,机械方面抓好德阳、成都(北北车)重〔型〕机械厂、军事工业也要建设起来。设想那时西南钢要500—600万T(年),八年计划搞一个轮廓,搞几个大指标,必须有可靠的根据,而不是胡思乱想。

四川气候,气象局姚国士。甘孜、折多山山顶、(山腰)二台子、铁茹建立三个站,东面另有三人参加工作。甘孜、阿坝以30°分南北,年平均T南8°—14°,北1°—8°,南北相差8°。最冷月平均0—6°南;北0至-10°。七月S. 10°—18°,N. 6°—10°,绝对-8°—18°,北-18°至-28°,最高S. 30°—34°,N. 30°—24°。平均初霜S. 11/上旬—8/下旬,N. 7/中旬—8/上旬,终〔霜〕4/上旬、5/下旬,N终霜六月,无霜期S. 200天,N. 不到100天。

雨量分布从E→W减少,E. 700—900,〔W.〕400—500 mm。东西以雅砻江为界,夏季为多,冬春少,冬占5%,春占10%,夏占50—60%,秋30%,年际变化少,暴雨少。初雪九月上旬,终雪六月中旬,积雪20 cm。冰雹多,马尔康五年中五月份统有,每年有十次,松潘一个月可七次,康定六次,一月最多。以四、五月为最,九、十月次之。

风向风速受地形影响,以S、SE多,北部W较多,风较大。康定风速较大,日照比盆地为多。蒸发量1200,比雨量大一倍,九龙1700、甘孜1500。年日照2000,成〔都〕1274、雅安1000时。云量在7以下6以上,以积云为多,冬季只5,夏季8—9。马尔康72%在晚上下。

四、五月霉雨弱,由于太平洋高压弱,而北边缺乏冷空气,夏天由于高空槽和地面槽,成都霉雨在10月,重庆十二月、一月,静止锋,夜雨开始于十二点。嘉陵江东以西春旱,W秋旱。

成都桃李,惊蛰以前。

5月23日 星期二 〔成都—茂汶〕

从成都出发。茂汶汇报。

8:10 成都, 500 m,司机李争斗。

9:50 灌县, 715 m,同行(高德文)、徐定华。至都江堰办事处。杨云阶。

14h05 漩口	79 k	830 m	竹,煤,杉
14h43	100 km	1030 m	□栎
15h00	112	1130	
15h04—24	114	1150 m	桃类
15h46	126	1240	Wheat
16h06 棋盘沟渡	141	1370 m	石膏矿

何金海领队,尤办公室主任。茂汶县人委会办公室刘志新,茂汶农业组何金海。

5 月 24 日　星期三　从茂汶到米亚罗

在杂谷脑看冰川 varve clay 季候泥。

乘 20—10416 车出发。“砍火地,铲火灰”,在北川绵阳区。北川平武向西,破坏杂木林、阔叶林、楠木、木姜子。1200—1600 m,坡度 35°,比云南、广西要大。向县委(北川、平武)已汇报,现在交通不便,几千立方杉木运不出。刀耕火种, 53—57 曾经禁止,但 58 以后因大众上山,因大开禁,地委不加可否,所以要火烧山,老百姓种一年即放弃,又另觅一块地。

8h40' 出发 146 1330m 茂汶

8 56 [illegible] 153 1370m [illegible]

2.4m × 2m × 7m ½m [illegible]

9h37' 22 发现汽缸垫子已坏 [illegible]

[illegible] 回到

154 Kg M × 3600 = Kg M per hr

1457 茂汶 1390 146

15[illegible] 下庄 1470 157

1523 [illegible]石 1520 162

36 1590 169

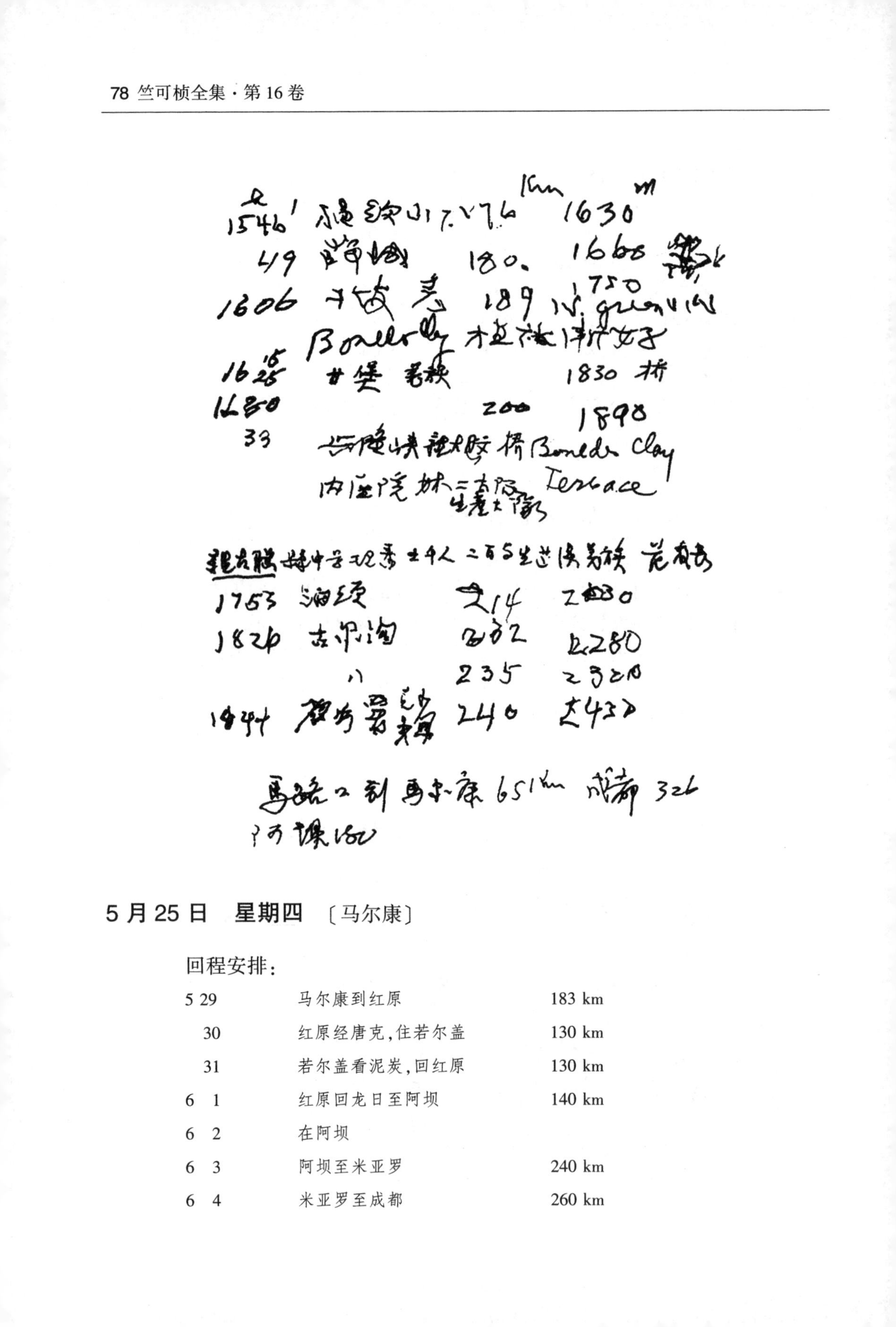

Km m
1546 [illegible] 176 1630
49 [illegible] 180. 1660 [illegible]
1606 [illegible] 189 1750 [illegible]
Bonedy Clay [illegible]
1625 [illegible] 1830 [illegible]
1680 200 1898
33 [illegible] Bonedy Clay
[illegible] Terrace

[illegible]
1753 [illegible] 214 2030
1826 [illegible] 232 2280
235 2320
1844 [illegible] 240 2430

[illegible] 651 km [illegible] 326
[illegible] 180

5月25日　星期四　〔马尔康〕

回程安排：

5 29	马尔康到红原	183 km
30	红原经唐克，住若尔盖	130 km
31	若尔盖看泥炭，回红原	130 km
6 1	红原回龙日至阿坝	140 km
6 2	在阿坝	
6 3	阿坝至米亚罗	240 km
6 4	米亚罗至成都	260 km

从 朱亚诺到 [illegible] 到 马尔康 3

1961 5/25 [illegible] 表 201041 车

表 10′40″ 从 理县 朱亚诺出发 2720m 262

11 00 大郎坝 2940 272

1120 杉 [illegible] 3160 293

1144 出 [illegible] 3480 291

3540 [illegible]

52 354

56 [illegible] 3620 [illegible]

3780 [illegible]

1204 [illegible]

11 [illegible] 3810 [illegible]

12 24 山顶 [illegible] 山 4000 30[illegible]

38 〃 [illegible] [illegible] [illegible]

3900 310

[illegible]

52 3800 312

12 56 3740 314

13 00 [illegible] 3650 316

[illegible] 3460 320

在 [illegible] 纯针叶林

1318 [illegible] 3350 325

13 [illegible] [illegible] 3230 326

[illegible] [illegible]

14 10 [illegible] +5 3220m

29 +10 3190

3[illegible] 14 40

48 [illegible] 3100

15 30 [illegible] 2950 +35

15 00 [illegible] 2740 +58

16 50

17 00 马尔康 2700m +651km

陈开堂副所长,王青春书记。李陆仙,北京流行病学研究所病毒组助理研究〈实〉〔员〕。十九日上午十点。广东梅县人, 29岁。

森工局207场水滑木道, 5.4 km,下有水堰。马尔康58万立方。从今年年初到如今已四十多伤亡。去年米亚罗冲掉一部车子。

马尔康纳足沟海拔3000 m一带采到 *Rhododendron decorum* 大白杜鹃,江浙一带的低山红黄壤上的种是 *Rhododendron simsii* 杜鹃花,山上是 *Rh. ovatum*?马银花。

5月27日　星期六　〔马尔康〕

汇报。

农林牧组报告:康北队31人, 28个专业。程鸿:马尔康、小金、金川三县情形,壤塘、甘孜未调查。4/30开始—5/24号,罗华山、粮台山(4050 m E—W 4300 m), N—S,经济以林业为重要,为森工基地,次为农业,森林开采和更新、农〔业〕经济、林木、果树、草场和畜牧。

各组协作有困难,定点的选择,各专业也有不同意见。资源土地的定量有困难,只能定土壤类型,但数量不落实。专业方向有问题,水文地质只一个人,如何做法,检阅分析。

1. 自然条件; 2. 农业发展; 3. 森工。范围三县。

姜恕:生物带,山间草场类型,森林斩伐,属于川西北亚高山区高山, 4300—4500最高,相对的1000+ m。大渡河水系。气候特点,马尔康2600,大金川2200,雨〔量〕582—771 mm。温度大金12.7°,马尔康8.7°;积温〔旁注: 3150〕3042—1932,七月20.9—12.6°,月最冷-0.1—2.8°,是属于温带暖湿带。

土壤2500—2700,河谷地区地下水碳酸盐类,以碳〔　〕。2500以棕壤〔为主〕, 3000阳〔坡〕褐色土棕壤, 3800罗华山东坡灰化森林棕色土,可见东坡潮湿。上限4000—4100以上为草地。〔　〕为森林。〔旁记:水温。〕从上而下:

1. 亚高山草地; 2. 亚高山灌丛; 3. 明亮针叶林; 4. 阴黑针叶林; 5. 亚高山〔　〕; 6. 落〔叶林〕; 7. 寒温带阔叶林; 8. 落叶阔叶混合林, 3500—3600; 9. 温带针叶林、次小叶林, 2500—3000;农业主要区,要注意温度。10. 暖温带灌木丛, 2200—2500,琅琅刺,野花椒,香茅草,土壤碳酸盐。

① 光热条件好, 11.8°,果树、园艺、花生、水稻,大金〔川〕到2500;水稻2300有把握,生长期200天,可一年两熟,灌溉600—700 mm。土壤肥力不及上层。大金梨是沙梨系统,是北梨、白梨系统,核桃、花椒等有特殊生物碱。没有牧草,有野蔷薇,无森林砍伐〈去〉〔区〕。农业限于河坝,以农养牧,经营果树。

② 称半山区,高山区阴坡坡上有黄土(红色,重有小石块),有农业植物,红薯、花生不能种,玉米高秆不能种, 2800是界线。产冬小麦、豌豆、胡豆、potato,生长

期140—120〔天〕,二年三种可行。黄土面积不小。三棵针可炼黄连。有冲种扇上可利用作农业,核桃、桑树可种。三县农牧产1200万、林4800万,9万人,占阿坝1/5、耕地1/4。2800以下大金梨、花椒、花叶海棠,可提高〔至〕3000。草场较多,在阳坡无林地。牧山羊和农业,森林多已砍伐。

③ 寒温带小叶林带,3500—3600,有黄土可利用。农业单纯,玉米不行,春麦、青稞、洋白菜、豌〔豆〕、亚麻、甜菜,一年一熟。农业在台地阳坡、尖坡。大金县爬山乡有草地2000亩,并未利用。森林在阴坡,以赤桦(可改造为云杉)为主,重不能运出,阳坡高山栎。

④ 寒温带针叶阔叶林,3500—4100,阴坡有冷杉,阳坡高山栎,已开始采伐,以林业为主。〔旁记:以林为主可建立人工饲料基地。〕农只圆根可种青稞。畜牧业比较发达,阳坡亚高山草甸,牦牛、山羊为主。

〔⑤〕森林、寒带草甸上限以上,有谷为冰斗,4100+雪线,4300—4400冰斗牧草比较好,牦牛和山羊〔的〕夏季牧场,有剃光头趋势。以人工栽培为主,成活率比较〔低〕,至50%。育苗跟不上更新,更新跟不上采伐,现在比从前更差。

耕地全州一百二十万亩,三县三十三万亩,所以农业比较发达的3.7〔万〕亩,每劳动力7.3亩,每人产130元。作物小麦占30%,春麦为主,玉米2800 m,22%,洋芋14%,青稞11%,糖17%。(是否可以用苏联北海道〔经验〕。)粮食每人800—900多斤,农业人口是阿坝州最好,强劳动力每人可得45斤,〔每天〕不少于一斤。每亩每年产250,马尔康、金川280,小金220斤。

农业带≤2500,可两熟,广泛间作套种,包括水稻,只几千亩地,金川三千亩,马尔康根本无之。两收〈根〉〔限〕于玉米与小麦。金皇后高秆玉米逐渐推广,水稻亩产200—300斤,玉米可300—400斤,(水稻要45 z,玉米亩卅z)。耕地2500以下占20%,经济作物占4.5%。

2500—2800称半山,也是以粮食为主,与河坝相差无几,以小麦、玉米、洋芋为主,只能一季。玉米以百日黄等,亩200斤,小麦、洋芋和2800以下同,也可一年二收,如用荞麦可得一百斤,以套种办法。

高山地区2800—3400?仍以粮食为主,甜菜、油菜、亚麻经济作物占9%,60%归自己,今年已推广,甜菜更耐寒,作为商品还困难,可以作糖和小麦一起吃,每亩一二千斤。亚麻不能脱胶,麻籽只40—50亩一斤,高原上可发展,〈达〉〔但〕不能生籽。

土地资源情况,宜农荒地三县三万亩,三千〔m〕以上。〔旁记:脱胶,药物。〕根据农垦部,土壤利用改良,黄泥土最多,在台地上,占耕地一半,土质不适于排水。三级台地河谷阶地,二级200 m、三级600 m。大黄泥土温比二黄泥〔　〕2°C,大黄泥熟化土差,根层薄而差。二黄泥25 cm,同是从黄土而来。沙姜层浅,可放沙植胡豆(每亩只十五工,可产400斤一亩),秧可作饲料。施肥,控制猪的发展,因无劳动力,要从公养成为私养。

森工,王扬:森林资源利用,共107万公顷,占16.1%,全省的蓄积二亿九千六百万立方,占33%,全省(九亿九)在岷江大渡河上游,80%为云杉、冷杉,东为桦、栎、杨。可采伐占80%,可采伐一亿三千万米,@三百万,可采四十年。全省十五局,阿坝占九个,到60年600万(49—60),60〔年〕采250万,占62.5%,胶一百九十七T,纸浆十四点一吨,年产值共四千八百万元一年(所有林工在内)。

存在问题:老局如黑水、马尔康、观音桥产量太大,原定可伐三四十年,现更缩短到15年—20年;更新也有问题,要提高利用率50%,阔叶树不能利用,应开发新的林区。综合利用:废材料如每年300万立方,可用50万立方;如能建汶川到丹巴铁路,可减轻运输量;烤胶,人造纤维,制革,制浆,制一万T要两个人造纤维厂(观音场、马尔康、黑水、米亚罗四个场就有200万T)。水运:洪水区要运到乐山,木伐道损失11%到水面,运输干线不能发展运输需要,小沟漂不下,铁道提前修建。

下午动物昆虫组:自然疫源、动物资源、鼠害。自然疫源考〔察〕,包括西昌、南充、阿坝和绵阳专区,去年曾进行若尔盖区,今年阿坝南部。成立中央的委员会,鼠害在唐克。动物所17人,昆虫所13人,4/18从成都出发,5/2到马尔康,在207场为驻点地区,一部未开发,林区大,人口多。自然疫源分四组,林区有突然死亡现象,森林脑炎(黑水56年发现),鼠类伤寒,钩端螺旋体(过去在汶江),充血斑疹,Bruce细菌病,乙型脑炎。在苗圃生产队访问对象:工作人员,小咬(黑小虫)和草虱传森林脑炎,要〈和〉〔从〕血清检查着手,207场606人,抽血200人,仪器未运到,实验室尚未齐到。病源血清小组器材未到。啮齿动物组:鼠有十一种,以大林吉鼠为多,鼠兔、社鼠。鼠兔在海拔3700—3800 m,以人房、高山栎林为家,以三千海拔为多。寄生虫相当多。白胸鼠可移室内。也调查鸟类121号,可传染脑炎有白麻鸡、雪鸡比较多。昆虫,动物所带和人所带,包括螨类(小黑虫)传染各类病和跳蚤,吸血昆虫比较少,虱子多传斑疹伤寒,社鼠主要在室内,獐子也有草虱,蜱、巨头蜱传染Bruce病。

李陆仙十六〔日〕到,湖南湘雅毕业到青海,后调此,55年毕业。

动物资源组邓国藩,昆虫所副研:主要在207场采集兽类十种,鸟四种,榛鸡、雪鸡、白脯鸡,兽以獐为主,以高原兔为多,有古北区种类,也有东洋区的。鼠类要在高原区唐克、若尔盖工作。六月初一部向北去。

郑作新:动物区系兽23种,鸟类43种,獐是北方〔的〕,榛鸡也是,统是东北的。东洋区有猴,鸟有乌杜鹃,古北区比较多。另有特产为南、北所无,如高原兔、金丝猴、白麻鸡、紫鹑,画眉到3800。自然保护区有需要。数量问题,动物生长在何种景观。

问题:器材〔旁记:畜牧、兽医、口蹄疫〕。

地震组:从4/27始,蒋明显曾到茂汶、阿坝、黑水、马尔康,本地区活动情况和历史材料现场调查。1958 年在黑水调查，1958 地震(六级)在凤仪与黑水之间，1941 年 4/11 薛城(大邑)地震到六级，1933〔年〕8 月叠溪到 10°,茂汶也受破坏，直至杂谷脑,有 4/10 土墙裂口,米亚罗 5%,刷经寺很轻。阿坝 1935 年 6 级,震中是在青海,从前以为在阿坝西部。

康哲民抗震:岷江河谷 1933 为近三千年大震之一,坡度 500 m,剧震区 20 多华里范围 10°,校场坝下沉 150 m，60 间房子一百多户统毁灭,岷江四十多天断流。58 年 30 次，60 年四次，61 年也四次,岩石常下落,石英砂岩、千枚岩,第三级阶地下降 30 m—25 m。黑水:小黑水与大黑水相遇以东,地震严重,少数民族房屋不合适,黑水以西破坏从 80%—18%。58 年凤仪地震西面也轻,水平断层 50 m,上下 15 米,裂缝很多,大海子坝长 200 m、宽 40 m。

水文地质组张喜元:地貌 7 人,地质十多人,共 41 人,雅砻江、大渡河、岷江,以梭罗卡子为中心,如提 2400,水洞可缩短,但只能 2180 m,其地新构造运动活动大,地质条件复杂。薛城以西有断裂,大沟地质条件比较好,叠溪藏族建筑不抗震。开水洞进口比梭罗卡子好,今年人较少,而人的职位,质量较高。大小海子十多个单位去测,但未能统一,只是搜集材料。

5 月 28 日　星期日

何云浦,周云庆(自治州气象)。绰斯甲来组胡经明。

何云浦♀:气象垂直分布分为四个带,1000—500 至 4000 m。米亚罗南部(800—900)比较雨量倍于茂汶(400),由于高度鹧鸪山。冷中心在北部和南部,年差 20°—22°。降水六月和九月为最多,河谷地区干旱。半高山风多五六级,春温大于秋温,年平均三县 8°—12°C,马尔康较低,绝对最高 35°—37°,最低 -9° 到 -14°,积温马尔康 1700,小金 3200 (3150)。马尔康作物生长期 150 天,小金 180 天。降水,大金 582,小金 675,马尔康 756,集中在 5 月至九月,受西南季风影响,西藏低槽的影响少,降水日数 140—160,蒸发量大于雨量,日照 2000—2100, 3100 m 大风多、霜冻用柴火烧,冰雹用土炮,春季干旱洋芋受影响。

① 2000—2500 m,干旱温暖河谷气候,大金、小金,年平均 12°,七月 20°+,最冷月 >2°,无霜期 180 天(丹巴有〔　〕),干燥度 0. 9。玉米、小麦、水稻、青稞、甜菜。

② 2500—2900 m,温和半高山地带,包括马尔康， T = 9°,最高 17°,最低 0°左右，140 天无霜期,作物生长期 130,积温 1700°,<0°天气五十天〔以〕下。玉米、小麦、甜菜二年三熟。

③ 2900—3400 m,湿润冷凉高山气候,年平均 T = 6°C,七月 14°C,一月 -3°C,无霜期 90 天,积温 1000°左右,以青稞为主,圆根萝卜(甜菜、亚麻)。

④ 3400—4000 m,寒冷高山草地气候带,接近雪线,风力大,降水多,终年有霜,以放牧为主。

玉米只能在2800 m以下成熟,水稻只能到2400 m。

森林组吴金木(林土所):三个县情况:云杉、冷杉、高山栎、赤桦,冷杉为主,云杉比重比丽江多,云杉细耐腐,赤桦多,可至3600,高山栎3400以上。阴阳坡分别很大,景观不同,牧草在阳坡。森林分布带:(1)杨、槐、桦、高山油松(二针),(2)混合林,(3)针叶林。落叶松在3900以上,在冰斗阴沟,称波斯落叶松,与东北不同种。1800—2600左右生雪梨,以2100—2500为最好。收购去年一百多万斤,估计生长400万斤。生长在农业带,可以嫁接,上升高度。过去3¢一斤,去年12¢一斤,可以设加工厂。采摘损失50%,树太高。雨水和气候相宜,核桃,大小金川、绰斯甲、梭磨河两岸,2000—2800 m可种,作为油料,一株可八百斤。花椒每株1—2斤,苹果引种成功,可到每株300斤,阿坝原上3200 m,可种苹果。

3600以下可种高山松,划定一部分为薪木林,基地更新,在育苗条件无问题,人工跟不上,但木材任务重,经营赶不上。种植粗枝大叶,用突击办法,造林不抚育。

以下水生组,曹文宣、陈嘉佑、周仰璟、余老堂。5/9到龙日坝,沼泽地区,白水上游,已有龙日沟在此相汇,采集鱼类,底栖生物,一年时间下雪,八种鱼类、四种泥鳅。Прижаварский 普里扎瓦尔斯基,1860年采集花斑裸鲤至多330 gr,可达八斤,近来大减少,从鳞片看出五岁。黄河裂腹鱼比较多,吃藻类。垂唇鱼又称麻子鱼,560克。藻以灰藻为多。

5月29日 星期一 从马尔康至红原县

共184 km,觉耳鸣头晕(feel dizzy)。

8:45	马尔康	+65	2610	
	卓克基	+57	2650	
9:45	梭磨	+35	2810	
10:15		+18	3030	
10:36	马塘	+10	3130	
10:50	刷马路口(侏罗)	326	3200	
11:20	刷经寺	333	3300 m	党校公社280,1000人,200户
45	(石炭)			
12:23	下壤口	360	3500	
12:45	中壤口	370	3550	沼泽
13:05	分水岭	379	3720	沼泽

25		386	3600	
13:40	龙日	390	3540	昼夜变化大,晨 2°
16:20	分路口	398	3540	
	龙日马	+10		
16:54	安曲	+20	3520	
17:40	红原	+50	3480 (3600)	

白书记,齐科长:龙日农场 3600 m,各月有霜,平均 T 0.8—1.4,土壤湿度 67.9,年雨量 969 mm,七月份 T 18—20。55 年起开五万四千亩(三万一千亩),可用二十万亩, 1493 工人,劳动力 1160 人(刑满就业),〔以〕三种油料作物为主。甜菜、油料可种,不结实。每亩可产〔　〕油 29—28。粮食在杂谷脑, 2500 亩种粮。

5 月 30 日　星期二　〔红原县—若尔盖〕

红原县情况。唐克农场。

李书记:县于 58 年成立,原属于阿坝马尔康,去年八月国务院批准,理县和茂汶合并, 8200 sq. km,七乡一镇 4910 户, 19 280 人,原牧业 2100 户 15 000 人,农 1050, 3100 人,是外来汉人。60 年起种菜,索〔刷〕经寺和红原二地。59 年实现合作化,现牧业社 21, 2300 多户,占 92.7%,公私合营牧草占 7.43%,汉人四社 210 户,农〔业〕四个农场。海拔 3600 m,年平均温度 0.28°,最高 23°C (八月),(一年纪录)最低-32.8°C (1/14),日照 1950 h,降雨量 750,积雪 21 cm,冻土 20 cm。

方针以牧为主,农业并举。多种经营是药材:贝母、秦艽、干松油、大黄。农业生产主要牧草,种青稞 4000 多亩,收五十万斤, @ 120 斤一亩, 4/10 以前有把握。粮食作物、生物生产期要 150 天—180 天。一二千亩蔬菜,圆根萝卜、甜菜、莲花白可行,洋芋可种,甜菜只五百斤,萝卜最多。多人参果,挖三万多斤,春天挖产三万多斤。油菜、莴苣、兰菜,含油 28%,胡豆不能种。今年种 13,000 青稞, 5 千亩菜,解决口粮以外,解决牧草。60 年粮每人只五十多斤。加工厂有土药厂,农药、兽药,工具加工厂,衣鞋厂。生活增加很快。59 年每社员得 55 元, 60 年(123 万)@ 102 元(为 68%社所得),乞丐完全消灭。过去大多数为做长工和要饭,现已消除。过去无人穿羔羊皮, 60〔年〕190 人穿上羔羊皮,置新衣 2000 多件。三社 907 人,从前不穿裤子,现均穿了。粮 16 斤,酥油二三斤,解放以前平均吃不到八斤,酥油不到一斤(过去吃人参果), 70%以上有被盖,过去完全无之(想从前泪满巾,看现在喜在心,群众唱)。农区每人存款平〔均〕170 元(每人得 134 元)。过去 80 户中有五十户是要饭和〔做〕长工的。每县九岁以上 90+%入学,汉、藏均学。

问题:主要靠放牧,割草 59 年开始,夏肥秋壮、秋肥冬瘦,春死亡。去年割草每头七八百斤,改游牧为定居,居帐一天要吃 40 斤,七八百斤解决了一半(马尔康有屋)。每一平方公里不到30个牲畜,十年后到170万头,要排水、要饲养。何种草不知道,死7000头,占4.4%。合理使用面积可维持三年。全州以10%进展, 1965年有八万头无饲料,充分利用沼泽地。次是劳动力少,牧业只6000人,现需4500,挤奶占一半,母牛48,000,挤奶人3200人,放牧一千人,每牛只三四斤奶,一天二三次。三则病害问题,比外区多,主要牛肺炎,潜伏期长,占死亡率30%。副伤寒,白痢,幼牛炭疽尚有办法(打针出血可好)。口蹄疫去年十三万中占九万,死亡率不大。羊痘肝子虫为害,马以鼻疽为甚。疥癣,牛虻害小牛。今年四个月已死四千多。畜牧业管理也很重要(人工授精就无人),公母,强弱,大小病畜分开。改良品种,马有河曲、青海二种,牛主要牦牛,与黄牛交配为犏牛,与荷兰牛配则奶加一倍,但体弱,杂交不能得子。五则燃料少,要盖房子无木料,群众烧牛粪。要知道泥炭所在,每天要五万斤,厂要一万五,全州五十万立方米的薪炭。没有积雪,没有大风。

10:20	红原出发	50 km	3480
49	阿木柯河	64	3480
11:25	瓦切	95	3410
13:06	分路口	126	3390
13:12	唐克	129	3385
15:20	唐克	129	3385
16:00	黄河边	+8 km	3450
17:10	唐克		3418, 3410
17:30	停车修理	+7	
18:20			
35	卡勒纳隆	+08	3585
44		20	3460
19:06	沼	36	3440
40	桥	40	3430
		57	41

瓦切—唐克(N) 37 km,嘎尔玛42,基洼50,河(红原)。

唐克农场,李仲明书记介绍,原属若尔盖(海拔3500—3600 m),从五月下半月起四个月比较热,平均T年0.8°C, 55—59年最高22.6°,最低-30.7°,各月均有霜,五月底仍有大霜。雨量,去秋到今雨多,年雨量500—700, 5—7〔月〕最多。日照2000 h,变化大,大风、冰雹和太阳。E—W 100里, N—S 20—30里,6,410,000亩为唐克区, 1,700,000可利用。半沼泽约一百万亩,全沼泽一百十万亩。山地二百八十万亩,土质好,沙性多,中性近酸,草高。七、八月长得茂,以放牧为最佳。山坡榆、杨、柳很快发〔展〕。近大搞农业生产, 53年解放,首做卫生、造路工作, 56年成立农场,成立党委办公室等。四个作业站,若尔盖有育种场、种马场,亚麻,糖厂共基建九个单位,干部107人,工人1392人,眷151。工人以汉人为主,1186,藏300多人,党员154人,团员353人。机械化农场36台拖拉机,Stalin 80号、东方红及捷克等拖拉机,拔麻机二台,大型农具100多,开垦播种八万一千亩,有牲畜羊1000〔头〕,现有牲〔畜〕18600头,羊一万四千,牛二千九百五,犏牦牛为主,马1031匹,猪631。开垦和发展是58—60年事,去年种六万,今年八万亩,59年一万一千亩,55年只种了一二百亩,藏民以为不能种。蔬菜、青稞、亚麻、野油菜试种,圆根萝卜统好,青菜就有问题,58年才成,亚麻同,青稞成熟不好,在山坡上种得好,坝上失败。去年坡上有一百二三十斤。亚麻、甜菜产量高,亚麻秆58年亩859斤(秆),甜菜58〔年〕2558斤,油菜44,57年64斤(菜籽),去年34斤,为冰雹打(今年要用土火箭)。甜菜共三百万斤,油菜籽八十万斤,蔬菜今年七百多万斤,亚麻五百多万斤。今年种八万亩已基本结〔　〕48,000,油菜计划@50斤(242万斤),12 000亩青稞,选择地形西下坡(以NW风为主),亚麻一万亩可产800万斤,甜菜1000〈斤〉〔亩〕,@1500〈斤〉(一百五十万)。蔬菜三千亩,@1500斤(450万斤)。药材有大黄,五年可〔收〕获。适于甜菜、亚麻、油菜,因生长时期短。T日夜相差大,但亚麻、甜菜不生籽,土油菜生籽,四月份以前或冬种,青稞在背风向阳斜坡地,T高,地下温度在2°—3°时收获,霜害轻。据云三四十度坡度尚在开垦,去年热,今年冷,摸不准,去年青稞初春冻而又生,今年青稞地形选得〔　〕。

问题:种青稞、洋芋可以收获,茂汶运〔来〕亚麻种不能用,阿坝、茂汶统可以种亚麻,产种子,阿坝已种二千多亩。燃料问题。山上可以种树,河边种杨和柳,胡豆、豌豆不结籽。运输问题,一斤甜菜要两斤柴火,八万亩地,五万亩油料。亚麻不能脱胶。

(晚)沼泽组朗卫清汇报:重点地区龙日坝和若尔盖为重点,分布规律龙日在3600 m,沼泽在河谷、河漫滩、坡脚下阶地,系苔草和蒿草,泥炭成分多,2,470,000平方米中估计储483万T,深度2 m,最深5.3,最浅1 m以上。其余三坝更多,平均厚度二米以上,经试验后决定其用途。红原的泥炭不及龙日坝厚,若尔盖质量优于龙日,最深达二米以上,〔最〕浅40 cm,质优于龙日,分解到35%作为肥料更相宜,龙日15—25%。目前是如何开辟牧场问题。利用方式,有一部分泥炭不超出1 m,有开辟牧场前途。黄花是莒体草,夏季放牧能增奶量。红原泥炭比较浅,可开发为农田,如排水可以农耕。沼泽化在1 m以下则可用作为肥料,1 m以上可作燃料,要化验以后才知道。

如何排水是一个困难问题,20 cm以下为冻土层,覆盖好〔的〕在30 cm下,现在多深〈在〉〔才〕知道,约60 cm。若尔盖地区排水不好,若尔盖沼泽是在沙上,而龙日坝在砾石上。河漫滩地没有多少沼泽,是草甸,而沼泽是在坡脚下,到河滩则薄,龙日坝排水拟〔建〕一个水电站,3 m^3/sec×20′,440 瓩 kW,360万土方,2000万立方储量。

5月31日　星期三 〔若尔盖—红原〕

成都→灌县55 km差300 m。

$10^h40'$从若尔盖县招待所出发,赴原来唐若路上路牌45 km〔处〕一转,在此由沼泽组朗卫清和杨〔　〕二同志挖掘泥沼层,面层约50 cm,下有30 cm粘土,其下为沙土。据云泥沼之深者可达3—5 m,可分为三层,其上层尚可见植物的根叶,次层根叶已难分辨,下层则全腐化。上层多为苔类。我们所掘的沼泽土上生有鹿蹄草,开黄花,满地系新沼泽化土,牦牛爱吃此,产奶量可倍增云。

13^h00	若尔盖出发	63 km	3410 m
	沼泽西头	36	
14:30	卡勒纳隆	8	3540
40	唐克岔路口	0	3400
15:40	唐克岔路口	129	
16:30	瓦切	92	3440
17:20	阿木柯河	67	
	红原	50	
	□□从分路口起		
20:00	奶牛厂		3460

6月1日　星期四 红原至阿坝州　晨阴2°,雨。红原昨日月亮好,龙日下午大雨,山上雪。

9:00	红原	50 km	
		40	3450
9:16	安曲	16 km	3468
10:04			
10:15 11:00	龙日	390 km	3470 雨停
13:20	查理寺	458 km	3320
13:52	麦尔玛	472 km	3430 定居游牧
	麦昆	492 km	
	哇尔玛赛苟寺	498 km	
14:50	阿坝	507 km	3300
	阿里拉山	440 km	
11:30		408	3640
12:09	海子山	420 km	3600

12:13		423	3640
12:26		430	3700
30		431	3750
50		442	3800
13:00		445	3860
13:16		452	3540
14:24		486	3680
14:36	哇尔玛	498	3370

地质组省地质局报告(傅光容、王桂安,下午 8^h 起):阿坝盆地第三纪中新世,27 km NW—SE,宽 3—10 km。去年十月起至今四月分两层,下面沙层中交结状,厚 300 m;上面为泥质岩层和无交结沙层,近 1000 m,共有 29 层,从 6 cm—6 m。油页岩在泥质岩层,间距比较小,沙层化验资〔源〕有 56 层,有 23 层>4%,可采矿层有 9 层,厚层>8 m,总厚层 16.19 m, 6—7%油,最高到 16%,离地面 70—80 m,3910 大卡每公斤,含油量最高 2.7%—1.6‰,灰分最〔高〕77.5%,最低 44%,挥发物 36%—2.4%,一般 20—25%。固定炭 27.6%,最低 3.15, gas 气体 10.4—3.1%,一般 4—6%,水分 4.3—1.6%,一般 3—4,是藻类形成,所以灰分较高。九个钻孔不能对比,厚度结构不相同,长 1000 m、宽 40—50 m、槽深 250 m,不能互相对比。在北外沟来看剖面,打 1000 m 的钻,在第三纪层上层中有 34 层, 15 层已遭冲刷作用,含镓万分之四,锗、铀各十万分之一,总数九百〇三万, C_2 四千八百二十万,远景储量可能大。

阿坝县县委书记安文烈介绍阿坝情况。

阿坝县五区、18 乡, 29,000 人口。解放后不算部队, 33,700 人,是半农半牧,18 乡中有三个乡是牧乡,半牧 4 个牧业社,半农半牧 24,000 人,牧业 6100 人。75 个合作社,有 18 牧业社,入社占人〔口〕81%,只二乡在草原,海拔最高 4 千公尺。阿里拉山 4100 m,最低下阿坝 3100 m。面积 8000 平方 km,有小片森林,八个乡内有 5 万公顷,当地人口〔为〕藏民,回民几百口。改革以前,封建社会有一个土官(马尔康称土司), 51 年派工作组进来, 52 年正式成立自治政府, 58 年八月开始改革, 59 年 2 月基本完成,只五个乡未〔完〕成,至 59 年冬才完成建初级合作社。生产方面,草煤很多,老百姓未用,要配柴火才能烧。

6月2日　星期五　阿坝州

安书记报告阿坝州情况。

出产青稞、小麦、洋芋、胡豆、油菜和莲花白、洋萝卜、菠菜、葱韭,少数〔　〕。近年亚麻、甜菜可生籽。猞猁、猴子、獐子、狼、豹、熊等,野马、野鸡,有鳞的鱼与草地不同。药材:甘菘、(香油)、大黄、贝母、三颗针。播种6万多亩,改革后到十万亩,一年一熟,今年可十二万亩,加国营农场二万五,牧区占五千亩。产量58年九百万斤,59年一千五百万,60年18,000,000斤,合作社占一千四百五十多万〈亩〉〔斤〕,加牧区。社分配人@ 400多斤,种子需要大约每亩要30多斤作种子,常占20%+,总购量占10.0%,征量6.0%,共360万斤,饲料占7—8%,社员每百斤得55斤,尚不能自给,差百万多斤,估计三年后可以自给,油可自给。

牧业,入社改革后有十四〔万五〕千头牲畜,经二年后增25.5%,60年18万二,牛占九万九千多、马一万三千、羊六万六,獾1500,猪2000+。61年已生产三万九千多,成活33,000。去年冬羊肝病死亡多,全牧区比较好,今年死亡已四千多,已加15%(60年)。

副业主要是运输,用马车(300多)和牦牛;次为猎,共值75万元,土狗皮一万多张,麝香、鹿茸等,平均每人可得150元,实际108元到手,每人所得加80%。

问题最大阿坝是半农半牧,农牧如何结合,农业生产占65%,畜牧25(在半农半牧区),副业10%。劳动力农业70%,紧张时80%,牧业15—20%,每人占5.5亩地。上级指示以农业为基础、农牧并举的方针,劳动力紧张,牧区畜类增加也紧张,挤奶一人只〔能〕管20只,有三万多头奶牛,也有每人一亩地,更有运输、秋天配种、割草和秋收。二则自然灾害影响大,农业是霜冻及虫害,冰雹;轻霜时期三个月,大暑有重霜,青稞清明种,立秋处暑收,120天可收。今年特冷,五月下大雪,去年春分、四月份无重霜,今年有洋芋种死,雹子可打死。去年用土炮制雹效果还好,一般从NW来,秋天烧烟。牧业有传染病,羊肝、牛肺炎,去年口蹄疫牛占90%。半农半牧有羊肝病。狼害十个成群。野外药材减少。工具改革也有问题,二牛抬杠,种了散播,收割时紧张。种只20天,收〔要〕30天,缺脱粒机不成功。牧区割草与挤奶。群众文化程度差,农村办小学扫盲,云杉难高长,香杨能生,苜蓿未成。酥油牧区三、二斤,农区一斤,肉同,羊毛可收四万多斤。水电〔能〕发150 kW,现只用40 kW。阿坝河牧区十五亩地庄稼,利用自然,冬天靠放牧。远景川青路过此,要经沼泽地不多,不到牧区5%,黄河以北归甘肃,唐克和阿坝苜蓿不结种子;过冬牛800斤,@15斤,马20斤一天,年200一月。

6月3日 星期六 〔阿坝州—米亚罗〕 晨阿坝晴,霜,窗口-1°,66%。

据阿坝州安书记及徐大夫云,此间地方病以(梅毒)性病为最重要,藏族中仍盛行,此外大骨节病也有。我们到高原后,许多人患伤风、咳嗽,血压有变动,一般偏高,患头痛。

7:50	阿坝	506 km	3200 m	
8:30		486 km	3600	结冰□,黄土在冰碛之上
8:46	麦尔玛	472	3400	
9:08	查理寺	468	3140	
9:38	阿里山头	445	3820	
11:05		400	3040	
11:15	龙日农场,白书记	392 km	3460	

〔旁记:白锡仑,山东平原,阿坝龙日农场。武征,山西文水人,阿坝自治州。〕

12:45				
13:20		380	3700	
13:30	中壤〔口〕,阴坡林下	367	3500	
13:46	下壤〔口〕	360	3470	
14:20	刷经寺	333	3280	
15:13				
15:30		326	3200	1 公升走五 km
15:55		319	3460	
16:10		316	3580	
16:26				
16:40	顶雪	311	3800	
55	鹧鸪顶峰	306	4040	
17:03		301	3850	
17:15	沟头	294	3630	
30		286	3240	
17:46		284	3000	
52	大郎坝	272	2960	
18:06	米亚罗	262	2700	

6 月 4 日　星期日　〔米亚罗—成都〕

米亚罗夹壁沟、马溪沟 2000 公顷。

海拔 2650—3700 m,针阔混交; 2800—3200 云杉; 3200—3600 冷杉、杜鹃、高山栎。

754 [illegible] 262 2690

840 231—30 [illegible]

900 2400 222 [illegible]

2050 219

[illegible]

2020 217 [illegible]

[illegible]

920 1900 266

934 [illegible] 1850 200

~~1000 [illegible]~~

1000 [illegible] 1630 181

1010 1610 177 km

1025 [illegible] 153 [illegible] 166 [illegible]

1100 [illegible] 1400 1360

1330 [illegible]

1490 139 km

1346 136 1360

13 139 1310

[illegible] [illegible] 119 1220

100 980

26 90 970

34 [illegible] 90 900

850 m [illegible]

1448 [illegible] [illegible] 860

1510 [illegible] [illegible]

1 30 [illegible] 800

1342 50 780

6 月 5 日　星期一　成都

汇报,工矿交通组。

李克明:3/10 出来,首先在宜宾、乐山、温泉、绵阳专区(五、四月间),第二个阶段六月至阿坝地区,七月初拟至甘孜,到 8 月移雅安,所以包括五个专区、两个自治州。所报告的前三个专区:宜宾、乐山、绵阳 95,000 km^2, 2060 万人, 60 年工业值十七亿四千〔万〕元,占省 15.7,宜宾占 6.3,乐 3.2,绵 6.0,以煤炭、黑色冶金、金属加工〔为主〕,(四川省原有十三个区→11 个)。生产水平, 1960 年钢一万一千七百多 T,占省 9.7%(自贡不在专区);生铁 73 万 T,占 1/3(全省);煤 11,000,000〔T〕, 27.3%,焦煤占 30%。此外化学工业烧碱 36 万 T,占全省 1/5;纯碱 22〈百〉万 T,占全省 79%;化肥磷二万五千 T,占 18.9%;纸(机制)(宜宾) 48800 T(49.5%)。

三种工业类型,重工业区在从宝成铁路至成都、乐山、宜宾,即盆地边缘,分广元望城区以 C、Fe 为主,有炼焦煤(元山煤矿);二区是巩元到成都, C、Fe 和轻工业,江油钢厂(60 万—30 万 T)五个炉,就地有铁、有煤、有耐火砖,(西北平武矿 Fe 有储藏五亿 T, 30%)〔旁注:冯怀德、王守礼组〕;宜宾区 Fe 在长江以南,煤要从长江以北〔运〕,珙县以无〔烟〕煤炼铁成功,利用系数较差,有 30 m^3 钢铁厂,(炼 Fe)炼钢集中在重庆(去年 60 万 T),分散炼铁,集中炼钢,乐山、宜宾均在做,江油比较集中。

线以东盆地,岷〔江〕以东,沱〔江〕以西为化学工业,以食盐、天然气、锰、甘蔗、棉花〔为主〕,自贡和泸州自然气 1600 亿立方,盐 8 亿 T;天然气中甲、乙、丙、丁烷、氦等,盐中有钡(Ba)、镁、溴、碘,已早成功,自流 NaCl 55 万 T,五通桥四周有许多厂,乐山也有烧碱,宜宾两个厂做烧碱,为制纸用。彭山有锰、芒石(长 80 km×20 km), 15 m 厚,含 Na_2SO_4 35%。宜宾糖、棉,绵阳同,龙须草统有,三台〔县〕年二千万斤,高级纸和人造纤维也利用蔗渣,遂宁、珙县(二万纱锭)二个纺织厂,乐山有造纸厂,宜宾糖厂至 500 T,绵阳、三台人造〔纤维〕厂,是有成绩的。

问题,资源是雄厚的,Fe 储量不多,共有九亿三千万, 30%;磷二亿二;钢 60 万;煤与 Fe、$CaCO_3$ 统相近。轻化工业,小高炉设备均可满足,交通运输基本好,在铁路航道沿线南有岷江、大渡河,劳动力二千万人口,只有三千万亩地,粮食@ 600 多斤, 58 年 197 亿 4,@ 980〔斤〕; 60 年 115 亿斤,@ 570 斤; 55—60 平均 132 亿斤,@ 640 斤;宜宾最高 890,乐山 850,绵阳 580 斤,人多, 60 年外调十亿斤。工业占地有矛盾,污水问题尚不大。

不够协调,有时无动力;缺烧碱或原料;火电为主,乐山水电占一半,天然气发电〔是〕一个新方向。工业利用率只 30%,煤炭供应不上,天然气目前作燃料可惜,自贡、泸州已用天然气发电;用天然气熬盐可以比煤省 30%,发电比煤强,煤只能发二千二百珽的可加至三千三百珽(自贡)。三台县有一百多万人口,有许多原料,可利用天然纤维以代棉,纺织厂在珙县而原料在涪江,要来回往返,遂宁又有纺织厂,希望珙县成为全能厂。

钢铁工业以土法为主,耗煤大,生铁成本大。

交通运输,短途运输吃不了,长途运输吃不饱。

甘孜、阿坝地区以农牧为主,轻工业基地。先振兴牧业,变牧业为农区,以后谈全区开发,以〔农〕业为首,次为畜牧业。

6月6日 星期二 〔成都〕

鹧鸪山坡度4%,茂汶至漩口、白岩一段估计为1%,灌县以下千分之四,红原至瓦切只六百分之一。

郭:草甸草场载畜量不及干草原,改农田也不及黑河流域,没有阶地,所以排水不好,有粘土层不透水。

米亚罗。仲伟□书记说五年后来将看不〔见〕森林,阿坝三亿立方米采三百万立方,可89年。燃料动力小的多而大的少。都江堰、柴坪铺桑记月喜为两州州长。

尹:煤当作燃料是可惜的,煤的开采量愈大,损失也愈大。四川高原不会有油,水力发电应要加以注意,成立电气网。

生产力配置,重要资源是矿产,矿产预测,阿坝州所到五区〔是〕变质岩,煤希望不大,但褐煤有条件,发展林、牧、农以满足人民需要。要发展交通,尤以水力为〔动〕力源,高原上干草地才风吹草地见牛羊。冬天饲料,要草地专家和兽医专家,不主张畸形发展。沼泽可以排水,也可储蓄(雨量并不多)。

李克明(省委书记):阿坝、甘孜地区牧业盛起来,农业也发展起来,以后全面发展。目前虽137万头〔牲畜〕,人口三万七千多,在59年死去数百万头。秋夏〔肥〕冬瘦春死亡,因病和饲料原因,所以秋天为屠宰时期,如扩大一倍到三百万头,就已紧张,改良品种也是饲料问题,饲料问题如何解决,改天然牧场为人工草场,接近农业经营,可和燕麦、甜菜等,豌豆。

四川以每人1½〔亩〕地支援十六个省市。

漆:地质资料要搜集起来,今后转到三省,方法上如何改变,中央没有提,要省提。搜集资料方面要一个精干队伍,不能一百县统去跑,以后方法上有所不同。长江流域规划。

李文亮:阿坝州森林和畜牧业很突出,在云南砍伐森林任务迫切,如何减少损失,韩厅长写文如何完成任务。米亚罗路上放木头,使交通发生问题,应该清理。有靠天吃饭现象。七八十年砍完,将来还会增加速度(@ 300万 cu. m. 一年),木头可以做玩具,综合利用。自然保护区,也是为了国计民生。

畜牧业事关生活提高。奶粉厂训练干部。奶粉厂要卡车、燃料,可以利用水力〔旁记:挤奶机器要卡车〕。傣俗妇女舂米,一样挤奶,占劳动量不少。人工饲料基地要建立,羊奶将来的发展。

马尔康獐鹿场王大忠:自然保护区由林业部管,动物也在内,羚羊〔可〕医伤寒,铁力木 20 年成材,可代钢,树下生沙仁(中药),籽可〔榨〕油。猛定坝的自然保护区,耿马县、临沧专区,药材资源云贵川,红花、冬虫夏草、大黄、杜仲,高血压、妇女药、肠胃药。阿坝州能供给的迫切需要的资源。云南要综合考察。

程鸿:农业发展对于粮食问题,甘孜、阿坝发展粮食,气候条件不好,低地土地有限,高原上南大 2379 小麦也失败,只有种青稞,粮食逐步谋自给,阿坝渐渐地能自给。阿坝现六十万人口,如增加二十万就很困难。畜牧业发展什么牧草,精饲料可以和农业相结合,冬饲料只能以栽培来解决。高原上甜菜有前途,一亩种子可以满足 70 亩。50 在 SW,甘蔗地一年可二造,而甜菜叶可以喂牲畜,野油料每亩产生低,药材可以发展。发展动力,利用水电,选几个坝址。铁路交通问题,建川藏路,从成都至马尔康经丹巴赴藏。

郭景云(交通运输所):铁路巴塘、理塘为南线,甘孜为北线。〔旁记:北线成都、灌县、马尔康、甘孜、白玉,南线雅安、雅江、理塘、巴塘,铁道部主张北线,军委南线。〕北线工程较易,森林也多,北线经马尔康可通兰州,北线每 km 造价 220 万,因隧道工程多,隧洞 20 km。高原河道航行问题。天然气是一个方向, 100 立方走 34 km,压力每 cm^2 150 kg。如何从蒸汽过渡到电气。乐山到宜宾在水大时停航,由于森林下来。

孙主任:工作不到一个月,感性认识也没有,过去生产力受严重破坏,认识过程尚要有一个过程。牧业问题,引种试验统有试验〔问题〕,如苜蓿、如病害。苏联 9 月割草入仓,死亡率高。燃料和肥料矛盾。矿资源没有深入。

晚晤(山西路 226 号)杨书记超。

西南特点,天然气如何利用,代替煤和化工原料。森林如何更新。畜牧:牧草、疾病。黑色金属:八年设想,钢到 800 万 T。农业:要考虑到人口的增长,四川每人平均 1½亩,而要支援十六省。

6 月 7 日　星期三　〔成都〕

成都地质局杨增乾、范局长。

成都平原有一千万 T 泥炭,在沿左河道和山前 alluvial cone 冲积锥阶地。灌县冲积扇有 2 m—8 m 的覆盖有褐炭,可至数十万 T。沿河道覆盖薄,不过几千到几万 T,有机质 30%,固定炭 20%。不包括彭县等 4 县有 800 万 T。四川有 56 县有泥炭,不包括阿坝、甘孜,最厚开县,到 8 m,上有覆盖层, 400 万 T,开城 6 m,川东褶皱带泥炭很多。利用方式,直接作肥料,每 T 内含固氮炳酸 Humic acid 腐殖酸 22%,可制半 T;可提胶油七公斤,1%—0.7%,有机炭35%,每 T 出灰肥 300 公斤,增粮一千斤;若做硫酸要 600 元一 T,贵于市价三倍。阿坝州打七个钻,有六层至十几层泥炭,可十 m 厚,到百米含油率 7—9%,下有褐煤。邛崃地区有万分之一锗。

天然气:主要 16 个自流井,盛东山(隆昌);石油沟綦江,王华山、高墨陵,邓静关(隆昌),阳高寺(川东),广铺平,叙永,花鼓山(荣川),纳溪县(泸州旁),富有寨,护龙河,何保厂,以长远坝(纳溪)的井为第一,每天可出 10,000,000 c. m.,其余出四五十万立方,如石油沟、自流井等地,其他均小。次要的和油在一起,总共川南地区含气层只一个二叠纪,十四个在三叠纪,嘉陵江七个下侏罗纪,其余中侏罗〔纪〕。最有希望川南 15 000 km^2,估计储藏 100 亿立方米。川东地区威远以东三万二千多平方米〔疑为公里〕,尚不能说储量。东溪在数年前燃烧数个月。

石油大小油田十六个,日喷 10 T 有龙女寺(南充)、(武胜)嘉陵江,南充彭集镇、王瓜山、合川几个地方。1 T 以上广安银山自流井、厚坝(江油)大阳厂,其余在 0.2 T 左右。其中(16 个) 11 个在川东,四个在褶皱带,一个在西北。储油层十六个中十四〔个〕是中侏罗纪(自流井),一个下侏罗〔纪〕。川东油区共一万一千 km^2,有几亿 T (20 构造),次为泸州、荣川、重庆(20 构造) 9000 km^2,储量不知。自流井威远 4500 km^2, 12 个构造。4 则重庆、梁平, 20,000 km^2,构造不明,二叠纪油在长寿已出油,不明情况。

含蜡高,冬天要封闭。

三江钢厂(綦江)用石油沟的天然气,重庆用气。成都二千米,威远、广安到三千米,自流井可打至 1000 m。20 cu. m. 可跑 100 km—150 km。

	面积(km^2)	人口	藏族	牲口	牛	酥油	牛羊毛	青稞
红原	8200	19280	16000	十七万	十三万二	34 万斤	十二万斤	四千亩 五十万斤
若尔盖	4200	33284		四十七万	十二万五	94 万斤	五十一万斤	一千四百万斤粮
阿坝	8000	29000		十四万	九万九			一千八百万斤

	每社员所得	耕地(亩)	牛羊死亡率	进口粮
红原	$102 元			
若尔盖	120 元	92,000	3.2%	240 万斤
阿坝	108 元	120,000		百万多斤

6月8日　星期四　〔成都—重庆〕

成都在六月初,石榴、芙蓉、白夹竹桃、栀子花等均开,蟋蟀群鸣。

航班 409，机号 636，6^{h}50′成都起飞，贵阳 10^{h}35′到。北京—成都 $158，成都—贵阳 76〔元〕。

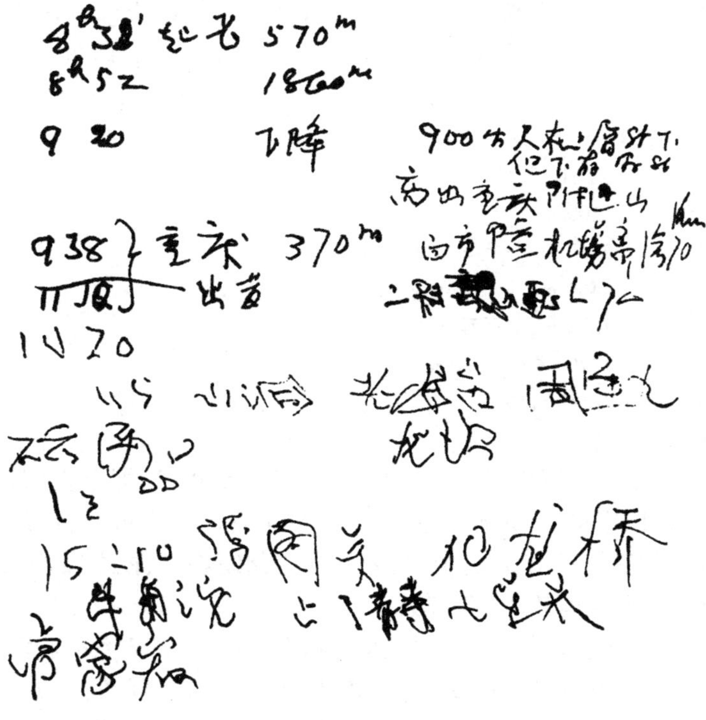

6 月 9 日　星期五　重庆　天气预报 T 21—29°，云间晴，315 m（265 probable），高了五十公尺。

8:45	出发
9:10	沙坪坝，小龙坎，山路陡，歌乐山，青木关，但经磁器口，钢铁厂
9:40	走 30 km
10:00	小三峡，40 km。42
10:12	北碚 48 km　290 m
10:26	北泉公园　310 m
14:00	北泉公园出发，约八公里
15:20	缙云山　810 m　未上狮子峰，在寺上约 150 m 过去太虚法师所住
16:00	吃茶，方主任、孔君招待

晚重庆副市长邓垦和科委魏瑞芳约晚膳。晚至重庆剧院看《王昭君》，高凤莲起王昭君。

6月10日 星期六 〔重庆—贵阳〕 晨重庆22°, 310 m。

7〔点〕早餐,在第一招待所。打电话与陶煦(重庆医学院)未成,作函寄他。

7:45从招待所出发,由刘处长(交际处)、孔同志陪同去白市驿机场, 31 km,经化龙桥至沙坪坝分路处向左走青木关路,打另一岔口又向左经歌乐山(650 m)至白市驿,时方8:45 (海〔拔〕370)。

9点十分	坐310飞机
9点廿六	2100 m
9:40	2460 m,下有Fr. Cu,上面Ci
10:00	2460 m, 下面Cu满布
10:30	2000 m,见下面
38	1220,贵阳 1200 m
11:27	花溪 1170
11:50	贵阳 1100

在机场有贵州分院罗院长、〔 〕副院长、卢厅长相接,即至贵阳饭店214号。〔旁记:贵大校长田嶲良,布依族。〕据云贵州每年农工生产可八百万,并有款可上缴中央,解放以前贵州只150万而尚嫌不足。贵州朗岱、六枝之煤可炼焦,供给川、湘、沪各大钢厂。修文有铅,黔西有铝。

'44年〔浙大〕园艺系毕业学生马光灼,'48年〔浙大〕农艺系毕业学生朱维藩。

《自然科学研究机构十四条意见》。院十四条。方向,任务,人员,设备,制度。

1. 保持科学研究工作的相对稳定性,制定计划要从实际出发,指标要能实现,要远近结合,在总体计划之下可以有小自由。2. 培养人才,建立系统培养干部制度,定出六项方法。3. 百花齐放,划清政治问题、思想问题和学术。基础科学和系统科学。4. 红与专的问题,进一步贯彻执行党的知识分子改造政策,规定红的初步要求,归纳为拥护党的领导,热爱祖国,积极为社会主义服务,可以认为初步红了,基本上靠自己努力,逐步成为具有马列主义世界观的科学工作者。5. 六分之五时间问题,坚决保证科学研究工作5/6时间。6. 保密与交流。7. 检查制度。8. 党的领导。

6月12日 星期一 〔贵阳〕

贵州分院情况。科学院副院长朱煜如兼党委书记,热带植物考察队长温开庭,农科所所长,农林厅副厅长,分院秘书长尹稀庭,经委丁主任,科委郭处长,综考会办公室主任金,农林厅,计委汤主任。

贵州分院1958年成立(罗院长),朱煜如副院长,成立二年半,在科委和省政府领导下成立14个研究所:原子能、应用物理、计算技术、自动化和无线〔电〕五个尖端〔学科〕,此外有冶金、机电、化工、土木、地质、生物等等。社会科学有民族和社会科学,另设情报所、新技术室和仪器厂,另设中心检验室,无直属所,各所均单独建立。分院三处一室:计划处、总务处和人事处,和办公室、党委办公室等。去年达 1078 人,行政 101 人,整编后支援农业第一线,精简了 34%,余 717 人,行政 93,实习员 296 人,余大部为工人,高中毕业的多,在各外埠所实习二年,工程教授共 11 人,其余均为年青人。合并原子能和物理为一所,化工化学为一,计算技术和电子合并,机械和自动化合并,冶金、地质合并为矿冶研究所,硅酸盐在内,合生物所、情报所共 7 个所,科技学校尚有 100 多学生,招初中学生。民族所交民族事务委员会,哲学所交党委宣传部?。大区合并尚未考虑。

6 月 13 日 星期二 〔贵阳〕

科学研究情况。[1]冶金:铁的脱 S,桐梓 Fe 不能列等,虽量不少,经所研究能脱 S。清镇富铁矿,但有铅待解决,铅锌综合利用可处理 1 T。在赫章金属锗,万分之一,回收率只 30%(煤灰锗只百万分一),要能达回收率 70%。钴矿选矿。硅酸盐炉底碱性化。地质稀有元素。

单相直流发电机希望能由五个发电池,用十七八万元就可发电,一机部有兴趣,用低电压大电流的办法。纺织厂湿度自动控制,化学利用煤炭做塑料。生物在代食品方面已编两本书,北京、昆明植物所均曾来此编《贵州植物志》。药用饲料,配合亚热带调查,做赤霉素工作。半导体从矿物到制晶体管,金属锗到七个 9。毫米波问题,二年完成。技术革新革命方面,曾派人到各方,草炭做化肥、饲料。从猪鬃废料为氨基酸。基建只一座,七月可完工。青年人多,基础薄弱。

温开庭厅长:罗甸、独山、兴仁、兴义、安顺、镇宁七个县,有苗族、布依、侗族,28,000 km^2,占 15.5%;人口 196 万,占 11.5%,劳动力 80 万,可垦面积很大,野外考察,橡胶宜林地。气候年平均 18—20°,最冷月平均 10—15°C,雨量 1000—1400。安龙、罗盘海拔 280 m—1300 m+。西北高山阻冷空气南下,南面积温可到 7000,最低到>15°C,最低温(绝对)在 0°以上。59 年已种胶,经寒潮都能生成,1/16〔寒潮〕主要在安龙、望谟、罗甸,到-2.5°,比广西为低。独山有几处虽在 400 m,但不合于种胶,西部虽在 700 m,形势较好。地势北高南低,地形适于小区域种植。北盘江流域 300—400 m 区域有高温,有适中湿度,排水好,有向南开口马蹄形,在海拔 450 m 以下湿而热,适于热带、亚热带植物有攀枝花,藤本,繁育热带区系东西不少。当地农民烧垦乱伐,很大面积统长高草。土壤以红壤为主,在海拔 700 m 下,水源多,水量合适。59 年把腰果、咖啡、橡胶等已经种苗圃于望谟、罗甸、安龙。一等宜林地十万亩,二等 34 万亩,其他 148 万亩。今年组织 80 多人考察,以橡胶为重点,亚热带植物任务,完成亚热带自然区划,调查油料、野生橡胶植物提出意见。

北盘江与清水河之间,望谟县、罗盘地方海拔400 m+,北面有山,有二三万亩地最为适于橡胶,定作为基地研究。缺乏经济地理和地貌。

UFe_4 在开阳、遵义磷矿中有万分之几。铝厂有三万工人在安顺途中。

6月14日 星期三 〔贵阳—遵义〕 晨贵阳21°,658 mm(1180 m)。

8:40	贵阳		
	阳关	1300	7 km
	沙子哨		
9:00	岔路,铝厂三人		
9:45	修文 25+	1130 大雾	18 km
	狗场	1400	
11:50	息烽	1160	70 km
12^h	扎佐	1360	20
12:25	□桃□	1040	94
12:34	养龙站	940	48+64
12:44	乌江渡口	750	
13:15	老君关	880	111
	霸王坡上		
13:34	刀靶水	1020	118
40	新站	1040	129
13:53	南北镇(烂板凳)		141
	忠庄铺		
14:20	遵义	940	161

6月15日 星期四 〔遵义—贵阳〕

$13^h00'$	遵义出发	161 km	930 m
13:58	刀靶水	118	1030
14:10	□□	111	920
14^h24	乌江桥	105	780
	养龙站	105	
14^h37	养龙	98	930
14:39	岔路口	96	950
15^h22	热水坪温泉	+18	820,水〔含〕$CaCO_3$,$MgCO_3$,57°C
16^h40	出发,从热水坪出发去贵阳,96到贵阳		
17:20	岔路		

	岔路口赴 18 km		
18:00	息烽	72	1150
18:50	扎佐	37	1370
19:16	沙子哨	21	1370
33	阳关	7	1300
	二桥		1180
42	头桥		1160

6 月 16 日　星期五　〔贵阳〕

下午至金华农场。在贵阳南清镇路上〔见〕蔬菜和鱼。

贵阳市金华农场毕连友〔签名〕

科委副主任,秘书(何笃心,熊兆斌)

6 月 17 日　星期六　〔贵阳—北京〕　贵阳 21°,室内 25.0°, 661 mm, 1130 m, 昙晴。六点阴, Fr. St 8。

606 号飞机, Ил 14 号机, @ 202 元, 1230。

8^h00	起飞,贵阳, 1700, Fr. St 云底, 220, 300, 2000 m 入云中, 2240 在云上, 140,下见云海,上无片云, 215
8:15	三千米高
$9^h50'$	长沙,晴, 130 m
$10^h51'$	起飞,机中 31°C,在 1800 飞行
$11^h52'$	到达武昌,晴, 115 m, T=33°C,中餐 50 ¢
12:56	武昌起飞,见长江桥
13:16	2400 m,在 Cu 之上
27	3000 m,云顶渐高
14:18	2440,入云中
14:24	1200,可见地面,上为 St. Cu,下有另一层云 Fr. Cu,Scud 飞云在 700 m,500 m 无云
14^h35	到郑州, 160 m,阴,昨晚今晨下雨(26°)
15:20	从郑州起飞, 400 m—800 m, Scud,上有 St. Cu
15:40	在 1800 m,无 Scud
$16^h13'$	2400 m,在 Fr. Cu 顶上颠簸
16:30	下降, 2000 m
$17^h30'$	到达北京机场

实飞时间: 1 h 50′+51′+1 h 39′+2 h 11′= 6 h 31′,共 6 h 31′。

6 月 23 日　星期五

讨论中国科学史,提纲,科学史体裁,提纲要目。

人大政协常委小组讨论农村公社组织工作大纲六十条,分为四组,我在第四组。

6 月 27 日　星期二

陆游《初冬步至东村》:“八月风吹粳稻香,九月荞熟天始霜。”李颀《送陈章甫》诗:“四月南风大麦黄,枣花未落桐花长。”

河南省北部、中部和南部关于小麦播种的时间不一样,豫北是“白露早,寒露迟,秋分种麦正当时”。豫中是“秋分早,霜降迟,寒露种麦正当时”,到了豫南则是“寒露到霜降,麦种莫慌张”。说明愈南种〈种〉〔麦〕愈迟。河南还有另三句农谚:“白露种高山,秋分种河川,寒露种河滩。”原来播种小麦需要一定的温度,14°—17°C 较为适宜,这温度指标在北方和高山来得早些。

参看《中国农学遗产选集》甲类第二种,麦上编, p. 241。

青海德令哈小麦蛋白质成分在 22%+,而北京最多不超过 16%,因为德令哈从开花到收获,湿度较低。

6 月 28 日　星期三

Science Feb. 10, 1961.

Feb. 4, 1961 苏联送出 7. 1 Ton 重的 Sputnik。James E. Webb, Head, National Aero. & Space Admini. (NASA), period 89. 8′, apog. 203. 5 miles, perig. 138. 9 miles。最大 U. S. Satellite 9000 lbs, Atlas, 18 Dec. , 1959.

Jan. 31 sent a Samos reconnais. satellite 以代替 U2 aircraft,为了照相 circling earth at. in a polar orbit 350—300 mile orbit to stay a year. 重 4100 lbs, instrument 300— 400 lbs. Samos program 已经三年半,费三亿元。

Feb. 1 3-stage Minutemen intercontinental ballistic missiles, 4600 miles from Cape Canaveral,是西方最高的弹道。

Carbon-14 half life, new value 5760 yrs. instead of 5568.

Significance of Carbonaceous Meteorite in theories of *On the Origin of Life*. J. D. Bernal, April 6, 1961.

B. Nagy, W. G. Meinsheim & D. J. Hennessey reported their findings of mass spectroscopic analysis of carbonaceous material from original meteorite of 1864. ...

may justify the conclusion that biogenesis processes occur, and that living form exist in regions of the universe beyond the Earth.

Society for Visiting Scientists in London, A. V. Hill, President.

Olshansky 农业部部长。

6月29日　星期四

地理学会,专业委员会,五个委员。和王顺桐商谈过成立地理学会基本队伍。南京科协:王毅、高济宇、郭影秋等,杨怀仁、杨纫章、任美锷等,提19人(共)。南师也提李旭旦、王维屏、朱慧生、陆漱芬,南京所:佘致祥(新疆)、董效文(苏联回国)大学毕业。上海:财经、复旦、华东师大提20人,严钦尚、陈吉余、黄文汉、胡焕庸、李〔　〕。革新家没有推举,中学教师也少。

长春地理学会工作已开展。地理所丁锡祉外无他资格老的。科协主张要从严。长春提22人,张信占、张恩孚、丁锡祉、陈亚子从师大,工农革新崔屏仁(大学毕业)现在农村,另推一中学教师赵亦鹤(十二中学),分院王副院长提二个副博士:王锡畴、陈材。联系的方式希望出简报。八月份开全省地理学会会议。

地貌发展方向,水工、农业,为农业服务。流水地貌(河流发育)和地貌制图,预备开地貌会议。

地图。再开一次审图会议,江苏、湖南统已编出,十月份在广州(缪鸿基曾来)。7/17开《大地图集》会议。

经济地理。生产配置和生产力配置问题未解决(南大注重自然地理部门)。有主张是边缘科学。

教学工作。没有综合地理还是不行。化学地理, 7/2日开会,汪安球报告,在北大。上午,刘培桐、陈静生等也有报告。

七月15沈玉昌,文化俱乐部,流水地貌,工程。周廷儒,地貌制图,七月底。水文气候尚未展开。

下星期五下午开地理学会理事会。

7月1日　星期六

苏联科学院。

发明、著作、专利权三权问题,翻译问题,共同研究结果不得双方同意不得在第三国发表。60年研究计划有承认著作权,要加一句"为了保护发明权"。以为是道德标准,有登记办专利证、议定书签字。苏联没有任务。谈年度计划拖延。1950年政务院有发明权,宪法没有保障发明权。翻译问题,派翻译办法由年度计划中解决,过去专业翻译有困难,派遣方和接待方如何派。派汽车,双方等级以上派车。

年度执行计划未谈。

7月2日 星期日

汪安球,苏联地球化学。

Лазанов 拉扎诺夫、Благов 布拉戈夫(莫大)今天开始系统开化学地理课。今春开过一次会,十六篇论文。Грановская 格拉诺夫斯卡娅、Сукачев 苏卡切夫等提了论文。明年80寿辰和10年逝世纪念。苏联在 Clark 克拉克和挪威 Goldschmidt 之后,苏联 Фереиман 费列伊曼研究面广,如水化学,生物地球化学对于物质迁移〔的影响〕,而地理方面尤以 Бринов 布里诺夫为主提出景观地球化学。

Ginsberg 做南 Ural 乌拉尔的景观地球化学限于地表(深坑)10—20 m 上下各层的元素。Гросолскак 格罗索尔斯卡克作景观图,从植物土壤中的元素移动,从水的分析,支流、干流的分析,而觅得铜矿。沉积岩的过程,如觅石油(Ковда 柯夫达曾做工作)。Виноградов 维诺格拉多夫研究物质交换,主要是生物地形化学,注意于土壤肥力,在 АН 苏联科学院土壤所做。Чурин 丘林、Сукачев 生物地理群落(Баскавич 巴斯卡维奇读二篇论文,土壤和植物灰分的关系)。Гродавский 格罗达夫斯基在天山工作。地理景观地带性问〈性〉〔题〕Бринов 最早提出,尤其是出荒漠区。Егоров 耶戈罗夫、Ковда 统做过。Грановская 景观分类着重在地形。注重在标准元素。

干旱区地球化学 Кринов 克里诺夫始作此工作,但盐湖起于苏联 Кунатов 库纳托夫,以后 Алиочин 阿利奥钦,此外水化学工作, 1935年出盐湖研究方法,盐湖分类和进程, Аунацкая 奥纳茨卡娅水的矿化作用,冰川水的盐化过程,季节性变化。古代化学景观, Марков 马尔科夫认为有前途,将来要设立大地理室,在米兰东部也开展工作,上新统还影响到今日。微量元素研究, Грозовская 格罗佐夫斯卡娅也研究,和农业及疾病有关,南方人矮是否由于土内 Ca 质少。

海洋化学,也开始研究。

地球化学实用在于找矿、盐湖和盐的研究。农业方面肥力和盐碱问题,盐分平衡,稀有元素,医疗等等。野外制图和分析数据,比土壤要求严格。地球化学和地貌学有关,地貌制图很重要,分层取土,掘深坑,光谱、极谱适用灰分分析。

刘培桐:在中国如何开展地球化学,物质与能量交换是物理和化学问题,热平衡是物理,物质移动是化学过程。三是化学景观,即 Сукачев 的生物地理群落。西洋栗钙土下有石膏,但中国无之,而且栗钙土旁无石灰,由于他们高温不能溶解 CO_2,我们高温多雨,外因通过内因来解释各地方的情形。结合水热平衡来研究元素的移动,新的方向是用热力学来解释,放射性的影响,对于生活的影响,标帜元素的研究,风化壳分类和地球化学地理。

7月9日　星期日

外交报告,陈副总理谈日内瓦会议。

在日内瓦二个月,总辩论6星期,三个问题:1)保护的独立或非保护的独立;2)监督的中立;3)国际委员会印度、波兰和加拿大的作用是否继续存在。美国主张来监督,英国也以为要保存来监督。我们反对,如监督就干涉内政,所以不能扩张权限,我们不主张扩大,只有调解。1)监督停火,进行调查,实行停火;2)监督外国兵撤退和调查、检查新的外国军火和士兵的来老挝,美国意在保护洛萨凡的反动势力来打击进步势力。

〔与〕十四国家交了许多朋友,如瑞士、西德等等。

自然灾害等也常问到。印度表示要改进关系,转弯抹角想达到谈问题。中国一向求同存异,这次学习增加许多知识。

去英国准备工作。刘西尧,张沛霖,王守武,贝时璋,竺可桢,陈汲。

约他们到中国来,文化交流。派留学生。科学情况摸底。参加国际会议。互相摸底问题。时间10/17—10/31号,时间14天。

外事处:准备工作,看看吴副院长的报告,文献,要准备问题。演讲。派留学生。Chain送了医学院仪器。Sister-in-Law correspondent of observer. Imperial College.

参观宽一点。讲话不经翻译,报告时翻译。

1960年7月吴副院长赴英国时,Hinshelwood提出〔邀请〕。1960年11月15日郭院长致H函答应。11/30 H答复在十月。1961年5/16郭院〔长〕致Florey〔函〕,由竺、刘西尧、贝时璋、王守武、张沛霖前往,10/17—23号。1961年6/5 Florey复函表示欢迎。

7月15日　星期六

沈玉昌:地貌与水利工程。

长江流域1931和1935年统淹死140,000人。Попов波波夫长江水利专家组组长。建国后,河谷地貌有很大发展,从个别水库到梯级开发,流域规划至跨流域规划(分区规划),而且是多方面的综合利用,实用性,阶段性(规划、设计、初步设计、技术设计、施工详图)。第一步只要五十到二十万,第二步一万分至五千分一地貌图,坝、库区十万分一。水库完成后尚有地貌问题,如变形问题,上游、下游演变问题。

工作方法也有改进,过去水面以下就不做工作,应用物探,钻探工作,回声测深,示踪原子,阶地利用,孢子花粉,微体古生物检定时代,航空照片方法等等。

主要内容和水利关系，河的分段，河槽，河漫滩，坡地，黄河龙羊峡以下一放一收，到青铜峡1300′落差，可以修水坝。青铜峡至河口不能修水库，可以灌溉、航行。河口到禹门口又为峡谷地带，可修水坝，但库容不大，落差600 m。禹门口至孟津又有利条件，三门峡即在其中。孟津以下是大平原，在桃花峪、东平湖统在平原上，要修80 km长堤，所以不经济。

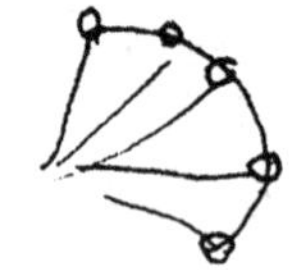

长江河段，从源到玉树，在高原上曲流发育。玉树到宜宾为峡谷，宜宾至奉节为丘陵地，奉节至宜昌200 km三峡段，唐白河水系如扇，在平原归总，2/3在原上，平地闹水灾，岗地，阶梯闹旱，只能修一系列水库。淮河水库也受地貌条件，一系列的弧状分布水库。

河谷地貌与库容有关。坝长、坝高可从形态上来定，如隘谷、峡谷等等。不对称问题，贝尔定律，南北河流统向右。此外构造运动，Cartonkin运动。

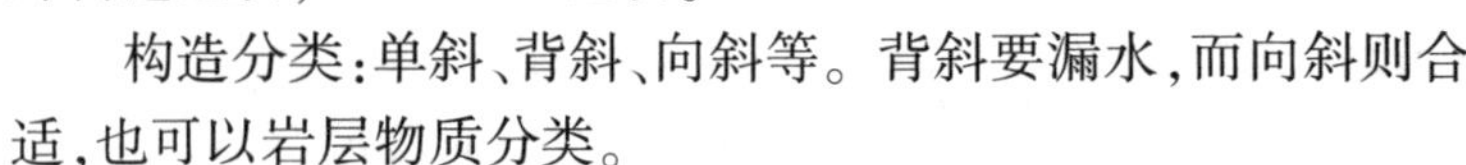

构造分类：单斜、背斜、向斜等。背斜要漏水，而向斜则合适，也可以岩层物质分类。

主张用综合分类，如背斜石灰岩峡谷。

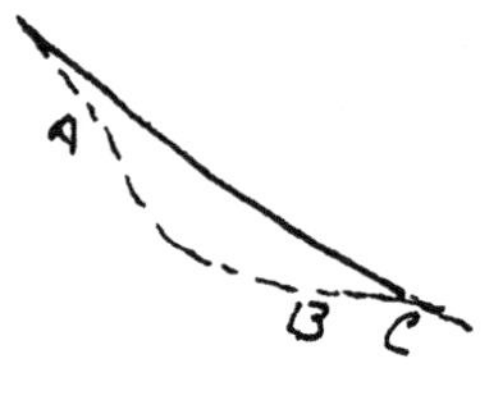

纵剖面和横剖面，纵剖面犹如虚线，从A—B可修高水坝，而BC处最有利水库处。一般说侵蚀地区落差大，可修水库，阶梯造成由于大支流堆积，新构造运动和岩石硬软。

金沙江从虎跳峡至梓里有300 m落差，距离30 km，沿河240 km，年平均流量1500 m^3/sec.。

横剖面，河槽和河漫滩、山地研究不够，三峡南津关有深槽直至海拔-45 m（负45 m），深槽可由岩性或构造。龙门的峡谷口覆盖层有70 m厚，到河口无覆盖层，到上游又加，出峡谷处最厚，如有断层，在韩城至700 m。长江三峡出口处也有很厚的覆盖层。金沙江到宜宾出口处也有90米覆盖层，其厚度有一定规律，究竟什么是重要因素，找出规律来做覆盖层厚的预测图，曾做了一个图。

河漫滩与修建水利工程，有利方面，首先修坝时可分期围堰，在河漫滩做工程，不然要做水洞，工程大，三峡要水洞导流，但坝堤要大一点，此外有牛轭湖相不能做大坝，所以施工现要 $\frac{1}{2000}$ 图。

阶地和谷坡。阶地是历史纪录，是建筑材料仓库。齐姆梁海坝在阶地上可省土方，阶地库岸稳定，库岸要平、滑、坚。

构造阶地和气候阶地和基座阶地。国内^{14}C定绝对年龄尚不能稳定，用可用至三万年，来决定是否新构造运动尚不

能。如在峡谷地区阶地相对高度差得大,而阶地外又差很小,要看洪水和枯水的位差,不能以为在峡谷中上升多而平原少,黄河龙门上下和长江三峡统有此问题。阶地位相图编制可定出阶地变形,应从下向上编,应从平均总水位算起。

谷坡的分类,在谷坡上,要选择临时船闸和导流。稳定性问题,水坝常在不稳定处,如虎跳峡 1800 m—3000 m、巧家统是不稳定地,巧家流量和黄河一样(470 亿公方),光绪初年地震断流三天,黄坛口要崩塌,也是在不稳定〔处〕,灌县柴坪埔也是如此。古代滑坡可以复活,山坡扇形地因坡破碎很不利,如在下游于灌溉不利。分水岭与河间地。

7 月 17 日　星期一

《国家大地图集 · 自然地图集》。

17　　开幕,下午看图

18—19　　分三小组讨论

20　　大会发言

21　　编委开会,下午〔谈〕体会

22　　编委开会,闭幕

白敏局长报告:专门委员会上次开会是在 1959 年 4 月以来已两年,第一集因整风停顿一年,所以延迟了。

陈述彭报告:水文图组,冰情,海洋回游。这次第一次审查,就科学〔院〕内提意见,审设计图样。明年年初第二次审查清绘稿图。第三次全部印出样本,交高级领导审查。

41. 2×25. 6 内图,二幅双面四开,单面八开。

刘东生,曾昭顺,张心一,席承藩,郑作新,郭敬辉,沈玉昌,侯学煜,张文佑,吕炯,刘瑞玉,王遵伋主任,曾〔　〕,李海晨,程忆帆,钱雨农,水电程学敏,地质张步春,测总贺涤尘,气象朱瑞龙,漆主任,尹主任,黄秉维,李秉枢。

7 月 19 日　星期三

天气变迁, Callendar。

Pollen Analysis in Uganda《乌干达的花粉分析》, Dr. M. E. S. Morrison。

Bamboo, Hagenia, Stoche.

Q. J. R. M. S.《皇家气象学会季刊》, Jan. , 1961, G. S. Callendar, ARDE Min. of Supply, London, Temp. Fluctuations & Trends over the Earth《地球上的温度波动及其趋势》, pp. 1—12.

A gradual rise in T. has been in progress for several decades with a max. in higher Lat. in N. hemi. & relatively small rates in most other regions. T. appear to be quite stable in Black Sea, Caspian, most of Australia & S. Atlantic.

Assembly of data, 600 annual mean. urban effect (1921—1950)—(1891—1920),九个西欧城=0.42°C,而14乡村城只0.36。In Tropics a striking correspondence between mean annual T and inverted sun spot curve from 1875—1920, and since then the phase seems to have reversed. High level stations like Quito, records all warm & cool years giving by zonal average of tropic, giving 1893, 1917 as the coolest, and 1941 as the warmest year in the past 70 years. 在温〔带〕中情形较为复杂,但是以全带而论,则热带与温带从1875—1915是一直均向上,但1915以后,北温带更热,更显著,热带则增加不大,在高纬度在1950以后有减低趋势,但温带尚未显著。

下表30-year change (1921—50)—1891—1920。

	Area of earth		T
Subarctic	73— 60°N	4½%	+0.83°
N. temperate	60°— 25°N	23%	+0.39
Trop.	25°N— 25°S	42%	+0.17
S. Temper.	25°S— 50°S	17%	0.14

在温带内夏天气温增加甚于冬天。

	夏	年		夏	年
Oxford	0.52	0.34	Sutlau 北日本	0.60	0.21
Neuchatel 瑞士	0.55	0.41	Hikone	0.71	0.12
Sonnblick	0.75	0.49	Blue Hill	0.72	0.63
Irkutsk	0.33	0.40	Alpina Graf Lewe	0.60	0.46
Tomsk	0.29	0.35	Concordia, Mid West	0.69	0.56
Tashkent	0.29	0.08	Winnimucca	0.91	0.59

哈尔滨	0.5	0.5
北　京	0.5	0.3
青　岛	0.4	0.3
上　海	0.4	0.5
香　港	0.2	0.2

	冬	夏
北　京	+0.0	+0.5
哈尔滨	+0.3	+0.5
青　岛	+0.1	+0.4
香　港	0.2	0.2
上　海	0.3	0.4

Cause: atmospheric dust (Wexler *Climatic Change*《气候变化》书中 pp. 73—106),但增加不在沙原地区(如澳洲、里海区反而少)。Callendar以为是由于CO_2

的增加，Plass 在 1953 年、1956 年赞〈助〉〔成〕之，Plass 认为在很小变动上，dt/d CO_2 of 12 in °C and mg cm^{-2}。From this a rise of 0. 4°C（N. T. Z.）would require 33 mg cm^{-2} more CO_2 in the atmosphere equal to 7% average increase of CO_2 between (1891—1920) →(1921—1950). Observed increase betweeen 2 periods 6% in European region. 但 Flohn 等不相信有 40 mg cm^{-2} 的增加。

南高纬度增加 T. 甚少，近五十年来雨量减少。As the quantity of r. is a measure of latent heat released at cloud level, anything which retards the loss of this heat will lead to slow down the convection current and precipitation. Increasd CO_2 in the air would be effective in reducing the loss of heat by radiation from the upper surface of cloud, the more so because there is seldom enough H_2O above the cloud level to interfere with radiation in the CO_2 wave band. Thus more CO_2 should tend to depress the convective rain in the tropics, while T. rises to restore the balance.

7 月 20 日 星期四

《自然地图集》大会发言。

加昆虫图。

国家测绘总局刘德隆(1 hr.)：(制印部分)设计样图从 4 色到 20 多颜色，代表我国制图技术水平。困难是有的，同时要在 62 年出版，制版、编绘、印刷、装订要 2/3 时间，现在设计 1½年，则三年不为多，所〔以〕要 62 年出版是很紧的，甚至材料关如油墨、纸张也困难，但是得各方的协助，估计可以于 62 完成，估计底图还需要 120 日，但现在先把科学内容肯定，今年全部交底图，上半年清绘，下半〔年〕制印，1962 年年底一部分印出，于 1963 年出版。纸张要 160 克白光耐折，所以要轻工业部特出，但二年毫无消息。漂白浆要进口，要国家注意此事。

没有地图印刷厂〈为〉〔属〕国家测绘总局，要依靠协作，要求 62—63 完成者四件，普通地图集尚有毛主席交来两种，自然图集过关，其余也可以。广东地图集在先，协作单位有天津印刷厂，地图出版社制图。制印工作双面印、单面印问题，能单面〔印〕比较有保证。地质地貌最困难，天津印刷厂就不能保证。德国双色机目前还不敢印，单面印，背印表格，技术关容易。设计样图中颜色复杂，若干不能分清，设计尽量减少，或用符号不同来代替颜色不同。工艺采三色套印(红、黄、蓝来变 215 色)。

还要做大量试验工作(如符号等)，但资料不够。建立制印小组，第三季先制印几张，如银色冰块，如海洋的阴阳线，一段粗一段白线。底图玻璃版品色容易，胶版要看 Filling，底图必须统一用玻璃套色。制版出版社，编稿地图所，不要反复修改。底图的颜色要可靠而准确，希望吸收天津印刷厂和上海中华厂。油墨目前用的差,因乏好油。

10^{h}05′吴忠信(总参谋〔部〕测绘学校):次序,把中华人民〔共和国〕全国地图放在上,地势、自然区划、自然改造(可并一幅),自然考察是过程,可以不要,或放附录。把气候图放在地质之前,水文之后(并不一致)。合并增减,星、太阳系、水文结构、湖泊区划、河流变迁可删,增加地势、土壤、矿产、森林分布,合并黄土高原、沙漠,可合〔并〕冰川,湖沼放海洋也不合适。典型图,全图注意不够。各省图组要平衡,地质多,土壤少。

表现方法有多少,如区划图内容空虚,分区代号各各不一。区划图要有地形,世界气候带要放在主要图,不在样图。颜色用得太多,符号用得太少。若干图名不通俗,如海洋动物有些问题,有符号资料与〔无〕符号资料。

底图,疆界完整。南海的插图,许多把海南放在外面。底图大小可一样,内容可不一致。图形和配置,投影世界图用椭〔圆〕形,把中央线放150°可不致大陆重。中国用椭〔圆形〕以30°N,105°E为中心,制中国全国图。气候用等积图锥使方向好。有南极附图,无北极,潮汐基本线应为直线,而图上作曲线。希望五年出版一次。照片是否要,若干不理想。保密应列为机密。

10:22缪鸿基(中山大学地理系):国家地图集与省地图集,二十多省已在制自然地图集,湖南、江苏省集已出版,广东等四省也做好。协调各图,〈因〉〔应〕相互补充、协调,图幅之间协调,与其他三卷协调和各省图协调,不协调由于人与人间缺乏联系,有主和辅的图,地貌、气候应为主,水文、植被、土壤为〈附〉〔辅〕。二则基本单位相差大,景观和土类应相合。群众评图问题。

张文佑(地质地貌组):五年一次修改,加入地磁图,中国在世界上位置,协调问题。

地质图组:次序以为地质放前面,区域地质加Ordos和山东,减少文字说明。工程地质和岩相放一起,矿产分布要加入(地质科学院赞同)。新图由各单位负担,水文工程加河西走廊和华北。

王晓青(地质部地质科学研究所制图组):已制成一千万分一地质图,到1960年资料,但没有剖面,剖面图代表构造类型,不能太简单,剖面有天山、秦岭(地槽)、四川、广西(地台)、燕山震旦纪,南岭(花岗岩)加山东半岛和Ordos。协调地质、大地构造和矿产,三百万分一内生成矿规律图和石油地质、煤地质图,如列在保密级值得考虑加入,可和领导同志汇报。

沈玉昌:山岳形态改称山系图,要和大地构造联系,图48水网结构移陆地水文,图58—59典型地貌,红色岩、丘陵、高山、冰川。删去图60冰川,和喀斯特分二张,66—67青海图太复杂,删去湖泊类型〔旁记:左大康,丘宝剑〕。

气候程纯枢:六个雨量图转水文。加气流、气压与风,日射总量,降水日〈素〉〔数〕,冻土深度和旱的分布六种图,其〈日〉〔中〕日射和旱未做。日射由地理所做,旱分布图对如何表示目前未着落。水文有两种:洪峰流量模式和季节水文变更图。减去农业气候(82—83),冬季华南寒潮路〔径〕、冬半年寒潮路径,百年一遇最大降〔水〕。要自然物候图。

水文删110—111。

要修改:气候区划图号字要改,高原、山区垂直分布重要性,编号能改为三个字。垂直分布要和植被、土壤才能做。要三组能配合。干燥度也要修改,降水密度图取消,雨季降水量用各月所占%,典型站能更有代表性,取消蒸发。

海洋图组是否要,湖泊放何处(保密)。

吕炯:反应中国自然特点、地形,云南到1420 m尚能种橡胶,巴西橡胶生长在巴西,在〔橡〕胶园,不合适〔我国〕,因病害重,但在西双版纳病害就不会扩〈充〉〔展〕。马铃薯退化,在日夜温差大也会免除。主张寒潮还需要。

〔*旁记*:发生生理,张致一(内分泌),老年组郑国章,实验形态秉农山,郑作新区系,水生沈嘉瑞,寄生虫年青人。〕

气压与风图重要性。时代的重要性,农业气象图有其重要性,小麦有效分蘖,越冬时期才有效,广东种河南,没有越冬、春化阶段,所以骤长而不开花。湖南种"青森五号"到五六寸就开花、结果。棉花种〔得〕迟,霜后桃多。

海洋要保存单位,可添含氧量、比重,如沉积物等保密可少。沙漠气候照相可用一个代的。

$3^h20'$下午张心一:因地制宜,小区域的特点对农业有用,农业气象的东西能留下。冬小麦、春小麦的界线,一年两造或三造的地〔域〕线,譬如水牛的北界(吉林一年两造)。征求农业领导方面意见。

郭敬辉:自然改造和利用可不要。海洋应以海洋物理为主体,农业气候有人主张保存,但人为因素太大。果树是否要。百年一遇的降水量,工程地质分区很不需要。考察路线可去〔掉〕,因各企业部分考察很多。雨量降水量不合科学。加图:沼泽、横断山脉,森林图,垂直分带。把自然分区放后面与垂直分带在一起,加地磁、重力。〔*旁记*:主张单面印,朱瑞兆,气象。〕名称上降水总量、年雨量。自然区划委员会应合作做图。总剖面河流如黄河、长江、通天河统应加入新的,主要湖泊面积、深度。

$4^h10'$刘瑞玉(海洋组):海洋材料从无到有,海流、潮汐、波浪、气象材料如何应用,还是有问题,科学研究尚在开始。海洋生物知识不多,海带开始种植,海带现在广东也养。东海打鱼最多是日本渔船,是世界大渔场之一。放在湖泊不一定合适,太湖不一定能代表加密度平面,所以剖面不行,海流不能详细,海化学可以,磷氮氧可以。浮游生物按生态分,动植不分,鳄鱼加入浮游。浮游路线加入,海洋考察也可加上,资料整理以院中为多,各省的很少。

$4^h40'$席承藩:土壤分类发生了争执,因为土壤材料普遍大量增加,《自然集》土壤图不是详细作战图,应能反应不同自然条件下,所发生的地带性和垂直分布与气象、植被相协调。耕地、荒地的类型制一图,以便与自然相印证。典型图的选择,东北黑土类型,华北土壤盐化规律,长江丘陵地土壤,西南高山地区垂直,川滇等省,新疆干旱地区垂直分布,华南红黄壤垂直分布。区划的土壤太复杂,命名要和气候、植被能统一。〔旁记:海洋图。〕

增加若干幅,石灰 pH 图,有机质含量,盐分和其蓄肥图,耕地、荒地分布类型图。图例规律性不够具体,小区〔土〕壤类型求图小,去掉。500 m 以下平原,山地 500—3500,高原 3000 m+。

$5^h06'$侯学煜:如何能调整、巩固、充实、提高的方针。分区图、植被、土壤、气候标准〔的〕一致性。双季稻分布和香蕉分布,生物气候带有否材料,山地上有红壤非真红壤,而黑土也非黑土,科学性要加以审查。比例尺一致性。

资源植物反映自然分布规律性,因此要择有重要性和特〈具〉〔殊〕意义,反映自然条件,地域性,森林植物要加(杉、竹、马尾松),图一致性,地区性植被图已做一半省区,选题,全国植被典型。

$5^h20'$郑作新:这次会议加入淡水鱼类和昆虫,加强综合性,古北区与东洋区动物划在秦岭,而植物在南岭。垂直分布也要综合,如何综合?内容、数量问题图集中不谈。动物只是鸟兽,为生产服务及质量问题当中有矛盾。珍贵稀有动物分布,过去代表性种类和动物资源等。狩猎法提出草案。

7月21日　星期五

柴达木应归温带荒漠与北相合。阿拉山以南灵武是辐集。

热带:广东至香港或汕头,或雷州半岛北部,香根草(热带)、香□四季可种。湛江不能种腰果,但电白虽纬高而可种,有热带海岸, 8000°积温和寒潮来时早稻英德以北全死,沿海线以北半死,沿海 20 km (信宜以西年年十八岁橡胶)。

刘瑞玉:活珊瑚可以到本州,北海涠洲岛,海南岛,香港,台湾澎湖,直至琉球到四国、九州,文吕也有。红树林到福州, 20°C,北部湾北部可到 8°。

李玉林:柴达木应放在荒漠,而不与西藏相合。热带土壤要镶边,气候不一定寒潮关系。寒温带 1600,荒漠 4.0。

自然地图组委员会:张宝堃、沈玉昌、白敏、刘德隆、吴忠信、刘瑞玉、缪鸿基、侯学煜、曾世英、李玉林、尹赞勋、陈述彭、李秉枢、黄秉维、漆克昌、席承藩、吕炯、程纯枢、叶永毅。

增加地磁、重力。

7 月 22 日　星期六

编委会。总结：1. 收获。三严二百，综合性（有两种综合性）。制图工艺接触少，建立制印小组，图幅 217—214 幅，工作只完成一半，出编辑说明，许多要重编图。

制印工艺小组：刘，贺，陈，高。地理所编稿，地图出〔版〕社制版，总绘，制图，天津 543 厂大部图集印〔刷〕，北京 541〔厂〕部分图集，北京 535 厂装订。

制印试验工作，四幅图一千万图全部由地图出版部，他厂也可做。时间：7/底拿出四幅底图，9 月完成，11/上旬四幅定稿，制版 1962 年二月开始，三月拿出四幅样本。编委，第一季度完全交稿。天津 543 厂要款，由总测局出资。材料：纸由各单位，油墨各单〔位〕或 543。年底完成一半编稿交清绘，62 年三月送全部，清绘推迟一季。制版到 1962 三月完成，1963 年上半年装订。三色套印平化版印刷，要原单位答应才行，五十万到一百万元。

不能改图。今年分组审查会，明年三月要定稿会、编辑委员会。明年年底送高级领导批准。

«Географический Сборник Ⅸ Вопросы Фенологий, Академия Наук СССР»《苏联科学院地理学论文集第 9 卷：物候学问题》，1957，А. И. Руденко 鲁坚科。

在序言中说道，地理学会之所以出版《物候问题集刊》（Сборник），由于物候学在实践上广泛的应用的可能，有助于人民、社会和经济的发展，而首要的在于完成党和政府所订定关于农业生产和轻工业生产的完成。大自然在四季的生长发育过程的知识，可以帮助增进国家自然资源的利用和广泛地更有效地改造自然，尤其对于各省县，各人民公社、合作社和国家农场实行有计划的生产以后，物候学有其重要意义。

Фенология 物候学，自然物体季节性的发展规律的科学"Наука о закономерностях сезонного развестия явлений природы"。第一期到 1721 是俗谚时期。"Когда лопаются сережки у дерезы, пора солтъ хлеб." "Когда яблоня в полном ивету, начинай садить картофель." "Сей озимую рожь, когда едва пожелтеют листья на деревях." 1721—1871 Петра Ⅰ于 1721 年要 А. Д. Меньшиков 缅希科夫观测四季自然发展的主要性，那时观测只是个人的兴趣，如 Академики Крафт Фалик, П. С. Паллас, П. И. Кеппен.

1871—17 那时始有组织的观〔测〕，以 А. И. Воеиков 伏耶伊科夫为最热心，和 П. И. Броунов 布罗乌诺夫，И. В. Мичурин 米丘林，并且用之于实用。对于建立新种 Выведений новых сортов 栽培植物及气候关系，在此时期已经不是单纯地描述科学，而是"Наукой гене теческой"，阐明自然体相互约制、相互关系和物候观测与实践中的作用,那时 Каигородов 凯戈罗多夫于1912年组织观测网,有617个点,Писло писет 达23 000。17以后自愿观测员大量增加。

天山腾格里山区,木札特冰川在50年内(1909—1959)萎缩750米,土格别里齐冰川和穷特连冰川在16年内(1942—58)分别萎缩了1000米和2500米。帕米尔慕士塔格山西坡冰川,根据1956年中苏混合登山队在该处好几处冰川前端设置的固定标记,于1960年重复测量结果,得知平均后退速度为每年2.5米到3.7米。

顾炎武《日知录》,有康熙乙亥仲秋门人潘来序。卷三:玄鸟,《毛氏传》云"玄鸟,鳦鸟也。春分玄鸟降"。《何彼秾》:"古者妇有四德,而容其一焉,言其容则德可知矣。故《硕人》之诗美其君夫人者,至无所不极其形容……即唐人为妃主碑文,亦多有誉其姿色者,岂若宋代以下之人以此为讳而不道乎。"

7月27日　星期四

苏联气象局40周纪念会。苏联气象事业。

6/21—28在Ленинград 列宁格勒,论文414篇,共一千〔人〕。Солгосин 索尔戈辛、Соратошин 索拉托申报告,研究所12,大学2, 58个台站网。1920年有200站、120哨(比中国70站稍多), 1941〔年〕29个局,水文气象局已形成网,已有站、哨6000以上。46〔年〕改隶部长会议,新600站、1500哨,新建在远东与北海多为综合站。近十五年发展更速, 1290站、5600哨。在农业气象站和农庄建6000农业气象站,以亚洲为快。1961年1月有二万多台站,有7个无人气象站,有径流站、湖泊站。1923以前无高空测量站。

41年40多高空站, 200测风〔站〕。61年有154无线电探空用 rad. wind 400个测风站,飞机测定40站, 15个用 Ил 18,余用 Ил 14, Radar 只能看200 km,有28〔个〕台, 40 kW power, 3.7 cm。有4组天电观测,可看2000 km,用平流层气流气象火箭, 1948年起到220 km,成一网。船只有之无线电探空46→9 km,现到40 mb。

预报次数, 24 h 每天60万次, 5—7天预报二万六千次, 34个省台(天气所), 100农业气象站, 200海洋站, 500水气站做农业预报。对国营农场工作指导,要做出各地方气象分布,北极研究所做15个月冰预报。

十二研究〔单位〕中,中央台、国家海洋、水文、高空、水气仪器,高空气候,中央预报等七个在中央,远东、Tash. 塔什干、高加索、Kiev 基辅等五个,近在西伯利亚〔设〕高空气候研究所,不限于高空,规模很大,每个大者八九百人,小的二三百人。中央台和中央预报所有二三百个博士和预备博士,但重点在预报方面。

干部培养:列宁城有〔学〕院,四个中等技〔术〕学校, Kharkov 哈尔科夫也有水文气象学院,新建二个技术学校。1941 年培养一千高级干部,二千中等。函授研究生,函授现有 4500,一半高级。

六大任务:1)人工影响天气和云雾物理;2)加强中长期预报理论研究(方法、理论并重);3)加强高空探测,包括宇宙飞行;4)季度、年度农业气象预报方法,Давитая 达维塔亚以为短期易做;5)建立计算中心,自动遥测法;6)远洋航海预报。大气环〔流〕的重要与宇宙飞行,热平衡,转化 m 和地面关系。

Дроеков 德罗耶科夫气候,Давитая 农业气候。

7 月 30 日　星期日

续〔7 月 22 日〕顾炎武《日知录》。

卷十《开垦荒地》。明初,承元末大乱之后,山东、河南多是无人之地。洪武中,诏“有能开垦者,即为己业。永不起科”。“国初,但以招徕垦民,立法之过,反以启后日之争端而彼此告讦。”

《苏松二府田赋之重》。丘浚《大学士衍义补》云:“韩愈谓赋出天下而江南居十九。以今观之,浙东西又居江南十九,而苏、松、常、嘉、湖五府,又居两浙十九也。”考洪武中,天下夏税秋粮,以石计者,总 29,420,000 石,浙江布政司 2,752,000,苏州府 2,809,000,松江府 1,209,000,余常州府 552,000。是此一藩三府之地,其田租比天下为重,其粮额比天下为多。今国家都燕,岁漕江南米 400 余万石,以实京师,而此五府者,几居江西、湖广、南直隶之半。苏州一府七县(时太仓未立州),其垦田 96,500 顷,居天下 8,496,000 余顷(百分之一强)田数之中,而出 2,809,000 税粮,于天下 29,400,000 〈万〉石岁额之内,其科征之重可知。

五季钱氏两浙税每亩三斗,宋每亩一斗。元入中国,上田税三升。明初天下田税不过三五升。独苏、松二府,籍没土豪田租,有为张氏义兵起粮,每亩四五斗至一石。

卷十二《俸禄》。唐时俸钱,上州刺史八万,中州七万,赤县令四万五,上县令四万,赤县丞三万五,上县丞三万。……白居易为盩厔尉诗曰:吏禄三百石,岁宴有余粮。其《江州司马厅记》云:“唐兴,上州司马秩五品,岁廪数百石,月俸六七万,馆足以庇身,食足以给家。”今之制禄不〔及〕唐之十二三,彼无以自赡,焉得而不取诸民?

《官树》。子路治蒲,树木甚茂。子产相郑,桃李垂街。

《雨泽》。洪武中,令天下州县长吏月奏雨泽。盖古者龙见而雩,《春秋》三书“不雨”之意也。承平日久,率视为不急之务。永乐二十二年十月,通政司请以四方雨泽奏章送给事中收贮。上曰:“祖宗所以令天下奏雨泽者,欲前知水旱以施恤民之政,此良法美意。今州县雨泽奏章积于通政司,上之人何由知?又欲送给事中收贮,是欲使上之人终不知也,徒劳州县何为?自今四方所奏雨泽立即封进,朕亲阅焉。”

卷20《古无一日分为十二时》。《周礼》不及时,“自汉以下历法渐密,于是以一日分为十二时,盖不知始于何人”。《汉昌邑王传》有“夜漏未尽一刻,以火发书”。《东方朔传》:“微行,以夜漏下十刻乃出。”

《左氏传》卜楚丘曰:“日之数十,故有十时”。而《杜元凯注》以为十二时,夜半子,鸡鸣丑,平旦寅,日出卯,食时辰,隅中巳,日中午,日昳未,晡时申,日入酉,黄昏戌,人定亥也。一日分十二时始见于此。《淮南子》分为15时。

《古人必以日月系年》。“自春秋以下,记载之文必以日系月,以月系时,以时系年。”《楚辞》“摄提贞于孟陬兮,维庚寅吾以降。”摄提,岁也,孟陬,月也,庚寅,日也,屈子以寅年寅月庚寅日生。

〔卷21〕《古人不忌重韵》。“东川有杜鹃,西川无杜鹃,涪万无杜鹃,云安有杜鹃。”李太白《高阳歌》二“杯”字,《庐山谣》二“长”字,杜子美《织女诗》二“中”字,《奉先县咏怀》二“卒”字……《李太白诗误》:太白诗“汉家秦地月,流影照明妃,一上玉关道,天涯去不归。”按《史记》言:“匈奴左方王将直上谷以东,右方王将直上郡以西,而单于之庭直代、云中”…… 乃知汉与单于匈奴往来之道,大抵从云中、五原、朔方。明妃之行亦必出此……玉关与西域相通,自是公主嫁乌孙所经。

卷二十五《介子推》。予观左氏、史迁之书,曷尝有子推被焚之事?况以清明、寒食,初靡定日(注:古人以三月上巳祓禊,以清明前三日寒食,初无定日,后世既已一之,而又指为三月三,妄矣)。

〔卷29〕《方音》。五方之语,虽各不同,然使友天下之士,而操一乡之音,亦君子之所不取焉。故仲由之喭,夫子病之。鴃舌之人,孟子所斥……而《宋书》谓高祖虽累叶江南,楚言未变……《世说》言:刘真长见王丞相,既出,人问:见王公云何,答云未见他异,惟闻作吴语耳。

卷卅《天文》。三代以上,人人皆知天文。“七月流火”,农夫之辞焉。“三星在户”,妇人之语焉。“月离于毕”,戍卒之作焉。“龙尾伏辰”,儿童之谣焉。后世文人学士,有问之而茫然者矣。若历法,则古代不及今日之密。樊深《河间府志》云,愚初读《律书》见私习天文者有禁……后神庙语杨士奇云:“此律自为民间设耳,卿等安得有禁?”

《星名》。今天官所传星名,皆起于甘、石。如郎将、羽林,三代以下之官。左更、右更,三代以下之爵。王良、造父,三代以下之人。巴蜀、河间,三代以下之国,春秋时无此名也。

卷卅《百刻》。宋王逵《蠡海集》言百刻之说,每刻分为60分,百刻共得6000分,散于12时,每时得500分。如此则一时占八刻20分。将八刻裁作初、正各四刻,却将二十分分作初正、初微,刻各十分也。《困学纪闻》王应麟所载易氏之说亦同……梁天监六年,以昼夜百刻,分配十二辰,得八刻,仍有余分,乃以昼夜为96刻,是知每辰得八刻仍有余分者,古法也。

卷卅《雨水》。《礼记·月令》:仲春之月始雨水,桃始发……始雨水者,谓天所雨者水而非雪也。郑康成《月令注》曰:夏小正正月启蛰,汉始亦以惊蛰为正月中。《汉书·律历志》以正月立春节,雨水中。二月,惊蛰节,春分中。是前汉之末,刘歆作《三统历》改惊蛰为二月节也,然《淮南子》先雨水后惊蛰,则汉初已有此说……是则《三统》未尝改雨水在惊蛰之前,改之者乃《四分历》耳,记疏误也。今二月间尚有雨雪,惟南方地暖,有正月雨水者。

卷卅一《潮信》。白乐天诗"早潮才落晚潮来,一月周流六十回。"白是北人未谙潮候。今杭州之潮,每月朔日以子、午二时到,每日迟三刻有余,至望日则子潮降而为午,午潮降而为子。故大月之潮一月58回,小月则56回。

徐光启《农政全书》,中华书局1956年版,有邹树文1956校勘附记,据说成书在天启五年以后,崇祯元年以前(1625—1628年)。

p.5引王符曰"一夫不耕天下受其饥,一妇不织天下受其寒"。

p.37玄扈先生曰……若荔枝、龙眼不能逾岭,橘柚柑橙不能过淮,他若兰、茉莉之属亦千百种之一二,故此书载28宿周天经度甚无谓(王祯《农桑通诀》)。吾意欲载南北纬度,如云某地北极出地若干度,令知寒暖之宜,以辨土物,以兴树艺,应为得之。若谓土地所一定不易,则此必无之理。……古来蔬果如颇稜、安石榴、海棠、蒜之类,自外国来者多矣。

卷十仲春之月,中旬种稻为上时, p.176春分左右, p.190仲冬之月栽种小麦(大雪或冬至)。p.196"芒后逢壬立梅,至后逢壬梅断"。按《风土记》云,夏至前芒种后雨为黄梅雨。至后半月为三时,头时三日,中时五日,末时七日。p.199"六月不热,五谷不结",又"六月盖夹被,田里无张屁"。p.200八月,雨宜麦。此月要雨可种麦, p.203"至后第三戌为腊"。

卷二十六《树艺》。p.516《尚书大传》曰:"秋昏虚星中,可以种麦"。虚,北方玄武之宿。八月昏中,于南即白露秋分。汉《氾胜之书》曰:"凡田有六道,麦为首种。种麦得时,无不善。夏至后七十〔日〕,可种宿麦。"按夏至后七十日尚不到白露,《齐民要术》八月中戊社前为中种者为上时,也在白露。p.519"种小麦须拣去雀麦草子,簸去糠皮",在九、十月种(王祯《农书》?)。p.599李时珍曰(樱桃),"三月熟时须守护,否则鸟食无遗。"

卷卅曰树艺, p.609。

玄扈先生曰(橘):"冬寒无损,正因种者多,且培植有方耳。惟闽广地暖,即无损耗,而实甚佳,胜浙者十倍。"

李　白	701—762	陆　游	1125—1210	刘宗周	1578—1646	刘献廷	1648—1695
杜　甫	712—770	朱　熹	1130—1200	祁彪佳	1602—1641	李塨(恕谷)	1659—1698
韩　愈	768—824	王应麟	1223—1296	朱之瑜(舜水)	1600—1682	方苞(灵皋)	1668—1749
白居易	772—846	郭守敬	1231—1316	傅山青主	1607—1684	杭世骏	1696—1773
柳宗元	773—819	金履祥	1232—1303	黄宗羲	1610—1695	吴敬梓	1701—1754
刘禹锡	772—842	文天祥	1236—1282	张履祥	1611—1674	齐台南	1703—1768
元　稹	779—831	刘　基	1311—1375	顾炎武	1613—1682	全祖望	1705—1755
李商隐	813—858	于　谦	1394—1453	吴伟业(梅村)	1609—1671	戴震(东原)	1724—1777
范仲淹	989—1052	王守仁	1472—1528	侯方域	1618—1654	姚鼐	1731—1815
欧阳修	1007—1072	归有光	1506—1571	王夫之(船山)	1619—1692	章学诚	1738—1801
司马光	1019—1087	徐　渭	1521—1593	张煌言(苍水)	1620—1664	洪亮吉	1746—1803
王安石	1021—1086	顾宪成	1550—1612	毛奇龄(大可)	1623—1716	阮元	1764—1849
沈　括	1030—1094	高攀龙	1562—1626	顾祖禹	1624—1680	林则徐	1785—1850
苏　颂	1020—1101	徐光启	1562—1633	朱彝尊(竹宅)	1629—1709	曾国藩	1811—1872
苏　轼	1036—1090	文震孟	1574—1636	蒲松龄	1630—1715	俞樾	1821—1906
苏　辙	1039—1112	徐弘祖	1586—1641	万斯大	1633—1683	李慈铭	1829—1894
岳　飞	1103—1141	黄道周	1585—1646	梅文鼎	1633—1721	孙诒让	1848—1908
				戴名世	1653—1713	黄遵宪	1848—1905

美国科学〈技〉〔期〕刊报道中国科学。*Sc. Am.*, Feb. 1961, pp. 68—69. The Academia Sinica is modeled after the A. S. of the USSR. It has now a total of 40,000 employees in its Lab & office, including 800 scientists of Ph. D. grade & 800 of M. S. or B. S. grade and more than 7000 technicians & students. According to John M. H. Lindbeck of H. U., the Chinese government is spending the equivalent of $ 400 million a year in support of sc. & tech. research.

8月3日　星期四

第七次院务常委。

1. 八月召开院务扩大会议。《14条》基础上面讨论，做出具体条例。计划、国防和市场。可能在八月十七八号开始，郝主任今下午回，八月十号出发。郭老去印尼。任务如下：《十四条》精神具体化，培养干部。参加人员：每所所长、副所长、学部正副主任、各所学部委员。

十天会期。

2. 机构调整：收缩非农业研究机构。动力、力学所合并。光机、机械。植物和植生。土壤。昆虫、动物。石油所，物理化学。煤炭室，煤炭化学所，朱葆琳或楼南泉。兰州石油所,化学研究室。

3. 科学出版社:1960年工作,61年工作安排。检查1630种书籍,占十年出书总数67.5〔%〕,大小政治错误143种、失密57种。

工作,因检查出版减少,影印1862种,出版228种,初版印书7045册,期刊75种,图书发稿4362万字。期刊3302万字,期数319。

1961年安排。

特种文献,影印1500种,现期期刊1077种、9600期,过期期刊60种、800卷,外文图书2100种。

24种,191期期刊。出版新书160种,4千万字。重版书120种,发稿180种,3600万字,过去要出版两亿字,现四五千万。

三个问题:稿费、精简、刊物。@ 4—15 $,一千字翻译3—10元。

郭培生:《地理知识》59/4三丹江水线;《地理学报》19卷1,唐世凤泄密;《地理学报》59/5,十万大山有一个"小国";《气象学报》147幅图,国界;《地理知识》58/6 Cuba。宁缺毋滥,希望各单位抽人专门搞。479人→128人。

印度洋的海洋探测。*Discovery*, March '61, by Robert Linder, pp. 114—117, The International Indian Ocean Expedition of 1959—64. 在五年中,四十只轮从二十国家将探测印度洋。印度洋占1/7洋的面积,沿岸人口占25%,所调查包括地质、地球物理、海深(地貌)、海洋、生物、气象。这是在国际科学协会委员〔会〕(ICSU) 1957年SCOR所组织,1960年UNESCO也加入了。

印度洋与他洋不同在于其上冬夏季风有相反之方〈风〉〔向〕,这就影响洋流,因此有时有离岸风,使海面下水上升而增加水中的营养成分。同时,北面为大陆所阻,冷流只从南来。

U. S. Transit navigational satellite can provide accuracy of 0.5—1 mile for navigation. Loran A and C are too expensive & Omega a very low frequency system, 恐不能依时应用,所以仍要用celestial navigation.

International group under chairmanship of Dr. D. E. R. Deacon, Director of Britain Nat. Ins. of Ocean, Dr. V. G. Kort, vice-chairman.

IAMAP, Inter. Assoc. of Meteorologists and Atm. Physicists, 及WMO也和SCAR合作,以便预告天气,在61年年中每一国将有他自己计划。今年夏季在Honolulu有第十次海洋会议,苏、美、日、澳四国船只将在该处,要为印度洋沿边国家训练60个科学家。

英国造一只2600 T船,260′长,1962年完成。

8月18日　星期五

〔北戴河—北京〕　晨微雨，St. Nb 10，22°，750 mm，St. Cu。

称得90市斤，去鞋，单衣裤。

9:40由鹰角路一号外专北休（外国专家北戴河休养所）出发，别裴副院长、朱太太等，由左、石二同志送行至东车站。

$10^h36'$	北戴河	
10:40		
11:50	古冶	
12:25	唐山	聚〈丙〉氯乙烯厂
36		中间汉沽，五百万T芦盐
13:40	过塘沽不停，原名新河	
14:20	天津东站	天津小站米40万亩，年卅万〔　〕，在河北省
14:34		
	天津北站	塘沽有二十万人口，秦皇岛不到十八〔万〕
$16^h40'$	北京	

8月19日　星期六

《定海县志》，北京图书馆善本。

浙江定海、镇〈江〉〔海〕、奉化，大黄鱼汛。起于阳历五月上旬前后（也即立夏前后），经过三汛约一个半大阴月始散。初汛发生在立夏前后的大潮，持续约四五天。小潮时（两弦）鱼不起群。以第二汛的捕获量为最大。今年在舟山岱衢洋即捕获六十万担（三万T）。大黄鱼尚有秋汛（9—10月间），捕获量大，万担左右。小黄鱼汛在阴历四月，较大黄鱼早一个月，但现在〔渔〕场在吕泗洋、长江以北。

卷六物产。石首鱼，首有二枕骨在脑颅中，其坚如石，故名。冬月者名报春，三月者鳆，八月者次之，名桂花石首，至四、五月者名黄鱼。出北洋，每至夏初渔人竞集网捕，谓之渔市，凡三汛，至五月中方散，腌之曝干曰白鲞，鳔可胶弓。

八卷，有康熙54乙未宁波府定海县知事，缪燧（蓉浦）序言，总兵官施世骠撰序。

唐称翁山，宋元为昌国，附见郡志甚略，无旧本，江阴缪蓉浦又识。

《定海县志》卷二（舆图）《环海图记》。"盖自直隶而南，以至闽省，沿海7—8千里未有特设一县，孤悬海中者惟定海一邑，延袤400余里，周围山屿横见侧出，星罗棋布，不可胜数……惟大风雨前一二日，城市宫室楼台变幻不测，古人所称蛟宫蜃市是也。浙俗称为'海现云'。"

岱山（卷一《沿革》唐开元中始名翁山，与□奉并列为县，后弃于大历，宋熙宁间重建"昌国")。长40余里,广20里,为定海北屏障,居民颇称稠密焉……自海禁既开,江南、浙省、福建沿海诸郡渔船四、五月间毕集于此,名为渔汛。大小船至数千只,人至十数万,停泊、晒鲞殆无虚地,鲞亦物产之最盛者也。由大衢山西北洋面百余里为马迹山,甚小,为江浙分界之地。西为羊山,东为深水山……鄞镇士民率皆裹一二日粮伺候阴晴,出入于孙屿绝岛人力不到之处,了不为意者,亦其风俗使然也。

卷六《物产·羽之属》,子规常于立夏鸣,其声若曰"不如归去",即杜鹃,又名杜宇。

尤芳湖来信,61年8/5日。据1956年以来记载,大黄鱼汛皆起于阳历5月上旬前后,也即立夏前后,经过三汛,约一个半大阴月始散。大黄鱼的起群(初汛)与潮汐有密切关系,初汛发生在立夏前后的大潮时,持续约4—5天,小潮鱼不起群。然后再经两次大潮,渔汛即结束。

	1960年夏汛			1961年夏汛	
四月半水	鱼发日期	5/4—5/8	四月初水		5/12—5/16
	旺发日期	5/8—5/12		旺发日期	5/13—5/16
五月初水	旺发日期	5/24—5/27	四月半水	鱼发日期	5/26—6/1
五月半水	鱼发日期	6/7—6/11	有台风	旺发日期	5/29—6/2

8月20日　星期日

孙新民、华海丰,黑龙江会议。《图集》我们编34幅,国界各自画法。合作部分如何办法。引水不提出讨论,250亿立方。

10/4 开幕,学术报告。

5 学术报告

6 学术报告

7 上午学术报告,下午总结。地点北京饭店。

参加:中方32人,专业组负责人参加,苏方16人。孙瑛俞、燕登甲、李永龙、孙曙、吴克明、那文俊、吴千臣(水利规划局)、(桑达泉)、刘慎谔、孙鸿烈、高原、谢家泽、孙瑛、李春徽、漆主任、杜〔国恒〕、王文基、袁子恭、刘慎芳、(张奔)、马光作(水电部工人)。

孙、王、罗处长,接待组,翻译组,秘书组。

10/3 6^h 周总理或聂总接见,7^h 郭老宴请。旅行四五天,十月8—23〔日〕,25回国(南京、上海、杭州、三门峡)。

中苏友谊纪念章(无私援助),或发或不发,待上级决定。

待遇,去时发一天P6,一星期。院士80元,夫人;通讯〔院士〕60,教授50,其他发40元。700、540、470〔元〕一个月完全自包。礼品，50、30、25元三级。九月中向总理汇报。

9卷书出版工作。九卷除第八卷外九月底可以出版地图，再请示是否交换。

Клопов 克洛波夫勘察人员二人。Корецкая 科列茨卡娅等九月初（五号）来。翻译8/21集中。朱所长8/25到。

联系：北京饭店2231转226号李一平，赵石民207、王院长205、王家楫314、童第周320、张钰哲218、竺可桢323。

8月23日　星期三

北京饭店扩大院务会议，生物小组。

熊毅：连续性安定。培养干部。〔保证〕5/6的时间，地方上尚不注意。陈世骧：聂总报告对于政策讲得清楚。王应睐：生化〔所〕分配大学生，得不到好学生。汤佩松：高教系统和研究系统的配合。蔡邦华：研究生要定向培养，留学生也如此，研究生制度要维持，直至考副博士。和农业科学院分工，有方向问题。刘崇乐：与高教部联系，对于课题安排应有联系。裴鉴：大学要教基础的课。童〔第周〕：大学初〔过于〕注重实践，继为尖端。冯〔德培〕：培养干部和做出成绩是两个主要工作。高、初、中工作。凡是实验室上轨道的，年青人一定能进步快。很好的年青人到院里来，是否能培养好，要看我们是不是研究室办得好。力争上游如何争法，要从工作上力争上游，生理所不求其大，要精而小。邓叔群：过去发展注意多快，而不注意好省。刘慎谔：分类从前四个人，现尚十个人。外部的矛盾，林业当中要搞理论问题，林业部最初有矛盾，但现在也已了解，因为他们不能做。张香桐：办科技大学不经济，要集中在研究生，重要不在尖端，而应该在基础。红专问题。庄孝僡：高教、科学院关系没有摆对。庄孝僡同志同意"不经济"的意见，或与高教部联合来办。王仲良：倾家荡产来办科技大学。

8月24日　星期四　晨28°室内，A. Cu 3。

曾呈奎：办了50个人训练班，工厂也未发展，有40〔人的〕修配工厂，人员总数70个，转业军人以外未大发展。青年对于搞分类有意见，但党委支持。也有夸大趋势，如海带的丰产，种一万到十万，五十万斤。对虾人工孵化尚不能算完成，未掌握全部规律。由于党组掌握得好，所以没有出乱子，成绩不大，花多不结果。保密〔问题〕，应发表资料统放在抽屉里，主观认以为不应保密的，照例不能公开。57年发表东海海流，为日本交流。在渔业会议发表，已给文稿，但不给图。

管秉贤：十年科学成就中的"金星"号作为保密（海军意见）。海带〔论〕文，水产部以为保密。去年召开海洋化学常会,作为保密会。苏联科学院要与海洋所交换,但我们不接受。所有同位素工作统要保密,不应保密而保密也是错误。对外联系,57 年要个别科学家建立关系,现在一概不寄,除非通过院里。研究所应该知道保密和不应保密,联络局根本不知道。出版问题,每一个所统应该有刊物,要恢复《丛刊》。学部同意,出版社不同意。干部问题,高教部留好的学生给自己,南海海洋〔所〕26 人分配,没有人领导而没有事做。研究生〔问题〕,最初是采取考试方式,以后是分配的,只能做研究实习员。发展〔问题〕, Scripps〔研究所〕从前 37 个博士,现 100 多,美国作为三大方向之一。现有长春研究室 100 多人转入海洋化学〔所〕,只两个助理〔研究〕员。

顾家杰:图书馆从卅九万〔册〕发展到 4,930,000 册或许期刊一百二十万册,应面向全国。院内外关系差。交换问题,苏联已几次提意见。现已三百多,要减一半。

黄秉维:过去对于调转业军人有意见,但不敢提,或谈而没有下落。行政人员数目庞大。行政领导干部应做点科学工作,五定不一〈要〉〔定〕目前就能定下来。

张文佑:地学系的排队,保密问题〔应〕专谈一次。

8 月 25 日　星期五

什么样所? 社会主义制度下新兴研究机构、规格、制度,保证所的稳定状态,条例与十四条关系为并行关系,主要为制度和组织,制度上来体现百家争鸣。

院历史的发展: 1950—52,改组; 53—56 依赖苏联; 57—60 反右大批判。

从工作的发展〔看〕要有规章,不继承旧的不行,但不创造新的也无以应付,不能压制生产力。现在已经可以搞一个初步规程,现在已经有了许多群众性的经验,如党的领导的重要性,科学研究成果是精神生产,而主要是人。

社会主义社会有计划性,但同时也有主动性,百家争鸣就是开发〈展〉主动性。科学研究不能脱离历史条件的变化。

科学上两趋势,一是愈分愈细,二是边界科学。许多人要求所要小,但现在趋势是大,孰是孰非? 服务行政系统不能互相干涉。最大特点是社会主义时代,要有党的领导,才能解决生产关系和生产力的矛盾,才能走群众路线,照顾到中国的现状,方法要能经考验。

二则中心思想,研究所干什么? 靠谁来干? 研究室的组是特创的。

具体问题:二、三、九联合考虑。苏联的所务委员会、学术委员会很有权,支部书记只做核监工作,领导在所,学校〔对〕系里也不领导。

原子能所大所大室,化学所大所小室。

凡是列入计划均是任务。分别年度计划与远景规划,后者有中心问题,定方向,年度计划是题目。

把研究员改为教授,技佐、技正可废,统叫工程师,见习人员改实习员。

博士制度,大学要设研究生院。

要把初级人员变中级人员,主要力量在中级,培养为博士,高级〔 〕。

8月28日 星期一

地学组。斯行健:缺组织条例,所长来源缺乏。任命应由所务委员会提出,学术研究员评议。裴文中:加一章研究所组织条例,不成文的规则是不是要放进去?工作条例还是组织条例。张文佑:组织领导,在总则里应提出党的领导,业务和行政领导。傅承义:业务领导和行政领导。关于预告地震问题,有〔的〕研究实习员要做不适合的题目,行政领导就主张做。裴文中:交换刊物,是否公开发表的可交换。〔发〕贺年片及国庆节〔贺信〕要不要请示。

第一章,所根据什么建立?《中国科学院研究所暂行组织规程》于1954年6/12经23次院务常委〔会〕通过。《中国科学院暂行组织条例(草案)》50年4/28呈文化教育委员会呈政务院(55年院年报)。

第二章,七条放在另〔处〕(总则)。第九章放另一个地方。所务委员会讨论国际交流。

定会议和计划:8/31、9/1两天大会;2〔日〕坨里,8^h,下午总结。3〔日〕休息。4〔日〕下午科技大学。5〔日〕上午,支援农业。

8月30日 星期三

扩大院务会议,地学组。

潘纯局长:资料、书信、标本交换事最多,保密问题,科委在研究。国际会议,私人信件不经审查。

卫一清:国际交流,自力更生〔也〕要交流。自力更生不是断绝交流,而相反地应该加强。

李〔秉枢〕所长:地理情报工作由所做,要求出版。

8月31日 星期四

扩大院务会议大会。

华罗庚$8^h10'$:微分方程已有500—700人,计算数学更多,数论会议只9人,函数论12人, Topo、代数、几何也少。吴文俊说因祸得福,运筹学队伍大,但基础不固,提高的工作还要做。数学四个对立面:数与形;有限〔与〕无穷;必然和或然;抽象和多样性。人类所得的数是有限的,函数以有限逼近无穷,概率论是必然、或然的研究,互相渗透的。以概〔率〕论的方法解微分方程,用或然定律来定必然。数学是抽象〔的〕,所以能应用到实践。

张大煜 $9^h38'$—$10^h04'$:研究所的任务,选题经长期争论,出人才和出成果一样重要。世界产三四千万 T 合成氨, Haber 等试验二万个催化剂,最〔近〕加了高压。Hec. 说三个不可少的工具:核磁共振、光谱和色谱 Chromatography 十五年来的发现。色谱用于动力学,测定气体的 ppm。积累方面有蒸馏池为例,如化学反应,环形碳氢化合物数据。

马大猷 $10^h04'$:电子所的实验室近代化,为国际上一个好的实验所,比六年前〔我〕个人希望已大好几倍,但成绩不够多,仍需调动科学工作者积极性。对于理论研究,要考虑科学的特点,如物理学、X 光光谱学等已有基础。不能说什么重要就做什么,要注意基础,去年超声波是一个例。去年变重点要保密,结果做不出结果,而方向也迷失。协作问题。理论研究是基本上解决问题。没有新的方法,新的仪器,有时很难解〔决〕问题。

尹赞勋 $10^h44'$—$11^h40'$:地质科学的内容,科学院地质研究和地质部的工作必须辨别清楚。地质应设几个所?科学院的地质所研究许多生产工作,而地质部研究所的工作又设立理论工作。

茅以升:聂副总理对干部要求很严,而对于党外知识分子关怀备至,“一定要拿出主人翁态度来”。基本理论与理论的分别,与产业部〈分〉〔门〕区别很难分。科学院是火车头,理论是学科性。

张香桐 3:20:要建立好人与人的关系,制度有灵活性,要照顾科研特点,探索未来现象。

吴文俊:拓扑学过去有喧宾夺主的现象, 59 年得纠正,因祸得福。目前几个大学仍在进行研究,北大、南大、川大等。而目前拓扑和其余领域有了联系(江泽涵、张素诚)。

汤佩松:条例是社会主义意识形态的规程。行政、技术人员互〔相〕尊重的不够。54 条起头就加一句说明。干部培养着重院内而未提大学,〔要〕把大学培干与所培养合起来。

李薰 4:20:专与广的矛盾(任务),过去从任务出发考虑得多。冶金的四方面: 1)资源综合利用; 2)提高生产力,强化生产过程; 3)提高产品的质量; 4)新的途径。世界趋势,物理科学向各门科学的渗透。目前金属所担任的任务是很多的。产业部门对于理论了解很狭,改〔名〕金属物理研究所并不好,希望配备〔除〕物理外,〔还要〕电化学、物理化学、分析化学等。〔对〕发展科学的看法。从苏联例子看,从过去中国跃进看,但还不能符合国家需要。第一是人的心要定下来。革命人生观尚不能彻底解决。二则百家争鸣要正确理解，要鼓励什么？互相渗透是重要的，鼓励不同学科专家共同写文章。Victor 理论由冶金学家提出，由数学家来解决。理论和实验的合作如 Bragg 父子合作，1922 得 Nobel 奖金。鼓励科学家工程师的合作，各所的合作，不同学科的联合作业。要同院外合作。

王大珩：光机和机械已于 60 年合并，缺点〔是〕技术任务多，对于基本科学方面资料储备少。技术开的新辟园地，科学的技术化，如陈芳允在生理所的作用。如 1930 年 Rutherford 约请工程师 Cockcroft 的装备高压工具。苏联光学所（非 AH 科学院系统）三个所长，一位是工程师。大学生到所后统称为研究实习员，而技术人员统是高中毕业，因此有低人一级的感觉。现在有许多数据不可靠，也是由于技术系统的问题。希望把技术人员的看待不要分高下。如苏联有许多技术人员可得博士学位，工程师也可带研究生。如何研究技术系统，技术系统单立一章。研究人员交技术人员一套图纸，不〔可〕能有详细规程，要靠两方互相了解，才能做出装备。研究人员对于技术系统的劳动不重视。研究所在技术系统必须严肃，取得精确数据。条例没有提高等学校研究，研究员在大学兼课和教授参加研究。

杨澄中：物理所 57 年移兰〔州〕，北京去 10 人，非大跃进不能建立，三年中加十倍。开辟了新的领域，物理所六个，副研以上只三人在物理室，九个大组。加速器 59 年开过现场会议，可进行工作。

9 月 1 日　星期五

曾呈奎：出丛刊和书作为交换。与苏联同志来往信件完全断绝，凡是海洋均要保密，自力更生不是闭关自守。海洋所的综合性，不派化学学生，海洋自动化站不能建立。“金星”号任务最重，深海船三千吨二只，1962 年希望能保存一只做研究工作。

刘慎谔 9:45：方向，森林的发展和企业部门不同，剃光头反对天然更新，为什么好的树木人工斩伐后不生〔长〕，是理论问题。

伍献文 10:10：水生生物研究所大跃进以来面貌的改变，人员统能政治挂帅，听党的话。迁武汉时 100 人，现经精简 300 人，基础已打好，但也有问题。中南分院成立后有三定，但工作不够深入。为商业部门做的少。任务重，专业队伍不够。运动多。

黄鸣龙：上海神仙会始于 ’60，重视理论的方针，过去着重结合实践，但好事做过头变坏事。注重理论是对的，但要有一个公共目标，不要过头。实验室工作之重要，放翁“纸上得来终觉浅，绝知此事要躬行”。时间保证 5/6，要有计划性。保密、排队问题。

黄培云：学位制度。四年制应别于六年制。培养研究生也还没有一个办法，估计要四五年以后才能实行。

9 月 4 日　星期一

自然区划分区。

8/17 日胡乔木同志来谈,除掉单位面积增产和开辟荒地外,要增加新的途径来增加粮食,如利用多年生植物增加粮食,化学人工培养等,希望开会讨论。

J. D. Bernal *A World Without War*, 1958;中文翻译《没有战争的世界》,1960年,第五章"农业粮食与人口"。p. 66,地球面积只有百分之十得到开垦。p. 70, Nova Scotia 一直认为不能重体力劳动,美国飞机运去牛排以后得到了好转。p. 71,把海水蒸馏,然后运送到陆上来,古列塞 Gueressey 岛用二十五万美元造工厂,以种植西红柿。p. 73,几乎没有一件农民做过的事,是曾经从科学上理解过的,诸如轮种、休耕等等。p. 74,引水上山。p. 75,河水倒流,使水去灌溉干旱地区。p. 75,吃更多的植物蛋白质。p. 76,英国动物所吃国内生产的粮食,超过人类食用〔的〕六倍。p. 77, N. W. Pirie 在罗萨姆斯德特生产了数以百磅计的蛋白质,取于普通所遗弃植物的叶子中。p. 81,陆地上生长的东西利用率 1/20,而海洋中生产利用不达百万分之一。原子能潜水艇把浮游生物直接变成人的食品。半农业方法,显微农业方法和化学方法。人口眼前全世界 28 亿,估计再过 100 年要到 100 亿,到 2000〔年〕45 亿—60 亿。p. 288,从〔用〕塑料包起来,封闭水流循环的温室。p. 288, 16 世纪中叶以前欧洲人口并没超过罗马时代。用工厂制造的条件下,采用光合作用的过程,要能迅速进行反应,不要等待一年一度的循环。p. 289,藻类能生产碳水化合物,蛋白质和脂肪,不能按光合作用来利〔用〕CO_2 的真菌,却能转变任何动、植物产出〔的〕废品,就是将碳水化合物变成为蛋白质和脂肪。p. 290,建立几个氨基酸制造厂。p. 291,从大量石灰岩中产生食物。

9 月 5 日　星期二

支援农业会议。

汤佩松:热带资源利用,林木、水的利用和肥料。虞宏正:机耕,低产土〔地〕不到寻常〔的〕50%,生产面积不小,肥水可能增产,是否用细菌肥料,过去信用不高。一切靠人力,要小农具。马溶之:利用不同自然条件,桂林改双季稻而减产(瞎指挥)。席承藩:张北开垦牧场,@ 50—30 斤一亩,山西南两造,晋中两造四茬小麦,减少产量。常德以北双季稻, 600 斤以下,而单季 800 斤。山东、河北次生盐碱化,没有能总结一次经验,使以后不致重蹈覆辙。熊毅:如何支援农业,高地产量比平原(十多斤)。山东 1200 万亩,盐碱化。天气预告丰年,平原地区地貌能做细致工作。明年山东、河北即有水、盐〔碱〕不能过关。不是因地制宜、因时制宜就没有办法。工作方法,农民有一个全套办法,要把关键性问〔题〕掌握。

叶渚沛:肥料,小麦在丹麦,米在西、意,统二三倍于中国。稻草120斤,K在一万公斤内,但现在造纸,燃料也是问题,草统被烧〔掉〕。理论上小麦不能超出一公顷一万一千公斤(Wilcox),种Rye黑麦。肥料化工方面,硫酸铵对酸性土不利(美国一年250万T浪费),应〔该〕用urea尿素,建立一个厂(或硝酸铵)。氧气转炉从炼焦煤气一万三千立方〔得〕Methane 25%,我们用水煤气,所中有计划,可提高磷5—10%。用炉渣不是18%,而是30%,不影响钢质。Thomas低吹炼钢法,含磷16%。

顾震潮:人工降水,东北58年开始,要有需要,还要有可能。新疆有可能,天山、昆仑山云块经〔验〕可以利用,分所在镜江试验,长江以南、郑州、合肥在旱季可以做。海南岛西部出仙人掌,当菜吃。山区烧草,事后地放弃。在山区如湖南衡山、天马山,安徽黄山,搞农不如牧。

刘崇乐:科学院搞什么?科学院应远近兼顾。远如拖拉机、电气化,用电视办法,肥料N最需要,微生物及N比其他方法多,昆虫中有合作菌可以制N。远近结合,热带生物资源,墨江有一种蕉来自老挝,头可作饲料,面且可作食料。驯化问题,每亩产15,000斤,微生物消灭害虫。邓叔群:土地〔应〕合理规划,把山坡、草地种庄稼不合理,造林原只5%,应有30%,没有森林,农业无保证,愿自己去做工作。

黄文熙:水土流失,黄河〔在〕陕州十五亿T流失,两年来,因开荒60〔年〕卅亿T,平均至少十七亿到二十亿T,下放只能放10—15%,库容335 m,十年必淤满,要在龙门再造,如二百m也要几十亿。大佛寺造五年,五年要满,如何加强泥江研究。下游河道,三门峡20多引水路,淤积问题未解决。二则未能因地制宜,主要次生盐渍化,原因满灌,土地平整未做好,渠道渗失80%的水,引到黑河,河南受害。首先节约用水。

殷宏章:总结农业生产,过去总结只是〔对〕高产,而对于条件不足没有顾到。提高平均产量重要问题:水、肥、劳力、天气,如何安排和预测会起作用。大的自然区域划分,资料多,没有分析。更远问题,选种防病虫,而更远是从植物本身。氮肥问题,化合氮变自由氮是否在进行。吕炯:长期预告与季风,气候资源,黄花鱼的〔适合〕温度在18°—23°C,要预报水温。今年海水温度高,影响生物。伍献文:今年湖北水稻区卅多县无水;过去是晚稻,今年早稻,长期预报重要性。土壤中动物问题,蓝藻问题,菌种问题未过关。满江红有蓝藻共生,以满江红作为肥料。江湖隔离,湖中无小鱼。浅水湖泊,淤垦减少面积,所以淡水鱼减少。捕捞强度大,产量减。地方上养少捕多。蔡邦华:白蚁在荆江大堤,湖北800 km长。土下找白蚁巢穴,可1 m Dia.。如何去找?植保和兄弟所关系,与农院分工问题,大害虫的根治。

近来害虫问题,十年来消灭不少,南方螟虫三化螟最凶,而双季稻正值〔其〕猖獗时。裴鉴:油的问题,油料上山,核桃、Olive 橄榄油用干,选宜林地,核桃不易丰产,结果问题。淀粉问题,板栗也是产量不高,芭蕉薯可作一年生,江浙广产木薯,种子过冬困难。黄河故道种苹果,盐碱土改良用玉米,“因习制宜”,慈菇与水稻在微山湖有习惯。水改旱以消灭血吸虫。在皖南蛇咬。

王应睐:碳水化合物、蛋白质,油中也有蛋白质。花生、芝麻、豆统有,此外柿子、蓖麻饼,但有毒。次为藻类、微生物含量高,野蛋白。有多劳动力,林区中有不少落叶、蔗叶,也可利用水草,研究要综合做,需要合作。

吴征镒同志:热带90%山地,因地制宜,因时制宜,〔因〕种制宜。橄榄引种在滇好,芭蕉叶长得快,野蛋白到30%,有生化问题。换取外汇,木本橡子二百种,常绿的比较高。农业制度,农林牧结合,水土流失等问题。

谷德振:水文,地下水资源数〔据〕不可靠,华北站网没有完成,希望能建立。做决策困难,要考量潜水工作,综考队组织队伍钻100 m—150 m深,由第四纪地质组织队伍来做一个测量。南水北调问题,盐碱化问题不是一所能解决,不能由地下水来解决,土壤、水利统有关。河南有渠道淤塞问题,对第四纪地质有关,也要综合考察。河南有150万人有吃水问题, 90%劳力用于水,河北也有问题。河南省130万个井,但大多数未被利用。综合研究有必要,应组织起〔来〕解决几个问题,恢复元气。

钱学森:力学所,运筹学,要数据才能摸出规律。农业发展是长期问题,化肥要多少?钢要多少?如何按比例发展,要先走一步,要得数据,全院各所参加,得出水土保持、盐碱土自然区、植物、微生物等〔数据〕。曾呈奎:单细胞支援农业问题。〔有〕上千万亩的沼田, 1/2 m深,一天用30 T水,培殖小球藻,估计200天,每亩可五千斤。海带丰产可二千斤。有二个大问题,使泥炭不漏水,劳动力虽不大,但不能和农田争。收获(小球藻),二三千斤水可生一斤藻。国外用大离心机,现用明矾沉淀降低〔杂〕质。海洋生产力。过兴先同志:协作重要性,支援农业,办公室与经委再开一次会。化学方面今天到得少,化学单位花一部〔分〕力量。

吴副院长:提出什么是综合性的问题。题目要精确。埋头苦干,力求突破。

9月6日 星期三

黑龙江资源会议。

会议计划,翻译同志注意事项,院里第一个中苏大会。中苏去年八月以后〔 〕,要开好。中苏科学技术协定。九月来,同时谈两院年度计划。

Archipof 阿尔希波夫到过中国,以科学工作者代专家名义。无私援助,不说以苏联为首。私人送礼,可以回还,不主动送。

9月11日 星期一

Soviet Science Leadership.

Konstantin Rudnev, Chairman of Science Planning Committee with rank of Deputy Prime Minister.

p. 300—305, R. C. Sutcliffe, *Unsolved Problems of Weather & Climates*. 第一图全球风向图,赤道是低气压, 30° H, 40—60°低压 westerlies, 60+ 以上 E 风,北极高压。

"大气环流"。The most remarkable features charted only in the last decade and not yet fully explored are the jet streams, the core of strong wind which encircle the earth just below the tropopause. There are numerous minor ones but subtropical and polar fronts are almost always present. There are two distinct tropospheric maxima in each sphere, and a W. jet stream high up in winter stratosphere.

"Monsoon". By working hydrostatically upward we could equally well say that warm air will give h. p. above & cold air l. p. above, since in hydrostatics density is linked directly not with P but only with the change of P with higher. ... The strong E winds of summer of high levels over Aden are as genuine monsoonal as are the SW surface over India. 季风的变动〔影〕响很大,甚至影响西北欧天气,而且年年变动,亚洲季风可以前后相差三周之多,长期预告不能不加以考虑,若使我们能知〈能〉〔道〕每年变动的原因,这将〔是〕很大胜利。

9月12日 星期二

Sutcliffe on Weather & Climate.

"Cyclones". 从第二次大战以后,气象学成功地 providing a truly dynamical cyclone model. It differs from the early fronts and air mass model in that the sharp division between cold & w. air is replaced by a broad zone of transition, a baroclinic zone. In this way the dynamics of contin. fluid may be used instead of the surface of discontinuity.

"Typhoons". Our depressions are produced because cold & warm airs flowing side by side have a transition region that is unstable, liable to curl spin a whirl, it may go in either direction giving a depression on an anticyclone. Typhoons are caused by instability in the vertical and is driven by the latent heat liberated in rainfall, it has a warm core & apparently requires an exceptionally warm sea (with a T over 27°C) to support it. Were the sea only a few degrees cooler, they might never occur at all, and if it were warmer, they might, other things being equal, be much more frequent. 所以这一事实和天气变迁是有关系的。The atmosphere is delicately poised with potentialities for climatic changes.

关于学术问题要多看、多问、多听的态度,在政治问题〔上〕本着求同存异,不强加于人的原则。工作中要支持进步,面向人民。

Harwell 原子能发电站,事先 Sir Christopher Hinton 演讲了“原子能发电设计的演化”,有印刷品。另有 U. K. A. E. Authority 第六届年度报告,已有 16 年历史动力反应堆、原子能中心已分到 Winfrish,放射化学中心至 Amersham,另将成立热核研究中心于 Culham,尚管 Bracknell 电子学设备工厂, Wantage 同位素实验室和 Woodwich-Culham 化学分析室。Harwell 和上三地共计人员 6000+人(<9000)。Prof., Sc. 和工程师 2400 人,分为研究组,生产组,发展与工程组及武器组,外有卫生安全组。

原子能权力机构职权为管理原子能和放射物质之生产、使用和处理以及一切有关研究,但根据政府决定,主要任务是满足军事计划中核炸药的生产,并执行国家原子能计划,次为原子能电站作基本研究和生产同位素。原定 1965 年达到五六千兆瓦(六百万 kW),近降到 1968 年达到五六百万 kW。铀现有过剩。原子能权力机构人员 60 年有三万八千五,其中一万九千六百是工业人员,经费年一亿£,估计到 70 年代可以与火力〔电〕站抗衡。技术路线由石墨气冷型向高温发展。

代表团看到:(1) Zeta 热核研究装置,为环形强电流放电装置,T 到三百万;(2) BEPO 和 DIDO 两个原子堆,前者 1948 造成,用天然铀、石墨,主要产同位素,大量生产;后者 1956 年建成,浓缩铀、重水为材料,实验用(未看 Pluto);(3)高放射性操作室,到十万 Curie,从 5′6″厚含溴化镎溶液半玻璃窗外观察,用机械手操作;(4)钚化学实验室,同楼 β 及 γ〈化〉〔放〕射实验室未见;(5)国家原子能研究所正在建 70 亿 eV 强流质子同步加速器,Mg. 磁铁重 7000 T,直径 150′,每分钟 28 脉冲,每脉冲 10^{12} 质子,预计 1960 建成,供若干大学用。伦敦大学已在做氢气泡沫室,牛津大学做氦泡沫室。另有直线加速器,59 年已达 50 Mev,未给看。分出原子能中心以后,Harwell 原子能研究中心将着重长远方面研究,堆料材料占重要地位。Plutonium 钚的研究结合快中子堆。

Powell 的放气球宇宙线实验技术水平高,观测乳胶上径迹的工作量很大,是若干国家参加的大协作。

9 月 13 日　星期三

西藏考察,孙鸿烈、袁子恭。

年楚河有三坝址，Konson 28 000 000°，川谷 12,000,000°，Karvon 10,000,000，共五千万°，约共 9000 kW。亚东 2500kW，江孜〔 〕。用油@一元一度，亚东用水电，可达五十万 kW（天然），绒布—曲水之间有 67 万 kW。

矿产，雅鲁藏布〔江〕没有好矿；藏北铬、Fe、C、B。超基性岩安多向 SW，公路上东桥站 80 km 一带中生代铬 Fe 矿，岩浆性，估〔计〕25 万 T，偏高，实际 7 万 T，品位 30—50%。铬：铁 2.5∶1，Cr_2O_3∶Fe_2O_3，石灰岩，石炭纪。

煤，念古山南坡，硼，公路向西，年产三万五千 T，硼加工，储量 1 亿左右。Lower Jurassic。硼砂要九万 T，只能三万 T。奇林湖出 70—80，杜加力→82°E、32°N 有二湖，在奇林湖觅 B 源石中含凝灰石中有千分到百分之几。第三纪砂岩，建厂（粮四亿斤@产 330 斤）。

9/25 结束工作，10 月总结，11 月回京写报告。明年，林吉和昌都，北部 B、C 和 Ir。

水力，安协越☐二级，前者六七十万，后者四五十万，40—50 m 宽花岗岩，高 130 m，在曲水和绒浦之间，平均 1.5 m—2.0 m。径流，拉萨到曲水已通到日喀则，安协 700 多水，尼映河今年未做，羊八井河〔 〕。

农业，今年工作分为两部，北部在班哥湖、奇林湖以北，公路线上主要是煤、铬和硼矿。南部在年楚河、雅鲁藏布，自日喀则至则拉宗。

孙鸿烈谈农业和自然条件较为详细。他们于四月中出发，从西宁到拉萨四天可到。从格尔木〔去〕只二天，其中要经唐古拉山，高度在五千米。说喜马拉雅北坡雪线在 5500 m。曾到亚东，已在分水岭南，海拔 2900 米，此地为森林带，年平均温 4.9°。其北的帕里 4300，T=0.2°C，最低可至-24°，雨量 350 mm。林线最上 4100 m。帕里以畜牧为主，但可种青稞，3900—4100 是灌木带，3950—3300 有冷杉林，3300 以下以松为主，有白桦、红桦，2800 m 以下为针阔混合林，3300 以下可一年二熟，2500 m 以下为阔叶林。

羊卓雍湖 880 km^2，为淡水湖，但无出口，沿湖已有盐碱趋势，但水仍淡，多鱼。土壤 4100—4500 为草甸土，有向草地变化趋势，沼泽也趋向干旱，所以近代气候在向干旱变。阳坡 4400—4700 为灌木丛，而北坡为草地，天气变干征象。

羊卓雍湖西为半农半牧区，4600 m 可种青稞，每亩产 200 斤；此外可种洋芋、圆根等，正试春小麦、油菜。河谷区宽 1—2 km，有三个阶地，农业多在一、二阶地，第三阶地是湖盆沉积，一、二阶地沙性土，4800 m 以上为亚高山草甸，4400—4800 阴坡草甸，阳坡灌林丛，以杜鹃、柏树为主，河谷区已乏森林。拉萨缺燃料，拉萨需燃料要到北面 200 km 北方用公路运来。土壤呈黑色，称为“arga”。日喀则雨量 320 mm，年平均 T 8°C，最高 28°C，最低-28°C，五、六月平均温在 15°左右，不能种水稻。

藏北湖区有 370 个小湖，占全面积 5%，湖中盐湖占 13%。平均海拔 4400 m，是丘陵地形,为东部干草原。班哥湖年温-1.6°,夏最高 22°C,冬最低-30°C,季节性冻土层到 3 m 深,最北的永冻层可达 60 米。湖边为盐碱土,东经 85°以上是 Soda 盐土,以西 NaCl 为主。

西藏全年可长 4 亿斤粮, 120 万人口,每人得 300 斤,以青稞为主,所以本地人是够用的,外去者须自带粮。〔旁记:Bohemian Life: apocalyptic force to oversubtlize moral qualities〕

牧业,目前草场已不够,开荒就占了牧地,单江孜有一百万只牲畜,主要是羊和牦牛。高山、亚高山草甸,每亩只 100 斤一年,沼泽区亩可 600 斤,苔草 300 斤,估计可产 350 亿斤。羊每天吃 75 斤鲜草,还是不够的。如有灌溉可以增加牧草二三倍,饲料栽培极少。此区可种苜蓿,则每亩可五千斤,且可肥田,田中老鼠、兔是害兽。

农业上几个问题,藏北农业可能性不大,藏南区今年考察的有 37 万亩田,人口十万人,每个劳动力占 6.7 亩。河谷中所种 70%是青稞。农区藏人每人可得粮 308 斤,牧区只 130 斤,平均 148 斤,要提高单位面积产量,必须精耕细作。目前野草多,若干田中作物只占 5%面积, 95%为野草,野草作为饲料。要改散播为条播,国营农场两造青稞可得一千斤/亩。河谷中可种春麦,日喀则农场种春麦得亩 300 斤,种乌克兰冬小麦得亩 968 斤,最低 T 为-18°C。此外,灌水太多,达 700 m^3 一亩, 300 m^3 已足。江孜区可耕地一百卅万亩,平均海拔四千米,康马区湖盆为主,1/3 地系熟荒。在帕里试早熟种 90 天可熟,但平常种要 160 天(稞麦)。

水源,年楚河长 190 km,径流 55 个水,即 12 亿立方,有 40 多万亩,要 2.7 亿水,在 4—6 月份也足用,要 1.8 亿方水可供 2 亿,但个别地区缺水,地下水五层有 8.8 亿。

9 月 14 日　星期四

代表团出国问题。刘西尧、贝时璋、王守武、张沛霖、陈汲,十六到,以二星期为期。邀请英国代表团明年来华问题是否可以重提?或问一问驻英国伦敦代办处。〔补记:代表团总结报告 p.19,宦乡代办指出重要情〔况〕, Hailsham 也提到。〕

是否要穿礼服?不穿礼服是否穿我们的制服?要科学院概况的英文稿。〔旁记:中英增加贸易问题。〕

科学大臣海尔歇姆 Hailsham, H., Florey, H.。(要注意的问题:汤飞凡之死。)Hinshelwood, P. M. S. Blackett, E. B. Chain, Sir C. Goodrene, Sir S. Sutherland, Sir G. Thornton, Lord Adrian, Sir G. Cockcroft, Mrs. Hodgkin (Burhop 泊荷普), M. Perutz, R. Furth, D. Keilin, R. Hell, M. P. Pollock (1957 到华), Lonsdale, 辛格。

要一个英国科学家来华的名单,以及他们所做的工作,我们得到的好处,和他们的言论。有否邀人来。城市人民公社。留学生老辈。剑桥讲师郑德坤,马仕俊Sydney大学物理系教授。

1947年英国之行。1947年英国情况。1946年我于12/22从Bern坐Berne Paris〔车〕去伦敦。〔竺可桢为对访英做充分准备,特意对自己1947年访英行程的日记做了摘记,因系重复文字,故从略。〕

9月15日 星期五

综考会经济状况。

汽车122辆,经费309万(61年)原定。后华南〔 〕,外〔加〕面上30万,西北17万,南〔水北〕调48万,综考,地、云南队、新疆40+20万,共153万,其中器材20万。122辆,院调30,调盐湖5,现有87辆,汽油每年约100 T, 60年起不再拨。

西藏买20个收音机(50机), 15 Watt发报机,治沙十二台,盐湖2台。遥控?气象台设备@五台,南水北调带了二台。

钻机五台, 300 m 3台, 150 m 1台, 50 m 1台,无套管,可调出二台, Dia?。

沸点高度计五套(新疆一套),未带西藏。

海拔表, 5000—8000 m德国?。

香山院务财务会议。野外津贴会比所高,最高2.40→2.00元一天。服装回来不交还,工作服发钱每天20¢。南水北调, 100条丝棉被、100丈布、50多令纸,在四川做。61年到阿坝要备寒衣,热水袋未做,买皮衣、皮帽。治沙队有100令纸张,皮大衣已经外调。云南队8000元开会费。科委十二月要开六省会议,会期25天,编方案, 80多人,昆明召集, 7月间, @ 5.00〔元〕一天(翠湖),北京15元一天,伙食补助费@ 50¢,分院以为浪费,实际用三千多。

财务报销不按规定,医药费@ 1.60〔元〕一月。工资不能借,南水北调借支多。各队向财务报销,不经综考会。综考会只7个人,地学部六个人,要管财务有困难。

吴忠,基本建设五万多元,要建所,所以要独立,定粮定到35—40斤。调于强至治沙队。59年拨十万元给地方办副业。

1. 财务报销问题;
2. 各省与中央统一问题;
3. 有若干万以上一定〔要〕经批准;
4. 仪器经专门用人批准;
5. 吴忠房子如何使用;
6. 汽车冬天修理;

7. 照相机、高度计领用人签名。

"Weather satellite", Morris Neuberger and Henry Wexler, Chairman, Depart. of Met., U. of C., and Director, Met. Res. Weather Bureau, *Sci. Am.* July 1961, pp. 80—94.

Tyros Ⅰ launched April 1, '60, 16,000 good pictures, 78 days of operation. 42″ across, 270 lbs. 到 7 月仍在运行(Television & Infra R. Ob. S.)。

Tyros Ⅱ launched Nov. 1960, 24,000 pictures 到 61 年 7 月转运。每天有二百五十万个 visible and infrared leaving the top of atmosphere, partly of reflected 日光,也有赤外线 of earth surface & atmosphere. 所以 USWB 和 Nat. Aeronautics & Space Administration (NASA) 要继续 4 个 Tyros Space-oriented 和 earth-oriented 的"Nimbus" (Polr orbit)及 Aeros circling 赤道 at 22,000 哩,这样可以用 electronic digital computer 来 produce weather forecast without human intervention.

每个 Tyros 有两个照相机,一个 wide angle 可照 800 哩 across, narrow angled 可照 80 哩直径, resolving power 3 哩和 0.3 哩,发现直径 30—50 哩的 cloud cells 在 cyclone area.

Tyros 照相可以照出没有气象站地方的云,看出大规模的 Patterns 为地上所不可见的。Nat. Met. Center 在 Suitland, Md. 从云照〔像〕每天准备 55N 到 55S 地面的 Nephanalysen 为各国预报之用。Tyros 也测太阳的辐射,量各种波长,electromagnetic R., sun's corpuscular or plasma emissions, 前者的变动不过 0.3%,而后者短期内可达 10% (Barrages of high energy protons)至少在高纬度。这种质子在 35 哩高空为空气所吸收,但很可能影响地面气候。同时,地面上云遮的和雪盖的面积有时多有时少,如反射率为 70%,则 5%的差别将导致辐射 3.5%的差别。同时地面所反射的长波受云、H_2O、CO_2、O_3 的吸收,一般不易量得,用 Tyros 就很简单。二十万哩之上放两个人造卫星或 300 哩外放一系列卫星就可〔将〕全球出去的 R 量得。

Explorer Ⅶ 在 1959 年 IGY 已经初步做了辐射测量,做出 heat loss 每分每 cm^2 的地面。Tyros Ⅱ带两个 radiometer 能量太阳和地球长波各种辐射。这种辐射的测定将对以为 CO_2 的增加可改变气候加〔以〕否定或肯定(从 1940 年以后冬天有减冷趋势)。若云量增加也可改变气候使冷,世界云量为 55%,平均地面云量的 albedo 35%,若云量加 1%, Al 加 0.4%,地温减 0→7°F。

9 月 22 日　星期五

支援农业。

杨联奎,过兴先,王遵伋,谢鑫鹤,恽子强,童第周。

过：1）粮食饲料代用品。2）总结农业丰产。3）低产改良。4）开辟肥源。5）病虫害防治。6）选种。7）远缘杂交。8）农业机械。9）人工降雨，地下水测定。10）水土保持。

Nature, 1961 February. Sir Cyril Hinshelwood address at Imperial Col. of Sc. & Tech. said in part："The strenuous effort to see a subject in its true light and wide perspective cultivates sanity of judgement in much broader field. ... The need in science to reach one's ends by exacting and precise techniques, whether mathematical or experimental, is a great corrective of the tendency to wiry generalization, which is another weakness of modern world.

Nature, Mar. 25, '61 Editorial, "The underdeveloped territories of the world", On Jan. 25，上议院 debated on the creation of an Atlantic Inst. of Sc. and Technology, a working group was constituted of which Sir John Cockcroft is U. K. member.

Prof. Blackett referred to the support of underdeveloped countries in an address at Dublin 1957："Since the improvement of agriculture yields is the most vital step in much of SE Asia... & because the chemical engineer produces the plant required for the manufacture of the essential fertilizer, pesticides & selective weed killer. He considered it in some detail. He suggested the plant for fixation of N which is economically more suitable for an underdeveloped country short of capital but with abundant labor. ... If any could be brought to £ 70 a ton a year, they might be of great value. The cost of the optimum size of plant is in the region of £ 30 M."

"Dietary fats and cholesterol", *Nature*, Apr. 22, 1961, p. 310. If maize oil was used as a fat (to test 20 human being), the serum cholesterol level fell in all of them, but it rose on cocoa fat feeding.

9月25日　星期一

李应海，蒙宁队考察。

4/9集中银川、呼市，分为三段：乌盟、锡盟和宁夏，共97人，包括行政117。参加的45个单位，22专业，宁夏有31人，乌盟30人、锡盟50人。5/11日出发，到9/底结束，〔待〕解决问题如乌盟、凉城缺少饮水，为打井（大同NW），希望汇报后要书面〔报告〕，五原种水稻无排水条件，锡盟黑书记要〔求〕检查九项任务，艮北地区提出艮北矿产开发意见，锡盟部东、西农牧发展方向，东、西乌珠和东、西苏尼，河套地区农业生产、增产，盐碱土改良，灌〔溉〕四千多亩，农作物部署，后山乌盟缺煤，东胜煤褐煤。

特点：边研究边查，面点结合，思想情况、生活尚好，粮每人40斤，春季菜少。

存在问题：地区广，无时学习，骨干力量少，缺乏地形图，五原就无图。挂钩内蒙分院管，不能解决问题。宁夏直接由计委管比较容易（分院院长巴图）。内蒙招待所无办法。

今后室内工作在银川、呼和浩特做，分为后套、后山，分区做，十月、十一月来写〔总〕结。

黄自立：农业成果，盐碱土改良主要问题在于排水，河套灌区和河套提出伏天灌水与耕相结合，种耐盐作物和倒茬相结合，过去伏天灌水蒸发大，伏天水大泥多，伏天地下水位低，而水位高〔才〕肥力大。近年高粱、玉米扩大，复种指数高，粘土以伏天灌为主。水稻洗盐也好，但因盐碱化阻力很大。没有排水条件，如何避盐碱。吴忠，风沙，饮料。

地下水 1—2 m，平整土地，合理灌溉，秋天灌溉。地下水位高于〔1 m〕农业也有利，1 m 如不盐碱化，于丰收有益。如何利用地下水，合理布局。

畜牧业，建立饲料基地为中心，结合农业。林业，渠道种树，后山种防护林。灌水，大田作物 300 m^3，水稻 1200 m^3。后山，淡水可蓄，水的资源还不知道。土地资源合理利用。

郭绍礼：锡盟、东乌、西乌，锡林浩特建立农业基地。年雨量 300 mm，五大河流调查，草场开发，建立饲料基地。草原退化问题，烧草所引起。李文彦：工业，包头为中心的区域。

9 月 26 日　星期二

Studies on the population of China 1368—1953, by Pingti Ho, H. U. Press, 1959, $ 6.00。可靠的数字为 1381—1391，Yellow Register，明太祖 65,000,000; 1776—1850，废止保甲，1779 275 million; 1953 582,603,000。从 1850—1953 annual rate of increase 0.3%。

苏联十年制中学的地理：第四年与 Nature study 合，五年至八年，二小时自然地理，九年无，十年、十一年，二小时经地。新制地理减少，不考试，但做试验 Model，地方志和气候观测得到增进。62 师范有地理系，40 大学 30 有地理系。莫大有一千学生、800 夜校生，教员三百人（staff），占六层，Museum of Earth Sc.，莫大有 15 个 Kafedra（地理系内），五年制，最后一年有论文。研究所有 300 geog.，十部门。

地理学会有图书馆，三十万册，会员 9960，124 个 branches，单莫城 1600 会员，Sakhalin 300 人。1960 Kiev 地理学会到 1100 人，开会八天，六个 symposium：1）地理对于资源利用和远景设想；2）经济地理区划；3）农业地理区划；4）景观；5）水热平衡；6）教育。五十万分一图统作为保密。

9月27日　星期三

云南综合考察。

云南队业务干部赵维城(南大地理系地貌专业)、曹光卓(南大地理系经济地理专业):在南部种三季稻,无明显胶休息期。准热带三等橡胶积温7500以下,年温差较小,日温差大,越冬条件好。以哀牢〔山〕为界,以东寒潮影响相当大,以西较少,以今年1/17的寒潮为例,河口2.2°,丘北-6.3°,以西芒市1.6°,瑞丽3.3°,到的较迟,1/25—26到。

云南暴雨比华南少,年变率小,雾多,河口70天,有机质到3%—6%。不利条件:低温,干季长,四、五月温高,雾少,冰雹多。

54植的胶到59年,河口21.1 cm、允景洪18.5 cm、德宏10.5 cm。16 cm是割胶指标。

曹光卓:宜林地如何利用。亚热带可发展油料作物,腰果和油棕和橡胶争地,所以可用油楂果,无橡胶不争地,每亩20—60斤。二十万方里地内有可垦地二千五百万亩,其中800万亩可种胶,已垦一千七百万亩,尚可用一千七百万亩。730万人,要70万劳动力,@每人管20亩,目前1800万亩,@ 300斤一亩,产五十四亿斤。

河口地区开发种胶使雾少,西双版纳种胶后水就干。如800万亩种胶可得二十万T一年,800万亩要四十万工人,一百多万人口。河口、西双版纳和德宏将是最〔好〕基地。

9月30日　星期六

分配给科学院1961年留学生。共分配88名,研究生6名,其中工科39,理科48,农1,现到51人,女11人。回国留学生共有1000名左右,大部从苏联回。分配地物所7名,黄美元研究生,李国庆,陈耀武,三名是气象,另四名地震。分配地理所:马勇(动地),改给动物所;廖克(制图)、唐孝渭(土壤地理)、李德姜(♀、陆地水文)〔为〕莫斯科大〔学〕地理系。分配到海洋所朱文灿,水文(水文气象学院)。治沙所曲光耀(陆地水文)。

10月1日　星期日

全国科协国际活动办公室(在二里沟)徐飞,电话89-1731-30。林超稿四号拿来。来谈十月九日纪念Nansen事。

10月4日 星期三

Nansen, 1861 10/10生于挪威克里斯提亚尼亚, 1890提出(向挪地理学会)用船只冻冰,在浮冰上随浮冰漂流到北极附近,由于1881年"贞纳号"的遗物在格林兰SW发现的结果(三年以后)。1921年伏尔加河区域发生旱灾,他作为国际救济委员会的代表到莫斯科协商, 1921年第11届苏维埃全俄代表决议授予南森以奖状。

英国农业问题。*Discovery*, Sept. 1960. 现在世界食物增长比人口快,可惜分布不均匀,在拉丁美洲、非洲和东南亚缺乏粮食,所以有利用科学以增加农产的需要,英国也需要增加粮食,虽是英国的农业是前进和有效的,但仍有改进之需。Agricultural Research Council已完成了1946年的农业研究计划,但仍有不少缺点,如养猪和鸡的科学管理,肉类生产,种子的栽培等。人口的增加自纪元到1600年世界人口增加一倍, 1600—1800又增加一倍, 1800—1900又增一倍, 1900—1960又一倍。中国: 2 AD 59.5 M人口, 1661年100 M人口, 1774年221 M人口, 1805年332 M人, 1849年413 M, 1953年650 M人口。

英国气象研究在大学。Bristol University, Geography, Dr. F. G. Hannell气候变迁与冰川,瑞典冰川。爱丁堡Edinburgh U., Physics, Prof. N. Feather. J. Paton, Spectra of Aurora. D. H. McIntosh, Math. Meteorology. 伦敦London, Prof. P. A. Sheppard, 骚动, At. Spectroscopy, Meteorology, Convection in fluids. Dr. E. T. Eady, N. weather prediction. B. J. Mason, 云雾物理 use of radar. F. H. Ludham 云之Microphysics. 牛津Oxford, Physics, Clarendon Lab, Prof. Bleaney, Low T., Liquid Helium. K. Mendelssohn, F. R. S. Dr. A. W. Brewer, Physics of the upper air. St. Andrews U. Queen's College, Dundee. Math.系, Dr. R. P. Pearse, Dyna. Meteorology. R. A. E. Royal Aircraft Establishment, 在Farnsborough.

英国地理研究在大学。Manchester U. Geography, Prof. P. R. Crowe, Climatic classification. Liverpool U. Geog., Dr. S. Gregory英国气候, Rainfall & water supply of英国、西欧。伦敦London U. King's College, 地理Prof. S. W. Woodridge, F. R. S., SE英国地貌。伦敦London U. Bedford College, Prof. G. Manley, Postglacial C. fluctuations. Dr. (Miss) D. K. Smee英国农业史。Durham University, Durham College, Prof. W. B. Fisher, Atmos. Deposition. Dr. V. B. Proundfoot, Paleoclimates. Durham Uni. King's College, Physics, Prof. S. K. Runcorn, Geophysics. Dr. K. M. Creer, Paleomagnetism. Dr. A. E. M. Nairn. 爱丁堡Edinburgh U. Geography, Prof. J. W. Watson, 加拿大城市地理。A. McPherson, Climate classif., forestry. W. A. Fairbaim, Light measurement & climatic zonation. Dr. J. M. Carbon, Shelterbelt. 伦敦London Uni. University College, Geography, Prof. H. C. Darby, 英

国历史地理。R. A. French, Geog. of USSR. T. J. Chandler, Climate of London. 牛津 Oxford, Geography. Prof. E. Gilbert, Geography of Area Adm. 管理。C. G. Smith, Local Climate. M. J. Webb, 季风。Sheffield 地理 Prof. C. A. Fisher 东南亚政治地理。J. L. H. Sibbons, Evaporation. U. of Wales 地理 Prof. W. G. Balchin, Problems of water supply in G. B., J. Oliver, Climatic change in Wales. 剑桥 Cambridge 大学 Geography. Prof. J. A. Steers, Coastal Research. W. V. Lewis, Glacial action, beach prof. B. H. Farmer, Regional & Ag. Studies of S. Asia. 伦敦大学 University College 电机工程系有教授名为 H. Marriott 似系前到过浙大的。J. A. Steers, *The Unstable* Earth, 4th Ed., 1945.

地质系。Oxford, Prof. L. R. Wager, Age of rocks by radioactive methods. Dr. E. A. Vincent, Chemical Analysis. Edinburgh, 从前 Prof. Arthur Holmes, 现为 Prof. F. H. Stewart, Petrology of Evaporates.

科学史。London University College. History & Philosophy of Science, Prof. D. McKie, 理化史, Dr. A. Armitage 天文史, Dr. J. S. Wilkie 生物史。

地质方面,李仲揆先生老同事 E. B. Bailey。H. G. Willis 在 Birmingham。FRS, Imperial College H. H. Read, 程裕淇老师。已不在校 Cambridge 李璞老师 Noekles, 矿石。Cambridge 地质学院,苏良赫老师 Pough。系主任, Cambridge, 王鸿桢老师 Prof. Bulman, 古生物。已退休 Edinburgh 马心远老师 Arthur Holmes。Stubblefield 同事俞建章,时在 Bristol。张文佑托带单行本交 E. M. Anderson, 曾写"Dynamics of Faults"。

皇家学会。

E. N. da C. Andrade *A Brief History of Royal Soc.* The Society stands for British Science thruout the world. ... It is not a government Inst. like the Academie de Sciences, is an independent body under the patronage of the ruling monarch made up of fellows who pay an annee subscription, and who make their own rule and appoint their own officers without even a formal government approval. Organizing international sc. undertakings in which Britain is officially represented such as the I. G. Year. 政府也给皇家学会以房屋,并拨款做研究工作。The Society is however a private corporation. ... The nature & growth of which have been moulded by event & circumstances rather than by planned policy.

The 1st in caption was aroused after gaving a lecture by Christopher Wren(天文学教授)at Gresham College, Oxford, for forming a society for promoting 数理实验科学 in 1660. 最初有 40 会员。

In 1663, Charles Ⅱ granted the 2nd charter with the motto "Nullius in Verba" taken from Horace's (I am not bound to revere the word of any particular master) "纸上得来终觉浅,绝知〔此事〕要躬〈亲〉〔行〕"(陆放翁示子聿诗)。The aim is thus to enlarge knowledge by observation and experiment.

Principia 1687 出版,由于 Edmond Halley 的督促,于 18 个月写成。牛顿于 1703—1707 为会长。1778 年 Joseph Banks 被选为会长,会员 350 人。Took part in the 1st voyage of Cap. Cook 三年功夫。foundation of Kew Gordon due to him 为会长 41 年,死于 1820,此时地质学会于 1807 年、天文学会于 1820 成立,其时会员 641 人,数目和现时相仿,但多数非科学家。

Philosophical Transactions 1st appeared 1665.

1847 的改革,选举会员要六个会员介绍,每年只限 15 人,会员逐渐减少至 470,以后每年选 17 人(1931 年), 1945 年加至每年 25 人,迄今会员到 600 人,而候选人员达 300。从 1873 以后会长五年为期。

Nat. Physical Lab 于 1901 成立。Ultimate control vested in the president & Council of Soc. 二次大战后,International Committee of Academies was dissolved and an Int. Research Council set up with Interunions of various Sc. 皇家学会代表英国,到 1931 Int. Res. Council was reconstituted in 1931 as the Int. Council of S. Unions or I. C. S. U. 皇家学会也代表英国出席 Unesco 会议(自然科学)。Foreign Sec. Chairman of the 委员,政府津贴每年十三万£,他方社会津贴三万五。

From its inception the R. S. has kept in close touch with Sc. work carried out in other countries and has cultivated the most cordial relation with foreign men of Sc.

Recently there have been exchange of delegations with the USSR Academy of Sc., an agreement has been concluded between the society & the Academy for the exchange of senior scientists & research workers, and an exchange of lecturers has also been effected. In general the Soc. enjoys the friendliest relations with all the academies of the world. The society has always encourage men of sc. to pursue their labor as they thought fit, and never stood for any particular opinion or doctrine in sc. matter. The Soc. never give their opinion, as a body, upon any subject, either the nature or art, that comes before them.

10 月 5 日　星期四

在府右街 25 号座谈周总理报告。

10月12日　星期四

对外应注意事项。

对外文化联络委员会张致祥:对〔外〕应注意事项。与资本主义国家来往取点经是有好处的。科学研究机关保密很注意,打破封锁,也不能很明显。科技水平和动向。皇家学会包办招待也许有困难。

英国对我做法和我们对待英国方针:老牌帝国主义是我们敌人,也有经验。英美也有矛盾,和我国是在半建交地位,也没有主张恢复UNO我国合法地位,所以在半建交状态,通过Monnty来摸底。过去不做官方交往,要恢复Brit. Council,但近二年来不同,要官方往来,要断绝民间道路,不承认英中友协,政府不承认,但是要和政府打交道,不提Brit. Council。通过文化交流摸中国情况,以来求往。Reuter总经理Cole要求拍电视片。我们要利用英美矛盾,也有拉的一面,不能完全拒绝交往,但文化交流不能由官方垄断,中英关系取决于英国。中英友协应该加入,德力邦是英国党员,招待会也得要去,经过代办处,要支持友好团体。

对国际科学组织,中心问题是"两个中国"问题,次是要选择的加入,不具体商谈哪一个会,他们不提,我们也不提。如提,和中国学会商量决定。愿来的人分别看待:(1)人员来往有一定困难,(2)则要看政治态度,要对中国友好,学术上地位,要能〔做〕好的学术报告,不是为做情报工作。李约瑟等人可以表示欢迎,可以对于友好而有实在学问的人开一名单回国后决定。

任务,一方面还有宣传,要做报告不能拒绝,在不保密范围内,多宣传方针、政策,聂总十四条如何培养年青科学家,如何对待老科学家。也讲我们成就,但要藏一手,但是也要承认我们落后,十年成就中虚夸部分要去掉。要藏一手。但是我们方针、政策是正确的

有关中国的问题,三面红旗的问题,十五年赶英国问题,原子武器问题,灾荒问题,可依照〔对〕Montgomery〔的说法〕。大面积灾旱,向澳大利亚和加〔拿〕大〈利亚〉〔买〕粮食。人民公社从北戴河决定〔到〕现在更巩固,农村得了大改进。苏联如何不帮助,也给我们五十万T糖,但是苏联也差粮食。

赞成禁止原子武器,但大家搞,〔我们〕也搞,但不知何年会有。中苏关系,已尽很大帮助,我们科技人员也已成长。

追赶英国问题,是总量上,而且只是只在主要指标上,不能安于落后状态。联大问题,西藏问题和两个中国问题。反对两国的阴谋是非常坚定,同意的就是敌人,这是我们分敌友的指标。入UNO不是接纳,而是发起人之一。对西藏问题列入议程要提出抗议。中印关系,周总理去了印度,尼赫鲁不想解决。德国是一个侵略国。

百花齐放,百家争鸣,我们对反对社会主义者就是敌人。UNESCO,不能发生

关系。多交朋友,坚持原则,争取同情,利用敌人矛盾。学术问题可以各抒己见。

中苏分歧问题。

侵略者不得好下场。

10 月 17 日 星期二 〔从北京启程经苏联赴英国〕 晨北京阴,室内 14°。

乘 Tu 104 42474 号启行。

7:00　北京起飞,杜秘书长、郝主任、潘局长、吴副院和夫人到场。

9:40　Irkutsk 到,早餐,停 1 h 35′。

11:15　Irkutsk 起飞,上空 Clear。

14:00　Omsk 到,温度 -11°C。在飞机上吃三次饭。

Moscow

$7^h06'$　下层云 300—700 m,上有 Cu. St, $7^h11'$入第二层 St, 13′出 St,上面 A. Cu。

7:30　在云上 Blue sky about 在 10,000 m。

9:15　下降,山上见雪。$9^h25'$ Baikal 湖未结冰,上有云。

9:40　到伊尔库茨克,李元石(机械毕业 1941)、潘春生(电机 1950),同机去 Cuba,第一机械部。

11:15　上升,飞 9000 m,温度,上空 -35°C,下面 St、A. St,地面〈以〉〔已〕雪盖。

13:15　下降, 14^h00 到 Omsk,晴天, T -11°C, 15:15 起飞。

17^h　上面 Clear,下面 A. Cu。

$17^h15'$　过 Volga 在 Kazan 左近。$17^h34'$下降, 18:00 入云,约 1000 m,见虹,地上无雪。18:08 到 Moscow。黄参赞。

10 月 18 日 星期三 〔莫斯科—伦敦〕

$18^h30'$ Moscow 切尔勉七怀〔谢列梅捷沃〕机场出发,乘 De Haviland Meteor 飞赴伦敦, on BEA British Europe Airline Comet 4B,能载 86 个客人,3 个飞行员,长 118′,翼距 107′10″, Ht. 29′6″,重 80 Tons,高度二万至三万五千呎,速度 530 mph = 848 km/hr。

Copenhagen $20^h34'$莫斯科时间

Amsterdam 21:23

London 22:00 Heathrow Airfield, 宦乡、许大姊。

秦加林、金华彬、叶新秘书、周湘甫秘书、林晨随员、俞志忠、李红记者、阎沛霖、吴其康、庄焰参赞。

10月19日 星期四 〔剑桥〕

中英特点。英国要拉关系,英国有限制但有收获,要以来就往(这次要费二千镑)。目的在摸底。政治方面有企图。科学代表团九起,为发洋财和打开大门。对〔有〕真才实学、公正友好的人要结交,政治思想不一定要左,如 Chain 是向左的。可以扩大影响,因左派活动的狭。不避政治问题,恶意要顶回。

记者要来,经皇家学会,如见,问答简。

保卫,要警惕,每间有电话。出外二人同行。

魏德馨、吴世昌,朱晓屏。

Col. E. Gold, 8 Hurst Close, London NW 11.

Dr. Trevor Williams, Editor of *Endeavour*, Norte Block, Thames House, Mill Bank, London SW 1. Joint Editor, *A History of Technology*.

Marshall Montgomery

ELIAS BREDSDORFF + ANNELISE BREDSDORFF, Cambridge University.

Field Marshall Viscount Montgomery "China on the Move", *Sunday Times Magazine Section*, Oct. 15, 1961, pp. 25—26. Talking of poverty and primitive conditions of our country & cities. It is certainly not possible to repair the neglect & abuses of 2000 years quickly.

Mao is 68, 6 years younger than M. 1/3 under irrigation. Normal harvest 180 M. tons, 1960, 150 mil. tons, '61, 151 mil. tons.

RR only 25000 miles, 人口每年增长倒在减少,去年一千万人。

"Power grows out 〔of〕 the barrels of the guns."

最后,The New China is far better than the old. The top leaders of China are men of great wisdom & ability & they know what they want & where they are going, and the people will follow them with confidence.

China has no territorial aspiration beyond her frontiers. She has ample space in this vast country, and does not want any more.

China has suffered so much from aggression that she has no intention of practising it herself, all she wants is to let alone, and to be treated as an equal.

In 50 years China will be the most powerful nation in Asia, perhaps in the world. ... From the W. point of view it is the ht. of follg. not to make friend with this friend nation & to trade with it. If America cannot forget the past, and turn the other cheek, she will bear a heavy responsibility for what may come.

10 月 20 日　星期五　〔剑桥〕

张、王、贝。

冶金

Basic, Elastic constant, Thermal conductivity, Fatigue.

标准, T. H.

自动〈计〉〔机〕技术, (Automatic) control system, Transistor circuit.

应用物理, Radiology.

放射。

Harwell.

Mr. G. W. Robertson.

Agro-meteorological Station, Plant Res. Institute, Cent. Exp. Station Farm, Ottawa.

egg 1 $ 三个,牛肉 8 $,火腿 14 $ 。

Lawrie 家住 400 £ 一年,电 100 £ 一年。教授薪三千,副二千。

潘 朱晓屏

Prof. Darby.

Dr. Brown 地貌。

R. A. Drench, SSSR.

Chandler, 伦敦 Climate.

J. C. Crossley, Latin America.

Dr. Mead, Scandinavia.

Sokolov, Geochemist.

Prof. C. A. Coulson, Search the conscience before emigrating.

Dr. W. A. Brewer, Physics of the upper atmosphere.

贝 Griffith.

黄

张, J. W. Christian, Prof Hume, Rothery, Martin (U.).

Prof. Bleaney, Low T.

Dr. Griffith, Short Mag. wave.

10 月 21 日　星期六

Rothamsted Ex. Station

Fr. Charles Bawden, Director, F. R. S. , elected 1949. 有 160 staff.

Pirie, Norman W., Head, Biochemistry Department, elected FRS 1949.

Francis J. Richards, Director of the Ag. Research Council, Unit of Plant Morphogenesis & Nutrition.

Sir John Russell, 从前 Director.

C. B. Williams, Formerly Head of Entomology, Rothamsted.

F. Yates, Deputy Director & Head of Department of Statistics.

Physics, H. L. Penman, PhD.

Pedology, A. Muir, PhD.

Soil Micro-B. P. S. Nutman, PhD.

Biochemistry, N. W. Pirie, FRS.

Chemistry, G. W. Cooke, PhD.

Botany, D. J. Watson, PhD.

Pathology, P. H. Gregory, D. Sc.

Nematology, F. G. W. Jones, M. A.

Entomology, K. Milloney, DSc.

Statistics, F. Yates.

Harwell

Spencer Robert, Chief Chemist & Head of the Chemical Div., Harwell, Didcot, Berkshire.

Penney, Sir Wm. (Director).

Ethulon.

Kodatraca.

Wooldridge, S. W., Prof. of Geography, Kings College, London, 1959.

Baron E. B. Bridges, Chairman, Nat. Ins. For Research in Nuclear Sc.

MacLeish, Soothill.

Our chauffeur: HARRY JELKS, NORMAN LASHWOOD.

10月22日　星期日　〔剑桥〕

G. W. Creighton, 在皇家地理学会相见,问王富洲、屈银华、贡布三人登上珠穆朗玛何以无照片?

11月2日　星期四

Meteorological Office.

Upper Air Research: Pulsed Doppler Radar, measuring the speed of target from the shift in radar frequency. Radioactive pollutant. Electronic computing machine.

Forecasting Research: with help of electronic computer Meteor. US 〔the〕 only country using computer for dynamical forecasting.

Imperial College, Prof. Sheppard, Maron.

Oxford, Dr. A. W. Brewer, Dobson.

Edinburgh, MacKintyre, Paton, Prof. Feather.

Harwell, N. G. Stewart.

Cambridge, Ratcliffe, J. A. Steers, Gordon Manley.

Dunstable & Harrow, Fosdyke.

Harrow, Glasspoole, Goodie Brooks.

伦敦　　09:50 离

Moscow　　16:45 到, 18:10 离

Irkutsk　　00:55, 04:10

北京　　$10^h20'$, 7th Nov.

Vice Pres. Cloug of Mel & Chang, antibiotics, 要写信给钱。

11月5日　星期日　〔伦敦〕

和学生谈话,庄焰。侨团负责人二人,大部是香港、马来亚。对于派留学生问题。科学研究问题,核弹。关于粮食问题,如何克服自然灾害。

贝时璋:英国电生理工作做得好, X 衍射好,但电子显微镜差于西德、荷兰。叶蛋白兴趣不高,问之无答案。

王守武:半导体在学校工作比较少,保密性强,而学校也不做多少。半导体工作在物〔理〕系做得多,Oxford 和 Reading 大学比较好,在物理系。在 Imperial College, Edinburgh 在电机系。保密工作,时间排得短。A. E. I. Radio 研究所,剑桥 Mott 只谈十分钟,而 A. E. I. 大谈热核子。

张沛霖:物理冶金、金属结构发展快,由于电子显微镜,过去看模子,剑桥有制磨技术,国内落后,日本和西德可到 10 angstrom,十二万五千〔倍〕,场离子显微镜在发展。NPI 固体光源摄谱仪在发展,自动化普遍应用。想看高温材料,原子材料未见到。

秦代办:电子计算机,沛霖〔认〕为电子计算机收获很大,通过有关工厂和由代办处出面与公司〔联系〕,甚至一百万次也告〔诉〕我们。

导师名单已开,如何提出,地点集中,最好在伦敦,住的问题,要准备对付对方派留学生, Hinshelwood 已提出,和 Florey 谈,皇家学会认为可介绍,希望要在一年

以前提出,只有名额缺时才能去,回国后写信。

总结要送一份代办处。

魏德馨 Dr. T. H. Wei, 115 Thornton Road, Cambridge, England, Tel. 76047.

Dr. Chu Hsiao Pin 朱晓屏, Department of Pathology, Cambridge.

Mr. Wu Shih Chang 吴世昌, Depart. of Chinese Language, Oxford.

Ching Fon Pan 潘正方(Greenwood), Poultry Research Center, Edinburgh 9.

马天择 M. E., Imp. College.

袁经纬,1947。

郑德坤,1950。

冯特律利 Hindle Lieh, Prof. of Zoology Institute of Biology in London was in China 济南齐鲁大学,1925—27.

Hindle 送我们至飞机场。

11月6日 星期一 〔伦敦—莫斯科〕

BEA Comet 4B, Flight BE910,原定 09:50 离 London,因工人罢工,所以迟至……$12^h00'$ U.S.T. 启程,高度 10,000 m,预定 $3^h30'$可到莫斯科。

$12^h20'$ above clouds

12:38 Amsterdam

14:06 上大陆

14:20 陆上有 Alto cumulus, sheep like, sun going down

15^h 下降。Moscow Sheremetievo Airfield

11月8日 星期三 〔莫斯科回北京途中〕

Tu 104, 22:45 起飞(莫斯科时间), 22:51 觉有热气、颠簸。53′三千五百米, 23^h 五千五百米。Pulse 脉搏十二点饭后 82。13^h 下降, $13^h55'$ 3500 m。

Moscow—Omsk D 2350 km, T $3^h10'$, V 840 km/hr.

Omsk—Irkutsk:

$13^h33'$ (6^h33)到 Omsk　　15^h26 (8^h26) 离 Omsk

$15^h34'$三千公尺　　15:50 五千七百公尺

16:20 太阳上山,睡约一小时至 $17^h30'$

11月9日 星期四 〔回到北京〕

莫斯科时间 $5^h52'$到 Irkutsk,即北京时间 10:52,以下改用北京时间。

11:30 北京民航机到〔Irkutsk〕，载贝先生助手冯文慧及王守武所中人来，彼等将同贝、王所长同至东欧。

1770 km，@ 600 km，Irkutsk 到北京。

10:52 到 Irkutsk，改乘 Ил 201。

14:05 离 Irkutsk，14:16 过 Baikal，未冰，山上均雪。

16:00 过二连池，八千公尺高，@ 600 km per hr.。

16:49 北京机场。

11 月 13 日　星期一

国家科委长远规划。

韩光主任，专业组组长、副组长、秘书会议，数、理、化、天、地、生基础科目的长远规划，因工农搞七年计划，二者要结合起来。(1) 中央科学小组和科规小组与李富春、邓小平同志统谈过，决计搞，决定作为前计划的修改补充，作为十二年科技规划补充，因经济规划是七年，所以我们也是七年规划，“63— 69 年”，十二年规划只到 62 年是具体，63 以后只是方向而已，结合国民经济计划要反映 60 年代的水平。

(2) 如何做法？依靠各部门和各专业组，必须动用人力，密切结合经济建设才能落实，才能得各方支持，但也要靠专业组，共 48 部门+8 组，等于 56 组，如轻工、纺织、石油各组起作用，专业组也起作用，各组做好后，汇总成立总规划。

(3) 要做一个切实可行的计划，于七年内可做到，措施要能落实，要人，要钱，要建筑器材等等，不落实也就不行。密切结合经济计划，所以有条件、有信心，不能多做就少做。要结合基层单位的计划，研究〈机〉〔计〕划搞五定，定计划也要结合计划，学校、研究所统要配合起来做计划。

(4) 七年计划内容以什么方法来表达，基础科学方面已经讨论，但技术科学方面内容包括什么和品种，如合金钢系统。一机部已修改第二稿，大体包括：1. 方向，如品种齐全等等。二则新的方向。三则系列化。4. 发展工艺。5. 机械〔化〕，自动、半自动机械化。6. 标准化。7. 计量建立。8. 机械设计力量。9. 科学研究队伍发展和研究题目。10. 情报。此外，附件、发展品种、步骤、研究课题等等。技术规划是名称。研究工作要走在前面，研究题目必须选择适当，是否依照原来形式，但应当有所改进，是否分 57 任务，分中心课题，下分问题。

(5) 目标方面：一、原提在最近期间内于主要、重要、急需方面追上世界水平。这很重要，所以不能放弃，要打这旗帜，而且延长了两年到 59 年。二则经七年工作后，科学研究应该是门类齐全，能解决国家所有问题。现美国有 30 万科技人员，苏也卅六万，我国有六七万人，如有 15—20 万也可解决问题。七年当中能加上若干人。三则七年内课题安排上解决吃、穿、用的问题，另一方国防尖端方面要解决。

这两问题解决就可以解决旁的。

(6) 则队伍中要建设传统,要搞重点所,能解决问题的所。现在尚缺乏拳头,要有水平的设备,科学小组同意要搞国家队,要庄则栋、李富荣、邱钟惠,如何搞法,这有别于重点所。某一个学校建立某个科目的国家队,科学小组同人也同意,所以要熟识科学人员,培养人才。三则不能集中在北京和上海,第二线虽可暂时慢提,但要注意西南。

(7) 全面规划,重点突出。各基础、技术科学统要如此。全国要有,各行是要有。华北的盐碱土防治问题是否能提出,地下水开发问题,松辽石油气,四川天然气是否值得〔提出〕,类似长江三峡问题,这可落实到各个研究单位,如钢种问题。维尼龙已搞出,现正设立一千吨的,加70%羊毛,要打歼灭战。

(8) 做法和步骤。花62年工夫来做,到明年二〔月〕底定出草稿,春节前后开一会,科学专家和各部负责人来讨论,估计300人,在南方开会,7—10天为止,是动员和筹〔备〕性质,把各小组成立起来,有规划小组,现在专业组要调动、改变。在开会以前要做点事:1. 能首先搞出站成一个队,在经济计划内,如多少人、钱和设备,送到计委那边,先要留一个底。科学院、高等学校参加研究的也要提。二则编计划的方法论,大的想法,任务、方针可先拟。三则十二年规划情况加以估计,用不着很多力量,但要考虑。四则专业组要花更大力量搞规划,人员进行调整,春节以前决定名单,应以专家为主,数目不应过多。五则会上基础科学已打招呼,技术科学也要有人讲。会的开法,聂总报告,规划本身,各学科发言,小组开座谈会,要以半神仙会方式,各专业组于十二月内预备汇报,不然就开不好会。

(9) 规划与当前关系,14条很好贯彻,所以二者要结合,如5/6的时间,要和调查研究相结合,要摸情况。三则总结经验,搞计划的经验,使省时间而切实可行,要注意理论研究,在小会中大家讨论。

分组讨论。

11月14日　星期二

8:30 长远规划办公室,综合局副局长黄主任。

数、理、化、天、地、生、医、农,基础科八个,专业组四八个。

黄局长:国家科委聂总国庆提出搞规划,分为八组:天、地、生、数、理、化、核、医。今年六七月份定出基础学科先编理论规划,把理、化、生、数已摸得一个底,觉规划学科小组有成立的需要,十月间开过一次会议,童、吴、漆、赵、钱、郭参加,发了文字纪录,分为二步,但计委认为七年计划是整体的,所以产业部分也要做。七组已成立,物理六七月已成立,数学组开了会,生物〔在〕沪、京二地活动,天组也成立了,惟地学组未成立,以及如何成立。包括综考、地质探矿、气象、测绘、海洋五组,要从学科整个提问题。

11 月 16 日 星期四

武衡同志提五组成立联合组,人不要太多,所以补产业部门的不足。〔旁记:暂定二十五日开第一次会。黄正夏。〕竺,许杰,程裕淇,尹赞勋,赵九章,张乃召,陈永龄,漆克昌,黄秉维,孙殿卿(41992),方俊,曾呈奎,赫崇本,张文佑,秘书张日东。

分支问题,八科到五六百个,分为五种情况:

1. 国内基础已有; 2. 国内基础停止进展; 3. 国际上发展迅速,而我薄弱; 4. 空白科目; 5. 国际新兴科目。

因此使用力量有所不同,可分三类:重点所,要跟上所和瞭望所。

学科如何部署? 要哪几种拳头? 可推荐某几个学校为种子队。广州中山概率论。

春节会议做准备工作,要有人讲话,推定发言人,每组若干人。十二月份汇报(下旬),何人出席,每组去若干人。如何规划,比前简化,要写纲要。地学三千多字,每小学科也写,分类表或题目一百字。基地建设和队伍建设的办法。

地理学会。

专业委员已选定, 130 多人。地貌、经济地理学术讨论,地貌为农业服〔务〕,地貌制图〔旁记: 14 人〕,河谷地貌今后发展方向,有 50 篇论文。

经济地理为农业服务,农业地理,若干理论问题,也有五十篇。历史地理也要讨论, 20 人,历史地理 5 人。

11 月 20 日 星期一

院图书馆,科学出版社。

顾家杰副馆长:上星期科规会开会,第一中心图书小组委员会,为七年规划,担任如何建立近年设备。

西郊二千方书库,无暖气。三千米是书库,早造就。

赵社长仲池:今年出书比较少,本整顿、巩固、充实、提高精神,铅印过去六七万令,种类, 58 年五百多本书,九百多期期刊。今年三四万令纸,实一万令,期刊在外,今年@ 40 令。明年 15 令,书 200 和重版百种期刊,现已出 26 种,过去 100 种图书四千万字,期刊千多万字, 58—59 均一亿至八千万。

应参加学术活动,提高质量,业务学习、外文学习。出版社 340 多人(北京)(490→340),编制 223 人,编辑少,一百多人,文化知识学习也参加。

精简是大事,去年490减至310,又加40人。原来有编辑、出版一、二(影印,进口十万£ 纸),发行办公室,上海办事处, 19个门市部(通州、上海印刷厂不在内,通州有870人,上海300多人影印)。上海办事处(影印发行、出版发行合并为一部三个科)。精简是下放的困难,所以只减一百多人。明年计划指标,保持今年规模,出新书260种,刊物增加到40种,期刊已准31种,重版150种,图书发稿四千万字,期刊二千万字。

影印书问题,今年用〔纸〕七万令,计划九万多令,现刊600种(上海200多,通州300多,天津地区)。指标数字,《毛选》、课本、日报,科学为主要。

问题:纸,机器和人的水准。

英国气象学研究状况, Met. Off. 。

Director General 局长 Sir Graham Sutton,副行政 C. W. G. Daking,研究副局长 R. C. Sutcliffe。经费年五百五十万£,人数3300人,总局850人,高级技术人员150人,此外有一个 Training School,有522个学生,有日本、缅甸学生。Central Forecasting Office 包括中期预告三四天,气候包括农业气候、海洋气候、航空。

研究用 Pulsed Doppler Radar measuring the speed of raindrops from the shift of radar frequency,可以求出雨点的大小。其次用 Meteor 电子计算机, 空气污染问题和火箭与卫星。

研究天气预告只做短期、中期。短期预告用 Meteor computer 已经能使用方程式来预告。

气候做50 mb,即高空二十公里的风向、风速图,对航空有用(如U2飞机)。

1959年 Prof. H. S. W. Massey 和 Deputy Director Robinson 到美国商量用美国卫星〔测〕量 ozone, Scout Satellite,用探照灯定出50 km上空密度,再高就不行了。

与 Imperial College 配合研究雹子,用 Single ice crystal 作 radar target,用飞机 Canberra, Hasting 等直升 jet stream 量水气、臭氧。从12—18公里,自记臭氧仪器已很可靠,但可靠量水汽的仪器尚未有。用 Hasting 飞机量雨点大小,和 Radar 所量相比,这样得到很好结果。雨中大小雨点的分配可以知道雨是如何成功的。这是用 Mercury Computer 算出。

Canberra 与 Hasting 飞机也用来量太阳辐射,也研究空气污染 Atm. Pollution。以后新的发展向地磁和地震方面。仪器 new Radiosonde, Radarwind 有了 contractors,气球将来要高至40 km。

大学

London University, Imperial College 有气象系, Prof. Sheppard, Eady.

Cambridge, J. A. Ratcliffe, 高空物理,propagation of radio wave thru upper air. T. W. Warmell, Physics of rain cloud. G. I. Taylor, Turbulent motion.

Oxford, A. W. Brewer, Physics of up. air. Prof. Dobson retired.

London U. , University College, Prof. H. S. W. Massey, 大气物理,Experimental & theoretical, nuclear, atmosp. physics.

Edinburgh U. , Prof. Feather, Paton, 北极光 Aurora, □□ cloud. McIntosh, Math. meteorology.

英国用的火箭,最普通是用云雀 Skylark,可带 150 lb 仪器,在澳洲 Woomera 放可到 160 km,今明两年年放三四个, Skylark 最高可至 250 km,长 2 m,可量紫外光线,到 1963 年和美国合作,利用 Scout 上升到 300 km—3000 km。

Lamb 谈古气候, Forsdyke 管气候组, Maiden 管仪器, Dr. Fritze 管高空。

11 月 21 日　星期二

北京台的用 Decca 经验。

Decca 雷达性能,以 3 cm 波长在强度大的雨云中不一定合用,距离远就不清楚。但估计云南〈和〉〔如〕远也不一定有〈掌〉〔把〕握,不能自〈能〉〔动〕调节天线高度问题。

上海雷达探测天气总结, Marconi 雷达改装 3. 2 cm, 9400〈周〉MC,天线有效 31647 cm^2。52 m 没有阻碍,仰角在 10 以下,可测到 460 km,地方性雷雨要近一点。大雨天只能看 80 km,中雨 150 km。台风只能在 200 km 以内,可见积云、浓积云、层积云、密卷云,冰雹在 1 h 以前有反应回波,也可探零度层水滴与冰晶混合状态,毛毛雨不大能看到,但见过 46 km 外海雾。冷锋形成回波也可看出飑线达 27 m/sec. , □下 53 mm。

上海 11 县有 21 个测点,对报雷雨有用。冰雹回波与雨雷波不同,冰雹回波四次均于一小时通知。云的回波,中云及高云可以辨认。雷达可以应用,但不适于做研究,功率低,但雨层不能穿透,所以要提高功率,原只 P 型,已装 A 型。航线要知道雷雨云的高度不能予以满足, Marconi 只能至 12°—13°,高空有雨看不见。先增 A 型,发射功率 40 瓩,提高以后,用国产到 200 kW,磁调〔控〕管只〔能〕用 200 hr,预热能延长寿命,〈塑孔〉〔速调〕管则更容易坏,维护工作极重要。最大距离只 350 km,维护以后加热去水气增加效能,轮流使用可延长寿命。

北京的雷达,北京东南无山,探测距离可〔增〕一倍,如 R 为距离, I 为雨浓度, $R_{max} = aI^B$, B 为波长。最好是在孤立高山顶上。电源 4000 kW 至少,要稳定, 50 cycle, 220, 67000 Watt。

11 月 22 日　星期三

气象雷达 Radar 试用经验。测风、测雨、雷达安装、使用经验交流座谈会。

云与雨对雷达波的相干散射,北大物理系李其琛。雨点成 group, 5—10 点一群,云点有湍块,雨群和湍块均互相干扰。云有连续介质,因云点多,但有疏密,所谓湍块(Turbulence 用),如毛毛雨也可当云看待。改装雷达要不减去性能,航空要 Selective Doppler Radar。

Radar 量云厚、云高等等。Marconi 和 Decca Radar 性能不及预定,大雨时只能看近,中雨只能看 50 km。对流性雨用 Radar 比较好,但也有失败, Decca 和 Marconi 性能比较相近,但不是气象 Radar,是为了要卖钱,所以有此名称,不要限于 3 cm,而是要各种 10 cm 或<3 cm,要组织力量来改进。Radar 价贵,所选站很要紧,增加 100 m ht 只加距离 10 多 km。

计划→设计方案→模式→制造,明年要设计一个新的 Radar,来大家加以研究,希望能会有一个小组。

Radar 为民航解决若干问题,有时天气图不知道在雨区中有何空隙,要知道具体雷雨地点和云的高度。华云三、四月有常期雷雨,飞机数天不能飞。也要知道对流的强弱,现在飞机禁止飞入积雨云,但因为不了解 CN 的缘故。雷达用处: 1) 对于云雾物理, 2) 对于预告, 3) 从天气影响雷达来研究雷达。

11 月 23 日　星期四

微生物,沈善炯。生理,冯德培。生化,王应睐,十二万字。植生,殷宏章,八万字。组织,庄孝僡。遗传,谈。细胞,朱洗(华东医院)。

写纲要:研究什么问题,国内外情况。科委邵局长(综合局)去沪后直接布置。北京从七月起写昆虫,分九个学科,写国际、国内情况。11/3 生物学部召集所长谈一次。北京动物学寿振黄,植物林,遗传〔　〕、心理曹日昌,昆虫陈世骧,土壤熊毅,微生物邓、戴,生物物理〔　〕。十二月中初稿写出,写二三千字。

学科支派,排队,国内外形势。

童第周、寿振黄、张致一(内分泌)、贝时璋、施履吉、林镕、秦仁昌、邓叔群、张景钺、汤佩松、戴芳澜、方心芳、陈世骧、祖德明、潘菽、曹日昌、过兴先、张龙翔(北大生化)、汪堃仁(北师大生理)、金善宝、张锡钧。无海洋生物。

11 月 24 日　星期五

图书馆。

赵□(阅览室主任):总馆有社会科学,专利(后面),显微。每天一二百人,西郊每天三四百人。楼下是阅览,另辟2000方面积阅览室,8^h—12^h、1^h—5^h,西郊礼拜天照开,晚上不开。借书一百万册,以两礼拜为限。每天借书三千本,期刊占30%,专利、书50%,自然科学社会科学6:1,照相1,700,000页,以专利为主,去年发印机缺乏,纸版放大micro不够。十万多篇论文的苏联和德国的论文卡,中国自然期刊索引,苏联期刊中文索引,七种期刊索引,专利、快报有22国家,有二百多万刊,专题专览目录,各图书馆新到的快报。

喻季姜(西郊阅览部秘书):科委有图书馆中心小组,联合书目物理、生物二部分。藏书,自然、社会5:2之比。52年以后买〔的〕期刊为基础,地质以地质部为主。中文、外文一万八千种,中文3670种、俄1000多、西文一万多种。1962定6570,自然5012种。外国文,中文期刊403种,自然科学。尖端、基础588种,有35种缺,资料性、会议记录、英美技术报告书, P. B. (Publicat. Board)报告,谈国防方面东西。原子能报告英、美等二万多件。航空、社会科学依靠北京图书馆,科学技术2400多种,地方志四千多。地图册。天一阁, 182种方志原版,日本的183种,英国Aurel Stein一万多件。

藏书原则:国内每年一万多种,买七八千种,新书四五千种,俄文书一般多买,一万一千多种买五千种,出版六万件。西文、日文书只买科技,科技书刊注意尖端。日文期刊三百种, 54国家, 1300机构交换,苏、日、英。10年中收卅三万多册,其中访苏6万册,送10万册,经常交流2900,寄出一二十种,从前到97种。储备书籍,端王府和九爷王府为影印和自印的等。58年二十万册,外文5—10份—70份,400多种。训练班,办五个训练班, 40日,共650人,各所图书馆建立制度。编目,尚有18000本未编,从卅三万册至490万册,人力不足,要从330人〔减〕至166人,但现在尚有214人。

国际书店可订,要早订。

《中国科学》、《考古》、《中华外科杂志》、《中华医学杂志》、《医学文摘》、《历史研究》。

11月25日　星期六

地学组长远规划,七方面。黄正夏,陈永龄。

1. 地球物理,〔高〕空中大气物理、大气物理(一月底)、地壳物理。海洋物理如何安排。2. 地质,地层、第四纪(地质科学院)、地质力学、大地构造。3. 地球化学,岩石、矿物,地质所。4. 地理,地理所承担:气候、地貌、水文地理、经济地理、制图。5. 大地测量(制图):测量总局。6. 海洋,海洋所:物理化学、生物、地质。7. 古生物,古植物、古脊椎、古无脊、古人类。

10/25 每方〔面〕二三千字。考虑种子队问题。科学研究网。在十二月 20 号左右再开一次会。

11 月 28 日　星期二　〔北京—上海〕

Ил 14 二引擎 15 座位 305 号, α 270 km/hr (1800 m), $8^h10'$ 1900 m,估计 8:15 过静海大水(文安洼)。

北京 7:45 晴,+3°C, 54 一千米, 9:13 过黄河。

济南 $9^h20'$—$10^h13'$,天晴,曾于 26 日下雨。

$10^h22'$ 1300 m, 10:27′ 泰山,以南谷中低云。$11^h10'$微山湖,穿运河。11:19 徐州, 11:45 淮河, 12:16 长江白鹭洲。南京 12:25—13:19,昙,见北极阁, Ci,廿七日雨。$13^h46'$滆湖、常州, 55′无锡鼋头渚。上海 14:25。

地理学会日程:

农业地貌 29 下午—30,半天读,一天讨论。

河流地貌 1 号、2 号, 3 号礼拜。

地貌制图 4。

地貌任务规划 5、6, 7 日上午。

共 63 篇论文,每篇 15′至多,合并讨论。重点讨论。

经济地理 23 人,列席 15 人。

江河为农业服务。为地区经济开发作用。实践基础,谈研究对象,科学性质。今后发展方向与任务。论文 50 篇,历史地理七篇。

11 月 29 日　星期三　〔上海〕

丁锡祉:地貌学为农业服务的商讨。地貌不是主要因素,地表条件是一个环境上重要因素,如何利用和改造地貌条件,提出改进和预防措施,治沙工作 p. 6—8 的几个例子。地貌外因形成过程,地貌类评价,现队能为人民公社服务利用(不包括林、牧、渔)。

周廷儒:开发新疆农牧业的地貌条件。山前平原的地貌差别。山麓平原,天山前山带和阿尔泰山山前平原不相同,前山带盐分不同,物质组成不同。古生代地层出粗沙,第三纪地层出粘土。

曾昭璇:广西地貌对热带作〔物〕生长影响,广西分为三区,桂东南、百色和西南。桂东南比较好。避暑区,山前盆地与马蹄山形之中。

陈洪禄:海南岛地貌规划,十四个分区,三种类型。

黄金森:粤东沿海红壤型风化壳,雨量虽1700,但缺水,肥料也有问题。水库占农地,可用地下水。水土流失问题。新第三纪开始至 Q_2 是形成时期, 80 m 在气候不同时所形成。

河谷海口地貌。恽才兴:坝的方向、长短要看海浪的大小、方向,坝不宜过高。

夏开儒:地貌学为陕西生产服务,陕西所提水库淤积问题,陕西地貌的发育和水土流失有关。

任美锷:直接影响类型,间接〔影响〕坡度,切割程度。云南南部分为高、中、低盆地,成因类型使结构不同,大勐龙在某些地形宜于热带作物。坡度的研究,坡度图用坡度综合图,坡地类型划分,现代外力作用很大。四个类型以剥蚀积累为主。平原区不以坡地而以河网为主。利用地形新开垦地区,以地形类型〔分〕,如江苏以山地型,生物地球化学景观。依靠广大群众经验。

12月1日　星期五　〔上海〕

地理学会,经济地理。

如何为农业服务,过去讨论三方面: 1)如何为土地利用规划服务; 2)配置经济,农业生产配置、规划、土地评价、区划; 3)农业分区; 4)农业服务广度与深度问题; 5)其他科学如何分工。

吉林:经济作物与农业作物合理布局。长春的问题,大豆与小麦,吉林西部是农、林、牧合理布局问题,各地区问题不同,所以吉林省希望搞专题,能深入,对公社能起作用,也包括农业布局、自然条件。吉林也做土地利用规划,但方法不一,或以土壤为主,或以农林牧副渔,但只搞一半而停止。

华东师大:广度与深度,小布局与大布局。

邓静中:生产综合体,在一定空间的综合,马克思提。以生产大队是一个生产综合体。

(上海):一个生产大队也许只有几百亩地,但也有规划上许多问题,如作物东西向还是南北向,但风向、土壤、地形有关。作物连片问题,有土地平整问题,作物连片有利于机械化,目前利益尚少,但将要做。

仇为之:选厂址可不管东郊、西郊,因为不关于经济面貌,一亩田布置也不关于经济面貌。小布局由各地农民来处理,只作典型布局。华南考察有十个专业,经济地理是其中之一,最后经济地理做综合,写出方案。要注意与农业作物生长有关,与生产分工只做配置工作。居民点的分配、配置方面要抓粮食和劳力二问题。厂址问题也要搞,技术问题不够,要学。城市规划只到2500,所以有限制,应有一个范围。布局在城,不搞厂的计划,但厂址应搞。乡村搞农、林、牧、副、渔的布局应该有一条线,也许是虚线。大小布局统搞,小布局如工厂地点,农村更有小布局的需要。应注意布局,对于自然条件和作物分布。

邓静中:经济地理不搞具体措施,而要知道方向。经济地理对于农业已经发生作用。地域性和技术性统一起来。专门化。土地利用和农业布局不一定相同。

12月3日 星期日 〔上海返北京途中〕

下午 $2^h45'$ 14 次车开往北京。

无锡	16:34	常州	17:19
	45		17:31
南京	19:39	浦口	21:28 开
	49		
蚌埠	1:18	徐州	4:11
兖州	7:24—7:42	泰安	9:15 有水坝
济南	10:28 停 15′,黄河以北大批内涝,平原起见地上阴坡积雪。		
德州	12:49	沧县	14:38
	13:04		54
天津	16:31	丰台	18:37
	51		
北京	19:00		

12月4日 星期一 〔上海返北京〕 晴,七点廿分霜,室内薄冰。过沧州以后,雪积较多,冰较厚多。

清初瓷器胎釉的研究。中国古瓷器中的铁是 FeO 铁,所以白中泛蓝,不泛黄,因为瓷器是在还原焰中烧成的。瓷胎的硬度与强度和耐久性有关,已接近德国 Meissen 和日本优质瓷或超出。瓷胎含较多玻璃物质和细小石英,所以透明度好,有相当数量的膜来交织成毡状,所以机械性能好,但釉面不很平滑,有少数气泡。

12月5日 星期二

国务院农林办公室通知,何基沣主持,在西安开七省会议(黄河流域)。生物学部主管(张耕野,马溶之),廖鲁言主任委员。水土保持人员系虞宏正,西北生物土壤所曾派人至三省考察,做黄土区土壤熟化和农业增产、土壤增产规律,黄土区林业及水土保持研究(人工林型、植被类型),牧草、绿化与选育、栽培以及对水土保持效益,主要土壤主要性质及肥力问题,不同植被类型对土壤发育研究等六个问题,林业土壤所做水分平衡。

沈汉镛、葛俊杰、崔友文、蒋德麒、朱显谟、雷清荣、席承藩、黄福珍(生土所)、张耕野(陕西分院)。

农业科学院提要中国科学院研究题目:

1. 西北地区水土保持的研究;

2. 华北五省和东北地区的土壤盐渍化;

3. 西北和内蒙垦荒的调查研究;

4. 西北和东北防治风沙的研究;

5. 渤海湾盐碱土改良;

6. 解决棉花红铃虫、钢钻棉铃虫的生活规律及防治方法;

7. 白菜三大害病,油菜毒素病,柑橘黄龙病、溃疡病的研究;

8. 稻、麦、玉米、甘薯、谷、高粱、大豆、棉花的生态生理与营养生理的研究;

9. 主要的粮食及园艺植物的光能利用和营养价值的研究分析;

10. 人工降雨、降雪,用化学方法防霜冻和防杂草的研究。据长期观测,进行各省区、各县市农业生产季节中的旱涝和低温的变动规律和农业生产关系;

11. 农作物和家畜远缘杂交的胚胎发育过程和遗传性研究。

以上第2、5、7项农业科学院可以配合进行。

Nuclear Magnetic Resonance.

12月11日　星期一

天文学会,太阳活动与旱涝关系。

王涌泉:太阳黑子,历史水旱与河流径流,太阳活动周期十一年而外,十一年为一个单位,则4个单位上升后,四个单位下降,共为88年。1500—1960华北、华东的干旱气候周期性,干旱时期长,湿润时间短。华北1640、1785、1877、1960是四个大旱年,平均是九十年(一百年)一次,受灾县三百多个县。以1/2、1/3、1/4面积为中旱年、旱年和小旱年,则50年、25年、10年一次。旱年从北而南的趋势,特大旱年华东、华北可同步,但中旱年、小旱年两区有相反趋势。格尔斯图黑子增多,则华南雨多,华北雨少。1835有旱年(华中)是在□活动增强时期,而且黑子数也不多,其余大旱年均在减弱时期。汉城有二百年的纪录。

长江流域丰水在活动大时,但1954年虽是活动上升而长江大水,虽是一级波动的底点。河流枯水期,从北而南统是枯水期在活动减弱时。

1924年北太平洋水温偏低,活动最低。

1928年一月水温偏高,但七月份却偏低。日中黑子在前半年上升,六月以后下降。

1931年 下降到最低　太平洋T偏低。

1933年 东部偏低，但西部高。

1937年 黑子 Max　温度偏高。

1941年 黑子减弱　接近平降，东部降低。

1960年 太阳预报将是减弱。

〈1539〉〔1639〕年是黑子最高年，而1640年是大旱年。1959—1960也是最高年年后，1785、1877是两个最高峰后的最低年，所以很难断定1964是否将是干旱年，同时1964以后是否将是丰水年。1959—60相似于1639—40。

杨鉴初：色球爆发和电子层、地磁场的影响，近来有研究到气压、温度、雨量，有大量材料。时期在1、2星期之内，大部是肯定的，但不知道100 km以上的影响如何传到地面。在50 km以上的逆温层使影响难以下来。同样强度的太阳辐射也可在W环流占优势或E占优势，也有人以为可以影响对流层上的凝结体。

从中国雨量材料和黑子数的比较，以卅多站为例，从1900起，以黑子数<10为少，>60为大，<10有十多年，>60者也有十几年，把二者相比，

以旅顺为例，	N<10 七次半	5:2		
R=〔　〕，	N>60 十一次	4:9		
旅顺黑子多，则雨量少		3:7		
重庆与旅顺相反		10:4		
台南	N<10	2:8	N>60	5:9
汕头	N<10	6:4	N>60	8:4
长春	N<10	6:1	N>60	6:6
福州	N<10	3:7	N>60	5:6
台东		5:6		5:9
长沙		3:4		5:8
厦门		5:5		5:5

结论：关系是复杂的，既有九类，实际等于无关。总的说来，高时沿海少雨，上游多雨；黑子少，北方多雨，长江少雨。可能关系可一个时候+，一个时候-。（是否dN的关系？）

日中黑子。Abetti “The Sun”，p. 73。黑子在5°—40 °N与S之间，Schwabe发现11年周期，R. Wolf成立11.1年周期，而有R（Relative number），每group当10，每一个点当1，以后A. Wolfer及W. Brunner在Zurich继续作此工作，到最近Waldmeier，Greenwich更量面积的大小。

升时要6.5年，降只要4.5年，Schuster用Harmonic调和分析，得出四个Cycle，Oppenheim两个Cycle，即11.25和450年。纬度也不同，新Cycle黑子在30°N与S左右，以后逐渐向赤道移动直至最少年。光斑与黑子有关。色层的厚薄和太阳黑子数有关，Max时色层各纬度一样。

地理所六室,气候吕炯,水文方正三,地图陈述彭,自然地理赵松乔,经地吴传钧,地貌沈玉昌,历史孙传烈。

12 月 12 日　星期二

ICSU.

"The International Council of S. U.", by Harold Spencer Jones, *Endeavor*, April '49. 到 1959 年共有 13 Unions, 有 67 国家 join ICSU。Inter. U. of History of S. 1956 加入, 55 年生理生化, 52 年数学,有 3 Special Comm., 即 IGY, Ocean 和南冰洲,有五个 Joint Comm., 即游离层, Radio Meteor., 日地关系,光谱和 Radioactivity。12 国家参加南极洲。

1962—63 要有 20 只船 Survey Indian Ocean。

Space Research Committee.

Science Abstracts Board (IAB).

FAGS Federation of Permanent Astronomical & Geophysical Services, 包括 Intern. Time Bureau, Int. Latitude Service, Permanent Service of Geomagnet. Indices, Int. Gravimetric Bureau, Int. Seismological Summary, Int. Commission on Atmospheric Ozone, Quarterly Bulletin of Solar Activity, Central Ursigram Service (coded ionospheric, solar, geomagnetic & other geophysical data).

12 月 13 日　星期三

科协。张秘书报告聂总在上海指示。

1. 要〔有〕拳头为科学突击队,以学会为工具,从论文中可以发现人才,学会是运动场,学会时间能有制度化,开年会;

2. 产业部门学会靠各局,易于活动,但倾向行政化,同是一班人,基础学科靠所,有若干尚有困难,基础科学会由学部来抓,这样也有一个靠头;

3. 要年轻人为老科学家作整理工作,给他以时间(如周仁),文艺界有〔文〕集,科学界无之,上海正在做宣传。

王顺桐:四十个学会中除三四个外均开展了,初步有 160 次。有年会,机械学会 700 篇,电子 500,纺织四五百篇,自动化 100 多。专题讨论会。

外埠 50 人以上要国家科委批准, 50 人以下由科协批准。

刊物已出 15 种, 12 月出 4〔种〕,第一季 15〔种〕。审稿原则,编制,学会设专职干部审稿。

范长江:全国性学术会议,各学会定计划,一年、二年一次,几个月一次,地点、人数,论文目标,筹备人等等,要定期,交审查。成立书记处,拟办法。出个人专集。

12月20日 星期三

7th Conference on Science & World Affairs at Stowe, VT, Sept. 5—9, 1961. 过去是要阻止乱用科学,现在要利用科学。6 working groups:(1) Earth Sc. 合作,(2) Space Research, (3) Life Science, (4) Physic. Science, (5) 帮助与国〈的〉〔际〕合作, (6) Exchange of 科学家与 Sc. information.

Earth Science 有以下计划: A survey of the entire ocean in 3 dimensions: ① The ocean floor, ② Waters of the ocean, ③ Ocean life.

Earth crust & mantle.

Total environmental forecasting, Fresh water resource, living resources. 现在每年只提三千万 T,可以加 3 倍。Mineral resources, Natural cutout.

三个中心任务: Survey of ocean, deep drilling and forecasting.

Eighth Conference. Sept. 11—16, 1961, Stowe, VT. 48 个科学家来自十一国(苏十一人), Topchiev, Dubinin, Sevsakan, Tamm.

12月21日 星期四

第十二次院务会议。

《中国科学》编委本年工作报告, 120—150 页,今年 8 期, 83 篇,印三千册。

代表性著作,每学部有人参加,院内 57 篇。

编译室主任汪洋:至上海预约四十篇,东北 16 篇预约,与学部取得联系。

对外交换 2256 册,资本主义国家 1571,社会主义国家 685。

1. 外文;

2. 分为 2 Series;

3. 审稿,提意见,编委权太大,国外提出学术会议所提论文,以后能出国前登《中国科学》。

方向、任务、制度、设备、人员五定审批程序。

61 年不做总结,事务工作减到最少限度。

新技术口,计划局口。230 项目(670 课题)。66 年以后大部到探索性。

编者注

❶ 日记原稿所记文字中,在 6 月 12 日和 13 日之间没有明确区割,编者根据内容段落区分之。

〔杂记〕

汽车司机名:徐定华、李卓斗、高德文

Atlas of Northern Frontier of India《印度北部边境地图》, Government of India, Ministry of External Affairs, New Delhi, 1960, Rs. 16. 共有39个图。S. P. Chatterjee, Department of Geog. , Calcutta U.

Aligarh University 有最老的地理学系,有 International Council of Study of Africa and Asia。

George Patterson,是西藏通,间谍。

"Where China Meets Russia: An Analysis of Staringer's Theory", by John E. Tashjian.

Ed. Shackleton *Nansen: The Explorer*《探险家南森》, Witherby, London, pp. 209, 18 $.

苏联飞船带人上天,第六号宇宙飞船, 4725 kg,尤里·阿列克耶夫。15:25回来。

Geogra. Ann.《地理学年鉴》1959, Vol. 41, No. 2—3, 94—134, Lamb & Johnson, Chin. Vara.

Jour. of Geog.《地理学杂志》1960, Vol. 59, No. 4, 171—195, De Long 美国东部气温变动。

1960三个四吨半以上宇宙飞船:(1)可以载人类的飞船;(2)试对于生物的影响;(3)对地球大气层空间。1961行星际站2/12日重型人造卫星射入轨道,5月下半月可达金星,行星际站重643 kg。2/4日重型地球卫星6483 kg,周期89.8,近地点223.5 km,远地点327 km。

Stanislaw Leszczycki: "The Application of Geography in Poland"《地理学在波兰的应用》,科学院成立的 Com. for space economy & regional planning 的主席和八个委员是地理学家。

British Geography,有教授的大学:

U. of Durham 达勒姆大学, Fisher, W. B.

Bristol U. 布里斯托尔大学, Peel, P. F.

Leeds U. 利兹大学, R. F. Dickinson

Liverpool 利物浦大学, R. W. Steel

Hull 赫尔大学, H. R. Wilkinson

London School of E. 伦敦教育学院, Dudley Stamp, M. J. Wise

Birmingham 伯明翰大学, D. L. Linton

Sheffield 设菲尔德大学, C. A. Fisher

S. W. Woolridge, F. R. S. 皇家学会会员, elected 1959

Royal Commission on Common Land 皇家公地委员会, Stamp 是委员

The Nature Conservancy 自然保护委员会, 1949 成立

Bunio, Geomorphol. Research Group 地貌学研究组, under chairmanship of Prof. D. L. Linton

Stamps, Our Developing World, 1960

British Assoc. 英国协会, See *E. Geography*《地理教育》

Institute of Brit. Geogr. 英国地理学会, 600 会员

The Geographical Association 地理协会,中学教员

波兰除 Warsaw 华沙、Poznan 波兹南和 Cracow 克拉科夫外,解放后成立了 Lublin 卢布林, Wroclaw 弗罗茨瓦夫、Lodz 罗茨 & Torun 托伦四个〔大学的地理〕系。1951 First Polish Congress of Sc. 波兰第一届科学大会, 1955 成立地理所, 1946 以后作一万到二万五千分一土地利用图, 1956 完成。

"Reducing Water Loss in S. Australia"《南澳大利亚减少水分丢失的办法》, *Geography*《地理学》Nov. 1960, Bristol. 阻止蒸发和渗漏。S. Australia 不到 5%有 500 mm,不到 10% 〔有〕 375 mm,蒸发大在 35°S 以北,蒸发每年 1250 mm,〈在〉〔再〕北 2500 mm。在浅水的蒸发常可达 50%。

$$\text{Storage ratio}, \frac{\text{vol. of water + volume of bank}}{\text{volume of bank}} : 1$$

小于 6∶1 则不经济。阻止渗漏用底上铺 Plastic Liners, 4 $. per sq. yard,或是 chemical sealing,用 Sodium tripolyphospbate 或是用 Bentonite,一种粘土,从美国进口要£ 35 一 T,或 Soil cement: 10% cement、90% soil。〔防〕蒸发用 cetyl alcohol (Hexadecanol)只能用于小面积,两英亩以下,大则面部易裂。一 penny 可省蒸发 1000 gal. Adelaide Thorndon Reservor 每年损耗 5′,用 Hexadecanol 每英亩半两,药品从船尾吹出,一天一次已足够。

F. Bauer: "Die Sommerniederschlage Mitteleuropas in den letzten 1½ Jahrhunderten und ihre Beziehungen zum Sonnenfleckenzyklus"《最近一个半世纪中欧夏季降雨量及其与太阳黑子周期的关系》, Leipzig, 1959, reviewed in *Archiv in Met. und Geophys. und Bio-K*《气象学、地球物理学与生物气候学案卷》, Vienna, 1960. 从 1804 年算起用 10 个站的纪录, 1911 是最早一年,次为 1904、1918,最多为 1882,与日中黑子相比见于 Max 二年前和 Min 二年前,也有在 Max 二年后。理由是由于太阳辐射的 Vermehrte 增强使亚热带高压向极移,紫外光的减少,高纬度发生 Bloch

High。欧洲 1953—56 六个 nassen 多雨的夏天，由于从 1951—1957 的骤然增加有关。

125，1959 年 Sonnenflecken Relativezahlen。

宝成路于 1952 年 7/1 日从成都开始建造，58 年 1/1 完成，全长 668.2 km。宝鸡至秦岭 46 km，每 km 升 30 m，会龙场一段 26 km，用蒸汽双蒸汽机，坡〔度〕2/100，内线半径 300 m，隧道 304，共 84428〔m〕，占全长 12.6%。杨家湾至秦岭一段占 56.7，大桥 63 座，总长 9656 m，中桥 98 座，长 5311〔m〕，投资七亿元，@ 1 km 113 M 元。

Academician Nikolai Semeyonov "Glancing into the Future of Science"《展望未来的科学》，*Moscow News*《莫斯科新闻》January 14，1961。这世纪初物理学上的发现，是自然科学无比发展的苗头。使人类不能获得丰富的生活者，不是技术乏潜力，而是社会结构不合理。An abundance of electricity will make people the cultivation of cereals in and avas and even in deserts with the aid of pipes for water flow made of cheap plastics. The extent of our power resources of electricity in particular, is a deciding factor as regards the level of industry and agriculture and standards in everyday life. 若人能有无穷的电，人生活程度将会无限提高。目前世界平均每人只有 0.1 kW 的电，这太少了。目前多用煤或气或油，能效不过 35%，而且汽轮机是那么复杂，如何寻找一个进步的发电机，提高能效到 70% 不难。在地球面上每平方米可发 1 kW 的电的日光，一公顷可得一万 kW，但目前转变日光为化学能效率不过 10%，有可能加至 40%。原子能与热核能 Thermonuclear 也可作为独立的能，热核能尤重要，因原料多而无危险。困难尚多，但廿一世纪可成功。

叶笃正、朱抱真《大气环流的若干基本问题》。

敦煌石〔窟〕西北的鸣沙山只 3 里（5/16 号去，陈道明去兰州），而每年进度 30 m。

内蒙农林厅来函，磴口站仍由治沙队承担，要和内蒙商榷。

南水北调队曾来文补充，加农牧业增产关键问题及其途径和措施，要在十月提出，汇报领导。

4/17—22 南宁会议，李文亮、李康寿参加。华南、云南今年十二月开出六省开发方案，要做出 $\frac{1}{50\text{万}}$ 比例尺分省宜林图，主张用百万分一。在昆明大致和李队长已商，已做出提纲，包括茶，橘。朱济凡今天到。张家驹说 Корецкая 科列茨卡娅希望在 Moscow 开。八篇文修改中。

盐湖并化学所尚未接手。

西藏队已到拉萨。

《卫星报》报导 Taklamakan 塔克拉玛干。

1963年提出治沙要国际合作,灌溉去盐,固沙等问题,庄立辛。

吴思敬著《京杭大运河北段冬季冰情》,《地理知识》59年4月,161、104页。

欧美同学会常委:茅以升,叶景莘,赵君迈,卢肇钧,金永祚,沈楚,罗婉华,陈岱孙,刘汀业,于□□,林秀清,方贤旭,张志敏,吴承禧。

Climate Through the Ages, p. 296

		Culture	
6000	Boreal Dry, becoming warmer	Maglemose	alder 赤栎, oak 栎, elm
5000	Atlantic, Climatic optimum	Late Tordennorsean	Peat(Fagus)山毛榉
4000	Humid	Campignean	Lime 椴, Linden
3000	Subboreal	Neolithic	Oak giving place to pine
2000	Bec. cooler	Lake dwelling	
1000 BC	Drier		
0	Subatlantic	Bronze, Gosly	Yew (Taxus) 紫杉, Peat (Fagus)山毛榉
	Cool wet	Iron, Roman Brit.	Beech in C. Europe
1000	Near present		

Table 20, Past glacial succession of W. Europe

"The moral unneutrality of science." *Science* Jan. 27, 1961, Vol. 133. Sir Charles P. Snow, Prof. of English, U. of C., cited G. H. Hardy's book *A Mathematician's Apology*, Bolyai's triumph of non-Euclidean geometry, Rutherford revolution of structure of atoms, etc.

The magnetron has been a marvelous useful device, quintessentially moral.

The search for truth, the desire to find the truth is itself a moral impulse or at least contains a moral impulse. The way in which a scientist tries to find the truth imposes on him a constant moral discipline. We say a sc. conclusion—such as the contradiction of parity by Lee 李政道 & Yang 杨振宁 is true, in the limited sense of sc. truth as we say that it is beautiful according to the critics of sc. esthetics.

Peter Kapitza who was a loyal Soviet citizen〔旁记:Kwashiorkor marasmus〕became a fellow of Royal Soc. and now director of the Institute of Physical Problems in Moscow. Through him a generation of English scientists came to have personal knowledge of their Russian colleagues. These exchanges were then valuable and have remained more valuable than all the diplomatic exchanges ever invented.

The discovery of atomic fusion broke up the world of international physics. Mark Olipliant said: "This has killed a beautiful subject."

A large number of physicists became soldiers not in uniform.

Theodore Hesturgh, Robert Oppenheimer remarked after Nagasaki and Hiroshima that at least the sc. has known sin.

U. S. spent more for 1 atomic submarine than for totality of ag. research.

James R. Killian, Jr., Chairman, the Corpor. of M. I. T., a speech given at MIT New York Club, Dec. 13, 1960. "Making sc. a vital force in Fore. Policy." *Sci.* Jan. 6, 1961.

"Take 20 billion and ten years to put a man on the moon." *Science*, June 30, 1961.

〔剪报〕

WOOMERA ROCKET RISES 100 MILES

FROM OUR OWN CORRESPONDENT

CANBERRA, Nov. 2

A Skylark rocket fired from Woomera today reached a height of well over 100 miles. It was the third in a programme of four firings to assist the United States National Aeronautics and Space Administration.

Mr. Hulme, Australian Minister for Supply, said the Skylark, a British research rocket fitted with a boost apparatus, carried instruments for research into the intensity and distribution of ultra-violet radiation reaching the earth in the southern hemisphere.

竺可桢日记

1962年

本年常住地为北京

常用温标为摄氏

1月1日 星期一 元旦 晨晴朗,天无片云,无风,-10°, 764 mm。

昨晚从人民大会堂回已 22^h 半,阅中国史学会编《回民起义》卷《回疆勘平记》,系邵阳魏光焘著。后得电话,知赵家小勤在人大会堂与赵先生夫妇脱离失群,不知如何是好。我嘱其来寓过新年,待至子夜十二点始来,和小金同屋宿,所以我睡时已元旦的初刻矣。

晨七点半起。和允敏、彬彬、松松及赵家小勤同进早餐。小勤肥硕如其母亲,重120市斤,重于彬彬。彬彬现面上仍现浮肿,松松则重量于冬季迭减至100 lbs,允敏亦只96,我仍有102 lbs。八点宝堃夫妇来。他们每年新年均天未明从中关村出发,因稍迟则车满矣。闻涂长望病虽未痊,但尚能稳定,其长子胖胖因喉头癌已于年底前去世,尚不知也。我询以地球物理所气候组归并于地理所事,知徐淑英、段月薇、许孟英等四人已转地理所,惟陶诗言和杨鉴初则尚在地球物理所。杨我已当面谈过,据说他惟上级之言〈自〉〔是〕从,但陶曾一度欲至气象局,为大众所批评后作罢,现虽有意要至地理所而不敢提云云。同舍郭佩珊、土水所邓君先后来。十点,我至院中所举行团拜。因郭院长在福建休养,今日由张劲夫副院长主持,到各所、局负责人。张副院长先贺大家新年,谈了院中整顿、巩固、充实、提〔高〕的方针,主要在于自力更生。我和吴副院长、潘老也致祝词,未一小时散。回。沈思岩、杨增慧夫妇来。

下午二点杨宣仁来。渠爱人徐宝凤仍须调上海,总以南汇乡条件不好,乞留上海城,所以欲至上海分院,求与廖冰一言。前浙大教授施有光来,知在浙江化工所主持微生物室,主要是以木屑作酒精和蓝藻。据云,日本人以浓 H_2SO_4 制木屑酒精可得27%,且收回浓酸80%,是先进办法。三点至北海公园。晚和彬彬至怀仁堂看上海京剧团演《十八扯》(童芷苓)、《东郭先生》、《海舟过关》。

1月2日 星期二 晨晴-4°,凪, 760 mm。晚758 mm。

理发。

晨七点半起。九点至院。和吴副院长谈《中国科学》刊物,现校对部分尚在出版社,周、赵诸社长意欲《中国科学》与《科学通报》一样归院直接领导。吴副院长允商诸恽子强,因他管事已两年也。今日接到苏联 Мурзаев 穆尔扎耶夫等十余张贺年片,可知苏联科学家对于中国同行还是有友谊。我于去年除夕前发出约三十张贺年片,度此时尚不能到也。今日得中国科学出版社印行的1962年年历,系六幅,有宋人画的旧画,如《榴枝黄鸟》、《梅竹双禽》,有嘉庆御览之宝印,细看的是不凡,可惜有几幅色稍暗淡而已,系中国科学院印刷厂印,非卖品,实价一元多。

上午至帅府园中国美术学协会所举办之照片展览,系从近来各方送交二千九百多幅中选出最佳二百多张陈列,其中美不胜收。楼上见到梁炳生《丰收》,系斜对太阳照,所以人影和所堆积草堆之影历历可数。王复遵的《全神贯注》,系一幅女工在纱厂理纱照片。楼下见到的有莫品莉《漓江风光》,江边一列松树色稍深,后面一排奇峰棋列的山色较淡,我以为显出桂林山水恰到好处。此外有几张人影和天山风景也不错。十一点半至美白理发。下午阅《回民起义》第四本。

1月3日　星期三　晨风力1, NNW,-8°, Clear, 756 mm。

晨七点半起。九点至中关村地理所,约历史地理组王士鹤谈中印边界问题。据渠查出,印度所据的'25年北京大学地图乃当时一位讲师苏甲荣所编。查苏在地理学界声望不高,不能与印度Calcutta大学的Prof. Chatterjie相比较,但Chatterjie的1947的*Bengal in Maps*《孟加拉地图》却没有MacMahon线,所〔以〕苏甲荣将喀喇哈什河上游划归拉达克,《中国地理沿革图》(北京大学出版,'25年再版)无疑是一个抄英国地图的。印度方面又引《新疆图志》。但《新疆图志》明言(第23页),"查阿克赛钦平原既属中土且为于阗县与后藏交界要地"云云。则阿克赛钦之早成为我国一部分,毫无疑义。据外交部《文件汇编》p. 285西段边界的画法,从1784年(乾隆49年)《大清一统志》和1820《嘉庆重修大清一统志》都载明新疆的境界及于喀拉哈什河河源西南的山,名为尼莽依山,即葱岭亦即外国的喀喇昆仑山,和民初商务印书〔馆〕、1928年申报馆图和现行地图相一致。至于1917年中国邮政图和《字林西报》(及内地会)图均是英国人所绘,不征求中国同意而绘制的。印方提出1911年《新疆图志》第四册27页来证明喀拉哈什河发源在昆仑(外交部报告印333页),则由于洪钧依据帝俄所绘图(报告p. 195),但洪钧是清代末叶驻欧四国大使,何以如此不经心,实可惊人。

按董佑诚原绘、李兆洛改编,道光12年、21年,咸丰六年,同治三年本的《皇朝舆地全图》内有界线,和阗南境之疆界与现行地图相似,喀喇哈什河及其发源之尼莽依山画在我国境内,尼莽依山位置即喀喇昆仑山。李源钠(光绪18年,1892年)《查勘莎车叶城各属东南边界图》(见松筠图《新疆国界图》),该图以喀喇昆仑为界,与现行图同。

1月4日　星期四　晨Clear,风力5—6级,-7°, 762 mm。

北京市状况。

晨七点多起。上午九点至九爷王府科学史室,因为时尚早,李老、钱老等均尚未到。我将李约瑟送我的《中国科学技术史》的印就而尚未装订成书的第四卷关于物理部分交与席泽宗,嘱其转交叶企孙一阅。此书系由李约瑟 Dedicate 给企孙与钱三强者。我昨晚曾匆匆翻阅一过,觉其中关于比重部分,提到孙权送大象给曹操,操命大臣聚宴,问道:"象有多重?"无人能答。时曹冲年只六岁,出应曰,可置象大船上,志其水平线,然后移象,而置相当数目的砖石到同一水平,即可以知其重云云。这是我所向未想到的。

十点至人大北门三楼福建厅,市政府召集要视察人员谈话,副市长万里作了报告。据云现北京有一千多工厂,比57年超出十倍;炼焦能力从58年的57万T加至'60年169(一百六十九万T)万T;钢57年27万T, 60年62万T, 61年35万T;电力57年14万6千kW, '61年46万kW。工业生产60年93亿, 61年55亿元,解放前一亿七千万元而已。农业方面主要是水库,有大型(一亿 m^3 以上)密云、官厅、怀柔,中型13个,小型100多个。拖拉机300多床,九百多匹马力, 57年三百匹。基本建设三年中加一千一百四十万平方,新加煤气供给。文教方面, 60年有学生一百五十一万人。去年冬麦比前年少收一千二百万斤,自1960年7/22日后至去年未下雨之故。60年煤的产量839万T, 61年减少7%,基建近年缩减, 60年720万平方, 61年400万平方, 62年将更少。人口疏散, 61年只卅万,但生小孩十万,调进数万人。

下午王遵伋来谈,为地理组规划事。据云综考会四个研究组:综合经济李文彦为副主任,农林牧组黄自立(九级助研)为副,水利资源张有实为主任(六级副研),矿产资源研究员赵东旭暂主持其事云。

1月5日 星期五 晨晴, Clear,凪,-11.6°, 763 mm。

黄河水土保持。

晨七点多起。九点至院。科技大学谷军同志来谈明日至科技大学演讲事。又约综考会矿产组赵东旭来谈。渠在西藏考察,今年六个月大部时间在雅鲁藏布江、拉萨河附近和奇林湖附近。据说西藏最缺是煤,现在黑河奇林湖以北有一亿T储之煤,大部为烟煤,一部无烟煤,此一带也有希望可以得煤油。此外,则昌都东北有煤。从格尔木至拉萨,小汽车行走一星期,但此处荒凉而天气不好,不如走东路,从昌都入藏,虽远而天气较好。如从拉萨走后藏,至阿里地区之噶达克,经班公湖走新辟阿克赛钦区公路至叶尔羌,便要三周云。此路需经五千公尺的分水岭云。次,生物学部沈溪镛来,谈上月十五到廿六在西安开全国水土保持会情形。据云到河南、山西、陕西、甘肃、内蒙、宁夏、青海七省区代表,何基沣作了报告,总结了过去经验后分三区讨论,即华北组、西北组和河南组。规定了六十二年的计划,批评了过去要大、要高、要快和"四化"的方针,前年所定"三年小解决、五年大解决、八年总解决”的指标已不适用。62年任务,种草、造林6200 km^2 和10,700 km^2,梯田420万亩,开荒要积极领导,在不破坏草地、森林原则下进行,并须得大队批准方可个人开荒,森林部要在一二十年内造林二亿亩。黄河水利委员会赵明甫作了报告,说流入三门峡水库之泥, 59年和60年各为2亿T,到61年水库全部起作用后积泥14亿T,现已积18亿T,而照第一期工程,水库只90亿T容量,估计现在水土保持拦泥起了1/10作用,如到1970起20%拦泥作用,则十五年中水库即淤满云云。此外下游也起了变化,水力大冲撞力比前猛,从前十年现只须三个月,冲刷河道深达15—18 m。张耕野作了科学研究报告,认武功所有以水土保持为主要任务需要云云。

下午乙藜来谈。晚人民大会堂陈、聂、陆三副总理约新年宴会,到周总理、陈毅、陆定一、邓子恢等副总理,钱三强、钱学森等科技人员共475桌,并有节目。

1月6日 星期六 晨晴-9°,凪, 764 mm。

下午至科技大学礼堂讲“中印边界问题”。

晨七点半起。上午未至院学习,因要预备下午科技大学讲演。中膳。二点约允敏、刘力前往科技大学,由严慕光和李主任(♀)招待至演讲厅。今日听讲者以地球物理系为主,该系现有400学生,因当初系赵所长邀我去演讲也。全校现有五千人左右,但大礼堂只能坐一千人而已。我的题目是“中印边界问题”,因为若讲气候,地球物理学生不会感觉兴趣,所以讲一个时事问题,但从历史地理观点谈,而不是从外交观点。以外交观点立场,我外交部12/7日声明和同日《人民日报》社论已指出得很清楚。尼赫鲁之所以掀起反华高潮,外面是讨好美国乞得美援,对内压制进步力量,使之不能出头。至于中印两方边疆地图及条约公文,则周总理1960年四月访德里后,于六月在北京、八月在德里、11月在仰光三次的中印官员会议中已将文件和说明充分交换意见。印方已将文件印就分发公开出售,我方虽印行但未公开颁布。印方将该项文件作为宣传品到处分送,并曾因苏联和人民民主德国的图上与我国图上疆界相合,正式提出抗议说不友好。我谈了一小时卅分钟,最初谈问题症结所在,关键在于下列二问题:中印边界是否正式厘定?和(目前)传统边界和目前有用边界在何处?对此二方分歧很大,单以中印边界长度论,周总理函中说2000公里,尼赫鲁函中说是3520 km。由于算法不同,印方将属于克什米尔、不丹、锡金统算在内,将阿克赛钦区和麦克马洪线算在内。面积在东面差九万方公里,在西段差三万方公里,但东段因我军政人等不越过麦克马洪线,所以我们虽不承认,印方目前不再提抗议。而西段因阿克赛钦区在我们管辖,且1957—58造有120公里公路,所以印度所谓收复12 000方哩之地就指此。但是古代图上从道光的《新舆图》起,此段一直以葱岭喀喇昆仑为界,并无变动。印方是无理取闹。五点和允敏、刘力、松松和她同学汪君(♀)同车回。

1 月 7 日　星期日　晨晴,风力 1,-7°, 766 mm。

晨七点半起。晨未八点半,前东大学生吴昌学来。从杭州话别后已十多年不相见,知其离浙大后去本乡金华做中学教员、校长七八年,于 1956 调至北京东郊的市立第十六中为国文教师。近两年因病,胆囊发生固结石头和肠胃病,两年不能教书。胆石后看中医研究院,吃金钱草每日半斤,半年未开〈石〉〔刀〕而愈。据说在医院有一印尼人患肾脏结石,也用金钱草吃好,结果他要了九十多斤的金钱草寄回印尼,并在印尼写文章报道如何在中国用金钱草医治了肾脏结石云。因此,我想到前天晚上陈毅副总理等宴请科技人员时,周总理曾到另一桌为中医〈进〉〔敬〕酒。据说印尼总统苏加诺患肾脏结石,在美国医治无效,要请中医前往,大概也受了这治疗病人的报告影响也。吴昌学现在十六中学,地点是东郊中德友好人民公社左近,与黄宗甄爱人林巧丏同校云。

石延汉爱人宫瑞徽和其子来谈,为石延汉于 1955 年被判去青海格尔木农场劳改,今年年已五十,希望能改地服满期。我嘱其写一经过情况。胡愈之、沈兹九夫妇来,胡将和沈老去广西。钱乙藜、沈性元夫妇来。中膳后,〈中〉〔与〕刘力同至工人游泳池游泳,彬彬、松松均有感冒未能往,遇杜润生、荣高棠、武衡诸人。

回后阅天津马场道 234 号捌号楼 6 号房李万所寄来的《论中国亚热带的范围》一文,认为亚热带南界应在南岭,即北回归线;而北界则大巴山与长江丘岭地区,即 33°为最,向北包括汉中,但不包括南京,以为不能全靠积温作为标准。低温对植物影响大,提出 104°以西垂直带重要性,认为南岭南北和大巴山南北的景观大有不同,全文有二万五六千字,一般尚做得不错。

1 月 8 日　星期一　晨阴, St 10,-2.6°, N,风力 1, N, 762 mm。十点下雪,中午停。四点后又下雪,至七点未停。

气象学会理事会。

晨七点三刻起。彬彬一早即去东郊为化学研究所新来研究实习员教英文,以一个月为期。九点至北京医院,看牙科王洁泉大夫。我上牙床装一个 Bridge 曾断了一次,不久以前修理,不到一月又裂开,今日要王医加钢丝重制。十点至院。英国所购之书现已陆续到北京,今日阅一本讲燕子 Swift 的小书,同时也阅了《参考消息》。

下午三点至中央气象局开气象学会扩大理事会,到张乃召副局长和叶笃正、顾震潮、冯秀藻、吕炯、程忆帆等,谈了 1962 年气象学会学术活动计划,预备在年中开一次年会,时间多半在夏末,所以要想在北京。但地点须经中央科规会〔国家科委〕批准,北京不易成功,次希望至哈尔滨去开。开年会时内容有下列几种论文:预报天气中期,农业气象,旱涝规律,国际动向等等。会议人数在50以上100以下,地点北京或哈尔滨。次谈会员分级问题,先拟成立专业委员会,分为天气、气候(包括农业气象)和大气物理三组。次谈筹备纪念气象学会成立四十周纪念。查气象学会成立于1924年,在青岛, 1964将为四十周年。为筹备写论文等,实有开始成立委员会之需,由气象局与地球物理所考虑人选。五点四十分散。和程纯枢同进城,时方大雪纷飞。

今日参观北京市热电厂,我未能往。据乙藜云,每天用煤屑三千T,发电25万kW,仅次于吉林35万kW火电厂,供给东西长安街一带热气和热水,工人1380人,技术人员57人,每天要十一个水,这是最大问题。投资一亿四千万, 60—61年各赚六千万元云。

1月9日　星期二　晨晴,霁,-5°,风力3—4级, NW, 761。

上午在院召开地学规划小组〔会〕。

晨七点廿分起。上午九点召集地学规划小组,讨论地球物理、地质、矿物岩石、地理、制图、海洋、古生物七方面的现时情况和将来展望。地球物理在大气物理方面,在宏观方面利用人造卫星进行气象观测,制出瞬时间地球各处的辐射平衡图;在微观方面由特制雷达,利用多普勒效应测量云量中的湍流雨滴谱和雨滴下降速度。在仪器制造技术改进后,苏联已能制出800赫的脉动〔仪〕,用火箭和卫星已在中层大气30—300 km。气象学有迅速发展,发现了高空许多重要现象。三则展开大规模试验研究,如大规模近地面的扩散和湍流观测。苏与美统建立高逾300 m的气象塔,为了云雾控制,研究野外云雾、人工降水、消云和消雹。美国并进行人工影响台风的试验。四则基本理论的研究,采用非线性理论对大气动力进行研究,为此设〈备〉〔计〕了专用的快速电子计算机。五则大气物理其他方面,光学发现气溶胶质点的散射削弱作用甚至比分子作用还大;电学方面用飞机和探空仪,观测自由大气电的现象;辐射方面制出辐射探空仪。国内云雾物理进展较快,开始了雷达气象,但限于观测试验,极少理论;湍流方面对水面上气象分布进行一些观测,对风沙移动和湍流混合有一些工作;做了大气电场观测器,以后要建立红外及紫外光谱实验室,探测太阳辐射在100以下的输送和变化过程,研究大气物理本质问题,如湍流非各向同性的问题,雷暴起电过程等;开始了大气和海洋互相作用的问题。1967年前开展用火箭、卫星观测解决中层大气探测,建立非线性大气动力学。具体问题有100 km以下辐射传送和变化,海洋大气相互作用,大气流场,云雾物理,雷暴起电过程等大气湍流的非各向同性。需要物理专业120人。今日到科委吕有佩、赵石英、张文佑、孙殿卿、程裕淇、陈永龄、黄秉维、漆克昌、司幼东等等。决定20各组交文件，21—31集中讨论写出报告，推定尹赞勋或赵九章为报告人。下次开会定21号，文件归口至地学部。

下午至政协礼堂购信纸信封。至崇文门同仁医院看顾家杰（患十二指肠溃疡）和李连捷（白内障）。又至香饵胡同晤裴副院长，知其患肝炎，除打 B_{12} 和葡萄糖外，又吃了中医药杭白术、阴沉等云云。

1月10日 星期三 晨阴，St 10，-4.6°，风力1，N，760 mm。

上午至地理所。下午与贝时璋、王守武二所长谈。晚杨宣仁来。

晨七点半起。作太极拳20′后早餐，即赴中关村地理所，约吕蔚光来谈。他于上月二十边去青岛参加海洋所学术讨论会。到出席代表七十多人，列席二百人，分海洋物理、化学、生物、地质四组，共有论文一百多。他参加了海洋物理组，并为该组的召集人，直到新年才回。据云，大会谈了海洋方面发展现状，海洋物理组则沈凌云报告了《长江口泥沙来源的研究》，知长江口泥沙来源有二，即由苏北南下的和长江外泄的。从矿物组成看，苏北泥沙与黄河口的组成比长江所挟泥沙为接近。从盐分分析看来，长江水以南下为主。从潮流资料看，长江北支涨潮流含沙量比落潮流大，落潮流带出泥沙不如涨潮流带入之多，因此长江口北支逐渐淤积。崇明岛北面有大沙滩，每年淤沙量达 86×10^6 吨，一半以上系海外输入，估计将来（60年后）崇明岛将与北部相连。目前应该改善铜沙航道，束水加大南港入海水量，使之冲深，堵塞北支和铜沙水道，估计要6600万元云云。

下午约王守武和贝时璋来谈。渠等去东欧四星期，于阳历年回国。贝到捷克和匈牙利，王到捷克、波兰和保加利〔亚〕。据云，捷克对我颇不太友好。谈到去英国调查报告所缺第三部分，定一月廿五日写就，并约张沛霖同志到京谈一次。和应幼梅谈《科学通报》事。

晚阅钱乙藜所写《直鲁二省水利视察报告》，系四十天调查结果。山东、河北两省耕地三亿四千万亩，大跃进后水利建设〔见下表〕，但质量差，只有40%—60%没有问题。盐碱化问题严重，山东、河北老盐碱地分别为1500万亩、1600万亩，新的400万、300万。山东打渔张灌区，次生盐碱58年一万三千亩，59年5万亩，60年廿三万亩，今年超出卅万亩。河北石家庄、深县、衡水、冀县、安平、束鹿五县老盐碱78万亩，最近三四年新盐碱70万亩云。

	大型水库	中型	土井	机井	排灌
山东	39	111	196万口	35 300	40万 H.P.
河北	16	21	60万口	60 000	48万 H.P.

1月11日　星期四　晨晴，Calm，-7.7°，759 mm。

今日至东南郊看北京炼焦化工厂。下午至半导体研究所。

晨七点多起。八点半至北兵马司接乙藜同去正义路市人委会，齐去北京各机关参观。今日到北京电影制片厂的人最多，包括熊庆来、陆学善等带病参观。我们一组12人，七十岁以上四人：陈劭先77、王绍鏊75、我72、李范一71，此外有钱乙藜、王之玺、苏子蘅、朱厂长、华君等。

九点一刻出建国门20 km，至垡头村炼焦化学工厂。由厂长李霄路招待，先由李厂长做了约三刻钟的说明。该厂于59年3月建造，十月成功，11月十八日即开工。占地5方公里，已有三千工人，女工占1/6，平均年岁22，均是新手，即他自己也是新手。厂有三个任务，即供给北京城的煤气、焦炭和全国的化工原料。一共投资6957万元，另一千多万元器材尚未装置，现在只用两炼焦炉，三、四焦炉尚未装，已建4万4千方建筑。生产方面，60年产焦炭47万吨，61年63万吨；焦油'60年二万五千二百吨，61年二万五千六百T；苯60年二千吨，61年6580 T；制煤气，平均一吨煤可制310 m^3，'60年出60万m^3，61年90多万m^3，3/4之煤气用在城内工业和家用，大约有五千户十万人在北京已用煤气，平均1人用1/2 m^3已足。每m^3值二分钱，但因缺钢管不能普遍供应。生产价值，60年二千八百万元，61年三千八百万元，现已有钱可赚。工人工资平均四五十元，每日三班制，焦炭供给全国。质不高，由于原煤不好。照例应有30%的焦煤，但目前只用13%，今年可提高至23%。来的煤，石子多达20%。焦炭灰分高，规定为13%，而目前达23%。而且炭亦易碎，60年强度270，现只230。现用二炼焦炉，每天要五千吨煤，即年180万T，炼焦要十五六小时方出炉，至少$13^h45'$，再少则回收气体少。气温1100°，再高于耐火砖不利。每炉每天可产二千T焦炭，但生产只80%，二炉每天出3000 T。煤气如全部开工可出十万m^3一天，现只三万m^3。化学工业年产预期硫酸氨三万T，粗苯三万T，焦油十万T，锗50公斤。焦油可制300多种产品，现制一二十种，我们看到的Lysol、苯乾、酚醛树脂、甲苯、二甲苯、蒽曲乳剂、萘(naphthalene)、混合苯烯、卫生丸。预期年产焦炭200万T，煤气9亿m^3。十三点中膳。回。

六一年炼焦厂出焦炭63万吨，煤气二亿八千万m^3，焦油二万五千吨，粗苯六千六百T。估计将来出焦炭二百万吨，煤气九亿五千万m^3，焦油十万T，硫铵、粗苯各三万T，锗50 kg。

1月12日　星期五　晨晴，Calm，-7°，758 mm。

今日地理学会理事会开会。

昨下午参观了东皇城根本院的半导体所，由副所长王守武、杨刚毅(方明)，办公室主任曹学华和研究员林兰英、王守觉诸人谈后参观。该所方于前年从物理所分出，现有100多人，均为前年和去年大学毕业生，高级研究人员仅四五人而已(王守武、王守觉、林兰英等)。分为五个组，即材料组、晶体管组、测验组、提炼组和光电组。第一组材料组，由林兰英主持。据云，锗的提炼已无问题，可到七八个9，但锗制晶体管只能热到50—100°C，所以不如硅可至150°C。硅可提炼至用化学方法到4个9，在所中用物理方法可提至八个9，但捷克已能至九个9。此外用硼钾等打入硅中做特殊晶管。此外半导体材料尚有镓砷 Gallium-arsenic，质重而能耐热到350°(已做出)。和铟锑 Indium-antimony，系制红外线用，可以探测飞机，这类材料也有了。在第二部看到了硅制晶体管和镓砷。由王守觉主持第三组在测验各种仪器指标，如在波兰展览会中所转让之件。第五组在做光电，如以硅制成薄片，晒于阳光下可变为电，能效已到12%，又用铟锑以红外线来测物。据云已占面积一万四千方，其中工场8000方，在城外原物理所屋正在重修。五点回。

上午地理学会理事会，到黄秉维、李秉枢、王钧衡、郭敬辉及陈凯(?)(♀)、瞿宁淑，讨论了1961年学会工作总结，1962年学术活动有：自然分区讨论会(3/5日在大连)、地图学术讨论(3/19日在广州)、冰川冻土会(八月，西安)、河口海岸(冬季，广州)、〔热带〕亚热带〔会〕(冬季，杭州)、水分平衡、经济地理、地理教育、湖泊水分等。次讨论专业组人选，决定先聘定各市省区所指定副教〔授〕副研人员。十一点半散。至院。午后阅叶渚沛提议《解决我国农肥几点意见》，认为焦煤炉可以造氨，转炉副产品造磷肥，用稻草、麦秸做成混合肥料。化学方面寻找高分子如 Krinlleum，基于 Mitscherlich-Baule-Wilcox 定律的研究，对 O. W. Wilcox 的定律应加以研究。

1月13日 星期六 晨晴-4.6°，风力2—3级，761 mm。

上午至政协礼堂，听刘宁一报告亚非人民团结组织和世界和平理事会会议情况。

晨七点三刻起。九点至政协礼堂，听刘宁一作参加世界和平理事会和亚非人民团结组织执委会的报告，原定由廖承志报告，因发热未到。这次亚非人民团结委员会是在阿联开会，我们出席九人，和修正主义作了短兵相接的斗争，主要是在下列问题上：(1)一年度以来是印度还是阿尔及利亚、老挝做出了最突出成绩；(2)普遍裁军还是和平、民族独立与裁军三者为目前最重大的问题；(3)由和平会议来召集亚非拉丁美洲团结大会，还是由亚非拉丁美洲人民团体来召集；(4)要南斯拉夫、保加利亚、捷克和人民德国列席，因我方提出同时邀请阿尔巴尼亚作罢。这次会议中指斥帝国主义最凶的是印尼、日本、Cameroon、Algeria 的几国代表。这次会议对于下次大会奠定很好基础。尚有一点，我们主张指斥"联合国成为帝国主义的工具"这句话也放进了。会后，到 Stockholm 开了全世界和平理事会。这本来以欧洲国家为主,我们去二十多人。修正主义者主张以普遍裁军为压倒一切,而我们主张把和平、民族独立与裁军并列,在最后虽32—24票多数主张前者,但我们提出两点,得到了各方如意大利、法国的拥护,即不能以一国的外交政策来定代表的意见,和必须各国无论大小统应平等看待。最后Bernal还发表演说,谓虽以多数决定,但中国代表意见值得重视云云。共谈2h30′。

接下陈外长报告一小时,说近来给政协委员和人民代表以三个外交报告(刘长胜关于世界工会,章汉夫关于日内瓦、老挝问题和今天报告),目的是要我们对于修正主义如何猖狂进攻的状况〔有了解〕。世界人民90%是反帝的,我们站在反帝方面,永久胜利总属于我们,但在座中也还有不同意见的保有者,希望大家谈出来。十一日肯尼迪Kennedy的咨文里大谈扩充军备,要解放东欧,要监督老挝,坚持和中国人民为敌是值得一谈的。说在日内瓦我们一贯主张,解决老挝问题要从老挝人民着想,不能作为列强外交政策的一着棋。我们明白说出,如美国派兵至老挝,我们不会袖手旁观。一切坚持原则,不像苏联忽软忽硬,使人难以捉摸,坚持马列主义、毛泽东思想必会胜利。一点回。

1月14日　星期日　晨昙, ACu CiSt, -5°,风力2—3, NE, 765 mm。

晨七点半起。今日终日未出,阅英国带回的单行本。下午杏仙来,知汪容的腰子割去一个后尚在家养病,估计尚要一个月。晚刘力来,我将昨日所改正Бланже寄来的《1964—65年太阳系青年时期地球物理年计划》并所提意见交给他。

今日所阅文有下列几种: H. H. Lamb "Atmospheric Circulation, Climate and Climatic Variations"《大气环流、气候和气候变迁》*Geography* 1961。认为同温层的热度来自臭氧,以为地球上的特冷特暖天气乃由于高空和地面风带的移动。认为近百年来平均温度提1°,但近年有下降趋势,如北冰洋冰加厚。这一变动可能由于大气环流,地面albedo,大洋的传热有变动,火山灰加CO_2的增加等。又认以为1500—1900火山爆发多,所以冷。从历史上,英国、日本纪录证〔明〕1150—1300比较温和, 1550—1700比较冷,而1900以后比较热。

其次阅Gordon Manley "Temperature Trends in England, 1680—1957"。以英国中部为主,从1698起做3月平均、季平均和年平均比较,最热年是1949 10.6°,最冷1740年6.8°。若把最初1698—1717廿年和1941—1960年相比,为平均年温8.95°: 9.62°,相差0.67°。此外,比较冷是1801—1820,为8.96°。

次阅P. M. S. Blackett "Comparison of Ancient Climates with the Ancient Latitudes..."《古代气候和古代纬度的比较》,在《皇家学会会报》上1961发表。认为从地质时代珊瑚分布、盐的分布〔看〕,冰川纬度有移动。如以盐的分布论,亚非和北美一样,在第四〔纪〕为28°N,第三纪35°—39°N,侏罗三叠〔纪〕42°—44°,石炭纪 56°— 62°N，奥陶纪 58°—79°N，移动大约每百万年差 0.1°，在过去五亿年中的速度也与磁性变动相合。

又阅苏联 Т. И. Бушинский 布申斯基《地质时代新气候图》，依据 Н. М. Страхов 斯特拉霍夫著«Основы Теорий Летогенеэа», 1960 出版。从古代南北沙漠来定赤道所在，证明赤道从前古生代在中美洲到格林兰经中亚。

1 月 15 日　星期一　晴 -7°, NW，风力 4—5 级，766 mm。下午 763 mm。

参观朝阳区星火人民公社，同往俞平伯、夏鼐、李伟国、张友渔、罗隆基、吴学藺等。人民公社公共食堂全取消，和从前高级社相似。

晨七点多起。八点半约钱乙藜至正义路市人民委员会，今天我加入参观朝阳区星火人民公社。该社系 1959 年从更大的一个公社分出成立，离城 6 公里。由社长郭君、书记王君招待，并介绍了情况。据云，该社是以产蔬菜为主的一个社，在东郊长 5 km、宽（南北）三公里区域内的 1766 户农户、8061 农民所组织，有 2900 劳动力，但土地只有 6300 亩，而且随时为城市建设所占有，而被迫推向荒地。现有 3700 园地和 2400 旱地，每户 3.6 亩；有鱼池 215 亩，养了七十万尾鱼；有汽车二辆；电井三眼，深 130 m; 51 台农机，共 548 匹马力。现分为五个大队（原只一个大队），29 生产队。工厂有做灰管和瓦盆的厂。小学六所，共 1200 学生，中学市办。58—59 大跃进时增加了生产，60 年由于执行上歪风，尤其是共产风和瞎指挥风反而减产；协作搞得多，400 多劳动力做了副业；供给菜蔬，59 年 3100 万斤，60 只 1300 万斤，以致社员收入 60 年比 59 年减少 33%，公积金未扣除，1961 年年初元旦吃不到饺子，因无蔬菜。61 年整风，有了大的改进，八个月完成全年任务，由于三包一奖（包产、包工、包成本、奖超额），到年底供给北京城二千五百四十三万斤蔬菜，超出了一百五十三万斤，平均每亩产 7346 斤，而 60 年只产 2937 斤。此外，还完成粮食 46 万斤（粮食每人 330 斤，八千人需二百七十万斤，不足数由公家供粮）。供给城鱼 83,000 斤。61 年全年收入 182 万元，其中工厂收入十万元。60 年生产只 95 万元，每户 60 年分 300 元，61 年分 475 元，每人可得 98 元，60 年 73 元。此外，公积金分 11%，公益金 2.5%，在 59 年共产风所酿成个人损失赔了五十八万六千元，由社举债还。从前未付工资一概还清，退零件 1500，房屋 33 间。新发展园地，依四季青办法筑温室 900 间，每间 10 方，价 20 元。仍用“评分记数，多劳多得”办法。同时，无劳力的老弱也给口粮。管理委员会每周开一次会，社员大会年二次。61 年每人基本粮食年 330 斤，工分多的得 361 斤。一般以 2∶8 分，劳动人口每人月得 41 斤，所以多的年吃 600 斤。妇女有病或产依照平时给粮，产给二个月，年老非劳动力给 28 斤。自留地，60 年全收回，61 年共 302 亩，即每户 1/6 亩。出勤率今冬 80%，60 年冬 30%。全年进行了社会主义教育，去年书记检讨了五次。冬天积肥每亩一万五千斤和化肥每亩80斤?。增加小农具一万多件。在农展会中膳后一点半回。

1月16日　星期二　晴-7°,风力3级,764 mm。

今日参观特殊钢厂北京西郊。

晨七点起。八点半约乙藜同至正义路二号市人委,汇同陈劭先、苏子蘅、罗叔章(♀)、罗隆基、杨定安(♀)、张慕尧、邓哲熙、李范一、石志仁等十五六人同至石景山特殊钢厂参观,此外尚有黄松龄、张友渔直接参加。由祁厂长作了报告。据云,该厂是1958年大跃进产物,初是公私合营,于6月15日动工。计划是四个转炉,每个五吨和两个电炉。从8月起转炉即生产,59、60、61三年共产27万T。现在有三个五T钢的电炉,转炉目前不用,因要提高质量,同时铁来源不足。轧钢片长1.2 m,宽75 cm,共有四架,去年投入生产,做石矽钢片13 000 T,厚从0.5 mm到3 mm。此外,尚有金属制品、铁丝、铁钉,铁丝网做纱窗和纱厂用窝底等。机器80多台,除三架匈牙利制钉机外,余均自制,投资4700万元。生产,60年12万3千T,其中电炉二万T,61年总产因提高质量减少T位。建筑十万多方,厂址面积0.8平方公里,四面均为石景山(国立)所包围。现用人5239人,其中女的500人,去年减少1681人,尚要去400人。平均工资49元,生产技术人员高到110元,最低徒工17元一月。粮食,工人44斤,干部34斤,菜每日半斤。三年来总产值一亿七千多万元,但是蚀本五千八百万元,原因是铁厂成本过高。每T要240元,而钢价每T只360元,炼1 T钢要1½铁,只能相抵。石景山在附近原应供给@每T 150元,而且铁好,只1.2 T铁可炼1 T钢,但只能供给30%,而其余70%来自山西、河南小高炉。质差,要1.50 T才能炼1 T钢,加上运费就要240元一T。五千多同事中只80个技术干部、二位工程师。在北京搜集的废钢要200—250元一T,成本贵。一年多来经整顿、巩固、充实、提高,减少工人1681人,品种97种加至281种,合格钢从70%→90%。重要成品合金弹簧、矽钢片、表心磁铁,铁丝最细42号0.5 mm口径。十二点中膳。回。

〔旁记:特殊钢厂是大跃进产物,做出成绩大,如拖拉机所需矽钢片(变压器的矽钢片尚不合格)、软弹簧、纱窗、洋钉,统是国家大量需要,惟原铁价贵耳。〕

1月17日　星期三　晨昙,ACu,朝霞,量3,-3°,风力2—3级,ENE,759 mm。

今日参观广安门外的光学仪器厂。下午参加政协举办讨论会。

晨七点一刻起。八点半和钱乙藜同至正义路二号市人民委员会汇齐,往广安门外的光学仪器厂。同去者人数有32人之多,包括李烛尘、罗叔章、周培源、石志仁、熊庆来、苏子蘅、杜春晏、罗隆基、朱蕴山、卢鋈等,行约15′钟到厂,由蒋厂长、吴书记作了介绍,由郑姓工程师陪同参观。说这厂是大跃进时代产物,56年是一个私人公司,只30人,57年到149人,改成公私合营到今有600人,属于市政府,女同志占67%,从58年8月起继续40个月完成任务。生产,57年49万7千元,60年480万元;商品,57年4万8千元,60年3百77万元;利润,57年17万6千元,60年278万9千元。在此期〔间〕成本减少9.4%。61年因产品更变,充实提高,产值下降。出产以经纬仪为主,刻度愈来愈精密,红旗0号Azimuth刻度5′、红旗1号2′、2号20″、3号刻至2″ altitude 10″。此外又做中型摄影仪,彩色电影放映系统,大型工具显微镜等。另设研究室,正在做紫外光谱分析仪,以测定矿物成分,波长2200 Å。存在问题:老技工少,全厂只15个大学生,四个工程师,工人技术等级只2.8级,平均工资41元。除研究外,有四个车间:即金属加工,此车间有一个120大气压的压缩机,为制模拟用,系进口货;二车间为光学加工,主要是手磨镜头,多用红粉;三车间是刻度和检查,此处有德国Zeiss制刻1″的机器,女工刻字可小至80 μ,即〔比〕头发尚细,量三棱晶可到30 μ。目前占地五千方,但因原幼稚园屋很不适用,若干仪器不能染尘,而地处铁厂旁,尘土飞扬。所以参观后大家认为应另建厂屋。目前能生产高级子午仪年150台,初级1500,而全国需要九万台。玻璃系光学厂供应,尚称合用。〔目〕前子午仪刻度10″,每架4800元,所以利润不小,去年出口70架。十二点同厂长至晋阳饭店中膳。

下午三点至政协礼堂,召集刘长胜(莫斯科世界工会)、章汉夫(日内瓦、老挝十四国会议)和刘宁一(亚非人民集会和世界和平理事会)的三个报告的座谈,原有名单上31人,但到者仅陆殿栋(史良丈夫)、董竹君(♀)、蔡金涛、梁守槃(国防部)、刘峻峰、李范一、章士钊、王季范、杨定安、沈德建和我十一人而已,六点散。晚全国科协(国际部)沈毅然来谈(Tel: 891731转25、30号),刘力也来谈星期五座谈会。

1月18日 星期四 晨-5.6°,风力1级, N, Clear, 761 mm。

参观电子管厂。晚士楷来。

晨七点一刻起。上午八点半和钱乙藜至正义路二号北京市人民委员会,会同罗叔章、李范一、卢温甫、吴学蔺、朱蕴山、张含英、王绍鏊、黄松龄等二十六七人前往东郊(酒仙桥)参观电子管厂。此厂我于前年曾来过,但看得非常简略,所以今年重来,由林厂长加以说明。据云,北京电子管厂现属三机部,是苏联支援我国156项中的一项,54年建立,56年十月投入生产。曾先后来苏联专家200多名,是个全新的工业。解放前只南京有一电〔子〕工厂,在逸仙桥旁,仅36人,做装配美国零件工作,现南京已扩大为第72厂,工人四千。北京厂原设计只18种产品,以管形状分,大跃进后到61年加到82种,今年可加〔到〕90种(共为90种)。从开厂以来共生产6千6百万电子管,大型电子管可到250 kW,而当初只能做到10 kW。超小型有半导〔体〕电子管,用7个9的锗,因其容积小,寿命长(几万到几十万小时),性能在高频只能到几百兆周,不能到千兆周,所以宜于做整流器或卫星上用和电子计算机用。此外,也新添了拉钨丝部分,可以拉到8 μ微米,细于头发十倍,此种钨丝电业需要多,已做八亿米。厂的成本在逐渐低减,本厂投资一亿三?千万元,但现上交利润已一亿六,可建二个厂。当厂建成后,56年是掌握技术问题,57年是材料供应问题。因苏联带来材料已用完,而厂所需80%为镍,此料奇缺,由200兄弟厂支援过关,但仍有十八种中的五种暂时停。解决了自己做无缝镍管、氧化矽?、金刚钻、钨丝(直径8 micron),代用品以敷铝铁代镍。现95%已用国货,惟尚有35种尚未解决,包括矽油只剩三公斤,石墨乳要五T(为拉钨丝用),钽铌合金,铑粉(阳极用)可代合金镍锰丝、镍铬丝,金刚石,苛性钾,真空泵油,氦、氙、氖等35种。全厂有职工11,700人,工人八千,管理1627,技术人员505,工程师62人,服务人员649,平均年龄23,程度初中。占地32公顷,宿舍占八万方,不足用,医院200床位。问题:技术人员太少,工程师62名;在半导体车间见冯烈(浙大49电机)。材料缺,工具更严重;女工多,55%;小孩多新生。

1月19日　星期五　晨晴,风力2级,NNW,-5°,764 mm。

上午至综考会。下午座谈美帝迫害美共。

晨七点半起。八点半至院。九点至沙滩综考会和漆克昌、张日东谈,为星期一召集地学组写广州计划会议时地学组产生报告事。现方俊已到,卢衍豪明可到,曾呈奎也已到,所以地学七个方面各组统将有人,定礼拜六下午先小组谈一次。将来报告,地学组可以地质、地理、古生物、地球化学为一组,制图、地球物理为一组,海洋势必两组统有,报告时由二人报告,估计21开会后三天写,以后讨论,廿八九或可出一篇报告。

和综考会经济室李文彦、水文资源张有实、农林牧室黄自立谈,惟矿物室赵东旭未到。李文彦说四室已100多人,矿物室较弱,15人。我以为人不少,和电子管厂相比,我们四室大学生比全厂还多。经济室作综合计划,现已分工、农、矿、交通等组。农业方面内蒙要作为华北粮食基地,要用一千多万亩。我认为农林牧的分区是大问题,应该加以注意,并提出具体数字,定出农区、牧区和林区。华北做河流网使地盐碱化,不能违反自然规律。主张图书馆中要把文献搜好。

下午二点至文化娱乐部,参加全国科协召集的抗议美帝国主义迫害美共大会。按美帝要美共以“外国代理人”名义登记,而美共均抗不照办,所以有被解散入地下党的趋势。吾人响应中共中央 1/15 的声讨,到者吴有训、张维、顾德欢、黄秉维、曹本熹(石油学院)、朱弘复、张致一、简焯坡、王之玺、赵忠尧、诸福棠、秦伯未(中医)、翁独健、张文奇(钢铁学院)、张光斗等,谈至六点散。

1 月 20 日 星期六 晨晴,风力 3, NE, -3°, 764 mm。

晨七点起。八点一刻到北京医院看蒋国彦大夫,为宁宁的肝病。因她来信说去南京鼓楼医院诊治,医生认为肝病有很多无法可治。她以为既解不了问题,也就不管。实际她肝肿大,觉疼痛,甚至卧睡只能在一边了,这样真所谓坐以待毙。蒋医生很热情,马上说他的幼年朋友刘梦梅是鼓楼医院产妇科副主任,他可出信与她,要她设法找医生检验。

九点在院政治学习。今天谈一月五日陈毅副总理等在人大礼堂招待科技界人士四五千人(共 475 桌),并勉勖同人以发愤图强,自力更生。周总理也讲了话。这样盛大宴会,不但中国是空前,即在全世界也少有。把我排在第一桌,不但觉光荣,也觉惭愧,因为我的科学研究固等于零,而行政效能也很差,兴奋的是大跃进以来,我国工业兴起,为人所不及料。近来参观北京几个厂,使我能了解一点。对我启发最大的是下面几句话,他说把我们的祖国建设成为一个具有现代工业、现代农业、现代科学文化和现代国防的社会主义强国,是全国人民的希望,也是世界革命人民的希望。这既是爱国主义,又是国际主义。昨张维同志举一个例,说他将从非洲加纳回,美国人假加纳一笔巨款来开发伏尔塔河的水电,用电来开发铝矿,把所出铝〈厂〉〔锭〕完全用一价卖给美国,卅年不变价。这是资本主义的技术援助方式,所以革命人士希望社会主义国家的工业能很快兴隆起来,帮助他们。

下午四点约外埠来的曾呈奎、卢衍豪、方俊、李昂等,谈地学规划。

1 月 21 日 星期日 晨晴-4.6°,风力 1 级, NW, 764 mm。

晨七点半起。上午未出,作函与宁宁及张沛霖。下午二点,和允敏、刘秘书至工人体育馆游泳池。遇前林业部李范五,他现在黑龙江省为副省长。据云,近来更新略有进步,人工培养胜于天然更新,因其较快。遇武衡、杜润生、王局长,闻徐特立老昨日曾来此游泳,所以今日水尚特热,因昨水温高至 28°C 云。

晚七点至王府井大街首都剧场看曹禺编的《胆剑篇》,系焦菊隐导演,演员中刁光覃起勾践,童超起吴侯,苏民起范蠡,周正起文种,马群起苦成,郑榕起伍子胥云。

今年度中苏科学合作计划。1/15 日中苏文化谈判在莫斯科开始,时刘晓大使正去日内瓦,所以不得不派代办张德群来谈,也派张映群出席。苏方派汝可夫为代表团团长,苏科学院菲陀罗夫也出席。对于科学院61年合作拖延表示遗憾,委罪于我方,我方顶回。62年合作计划拟塞入《文化合作协定》,我方不同意,争执1½ h,最后苏方允由苏方提出《62年合作计划草案》,大使馆要我院提出意见。

1月22日　星期一　晨昙, Ci CiCu ACu, Lent 5, -3°,风力3级, WNW, 763 mm。

远景规划(1963—69),地学小组开会。

晨七点一刻起。八点半尹主任来,他方自广东回。据云去广东一个月,曾和地学组8人、生物组十一人由省派飞机送往海南岛。在岛十三天,在华侨农场、鹿回头、椰园和那大热带作物研究所各住了三晚。又曾至八所、碌石铁矿、松涛水库、莺歌湾盐场云云。同去者重量多增加,阎逊昌加了15公斤。

九点在院第三会议室开地学小组长远规划讨论会,到尹赞勋、漆克昌、张文佑、程裕淇、司幼东、傅承义、方俊、陈永龄、卢衍豪、李昂、黄秉维、曾呈奎、张日东、刘力、吕有佩等,讨论下月在广东开会、作报告应包括的内容:主要是国内、国际情况,63—69年工作任务,以及重要培养人才及设备趋势。程裕淇认〔为〕寒武纪以前的地层和第四纪地质应为地质重点,因前者占5/6之时间,而第四纪的沉积到处可见也。地质所未能分配到核子物理人,所以质谱仪未装起。古生物卢衍豪认为古生物发展太慢,孢子花粉〔目〕前只20人而已。傅承义埋怨室把地球物理放地学系,分配不到物理系毕业生。固体地球物理迄今未能建立好的基础,要到1967—69年才能充实队伍,分学科有14门,如地震地质、地震预报、地震仪器、动力固体潮脉动、计算技术等。卢温甫谈,气〔象〕站台中三万多同志只一千多人是大学毕业生,研究所只60多人。有103个海洋站统不上船,估计要5条大船才能解决问题。方俊谈,说美国用卫星测量地面精度到1/4浬,重力测〔量〕在1960年做了卅二个剖面,三则地壳测量、宇宙测量,苏联宇宙发射一万二千公里,而落下时所得与原计划相差仅1 km,可知计算的精密。曾呈奎谈海洋, 1966前以浅海为重点。

1月23日　星期二　晨晴,风力3, -6.6°, 766 mm。下午晴。

上午开地理组规划会。下午至科学院综考会听取阿坝州泥炭报告。

晨七点半起。上午九点至和平宾馆,继续开地理小组七年规划会议,到尹赞勋、程裕淇、卢衍豪、叶笃正、曾呈奎、方俊、陈永龄、司幼东及地学部刘全招(地理,♀)、卢佩生(气象,♀)、赵日东和刘力。今晨漫谈报告内容,重点项目,海洋气象与其他科目关系。要数理化资助,如固体地球物理(地震预告)方面分配不到物理人才,希望教育部要注意。地质是基础科学,要在综合大学中办好几个地质系,因为目前我们要追上国际水平,非注意地层学、古生物学和岩石学、地质结构学不可。我们要自力更生,但也不能放弃国际合作。要注意必须的设备,如海洋学中的远洋轮,气象方面高空火箭、快速电子计算机,地质方面质谱仪、地球年龄测定设备。今日科委吕有佩也到了。中膳后我回家一转。

二点至沙滩综考会南水北调考察队,郎惠卿(♀)报告阿坝州若尔盖的开发利用。去年有二十人,以郎惠卿为队长(吉林师大)、桑良谋副队长(成都工学院),考察 120 天,调查面积一万五千方公里。本区降水量 861.9,蒸发量 1291.7,干燥度为 1.5,无霜期只半个月,年雨量 862 mm,蒸发 1292, pH 6.5—8.0,冬积雪 16—20 cm,平均气温 0.7°至 1°C,最热月 T=10.9°,最冷-10°。沼泽分布,南自龙日坝,北至日尔郎山,东自宝山,西至黄河沼泽,面积 3627 km^2,占全区 23.4%。沼泽分布在白河和黑河流域,前者分散,后者集中,中心在若尔盖境内。沼泽在此区可分为蒿草沼泽和苔草沼泽,前者在河谷,后者在宽谷和湖滨。前者泥炭薄,不超过 30 cm,积水面积 15%—25%,牧草优良,可畜牧;后者地面积水多而深(四五十厘米), pH 高至 8,泥炭厚度 3 m 以上至 6 m,可以采泥炭。据估计,全区泥炭体积从廿五亿到卅一亿 m^3,宽谷泥炭在松瓦公路间有 80 方公里,十九亿 m^3,厚度大〔于〕3 m,埋藏深度 3—5 m,有水螺化石,有机质 55—70,含油率平均 13.1%,Gas 14.8%,但胡敏酸(Acid)较低, 11%,可以作为燃料与氮肥,不适于提胡敏酸,作燃料火力强,可 2600 Cal,一吨泥炭可产 260 m^3 煤气,可作肥料加地温云云。

1 月 24 日　星期三　晨风力 4 级,-6°, 765 mm。

地理规划小组在文化俱乐部开会。

晨七点一刻起。八点半至南河沿文化俱乐部,地学规划小组开会,到尹主任、程裕淇、司幼东、(张文佑病、)方俊、叶笃正、顾功叙、曾呈奎、卢衍豪。这次规划组织仓卒,而地学部又值尹主任外出,漆主任忙于综考会,地学部几于无人负责,所以大家均不接头。如全国科委 10/13 日报告,尹主任和顾功叙均未见过,所以不知道这次写稿和科学规划之缘起,而被推为写报告之负责人。据韩光主任指定,规划说明要写: 1)国内外发展情况分析; 2)十年内本科目发展方向; 3)十年内重大措施,包括培养人才和所需设备。

上午讨论了地学组总报告与地球物理补充报告的内容。大家认为国际情况要提地球物理年,海洋气象得到很快发展。"美国 1950 年— 60 年每年博士只 12,61—70 将有 50 人。美国建立一个 Nat. Center for Atm. Research,专做基本研究,搜罗全世界气象有关的著名科学家,指可罗赖陀高空台台长 Dr. Walter O. Roberts 为主任,另有 Committee on Atm. Science 向国家科学院做过四个报告。此事发起在 58—59 年,八个月举行 17 次会议,主张成立中心。59— 61 年开展气象各大学演讲工作,大学气象学教授在NCAR指导下讨论课程,因人才是最大问题。US Weather B得教授之助使其能实现计划。”笃正认为近年气象在下列方面得到发展:30 km—80 km和80 km以上的高空,空气污染的观测,近地面Diffusion的研究,建筑400 m高以研究空气扰动,非直线性方程式的应用,海陆物质的传递,用红外线观测空中辐射。我国高空观测落后,至多只能100 mb或14—17 km,美国到1 mb即45 km。Radar用Doppler分析、制图、预报自动化,云雾物理和改变飓风路径(人造雨),云云。

1月25日 星期四 晨风力3级,NNW,-8°,764 mm。

郭应章托人送红枣来。

晨七点一刻起。九点和尹主任至文化俱乐部,开地学小组规划1963—67的远景。今天杨克强自广东回,也加入了讨论。尹主任因昨天开始起稿,发现了许多困难,他对于地质和地球化学对立起来,和把应用科目如水文地质、矿床学与岩石学、地层学并立发生异议。我认为过去教育部专发展地质勘探学院,而对于综合大学地质系是一个错误方向。现在既知注重理论基础科学,首先应认定地质是一门基础科学,世界各国大学没有不把它列入综合大学中的一系。英国有三十个大学有地质系,综合大学几乎无校无之,地理系只25个。而大学中却没有水文地质、工程地质的课程。中午在文化俱乐部中膳,遇庄前鼎。

午后至王府井和平书店购字帖。以十元购得董香光书嵇康《养生论》,并不很好而索价十元(旧拓董文敏《养生论》)。又以二元购得破烂诸家法帖,字很妩媚,可惜破烂了。至院和潘局长谈,知苏联科学院已来通知,关于1962年合作事,希望加入文委合作项目,但过去一向是两院直接谈判,拟加以拒绝。去年所订约有五人来演讲,迄未来。今年苏联已提出一个项目,即来华〔考〕察为278个人,月约五十人,我们拟提演讲。赴苏考察派研究生,要材料与实习生,但迄今尚未提交,因去年约定一月底交,三月去莫斯科也。

1月26日 星期五 晨晴,风力四级,NNW,-8°,764 mm。

晨七点廿分起。上午九点至院。阅往来文件。近日本送来不少关于地球物理年工作,但我们无以为报,所以今日将日本寄来函件分发一份给收受日本材料的机关。十二点回。下午二点至和平宾馆开地学规划小组会议,今日赫崇本从天津来京参加。尹主任和顾所长已将报告写了一半和一大半,口头谈了其中内容。大家认为可以这样写,就决定星期天廿八号讨论。今日到者司幼东、程裕淇、杨钟健、卢衍豪、曾呈奎、黄秉维、方俊诸人。

又今日上午八点半在沙滩综考会开综考会论文答辩会，系会中第一次，计有黄让堂、杜国垣、沈长江、那文俊、袁子恭等五人。今日上午系沈长江的答辩，题目“新疆季节牧场的不平衡性”。沈是西北农院1956毕业，年28。评审员，会内有石湘君、黄自立、于强、李文彦，周立三也从南京来，会外秦仁昌、李世英、傅寅生（农业科学院）和贾慎修。论文只一份，摘要则已打出，写得简要。谈一小时。秦仁昌认为可以通过，贾慎修同。傅寅生提出不少意见，认为数据不足下断语处即下断语，有若干数据不可靠。李世英也提了意见。休息时，我即离会。沈文可以看出综考会的长处，也可以看出缺点。长处在于搜集了许多材料，这统是第一手材料，所以可贵。短处在于不知做图书馆考察文献工作，如文中说新疆天然草场利用上最重要特点〔是〕明显的季节性，它与新疆独特的自然条件，特别与气候条件紧密相联，但文中对于各地的气候条件完全不谈，甚至各地也没有。又每只羊年饲料二百公斤已足，而文中计算为700公斤。

1月27日　星期六　晨-5°，NNW，风力3—4级，晴，761 mm。

中国地质学会40周纪念。傅婉芳和天舒从上海来。

地点	原有	调整后	地点	原有	调整后
北京	33	25	兰州	8	2
上海	9	8	西安	7	0
南京	5	3	山西	2	0
山东	1	1	内蒙	1	1
武汉	12	0	辽宁	4	3
广州	8	1	吉林	4	2
长沙	1	1	黑龙江	1	0
广西	1	0	新疆	（1）	0
四川	1	0		105?	47
云南	6	0			

晨开院务常委，张副院长报告院的研究所调整，从101个减为47个，如上表所示。其中北京昆虫合并于动物，植生合并于植物，土壤水土保持移南京，电工筹备所也并于力学所?，新疆综考会终结（成立新疆资源研究所），华南考察队下放，甘青考察队终结，南京地理所和植物园下放，上海微生物所合并于植生，武汉所全部〔撤〕，广州所仅一个，兰州留物理和化学（原石油），内蒙留治沙，辽宁留冶金、森林土壤和……，吉林留应化、光机机械二所而已，以上共47所。

次周立三报告了新疆考察总结。从1956年—60做4年半工作，完成国家长远规划第三项任务中关于农林牧部分，写出新疆省的合理布局（农林牧）方案，培养了二百多青年,20多是新疆人,成〈的〉〔立〕资源研究所。此外还提出开都河改道计划和额尔齐斯河、乌伦古河水利资源利用规划,写出了十二个学科的论文,制了三百万分一土壤植被地形图等。今日由周立三和于强作了报告。

晚彬彬、松松去车站接婉芳和天舒。时天舒仅13个月,他是我的长孙,已能走,重22 lbs。晚卢佩生来。她是广东人,北大气象毕业。

1月28日 星期日 晨晴,风力2级, NW, -2.6°, 760 mm。

祥清、明芝从南京来。

晨七点多起。上午八点三刻和尹、杨二君至和平宾馆讨论尹主任所写的地学组报告,到孙殿卿、程裕淇、傅承义、叶笃正、司幼东、顾功叙、黄秉维、卢衍豪、赫崇本、程忆帆、吕有佩、陈振兮、国家科委长远规划组等。初尹主任要把地质分为成分地质学(矿物、岩石学等)与关系地质学(地层、沉积等),后经讨论仍分为地质和地球化学。目前地球化学正在开始发展,与地球物理相差尚远,惟将来可望发展。地理方面,经济地理列在里面发生点困难,因其性质与地球物理完全不同。

下午二点和松松及婉芳至工人〔体育场〕游泳池。婉芳因带小天舒前往,所以未入水。三点半至和平宾馆,继续讨论尹主任所写报告。今日下午赵九章所长也到。他于今晨方从广西回京,云在桂林区域系十年前土改之地方云。

晚祥清和明芝从南京乘14次特快来,车应于7^h PM到,但昨今两日均迟到20′—30′。

	Boris Stenin	王金玉
500 m	42.5″	42.4″
1500 m	2′20″	2′14″
3000 m	8′27.3″	8′8.9″
5000 m	18′12.9″	17′21.8″

中国滑冰水平:前报载黑龙江王金玉滑冰全能得188.046分,成绩甚佳,今阅*Moscow News*《莫斯科新闻》,知苏联Champion Boris Stenin得194.541分,其成绩乃远在王金玉之下,但吾人不能下结论说王可得全球冠军。从左表可以看出二人的时间从500 m到5000 m统相差甚大,我认为可能不是王金玉超出了Stenin能〔如〕此之多,而是因为场地、气候的关系。

〔旁记:在Alma Ata, 1962年1月27日,二十五岁苏联女子Inga Voronina:500 m 44.9″, 1000 m 1′33.6″, 1500 m 2′19″, 3000 m 5′06″,四个世界记录。〕

1月29日 星期一 晨晴,风力4—5级, NW, -5°, 766。

晨七点起。上午修改科学规划委员会地学小组发言稿,预备交给尹主任宣读者。午后二点和尹主任至和平宾馆123号赫崇本室内,座谈地学组的发言稿,今日到者吕有佩、陈振兮、漆克昌、司幼东、程裕淇、孙殿卿、赵日东、卢佩生(♀)、程忆帆、黄秉维、顾功叙(测量局陈永龄未到),赵所长、张文佑所长均因病未到。漆主任提到1960年5月间学部大会时所提56个基本科学问〔题〕中有8个涉及地学,即(1)地史和生物进化;(2)地球和太阳关系;(3)地球内部物质结构运动;(4)同位素矿物与地球化学;(5)天气长期预报;(6)固体地球物理;(7)水热平衡;(8)动、植、矿物志。这次讨论又提到西藏综合考察问题。拟将这9个问题提到地学任务当中去。此外,决定了卅一日下午再谈一次,作为定稿。六点在和平宾馆晚膳。

晚七点半和允敏、祥清、明芝至首都影戏院看《同时代的人》«Ровесник Века»,述1930—1950时代一个办钢厂的人。闻此片苏联拟收回,因其不合22大的口味。我们看了以后,知道其中谈到卫国战争,讲艰苦奋斗情形,同时也提到Stalingrad之战。九点半回。

1月30日 星期二 晨晴,风力2, NNW,-8°, 772 mm。

晨七点一刻起。上午九点至中关村地理所,约童第周主任谈关于下月在广州开十年(1963—72)规划事。地学小组于昨开会时已决定卅一号交稿,而生物组尚在综合各方文稿中,于春节后始能交稿。生物分两部分,上海方面专谈在上海建立实验中心,总稿在北京起草。据所拟纲要看来,谈得比较地学为具体。先从国际和国内情况谈起,次及十年内任务,以后谈到具体措施。所谈任务只提各学科的重要达到阶段,不及项目,更没有谈如何支援农业等问题。和宛敏渭谈,知规定物候项植物已从56种增加至60种,昆虫8种,鸟类10种。植物方面,植物园俞德浚表示各大植物园可以参加,并可出苗木、地亩。院中计划局已答允给三亩,现惟人工有问题,于短期内难以种植。为今年物候,颐和园有四十多种可以应用云。十一点回院。

下午在寓阅《地球物理年报告》和来往文件,因Laclavere已来函征求我们是否加入IQSY,即国际〈安〉〔宁〕静太阳物理年,时间为1964年四月至1965年十二月。我意应参加。近已由外事处批复先问询是否准台湾加入,以后再定。

晚和松松、婉芳二人至太阳宫北京体育馆游泳。

《苏联远洋航海船 Витаз (Vituaz)的成就》。在1959“勇士号”带了六十五位科学家,直到60年四月完成初步考察印度洋任务。从澳洲到非洲,北自印度,南至南纬30°S。到1960年十月又作二次印度洋考察。在阿拉伯海和孟加拉湾考察,直至南纬40°S,于1961年四月回海参崴。在锡兰SE 550浬处觅见海底山,山峰最高在海水下1550 m,在Java trench测得印度洋最深为7450 m,在亚丁海和阿拉伯海遇大量Tunny鱼群。在印度洋中部找到几百万方km地方有铁锰的concretions。海底泥沉积在阿拉伯海,厚度近岸厚2500米,到南部只500米,在大洋中部只

200—400米。地壳厚度 crust thickness 在大洋中部 7.5 km。深海中也有洋流,在赤道附近孟加拉湾以南,洋流极速。阿拉伯海中在 200—1000 m 深处很少氧气,多 H_2S,但表层多 plankton 云云,见 *Culture & Life* Feb. 1962 pp. 16—19。

1月31日　星期三　晨晴,凪,-9°, 770 mm。

晨七点廿分起。上午九点至院。为函复国际地球委员会秘书 Laclavere 函,我将复信拟函。来函系九月中邀请我们参加 1964/4 月—1965/5 月的 IQSY 的计划。但此信耽搁不复,直至现在又急如星火,要春节赶出去,这统是很不合理的事。其实此事并不那么复杂,时间均花在兜圈子里。

下午二点至和平宾馆开地学小组,讨论发言稿。今日侯德封所长、赵九章所长也到了。赵已把地球物理和大地测量的总帽子拟好,乃是经昨天一天讨论的结果,内容扼要简明,几个重要的点统提出来。我总以为学地学者重于描述,很难叙出重点,而学数理的人,却能画龙点睛地提出一片纷纭中的灵魂来。马列主义之妙也在于斯。开大会时我不善于做总结,也是把个别树木看到了,而没有看到森林。这一缺点如何能改正倒是问题。在和平宾馆晚膳。

七点,和松松、祥清、明芝、婉芳、天舒至政协礼堂看院中安排的节日演出。系梅兰芳剧团的京剧,有张玉禅主演《高宠挑滑车》、梅葆玥(♀)主演《邹应龙打严嵩》(刘连荣)和梅葆玖主演的《天女散花》。我们因为带小孩,所以戏未完即先走。九点半回。

2月1日　星期四　晨阴, St 10,-6°,凪, 768 mm。

晨七点半起。上午去科学出版社和周太玄、朱务善、赵仲池、郭佩珊各社长谈。郭佩珊报告了今年期刊出版状况,说期刊现已出版 46 种,其中有 38 种已出版,尚有植物、水利(方钢离去后无人主办)、解剖、生物通报、数学进展、测绘和微生物、生物科学进展尚未出版,后二种并无人负责。《力学报》从前是内部刊物,现成公开,尚未经批准。《地理》现只销 9000 份,比前大减,应登报〔声明〕是《地理知识》的继续。学报中以《气象学报》编得较好,售 2500 份,《地球物理》2300 份,《地理》1950 份,《古脊椎》1600,最少《天文》1500 份云。近来质量有所提高(由于审稿),但间或仍有问题,如《地质学报》登(41 卷 2 期)《苏联安特列波夫行政报告》,《物理学报》载转《高举毛泽东思想》文。翻译文章常有外汇问题。次郭佩珊也提到发稿问题。今年书籍报告只能 5000 万字左右,已分数理化 1200 万,其中译《美国化学大全》十七本(前六本约六百万字), 1963 年《天文年鉴》140 万字,又出《卫生药典》,三项共 900 万字。生物组也 1200 万字,其中要出 8 种《植物志》就要占一大半。三室地学800万字,而新疆的58、59年报告各110万字;十三种专刊从廿万到七十万,合共700万字。五室科技只150万字,四室社会科学无多少书。此外期刊约三千万字云。谈到编译出版委员会的委员,周社长提出一名单,为竺可桢、尹达、杨钟健、周太玄、朱务善、赵仲池、茅以升、恽子强、童第周、潘梓年、范新三、尹赞勋、杜润生、王竹溪、关肇直、唐有祺、黄汲清、杨向奎。我认为范新三可去,其余人应当面接洽,有时间、兴趣,方可约。

下午三点至图书馆。与范新三、顾家杰谈,并约胡文琼谈期刊订购事,因外汇关系要大大紧缩。对外文委近召集科委、文委、教部、卫生部、科学院、国防部、文化部、圜商谈,要七方组织小组来缩减,科学院拟由四个学部来做平衡工作。据胡文琼报告,56年院中购外文书籍期刊花一百多万元人民币,(资本主义国家)去年廿万元。自1961年五月起所有书籍概停买。影印虽增加,但也只1000多种,所以图书馆请三万元外汇,院准二万,未知是否能通过。

2月2日　星期五　晨晴,風,-8°, 765 mm。

晨七点一刻起。上午九点至院。修改致IUGG的IGC秘书Laclavere函件。他近来曾已数次来函,约参加1964—1965 IQSY的工作。此外IUGG的地壳流动组定今年五月二十边在人民德国Leipzig开会,也邀我们出席。我建议我们参加,这IUGG组织一直到现在台湾是没有加入的。

午后约西藏考察队队长冷冰和司副队长及秘书,谈西藏考察队事。据云,西藏地形图虽有,不可考。地质局有七百多人工作,高级技术人员少,专做调查路线工作,并不做普查,对于黑河以西根本无地形图。前天我在图书馆看到美国Yerkes出Lunar photograph,凡220张,约为36 cm × 24 cm大小,把月亮上半英里的东西统可看出,所以说我们知道月亮比(黑河以西)阿里地区的地理更详细也不为过。据冷冰云,现西藏开矿以硼为主,以土法开采,浪费极多。班戈湖的好矿已开完,现又开奇林湖的另一矿,只取最好晶石,暴弃资源至为可惜。铬矿在黑河附近找到,最初定为25万吨,现知只有十万吨的铬矿。品位,铬:铁>3.5:1,较内蒙为好。此外则雅鲁藏布江边泽当附近也有25万T。煤的希望不大,要靠水电。泽当至日喀则一段有450 kW云。今年拟派100人调查泽当以东及昌都一段云。

晚和允敏、松松、婉芳、祥清至北京展览馆,参加了全国科委科〔学〕技术协会的春节联欢晚会,看了电影《山鹰之歌》和《欢天喜地》,遇秘书王顺桐及科协同志多人。至十点回。晚彬彬自化学所二部回。

2月3日　星期六　晨晴，N，风力1，-6.6°，765 mm。

晨七点十分起。上午九点三刻至院。和联络局潘纯谈如何答复Laclavere信的问题，因对外文委原拟稿实太简单也。和尹主任、漆主任商谈地学组演讲稿。午后宜宜来，知他在物理系已毕业，但尚差毕业论文，预期半年内做好。北大校长有周培源升任的趋势，王竹溪（物理）与傅鹰均被聘为副校长，而清华张维亦被任为副校长。这样，理工大学正副校长和综〔合〕大学正副校长在北京统由科学家来担任，这对于学校很好，但对科学倒是一个损失。

下午草《物候学》一文，至晚十一点共写1600字，觉全文总在八千字（《总论》）左右，所以不是预想一二天可写好，只好搁笔，待广东回来后再写了。晚彬彬和松松去政协礼堂看戏，我因作文未往。

张俊秀为了自行车事一直心中不快，因为小石在院中以80多元买了一辆便宜货。张事先和院说希望能为公用，买此车为张和石二人合用，但因石争先把车购为他自己有，所以张就愤愤不平。后经允敏再三托刘秘书向院说情，今日乃以180元购得一车，系旧货重配者。

苏联的农业：Semyon Volfkovich是化学家。他说（*Moscow News* March 3，'62年）目前在化学肥料方面苏占第三位，年产一千四百万T，但这远远不够用。到1980年，苏联的集体国家农场估计将产一亿二三千万T化学肥料。不但在量方面，而质方面也须提高，用高分子和微量元素，使其不易为雨水所冲失，而作用可较久。其中有Polymetaphosphates of potassium & ammonium。此外硼、锰、锌、铝、铜少量元素，虽含量只百万分之几，但也重要。目前在几百顷田中已用少量的铜、硼、锰做肥料，能使包谷增产20%，clover 100%。

2月4日　星期日　晨晴，风力1，N，-7.7°，761 mm。

晨七点十分起。上午阅*Discovery*《发现》。下午地学组和生物学组的报告均已油印好，我只粗阅一遍。二者写法不同，生物学组比较写得具体而有重点，叙述动植物分类和生物化学较详，对于国际水平写得较好。地学组则对于地学的特点写得清楚，地学任务写得详细，但无重点，写国际形势很差。对于将来的发展，生物学也提得很清楚，地学因任务多就没有重点了。

中午膳后，二点和刘秘书及松松至工人体育馆游泳。场中不欢迎我们于星期日日中去，说原来只定星期三、五的晚上7—9，所以以后拟只一礼拜去两次。下礼拜日我亦将去广州矣。

今日晚乃辛丑年大除夕，家中到了我与允敏外，彬彬、婉芳与天舒，祥清与明芝，松松，可说除宁宁和郭应章外，我的子女辈均已到。膳后，除允敏外，我们统至政协礼堂看影戏《花儿朵朵》与《气象哨?》〔《耕云播雨》〕。到十点回。《花儿朵朵》系新片子,系以北京的十六中为背景(一部分),即吴昌学和林巧丏所在学校。

2月5日 星期一 晴,风力〔 〕,N,-5.5°,765 mm。

立春,节后一天壬寅年元旦。元旦值立春。谚云"百年难逢岁朝春",而今年又值寅年行夏之时以寅为首,更难得了。

晨七点五十分起。早晨住在北皇城根32号的同人大家相互庆祝。八点半,首先是郁秘书长和廖冰同志。我和允敏就带领了彬彬、松松、祥清、明芝、婉芳(、天舒)至吴家、杨家。此后,我、允敏又到尹家、张明坦、邓国标、郭佩珊家和李俨家。李今年适发39°C高热而脉搏不正常。此外院中吕福俊、汪洋、刘福祥也相继来,黄宗甄于晚上也来,惟住前面的李让未见到。从上面所讲,在地安门北皇城根已有14家,再加李长远、赫司机、张俊秀、杜鹤龄等,几达二十家之谱。

中午,姚杏仙,陈志刚、乃贤夫妇,乃刚、黄汛夫妇来,在此中膳,所以一桌坐了十二个人。下午程茂兰夫妇来。他从半身不遂症后已有一年三个多月,三个月在医院医治,说左大脑中有血管被血拴塞,所以右边半身不遂,现已能行动上阶梯。朱务善来。程茂兰为李珩所译Pecker(法)与人合著《物理天文学》出版事,希望科学出版社能早为出版,并送来Pecker等二人的法文序言。出版社因纸张困难,须延至明年出版。

晚六点廿分,即和彬彬、婉芳和天舒,祥清和明芝,允敏、松松及杨赛花等一群人偕赵锡华司机同至人民大会堂,参加人民解放军军人俱乐部举行的春节拥政爱民的晚会。事先于七点人大常委与政协委员并先时在湖南厅与周总理、朱委员长等见了面,然后各人上楼。我们到大会堂虽在六点半,离京剧开演尚有一小时,但大礼堂大厅二楼已坐满。我们到最后倒数二排,既听不见也难看清。今日演杨少春《卧虎沟》,李世济主演《祝英台抗婚》,尚有裘盛戎主演《姚期》。因允敏怕风,出大礼堂到各会场一走,十一点多回。

2月6日 星期二 晨昙,ACu 1,风力1,-5.6°,763 mm。

晨七点四十分起。上午九点半至石驸马大街83号前静生生物所,现胡步曾寓所。因步曾曾屡次邀我一谈,因我处来往人多,所以我允到他寓中晤谈。进门则院内住有不少家庭,步曾所住室中亦颇拥挤,据说阴历年小孩均回之故。他客室中亦不生火,幸今年不甚冷,故可坐谈一小时余。他首提庐山植物园自下放以后,江西省要植物园自力更生,因此把许多山坡统种了作物,也无人管理,并有计划要把植物园移往南昌。他主张调四个人,吴长春、秦仁昌、厦门严楚江夫妇至庐山。认

〔为〕华东分院成立后庐山若由裴鉴主持管理,则以一个不学无术的人来管理世界上有数的植物园,实不合适。其次谈到真菌学,如王云章等不应放在微生物所。问谈家桢等译的 T. Dobzhansky *Genetics & the Origin of Species* 为了李森科的反对谬论而迄今未出版等事。渠虽于二年前曾发生心脏梗塞症,但精神尚好。十一点回。

今日上午来客甚多,计有贝时璋夫妇、蔡邦华夫妇、王淦昌夫妇、钱三强、吕炯、宛敏渭、徐仁、李君?、张君?,以上均在十一点我未回以前。以后又有过兴先、薛禹谷夫妇,郑作新夫妇,士俊和竺碚(北大数学三)、平、西?、庆四子和外甥女来。下午孙新民和小孩,硕民、杨夫妇,硕健、徐瑞秋夫妇,赵忠尧夫妇等先后来谈。又上午于强来。晚松松随忠尧夫妇去赵家中关村。

傍晚气象局张乃召台长来,知长望之病前曾因吃中国药一种激素而得改进,但近来又有改转向坏的方面,已不能吐出痰,甚至饮食也要强迫灌下,可知已成不救之症。

2月7日　星期三　晨昙,风力1—2级,-3°,晚六点起雪, 759 mm。

晨七点起。上午八点三刻出发,先至北兵马司13号晤钱乙藜夫妇,知沈性元又病,气喘卧床。次至 Росанова 罗萨诺娃寓中,因其久无消息,不知其已回国否,孰知她于去年十月二十边已回国,即吾人去英国的时间。她回后曾两次打电话给我们,均不在家,而我们在莫斯科飞机场所寄明〔信〕片由其父母转递,到北京才收到云。次至钱琢如寓,遇琢如夫妇与其长子、四女等。出。至朝阳门周鲠生家。他去广东一个月,到广州即发高热,卧病三周,不能去海南岛,可称狼狈,迄今犹疲乏不堪。闻赴粤而患感冒者尚有少数人,但均短期内痊愈。次出西直门至民族学院旁紫竹林附近百华寺新开马路。此区为军委所管,正在建一住宅区,仲揆和他地质力学所即在此建立新屋。住宅甚为宽敞,有四五亩大的院子。晤仲揆夫妇、其女李林(熙芝)及其丈夫邹承鲁与女平平。仲揆精神尚好,惜步履不如前矫健。据云在青岛曾一度发生心脏病,须氧气方能呼吸。但渠仍工作不已,并写了二十万字的工作云。回途至棉花胡同看涂长望太太,不值。

下午未出。三点林超来谈。汪德昭夫妇来。晚和彬彬、松松、婉芳至工人体育馆游泳池游泳,遇林宝骆、吴局长诸人。八点三刻回。阅文件至十一点睡。

2月8日　星期四　晨晴,地上积雪2.5 cm,凪,-3.3°, 759 mm。

美国发射气象卫星 Tiros 4号。从90′长火箭"雷神"起飞至500 miles高的轨道,重285 lbs,可照云的照片,周期100分钟。

晨七点廿分起。阅长远规划生物学组的稿件。八点半和允敏同往中关村。她去回拜来寓贺春节诸同事,一个上午走了十四家,只三家没有遇到人,其余统见到了。我到生物大楼,参加生物组的广州长远规划组的生物小组发言稿的定稿会议。到童主任、汤佩松、陈世骧、寿振黄、林镕、过兴先、蔡邦华、北大张龙翔、师大汪堃仁等,原稿系陈世骧、贝时璋(今天未到)、过兴先三人所拟。汤佩松提了许多意见,认为对生物学的任务欠明确,旧科学要革新,新科学要渗透。数理化认为渗透不够,要成立一个综合科学,综合数理化生,但是谈得不够明白,不知是否即 Kapitza 的"以任务来研究问题,问题解决后再重新组织来研究另一问题"之意。本来近代科学是受西洋古来传统的影响把各科分为 Department,所以有此限制。但是科学愈分愈细,若不分科也有困难,如以任务来带学科,则任务的继续性差,会影响学科的发展。汤也提到不能太看重仪器。十二点和允敏同回。午后至院重新改正了致 IGC Laclavere 的函。

晚阅《苏东坡诗选》,对于其中年在杭州及黄州诗选得不少,而于晚年在惠州、海南岛的诗寥寥无几。实际东坡晚〔年〕诗的造诣更深,应多选。诗中所提参寥系杭州一僧人,与李白诗中的参寥乃诗人完全是两个时代的人。

2月9日 星期五 晨阴-0.6°,潮湿, St 10,冞, 760 mm。下午阴。

晨七点半起。九点至院。和吴副院长谈片刻。教育部中等教育司的叶立覃、颜乃卿、芮乔松三人来谈《全日制中学地理教学大纲草案》。此稿已经讨论经年,不久做《草案》付印。我未暇细阅,询彼等以困难所在。据云, 57 年以前我国中学有自然地理、本国地理、外国地理和经济地理,共约 400 小时,现在只限初中一、二年级有,减至 170 小时,比之苏联从五年级起要教四年也要少一半。所以地学和生物一样,受到加重数理课程而大受减缩,这是第一个困难。其次,争论问题是教自然地理还是教经济地理? 区域地理要不要教? 是否以省为单位? 这三者的次序自然、中国、外国地理和时数比例如何? 我个人主张,时间既少,不教经济地理。次序以自然地理为首,把几个带和海洋、大陆、高度的影响搞清,然后读本国地理、外国地理,主张把陆界、海界和气界变成海陆空。十二点回。

下午阅英 Heinemann 小科学丛书, Francis Bitter (MIT 物理教授)著 *The Education of a Physicist*,谈到顺磁共振、核磁共振。Substances made up of atoms each of which is a little magnet are called paramagnetic 顺磁。Those made up of atoms without resultant spin are called diamagnetic 核磁共振。1st nuclear mag. resonance was made in 1952 by Prof. Ed. Purcell of Harvard & Felix Bloch of Stanford。可以从此查出, nuclear structure by measuring reson. frequency, about mag. strength of nuclear。

2月10日　星期六　雪盖地上12 cm,约5″,-5°,风力1, 749 mm, St 10。

晨七点多起。上午九点至院。院中召集了明天去广州会议的同人。杜秘书长报告了这次会议院中共有92人参加,会议工作人员在外。其中北京去的有65人、上海16人、东北10人,其余各地兰州、武汉、青岛11人。这次会议正值大跃进后,有回平的现象,农业不够过关,城邑有人口一亿五,所以一定要城邑人口下乡。1962年做了规划,目的要能提高质量,要实现《14条》,尤其是保证5/6研究工作人员的时间,培养干部也是重要问题。这次广东开会性质是动员大家,使全国经济企业和科学研究要统一起来。和前次不同,这次规划将是分头做,而不是集中一起做。既要把事情做好,而同时要不违5/6时间的定量。凡有意见统可发表,什么问题〔都〕可以提,要以负责态度。过去经验要考虑,不但是成功经验,也是失败经验,各人可以发表自己意见。如何规划也可以发表意见。如何能达到"全面安排,重点照顾"? 自然科学有1600分支,不可能每个分支统照顾到,〈有〉〔要〕注意不做无效的劳动,要使所有计划统成为有效的劳动。有若干问题可以在学会或所中安排,不要把计划作成一个目录。另一方面是注意实用意义大的问题还是理论大的问题。次为民主和集中问题,要少犯5/6时间问题,科学事业的后备军与工农业问题,大厦统要建,但最关紧要是农民粮食不够。十二点散。

下午至院中一转。寄函与英国皇家地理学会,把国际地球物理年的函也签出。一天温度不低,所以大部雪多融化。这次河北、山东、河南统下了雪,所以庄稼皆大欢喜,湿度、水量大,河北在1 cm以上的水。

2月11日　星期日　〔北京到广州途中〕　晨晴-1.6°,风力1, Ci 3。

乘车从北京到广州,专车行2324 km,计花时49h20′。同行十四列车300多人,车票119元。桢重102 lb,明芝42 lb(连衣)。

晨七点多起。今日温度仍不低,有春意。上午祥清、明芝赴南京,婉芳和小天舒(飞飞)回杭州。乘$11^{h}35'$车,由松松、彬彬送往。适樊纪顺、杨克强来,统见到了。黄羽仪太太稍迟,未见到。明芝到京时重39 lb,今日称42 lbs,重3磅,统是连衣服。天舒去衣称22 lbs,在一个13个月小孩,有22 lb重已能走路,是很强壮的身体了。

中膳后收拾行装,即别允敏,和刘力、彬彬、松松至车站。今日之列车系赴广州开会之专车。科学院北京部分62人。我和吴副院长、刘力及杨同堂同房,系列车四节七号房。与熊毅谈盐碱土及水土保持问题,认〔为〕天然规律不能违反。$18^{h}10'$晚膳。膳后于光远、王竹溪、黄子卿来,谈及关于大学办六年级嫌时间太长,大学是否要办研究所。我提科学院是否要办大学问题,王竹溪提大学不要办期刊问题。科委赵局长来谈物理学问题。九点睡。

北京	下午 $14^h35'$出发	新乡	
高碑店		郑州	子夜到郑州，停二小时
保定	$16^h45'$到保定	许昌	
定县		漯河	
石家庄	$19^h00'$到石家庄	驻马店	
邢台		信阳	12 日 $8^h35'$到信阳
邯郸			$9^h45'$过山洞
安阳			

2 月 12 日　星期一　从北京赴广州途中　晨有雾，驻马店到信阳一段车中 16°—17°，StCu。

今天是阴历"人日"。东方朔新年八日：一鸡、二犬、三猪、四羊、五牛、六马、七人、八谷，八日称谷日。

$8^h35'$，大雾，尚在黄河流域，不久入山区。$10^h06'$—$10^h25'$，已到长江流域，野外小麦已绿。信阳犹华北状况，黄河、长江分水岭不高，过岭后小麦已绿，但直至汉口以南，草仍作黄色，犹冬天景象。十二点中餐。$13^h30'$到汉口。沿铁路可远远望见汉江桥和长江大桥，在此停半小时，户外天气已有春初景象。过武昌时车未停，因这次车是全部赴广州会议者。全车十四节，其第七和第十四节为餐车。两天每人付七元膳费，九角水果，一斤半粮票。$19^h05'$到岳阳，停车 $15'$钟，时天已黑，看不见洞庭湖。忆抗日战争初期，曾和刚复乘车自武昌至长沙。$22^h30'$至长沙，时已入睡，知车停站而已。$23^h36'$到株洲，起从窗中窥，见车站相当大而阒无一人。车至汉口时，方俊上车来。过衡山、衡阳均在晚间。李太白送王昌龄至龙标诗："杨花落尽子规啼，闻道龙标过五溪。我寄愁心与明月，随风直到夜郎西。"云云。

〔补记：13 日的早晨七点到了郴县。已到湖南南部，过此即入南岭山区，湖南和广西、广东交界处。地面统较平缓，不如江西大庾岭的高耸入云。我在抗战期间曾数次由吉安经赣州赴广东、广西，其时公路极恶劣，而山路峻险，与粤汉路之平夷大不相同。〕

12 日	信阳	
	广水	
	花园	
	孝感	
	江岸	
	汉口	
	武昌	
	咸宁	
	蒲圻	
	岳阳	
	汨罗	
	长沙	
	株洲	
	衡山	
13 日	衡阳	(3^h00)
	耒阳	
	郴县	(7^h00)
	坪石	
	乐昌	
	韶关	$11^h11'$

2月13日　星期二　〔到广州〕　雨,车中20°左右。下午至广州,微雨,闻昨天最高28°,室内22°,今日18°。

晚抵广州,住羊城宾馆601号,Tel.〔　〕,在北城体育馆路越秀山不远。晚至东山招待所三楼晤郭老。

时间	地点
$7^h00'$	郴县
$10^h36'$	乐昌
$11^h11'$	韶关
$11^h35'$	
	英德
$14^h22'$	源潭(清远)
$15^h36'$	广州

昨晚过株洲、衡阳,与前晚过黄河相同,翌晨景观大不相同。十一日出发时满地白雪,直至保定、定县。昨日晨到河南境内,已无地上之雪,而小麦已作绿色,广水以后尤为绿油可爱。昨晚经湖南,天气变,下微雨,迄晚至广州不止。今晨起七点,已到湖南郴州,自此以南即入南岭。岭虽不高,但从坪石经乐昌、韶关直至广州附近,均在丘谷地区中行。田间多种油菜,湖南境内已有开花者,广州附近则已盛开矣。小麦北京尚为雪盖,黄河以南河南已抽青,到广东则有抽穗和已经黄色者。到坪石曾停15′,在车站旁有白垩纪砂岩骤从平地起,墙立50—60公尺。据尹主任云系风化所致,为Pseudo-Karst。英德一带有不少Karst山。入粤省后草木更茂盛,山边尽绿,惟广州附近反现干燥。闻广州已二个月不下雨,到今始下小雨。昨最高气温28°,今日骤降云云。$15^h36'$到广州沙河站,因恐北站人多,所以在此下车,由中南分院蔡承祖、黄云耀、谢文生和黄友谋诸副院长在站相接。至体育馆路的新造八层楼旅馆羊城饭店,我住601号。晚膳遇上海来的苏步青、汪猷、谈家桢、谷超豪,南京来的钱钟韩和徐尔灏、马溶之,以及黑龙江卢庆骏,昆明曲仲湘,长沙周行健。

晚和张、吴副院长、杜秘书长及于光远同志等至东山招待〔所〕晤郭院长和郭夫人。郭老问及去年十月间去英国情况。渠在海南岛住几一个月,在"鹿回头"时间最长,并至那大热带作物研究所,访附近白马井马伏波遗址,儋县苏东坡的遗迹,有老人能作"东坡语",即四川音云云。九点回。

2月14日　星期三　〔广州〕　晨阴,StCu F. St 10,室内16.5°,户外11°,763 mm。

晨六点起,做太极拳。早餐后九点半,至河南区中山大学办公室,先由陈序经招待,通知我和吴〔副〕院长所要看的人,即陈寅恪和姜立夫。时去看中大物理系、生物系的人已有不少在等着。我和刘力、吴副院长乃去看寅恪。他住原住的宿舍二楼,精神甚佳而健谈,虽目盲而谈笑风生。吴副院长与彼乃25年前联大老同事,与其夫人亦相稔。谈及供应,说广东供应虽好,但为了北京和各方来人多也穷于应付。粤省对华侨为了赚外汇亦特别优待。谈到英国,云人只知英国博物馆的敦煌莫高窟的汉简，而不知 Aurel Stein 初发现莫高窟时取了许〔多〕藏文的稿件，对于唐和吐蕃史料尤可宝贵。其初存于 Indian Office，现不知在何处。曾函科学院图书馆，但迄无回信（云已去函二年，其夫人唐君不知其事）。我允回京后为之一查。又谈及今年壬寅，据印度历乃是大灾年。中国相传"日月合璧，五星连珠"。今年阴历年初是立春（晦日），而岁逢摄提格，是宋以来第一次（据我估计大约 450 年一次）。日月合璧无疑是有的，但五星连珠则未必，盖金木水火土聚于一宿（中国宿又大小不同）乃要数万年才有一次。十一点至姜立夫家，由其长子伯驹领往。知立夫近病感冒有温度，卧病已数日，由其夫人招待。其长子不日将回北大数学系任教云。

下午二点半分别参观：1）越秀公园望海楼，毛主席农业讲习所；2）文化公园和陈氏祠堂人间艺术展览，与 3）黄花岗烈士墓。我和过兴先、曾呈奎、赵九章、侯德榜统〔去〕了第二路，至中山七路陈氏宗祠。据讲解人云，成立于光绪 16 年，经 5 年始修成，雕梁画栋，而外墙屋檐上均瓦的、泥的、石的雕刻。解放前虽毁坏，近已重修，所陈列广东省各县的民间艺术，有木刻、刺绣、贴贝、贴稻草，而尤可贵者有象牙球内外重叠至二十二层，一块方石上刻全部《四书》十万多字。我说这是艺术上世界的高峰。我们艺术能达世界高峰，何患科学上不达世界水准。能出杜甫、苏轼，也能出牛顿、爱因斯坦。

寄允敏函

2 月 15 日　星期四　广州　晨 8°，晴，室内 16.6°，764 mm。下午晴，室内 19°，762 mm。

晨七点起。上午和赫崇本、曾呈奎、漆、尹二主任、海军宋主任等一行至河南区中山大学附近的南海所，由邱所长（原在文化部工作）、韩所长介绍了所中情况。据说成立于 1957 年，有地 12 万 m^2（180 亩），四周有中山大学、国际热带器材研究所、水产研究所，地面较四周稍高，所以地址很好，可惜不近海洋（不临海），去湛江汽车 24 h 多。现有 180 人左右，一半留此为物理组同人，海洋生物、化学与地质组则在湛江。湛江无一机关可以合作，不如在广州有中山大学可以借看书籍。次看了物理组同人，其中有气象组、动力组、光学组。光学组自己做了测深水光度（40 m）仪器，海洋组做了颠倒温度仪。

十点半我们别了邱秉经、韩凤鸣二所长，至海珠桥边的广州商品国际贸易展览馆（广州市中国出口商品陈列馆），由张主任作了介绍。据说该大厦十层楼，共三万方，于 58 造成，从六层起为展览品，七层有贸易谈判室，八层以上是办公。每年春、秋两季邀请国外商家来此，去年有二千多商家，成交三亿多元，即五千万镑。贸易以轻工业品为多，交易以资本主义国家为主。我们六楼看起，为瓷器，玉器，雕刻,竹、藤编制,伞,扇,手工漆器。象牙球多至卅层。五楼有轻工业纺织,系毛织、棉织品为多。四楼绸缎,有湘绣、苏绣、都锦生、杭织。三楼系草药,中国农产品。二楼化学工业,如玻璃器材、油脂等。一楼则为重工业。从这次参观又可看出,我们的手工业将是无敌于天下。十二点回。遇黄耀曾、汪猷二所长,知上海化学所庄丕可所长已于今晨三点患癌?去世。丕可病已达十年,最初尚系1950年夏与我同去沈阳,车中受风寒,抵沈后即病,嗣后一直未复康健。

阅何大章(中南地理所)《广州地区天气物候观察61年记录》。桃始花在一月下旬,花盛在二月下旬,相隔一个月。三月上旬木棉开花,黄槐开花五月上中旬。蝉鸣五月下旬,乌桕开花六月上旬,紫荆开花十一月,黄槐二次十二月上旬,台湾相思花十月上中旬,梅花十二月中旬,刺桐十二月下旬。木棉开花1961年(3/14日),4/7日布谷鸣(广州),4/29台湾相思初花,5/11蝉鸣,黄槐开花5/17。

2月16日　星期五　广州　晨晴,户外8°,766 mm,上午室内18°。

广州科学技术十年(1963—72)规划会议开幕,地点羊城饭店。

晨六点四十分起,时天方明。八点半至解放北路迎宾馆,即省政府交际处招待所三楼。此地58年和范长江同志来华南开会,科学馆开幕成立华南科委时曾和长江同志同住四号楼。三号楼系60—61新建。先晤谢秘〔书〕长,他患心脏病、脉搏间歇和胃溃疡,经休息后已好转,今晚又要到从化温泉疗养。次晤长江同志和沈衡山老,遇史良同志。据沈老云,他一天能睡十小时,经常锻炼身体,所以精神矍铄,其女儿陪同在此休养。据云人民代表大会决定延期至三月十五号。十点至西堤百货商场购游泳帽和游泳衣,无货,因不在夏令时节。回。在张副院长房中韩光同志报告这次规划办法,拟于今日下午请聂副总理报告后分两期进行,头几天请大家发表意见,第二期始作各学科报告,谈如何做规划。

下午三点,聂副总理、广东省和中南局第一书记陶铸、范长江等统来,稍坐后即至第二楼会议室开长远规划(1963—72十年)的会议开幕大会。韩光同志主席,请聂总作报告。首先今年做的十年规划将是1956—67长远规划的补充,要求我们以多快好省的办法,于最短期内达到世界水平。我们要建设一个富强国家,把世界人民所期望的事业承担起来。这次讨论会要知无不言,言无不尽,要谈谈经验,包括正面和反面的。虽要节省时间,但也不能草率从事。谈了差不多之后才把总任务提出,以后是谈如何做好规划,以便回后如何去做。毛主席在〔谈〕处理内部问题时曾经提出"百花齐放"的方针。提意见要尊重事实,要说老实话,过去做得不对的,要反省改正。要敢于提出争论问题。编制十年规划是一件重大问题,将影响到我们的后代。要提问题,也要解决问题,能统一的就统一,不能的不勉强。次陶铸同志报告,说近在京开了党内五千多人的五级以上会议。大家认为,"白日出气,晚上看戏,二千一稀,大家欢喜"。六点散。七点至先烈路广州军区后勤礼堂看上海青年京剧团演出。俞振飞、言慧珠《玉堂春》和青年做的《杨门女将》。一点回。

2月17日　星期六　广州　晨阴, ACu 9,户外11°,室内16.2°,风力1。

科学规委会小组会议。

晨七点起。上午小组会议。这次科技规划会议与前次不同,在于时间只限二三星期作为筹备,以后就分头进行规划。今日分为十八个组,其中以地方组人最多, 42人,包括各分院负责人;次为农业组33人,水电27人,生物28人,地学25人,最少原子能12人,力学13人。我参加地学组,包括地理、地质、煤炭,称第八组,而第七组则包括气象、海洋、地球物理、大地测量与天文。首先推定我和尹赞勋、程裕淇为正副组长,开始发表意见。

上午讨论重点在分组上。大家认为古生物应在地学不应在生物,但也有主张可归生物。尹赞勋认为采矿是应用地质,不是基础科学,甚至不成为独立科学。培养人才也是讨论重点。孙云铸主张综合性大学要培植地质人才,过去生产任务重,所以不能不办地质学院,大学应做研究工作,现在南大是惟一有地质系的。任美锷也主张要充分发挥大学人才力量,综考会队伍中对于科学研究注意不够。黄秉维认为南京地理所可合并于南大。

下午孟宪民提成矿过去以为lava等火成岩为主要,现有人以为沉积更重要。矿石也就是岩石,天然选矿而来。黄铁矿、铜矿均是沉积而成。其说与Пустовалов普斯托瓦洛夫说相近。尹说并无所谓矿床学,水文地质、工程地质统是应用科学,不是基础。张文佑说地质是为国防、找矿和水利工程三方面服务,这是应用。基础科学是地层、矿物、岩石和构造。以后讨论到地质科学是否为基础科学问题,杨克强强调地质科学为基础科学。尹赞勋把地质学的分支加以分析,说明地质学门类繁多,应用很广。我提出所谓基本科学,必能解决人生哲学宇宙观上几个基本问题。六点散。晚有电影《孙行者三打白骨精》,因患咳嗽未看。晚咳较剧。

2月18日　星期日　广州　晨晴,户外11°,室内68°F, 760 mm。下午晴,室内71°F, 758 mm。羊蹄树沿马路正在开花,此外花市腊梅、桃、李、金桂同时开花。燕子未见。

开发海南岛。

今日星期日,休息。下午登记去佛山参观卫生状况(佛山系卫生县)和瓷器厂等。我因57年曾到过佛山,又因晚间咳嗽不宜吹风,故未往。上午九点多和上海分院王仲良院长及张香桐、胡永畅、王应睐、庄孝僡诸人至附近越秀公园一走。先至山巅花岗岩雕的五羊碑,在此撮数照。下山至游泳池旁,又拍数照。时沿途见有开紫花者为行人道树,因其叶分两瓣如羊蹄,故称羊蹄树云。张香桐言颜德庆系医界老前辈,今年86。问其养生秘诀,说他午后、傍晚不再饮水,所以晚上睡得好。我前闻陈叔老也有此习惯。庄孝僡云朱洗之病查明系 Carcinoma,以钴60烧去气管系中的癌后一时顿觉愉快,但朱自不知是癌,所以逢人便谈,而吃烟如故,希望以后不再发云。

中膳后睡一小时。三点多和寿振黄、贝时璋、沈善炯到羊城宾馆西面的流花湖,又称西湖,全系人工点缀而成。据说汉初南越赵佗在番禺于越秀山作宫室,广种花木,春季花落水中满溪,故称流花湖云。我们循径绕湖一走,缓步而行。湖边有不少桉树、台湾相思、羊蹄树、麻黄树等。五点回。六点晚餐。

晚膳后至656号黄秉维房晤何康。据云,海南岛居民现已达三百十万人,但粮仍不足,去年差七千万斤,虽比过去为好,但仍然不足。估计每人只要有1.5亩水田便可足食,但海南岛现尚只有二百卅万亩水田,远不如台湾。台湾有一千三百万亩田,其中九百万亩为水田。认为海南岛要增至900万亩有困难,因为多丘陵地。油棕已种五十万亩,现每亩可出40斤,将来亩可产200斤。橡胶,去年割胶共得干胶4000 T,比解放前多20倍。估计1967可十万T,1972可得二十万T云。海南岛现有田600万亩,一半水田。可垦地有二千六百万亩,可种胶600万亩,油棕等400万亩。关于港口,海口不适宜,以白马井(儋县)为最好云。

寄允敏函

2月19日　星期一　〔广州〕　晨晴,风力0,上有逆温,11°,室内70°F,761 mm。

壬寅年元宵节,文化公园有花灯会。晚中南局陶书记代表中共中央、中南局、省委、市委、省人委、市人委请客。

晨六点起,作太极拳20′。早餐遇张钰哲,我问在地球物理年内上海经度测定数据,与29年前(1933)所测有何区别。据说相差(9/100)″,有文登《天文学报》云。九点至第七组小组会议,为地球物理大地测量组。讨论集中在仪器制造未过关。白敏讲到测量仪器,本来测绘总局办了一厂,为仪器部门所吞并。气象局王宪钊也谈气象局原有四厂,现仅一个厂。程纯枢谈 Radar 制造只能做3 cm,而且制造得不够好,Doppler Radar 谈不上。白敏谈到西藏高原要制图必须有能升上一万公尺高空而有密封舱者,Ил 18不合适,因其不稳定。谈到人才问题,各个单位的本位主义太深,要有"全国一盘棋"看法。赵九章谈到苏联从1929年起科学院和重点大学拔尖，到如今的一班人才全是那时来的。目前教育部又要重复 1955 年办法，要每个大学副教授统带研究生，而且把好学生统留在校。

下午在第八组座谈。翁文波谈石油前途，说二十世纪初以农业原料做燃料的占 37%，煤 50+%，石油 4%。1950 年农业材料只 13%，煤 49%，石油 16%，水电 3%。他估计到 2000 年，原子能将占 15%，而天然气和石油将占大部分。以资源而论若以 10^{18} calorie 为一个单位，则石油为 1，煤为 5，油页岩 1/4。石油的储量是一千二百亿 T，达地球的太阳能每年共为 200 单位。以后天然气的用途将日广，美国用天然气已多于石油，而苏联占石油 70%。我国石油用的太少，每人 10 kg，印度每人 20 kg，苏联 700，美国 1900。但估计我们蕴藏相当大，因沉积岩多。次谈培养人才问题。南京大学校长郭影秋说，目前大学课程，比 1957，已把生物、地学的学生〔的〕数理化加了一倍，如生物系、气象系 900 h，地理系 600 小时，但这样把生物、地学基础课程减少了。又说大学教授中不少能做研究工作，但乏编制及设备云。晚陶铸同志约晚膳，共 56 桌，600 多人，到聂荣臻、薄一波二副总理，郭院长，陈郁省长。

2 月 20 日　星期二

〔广州〕　晨晴 12°，室内 72°F，760 mm，Ci 1，风。午后晴，室内 74°F，757 mm。

昨晚华南局陶铸书记、陈郁省长请晚膳，吃狗肉，我吃了三杯，又因敬酒喝了一杯红酒。晚间文化公园有元宵灯，余因恐吹风晚间咳嗽，所以未往。八点半洗浴即睡，但觉不能入睡，稍有咳嗽，继而觉得热不可当，咳嗽不止，至子夜后二点左右始能安眠，天微明即起。今日询汪猷，知他昨晚也不能安眠，大概系吃了狗肉。吃狗肉尚是生平第一次。

晨六点半起。九点参加第八组。孙云铸谈出版问题，认为北京地质学院的学报可以不出，专办《地质学报》和《古生物学报》，说影印书籍太缺乏。也谈到保密问题，如苏联同志要中国珊瑚刊物不能寄去。图书方面，杨克强主张出一个总目录。马杏垣赞同地质学院办研究所能提高水平。该院已有 800 个教师，说科学院和学校关系自大跃进以后减少太多。说保密制度定得太严，因此就不敢写文章。苏联于国庆节寄来文章送各单位，迄今因保密未送。该校研究生已有 150 人，质量低。说矿床学是一门基础科学。涂光炽说地质所有一半文章因保密未敢发表，学校与科学院应合作，地质学会总会活动不够多。东北地质学院业治铮认为现有地质科系应加强，不要再加，说科学机关未能如体育和艺术那么遴选人才。孟宪承提到岩石命名，如硅卡岩不知何人所定，说矿床理论的重要，说全世界工业石油储量只 370 亿，科威特占 37%，苏联 10%，美国 16%，全世界储量（工业）370 亿云。

下午煤炭学院王德滋也赞同企业部门办研究所。石油学院张俊院长谈石油，说玉门最〔多〕时可产年103万T,去年80万T。张文佑谈教育问题。晚膳后黄耀曾、汪猷二人来谈,询及今年“日月合璧、五星连珠”事。今年是壬寅,立春逢元旦,又值壬寅年,所以为五百年一次的遭遇云。下午李主任医师来诊治我的咳嗽。

2月21日　星期三　〔广州〕　晨晴13°,风力1, SE,室内72°F, 758 mm。

晨六点起,做太极拳操15′。九点至科规会第八组小组会议,继续谈论。程裕淇谈我国采矿地质的发展程序与苏联不同。苏联是首先小区域地质,以后普查,以后才是探勘;而我们是先从探勘入手,到如今解放十二年后才注意普查、小区域测量。矿产方面先钢铁,而后煤,近才注意石油。如中国做法,找到了大量材料,于科学研究也有补益。但是区域地质测量仍是基本的。准备1969年前出全国百万分一地质图,完成1/3地区二十万分之一,按地区需要做五万分一,现在廿万分一图已出三幅。地质部有若干报告,如包头稀土矿物的报告,质量很高,然尚不敢谈研究,可以说哪里有地质工作哪里就有研究。勘探队伍作了总结后仍待第二次总结以提高一步。地矿组工作,在科委领导下有成绩,也有问题。60年地层会议起了很大作用,但稀有元素组活动很少。杨克强谈保护自然,去年归院办理,植物方面、动物方面已有保护区,但地质方面尚没有,博物馆也没有人注意。任美锷谈地质、地理联系不够。张文佑认〔为〕华北盐碱化和小地貌有关。涂光炽主张加强综合性大学地质系。尹赞勋提地质科学谁挂帅,要地质部当火车头。张文佑认为放在科学院排队,地质终在最后,所以地质力学所要留在地质部。业治铮谈地质学院已毕业了八千学生,但质有问题。考试入学,清华350分才录取,专科学院170分,而师范学院80分即取,可知质很低。

晚陶铸同志约代表团三十多人至迎宾馆谈话。据云去、今两年整顿巩固,61年钢只800万T,远比60年1720万T为少(煤二万七千万比四万三千万T)。今年钢预期只700万T,但注重质和品种,希望到1972达2000—2500万T。说化肥已和比利时、意大利订约,以每年170万美金购出50万T一年化肥厂机器云。陶书记健谈,至十点半回。

2月22日　星期四　〔广州〕　晨昙, FrSt StCu 2, S, 16°,室内74°F,风力2—3级, SE, 756 mm。下午阴, St 9, 753 mm,室内73°F。

晨六点起。上午在八楼开主席团会议,到张副院长、吴副院长、于光远、侯德榜、茅以升、范长江、丁颖、黄家驷、韩光、武衡及省委副秘书长(杜□英?)。各组报告了情况。韩光同志认为鸣放相当好,可认为满意。讨论的最多是培养干部和将来干部的质量问题,其次是关于(歪)风的问题和保密问题。医药组的发言人少,不敢谈中医,怕戴帽子。中医动辄谈二千五百年来六亿人的经验,也不赞成研究单性药的药理。农林牧组有盐碱土问题,农科研究人少,而精简得过甚。讨论情况各组不同。力学组已提四个问题来讨论,如目前存在缺点等。但大多数组将仍继续鸣放。下星期谈专题,谈方向问题。专业组报告于本星期六发到各组有关人员。分组,下一组如何分法,谈方向时可分小组。星期六下午开组长和主席团会议,谈过去所谈要点和以后专题,鸣放方向将书面通知各组。

下午继续在第八组讨论。水文地质局张更生谈到甘肃引洮工程之失败,皆由事先未全面考虑。在长江大桥的建筑,从苏联学了不少工程地质知识。干旱区供水问题很大,靠山地区建立 20 个水库,其中 19 个有问题,如密云水库漏水要灌浆,河源水库引起地震,三门峡水库泥淤和盐碱化,灌县水库和紫坪铺(泥淤)水库均放弃,石家庄〔水库〕会自鸣自叫等等。在平原上水库引起盐碱化,渠道渗漏。河北任邱县一年中发展盐碱五十万亩。河北省 57 年盐碱 1500 万亩, 1961 年 2100 万亩。只知片面防洪而未顾到全局。任美锷、郭影秋谈了干部问题。六点散。

晚丁院长(颖)来谈广州农业气象问题,据说广州附近春分前水稻下种。约过兴先来谈。今日从学习会分组名单中查得从前浙大教员,在数学有陈建功、苏步青、谷超豪、卢庆骏,化学王葆仁、钱人元、卢嘉锡,力学钱令希,生物贝时璋、过兴先、张肇骞、谈家桢、崔澂,原子能王谟显、胡济民、卢鹤绂,地学竺可桢、黄秉维,化工苏元复,冶金邵象华、邹元曦,电工钱钟韩,交通〔建筑〕张哲民,无线电沈尚贤,农业蔡邦华、(江厚渊、)沈梓培、朱惠方等 28 人。

2 月 23 日　星期五　广州　晨昙, ACu 6, 16°,室内 72°F, 752 mm。

科技远景规划会议。

晨六点起。早操 20′后早餐。九点开小组会议,在第八组(地质、地理、煤炭)。地质部副部长单雄报告,说过去有瞎指挥情况,在编制、设备、图书、保密问题上都有问题。他于 55 年才到地质部,一切生疏, 56 以后大搞研究,要办六个所。去苏观访做报告说要开展 20 万分之一的区域测量,苏联专家问要多少个古生物家?就被问住了。要有理论才能有成就,如 53 以后几年向西找油不得结果, 56 年以后向东找油, 59 年在东北公主岭找得油沙,这是大发现。打井到 1700 m,用航空测定五万平方公里洼地(结构),以后在江汉平原、华北平〔原〕、京津附近统找到苗头,但是最重要是松辽平原,使我国石油资源列入世界十名之内,全靠松辽十年远景规划会给我们方向。以后要注意室内工作。次煤炭部技术司任弼绍说,去年全国煤产日七十万 T (年二亿 T),今年 45 万 T (年一亿六),说煤炭部地质探勘六七万人,但地质报告中地下水情况不明。如峰峰年出一百万 T,但常淹水,焦作也淹了水。东南区问题大,大同煤矿八万人找不到水,鸡西、鹤岗统没有解决水问题。瓦斯问题也解决不了。煤炭部分不到干部，凡是有地质工程的比较完成任务好，否则有困难。开滦煤田究〔竟〕有多大，至今不知道。希望科学院帮助搞自动化、同位素、γ射线。

下午在第二楼，主席团和各小组组长联席会议，报告六天来进行概况与以后日程。十八组组长做了报告，各组谈论最多是关于干部培养、合作、保密、刊物、国际活动、技术政策、世界水平、科学规划的检查、尖端与基础。轻工业希望联合讨论。生物组谈"一阵风"，苏联科学是否前进？科委管什么？是否管协调？讨论不要前松后紧。晚至先烈路广州军区后勤礼堂，看战士话剧团演出五幕话剧《红缨歌》，至十一点廿分始散。

2月24日　星期六　广州　晨阴，St 10，室外18°，室内74°F，风力1—2级，SE，750 mm。

今晚科学院同人乘车去从化，因来回匆促，明晨即须归，所以未往。

晨六点半太极拳操20′。早餐后参加第八组（地学）继续鸣放。业治铮提到地质干部是多还是少。吉林省地质普查大队有五十地质毕业生，没有多少事做。辽宁省海洋所有200人，60年等盖房子，61年下放劳动一年。质量方面，56年以前地质学院学生比较质好于56年以后，由于基础差，搞运动搞太多。张文佑谈地质研究所任务摇动不定。核子地质一时很注意，后来又不谈。有人说大地构造不是研究题目，有一个时候大地构造和水文地质合为一室。地质部基本问题应是岩石、矿物、地层与构造（小构造）。农业不仅仅是土壤问题，而是地下水问题，云云。中午散会。下午二点半，和第八小组尹主任、程裕淇院长谈下星期第八组专业讨论什么。大家主张以下四问题：1）干部培养与分配；2）分工协作；3）出人才出成果的物质条件；4）保密与国际协作。

下午在七楼开主席团会议，到韩光、武衡二主任，张、吴副院长，侯老，茅老，黄老，丁老，提出到三月十日前日程，定2月26—27两天专题讨论，28上午开大讨论关于规划方法的说明，以后讨论至三日，下午开大会后讨论重大项目规划方法。六、七两日（三月）科学家报告专题，八日机动（周总理可能于27来，要占半天，讨论半天），估计三月九日可以总结，十日回北京。人民代表大会定十五日开会，十三日报到。

晚膳后童主任等一行去从化，80 km大车要二小时余。我于1958曾去从化，一天即回，但今日去明早8^h即须回，嫌局促，所以未去。晚膳后和贝时璋、沈善炯至外边一走，回晤曾呈奎，谈片刻。十二点左右医院护士送咳嗽药来，半夜打电话叫醒。侵晨三点下雷雨，但未几止。

2月25日　星期日　广州　晨阴。昨晚雷雨，晨起地干知下雨不多。户外19°，室内73°F，阴天，St 10，751 mm。下午时有小雨。

晚看红线女演《花园对枪》（北宋高怀德事）。

晨七点多起。上午因雨未能出。与吴副院长谈，昨日主席团谈会议日程时各人了解不同，我个人以三月五、六两日的科学家演讲和二月廿八号的重大项目是两件事，所以主张把科学家演讲移前，实则科学家演讲既在小组讨论，也就可以不在大会讨论也。

下午去从化的代表回。三点在我房召集第五（生物）、七（地球物理）和八（地学）组小组长会谈。我传达了昨主席团会议时所宣布的日程，到会者计有童第周、尹赞勋、张钰哲、陈永龄、赵九章、过兴先、高尚荫、漆克昌诸人，日程已见昨日日记。讨论时大家认以为六、七两日排科学家报告嫌太迟，因科学家报告的重大部分是各科的重大项目。如报告，应放在讨论重大项目的同时，而且也不必在大会报告，只要小组中加以说明，因发言稿均已印好发给小组。

晚七点至先烈路广州军区后勤礼堂看粤剧院演出三个戏，即《仕林祭塔》（许仕林祭白素贞），由粤剧院少年剧院演出；《罢宴》（寇准做寿事）和红线女与罗品超主演的《花园对枪》（演北宋高怀德与宋公主对枪事）。十一点多才回。

昨据武大高尚荫云，旧同学钟心煊已于去年五月去世，桂质庭于十月去世，二人均不到七十云。

27日晚和赵九章谈，说他估计全国做气象研究工作人员150人，地球物理所80人，说科技大学招学生以59年、61年为优。他的印象苏联对我保密，1953相当严，1957年最好。因是匈牙利事变后，58赫鲁晓夫来京提出海军联合指挥，经我拒绝后形势一转，保密又加严。

2月26日　星期一　广州　晨阴，小雨，Nb，StCu 10，北风，12.6°，72°F，754 mm。下午阴，晚756 mm。

晨七点起。九点参加地学组小组。今日开始专题讨论干部培养与分配问题。张文佑主张双科教育，成绩好的人多选数理课。涂光炽不赞成大学实行苏联分课程考试与检查两种，以为所读的课必须严格考试。尹赞勋认为基础课比专业课更重要，专业不要分得太细，应以英文为第一外国语。孙云铸以为考试应严格。郭影秋说1958年大学毕业生25万人，而大学招生32万，自然学生程度要差。大学里大家好搞尖端，大学应该因材施教。孟宪民谈科学名词不统一，外文名是否可以拉丁化。杨克强认为高中应加地质、矿物课程。

下午二点和刘力秘书乘车至中山五路新华书店购买中学用地图，知肆中一无所有,问以何故,说卖完了,新货未来。在旧书铺购得叶德辉著的《书林清话》和元司农司撰《农桑辑要》三本。三点在地学小组继续谈培养人才和出国组织国家队。大家认为学位与学衔有需要。郭影秋认为大学教授由部批准,副教授由市、省批准,助教、讲师由校批准,所以讲师级资格高低大有不同。

晚蔡邦华来谈。据云,在农林牧组分为三小组后,分在林业组。林〔业〕组对科学院有意见,认为科委照顾科学院而忽略企业部门,设备、人才两差。科学院我个人也认为照顾农业不够。在昆虫所未合并于动物所之前,有白蚂蚁组;合并以后,以学科分〔组〕,不能有任务分组,所以白蚁组人员统分散到生理、分类等组了。吕有佩来谈。

2月27日　星期二　〔广州〕　晨阴, StCu 10,风力1—2级, ENE, 12°,室内68°F, 756 mm。

晨开主席团会议。韩光同志宣布专题讨论中不再谈国家队,因一般人以为国家队是如乒乓球队的拔粹,如容国团、庄则栋,但科学出人才不能和乒乓球队出人才相比。次谈到原计划要在五、六两日(三月)请科学家讲演,但许多人认为是马后炮无需要,俟请示聂副总理后再定。今晨发出了1963—72年科学技术发展规划编制方法,原则是全面安排,重点突出,各项研究任务要落实到基层单位。规划将包括: 1)纲要; 2)重点项目规划; 3)专业规划; 4)基础科学学科规划和5)科学事业发展规划。

十点至第八组谈协作问题,说协作要先解决思想问题。古脊椎动物室与石油部合作得最好,地质部最差。张文佑谈过去科学院受到生产部门的压力很大,不但要找矿,而且要炼矿(稀有元素)。

下午三〔点〕起,在三楼二十二会议室和第七组(地球物理、大地测量)合并讨论保密问题。大家认为保密目前太严,如山丹地震不准报,寄六级以上地震〔资料〕也要每次请示才寄。地磁也是如此,苏联"曙光号"轮前年来上海,要与佘山地磁台查对一下也不准。实际6°以上地震、经纬度,统用不着保密。张钰哲说地方经纬度、日中黑子和小行星材料统寄不出去。松□谈保密不要一个单位一个办法,现到气象局要材料,非有机关党委审查附人事材料,经批准后可一次入内三小时,后重来重批。白敏说二百五十万至十万分一图均称军用地图,四百万分一以上才不保密。军事禁区在何处根本不告诉人。二百万分一称内部材料。地图出版社整风了一年,为了国界所以所有地图均收回,坊间无图可买,要秋天才会有新的,云云。晚华南歌舞团演出《牛郎织女》舞剧,未往。

2月28日　星期三　广州　晨阴, St,户外11°,室内66°F, 757 mm。午后N,风力2—3级, 757 mm。

晨六点半起。上午九点地学组(第八组)等开始讨论学科专业上重大问题。尹主任把北京所准备的发言作了一个解释后开始讨论。孟宪民提矿床学应作为基础学科,作为预测矿产的一种重要依据(以沉积岩为主)。杨克强提到第四纪地质重要性,且与吃穿用有关。张更生提到地下水的重要性。顾功叙提天文学应归入空间科学。

中午遇华东分院刘述周院长。我转述了胡步曾告我庐山植物园从江西省政府接收后,经费减少,专家离去,而又责成植物园自给自足,山上开荒,迁移植物。庐山为有名山岳植物园,应加以很好保管,请刘院长加以注意。

前日,高尚荫告知我钟心煊、桂质庭于去年在武大相继去世。今日在《参考消息》上载廿四日胡适在台湾中央研究院以心脏病去世。胡与我是五十年前"澄衷"同班同学,他曾告人说我活不到二十岁,因我的体质极为孱弱云。

下午继续第八组小组会议,讨论地学上重大问题。张文佑提尹主任发言稿所提九个重大问题统是学科上方向,没有对中国特殊的地学重要特征加以强调,认为东亚大陆与印度洋的研究有特殊意义。此外,如第四纪地质、深层地质、水文地质,统可以加以强调。翁文波〔谈〕所提九个问题不够触目,日本的计划提得很有重点,很富于侵略性,看得出有雄心大志。石油井已打到波斯湾,不幸船只被火烧。美国四万地质工作人员,石油地质学家占了二万四千人。海水钻井,美国人在80 m深底下钻了三千米,我国12 m水深海底只能钻26 m。

晚在601号开了第七、八组的召集人会议,到赵九章、张钰哲、陈永龄、程裕淇和尹赞勋、漆克昌(赫崇本以不在房间未到),安排了三月1—3日小组的开会日程。

接允敏函

3月1日　星期四　广州　晨雨,户外10°,室内62°F, 760 mm, St StCu 10, NW,风力3—4。

第八组小组会议。

晨六点起。九点开第八组小组会议,我参加了地质水文组。据程裕淇报告,我国地质图已完成三百万分一(缺西藏), 69年可完成百万分一。廿万分一已完成35%。日本已完成五万分一,十年内要完成二万五千分一云。矿种方面,目前缺铬、钴与富铁矿。此外河西走廊与华东南(浙江)缺煤,锂、铍、铌、钽估计可过关,铍尤多。孟宪民谈区域地质测量不宜盲目,找矿应有主导思想。过去以为喷出岩可以作线索,其实不然。Lava 只能破坏矿,主要矿是沉积岩生成的,如扬子江下游铅、锌、铜、铁统是沉积矿。铜矿主要在中条山、东川和江西德庆?,和非洲 Rhodesia 一样是沉积矿。镍新近已过关。谷德振〔讲〕河南解放前盐碱地三百万,现发展至千万亩。地下水流动状态、储量不知,理论很难解决。首先要建立基本站网,补给地下水的来源要弄清。说喜马拉雅山上升十年达一公尺,引洮与丹江统有工程地质问题。石油目前已不患储藏少,重点将在东部。孟认为用不着在南方找煤。

下午刘慎谔来谈,主张把林业土壤〔所〕改为森林所,但怕所中土壤人员反对。说土壤队人员均赞成把治沙所名称改为沙漠所。说所中土壤喜各搞一套。内蒙哲盟地不名,高者称驼子,低者称垫子。驼子开垦就起沙,垫子有时淤,有时盐碱化。说沙坡头铁路固沙应该继续固。次谈到治沙研究所,我主张院中土壤和地下水部分应支援该所。

晚第一组(数学)为陈建功(69岁)、苏步青(60岁)二人做寿,我也搭股加入。共到十四人,即在羊城八楼晚膳。到段学复、关肇直、王湘浩、吴新谋、冯康、卢庆骏、谷超豪、华罗庚、匡亚明(吉林大学校长)等,吃了"龙凤虎",是为我第一次吃蛇肉也。七点半在601号开自然区划小组会议,到谢家泽、曲仲湘、马溶之、熊毅等。十点散。

3月2日 星期五 〔广州〕 晨晴,NE风1—2级,户外9°,室内〔 〕,764 mm。

周总理报告。据小金云,北京北海的冰已融。

晨六点半起。今日因下午有周总理报告,所以上午休息。九点和尹、童二主任及刘力刘秘书至越秀公园内,先至五羊纪念碑,然后由此至大路,循路到镇海楼,即俗称五层楼,系明代所建,其中柱有作 Doric 式者,已受外洋影响。内为博物馆,今日上午修理未开,遂至附近美术馆,所藏有明清间江苏四王、扬州八怪的画。所谓明清四王,乃王时敏(烟客,1592—1680)、王鉴(圆照,1598—1677)、王翚(石谷,1632—1720,系前二王学生)与王原祁(1642—1715,系王时敏之孙)。四人年皆在七十以上。与四王齐名尚有吴历、墨耕道人(1632—1718)和恽格南田(1633—1690),其中除吴历外均吴人。

下午二点半,乘车至东山达道路军区礼堂听周总理报告。到周总理邓颖超夫妇、陈副总理、薄副总理、沈衡老,以〔及〕作家协会沈雁冰、老舍、曹禺、夏衍、陶书记、陈郁省长、傅作义、张奚若、郭老等等。周总理谈知识分子问题。此题乃是因《简报》(大会所出)中有人提出对于"小资产阶级知识分子"这一顶帽子不服气。所以周总理先讲知识分子的定义和地位,说知识分子是脑力劳动者,是社会中一阶层,而不是一个如无产阶级者那么一个阶级。同一阶层有进步的,也有反动的。但在过去大多数知识分子是为统治阶级服务,少数是反对统治的。到了社会主义社会,才把这一阶层统接受了,而要改造成为进步的。周总理自承是受过封建教育的知识分子,到如今尚自称是原籍绍兴,生长在淮安,过去相信过费边社会主义,也研究过无政府主义,经张申府、刘清扬的介绍而入党。下面分为五段:(一)解放以后十二年来知识分子改进情况。旧知识分子有其两面性,一定要改造。是不是小资产阶级知识分子,要看他改造得如何而定;(二)知识分子的改造,到最后要做到阶级的消失。和知识分子联盟是非对性抗矛盾,与改造民族资产阶级对抗性矛盾不同。直到现在,知识分子极大部分已适合于社会主义过渡时代;(三)如何团结知识分子。党的领导范围,不是个人领导,要分上下级,要集体领导。外行只能领导政治思想,不领导业务。要团结知识分子;(四)知识分子自我改造问题。靠自觉,要和风细雨;(五)希望大家提意见。

3 月 3 日　星期六　广州　晨昙, Ci 4, ESE,风力 1—2 级, 10°,室内 64°F, 764 mm。

晨六点半起。九点在第八组讨论周总理昨天的报告。任美锷提到说,大学中青年人常以无产阶级知识分子自命,不愿接近老一辈的资产阶级知识分子。王德滋谈群众路线与群众运动。孙云铸谈他是淮安人,而周总理生长于淮安。我谈了老知识分子以"科学救国"相号召,经年不得结果。要共产党执政,才能有为。谈群众运动有压力,如 1959 年九月北京开全国科协时,几个劳模与科学院丰产比赛,逼得科学院要做一亩产五万斤的试验。但 1960 年试验结果,六亩田中最好的一垅只有亩 800 斤。当时这位院的代表说,明知达不到亩五万斤,在那时那情况,不能不逼上梁山。顾功叙说,不但有高压而且有高温,因为大家的热情很足。马杏垣谈希望周总理报告能印出来。

下午三点,至七楼七会议室参加党组会议。我要刘力问今天是否有主席团会议。刘力由电话中问询知在七楼七会议室,但到那边后始知是党组会议。韩光同志就要我加入,我就参加了讨论《1963—1972 年科学技术发展规划编制方法草案》。这方案已比第一次的方案改进了,原来有纲要、重点规划、专题规划、学科规划和科学事业发展规划,现减为重点项目规划和科学事业发展规划两个项目,惟重点项目估计将有二百多项或 150 项,这比 57 项就多了三倍至四倍。至于不列入重要项目的,仍可列中国科学院和有关各部门分别编制各学科的科学研究工作。至于学位、学衔、研究生、科学装备等等,由国家科委组织有关单位研究提出方案。各部门在二月工作会议提出重点项目,四月内确定本专业、本学科的若干重要项目,七月底前提出《重点项目规划草案》,九月底前提本部门的《科学事业发展规划草案》,十一月科委提出《全国科技发展规划草案》。

3月4日 星期日 从广州去从化 晨昙, ACu 6, 14°,室外 66°F, 762 mm, SE,风力 3。

住松园二楼。下午至流溪河发电站。

晨五点半起。原定今天和郭老去深圳,即香港和九龙的边境,但至晚间又改变计划。郭老不能去,因另有约,所以和吴老决定去从化。坐小汽车往羊城的北东北约 75 km,是在去韶关公路上。汪心一副院长必欲派人陪往,且要我们住从化一晚,结果由黄云耀副秘书长、吴副院长、刘秘书、我四人坐一小汽车 028030 号前往。$8^h56'$出发,经黄花岗烈士墓、沙河车站,于 $9^h30'$过江村,沿途均种木麻黄为人行道树。闻此树〈行〉〔引〕进自澳洲,能耐风和盐,为沿海防风好树种。$9^h56'$过太平场已行 36 km,已属从化县境。从此即沿流溪河,此河流入东江至珠江。$10^h23'$在 66 km 处过一水坝,至 $10^h30'$到从化温泉的松园。从化温泉我于 1957 年曾到过一次,时长望、九章方从日本回,但住此只一晚而已。今日到此已大不相同,从前只东岸有屋,流溪河桥系木制,大跃进时期此处河之两岸筑有大礼堂、湖滨楼及松园、翠溪等许多休养地。我们至松园二楼。闻 1959 年毛主席曾在一楼住云。出外一走,遇今晨来的代表薛公绰、张申如、钟照林、崔昌年(浙大毕业,曾在 Pittsburg 遇见)。在此闻黄莺,并见到炮仗花、羊蹄甲花、银桂、龙爪树正在盛开。中膳后休息。洗浴,水只温热。

三点乘车至 16 km 外的流溪发电站,由王君同往。此站建于 56—58 年,坝高 78 m,能发电 42 000 kW 以供广州,即系流溪河水。先至电站时,站中人正在拍灭山上烧草延烧之火,由王君交涉始得至电站。有四个发电机,哈尔滨厂制,各发一万〇五百 kW。电站在花岗岩所开穴中云,水自 1926 米以外 90 m 以上的河中运来,由廿一万 kW 高压线运往广州。蓄水二亿立方,坝成后二万七千亩地不致年年夏天遭淹没,同时也灌溉二万多亩地,所以造福不浅。我们从电站又开车至流溪河水入口的闸上。晚膳后至大礼堂看绍剧团演《孙行者三打白骨精》,遇鲍尔汉、刘斐、顾颉刚。

3月5日 星期一 〔广州〕 晨昙,从化室内 62°F,户外 14°。回广州, 760 mm,昙, ACu。

晨五点半即起,六点未到($5^h46'$)即出发,和吴老、黄云耀、刘力乘原车回。时天未明须开灯行,至 $6^h36'$始行至路牌 36 km,出从化县界进入广州市。$7^h16'$到羊城宾馆。早餐。餐后始知九点开主席团会议,非 8^h。小组长一部分参加讨论《1963—72 科学技术发展规划》编制方法。总精神是“发愤图强,自力更生”,分为五段:一、方针、目标;二、编制原则;三、什么样东西;四、具体方面布置;五、编制进度。由韩光同志做了说明。会议日期又做了安排。次定六日上午讨论陈副总理报告,七日讨论编制方法,8、9、10三天讨论重点项目,11日星期可安排小会,十二日总结闭幕。

下午陈副总理报告,首谈国际形势。说美国目前有四个战略方向,即老挝、古巴、刚果和西柏林。帝国主义是不愿和平共处,美国在古巴、老挝、西柏林和刚果的行动便可知道。修正主义者要和平共处是幻想。不能把自己麻痹起来,以为帝国主义要和平。敌人富于冒险性,不能让步以刺激他欲望。Kennedy 1/20咨文中已说得很清楚,不能放弃扩军,但同时也可谈判。要以革命两手对反革命两手,使他知难而退。至于裁军,我们已从解放初的六百万裁至三百万人。谈判也愿意,除非社会主义国家势力更强大,帝国主义更削弱,那时或有和平可能。英国要求我们交换大使,日本知识分子也要和我们接近。亚非二洲国家大多希望我们强大。和苏联虽在和平共处上有意见,但可以争论,以后在更高水平上团结起来。其次讲国内问题,首先欢迎大家的批评。首先谈总路线的评价方向是正确的,执行时方法有错误,要改正。从战略上,我们还是大好形势,社会主义社会的条件。美国是具备生产力最高,但统治阶级最反动,我们不能不急起直追。英、法建国三百年,日、德一百多年,苏联四十年,我们也得要几十年。整顿、巩固要好几年,才能提新指标。今年能大丰收,则困难可过关。要生之者众,食之者寡,过关容易。第三讲到如何开展科学工作。

3月6日 星期二 〔广州〕 晨晴,雾(低), SE 1, ACu, 17°,室内72°F, 756 mm。

晨六点半起。今日上、下午均讨论陈毅副总理昨天报告。陈副总理昨天讲演极为坦白透彻,动人甚深,所以反映也热烈。孟宪民认为知识分子缺点是把自己课题提到高于一切。斯行健以为过去有错误认识,以为阿猫阿狗,只要党员,统可以为领导。任美锷认为,估计学生质量也要从政治思想着眼。尹赞勋承认有作客思想。杨克强主张要争一口气,于很短期内赶上国际水平。现在可靠老人, 1972与国际比赛,就要靠年青人,认为古生物在地质部领导下比科学院领导期内发展得快。地学部在科学院不仅是能不能发展问题,而是要不要问题。卓雄承认,地质部安排老科学〔家〕,如谢家荣、李春昱,没有安排好。

下午继续讨论。顾功叙认为兴趣不高,不能很快工作。我承认了过去作客思想。任弼治(是裴副院长幼年同学,山西人)谈,工农子弟出身青年不敢接近知识分子,无公共语言。程裕淇谈,过去冶金部探勘要十天内写好报告,不能不牺牲质方面。过去提意见不发生效力,就不提。党员领导也分三类:一类是只管皮毛,二是未能深钻即行自满,三是钻入已深人员。孙殿卿谈,〈不〉过一个时期要对地质工作做一估计。

晚七点至附近中山堂参加听羊城音乐花会。有广州乐团合唱队唱《东方红》,罗荣钜(男高音)、邹敏(女高音)的独唱,(河南梆子),洪腾钢琴独奏,潮州音乐,武汉的曹岑男中音独唱,北京张利娟女高音独唱和最后交响乐队管弦合奏。十点半散。

3月7日　星期三　广州　晨昙,户外17°,室内74°F, 755 mm, ACu 5, ESE, 风力1。

科技规划会议。72岁生日。

晨六点三刻起。今日晨、午、晚开八个半钟〔头〕会,是疲劳一天,也是快活的一天。上、下午在第八小组讨论《十年科技发展规划》编制方案,和专业组和学科组的名单。专业组原为执行过去十二年规划五十七项任务而设,近又加了学科组。讨论时又涉及基础科学与应用(技术)科学问题。地质部方面强调任务带学科的想法,而科学院方面则强调基础科学重要性。张文佑、尹赞勋尤其如此。所以分组如何分法意见不一,由记录袁玄烨记下作为科委会参考。对于人选问题几乎没有讨论。地学组发言稿主张公开发,但加以说明是几个人的意见。关于编制方案,主张在第13条加入国际交流和保密制度。

晨间和曲仲湘、刘力至对面中苏友好大厦旁的亭园中一走。门前布置不少花草,其中尤触目的为一种杉木,系热带植物,来自南洋,称南洋松。其次为鱼尾葵,因其叶似鱼尾,闻其肉富于淀粉,一树可达一吨重。行人道上所最常见为小叶桉 Eucalyptus 和木麻黄,常绿本地乔木则有榕大叶和小叶二种。羊蹄甲正盛开花,和石栎形如油桐而高,且能活至数十年,其籽亦可炼油云。此时已值惊蛰节,北京的杨柳已有绿意,而此间杨柳亦未出芽且无绿意,闻其落叶甚迟,所以休息期尚未过也。实际此间并无冬天,但杨柳仍落叶。流花湖旁的桃树尚有开花者,但大多数桃树在立春前后已放花。

晚林业组的郑万钧召集少数人讨论自然保护区,到蔡邦华、林镕、寿振黄、曲仲湘、马识途、张肇骞、过兴先、刘慎谔诸人。决定于廿号人大、政协会议提出提案,要科委会成立自然保护小组,指定各地方保护区域,分等级为国家保护区和地方保护区,由国务院通令保护,由林业部执行,各区成立站来监督执行。

3月8日　星期四　广州　晨雨, Nb 10,户外63°F, 16°,室内73°F, 756 mm,毛毛雨。下午阴。

妇女节。

晨六点半起。上午开主席团小组长会议，先由各小组报告对于《1963—72年科学技术发展规划》编制方法的看法。最可注意的是第三条编制原则是“全面安排，重点突出”和“集中使用力量”，和第八条重点项目规划，因生物组提出要做学科规划，有若干组赞成此意。因第十条说明，“重点项目以外的各专业、各学科的科学研究工作，由中国科学院、教育部及有关各部分别进行规划安排”，而不规定如何综合平衡，所以发生疑问。1960年四五月间曾在学部扩大会议时讨论了学科规划，但事经两年，目前要重做，非仓促所能就。教育部又以为单科学院的学部来做不合适，因此有讨论之必要。直谈至一点，无结果而散。

下午参加第八组，讨论重大项目，共提出27个题。北京所提的九个理论题目尚不在内。其他组也纷纷提出，化学组提8个，生物组19个，地球物理组提13个等等。

晚张副院长召集院中副院长、秘书长及各部主任谈话，到吴副院长、严慕光、童第周、尹赞勋、过兴先、赵飞克、恽子强、夏光韦、宋政（新技术局）、朱琴珊、徐简等。张副院长提到院中有若干人对于房子支配等有不满意事。对于院外林业部、教育部以及各大学均对院有意见，应加以注意。

据钱文极云，游离层工作现由邮电部邮电科学研究院（副院长梁建到会）和中国科学院电子所吕保维管，后者研究理论，前者管测候网、频率预测等。钱本人在国防科学研究院第五研究院，院长为刘亚楼，副为钱学森。第十研究院专管无线电，钱本人在第五院，不管游离层事。地点和科技大学相近，其通讯地点为北京市信箱73号，Tel 692231—798，永定路十号。

3月9日　星期五　〔广州〕　晨阴，室内72°F，户外17°，756 mm，St 10，E。下午出太阳，754，室内73°F。

晨六点半起。今日第八组开综合考察小组〔会〕，到漆克昌、尹赞勋、张文佑、马溶之、任美锷、林镕、冯仲云、刘允中、吕有佩、黄云耀、朱煜如（贵州分院）、曲仲湘、努斯热提（努是新疆鲍尔汉主席之子）、王泽江（内蒙）等。由漆克昌报道了综考在西藏、新疆、青海、内蒙、华南、黑龙江工作。冯仲云提到计委只注重指标而不注重调查研究，但综考会与各部联系不够（杨永杰现也不管）。西南地区富于电力，将来电力大可发展。广东新丰江?（河源）电站可发电三十万kW，现只能发八万kW，但已使农村家家用电灯、电炉。次马溶之谈，原做规划时要找矿藏、水能、土地和生物四大资源，这资源是不能改变东西，但出去到省、县以至人民公社，统有问题要解决，其中有矛盾。另一缺点是出外时间多，任务接连而来，没有时间整理。考察时除普查而外也要有重点。普查的人才最弱是地质，其次水利。要搞资源，资源要搞透不易。西藏地区找荒地，10 cm厚土壤也当荒地开不合适。刘允中谈，许多人对综考队有误解,又没有时间消化资料,大部时间忙于做行政,许多工作不从全面着想。河西走廊把水用完,使内蒙牛羊无草吃。黄云耀说,广东科委积极支持,而计委并不。曲仲湘〔说〕,在热带调查中任务可带学科,但也有学科很难带动。调查不能求快。任美锷认为西南 Karst 要做,而做调查时没有时间细细研究。贵州朱煜如院长〔说〕,去年六省开会贵州分院未得通知。谷德振谈到引洮工程,58 年开始年有万人工作,但因黄土易受水冲,到 61 年又停工,但是否值得研究可以考虑。盐碱土问题大。河南人民三年内不要灌溉。最后决定提五个重大题目,即西藏、西南(云川贵)考察、西北干旱地区考察、海南岛与治沙云。

晚主席团与小组长联席会议。韩光同志报告新编制方法主要内容,包括四部门:专业规划、基础科〔学〕规划、重点项目规划和科学事业发展规划。

3 月 10 日　星期六　〔广州〕　晨雾,如下毛毛雨, 19°,室内 73°F, 754 mm。日中有阵雨。下午昙,房中 73°F。

晨六点半起。上午约张钰哲、戴文赛谈第七、第八组学科名单问题。他们不赞同天文、地学合而为一,对于地球物理加入天文无成见。上、下午第八组开会,讨论重点项目,从原来 27 项加北京时所提九项共 36 项,减至以下 12 个项目: 1)地壳及地球壳下层 Mantle 上部的结构与组成的研究; 2)重点工农业地区地下水开采、利用、疏干、防治和工程地质条件,与岩土稳定理论与试验研究; 3)工农业与尖端技术所需重要矿产物质成分,与成矿规律与理论; 4)研究发展地球物理及地球化学及其他地质探勘的新方法与新技术,以提高普查探勘效果; 5)我国油气田分布规律、成因及探勘方法; 6)结合中国情况,建立历史地质学、地层古生物学,加强古生物群和稀有化石的研究; 7)提高实验和分析水平,研究不同元素和天然同位素,地球化学原理研究; 8)热水平衡及在自然环境中的作用; 9)西藏地理、地质、地球物理的特征研究; 10)编制地学各科基本图志(包括此条内有原来 57 项的自然区划工作); 11)为保证完成各种比例尺区域测量工作,进行主要地区地质特征和工作方法研究; 12)中国冰川、黄土、沙漠、Karst、第三纪来构造运动及气候变迁的研究。

下午讨论地学组(科委会)〔名单〕,计地质程裕淇、孙殿卿、张文佑、张席禔(加),矿床地球化学徐克勤、涂光炽、孟宪民(加),古生物许杰、尹赞勋、乐森璕、卢衍豪、杨钟健、李星学(加),地理黄秉维、周廷儒、任美锷、陈述彭(加),共 17 人。

晚膳后和童第周、林溶、蔡邦华、陈世骧至流花湖一走。七点半看香港电影《小星泪》和《姊妹曲》。十一点睡。

3 月 11 日　星期日　〔广州〕　晨阴，NNW，力 2—3 级，户外 16.6°，室 73°F，St.10，756 mm。日中上午有微雨，下午阴。晚室内 70°F，751 mm。

日中至虎门和黄埔军港。晚钱文极来谈，董杰来谈。

晨六点起。七点早餐后，乘车出发赴珠江口的虎门炮台和黄埔军港。此次系国防七院院长于笑虹邀请第七组、第八组去黄埔与虎门。虎门在珠江口进口处，为国防重点，因在伶仃洋中有八十个岛，其中有大虎岛与小虎岛，其间称虎门，为入珠江深水船所必经之道。我们于 $7^h30'$ 出发，过海珠桥后至十六港，乃南海司令部所属，在此登一游艇，由南海司令部办公室主任刘春江（四川人）陪同前往。七、八两组合约卅人同往，此外尚有海洋所张尔玉、南洋所邱所长等。$8^h30'$ 轮启行，系旧轮改装，速度 17 knots，吃水 2—3 m，用 1000 马力机器二座，用柴油每小时 100 立升之谱。珠江在黄埔以上阔仅 1 km，黄埔商港水深 5 m 以上，从此以下下流阔 5 km。黄埔以上有数个航道，最深者即此次所行，名莲花山航道。$8^h50'$ 轮过黄埔军港，其对岸稍下游为商港，有英国商轮停泊于此。以下则数支流合为一，江骤宽，经过数小岛。至 $10^h30'$ 到沙角，即虎门司令部的训练学校所在地。由学校政委吴珍明主任（四川人）招待中膳。一上岸即有道光时所制〔炮〕一尊，放码头，系佛山县造，重三千斤（1836），其旁有德国克虏伯厂所造大炮一尊，附近又有林则徐纪念碑。按英贩鸦片毒害中国，自十八世纪末至 1830 年，年多一年，1837 年派林则徐为两广总督。林则徐于 1839 年第一次烧毁英国鸦片，从 6/3 日至 6/25 日共烧二百卅七万斤，引起鸦片战争。闽粤一带我军抵抗极为英勇，虎门炮台即于 1838—1839 所造。我们略休息后，即在微雨中走往当时在山洞内所造炮台，所留存四台，名捕鱼台。副将陈连升，于清廷愿媾和割让香港以后仍在此奋勇抵抗。时林已被迁戍伊犁，由琦善为两广总理，不予援兵，以二千人抗英兵四千，英兵不能在虎门上岸，绕道后方，陈连升父子投海死，未几关天培亦牺牲云。中膳后 15^h 出发，$15^h20'$ 至黄埔军港，看中山先生纪念塔、中山先生故居，经黄埔船厂至东江战役烈士墓，有何道书碑。$16^h40'$ 乘原船回，至十六码头已 $17^h30'$。$18^h10'$ 回羊城。

在沙角见谢觉老游虎门诗云："平畴稼尚无边绿，夹道松欣一望齐。一将当关门名虎，万民起舞夜闻鸡。人间黑雾全沉海，天上红霓化做堤。道是林公焚毒处，赤旗翠树护灵栖。"云云。

3 月 12 日　星期一　广州　晨阴，NW，风力 1—2 级，16.5°，室内 72°F，755 mm。在广州车站见到一只燕子。

上午十年科学规划会议闭幕，聂副总理做总结。下午小组开会。

晨六点半起。九点在二楼会议室开闭幕大会，聂副总理做了这次会议的总结，有以下各点：1)过去科技成绩虽大，但执行上有了错误，以后要力求改正，如“乱戴帽子”等；2)在科技工作中群众路线，一方要敢说、敢想、敢做，但同时要用科学分析；3)科技工作中如何发扬民主，经“双百方针”才行，如中西医问题也可讨论；4)建立科学顾问团，有人建议可以考虑；5)过去科学工作中缺点之一是把力量分散，以后要集中力量，办几个精干的单位。要大学、科学院、企业部门三方结合起来；6)高等学校应做研究，但不能有平均主义；7)要执行“全面安排，重点突出”的政策，要眼前与长远相结合；8)要加强国际交流，妥善安排保密问题；9)培养人才极为重要，以后要选拔最优秀毕业生做研究生。学位制度要建立起来，仪器、书籍要能充分利用；10)要上下通气，大家有意见可以随时提出。要有信心，我们能做好规划，于十年内在重要方面达到世界水平。

下午各小组讨论报告。

晚七点院中召集八个学科小组召集人，谈学科规划如何进行。杜润之秘书长发言，主张为了保证 5/6 之时〔间〕，今年四至六月三个月不再开会讨论学科规划，但各学科小组要指定一二秘书搜集材料作准备工作。不在北京的委员以通讯方法，在 12 年基础学科规划和三年规划、八年设想的基础上做去。有一组(如生物组)能先行作出规划作为蓝本，做好后交学会讨论。7—8 月份在海滨一地点讨论规划，各组可齐集一起，所以各组于暑假初须有一稿，到会时可平衡，由组长会议联席讨论。规划要办法简单，确实可行，各小组大体一致，可有小的不同，云云。九点散。

3 月 13 日　星期二　〔广州回北京途中〕　晨阴，户外 17°，室内 72° F，755 mm。日中阴，St 10，云行 NE。午阴，St 10，SE，风力 1。湖南一带桃李盛开，湖北境内桃花也开，到河北邯郸，见站旁杏花已开。

	地点	时间
十三日	广州	$15^h55'$
	源潭(清远)	$17^h20'$
	英德	$18^h26'$
	韶关	$20^h10'$
	乐昌	
	郴县	
	耒阳	
十四日	衡阳	$4^h30'$
	衡山	
	株洲	$6^h40'$

晨六点半起。七点早餐。餐后收拾行李。九点和贝时璋、吴正之至越秀公园西路的鸟语花香馆，时盆景的杜鹃花方盛开，有大红、粉红，但无黄色者。屋顶和木架上则炮仗花亦颇美，含笑有开者，盆菊、海棠、银桂均开花。途遇黄子卿、王竹溪、罗沛霖诸人。十点回。买香蕉五角钱，约一斤半，又嘱刘秘书至街上购香蕉八九斤，@每斤三角五分。羊城饭店又送了〔　〕酒一瓶，我因不吃酒，所以把酒送给尹赞勋，因渠极喜饮酒。同行者有人以北京蔬菜少，购番茄、薜荔卅斤。

从沙河车站出发赴北京。广州近从澳洲引种木麻黄树,形如松而易长,能耐风、耐盐又耐沙,但怕寒,英德以北不易生长。韶关一段系循北江而行,北江水清而行缓。韶关以南天已黑,于子夜后曾停车。

车中甚热,又不开窗,温度在 22°—24°。和吴副院长、王绥琯、刘力同房间。这次专车共十一节,比来时少一节,我们在第八节。来时走 49 小时,因其间从北京到汉口只 23 小时,而汉口到广州却走了 26 小时。由于北段有双轨,走得快,而南段多山,单轨,走得慢。实际北京离汉口的距离尚大于汉口距广州。而这次回途只走了四十六时卅分钟,由于上次在郑州停久之故。在广东境内植被甚好,山上树木葱郁,水土流失在此一段并不严重。

3 月 14 日　星期三　〔广州回北京途中〕　晨在车中,晨到株洲。车中 24°,AuSt。

晨六点起。车已入湖南境近株洲。出外望见桃李正盛开。沿铁路植了不少桃树,山上草木不及广东之葱郁。山坡虽已植马尾松,但草皮〈鲜〉〔显〕得干而薄。田中油菜花、萝卜正盛开花,杨柳全绿。在广州附近,麦黄已可割,而湖南麦只一尺半高。中午过岳阳时曾停片刻,车不行近湖边,但经小汉港。岳阳车站也见不到湖,但车出站后可见临湖的岳阳楼。

	地点	时间
十四日	株洲	$6^h40'$
	长沙	$8^h00'$
	汨罗	
	岳阳	$11^h01'—11^h19'$
	蒲圻	$12^h30'$
	咸宁	
	武昌	$15^h39'$
	汉口	$16^h33'—16^h53'$
	江岸	
	孝感	$18^h15'$
	花园	
	广水	$19^h50'$
	信阳	$21^h20'$
	驻马店	
	漯河	
	许昌	
十五日	郑州	$3^h00'$

午后入湖北境,亦多丘陵地,但山上植被更不如湖南,麦高仅一尺,油菜也满开花,但不及湖南之盛。下午四点左右过长江桥,余于桥未成时曾至桥上一走,后又〈从〉〔坐〕汽车从武昌至汉口,此次得火车渡江。汉口、武昌虽所距甚近,但迂回而行,费时,连停江计一小时。因桥从南岸蛇山足黄鹤楼向对岸汉阳晴川阁,又转渡汉江而至汉口。

今日钱文极约邮电部邮电科学研究院副院长梁健来谈。说该所设在学院路东甲 3 号,6602333,管理设站等事。现全国有八个游离层站,在满洲里、长春、北京、武汉、广州、海南岛、乌鲁木齐、兰州,统用目观测兼及散射等项目。一向与苏联及波兰联系,作为科学技术协定项目。但从 1960 年以来与苏联交换材料即不如过去的经常。苏联有 24 个站云。

3月15日　星期四　从广州回北京　北海冰早已融化，估计在10—15以前。邯郸附近杏花开。北海滨的杨柳现绿色。院内丁香有苞露绿色。

今日系和允敏结婚二十二周年。

地点	时间
郑州	$3^h00'$
新乡	
安阳	$6^h15'$
邯郸	$7^h10'$
邢台	$8^h06'$
石家庄	$9^h50'$—$10^h00'$
定县	
保定	$11^h56'$—$12^h17'$
高碑店	
北京到	$14^h25'$

晨六点起。今日车已过秦岭，温度骤低，车中晨13°，比昨廿四度者低11°。晨$6^h15'$到安阳方微明，$6^h20'$日出。田中小麦返青，地面甚干，树叶均未出，但垂柳已绿。田野中入河北后翻碱现象更甚于河南。邯郸、邢台均成工业城，因这一带产煤，而小群炼铁有成为小洋群者。在车中，隔壁张副院长爱着围棋，与陈康白对弈常胜十余子，与靳树梁着不相上下。

上午约科委吕局长有佩谈，对于地学小组的地质、地理、气象、海洋、地球物理、地球化学、古生物及测量八分组。其中气象、海洋、测量已有专业组，不另立；地质、矿物虽有专业组，但过于复杂，另立地质分组；地理、古生物、地球化学本无专业组，另立组。张文佑对于地质所的任务摇摆不定，并把地球化学范围扩大，放弃基本理论、地层、地质结构、古生物和岩石，不满意。兰州地质所惟一高级研究员陈庆宣又被调至地质部。此事有在地学部谈论的需要，我以为学部的职权有建立的必要。

下午二点廿五车至北京，计行46h30′。老张(俊秀)和姚杏仙来站相接。允敏因主持妇女小组〔会〕，五点多始在家相会。我回家后至和平宾馆理发。遇张作梅，他明日回长春。

3月16日　星期五　晨户外-4.6°，761 mm，Clear。

晨六点三刻起。九点半至院。接少时英文教员谢景荪函，询及章定安、袁绪英二同学，但二人现在绍城何处我也不知道了。接苏联费道罗维奇和凯丝夫妇函及Э. Мурзаев函，英国St. David's College Schove函及英国Meteorological Office H. Lamb函。他二人均接到我所寄《历史时代世界气候变迁》文，统感兴趣，而回寄了各人单行本。Schove并要我重寄一本，以便交人翻译。

十一点至北京医院看蒋国彦大夫，遇师大陈援庵校长。蒋曾为宁宁写信给鼓楼(南京)刘大夫，得医生查明是肝炎，要休息，所以我谢了蒋医生的介绍。今日验得我脉搏有提前现象，尤其在睡卧的时候，这过去曾觉到，在广州时曾数度觉脉搏甚缓，只38—40跳，而并不平匀，所以要制心电图，图中也表现有此现象。蒋医给我 Procaine amide HCl×40×0.25。据药典,是 Novocain 一类药,有麻痹作用云。

下午阅谭季龙(其骧)寄我《何以黄河在东汉以后出现一个长期安流局面》文,登上海高安路学术月刊社出版的《学术月刊》1962年第二期,说明黄河从王莽始建国三年一直到隋,凡五百几十年,见于记载的河溢只有四次。到了唐比较就多。近三百年中决溢十六次,改道一次。而王莽以前,从汉文帝十二年到王莽180年,黄河决溢达十次。据谭意,东汉时代黄河决溢之少,乃由那时陕甘北部与内蒙均还原为草地之故。

晚七点至工人游泳池游泳,遇杨显纯、林宝骆等。

3月17日　星期六　晨晴-2.6°,室内66°F,756 mm,N,风力1。

晨七点起。九点至院。阅来往文件。地球物理年的〔　〕又来函催问三月26日在巴黎开会议,我们是否参加。国际科学史会给我一个会员的名义,我始终未复,因联络局认为写信的人是一个不进步的人。近把选为会员的文凭寄来。我认为这是应该给以回复的。知识丛书已出一本《洪杨革命史》,这是历史不是科学。文焕然来信说他于五月后有时间,可以研究古气候。厉无咎为了毕业后分发上海教物理不满意,统来了信。

允敏这次被妇女组选为第三届政协列席代表。大家贺她入选,因全国选列席代表男女代表也只800人也。今日下午二点,我和她一同至前门饭店报到,遇雷洁琼和严景耀夫妇,钱临照等。回。作函与厉无咎、胡步曾、文焕然、士俊等。

晚松松回。她于两周前在校打电话时书包为人窃去,失去记录笔记二本、计算尺等,一时大为不快,现却已泰然了。和允敏、松松、彬彬、张俊秀至政协礼堂看彩色影片《红珊瑚》。系一歌剧,唱的尚不错,但情节平常,不足动人,不如《刘三姐》一片之佳。九点半回。

3月18日　星期日　晨昙,ACu 8,户外0°,室内〔　〕,风力1—2级,NW,754 mm。晚微雨。今年华北多雨和雪,比往年冬天为多,是为春化佳获预兆。

晨七点起。上午十一点,彬彬约其连襟(婉芳二姊丈夫)孙宝山来此中膳。孙是宁波食品公司职员,系一共产党员。第一次来北京,曾至宁夏银川购买羊只回慈溪去养羊羔,为羔皮出口用云。买到四十只种羊。云银川一带前三年浙江青年已多回乡,但尚有少数留在宁夏云。据云,宁波城区现有人口24万人,新安江之电已可引至上海、杭州、绍兴,但未能过曹娥江,所以杭州、绍兴一带电极便宜云。

膳后假寐一小时。晚六点,约 Madame Rosanova 在寓茶点。她忙于教英文与俄文而心脏不甚佳,又怕肥硕,不敢多吃东西。她父母均已回国,父亲年89,其幼子〔 〕在列城音乐院已娶媳妇，长子 Andrew 在北京苏大使馆做事。她不久将挈幼子回国，想不再回华矣。

Mme. Rosanova 今日送朱顶兰一盆。按朱顶兰名为 Amaryllis，属石蒜科，本产南美，引入我国不久，初至广东，现北京花房亦常见之。草有具膜被的鳞茎，花大多作红色，喇叭状，数朵排成伞形，生于中空的花茎上。

3月19日 星期一 晨阴+1°，室内60°F，753 mm，St 10。

今晨四点广东新丰江8°地震。

晨七点起。九点至院。约联络局曹文彬处长来谈，询问请英国皇家学会今年来访事。据云 Florey 弗洛里已正式来信，定九月廿一至十月五日来中国访问，人员初云是 Sir Linder Brown 布朗（生理）、Sir Gordon Sutherland 萨瑟兰（物理）、Prof. C. H. Waddington 沃丁顿（遗传）和 Mr. H. M. Powell 鲍威尔（牛津大学结晶X光），但另大使馆信尚有 Sir Patrick Linstead 林斯特德和 Prof. H. W. Thompson 汤普森二人。张副院长来，谈及地球物理年工作和地质所与地质部分工事。张副院长也提到我请求入党事。据云党组已考虑，但需要两介绍人，并定期要谈一次。晚间我去和郁秘书长为介绍人事一谈，但他将出去未值。作函与谢景荪老师、章定安、秦仁昌、杨宣仁、王涌泉等等。

阅英国人 H. H. Lamb 著一文"Climatic Change within Historical Time as Seen in Circulation Maps"，*Annals of N. Y. Academy of Sciences*，Oct. 1961。

新丰江拦河坝在河源县，兴建于58年，60年蓄水，5月下旬发现地震次数日增多，自数十次至一百余次，最多300次。过去最高6°，今年3/19日晨$4^{h}18'$到达8°，坝区地震仪记录可7°，因电源断而中止，推测距震源7—8公里，震区广，广州、香港均觉到。地震发生后水坝尚完好，发电机主轴位移向东5 mm，一度停止运转。河源县房屋破坏较多，裂缝多NW W—SE E。河源车站砖柱向南错动7 mm，地基下沉有达100 mm。从此可知，地震与NE方向大断裂无关。

3月20日 星期二 晨阴+1.5°，风力2，N，St 10，758 mm。

昨晨四点广东东江六级地震，毁屋千余。中国人口增进的速度。

晨七点壹刻起。九点至中关村地理所，和瞿宁淑谈地理学会事，与宛敏渭谈物候观测。下午二点半至院。四点至人大常委开第五十一次会议，副委员长彭真报告了第二届人大第三次会议的开会办法和日程。从廿二日下午开预备会议，布置日程，以后四天的阅读文件，主要是《科技十四条》、《工业70条》、《农业60条》和《教育60条》。到廿七日下午开幕大会，周总理作报告，以后是五六天的小组讨论会,继以三天大会,四月六日闭幕。这次大会与过去不同,一是大会少而小组会多,使人人能尽所欲言;二是大会均不公开,无外国人列席。五点即散。

中国人口在1953年1月为5亿7千5百3十万人。在1949年,浙江人口2千1百万,1962年为2千7百万人,12年加600万人口。浙江省人口增加速度为每年2.15%,人口增加是照几何级数,即$(102.15)^{x}$, log x=log 102.15%= .0092384。

1953—1962 九年: lg 9× .0092384=log 1.2104　1.2104×5.753 亿=6.963 亿

1953—1971 十八年: lg 18× .0092384=log 1.4628　1.4628×5.753 亿=8.414 亿

1953—1972 十九年: lg 19× .0092384=log 1.4974　1.4974×5.753 亿=8.6145 亿

3月21日　星期三　晨晴0°,风力三级, N, 760 mm。晚月色大佳,风。

阴历十六日。下午在勤政殿开最高国务会议。

晨六点三刻起。上午九点,张副院长约吴副院长、童、尹二主任、赵飞克、夏光韦诸人,谈星期六传达广州科技规划事。我主张由张副院长一人讲话,但张副院长和童、尹二主任统要我和吴副院长也各讲半小时的话。谈及学部现科学规划,关于学科规划,在《规划编制方法草案》中按数、理、化、力、生物、天、地七个学科分别编写,是各个学科发展的轮廓规划,由学科专业组、中国科学院有关学部和教育部负责编制,具体工作由中国科学院有关学部主持进行。所以我主张在人大开会时要各学部开一会议。

下午三点开最高国务会议。刘主席、宋、董副主席、朱委员长、周总理等均出席。刘少奇主席谈"关于我国社会主义经济建设的基本经验教训",已有印好稿,但又发挥了许多意见,为稿中所无。大意说国家经济形势目前有严重困难,原因一是天灾,二是人为原因。二者以何为主,视地而不同。如青海、甘肃(古浪)、宁夏主要人为,山东德州、河北沧州主要是天灾。错误在何处? 1)58年工农业指标太高; 2)农村工作人员错认了全民所有制; 3)工业体系下放太快; 4)城市人口增加太快等。58年以来有成绩,也有错误。前者是主要的,好像人生一场病,希望坏事变好事,失败的经验给我们以教训。错误不是路线上的,而是执行上的,责任是谁的?是共产党。首先中共中央,次自治区党委、各级党委。为何长期不能改正?因乏经验。为何第一个五年计划没有出这许多错误?由于那时虚心,有苏联帮助,而以后有自满情绪,轻信浮夸汇报,不和大众商量。重要是要改正错误,君子之过如日月之食,但三面红旗仍须照耀在我们前进的大道中。讲二小时半。周总理又讲一小时。六点三刻散。

3月22日　星期四　晨晴0°, 760 mm。下午三点757 mm。今日春分。

二届全国人大代表大会三次会议预备会。

晨六点五十分起，做太极拳20′。上午九点在人大常委会议厅举行二届全国人民代表大会常务委员会52次会议，通过人大会议（三次大会）的日程表。正式会议三月廿七至四月七日。一小时后事毕，回院。十一点又至人大会堂浙江厅（进北门向SW），遇浙江来代表俞仲斌、徐赤文、唐巽泽、吴宪、周建人、邱清华、俞佐顺、沈凤英、陈有生、潘天寿、董聿茂、陆巧生、杨匡保、叶熙春、汪槱、王季午等，在京到的邵力子、沈兹九、俞平伯、倪斐君、陆士嘉、冯宾符、赵忠尧、刘开渠、严景耀、顾功叙等。陈叔通、张琴秋、贝时璋未到，马叙伦、马寅初病，何燮侯已去世。在杭州的文芸、霍士廉未到。据吴省长云，王国松、李寿恒这次也列席政协云。中午在人大大宴厅中膳，每餐取费六角，遇吴英恺、黄汲清、韩光、林汉达等。

午后四点开二届人民代表大会第三次大会预备会议，在人大大礼堂。朱委员长主席，报告二届人大代表1226人，两年来过世41人，撤消代表一人，补选13人，应有1197人。这次报到1016人，今天出席957人云。次秘书长彭真说明去年照人大规章应开会而未开，是由于外交方面中苏关系，尤其是内部农业、工业的指标未摸清，经验（失败）未好好地总结，所以迟迟至今年三月。这次会议将是秘密会议，不令外国人列席。开会如前两个月党的工作会议一样，以小组会为主。在大会开幕前阅读《农村人民公社60条》、《工业企业工作条例70条》、《直属高等学校工作条例60条》、《自然科学研究14条》四个文件。五点散会。开主席团（93人）会议，五点半散。回。

3月23日　星期五　春分。晨晴0°，NNW，风力3—4，760 mm。今年春寒比前、去年零度温度统迟十天左右，山桃也开得迟。

晨六点半起。上午七点半，刘秘书向张副院长借聂总的羊城宾馆总结报告和周总理、陈副总理报告来。我因为时间关系只仔细看了聂总的总结报告。十点至院。十一点半回。开始写明日在化学所向院的《十年科技规划的补充报告》（时间半小时），总报告讲好由张副院长做。

下午四点半，王劲夫（国松）来。他已摘去“右派”帽子，精神尚好。这次被邀列席政协大会，所以和晓沧、邵裴子（79岁）、章宗元（81）一起来了。闻季梁因病肺炎不能来（已痊），陈仲和患胃癌，马寅初去嵊县后获肺炎已回北京入协和，李乔年已离浙大至衢州办化学院，吴馥初将告老云云。劲夫有八女一子。子最幼，年十一进小学。第五女已在北京做事，不日分娩。第六女嫁与步青之子云。

晚七点至工人俱乐部游泳，遇林宝骆与韩光。回。写明日传达演稿，至十一点半。

英国今秋（Sept. 21—Oct. 5）派参观代表团有下列诸人：Sir Linder Brown，Neuro-Physiology（Oxford）；Sir Gordon Sutherland，Director（N. P. L.）；Prof. C.

H. Waddington, Genetics; Mr. H. M. Powell, Oxford, X光 Crystallography; Sir Patrick Linstead, Organic Chemist; Prof. H. D. W. Thompson, Chemistry Infrared Spectrography。

3月24日　星期六　晨昙, FrSt 3, W. ,+1.4°,风力1—2级, WSW, 752 mm。

上午至化学所礼堂传达报告。

晨六点半起。八点半至中关村化学所,召集院中北京副研以上人员。张副院长作了传达广州科学技术规〔划〕会议时周总理、陈副总理与聂〔副〕总理的报告,计三人三半天之报告,于2小时内讲毕。我和吴副院长作了补充。遇秉农山、侯学煜、周太玄诸人。

下午至院中。接广东省委关于新丰江水电站遭受地震损坏报告。本月十九日晨四点十八分东部发生强烈地震,据《人民日报》廿一日载,是烈度为六级,震历一小时余。今晨遇李善邦,云为八级,震坏房屋千余栋,甚至广州地区也感到震动,其震中只离新丰江水库几公里。地质所和地球物理所的人已大批前往。广东省来电云,水电站西北数公里发生8级地震,佛山、汕头、韶关、广州均觉到。幸而大坝完好,坝体渗水处震后变为滴水。四号进水闸门漏水较严重,厂房侧墙有裂缝,开关站损坏二十二万Volt隔离开关五个、避雷器一箱,工地办公楼和永久房屋破坏较严重,已不能住人。职工家属无死亡,广州送电已停,预计本月底可以用二号机组送电广州,十一万伏。为了防复震,依照原来加固计划尽快于二三个月内完成,须投资180万元云云。

二年未开人大,去世的人有:杜国庠、舒新城、盛丕华、李继侗、于振瀛、梅兰芳、肖龙友、陈嘉庚、杨开渠、陶孟和、马万水、岳劼恒、林伯渠、庄长恭等26人。

3月25日　星期日　晨风N,风力4—5,温度0°, St 7, 756 mm。

下午晤裴副院长。晚至工人俱乐部看马连良、裘盛戎演《清官册》(审潘洪),高盛麟演《英雄义》(梁山战史文恭)。

晨六点三刻起。上午九点至院。参加院党组扩大会议,讨论科学技术规划十年计划应准备事。张副院长做了说明,提出院应即日着手各点。(1)学科规划组(数、理、化、力、生、天、地共七组)的各组组长和人选应定下来,于廿八号交院。关于提重点方案,学部应做组织工作。在人大开会期间各学部应分别开会,谈谈如何规划问题。学科专业组委员系经常委员,专做协调工作。至于各学科如何协调,将来应设一个综合组。(2)研究生问题,将来决定公开招收,如何贯彻问题。科学院研究生将由教育部负责推荐,保证质量,今年人数二百至五百人,由于光远同志主持。院中由吴副院长负责进行。希望人代会期间能定出办法。(3)成立国家队事要集中力量。基础科学要以科学院主要所为树立国家队对象,好像培养树木,重点所是树根,技术科学选企业部门若干所。如何能与北大、清华合作是一个问题,我们各所研究员可至大学兼课,毕业生可至我院所中做论文,用所中设备。郭院长曾说本位责任心不可无,本位主义不应有。对成立国家队办法,学部应提意见。(4)地方研究机构如何调整。各省的一律撤消,但大区办所仍有困难,没有人领导,要贻误青年。要与几个老所统一安排,归口列入计划。物理、计算技术、半导体、电子学、自动化、地球物理、海洋、地质等统要提出方案。要做精简办法。大学毕业生不适于做研究工作者也应派去做行政工作。学部委员退款的已有62位(每月一百元工作费),把各学科安排办法于四月四五号交来云云。十二点一刻散。

下午二点,和尹主任商明下午开地学部学部委员会。三点半至民族饭店620看王国松,667号看邵裴子,遇郑晓沧和其子女竺英、澹咪等。又和允敏看了袁敦礼、赵玉昆及陆璀。

3月26日　星期一　晨昙,ACu,薄5,+1.6°,室内58°F,风WNW,2级,756 mm。

人大小组谈浙江农〔业〕情况。

晨六点半起。九点至人大礼堂浙江厅,在人大浙江小组阅读四大文件后提出讨论。今天临到我主席,讨论《农村人民公社工作60条修正草案》,请浙江代表邱清华和陆巧生(嘉兴某人民公社大队长)做了说明。农村工作原只十二条,61年后加增至60条,因为一平(平均主义)二调发生了毛病。但邱说现在《60条》中第二条“公社在经济上是生产大队的联合组织,生产大队是基本核算单位”,实行起来仍觉单位太大,所以在浙江60%地区改以生产队为基本核算单位。每一生〔产〕队约20户至30户,大队合5—10小队而成,“这一办法卅年不变”。大队只管抽水机械等管理,公积金的支用等。自留地最初也有矛盾,社员把肥料悉数用到自留地。现肥料可以算分,一担鸡粪可算20分,一人作工算三分,这样提高积极性,也使老年人养猪、养鸡可得工分。据说浙江全省有180万亩自留地,占全省6.4%(全省二千八百万亩地),从自留地产生粮每人可获得30斤。据陆巧生云,嘉兴现在每年三造,冬天种油菜、大麦或蚕豆,很少紫云英,春分下种籼稻到小暑收(三个月)。晚稻粳米到霜降收,每亩可收共970斤,其〔中〕460斤早稻,蚕豆150斤。牲口,全省每亩田不到一只牲口。用肥料,公社亩二千斤,化肥极少,每亩十多斤。现在浙江省对国家任务,在嘉兴公社每亩270斤。副业方面,蚕桑和油料减产,油菜有叶毒病,而蚕桑因蚕种不佳,又加以养秋蚕使桑树乏元气,不能生长好云云。浙江有水田二千万亩,60%机灌,其中1/4用电力。

据吴宪省长云,浙江去年六月后大旱一百天,秋后又遭台风,所以减产只130亿斤,其中13亿外调,全省二千八百万亩,除经济作物五百万亩尚有二千三百万亩,平均每亩565斤,在1958—59年产150亿,145亿斤,则亩产665斤左右,与指标亩产800斤尚远。以后非大加化肥不可,日本每亩用80公斤云。又说浙江人口从解放时二千一百万,现已二千七百万,加了六百万人,而粮食从解放时90亿斤加至现在130—150亿斤,即40—60亿斤,可见人口问题是严重的。

下午开地学部学部委员〔会〕,到廿人,不到者武衡、许杰、涂长望(病)、裴文中、顾功叙、冯景兰六人。晚几内亚大使桑吉西纳为阿尔及利亚独立庆祝宴会。

3月27日　星期二　晨昙,ACu 3,+5.6°,风力1,749 mm。

第二届人大三次大会、政协三届三次大会同时开幕,周总理作《政府工作报告》。

晨六点半起。上午八点半至院。九点至人大礼堂浙江厅,浙江小组讨论《工业70条》和《高教60条》。据吴宪省长说,工农生产的比例解放时3∶7,1959—60曾达5∶5,去年又回至4∶6云。省工会副主席陈有生〔讲〕他办锅炉厂的经验。该厂原系弄堂工厂,大跃进时改公厂,曾达一千一百多人,占地到二万多平方米,去年精简至800人。有技术工人50,大学毕业生三名,能制200多种产品,大的达750 kW和3000 kW的汽轮机、20 T的锅炉。和浙大机械系有联系。《七十条》规定了所有进厂器材必须试验,出产成品要检定,这样提高了品位、减少了损失云云。和黄岩农民杨保匡谈。黄岩也是一年三造,和昨陆巧生谈嘉兴相似,但多种草子(作春化)。陈叔老提工业五定:定产品、人员、原料、资金和协作关系。认为定人员不但是定人员的多寡,还要把人安定下来。

中午在大会厅中膳。膳后回。童主任,林、过二副主任来,谈生物学组分小组人选。原科委会开44人,现减为34人,分为九组。三点半至人大会堂湖南厅,毛主席、刘主席、周总理接见了九十三位主席团,便于四点开大会。朱委员长报告今天到会1015人(代表),政协列席不计。次周总理做《政府工作报告》,今天谈国际形势和我国对外政策。(1)"东风压倒西风"是国际形势发展主流:甲)当代西方潮流;乙)世界资本主义体系的衰落和瓦解;丙)国际斗争发展趋势。(2)保卫世界和平:甲)美帝是冒险的,又是软弱的;乙)保卫世界和平道路。(3)我国的对外政策:甲)对外政策总路线和苏联同社会主义国家互助合作,在"五项原则"上争取和平共处,反对帝国主义的侵略,支援各国被压迫人民反对帝国主义与殖民主义;乙)加强社会主义阵营的团结;丙)争取共处;丁)反帝反殖民主义;戊)反对核武器;己)反对搞两个中国云云。

3月28日　星期三　晨昙，Ci 3，NW，风力3—4，0°，室内62°，764 mm。院住宅后山桃初放，百货商店前山桃已盛开。

晨六点三刻起。上午九点至人大会堂浙江厅浙江小组，讨论昨周总理国际形势报告。俞平伯、严景耀、陆巧生、刘开渠、邵力子和冯宾符、唐巽泽等发了言。唐说周总理报告极为精辟，总结了十多年斗争经验，是毛泽东思想的具体化，国家团结一致是最大力量，远胜原子弹力量。从"五大矛盾"、"四大力量"说明帝国主义外强中干的形势。现代修正主义对于帝国主义本质尚可改变存着幻想，只有帝国主义濒于灭亡才有世界和平的可能，云云。午后三点和允敏至人大会堂，遇周谷城、周扬，提到谭其骧所著《东汉至唐黄河少泛滥原因》一文，认为可以转登《人民日报》广为传播。

三点半开人大代表大会，周总理继续报告国内形〔势〕和我国的任务，分为：1. 58—60年工作的基本总结；2. 国民经济的调整和当前任务；3. 国家的政治生活。承认过去有成绩，但错误也有，国务院首先要负责，主要是指标太高，不注意质量品种，只顾当前，没有采取典型示范，不谦虚和缺乏经验；以后要以争取农业增产为首要任务，合理安排轻、重工业，缩短基建战线，减少职工人数，清理仓库，改良市场供应，偿还外债，提高文教水平，保证收支平衡和改进计划工作十点。

1960年国家决算，总收入562.98亿元，支出582.13亿元，支大于收19.15亿元，差额由1959财政积余抵。总收入为原预算80.4%，比59年加3.9%。因为严重自然灾害，农业大量减产，直接影响工业。1960年工业总产仅完成78.6%，为1650亿元，比1959年加11.2%。1960年主要产品比59统有增加：钢1845万T，增38.2%；煤3.92亿T，加12.7%；发电量594亿度，加43.1%；原油520万T，加到40.5%；铝锭达12万T，加70.5，化肥207万T，加55.3%；发电设备226万kW，加5.1%；水泥1565万T，加27.5%；棉纱602万件，下降27%；棉布54.5亿米，减27.3%；植物油102万T，减30.1%；糖43.9万T，减61.2%。

3月29日　星期四　晨晴，烟直上，-1.4°，Clear，768 mm。

晨六点半起，做20分钟太极拳。九点至人民大会堂浙江厅，在浙江小组讨论周总理《政府工作报告》。上午谈国外部分。中午至南河沿欧美同学会，接允敏及邹仪新至华侨饭店中膳，因允敏的饭票在华侨饭店。遇黄有谋、茅唐臣。据邹云，她的天津纬度站被院下放于河北省后，河北省不知纬度站有何用处，所以要想把台交还给院中。午后三点又至浙江厅，拍照数帧。今天可惜钱老、周建老、沈兹九均未到，至于马寅初、夷初、文芸、张琴秋则告病假，霍士廉是省第一副书记，太忙不能离杭。六点散。在大宴会厅晚膳，膳后回。

晚七点朱济凡、孙新民、华海峰来,谈黑龙江流域资源中苏合作调查的学术会议最后一次结束会议。苏方已决派华西列也夫副博士为首七人代表团来京,有 Клопов 克洛波夫、Корецкая 科列茨卡娅、Ходак 霍达克、Зайчиков 扎伊奇科夫、Сачаков 萨恰科夫、Нйколаский 尼科拉斯基、萨尔尼科夫等七人留华两周。Немчинов 涅姆钦诺夫和 Пустовалов 普斯托瓦洛夫均不来。有五项文件已寄来,我们已译出,其中不免有夸大处,如对于地质方面训练青年,每队 30 人(实际 15 人)。引水问题未提,但说在乌苏里江口上 1/3 的径〔流〕来自中国,一般说报告可以接受。此外也谈了治沙所问题。九点告别。

1961 年国民经济主要预计数字:工农业总产 60 年 2060 亿元, 61 年预计 1417 亿元,其中工业总产 60 年 1650 亿, 61 年 1022,农业总产 60 年 410 亿元, 61 年 395 亿元。61 年钢预计 880 万 T,煤 27 500 万 T,发电量 480 亿度,原油 531 万 T,铝锭 6.6 万 T,原木 2160 万立〔方〕米,化学肥料 151 万 T,棉纱 368 万件,棉布 31.1 亿米,纸 110 万 T (减少七十万 T),植物油 67 万 T,糖 38.5 万 T,盐 1116 万 T。

3 月 30 日　星期五　晨晴, N,风力 1, 0°,室内〔　〕, 755 mm。

浙江省近来农工业生产。

晨七点起。九点至人大会堂浙江厅浙江小组,讨论周总理报告。时陈叔老提出做计划是否可以包括一个监查制度在内,以免出差错,以为平衡是经常的,而不平衡(预算)是暂时的。邵力老以为报告中善于改正错误,引斯大林话,不要为胜利冲昏头脑,认为内政报告第二部分调整计划,人口也要包括在内。周建老说苏联反对马尔萨斯人口论,但并不反对生育限制,各种药品和工具统公开出售。说大城内小孩出生率是 4%。严景耀谈到海南岛雷州半岛视察情况,说半岛上正筑 178 km 运河,从北引水至南,用九州河水可灌溉 250 万亩地;茂名可产油 100 万 T,炼油管用了超声波,省去大规模建厂;湛江大种椰子树,云云。中午在人大礼堂中膳。

下午仍至浙江厅。吴宪省长报告浙江近三年来农工生产状况。说工业总产值第一个五年年加 16.3%,近三年 58— 60 年加 37.8%, 61 年总值 34 亿,比 57 年多 73.5%。基本建设投资 57 年八千多万, 60 年十一亿元。浙江向无钢铁, 1958 年以来四年产铁 70 万 T,钢 20 万 T,轧钢 18 万 T,单半山一厂可出十万 T。发电容量达三十一万 kW,比 57 年大十六倍,而解放前全省只一万六千瓩。化工厂过去很少,现有 250 家,衢州有大厂能出硫酸铵年十万 T(合成铵二万五)。汽轮机能造 3000 kW,排水机 250。煤炭也有发展,年产五十万 T,以长兴、金华为主,一部为焦炭。水泥年卅万 T,(江山)人造丝年一千 T。

为农业服务首先是水利。蓄水 57 年二亿八千万 m^3, 61 年 24 亿 m^3,排灌从 350 万亩(57)加至 1200 万亩,农业机械 17 万匹 HP。农业生产 58—59 丰产, 60—

61 歉收,四年平均为 144 亿 5, 1953—57 五年平均 145 亿 8,由于播种面积减少 350 万亩。平均亩产从 536 斤增加至近来 583 斤一亩,增加 8.8%。棉花前五年 56.6 万担,后四年 92.6 万担,占地 130 万亩,无增减,单位面积产量为全国第一。油菜前五年 131 万担,后四年 141 万担。桔子从 77 万担加至 93 万担,茶叶从 40 万担加至 55 万担,水产收购从 465 万担加至 671 万担。

浙江麻的产量 58— 61 维持 53—57 年水平,即 210 万担。耕牛 57 年 152 万只, 60 年 156 万只,家禽增加但猪减少,从 400 万只减至 330 万。工业总产从 57 年 20 亿加至 53 亿,农业产值从 25 亿减至 23 亿。桑蚕减产,茧子 56 年 54 万担, 57 年 48 万担, 58 年 47 万担, 61 年 20 多万担。由于减少桑树和养秋蚕桑树伤了元气,又加蚕种不好,至少三年才能恢复,云云。

农业自贯彻《六十条》后,自留地占 180 万亩(6.4%),平均每人可得卅斤,这就提高了积极性。粮食政策,"不劳动者不得食",使二流子统得出力,提高了农民出勤率。一个月四天假,在假期内也做工。食堂只农忙时有。敬老院、幼稚园仍维持。人口增长与农粮增长不适应,耕地面积每人一亩,十二年人口加六百万,粮食加五十亿斤,这应该引起大家注意的事。水库新安江已装四台机, @ 七万二千五百 kW,将来再装五台。此外在计〔划〕中有瓯江 130 万 kW,富春江低水坝不会淹没田,发 36 万 kW 和衢州乌溪江 20 万 kW,如全部完成,可得 250 万 kW 云。

3 月 31 日　星期六　晨阴,霾,风力 1, NW,+6°, 750 mm。

感冒。

晨六点半起,太极拳 20′。九点至人民大会堂浙江厅,继续讨论周总理报告国内第二部分。赵忠尧提议大学学年改为四二制,四年大学一部毕业后,二年二部毕业。因目前大学多数为五年毕业,也有六年的。但我以为大学学制须与中学一并设计。目前中学毕业程度差,不懂外文,基础科也差。中午和允敏至华侨饭店中膳,遇李林(熙芝)。

下午至浙江组。吴宪省长报告浙江省近四年状况如下:整顿、巩固的改进浙江省已行之有效,不协调现象已消除不少;工业调整已在七十多厂做试验,重、轻比重有改变, 60 年重、轻工业投资比为 40∶60, 61 年改为 30∶70;重工业本身也大部为农业服务,如农药、肥料、机械等等,农药加 90,过磷酸钙 $Ca_3(PO_4)_2$ 加 99%,苯加了九倍;钢铁质量因建立检查制度有了改进,消耗定额降低,一吨钢用铁从 1.3 T 降至 1.1 T,焦煤与钢比例 1.3→1.5;基本建设资金最高年八亿,今年一亿元;手工业有了增加,达卅七万人,产品也增加;劳动力,在职工方面以 60 年 150 万减至 61 年 119 万人;城市人口,(五千以上)人口压减 25 万;农村劳力从 905 万加至 949 万人(57 年 935 万人);工资总数减少(比 60 年)五千万元;全民所有企业从 2200 个减少530个。在人大晚膳后回。因伤风早睡。

4月1日　星期日　晨雨。下午二点雪,未几即止。晚阴,755 mm。寓中连翘初开花,山桃盛放。北海桥边杨柳绿。(后补)

晨六点半起。因天雨未做体操,也以有感冒故。上午九点在院第三会议室开地球物理学委员会,到赵九章、张钰哲、李善邦、朱岗昆、邮电部梁建、电子所吕保维、气象局程纯枢与卢温甫代表等。我报告了CIG国际地球委员会拉克赖维来信邀我们于三月底至巴黎开会,讨论1964年四月到1965十二月底的太阳平静年地磁、气象、极光、游离层、日活动、高空物理、宇宙线和世界日等八项活动。我们已答复,如台参加我们就不参加,以避免两个中国。朱岗昆做了补充,决定气象、地磁、地震、游离层等自57年以来已取得材料,应该加以整理来出版(内部刊物)。十点半散。

中午松松约了三位同学在家中膳。二点和允敏、彬彬、松松及张俊秀与小孩至工人体育馆看全国体操比赛。已比赛三天,今日为最后一天。今日是各单项比赛,计女子〈横〉跳马、高低杠、自由体操三冠军河北郭可愚,平衡木广东黄薇,男子吊环阮国良。

今晚工人俱乐部戏曲实验学校演出《悦来店》(十三妹救安骥事),《界牌关》(罗通退辽),《卖水》是《火焰驹》中一折(兵部尚书子李彦贵求救于未婚妻、岳丈,岳丈悔婚。黄女桂英久慕李家忠良,不肯退婚。由丫环梅英因买水得与桂英见面),和《赤桑镇》(包拯杀侄事)。

4月2日　星期一　晨风NNW,4—5级,+0.6°,昙,Ci 5,760 mm。

晨六点半起。今日因感冒又因风大,所以未做太极拳。上午至人大会堂浙江厅,知从北门入。一楼四角,SW是浙江厅,SE是河北厅,NW是新疆厅,NE是福建厅。浙江〔厅〕的温州木中镶石有《西厢记》和《采茶》,均极佳。艺术虽不能说很高,但人物颇妙。各组参观者络绎。

今日上午阅周总理内政报告第三部,请陆士嘉朗诵,随即讨论"民主与集中"。

下午二点廿分至北京医院看蒋国彦大夫。我问以上次做心电图,据〔云〕无甚特异,但脉稍缓,而有时有抢先现象,亦不正常之一种表现也。下午谈"百花齐放、百家争鸣与知识分子"。又谈及周总理所讲要克服"二座大山",即经济贫乏与文化落后。但文化落后也只是相对的,我们社会科学与艺术并不落后。

在人大膳后即回。六点半至民族文化宫,看上海戏剧学院藏族班毕业汇报演《文成公主》,均用藏语,以耳机译成中文。毕业藏生强巴(郑明香)演文成公主,大次仁多吉演唐太宗,洛桑次仁演松赞干布,熊美珍演弘化公主。藏人不习惯演话剧,虽不及上次我所见《文成公主》,但已属不易。共十幕,我看了五幕,从七点一刻已演至九点一刻,因感冒所以即回。

接章定安回函,知其仍住鲁迅路325号,因腰脊闪挫所以健康稍差。

4月3日　星期二　晨晴,风力1, SSW, -0.6°, Clear, 756 mm。

晨七点起。感冒未愈。晨八点至北京医院打 Vitamin B_{12} 针,看护又劝拔火罐。在背上放玻璃泡十多个,把空气烧热后置玻璃管于背上,据云治感冒有效,余颇不信之。今日因浙江小组决定自己阅读,所以我出北京医院后至美白理发铺理发。九点三刻回院。知聂荣臻副总理要召集科学院同人,谈招待黑龙江资源考察学术代表苏联人华西列也夫等,所以到了三座门军委俱乐部楼上,到张副院长、朱济凡、冯仲云、孙新民、漆克昌、简焯坡及科委张有萱等。对于这次招待苏联专家华西列也夫、克罗勃夫等,因尚系苏联撤退专家后第一次招待,必须坚持团结、坚持原则,外表须热情,和两年前一样,但事事要对等,不可露一点批评态度。如他们送礼,我们得还礼。张有萱提到今年我们与苏联、东欧各国来往,因出国预算去限200人,来限300人(是否包括资本主义国家在内?),有点困难。现人民德国已不提科学协定,罗马尼亚由两院秘书长做了文件交换,其余各国暂时搁置云云。我提到今年九月21—十月五日英国皇家学会派 Linder Brown、Gordon Sutherland 来我国事。十二点多回。下午至人大浙江厅,浙江小组讨论周总理报告内政第一部分。在人大晚膳后回。晚间阅文件。

〔剪报〕

THE U.S. President's statement which was carried by last week's Saturday Evening Post has made a highly unfavourable impression on the Soviet people. In this statement President Kennedy, speaking of the possibility of nuclear war between the U.S.A. and the U.S.S.R. said that "in some circumstances we might have to take the initiative." This statement has shocked the peaceloving public of the worl

左新闻载苏联4月7日 *Moscow News*,载 Kennedy 好战言论。

4月4日　星期三　晨晴+2°, Clear,风力1级, 752 mm。宅内玉簪花露芽,前次已出为兔子所吃,今次出后又为兔吃。

上午招待苏联中苏黑龙江资源学术会议委员。

晨七点起。上午八点半至浙江厅一转。九点至北京饭店205号朱济凡房间,谈如何安排苏联中苏黑龙江资源考察学术委员会议代表事,决定明天下午开会,连续两天读论文,八日即出外参观。今日到者冯仲云、鲁祖周、燕登甲、俞建章、易伯鲁、丁锡祉(代宋达泉)等,决定日程后即至楼上622号会见苏联代表,到华西列也夫、克罗勃夫、萨基科夫、萨尔尼科夫、卡列次卡娃等五人及苏大使馆代表乌沙夫和克里米亚诺夫二人，其中除华西列也夫博士未曾到过北京外，余均曾来此。我们寒暄四十分钟。据华西列也夫云，涅姆钦诺夫因年迈，Пустовалов 普斯托瓦洛夫因心脏病所以未来云。决定明下午开幕，尚有尼科尔夫斯基通讯院士、柴伊科夫斯基二人于明乘飞机可到。十一点至院。十二点和允敏至新侨中膳，遇周子竞夫妇，知子竞心脏不佳。Нйколаский 尼科拉斯基和 Чайковский 柴可夫斯基二人乘飞机于五日到会。

下午三点至人大浙江厅。浙江小组继续讨论，今天下午谈人口问题。这一问题，浙江小组五六年来均要提出，因邵力子、马寅初二人主张最力。邵主张节制生育，有计划地来做，但不以国家命令，而以人民通俗教育办法。小组中大多数均赞同，即吴宪、周建人、邱清华、徐赤文等。叶熙春反对限制生育，农民代表陆巧生、杨匡保均主张人口愈多愈好。女代表倪斐君、陆士嘉赞成为母子健康、母亲身体起见也相当赞同。在人大晚膳后回。晚郑晓沧、周庆祥、陆维钊来。陆现已专业中国画，在美术学院教课。谈到祝廉先、缪彦威诸人，云柳定生现在南京图书馆工作云。

4 月 5 日　星期四　晨晴+5.6°, Clear, S,风力 1 级, 750 mm。寓中杏花初开，山桃、连翘盛开。

清明节。下午黑龙江学术会议开幕。广东河源又地震至 6 度。

晨六点三刻起，做太极拳 20′。九点至院。张副院长邀曾呈奎、张尔玉、海洋所孙所长及地学部尹主任、生物学部童主任、过兴先副主任等谈全国海洋所如何布置问题。在权力下放后，各省分院沿海者如辽宁、河北、江苏、浙江、福建、广东统办了海洋所，而且海洋物理、海洋化学、海洋地质统要建立，把许多大学毕业生搜集来没有人指导。如辽宁、河北各有海洋所，所内大学毕业生四五十至七八十，无事可做，目前又要由院集中领导，所以有调整之必要。大家交换意见后认为，全国只办一个精干的所，其余如广州南海所作为分所，福建、浙江作为站给与特殊任务，辽宁、河北可以停办。由青岛海洋拟具计划。

和徐、简、尹主任、张日东谈科委会地学学科专业组人选，原定把地球物理和大地测量和天文合并为一组，但数、理、化部汇商下不赞同地球物理和天文合并，故与赵九章打电话后仍归地学组。

午后三点至北京饭店晤 Василиев 瓦西里耶夫博士和 Корецкая 科列茨卡娅，氏代 Немчинов 涅姆钦诺夫代送礼物若干与我和允敏。四点至国际俱乐部礼堂，行第四次黑龙江流域生产力发展学术会议开幕典礼，我主席致词。苏方代表团团长 Василиев 致词后，冯仲云部长作了 1956— 60 年中苏合作黑龙江流域综合考察总结报告。Клопов 克洛波夫博士作了 1956— 60 年黑龙江流域共同科学工作的主要成果,并在会上赠送18卷文献,共4500页,其中有不少地图。六点散会。

七点半在西单全聚德宴请了中苏双方代表团与黑龙江工作人员,到苏方同志十一人,除全体代表团九人外,大使馆经济参赞雷索夫、一等秘书于申也参加了。苏方代表鱼专家高个子尼古拉斯基和地质专家柴伊可夫斯基今下午乘飞机到达北京,也参加了宴会。

4月6日　星期五　晨阴, St 10,+8°, NNE,风力2级, 754 mm,室内64°F,有火。丁香叶舒,杏花盛放。

黑龙江资源考察学术会议报告。

晨六点三刻起,做太极拳20′。九点至院。十一点至人大开人民代表大会主席〔团〕扩大会议。彭真同志报告, 28组讨论周总理报告,只二组讨论完毕,其余尚在讨论,尤其内政部分讨论更详细,所以决定再延期两天,定九日星期一开大会,连续四天至十二日止。大会发言文稿须于日内交进。提案组张友渔做了报告,知这次提案共140件左右,以工业交通为多,五十多件;文教次之, 37件;农林又次之。关于节制生育,共有七件之多,可知大家对于此事之注意云。在人大中膳。

下午三点至国际俱乐部开黑龙江学术会议。今日上午我只参加了一个小时,听了 Корецкая 关于自然环境的报告,以后关于地质两报告未听到。下午有 Г. В. Нйколаский 鱼类学报告,H 以长人著称,高 1. 99 m。次朱济凡做了土壤报告, Клопов 做了水能报告。休息后 Корецкая 显示了二轴黑龙江考察电影片,大抵系1958—1959野外考察,在苏联境内制,系有色电影。

据K黑龙江水文报告,黑龙江多年河口水文径流量平均为350立方公里,约七倍于黄河,为长江之三分之一。其支流以松花江为最, 62 km^3,泽雅57 km^3,乌苏里江45 km^3。黑龙江洪水为灾,近年增加甚速, 1898— '48五十年只三次特大洪水,而49—59十年间又发生三次, 50、53、57、58、59均有洪水。额尔古纳河和黑龙江国界可修600万kW电站,以瓯浦和黑河最为理想。每度电投资只2. 3戈比,电能成本0. 04— 0. 06戈比。乌苏里江河谷阔,淹没损失不上算修水电站。含沙量黑龙江每立方米77 g,长江442 g,黄河36. 6 kg。

据张文佑、侯德封地质报告, 56—59年地质队在黑龙江考察,完成大兴安岭北部、小兴安岭、完达山、老爷岭、张广才岭和长白山东坡,共40余万平方公里,培养了70—80青年地质人员。又据 Корецкая 的报告,黑龙江流域森林蓄积共110亿立方米,其中中方占20亿 m^3,草甸、草原中国占1350万公顷,主要在呼伦贝尔和松辽平原,初步估计可供农业开垦的土地资源,在中国境内一千万公顷,苏联境内200万公顷,草甸、草原年产草量估计为1900万T,其中草原产600万T。

4 月 7 日　星期六　晨阴, St 10, +8. 6°, 风力 1—2 级, 753 mm。日中阴。

晨六点三刻起,太极拳 20′后早餐。今日上、下午均在浙江厅。浙江小组讨论周总理报告,下午兼及 1960 决算和 1961 年预算。据 1960 年国民经济执行情况,已见 3/28 日日记中。原油达 520 万 T,化学肥料达 207 万 T,但到 1961 预计数字原油 531 万 T,而化学肥料只 151 万 T。我认为这和支援农业的政策不相合,希望 1962 年化肥有很大增长。投资于基本建设总额将从 1960 年的 384 亿减至 1961 年的 118 亿,科学文教从 10. 8 亿到 3. 1 亿,但对外援助却从 60 年实支 3. 58 亿加到 61 年 5. 18 亿元。1960 年农业收入预算 33 亿,即粮食 387 亿斤,而实际因灾荒只收到 28 亿元,即 315 亿斤粮。每斤粮价合 7—8 分。农业征税 1958 年?从 15%减至 10%,从此可算出 1960 年全国产粮约为 3150 亿斤,即一亿五千八百万 T 左右。至于外债,是还苏联贷款,共本利 57 亿元,到 61 年年底尚欠十亿元。60 年还 6. 72 亿元, 61 年还 6. 58 亿元,再两年可以全部还清。今日将上月底在浙江厅所撮照相印了六张,先分发与若干代表(陈叔老、吴省长、倪斐君、严景耀、冯宾符、陆巧生),余人俟印就后再送。

4 月 8 日　星期日　晨 10°, 晨微雨数点, St 10。下午阴, 下午三点 St 10, 540 mm。

今日房中停火。

晨六点半起。小翁昨天在此住宿,她因关节炎不胜体育队的任务,做排球队员已无培植希望。我劝其早日改行,因她年只 20,不过因她个子高所以被选。她不久将回辽宁父母家中云。上午九点至院。张副院长召集生物部、地学部、技术科学部讨论各分院所的处理办法。在 1958— 60 大跃进时代,分院很快成立很多所,搜罗大量大学毕业生,但无高、中级人员为之指导,迄今成为问题。地理所拟取消南京地理所,湖泊部分归并武汉水生所,一部并入南京大学,书籍送兰州地理所。吉林所专做沼泽地理,兰州冰川和荒漠冻土,华中做亚热带、Karst,南京大学地貌,华东师大河口地理。地质所主张把长沙矿冶学院陈国达调广州地理地质所,并兼中山大学教授。生物学部庐山植物园收回(从江西省),归北京所直辖。我提出伍献文对于北京所搞鱼范围广及全国有异议。西北生物土壤所是否以水土保持为重点,要做出决定,所长虞宏正一向有抗拒心理。张耕野来函要以综合做法才会有效,但农业科学院必须合作。治沙所大学毕业生一百多人,无高、中级人员领导,我主张调席承藩前往作副所长,须得席同意。据过兴先云,土壤所可同意。

晚至工人俱乐部看中国京剧院一团演《桃花村》(《水浒传》故事),杜近芳起女仆春兰,袁世海起鲁智深,李幼春起周通,张雯英起刘玉燕,李金鸿起卞济。

4月9日　星期一　晨昙+6.6°，ACu Ci 4，风力一级，室内49°F，758 mm。

最高国务会议，毛主席讲了话。

晨六点三刻起，做太极拳。九点至院。张副院长召集地质所侯德封、张文佑、涂光炽及王所长及何作霖、杨钟健、尹赞勋诸公，讨论地质所方针以及和地质部地质研究院分工问题。据云，李副院长表示目前分工尚有困难，俟两方发展一个时期再看情形而定。地质所方向侯所长以为可以地质物理、地质化学、地质生物三者而定，因地质部对此三者不及地质所能做到好。张文佑提到同位素和放射性技术均未过关，由于找不到物理方面人。这一方面只要院中注意，不难达到。何作霖认为目前可以与地质部同类工作人员每年商定计划。尹赞勋主任认为大部人才均在地质部，应重新分配。最后张副院长提出和地质部机构调整三个方案：（一）照现状；（二）与地质研究院合并，双重领导；（三）地质化学独立，所余与地质科学院合并。十二点散。

下午三点多至勤政殿。开最高国务会议，毛主席、刘主席、周总理、朱委员长均出了席，征求大家对于刘主席及周总理报告意见。张治中谈党的伟大，做错事情自己承认错误。说49年蒋介石下野曾说，他的失败不由于共产党，而由于国民党"朕躬有罪，罪在万方"云。又请毛主席致词。毛主席讲了十几分钟的话。说今年一月间党五级干部会议中对于错误在什么地方做了总结。"三面红旗"如总路线没有充分了解。1958年11月对于人民公社已发现了问题，所以有《十二条》又增加为《六十条》，工业有《70条》，高教有《60条》。我们民主革命有了长期的考验，经42—44三年整风才做出成绩。社会主义建设没有经验，首先要调查研究，要民主集中，错误出在争论和交流还不够。工人平均年龄只25岁，过去没有注意，几年来要造成分散主义，要民主集中云云。

〔剪报〕

新华社7日訊　塔斯社莫斯科6日訊：苏联按照考察大气高層和宇宙空間計划，4月6日把又一个人造地球衞星"宇宙二号"送上了軌道。衞星上装有継續进行宇宙空間考察用的科学装备。

除了科学装备以外，衞星上还装有多路无綫电遙測系統，測量軌道用的无綫电技术装置和頻率为二〇·〇〇五和九〇·〇二二五兆周的短波发射机。

据初步材料，衞星正在沿着同預計軌道出入很小的軌道飞行。

衞星运行周期为一〇二·五分鐘，軌道同赤道平面交角为四十九度，衞星离地球表面最远为一五六〇公里，最近为二一三公里。

衞星上发来的无綫电遙測情报证明，一切系統工作正常。調整計算中心正在整理一切发来的情报。

象今年3月16日发射的"宇宙一号"衞星一样，"宇宙二号"衞星的科学計划包括：

研究电离層带电粒子浓度以考察无綫电波的传播；

研究微粒流和低能量粒子；

研究地球輻射带能量組成以判定長期宇宙飞行中的輻射危险；

研究宇宙綫的初始成分和强度变化；

研究地球磁場；

研究太阳和其它宇宙体的短波輻射；

研究大气高層；

研究流星物质对宇宙航行器結构元件的影响；

研究地球大气層中云系的分布和形成。4/7日 光明 1962

4月10日　星期二　晨晴+6°，Clear，756 mm，房中58°F。山桃全落。

二届人民代表开三次会议。陶峙岳报告新疆，惠浴宇江苏。

晨六点半起。上午九点至中关村，与瞿宁淑谈地理学会开理事会事。又中华书局约我整理数十年来所写关于科学史及天文气象方面文章，作为文集出版。我过去不做此想。去年在沪因聂荣臻〔副〕总理曾提议为周子竞出文集，我回后曾与瞿宁淑谈过。今日将中华书局函交与瞿宁淑一阅，并复中华书局函。

下午二点三刻至人大会堂湖南厅。三点开会，我是执行主席的一员。今日发言者有浙江代表陈有生和赵忠尧，此外江苏省长惠浴宇，新疆建设兵团陶峙岳和程潜、沈钧儒等。我和钱雨农、陈焕镛、童第周、蔡邦华、秉志、杨钟健、刘崇乐、秦仁昌、刘慎谔关于建立自然保护区，建议科委下成立委员会案作为书面发言。今下午发言者11人，书面发言9人。至六点廿分散后又开主席团会议。朱委员长主席，彭真秘书长报告，现要求发〔言〕者尚有110多人。若只开半天会，而大家公开发言要十个下午。张治中主张各小组劝代表能以书面发言，并决定礼拜四起上、下午开会。

今日发言惠浴宇。说江苏省57年以前没有钢冶金工业，现已能产钢和铁各卅、卅1万T，煤57年二百万T，现500万T，机电排灌面积达二千三百万亩，占全省耕地面积32%，但一度误以为粮食可以过关，造成了粮食减产云云。陶峙岳报告建设兵团十二年来在新疆开垦了一千一百万亩地，共产粮卅三亿斤，其中近四年20亿斤，61年6亿斤，一千一百万亩抵新疆49年所开总数。61年近四年开了七百六十万亩，59年以前粮食办到自给。以后要扩大苜蓿种植面积，可以培养地力，改造盐碱土和增加肥源，并要逐年增加农田载畜量、造经济林，逐步争取主、副食自给云云。

4月11日　星期三　晨晴9°，风力2—3级，754 mm。

人大会议谈北京，江西开山。

晨六点半起。上午九点至院。和简焯坡、田同志谈黑龙江学术会会议事。华西列也夫、克罗柏夫等一行七人由朱济凡、丁锡祉、华海峰等陪同下于八日去南京、上海、杭州游览。言定于十五日回京，十六日定周总理召见，晚间郭院长邀晚膳，十七日在京游览，十八即回国。我告简焯坡，农业部何基沣希望院办一个水土保持研究所，预备召集一次会议，院中应做一个决定如何办理。我个人认为我们没有农林牧的人，有困难，同时国家如奖励上山开荒，势必造成水土流失的。

下午三点至人民〔大会堂〕继续开大会报告。今日报告者12人，书面发言6人。北京市长万里谈1953年北京人口二百万，只能生产日用品的35%，目前加至五百万,能供日用品76%。解放后新的建筑3520万m^2,其中住房1300 m^2,公共汽车和电车解放前54辆,现1400多。小学生32万加至103万,中学生4万6加至33万,大学生一万四加至十三万人,小学生的76%是二部制。郊区人民公社年供蔬菜18万斤,牛奶年供五千万斤,粮食、副食品多由内蒙、黑龙江、四川供应。次刘俊秀谈开发江西大茅山、武功山、黄岗山、怀玉山、庐山、九连山,由下放五万个干部分别开发。1961年全省270个垦殖场(国营),经营耕地320万亩,农民140万人,经营山地2500万亩,占全省29%。水产养殖46万亩,在山区修公路3000 km,电站158座,垦荒62万亩,造林498万亩,完成木材生产任务263万m^3,茅竹3490万根,交金额三亿八千〔万〕元,占全省木材任务54%,生产粮食九亿三千万斤,其中垦殖场、全民农场二亿一千四百万斤。最后说,我省江西再种17万2千km^2,共二亿五千万亩,其中山地一亿五千万亩。我省有大批荒山荒地,要大力发展农业生产云云。全文八千多字,对于水土流失一字不提,我以为应该有实地查勘的需要。此外发言者有南大郭影秋、武汉李冬青、陕西王保余、新疆赛福鼎、云南于一川、成都田景琦、内蒙刘华香、江苏刘国钧和陈永康、黄任之等等。

赛福鼎报告。新疆1960产钢十万T,铁24万T,煤440万T,原油169万T,水泥十六万七千T,棉纱四万三千件,布4200万米。1960年产粮42亿斤,57年只34亿斤,1960年牲畜一千九百卅万头,与1957相同,耕地1960年四千九百五十三万亩,比49年加1.73倍。

4月12日　星期四　晨晴,风NW,风力4—5级,8°,室内13°。杏花多落,连翘尚开。

谈内蒙,石油,清华大学,黑龙江森林。

今日上午、下午均至人大会堂听报告。上午发言的有苏步青、李烛尘、傅钟(军队)、贵州杨汉先、山西焦国鼎、华侨庄希泉、广东林李明、青海喜饶嘉措。据李云,轻工业70%材料来自农业。林李明说广东夺取今年农业丰收,一是扩大耕地面积,同时提高单位面积产量,但并没有说如何扩大耕地面积。焦国鼎说1960年四川产煤4410万T,比57年加84%,1961年下降26%,原因副食供应不足,许多矿放松了开拓、延深与掘进工作,忽视了巷道的维护与检修,使开拓、准备、回采三种煤量之间不协调,生产力受到破坏。苏步青主张稳定教师的专业培养方向,保证时间,培养特殊才能青年教师。庄希泉谈到1960年我国派船到印尼接华侨共155航次,回侨八万人,均得安置,建了卅三个华侨国营农场,完成四十四万方住宅,侨汇收入仍能维持水平。61年进口十万T化肥和十万T粮食,回国侨生二万二千多人云云。

下午二点半到人大会堂,发言的有班禅、陕西方仲如、黑龙江李延禄、湖北陈经畲、石油工业顾敬心、张大煜、内蒙奎壁、清华梁思成等。内蒙四年来扩大耕地550万亩,增加牲畜2410万头,从58—61供给国家八百〇四万头作为商品牲畜。此外毛五万〇一百T,皮一千六百万张,建立饲料基地二百万亩,改造个体畜牧业为集体畜牧业,实行农牧结合方针,防止盲目开荒,建立母畜在畜群中比例在40%左右。李延禄说黑龙江林区面积一千八百万公顷,占全省面积30%,森林积蓄十六亿 m^3,占全国1/4,十二年已伐一亿 m^3,近三年已超三千 m^3,春秋两季十万人更新。陈经畬谈湖北灌溉面积,三年来加二千五百万亩(?)。石油储藏量,据顾敬心说,从57到61年加了十几倍,原油产量每年加53%。梁思成说,清华大学学生设计了密云水库,参加了革命历史博物馆、中央美术馆的设计,说清华209位教授中有71位入了党。六点多我先走,至怀仁堂约允敏和吴大姊到政协晚膳,遇叶心清、肖璋、钱伟长、张子高、翁文灏、沈健等。

4月13日　星期五　晨晴,风力1—2级,8°,室内56°F,761 mm。院榆叶梅初开。

上午开地理学会理事会。下午参加人民代表大会。

晨六点半起,太极拳操20′。八点三刻至二里沟全国科协二楼,开地理学会理事会,到黄秉维、侯仁之、李秉枢、王副所长以及瞿宁淑。〈李秉枢〉〔孙敬之?〕在学习,王钧衡有课,周廷儒感冒均未到。谈了今年做十年长远科技规划,上月在广州开了一个月的会,决定做学科规划与重点科技规划分开,已成立学科专业组,要各学会与科学院、高教系统共同讨论提出重大题目,所以原定今年地理学会有四个专业会议。照目前情形,党主张减少专业会议,以节省经费,不如在八月初开一地理学会年会,讨论长远学科规划,同时也可读论文。经讨论后大家赞同,地点在长春,时间八月初,为期一周。十一点至院。十二点至怀仁堂,接允敏至民族饭店中膳,遇钱令希、袁敦礼夫妇、陆秀、郑晓沧等,膳后回。

下午三点至人民大礼堂,继续听取代表发言。今下午发言有刘述周、汪胡桢、蔡邦华、陈翰笙(彭迪先)、马坚、陆巧生等。汪胡桢谈水利、支援农业,说我国稻米每亩产量只358.9斤,而日本达647.8斤;小麦我们亩只114.4斤,而荷兰达594.8斤,英国476.3斤;棉花我国皮棉37.9斤,而苏联93.9斤,埃及83.5斤。最重要是化肥用太少,59年我们产133万T,苏联1380万T,美国709万T。农田中一斤化肥可增三四斤粮。我国1600条较大河流,水量二万六千多亿立方米,蕴藏水能五亿四千多万kW,可以大量发电制化肥云云。蔡邦华谈农业上害虫损失,单螟害1961年浙江十亿斤,江苏六七亿斤稻米云。马坚谈云南故乡面貌的改变。陆巧生谈桐乡永秀公社字滨生大队190户,869人,耕地1285亩,其中148亩桑地、43亩饲料、93亩自留地,种粮985亩。1957年单位面积产量700斤,61年虽然干旱70

天,得978斤,每人平均得670斤。每劳动力收入500元云云。开常委会,通过赴朝鲜代表团名单。晚膳后和刘力至工人游泳池。

4月14日　星期六　晨晴5°,风力一级,750 mm,室内56°F。

二届人民代〔表〕大会三次会议。

晨六点半起,太极拳20′。上午九点至人大会堂浙江厅,浙江小组讨论周总理政务报告及1960年决算,均由倪斐君朗诵后讨论通过,为时仅一小时。闲谈有人提到政协王大珩提议设意见箱,对发言人提不同意见。我说江西代表刘俊秀发言中谈开辟荒山做了许多成绩,但不提水土保持,怕会引起水土流失,因而引起大家讨论。十二点至怀仁堂,接允敏至前门饭店中膳,遇刘承钊、吴贻芳等。

下午三点至人民大会堂继续听取发言。今下午发言的有邮电部部长朱学范、山东劳模吕鸿宾、浙江省长吴宪、侯德榜、辽宁机器厂女代表高凤琴等。据朱部长,近年人民发信有增加,平均每人3—4封,邮票为国家增添收入。解放军代表张全彬说,1960年全军共耕土地117万亩,产粮6400万斤,蔬菜十亿斤,猪150万只,捕鱼2700万斤。黑龙江任仲夷谈哈尔滨已能造五万kW的成套火电设备,72 500成套水轮发电机,每分钟十万多转轴承,大跃进三年中支援各省煤2300万T,为黑省总产28%,木材1800万m^3,三年总产49%,云云。内蒙古周北峰谈,1949年全区灌溉面积只427万亩,52达630万亩,59 1200万亩,61年1800万亩,黄河枢纽和红山水库是主要的,前者经常引水300 m^3/sec,灌溉巴盟、包头五百多万亩,红山水库蓄56 000万m^3。

晚和允敏至文联看昆曲剧团演出《思凡》和《下山》,韦梅(俞平伯外孙女)和贝聿娍先后饰尼赵色空,蔡元元饰和尚本无。《长生殿》由许淑春饰明皇,吴受璩饰杨贵妃。《乔醋》(《金雀记》)袁敏宣饰潘岳。

T. D. Lysenko已辞苏联农业科学院院长职,以M. A. Olshanky继任。*Moscow News* April 14, 1962。

4月15日　星期日　晨晴8°,风力一级,748 mm。颐和园沙梨初花,玉兰、杏花、日本单片樱花均盛开。榆叶梅亦盛开,比去年迟十天。

上午至颐和园。下午人大照相(怀仁堂后)。

晨六点半起。八点半和允敏、彬彬、松松等乘2361号小汽车赴颐和园,经中关村时约宛敏渭同行。宛在颐和园观测物候,已指定50多种树木、花卉作为观测对象。今日去颐和园的人特多,路上大小汽车络绎不绝。七点开门,余等到时已$8^h50'$。东宫门外形如人海,入门则肩摩踵接。我们先至仁寿殿前,经玉澜堂,沿湖

(昆明湖)走至乐寿堂看玉兰。北京玉兰远不及杭州之佳。白玉兰于上星期日已开,今日盛开,辛夷即墨草则尚未开。遇顾功叙夫妇。由此循700多米长的回廊,沿途榆叶梅盛开。直至石舫,过荇桥,在桥边有两棵大杏树正在盛开,略远一单片日本樱花亦已开。由此再循回廊走上面一条路到谐趣园,园中沙梨花初开,沿途杏与榆叶梅、连翘甚多,均盛开。园内有涵远堂,在此拍一照即出园,乘原车回。

下午至怀仁堂。人大、政协均在后园照相,和允敏同往人大。我位置在60,和季方、张治中在一起,我们同年,均庚寅生。因允敏列席政协会议,所以也要照相,因此我得等待至政协照好后始走。因照相时人大在前,政协在后,相差40′,因此得和侯外庐、辛树帜相遇,谈为徐光启诞生400周纪念事。送辛树帜至民族饭店,据云《农政全书》校刊事,西北农学院正在着手云。

晚间阅二届全国人民大会第三次会议提案和审查意见。提案凡163件,其中我觉得重要的,有关于水土流失(第161关于江西省兴国县淤沙为患案,第48案汪胡桢纠正山区水土流失案)和关于节制生育(邓颖超等提43案,徐志芬等11人提57案,邵力子提97号案和杨之华等提保护妇婴健康第134号案等)。我认为这二事,节制生育和水土保持乃当今之急务。

4月16日　星期一　晨阴, St 10,风力4—5级, 15.4°,室内63°F, 750 mm。今日寓院中缸内种白玉兰两株。

二届人民代表三次会议闭幕,周总理、陈副总理演讲。晚苏联大使契尔沃年科在大使馆宴请中苏研究黑龙江流域生产力问题联合学术委员会。

晨六点二十分起,作太极拳20′。上午九点至人民大会堂上海西厅开扩大主席团会议,讨论今日下午须通过(大会中)各案,一小时即散。我至院中。王遵伋、朱济凡等来谈,知渠等和苏联黑龙江学术会议代表于八日出发赴南京、上海、杭州游览,于昨日回来,幸天气尚好,一路尚称顺利。今日下午苏联大使宴会,明中午郭院长请客。现留下问题即苏方要共同出版一本黑龙江论文,此事在原学术会议谈定出版物之外,以国界关系所以出图有困难,我外交部对于图上不划国界无异议,云云。

下午二点半至浙江馆,与董聿茂谈华东海洋所事。院中主张成为青岛海洋所一站,但浙江方面似有意见,要独立成所。遇肖辅与丁振麟。三点开人大二届三次闭幕大会,到代表1000人,政协委员、列席约2000人。陈毅副总理作外交报告一小时。休息后周总理报告一小时。谈:(1)对社会主义建设的过程;(2)国民经济调整作用,说调整会有进有退[石油、化工(化肥)、冶金指数尚要提高],要实现农、轻、重方针,城市人口要减少,在人口多省区要节制生育;(3)文教科学工作要提高质量,要人尽其用;(4)民主集中,实行长期共存,百花齐放,不要为不适当批评而背了包袱;(5)全国人民大团结,世界人民大团结。未六点即散。六点至苏联大使馆,大使契尔沃年科宴请中苏黑龙江学术会议代表,席间尽欢而散。席前,看了乌兹别克《油气城》电影。

4月17日　星期二　晨晴5.6°,室内56°F,风力1—2级,760 mm。宅内紫丁香初开。

下午周总理接见黑龙江苏联代表团。晚文联等在政协礼堂举行庆祝杜甫诞生1250周。

晨六点半起。上午九点在院中第三会议室举行第四次中苏黑龙江联合学术委〔员〕会会议闭幕式,苏联大使 Червоненко 契尔沃年科也参加了。由苏联代表团团长 Василиев 和我在议决案上签了字,并作签字仪式,交换了地图、照片和刊物。十点半仪式毕后在院室外照了相。十一点至四川饭店,郭院长宴请代表和大使。在席间,华西里也夫转达了苏联科学院院长 М. В. Келдыш 凯尔迪什希望中苏科学院能进一步合作的意见,郭院长即请 К 能来访中国,要 В 转达。Нйкольский 尼科利斯基提议为年青科学家干杯,袁子恭代中国年青的人起来敬了酒。席间尽欢而散。

一点半至人民大会堂南门安徽厅。周总理接见了代表团七人(名单见四日日记)和苏联大使契尔沃年科、乌沙夫、克利米亚诺夫等。周总理说明这次黑龙江资源调查合作还是中苏友谊合作的开始,将来尚要继续商谈如何开发,但因中苏经济状况不同,不能很快就得发展。次 Василиев 提到 Келдыш 希望中苏科学院更进一步合作,〔总理〕也当面邀请 К 来中国。关于黑龙江资源材料,将来中苏两方如何合作整理,待进一步商谈,谈40′,拍照后告别。我和代表团参观人大礼堂及湖南厅、四川厅、大宴会室等,三点回。

晚膳后七点,至政协礼堂参加保卫世界和平委员会、人民对外文化协会、文联和中国作家协会等所发起杜甫诞生1250年纪念大会,在大门内有临时杜甫著作品展览。七点半开始,郭沫若主席致词,冯至作了"杜甫诗的精神所在"的报告,毕已将九点,我先回。尚有杜甫影片、诗朗诵和俞振飞、言慧珠演《长生殿》中《小宴惊变》昆曲,未及看。

4月18日　星期三　晨晴8°,室内57°F,风力0—1级,756 mm。科学院前的海棠和白丁香初放,榆叶梅已落花满地。

晨六点,送苏联专家 Василиев、Клопов、Корецкая 等乘车返国。

晨五点即起。洗盥后即乘车赴建国门内东车站,送别苏联代表团 Василиев、Клопов、Корецкая、Сачаков、Сарников 等五人回国。尚有 Нйкольский 和

Чайковский 定明晨飞机行。在东车站，Корецкая 又提到共同写报告和一年前 Пустовалов 普斯托瓦洛夫来函,问询有三篇文章是否可以发表问题。原来已函说等这次他来时面洽,但这次他既未来,而且我们联络局接这种信后总是石沉大海,置之不理。八点半至院。阅 *Science*《科学》今年一月份 Shapiro 关于宇宙线一文,认为是客星即 Nova 爆发时遗留的残迹。我们所目睹大约每三四百年有一个 Super nova,但不能见者尚多。他所发散的物质甚多,如在 Crab 的 Radio Star 是 1054 年 7 月 4 日爆发的,估计 Ne（电子数）2×10^{52} 个,每个电子带有 10^{8}eV,而相对的核 relativistic nuclear 也有 10^{51},如每百年出一个 Super nova（3×10^{-10} per sec）,则银河系就要有每秒 3×10^{41} particles 云云。

下午二点半到二里沟全国科协,谈准备纪念徐光启诞生 400 周纪念事,到王顺桐、叶企孙、赵晋义、钱琢如、辛树帜、严敦杰、金善宝等。决定先请宣传部决定是否纪念。如纪念,因其生日是阴历 3/21,即阳历 4/24,已来不及,拟延期半年,以科协、科学院、天文、水利、农业、数学等学会出面,出专集、纪念刊及书籍展览。三点半即散。晚和松松(这礼拜劳动,所以星期三回家)至工人体育馆游泳。

4 月 19 日　星期四　晨晴 9°,室内 56°F,风力 1，750 mm。

开学部会议(第四次)。晚八点三刻曾呈奎夫妇来谈。

晨六点半起,太极拳 20 分钟。八点,农业部派屈健司长来谈明天开水土保持会议如何开法。据云,何基沣副部长现在湖北,明天会议将由程照轩副部长兼农业科学〔院〕副院长来主持。并说已约了农垦、林业和水电部同志,院中生物学部也参加。八点半至人大礼堂河北厅,和郭院长、张副院长等谈今日开学部会程序,由郭院长做报告后,自然科学四个学部分别开小组会。

九点开第四次学部会议。郭院长致词,说这次人大政协发言踊跃,政协发〔言〕221 人、人大 163 人,提案政协四百多、人大 163。这次学部会议开在人大、政协之后,也希望大家踊跃发言。从 60 年三次会议后,学部委员去世者有肖龙友、李继侗、庄长恭三人(社会科学部杜国庠),两年来一共举行学术会 48 次,其中金属、物理、海洋、半导体开得很有成绩。由于学部委员的提议,恢复了许多刊物。在院中,年初有 12 个研究所做了三年来成绩的检查,过去不免有浮夸之处,如蛋白质(Insuline)的人工合成即是如此。58 年以来和高教部合作反而退步。各所执行检核行政条例正在制订中,已有 812 个研究实习员参加考核,估计 60%可以升助理研究员云。讲毕,各组分别讨论。

地学组上午在二楼山西厅,下午到四川东厅。黄汲清谈中印边界问题,我们对于西藏地形所知甚少,应加以研究。《地质学报》一年四期,容量少,地质文章无处可登,应恢复《地质评论》。国外资料不易得,应派人搜集。王竹泉谈理论与实际结合。夏坚白谈在武昌和方俊在一起，相互保密。乐森璕谈北大地质地理系不合理，他一人管三个专业课，没有时间做研究。微古生物应加以发展。午后三点在四川东厅开会，裴文中提做学科规划时不要忘掉人类学。孟宪民谈石油对于“四化”重要性，说美国年出石油 3.8 亿，Venezuela 1.5 亿，苏联 1.47 亿，而我国才数百万 T，世界 84%储量油在大陆棚上。日本在东京湾开了 700 万 T 铁，所以应注意大陆棚和浅海。张文佑谈科学上的预见性。六点散。膳后张副院长召集各副院长、学部主任谈新从日本进口 8 Å 的电子显微镜问题。八点回。

4 月 20 日　星期五　谷雨　晨昙，St ACu 5，天色蓝，14.4°，室内 63°F，风力 0，748 mm。晨苍蝇群飞，空中作摇摆舞。科学院（文津街三号）白丁香盛开，香闻院外。海棠亦盛开。寓中连翘多落。

在老钱局农业部开水土保持座谈会。

晨六点半起，20′太极拳。八点和刘力至建国门外老钱局农业部二楼开座谈会。这会是我提议要农业部召集，因水土保持会于去年划归农业部管，以廖鲁言部长为主任委员，我和傅作义、刘文辉、何基沣统是副主任委员，另有委员 23 人。今日到者有农业部程照轩副部长、蔡副部长子伟、农业科学院林山秘书长、农水局屈健局长、灌溉所副所长粟宗嵩，林业部荀昌五司长、刘家生工程师，水电部蒋德琦工程师，科委五局田野局长，农垦部荒地测量所李殿英，中国科学院林镕、李庆逵、过兴先、刘力和我，水电部汪胡桢，《人民日报》余章瑞等等。

程先致词，接着我就谈了这次因人大、政协开会，乘机开一次座谈会，谈谈水土流失情况。李庆逵说，江西兴国因开荒烧山，酿成水土流〔失〕很严重，以致河床高于平地。但这是行政工作，要比研究更重要。次虞宏正所长谈西北农业生物近况，说西北水土保持非短期的。次水利科学院院长汪胡桢谈其他人体会说，近来在各省视察，福建泉州宋以来大海港，现已为泥淤塞，近要向山索粮食。安徽省也严重。大别山梅山水库 56 建成，麻河两岸荒山均开，胡店山上开了 80%，先斩伐森林后烧山种粮，第一年好种田，第二年细沙流失，第三年放弃，称为“一年收，二年瘦，三年丢”。佛子岭水库离梅山水库不远，四周山岭均开，汪家村、吴其村二公社开 3220 亩，有 23%田大于 45°，坡上流失严重。水库造后，封山育林，筑拦水坝，174 个拦水坝淤满了 124 个，余均 75%满，一次大雨下沙一千万方，五次大雨可以把坝淤满。说黄河从宋朝到咸丰，700 年间夺淮入海，使海岸线推进 70 km。黄河在开封高出平地 12 m。解放以〔后〕防汛时多至二百万人，但淤积更严重。但三门峡库容到 350 m 高，可容 350 亿立方，去年入库 16.3 亿 T，比平均（卅五年）13.6 多了，可知泥在增加，主张在 25°坡度应封山育林。农业部灌溉所所长粟宗嵩主张不要开山增产，以加肥为主。水库淤塞后将来更无防洪之法，认为单位面积增产潜力甚大。

我们稻每亩只平均330斤,小麦150斤,可加倍生产。农垦部荒地测量局李殿英主张做土地利用规划,因地制宜。黄河水利委员会水土保持研究室主任蒋德崎以为西北情况粮食迫切,不能因为水土流失而不开荒,延安区任务第一年廿万亩,第二年十万亩,个人开荒劲头大,甚至放弃公家平地不耕,去上山开荒。领导思想,开荒必须结合水土保持,而农民只顾其一。林镕〔说〕以后工作农业部要多予注意,农业科学院多做工作。科委第五局田野说,科委拟组专业组,是否要,尚商讨中。农业部(农水局局长)说国务院关于开荒有明令,一般不准在坡度25°以上开荒,但政府机关开荒也不照办,人民更无论。说水土保持站有150个,二千多人,有53站在黄河流域,但不能深入。最后蔡部长和程照轩部长致词,十二点一刻散。

下午至院。晚至长安戏园看上海甬剧团演《双玉蝉》,述谢芳儿十八岁,父亲为配一个两岁男孩事,范素琴演谢芳儿。

4月21日　星期六　晨晴13°,室内66°F, 753 mm。晚在三座门见燕子群飞。寓中紫丁香全开,槐树见叶。

晨六点多起,太极拳廿分钟。上午九点至地球物理所开气象学会理事会,到蒋金涛、萧雯海、殷宗昭(三人均♀)、叶笃正、顾震潮、李宪之、吕炯等,决定气象学会40周年(在1964举行)筹委名单, 1962年年会在七月25—8/1日在北京举行。至地理所和瞿宁淑谈数语,即出。至院。十二点回。

下午三点至民族文化宫会议室开亚非学会第一次理事会,到会长周扬,副胡愈之,包尔汉、吴晗及邵循正(北大历史系)、楼适夷(文学出版社)、马坚(北大)、常任侠(美术学院)、侯外庐、张友渔、张志让、陈翰笙、丁西林、王任叔、王芸生等,赵朴初、翁独健、张铁生等。张铁生报告了亚非研究所情形,说全所现80人,分为南非、西亚北非和亚洲三组。最后周扬提议会中成立联络、出版、材料等三部门。六点散。晚小翁来,她不日将回苏州老家,其外祖母和祖母均在苏,但父母在沈云。

4月22日　星期日　阴, St, 15.6°,房内68°F, 752 mm,风力1—2级。晨又见燕子在空中高飞。中山公园碧桃、梨、桃花、海棠均盛开,榆叶梅、小叶李均已全落,连翘尚有开,迎春也开。牡丹尚未开,但苞已很大。槐树尚未出叶,但幼槐已全出叶。

晨六点廿分起。上午八点五十分至中山公园,看丁香、海棠、梨花、桃花和寿丹。今日阴天,晨起风尚小,十点风又吹到三四级。园中虽古木参天,而无草地,所以尘埃满空,天作山色。园中人已不少,由西门进,看见紫丁香均盛开,经儿童驾骑场、卫生教育厅至唐花坞。此处除丁香外,有碧桃和梨树,均已盛放。经花坞,其中有海棠、碧桃、荷包花、佛手、万年青(花),均是盆景。外面碧桃和樱、梨均盛开。经长廊至金鱼场,过和平牌坊见龙爪方出叶,一般老槐尚穿冬装。至来今雨轩旁,此处有紫、白丁香甚多。循棋艺室至通社稷坛门,进内则东边桃花正盛开,拍两照,音乐堂亦拍在内。由此向西仍循原路出西门,时已十点多。至西单皮摩胡同看赵医生不值,$10^h40'$回。刘大夫来为松松按摩。我洗浴。

下午阅谈迁《北游录》。其人爱好游览,其时满清方入关,日记系顺治10—12做。谈迁虽不做官,但爱国思想仍有之,所以到京后不久即去昌平谒十三陵。当然他对李自成不会同情,而且迷信甚深,信日者言。他又看不起小说,如杭人周清源撰西湖小说,他就说"施耐庵岂足法哉"。谈迁的老当益壮却可佩服,虽是一位穷秀才,但却年逾花甲的时候,为了要写《明实录》的历史《国榷》而万里奔波,且始终安于贫苦,为可佩服。吴晗为此书花了不少考证功夫,亦是难得。

下午钱乙藜夫妇来,谈一小时。下午小翁告别,云星期二回苏州。

4月23日　星期一　晨霾,太阳无光,13°,风力3—4级,室内66°F,760 mm。王府街院图书馆白丁香盛开,有盛极必衰之势。

晨六点半起,太极拳20′。上午至院中。阅《人民日报》寄来袁翰青写《徐光启传》,万余字,为窜改数处。下午二点半,和允敏至王府大街图书馆。前院丁香盛开,已五六年不到该地。在50—51年科学院办公未搬文津街以前,此处是我和陶副院长办公室,每日必走往。现已改成历史三所、考古所和图书馆,而花园则为公共所有。从前梁思永所住屋,现住周太玄与赵仲池云。

下午二点三刻至图书馆,和馆长范新三、副馆长顾家杰及采访〔部〕胡文琼,谈今、明年购资本主义国家书籍、期刊事。据云,62年购书费为八十二万五千元,其中十八万五千元在国内购买。财政部近来要紧缩,所以从四月一日起要凭本购买物件,书亦在内。计划局贾国璋出席财政部会议后告知图书〔馆〕,说明只为了在国内购买者,因此图书〔馆〕开了一个十八万五的数字,财政部照此数给,本说这是包括所有中外购书费,因此所有进口书全无款买,而且明年期刊也成问题,这是非常不合理的办法,因为向国外购的六十四万元早已核准了的,当与计划局一谈。关于购买资本主义国家外文书籍事,今年全国只准五十万美金外汇,其中37万元系买专业科技报告,二万买社会科学,剩下十二万多买科技一般书籍。今年买到1300本,由外文书店分,分掉800多本,全院分到100多本,总图书馆仅得4本。因分书,不管谁家提单子,以国防为有最优先权,专业图书馆次之,总图书馆又次之,剩下300本无人要。本圕拟建〔议〕凡进口一份科技报告,能照相存底。普通书籍能先给院,由院交各单位协商分配,能放院最好,可以流通,因所圕不向外开放。此外,能自己争取一点外汇。今年二万美金已由院核准,但科委尚未批下。期刊院定

7832种份,地方所不在〔内〕。其中总图书馆4430份,外文书店以为总馆太多了,希望院成立小组来(1)审查期刊,(2)定每所控制数字,(3)所间协调云云。

4月24日　星期二　晨阴昙,Ci 4,风力1, 9.6°,室内61°F, 747 mm。文津街院门口牡丹已开。九爷王府的海棠花已落,但白丁香、紫丁香仍开着。

徐光启诞生400周。

晨六点半起。八点半至中关村地理研究所,将历来我所写的文稿单行本和草稿交与瞿宁淑整理,预备交中华书局出版,因中华书局曾来信也。预期约有二十万字,所有应酬文章不在内,他人代写文章当然不列。至图书馆见到近来外文书店分给地理所两本关于美国农业的书,一名 *Proceeding of a Symposium on Science & Food Today & Tomorrow*, Dec. 8, 1960,是国家科学院主办。一为Iowa州立大学出版的农业基础书,第一篇是M. G. Smith著《美国农业将来的趋势》。从上述二书中可以知道,美国在开国时候人口90%也是从事于农业,而如今只有8%— 9%从事于农业。但近五十年来美国单位面积产量增加了一倍, 39—59年中增加了50%,其中黄豆加180%、米70%、小麦40%、棉84%。每小时人工所得产物加185%,小麦积累达多130%、棉60%、Corn 60%。政府每年只能倾销小麦8%— 9%,每年3%— 4%归仓库。在50年代十年中农产品加26%,农业人口减26%,农田没有增加,但农民收入却减少了2%。在1959年,农民收入只城市人口收入43%。美国目前种植农产面积370 m. a. ,其中330 m. a. 即19.8亿亩有收成。增产的原因是肥料、灌溉、选种、机械化、植保和Conservation,其中以肥料最为重要云云。

午后三点至科学出版社,和周太玄和"东方"谈。我主张把出版编译委员会名单早日交与院务会议通过。关于影印地学、生物书籍事,"龙门"(归科学出版社)已推出,而"永光"(归地质部)又不接受,所以一年中间资本主义国家生物、地学书籍将无着落,无人承担影印。至科学史室,遇叶企孙、夏纬瑛、钱琢如、席泽宗等。晚阅仇兆鳌《〈杜少陵集〉详注》。

4月25日　星期三　晨晴,风力小, 8°,室内〔　〕, 754 mm。

新技术局报告各所工作。

晨六点二十分起,太极拳廿分钟。上、下午张副院长召集副院长和相关学部主任,要新技术局报告有关各所工作状况。上午报告数理化部各所,下午技术科学部。上午李副院长也到,下午郭院长来了。查1958年以来,因新技术的发展,特设新技术局,把尖端科目划归该局管,而其余的仍归计划局。一向没有公开报告,这是我参加的第一次。新技术局局长是谷羽(胡乔木爱人),副张和清、苏景一等。

今日由第一处处长陆绶观作报告(原化学所青年),据〔云〕,新技术局有关的共30个所,其中九个所在数理化部,十一个在技术科学部,〔六〕个在生物学部,四个在地学部。共列题目146个,其中数、理、化占62,技术科学占66。与外边结合主要是第二机械工业部(原子能部分)、国防科学研究院第五院(导弹)和国防科委第三局和第四局(关于水声),过去互相保密,近已打通不少。原子能从矿的原料起,由二机部从中南区供给,原定每季150 kg。经矿冶所选、提纯后,后由金属所再加工,应化所、有机所等均参加。再下一步参加的所更多,尤其物理、地球物理、光机所等,西安仪器厂正在准备各种测量爆炸的测定仪器。关于导弹问题,参加的所也极广泛,其中如高温合金,高温燃料(冶金所和化学物理所),炸药(兰州物理所),力学所,计算所,电子所,半导体所等等。从此次报告看来,我们大跃进以来科学的进步是很大的,59以前得苏联协助不少,如水声是完全协作的。60年8月以后专家全部撤退,我们就自力更生,许多地方虽不免受影响,但仍然能摸出来。

晚原定至工人游泳池游泳,因池不再专招待高级职员,公开时人数太多,所以未往。

4月26日　星期四　晨阴,St 10,10.6°,室内〔　〕,凪,750 mm。下午阴,风力3—4级。晚风。寓中榆树落榆钱。九爷王府的紫藤已开。

张俊秀把大丽花种下。

晨六点半起。上午九点至院。继续由新技术局报告。今天是谈地学部、生〔物〕学部,计地球物理、地质和生物物理三所,共有十五个项目,地质3,地球物理5,生物物理7个。地质系关于"大丘"和"小陵"的矿的问题;地球物理是关于火箭的仪器、卫星上天及检查爆炸问题;生物物理关于空气污染以及检查放射性毒害等。今天张副院长谈到所址事,北郊已在建造29 000方的大房子,原来为生物物理所和地球物理所之用,现地球物理已允搬家,但生物物理以居家不便,妨碍工作,所以不愿。以给地理所,也不愿。实际地质已迁居,而地球物理所亦将去,则地学部可集中,书籍、仪器也可通用,不知地理所何以不愿搬,当询黄、李、陈诸所长。谈到生物在国防方面的工作。

下午二点半,至九爷王府情报研究所看农业方面期刊,遇岳启和黄宁而。我询岳启以影印情况,因"永光"和"龙门"分工,后者向影印数理化、生物和农业,前者影印地学和医药。近来"龙门"将生物、农业的书籍和期刊又推归"永光",但"永光"只愿印期刊而不印书籍,因此生物、地学的书籍无着落。岳又觅管影印的刘鹤州来谈。据云,"永光"印刷力量很大,有40多部的胶印刷机,寻常只用一二部而已,所以正在谈判云云。

据美国土壤〔学会〕期刊载会长Charles E. Kellogg廿五周成立纪念报告(1961

年11月)云,美国25年肥料增产五倍,他认为美国农业增产最重要是用肥适宜。又Iowa黄土区泥土损失最严重,每Hec 21 T,而我国到100 T。

4月27日　星期五　晨NW风3—4级,10.6°,室内〔　〕,Clear,757 mm。

院务会议。

晨六点半起。九点在院开院务会议,张副院长主持,郭院长也到。首先是谈五、六两个月院中研究人员5/6时间作业务工作,次则谈院研究实习员升级问题。院中六年以来未曾甄别升级。近京中各所作了甄别的考试、答辩,应试的研究实习员大部是1956以前到院者,700多人,60%通过答辩,可以升助理研究员,但因国家规定,几年来薪水不能加,所以增级不升薪。通过了《动物志》十一人,以童主任为主席。最后谈黑龙江资源考察第四次学术会议的报告,因此次系最后一次总结了中苏黑龙江考察合作,所以各种报告、图集也统陈列了。朱济凡作报告。我作了补充,说56年以来摸清了黑龙江南岸地上下资源,训练了三百多人年青人和学习了苏联的综考的经验,目前遗留问题在于两国共同写专业报告。因苏联参加人员一百多人,我们参加四百多人,发表结果照《中苏黑龙江考察协定》第12条,两国只能发表自己国内的考察材料,如发表对方则须取得同意。因黑龙江南岸本系空白,工作做得多,所以苏联工作人员急于取得我们同意发表共同的考察材料,此事待双方院中决定。报告通过,呈科委会核定。十二点散。

下午开地理学会理事会,并到地貌、经济地理、气候、水文各专业人员,计有刘培桐、林超、吕炯、沈玉昌、吴传钧、王乃梁、黄秉维、郭敬辉、瞿宁淑等等。暂定地理学会年〔会〕日期为八月十七日,地点长春,出席45人,其名额由各专业组与理事会商定。六点,和黄秉维到政协礼堂。回。晚膳。膳后和刘力至太阳宫北京体育馆游泳池,因工人体育馆已开放与大众,不再招待首长云。

寄士俊、金克南、徐规、厉无咎函

4月28日　星期六　晨晴11°,室内60°F,风力1,755 mm。午后风力3—4级,户外25°,室内70°F,752 mm。看见柳絮初飞,丁香(寓中紫丁香、院中白丁香落花)。近日寓中玉簪风旧根出芽骤长,今明两晨于东西厢各选三枝量之,多者24^h长4.3 cm,从15.5 cm→19.8 cm。

晨六点二十分起。上午八点半至院。和朱济凡同志及综考会同志三人谈综考会以后方向问题。我认为综考会不必办研究所,只举办考察队,但队中队员要做研究工作。野外归来,〔后〕至少〔有〕相等时间写好报告,只是研究工作因须查文选与实验也。昨黄秉维主张调周立三从南京来主持治沙所,我赞同其意见。因治沙所刘慎谔不能兼顾,无业务人管理。周与于强过去合作尚好,现于已调治沙所,周去也相宜。至和平宾馆理发,后至东安市场购中国书籍。

下午阅新购小书《农雅》,系清乾嘉时,青浦倪倬所著,分《释天》、《释地》等六章。卷一引《正字通义》云:“骗,割去势。”因此想到绍兴人名去势鸡为献鸡,疑即骟鸡也。引《齐民要术》,清明节桃始花,四月上旬(立夏)枣叶生桑花落。又引《四民月令》(崔实),三月杏花盛,可播白沙轻土之田。黄河自立春后解冻(引《宋史·河渠志》)。第二章《释天》(下),有《荆楚岁时记》的二十四花信,花开次序与今相合,但花期并不一定如此准。如说“小寒三信”梅花、山茶、水仙,“大寒三信”瑞香、兰花、山矾,“立春三信”迎春、樱桃、望春,“雨水三信”莱风、杏花、李花,“惊蛰三信”桃花、棣棠、蔷薇,“春分三信”海棠、梨花、木兰(《杨慎外集》引《荆楚岁时记》)。引苏轼《舶棹风》诗。引周处《风土记》“梅熟时雨,谓之梅雨”。卷三《释地》,关于梯田,引范成大《骖鸾录》,“袁州(江西)仰山岭阪之间皆田,层层而上,至顶,名梯田”。

4月29日　星期日　晴13°,室内62°F,风3—4级,753 mm。寓中榆钱落地遍布。

在院中座谈新丰江今年3/19日地震情况。

新丰江地震情况图

△地震台　⊙地震重的范围

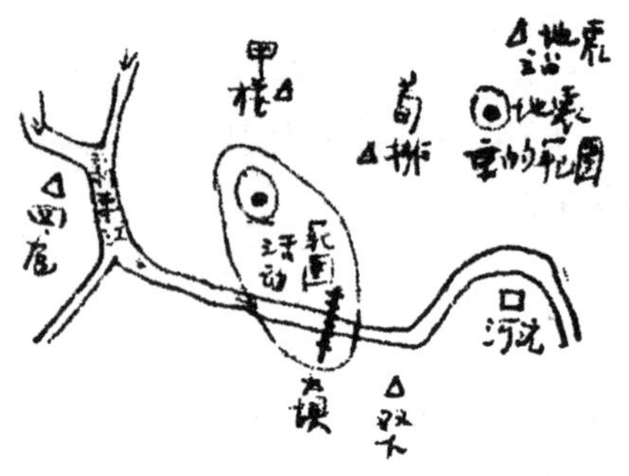

晨六点多起。八点半至院。今日星期天,今五月二日要放假,所以不休息,在院中有水电部、地质部和科学院地质所与地球物理所。由冯仲云副部长主持,到谢鑫鹤、李善邦、谢毓寿、张文佑、徐煜坚、谷德振、李〔　〕(地质部)、赵佩钰(机构材料所所长,水电部)、汪胡桢等。上午谢毓寿、谷德振、赵佩钰三人做了报告。据谢云,在历史上河源地震烈度至多6°,而且不常有。从河源大坝于1959蓄水后,7/18日即有一次6°地震,活动中心在坝NW数公里,这时就设了四个地震台(△),测定震中在坝NW数公里处。1961〔年〕8—9月以后活动范围扩大到坝区。到十一月,回龙NW 10 km区又有新的活动震中。蓄水多,则次数与强度均增加。

今年3/19日晨四点地震最剧烈,估计8°—9°,半天以内余震1100次。20日1536次,21日1413次,24日1234次,26日以后减至三百次。此次震源深度在4—8 km深处,余震深度2—3 km。4/5日又有6°地震,震中在回龙NW,地震时河源房屋统受了损坏,倒塌不多,压死5人,伤者近百人。震从N到S,地震突出一点是附近山上有裂缝,方向NE。从裂缝看不止8°,而从房屋破坏看不过8°。大坝和厂房的破坏不大,大坝有1 mm大小裂缝,但回龙西北十多公里的新震中则可注意,以后要加强宏观调查。流溪河,从化水坝近无地震,但要注意,要加强强震观测。下午分二组讨论,我参加地震地质组。

〔剪报〕

美新处宣傳美宇宙火箭击中月球

【美新处加利福尼亚州戈耳德斯通追踪站26日电】《徘徊者四号》宇宙飞船星期四击中了月球的离地球远的那一边,这样使得美国第一次击中月球。

国家航空和宇宙航行局宣布,《徘徊者》經64小时飞完了241,486英里的路程,在美国东部标准时間上午7点49分53秒(格林威治时間12点49分53秒)进入月球的背太阳的一面。

1962 4月27日(下)

4月30日　星期一　晨昙,FrSt ACu 7,下雨数点,60°F(16°),室内66°F,751 mm。文津街丁香除少数外均已落,牡丹盛极而衰,黄刺梅盛开,也有败的。寓中枣树的叶已舒。

晨六点半起。上午十点至院。东北局的科委副主任霍士章来谈,并以东北森林土壤所宋达泉所做的《东北综考计划》来问是否合适。这是一个十年计划,包括东北与内蒙的一部。我告以全国科委正做《全国计划》,应与《全国计划》联系起来。

下午三点多至王府大街图书馆,和范新三、顾家杰二馆长及吴文琮(吴,汉口华大毕业,其丈夫何学仁在历史三所)谈购书事。据云,本年北京各图书馆可有五十万美金购资本主义国家的书籍,正由外文书店分配云。和范、顾二人至图书馆专利部门。据云,我们有美、英、苏、日等24国的专利的文件,共达二百四十多件。今年也定20个国家,英国至1920年,美国至1940年均全。每天看书者以此为最多,共只有七十五个位置,所以后至者须等待。每日均有三四十人要等,有时上午至十一点始得座位云。但屋小,光线也不佳,而藏书房间更是霉气充塞,闻夏天雨水可流入房中,所以有易地的必要。次看了装订部门,共有33工人,能装中、西装书籍。我曾〔在〕此装订期刊,费八十多元,尚称满意。能印金字漆面,主其事者有二孙姓工人,中文善本由一郭姓老工人主持,年已64。五点回。

晚七点至人民大会堂,陈副总理、周总理等宴请各国来参加"五一"代表。我在61桌,同桌有外文出版社所请的外宾,到越南陈方塔、潘祥云夫妇及日本《赤旗报》特派记者川越敏孝、戎家实,及池田亮一夫妇和横川辰子夫妇与河野八重子、翻译李佩云。据横川云,日本稻田每中国亩可产600斤平均云。九点散。今晚贵宾到者有:世界工联代表团团长斯卡利亚,苏联工会代表团团长契里德尼钦科,日本工会总评议会代表长谷老武弘,以及老挝王国的奔舍那,古巴糖业工会代表冈萨拉斯,阿尔及利亚工人代表乌衣等等。

5月1日　星期二　晨昙,晨六点半13°,室内66°F, ACu FrSt,云行东,751 mm。上午在前太庙(劳动文化宫),见紫藤已盛开,黄刺梅开。下午至北海后门外,柳絮满地积成堆。晚天安门下有二十万人聚会,放焰火、舞蹈、歌唱,天气至晚十点阴, SE风3—4级。

晨六点起,作太极拳20′后早餐。今天国际劳动节。上午游园会,在中山公园、北海、天坛、陶然亭、日坛、文化宫、景山、颐和园等,统分区有文艺节目,各体育场有比赛。我们于昨天商定去工人文化宫,因园内东北区有歌舞曲技节目,其中有上海长征评弹团演出的节目和东方歌舞团节目。八点半,我、允敏、彬彬、松松并约赵锡华司机女儿兰依和张俊秀儿子张庆来同往。兰依和庆来各十岁,前者在小学三年级,庆来二年级。我们至艺术厅听了上海长征评弹团的《莺莺操琴》、《珍珠塔》等四个节目。坐得稍远,又无歌词映放在墙上,我的耳朵听觉已渐渐灵敏度降低,唱者均操苏州话,本来我应能全懂,但能听懂者几不及十之一二。次至中北区、中区与西区各游艺场一转。十一点半回。

下午作函与辛树帜、石声汉,谈纪念徐光启诞生400周及西安物候事。下午四点,和松松、彬彬徒步至北海公园画舫斋看书法展览,有近人郭沫若、董必武、谢觉哉、朱德、陈半丁、叶公绰、王昆仑、萨空了、沈衡山、黄炎培等所书字及14岁孩子王镛隶书,八十多岁老翁所书蝇头小楷以及展览古人赵孟頫、王守仁、祝枝山(允明)、郑板桥等书法。近人书法有宗经石峪、颜体、柳、欧、苏、赵诸体者。六点回。

七点半,和允敏、松松及赵兰依、张庆来二孩赴天安门楼上看焰火。今年焰火又加了新花样,如火〈新〉〔升〕上空后从红变绿色,又有连珠的焰,光色高度也有增加,因此声音也较大。遇梁思成、张志让等。又看了演出文艺节目,至十点半回时,东南风甚劲而天阴,料想一转北风必雨无疑。

5月2日　星期三　晨中雨,寓小院有水,14°,室65°F, Nb 10,云行南,746 mm。雨从晨四点起,八点未止,十点雨止,下午转晴。

今晨三点多起,即雨。晨起雨颇大,时已转北风,到十点才渐渐变小而停。这次雨颇不小,北京大约有20 mm,对于小麦大有补益。报载山西、河北的北部、内蒙东部、辽宁西北均有10—20 mm的雨,长江中上游也下了雨,可称甘霖。雨区正在向东移动,江浙、山东昨今也可得雨云。上午未出。下午黄宗甄和浙大1941年土木系毕业生王和生、刘昌汉来谈。王和生现在四川德阳第二重机厂工作,刘昌汉则在一机部第一设计院建筑室工作。晚膳后和允敏、彬彬、松松同步行往晒煤厂前师大音乐院宿舍杨增慧、沈思岩家,适他们夫妇及二女孩均在家。长女(凯蒙)在政法学校,次女在高中三年级。杨极劝我们买电视,我们对此兴趣不大。

阅《万有文库》的《苏东坡集》,其中缺东坡的词,所收录词绝少,即著名的"大江东去"、"明月几时有"均未见。即诗也未收全,如"黄州"。东坡在李琪扇上所书"东坡七载黄州住,何事无言及李琪,好似西川杜工部,海棠虽好不留诗",也未见到,不知何故。

今年"五一节",大家认为天气冷。但从早晨温度看,今年"五一"15°,去年两年均13°,比过去尚高两度。但若从过去一个礼拜即4/24—4/30的早晨温度计,则60年高18.7°,61年13.7°,而62年却只11.3°。这就可以知道,人的感觉自从积温出发的。从物候上更可看出,苹果、榆叶梅、丁香、西府海棠统要比1961年迟十天十一天之多,柳絮、榆钱满地也迟了一个礼拜。《人民日报》载今年5/1为26°(最高),14°(最低),而去年为27°和9°。

5月3日　星期四　晨晴,霁,12°,室内62°F,风静,754 mm。柳絮乱飞,纱窗上贴满柳絮(吃饭间)。科学院黄刺将落,牡丹尚盛开。

晨六点多起。上午十点至院。聂副总理需要知道广东新丰江河源地区地震情况和大坝危险情形与补救办法。我即和冯副部长在电话中协商。前天(29日)新丰江地震报告以后,本决定写一个报告。该报告由谷德振起稿,已写就,约三千字。报告于卅号可交水电部,但水电〔部〕尚须于5/5日开会三天,这样则会有几天的耽搁。所以我告冯部长,盼他阅后即交至院中,以备转给聂副总理。和张副院长谈地理所移北郊事。十一点半回。

下午阅卅年所做一个报告(在气象研究所)"关于新月令",登气象学会1931年会刊上。我已交刘力缮写,预备交瞿宁淑,汇集登于文集中。文中有一表,是南京1921—1931年的物候,从这上面可以看出和北京的差别。如杨柳绿在南京为3/17,在北京4月初,差半个月。桃李花在南京为3/30,在北京为4/18,差19天。紫藤开在南京4/16,在北京为4/26,差10天。柳絮飞在南京为4/22,在北京为5/2,也差十天。可见得南京北京之差,桃红柳绿可差二星期,但紫藤柳絮只差十天矣。到夏季便逐渐接近也。

今天接Проф М. П. Петров彼得罗夫教授从СССР Ленинград Красная Улц Географический Факультет Лен. Гос. Университет来二篇文章。一是关于塔克拉莫干沙漠沙石矿物成分,一为塔里木盆地的沙石矿物成分。

接到苏联拜片：Л. В. Пстовалов 普斯托瓦洛夫，Арманд 阿尔曼德，Пробст，К. В. Кукаркин，Муразаев 穆尔扎耶夫，Н. Кузнецов 库兹涅佐夫，Юнатов 尤纳托夫，Федолович 费多洛维奇，Б. Р. Лазаренко 拉扎连科（Проспект Ленина，1，Г. КИШИНЁВ 城），（Л. В. Пустовалов 普斯托瓦洛夫地址 Директор，Осадочных Полезных Ископаемых，Министерство Геологий + Охраны Недр СССС Москва，В 331 3—8 Ул，Стротелей 17，Корп 1 Тел. В. О. -59-14 Кукаркин ВВ. Москва В 234 Университет Корпус К，КВ 122。

5月4日　星期五　青年节　晨晴佳，Clear，13.4°，室内 62°F，风静，752 mm。

今日在北京游泳馆称得 91 市斤，去衣，晚膳后。

晨六点半起，做太极拳 20′。八点三刻去中关村地理所，和黄所长、郭敬辉、陈兴农二副所长谈地理所迁北郊事。缘北郊院有地数千亩，现只盖了地质所、古脊椎动物所和科技大学。现科技大学要缩小范围至 3000 学生规模（原定一万学生），所以不再要搬北郊，而今、去两年已造 27 000 m^2 房子，除掉地球物理所要 16 000 外，尚余 11,000。原定给生物物理，以路远没有住房条件不肯搬。院中不得已乃要地理所搬。地理所现在生物大楼，动物、昆虫已觉不够，旁的所也要房子，使地理所挤得无法安置，所以能搬是永久之计。但郭、陈、李秉枢几位副所长统只顾眼前的困难，想留在中关村。适地球物理有一部分在西苑，科技中学的房子因停办将空出，而地物所要搬家，地理所想得此屋，但该屋亦不是长久之计，随时可以为其他机关所攘夺。北郊乃院的永久地址，所以我极力劝地理所前往。

午后阅《苏东坡全集》。晚七点至北京体育馆游泳池，现房中已无暖气，但温度尚不低，水温仍 25°左右。遇冯仲云、林宝骆、杨显东和韩光。我告韩光以院需外汇二万美金购英、美书籍，已经院批准，盼科委同意。晚阅《万有文库·苏东坡集》，至十一点半睡。

5月5日　星期六　晨昙，ACu 3，晨七点廿分外间 60°F，室内 62°F，风小，750 mm。

晨六点半起，做太极拳 20′。上午八点五十分到院。今日综考会来石湘君、孙鸿烈及司豁然、冷冰队长，三人报告去年度在西藏考察工作。据说今年得西藏工委的来电，要西藏队今年停止工作。而去年工作，迄今我尚未看到一字报告，只知王明业在地理学会做过一次《西藏冰川地形报告》。我认为西藏考察队如此重要工作实有重新改组之必要。近漆克昌主任与冷冰队首均在学习中，所以今日未来。王遵伋病倒。但目前考察队的情况，技术科学水平远不如 1951—53 入藏考察，那时有李璞、李连捷、贾慎修、方俊等研究员资格人参加,现则无一有经验的人。王明业是助理研究员,已算是最有经验之一。我以为如此组织极不合理,年青人虽有干劲,但尚需加以有学习的机会。没有经验人领队,孤军深入,浪费不少钱,而不能得出多少结果。我认以为今年不去西藏也好,使年青人有提高专业和外文的机会,同时把两年来的成绩加以整理。

下午我在家阅物候资料。刘力来谈,并赠以蚕豆一包,其爱人方从上海回云。晚松松和允敏去政协看电影《万木春》,这是讽刺科学家不走群众路线的一影片,我去年九月已看过,做得并不好,所以未去。

偶然想到幼时在东关时景况。我未十岁,在家请朱伯农主持私塾时,来读者有杨渭庭、渭川、杨竹侯。此时我大哥承祖中了秀才。那年东关中秀才有冯馥棠、鲁佩青、杨韵侯(竹侯兄)与大哥四人,大哥是第五名。案首即马福田(一浮也),其时尚只十五六岁。不久科举废,东关立毓菁学校于前天华寺,我大哥和孙仁山先生至校教书,英文教员为谢景荪(近在绍兴尚来信),数学姚小谷。仁山先生死后章景臣先生继任。在毓菁同学中有王家镛、袁储英、王懋修、杨渭庭、渭川兄弟、高祖楠、何建文、章定安、金维震等等。王家镛时分数最高,后入南洋公学,不幸早逝。当时曾与我谈,不知我辈中有几人能闻名于绍兴府。杨、高二人后尚见面,解放后不通讯,建文去年下世。其时我最喜爱王懋修,一别杳然。

5月6日　星期日　晴佳,屈,外间60°F(16°),室内66°F,749 mm。宅旁洋槐已开花,今日由望远镜中窥见之。院中牡丹已落。

晨六点十分起。上午九点寿振黄来,知渠狭心症近尚好。他来为了武昌水生所和北京动物所争西藏羊卓雍湖、杜英湖、定结湖、浪错湖等去年所捕鱼类的标本问题。去年两所各派一人,而所得标本尽为动物所得。而水生所最初派一人带了Formalin三斤,在火车上这是禁物,因违禁罚三千元。到兰州后又因吃不起苦,脱离队伍回到武昌,所以给综考会一个坏印象。因此今年给动物所三个名额,而不派水生所的人了,但今年入藏事已因工委从拉萨来电而取消,所以此争执可以暂时不提了。寿并提到中国解剖方乏人,郑国章现搞组织工作,江振声因与人不合,离动物所后在科技大学教课。我询以古书上的布谷、杜鹃与子规总是混在一起。布谷是华北、华东一带所谓谷黄时来的鸟,所以鸣声如"麦黄好割";杜鹃则是西川、东川一带所熟闻,夜鸣悲惨,作"不如归去"的鸣声;但子规不知何所指。陆放翁诗(卷29)有"二月鸣子规",乃显然不是杜鹃类也。

中午胡刚复来。经年不见,康健如昨,惟耳聋更甚,非大声不闻。其子琦现在吉林长春大学教物理,近已结婚(去年)。大女璞仍在美国,次女珊在北京。珊有女,面上受小儿麻痹症,迄未愈。昨下午刘力来,渠有女也患面部小儿麻痹。其爱人挈之赴上海治病,因其影响到眼,以致眼不合,近已回京,并带了一包蚕豆送我。下午阅朱岗昆所译的(国际)地球物理学会消息,计五次会议一万六千字。

晚作函与楼桐茂、朱岗昆、士楷和竺传学。此人素昧平生,在湖南华容东山人民公社委员会做事,曾来函问候,故复答之。

5月7日　星期一　晨昙,Ci 7,W,快速,户外16.4°,室内68°F,风力3,748 mm。洋槐盛开。寓中白皮松也盛开,大丽花开始抽芽。

晨六点多起,太极拳20′钟。上午至院。和吴院长谈半小时,谈及影片《万木春》等事。九点至中关村看新建图书〔馆〕及展览的期刊。1962年所订期刊,资本主义国家凡3800种(西文、日文),由女同志郭诚锡管理。据云,当时定期刊时并不经很好选择,而是在目录上几乎所有包下来,所以期刊的内容高下不一,有若干是广告作用的。因此明天起要展览五天,以备大家提意见,增加需要的而减少不需定的。次看了书库,管理者为女同志建华。据副馆长蔡国铭云,原定书库藏书六十万卷,现已超出。书库黑暗不适用,架子用木头,觅书不易,电灯也不明。此外尚有美国Micro Print、Micro Card及Micro Film。第一种系从日本获得,比Micro Card为大,有三架显微镜。看书的人每日可三四百,但我去时阅览室尚不挤。十一点至地球物理所,和李善邦、谢毓寿谈广东新丰江水库地震问题。

下午三点至院。讨论科技长远规划问题,张副院长主持,各学部报告了情况。数学只提方向,力学也相同。如为原子能服务,为水文地质服务等。物理有四个小组,六月后即可讨论。力学七个方向。天文依据广州所发文件征求意见。化学分为五个组,下分二十二个小组,到六月底讨论。生物学分为十二个学科,指定负责人做一个底稿。地学分为六个小组。以后杜秘书长认为应在7/15之前写出一个初稿,在五、六两月各学科统开两次学科会和学科分组会议,在一星期内学部秘书决定一个纲要,包括方向、项目和国内外形势。六点三刻散。晚汪容、姚杏仙来谈。

5月8日　星期二　晨晴佳,风力3—4级,WNW,户外60°F,室内66°F,750 mm。

晨六点一刻起。上午八点半至院。约联络局简副局长谈苏联和我国地质工作者同制亚欧地质构造图事。地质所同人有不同意见。许多人认以为国际地质学会正在制世界构造地图,我们所和苏联做欧亚地质构造便成为世界地质构造图的一部分,而台湾是世界地质学会的会员,这将构成两个中国问题。而张文佑则以为此是两回事,不妨做。关于中德两科学院关系,因为我们始终没有送德国科学院内部机构名称等文件,所以他们代表一直未来。四月初又发信催他们来。过去他们派汉学家来，我们拒绝了他们。他们要印刷日本、德文字典，我们也拒不接受，因此弄成两国科学院的僵持状况。

计划局副局长贾国璋、局所财务处处长程博学和科员沈其中来谈图书馆购书的款落空问题，因原通过预算是八十二万五千元，而凭折购买时只写了十八万五千元，所有买外国书籍均没有算在内。而图书陆续到了外文书店，我们折上没有款去取。此事要同财政部交涉办妥。

十点半至北京医院耳科，由女大夫王君检查，缘我近年耳听力渐差。昨汪容来，谓苏联有耳机可以助听。有人不日出发将赴莫斯科，可以托购。我请王医生一验，是否需要。经她以音谱验明我听力虽在标准之下，但对于讲话声带内，即500—2000 周内尚可应付，左、右二耳基本相同，低音比高音好云。

晚至北京体育馆游泳，称得 91 市斤，遇清华蒋校长等，和林宝骆医生同回。

5 月 9 日　星期三　晨晴，天色蓝，外边 16.5°（62°F），室内 66°F，748 mm。下午阴，风 3—4 级，745。洋槐和寓中白皮松均盛开，洋槐将落。

晨七点起。上午九点至院。和地质张文佑、陈其峰二所长和地学部尹主任、联络局简焯坡、田瑶等谈和苏联合作编欧亚地质构造图。此次工作乃在 1957—58 年时在莫斯科中苏合作谈科学合作时提出，其时 1956 年国际地质学会方开过会，苏联承担了制作欧亚地质构造图的任务。我国因台湾参加了国际地质会议，所以拒绝参加，当然也不担任该会的任何任务，若是间接担任任务，也是不妙。自 60 年八月苏联撤退了专家后，所有合作项目均撤销。去年苏联方面又提到欧亚大地构造图，所以引起这一问题。不久我们将派人赴苏商谈合作，因此不能不作出决定。张文佑倾向于合作，但是否因此承担了国际地质学会任务，因此默认了两个中国是问题。此一问题留〈对〉〔待〕外事处和科委决定。同 IUGG 出版国际地震汇报 International Seismological Summary（ISS），我们地球物理所向来供给材料（1954—55），而同时台湾也供给材料，因此在 Summary 中有台湾也有我们的材料，55 年以后停止供给，ISS 就不再寄发，引起我们定地震中心困难。地球物理所主张重新寄给，但 ISS 中就有两中国问题。如我们把 Taiwan 作为一个地方名称，这就无所谓，若当作一个国家就有问题了。此事要函外事处和科委作决定。

下午三点至院，和全国科协王顺桐书记及严敦杰谈纪念徐光启诞生 400 周问题。中宣部主张不再作大规模纪念，但可以出纪念文集。认为杜甫 1250 诞生纪念做得规模太大了。

今日阅国务院一批文件，其中有关于调整经济办法，如纺织工业部将暂时关闭棉纺织厂 108 个，其中江苏 15，山东 13，浙江 2，四川 10，河北 11，上海 8 等。轻工业部 256，以烟草、皮革、制糖、玻璃等。一机合并，停办 91 厂。

今日接东关道墟章启瑜信,知其父亲问渠于上月在家去世。

5月10日　星期四　晨晴, Hazy,凪, 18°,室内68°F, 743 mm。下午晴,二点室内74°F, 户外87°F,风力2—3级。

晨六点十分起,太极拳20′钟。上午八点三刻至院。将广东新丰江河源大水坝区报告付印后,以院和水电部名义呈聂副总理,并将国际地震汇报和国际大地构造图的交换与参加关系提出了个人意见。十点一刻至九爷王府,和周太玄、郭佩珊、东光三社长谈科学出版社事。关于期刊,现已批准出版的53种,出版39种(见今天《光明日报》),但有若干报,如《地质学报》,因为依靠了地质部,所以地质部作为部的刊物传达部的政策,而内容失掉了学术性质。依靠科学院的则如《化学通报》,作为学报所不能登的文章的补充刊物,也失掉他的通俗性云。尚有若干刊物(古生物、古脊椎动〔物〕、海洋和植物)把西文摘要变成全文皆译,也失掉摘要的用意,云云。

下午又继续作《物候学》稿第一章,是去广州以前所已经着手的。阅前稿觉有许多地方不妥,要重写。《物候》稿虽只三五万字,但费了我不少时间。尹主任来。我与谈《地质学报》事,现成为地质部的刊物,科学出版社和全国科联(郭佩珊和王顺桐)统有意见。

近来继续接贺"五一节"函件,有 Корецкая 科列茨卡娅, Бушинск Г. И. 布申斯克 Пыжевский 7 佩任夫斯基大街7号, Геологический Институт 地质研究所, Москва В 17; Г. И. Людоговский 柳多戈夫斯基, Богословский Пер 博戈罗夫斯基大街16/6 Кв 25, Москва К-10У; И. А. Линчевский 林切夫斯基 Ул. Попова 2 波波夫大街2号, Ленинград П22, (Го Ин. АН СССР 苏联科学院地□研究所); А. В. Шнитников 什尼特尼柯夫 Ленинград Д 11 ПЛ Искуств 5 КВ 46 艺术广场5区46号; М. П. Петров 彼得罗夫 Ленинград。

5月11日　星期五　晨昙, ACu 6,室内70°F,户外19°,风力3—4级, 749 mm。洋槐花满地皆是。

晨六点一刻起, 20′钟太极拳。阅《物候》稿,并更正若干处。十点半至院。李文彦、王遵伋来谈综考会这次研究实习员升级事。综考会现有大学毕业生120多人,今年预备升级做论〔文〕的, 56年前毕业的九人, 57年以后的7人。其中前者有6人作了答辩,全通过了。后者2人作了答辩,有那文俊未通过。通过者:土壤四人,孙鸿烈、黄荣堂、石玉麟和刘培厚,水能黄让堂,畜牧沈长江,水文地质杜国恒。此外由论文检定一人袁子恭(水能)。我只参加一次沈长江的论文答辩。我认为他对文献太不熟悉,而当时秦仁昌所长做论文答辩主席,当场就声明通过,未免过于草率。

接汉口江汉路25号人民银行黄美陶来信,寄分层查字法,与王云五的四角号码法有点像,但是更为复杂,我认为很难行通。据说他从1953起研究此道,这次是第十三次订正。又接德国科学院Deutsche Akademic Der Wissenschaft zu Berlin, D. D. R. O. Meisser的一封信,关于Recent Moment of the Earth's Crust于5/21—26在Leipzig开会,84人预备参加,其中有苏联地理所所长Gerasimov、德国Potsdam Fanselau、苏联Boulanger(地物所)、日本东京地震所和京都大学地物所的Miyamura与Nishimura出席。出席的人大都为大地测量、地球物理、天文台、地质所的人,但也有巴黎地理所Cahierre、保加利亚地理所Galabov和Georgiev、苏联Gerasimov和Meshirikov、德国Dresden大学的地理所Neef、匈牙利地理所Dr. Pecsi、波兰Torun大学地理系、法国Strasbourg大学应用地理中心。这次美国未派人。论文中有Boulanger的"地球重力变动",荷兰Bronwer "Recent Vertical & Hori. Movement in Earth Crust",保加利亚G著"Neotectonic and Recent Movement of the Earth Crust",苏联Mesherikov "Secular Recent Movement",日本Miyamura "Types of Crustal Movement Accompanied with Earthquake"。

晚游泳。

5月12日 星期六 晨晴,户外61°F,室内66°F,风力1, 750 mm。

晨六点多起。阅北魏贾思勰著《齐民要术》。十点半至院。中午回。下午查《孟子》中"虽有知慧……不如得时?"这句话,审阅全书查不到,不知此语从何而来也。晚和允敏去政协礼堂看影戏朝鲜片《图们江边》,述朝鲜于1905被日本所灭亡前后情形,是第一集,到许多人过图们江入中国境内为止。此时实亦金日成将军到辽东,他时年只12岁。影片恐系影射金日成将军事,要到第二集才知道。

近写物候文章,写到物候南北不同时就碰到南岭的问题。热带与亚热带的分界线一般以为是南岭,但过去我们把这界线移到海南岛的北〔部〕和雷州半岛南部及沿岸一带。但从春夏秋冬的四季分配来看,五岭以南即很难分,即是已经没有冬天。因此植物没有休闲期,所以许多花卉可以终年开着,广东的桂花就是如此。把广州列在热带也有理由,这也有常绿乔木和落叶乔木区域之界线所在也。

唐刘恂撰《岭表录异》(书成于10世纪),"广州地热,种麦则苗而不实"。〔旁注:现在广州也种麦了。〕北宋陈师道《后山丛谈》,"杏熟当年麦,枣熟当年禾"。南宋庄季裕《鸡肋篇》,"宣和壬寅岁,自京师至关西,槐树皆无花。老农云:'当应来年,二麦不登?'已而信然。谚云:'槐宜来岁麦,枣熟当年禾。'"〔旁注:"槐宜来岁麦"不可靠。〕顺治时江都人张标著《农丹》云,五谷中麻菽麦黍稷,孰为黍,孰为稷?

《尔雅》翌云，楚人以菰叶包黍，炊而食之，谓之角黍，可为酒。黍有二种，黏者为秫，可酿酒，又称黏糜子。稷亦称糜子。

寄章定安、董聿茂

5月13日　星期日　晨Hazy，晴，61°F，室69°F，风力1，746 mm。

晨六点一刻起，做太极拳20分钟。上午作《物候学》文。我要引顾炎武《日知录》关于天文知识一条，记得去年曾阅后录下，但今天遍觅不得，花了不少时间，到晚间才于小笔记簿中觅得之。记性不好，花费时间不少也。古代物候有许多荒谬之处，如"雀入大水为蛤"这一类以讹传讹的说法，相传一千五六百年。到了明朝的李时珍时代，仍有"草子变鱼"的说法。李时珍常与渔民接近，向渔民请教，才熟悉各种鱼的生活史。他从实际上观察到，鱼在春末夏初在水草上，牡鱼射精于其中，经过数日即孵化为鱼苗。他也肯定了锁阳是一种植物，不是马精入地变成的。他为解答穿山甲能不能吃蚂蚁，曾经解剖了穿山甲，并在它胃里发现了许多蚂蚁。

下午四点半徒步到北海。向五龙亭走去，经仿膳和少年宫，此一带花木极少，现又值"纷纷红紫已成尘"的时候，只有洋槐一部尚有残余。北海之花木园远不及中山公园。北海草地也多为游人所踏坏。今日才看见草地上插了"不要走草地"的牌子，但草已稀少或甚至于无，而若干小孩仍然走草地上，大人也不管，足知北京一般游人公民道德还有改进余地。吃冰棍的人把废纸乱丢，也是一种坏习惯。回途遇袁天钧，他颇以治沙所将来前途为虑。六点回。松松五点回校，彬彬明晨去中关村。

今日侵晓偶然想到，春夏秋冬四季，五岭以南便难分晓，这在柳宗元、苏东坡诗中言之凿凿。由此可以看出，五岭是我国天然一条大界线，应可作为温带和热带的界线。过去把此线划在琼雷以北，实在有点不合适。又南宋《懒真子》系马永卿撰，亦引"芒种五月节，麦至此可收，稻至此不可种"云云。

5月14日　星期一　晨晴，风2—3级，18°，室内72°F，742 mm。寓院中地上洋槐花又满地，因寓西北有一老洋槐盛开后落，值NW风故。

晨六点起，作太极拳20′钟。上午写《物候学》稿。十点半至院。毛汉礼来谈，知将去广州，与张尔玉、孙所长同往，视察广州海洋所。据云，青岛所新屋不建筑，因长春海洋地质部分已移来，所以觉拥挤。近年来海上渔业不振，渤海中对虾已很少，不能完成出口任务。去年大黄鱼只五万T，而过去好时达廿万T。由于南方用小眼渔网，一时可多得，但因此为长远计不合算。带鱼近向原为禁地区采捕，将来也有减少危险云。

下午三点在人大听近来从朝鲜回国代表团报告。团长彭真,副陈叔老和张文伯,此外尚有刘澜波、杨之华、张苏等。据云,朝方招待极为热烈,去来仅十一天,劳动党中央委员会副主席崔庸健主持招待,〈此〉金一、全喆及郑一龙同志等陪同参观平壤、咸兴、平安南道、咸境南道等。曾去兴南肥料厂、黄海钢铁厂。我们于1960年统到过。朝鲜北部现产钢120万T,粮食460—480万T,可以自给,比1960年已大有进步,每亩地可用化肥16—20公斤。60%农村已有电。1960年得380万T粮,1961得480万T。拖拉机也广泛应用,100町有七八个。已自造小汽车、小电机、拖拉机等。人民有礼貌,农工家中统洁净。朝鲜有"千里马运动",等于我们的总路线。有扩大的合作社。"千里马运动"就是又快又好,行见朝鲜可以早日粮食过关,如480万T粮每人可得480 kg,很足用矣。但60年我们去朝鲜,朝尚要我供粮廿多万,近来想可不再供给矣。七点回。

5月15日　星期二　晨晴,风力4—5级,户外15.4°(60°F),室内68°F,748 mm。

晨六点起,20′钟太极拳。八点三刻到院。过兴先、薛攀皋等学部秘书报告十年(1963—72)科技规划中学科规划要在7/15日前交一初稿,其内容安排如何组织,定出一个规格。初步决定是以二级科目为主(数、理、力、天、生、地、化七个科目作为一级,代数、几何作为二级)。其中地学、地理和地质原分列,现合为一有困难,但如地质作为一级科目则又似乎太细,当与尹赞勋谈之。字数以5000、至多8000字为限。内容包括国外发展趋势,国内现有基础,十年内本学科战略方向和重大措施四项。讨论时,杜秘书长来电说赞成以第二级为基础,即提中心问题。设立研究单位在第一级提,但中心问题在第二级提,中心问题可以是研究领域,发展方向或分支学科均可以。吴副院长和我发表了意见。十一点散。

下午继续写《物候》稿。晚和刘力至太阳宫北京体育馆游泳池,遇杨显东、冯仲云等。回。写《物候》稿至十一点半。阅农业出版社出版的《中国农学遗产选集》甲类第二种麦(上编),其中有芒种小麦的解释。以下两节采自该书。芒种,小满。此月廿一是小满,六月六日是芒种。芒种、小满作何解,余昔于古书中见,已忘却。今日阅《中国农学遗产选集》"麦"上编 pp. 61—62,引唐段成式《酉阳杂俎》云,二十四节气,惟小满、芒种解者不一。历家云皆为麦也。小满,麦至此小满而未熟也。芒种,谓种之有芒者,熟矣……古人所以告农候之早晚。又说小麦忌成,大麦忌子。南宋马永卿撰《懒真子》,陕州夏县士人乐举明远尝云小满、芒种"皆为麦也",解释与上同……,"古人名节之意,所以告农候之早晚"(p. 78)。

5月16日　星期三　晨昙13.6°,室内64°F, ACu St 6,凪, 751 mm。下午阴。

晨六点四十分起。上午十点至院。中德友好协会约明下午招待德国私人旅行团,其中有Leipzig大学Harlisch?和Carl Zeiss的光机所所长Görisch?等。下午二点半至院图书馆,与范新三、顾家杰二馆长,赵继生、吴文琼诸人谈,知科委已批准今年二万美金的购书费,同时原预算82.5万元人民币购书,前因发生误会,购买单只18.5万元,现和财政部讲好。图书馆在中关村开资本主义国家期刊展览,童、过、恽、尹主任均去看了。我在院借了若干中国古书,为写《物候》稿之用。六点回。

阅《竹汀日记》(钱竹汀,名大昕,嘉定人)。起乾隆43年(1778)正月26从嘉定出发,于二月初二至绍兴,做山会八县主考。在绍兴曾游禹庙、兰亭及城内诸胜,说由府大堂后缘磴而上,旧为松风阁,今无一椽,惟石上刻"晦翁书"与"造物游"。再上西为望海亭,再上为廨墙所限。松风阁故址有明太守汤绍恩述怀诗,题笃斋而不名。松风阁乃宋汪纲所造,登卧龙之巅有望海亭,在府仪门西,有停云禅院、城隍庙。出仪门有绍兴府地图碑,明成化中刻,其阴则邱琼山(浚)所撰《水利记》。再登望海亭,亭后石上多唐宋人题名。三月初八游戒珠寺,为王右军故宅。登蕺山,上菉竹亭,谒刘会台及汤太守祠。祠前为书院,其东麓有天王寺、开元寺,本董昌宅,有应天塔。三月初九日清明,出旱偏门,游大禹庙。初十游兰亭。十二日至杭州游西湖。三月十三日(阳历四月十一日, 1778),早出涌金门至六一泉小方壶。回途移至苏堤,两旁桃花尚盛,烂若铺锦。至小有天园,观南屏司马温公摩崖隶书,过净慈寺门由万松岭回,入凤山门。十五日登雷峰塔,寺门石香炉一乃元至治二年所凿,题杭州路大兴元寺。晚游三潭印月,至西泠已三更,天水空明,万籁俱静,夜湖之游平生未之有也。三月二十二日回嘉定。二十四(谷雨,即阳历四月二十一)天晴。四月初九日立夏,在嘉定看牡丹,午后雷雨。二十日赴江宁,任钟山书院院长,继卢抱经之后。十八世纪中叶浙江杭州和绍兴天气。乾隆43年正月(初七立春)二十九到临平,廿里梅花盛开。钱竹汀在绍,二月初七,戊戌惊蛰,初六雪,初七雪止,午后又雪。见"藕香零拾丛书"第二册。

5月17日　星期四　晨晴,风力3—4级, 17.4°,室内68°F, 753 mm,天作蓝色。下午五点阴,有雷。

下午中德友好协会招待德国自费旅行团人员。

晨六点五十分起。上午十点至院。十一点至科学出版社,和郭佩珊、周太玄二社长谈。据云今年纸张虽紧张,但出版界所分到的纸质比去年为好。谈到学报,郭对《地质学报》非常不满,以为主编名义上是许杰,而实际是研究院办公室主任刘颖,其宗旨以贯彻地质部政策为前提,因此地质研究所同人不送稿去《学报》,或是送而不登。所中主张另出一个《地球化学学报》。郭也认为物理学会和化学会对于《通报》注意不够。《物理学报》成为月刊,而《通报》为两月刊。《化学通报》成为次要研究论文的出版品,均非出《通报》的原意也。《通报》销至二万份即可不赔钱,现时出《学报》每年亏二三十万元,其中《数学通报》最多至二万册云。

午后二点半到国际俱乐部,参加中德友好协会招待德国(人民民主DDR)的自费旅行团的二十位代表,他们已在华四星期,曾到上海、杭州、南京、武汉、广州等地。今日中方到者秘书长王元方、理事张铁生、艺术学院绘画教授戴中伦?、翻译陈传松等。德方到者Carl Zeiss厂的研究所所长Görisch夫妇、Leipzig大学的Harlisch领队年青女的和语言所所长Wiesner等。Harlisch曾任DDR的教育部司长,来中国已三次。他这次又和夫人自费来,但夫人还负腿伤随来。据云,我们比1955年已有了大进步。说人民民主德国粮食不能自给,而且差得很远,因此要靠苏联。五点散。回。

5月18日 星期五 晨晴,凪,16.5°,室内68°F,750 mm。下午晴。九爷王府白色芍药开花。

李时珍《本草纲目》中的候鸟(《精绘五色图注本草纲目》)。

晨六点多起,20′太极拳。十点至院。十二点回。下午二点半至图书馆阅李时珍《本草纲目》,因我写《物候》要参考此书。书出版1596,在万历年间,李已逝世后三年。1608即流传至日本,八十年后译成日文,后又译拉丁文、英、法、德、俄诸国文字。书写始于嘉靖壬子,终于万历戊寅,凡三易稿,卅多年而成。共52卷,16部门,比从前本草增加药374种,方8168个,参考古今医家书凡276家,此是李时珍序上所说如此。卷一上讲药性,说"土地所出,真伪陈新,并各有法"。并引陶宏景语,"小小杂药多出远道,气力性理不及本邦,所以疗病不及往日"。又引陶宗奭,"凡用药必须择地所宜,真则用之有据。如上党人参,川西当归,齐州半夏,华州细辛"云云。卷十五谈"艾"条可作典型,谈得仔细。卷48、49禽类。陶宏景以为白鸡可以辟邪,李时珍以为不足信。鸽名飞奴,张九龄用鸽传书。鸤鸠即布谷,又称郭公(江东)、拨谷(北方)。时珍以为布谷虽名多,均肖其声,如俗呼"阿公阿婆,割麦插禾",又如说"脱却裤子",其鸣可为农候。布谷二(三)月谷雨后始鸣,夏至后即止(见卷49)。杜鹃又名杜宇、子规、鹍鸠(第规)。时珍曰:"蜀人见鹃而思杜宇,故曰杜鹃,其鸣若曰'不如归去'。"《禽经》曰:"江左曰子规,蜀右曰杜宇,状如雀而色惨黑,赤口有小冠。(春暮)即鸣,夜啼达旦,鸣必向北,夏至尤甚,其声哀切。田家候之以备农事,惟食虫蠹,拙于为巢,居他巢生子。"伯劳一名鶪(音臭),豳风诗七月鸣鶪。时珍曰:"曹植恶鸟论曰,鶪声嗅嗅,故以名之。盛阴气而残害之鸟。"鸜鹆(劬欲)即八哥,百舌又名反舌。时珍曰:"俗呼牛屎哥,似鸲鹆而气臭。

立春后鸣啭不已，到夏无声。”月令仲夏反舌无声。黄鸟即黄莺，又名鸧鹒，《尔雅》名黧黄，立春即鸣，麦黄椹熟时尤甚，其音圆滑如织机声，乃应节赶时之鸟云。

5月19日　星期六　晨晴20°，室71°F，Hazy，凪，746 mm。下午云，室内80°F，户外30°。

晨六点半起。十点至和平宾馆理发。回至院中，十二点回。下午继续写《物候学》，认为物候是大自然的语言，古诗有云：“花如解语应多事，石不能言最可人。”现代自然科学家的任务就是使石能言，花能语。化学以同位素的方法使岩石说出自己的年龄。地球物理学家以地质波的方法使岩石说出在地壳中自己的深度。地质学家、古生物学家以地层学的方法使几十万万年来地壳中岩石的历史弄得一清二楚。布谷鸟来说的是什么，据我们老农知道鸟语的人说，是叫“阿公阿婆，割麦种禾”。贾思勰《齐民要术》中说“杏花开，耕轻土，桃花开种谷子”，则杏、桃亦能语言矣。

昨在游泳池遇杨显东副部长，我问他今年收成如何？他说今年四川、湖北两省继续干旱，华北鲁、直二省比去年稍佳云。但入五月以来北京只下一场雨，迄今将二十天又是大晴天，直如大旱之望云霓，近日骤热，希望能下雨。

今晚郁秘书长交来“入党志愿书”，我因写《物候》稿，允数日内交去。近天气已如初夏，寓中所种扁豆骤长一天二三寸不等。我因苏东坡诗中有“风轮晚入春笋节，露珠夜上秋禾根”之句（和子由白发诗），注谓：草木之长，常在日未明间，早作而伺之，乃见其枝起数寸，竹竿尤甚云云。又夏秋之交，稻方含秀，黄昏月出露珠起于其根累累然忽自腾上，若有推之者云云。我于上、下午七点量豆长的速度，结果如下：

		豆甲	豆乙	豆丙	豆丁	豆戊	总	平均
5月19日	$7^h—19^h$	2.2 cm	5.0 cm	5.7	5.5	4.5	22.9	4.58
	$19^h—7^h$	3.0	3.0	7.2	4.8	5.7	23.7	4.74
5月20日	$7^h—19^h$	4.5	5.5	5.8	7.0	5.7	28.5	5.70
	$19^h—7^h$	4.9	4.0	7.5	5.6	6.3	28.3	5.66
5月21日	$7^h—19^h$	2.5	5.0	5.0	5.3	5.0	22.8	4.56
	$19^h—7^h$	3.5	5.0	7.5	6.1	7.0	29.1	5.82

5月20日　星期日　晨闷热，外间73°F，室内76°F，凪，744 mm。寓中（尹家前）太平花盛开，竹子叶又全绿。

晨六点起。早餐后即和松松徒步至北海公园，满拟找船为戏，数年来总想至北海乘艇游湖,此意竟未能达。今日往,则待舟的人已七八十,而游艇大多均已在湖中,因北海于晨六点即开,星期日游者迨六点即来也。我们立待廿分钟,允敏如约也来,认为到九点尚无希望,不如待下星期早入园可以达到目的。在同登白塔游园一周而返。园中此时绝无花木。

从十点起又写《物候》文,至晚间已写八九千,将卒业矣。然尚只中国物候部分,西洋部分字数更多,只能待数星期后再写。

今天是南京大学六十周年校庆。事先南大曾打电报来,气象系学生会并来了一封信,要我致祝词,我即回了一封信,并以墨笔写了四言八句的贺辞:"东南学府,为国之光。男女同校,唯此始创。外御强敌,内抑豺狼。天下有道,黉舍乃昌。"今日北京《光明日报》首版有消息一则,知十九日下午全校八千多名师生隆重举行了庆祝大会,中共省委书记刘顺元、省长惠浴宇、科学院潘梓年、苏省宣传部长欧阳惠林、省教育厅吴天石、博物馆长曾昭燏统到了。副校长李方训致开幕词,惠浴宇做了主要报告。潘老和杨廷宝代表校友,李学清代表教师统讲了话。此外历史系韩儒林,数学系黄正中,化学系李方训,天文系戴文赛,地质系徐克勤,地理系任美锷、杨纫章等统在学术会上提出了论文。

5月21日 星期一 晨晴,户外19.6°,室内76°F,风力1, 746 mm。晚七点室内83°F,外间87°F,昙, ACu Ci 5,闷热, 744 mm。寓内树木花草一般。

晨六点起。今日觉闷热,允敏腹觉不佳。上午我把《物候学》中国部分重复阅过一遍,改窜了数处,共约一万字,只缺这一章中结论,俟晚间再写。十一点至院。十二点即回。上午尹赞勋来谈片刻。晚膳灌水于大丽花、玉簪花上。寓院中有白皮松二株, 1949年来时即有,现已十二年不见加大,至少看不出,也不知此二松有多大年纪。前几天把一株死枝截下,便中将查其年轮,但不知其何年死去耳。原来在白皮松之间有夫拉车和苹果各一株,因病虫多且使窗遮光,故已于56年斩去。后在中央一个缸中初种榆叶梅,数年后以多虫,于去年斩去。今年以40元购得白玉兰两株,高3 m,现已数月,虽不枯但长得不丰茂。北边沿街原有玉簪花,迄今已十二年,不加肥也未加以注意,让他自生自灭,生得很好。今春郁家兔子于玉簪吐叶后将嫩芽吃掉两次,但兔送人后玉簪花仍长得好。在东阶下前年种一株白丁香,去今年统开花,而且没有虫害。其余空地种大丽〔花〕,前已出枝叶,近二三吋高。大丽花到盛夏开花,直至十月露降,虫害亦尚少。玉簪花也于秋天开花。此外在竹架上种了豆和丝瓜,现扁豆已长得如人高,在线上爬得很快,每天近日均5 cm左右。丝瓜出叶后长得比较慢。在花盆中最久的是吊兰,冬天放室内,春天移廊中。Geranium,朱顶兰已分了不少盆,唯印度橡胶维持原状。前年年初所购一株红梅,开花后一直长得不好,去冬只开了两朵花,叶全脱,今年叶上有菌类,虽陆续剪去,总长不好。

5月22日　星期二　晨昙, ACu, W, St 5, SE,风力2—3级,户外22°,室内76°F, 746 mm。下午阴闷,但风向SW, St 10,直至晚间均如此。半夜后二点阵雨。在颐和园闻布谷鸣。寓中白桑葚熟。

晨六点半起。上午院邀集科学规划委员会学科组七组委员主任谈话,到数学段学复,物理周培源、施汝为,化学杨石先,力学钱学森、郭永怀,天文程茂兰,科委王局长,生物林镕、童第周、过兴先,地学尹赞勋,及学部恽子强、薛攀皋、张日东,技术科学部杨连贵及教育部吴衍庆等等。把过兴先等所拟日程和格式提出讨论,大家认以为各学科范围不同,性质不同,应有伸缩余地,格式可以作为参考。中心问题名称过去已用过,不宜作为学科方向或三级学科,解释规划时一般以二级学科为主,但也可以用一级学科。如地质作为一级学科,则很难以二级学科为主。日期定7月15前交一初稿,作为暑假时讨论底子。十一点半散。

下午三点至院。科委研究室派人来询我关于水土保持的意见。因前次在农业部座谈会时,科委曾派田野局长到会,为了汇合各方意见,所以要征求我的意见。我主张陡坡退耕,15°以上。农村合作社向山上开荒必须做好水土保持工作,山地如何利用应加以研究,以农业部为主组织力量。农业增加生产应以单位面积增产为主,增加化肥是主要的,此外机械化、选种和植保统重要,同时加强管理。宋达泉来谈,我看见精神萎靡,由于受了责备心中不服之故。医生要他休养,我劝其去青岛或黄山。晚和刘力至北京体育馆。

5月23日　星期三　晨晴20°,室内76°F,风2, ACu 3, 750 mm。下午晴,750 mm。九爷王府白芍药盛开,紫藤早落。

晨六点廿分起。上午九点至中关村,和昆虫所刘崇乐、陈世骧二人谈。因文化部部长沈雁冰有函来问询,说昆虫中有一种葫芦蜂,如蝉大,能于子夜出来采取花蜜,果有此现象否?余不知有此传说,所以将原信交刘,请答复。和瞿宁淑谈学会事。又和宛敏渭谈渠起草了关于物候通知,预备发给各省区植物院与农学院。我略加删改,文字方面不整洁处去掉几句。对于杜鹃和布谷之分,依郑作新之意,以为二声是杜鹃,四声是布谷。实不然,杜鹃也是四声,惟音调不同耳。和黄所长谈及亚热带和热带之分界线,我认为是在五岭,因五岭以南四季不分或可说没有冬天,人不知有霜雪。他说应以英德为分界。

和江爱良谈。他年来在广西做橡胶冻寒害工作,认为如龙州地区在相对高度35米处可全无霜害,在20米处霜害很重,在低部则全部杀死。一次寒潮三处在日中温度相同,但半夜里差至7.5°,以后起云,使三处温度又趋于一致云。江认为寒流从北而南可走几十条路线,但到后来统由钦廉、合浦入海,云云。

下午三点至九爷王府,和出版社东光社长谈到影印事。云科学出版社印刷期刊去年赔廿一万元,但影印赚钱,发行赚一百六十万元,印刷九十万元等,所以上缴利息三百万元。永光印刷厂印刷力大,但不能选题,要靠出版社。据说科委有意要统一办理,云云。至科学史室,和严敦杰、吴主任谈。殷美琴送我《罗蒙诺索夫传》一本,是去年我发起要室译的。去年十一月苏联在莫斯科作纪念大会时曾来函邀请,但此时适有纠葛,我在英国得通知说不必参加了。

5月24日　星期四　晨晴18°,室内72°F, 754 mm。

晨六点起。今晨量寓院中的豆子生长速度,从昨晨七点到今晨七点,分为昼夜两次量,昨7^h到19^h增长速度比往日任何的12^h来得快,而昨晚19^h—今晨7^h则长得慢,与前数日晚间常较日间为长得多者相反。推想是因为前晚子夜后两三点落了一场阵雨,温度骤降,遂使昨日日中长得特快。

上午十点至院。和吴副院长谈意大利的Prof. Vincenzo Arangio-Ruiz来函,说意大利有一个Balzan国际基金要想照Nobel国际奖金办法,每年发给奖金与科学方面有贡献的人,但给为Nobel奖金中所没有的课目,如历史、数学、普通生物学等。要从1963年开始颁给,要Accademia Lincei提出人选。信寄上海科学分院。联络局主张托瑞士大使馆问明其人来历。以后我查Arangio-Ruiz,我查了Annuria Della Accademia Nazionale dei Lincei 1956年目录,查出Prof. Arangio-Ruiz一位历史学家, Lincei学院的会员, 1952—1955是Accademia的会长, 1950年副会长。按Lincei学院是世界上最早成立的学院,我于1956年去意大利时曾于九月十四日到Lincei学院,由历史学家Pettagoni及数学家Segre二人招待,没有见到会长Arangio-Ruiz。下午开始写"入党志愿书"中关于我对党的认识部分,写成约八九百字,预备明天抄好,后天可以交与郁文。

5月25日　星期五　晨晴19.6°,室内74°F, 746 mm。

晨六点多起。上午校对"入党志愿书"。黄墨谷其丈夫曾竹韶系雕塑专家,七八年来要为我塑一像,总未答应。近又提出,我以此在家写文有暇可以塑像,约其来寓。今晨黄墨谷来索取近年来照片。据说先要从各角度所照照片塑一小型头像,然后再依照人的形式放大,要来家三次,定下星期五来云。黄本人在文学研究〔所〕管理文献部分,地点在建国门,所长何其芳。所内我所认识有同乡罗大冈,他是我大哥朋友罗杨柏之子,也好久没有通消息,不知其人尚在否?

十一点至院。科学技术委员会介绍第五局(局长田野)严建中处长等来了解自然保护区问题。我告以先得设立一个委员会,指定一个各省区自然保护区地段,如四川峨眉、安徽黄山、浙江天目等等,然后与省方接洽看有否困难。圈定范围,然后由人民政府国务院公布,使大家知道,如文物古迹公布由国家保护一样。指定林业部管理其事,拟定《自然保护区执行办法》。

今日接绍兴章定安来信,谈及其堂弟即景臣先生儿子章问渠去世前情形。据云,是在上海浦东小学做事,于1960年回〔原〕籍,因患气喘病,于今年四月去世,67岁。其独子启瑜在沪工作,其爱人住绍城,依靠出嫁之二女,在绍兴尚有侧室。启瑜曾在浙大任职,以后至上海任体育教员,侧室在道墟,能自食其力云。定安自己,大儿章诚明曾从军,在新疆为起义部队,50年入党,61年因腿病离职,在塔山充临时工。曾随浙大至泰和、宜山,年41。次子章焦35,在湘湖师范毕业,近为小学校长,在萧山。幼子章榴年23,在杭州大学地理系三年级,云云。

5月26日　星期六　晨昙,ACu 3,21°,室内73°F,746 mm。上午阵雨数分钟。下午二点半又雨,半小时停。寓中赤豆开红花第一朵。

交"入党志愿书"。

晨六点半起。上午将"志愿书"又重阅一遍,于晚间交与郁秘书长。八点半,和尹主任到院开基础科学地学组各组长会议,为做十年1963—1972(十年)科技规划中的学科规划。到许杰、吕有佩、杨钟健、赵九章、司幼东、何作霖、顾功叙、朱岗昆、吕炯、黄秉维、周廷儒、程裕淇、孟宪民、陈永龄、曾呈奎及教育部吴衍庆,学部张日东、王遵伋、漆克昌等。决定加黄汲清为委〔员〕,现地质、地理、海洋、古生物、地球物理(和大气测量)及地球化学等六组作为第二级,即小组学科为基础,提出中心问题,而计划则要在第一级学科做。全文须于7/15日以前交,所以二级学科又名分组学科,要六月底以前交。现海洋、地球物理(包括大气测量)已做好,地球化学和古生物问题不大,难在于地质、地理二者和地质矿产组和综合考察有交叉。十一点半散。

赵九章方从意大利参加高空探测会议回来。据云,Theodore von Karman 等均未到。此次开会多少是有宣传作用,但意大利正在努力上天。这次在瑞士看了几个公司,他们急于把火箭卖给大家。日本方面现已能放火箭至六百公里,不久可至一千公里云。

下午三点至图书馆。阅南宋长洲王楙著《野客丛书》卷20,查到"杜撰"二字的出典。阅《黄宗羲(梨洲)文集》,在《学箕初稿》卷二,有至杭州满觉衖冒雨看桂花一段。笔记中提到癸亥年七月底至西湖看桂花,又是年寒食节桃花始开事。

晚和允敏、松松至政协看彩色电影《石义大战蟒蛇精》。

5月27日　星期日　晨晴佳，13.6°，室内66°F，风力2级，NW，752 mm。今日在北海闻黄莺和布谷鸣声。月季盛开。

《吕氏春秋·十二月纪》，逢春纪等十二纪。

晨五点三刻起。早餐后六点，彬彬先去北海公园租划子，因上星期我们去北海在七点半则船已租出，而待船者众，估计到九点尚无法得船，故今日特侵晨即往。但彬彬去时公园虽开，而船埠要七点才租船，所以等了四五十分钟。我和松松七点廿分到时，则今日租船之人尚寥寥，盖租船之人大都均于七点半左右才到也。我等觅到彬彬先上船，未几允敏来，四人同划一小舟。初松松划（彬彬已划过），至东门桥头时我划到五龙亭附近，彬彬划回埠头，共划二小时余。今日天气较凉。上星期日温度晨间23°，我穿了黑色制服，觉热不可当。今日去衣穿单衫，而晨间温度只13.6°，又觉凉，虽至九点亦未出汗。十点回后吴太太和小妹来，她从西安飞机厂回家度假期云。我们初进北海公园即闻黄莺鸣声，在船上又闻布谷鸣声，且有效布谷之声，但见布谷鸟在空中飞翔，当非假也。

下午阅明宋邦乂、徐益孙校刻《吕氏春秋》，有高诱注，尚有朱批，多引"虎曰"，据说是内藤虎。宋、徐乃王世贞友人云。书有方孝孺和王世贞序，凡26卷三函。在卷三"季春三月"条下有"流水不腐，户枢不蝼"，非"不蠹"。所述月令，自孟春至孟夏，和月令全同。在"季春三月"条有"鸣鸠拂其羽"，和李时珍《本草纲目》"鸤鸠拂其羽"不同。在"具挟曲蒙筐"条下注云，"挟曲蒙筐皆受桑器，是月立夏蚕生"。但是月并非立夏，乃是清明、谷雨。又说是月"乃合累牛腾马，游牝于牧"，注"累牛，父牛；腾马，公马"。孟夏之月"王善（一作瓜）生，苦菜秀"。是月以立夏，"农乃收麦，天子乃以彘尝麦，先荐寝庙"。是月也，麦方火至〔?〕，可知乃时小麦于小满前后，与今之于夏至熟者不同。

5月28日　星期一　晨昙，ACu 4，风力2—3级，NW，户外60°F，室内68°F，747 mm。

科学院精减人员。

晨六点一刻起。上午九点至院。十一点回。阅苏联卢廷科 А. И. Рудинко著的《物候学在经济中的利用》翻译稿，系1957年出版的«Вопрос География»中一篇论文。下午阅德国Dr. Fritz Schnelle著*Pflanzen Phänologie*《植物物候学》的俄文译文，原文Leipzig 1955出版，译文1961年Moscow出版。

晚刘秘书来，知明晨将开院务常委讨论分院精简问题。从5/14日—26日开了二星期的会，共到54人。为了科学本身的提高，是很重要会议。六个大区，1960年有35,318人，经两次精简到19 395人，此次要再减8219人，到11 176人，其中研究骨干4890人。原有机构219个，现只89个，尚须减少到51个。例如东北三个物理所合为一个，三个化学也合为一，浙江海洋所取消，南京地理所合并至南大，土壤所合并至中南力学所，原子能所的同位素应用、波谱学、宇宙线人员下放到西南和华东等等，各所与本地大学加强合作。

华东	华北	东北	西北	西南	中南
1 原子能所（同位素）	1 原子能（晋）	1 物理所（吉林）	1 电子所（甘）	1 技术物理（川）	1 物理所（原子能）
2 技术物理（复旦）	2 物理所（晋）	2 技术物理（黑）（热核反应）	2 计算所（陕）	2 昆明物理所	2 化学所（天然有机）
3 半导体所（南大，锗）	3 电子所（津）	3 石油化学所（黑），改名东北化学所	3 生土所（陕）	3 电子所（川）	3 力学所（武汉）
4 电真工所（南工）	4 化学所（津）	4 计算中心（辽）	4 高原生物所（青海）	4 有机化学（川）	4 数学计算所
5 自动化所（安徽）	5 生物所（晋）	5 自动化所	5 地球物理	5 贵阳化学所	5 电子所（武汉）（海洋分所）（土壤所）（广州）
6 计算技术所	6 地理所（石家庄）	6 地质地理所	6 化学所（西安）	6 动物所（云）	6 昆虫室（中大）
7 力学所（工业动力）	7 煤炭所	7 林业土壤所	7 新疆分院	7 土壤室	7 水生所（武汉）
8 物质结构所（闽）		8 海洋工作站	冰川、冻土作为地理所直辖，宁夏煤炭利用作化学所一个室	8 陶冶所（昆）	8 植物所
9 华东昆虫所					9 测量地物所（武汉）
10 亚热带所（厦门）					10 微生物所（武汉）
11 华东海洋所（厦门）					11 地质地理所
12 南京植物所					
13 煤炭化工所（山东）					
14 上海天文台					

5月29日　星期二　晨晴18°,室内72°F,屈, 748 mm。

物候植物名单。

晨六点廿分起。上午九点在院中,杜秘书长报告了各大区分院的精简人的办法。因大跃进时期,各省区均不顾自己能力随意扩张研究所,到去年收缩时期才成问题,现再要减去8250人并不容易,因今年高中和大学招生人数均将减少,此八千多人中有若干人是大学未毕业入院的。此外尚有原来高中未毕业学生人数更多。这次有东北林业土壤、山西煤炭和云南陶瓷三所下放给大区,所以大区所原为51个,实际是54个。贵州现只化学一所,余均合并。浙江省没有一个所,据说浙省主张在大学做研究工作云。

郁文秘书长报告北京院裁减人员办法。1960年全院不算科技大学共26,000,到今年已减去一万一千人,尚余15,000,预备再减三千人,其中1800人将为转业军人,从工厂和行政人员中减去。余1200,要从行政人员中减去,也有三百大学生工作不合适的要调走。院中大学毕业生1960年有3500人,现约有4700人。外埠直属各所1960年有25,000人,现减至12,000,要再减一千人极为困难。因外埠直属所和北京所不同,没有办多少工厂,所以减少后北京一万二千,外埠一万一千,科技大学一万二千,再加今年各所添大学毕业生1600人,总数仍将是36 000人云。许多所下放是为了经费问题。

下午阅俄文本Fritz Schnelle著的*Pflanzen Phänologie*。关于欧洲物候上所观测的几种最普通植物,其中有紫丁香*Syringa Vulgaris*,是我国普遍种的。其次为洋槐*Robinia Pseudoacacia*。此外则同属不同种,如*Pyrus*梨, *Malus*苹果, *Salix*柳, *Prumis Spinosa*桃一类, *Prunus Padus*稠李。再有*Betula*桦, *Tilia*椴(Linden tree), *Fagus*山毛榉(Beech), *Fraxinus Excelsior*白蜡树(Ash Tree),橡*Quercus*, *Pinus*松, *Picea*云杉(Spruce), *Abies*冷杉(Fir)。榆*Ulnius*,槭*Acer*,菊花等也极普通云。

5月30日　星期三　晨晴,风力2—3级, 21°,室内74°F, 744 mm。下午四点半晴,户外树荫下土壤上95°F,窗口96°F,室内86°F, 742 mm,晴,风力2—3级。寓中吴宅前珍珠梅开始放花。

晨六点多起。上午至中关村地理所,和张宝堃谈热带和亚热带的南界。认为应在英德、柳州、惠州一条线上,大约24°N,不应划在雷州半岛以北。他对于以前条线为划区而以后者分带,心中向也存有矛盾。和黄秉维谈,知调文焕然来所事又生周折,说目前不能调一个人到北京。我以为也不应如此之死板。如真没办法,可令他工作半年也行。和宛敏渭谈,要他把已定四十八种植物物候单中再加菊花和冷杉、云杉。据云,吕蔚光为调陶诗言事,作函与聂副总理,因陶本人也愿调地理所,而叶笃正因为本人工作需要希望和他合作,要他留地物所。

下午阅综考会交来升级的论文。我看孙鸿烈《黑龙江流域二百万分一土壤图编制》和杜国桓《新疆地下水形成自然条件》二文,觉其中有不少可取之处,作为M.S.的论文在美国还是有条件可以通得过。此外沈长江《新疆季节牧场的不平衡性》,质较差。黄让堂《西南水利资源开发利用的方向》,黄荣金《塔里木盆地绿洲的土壤改良条件》,石玉麟《土壤分布规律》,袁子恭《黑河水电站在黑龙江梯级中的作用》,刘厚培《新疆山地土壤垂直分布特征》均未阅。一般说来,八人中有四人研究土壤,土壤是一个比较新的科学,到如今土壤的名称、分类和发生学都搞不清,一方面容易写出论文,但也很难真有所贡献。水文方面二人应该实际,可以应用到实践去。畜牧一篇也是如此。刘文答辩时评为中等,但我认这文很有贡献,应该出版。

5月31日　星期四　晨昙,ACu 6,W,风力2级,户外24.2°,室内80°F,745 mm。八点阴,St ACu。九爷王府白芍药多败。

第四纪以后气候演变。日本樱花记录,见p. 151。

晨六点起,20分钟太极拳。十点至院。将综考会孙鸿烈、黄让堂、沈长江等升级论文交还。十点半至科学出版社,与赵仲池、周太玄、郭佩珊诸社长谈关于重聘出版委员会事。赵等似又疑惑不定,即社会科学是否应聘人在内,照现在情形,则潘梓老、刘大年、尹达诸人统在内,但出版社除出郭老的书和科学史而外,很少出社会科学书籍。我个人意见认为社会科学书应续加出版,而且应该增多份量。郭对于出版期刊抓得紧,对于物理、化学二学会统不满意,因《通报》抓得不够。对于汪发缵和唐进所著的《植物志》错误太多,秦仁昌把中国和台湾并列,称India为British India尤不满。

下午阅《科学通报》寄来黄培华著《中国第四纪时期气候演变的初步探讨》,要我审查。我认为满意,可以登。阅Fritz Schnelle所著*Pflanzen Phänologie*一书,系从德文译成俄文,于1961年在莫斯科出版。我认为此书甚好,物候学之翘楚也,其中有不少材料是我所要的。在六章《观测结果》说道,一处地方一年的记录没有多大意义。世界上最老记录是日本樱花记录,812 AD唐宪宗元和七年开始,一千一百五十年以最早的初花在1246年宋理宗淳祐六年三月廿二,而最迟在1184年五月十五阴历(孝宗淳熙十一年)。在欧洲,以英国为最久,在Norfolk观测从1736年就开始。于1926年出版(Margary *The Marsham Phenological Record in Norfolk, 1736—1925*,《英国皇家气象学报》,1926,pp. 27—54)。大多数国家统从十九世纪中叶起才有,至多一百年。

6月1日　星期五　晨阴昙，ACu St 9，22°，室内80°F，风力2级，746 mm。

曾竹韶来寓为我作雕塑。

晨六点起，20′太极拳。九点，黄墨谷、曾竹韶夫妇为我作头部雕塑像。此事已谈了七八年之久，曾欲为余作雕塑。余总以为无此需要，且不耐安坐让人作雕塑，所以未允。近又提此事，云可以无须专门为此而费时，仍可一面工作一面雕塑，故今晨约他来。其爱人黄墨谷亦数年不见，发胖不少，但云身体反不觉好云。雕塑用特定之塑泥，先是从上次黄墨谷拿去的照相雕得一像，我看来很不像，经对照看我头的形式，从各角度看，慢慢地用小刀削去、加添，两小时多后，像已〔与〕原先大不相同。据云要如此三次，现在像只人原形的一半大小，要重新再放大，所以费时当不少也。

下午二点半至院。漆克昌、王遵伋二主任来谈综考会。现已成立研究室四个，但实际只有一位张有实副研究员，130个大学研究生。我认为称之为研究组更妥当，因以水平而论，尚未到成室时期。治沙所成立筹备处已经数年，但刘老(慎谔)名为所长实际很难发挥作用，陈道明则又不虚心采纳人意见。现在130多大学生，只李鸣岗人〔一〕个副研，刘媖心、王绍华二位助研，我认为必须充实人选，可调周立三来。适朱济凡来。他于星期一赴云南视察大勐龙站，看群落站是否有变更工作之需要，因该站系五年前 Сукачев 苏卡切夫的主张而成立，作为物资平衡的试验，但到如今很难算出结果，年青人大有意见。朱意不如作为森林丰产试验站。

晚和刘力去工人体育馆游泳。该馆一时全部开放，不接受高级职员，但不知如何，近又改变计划。接林镕所长函，为《植物学报》印汪发缵、唐进二人所〔著〕《植物志》十一卷“莎草科”有许多错误，作了一个订正表，要在《植物学报》上发表。科学出版社认为可作订正错误表，我也赞同。但据林云，非在《学报》上发表没有权威性，仍希望在《学报》上发表。

6月2日　星期六　晨阴，St 10，𠖥，22°，室内78°F，745 mm。下午阴。晚室内82°F。

今日下午英代办 H. T. Morgan 和夫人约在建国门外光华路七号为英女皇 Elizabeth Ⅱ祝寿，未往。

晨六点十分起，20′太极拳。晨九点，曾竹韶同志来为我第二次作雕塑像。十一点至北京医院看蒋国彦大夫，因上次心电图时，发现我的心脏跳动时有窦性心动缓慢和房性前期收缩毛病，我问其情况。据云脉搏平时58跳，睡倒40跳，不算病态，许多运动员脉搏均低。房性前期收缩是 Premature Pulse 不是 Intermittent，认为无妨碍云。在院中和林镕、应幼梅及贾德修等先后谈。林为了昨日信中所谈汪发缵、唐进所著莎草科植物正误一文事。应幼梅希望能为《科学通报》找一总编辑。贾德修谈星期一下午三点党组开会讨论我入党事。

下午三点至图书馆。吴一尘来谈资本主义国家期刊问题。据云,前年定了一万九千种,去年大减缩,减至八千种,但把分院所除外。八千种中直属所2100种,京内5900种,总馆定4300种,其中500种系社会科学,3800种自然科学,其中400种日文,余下3400种,实到3279种。现在要定1963年,要从原来5900种去掉1/3,总馆4300种去1/3,即1400种,尚容易,因为农学报现定221种,医275种,再加轻工业等估计可去1200种,但各所1600种要去500种颇不易云云。此外增加了影印,也许可以减少数百份云。

晚膳后和允敏徒步至景(煤)山公园。见园内蔷薇花,如大红袍等月季尚开得很好,但芍药已全落。上山直至万春亭,亭上数百燕子在群飞,年青男女双双携手。晚间来此者也不少。

6月3日　星期日　晨阴昙, St 7, 20°,室内75°F,风力2级, 744 mm。下午闻雷声,下雨数点,直至八点。微雨, NW风。

晨六点起。上午预备明天院党支部大会中我入党问题。明天下午三点开会时我个人自己介绍的一个说明,写好后交允敏一阅,晚杏仙来,我也交她一阅。

下午科技大学的倪生来,系松松同班,同晚膳〔后〕去校。今晨天阴,傍晚起北风,又闻隐隐雷声,但只下数点,我本想到北海公园,因怕雨未果。从四月起,雨量均在平均下,所以华北近又患旱,切望能雨,真如大旱之望云霓,但大雨终未下。杏仙云其三哥分配至东北冶金学院教物理后已结婚,将调南京云。

6月4日　星期一　晨晴佳, 17.5°,室内72°F,北风,风力2—3级, Clear, 749 mm。

中国科学院支部批准我入党为预备党员。

晨六点起。上午八点西藏考察冷冰同志来,谈今天西藏考察队报告1961年工作情况。这报告我事先阅读一遍,觉学术性太少,十二页报告中农牧业占8页,其中所讲是关于开垦荒地尚有三百万亩,畜牧业也提到了,但对于林业完全未提。今日邀请的学术指导员,到者有施雅风,水电设计院赵人龙,农业科学院庄巧生,地质科学院郑直,动物所郑作新、寿振黄、沈嘉瑞。庄巧生曾于1951—53和李璞去西藏,他认为西藏农业应注意单位面积产量,作物应以土长为主。施雅风谈西藏和青海干旱情况,青海湖1950—56六年间低减了50 cm,从Przhevalsk到现在盐度增加一倍,说从昆仑到唐古拉山全为永冻土带。地质科学院郑直认为西藏是半空白地区，知道地质很少，不能和华北、华东比，所以要注意急需矿物，如煤、铁、铬等，不能像报告中提区域地质和成矿规律。赵人龙提西藏应以提高单位面积产量为主，要增加灌溉面积。赵东旭代表西藏队做了报告半小时，说 1961 年考察以日喀则、江孜、那曲三区为主。研究考察人员 80 人，连司机等 109 人。去年共用廿五万元，两年前人虽较少，但用 40 万元（共八十多人）。十二点散。

下午两点半至院。我于 1958 年 3/8 日和李、陶、吴三位副院长写信给院党组，说以后将努力学习成为一个工人阶级知识分子，全心全意服从党的领导，所以前年冬曾告郁秘书长。去年夏天在北戴河裴副院长曾提出说党不久将吸收一批知识分子，到秋天我填了“入党志愿书”，到两星期前有通知说不久将支部大会来作决定。院中党员有一千多，分为二三十个支部。今日开会系秘书处和调研处几个单位的支部，共有 63 个党员，一个候补党员。今日到 49 人（候补党员 1 人）。开始由党支部书记王裕钊讲了今日开会目的，即要我谈申请入党的原委。我谈了解放以来我思想上转变情况，和我对党的认识的改进及此次申请原委，共约 36 分钟。郁秘书长作为介绍人谈了我的历史背景，认为一个老知识分子有爱国热诚，但受资产阶级教育严重影响。一直是勤苦耐劳，但有缺点，没有能抓中心问题，抓得太多太碎，参加党是做共产党员的开始。王裕钊代表支部大会意见，也认为主要缺点是受旧的思想束缚，有事务主义和保守主义，要好好学习马列主义和毛泽东思想来解除困难。次贾德修以为对党的认识尚须提高一步，即在失败情况下也要相信党。应幼梅认为我很固执。张副院长认为入党要从群众眼光来看。郭老说这是我（指我个人）最可纪念一天，他从未认识我时即有好感，从于子三事开始。并送我一首写好的词：“雪里送来炭火，炭红浑似熔钢，老当益壮高山仰，独力更生榜样。四海东风骀宕，红旗三面辉煌，后来自古居上，能不发愤图强？”过兴先提到解放前我的顾虑。马玉书要我学习《党章》和《党纲》。至于党性的锻炼，根据实际情况提了新的，有三大纪律：1）如实反映情况，2）正确执行党的政策，3）实行民主集中制。八项注意：1）参加劳动，2）以平等态度待人，3）办事要公道，4）不特殊化，5）工作要同群众商量，6）没有调查没有发言权，7）按照实际情况办事，8）提高政治水平。以后吴副院长、华罗庚、严济慈、尹赞勋均致贺词。最后王裕钊提〔议〕表决，作为一致通过。我答词后散。

6 月 5 日　星期二　晨晴 18°，室内 70°F，风力一级，747 mm。

晨六点起。上午八点半赴西郊中关村生物大楼地理所觅李秉枢，知其与黄秉维所长同往大连参加自然区划会议，闻其要十五以后始能回。宛敏渭赴农业部开会。乃与蔚光谈调陶诗言至地理所事。陶愿至地理所，但目前地物所不肯放，所以或用兼任办法。福建师范学院文焕然本年能调至院，但目前北京不准调人。又气象局张家诚中央气象台预报员、组长,曾至苏留学(1955—59),回国后在气象局,觉到他对目前中长期预报是个难题,愿尽毕生之力。他迫切需要时间来做这工作,希望能调地理所,但实际气象局决不会放他,但可以作为双方合作办法,提出长期预告的题目作为研究课题。蔚光亦认为如此办合适。十二点半回至院。

下午阅 *Nature*《自然》、*Journal of Ecology*《生态学杂志》中关于英美对于物候学的工作。据《皇家气象学报季报》上所讲,秋花如 Ivy 等统是低纬度先放,而高纬度后放,但冬小麦却须高纬度先种,而低纬度后种,这是什么原因我不了解。

晚七点多和刘力赴太阳宫北京游泳池游泳。和林宝骆同往,他方从上海医李亚农之病回,据云他〔李〕有五种心脏病和肺气肿等另四种病云。

6月6日　星期三　端午节　晨晴佳,户外66°F,室内72°F,风力4级,745 mm。

晨六点起,作太极拳20分钟。上午作函与文焕然、张家诚,拟调文至院。并做函与杜秘书长及人事局。文焕然系福州福建师范学院史地教员,专攻古气候学,愿来地理所进修。张家诚,中央气象局气象台预报员,于1954—59在列宁城为地球物理台的研究生,希望做水热平衡、日地关系工作,但在气象台不能有时间,希望能至地理所。我复了他们二人的信,希望文能来北京半年,张能兼任地理所事。

上午至院。十一点至和平宾馆理发。下午阅《物候学》第一章的油印稿,改正错误。我的白话文实在不高明,不通俗,所以要把此小书作为通俗课本实是问题。

晚六点,和允敏赴南河沿瑞典大使馆祝 National Flag Day。瑞典大使已换人,现任大使名 Hjell Öberg。今日到者有习仲勋副总理及楚图南、杨克强夫妇、德裕(德林之姊,年已80)、江新蓉及各国大使。遇波兰大使,据云抗战前他在重庆、贵阳图云关及云南为医生七年,解放后已在北京五年,先后达十一二年之久,所以中文说得很好。瑞典使馆也有人能讲中国话,并写中文。七点半回。晚做函与邹树文。他写了一本中文《昆虫学史》,花了二年多,都卅万字。

1961—62年院经费。据六月九日计划局副局长贾国璋报告,1961年本院经费为二亿一千三百万元,执行决算一亿九千八百万元,其中器材占一亿四千万元,比50年减少31%。1962年预算为一亿四千四百万元,其中器材占九千四百万元。61年年底库存器材未用的有一亿元的材料,浪费可知,云云。

6月7日　星期四　晨晴,户外66°F,室内72°F,Clear,746 mm。

晨六点起。上午九点至院。阅英国牛津 David Lack 著的 *Swifts in a Tower*,Methuen 公司1956年出版。据《礼记·月令》有"季秋之月,鸿雁来宾,雀(溶)入大水为蛤,菊有黄花"等等。在西洋一直到十八世纪,也相信燕子到秋天不见了,入水潜伏,有时冬天在冰下钓鱼尚可钓出燕子来。直到十八世纪中叶,生物学家Linné尚信此说云云(p.140),可知此种流传谬说之不易消除也。

上午十点半至出版社,和周太玄、朱务善、赵仲池、郭佩珊等谈。据云,上海科技出版社近来大为扩充,并出数学、物理等大部刊物。此社原由科学公司出版社改组而成,现归地方科规会领导,其中规划乃由顾济之董其事,郭佩珊认为可惜,当时我社未能收纳他。但实际院的科学出版社、编辑出版社只500多人,而上海科技出版社反不止此云。又院中近要精简科学出版社,目前编制已超出80人,应减未减,若本年再要精简更成问题。

下午三点至南河沿文化俱乐部开主席团秘书扩大会议,到李仲揆、侯德榜、吴正之、周培源、丁颖、茅唐臣、严慕光、黄家驷及王顺桐。仲揆主席,王顺桐作了四十分钟情况报告。首先刊物已经出41种,正在筹备有《微生物学报》、《电子学学报》、《自动化》、《海洋湖沼》、《计量技术》等九种,其中有十三种已与外国交换,包括《地理》、《地球物理》、《地质学报》,尚有19种包括《地理学报》、《天文学报》、《测绘学报》正在批准中。不进行交换有《数学进展》、《物理通报》、《畜牧兽医》、《内科杂志》等等。全国有40专门学会,但化学化工、土木建筑两个学会要分离为四个学会。其中机械、电子、农学已经有会章,尚有九个学会如铁道、茶叶、煤炭想成为学会。印刷方面,科普印刷厂要恢复,出知识小丛书。组织方面,会员有全国、地方两种,有问题。本年度各学会批准开53次会议。六点散。我在南河沿晚膳。回。

6月8日　星期五　晨晴佳,Ci 1,W,18°,室内71°F,风力3级,N,746 mm。

人大五十五次常委会议。

晨六点起。九点至人大常委开五十五次会议,今天听取民族委员会副主任委员谢扶民关于民族工作会议报告。会议于4/21日开始,直至5/29日,李维汉部长作了两天半的报告。这会开得很好,各方尽所欲言,发现有个别没有做好民族工作的,认为应该改正。伊斯兰和喇嘛教已摒弃了封建迷信,做了社会主义教育必要的宣传和培养了干部。少数民族如只有几千人的鄂伦春族也有了中学。侗族则有了许多知识分子。各民族间有了社会主义关系,这是基本情况。但对少数民族照顾不够,有许多干部做了不必要的干涉,如海南岛黎族女子要穿裙子。许多重大问题没有和民族商量,学习、劳动安排得太多,仍有许多违反宗教的干涉。牧区对牧草地照顾不够,以后农牧必须结合,以后应该贯彻群众路线,从少数民族观点出发。现在已成立四个自治区:内蒙、广西壮族、新疆〔维吾尔〕族和宁夏回族自治区,和一个藏族自治筹备区,29个自治州、55个自治县。1958年以来,州县变更太大,如近来河北把蓟县、大厂和三河自治县合并为一,为少数民族所不满,现又分开。目前少数民族干部不够,要大量培养。汉族干部应尽量学少数民族语言。乡村和人民干部要做到全由少数民族担任。要尊重少数民族干部,要保护宗教自由,要喇嘛、阿訇参加劳动。不能忽视少数民族地区、牧区、林区的经济特点,牧区要以牧为主。彭副委员长于报告结束后说,人们要接触多才能了解,我们汉族是很复杂的民族,但已经同化了,实际不是纯粹的汉族了。现在要实行我们《宪法》中所规定的民族政策,既不是大汉族主义,也不是民族主义。要团结,基础在于解决吃、穿、用和建立现代经济体系的问题云云。下午在寓阅 Schnelle《物候学》。晚和刘力至工人体育馆游泳。

今日人大尚有一案是成立国家房产管理局。邵力子提出异议,认为目前要精简机构,何以又增设机构。

6月9日　星期六　晨晴佳, Clear,户外18°,室内70°F, 747 mm。北皇城根32门口的合欢已盛开,沿北池子马路的合欢也开。

涂长望于今晨五点在协和病故。

晨六点起。八点半至院。得黄秉维爱人王爱云电话,知涂长望于今晨五点病故在协和医院。我于两星期前仍梦中见长望,好像病已痊愈,因此想去看他一次。因自去年二月以后,闻其病倒床上不能起,但未曾往视,所以昨日由允敏用电话约其爱人王回珠,于星期日(即明天)下午三点去看长望。王回珠说过去他曾发热至38°约一星期,以为不救,于两天前又转好,神志清楚,以为可以看他,孰知昨日又转坏,需氧气维持,至晨五点多去世,享年五十有六。他于58年和我及九章等在青岛开气象学会,并同住在科学院休养所。当时他走路已有点问题,因手眼不大合作,以后一直发展至走路摇摆,目视不清。医生会诊迄未能决定是何病,如王回珠及其兄弟同意,应在协和解剖以明病状。他们有一子名胖胖,已于去年年底患喉炎不治去世,现有三女孩云。我识长望卅年前,时他方从 Liverpool 回国,不久即至南京北极阁气象台任事,直至抗战。我至浙大,他也随来浙大。因与张其昀不合,曾一度至〈四川合江冶铜厂〉〔綦江电化冶炼厂〕及重庆美国使馆,于解放后即任气象局局长。

上午开第三次院务常委,讨论十年科技规划如何集中。现学科组数、理、力、化、天、地、生七科和专业组半导体、计算技术、综合考察、三峡、自动化、腐蚀防护、电子化七个组均由科学院归口。如召集集中会议,学科组有191人,专业组126人。若召集学部委员,则四个学部173人,担任组长17人,组员65,学部委员中有92人未参加。但如召集学部委员和各组组长、副组长,不召集组员,共290,连组员425人。290人如分生地组和数技组,则前者110人,后者180人。讨论后决定8/5

在京召集学部会议，约各组组长参加，共 290 人，以一周至十天为限。

据图书馆蔡国铭馆长报告，我院图书馆于 1956— 60 年曾有计划作为全国科学图书中心，大买图书、文献，尤其是资本主义国家的，每年多至五六百万元国币。到六十年才减至 180 万元，61 年 140 万元，今年 110 万元。现存书号称五百万卷，实际其中 240 万系各国专利报告，37 万原子能等专题报告。现因精简，感觉照顾不周。院外来看书者 240 个团体，数千人之多，现拟减少人员，以副教授为限，这样外间可减至 903 人，院内外借书证目前尚有 2900 人。谈到期刊，我认为印度期刊不能减少。蔡又谈到 1955 年曾约一个印度西藏文专家 Laheu Vers 来，后曾送他几吨藏文，回后极为反动。

6 月 10 日　星期日　晴，Clear，17°，室内 70°F，749 mm，凪。

下午至北京医院看涂长望入殓前情况。

晨六点起。早餐前即洗浴，称得去衣 100 lbs。作函与宁宁及陈凤桐。接钱乙藜电话，为了他要去视察水土保持工作事，他要我〔找〕几位水土保持工作人员谈谈。我介绍他汪胡桢、蒋德琦二人。十一点至政协礼堂膳厅。和允敏、松松及彬彬中膳，遇林宝骆、周培源、贝时璋诸人。膳后至百货商店为松松购裙子。

二点半至协和医院，问涂长望入殓处。据云，昨晨五点卅五去世后即作解剖，于今日已移往北京医院太平间。乃至北京医院，则王回珠及小孩与长望的哥哥、卢温甫、张乃召、饶局长、张福范等均已到。据长望哥哥说，昨长望逝世后即解剖，全身无病，惟小脑下每瓣有一个瘤，大如拇指。按小脑本身亦比拇指大有限，而此瘤还是善性而非恶性的，但因地位特别，所以最终不得不致命。病起于 1958 年，我和长望、九章均去青岛，八月间开气象会议，其时即发现走路时手眼不能合作，可见那时脑下的瘤已在长矣。此外解剖时未发现任何病，惟有肺气肿。我和吴副院长夫妇、杨克强夫妇、王淦昌夫妇，及王爱云、王顺桐、黄继武等至陈尸处，在尸体旁一周，见其戴眼镜，因经解剖头部稍有改〈头〉〔形〕，面庞消瘦。闻今日即运去火葬，十六日运八宝山云。四点回。

下午阅 *The Advancement of Science*, Jan. 1961, Dr. H. L. Richardson 所著 “What Fertilizers Can Do to Increase World Food Production” 文。晚膳后至〔中〕山公园一走，计走 1h20′来回。十点多睡。

6 月 11 日　星期一　晨晴 21°，室内 74°F，745 mm。晚房中 83°F，742 mm。

晨六点起，做太极拳廿分钟。十点半至院。寄邹树文及陈凤桐函。陈来函，希望组织一个队伍去江西考察山区开发。我于 4/20 日曾在农业部座谈会时作此提议,但因为文字债所牵累,要写一本《物候学》,同时地学组和综考会的《长远规划》,《1963—72年规划》要七月十五日以前写好,所以逼得很紧,无暇往他处了。

施雅风来谈。他曾经写过一个关于冰川积雪冻土的研究计划,我认为这可作为地学组的一个重点问题,也可以把古气候带连在内。我要他在旬日内把他拟一个稿件,作为中心问题之一提出。

今日接苏联列宁格勒地理所寄来两本单行本,一为«Динамика Компонетов Ландшафтного Облачка В Эпоху Голоцена»《全新世景观云组分的动力学》(Dynamics of Chiuctic and other components of the geog. sphere in the epoch of Holocene)。大致认为气候波动有11年,20—50年,80—90年及1800等四个周期,而最后的周期是全球性的。

阅美国Iowa大学出版(1961年)*Adjustment in Agriculture, a National Base Book*,是一个集刊,有13篇文章。谈美国农业问题,如美国以后农业上的安排,经济发展和农业,农田问题的性质,现在和将来对于农产品需求,现在与将来的土地利用,现在和将来的畜牧业、农庄大小、资金与雇佣问题,乡村需要干部与劳力问题等等。晚膳后至北海一走。我们寓到北海不需十分钟,而到景山公园东门要15′钟。

6月12日 星期二 晨Hazy,晴,风力2—3级,25°(78°F),室内80°F,742 mm。下午五点雨数点,下午七点又下阵雨,八点半大阵雨。

晨六点起,做太极拳20分钟。九点至中关村地理所,交宛敏渭以《物候学》第一章稿,也和吕蔚光谈。他以农业部近将农业气候组五六十人队伍精〔减〕成十五六人,现尚要精简,组已取消归并,将来甚至要消灭,希望和丁颖、金善宝等所长谈,能保留一部分工作。十点半至中关村图书馆,和蔡国铭馆长谈片刻,并交还所借British Association期刊。我至阅览室阅看了所陈列基本参考书,一般百科全书、字典等颇齐备,但未见工具书,如*Bibliotheca Sinica*,如各种科学机关名录(有Europa),*American Men of Science*《美国科学名人录》,甚至*Stateman's Yearbook*《政治家年鉴》统未见到,Abstracts则不少。最可惜者,我们定了四千种资本主义国家期刊,但陈列者只此数十分之一,余到后即进书库。

下午潘纯局长和联络局二处冯〔 〕来谈星期四签订朝中科学合作(1960—62)协定。王遵伋主任来谈综考规划事。晚和刘力至北京体育馆。

Change of Sea Level《海平面的变化》, Dr. GER. Deacon "Oceanography in the IGY", *The Advancement of Science Magazine*, Jan. 1961, p. 410。海平面并不是不更变的高低的,如气压表升高一〔英〕寸则潮水可升高几〔英〕寸到14〔英〕寸。一般说春天时要比秋天潮要低,理由不明。大致由于初春时陆上的雪冰多于秋天,同

时由于气压与温度,每年海平面变动可±5 cm,至多±10 cm,但同时尚有渐渐上升的趋势,如英国南部50年上升7.5 cm(即15 cm或6″一百年)。主要是冰川的溶解,但海陆升降也有关系。在芬兰大陆上升,100年中1米,芬兰南部升得慢,所以长的湖面的歪斜很可以看出。加拿大Hudson Bay的Churchill每百年升2米,这是由于冰川融后地面回复的上升,海平面每百年上升11 cm,对于沿海诸国是一桩重要事情。海平面的变动又可从巴拿马运河两端看出,在雨季太平洋岸高于大西洋30 cm,但在干季相差无几,平均21 cm。

6月13日　星期三　霁,19°,室内74°F,昙,ACu St 8,N,风力3级,748 mm。

晨六点起。上午九点半至院。接郭老函,询问毛主席词《忆秦娥·娄山关》有"西风烈,长空雁叫霜晨月。霜晨月,马蹄声碎,喇叭声咽",这是否阳历二月现象?因红军取娄山关是在遵义会议1935年一月初之后,要我证实时间。我查日记知1941〔年〕2/3日过娄山关时见山顶有雪,1943年4/13日过娄山关遇雪。另一次(未查明日月)过娄山关,山上雪冰载途,得回到山下住宿一晚。丁普生同行,有一箱子为小窃偷去。可见二月间娄山关是有霜雪,而风向在1500公尺高度也应是西风或西南风的。去年到遵义,展览馆送我一本红军在贵州纪念刊,其中有夺取娄山关一段说明,红军夺取娄山关是在2月26号,27号红军又遄返遵义,第二次占有遵义。

下午阅《气象专业规划》稿和昨王遵伋交来的《综考会规划办法》。综考所提五个问题(在广东提出)西藏、西北、西南的综合考察,治沙与海南岛开发,前四者有所依靠,惟开发海南岛无所依靠,要华南、西南两队提意见。

晚膳后徒步至北海公园。从寓到后门(北海后门)只十分钟而已。今日雨后天气晴朗,游船不多。这次京郊下雨在20 mm左右,于秋作如苞谷、高粱有好处。而今晨即晴,于小麦亦无妨云。晚作函与厉无咎、士俊。

6月14日　星期四　晨晴佳,18°,室内72°F,753 mm。晚室内78°F,750 mm。

晨六点起。上午八点半到科学院,和于强谈。他近将调电子所为办公厅主任,因此西北方面又缺乏一个能干人员。关于新疆的报告,有若干如土壤、气候、畜牧已交印,惟地貌尚未写好。严钦尚定九月间来京,和周廷儒同写。植物方面比较问题稍大云。

九点开综考会专业组委员会,到委员农垦部朱莲青、水电部成润、煤炭高铁英,此外计委吕克白、冶金部王勋、地质部赵新备、水电部冯仲云均未到。我院委员到者漆克昌、尹赞勋、孙新民、林镕、王遵伋秘书。不到者刘慎谔、李秉枢、马溶之、侯德封、郭敬辉、谢鑫鹤。今日也请各分组组长、副组长列席,计有西藏队冷冰、司豁然、孙鸿烈(秘书),内蒙李应海,西南吴征镒、李文亮,治沙袁天钧、陈道明,西北于强、施雅风。此外尚有水电部崔宗培、农垦部熊衍衡、袁月华及科委赵石英局长。先由我说明今年科委所召集广州规划会议做1963—72年十年规划办法,次漆主任报告了原来12年规划中任务三、四、五、六项即西藏、西北、华南及水文(黑龙江)过去综考工作。王遵伋做了编制专业规划西藏、西北、西南、治沙等说明。尚有海南岛开发一项,因性质并非综考而是开发,所以不能断定由科学院来主持,询明华南方面意见。我个人认以为农垦部做似更合适。讨论时有若干人认以为治沙可与西北合并(朱、施、于等)。最后决定7/10前交各组中心问题,7/15写好报告后再开一次会议,预备于8/5日提出学部委员会议。十二点散。

下午三点至科学史所,和席泽宗〔谈〕片刻。阅美国AAAS科学促进会1961年出版*Sciences in Communist China*《共产党中国的科学》的报告,计800页,其中地理占72页,为Yale大学副教授H. G. Wien所写。

6月15日 星期五 晨晴21°,室内74°F,风,750 mm。下午室内82°F。

上午签订《中朝科学院1961—62年两国科学合作协定》。中午宴请朝鲜大使韩益洙。

晨六点起。上午八点半至院。九点和简焯坡谈半小时。十一点约朝鲜大使韩益洙来院,签订《1961—62年两年中朝两国科学合作协定》。第一次协定是1960年7/4日我去朝鲜平壤和朴副院长成旭签订,至今已两年,其中1961年实际已执行。重要项目有朝方派人来我国学电子计算技术、半导体等六人,我方去朝鲜考察土壤等三人。交换情报,朝方供给我们以气候资料、候鸟及北朝鲜煤炭资料,我们供给资料和标本较多。和大使同来者,尚有参赞郑凤琰、秘书余锡春、随员郑在红、洪铉钟和翻译陶冰蔚。此外到者尚有外交部亚洲司副司长曹立强(戴眼镜)、科委合作局路献林处长(♀)、文委侯锡九同志。我院到杜秘书长、恽子强、林镕、简焯坡、冯敏及翻译杨春成,即1960年和我同去平壤者。席间韩大使谈及南朝鲜方面曾有一美国兵投向朝方。又说昨晚朝鲜文艺团150〔人〕已到京,预备有50天耽搁,至上海、广州演出,正值大伏天。至于人民大会的代表团也于明天可到,朱委员长定明日请宴会云。签字毕即至北京饭店楼下中膳,一点四十分即散。

下午阅《地理学报》28卷一期徐淑英、高由禧著《我国季风进退及其日期的确定》,文中以风向的变换确定冬夏季风的进退。夏季风北进需三个月,直到北纬55°N,在7月间。在北纬20°,三月间即开始有来自海洋之夏季风,四月份可以影响到25°东南沿海及长江流域,5月到淮河流域,6月到华北40°N,八月中即开始撤出,九月份全国冬季风占优势,到十月退出南方沿海地区。同样,从雨量看,每五天一候的候大雨带于五月中旬在华南出现,六月初移到长江流域,停滞一个月后,7月上中旬候大雨带至淮河流域及黄河下游。

6月16日　星期六　晨晴23°,室内76°F,凪,750 mm。室内78°F。下午三点半外间34°,室内86°F。

晨六点前起,太极拳20′钟。九点半和允敏赴五塔寺公祭涂长望,在中央气象局的礼堂中举行。主祭者邓子恢副总理(67岁),此外到者尚有习仲勋副总理,李维汉部长及仲揆、李书城、杨显东、金善宝及我院郭院长,李、吴副院长,赵所长、吕蔚光、张宝堃、北大周校长、清华张福范、水产部许德珩等。十点半行公祭礼,邓副总理献花,茅唐臣读长望生平事迹,奏哀乐,即由家属王回珠和四女儿持灰棺和牌位,长望生前油画等,由五塔寺出发乘车赴八宝山公墓。我因2361汽车允敏要先回,所以乘吴副院长2366号车至八宝山,遇黄秉维、王淦昌夫妇等,在此又行了公祭仪式后即回,正十二点。

下午三点半至院一转。四点瞿宁淑来谈。她和黄、李二所长去大连开地理学会召集的自然分区会议,在大连饭店举行,从五号到十三号,争论颇多。首先是原则问题,主要讨论的是科学院以生物气候为指标,和任美锷以综合指标的两项不同原则,此外则热带、亚热带界线问题。闻此次提出论文60多篇,有三十多篇已印好,讨论进行尚称顺利,云云。关于规划,因地理列为第二级学科,只要3000字,有人以为可以不开会。但首先一级、二级在地理方面并不受限制,因院本有意(杜秘书长意)提为一级。后地学部以不方便,因已两次学部讨论,不便再改,所以要写八千一万均可不必,以三千字为限。重要是提中心问题,提适当,所以长春会议〔不〕是必需的。晚朱委员长宴请朝鲜人民会议代表团。

6月17日　星期日　晨晴23.6°,室82°F,觉热,风力3级,749 mm。下午户外阴,〔房〕中92°F,即33°。迄晚觉热不可耐。

西藏高原的冰川。晨和松松看林宝骆医生。下午看诸福棠医生。

晨六点起,太极拳20′。上午九点多,和松松、张俊秀至南池子十一号看林宝骆医生,他住此已近十年云。遇一石姓湖南人,据云与侠魂有亲戚关系,与张天翼、稼梅甚相熟,说稼梅每天均至中山公园做太极拳云。今日和松松看林医,是为了松松在前年未得小儿麻痹症前身体甚好,体重在118—120 lbs之间,自得病后体重减轻,但到去年总尚在110 lbs,入春后又锐减,近数星期每周跌2 lbs,今日只94 lbs,前周尚96,所以允敏极为忧虑。由林诊视,觉肺、肝均无恙,但以近来肝炎多,而许多肝炎既不肿又不发黄疸，要查明肝的功能，所以下午又约诸福棠院长，请其一查。

五点和允敏、松松至阜城门外儿童医院看诸福棠，承其检查，和林医一样，认为肺肝无病，即抽血 3 cc 作功能检验，诸院长劝吃 Vitamin B。适今晨带张俊秀看林医，以张半身麻木，经诊视后以腿肿，认为是营养关系，要吃维生素 B 云。六点在政协膳厅和允敏、松松晚膳，遇王之义、曾世英、连贯。

晚间热甚，因初热故尤觉难受。乃宜来谈。阅王明业、郑绵平二人所著《西藏高原第四纪冰川问题》。谈及西藏高原各湖有趋于干涸趋势，如奇林湖原来面积 11 000 km^2，现只 3000 km^2。说藏南谷地四千公尺以上有古冰川遗迹，但四千米以下均是流水侵蚀，去、前年我们在西川所看到是 1800—2000 m 上才有冰川遗迹。说最高雪线在珠穆朗玛峰的东北坡，东绒布冰川。现代雪线为 6200 m，是我们所知世界最高雪线。（我以为所以如此，不但雨较南坡少，而西藏高原是一个热源的缘故。）说藏南山地冰斗分为三级，4500 米，4800 m，5100 m。雪线高度在藏北高原达格济湖北 70 km 处。一座雪山东北坡为 5800，冈底斯山雪线 5600 米，奇林干涸上面已谈。阿里地区象泉河谷西山上角峰雪线 5800— 6000，盆地边缘山沟 U 形，河谷到 4300 m。

王明业把西藏冰期分为四期：1）谢吾巴格期，雪线高 4100—3800 m；2）戈洛克期，4800—5100；3）绒布德期，5200—5500；和 4）加布拉期云。

6 月 18 日　星期一　晨昙，St 6，户外 23.6°，室内 82°F，752 mm。今日温度和昨相似，但晨起觉房中闷热。

晚看朝鲜民主主义共和国国立艺术团演出，刘主席、朱委员长及朝鲜最高人民会议代表团团长朴金吉、副团长康良煜、朴信德等均出席。

晨六点起，天热未做太极拳。晨九点至院，则科委赵石英局长来谈关于综考会工作。他首先谈耕畜问题，说自 1957 年后，因共产风而农人恐大牲畜归公有，所以均出卖或宰屠，以致目前牲畜大减，比 57 年少 37%，而且年龄以老者占 55%，幼年只 15%，所以要恢复非 7—8 年不为功。同时，拖拉机一时增加不快，而化肥以限煤的产量亦不能大量增加。大牲畜多产于丘陵区，所以主张多作一个大牲畜的区划问题。此外，对于华北是否能改变气候用植林的方法。我认为山区如何开发是一个重要问题，至于种植森林不能改变大气候。吴征镒、任美锷、李文亮等谈。吴方自 Cuba 回。据云，去古巴四十天，走遍全岛，采了不少标本。云该岛系 Savanna 植被，雨量不多，比海南岛干燥，但土壤较肥，正在试种水稻。任美锷方自大连开自然分区会议回，他主张用准热带而不用南亚热带，我说我也赞成把热带范围扩大到南岭以南，但可名之为热带的北部。吴征镒认为以植物地理看，目前的界线较妥。因亚热带木本植物较喜阳光，所以是叶子与光作垂直云云。

下午三点冷冰和孙鸿烈二人来谈西藏规划，认为湖区的稀有元素、冰山、农业统可作中心问题。漆、尹主任、张日东来谈规划日子安排。

晚七点，和允敏至人大会堂看朝鲜国立艺术团演出。

6 月 19 日　星期二　晨阴 23. 1°，室内 78°F，St ACu 10，748 mm，St 向 S，ACu，W，凪。

日中生物化学组(学科专业)进行近况。晚和刘力、林宝骆及魏君至北京体育馆游泳，打破了眼镜。

晨六点起。前、昨、今三日因天气闷热未做太极拳，今日天气稍凉亦未做，实际只差 0. 6°而已。据过去经验，室内气温到 28°就觉热，而 26°就不觉到。这也可以说是一个界状温度 Critical T，但恐各人不同耳。(昨晨室内 82°F 觉难受，今日 78°F 就好过了。)

晨九点至地理所，和过兴先谈及盐碱土问题。因政协、人大有提案交科学院办理，国务院已成立盐碱土小组，由计委王光伟领导，并指定水电部钱正英(♀)负责。另方科委下设专业组，组长为水电部一副部长，副组长由熊毅和粟宗嵩担任，拟于相当时间在北京召集一次会议。田野主张和科学院一同开会，将来具体工作由专业组处理，此案告一段落。另一案是人大提关于建立自然保护区事，已和林业部联系，科委也要抓云云。关于生物学科，北京五组已提出中心问题，定本月 20 号开各组组长会议，七月十六日可以由各组交出初稿。7/16 学科组即可开会讨论修改初稿，八月初写好全稿云云。

和李秉枢谈地理所约请地物所陶诗言、气象局张家诚二人研究气候，二人均表示愿调地理所。张系留苏学生，直接函专家局。陶则数度表示在地物所不安心。此外，则古气候调文焕然(福建师范)，则我已向院提了意见。

下午三点半在二里沟，科协开地学组地理分组会议，到李秉枢、黄秉维、漆克昌、李春芬、任美锷、沈玉昌、周廷儒、方正三、赵松乔、吴传钧、郭敬辉、吕炯、陈鸿、瞿宁淑等。谈地理分组如何规划，知大连会中已提六个中心问题：1. 古地理，由周廷儒负责写。2. 热量水分在地理上作用，由吕炯、郭、黄负责。3. 动力地貌、水土流失，沈玉昌；Karst，任美锷。4. 图志区划，林超、李春芬、赵松乔。5. 地图，陈述彭、吴忠信。6. 经济地理，吴传钧。定六月底交稿。六点回。

6 月 20 日　星期三　晨晴，Clear，21°，室内 76°F，凪，744 mm。

统战部召集各党派〔听〕邓小平副总理、陈外长、罗总长报告。

晨六点起，作太极拳 20′。九点和允敏至百货大楼对门大明眼镜店配眼镜。

因昨晚在北京体育馆游泳池边与魏君(张稼梅表弟)谈话时,偶一挥手眼镜落地,破镜了。此镜尚系1947年在N. Y.所配者,是远近两用Double Focus。大明因量不出度数,所以只得明日至北京医院量度后再来。

下午三点至人大会堂河北厅,统一战线部召集各党派负责人,由邓小平副总理说明对蒋介石的军事冒险计划对策。以为蒋介石如敢派兵攻大陆,必予以消灭,但同时也不可以令蒋垮台,因蒋美也有矛盾,他反对"两个中国"这点与我们一致,所以要维持其在台湾,因一时我们尚未能收复台湾也。次罗瑞卿总长谈了蒋介石近来确有侵大陆的意图,从他近两次到金门、马祖,发公债、捐输款项及报纸上言论可以看出。但美国因在拉丁美洲心腹之患未除,且欧洲柏林问题更为迫切,所以不愿用全力来对付亚洲,未必肯助蒋。蒋如攻大陆,其兵力共只57万,必需留一部在台,能用兵力至多廿五万到大陆,他只有600架飞机,可用360架,轮只运输力量至多90艘,所以力量是有限的。蒋也知美国不会出面支助,但希望能登陆后大〈陆〉〔战〕即爆发,这是幻想而已。次陈外长谈外交问题,说美国不愿深深卷入亚洲,从对老挝的战局就可看出。近来一次在华沙中美大使会谈时,王大使曾责问美国何以怂恿蒋介石攻进大陆,对方Robert矢口否认其事。说中印边界估计不会闹大,因地形太险,又高寒,至六月尚积雪,不能运多少兵前往。各党派讨论时张治中、史良均发言。黄炎培谈多难兴邦。傅作义认为蒋介石是主观主义者,抗战时闻张高峰苏联用兵,以为日本即可就范;又为英雄主义者,希望能死前再入大陆,以为能拖美国入水云云。陈其尤询问苏联何以售直升飞机给印度,和我国不加入东欧经济会议问题。季方问老挝三亲王合作究是谁的胜利等等。散时已八点。

6月21日　星期四　晨雷声不绝,阴, St FSt, W, 19°,窗口20°,室内72°F。自四点即雷响,阵雨即停,至六点半雷声不绝, 744 mm。日中阴,晚晴。

晨六点起,做体操十三分钟。八点半至北京医院看眼科。由眼科医生张侯贞?医生验眼光,验得我近视已加深,右8.00 sph,左8.25 sph,但她要我在野外廿分钟,看我眼〈似乎〉〔是否〕感觉痛。我在后院花园中走了廿分钟后不觉什么。次验阅读,眼镜定为3.50右与3.75左。我读了半小时后不觉眼痛,所以定为远看右8.00、左8.25,近读右4.50、左4.75,但在验眼力时我觉左眼能看见得远一点。验后,我至王府井大街大明眼镜公司配镜子。据云Double Focus的镜子大明也可以做,但经细问始知因8.00玻璃太厚,而做双用的镜子玻璃仍需进口,进口玻璃无如此之厚者,所以不得〔不〕做两副镜子。十五六年以来我已用惯一副镜子,以后要用两副眼镜,是不甚方便的,至于用钱要多还其次事。两副眼镜的价,远视12.90(不要镜架),近视18.60(包括镜架)。

下午未出。晚膳后和允敏至北海公园,到五龙亭看有若干人在钓鱼,统是壮年、青年人,见有人钓得一斤左右的鲫鱼。八点廿分回。晚听北京广播电台报告中日两队的乒乓比赛,我国女子队以 2 比 3 败绩。松崎胜韩玉珍,也胜王健,但王健、韩玉珍各胜关正子。双打日本胜。男子单打,庄则栋胜三木,也胜松原,李富荣胜三木,但败于木村,张燮林胜松原,也胜木村。至十一点廿分始赛毕。

6 月 22 日　星期五　夏至　晨昙, ACu, S, 3—4,凨, 20.6°,室 74°F, 748 mm。

晨胡惠文(郁秘书长秘书)和保卫局宫震局长来谈,刘力秘书交公安局问询。

晨六点起,作太极拳 20′。八点半方欲写《物候》第二章稿时,忽报郁秘书长秘书胡惠文来,有要事相商。我以为总是关于地理所约人做研究事,如近来曾约了文涣然、张家诚等等。孰知胡惠文和干部局宫震局长同来,一到即说我的秘书刘力是一个骗子,我大吃一惊。因为刘力于 55 年到院,于前年秋天杨宣仁自动报名下乡后,由干部局调至我处为秘书。曾和他去年到马尔康、阿坝州,今年春初到广州,而且每逢星期二、五到北京游泳池游泳,觉其人尚属诚实可靠,虽其文化程度差,要他写信不能起稿,但以为尚是一个好秘书。但据宫查明,他并非川大毕业生,而是蒋军官学校毕业后〔入〕国民党军队,解放时被收。赴朝鲜抗战在途中从车上下跌受伤进医院。嗣后即假造党证为共产党员,回国后不久被派至科学院云云。这实是意想不到之事,按年青时抗日救国本是爱国青年应有之事,希文也是那时入军队的,但刘力不该假造党员证,此事待查明再说。

开始写《物候》第二章。宛敏渭已写材料,因太长不能完全应用,观点也不尽对,所以须重写。晚六点三刻至工人体馆游泳。验血压验得为 118 和 70 mm,馆中人认为满意。

6 月 23 日　星期六　晨阴, St ACu 10, 21.6°,室内 73°F, 风力 1—2 级, 747 mm。晚八点雨,未几止。

晨六点起,做太极拳 20′。上午写《物候》第二章稿。下午二点半到院询唐福海,知刘力原姓李。这次发现他伪造文书后干部局约他谈话,他仍谈笑自若,待干部局把他的伪造证件放台上要他看时,他才不得不承认过去一切,现已拘禁在公安局。他到院已六年,并无不法之事,但有贪污迹象,尚待调查,但在其家及办公室抽屉中发现许多伪造图章及文凭等。他是否有外应或其他意图,待查云。

午后三点至中南海国务院礼堂。院党组约院中研究员级人员谈时局。因前两天(廿日)邓副总理和陈副总理及罗总在统一战线部谈过一次,今晨陈副总理又在政协谈一次,所以由张副院长、郭院长等召集这次会议。张副院长转达了陈副总理报告,把蒋介石肆意要侵犯大陆意图,其具有海陆空力量及其希望作了分析,并谈到我们的对策,分析详尽。谈二小时后由在座同人提了意见,后郭院长谈我们外交方面分析,认为在前些时候蒋介石决计进攻,但美国方面得知我们不但有充分准备,而且好像有反攻台湾意图,所以竭力阻止蒋的进攻,云云。六点回。

今晚松松因准备大考未回。彬彬于八点回,知他已在化学所被升为助理研究员,升级不升薪,该所有43多人同时升级云。

6月24日　星期日　晨阴, St FSt 10,室内75°F,户外21°,云行W,风力3,气压747 mm。七点微雨,九点后雨加大。

晨六点起,作太极拳20′。八点三刻和彬彬至猪市街艺术馆,看艺术展览会。此馆修好不久,外观颇美,但失于缺乏庄严,内部光线不佳。今天适值天雨,目前缺乏电光设备。陈列分为水彩、油画、木版画和雕塑及印刷、剪纸等,均已二三十年作品,间有荣宝斋的印制,如吴昌硕、齐白石等件。看到徐悲鸿一幅梅花,于非闇《黄鹂玉兰》。我以为玉兰以四月初与杏花齐开,而黄鹂要五月初才来,所以二者不能并存,但玉兰种类多,或有迟开者则又作另论矣。但于以黄鹂为仓庚,则过信《礼记·月令》之说矣。十一点至百货大楼购游泳裤未成,回。

下午姚杏仙来。云方从清河农场上劳动半月回,在此尚有200多亩自开地,女同志拔草,男同志做割芦苇等工作。过去院农场有数千亩,近均为人民公社收回。如居庸关的农场,我曾去过,造了几间房并种了苹果,现苹果已结果,人民公社不给代价,所有不动产连果树一起收回,连要想〔　〕价购苹果,商业部不准。另处平地上所种小麦也为人民公社所割。据说人民公社〔有〕上缴任务云。普通劳力每人只得四两粮,不足饱,所以到处设法云。其母亲回绍兴以后,每月可吃到足够米粮,但因蒋介石有犯大陆消息,所以乡下余粮均集中地点储藏。近来而且运军事品,不易买票。其儿子汪大星近才从绍兴买票到杭州,但尚未到上海云。接霞姊来信云,今年绍兴雨水充足,豆麦均好,粮食供给有增加云。

6月25日　星期一　晨阴,20°,室内72°F,雨, Nb FrNb 10, S,风力1,746 mm。下午霁,七点半起雨加大,十点后止。

晨六点起,太极拳20′。上午十点至院。综考会孙新民、华海峰等谈,因简局长将去苏联谈中苏两科学院双边合作事。关于黑龙江资源调查合作写总结报告与学术论文,四月初在此开会时苏联专家已提及,外事局意不作为双边协定,而作为黑龙江调查扫尾工作,但以为应由双方科学家协商。但关于此点,周总理四月初已作了指示,由两国科学家协商。我认为不应再拖延,应提出具体办法。我以为学术论文可作为集刊方式由科学家中苏两方各自负责写稿，不赞成由中苏考察队合作的名义写，因两方意见不一定相同也。联络局夏光韦副局长来谈。晚郁秘书长、廖冰来谈。

午后四点至图书馆。和吴一尘馆长谈关于订购资本主义国家期刊事，说 1963 年院中比去年再要减少 40% 种年。我以为欧美期刊价目彼此悬殊，如美国《化学文摘》年要 4600 元人民币，不能以此为单位。关于资本主义国家刊物购买问题，1960 年进口资版报刊图书共计 367 万美元，1961 减为 232 万 \$，减少 37%。对外文化联络委员会近接外办指示，今年年初曾订定 1962 为 160 万元，现再要削减至 149 万元，即从 232 万元再要减 1/3。据国际书店估计，今年截至五月中已用 89 万 \$，其中期刊 52 万元，图书 40 万元，实余 50 余万元。拟用于难得文献十万 \$，定 1963 年报刊 36 万 \$（先付 60%），此外图书不再进口。1963 年资版报刊必须压缩至五万年份（60 年 14 万年份），以 90% 作为科技报刊，今年为 7 万 1 千年份（由国家科委负责减缩），其中北京地区要削减 40%，即一万五千年份，即科技部门减少 13,500 年份到 32,200 年份云。去年共定资本主义国家期刊 5718 年份，有 4463 种，其中有 1255 种是重复的，即定有两份以上的，其中 3815 为科学期刊。今年要打 40% 折扣，即 5718－(0.40×5718)＝3431，包括社会科学。如减去农医等不急用的约 770 种，各所重复到二份以上的 387 种，改用复印本 474 种，可以交换代替的 50 种，减去科技大学（57 种），院部调研室（8 种）、自然科学史（17 种）等，估计共可减 1763 种，但实际要减 2200 种左右，相差尚四五百种之多云。于六月底设法要能办到云。

6 月 26 日　星期二　晨昙，Ci ACu FSt 7，20°，室内 74°F，凪，746 mm。

晨六点起。上午八点三刻至地理所，和〔宛敏渭〕谈写物候稿事件。又和孙鸿烈、黄盛璋谈地理所历史地理预备约福建师范学院文焕然来所。黄这次去福建搜集历史地理材料时曾至该校，知文现在该校为五级副教授，担任自然地理课程，但研究华北盐碱问题。他既未至华北，从书本上研究华北盐碱问题乃是得不出结果，如研究泥炭、冰川还有前途。我认为他可以研究物候，是比较合适的。和程鸿、黄秉维、李秉枢、瞿宁淑等谈地理部门规划问题，现地理学会决计取消七月底在长春开年会。徐延煦送书来。

下午五点至政协礼堂。和允敏同晚膳，遇黄汲清夫妇、秦仁昌、钱乙藜、卢温甫、邹秉文爱人、周太玄夫妇等多人。晚膳后和允敏至中山公园花坞看荷花、玉兰，有三大盆是广东玉兰一类，大部已开，芬香扑鼻。此时开花之乔木在街上只有合欢（北方称芙蓉），盆花则夹竹桃、美人蕉而已。晚听广播中日乒乓球赛，女队以 2—3 输给日本，男队以〔　〕获胜。

6月27日　星期三　晨晴佳，21°，室内74°F，Clear，风力2—3级，748 mm。

晨六点起，做太极拳20′。八点半到院。九点军委军事气象局贺局长和其同事李、郭等共四人来谈台风季节事。缘上星期三下午，统一战线部召集人大、政协人员座谈。当时罗瑞卿总长曾提到台风对于登陆的影响，预计若七月间不来，八九月间估计不会来。当日晚间我作函认为七、八、九月是台风季，但地域稍有不同，若七月间可登陆，八九月间一样可以登陆，主张交地球物理所与中央气象局能做一个简单报告，作为总参决策之用。闻罗总与林彪部长均注意此事，所以要贺来接洽，我允交地球物理所办理此事，预期7—10天始能做好。贺去后我告了党组杜秘书长，并即作函与地物所赵所长，嘱其组织人写稿。（昨晚我已打电话告知他。）

下午在家写《物候学》关于物候定律部分。晚七点至工人俱乐部游泳，遇一郝姓医生，年已五十余，尚能在池跳水。据云是协和医生云。十一点睡。

6月28日　星期四　晨晴，风力2级，22°，室内76°F，748 mm。

下午至地球物理所讨论长远规划中气象专业的十年规划。

晨六点起。今日写《物候》稿。因修改前几天所写好的稿，又查植物名词，使时间浪费很多，几于寸步不前，使人烦恼。十点至院。

下午二点半至中关村地球物理所。先和赵所长、顾功叙所长谈片刻，未几在楼上召集各方讨论《远景十年（1963—72）科技规划》中关于专业规划中气象规划。今日到者有叶笃正、顾震潮、陶诗言、谢义炳、卢温甫、程忆帆、蒋金涛、叶桂馨及军委气象局贺局长与漆克昌主任。赵所长主席，讨论集中在中心问题中。现规划有五个中心问题，为：（1）天气预报理论基础六个问题；（2）旱涝规律与气候学四个问题；（3）云雾物理与人工影响天气六个问题；（4）气象探测技术五个问题；（5）农业气象学改进三个问题；共廿四个问题。今日讨论最多集中在农业气象学改进问题，大家知道这问题的重要性，但不知道如何进行才好。农业科学研究院一度曾发展很多人，直达55名干部，但现在合并到利用原子能部分，气象部分只留五六人，而气象局亦不知如何进行。对于这一问题大家意见不同，有需要约农业科学院同人作一次讨论。六点回。

又今日上午韩光同志约各专业组及学科组秘书作了报告，由陈洪鹗作了转述。

6月29日　星期五　晨晴24.2°，室内温度79°F，风力1—2级，746 mm。

晨六点起。上午九点至北京医院。我向认定的医生蒋国彦近忽内调为院内诊病，不在门诊部，所以调另一女医生刘锦葵诊视。她看我血压112—68，脉搏、心脏认为无病正常。我诊视目的是要蒋医常给的 Vitamin B_6,为防血管硬化用。遇熊迪之夫妇、赵忠尧、裴丽生与严希纯。严方自福州回,据云福州居一个月,天气已热,晚不能睡。曾至杭州两天。在上海见朱洗,知病已不可救药云。

十点至"和平"理发。回至院。十一点半回。下午继续写《物候》稿,直至晚间十一点。中膳后曾睡一小时。晚膳后六点半至工人体育馆游泳,并至户外游泳约100米。近日在夏至节附近,所以七点到游泳池尚有太阳,八点多回家天尚未黑也。

P. Auger *Trends in Scientific Research*. p. 82, Plant Biology Growth and Development. The most striking morphological change in the life of a plant is the production of a flower instead of leaves from the terminal meristem. The investigator is now in a position to produce the change at will in most species. Controlled light (duration cycle rather than intensity) and T. ranges are necessary. The water and nutrients also produce some effect. One idea seems fundamental: a flower initiating substance or substances must be present in appropriate concentration before the transition from the vegetative to the reproductive phase occurs in the growing point, giberellic acid appears to be 1 chemical treatment positively known to induce flowering on occasions. The indirectly Auxins, kinetins, the cocoanut milk factors are among the other most commonly studied. Auxins mainly affect cell elongation while giberellic acid removes the factor which cause dwarfism of genetic origin in certain type of peas. Cocoanut milk factors and kenetin induce cell division. Micro-organisms, algae & other small green plant have been used for this study. p. 133, Ecoclimatology, an essential parallel to the studies of plant ecology is the study of agro climatology of individual environment, in order to be able to define these in biological terms, group similar contiguous environment into zones, and compare them.

6月30日　星期六　晨晴22.5°,室内79°F,风力〔　〕,746 mm。

晨六点起。见户外石阶下一直线数以千计的蚂蚁来往狂走。近来所种丝瓜和牵牛叶上统长了大量的蚜虫,所以允敏知道有大量蚂蚁出现,便用DDT和666粉末屠杀蚂蚁,这对于瓜豆上的蚜虫为害可能有好处。

晨曾竹韶来为我修改头部雕塑,至十一点多同出。我至院中,十二点回。下午继续写《物候》稿。晚五点半至建国门外日坛路波兰大使馆,应克诺泰大使和古巴桑托斯大使之邀看古巴记录片,从1898年西班牙美国之战讲起。遇胡愈之、高崇岳等。七点半回。晚膳。膳后继续写稿。今晚松松回。知下星期将大考,她的眼镜也于上周打破。

7月1日　星期日　晨晴,风力1, 23°,室内80°F, 746 mm。

晨六点起。松松于早餐后即回校。故人曾膺联之子曾昭统来,以其父亲书相示。曾系1922年代和我东大同事四载之久,他那时才结婚。母亲张宝琴上海人。自南京别后于抗战时期1940左右又相遇。我和允敏在重庆结婚时又相遇,他并来道贺参加婚礼,到今又已二十多年了。今日得信知他现已退休在上海,住上海北京东路850弄23号,与其女曾文琼(黄浦区顾家弄小学教师)同居,而其母亲则在曾昭统处。渠现在沈阳市精密仪器设计研究所为二级工程师,负责模拟电子计算机及电子仪器试制工作,因厂要停,所以要来院入自动化所。该所于1959—60曾想调他至所。他已和该所人事处朱接洽,认为所中要他来,但不知院中意向如何,要我一问。他住北京复兴门外皇亭子有色冶金设计总院冶炼处动力科乃弟昭轩处云。

下午和晚间把《物候学》稿第二部分写好,约一万字,连第一部分共两万字。第三部分关于解放〔后〕工作拟交与宛敏渭写,五千字左右即可。

7月2日　星期一　晨晴22.6°,室内81°F,风力1—2级, CiSt Ci 2, 745 mm。

晨六点起,作太极拳20′。上午至院。一小时回。今日作《物候》稿校阅,费了半天工夫,现一、二两章已写二万字,其余部分交宛敏渭写。因今后二三个月内将为规划长远科技事忙,而同时我又答应为涂长望逝世做一纪念文,言明五号交卷,限期又如此迫促。晚翻阅1936年以来日记,关于和长望的来往事。知36年我已到杭州浙大,但〈尚〉〔常〕时至南京,其时和我通信甚多,但至1937年年初他已到了南京了。

席泽宗著《试论王锡阐的天文工作》(1628 7/23—1682 10/18)(Newton, 1642—1727)。字寅旭,吴江人,著有《五星行度解》、《大统历法启蒙》、《晓庵新法》等书五十余种。顾炎武说,“其学究天人,确乎不拔,吾不如寅旭”。梅文鼎亦称道之。他肯定西洋方法的同时也指出其缺点,如预告1672年3/13日壬子二月辛卯望月食,先天二刻,食分差天70余秒。1658年6月1日戊戌仲夏朔日食初亏,差天半分生光,先天一刻。他也指出回归年在逐渐缩短,而西法以岁差为51″常数,岂非自相矛盾,应该岁差逐渐增大,这是很对的。他用割圆之术求三角函数,见《晓庵新法》第一卷。第六卷中除月食计算方法外,有金星凌日计算,中国书中最早,但他并没有预告崇祯四年十一月十四日(1631年12/6日)的金星凌日。如朱文鑫(《天文学小史》下编156页)所云,因为那时他才三岁。他在《五星行度解》中还讨论了日月离地和五星离日远近变化之故。他说,“历周最高、卑之原,盖因宗动天总挈诸曜,为斡旋之主。其气与七政相摄,如磁之于针……” Kepler、Copernicus 也曾提出相似理论。

7月3日　星期二　晨晴 23.2°,室内 81°F,风力 1, 746 mm。子夜有雷雨,次晨晴。

晨六点起,作太极拳 20′。上午至中关村地理所,和宛敏渭谈。我将《物候学》稿第二部交与,并嘱其写第三部分,即最〔后〕部分。据云,祁文霖昨广播二十四节气,以为这是最好的农业历,能照顾农时。我嘱宛要注意今年的物候的积温何以如此之低,可能算错了,也可能由于算法不对。否则由于今年的土壤温度、太阳辐射或风向有特异之处,总要能找出原因出来。科学上的问题,常因有特殊事例而得以发现新的事实。和程鸿谈下星期六地学组谈地理规划问题,预备星期六、一两天开会。十一点回至院。

和冷冰、孙鸿烈及漆主任谈西藏的综合考察。估计要 1964 年才能小结, 65—67 三年把综考做好, 67 年一年写初步稿, 68—70 三年进一步大规模考察, 200—300 人,然后两年写成报告。这一计划是合理的,估计要到 1966 年才能买到飞机去航测, 68—70 年测好、制图,所以精密地图是 1972 年前所用不到的了。我问是否可能于 1964 年可以买到飞机,这样可以提前二年。阅赵所长交来台风稿,我阅后于下午交还,即嘱印制若干份,寄与军委气象局贺局长。

晚阅过去日记。我现留存日记惟余 1936 年以后, 1936 年以前大约尚存十年,则在抗日战争中失去。因要做涂长望诔辞,所以要看日记。在 1936 年年初,从 2/3 日起我与长望一直通讯,到 4/12 日来往信三封,但到 6/29 理事会举他为总编时,似已到南京气象所, 9/8 日曾和他在北极阁气象台上打球。1936 年以前的事无可查,我估计他是 34—35 年回国,初在北京或上海,我初次见他已不能记忆了。

7月4日　星期三　晨户外 23°,室内 81°F, Ci 2, 745 mm。晚七点至八点有小雷雨。

晨六点起。做太极拳 20 分钟后,早餐。着手写长望诔词。我初以《我所知道的涂长望》为题,后改为《纪念涂长望同志》。昨晚写了一半。后九点至院。图书馆吴一尘馆长约各学部来谈。今日定 1963 资本主义国家期刊事,因今年订明年又要比去年(所订今年期刊)减少 37%。1961 年定 62 年 5599 年份,今年要减 1874 年份,可得 3750 年份,为今年订购 63 年期刊之数。原则上不减少种类。对于这点大家无异议,但订来后是否全放总图书馆或放各所,则意见不一。数理化部希望若干放各所。吴一尘意见,要在农医科学及不需要的期刊减去 800 年份,原定原本以影印代替可省 400 份,总院可省 1200 份。此外,要各所减去重复本 100 份,以影印代替原本440份。因科技期刊共印1400种,本馆订1045,有550种有原本在各所,省去其中440种是可能的。社会科学62年度有489种, 1963年可减少200种,各学部大致无意见,但要图书馆供给基本资料,以便酌减,即四学部减复本100年份,和影印代原版440种也。下午继续写长望诔词,至晚写毕。

7月5日　星期四　晨晴,外间22°,室内81°F, 744 mm。日中阴,下午六点起雨,雨点虽不密,地面稍湿即干,未几又止。

晨六点起。上午九点至院。参加了地质组讨论10年长远规划,到尹赞勋、许杰、黄汲清、张席禔、孙殿卿、刘东生、丁国瑜及科委汤克诚等。汤是南大毕业生,和蒋溶同班,大约是在1926—28时代的人,现他已发半白。据云蒋发已全白云,怪不得我要成耄矣。因蒋溶读我地学通论课时,我已到在大学执教最后几年矣,可能是在1928左右时我年尚未40也。地质学科分为五组,共23个中心问题,计水文地质与工程地质7个,大地构造5个,第四纪地质7个,地层1个,地质力学3个。大家认为23个中心问题不免太多了,所以主张合并。其余学科,地球化学有8个中心问题,古生物7个云。

下午至二里沟全国科协开地理学会讨论会。有两个学术报告,一是任美锷报告喀斯特学的现状,说明此学问在南斯拉夫开始,后在苏联得到发展,德、法也重视,英、美较差。我国西南Karst面积之大,种类之多,世界占首位,应加以研究,则此道可以发异彩。次施雅风谈到《西北冰川发育历史之初步探讨》,说祁连山有冰川1300 km^2,天山4800 km^2。雪线高度祁连山东边四千二到四千四,西边五千二百米。天山西边三千五至三千七百m,东边至3800 m。昆仑山更高,到五千公尺。但冰川的冰舌则较低,在祁连山西面4200 m,东面3800 m,天山西边2500—3000 m,东边3300 m云。哈密的雪线现为3300 m,但曾一度至1600 m云云。据近年观测,天山、祁连山冰川均在后退,从1909年Merzbacher所量测的标准看,已差250 m,和十九世纪苏联天山司基所测则差600米! 厚度也减少。从冰迹看,最近的冰迹祁连山有Ternan时代的,即17—19世纪时代,已现在要下降250 m,在400—1000 AD也是冰川衰退时期。但在Wurin武层时代则终冰迹远在此以下。天山直至1800—2400 m,祁连山到3000—3700 m,比现在要差五百公尺到七百公尺,加至因新构造运动地面已上升,故实际相差不只此数。Riss期冰川更广,但冰迹未能很好保存云。

7月6日　星期五　晨昙24.2°,室内81°F, ACu 2,风力1—2级, 744 mm。

人大常委56次会议通过支持朝鲜最高人民会议为迫使美军撤出南朝鲜,实现朝鲜和平统一给世界各国议会书。

晨六点起，做太极拳20′钟。九点至人大会堂开常委56次会议，朱委员长主席。姬鹏飞报告了朝鲜最高人民会〔议〕崔元泽来函，道该会通过议案要求美军撤出南朝鲜及致世界各国议会的公开信，和常任委员会委员长崔庸健所做的报告。自中、朝、美协定签订以来，迄今已七年，中国军队于1958应朝鲜关于撤出一切外国军队之约已早撤出，惟美国军队尚在，赖在南朝鲜不走，违背了朝鲜停战协定的规定，而且非法向南朝鲜增派侵略军队，包括原子武器在内的各种军事装备，指使南朝鲜朴正熙集团和日本池田政府举行日韩会谈，蓄意阻挠朝鲜的和平解决。所以我们要响应崔议长的号召，起来发表意见。讨论后通过了支持朝鲜会议的信的决议案。十一点散。至院。十二点回。

下午三点约李文彦、李应海来谈《西北地区的综合考察专业的1963—72十年规划草案》。此稿因马溶之不在北京，侯德封初自内蒙回，是李文彦起稿的。第一部谈本地区研究概况，第二部考察研究的中心问题，第三部工作条件等。中心问题是最重要一部分，提出三个中心问题：1)西北自然条件与自然资源评价；2)西北地区资源开发与生产建设上重大问题；3)西北地区资源开发与经济发展远景及生产力合理布局的研究。其中重大问题分为十二个：有盐碱土研究、农作制度研究、扩大饲料来源、调水至西北、充分利用地下水、节约用水、工业基地建设、酒钢包钢调煤问题、西北燃料平衡、煤炭石油合理运输等等。从此可以知，重大问题12中可以合并者尚不少也。

7月7日　星期六　晨昙，闷热，24°左右，Ci，ACu。晚十点室内84°F，744 mm。

允敏生日55岁。近日木器胀，抽屉不易开。

晨六点三刻起。连日闷热，但下雨未成，仅前天有小雨，昨晚又下数点，于农业无补。今天更闷，以〈前〉〔为〕要下雨，但下午反晴闷。天气报告，至长江流域一带已下雨不少时间，由福建而浙江，七月初已到江苏、安徽等地，想不久可至华北。

上午八点半至综考会座谈《西北区综合考察1963—72十年长远规划》，系李文彦所写。他和李应海、黄自立于昨日曾来寓谈。今日到者有西北分组委员李应海、张有实、王勋(冶金部)、林镕、侯德封、朱莲青、李文彦、黄自立、吴传钧、经济所王〔　〕、煤炭部副司长高铁英等。朱莲青首先发言，认为西北粮食问题严重，这是受水、肥料、人口影响，认为地貌对于土壤地理甚重要。次郭敬辉主张把西北范围要确定，如宁夏是否归内蒙，青海北部是否算西北。吴传钧认为二百万分一图已太详细，不能实现，只能做四百万到五百万，认为应落实，至少是主要参加单位。郭敬辉又提西北十年内预期得什么结果。煤炭部高司长认为题目太多，无重点。工业上酒钢有煤的问题未解决,无论东、西,要煤统在千公里以上。所包范围太广,与力量不相称,要靠各部门力量才行。可以多开座谈会。水电部陆侃钦提出,中心问题十二个未提水土保持与林业,也未谈积雪、冰川。陕南将有钢铁基地,是否列入西北。规划亦未提治沙。计委同志说,目前计委只顾到第三个五年计划,未遑顾到68以后。冶金部同志认为水、粮、煤的问题为重要。十二点散。

晚和允敏、彬彬至政协看国片《南海潮》前集。下午洗浴时量得室温84°F,冷水温65°F,加热水74°F。

7月8日　星期日　晨九点744 mm,室内80°F。七点云行NE, Nb 10,风力2级。中午出太阳,傍晚又雨,至八点不止。昨子夜雨,至晨六七点阵雨,有时很大,水落流水,地下积水,但大多数时间是中雨,至九点尚下微雨。

晨六点半起。今日雨,天气较凉。上午阅*Moscow News*、*Discovery*等期刊。下午作函与石声汉,复他来函谈物候事,又及虞宏正病状。前日得武功电,知他病状不轻,他经常有气喘病,已入医院云。晚黄宗甄交来*Sciences in Communist China*, AAAS美国科学促进会出版,1961年。系60年12月26—27在N. Y. 29个人所讲。22部分加四篇总论。其中李惠林?谈植物,讲得相当全面,郑天锡?讲动物就没有能提生理解剖方面(另有林可胜、汪敬熙文)。地理是Yale大学Wien,写得很长,但不甚精细。Wilson写地球物理, Rossby写气象部分。此外, J. Yu写化学较差。

北水南调。*Moscow News* July 7, 1962, p. 10。"Northbound Rivers to Flows", by G. Sarukhanor, chief engineer of the project。苏共22次大会(61年)曾提到要南水北调,以灌溉干旱地区。苏联有丰富水源,全国全年有4万三千亿立方米水入海,但4/5在西伯利亚。目前是引二条北流河流,即Pechora和Vychegda河水入Kama河以达Volga河。Hydroproject Institute北水南调后在Pechora河上可产生11,000 mil. kWh的电,可抵年四百万T煤。已作了计划,1961年冬已到两河作测量。Vychegda是N. Dvina支流。Pechora每年径流1300亿立方米,为仅次于Don、Volga的大河,现时向北流1800公里入Barents海,与Vchcgda很相近。要在Pechora中流筑一个坝Dam,把河谷分成二段,抬高河流70米,基础阔700 m,要用沙石一亿立方米,铁筋水泥四十万立方米,炸去石子一百万立方米m^3,要七年的时间。将要造成人造湖,七倍于Lake Geneva。在Vychegda河上另筑一个Dam,高度半于Pechora。在Kama河上, Solikamsk上游筑第三个坝。从Pechora到Vychegda的运河长60 km,从二河到Kama 100 km长运河。水面高出Kama 16 m,为何筑此运河?因为里海近卅年海面下降2 m。

7月9日 星期一 晨昙，ACu 4，23°，室内78°F，风力2—3级，741 mm。

上、下午在中关村开会。晚和松松、允敏至工人俱乐部看话剧《哥俩好》。

晨六点起。上午九点至中关村福利楼二楼开地学部地理分组座谈会，谈1963—72年十年的地理学规划。计中心问题共六个，其中自然地理三个，加经济地理、地图学和地理志三个。自然地理三个中心问题为：1）热量、水分及其在环境中的作用，共有十个小题目；2）地貌学，六个小题目；3）古地理学，有黄土形成、第四纪冰川、历史时期自然环境改变、冻土古土壤等题目。讨论时觉古地理和地质学、第四纪地质重复太多，应合并，要与地质方面刘东生谈。经济地理原计划做成表，不合适，要重新讨论，分为八个题目，其中农业占三个。地图学分为航空相片分析，百万分一图规范等。最后地理图志包括中国自然地理、区域地理、经济地理以及中国地貌学、气候学等等。讨论时又提两个新中心问题，即西藏地理上的理论问题和历史地理学两门，分别约郭敬辉、侯仁之着手提出题目。

晚和松松、允敏至工人俱乐部，看八一电影制片厂演员剧团演出《哥俩好》五幕喜剧。张良一人饰陈大虎和陈二虎兄弟二人。

7月10日 星期二 晴

上午开院务会议。下午刘慎谔、陈道明来谈治沙。

晨九点至院。今日开院务会议，是今年第四次，讨论（1）天文研究机构调整，作为如下处置，分为三个独立机构：（一）北京天文台筹备处辖天津纬度站；（二）紫金山天文台管人造卫星。〔前〕二者属于总院；（三）华东分院上海天文台辖佘山天文台，青岛、昆明由南京管理。在数理化学部下成立天文委员会，张钰哲为主任委员，副程茂兰、李珩和戴文赛，委员有王绶琯、肖光甲、陈彪、周尊博（上海副台长）、邹仪新、傅军三（紫金山副台长）、万籁（上海副台长）、龚树模（南京）和龚惠人。（2）双筒折光望远镜，40 cm口径、2 m焦距交北京台，40 cm口径、3 m焦距交南京。（3）讨论学部委员在八月开会事，生物学部7/28—8/1日，地学部8/5—10日，数理化技术科学部8/10—17日，负责等夏光韦和刘梗，地点北京饭店，开会时间$9^h00'$—$12^h00'$，$3^h00'$—$6^h00'$。（4）中捷和中朝科学合作协定均订了约。最后（5）赵九章所长报告在意大利米兰五月间开宇宙航行会议情况。据云，该会系行政性质，von Karman等均未去。日本去来川英夫，系火箭专家。美国到Coombo。会中所得不多，而参观时看到不少东西。在大会中展出美国宇宙船，即John Glen乘以上天〔者〕。仓极小，仅足容人，而且下来时自动控制失效，所以原定行二圈，走了三圈才以人为操纵下降。而降落地点与原定相距甚远，一小时后始能为轮〔船〕所觅得，所以不能和苏联宇宙船相比。美国无线元件Philco公司制微波半导体三极管和二极管，频率到九万兆周的二极管，和频率到五千二百兆周的三极管(输出功率0.5毫瓦)。展出12个三极管放大器，体积12×12×1 cm，压成薄片体积3×3×3 cm。据来川英夫云，日本火箭57年开始，现可到二百公里，用固体燃料，两年内希望可达二千 km，可作中型导弹云。明年 Cospar 在波兰开会，苏联希望我国参加云。

7月11日　星期三　晨晴，户外25°，室内79°F，746 mm。闻蝉鸣。

上午《真理报》记者 Л. С. Кюзаджян(丘查江)来谈美国高空爆炸。下午至中关村参加地理组会议。晚游泳。

晨六点起。写今日《真理报》来人询对美国九日在太平洋 Johnston 高空爆炸核弹我的意见稿。我于昨晚已搜集一些材料，所以于今日早餐后写就，约一千字左右。八点半至院。九点《真理报》记者丘查江 Кюзаджян, Л. С. 来。据云系 Azerbaijan 人，问我对于 Kennedy 政府不顾舆论，悍然在 Johnston 岛上作高空爆炸的感想。按此岛在夏威夷岛西南约1200 km，系英属。这次爆炸据美国原子能委员会公布消息，是在320 km 高空中，于夏威夷时间晚十一点，即伦敦时间九日上午七点爆炸。报载在檀香山黑夜，在三秒钟顿成白昼，以后有六分钟的红光，和澳洲无线电在20′内几乎断绝。在九日以前，曾于六月四日和二十日曾两次试验失败，第三次原定在四日爆炸，一直延期到九日。以上见报端和《参考消息》。我告丘查江，我们中国科学家对于肯尼迪政府不顾舆〔论〕悍然做世界第一次高空爆炸，均极愤慨。美国原子能委员会于6月30日曾发表谈话，试〔说〕此次目的是为试验美国受到核弹攻击时如何可以得到抵抗。但这是不可靠的。美国素来以基督教文明自豪，总督就职也得向上帝宣誓，但是《圣经》里定“十戒”中即有“不妄杀人”一条，而十七年以前 Truman 与其国务卿(已故) Acheson 均说在广岛、长崎本可不丢原子弹，但也竟然丢了，这么杀死广岛、长崎卅万生灵毫无内疚之意。如今肯尼迪变本加厉，我们必须一致声讨。同时，美帝最怕是实力。苏联第一、二号的宇宙船先后上天，比美国以后 Glen 所乘宇宙船不但大小悬殊，而且计算的精密和机械的管制，苏联也远胜美国，这就使美国有所顾忌。同时社会主义国家和和平阵营必须团结一起，如最近莫斯科和平会议所号召那样，方能使美帝有所畏惧，而不敢先发制人，云云。

7月12日　星期四　晨昙，ACu 8，行东，24°，室80.6°F，750 mm，风力2级。晚阴，室内85°F，746 mm。

晚和允敏至政协膳厅晚膳。

晨六点起，做太极拳20′。八点半至院。寄邹树文、杭州大学徐规单行本《物候学》第一章稿。九点至沙滩综考会，讨论西南川云贵三省考察十年规划。组员到者孙新民、丘宝剑、高寒松(地区局局长)、漆克昌、尹赞勋及秘书程鸿，组员请假者谷德振，吴征镒、李文亮、成润、冯仲云。高克寒谈计委现做计划仍患基本数字不足，如西南交通不便，精铜出四万T一年，但运不出来。昆成、内昆、川黔、滇黔同时并进，没有一条完成，究应先造哪条路不知道，各有各的道理。四川省农业一年不如一年，57年可供中央粮食34〔亿〕斤，但去今两年要他省供给，一部分是天灾，一部分是人事。猪数减少使肥料少，农民积极性不高，对自留地兴趣大。63年计划四川、黑龙江过去余粮省，均无粮可以供给。四川竹子几乎全斩光。生产如何恢复到57年水平是问题。交通运输问题很突出，重庆钢铁厂要八十万工人，廿个县供给煤和铁，过去是年出一百万T，目前四十万T都困难。公路通到各县是好事，但要十万多人修路，沿路拖锚汽车多。工业部署过去敢说敢想，但缺乏物质基础。德阳(四川罗江河旁)公家要万亩地做机械厂，结果没有一个厂建立起来。成都无缝钢管厂要造成了，但不知煤从何来。森林有资源，但开发条件差。西南要200万m^3都困难，交通不方便。云南移民一万五千湖南人，大成问题。此外，经济所冯华德、水电部程学敏、煤炭部□连锦等均以为三个中心问题应注意一，第一个考察资源，而第三个生产力布局是很困难做出结果。冶金部王勋认为以西昌为钢铁基地仍应继续研究。十二点散。

下午二点半开会讨论西藏考察规划，到施雅风、寿振黄、郭敬辉、农科院庄巧生、程忆帆、林镕等。林主张在西藏建立综考站，水电部代表认为地下水不必列入。庄巧生认为西藏面积大，但农业粮食种植面积小，只二三百万亩，不用施大力。

7月13日 星期五 晨26.7°，八点阴，九点雨，StCu 10。下午仍有阵雨。

院党组扩大会议，上午$9^h00'$、下午2:30在民族饭店十一楼。

晨六点起。八点半至院一转。九点至民族饭店十一楼开院党组扩大会议。除北京各支部书记及若干高级职员外，尚有外埠大区分院人员。我所遇到的有西北分院董杰和华东海洋所孙所长、中南分院王副院长等。首先由杜秘书长约高原同志读了党中央近来颁布的指示，共四项：(一)农村问题；(二)粮食问题；(三)商业市场如何集中管理；(四)国家如何支援农业，分为45问题。如农村问题下有分产到户、饲料基地、增加自留地、淮河以北发展耕畜等九个问题。第四项有增加化肥生产等18个问题。报告毕，张副院长谈院中当前问题的意见，有七个问题：1)精简调整；2)实行《十四条》；3)十年长远科技规划；4)成立国家队；5)清查物资；6)甄别科技人员；7)改进党内生活等；而以1、2两项为重点中心任务。关于精简，党内外意见很多，是好现象，要能说服，不成熟方案要修改。在60年年底，院有

57,000人之多,又要了1600大学生。现在不包括京外,已减至34,000,尚须减去8000,但要增1600大学生。今年缩减首先是工厂及中技生,二是行〔政〕人员,三是减去不合适的一千多大学生。这样算,北京还要减3000人。七月份最紧张。此外所的合并,吴仲华对力学,汤佩松对植生统有意见。分院调整工作办法已交科委。五个大区分院交大区局,这不是地方机构。若干所对"下放"有意见。在清查库存时发现73单位有照相机1470架之多。关于建立国家队,已得聂总核准,暂时不进行工作。关于甄别工作,要大家上战场。若干老科学家,许多时间未做工作,如叶述武。数学所近来作了体格检查,30%体格不够好。出数学题目有二个助研回答不好,据数理化部调查,有1/5研究人员未出成果,许多是行政工作忙,也由于方向不定。以后图书馆管理员和仪器管理将以技术人员算待遇。对于团结,要把批评和自我批评作为一个习惯,要接受党的考验,服从组织,做好工作云云。

下午二点半开会,我迟到10′。杜润生秘书长报告:院所订《十四条》,也包括《72条》,党内一部分人认为《十四条》太右了。回顾十二年来,53年以前是改组,改造思想,是开创阶段。53—56和其他机关一样,偏重于学习苏联,57反右,58—61大跃进,基本精神是对的,但运动搞得太多,具体办法不实现,所以61年提《十四条》,希望以后能稳定下来,好好做工作。《十四条》反映了客观条件,现在是如何贯彻问题,集中力量出人才、出成果,要提高、要巩固。若干所做不出成绩,主要是由方向未定,领导不团结。希望到1963年年底各所统能稳定下来,以后不会再有大调动,5/6时间有所保障。过去做不出成果,一由于高指标,二由于所的方向与自己学科有矛盾。科学院主要是抓关键性、理论性、创造性问题。若干问题,如高分子,化学所、上海有机所及长春所有矛盾,要设法解决。昆虫所对于理论与实际的意见有矛盾,可由学部组织讨论会。数学所200多人中预备剔去1/4,约50人,兵多将少,进步反而慢。高级人员培植人多,变为一个学校。数学所认为高、中、初级研究人员比例应为1:2:6,技术人员也应当有比例。以后研究所不办学校,科技大学将来只收二三千人,不办中间工厂。以后要避免浮夸,如第二卷《植物志》错误太多。干部考核要从严,明年要提升副研和研究员。出版口要抓紧,学报编委要有权,这标〔志〕科学的深度。学习政治,一个〔月〕定两天,民主作风要能灌输到科学家中去。

7月14日　星期六　晨阴,St,户外23°,室79°F,空气潮湿,746 mm。院内也闻蝉鸣声,在郊外已早听到。西双板桥的槐树开黄花。

晨未六点即起,做太极拳廿分钟。寓屋东角、南角上有麻雀窝,小鸟出窝已数天。昨日木匠将巢穴塞住,小鸟无所依归,从晨至夕,三四聚集于墙头上飞鸣不止。十点至院。至楼上会议室看了骗子刘力的假造证据展览会。查刘力原只四川璧山初中毕业，1942 入国民党军校，编入汽车队，曾至印度。49 年解放后入解放军，抗美援朝时去朝鲜，于 1954 年翻车入医院。他从此假造证件为党员，回国由二机部被派至科学院入干部局，偷了不少档案文件。60 年 12/19 日杨宣仁在第一批下乡干部赴上海后，我缺乏秘书，1961 年一月廖冰由干部局派刘力来我处，不久于 1/29 日同乘飞机赴广州参加热带资源会议，5/17 又同飞成都参加南水北调队，至茂汶、马尔康、阿坝州，到 6/17 同乘飞机从贵阳回。今年二至三月又至广州，回后向院中报我购书钱，三月一次六百三十元，六月一次三百多，在我存折账目不清。

7 月 15 日　星期日　晨昙，日中晴。晚室 85°F，746 mm。

晨六点起。觉闷热，有南风霉天征象，但不如南风〈方〉潮湿而已。上午阅 Auger 著 *Current Trends in Scientific Research*。尹主任谈片刻。下午作函九道，致杭州大学徐规、福州师范文焕然、天津师范（马场道 234 号 4 号楼 14 号）李万、士楷、士俊、陈道明、傅婉芳、沈阳林土所及意大利 Dr. Maria Luisa Bonelli，Museum of History of Sicence，Piazza dei Guidici，1，Florence。

寓中所种丝瓜上近来蚜虫很多，用肥皂加火油水泼，太多则浇死叶子，太少则又无效。所以今天将 DDT 试打，不知有效否也。晚间从前女佣人老陶来，知其在程艳秋家附近工作，与程家佣工一起来谈。又昨晚樊纪顺来，知其近在党组办公室做保卫工作云。院保卫处副处长吕福俊即住在我们东边厢房，其爱人在医院为护士，不久将生产。吕就是被派赴四川调查刘力过去历史。

昨日上午看了刘力诈取财物展览，使我惭愧非常。查刘力于 61 年二月间到我处工作，于今年六月发现他是骗子，跟我一年〇四个月之久，但我始终没有〔发现〕他的欺诈行为。他在我稿费存折上诈取款项二三百元。据〔查〕，杨宣仁临走时，1960 年 12 月/19 日我尚余 260 元左右，后又陆续收款，一次《历史上气候的变迁》文得 120 元，到 61 年五月已存 433 元。以后虽陆续购书，但至多不超过百元，但去年 11/16 一次支 98 元，今年 3/21 从广州回后支 150 元，6/16 在刘力骗子案未发觉前五天又支 50 元，因此所余只 76 元 18 ¢。而此外，又以我名义向院于三月 20 左右支取了六百元，以购书名义，六月间又支取三百多元，这两次作何用度应该让刘力要交代清楚。

7 月 16 日　星期一　晨雨，24.2°，室内 80°F，Nb 10，744 mm。上午雨，下午阴。

上午参加科技规划生物组讨论会。晚晤郁文，方从西安回。知虞宏正所长患气喘转成胸腔泄气，已施手术云。西安热，入晚不能睡。

	中心问题
植物学	6
动物学	11
微生物学	5
动物生理	3
植物生理	9
遗传学	13
生物化学	8
生物物理	9
细胞学	5
胚胎组织	9
人类学	5
心理学	7
土壤学	4
	74

地学组	
地质	21
地理	7
古生物	7
地球化学	8
地球物理	5
海洋	2
共	50

晨六点起。体操后早餐。八点半到院。九点至民族饭店开长远规划(1963—72 十年)的学科规划生物学组,到童第周、林镕、庄孝僡、冯德培、贝时璋、王应睐、张香桐、沈善炯、殷宏章、罗宗洛、汤佩松、朱壬葆、汪堃仁、祖德明、张龙翔、崔澂、陈世骧、马溶之、过兴先、张景钺,计划局夏光韦、生物学部沈溪镛、薛攀皋、全国科委赵局长。〔旁记:邓叔群、曹天钦、农业科学院戴松恩(未到者尚有张锡钧、梁植权、伍献文、高尚荫),到会曾呈奎、寿振黄,人类学家吴汝康〕。尚有刘承钊、谈家桢等五六人未能出席。首由童主任作了过去工作经过。生物组是七个学科组中之一,广州会议指定35个委员。生物学分为十三个学科,九十四个中心问题,如连地学50个,即144个中心问题矣。56年做十二年规划时57项任务也只有610多个中心问题,可知这次中心问题将会更大。闻专业方面,机械组再三削减,也要写卅多万字。据今日所发的各二级科目的规划,合并起来当在四五万字之列,超出原估8000字的五倍。童主任说,生物组7/16—25有十天会议,7/28—8/2日召集学部会议。次科委赵局长报告了各组秘书会议情况,说韩光同志总结时提出几点,规划的任务仍是接近国际水平,关于规划中要不要水平指标、统一规格、如何分段,统不作规定。保密问题,除专为军事用的规划外,一律列入本规划,属于组内一律公开,组与组间应交流,不论是否保密。国家经济规划(十年)虽推迟,但科学规划照常进行。人员不要太多,重质不重量。重点项目可提(在学科规划)也可不提。第三季度抓协调,第四季度做事业规划。重点要随时提出,不必今年一次提,要注意规划不致落虚。夏光韦谈,分院全院1600研究题目,8%与农业有关。在民族饭店中膳。

7 月 17 日 星期二 晨晴,户外 23.2°,室 78°F,风力 1—2 级, 741 mm。

晨六点起。宿舍住宅前的豆子上长了许多蚜虫,以洋油加肥皂水,及 DDT 打,浓则叶与虫俱死,轻则不解决问题,所以今日将一部分的豆子拔除,如此倒是痛快。九点至地理所和宛敏渭谈,知他将去青岛休养一个月。我嘱其去青岛与侯学煜一谈。午后至图书馆与顾家杰谈,图书馆的资本主义国家技术〔期刊〕有三千多种,而外边陈列的只三百多种,其余均存入冷库,甚为可惜。要馆中另辟室,全部陈列。

国际科学会议。The International Congress of Mathematicians is a self-perpetuating organization of individuals independent of IMU, but, assisted both financially and sc. by the latter. Prof. W. T. Wu 吴文俊, one of China's most gifted mathematicians, was invited to deliver 1 of the principal addresses as the international C. of M. in Edinburgh in August of 1958, but no mathematician from communist China participated in the congress, the math. from Russia, Poland, Hungary and other communist countries were presented in considerable number & took a very active part.

7 月 18 日 星期三 晨晴,室内 81°F。晚八点阵雨, 741 mm。

盐碱土座谈会。张有萱报告,科委已成立小组,由陈正人、计委王光、张有萱、钱正英组成小组,田野为秘书。晚至工人体育馆游泳。

晨六点起。八点半至文化俱乐部,全国科学技术委员会办公厅召集冀、鲁、豫三省盐碱化防治问题座谈会,由张有萱主任主持,到田野灌溉所长粟宗嵩、水电科学研究院副研究员黄荣翰、科学院黄秉维、马溶之、谷德振、农垦部朱莲青、农业科学院徐淑华、北农大叶和才、水利电力学院徐学滐、地质所罗焕炎、地质部陈梦熊等等。首先由张有萱做了说明,次农业部粟宗嵩报告他在三省近来视察结果。据他说,他近来对于新疆比较费时间更多。又会议初我说了两点:(一)盐碱土问〔题〕有若干是科学问题。有若干是已经解决的问题,无〈容〉〔用〕研究了,如灌溉必须做好排水沟即其一例。(二)我们应把失败经验和成功经验一样报道。失败是成功之母,单报告成功,讳病忌医,将来要导致更多失败。今年 6/16 和 6/29《人民日报》报道新疆建设兵团灌溉成功,果然成绩甚大,但新疆盐碱问题远未解决。粟宗嵩谈到盐碱是一个世界问题。华北翻碱,河南从二月底起,山东三月,河北同,至六月达最高峰,七八月受冲洗后九月又有发展。华北表土含盐一般只 0.1%—0.2%,地下水含盐 3 克一公升。粟认为盐碱主要原因土壤中盐分的移动。主要矛盾是抓土壤盐分与其运动,提出五种防盐碱措施,但说来不得要领。水电部张子林院长不同意粟的看法,认为地下水〔位〕提高是主要原因。粟主张建立试验基地,为河南新乡、山东打鱼张、河北石家庄,再加河西、内蒙、新疆,共六个。水电科学院黄荣翰谈,华北三省老盐碱地有四千万亩,大部在渤海湾旁。近十年次生的有二千万亩,占灌溉(三省)面积四分之一。以河南新乡、安阳、大名,山东聊城、惠民,河北天津、沧州、石家庄等区。新疆开垦1400万亩,但只能种700万亩。世界其他国家更严重。苏联890万Hec灌水,有600万受盐碱。美国占灌溉地50%,阿联60%。盐碱由于地下水〔位〕高、蒸发量大、矿化度高。引黄济卫河,使引水路线统盐碱化。卫河原是清的,引黄后变浊,淤积抬高卫河1.9 m之多。黄荣翰说,把华北三省引水线沿途的渗漏如加以防治可以做到,但需水泥、泥胶或其他有效粘结物600万T,估计要五六亿元。说引黄济卫最初引20个水灌溉五十万亩。以后张子林报告说,引黄河的水最多时有24个引水渠,最多引水至二千多个,已经引了二百多亿立方的水,所以错误在于引黄水太多太快。另一错误是平原筑坝引起地下水位提高,所以今年已决定停灌黄河二十四个引水渠,平原不筑水库和治理河道三种办法。现直鲁豫三省地下水位已普遍下降云云。十二点散。下午继续讨论,我因三点约尹主任、漆主任谈话,未往。

7月19日　星期四　晨晴,户外23.2°,室内80°F, 741 mm。

上午至中关村图书馆,专利文献展览会。下午参加生物学组讨论会。

晨六点起。上午八点半至院。九点至中关村图书馆看各国专利品印刷(成品)文献展览会。我院搜集有二百万多种,共廿三国,美国从1950年起,但到1961年六月后即不来,英、法、日本等国从1940年起。今日来参观者逾二百人,许多在抄录,因此显得非常拥挤。我去时有专管专利的高敏学及佟曾功(♀)、喻季姜等招待。据云,来参观者多希望能做一个《专利品查阅办法说明》,至少对于英、美、法、德、日诸国。出。至地球物理所,因军委气象局贺局长希望有人去演讲台风,所以我和赵所长谈片刻,拟派杨鉴初前往。十点半至出版社,与周太玄、郭佩珊二人谈,知东光已去安徽视察农业三年。据周社长云,北京三个大印刷厂,即青年、新华和中科。中科的工人从上海科学印刷社来,程度高,但机器最老。我说57年我在瑞士买一架印刷机,花二万多法郎,但现在图书馆搁置不用,可以向图书馆要。郭社长云,目前期刊已有36种在社出版,其中数理化十三种,除36种外,《生理科学进展》与《海洋与湖沼》也批准了。地质方面决计恢复地质所的《地质科学》。下午三点至民族饭店参加生物组会。晚膳后回。

7月20日　星期五　晴,晨22°最低,下午室内86°F,最高34°, 738 mm。

昨下午参加了生物组会议。上次(16日)未到的刘承钊、高尚荫、伍献文、曹日昌等今日均到了。生物近三日分为动物、植物、生理生化三组,讨论如何写第二部分报告,意见颇不一致。上海方面主张用表格方式,北京有不同意见。但于中心问题,许多人主张用谈领域的方式,落实问题也讨论相当久。以后转到二级学科如何写法问题,许多人主张用表格方式。谈至六点散。我在民族饭店晚膳。七点回。

晨六点起。八点半至院。九点开地学组各组长会议,到漆克昌、尹赞勋、程裕淇、司幼东、程鸿、顾功叙、朱岗昆、曾呈奎、杨钟健、张日东等等。讨论地质、地理、地球物理、地球化学、古生物、海洋六组的初步稿件。成熟程度不同,以地球物理和古生物较为成熟,地理和地质讨论得比较少,因此问题也多。与专业组方面重复问题,海洋十四个中心问题,只提出两个中心问题至学科组,其余十二个留在专业组。气象提了四个,但地球物理因包括高空物理、固体物理和大地测量,所以有13个中心问题,已不算少。地质与地质矿产重复点,至今因地质矿产组尚未讨论完毕,所以不能知道有多少是重复的。关于写的方式,生物学组决定中心问题用表格的方式,经讨论大家认为表格方式有好处,但也有缺点,多主张不更动。落实要在第二级进行,希望第二级各学科提出中心问题时即要落实。十二点散。下午三点和林宝骆至工人体育馆游泳,遇杜润生。五点回。

六点,钱乙藜夫妇约请张奚若夫妇、俞平伯夫妇、白家夫妇等在新疆饭店(西苑大旅社)晚膳。张奚若大谈1959年到上海看了赵志道,云小佛曾一度被监禁,已有三小孩,现靠其媳谋生度日云,又曾于1946和1959会见陆小曼云。

7月21日 星期六 晨昙,外间27°,室82°F, F. St, 741 mm。

晨六点起。八点半至北京医院看耳科魏大夫。因昨游泳后觉左耳不适,恐池中水不洁,有发炎现象,魏以管窥一二分钟,断定无恙。又看内科张良佐大夫,为量血压106—60 mm,要维他命B_6和C。张,上海医学院毕业,其时陶煦已为教务长云。十点至和平宾馆理发。至院十一点,和李文彦谈。他已把综考的绪言交来。

午,松松和同学倪君来,在寓中膳。渠等已于昨考好,明日从科技大学原址移往中关村,因下半年四年级均在中关村上课。下午阅《农业科学院农业气象规划》并提意见,及华南农学院梁家勉寄来纪念徐光启文。晚阅陈嘉庚(1874—1961)先生纪念册中庄明理、黄奕欢与黄丹季等文。十点半睡。

阅梁家勉寄来《〈农政全书〉撰述过程及若干有关问题的探讨》,提到《管子·四时》篇有"不知四时,有失治国之基,不知五谷之故,其国乃路",主张做好观象授时。梁认为初稿是在崇祯元年以前,职掌日讲官,修历和礼部事以前。自天启元年辞职回家后即着手,但事先已有雏形,即他著万历四十年出版《种艺书》。在万历41—45年间,他在天津亲营田垦水利。所以同时人查继佐说,徐草《农政全书》十二目,始于回津门时。徐光启著书方法是调查访问。他反对元王祯所云兴修水利不必寻求他访的意见,他为施肥问题曾至永平、东昌、天津、山西、山东、浙江、崇明、广东等地查问。他善疑,对于贾思勰"七月初种芜青,而六月和七月末不能种"有疑问。对于芋性畏寒说法,认为宜试种以证明。在上海种番薯,自己动手深有成效。对于白蜡虫,他观察了江浙各地情况,知道由于树的老少、种类不同、地域不同,有生花不生子,也有生子不生花的云云。

7月22日　星期日　晨阴昙, St ACu 9, 24.2°。

AAAS 的报告。

晨六点起。今日礼拜天,松松在科技大学从八宝山附近移至中关村,即在赵家中膳亦未回。上午我〔阅〕Ritchie Calder *Men Against the Desert* 书。下午阅 *Sciences in Soviet China*,系 Sidney H. Goned 编, American Association for the Advancement of Science。中有前台湾大学教员李惠林著植物部分,其中谈到秦仁昌著《中国植物志》中关于蕨类(第一本出版),说其中多根据一枝标本,所以极不可靠,只能作为植物标本室志,不能作为国家植物志看待。李系根据 Smithsonian 社的 Dr. Morton 的话。但第二本出版的《植物志》系汪发缵、唐进二人所作,其中问题更多,以致《植物学报》不能不作更正。可知《植物志》不易写,要十年之内写好 80 本《植物志》,如原拟那样,简直不可能,也无需要。郑天禧写动物一章。他是郑作新同学,写得平平。生理是林可胜、汪敬熙写,做了一个平允的估计,对于现在工作几位老科学家,把他们的师承都说清楚了。也〈凡〉提到了中医问题,提得尚为平允。卫生医药是 Wm. Y. Chen 所写,也写得不错。地理是 Yale 大学年青副教授 Wien 所写,很长,有若干处不尽对。气象、水文、海洋是 Met. and Geoastrophysical Abstracts 的 Malcolm Rigby 所写,把近十二年来气象文选六百篇统登出作者和题目,实际没有此需要。把涂长望当作是科学院秘书长杜润生。地质是 USGS 美国地质调查局 E. C. T. Chao 所写,说明中国已有四百万分一地质构造图,说第一次有了柴达木、大兴安岭和祁连山等地质构造说明。报道了江西省储量七十亿、河南储藏卅亿铁矿,也谈到内蒙和昆仑山铁矿。铜矿有甘肃白银厂、浙江(绍兴)、中条山,大兴安岭及安徽也提到了。此外云南的镍,吉林的钼,新疆准噶尔和塔里木有钾和硼,柴达木有石油。也提到尹赞勋地层工作,和水文工程、地质、古生物、古脊椎等等。

晚和彬彬至北京体育馆。中国青年排球队和苏联青年队比赛,我女队以二比三败北,男队以3:0获胜。女队原因是由于精力不足,第三盘以15:0输给。

7月23日　星期一　晨阴昙, St FrSt 8, 24.2°,室内80°F, 风力1, 746 mm。

上午在办公室整理书籍。下午在综考会讨论治沙所。

晨六点起,做太极拳21′。近数日因天闷热未做,今日温度虽不低,但不闷,所以又作了操。九点至院。和吴副院长谈半小时,关于参加国际会议事。知在美国Princeton大学做研究的物理学家杨振宁近曾有函致吴副院长,主张要派人参加国际物理(Pure and Applied Physics)国际会议。但我们一直拒绝参加,理由是我们不〔是〕ICSU国际科学协会的会员。此事我屡次向院提意见,认为只要不违两个中国的原则,我们统应争取参加。刘力在我办公室做秘书凡一年〇四个月。他因为是个冒名党员,处处留心作假,甚至整理书籍也只做表面,而对于大部分书籍绝未整理,把它们堆置在一地上。今日我费了两小时,尚只整理一小部分而已。

下午综考会说讨论治沙所,我以为是谈治沙规划,哪知道是谈治沙所筹备处的撤销问题,所以很少到会的谢鑫鹤秘书长今天也到会了。实际院已事先拟定撤销治沙所,但最近才决定,而且知道人很少,不但我完全不知道,甚至陈道明、李秉枢统不知道,刘老更属茫然。因此最初谈了许久,谈任务,谈各人看法。谈到六点钟,谢秘书长才说明院意要撤销一切烂摊子,如将来有需要再重新设法,再郑重商议办理。治沙所的设立当初即未加详细考虑,撤销是应该的,但其任务应有单位负责照顾,交地理所也是担当不了的。到七点散。今日到者谢秘书长、漆主任、黄所长、李所长、陈道明、刘慎谔、袁天钧等。

7月24日　星期二　晨24°,室内79°F, Nb 10, E,风力二级。侵晨三四点即闻雨声,至七点不止。

晨六点起。上午着手改《综合考察绪言》稿,系李文彦所作。十一点至院。未几即回。下午继续看治沙干旱区域文献。据澳洲植物学家D. T. Dickson文,世界大陆1/4即二十五亿六千万Hec是半干旱、干旱区域。联合国文教科学组织于1951年即成立Arid Zone Res.委员会,到57年以后成为一个Major Project,于1960年年度用了四十五万美金,研究对象包括水文气候、植物生态、动物生态、盐水淡化,组织讨论会、培养干部、防治碱化。

Unesco Arid Zone Research Adv. Committee (1960), Prof. G. V. Bogomolov(苏)、Prof. A. L. Cabrera(阿善丁)、Prof. P. Chouard(法)、Dr. F. Dixey(英)、Dr. Abdual Hafiz(巴)、Prof. E. S. Hill(澳)、Dr. L. B. Leopold(美)、Prof. J. Magnes(以)、Prof. MM Ramadam(UAR)、Dr. L. A. Ramdas(印)等。

世界干旱地区研究所。1) Desert Institute of United Arab Republic, Heliopolis Cairo (M. N. Salem), 2) Irrigation Research Ins. Lahore (Nazir Ahmad), Hydraulic Inst. Algeria (P. Simonneau、G. Drouhin), 3) Forest Res. Ins. Abbottabad, Pakistan, 4) U. S. Salinity Lab, Riverside Cal. (C. A. Bower), 5) Land Reclamation W. Pakistan (A. G. Asghor), 6) Irrigation Development Divisicon, Bombay, 7) Office of Saline Water, US Depart. of Interior (David S. Jenkins), 8) Water Purification

Lab “Vodges”, Moscow, 9) Saharan Research Center, Beni Abbes, Algeria, 10) Biological Ins., Tel Aviv, Israel (H. Mendelssohn)。据 1952 年 Unesco 统计,世界共有全部或一部时间研究 Arid Belt 的研究机构 90 个。

7 月 25 日　星期三　雨,晨户外 22°,室内 76°F, Nb 10, N 行速,风力 2—3 级, 744 mm。中午雨止。下午五点又雨,直至侵晓。

上海试验生物所所长朱冼因患肺癌去世。

晨六点起。侵晓闻雨声,至九点不止,午间曾停,但三点起又雨,至六点不止,入晚至九点半尚雨。上午十点半约李文彦来谈。我将他所作的综考会规划作了修改,并加上关于国际情况(综合考察)一段,约一千二百字,因原来只谈苏联而未及其他各国。漆克昌主任和张日东也来室,谈二十八日起地学组委员会议和安排,定廿八晨开幕,下午看文件,廿九星期天休息或小组会议,卅日同,卅一日大组汇报,八月一日分组活动,八月二日即闭幕。综考专业组也同时开会,但开幕在下午。地点已决定在民族饭店,时间 9^h00—12^h00,下午 3^h00— 6^h00。可能五天会议时间是不够的。

下午三点至民族饭店 626 号参加生物学第一小组。生物学组从十六日开会起迄今已十天,原定今天闭幕,但许多事尚未了。今天三个组在讨论中心问题,共 13 组 87 个问题,均已列成表,可说做到全面安排。此外,在《绪言》后提到重大四点,即一分子生物学、国防生物(放射生物)、农业上重要生物问题与生物资源。六点散。

和谈家桢、林镕、高尚荫等在民族饭店晚膳。据云,吴定良近曾患中风入医院。又据张景钺告我云,庄前鼎于两星期前去世。庄好运动,余与之有同好。二三个月前我曾在文化俱乐部见其在膳厅独食,与之谈数语。据张云,他喜游泳并跑路,一日忽跌倒不起,救之无效,解剖始知心房已破云,可知运动对于老年人应有限度。

7 月 26 日　星期四　晨雾,户外 24.2°,室内同, 76°F, Ci FrSt, 742 mm。下午阴。院内大丽花迄未开花,雨后数株生穗。

晨六点起。八点半至院。九点开地学组小组会,讨论《绪言》。今日到许杰、尹赞勋、涂光炽、漆克昌和张日东、曾呈奎。《绪言》系尹主任写稿,把地质、地理、地球物理、地球化学、古生物、海洋六方面的绪言撮要聚在一起,但其中看不出重点何在,所以势必另写一段把重点突出才好。其次在世界的形势中,各个地学的发展趋势也不尽相同。地球物理和海洋比较用钱用力,统比其他要多得多。据许杰的意见,以为目前地质规划统一有困难,意中认为地质部和科学院地质所不必强合为一个研究单位。尹赞勋提出地质应列为一级科学，这问题我认为与目前科学规划无关，而且提出这一问题可以讨论许久不得结果。将来也许可以把海洋及气象均作为专业，地质、地理作为学科。关于中心问题是否列成表格，因时间关系待讨论后再定。十二点散。

下午未出。陈道明来谈。渠对于治沙队归入地理所认为满意，反对漆主任主张归并于森土所，但希望人不要分散。他交来《治理沙漠是发展西北及内蒙地区农业的重要环节之一》文，系《人民日报》所约云，约五千余字。我当初以为字少，可以一二个小时内阅竣，不料文中思路不清，要修改，大费周章，非一二小时所能为力，所以花二小时候只看了1/4，暂时只可作罢，因有地学的《规划》待细阅。今晚新来的宣城汪姓阿姨做了二十天，今日又辞去。

7月27日　星期五　晨阴，雨，25.6°，室内80°F，Nb 10，闷热如霉天，742 mm。下午晴。

下午钱正英报告今年水旱状况。

晨六点起。今晨仍有霉雨现象，到下午才转晴。十点到院。和计划局夏光韦谈，知今日下午三点各学部汇报规划工作，但我事先已允人大常委，于今日下午去开会听报告，所以不能到院中会议了。下午阿六来（乃珏，在北大化学系），知考试三星期后今晚回唐山。说贤贤前次小产后近又怀孕，将来北京检查一次。宁宁于端午前一天举一子，取名友军，因其姊姊已名友朝也。宁要我再取一名。我以友军名不坏，乃给一小名，名为小虎，因今年乃壬寅属虎，我生于庚寅，也属虎。宁宁为珞珈路48号修理房屋用去一千三四百元，除过去公家所收的房租退还800多云，屋外白果树可卖三百多外，尚差二百三四十元，我已寄她。

钱正英报告今年水旱灾情。上半年的旱，十六省有旱象共二亿五千八百万亩，包括春播一亿二、水稻一千一百万亩和冬播九千多万亩。今年入春三月即有旱象，在苏北、皖北、河南、四川、西北，但四月下旬有雨稍好。五月中，山西、河北、河南、陕西、甘肃又有发展，六月发展至吉林、黑龙江，但七月份以来普遍降雨，所以旱限于苏北的麦与晋、直二省南部。水灾面积不大，5月24—28江西有100—150 mm雨，抚河水涨。宁都、南丰、永丰有山洪。抚河有历年最大洪水31.62 m，径流6100 m^3/sec，今年到32.09 m，径流6800 m^3/sec，东堤决口，到六月中下旬又一次大雨。南昌共800 mm，赣江有特大洪水，吉安超出记录，新淦和南昌之堤决口，同时福建南平、永清，湖南湘江也均有大水。珠江五月间有解放后第三次大洪峰，六月下旬西江上游暴雨，柳州、梧州二城浸入水中，到三水达到径流51 000 m^3/sec，比1915年58,000 m^3/sec虽小，但因堤防已加固，所以水位反比1915年为高。七月上旬雨区向北移动，从四川到江苏统下了雨，岷江、嘉陵江涨大水。沙市水标达44.55 m，只比54年低0.32 m,但有荆江大堤,未分洪即过去。湖北、安徽虽也紧张,但不危险。受淹面积有四千万亩,其中广州附近六十万亩,江西最多873万亩,湖南300万,广东205万。今年水旱灾荒面积小是和国务院预防有关,长江中游曾组织防洪指挥部,山西做了疏浚工作,疏了84个淤积地点,使350万地得灌溉。1949年以前,全国只有五个大(一亿 m^3 以上)水库, 57年前建16座, 58—61年建118座,另有87座尚未建成,所以拦洪大水库共有226座,此外中型(一千万 m^3 以上)一千多座。所以近年长江流域4—6月特大洪峰未发生大水灾。长江九省共有93座大水库,能蓄水370亿 m^3,七月十号以后长江怕旱,靠水库供给水,云云。

7月28日　星期六　晨昙, ACu 8, 24.4°,室内79°F, 742 mm。晚闷热无风, 83°F。

地学组讨论1963—72长远规划。下午专业综考组开会。

晨六点起,八点半至民族饭店。今天地学组和专业组综合考察上、下午在民族饭店开会。我于8ʰ30′报到,住352号房(只为午后休息)。和漆主任谈片刻,外埠来者有方俊、任美锷、毛汉礼、曾呈奎、李星学、徐尔灏、徐克勤、赫崇本、卢衍豪等,本埠周庭儒、乐森璕、张席禔、陈永龄、翁文波、谢义炳、许杰、程裕淇以及本院漆、尹、赵、杨诸人,告假卢鋈、张文佑、侯德封、黄汲清、孟宪民。九点开会,我首先致词。尹主任报告写规划经过,计划局夏光韦报告数学组、生物组开会情况。科委只张冰如和另一女同志出席,不肯发言。次地理黄秉维、海洋曾呈奎、古生物杨钟健、地质孙殿卿、岩石矿物程裕淇、地球物理顾功叙作了报告,十二点散。

在民族饭店中膳。膳后和朱济凡谈云南西双版纳烧森林事。睡片刻。三点至民族宫开综合考察组会,外埠马溶之、张肇骞及煤炭部高铁英、本院漆主任、孙新民、李秉枢等,各部会委员均派代表出席。西藏组冷冰、西南郭敬辉、西北李文彦、治沙刘慎谔、海南岛张肇骞作了写规划经过。六点散。晚膳后回。

7月29日　星期日　晨阴,闷热, 25.3°,室内81°F, 742 mm。中午室内8〔　〕,户外92°F。

晨六点起。天阴又闷热,但温度尚远不及杭州、南京夏季温度之高。昨晚王维屏来,他仍在南京师范大学教经济地理这门课,因为要保密,所以实际很难教得好,而且中学现在高中没有地理,所以无经济地理课程。其爱人吴英楣仍在教小学,大女王晶晶与松松年纪相若,五年前去玄武湖划船,覆舟受惊,以致发神经失常,迄今不愈云。他这次来京两星期,为了师范大学教课事,在其先综合大学已开了一个月的会议,会议如此之多而长,个人认为是浪费了时间。

上午九点和允敏、松松、彬彬乘公共汽车至交道口电影院看影片，系捷克制，题为《人们到处能生活》，述一个年青医生医科大学毕业后即赴农村服务，最初醉心城市生活不习惯，以后经老医生教养和与人民一起生活才惯于生活故事片。

下午二点半乘2361车赴颐和园，彬彬、松松及林宝骆与其子同车往。先由颐和园大门入至游泳场，进更衣处。今日游泳者人多而场小，更衣处不洁净，地泥泞潮湿，冲浴处人多而水落如绳，三四人在其下分水而洗。我们到昆明湖边，见水浊如黄河，岸边人亦拥挤。初为沙石底，稍外即为香泥底，外有跳台，离岸约十米，更外五十米处有跳凳，则人已少。我们游至跳凳处，更其上仅三数人，且高狭不易爬上。彬彬回至岸上雇一划子来，乃划到湖中心。彬彬和林氏父子遂游往彼岸。由松松划船，我从长凳上船，至龙王庙始又下水，湖中心水干净。在龙王庙岸旁游，游至五点半，我乘船，彬彬游泳而回。至六点离颐和园，到中关村一转，回寓已六点三刻。

7月30日　星期一　晨昙，ACu 8，25.3°，室内〔　〕，744 mm，风力1—2级。下午$4^h50'$大雨倾盆，沟浍皆盈，直下至晚九点。

日中地学组综考会会议。

晨六点起。八点半至民族饭店，和漆主任等谈片刻。今日上午地学组联组会议，地理、海洋和地球物理为一组，地质、矿物、古生物又为一组。我加入地理组讨论，顾功叙为召集人，参加者有毛汉礼、赫崇本、朱岗昆、谢义炳、徐尔灏、方俊、黄秉维、任美锷、周廷儒等。〔旁记：海洋所孙致平。〕傅承义对于把地球物理划为二级科学甚不满意，所以主张把固体地球物理、气象学、高空物理和大地测量同列为第二级，这样二级科目就有了九个。地理和海洋方面不主张再分列科目。次讨论重大问题，十二点散会。

中膳后睡一半时。在民族饭店352号洗浴后，三点继续开会。参加综合考察大会，漆克昌主席，到科委赵石英、水电部冯仲云及我院同人二十多人。郭敬辉首先提出，以为应注重自然条件、自然资源。“以经济为纲”是1958年提出的，以后把自然条件就不那么注重是不对的。自然条件不会改变，应以不变应万变，要注重荒僻地区，已开发地区可作综合研究。他讲了三刻钟。次马溶之谈，提出综合考察是否区域的。认为地域性应明确，任务应有指标，不能每一个考察队统去支援农业，〔应〕在原来基础上提出问题。次冯仲云谈到酒钢在酒泉是不是合适，不是综考会所能解决，是计委、冶金部工作。综合考察以经济为纲，应为计委搜集第一手资料。松辽运河是综考会提出的，虽目前不能上马，以后要见诸实行云云。次我提综考应在摸清资源基础上，提出自然规律来开发自然资源，至于经济部署、生产力如何配置只是设想，作为计委参考而已。五点一刻我先离席。

从4^h40 P. M.起下雨，未几雨大如倾盆，直至五点半未止。我适约允敏、松松于此时去政协晚膳，冒雨前往，又值星期一不开门，扫兴而归。晚七点半至人大小礼堂，看中国青年艺术剧院演出三幕讽刺剧《抓壮丁》（全用四川口白），和吴太太及大妹同往。

7月31日　星期二　晨晴，霞，24°，室内79°F，Ci ACu 3。

上午开第五次院务会议。下午参加综合考察大会。

晨六点起。八点半到院。九点开院第五（今年）〔次〕院务常委。今天到李副院长，吴副院长及杜秘书长，秦、郁秘书长，华、尹、严、童主任等。杜秘书长作了关〔于〕《十四条》、《七十二条》贯彻报告：高级研究人员有26%没有研究题目，也有三十多岁壮年人专事做宣传工作，认为这是严重问题。提出严格把住三关，即一成果鉴定，二干部考核，三办好刊物。五定中先行三定，把研究方向、研究任务和研究室人员定下来。讨论时大家认为京中八个所九十二位高级研究人员有24人（占26%），未能把力量集中于研究工作，是严重事情。李副院长谈到要办一种刊物，使青年人能发表创造性但是试探性文章。童第周认为目前大家乏时间看世界新的刊物。研究人员落伍是一可怕事情。华罗庚也提到研究人员不知世界趋势是落伍。次秦力生、简焯坡报告去苏联和苏联科学院谈判情况。于七月底前往，二十边回国，谈判对象系学术副秘书长阿发那也夫。我方除秦、简二人外，大使馆张道恒参加，订定《1962中苏科学院合作协定》。苏方来我国讲学者二人（力学上谈燃烧和半导体），我们将派研究生27人，答应给十五项资料，代购二万Rb的器材等。此外，苏方来我国者尚另有7人。事先议定凡他国和其他机关事不考虑，关于保密项目不考虑。争论问题在于古生物考察，苏方认为60年以后中方任意停止合作。我方指出，由于苏方于60年8月无故撤退，所以一切要从头做起。更严〔重〕的是由于图书馆交换刊物，60年以前苏送我28万册，我送苏15万册，尚可说是对等，但60—61年苏送我4万，我送苏一万，61—62苏送我4.2万，我送苏只五千本。我们期刊也从110种缩至32种。经两方争论后统得和平解决云。关于中、初级研究人员休假问题，中级三星期，初级二星期。十二点一刻散。

松松和允敏于十一点半已在政协膳厅相等，我到即中膳。膳后回至民族饭店。下午三点参加综合考察大会。六点晚膳。七点半至军事革命博物馆，和松松同往，看歌舞演出。

8月1日　星期三　晨晴23.2°，室内80°F（26.4°），748 mm。下午晴。今日较凉。

上午开地学组大会。下午综考会领导小组会。

晨六点起。八点半至民族饭店参加地学组。地学组分为两小组，谈了两天以后今日开大会，但仍有许多人未到。陈永龄去北戴河休养，孙殿卿、方俊又去李副院长处谈广东河源地震后的地貌改变和大地测量问题。九点开会，顾功叙代表地理、海洋、地球物理组作了报告，约一小时。程裕淇代表地质组做了报告。已由各方同意的是地学六组分为九个学科，即地理、地质、古生物、地球化学、海洋、固体地球物理、大地测量、气象与高空物理。中心问题，多数赞成以表格方式写，重点仍由各组提出，绪论要简单化，只谈六组的名称与地学共同特点，措施要修改。由尹主任〈作了〉〔根据〕昨天晚上组长会议作出上述各点决定，讨论任美锷提出以南京作为地理重点之一，好像青岛是海洋重心一样。这在大学方面可这样提，研究则院的目的是在建立以兰州为中心的地理重点。十二点散。中膳后睡一小时。

下午三点在348号房召集综合考察组召集人及组员会议，到科委赵石英、张冰如，计委综合局吕克白局长，长远规划吴俊扬局长，冯仲云、高铁英、李秉枢、郭敬辉、漆克昌和朱济凡、孙新民。我和漆主任首先谈了综考会过去工作和苏联生产力委员会 СОПС 的情况。冯仲云说第二个五年计划的失败，由于缺乏调查研究。以后必须做好调查研究工作，如过去无锡、苏州一带的小钢厂是无效而必须失败，以后经济研究所应该放很大力量在生产力配置方面。次计委综合局局长吕克白谈过去计委若干计划未有充分调查研究而失败是事实。酒钢要靠桌子山煤是考虑不周的，水和粮食供给差，所以到如今酒钢、包钢是否同时并举。但是所有计划失败不能全归咎于计委，因尚有各省在1958—59均跃跃欲试，不过计委对于指标高要负责。很多问题，如东北开荒用哪种拖拉机是问题。西南以西昌为中心，省要建立大钢〈业〉〔铁〕基地，〈如〉〔和〕川东重钢如何分工合作，川黔、川滇、成昆、内昆孰先孰后统不能解决。计委主要是解决当前问题，远的只〔考〕虑到五年云。虽有需要看更远的，但顾不到。计委长远规划局吴俊扬谈，长远规划许多问题，如西南区和西北区，谁先谁后是未解决的，长远规划不能限于最近五年，而且上马费时，如拖拉机是否对华北地区合适，要三五年的试验才能决定。如耕作制度，四川向有冬水田，但近因冬季种麦，不但无收成，反把冬水田搞坏漏了水。说以后要和综考会取得联系，云云。六点散。

8月2日　星期四　晨晴23.6°，室内80°F，Clear。

全国气象学会扩大理事会。〔补记：8/7日选出理事长赵九章，副张乃召，常务卢鋈、顾震潮、叶笃正、蒋金涛、谢义炳、吕东明、徐尔灏、程纯枢、贺格非、束家鑫、冯秀藻。〕

晨六点起。七点半出发赴五塔寺中央气象局会议厅，开中国气象学会1962年年会及代表大会，会期定七天。这次会议收到论文380多篇，为历届所未有，遇乐天宇、刘恩兰（现在海军）、么枕生、朱晓寰等。代表79人，列席200人，会期2—8

日。大会上报告八篇:大气环流、中长期预报、人工降水、农业气象预报改革系统预报、雷暴和气象区划。预报组讨论了环流分型建议,成立农业气象机构。我作了开幕词,约卅分钟。谈到周总理今年在人大会所讲,以后改进十点计划工作中以争取农业增产为首要任务。农业"八字宪法":土、肥、水、种、保、密、工、管,虽无天时在内,但气候条件实际贯穿了"八字宪法"。次谈到美国科学促进会, 1960年冬 Rigby 谈我国气象事业时,已把我国估计得很高,不能引以自满。也提涂局长之功不可没,可惜中年去世。最后提到气象学应该注意重大、尖端与基础。次陶诗言作了最近三年来我国有关大气环流天气学的进展。从四方面谈:(1)开始了平流层大气环流的研究。国际地球物理年后北半球有30、10毫巴天气图,美洲上空到1 mb图,发现了爆发性增温现象。国内近两年开始有工作,发现平流层流型波长大约二十天比对流层大三倍,但二者有关系,而且有季节变化。四月以后北极出现东风带,逐渐向南扩充,同时副热带上东风带向北推进,直至夏天二者相会合。秋天北极上空首现转为西风,平流层季节变化比对流层早1½月。(2)北半球大型天气过程研究,如阻塞形势,太平洋副热带高压,作出阻塞形势崩溃的数值预报。太平洋副热带高压位置的跃进和雨带关系,环流指数有周期性变动,和太阳活动有一定联系。(3)东亚高空急流的分析。(4)开展大气环流模拟试验(北大)。

下午至陶然亭游泳。至北京医院看何作霖,他于前日在民族饭店梯上跌下伤头上,皮破三处,血流不止。

8月3日 星期五 晨晴24.2°, 82°F, 746 mm。

上午综合考察大会,下午地学组大会。气象学会讨论土炮消雹,有二种意见,一种以为有效,一种以为不能肯定是土炮才不下雹。

晨六点起。八点半至院。九点在民族饭店开综合考察大会。西藏、西南、西北、治沙四组统报告了。朱济凡报告西藏于综合考察外成立科学考察,于科委下成立西藏小组。郭敬辉谈西南综合考察,说有人主张水的、土的平衡是否可以作重点?工农业如何发展,山区的利用统是课题。刘慎谔谈治沙三个中心问题:沙漠规律、流沙治理与沙荒利用。西北区李文彦报告说是否专搞水的平衡,提出五个中心问题:1)自然资源及其评价;2)土地资源合理利用;3)水利资源开发利用;4)酒泉钢铁基地,煤的运输和有色金属等;5)区内经济体系研究等。最后海南岛开发由华南地理所余显芳发言,说农垦、外贸、化工等各部有不同意见,或主橡胶,或主油棕,卫生部又主张要以药用植物为主。说海南岛已超出综考范围,应以专题研究为主。水电部张作昌说各部〈作〉〔均〕从本位出发,希望有一个机构,能从全面观点出发看问题。张院长说58年大跃进增加200多大型水库,占了农地四千万亩,希72年能灌溉八亿亩,目前尚只五亿亩,但移民是大问题,以后大型水库不会大大增加。最后赵局长提三点,首先应该把恢复农业生产力、改造农业生产技术放在首要地位。比五十七年农田面积反而减少了,牲畜(耕畜)少了一千六百万,水土流失很严重,长江鱼苗年少一年。二则重点和全面、学科和任务的矛盾,要全面安排,重点突出。三则违反经济规律就要出乱子,要有真知灼见方不至于瞎指挥。正在强调自然规律,但要提出科学依据。综考规划要提供经济计划中科学依据,但也要经济估价,不能提过高希望云云。

下午地学组大会,尹主任谈修改后的绪言。地理黄秉维、海洋曾呈奎、古生物周明镇、地质刘东生、矿物岩石程裕淇、地球物理顾功叙作了六组修改报告,最后谈措施。南京大学及其他同人提以南京为地学第二中心事作了讨论。六点散。晚膳后,地学各小组组长又谈了一小时,决定地学组到下星期一下午闭幕。八点半回。

今日松松和同学二人去昆明湖游泳。

8月4日　星期六　晨晴24.2°,室内81°F, Clear, ACu 3,风力1—2级,750 mm。晚天阴欲雨,子夜后大雨。

上午地学组大会,综合考察组闭幕。下午小组长改地学组文件。

晨六点起。上午八点半到民族饭店,和杜秘书长谈片刻。今日综考会会议已闭幕结束,但有若干问题,如海南岛开发问题尚未落实。今日何康到京,他将到会一谈亚热带作物研究所的看法,须于会后作调整。治沙工作虽经列入,但我深恐将来不能落实。李秉枢认为中心问题提得不对头,但又不去改。他三年以后要审查成绩时怕拿不出成果。组员中有计委吕克白、经济所孙冶方、水电部成润、测量总局白敏、冶金部王勋、水电部崔宗培、〔　〕、赵心齐均代表出席。各部只农垦部朱莲青、煤炭部高铁英司长常川到会,冶金部出席人员尚提意见,冯仲云有时出席外,其余均似是代表出席,不作任何提议。计委局长这次特约后始来。科委赵局长常川到会,这是科委下各组所没有的现象。其次,这次规划是十年科技规划,统是规划自然科学,而综考要以经济为纲,作为目标则可,作为计划则有极大困难。

上午谈到地学组措施发生困难。问题在于南京大学徐克勤、徐尔灏诸人要把南京作为地学的第二个中心地点,并且要把南京大学设研究所放到重要措施中去。经上午讨论后,下午指定顾功叙、孙殿卿、徐尔灏三人再把重要措施作一番修〔改〕,于五点后提出地学组小组长会议,大家认为合适,即和六组的中心问题于晚间作文字上修改后,明晨十点前交科学出版社通县印刷厂付印,于星期一(六日)上午印好交还,以为六日下午四点开大会时之用。

今日中午二点,我一人至陶然亭游泳池,曾遇市府教育局关局长。在深水池游泳时忽闻浅水池中人声鼎沸,后知有人把一个在水中立足的女孩于水下双足拖走,女孩大喊救命,而此人在水下泅至人多处露面,无人知道谁开此玩笑。晚至政协看电影。

8月5日　星期日　晨 Hazy, 24.2°,室内 81°F,风力 2 级, 747 mm。上午有阵雨,下午阴。下午六点室内 86°F, 746 mm。寓前院中的玉簪花已大量抽花苞,数日内可放花。

晨六点起。上午八点半,和尹主任谈地学组和综合考察组规划半小时。地学组规划今天送通县印刷厂后,明天可以印就。有四位地学部同人前去作校对,共约五万多字,和生物组不相上下。也和生物组一样,中心问题以表格方式。下午作函与列宁城的 Petrov 教授,为登柴达木和塔里木盆地沙地和植被文章。此二文已收到很久,翻译耽搁了时间,近又来二文,方交付翻译。我复函表〔示〕前二文可以在苏联学报上登出。复杨义久一函。她已被院勒令退休,她在南京地震〔所〕工作,虽勤恳但年已逾六十,且家中七个小孩五个做事,二个入大学,负担不能算重,尚想恋栈大可不必,我写信〔安〕慰了她。又《人民日报》理论组余章瑞来函,要我把怀念涂长望同志文重写登《人民日报》。我以无时间且原登《气象通讯》是内部刊物(我就尚未见到),所以认为不妨登原文,不算转载。我写稿也不是为了《气象通讯》。

晚和允敏、彬彬、松松去首都剧场看十九世纪 Александр Николаевич Островский 奥斯特洛夫斯基(Ostrovsky)(1823—1886)所著的戏剧《智者千虑,必有一失》,原名《天才与崇拜者》, Таланты и Поклоники 1882 年出版。述一位年青人埋没良心,以谄媚得当时上级社会的宠信,到处作假,他把所有一切据实写在一本日记上,后为其情妇所得,揭发后和盘托出,所以称"智者千虑,必有一失"。十一点一刻回。

8月6日　星期一　晨阴昙, St ACu 7, 24.2°,室内 81°F,风力三级, 748 mm。

上午开地学部委员扩大会议。下午地学组科技规划闭幕。

晨六点起。八点至院。将复 Петров 彼得罗夫函交出打字。八点三刻至民族饭店。九点开地学部学部常务委员会。常务委员到者尹赞勋、侯德封、孟宪民、杨钟健、黄秉维、赵九章和竺可桢七人,黄汲清、李四光二人缺席,此外列席许杰、冯景兰、田野、夏光韦。尹主任报告过去八天地学组开会情况,从 7 月 28 起到今天,于昨星期日才将规划初稿五万三千字写就,由秘书王恩涌及卢佩生、刘琼招、刘菊祥四人随带草稿专车赴科学院通州印刷厂赶印,于今日下午交印件。《绪言》比较简单,中心问题依照生物学部办,以表格形式,和数学组及生物组不同在于没有重点课题。在重要措施中提出地学以北京为中心,南京作为发展基地,和西南、西北、西藏发展为地学据点。分科原是地理、海洋、古生物、地质、矿产岩石地球化学、地球物理六分科，以后把地球物理分为高空物理、气象、固体物理与大气测量四分科，合成九分科。讨论时大家对于以南京为基地有疑问。冯景兰以为四十九个中心问题应排队。夏光韦谈生物学组已终结，和医农有重复，但不妨。要6000大学生指标太高。十二点散。

下午至陶然亭游泳。水温稍高，25°，但水已很混浊。四点开地学组最后一次会议时，通县印刷厂已将规划初稿印好拿来，分发给大家阅看。一小时校阅。五点开始讨论，其中作了若干改正，把文字上修改写在本上交回，于以后重发。五点三刻散会。晚膳后和曾呈奎、赫崇本谈海洋学院的教授事，闻束星北在山东医学院，海洋学院尚不敢请他教课。又今日闻南大副校长李方训去世。七点回。这次会议大地测量仅方俊一人，地学组陈永龄去北戴河休假，夏坚白去庐山休假云。

8月7日　星期二　晨阴，St ACu，24.2°（室内82°F），747 mm，夙。下午四点有阵雨，晚室内84°F，阴昙但见星宿，745 mm。

地学部学部委员会，二十五个学部委员到19人。

晨六点起。上午八点半至民族饭店。今日开第四次学部会议。这次会议各学部分开，生物学部在我们之先，技术科学和数理化学部在我们之后。今日到者有李四光、尹赞勋、许杰、侯德封、杨钟健、田奇㻋、孟宪民、孙云铸、程裕淇、裴文中、乐森璕、黄秉维、顾功叙、冯景兰、王竹泉、傅承义、俞建章、斯行建、竺可桢19人。尚有三人张文佑、何作霖、武衡，虽在北京，因病请假。赵九章因参加气象学会未到。黄汲清在北戴河休假，夏坚白在庐山休假，已去电催。黄允于九号可到。原来27人中谢家荣因系右派被开除，虽已摘去帽子，但未恢复学部委员。涂长望去世。我报告了这次学部会议特点后即由尹主任作报告，几$1^h45'$，述这次做规划经过情况及特点。十一点休息十分钟后，李副院长谈了约半小时，述计划落实之重要性，关键在于中心问题提得适当。最后我致词，并为纪念涂长望静默一分钟。十一点五十分散。

下午睡一小时后洗浴。至十楼理发室理发，价80¢。要赵司机在饭店购西瓜两枚，价2.40，每斤14¢。吃冰淇淋，@35¢一杯。四点将雨，先回。阅近廿五年的所撮照片，因浙大将出建校五十周纪念册，向我要照片。我查了许久，觉能合格者极少。晚做函与孙祥治，函将交周庆祥副校长带回杭州。晨托马溶之带黄羽仪太太送给小虎（宁宁的儿子小名）的礼，知李庆逵将于明天回宁，所以转托李带去。

8月8日　星期三　晨晴,风力3—4级,最高32°,最低20°,今日温度虽高但爽气,太阳猛。

晨六点起。今日系梅兰芳去世的周年,各报均纪念了他,尤其是《北京晚报》。邮局为他出了纪念邮票,各处一售而光。晨八点半至民族饭店。上午地学部学部委员大会。经昨日阅读了文件后,大家发表意见。对于大学如何开展地学,冯景兰主张由地质学院培养研究干部,而乐森璕却欲于1963年在北大成立古生物系,但北大地质尚未独立成系。今天没有教育部代表到场,故这类问题很难知道教育部意见,如作决定,而教育部不点头,又等于空做计划。讨论时地质方面人多,意见也多。地理只黄秉维一人,孤掌难鸣,而海洋〔方面〕学部无一委员,请曾呈奎列席。这样可以知道学部人选是不合于科目安排的。

下午分联组讨论。我于一点半和彬彬、松松去陶然亭游泳池游泳。今日深水池水脏作绿色,我们在跳水池游。三点多回民族饭店,参加联组中地理一组,讨论要不要提出重点课题。讨论了地下爆炸、西藏、海洋(远洋)探测及支援农业。因傅婉芳今天$17^{h}48'$车到北京,要去接她,所以我于五点先回,派彬彬去接。天舒同来,他虽瘦(21 lbs)而强健,能自己爬上椅子(一般小孩17个月开始能走),但脾气不好,爱哭。晚膳后,办公厅刘绠及郝桐生主任、秘书王俊元来谈十一日去北戴河事,将仍住东山裴副院长住的地方。他已于六日回京,现惟杜秘书长尚在北戴河。张副院长今日可回云。晚阅陈道明所作治沙一文。

8月9日　星期四　晨晴24.2°,室内82°F, 748 mm。寓院中的大丽花经夏不开。现东面白皮松下的高个子粉红色者将开。第一朵玉簪花尚未放白。

晨六点起。八点多到院。今日第一次交党费,计六、七、八三个月,由秘书王俊元转去。九点到民族饭店开地学部学部委员联组会,谈海洋、地学组计划。海洋组拟于1963年内造3000 T和2500 T船各一只,赵九章以为浪费,说日本海洋探勘均用500 T小船。关于海洋地质,认为题目太多,因海洋要以海洋物理为主。对于这点我认为是偏见。海洋十个中心问题四个是海洋物理,三个是海洋地质,一个是海洋化学,一个是海〔洋〕生物。我认为这数目尚是正常的。地理虽只六个题目,但范围甚宽,几乎无所不包,再加专业组综考工作亦以地理为重点,所以很难落实。

十二点中膳后和曾呈奎一谈。他今日去青岛,二十边又来京去莫斯科开三国渔业会议。我告以要和越南代表商量,把北部湾地名改称为越南湾,以符合于国际习惯。因所有海峡湾,如朝鲜海峡、日本海、暹罗湾、爪畦海峡均以国名。北部名称对我国尤不合适,不能被国际通用,大家将仍用东京湾之名,若改成越南湾则各国乐于接受。下午继续联组讨论。六点回。晚膳。

七点半周庆祥来谈。知土木系教授陈仲和患癌病危,命在旦夕。中午时遇杨廷宝,谈及庄俊,云他在沪因血压高,不甚出面云。

8月10日　星期五　晨晴25°,室83°F, 746 mm。晚室内87°F。

上午地学部会议。下午小组〔会〕。文焕然同志及爱人来。

晨六点起。八点至院。寄回气象局稿费十元(追念涂长望同志文)。上午九点在119号(民族饭店)开地学部学部委员大会。今日张劲夫副院长也到了。首要地质(矿物、岩石、古生物)和地理(海洋、地球物理)二组两天所讨论结果作了报告,前者由冯景兰、后者由顾功叙作综合式报告。地质组对于重要课题提同位素地质、西藏、海洋地质、第四纪地质与震旦纪地质等五项,关于把地质列第二级学科不满意,认为矿床学应作为基础科学等等。顾功叙报告地理,谈重大课题有海洋、地下爆炸、西藏及农业支援等四个项目。赵九章提出海洋和地理许多中心问题不落实。我提请教育部马君注意,地学在基础学科是否受到足够重视。马谈今年大学生分配情况。十八万毕业生中只十二万人可得分配,其余六万人由原来机关包下。地理方面有一万大学生,教师近一千,但毕业后分配困难,地质今年也有困难。

下午开分组会。到四点半开常委和组长会议,约教育部林司长到会。他谈到大学分科(专业)不能太细,细了毕业后不合用,说今年地质、地理学生太多了,没有事做。物理、化学不会失业,尤其是固体物理、金属物理、化学分析等等。我提到综合大学地质系惨状,北京大学要设立地质系,但到今仍是地质地理系,与其他理科如物理、化学、生物比很不相称,请教育〔部〕注意作补救。

晚文焕然及其爱人来谈片刻。晚膳,膳后即回。中午时干部局(本院)张君来谈,说今年毕业178,000人,分发给本院1455人,外加分给大连者91人。西北大学地质有26人,但只定名额,来自哪个学校尚未定。今年研究生院招三百人,大学共招五百人云。

8月11日　星期六　〔北京—北戴河〕　晨晴23.1°,室内84°F, 748 mm,风力1。下午晴。

上午参加地学部会议。下午乘27〔次〕车15^h出发赴北戴河,下午8:45到北戴河站。

晨六点起。七点乘车至民族饭店早餐。和王俊元秘书谈片刻,要他交民族饭店粮票,共吃20餐中午餐,付六斤。九点在十一楼开地学部学部大会,原定今日结束,以许多人尚有意见要发表,所以要延期到星期一、二。我以车票已定,且同行多人不便调,所以决计仍于下午三点乘车至北戴河,是27次车。我们六人,允敏、彬彬、婉芳、松松和天舒及我。当初只买了一张软席卧票,其余均硬席。这次是快车,所以软席卧铺人特少,因买软席卧铺人多买特快也。因硬席拥挤,所以又为允敏补了一个软席。15^h00车开,车中温度35°。$16^h58'$到天津东站,停18′,$18^h34'$到唐山。我于昨晨寄一信与士楷,约他在站相聚,但到唐山后不见来,想因信迟到之故。现各站均无物可购。过唐山后晚膳。$20^h48'$到北戴河,即有鹰角路一号办事处李君在车站以二小车相接。余等六人和秘书王俊元乃乘车至北戴河东山区鹰角路一号十九楼。此系余去年旧游之地,故地甚为熟悉。十九楼即在海滩旁,不五分钟可到海滨,由一青年武姓女子在此管理云。裴副院长曾住此至本月六日。仅Cottage房三间,而其中又须为王俊元觅下榻之所。今日我和允敏住一间,松松和婉芳住一间带小天舒,彬彬和王俊元住一间。屋矮小,又热不可当,余须挥扇不已。十点半睡后即醒,室内蚊子成群,驱之无法。我于十一点半、十二点半及三点半均以无法入睡至外间。松和婉芳则索性睡户外藤椅上,带小天舒。余直至天明始入睡。三点半时蝉已鸣,六点未到日高三丈又起。昨晚可说未成安眠,半由下午吃了绿茶,半由于蚊子。

8月12日　星期日　〔北戴河〕　晨昙,户外26.4°(80°F),室内84°F, ACu 6。

到北戴河,住东山区鹰角路一号19号楼。

晨六点又起,昨晚可说未曾入睡。允敏、松、婉芳也苦于蚊子,惟彬彬与王俊元在另一室,蚊子似较少。王俊元以蚊子事,今日将武姓等二管理员叫来,说明每晚打DDT之必要。同时武姓等二人原住二小间,让出给王俊元,而婉芳与天舒与彬彬乃得同住一室。早餐前即讲定。七点至六十四膳厅早餐。鹰角路有二餐厅,一在43楼旁,即去年我们的膳厅,一在64号,今年我们在64号膳。膳价每天我个人一元,余人一元,小孩无费,粮票吃多少算多少。

膳后至医务室磅称,磅得我连薄衣服94市斤,允敏92市斤,松松88市斤,彬116市斤,婉芳105市斤,小天舒21市斤。九点至游泳场,遇杜润生秘书长夫妇、小孩(渠个人今午车回北京),外交〔部〕宋之光司长,人大常委陈此生等人。在水中有小动物,俗名小海蜇,会咬人,使又痛又痒,小孩极怕之。十二点中膳。膳后睡一小时半。三点半又至游泳场,遇前科学院联络局的赵静同志。渠与丈夫郑思远住50号。郑在中央党处工作〔郑思远曾任国家机关党委副书记〕,赵静患肺管扩张病,有时要吐血。在海边遇秦力生秘书长、陈此生、王昆仑等,知周鲠生住文化馆附近前克思林饭馆附近。下午又入水游泳二三百公尺,至49楼旁的洗浴室洗浴。晚膳后我一人打桥牌,松松写信,彬彬看小说,到九点即睡。

海边只见小燕,也见大燕。十九号的西屋角有小燕,筑巢于墙角,乳燕三四已相当大,其巢口小,不似南方家燕。鹰角路一号所种树木多洋槐、马蹄(合欢)及桃李,很少松柏之类,惟篱以扁柏,间有油松。

8 月 13 日　星期一　〔北戴河〕 晨阴, ACu StCu 9,户外 24. 2°,室内 84°F, 749 mm。昨晚曾有大阵雨,寻止。

晨五点一刻起。至十九号户外坐看海上波涛,估计海浪为二级,与风相当。天上多 StCu 云,尤其在东方,海上有碎浪无白帽 White Cap,打岸上始成白沫。$8^{h}30'$,和允敏乘小汽车至文化宫附近克思林隔壁的外交人员休养所,晤周鲠生夫妇。这是招待外宾之地,内花木甚佳,由东北门可以至海滩入浴。渠等已来三星期多,不久将回。问周始知昨在海滨相遇者乃梅汝璈也。由周夫妇领至中海滩,滩比东山鹰角路为陡,而且岩石嶙峋,洗澡游泳不及鹰角路。由此至市,上百货大楼等购糖,85 号预定比目鱼二斤做熏鱼,言定十五日交货。乘车至邻近中海滩路四号,即所谓六座房子处,晤李书城夫妇。李已来此若干夏天,和邵力子、陈其尤、陈其瑗、陈劭先、许德珩各占一屋。屋为二楼,楼下不住人,所以高爽而蚊子亦少。邵力子于今天始到,因其爱人眼睛开刀,于前日才施行,结果顺利云。十一点半回。

下午睡一小时。三点和松松、彬彬、婉芳等至海边洗浴,允敏亦同往,但未下海。天舒昨已下水,今日又去,但他有咳嗽,且似有时有温度。他仅一周岁半,不但能走,而且可以爬上椅凳,但喜欢倒地上,乃是托儿所中养成习惯,又喜以手爬地然后吃手指,所以容易把脏物入口使腹泻。

阅武进管洛声著《北戴河海滨志略》, 1914 夏王揖唐序,梁启超署检。谈西人卜居北戴河及公益会缘起甚详。书中 58 页述渔业,谓鱼之种类因时而异,春分见冷板,惊蛰节见梭鱼,谷雨节见扁口鱼,立夏见对虾、黄花鱼(小黄鱼)、同罗鱼、大头鱼、燕鱼,夏秋之间见带鱼。自春至冬常见比目鱼、敏鱼、辣头鱼(五脏及腮有毒)、沙鱼、当当鱼等等。水母俗称海蜇皮,在东西山沿岸海浴之际,着人肌肤痛痒不可当云云。

8 月 14 日　星期二　〔北戴河〕 晨晴, ACu FrSt 2, NE, 750,风和浪 3— 4 级,户外 23. 2°,室内 76°F。下午东南风 4—5 级,海上浪大,游泳不方便。750 mm,室 78°F,外间 78°F,内外一样,天晴有 Ci。晚九点,室内 76°F。

上午至怪楼和观日亭。下午风大,白浪滔天。范长江和王顺桐来。

晨六点起。上午九点,天舒和彬彬等至医务所诊治,知其肺中无病,但略有感冒,戒入水吹风。$9^{h}40'$,和允敏、松松、彬彬、天舒及婉芳向北沿马路走往怪楼。出门后不久,允敏所披一件黑色 Kashmere 羊毛线衣(乃凌叔华送与松松者),途遇王枫(王昆仑之妹)〔时〕早已不见,及出鹰角路一号大门后至大路上始发觉。我与婉芳回途寻觅,直至十九号楼室内外均未见到,知是遗失。我们仍前行至怪楼。一行人中惟允敏、婉芳和天舒未到过,在此拍数照。循公路至观日亭,因风大不停,即下,循大马路回至果园前,以40 ¢一斤购桃子三斤,以45 ¢一斤购洋梨三斤。十二点回。中膳。

膳后睡一小时。三点和允敏等至海滨。今日浪大,游泳者人极少,即下水亦只在浅水中随浪跳跃而已。我欲回来取照相机,至19号楼前适范长江和王顺桐驱车来,即更衣座谈,并约秦力生。力生谈在苏联办理中苏科学院合作协定经过,从奋斗中得到团结。但每年须如此斗争,实使当其冲者视为畏途。我提及要争取参加国际会议的需要。据长江云,目前纸张已不缺乏,所以各学会应出的期刊均可付印。长江住海南岛两个月,热带气候似比较于他适宜。王顺桐明日即回北京。谈及北戴河,长江认为曹操曾至此间。我以为此说与秦始皇曾到秦皇岛类似,未必可信也。六点有人持黑毛线衣来,知46号楼人拾到来还者,亦幸事也。晚打桥牌一小时。

曹操有"碣石望海"诗云:东临碣石,以观沧海。水何澹澹,山岛竦峙。树木丛生,百草丰茂。秋风萧瑟,洪波踊起。日月之行,若出其中。星汉粲烂,若出其里。幸甚至哉,歌以咏志。

8月15日　星期三　〔北戴河〕 晨晴昙,ACu FrSt 8,东南风,风力3,海浪3,751 mm,户外21.0°,室内74°F。上午微雨。下午三点750 mm,室内74°F,户外75°F, St 10,风力1—2级。

晨五点起。见日出东方,天边有云StCu。八点后有小阵雨,直至中午。海上波不大而浴场浪却不小,游泳者寥寥可数。胡愈之、沈兹九二人来。据云胡来也仅数天,沈来较久(带两外孙女来)。本欲来此游泳滩游泳,以浪大未果。谈及科学出版社,胡云社中郭佩珊为人所不满,主张由院出大百科全书。此事第一次长远规划时曾提及,惜无人主张。胡亦主张多出科学译名词典及工具〔书〕。我约其任院中编审委员会,回北京后当与院中商之。中膳后睡一小时。浪稍减,时西北方已现青天,知不久天将晴。彬彬和松松至海滨游泳。今日外交部有一班人回京,包括梅汝璈、陈翰笙、吴茂孙等,所以来游泳人中熟人不多。见楚图南夫妇和小孩及〔　〕。晚有电影《不知名的画像》,因已见过,所以未去。

《北戴河考古记》。1924年8月报上曾载美国Smithsonian的Bishop来此调查,曾说金沙嘴为汉之汉军根据地。1922,瑞典Anderson并在海滨发现古磁。Borboer得汉砖, Bishop又得铁制矢头,考察铁块年代在二千年前。历史曾载汉时在沿海筑有三港,一在威海卫,一为旅顺,其三不知其地,可能是今北戴河之金沙嘴,乃所以防护高丽海盗。明朝金沙嘴旁有墩台,所以报烽火以防倭。《北戴河海滨志略》书中(pp. 104—106)载《邵次公北戴河考略》中有云,以为Bishop说北戴河为汉代舟师聚泊之所为可信,以其有箭镞陶器。邵谓北戴河今属临榆县西鄙,即古之碣石,碣石所在,聚讼千余年,至今未息,以属于汉之絫县为定论。北戴河于西汉属絫县,东汉并入临榆,《水经注·濡水》(今滦河),述碣石形状……。周定王以前,禹河自此入海,《禹贡》足以为证。

8月16日　星期四　〔北戴河〕　晨阴, St 10,东风,风力2—3级,浪2—3级,户外22°,室内23°(74°F), 752 mm, FrSt,云行南。晚霁, Ci ACu 4—5,室内76°F, 752 mm。

上午士楷来。下午至山海关秦皇岛。

晨六点起。阴云四布,但无雨意。今日适彬彬以昨晚捉蚊伤腿,以致不能下水,所以决计去秦皇岛与山海关,但以要小汽车时间太迟,只能下午去。十点后云中又露太阳,乃和松松、婉芳二人至海滨游泳。今日浪仍稍大,而水温与气温统为25°,比前数日为低一二度,所以我们不在水中游泳甚久,即上岸。十二点中膳。一点乘小汽车赴山海关和秦皇岛。先至山海关,从19号楼出发约一小时即抵山海关,距离不到50 km。我们先上"天下第一关"。今日展览馆我们已于去年看过,在1939年所制(德国)炮旁摄一照。下楼又行13 km至关外孟姜女庙,有阶梯108级,上有孟姜女庙,相传为陕西杞梁之妻,同官人,以夫坐戍筑长城,寻夫至此,则杞梁已病死。上有望夫台,能望见海,孟姜女庙中有文天祥撰对联云:"秦皇安在哉,万里长城筑怨,姜女未亡也,千秋片石流芳。"庙外复有对云:"海水朝朝朝朝(早朝潮),朝朝朝落(早潮早落),浮云长长长长,长长长消。"四点回。途至秦皇岛购罐头,并在山海关购桃子九斤。五点回寓。

毛主席《浪淘沙》词(北戴河):"大雨落幽燕(读如烟),白浪滔天,秦皇岛外打鱼船,一片汪洋〈都〉不见,知向谁边?——往事越千年,魏武挥鞭,东临碣石有遗篇。萧瑟秋风今又是,换了人间。"按词中毛主席所指曹操的古诗,即前天日记所载有"秋风萧瑟,洪波踊起"之语。《浪淘沙》凡54字,其平仄如下:仄仄仄平平,仄仄平平,平平仄仄仄平平,仄仄平平平仄仄,仄仄平平,后阕与前同。见知识丛书,王力著《诗词格律》。

8月17日　星期五　〔北戴河〕　晨阴20°,室内72°F, StCu S FrS。下午阴26°,室内77°F, StCu FrSt ACu 10, 754 mm。

李书城夫妇来(上午)。

晨六点起。天阴。作太极拳19′。早餐后李书城和爱人来。其爱人名〔　〕,松江人,与允敏年相若,而李今年80,和邵力子、马寅初、李烛尘诸人同年,与马寅初且同年同月生。李善摄生,每日起五点多即摩擦全身,坐做气功90分钟,然后作太极拳30′,晚间又作若干运动。我问以做气功九十分钟脑中想点什么,据说要想各种美丽事物,如《滕王阁赋》中名句“落霞与孤鹜齐飞,秋水共长天一色”,或《长恨歌》中名句“在天愿作比翼鸟,在地愿为连理枝”等云。他冬天八九点即睡,至晨七点,所以冬天可睡十小时,夏天较少,习此已四五十年,并编有养生之道歌诀云。

十点和松松、婉芳至海滨游泳。我们初来时午后气温28°,水27°—28°,昨气温水温均25°,今日均26°,但感觉到相差更大,尤其气温已有秋意。下午睡一小时。天阴,我未下水,看彬彬、松松游泳。晚六点半乘车至东山路基士林买食物,并看士楷。八点看河北省昆京剧团演出《扈家庄》和《空城计》。十点回。

飞船 No.	何时飞	操纵人	轨道数据周期	近地点	远地点	赤道交角	频率无线电	行程
No. 3	8/11 $8^h30'$	少校 Анд Гри 尼古拉耶夫	88.5′	183 km	251 km	65°	20兆, 143.6兆	95 h 64圈,二百六十万 km
No. 4	8/12 $8^h02'$	中校 П. Попович	88.5′	180 km	254 km	65°	20兆, 143.6兆	71 h 48圈,二百万 km

苏联第三、四号宇宙飞船上天记录。飞船重五T。宇宙飞船第三号飞了64圈,四号飞了48圈,后于8/15日日间下降,安然着陆,着陆地点相距很近,在卡拉干达Karaganda附近,尼古拉耶夫和波波维奇即在卡拉干达一间小房子相会。经医诊视,他们二人经四昼夜飞行,生理上没有引起显著变化。两位苏联宇宙航行员的编队飞行,是沿地球卫星轨道运行巨大科学站的第一步。两艘飞船降落时间相距只六分钟,地点也不远。而5/24 Carpenter落下大西洋,距目的〔地〕达300 miles, Vostok三号和4号相距最近只5 km,二人落地相距200 km。

8月18日　星期六　〔北戴河〕　晨阴, NNE风,风力3—4级, StCu St 10, 23.2°,室内75°F, 754 mm。上午十点, 756 mm,室内74°F。七点起有微雨,至傍晚不止,下面北东北风,上面StCu, S。下午23°。晚大雨, NNW。

晨六点起。九点士楷来。惜天气不佳,风凉而时有雨,所以不能下水。据云,唐山近来粮食供应较好,也有自由市场,包谷80¢一斤,母鸡五元一只。铁道学院并自办合作社,每月可赚钱,而物价也便宜,均是自行向乡村中购进物件。他定20或21日回唐山,因只有十天假期也。阅宛敏渭所写《我国物候学的起源及其发展》文。(p. 6)提到《易纬通卦验》中清明节的“玄鸟来”,立夏节“电见”,夏至节“蝉始鸣”,与《月令》、《吕氏春秋》把玄鸟来放在阴历二月者不同。谈到雨水与惊蛰先后次序,古籍惊蛰在先,《夏小正》正月启蛰,孔颖达“太初”以后更改气名,以雨水为正月中，惊蛰为二月节。沈存中《梦溪笔谈》所说也同。邢昺说气名之改，系起自《三统历》，顾亭林《日知录》说《三统历》未尝改，雨水在惊蛰之前，改之者乃《四分历》也。（p. 13）贾思勰所说大、小麦生长至成熟时期要比目前为长一些（可能）。贾思勰又说白露防霜。观白居易刈麦诗，知道那时关中以五月刈麦，但近来关中则阳历五月下旬已成熟（"田家少闲月，五月人倍忙"）。《陈旉农书》中说那时南方种小麦是在八月社前，即在白露节左右，但近来江浙一带小麦都在寒露霜降，可知秋季南宋比现时为冷。全文约二万字。

晚阅邹树文著《中国昆虫学史》目录及绪言，八千字，全书二十多万字。我只看了绪言。其中说《礼记 · 月令》是刘歆就《淮南子 · 时则训》改写，而伪托周公以遂王莽篡夺汉位。说《月令》分动物为鳞、羽、裸、毛、介，引起动物的五行。说《尔雅》分虫、鱼、鸟、兽，是纯朴的唯物论。最早治蝗书见南宋董煟的《救荒活民书》。徐光启引于《农政全书》中说春秋之螽即后世之蝗，史书的蚜蚄即今之粘虫云。

8 月 19 日　星期日　〔北戴河〕　晨阴，户外 18.5°（65°F），室内 71°F，StCu 10，风力 2 级，751 mm。昨晚大风雨，至子夜稍停，晨起地全湿，十九号楼走廊西北面均被雨打，马路上黄泥变软。下午晴。晚室内 74°F，750 mm，风 1 级，浪平一级。

晨起风已停，但海浪仍相当大。今日国务〔院〕休养所出通知，报告东山、西山各游泳场有小鲨鱼甚多，在网中已钩到（十五、十六两天）十余条，所以劝大家不要游泳至网外。十点，和松松、婉芳至海滨游泳。我游至网边已深感气喘，因浪大之故，估计距离约 70—80 m。士楷来，但以浪大未下水，他明晚回唐山。他约我去唐山会从前唐山老同学余明德，现任唐山副市长，兼启新洋灰公司经理多年。我以人多不便只身半途停留。下午睡一小时。三点又和允敏等至海滨。我游至网边二次。现已值立秋之后，下午三点的太阳已不猛烈。今天和风秋阳，惟海中扬波不绝，想系昨晚风暴之尾声也，至晚波暂平。

下午阅 *Physics of the Upper Atmosphere*《高层大气物理》，Edited by J. A. Ratcliffe，第一章，Sydney Chapman 著 The Earth's Outermost Atmosphere，the Thermosphere pp. 1—16。在 Pascal 时代，以为气压、气温均向高空锐减，这样空气厚度不过 50 km。但 1900 年 De Bort 用风筝发现，到 10 km 气温不再减。Napier Shaw 名下层为 troposphere，上层为同温层，温度减率为 Lapse Rate。当时以为向上 O_2 减少而 N_2、He 增加，但近年来以火箭取样直至 60 km，空气成分和地面无异。1922，Lindemann 和 Dobson 以流星遗迹算出空气密度高空较预期为高，所以知道高空密度比预期为大，温度高，使 150 km 以外炮声能听见。用火箭证明到 50 km T 在 280—300 K，向上又减至 80 km 为 150—220 K。

km	Protosphere Mainly Ionized H	
	Metasphere Mainly Hydrogcn	
	Mainly N_2 and O	
(Mesopause 80—85)		Meso
	Mesosphere B	pause
(Mesopeak 50)		
	Mesosphere A	
Stratopause		
	Stratosphere	
(Tropopause 10— 0)		Tropo
	Troposphere	pause

8月20日　星期一　〔北戴河〕 晨室内73°F,户外20°,昙, ACu, Ci 6, 风一级, SE,海浪1, 750 mm。下午室内78° F,昙, Ci,风力2—3级,海浪1级, 748 mm。

晨五点三刻起。七点早餐。餐后至医务所,大家磅重量,计松松89斤,天舒22,婉芳104,彬彬120,桢95,汲93。其中婉芳反轻了一斤,天舒未改,松松、允敏和我各重一斤,彬彬重了四斤。上午十点,至海边游泳。今日浪平,所以比较游泳时间较长。中膳拍照数帧。睡两小时。未下水,和松松至海边,遇何长工、董人材二副部长、王昆仑委员,以二蟹见示,均直行。蟹甚小,作褐色,大如铜板,据云在鸽子窝海边获得。今日在海边也有人获章鱼、螃蟹之类。彬彬于下午四点多去东山路购火腿、叉烧之类。

阅*Physics of the Upper Atmosphere*第二章, M. Nicolet著"The Properties and Constitution of the Upper Atmosphere"《高层大气的特性和组成》。他把85 km以下这一层称为Homosphere,因空气成分不变,其上层为Heterosphere。认为同温层可至50 km高,即称Stratospause。而在此层,空气之混合也非常活跃,不但有东西而且有南北的混合。从1883年印尼Krakatoa火山的爆发,知道此层空气的运行平均可达120 km,在Stratosphere则温度可至270—290 K,比Tropopause的190—220 K

为高。在 Stratosphere 之上为 Mesosphere，在此层温度向上递减，直到 150K 左右 85 km 高度，此为 Mesopause。在此层空气的化学作用占了重要地位，所以看到夜天光 Airglow。

晚和允敏等看苏联电影《少女的青春》«Девичир»。其中有 Volga 运河上 Stalingrad 附近若〔干〕镜头。在此以先，又有中国科学院少数民族研究所和其他机关合作所制的，云南哀牢山区布依族生活状况片。十点半回。

8 月 21 日　星期二　〔北戴河〕　晨昙，FrSt StCu，Cu Castellanus 东北方，22°，室内 76°F，凪，海浪一级，748 mm，云行(FrSt)北，下午晴。

上午至北戴河镇上购食物。中午胡刚复来。晚潘老、严慕光来。

晨六点起。八点半和允敏乘车赴北戴河镇上赶集，地点在车站的西面约三里路。北戴河每逢阴历二和七赶集。今日天气好，所以赶集的人甚多，真是肩摩踵接。售货者多步行，随带货物，其中以菜蔬如茄子、南瓜、豇豆〔　〕，卖鸡蛋和子鸡者亦不少，卖肉只一处，卖鱼亦少。见有卖海蟹或螃蟹者。水果有桃、苹果、梨及葡萄，很少佳者。葡萄和桃各四五角一斤，螃蟹一元八只，鸡蛋中等大的 25 ¢ 一个。我们买了鸡蛋、桃、甜瓜、螃蟹，而回途中又在基思林对门 85 号购了奶油(四元一磅)、火腿(2. 50 一斤)、香肠等。

十点回到鹰角路一号，我即去海边游泳。今日晨间有 FrSt，但未几即消除。上午日光甚猛。入水后不久有人说南开某教授来觅余，已去 19 号楼。余心知为刚复。出水后，回途遇刚复，渠又赴海滨。我们留他在膳厅吃螃蟹。蟹尚未到时，所以不甚肥。下午睡一小时后又至海边游泳，遇何长工。据他说东山海滨滩为北戴河第一，所以他每天乘车来。晚膳后至 44 楼晤严慕光、潘梓年、秦力生，均不在家。回后不久，慕光和梓年夫妇来，谈至七点三刻。至俱乐部看电影，为捷克片《锁链》，述一兽医人员娶一富家女而不合意，卒致离婚事。此片光线不明，内容情节亦差，表情亦寻常。

Physics of the Upper Atmosphere Chapter 2，p. 20，在 Mesospause 之上，空气的成分和结构有了变动，而且向上温度骤升，所以命名为 Heterosphere。这是由于(1) Dissociation of O_2 和(2) Diffusion。此层也名 Thermosphere，因温度骤高。热量的传达在低空由对流，高层由于传导。

8月22日　星期三　〔北戴河〕　晨晴,户外23°（74°F）,室内76°F, ACu 1, W,风力1,海浪一级, 750 mm。中午晴,户外29°（84°F）,室内81°F,风力1—2级, 750 mm。午后三点户外22°（72°F）,气压751 mm。下午一点半闻雷声远远,二点四十分大雷雨。两次霹雳,声震屋宇。

晨六点起。上午阅《高空物理》书。十点至海滨。今日天上少云,烈日当空晒,背有点痛,但觉闷热,雷雨之预兆也。小飞飞(天舒)虽仅十九个月,但在沙滩上横冲直撞地走,一无所畏惧。十点三刻,胡刚复和南琦来。南琦从杭州别后未曾见过,殆已十五六年。渠现在吉林人民大学为物理教员,已结婚,这次同来北戴河休养。昨晚慕光等来时,允敏曾剖两香瓜飨客,我吃了两瓣,觉得既不香也不甜。子夜三点左右即水泻,即吃合霉素四粒。上午又泻两次,下午一点半一次,但不觉疼痛。在南方时黄金瓜于余亦不相宜,但不料灵敏至于如此。今日决定我们于廿八号回北京。婉芳于廿九晨在北京乘车去沪杭,卅一日可到建德学校。松松在科技大学要九月三日才报到,仍有时间。

	Ratio by $\overline{V}$	No. (cm^{-3})
He	5.24×10^{-6}	1.41×10^{14}
Ne	1.818×10^{-5}	4.89×10^{14}
Ar	9.34×10^{-3}	2.51×10^{17}
Kr	1.14×10^{-6}	3.06×10^{13}
Xe	8.7×10^{-8}	2.34×10^{12}

《高空物理》第二章 p. 26, Inert gases at ground level(表二)。地球面部氦之所以少,由于其向外逃逸。据估计,地球面部 U 和 Th 的分化每 cm^2 每秒所产生氦有一二百万 particles。所以只需二百万年已可得全数的氦,即 1.13×10^{20} He atom cm^{-3},但地球生命估计已四十亿年,所以大部氦均已逃逸。从此可以从 Escape Velocity 算出 Thermosphere 的上层要有 2000 K 温度。

8月23日　星期四　〔北戴河〕　晨晴, 754 mm,户外22°（72°F）,室内76°F,北风,风力1,海浪平1,除天边有云外,晴。下午晴。

接周达甫十八日函,他现在中央民族学院语文系兼任历史所,曾去海拉尔。

晨五点多起看日出。早餐后阅气象学会寄来我在8月2日气象学会学术会议所作开幕词,当时因没有多少时间准备,信口开河地讲了半小时,所以录音写出后有不少要改动。十点半,楚图南太太来。知楚曾担任云南大学教员,故与熊庆来甚相熟云。下午作函与上海华东师大严钦尚。上午十点半和彬彬等入海游泳约一小时,下午因浪较大,我未游泳。从昨起松松因行月经关系不能游泳,而连日风平浪静,至为可惜,故觉烦恼。晚七点和彬彬乘车至北戴河街上,先在基士林吃冰淇淋,遇前驻英代办宦乡夫妇和小孩。知宦乡离英国已一个多月,于昨日来北戴河,住中〔海滩〕23号,我约明去看他们。八点在文化宫看天津京剧团厉慧良等演《长坂坡》与《江汉津》,厉一人先饰赵云后饰关羽。至十点多散。

《高空物理》第二章 Nicolet "Properties and Constitution of the Upper Atmosphere", p. 54 推算 120—160 公里高空的气压始于 1952 年,从 12 次火箭所得出结果,从此也来定 30—80 公里以上的气温。从 160—220 km 的空气密度又来定出各层空气温度,而知从 110—220 km 的升温是每 km^{-1} 6°,但 100 km 以上的温度目前尚不可靠。我们姑且定 Stratopause (50 km±)的温度为 273°K, Mesopause 的 T 为 190°—130°K (100 km 高)。在 100 km 高处,密度从 4.5×10^{-4} mmHg—4.2×10^{-4} mm,以至 1.1×10^{-4} mm,相差至四倍。在 70 km,气压为 4.5×10^{-2} mm,密度 10^{-7}gm cm^{-3},到 200 km 高度则 D 与 P 可相差至十倍。在 59°N,夏日可达 6×10^{-13}gm cm^{-3},冬夜 4×10^{-14} gm cm^{-3}。

8月24日　星期五　〔北戴河〕　晨晴,风力 4—5 级, ENE, Clear,户外 23°(74°F),室内 75°F,海浪 3 级。午后三点晴, SE 3— 4 级,浪 3— 4 级,户外 27°(81°F),室内 78°F, 754 mm。

晨五点廿分起。日方出不久,天边略有云彩,但有四五级风,因此海浪亦稍高。九点和允敏、松至北戴河市上,送松至保四路看其同学叶君。我和允敏乘车觅中海滩 23 号宦乡所寓地址。中海滩系沿海边,高下不平,南北也不作直线。初在街上我不得要领,次至海滩上也不知 23 号所在。幸远远地允敏看见一别墅中有如陈叔通的老人,乃命停车询问,果然陈叔老和黄任老夫妇及吴贻芳。知其实为中海滩 26,而宦乡寓即在另一山头,可以望见,小路去甚近,但汽车仍需绕道至街上经保三路方至其地。遇宦乡夫妇和外交部姚君与秦皇岛的秘书杨君。杨在这一带多年。据云秦皇岛有人口十二万人。耀华玻璃厂是国内知名的。这一带气候,六、七两月潮湿多雨,立秋以后始晴天多。北戴河且多雷和雹,像廿二号那样大雨是常有的。那天不但雷响,而且落了雹子如核桃,幸亏面积不大,损失尚小云。出至中海滩二号晤沈兹九,遇其外孙女,知沈在海滨洗浴,乃至中海滩海滨浴场。此处今日浪比东山区为小,遇李〔　〕、邵力子、史良、程潜、鲍尔汉、沈兹九等。十一点又回至保四路,接松同至基士林吃冰淇淋。十二点回鹰角路一号。

下午四点,和允敏、松松至海滨晒太阳。晚七点半,至俱乐部看电影《小金鱼》和法国电影《仅次于上帝的人》。述一租船为业的船长,在 1938 把船从德国汉堡运 150 个犹太人至埃及 Alexandria,为岸上所阻又驶往英国,也不得上岸,卒致决定把船炸沉,犹太人始得救。十点廿分散。

8月25日　星期六　〔北戴河〕　晨晴, 752 mm,户外 19.6°,室内 73°F, WSW, Land breeze,风力 1—2 级,海浪 2—3 级。下午 750 mm,户外 26.6°(80°F),室内 78°F, Ci 1 。

晨五点廿分起。太阳方出。海上风力比昨小,所以海浪也小,风自西来。因近日天气晴佳,有 Land Breeze,至日间八点半已转东北风,变为海风矣。今日秦力生秘书长一家回北京,鹰角路一号日渐冷落,而天气却非常晴朗。上午九点,和允敏、松松至海滨。松松也勉强下水,未几彬彬也来。今日虽尚小有浪,但水温甚好,太阳更猛。至十一点始上来。午后睡一小时四十分。下午阅刘少奇同志在《红旗》15—16 合期中《共产党员修养》一文。

刘少奇《论共产党员的修养》。p.1,人们的社会存在,决定人们的意识思想。阶级社会中,不同阶级人们思想意识,反映着不同阶级的地位和利益。p.2,我们应该把自己看作是需要而且可以改造的,不要把自己看作是不变的……。革命者要改造和提高自己,必须参加革命实践,绝不能离开革命的实践……。p.〔　〕,我们共产党不是从天上掉下来的,而是从中国社会中产生的,……为了保持我们无产阶级的先锋战士的纯洁,提高我们的革命品质和工作能力,每个党员必须从各方面加强自己的锻炼和修养。p.7,要站在马克思列宁主义的坚定的立场上,掌握马克思列宁主义的方法,身体力行,活泼地去指导一切的革命斗争,改造现实,同时改造他们自己。p.11,一个共产党员如果没有明确而坚定的无产阶级立场……,要彻底了解和真正掌握马列主义的理论和方法,并使之成为革命斗争武器,是不可能的。同时……如果不努力学习马列主义的理论和方法……他要在一切革命斗争中坚持无产阶级立场……这也是不可能的。

8月26日　星期日　〔北戴河〕　晨阴, FrSt S ACu 10, 749 mm, 22°,室内 76°F,风力 1, SW,海浪 1。下午二点阴, 749 mm,户外 25.3° (78°F),室内 76°F, St FrSt 10,微雨。下午二点起雨落大一小时,三点半雷响。大部燕子 Swift 已离去海滨,但黄鹂与一部燕子、小燕子仍留北戴河。

晨五点廿分起。看东方天边云多,但海浪平静,仍有陆风,知今日天气将变。七点早餐后,送楚图南夫妇及二小孩及李一平(前东大学生,现在国务院)等回北京。鹰角〔路〕一号许多服务员均来自人大会堂, 19 楼的三位女服务员一姓武、一姓刘、一姓王,均在人大会堂二楼服务,将分两批于廿九日和九月一日回北京,所以我们于廿八号走后此间只很少人留住,惟严慕光将留至九月初,王昆仑在此养病,将留一时云。上午十点左右宦乡夫妇来。宦生长在贵州遵义,离乡四十年未回家。有七小孩,最小已要入高中。近驻英代办八年之久,可称英国通。据云,英国 Royal Society of Arts 已向我国交涉,要派考古家 Mortimer 等二人、历史专家三人来我国研究,并设立一个 Institute。我们不大欢迎,尚未与答复。下月廿日左右皇家学会派人来,将与此事有关云。

《共产党员的修养》。p. 11,马克思列宁主义理论是我们观察一切现象,处理一切问题的武器,特别是观察一切社会现象,处理一切社会问题的武器。(p. 14)列宁说:"没有革命的理论,就不会有革命的运动。"(p. 14)思想意识上的修养,基本上用无产阶级的思想意识和自己的非无产阶级思想意识进行斗争……。用无产阶级的、人民的、党的利益高于一切的原则去和自己个人主义思想进行斗争。

共产主义事业。共产主义事业是人类历史上空前伟大的事业,共产主义要最后地消灭剥削,消灭阶级,要解放全人类,要把人类社会推到空前未有的无限光明的……境地。另一方面,共产主义事业是人类历史上空前艰难的事业,必须经过长期、艰苦、曲折的斗争,才能战胜强大的敌人,战胜一切剥削阶级。

8月27日　星期一　〔北戴河〕　晨晴, WSW,风力 0—1,海浪一级, 20°(室内), ACu 1。749 mm。下午三点起雨,并雷电并发,外间 22°,户内 76°F, 风 SWW, 750 mm,至四点半雨尚未停。

晨五点即起,看日出,天边略有雾,海平浪静。七点早餐后,和允敏、彬彬、松松、婉芳、天舒(飞飞)徒步出鹰角路一号,出大〔门〕循东经路至东二路,循小径至中海滩,直走至前日沈兹九等游泳地点,即六所房子邵力子等所居处。从此回头,循海边走,又走错了路,从东二路回,回到鹰角路已九点三刻,计走 2h15′。允敏已走得筋疲力尽,稍息后,我和彬彬、松松又下海。今日海无浪,而日光尚猛,惜海滩上人已不多。明日我们和屈武、潘老均离去,则人将更少矣。午后睡一小时。二点至海滨,彬和松游泳,我去坐半小时。因雷雨将至,乃先上,阅《党纲》。

《共产党员的修养》。(p. 16)共产党和无产阶级是正在产生着和正在发展着的新事物,依人类社会发展的历史规律,正在产生、正在发展的东西是不可战胜的。……我们为了获得胜利,就不但要和剥削阶级进行严重的斗争,而且要和剥削阶级在群众中长期造成的影响,要和群众中落后意识、落后现象进行斗争,才能提高群众的觉悟,团结广大群众,去战胜剥削阶级。p. 19,在个人利益和党的利益不一致的时候,能够毫不踌躇、毫不勉强地服从党的利益……甚至牺牲个人的生命,这就是我们常说的党性或党的观念,组织观念的一种表现,这就〔是〕共产主义道德的最高表现……。(p. 20)党员第一要有明确坚定立场,对一切同志忠诚热爱。第二,他没有任何私心,所以无所畏惧,永远不怕真理。第三,他能够运用马列主义的理论和方法，在革命实践中检验一切理论和是非。第四，他无私心，所以坦白愉快。第五，他有最高尚自尊心，对同志最能宽大容忍。

8月28日　星期二　从北戴河回北京　晨晴，750 mm，18.6°，室内71°F，风力1，SW，海浪1，Clear，天边有ACu。下午晴，在火车上上午31°，下午35°。三点到北京，最高29°，晴，十七天来北京未雨。

下午开61次人大常委，听黄镇副部长报告Algeria。

晨五点即起，看日出天边。昨、前两日均有雷雨，所以甚清晰。从十九楼走廊上照相，适可见有机渔轮停在海边，也可为照相的点缀。七点早餐。餐后即上车，和国务院专家招待所服务生武、刘、王（♀）等服务人员告别。渠等均来自北京人民大会堂二楼广东、辽宁二馆，也将于廿九号与九月一号回京。今日同车回京者有前东北大学校长、现任国务院参事的王卓然，潘梓年夫妇及二子，教育部董纯才夫妇子女及某医生夫妇等。我们走后，留在鹰角路一号者惟严慕光、王昆仑曹孟君夫妇和小孩等三数家和少数外宾而已。同往者尚有王俊元秘书。大家坐一专车，为软席车，车票只3.8，比普通价不到二分之一。自北京至北戴河382 km（软席12元多，硬席7元多），所乘系30次大连开来车，在此挂了两节软席车。$8^h22'$车到，$8^h27'$车即开。最初车中尚不甚热，至下午二三点车上温度表达35°。我们一行六人，连王俊元和一小孩占六个位置，因带了40斤水果，所以行李不少（苹果@65¢、梨40¢）。$10^h20'$到唐山，停12′，$12^h30'$至天津北站，停18′，$14^h56'$到北京，即有赵锡华和张俊秀来接。和允敏、彬彬、松松、婉芳、天舒及王俊元同坐一车回。

适人大常委今日有61次会议，听取外交部副部长黄镇对于Algeria的报告。阿尔及利亚共和国面积二百二十万平方公里，人口九百六十万，首都阿尔及尔人口三十六万人，分十二个省，六个军区，已抗法国作七年半的民族战争，于今年3/14日和De Gaule政府订立了Avion协定，取得独立，六月间投票，99%以上主张独立，于7/3日宣布独立。我人民政府于1958已承认该政府云。六点回。晚晤吴副院长、杨老、郁秘书长及尹主任。士楷夫妇来。九点半睡。

8月29日　星期三　昙，AlCu 6，晨户外21°，室内76°F，750 mm。下午阴。北京已不见Swift。寓内玉簪花已颓败。大丽花开得不如去年好，北面、东、西排统没有开，南面几乎全是紫色的，黄的只有一朵，粉的二株。

晨五点半起。婉芳和天舒今日乘$7^h30'$车回杭州、建德，所以起得很早。早餐后由彬彬送婉芳赴车站。至九点我去中关村，并送彬彬回化学所。科技大学三年在中关村上课，所以也送松松到校。我至地理所，适外交〔部〕亚洲副司长张君及专员张之毅来谈中印边界事。黄秉维、李秉枢、高泳源等在座,我即参加谈论,认为有需要作适当的宣传。中巴边界不久即行谈判,而中印也有可能。中巴如巴方提出 Kara Korum 为界就无问题。据张司长云,印方所提出的洪钧地图,并非原图,而只是抄本。但洪钧原图明明指出是根据俄文本。印方各图界线不统一是其弱点云。

约文焕然来谈。他以孙鸿烈和黄盛璋等怂恿,欲做自然历史地理工作。我说古气候也是自然历史地理一部门,没有人能搞古地貌、古气候、古植被而把各方统搞好,因为科学深入以后必须分支。没有人能称他是地理专家,只能地貌学家或气候学家或土壤学家。从文焕然自述可知,他过去为了在福建师范教课,变成三脚猫,但无一深入。我劝其必须抓住一个科目,并劝其搞古气候,从明、清两代的游记、日记入手。

下午至院。接 Немчинов 涅姆钦诺夫函,为出版黑龙江论文集事。晚阅科学出版社为翻译西文科学经典著作而征求49〔位〕科学家意见。大部以为应译,有一部分以为可译,但不是重点。有少〔数〕人如赵九章、贝时璋则以为不必花力在此上。总之,在尖端科学方面是不赞同的,因为要译的东西太多了。此事系党组宣传部发起要征求大家意见,出版社主张有需要,须成立一个外文科学经典著作翻译委员会。

8月30日　星期四　晨雨,风 W, 风力 1—2 级, Nb 10, SSW, 21.6°,室内 77°F, 749 mm。

晨六点起。因天雨,只作十分钟体操,不作太极拳。九点至院。十点至九爷王府科学出版社,应化所第二室某君函,为三次要翻译英、德文的高分子化学书籍而出版社常迟迟不复云。我将此函给与赵仲池和郭佩珊两社长。关于成立出版编辑委员会事,我主张加胡愈之、王顺桐。前者可与文化部取得联系,后者则与各学会大有关系,因王顺桐系全国科协书记处书记,而胡则为文化部副部长,且对于出版有多年经验。此外,赵主张要科委有一人在内,可知中央政策,武衡已拒绝参加,韩光太忙,我就想到张有萱(科委副主任)。

十一点至科学史室,知李俨病未能办公,钱琢如至西山休假,而严敦杰因发痔入医院已两个月,尚须一个月云。和席泽宗谈,知近来天文学会在京开会,到七十多人,六十多篇论文。陈彪提出《关于以卫星在轨道转□定空气密度》文,席提了《清初王锡阐天文的工作》文。

下午三点半,至团城看苏州艺术展览会。该展览已历数月,月底将结束,有刺绣、红木、音乐器具、湖笔、扇面等。我觉得展览反不如对外展览时的精彩,如广州对外贸易的展览。晚七点半,九章和刘东生来谈关于十年规划写《总纲》事。现七个学科组每组均留二三人，如生物贝时璋、过兴先，化学唐敖庆、钱人元、张大煜，物理黄昆、朱洪元等，估计总纲约八千字，分论三万字，重要课题一万多，措施数千字，合五万字云。

8月31日　星期五　晨晴20°，室内76°F，凪，Hazy，751 mm。

晨五点半起。上午八点半至院。九点至民族饭店四楼58号，和赵九章、刘东生一谈。适今日综合组讨论基础科学规划（1963—72）的总纲，我匆匆看了一遍以后加入讨论。共有十四人在组，召集人为钱三强、钱学森和贝时璋。此外我知者有黄昆、张龙翔、张大煜、唐敖庆、王湘浩等。大家对于总纲中重点突出把原子能与卫星上天二者加以比较详细叙述，二者如何把其他相关的科学引拔起来说得很好。此外提到生物科学的发展，这的确是世界科学近年来发展形势如此。关于培养人才，提出能文能武。王湘浩提到如苏步青担作微分几何工作，只是文而不武，但其弟子谷超豪却能文能武。纲要中也提支援农业，但未能把支援农业的关键性问题提得很清楚。十二点散。在民族饭店中膳。膳后睡一小时。起后觉小便有困难，是否前列腺肿大在作怪？要诊验方知。

下午三点至二里沟，参加全国科协扩大主席团会议，到范长江、杨显东、茅唐臣、沈其益、王顺桐诸人。谈近月来各学会工作，已有二十个学会开了年会，会的学报有47种出版，尚有六种正在恢复中。沈其益谈了植物保护学会在哈尔滨开会情形。这是成立大会，到60人，提出了紧急建议。据估计在1956、57年，以有效防治方法挽回粮食100多亿斤，但因生产关系地方不好，影响农民积极性。61年螟虫损失大至五百万T，一方由于防重于治的政策60年以来放弃了的缘故。所以建议加强教育，恢复防重于治，设推广站，积极处理农药，开展植物保护研究工作云。三则世界科协定九月五日在Moscow开会，决派周培源、张维、王顺桐三人出席。谈至六点廿分，我先退席。在家晚膳后，七点至民族饭店谈如何结束讨论会，杜秘书长出席。

9月1日　星期六　晨晴20°，室内74°F，Clear，752 mm，风力一。

晨六点起。上午八点半至院。九点至民族饭店，参加讨论重点课题。综合组把七门基础科学的重要课题归纳成尖端、重大基础与重要措施，共有五十个题目，重大中以支援农业作为首要，讨论至十二点。

中膳后二点半至院。和联络局简焯坡、曹文彬、方民等谈招待英国皇家学会会员Sutherland、Brown、Waddington等事，定于九月廿三到北京。五人中有Thompson和Sutherland二人由香港至深圳入境，预备在北京留至十月二号，三号去上海，可以说基本满足他们需要。惟 Sutherland 希望看一个大水库三门峡，Powell 要想到东北，相当难以满足。此外尚有要提出交换研究生与教授(讲学)问题，英方已提若干有关于森林、建筑等研究所，我们可以派人去研究，此外医农方面也欢迎派人。他们希望派人到考古、语言、历史等单位。此外有谈到十月 10—16 日在匈牙利开会的 International Geophysical Commission 欧亚小组的第六次会议，匈方已来函邀请，参加的只有人民民主国家的人。

晚和允敏、彬、松、(张俊秀小孩)庆来等至政协礼堂看影戏《昆仑山上一棵草》及《红花处处开》。

9月2日　星期日　晨晴，FrCu 1，风 S，风力 1，19.6°，室内 74°F，752 mm。

下午晤钱乙藜。晚王仁东夫妇、杨增慧来谈。

晨六点起。上午作函四道，复曾膺联爱人张琴宝、唐燿、二嫂子(丁圆姑)及周然夫函。十二点，波若和阿六(乃钰)、贤贤、陈志刚等来。贤贤去年小产后现又大腹便便，不久将临盆，所以从山西太原来北京陈家生产。士楷夫妇也来京护视。今晨松松因校中有事先回，彬彬和允敏在家与士楷同吃鹅肉，系院中分配给我们的，重 12 斤，@1.50。阿六现在北大化学系三年级，阿七在南开生物系二年级，乃宜今年北大物理毕业尚未分配，乃飞天津大学去年毕业，在沈阳精密仪器厂，贤贤在太原教育厅任计划建筑，乃刚在计算数学所，乃超在西宁商业厅，原来设计冷藏，现做行政工作云。

下午三点，至北兵马司十三号晤钱乙藜。他不久将出去至河南、陕西视察水土保持事。据云，现黄河水位只到 335 m 海拔，估计三门峡库内已积淤 14 亿 m^3 泥，而到 340 m 高海拔也只 140 亿 m^3。估计每年平均泥有 19 亿 T，约 14 亿 m^3。所以虽是三门峡以上，也在淤积，但大部如入库则十多年可以淤满。此外，三门峡以下清水冲刷力大也成问题，所以他此去是视察二省。

晚杨增慧和王仁东夫妇来谈。王已脱去右派帽子，现在浙大化工、机械系任教。据云此来系开会，化肥问题。1958—9 年曾一度要大量设 800 T—2000 T 化肥，但所出 NH_3NO_3 每吨价贵至二千至六千元，而大规模制只二百元一 T，所以不上算，甚至 25000 厂也统下了马。他对于五年制的不甚赞〔成〕，六年制更不合适，云云。

9月3日　星期一　晨晴 22°，室内 77°F，Clear，751 mm。下午晴。

晨八点半至院。九点看牙科医生王洁泉，以右下二 molar 之间有一缝，易进食物，每次食后要用牙签去剔除，遂使洞愈大，所以要王医设法。王诊后以为可以在

Bridge 上加一包护层,可以不使食物进入空处。十点至民族饭店,和赵九章、贝时璋谈重点项目中关于农业支援部分中农业气候部分。中膳后睡一小时。洗浴。回至院中。又回家作函数通。

四点半又回至民族饭店,和钱学森谈关于星际航行座谈会事。此事经他发起举行,目的在于座谈星际航行各项研究问题,但过去举行讨论变成一二小时的演讲,成为高级科普工作。去年举行每月钱学森讲了"星际航行中的火箭动力及其展望",赵九章"地球高层大气及外空间的几个问题",郭永怀"宇宙飞船的回地问题",张翰英"卫星上的遥测遥控",吕保维"地面与高空火箭间的无线电波传波问题"等。原来只预备20—30人集会,现已变成二三百人的讲演会,一般在星期六下午,在力学所或自动化所进行。今年已安排好十一个题目,但尚未作过演讲。这一类演讲他赞成继续举行,但二三十人的讨论会也要举行。这事和保密有关。过去各所互不通信息,大家不了解旁所所进行工作,所以有沟通之需要,云云。六点回。

寄宁宁、祥清、熊伯衡、北京农业机械化学院

9月4日　星期二　晨晴 20°,室内 76°F,风力 1—2 级, Clear, 752 mm。寓中的新种白玉兰已长了许多花苞,玉簪花则全败落。我们去北戴河时玉簪方初开,回时已将谢凋矣。此时竹架上丝瓜(黄花)、豆子(红花)、牵牛(白花)正每晨盛开。

晨六点起。上午九点至中关村生物楼地理所。首先约宛敏渭谈。他已将《物候》稿第三章写好,正在誊抄中。关于《物候》的植物指标,已和俞德浚商量数次,发出函件四十多封。回信可以参加工作者有十九处,其中尤以武汉植物园、西北农大为热心。此二处有陈封怀和辛树帜,我一年前为物候事曾经通讯。

次高泳源、熊宗英等三人来谈,为外交部托调查中印边界事。阅 Cuningham 1854 年著 *Ladak* 书上的地图,与目前我国地图中印西部边界相差无几。边界变动乃是俄人进取浩罕 Kokhend,安集延之阿古柏窜入南疆占为己有,凡八年之久。此时英国人 Johnson 1864 任意测量阿克赛钦地区,改变边界。此时英国人本意图占据南疆,而 1864 年同治三年正值南疆库车地方马隆结外反叛,同年乌鲁木齐安得璘据城自立,帝俄占据浩罕(乌兹别克)首都塔什干,英国就帮安集延的帕夏 Pasha 阿古柏潜入南疆八城。相应同时俄人取伊犁。阿古柏占南疆十年之久,直到 1875 光绪元年左宗棠入疆,始伐阿古柏。〔翌〕闰五月就入乌鲁木齐,阿古柏时在达坂城,势已垂危。至 1877(光绪三年)英人尚恳中国大使郭松焘为阿古柏求和,请许其降清授地,以保护安集延。当时在阿古柏军中有英官一人,参谋十人,印度 30 多人,克什米尔 700 多人。南疆平服后 1881 俄人归还伊犁, 1882 立新疆省。罗开富来谈知其明日将去广州,在中南分院地理所工作,闻楼桐茂也将调往。瞿宁淑来谈地理学会事。最后江爱良来谈橡胶寒害问题。连续与七八人谈话后实在有点倦,

十二点回,途中已睡着。

下午三点至人大常委,听取对外文化联络委员会张致祥报告国外《毛选》销行情况及其影响。六点回。

9月5日　星期三　晨晴19°,下午室内27.8°。晚753 mm,晴。晚游泳池水24°。

柴达木盆地气候变迁。

晨六点起。上午八点半至院。阅Петров彼得罗夫所送来《关于青海省柴达木盆地地理环境和如何改造利用问题》。据原文俄文打字共73页,另有图42幅。此系根据1959 Петров在柴达木旅行而作成。其中提到柴达木的盐湖系第四纪末期一个大盐湖干涸而成。据第十图为格尔木附近地质剖面图,可以看出除浮面的风沙层下即为湖成沉积。可知当时的(第四纪末期)达布逊湖面积直达格尔木附近。这说法Синицын西尼村氏曾在《中亚》«Центральная Азия» 1959已提到。晚至工人体育馆游泳。晚乃宜和其新夫人林邦慧来。林,广东汕头人,北大地球物理系毕业,与乃宜同年而略长,在北京进中学。

据M. П. Петров «Песчаные Массивы Цадсема И Фетомелиорацця Их»文中说,盆地在昆仑山北麓,宽度只50—60 km,而长达350 km,海拔2800 m,长有柽柳Tamarisk、白刺等。圆形沙丘被柽柳所固定。在第四纪后期,随着径流的减少气候也变干,湖泊面积开始缩小,有些河流变成干的三角洲。考虑到此区风成沙丘传播不广,可以认为形成期短,这带是和昆仑山平行的,为灌丛所固定,广只2—3 km,长300 km。沙为灌丛固定,说明当时淡水潜水位很高,沙子被风吹来为植被所堆积,但目前潜水在三角洲上已深达三四公尺,到沙堆则深达15—20 m。矿化度高,以致柽柳天然更新成为不可能,植被条件已恶化。1958年格尔木城区在旧有的柽柳丛约砍伐了十三万五千〈千〉吨,开辟二千公顷地来灌溉,结果固定的大沙丘重复形成。移动沙丘形成高约20—25米的新月形沙丘,为时不过一年而已,云云。

9月6日　星期四　晨晴,最高28°,最低15°。

晚至院第二会议室,看苏联科普电影《第一、二次宇宙旅行》。

晨六点起。上午八点半至院。寄函与列宁格勒大学Петров教授及昆明唐燿、林业研究所(万寿山)陈嵘。九点参加民族饭店综合组讨论会,讨论提纲二稿。我到民族饭店时才接到二稿,所以没有时间能仔细看,讨论时就提意见关于农业支援提得不够,但实际最后部分已大加扩充。我这如此粗枝大叶,应该加以检讨。入党时马玉书同志给我一纸,说党有“三大纪律八项注意”。“三大纪律”是如实反映情况,正确执行党的政策和实行民主集中。“八项注意”有一项是没有调查没有发言权,我既没有如实反映情况也随便乱发言,可耻之至。

十一点至出版社,和周太玄、赵仲池二社长谈。我反映了地理所瞿宁淑告我出版社不要太多干涉各学报主编的小事情,如给稿费多少一点等。《物理学报》、《植物学报》等也有意见。关于出版委员会,我主张加胡愈之(可代表文化部,且是出版界老前辈)、黄继武(原定王顺桐)二人,我已经面洽并打电话。赵主张科委必须有人,武衡不愿加入,我主张加张有萱,但恐张不干耳。编辑方面,主张加郭永怀、刘仙洲、马大猷等等多人,我主张加郭永怀。十二点回。下午未出。

五点至政协礼堂晚膳,遇刘崇乐、赵忠尧等二位太太,及邹秉文、董守义、邵力子、饶树人等。七点看苏联科普制影片《东方一号和二号,第一次、二次宇宙旅行》,述训练宇宙航行运〔行〕较为详细,次则欢迎庆祝场面镜头多,宇宙船只有一个镜头,系加加林登上时摄。舱比美国大得多(据九章云,美国仅足容一人),发动机据报告系2000 kW?,飞船重五吨,美国一吨五而已。九点半回。

9月7日　星期五　晴,754 mm,18.6°,室内〔　〕,Clear,风力2—3级,SW。

晨六点起,太极拳20分钟。八点半到院。和于强、王遵伋二人谈新疆综合考察四年工作总结出专刊事。到目前为止,已交稿的有昆虫十五万字,新疆农业气候卅万字,畜牧四十万,土壤六十万,新疆农业卅万,水文地理卅万,水文地质卅万,鸟类、兽类卅万,以上共265万字,于今年可以交稿。此外尚有新疆地貌约五十万字,经济地理45万字,植被、林业、草地七十万字,共165万字,明年交稿。但出版社只允给二百万字,并要一次交稿,所以发生了问题。我当与出版社分析情况,再做决定。此外,尚有58年年报1/3未出,59年的全年稿也未交,云云。十点半至北京医院,看王洁泉医生。他为我做Bridge上一个掩护,使食物不跑进空处,出了三元材料费。

下午二点,乘车至陶然亭游泳。管车者从前马姓已离去,今日有女性王君代之。在池边遇市政府吴局长。现3—5系国家游泳队在此练习,且十号陶然亭游泳池即关门云。四点多回。作函五道,与许道夫、周立三、傅婉芳、杨宣仁、竺士樵,并寄士樵十元钱。

晚范长江约在西苑大旅社二楼即新疆饭店晚膳,到黄继武和严慕光。范意欲于国庆前做出一个各学会通则,包括学会组织、会员、理事和学会工作等。八点半回。

9月8日　星期六　晨晴，风力2—3级，16.2°，室内74°F，752 mm。

晨六点起，太极拳20′。上午阅《十年远景科技规划》关于基础科学提纲部分，集中院中科学翘楚共同讨论二十多天的二稿已出来，可以说每句每字都做推敲，从数学、力学、天文、物理、化学、〔生物、〕地学七部门的分论，可以知物理近来的发展真是千丝万缕，与其他基础及技术科学尽有关系，而数学、力学也大显身手，化学发展虽速，但已瞠乎于物理之后，而生物则惟理化之马首是瞻，地学竟是望洋兴叹。从这次规划的讨论，大家切磋琢磨，相得益彰。吴副院长始终其事，我只参加数次，自惭落后太多，而且不从头参加，更无从置喙。当然参加其间于我会有好处，但正如刘姥姥进大观园，有点莫名其妙而已。

简焯坡来谈，为今晚参加保加利亚大使Кумбилев库姆比利也夫和夫人庆祝保国国庆十八周年纪念事。适保和朝鲜人民共和国为在保的朝鲜留学生事有点纠纷，引起不快事，所以今晚庆祝去的人较原定为少。我和李强、张文伯坐在一起。据李强云，他是常熟人，但在杭州读书多年，是宗文中学学生，因闹事被开除，云后至苏联留学、居留十多年之久。今日到者陈毅副总理、习仲勋秘书长、陈叔通等。大使讲〔话〕时提到对于朝鲜人民主义共和〔国〕要美帝撤兵的同情。陈外长回答时提到社会主义国家应互相靠近、团结，云云。

9月9日　星期日　晨晴，Clear，16.5°，室内72°F，752，风力1—2级。

今日上午华东解放军击落美制U 2型飞机一架，这是一件大事。今日称得穿单衣裤允敏102，松98，桢102。

晨六点起。上午阅《长远科技规划》的二稿，和尹赞勋谈廿分钟。对于学会他不赞成分得无穷细，认以为应有若干会员以后始能成立一个学会。士俊来谈。知其并未回浙江，其四女均已出嫁（长女已病故），长子碚在北大数学系三年级，平今年考取北京工业管理学院，三子西北大附中高三，幼子庆今年考取河北中学云。关于中国蚕丝之所〔以〕不能生产增长，据士俊说由于下列原因：国家收购全部蚕茧，使蚕农无利可图（因收购价格低），蚕农要想自己留丝绵也不可得；二则国家粮食政策，使蚕农要赔本买粮食自给，所以无法自给；三则收购茧价太低，农民不上算；至于技术上问题是次要的。士俊说过去无锡农民每人吃五百斤一年，现因购粮只能吃三百多斤，所以觉不够吃。但是安徽实行分产到户，今年可以不用粮票而家家足食，可见分产到户是鼓励农民积极性的有利因素，云云。

下午二点，和松松、林宝骆至和平门外陶然亭游泳场游泳。此时是公众不准入场的，所以人少，但水貌似洁净，而其实不然，因已一星期未全部更换了。松松不知如何有点怕冷，实际水温大概在25°—26°。我至冲浴间觉霉气充塞，而冲盆均已坏,不加修理;厕所之脏,几乎难以言语形容,而此处是国家游泳队练习地点。对于他们,这是非常坏的卫生教育,若做国际竞赛,这样状况简直是不行的。四点〔回〕。

9月10日　星期一　晨昙, CiSt 8, 19°,室内 74°F, 748 mm。

晨六点起。上午八点半到民族饭店。今天上、下午均参加了十年远景科技规划小组对于《总论》三稿的讨论。现在参加的人来得更少,只有钱三强、钱学森、贝时璋(三人组长)及田方增、朱洪元、刘东生、沈元、汪志华、陈彪、赵九章、洪朝生、黄昆、张大煜、张龙翔等。过去我很少参加,而吴副院长一直参与其事,所以他极为熟悉。我觉得过去讨论得很仔细,每句每字必争。关于数理化若干问题,我还不够理解,实际我不能置一词,所以参加于我有点好处,但对于规划并无补益。今日下午杜秘书长也参加了,他发了许多议论。我总觉得《总论》对于技术科学照顾很多,而对于农医照顾不够,因技术科学有李薰、王大珩等人议论,对于基础科学组发生影响,而且卫星上天和原子能统靠技术科学,而农医既不在民族饭店(在西苑宾馆)做规划,又无有力的人提意见,所以农医在《总论》中谈得很少。农方面本来过兴先是在小组的成员,但他又去参加农组的讨论了。小组中原来尚有王湘浩、唐敖庆、钱人元,因有事均告假。吴衍庆代表教育部,黄正夏代表(科委)?。

古气候。据文焕然《在福建关于清初的气候》,如《榕城纪闻》载,顺治甲午十一年(1654)大霜五十余日,人冻死无数。又丙申十三年(1656)正月十五大雪,山上积雪一丈,平地五尺,十六日地冻河水凝结可载人行。近时福州气象记录冬季结霜最多, 1939年不过17日,平地飞雪很〔少〕见,静止水可短期结冰。顺治十三年一月大雪,除福州外有罗源、沙县、宁洋(在漳平)、宁化、清流、长汀、连城、武平、上杭、德化,以至莆田、仙游、永春、安溪、泉州、同安、漳浦等地均雨雪,《泉州府志》说泉州平地雪深五尺余,漳浦雪高二尺。

9月11日　星期二　晨晴, Ci 1,下降, 18.5°,室内 74°F, 752 mm。

上午至中关村31楼101号看熊迪之(庆来),祝他70寿辰。

晨六点起, 20′钟太极拳。八点半和允敏驱车至中关村院宿舍31楼熊迪之家,祝他70寿辰。今天是他生日,他的学生曾为他于四日做了生日晚会,我事先得通知,以为尚早未复信,所以未及加入。知迪之有三子二女。长子在云南锡矿。次子在瑞士,为雕刻艺术家,曾得法国几次奖金。他与杨武之之子杨振宁(即发〔现〕宇称不守恒律而得 Nobel 奖金者)同学。近来杨武之去瑞士,曾与其子杨振宁及熊秉明 K. L. Hiong 同拍一照,迪之以示我。最幼子则在北京云。他走路似比初回国时好,但血压仍高,有时到 230,低血压也 70 云。出。送允敏至赵家后至地理所,和文焕然谈,劝他要专心研究一个问题,不要贪多。和宛敏渭〔谈〕,要他看生态书籍;和瞿宁淑谈,知加纳有地理学家来,我主张由郭敬辉接待。

下午一点半至太阳宫体育场,看全国十单位网球比赛。看女子单打,上海戚凤娣对北京体院刘和胜,6—0、6—1。湖北严大翠对北京体院许淑莲,6—3、4—6、6—0。严大翠(有 Rheumatism 风湿症)比赛方完即倒地上,半小时后被人扶出。男子单打,北京王福章对天津唐家瑛,5—7、6—1、1—1。未终场,因已五点半,我离场回。在场中遇张奚若、俞心清、吕正操、蔡廷锴等。张奚若说他从 1913—1937 打 24 年网球,我则从 1912—1962 打了五十年,但从来没有打好。张奚若谈到过去曾见 Tilden、Johnston、Williams、Brookes 等打球,以为是幸福云云。

9 月 12 日　星期三　晨昙,阴, Ci 7, 20°,室内 74°F, 750 mm。晚日落时有黑色云彩,镶有金边,但黑云有雷雨云之形。

中央气象局报告。晚在人大小礼堂看中国青年艺术剧院演出,兰光作的最后一幕。

晨六点起。八点半到太阳宫看网球比赛。昨天下午看了女子单打,北京体院 18 岁的许淑莲(昨天上午以 2 比 0 击败二号种子选手广东谢乐群)(是华侨回国深造者)输给 18 岁湖北严大翠(60 年少年亚军),打了几乎二小时。今天我想看男子单打,有名的梅福基、彭志渊等。不料今日梅、彭等对手太弱,到场后体育馆人员要我看女子单打。云南选手薛纪华和 1960 年少年冠军温儒瑜,二人势均力敌,体力温胜于薛,但薛能上网拦球,虽有失误但总算仍是一大助力。在长抽方面温似稍胜,各胜一盘后第三盘成为拉锯战。开始温以 4—1 领先,但追成 4 平后直至 12—10 薛始得胜。

下午三点至人大听中央气象局副局长饶兴报告,谈:1. 中国气象基本情况;2. 今年农业增产条件;3. 秋冬预报;4. 气象工作概括,谈了 1h30′。称中国气象有三个好条件:温度高、雨量多、湿度大。说其他国家温差不大,不能稻子(?)。四个不好条件是:旱、涝、霜冻和台风。关于今年天气,上半年不坏,八月下旬后一直干旱(华北),十月希望不大,若果如此,麦子要种不下。涝的地方有江西、湖南、广东、浙江、福建,本月初遭了十四号台风,至于预报,秋冬北方旱,尚有二个台风。气象建设 1950 年只 96 站、五个台,现有 2800 站、220 台,人员开国初 550 人,现有 21,000 人,大学生 1500,工程师 40 人,中等学校毕业五千人。除短期预报外,有 3—15 天中期预报,预报以大中小结合方式,为我国独创。高空方面只能到 25 km,也不精确,很需外国资料,因年报久未出,不能交换。困难:设备不良,人员不够,仪器不可靠。休息后我提了意见,除肯定成绩外,要气象局迅速出版 57 以后年报、月报,订正全国仪器并进行检查,观测要用地方时,云云。

9月13日　星期四　中秋节　晨阴,有高雾,觉有小雾点从空中落下, 16.6°,室内 73°F, 750 mm。八点出太阳。日中晴。

看打网球,朱振华与梅福基, 4—6、4—6、6—3、6—2、6—2。

晨六点起。上午八点半至院,和周立三谈南京地理所。当58年时本可迁京与地理所合,但江苏省政府不准迁移,要在南京独立成所,作为江苏分院的一部。到去年又觉地理所没有用,又要废除,以后决定撤销,合并于南大。但南大只热心于要房子、仪器、书籍,而不要人,院中则要保留房子,因此至今未定办法。至于周本人,南京留他,新疆也要他去。他自愿到北京地理所或综考会。我劝其至综考会,因综考会没有高级技术研究人员之故。十点尤芳湖谈及远洋三千T轮于1964年设计, 1966年可用,估计要费一千万元,每年维持费也要百万元。他不久将去苏联,与曾呈奎等考察海洋。十点半至出版社。谈新疆考察报告,今年可交250万字,共七种;明年四种, 150万字,共Monograph十一种。其他尚有集刊、年报等则不在〔内〕。关于编辑出版委员会,现已定廿五个人为委员,周太玄、赵仲池、郭佩珊、赵忠尧、郭永怀、唐有祺、王竹溪、尹达、尹赞勋、童第周、赵飞克、恽子强、黄继武、胡愈之、杨钟健、程茂兰、竺可桢、黄汲清、朱务善、茅以升、汤佩松、杜润生、范新三、关肇直和全国科委一人。郭永怀我于昨晚当面约请,已允担任。现只差科委一人,要电话询韩光同志。

下午二点至太阳宫北京体育馆看全国网球比赛。今日男子单打半决赛,为上海梅福基与朱振华。梅先胜二sets,因年较长体力不济,连败三局。二人球艺均高,有国际水平。另一单打也均上海青年,彭志渊胜戴永明,也是3—2 sets。

9月14日　星期五　晨晴19°,室内74°F,风力1—2级, 752 mm。晚月色大佳。

晨六点廿分起。上午九点至院。谢秘书长及郁秘书长来谈气象局局长。自长望于六月九日逝世后,中央气象局局长继任人选成问题,三位副局,饶兴是军队出身,转业不久,张乃召、卢鋈也均不合适。谢、郁二位提赵九章兼任。我知九章必不干,不但他身体不好,而且他的兴趣在于高空物理。欲选另一人颇不易,不得已要在南大徐尔灏、地物所顾震潮中选之,可先试赵再谈其他。次谈到陶诗言到地理所问题,地物所不肯放。地理所以气候既归地理所,而气候高级人员高由禧、杨鉴初、陶诗言一个不肯放,则气候仍应归还地物所。尚有治沙问题,漆克昌主张治沙队人员一部归地理所,一部归森土所,但沙坡头李鸣岗已不愿回森土所,所以陈道明主张完全归地理所。我也赞成。

下午三点至二里沟全国科协,和黄继武、严慕光谈学会通则问题。先谈问题之所在：1）学会性质问题，是人民团体还是一个政府组织；2）是会员问题，总会会员和分会会员；3）组织结构问题，领导是块块还是条条，医学会主张地方称分会，如浙江分会；4）会员会费问题；5）依靠问题，所靠机关常以学会作为机关的一部分；6）成立学会要何种资格，如胚胎学会要成立，护士学会要参加；7）学报问题，去年一度把学报停掉，现已逐渐恢复，但是五花八门。应以学报为主，其余通俗者销一万份以上可以经济独立，以外省或其他机关办为主。六点回。

晚阅科学技术委员会交来学位条例起草小组所拟《中华人民共和国学位条例》、《中华人民共和国国务院学会委员会组织条例》和委员会的报告，并提意见。

9 月 15 日　星期六　晨阴，ACu FSt 8，20.5°，室内 74°F，753 mm。

下午《红旗》杂志（北京沙滩松公府夹道 10 号）派卢之超来谈为国庆写文事。

晨六点起，做太极 20′。九点到院。为国际植物生理学协会写信给殷宏章、罗士韦，请求加入并回信说目前没有邀请台湾。但该会系 1959 年九届国际植物学会开会时成立，定 1964 在爱丁堡开十届国际植物学大会开协会第一次会议。殷等主张加入，以先入为主，分院和联络局也同意。但今年五月在波兰开地貌会议，波科学院邀请黄秉维出席，并将出席人名开来，以示并无台湾代表，而且说旅费由波兰担任，但对外文化联络委员会却没有批准，理由是地貌组是国际地理学会的一个分支，而台湾是国际地理学会成员，但台湾也是国际植物学会成员，所以照此精神也难被批准。但据三月聂副总理的大力争取国际会议精神，而把大门关死实在太矛盾了，所以我签注了意见，并和杜秘书长谈了。

下午三点约《红旗》杂志卢之超（青年）来谈。他持《红旗》函来，要我为《红旗》于今年国庆写一篇文章。我以时间太局促，兼之有若干事在手头须清理，所以未允。

下午打电话给赵所长，为地理所要陶诗言去地理〔所〕事。此事争执已久，因气候归地理所后地理所需一领导人，而地球物理所认为陶不能去，甚至也不能兼。因此谢秘书长与我同意与陶诗言谈一次，看他自己的意见。要赵所〔长〕通知陶明天相会，孰知赵所长误会，以为我们已决定处置此事来开会决定，就很急躁。经与谢秘书长电话后，我决定先与赵所长谈一次后，再听陶诗言个人意见。

晚和允敏、彬、松等至政协礼堂看电影（法国制）《妈妈你不要哭》，述 1940—45 年代在德国人占领下，一个中学堂里爱国学生抗拒敌人事。

9 月 16 日　星期日　晨三四点有雷声，下小雨，至九点尚继续下，但已见日光。19.6°，室内 73°F，751 mm。十点后出太阳，750 mm。

晨六点起。因雨未做体操。近来因记性坏，常误置物件，费很多时间去寻觅。今日一朝起，因失去一个本院职员录（1961 年印），各处寻找不得，使我懊丧。上午阅《红旗》62 年十四期中苏沛和刘家泽著《谈谈共产党员的义务和权利》和马建猷著的《总结农业增产》二文，使我受益不少，可惜记性坏，过目就忘。

下午二点半，宜宜和他的爱人林邦慧来。知宜宜未考取北大研究生，但可希望入科学院，同时林也有希望可分发地球物理所。三点至文化俱乐部。由科协召集少数学会管事人谈经验，以便写出一个学会的章程通则。今日到昆虫学会朱弘复、建筑学会张文奇、纺织工程学会陈维稷、地理学会瞿宁淑及冶金（金属）学会胡君。大家对于学会的性质、会员、任务、领导关系及刊物发了言。关于性质，陈维稷认为是人民学术组织，与从前所谓团体不同，因团体是独立的，而组织乃是科协的一部分。任务是办好刊物与开好年会。多数人均不赞成会员分为全国会员与地方会员，但赞成有专业委员。朱弘复提到要不要外国委员，认为科学出版社干涉太多，认为专业委员会无用处。张文奇认为全国会员也有奖掖的用处。《金属学报》一向由沈阳金属研究所办理，但停刊后交由钢铁学院，虽批准，迄今未出版。六点散。回。洗浴。等彬彬、松松回后晚膳。

晚接士樵从杭州来信，知本月五日第 14 号台风在绍兴、上虞、新昌、嵊县山洪爆发，受灾严重，为五十年所未有云。

9 月 17 日　星期一　晨昙，ACu Ci 3—4，風，18°，室内 72°F，751 mm。

西藏盐类资源。至地球物理所，谈陶诗言工作。下午与陶谈。

晨六点半起。上午八点半至院。九点至地球物理所，和赵九章、叶笃正谈陶诗言个人工作。地球物理所气象部分现分一组云雾物理人工控制，由顾震潮主持，第二组是天气动力组，叶笃正主持。叶笃正管动力，而陶主持天气。虽以理论为主，但理论也不能脱离天气，所以也必须有陶之助，叶方能工作。而目前大中小预报结合，要做好大规模预报，必须做几十〔万〕方公里或几百〔万〕方公里的天气过程，因此陶在二组不但不能脱，而且不能再兼。九章也谈到已有地理所的气候人员也未能尽其用，如吕炯、江爱良均未能做出重要工作。农业气候也未能建立起来。

下午四点约陶诗言至文津街办公室，和谢秘书长同谈，询他个人意见。因闻他曾一度不愿在地物所工作，而愿至地理所。据陶个人云，他经地物所赵所长和党的培植初有收获，现在地物所觉天气部分有用武余地，而且以后也不会落空，而且自己也觉得稍有成就。他对于地理所的徐淑英、郭其蕴、许孟英、段月薇仍愿负指

〔导〕责任。他现在气象局要每周费一天时间,并指导四个研究生,在科技大学担任气象力学课程,每年二学程,和叶分任教课,时要每周二天,所以很难再抽出时间。至于杨鉴初搞日地关系,本人不愿至地理所。高由禧已在兰州搞行政工作云云。

西藏盐类资源。据1960年西藏考察报告,盐类储存情况初步估计 B_2O_3 储量780万T,其中富矿占1.8%,液体B矿大于1 g/Litre, B_2O_3 为486万T,地点集中在藏北。锂估计790万T,其LiCl>1 g/L,储量为194万T。单班戈湖液体LiCl 78万T,杜佳里湖57万T。钾无固体,钾盐液体矿也在藏北,卤水含KCl 1.5%—2.0%,估计班哥湖、杜佳里湖、小触安姆湖储量在1500万T以上。

9月18日 星期二 晨晴19°,室内72°F, 750 mm。

晨六点半起。九点至中关村地理所,和吕炯谈气候室情形。知气候室分为动力气象组(季风环流)、小气候与农业气候三组。其中动力气象又分为:大气与海洋(吕炯、张丕远等),季风环流(徐淑英、郭其蕴、段月薇、许孟英),大气水文循环(郑斯中)和辐射(左大康)。小气候组有江爱良、耿宽宏等七八人。农业气候组又分:农业气候资源(卢其尧等),综合气候(丘宝剑)和物候(宛敏渭)。农业科学院现又热心于农业气候,预备专立一个机构来研究,要吕蔚光作领导人,但蔚光已无时间作此。但此事必须由农业科学院、中央气象局和地理所合作,如蔚光自己无时间,则丘宝剑或卢其尧应加入。农业科学院主张院做水稻、小麦,地理所做棉花,如此分法亦不合理。气象局冯秀藻指定搞农业气候,但其人又在南京,又不能参加工作。又与李秉枢谈陶诗言不能兼地理所事。李对于地球物理不支持地理所做气候工作甚为气愤,如原来五个成熟的气候人员张宝堃、朱岗昆、高由禧、陶诗言、杨鉴初无一交与地理所,而吕炯当初预备给农业部,徐淑英预备给科技大学,因其本人不愿而遂去地理所。但我勉其自力更生。地理所已有一批年青人可以造就,不要想靠人。和江爱良谈其小气候工作,我以为应和植物生理方面合作。

下午开第六次院务扩大会议。郭院长、李副院长统到了。杜秘书长谈了贯彻自然科学研究机构当前十四条意见的决议精神。科学院所研究是关于学科性、理论性、基础性、综合性问题,同时尖端性问题要极度关怀。完成农业问题讨论得不够,培养青年对于提升时不能仅凭论文答辩。在政治工作,关于党的领导由党组织编写。其次关于新近开会讨论的长远科技规划,做出了基础科学和技术科学的规划总论和纲要。善后办法要征求各方意见,要学会讨论,增加补遗,尤其农业方面。于十一月送出事业规划,送各所提意见。关于部署,基建人员,设备等等,大家讨论后通过。

9月19日　星期三　晨阴，八点闻雷声，但未雨。最高温度29°，最低14°。盆中红梅花（前年所买一盆红梅始终憔悴不堪，去年夏天叶全落，今年叶亦经年枯萎）忽开红梅一朵。此时所种大丽花多开，惟近屋靠南一排开得很少，大概系连年（五六年）种植之故。

晨六点半起。上午十点至院。简焯坡来谈关于招待英国皇家学会科学家来访中国如何招待事，定星期六早晨开一会谈谈。下午有三位代表即将乘飞机到北京。和王遵伋谈综考会规划事。据云，韩光同志曾召集了一次专业组秘书会议，知已有27组专业开过会，但尚有十多专业未开会或正在开会。希望能交初稿的于九月底交入，十月再能修改，着重于落实并做好措施工作，云云。我和王遵伋谈综考会任务、方针应确定下来，科学研究十四条中最〔重〕要五定之二。民族饭店会议简报中要综考会加强领导，说综考会太乱，这是事实。因为综考专业组不管事，开会时很少，即开也多数派代表。综考会不属于任何学部，而与学部并行。综考会不像各所，有所务会议或学术会议，所以一般可说是三不管了。和吴院长谈出版事，汪德昭谈电子所青年有百篇论文无处可登是言过其实。

下午着手为《红旗》写稿。据说我入党为预备党员后，在北戴河党组开会时康生曾提出要我作文，所以在国庆《北京日报》和《红旗》先后要我作文。《红旗》我已辞谢，但昨又派二人来，并约郁文与我谈，要我写《中国科学事业的繁荣昌盛》，谈党对科学的领导等。这对于我是一个难题，因为我实际知道得太少了，但又不能不执笔。文长二三千字，写到晚十一点廿分，只写六百字而已。

9月20日　星期四　晨晴佳，风力1—2级，户外14°，室内69°F（第一次室内在70°F下，户外在60°F以下），751 mm。

晨六点半起，20′钟的太极拳。十点半到院，和科学出版社与朱务善、赵仲池、周太玄、郭佩珊诸人谈出版事。赵主张以胡愈之为出版委员会副主任委员，因文化部也为领导机关也，此外也希望全国科委出一个人。过去武衡是委员，但现在他已固辞，所以我打电话与韩光同志，请其能指定一人。下午三点至二里沟全国科协，和黄继武、严慕光谈全国专门学会的会章通则。五点至政协礼堂，和允敏晚膳。膳后至钱乙藜家看电视。回。为《红旗》写稿至十点多。

气候变迁。Tunisia气象台从Growth rings of oak tree 1736—1955年得出结论，在1736—90年Tunis雨量较多，而且从历史上记载也可证实。Tixerowt以为从Tunis古代罗马渠道及阿拉伯的遗址看来，以及种植谷类的方法似乎没有很大变动。1953年Jerusalem的Arid Land Conference时所提历史考古材料也未证明有很大变动（在最近80年在印度与Israel）。有若干植物Phreatophytes如苜蓿，其根深达地下水面下，是蒸发能手，许多沼泽地如种之可以除水。量土壤蒸发尚无良好办法。近用 2 米方 70 cm 深的 Tank，但用者尚不多。Thornthwaite 以温度与纬度来定一地 Potential evapotranspiratisn。地下水移动由井水面升降可以觇知。美国有七千多个地下水测量井，5%乃自记。B. T. Dickson（澳洲植物学家）“The Challenge of Arid Land Research and Development for the Benefit of Mankind”，*Unesco Courier*，No. 8—9，55 年。

9 月 21 日　星期五　晨阴，St 10，20°，室内 72°F，750 mm。

晨六点即起，把《红旗》要的稿《对新中国科学事业的一些感想》〔写完〕。因昨晚写到十点半，文将结束时思想有点混乱，不知如何结束是好，所以到十点多即睡。侵晓三点多即醒，不能成寐。未六点即起继续写，写至七点已写三千多字，可以交卷，但觉水平不够高。上午九点至院，交唐福海抄一份，预备交杜秘书长作修改。五点稿已缮就。晚七点，我将原稿就郁文秘书长一商，他认为文中苏联经验太多。八点多，我又作了若干修改，但认为仍不彻底，明日当再商之杜润生。

上午九点至北京医院看王洁泉医生，为修理下牙床的桥 Bridge，因日前桥已断云云，做一模型要十月五日才可试。至和平宾馆理发。

下午三点至图书馆和顾家杰谈，同时期刊组方珍（女）亦来。知 1963 年资本主义国家所订期刊数目已决定，北京本院比去年少 32%（种类不减，份数减），共 3751 份，其中总馆所定为 2756 种。此外 554 种交换所得，395 种影印云。现大部期刊均已展出。北京共只自然科学 23 研究所订 1000 种左右云，影印不在内。关于资本主义国家书籍，近得一万美金外汇，拟不日去购，其中尤以成套的报告为重要项。蔡馆长来谈。我询以 1957 年我在瑞士所购小印刷机事。据云已用了几次，但因太小，只打字纸那么大，而纸版很少，所以不敢用照相机并以一万多元让给人家，打字后能印万份，以印开会报告最合适云。从前训练了一个工人，但此人又下放了，见此机未起作用甚为可惜，情报所想要亦未给云。

9 月 22 日　星期六　昨晚间微雨。晨七点起雨，19.5°，室内 74°F，Nb 10，751 mm。

英国皇家学会 Royal Society 以 Sir Linder Brown 为首的代表团到北京。

晨六点半起。八点半到院。九点，全国科协派谭星（♀）同志来谈各学会出版期刊。我对于各种复刊没有意见，但对于学会如蚕桑学会办《蚕桑》季刊和昆虫学会办《植物保护》月刊，或天文学会要将《天文爱好者》移学会来办，统应出之于慎重。创刊的学会，应对于编辑尤其主任编辑必须负责，而且要得本人和机关同意。

必要有二三期稿子在手始能创刊,否则常会发生困难。

十点约招待皇家学会各所所长谈话,并约吴副院长和宦乡来,联络〔局〕简焯坡、曾文彬和方民。曾处长将过去筹备情形作了报告,并将拟定的日程表说了一个大概。这次来的人以 Sir Linder Brown 为首,牛津大学生理教授,专门 Neurophysiology。Prof. Conrad H. Waddington, Genetics,和姚鑫相熟。Dr. H. M. Powell,牛津大学物理无机化学系成员,于今日从莫斯科 Tu 104 飞机来。另二人, Sir Gordon Sutherland,国家物理实验室主任,专门分光和生物物理,和 Dr. H. W. Thompson,红外光谱(牛津大学物理化学系),则从香港入国,于今天从广州来。

我等电话至三点,知 Tu 104 于 $5^h5'$可到,乃于四点钟往机场。事先简焯坡、曾文彬与翻译张毅君已先在。未到五点机已到,我等即至机旁相迎。今日有印度尼西亚的音乐团,所以人较挤,遇荣高棠。杜秘书长因迟到几分钟,与 Sir Linder 同至候机室畅谈了廿分钟,等行李取出,即驱车至城内民族饭店。我与 Brown 同一车,知他只在莫斯科留一天,幸得大使馆(中国)相助,才能弄到飞机票。Waddington 在苏联留六七天,并为姚鑫带来一个动物标本。

晚七点,和允敏、张俊秀及新来的女佣人吴嫂至中山公园音乐堂听李世济唱《锁麟囊》。述二家嫁女一贫一富,途中因雨相逢,富家给贫家一个锁麟囊事。十点回。

9月23日　星期日　晨晴 14.8°,室内 65°F, Ci 3, 755 mm。

晨六点半起。上午杨钟健来。他从去年起耳聋骤然加剧,谈话非高声叫喊不能闻。近日北皇城根 32 寓中改装冬天炉子,把从前两个小炉改成为一个大炉,而且各家统装水汀(原只吴、郁和尹家、我家有之),所以他屋内穿墙凿洞,他虽耳聋,日中也不能安居,因此出而谈谈。我们二人又至郁家与尹家,各谈片刻。回。洗浴。阅 *Britain*《不列颠》Official Handbook, 1961 年。谈到农产品,如以 1936—38 为 100,则 1958—59 已达 159, 60 年达 166。从前只能产所需 1/3,现能产 1/2,虽是人口增加了四百万人。增产如小麦,由于新的欧洲来品种,使多用肥料成为可能(因秆短而粗不会倒伏),现时每〔亩〕330 kg 的收获已不算一回事了。大麦生产大增加,而燕麦减少,因养马数目减少。此外甜菜、马铃薯也增加得快,蛋已能自给,由于大规模地饲养和鸡种的改良。

下午四点,至民族饭店 257 号院办公处。晤简焯坡与方民,约简同至大会堂。今晚郭院长请英国皇家学会代表团,定 $6^h30'$接见, $7^h00'$晚膳。但要我先和代表团参观大礼堂各省会议室。Linder Brown 和 Waddington、Powell 于 $5^h30'$来,我和他们参观了湖南、四川、辽宁、广东、浙江、河北六个馆及大礼堂。$6^h40'$至福建馆,见郭院长、李副院长、吴副院长、杜秘书长等。未几, Sutherland 及 Thompson 也到。

他们从深圳入境，因方在日本开红外光谱会议，由香港来。Brown 以皇家学会会长 Sir Howard Florey 名义送郭院〔长〕一个银杯。$7^h20'$晚膳，除代表外，到英国代办 Garvey（Mrs. Terence Garvey）及宦乡、顾德欢、贝时璋、施汝为、陈世骧、王葆仁、何作霖、黄昆、薛公绰、沈其震、沈其益等。九点半散。

9 月 24 日　星期一　晨晴，ACu 3，13°，室内 67°F，757 mm。

晨六点半起。上午九点至院。阅侯仁之等著《中国古地理学简史》，对于徐霞客、刘献廷、顾祖禹、顾炎武、沈括、贾耽诸人的贡献。其中对于玄奘的贡献谈得不够详细。今日打扫房间，前月所失梳子遍觅不见，今日张俊秀于热水管下觅得之。去年皇家学会所送招待会时所撮照片，回国后送来一份，其中有允敏照在内的五六帧，放 Album 内忽不知何往，迄今尚未发现。

晚五点半，至王府〔井〕大街取照片。六点至建国门外光华路七号英国代办处，应 Mr. and Mrs.（British Charged' Affairs）Terence Garvey 之邀鸡尾酒会。皇家学会代表团 Sir Linder Brown 及 Sir Gordon Sutherland、Waddington、Thompson 与 Powell 均来了。我院施汝为、王葆仁、陈世骧、童第周、吴副院长夫妇、我与允敏。在谈话中 Powell 对于未能看到化学所为遗憾，因今日他上午参观物理所，下午去农大，统非他之所长。王葆仁告我，明日原定乘飞机去南京，但飞机在南京未起飞，今日未到京，所以不能往沪，要改变计划，临时要同他们协商云。至七点一刻散。遇黄昆、沈其益夫妇、吕叔湘及宋之光（外交部）。七点半至文化部一楼，看越南电影《小鸟》和苏联电影《七面风》，述卫国战争时一女子在前线参加看护事。

9 月 25 日　星期二　晨阴，ACu St 10，13.5°，室内 65°F，760 mm。日中晴。气压，第一天气压达 760 mm。

地质所近况。

晨六点半起。上午八点三刻到中关村生物大楼地理所，与宛敏渭谈《物候》。高泳源、熊忠英来谈中英边界事，因外交部亚洲司副司长张君希望在报上写一篇文，所以急于起稿，将高、熊等三人找材料做一纲要。我阅后交外交部。将来我意由黄秉维所长或高泳源出面登报，并登一文在学报上，这样可以给我们的友邦以足够材料，不然即使友邦要为我们说话，也是爱莫能助。文焕然今日搬家，未见到。午后二点半至沙滩综考会、地学部，谈地质所的方向、任务。到侯德封、王副所长耀华、涂光炽、尹赞勋、漆克昌。

地质所近况。据侯所长报告，地质所现有同事约 500 人，分为二部：一部有同位素、内生矿床、外生矿床、矿物、岩石和化学六个室；第二部有地质构造、地层、第四纪和水文工程四个室,加分析室共十一个室。第一室人较多,但大地构造和水文工程各有五六十人,地层虽小,有24人。地质构造做高压到一千个Atm.,C_{14}的设备至今缺Cathode tube未能过关。O^{18}有冶金部设〈部〉〔备〕可以移来,Pb同位素有苏联留学回国一人,今年可回。古地磁也有人做,水文工程做地下水形成。动力学有人研究灌溉,从数学入手,但无实验室,也有人做一般地下水动力,如北京地下铁道需此重点。一部是在做内、外生矿床成矿规律,同位素。二部是大地构造,和地质部分工目前无明确界线,我们不做勘探和区域地质,但地质部的地质力学应是纯理论,而所中水文地质和工程地质则多应用,如何分法待商。科委曾分别询廿个地质学〔家〕意见,90%不赞成地质所和地质科学院合并,云云。谈至五点半散。晚作函与荣高棠、胡步曾,并为《红旗》校稿。

9月26日 星期三 晨昙,CiSt 7,12.6°,室内65°F,758 mm,风力1—2级。下午四五点微雨。

《北京日报》记者来要写文登报。

晨六点半起,做太极拳20′。上午九点至院。今日将《红旗》稿校对寄出。又寄《物候学》稿,寄胡步曾,请其提意见。寄荣高棠函,为了北京各游泳池的秽污不堪,因入池者大家不洗淋浴,请其设法能改正习惯,厉行入池以前必须淋浴的规定。下午马玉书约《北京日报》记者秦殿杰来,为要我在报上作文述入党经过事。我说《红旗》已要写了一篇稿,原题为《我为什么争取入党》,经后改为《我对于新中国科学事业的一些意见》。稿送去后,《红旗》又主张改为《喜见祖国的科学蓬勃发展》。秦意如我不写,也可将我的自传和入党时写的志愿交阅,由他起稿交我阅后送去登报。我同意了这样办法。

四点微雨,我至北海公园徒步半小时,雨虽不停,但不足以湿衣服。四点半回。今日允敏和妇女学习组赴东郊人民公社,至晚五点多回。六点晚膳。七点至苏联大使馆。应契尔沃年科之邀电影酒会,庆祝我国十三周年国庆,到黄家驷、钱信忠、老舍、李强、耿飚等一百多人。大使讲话敬酒,耿飚代表我方讲了话。看电影刘主席去莫斯科受欢迎的片子,和八月十一至十五Andriyan Nikolayev尼古拉耶夫和Pavel Popovich波波维奇二人驾“东方三号”、“四号”远行太空后庆祝典礼片。

晚间得人大电话,知浙江省人民大会将于十月七日在杭州举行。我六日晚应宴请英国皇家学会代表团,五日要参加庆祝人民德国建国十三周年,如去杭,将二者均不能出席,可称不巧,但我还是争取去杭。

寄胡步曾函　荣高棠函　《红旗》稿

9月27日　星期四　晨阴,微雨,地有点潮,12°,室内62°F,Nb St 10,Fr Nb,风力2—3级,752 mm。

《光明日报》编辑部章丽阜来。《东风》复刊(667271)。鉴湖与山会平原。

晨六点半起,廿分钟太极拳后早餐。上午九点至图书馆,和范新三、顾家杰馆长等谈《院关于进一步贯彻自然科学研究机构当前工作14条意见》,以及《中国科学院自然科学研究所暂行条例的决议》实行以后,关于图书馆方面如何能将条例贯彻进去。馆已定出业务等级,定暂行办法待讨论。其中有馆务会议,无学术委员会,其职务由业务委员来代,业务委员应有馆外人员。此外,我提到书籍应有新陈代谢。院图书馆每年进书十万册,五十年五百万册,目前已近四百万册,即使有钱筑造,基建也不能无限制地扩充。图书馆业务员分为研究馆员、一等馆员、二等馆员与助理馆员四等十八级,其薪水分别为33—56、56—79.5、80—150和130—333。此外,尚拟有《图书馆暂行条例》。据云图书馆近为郭院长整理文稿,从1927起迄今有1200多题目,统有原底存在,现已分别存卷,但一部分已于1954—5年北京图书馆整理为其取去,将来也是历史上一个宝贵材料。

十点半至出版社,和赵仲池、周太玄及朱务善〔谈〕。朱对于科学名词交由各学会审查极为赞成,因气象名词经气象学会接受后已积极进行。地质名词近又交孟宪民等审查,亦极热心。出版委员会,我以电话询韩光同志,他主张放聂春荣,杜秘书长意见亦相同。关于学报事,也提出了讨论。谈至十二点回。

下午阅《地理学报》(28卷二期),杭州大学陈桥驿《古代鉴湖兴废与山会平原农田水利》文。述山会平原河流在永和以前本自南而北,唐宋时代始浚湖把山麓小湖连成一片,留湖蓄水以灌溉山足农田。至南宋以后,湖渐淤积成田,后沿海筑坝,至明天顺绍兴府太守彭谊主持浦阳改道,建麻溪坝,成化时戴琥建拓林等闸,嘉靖汤绍恩〔建〕三江闸。

9月28日　星期五　晨风4级,晴,13°,晨62°F,中午室内66°F,759 mm。

下午地理学会常委理事会。政协欢迎越南南方民族解放阵线代表阮文孝夫妇及团员若干人。

晨六点半起,作太极拳20′。八点三刻,陈叔老来告我浙江省人民代表大会十月七日在杭开会,希望和邵老及我同往。但闻十中全会现正开会,会后或将召集最高国务会议,所以我们能否赴杭,须视十月初旬要否开最高会议而定。

九点半和尹主任赴地质力学研究所见李仲揆老,谈地质所任务、方针和地质部、科学院如何分工合作问题,到许杰副部长和地质科学院张副院长。首先由尹主任谈了地质所提出的三个方案,即地质所仍旧不改组,二则与地质科学院合并作为双方领导,三则逐步调整。院单设地球化学所(包括矿物、岩石、同位素等),以大地构造合并于地质力学,以地层合并于古生物,以水文地质合并于水电部。李副院长意以为目前作大调整不合适,要看发展的趋势,因势利导作小调整,注意不要作重复工作,要使工作能稳定进行。许杰同志认为大调整要从缓,可以分工合作,目前分工有困难,因地质所也尚无突出所长,试探性工作两边可做。1956年从理论上认为东北可有石油,因此在松辽平原试探,发现比西北为丰富,可知理论即在地质部也要研究,合作需要两方注意,云云。十一点半散。

下午三点至二里沟参加了地理学会常务理事会,到侯仁之、周廷儒、黄秉维、李秉枢及瞿宁淑等。谈今明两年工作,明年年会定在第四季度,以支援农业为目的搜集论文。次谈侯仁之辞副理事长、副编委主任及历史组编辑与地理学会理事职。会中以侯事多忙,希望会中尽量减少其工作,减去教育组编辑,但仍任其他职务。四点我先离席。至政协礼堂,参加欢迎越南民族解放阵线(南方)代表若干人,李维汉部长致欢迎词,代表团团长阮文孝作答词。

9月29日　星期六　晨晴昙,ACu 5,12°,室内62°F,风力1,762 mm。丝瓜黄花几乎停开。

换冬天内衣。

晨六点半起,二十分钟太极拳后早餐。至院阅关于治沙队文件和地质所方向、任务文件。十一点回。下午四点,至北海公园天王殿参看现代绘画展览。一部分在画舫斋,前已阅过,在天王殿者系比较大幅的,其中有马晋所画的马,色和形俱佳,与徐悲鸿相比截然不同。盖悲鸿重精神,而此则重形似。陈半丁87岁老人的《梅菊齐放》。其余花鸟、山水、人物虽有佳者,无特别出色,乃是因为我的美艺修养太差之故。

阅六月份*Discovery*,中有关于原子能电站价格问题。原来英国希望到1970也有一半电力用原子能,但去年在N. P. L.问Penny时他说已延期,希望到70年有1/4。今日见*Discovery*上说近来又有起色,英国新设Advanced Gas Cooled Reactor(在Windscede),今夏可以应用(critical),希望能达到价值仅0.4 d per unit。过去的Calder Hall和Chapel cross则要每单位1 d,而用煤及油发电,只需0.5 d一单位而已。

9月30日　星期日　(今日不放假)　阴,St 9,风力1,14.4°,室内65°F,756 mm。下午晴。

中午张家式权来。晚周总理在人民大会堂举行国宴招待外宾,刘主席也致词。

晨六点三刻起。上午九点半至院,即回。十一点张家式权来。好久不见,知道她被下放二年,现又回至城中服务学校(教初中毕业生以各种职业,如理发、人民大会堂、雕刻、成衣、百货商店等等)。她已有二小孩进景山十年制中学。据〔云〕七岁起即读外文,于毕业时要学会二种外国文。从她处知道式苹仍在新疆,式敏在北京艺术学院,已近四十。权权比彬彬大二岁,比式业大一岁。尚有式金在钢铁学院毕业后于今年春患心脏〔病〕去世。允敏和我约她同至政协中膳,遇黄秉维及贝时璋和贝濂等。二点半宛敏渭来,他将《物候学》稿第三章写好交来。我告六日将去杭州(补记:实际没去,因有会议),所以廿天内我将无暇阅此稿。

五点约冯德培所长来谈。他方于前天从 Prague 参加世界生理学会 Symposium (Use and Disuse 和生理关系)回。据云这次到十五六国家六十人的生理学家,其中美国却有十人,苏联六人。是小组会议,开四天会议,谈得很好,只谈学问不谈政治。临别前晚,晚膳告别时中间席放了苏联阿司忒拉强,其次是澳洲公认资格最老生理学家,其次即为美国生理学家夫妇。此外尚有瑞典生理学家,而把中国放在 High Table 旁,这似乎是有政治意义的,但敬酒时冯仍说了话,云云。又 Linder Brown 已被推为世界生理学会会长,下届在东京举行。据说在理事会,台湾曾欲中华民国名义加入,未被通过,后以台湾名义通过了,但是否接受不可知,问我们是否能接受,冯答以台湾以任何名义加入,就是两个中国,我们均不能接受。

七点至人民大会堂,和 Sir Gordon Sutherland、Waddington、Thompson 及 Powell、柳大纲、童第周、简焯坡、王仁全同桌。九点半散。

10月1日 星期一 国庆节 晨阴

首都各界在天安门隆重庆祝建国十三周年。五十多个国家外宾三百多人到场。和毛主席立在一起贵宾有苏加诺夫人、美国 Du Bois 夫妇和越南爱国人士阮文孝。陈外长致词。越南地震考察家傅德崇晚在天安门台上。来宾加拿大医生 Penfield、捷克团长西什卡、印尼(电机)胡丰智。

晨六点半起。九点,余乘车至天安门。在天安门楼上遇陈叔老,他说他已决计本次浙江省人民代表大会不能前往,因另有要事。因此我和邵老商量,怕他爱人不久要眼内障又重开刀,大致不便前往杭州,所以索性我们三人统不往就算了。因为若六号往杭州,浙人民大会开幕赶不到,而七号皇家学会代表回英国我又不能去送。同时我牙齿近来又有点痛,一旦大发,去杭也不方便,所以和邵老商定待明年人大视察期间再去。

十点,首都各界五十万人在天安门庆祝。毛主席、刘主席等登天安门。陈毅副总理讲话,说明过去一年我国人民取得重大成就,经济情况无论城乡均比去年、前年为好。全国人民要贯彻最近八届第十次中共中委全体会议的号召,“以农业为基础，以工业为主导”的发展方向，把发展农业放在首要地位。讲毕即游行开始，一万二千名男女少先队领先，共历二小时。今日天阴但未下雨，游行队伍极整齐，而红绿缤纷，惜照有色照相因无日光较差耳。

下午四点，和彬彬、松松去沙滩甲28号旁门黄墨谷丈夫曾家，又曾君曾为我雕塑头像已三个月，曾约我到他家去看。曾君之妹曾教松松弹钢琴，现松已完全放弃，而曾君妹亦以手上风湿不能弹。

晚七点，允敏、彬彬、松松至北兵马司13号钱宅看电视《红岩》。我则往天安门城楼上，遇王顺桐介绍日本东京法政大学生物学教授柘植秀臣 Hosei University Chiyoda-Ku, Tokyo，同时并招待皇家学会的 Sir Linder Brown 与 Sir Gordon Sutherland，并介绍他们见了毛主席，寒暄数语。和 Brown、Sutherland 看了杂技，直至十点半始散。

今日国家重要外宾有印尼苏加诺夫人，越南阮文孝，美国黑人杜波伊斯，科学院有捷克副院长，越南傅君、曾君，印尼胡君。

10月2日　星期二　晨阴昙，最高25°，最低11°。日中阴。

今日在北京体育馆称得去衣90市斤。

晨六点三刻起，太极拳20′后早餐。上午十点半至交道口，和张俊秀、黄秉和？（黄宗甄之长子）等看中国电影《万紫千红总是春》，述上海的弄堂房子若干人家于解放后聚集做生产事业的经过。此片颇为成功，而其内容也入情入理。中午约波若、乃宜林邦慧夫妇、阿六（珏）、阿七（恺，现在南〔开〕生物系二年级）等在寓中膳，所以祝乃宜在北大毕业和新婚。

中膳后乃刚和黄汛夫妇也来。他们二人均在计算所为研究实习员，而今年各带了研究生二人。乃宜夫妇则统今年北大物理毕业，闻乃珏现在北大化学系四年级，也有了对象（天津人，姓梁）。在寓前照了若干照相。四点，和松松、乃刚夫妇徒步至北海走了一圈，并登北海白塔和在阅览室附近小店喝了汽水。六点回。

约乃宜夫妇在家晚膳。膳后和彬彬、松松、乃刚夫妇，接林宝骆同去日坛北京体育馆游泳池游泳。据云，屋顶因缺乏适当玻璃修理了三个月，上星期始修好，但迄今尚未正式开放，惟星期二、五晚接待首长游泳云。八点三刻回。

苏联西伯利亚研究院院长 Mihaii Lavrentyev。1）有机化学所所长 N. Vorozhtsov；2）数学所所长 Prof. Alex. Lyapunov；3）Ins. of Hydrodynamics；4）Institute of Thermophysics；5）无机化学所；6）原子核研究所；7）理论应用力学所；8）实验生物与医学所；9）细胞遗传所；10）自动化所；11）经济所；12）地质所。现在共15个所，七千人，63年将增〔至〕一万人，二十年后到两万人。见 *Moscow News* Oct. 6, 1962, Scientific Center in Siberia By Max Leon（法国记者）报道。

10月3日　星期三　晨阴，Ci ACu FrSt 10，16°，室内 64°F，风力 3—4，760 mm。下午阴，下午 66°F。

晨六点四十分起。上午松松回校做实验。十点半寿振黄来谈，说前托觅陆放翁诗中闻鸟音，知四时中有"五月闻稚舅，苗稚厌草茂"，查"稚舅"是什么鸟，迄今查不出。他患心脏病，常吃 Digitoxin 或 Digitalis，即毛地黄毒甙，但医生劝毒重弗吃，惟脉跳至 100 每分钟时不得已用之云。谈到研究所，他认为研究所大了，人多意见杂反而办不好，不如一个所一个权威之下意见能统一，这言之也有道理。近来如古脊椎动物即有此毛病，规模不大而意见分歧。杏仙来，知大星现患百日咳云。绍兴九月初台风损失大，姚家埭一带房多风所吹倒或水浸，她家也为水所浸。云技术科学规划最初是声学试制，后才大规模做，教部尚嫌大学人太少，又增加到 20 人云。

下午三点，至华侨〔大厦〕看吴世昌。他方从英国牛津回国，带其妻女同回。据云，先从英国至波兰，在波兰由大使馆的招呼，得以购火车票回国，每人票价只 20 £ 。在莫斯科停四天，由莫斯科经库仑（乌兰巴托）到北京，四天。于上月廿六日到北京，住华侨大厦 6 楼。其长女已在北大，幼女随之回国，要先读国文，以后才能进大学。吴本人将至科学院文学研究所，已先时与何其芳有接洽。出。至帅府园看潘天寿个人图画展览，楼上下九十余幅。据说潘幼年师事吴昌硕，为吴所器重，喜画松、竹、梅、菊、猫、鹰、田鸡与蝶。石头无论大小均方形，如图案，猫多怒目卷背，鹰则秃顶，田鸡比屋大。我爱其松、竹。他自称寿者或雷婆头峰。苏联艺术学院于 1956 曾予以院士称号。潘，宁波人。

晚膳后七点至德国大使馆，大使 Goseph Hagen、代办 Winning 招待看电影《国王的孩子》（《皇家之女》），述二次大战时 Hitler 治下的一个年轻党员 Michall 和一女党员奋斗事。九点半回。

10月4日　星期四　晨晴，室内 59°F，户外七点廿分 10°，760 mm。今晨房中温度降至 60°F 下，户外 50°F 下。从九月廿日到今，降了十度°F。

晨六点三刻起。八点三刻至院。吴世昌来谈一小时余。据云，英中友好协会 Needham 是会长，但不管事。主任为 Jaek，是共产党员，对外寻常他出面，但内部事则秘书 J. Dribbon 主持云。又说 Mendelssohn 曾和他说，中国不要走印度的路。M 在牛津 Clarendon 实验室有一个印度习低温物理的学生，成绩之佳出人头地，作了九篇论文，很出色。得博士学位后，美国 Pittsburgh 大学即以重金聘去，给以住宅一所，并介绍他以漂亮的少女，他就从此以美国为安乐乡不思印度了。据云，通伯在英国名义上是 UNESCO 的台湾代表，实际无权过问，所以甚觉无聊。我们去时因宦乡不在英国,大使馆人不要我们来往,因此也未去看他,仍是遗憾。

十点半至出版社,和朱务善、周太玄、赵仲池及郭佩珊等谈。知王浩的 *Mathematical Logic* 已在社出版。据吴世昌云,王浩在 Harvard 以不满于 Assistant Prof. 名义(哈佛要 Associate Prof. 才是永久的),所以去牛津留四年不归,后以在 Whitehead Russell 同著的数学大著中,美国人要用一个方程于计算机,久不得解决,王浩为之解决了,以此 Harvard 即予以 Chair 而回 Harvard。王浩的爱人姓阙,是广西人,浙大毕业。1947 年我去美国时,他和赵松乔同在 Worcester Clark 大学。王浩与吴世昌同住四年,所以深知其人,间常批评华罗庚,谓其在数学界(中国)包办了一切云。至科学史室,知严敦杰病痔仍在医院。

下午二点半至图书馆,和顾家杰谈文摘问题。四点回院。唐局长(人事局)说已物色得一个秘书代替刘力,名沈文雄,慈溪人,向住上海,南京气象练习班毕业,57 年到地理所,年 26 岁云云。

接苏联贺节片 Утенков Н. Н., А. Пробст, Г. И. Бушинский, И. Т. Кузнецов 库兹涅佐夫, А. А. Юнатов 尤纳托夫, Карецкая 科列茨卡娅, Ф. А. Арманд 阿尔曼德, Шнитников, Клопов 克洛波夫, Dr. A. Fedorov 植物所,大使馆 Ласов Малыцев, Федолович 费多洛维奇夫妇。

10 月 5 日　星期五　晨晴佳, 8.8°,室内 59°F,风力 1—2 级, 757 mm。

荣高棠作体育报告。

晨六点三刻起,作太极拳廿分钟。九点至北京医院看牙科王洁泉,将做好的牙桥配上。适我左下小臼牙有蛀,蛀一孔已甚大,蛀至靠神经处,所以修补觉痛。王医与一年青医生商后将牙根用药弄死,约于下星期一八点再去。转至内科看一女大夫王西真,为我量血压(118 mm—78 mm),及肝,要礼拜一晨去抽血验胆固醇(正常 100—200 mg%)、蛋白 4—5、胆红质(<1.02 mg%)。此外尚要验 SGPT、TTT、ZnTT、TFT、ZnFT 等。遇谢鑫鹤。

下午二点至院,和简焯坡谈片刻。三点至人大常委,听体育委员会荣高棠作报告。解放以来我国打破记录 72 次,其中 66 次是在 58 年以后,运动水平起点甚低。在解放初期,全国运动员能达到田径赛项目的健将级只 100 米的刘长春一人,第一级运动员也只七个,女子九个项目只有四个四级运动员。1950 年篮球比赛,国际比赛卅三场全输,与苏联比 91—17。1954 年足球国际比赛,十场全输,但不久郑凤荣在女子跳高打破世界记录。照 1960 年的世界 Olympic,我们男子可得 16 分,女子 15 分。跳高现占世界第三,次于苏联 Brumel 和美国 Thomas。举重方面,陈镜开第一人打破世界记录。体操我们 53 年开始,今年国际赛男子占第四位,女子第六位。滑冰 57 年始参加,但王金玉的成绩仅次于苏联男子,今年占第五名。篮球在

52—56 122场比赛,胜66场,今年与苏联比胜一次负二次。排球今年与苏联比,男胜女负。登山,女子登上贡噶峰7590米,男子珠穆朗玛,统占第一位。乒乓赛庄则栋、女子邱钟惠统是第一位,云云。从去年精简运动员,已从二万减至一万人,训练有缺点,关节病多,后备力量不足,篮球队平均年龄29已太大。现有排球、乒乓、体操、网球、滑冰五个项目参加国际比赛。这五项和田径、举重、篮球、足球等十项作为重点。

10月6日　星期六　晨晴11°,室内62°F, 754 mm。

晨六点三刻起。上午九点至院。过兴先来谈。关于农业科学方面,近来大鸣大放,从八月廿六号起开会,直至九月底止。周总理而且特别召集了农业科学家作一小时半的谈话,批评了农业部的负责同志(程照轩),因其不注重科学研究而大量裁人,将农业研究人员如昆虫、植病从97人减至四十人,农业气象从五十多人减至五人,引起研究人员不满。这次有机会就大鸣大放起来的。有人说作物所精简得皮包不住骨头,使人懊悔不应学农。做规划,农业部只顾大川第一天到一下。丁颖院长缺乏助手,连1/4也没有满足。育种专家庄巧生要亲自割麦、搓麦,昆虫专家齐兆生亲自养虫。周总理并说,他和近来到北京的自由民主党松村谈时,松村曾说在46年日本出粮食仅190亿斤(日本斤?),而去年已达四百亿。所以增产,由于化肥、农药、灌溉、小型农业机械、良种和农业管理六项云。过提议下星期三院中开一次支援农业会议。文振旺来谈。关于出新疆土壤图百万分一 Scale 十四张,天津印,要十万元(三百份)。

下午我得 Sir Linder Brown 所赠 Oxford 木刻古图后即复一函,并赠浙江省人民艺术图集一本。

晚六点,德国大使 Hildegard Hegen 为人民德国建国十三周纪念,请鸡尾酒会,到董必武副主席、陈毅、陆定一副总理及李仲揆、沈〔　〕等等。席间 Hegen 致词,说立国以来工业增加三倍以上,在欧洲已占第五位,农业已全部合作化,并为缔结和约消除西柏林局势做了很大努力。代办 Winning 对我说,他已四年期满,明年将回国,有一位一等秘书 Lazo 已来北京云。七点半散。

接澄衷同学潘茂芬函(从上海来,无地址)

10月7日　星期日　晨昙13.6°,室内65°F, 755 mm, FrSt Ci 3,凪。

晨送英国皇家学会代表团至飞机场。晚陈副总理宴请英国 Malcolm MacDonald。

晨六点起。七点前出发,乘2361号汽车赴东郊机场。今日皇家学会访华代表团团长 Linder Brown 坐602号飞机赴广州,从香港回国,王仁全送往。Sir Gordon

Sutherland 和 Prof. Waddington、Thompson 及 Powell 等四人乘 ИЛ 18 飞机由莫斯科回国。前者于 $7^h45'$ 起飞，后者于 $8^h15'$ 起飞。这次访问，Brown 等认为满意。他们大部人做了报告，给予每人50元人民币酬劳，所以可买不少礼品。问他们对于访问所得印象，Brown 是神经生理学家，认为我国科学研究对理化注意，而对生物注意不够。除上海生理所外，其余生物上设备十分落后（如电子显微镜、快速电子计算机，英国的农业试验所均有）。次则大学中做研究工作做得太少，教学工作太多，学生住室太拥挤。Sutherland 希望见他的学生吴征铠。他在上海未回，始终未见到。Thompson 提议我们的足球队能和英国比赛。我昨晚遇荣高棠时，曾将此意告他。我也告 Brown，他的同事汉文教员吴世昌已回国。九点一刻回。

乃宜来借放大照相器。阅新出《红旗》第十九期，内有八届十中会议的公报和社论（已见《人民日报》）及陈垣、钱学森、华罗庚、老舍、赵树理、周立波和我的文。下午四点出外步行，途遇羽仪太太。知得章恺来电，谓春兰已早期生一子（今年一起同住），急得来借款，适允敏外出，约其晚再来。我至景山一走。五点半回。

六点三刻至人民大会堂上海东厅，陈副总理请英国 Malcolm MacDonald（系 Ramsay 之子），此次方从日内瓦为主席（另一主席是苏联人）解决老挝事回国途中。宴会后，和陈副总理看了影片《阿尔及利亚的姑娘》。十一点十五分回。

10月8日　星期一　晨阴，St 10，13°，室内64°F，756 mm。

晨六点半起。七点五十分至北京医院，首项检验抽取血液3 cc，为检验肝功能之用。遇廖冰同志。至牙科，请王洁泉大夫修补左下板牙。九点回。早餐。十点至院。新派来的秘书沈文雄来。据云系南京大学地理系经济地理专业毕业，并非气象专修科毕业。我告以到办公室后的工作安排。

下午三点至二里沟，谈全国专门学会的章程通则。和黄继武、严济慈谈了三次以后，由黄起草了六章二十一条的通则。今日到者范长江、王顺桐和严、黄、竺共五人和一位女同志。范的意见认为应肯定过去科联的工作，如联系实际，走群众路线，把学会从私人团体变成一个公家的组织等，以后应质量并重，双重领导。分会以地方为主，学报编辑注重编辑部负责。通则不宜过宽也不宜过狭。领导（非业务的）以不任所长为是，云云。晚八点一刻回。

10月9日　星期二　最高22°，最低13°，多云。

巴比伦与中国天文相似处。下午人大常委。侯仁之来。

晨六点半起。上午至图书馆，和顾家杰谈片刻。至图书馆阅览室看《清实录》等书其中关于雍正杀害其弟兄的故事。遇席泽宗，交与阅台湾大学1960年一月出版文史哲学报中杜而未著《中巴星象神话比较的研究》。从四灵和星象论中巴相同之处颇多吻合。四灵见《礼记 · 礼运》篇，麟、凤、龟、龙为四灵，说《三辅黄图》以苍龙、白虎、朱雀、玄武为天之四灵。《礼记 · 曲礼》疏朱鸟、玄武、青龙、白虎四方宿名也。《尔雅 · 释王》疏曰：四方皆有七宿……东方成龙形，西方成虎形，南首北尾，南方成鸟形，北方成龟形，皆西首而东尾。《论衡 · 物势》篇：东方木也，其星苍龙；西方金也，其星白虎；南方火也，其星朱鸟；北方水也，其星玄武。但 Fritz Rock 在 *Anthropos* 25 卷 1930 年则以"牛在东，人在北，鹰在南，狮在西"，与中国比较相合，不过以牛代龙，以蝎代朱雀，以狮代虎，以水人代龟。墨西哥印第安人（据 Fritz Rock）以蛇、鹰、狮、人，青、赤、白、黄代表东、南、西、北。中国以天龟为水神，亚述人以鹰代天蝎，与印第安人相似。印第安人的四灵尤与中国同。星象方面 C. Bezalel 司马迁与巴比伦天象 Astrology（*Ostasiatische Zeitschrift*（《东亚杂志》），Berlin，1919，20，pp. 42—49）。巴比伦的天象说，如果北方的鱼（水星）接近大狗（金星），则国强霸，敌兵败走。与《天官书》"水星与太白俱东方，皆赤而角，外国大败，中国胜"。巴比伦火星至金星旁，巴比伦必遭蹂躏，《天官书》"荧惑从太白，军忧"。巴比伦火星走近蝎子宫时主战，又强敌来攻，国王不可出门。《天官书》曰："火犯守角，则有战。房、心，王者之恶之也。"俗语说（《梁书》）"荧惑入南斗，天子下殿走"。梁武帝曾因以跣足走殿下以禳之。

	颜色		星象	名称	
E	中	青	木星	青龙	巴比伦材料依 Hugo。Für Echinology 卷 31，1932。Theorie 见 *Inter. Arch.* Kuneke "Die Quadrant"。
	巴	白	木星	牛、土、土	
S	中	赤	火星	朱雀	
	巴	赤	火星	蝎、狮子	
W	中	白	金星	白虎	
	巴	黑	土星	狮、蝎子	
N	中	黑	水星	玄武	
	巴	绿	水星	水人、水人	

徐平羽报告文物保管。二十世纪初 Aurel Stein 从敦煌窃取 26 箱文献、26 箱古物，不久 Pelliot 伯希和又盗取六千卷文物。美国 Warner 盗观音壁画，Havard 博物馆有天龙山石刻，New York 有龙门石像，Philadelphia 有唐昭陵二骏。在美国，中国青铜器达万件以上。解放后，1953 年 3 月即颁布《保护历史文物指示》，61 年公布了全国八十多处文物名单。现故宫有古画等文物 31 968 件，其中珍品 1700，北京图书馆有十二万多卷善珍本。

下午听徐平羽(文化部次长)在人大报告保管文物(见十日日记)。侯仁之来谈《地理小丛书》。晚至首都剧场看《武则天》话剧,郭老编剧,人民艺术剧院演出,朱琳饰武则天、童超饰骆宾王。

10月10日　星期三　晨昙, ACu St 7, 14.3°,室内64°F, 754 mm。

上午至地理所。中午贺珍来。下午南开大学杨石先校长派孙若坦来约十月十七校庆演讲。

晨六点半起。七点半,和松松乘2361车赴中关村。我至地理所和李所长、黄所长谈,又和高泳源谈中印边界问题,讨论外交上需要地理界发表文章来驳斥印度的立场。我认〔为〕应把从康熙时测量《皇舆全图》包括西藏在内说起,十八世纪初Du Halde得教士的助得到一份,即以做法文中国图,以后欧洲、中国及中亚地图皆以此为蓝本。Von Humboldt中亚书中说到Klaproth在德国依照乾隆《中国内府舆图》出了四张中亚图。到十九世纪中叶以后,英国人蓄意侵略西藏和新疆,才派大批测量队至我国边疆。1953年白寿彝编《回民起义》第四本中魏光焘写的《左宗棠平新疆记》就看得〔出〕。彼时英国人藉安集延酋长阿古巴以敛并南疆的意图。和赵松乔谈敦煌石窟有被鸣沙山上流沙掩没的危险。经文化部徐平羽和赵松乔、李鸣岗等视察后,认为鸣沙山系石头山,沙虽移动,但从山到洞山有一千公尺为戈壁,只要无东西遮拦,不会堆积,所以洞无压倒的危险,但洞的墙、门却有倒下的危险云。和孙鸿烈、文焕然谈。文将以华北各省历史上气候变迁为主题,已看了若干材料。和宛敏渭谈物候观测的标准、对象。和植物园俞德浚几度商量后认定了卅二种植物,我又加了杏子、苹果和紫藤,合成35种。和过兴先谈,明日下午谈支援农业大会事。

下午南开大学杨石先校长派孙若坦约于十七日赴南开校庆学术讨论会作讲演。我因天天开会,只得辞谢。昨下午文化部徐平羽报告近十年来对于保存文化古迹的经过,对于考古上的发现成绩甚大,发掘旧石器、新石器及周、秦、汉、唐古墓甚多。对于图书、碑帖、雕刻珍重备至,并于1961年公布80多处文物所址,作为国家保护的重点云云。

10月11日　星期四　晨晴,风力2—3级,13°,室内64°F, 755 mm。

上午开气象学会十八届第一次常务委员。下午院中开农业支援座谈会。

晨六点多起。八点乘车至中关村地球物理所,开气象学会常务理事会,到赵九章、叶笃正、顾震潮、蒋金涛、张乃召、北大谢义炳、军委贺局长等。指定蒋金涛为秘书长,肖更海、张宝堃为副;指定主任编辑叶笃正,副蒋金涛、顾震潮;成立普及工作委员会,程纯枢为召集人,肖更海、王鹏飞副之,江爱良、章淹、叶桂馨等为委员。决定不出版 1962 年大会论文选集。第一批全国会员约 180 人,待下次讨论。十点半,我先离席至院。十二点回。

下午开院中支援农业大会,到张副院长,谢秘书长,童、尹、严主任,生物部各所所长(心理所除外),地学部各所所长(古脊椎除外),化学所柳大纲,冶金化学所叶渚沛,电子所马大猷,水文科学学院王文熙,电工所林心贤,力学所吴仲华等。张副院长传达八届中央委员会十次全会的〔精神〕,传达关于"对科学文化教育方面所提出的任务"。说"要〔加〕强科学技术的研究,特别是要注意农业科学技术的研究,大力培养技术科学研究的人才"。毛主席在很早已注意到农业的重要性,现在要轻、重工业统为农业服务,但首先在农村要做到集体化,集体化而后始可谈机械化、电气化、水利化和化学化。计划从 1963 起,花廿五年工夫来达到全盘机械化。

谈到院里如何来体现支援农业方针,要重点和全面地结合国家关键性问题,要 70%任务带学科, 10%—30%作试探性理论工作。次过兴先谈八、九两个月中农业科学六十多人做规划时先大鸣大放,韩光、范长江、廖鲁言诸人统作了报告。廖的报告中说, 58 年国家收购棉花 3500 万担, 57 年 2700 万担(但无粮食数字),说 1950 年每人三亩地,现只二亩半,不但人口多而耕种面积也从十八亿减至十六亿亩云。

10 月 12 日　星期五　晨昙, ACu St 4, 13. 8°,室内 63°F,风力 2— 4 级, 753 mm。

上午开农业支援座谈会。下午至阜外医院三楼看张文佑,四楼看恽子强,恽已昨开刀割食道癌。下午理发。晚游泳。今日称得去衣 90 市斤。

晨六点半起。八点至院。今日上午继续开农业支援会议,晨间到会者比昨日为少。我首先谈了英国人口从 1940 到 1960 增加四百万,即 8%,但粮食从只能供食用 1/3 加到 1/2,美国粮食在 25 年中增加 50%,而日本更快,在 1937 年靠台湾、朝鲜进口,而现在能自给。据松村谦三和周总理讲, 1946 年日本只产稻 150 亿斤,杂粮三四十亿斤,现产稻三百亿斤,杂粮一百亿斤。又说,日本所以增产,由于: 1)肥料, 2)农药, 3)水利, 4)小型机械化, 5)良种, 6)整理管理土地。现每人原粮 450 斤一年。英国所以增产,据 Rothamstead 的 Bauden 主任告我,是病害防治、农药除草与良种推广。苏联 Волькович 沃尔利科维格说,近来农业增产半由于化肥,苏联化肥年 1300 万 T,远远不敷用,二十年后要到一亿二千万 T。美国土壤学会会长也以为美国农业增产半由于化肥增加,二十多年加五倍。过兴先传达周总理报告,说他先自引咎,说过去对农业科学重视不够,《发展农业纲要 40 条》未经科学家的讨论,现要改正错误。近二年来农业科学人员削减太多,要归队。希望大家努力,到1967年能达到四千亿斤关(据估计1958年是18 000万T,即三千六百亿斤)。说你们为人民服务,我为你们服务。周总理之言使农业科学工作者大为感动。

柳大纲说,化学对农业大有可为,如对于杀虫剂、畜牧营养等。为了做出如何保存牧草,芬兰人A. I. Virtanen于1945年得了Nobel化学奖金。要一个大的农化队伍。化学所目前是80%与任务有关。陈思骥主张要主动提问题,以为不能太强调任务带科学,不合适。汤佩松认为问题不少,如化肥如何施用,农产品加工,叶蛋白统有植生问题,目前没有人做大豆蛋白质。此外,如日光利用、光合作用等,建议能有几位和他所同志会面谈谈。张致一认为许多问题如远缘杂交搞不下去,是因为未能深入。青鱼、草鱼人工授精也是如此。杨联奎主张办技术生物研究所。汤佩松要植化所。林镕以为支援农业条件不够,如草原工作、作物起源工作范围均大。十二点散。

10月13日　星期六　晨晴,风力3—5级,7.7°,室内55°F,760 mm。温度骤降,报载最低2°。家中大丽花开得正好,经风吹低温,一部叶萎花折。

晨刘宝善夫妇来。上午史地丛书扩大编委。下午院中宇宙航行报告。

晨六点三刻起。九点至人大会堂河北厅参加“史地小丛书”扩大编委会,系侯仁之前天约我去者。吴晗作了二小时报告,事先已印好。说“历史小丛书”出版已经三年,出满100种,外国历史和地理小丛书各十套,已印五百六十八万册,多的一种印十六万,对中小学教课和推广史地知识大有裨益。要编好“小丛书”,必须明确方向,准确对象,要专家与群众结合起来,编委与编辑部协作,要实事求是,创造自己风格,以辩证唯物主义与历史唯物主义观点解释历史人物。以后要建立作者队伍,有写作热情和文笔畅通,专家往往行话多,不易为读者所接受。中学教师史地知识不够充足,二者要分别给予帮助,云云。次我谈了史地知识对于建立宇(上下四方为宇)宙(往来古今)观的重要,提到毛主席《新民主主义论》文中的建立共产主义宇宙观。谈到《三国演义》对建立关羽为偶像的重要性,这是封建时代的宇宙观。谈到张荫麟对从春秋到战国时代铁的作用和骑射的作用,使小国不能立足,正如今日欧洲荷兰、比利时的经济政治不能独立一样。最后谈到科普工作的重要性。次叶圣陶谈出版著作方面问题。十二点回。

下午二点半至中关村力学所,开宇宙航行通俗演讲(去年有六讲)。军事医学科〔学〕院副院长蔡翘(院长贺诚)谈宇宙飞行的生物学探讨。谈到超重,说加速度作用抗G有生理问题,据苏联“东方号”宇宙飞行加速度使G增六倍,但美国宇宙飞行报告中则至12 G。实验室用17 m半径离心设备可以到40 G,普通人可抵抗4 G,但经训练可达12 G,方向以自背至心,和心至背为最合适。耐受范畴以灯光来试验,有灰视、黑视的。人的体位纵轴应与加速方向成直角,此外尚有时间问题。

失重问题影响不大,因为所差只是1个G。讲一小时半,由杨家墀、陆元九等提了几个问题。据蔡云,人生能受的辐射许可量不能超过25伦琴/小时,长期飞行更在此下云。今日到者有钱学森、谷羽。

晚看人民艺术剧院演出十一场话剧《红岩》(原小说罗广斌、杨益言作),夏淳导演,系述解放前夕重庆中美合作所事。林东升饰江雪琴,田冲饰许云峰。

10月14日 星期日 晨晴5°,室内54°F,风力3—4级,766 mm。下午14.6°,室内62°F。

今日在家称得去衣102 lbs,松松97。下午至工人体育馆看足球比赛全国锦标赛,上海3,八一2。

晨六点五十分起。近天气骤冷,寓门外早晨只5°,而《人民日报》报告最低4°,最高16°。所以在户外日中也要穿大衣。上午阅苏联*Culture and Life*《文化与生活》十月份月报中有乌克兰科学院院士"The Problem of Reality in Physics"《物理学中的实在问题》,引列宁语说,"物质之存在并不依赖于人的意识"。但是没有一个物理学说能解释所有一切外界事物,合于微观的学说在许多地方会不合于宏观世界。量子物理在许多地方比经典物理更合适。一群电子或一束光线,有时可解释为波浪,有时可作质子,但实际二者均不对,他是二者之间的东西。这就是量子物理在微观世界中的说法。但近代Positivism实验主义者如P. Frank以为这种说法是半牛半马,非牛非马, An object resembling a centaur。他不知道这是唯物辩证法的矛盾的统一The Unity of Opposites,好像磁之有两极,时间与空间,质子与反质子一样。Niels Bohr在《量子物理与哲学》说,原子的内部解释是完全客观的,他的观点是接近唯物主义而反对实验主义的。列宁还说近代物理产生了"唯物辩证主义" Modern Physics give birth to dialectical materialism (p. 20)。

中午,和允敏、松松至政协中膳。彬彬在农场看羊半个月,所以未回。下午三点半至工人体育馆足球场,看足球联赛的冠军赛,上海队与八一队。我们到时,陕西和辽宁比赛尚未终结,辽宁以4—0胜陕西。四点开始上海比八一,八一先踢入一球,但不久上海即还了一球,并以2—1占先,休息后易位,又各踢入一球,为上海3,八一2之比。六点回。此赛甚精彩,上海球门蒋耀章救出不少险球,八一的球门黄肇文也好。

寄北京石驸马大街90号《光明日报》章丽阜

10月15日 星期一 晨晴4°(39°F),室内49°F,凪,762 mm。下午14.6°,759 mm。

晨看牙医王洁泉。上午席承藩来。下午和允敏至中山公园看大丽花和黄山照片。

晨六点五十分起。八点至北京医院看牙医王洁泉。为补左下板牙,并看右下板牙的缺处的 Bridge,因掩盖不完全,所以吃食物后即塞在内,以致发酵。这点今天把 Bridge 略加修改后仍未能修好。九点至院。南京土壤所席承藩来,为印官厅水库土壤图事。据说官厅水库从修好后,附近土地泛盐。席和六位同志花了二年功夫作出一个公社的土地,说这一公社平均亩收400斤,由于倒槎和插种,所以得到丰收,云云。我看图中颜色甚多,要做套版,想费用必大,科学出版社必不肯承印,而且印刷以后也无人购买,所以主张此类图应不用颜色,而以线条来分各色土壤,则蓝印即可晒图。

下午二点多和允敏至中山公园温室看大丽花。有七八十种,其中有名鸳鸯的,乃红白相间,有的似牡丹,也有的像菊花,色则红、白、紫、黄,可说异彩缤纷。又至水榭看黄山照片,共十九多张。回途至王府井修理照相机,松松的一架因快门坏要修理。又至东安市场起士林吃了 Ice Cream。四点回。

中山公园盆种桂花已尽落,但盆种的一串红 *Salvia Splendens* 盛开,尚有一品红 *Euphorbia* 亦盛开。寓中一串红此时也开得好,大丽花经前天大风与低温后折颓不少,尤其是枝干高者,叶也萎枯,但低矮茁壮者仍盛开。所种菊花在阴中,所以花穗尚小,似难于霜前开出。这次寒潮使丝瓜和豆统停止放花,牵牛花白色者也全停,紫色者尚开着。

10月16日 星期二 晨晴 3.4°,室内 56°F, 759 mm。中午 64°F, 13°, 760 mm。

下午至四条晤 Росанова 罗萨诺娃。

晨六点三刻起。上午和沈文雄同去中关村地理所,和高泳源谈中印边界事。我主张作两篇文,一登《地理学报》,比较详尽而以学理来说明我国的主张;一则比较通俗而精短的文章,登《人民日报》。前者要许多图和参考文献,后者只要一二张图为已足。至图书馆阅近到报刊。下午阅教育部交来十二年学制中中学一年级上学期用中国地理教本,并已在个别地方试教,要我提意见。我花了今昨两晚看了书的上半96页(下半60页是中国分省论,未看)。我觉得一般说还写得不错。读这书的孩子是十三四岁小孩,书中把自然和经济地理合写,以自然为主。开头谈地图和经纬线、比例尺、等高线,但未说明寒、温、热三带的分法,因此回归线一名词直至52页讲海洋时始见到,但学生当然不知道回归线之意义。其所以不谈寒、温、热三带,乃由于第四章"气候"一章中用积温的方法来定热带、亚热带和温带,但这是气候的分带,适合于我国,而天文上的温、寒、热是世界通用的,不能不说明于事先。

此外尚有错误之处,如页20说大气厚度有三千公里, p.23说世界上许多高山的高度几乎都是用气压计测定的, p.63说降水大都由于冬夏季风交锋时所产生的锋面雨所〔致〕。谈到第二章"地形和矿产"时没有谈(很少)水力资源。谈农业、工业、交通时对轻工业少注意。

下午五点至东四四条看Розанова。适渠赴医院见其子Андриа,知原定星期六回国,但今日下午得公安局通知,云其包装箱子的中国人不能再任其工作,因过去在大使馆工作未得许可,所以要觅包装人,恐星期六不能成行,云云。未几Розанова来,坐片刻。回。

10月17日 星期三 晨晴5.6°,室内56°F,胍,762 mm。中午室内64°F,户外16.5°(61°F)。

下午周总理报告。

晨六点三刻起。上午至院。和吴院长谈片刻。十点至图书馆。十一点至科学出版社,和周太玄、赵仲池、朱务善、郭佩珊诸人谈关于科学出版社出版中文刊物中之外国人名,主张人名、地名不要译音,只用原来外文名字。此在高级科学读物则可,在通俗读物则读者不识拉丁字母,即发生困难。至中国史研究室,知主要行政负责人吴主任和李俨(心脏病)、严敦杰(痔发)均不能到室。和钱琢如谈片刻,据云《中国数学史稿》于年底可以出版。

下午三点至人大会堂河北厅。统一战线部请周总理报告中共八届中央委员第十次会议讨论各项,大致与报上所载者无出入。首谈世界形势,五大矛盾、四种力量,统于社会主义有利。次谈到与帝国主义(美国)、民族主义(印度)和修正主义(苏联)的斗争。有人以为我们何必与世界三大国为敌,但我们并不与美、苏、印度人民为敌。我们要坚持马列主义原则。与苏联要以斗争来团结则成,以姑息来团结则败。在三方面苏联策略与我不合:(一)敷衍帝国主义,妄想如此可以和平共处;(二)支持印度,让与飞机,与我为敌;(三)在新疆引诱俄罗斯人取双重国籍不成,则叛变归化苏联者二万人。关于国内形势,大大好转。今年粮食收成估计比去年多二百亿斤,城市人口少一千八百万,一千三百万直接下乡。基建大大减少。工厂,中央部分从六万个减至四万六千。市上供应比去年进步,化肥、石油生产增加。习仲勋反党,已撤销副总理职务。六点半散。在人大晚膳。

今日在会场上遇金善宝和丁颖,谈及农业气象问题,主张要召集一次会议来座谈。又遇轻工业部李烛尘,提及北京一位儒医名王宣明,有患食道癌和肾癌者均经医好云。

10月18日 星期四 晨昙,ACu 5,8°,室内56°F,763 mm,胍。

晨六点半起,作太极拳20分钟。九点至院。开第七次(本年)院务常委,批准中捷二国科学合作协议。计明年捷来中科学家天文(太阳)二人、生物物理一人、白蚁生物家一人、肿瘤一人、植物群落二人,为期2—12周,语〔言〕1人16周。中去捷,硅酸盐3人、太阳活动1—2人、蛋白化学4人、土壤微生物二人,同时中方派人去捷研究植化、选矿、钢结构、昆虫病理病毒、混凝土等五人。图书馆互换书籍、期刊、显微影片、期刊复制品。中方供给天目山禁伐区裸子植物、被子植物和禾本科植物种子及标本,川、滇二省常绿乔木目录,高山竹目录等。次关于科学仪器工作委员会的建议。次关于1962年招研究生状况,工作四月开始,七月结束。共招296名,各高等学校推荐633名,经考试审查取191名,取足64.5%。其中男180,女11人,成绩70分以上105名。241位导师中161人招到学生,76位没有,包括王应睐、冯德培、张香桐、殷宏章、童第周、斯行健、赵九章等。63年将从在职干部中同时招生,工作从十月起开始,地理所招7人,报考16人,取了三人。地质所13—36—11,地物所10—25—6人。

下午三点至东华门修理双筒镜。至北京医院看杨钟健。他在院检查身体,尚无大毛病,惟血压稍高170—100 mm,脚腿浮肿,此外则耳聋和糖尿。遇边雪峰,系多年心脏病。又遇方心芳,也是患心脏病,已住院九个月,我竟不知其事,他年仅55云。出。回至北海公园,在永安寺看大丽花展览,盆数较中山公园为多。上白塔台。下山后乘车至地安门大街邮局,定西文报 *Culture and Life*, @ 4.80元一年。

10月19日　星期五　晨晴9°,室内58°F,风力1, 764 mm。下午晴。晚$8^h30'$ 763 mm,室内62°F。

晨七点起,做太极拳20′。上午九点在院,听刘慎谔、严长生、李女士(均林土所人)为中朝两国科学协定项目赴朝一月另七天的报告。他们到了金刚山、白头山(即我国长白山)及西海岸平阳三个区域,由朝鲜科学院的生物所和地质地理所招待。院长为姜永昌(前年我去时院长是白南云)。这次采集植物标本795号。白头山山上主要是落叶松,在北坡我们界内主要是云杉、冷杉,高度从600—1900 m, 1900以上是高山草原。为何〈南〉北坡为云杉、冷杉,而南坡为落叶松,理由不明,可能是火山爆发把原来云杉烧了。在近代历史1597、1668、1702均曾有火山爆发,山上有Cinder和Bomb石块。金刚山已在38°30′N,从400 m—1680为红松,400下为赤松。赤松是山东半岛、辽东半岛和朝鲜最普通之林木。土壤做23个剖面。西海岸潮的落差大,达6 m。这一带临海的潮间地已利用,施肥量大,每亩达60斤化肥。百万分一的土壤图已制就,土壤多酸性4.5,每四年调查一次。粮食今年达五百万T,缺劳工,所以旱田可以不插秧,妇女劳动力大。此外,参观了农业大学(元山),有六千学生。土壤所属农业科学研究委员会,所长金用灿。植物所100人,标本四万张。全国集中力量搞粮食云云。

下午二点半在办公室谈治沙所计划,到谢秘书长、漆主任、陈道明和李秉枢、黄秉维所长等,定下星期一决定治沙所改组。晚七点和彬彬(方从义务劳动二星期回)、林大夫及爱人赴北京体育馆游泳。

10月20日　星期六　晨阴,风力2级,10.6°,室内59°F,764 mm。日中阴,下午四点763 mm,58°F。

在中印边界上,印度边防军向我们开火,引起不宣而战的中印战争。

晨六点半起,太极拳20分钟。上午未外出。阅列宁《哲学笔记》关于唯物辩证法的看法。阅《红旗》20期中关于农业科学的两篇论文,一篇是农业科学院丁院长,另一篇是江苏农业科学分院顾复生作的。

午后二点半至院。约教育部教科书编辑室颜乃卿、芮乔松及巴克良来,谈中国地理教科书上册,系初中一年级读。我已阅了上半部96页《总论》,认为尚写得不错,但主张把寒、温、热三带从头就提出,庶几以后提到北回归线和北极圈时不至于再要加解释。对于水利资源,主张加入。对于写得不够精确的,主张删去,如说空气厚达三千公里,说几乎所有世界高峰的高度是用空盒气压表测的。最后芮乔松要求解答关于亚热带的南北界限立在何处。我告以个人意见,即北界在秦岭、淮河,南界定在五岭,即南岭。又问教中学以《总论》在《分论》前或以后好,及如何多教《分论》少教《总论》等问题。三点半告别,四点回。

五点至政协礼堂,和彬彬、松松同往,未几允敏也来。遇钱雨农、邹秉文、陈岱孙。六点至蟾宫,看意大利电影《在黑暗中的女子》,述一妓女遭遇的惨状。

10月21日　星期日　晨昙,ACu FrSt 8,10°,室内57°F,760 mm。

上午至卧佛寺植物园,并至香山饭店中膳。香山黄栌叶作红色,白果和三角枫叶作黄色。下午上海科技出版社顾济之来。

晨六点三刻起。上午八点半和允敏、松松、彬彬出德胜门至中关村,送松松至校后,我们由青龙桥到卧佛寺植物所植物园。事先已约俞德浚君在此相等。我已两年未到此园,经1961年精简后,植物园范围已缩小,从7000亩到600亩,人员也从300缩〔为〕120人。基金也大减,甚至附近原拟一万方植物所也已停工。从樱桃沟引水已筑成二个池,但第二池漏水,我们今天未去。只参观了玻璃花房,看了热带、亚热带来植物,其中以南美洲干热地区的各种Cactus为最多。此外有海棠属*Begonia*、兰属,等等。在户外并种有木薯、木瓜、甘蔗等,以试在北京是否能结果。有一种芦竹已能过冬,可以做箫笛上吹孔之用。玉兰也可在外过冬。

十一点别俞德浚。至香山,今日因看红叶来者肩摩踵接,幸由赵锡华事先接洽,我们先在膳厅吃中膳,以每人二元的价得一饱,菜亦丰富。膳后至山上一走,红叶大部为一种灌木名黄栌,但山上有不少枫树和白果叶均作黄色。我们从宫门向北经玉华山庄,然后下山。下午二点从香山出发回。

午后四点,龙雅娱之姊(即吴其伟爱人)来看允敏。未几顾济之来。据云,他现任上海科技出版社副总编(无总编),在上海瑞金路(即前金神父路)二号〔应为"瑞金二路450号"〕,现有同〔人〕150人,其中编辑约50人,专出科技书,范围甚广,包括理、工、农、医。顾自任工、农方面及各种工具书,大概为高、中二级的参考用。并出各类丛书,如数学所担任的一类。也出科学史,如 Needham《中国科学史》第三册。他此来有十天耽搁,并云拟出中国科学社四十年来《科学》的索引云。

10月22日　星期一　晨阴昙, FrSt 7,凪, 757 mm,温度10°, 59°F。寓前丁香叶子大部转黄枯。

上午院中开会讨论了治沙队改组意见。

晨六点三刻起。八点半至院。九点开会,召集治沙队主要人员,要大家发表对治沙队将来的任务和方针的意见。缘治沙队于58年年底在呼和浩特开六省大会,提出治理全国沙漠以来,已经四年时间,其间于59年成立治沙〔队〕并在呼和浩特市成立治沙研究所筹备处,以刘慎谔为队长,陈道明副之。现已发展到一两百人的队伍,连其他各所及大学的人员经常在各处工作,人数更多。但刘老兼林土所副所长,又兼沈阳市副市长,经常不到呼和浩特。队中只刘媖心等二人为助理研究员,李鸣岗为副研究员,既不组织学术委员会,又不组织所务委员〔会〕。人员又分散在呼市和北京两处,呼市无人领导,因此等于天高皇帝远,无人管理。这种情况自然使年青人不能满意,所以要改组以前令大家大鸣大放一下。我首先把过去的成绩说了一下,后便提到本题,即改组的需要。接着陈道明说了数语。李鸣岗首先对于治沙所缺乏领导,认为应走生物路线,但领导不重视科研工作。沙坡头气象站随便撤销,不问李的意见如何。也从来不检查工作。图书馆无人看书,也无书可看;许多人认为生产比研究更重要,治沙工作做了十年也未升级。赵松乔以为治沙是综合性的工作,不能单走地学或生物路线,以为关键在于风沙规律、水土地资源和生物资源,以为理论应该走在前面,但主张不能分,应保存完整性。刘媖心也主张不能分,但无论地理或林土统有困难,所以不得已也可分,但出外时可以合。朱震达以为应走综合路线,应该从发展规律来研究问题,如塔里木盆地已开五百万亩,将来如何发展是首先应研究。如皮山的绿州在沙丘包围中,每年走80—100 m,如何能阻止他侵入绿州?沙丘高不过一二米,王龙河下面开垦也有同样问题。以为应研究沙漠的成因和类型,改造和利用评价。铁路旁固沙问题,防止风沙为害农田。陈隆亨(土壤)主张治沙队不能分,散后再合有困难,在哪所是次要。标本不受重视,计划定后不检查。马载涛说,所出数据不可靠,在呼市困难大。郎子美认为可由地理所领导。赵兴梁也以为地理所领导合适,呼市条件不够。

10月23日　星期二　晨晴,风力4—5级,11.6°,室内59°F,758 mm。寓中大丽花尚盛开,丝瓜、牵牛偶有一二开者,开得不畅,红豆无一开者,菊花在阴处尚未放,阳处也开始放,一串红 *Salvia Splendens* 盛开。

晨六点三刻起。八点半至中关村地理所。和李秉枢、黄秉维二所长谈治沙所事,又和高泳源谈中印边界文。与过兴先谈支援农业问题,并提及叶渚沛以氧气转炉制造磷肥,要向〔石景〕山钢铁厂一询究竟试验的氧气转炉是否成功,有否作制肥试验。交与邹秉文函,为派人与徐纬英一同去四川种 Olive 事,请过直接打电话与邹。

下午三点,继续昨天关于治沙队如何处理的座谈会。今日下午发言者有王康富(沙坡头)、李洪泽(毛乌素水文地质组)、邱国庆(北京水文地质)、刘恕(女)(沙坡头林研室)、黄兆华(牧草)、邸醒民(头道湖)等六人。治沙所缺乏领导,以后治沙队的人不要分散,几乎是一致的意见。其中以乏领导尤为突出,北京如此,呼和浩特市更甚。回后做不做野外报告,报告好不好,无人过问。事务人员不为研究人员服务。在呼市条件差,野外归来无住处。图书馆一人照顾,书既少也不知找书。一部分人想外调,与陈道明说,陈把他申斥一番。年年开会做规划总结,但轰轰烈烈开会,匆匆忙忙计划,马马虎虎检查。没有健全党的组织,事务人员把仪器箱装猪肉,做运输工具,把仪器丢在一边。关于以后组织,有黄兆华、郎子美、陈隆亨、赵兴梁、马载涛、王康富、刘恕、邱国庆、邸醒民、赵松乔等十人以为不能拆散。刘媖心以为不得已时也可,黄兆华、王康富等六人以为暂由地理所带比较合适。多数不赞成谈生物路线和地学路线,以为治沙工作是综合性的。因为尚有若干人未发言,所以定明日九点继续开会鸣放。

晚七点和沈文雄秘书去北京体育馆游泳,遇任知恕、杜秘书长、林宝骆、地质部卓雄副部长等。晚飞飞、宜宜来。

10月24日　星期三　晨晴6°,室内53°F,761 mm,风力〔　〕。

上午治沙队座谈。下午辞海室杭苇来谈。前浙大土木系毕业生刘贞荣来。

晨六点五十分起。昨晚乃飞和乃宜住在寓中。乃飞现在沈阳第一机械工业部仪器仪表研究所工作。他于去年在天津大学毕业,近有二星期探亲假,所以来京看贤贤、宜宜、阿六,并回唐山云。

九点继续谈治沙队任务、方针。提意见者有田裕钊(林业〔部〕在皮山工作),

以为要集中才能领导,以集中在地理所较为合适。刘仲明(在综合组,原林土所)、钱泰涛也有同样意见,但要保存独立。黄重生(沥青)主张要独立为一个单位,但要一个专业业务领导。宝音(蒙族,综合组)和童立中(农业驻宁夏高沙窝)统主张集中,由地理所带。各人对业务领导意见是人员、职务时时更换,没有书籍、设备。行政人员态度傲慢,没有人指导,也不关心工作做得好坏,对于事务方面不为研究人员服务。马主任有贪污行为,应撤职。王主任到西宁住高级饭店,不去格尔木视察,而要司机去。马主任在呼和浩特搞工业券,以仪器箱装猪肉(此二人我意也要撤查)。党领导不强,没有贯彻《14条》。最后陈道明做了解释:刘老(慎谔)他是筹备主任,但从来没有开过会。此次来参加是以协作单位资格,认为治沙队隶属任何单位均不合适。黄所长谈了苏联 Петров 彼得罗夫(生物)、Знаминский 兹纳明斯基(森林)二人经验,以及沙漠所从1912地理学会筹备起,由地质所又转至土壤所到现在,在土库曼成立沙漠所为止,可知并非是走一条路线。十二点散。明日开小组会。

下午二点约中华书局辞海编辑室杭苇(住北皇城根76号,665266—165)来谈,为了《辞海》中科学名词事。三点半,前浙大1947土木系毕业学生刘贞荣来谈。据云,毕业后在台湾糖业公司做铁路工作十年,曾以事故割去右腿,于1957年得奖学金去美国 Virginia 大学两年,至 N. Y. 做了假腿,读数学,于1961年去法国读力学,八月从瑞士回国,现将去哈尔滨土建所云。

10月25日　星期四　晨昙, FrCu。

上午治沙队。至图书馆和出版社。下午政协座谈上星期三周总理报告。晚至人大小礼堂看婺剧。

晨六点三刻起。八点半到院。九点约谢副秘书长、漆主任、刘老,黄、李二所长等谈这几天来治沙队青年人意见,以及治沙队应如何处理问题。这次青年人中意见几乎一致,主张治沙队不能分,应合在一起。青年人中十七人发表意见,有十一人主张在地理所带起来成长。另一个一致意见是必须领导加强,即政治领导、业务领导和行政领导。谢秘书长首先谈过去治沙曾有几个方案,一是交呼和浩特地方管理,所请下放,内蒙也愿接收,但无工作条件,且治沙系全国任务。另一方案是分成二块,一部归地理所,一部归林土所,这也有困难。三则暂时合一,由地理和林土双重领导。漆主任谈了过去历史,但最终还是主张分。刘慎谔主张归综考会。我因事要先走,所发表意见以为应该加强领导,首先是业务领导,在政治挂帅原则下应该有高级人员负责;主张做一个比较长远的规划,如十年规划,至少有四个室,即植物(李鸣岗)、地理(赵松乔)、土壤(文振旺)、水文(地质所抽一人)来主持,给以业务上领导权,不要予以掣肘;过去贪污案要尽量加以撤查,如把仪器丢在一边,运猪肉进京等等;筹备委员〔会〕应改组,云云。十点半至图书馆。十一点至出版社,谈辞海编辑室杭苇提出名词问题,和与上海科技出版社分工问题。

下午至政协五会议室,座谈上星期三(17 日)周总理报告,到张奚若、王芸生、庄明理、丁颖、吴正之、李德全、张肇骞、黄家驷、张〔　〕等。谈至五点半,我回家。

七点,和允敏、杨太太赴人大小礼堂看浙江的婺剧团演出《双阳公主》,系述宋代狄青平河西番人事,其中涉及另一个小国单单国的双阳公主。此剧称为“乱弹”。犹忆小时在绍兴曾听到有所谓“乱弹”者,不意今日能得重闻,做得很仔细。郑兰香起双阳公主,周越先起狄青。十点三刻回。

10 月 26 日　星期五　晨阴, FrSt St 9, 3°,室 57°F, 凪, 766 mm。下午晴。晚 764 mm。

上午至地理所,听吕炯报告“历史上气候变迁与大气海洋环流”。下午至协和看虞振镛的病。晚和乃飞、沈文雄、林宝骆至体育馆。

晨六点四十分起,作太极拳 20′。上午八点半去中关村,参加地理所气候组的学术演讲。吕炯讲“大气环流、海洋〔环〕流和历史气候变迁”。他首先提到世界气候变动之由来,次及其机动,再谈第四纪以来气候变动的情况,最后讲到中国历史上气候的变迁。讲二小时。讲后我提了几点意见。吕炯将于下星期二继续谈气候变迁问题。我交阅«Известйя Всесоюзной Советский Географический Общества»本年 7—8 月份中有 Борисов 和 Дзедзенский 的两篇文章,统谈历史上气候的变迁的。近来我还接到 London Meteorological Office H. H. Lamb 关于气候变迁文。

十二点回至院一转。下午二点半,和谢秘书长谈昨日上午谈治沙队小组意见。最初刘慎谔和李秉枢意见颇不一致,刘怕归地理所后把植物固沙工作完全放弃,所以主张分为二个摊子或归综考会领导。但综考会下面四个室情形与治沙队相似,即没有业务领导,其所以较好,是因为其在北京。而且年轻人大家希望归地理所领导,设在北京。所以最后结果只设一个室,归两所领导,归口在地理所,惟尚有五十多人在呼市,其户口住家要北京设法云云。和谢秘书长至张副院长处一谈,我们谈了座谈经过及我们意见。张副院长同意我〔意见〕,并主张应有比较长远点计划,如十年计划中必须有规定,如何成立一个沙漠研究所。我认为至少应有沙漠地貌、植物固沙、地下水和盐碱土四个室,而业务人员必须目前即要物色。

四点半至协和医院,看八楼二层的病人虞振镛。他是我 1911—13 年时在 Illinois 大学老同学。1913 年我去 Harvard 后似未见过。他与我同年大月份,又是宁波人且同习农,但回国后似未见过,已五十年矣(以后在日记上查出在 1941 年在贵阳,曾和虞振镛几次见面)。其女虞佩玉在动物所,丈夫汤彦承在植物所,均常见。四女佩贞,浙大园艺系毕业,也在北京,今天均在医院。振镛患肺癌,今日医院通知病危,我与把手时觉其体温高,但今天神志特清,尚相识,云云。

10月27日　星期六　晨晴5°,最高18°。日中晴,室内56°F。

晨晤杭苇。上午治沙会议。下午至力学所,参加第八次星际航行学术报告。晚看电影《女理发师》、《18号封地》(古巴)。

晨六点半20′太极拳。八点半至北皇城根中直招待所(前北京饭店)165号,晤《辞海》主编杭苇同志。事先我与他约好,但电话中语言不清,他以为约他去院晤谈,所以我去时他不在寓。待我至院中,方知他已于八点半到我办公室了,我告以名词方面已交出版社答复。

九点半召集治沙会议到会同人谈话,到南大杨纫章(♀)、许廷官,华东水利学院胡豁咸(杨的丈夫),北大李孝芳(♀)、王恩涌,吉师大孙泽春、郑应顺,林业科学院高尚武、朱灵益及本院黄秉维、黄银晓(♀)(植物所)、刘媖心、黄兆华、钱泰涛、王唐富、朱震达、赵松乔、李鸣岗、陈道明等,和科委李局长?。〔旁记:今日到者尚有内蒙古大学李博、北京林学院李滨生、西北生物土壤所巨仁、林科学院高尚武、国家科委李博元〕首先由袁天钧报告今年工作,有十一个单位参加。说大家对于名称(沙漠研究所或治沙研究所)尚有争执(主张沙漠28人,治沙4人),工作对象应是荒漠和干草原地带。杨纫章谈了第一个中心问题,沙漠地区自然条件的探勘与规律的建立。以为原来规律缺乏地面水和气候,应加入。应点面结合,过去材料应加以整理,以为应该有七个题目。李鸣岗谈第二个中心问题,即流沙治理。过去三天讨论曾对于铁路固沙应否列为题目发生争论,此外题目有人工植被建立(刘慎谔提)和机械固沙、飞机播种和育种问题等。刘媖心谈第三个问题,沙地利用问题,有饲料基地、天然林研究、盐渍化治理等。最后赵松乔谈今年的总结。今年有160人参加,而站内人员(如民勤有55人)尚不在内。现在站有毛乌素、柴达木(格尔木)、塔克拉马干(皮山)、西辽河、高沙头、灵武、磴口、沙坡头、头道湖等九个地方,在59年有860人参加,总结了两个月。《治沙研究》中三、四、五期的文章统是59年所作。60年只做了几个问题总结,也匆匆只出了几篇文。61年在呼和浩特总结,有86篇报告,但三年来没有提高。今年由各队分头总结,只开五天会,到会人不超过55人云。

下午二点半到力学所参加星际航行今年二次演讲。钱骥谈近地球轨道人造卫星温度平衡、轨道和无线电发射频率问题。晚至政协看电影(古巴)《十八号封地》、《女理发师》。

10月28日　星期日　晨昙，Ci 5，6°，室内 56°F，风力 1—2 级，758 mm。寓中玉簪花叶子半枯黄，玉兰叶子的边发黑如被火燃，惟菊花叶无恙，但在阴中未开花，大丽花仍开着。

下午在人民大会堂，各界人士声援古巴大会。

晨六点三刻起。上午洗浴，并阅《北京日报》上论评《尼赫鲁的哲学与中印边界》，对于尼赫鲁为人的本质揭发无余，是一篇好文章。下午三点至人民大会堂，参加北京各界人士声援古巴大会。因日前美国总统 Kennedy 发表布告，要美国海军船员在 Caribbean Sea 搜查各国船只，凡载有兵器赴古巴者要强迫退回，这样就违反了国际公法，干涉航行自由，干涉古巴独立。今日到者有不少外宾，古巴人和同情者组织拉拉队叫"要古巴，不要美国佬"。大会由中国南美友好协会会长楚图南主持。演讲者有彭真、刘宁一和杨明轩，古巴的代办也讲了话。最后通过大会致 Cuba 古巴。

晚六点至南河沿文化俱乐部开欧美同学会理事会，到叶景莘、金永祚、茅唐臣、赵君迈、卢肇钧、吴承禧、方贤旭、周家骖等。讨论房屋的主权、租赁问题。过去市政府房产处拒绝接收欧美同学会房子，只允以 175 元的租金月交会中。但近来房产处已允接收，并允可以接济每月 200 元或以上的经费。会中同意把房主权交市政府。据茅以升报告，近来他在政协曾提出欧美同学会应展开活动，经李维汉部长的同意，并指定张执一、胡愈之、茅唐臣三人来商洽此事，决定不久开一次新回国（解放后从欧美）的留学生的座谈会，并要常务委员会参加。在会中晚膳，后送叶老回煤炭胡同。今日谈及周寄美，知他已于二年前以肝病去世。

10月29日　星期一　晨晴 5°，56°F，风力 1，755 mm。

下午至北海公园，遇杨季璠夫妇，知他浮肿休息月余云。美国总统 Kennedy 宣布封锁古巴（本月廿六日）。

晨六点半起，作太极拳 10′。八点三刻至院。阅文化部敦煌莫高窟考察组汇报资料。这一组是由文化部副部长徐平羽于 8/29— 9/12 日在敦煌的工作，主要是考察莫高窟沙害、洞窟崩塌情况、壁面抢修加固、丑恶（清代）塑像处理问题。同往者有我院赵松乔、李鸣岗及刘开渠、王朝闻等。由常书鸿介绍了研究所情况，全部加工要水泥 320 T，木材 100 m^3。壁上已有三条纵向裂缝，从 276 号洞至 413 号，横向裂缝则普遍存在。洞顶塌坍甚多，如 202、343 号尤严重。此外，洞窟开凿太密，使岩壁下部悬空，如 320— 484 号，间长 170 m，有 150 个洞，上下共三层。现在洞岩顶上已建一个气象站，有四个月记录。沙来西面鸣沙山，高 170 m，但山是岩石，是固定的，所以不怕会压倒洞窟云云。

今日得综考会寄回答8/4 Немчинов 涅姆钦诺夫的一书信,说不知五篇论文内容是什么,要他把五篇的文字和图统寄来。但这五篇文字统是中苏两方合作写的,我方统有底子可查,何必要向他去要,而且耽搁三个多月作出这样一个决定,是可惊异的。

近日接到美国有两个学生的来信,一名叫 Hilda Meelker,住11025 Mt. View Redland Col.,一名 Tom Floyd, 603 W. Pennsylvania Ave., Redlands Col. 说他们是在读 Cultural 地理学〔课〕程,选读了人民中国,要做 Semester Term Paper。前者选了一个题目 Geog. Curriculum(中国学校),后者选了 Commercial Fishing Industry。他们统在 Geography Sonrce Book 上看到我的名字,所以写信要我供给资料。这样的信当然是无法回答,他们每人而且寄了一张 International Reply Coopon, 15 c。

10月30日 星期二

晨晴昙, Ci FrSt 3, 7°,室内55°F,风力1—2级,755 mm。

梅雨丰歉与大气环流、海洋环流。

晨六点三刻起,二十分钟太极拳。八点半,和沈文雄去中关村地理所参加吕炯在气候组的报告:海洋环流、大气活动中心与中日的霉雨丰歉。他以1931年、1941、1954年三次的长江流域大水与1933年、1937年长江干旱年为霉雨丰歉的代表。1931年是长江大水年,是年一月 Aleutian Low 低气压特低,距平达-25 mb,而冰岛低压特高,距平+11 mb,是年七月长江流域雨多。由于 Okhotsk 高压特高,与太平洋高压两者南北对峙,低气压源源从西来,经二高压之间。Okhotsk 高压由于冬季冰多之故,是年北方亲流与南方黑流统加强,所以太平洋西岸海水温度南面比平常热,而北面比平常冷。太平洋东岸相反。1941年情形相似。日本霉雨特大,长江流域也多雨,西太平洋情况也是南方水热北方水冷。Aleutian Dutch Harbor 一月气压差距-8.2 mb,二月-13.8 mb,冰洲一月+17 mb,三月+8.9 mb。1933年为枯雨年,中国大陆冬天气压高,但北冰洋气温高,西伯利亚高压向西南移4—6°,Aleutian 低压冬季很浅,冰岛低压则一月-15 mb。是年东太平洋气温低而西太平洋气温高。1937年北冰洋 Dickson 站一月气温距平+11°,在 Aleutian 南部气压距平+24 mb,而冰岛-15 mb。是年美国 Mississippi 河大水云云。

晚偕林宝骆、沈文雄至北京体育馆游泳。据林云,近来肝炎盛行,今年比去年患者骤增一倍半,医务人员在京二千多人中有四百多人患肝病云。

10月31日　星期三　晨阴，St 10，11°，室内58°F，风力0—1级，760 mm。上午逐地有小雨，只Trace。寓*Magnolia*的叶全黄落，一串红尚开着，阴处菊花仍未全放，牵牛尚有开者。

晨六点三刻起，太极拳10′。八点半至北京医院，约牙科时间并看内科。有白少廷?大夫诊视，量血压为70—110，上月验血所得结果胆固醇为224，据云应在200以下，但年老人224亦〔不〕为高，检肝脏功能亦无恙，继续服Vitamin B_6和b。又至皮肤科，李、郑二大夫予以Griseofulvin灰黄素60枚，据云现已能自制，每月北京医院拨到二千粒，并给Foot Powder、Heller's Solution与Whitefield ointment。在此遇硕民，知其血压高仍经常服药。而一年多患肝炎，所以常觉乏力。遇侯学煜，住青岛五个月的疗养院，胆固醇270，时觉心痛。钱雨农夫妇，雨农除老病胃肠外，近时有目不能见症云。十二点回。

陈家伯母和贤贤抱小孩来。因贤贤生小孩假已满，于今晚回太原，所以来看我。他小孩留在北京，由祖母招呼。拿来唐山所购的活鲫鱼四枚。

晚五点，和允敏至政协饭厅晚膳，遇向觉明。自58—59向被评为右派后三年未晤。他近来做历史上航远方面工作云。已把郑和下西洋时代的船只考据，和北大学生集体成书，不久寄我。遇邹秉文、陈维稷夫妇等。

寄苏联贺国庆十二封信　大使馆二封

11月1日　星期四　晨St 7—8，9.6°，室内56°F，761 mm。午后微雨，12°，57°F，760 mm。

今日纽约联大UNO以56票反对，42票赞成，12票弃权，表决苏联提出的恢复我国在UNO的合法席位。去年赞成37，反对48，弃权19。

晨七点起，做体操十分钟。打电话与数学所张素诚，约其担任院出版编辑委员会事。九点至图书馆。范新三、顾家杰馆长谈支援农业，图书馆拟出农业文献索引和专利索引。后者已出八种，有冶金、水利、化工，农业才开始，并指定蔡馆长负责其事。我主张把院近到农业期刊的题目做索引。谈及专利刊物，现在看者人多，占图书馆阅书人总数半数，但房子太小无法扩充，将来以专设计机〔关〕来办为好。至王府井大街东的科学出版社。知政协近召集了一个编辑工作者座谈会，开了四次会，大家认为编辑工作者应有时间进修。谈图书馆"三定"政策。我说各所图书馆如地理所，时常调人，不能驾轻就熟。据云也有所如大连石油所的图书馆，主席久年未换人，所以成绩较好，云云。下午微雨。晚遇谢济生。据云，前地质所研究员杨杰今年64，因脾气不合而退职，近因经费拮据而靠近亲友朋接济，实有想法支助的需要。如能翻译英文、法文矿物地质书，也可赚钱过活。

接上海中华路马添新街30号孙东成函，自称在翼如处与我相识，说默君曾托其代〔管〕永福路房子。他已一向不通讯，所以也不知道其生死。这信将置之不理，因其人我完全不能记忆。

11月2日　星期五　晨风雨，5.6°，风力4—5级，室内54°F，Nb 10，763 mm。中午室内53°F，户外6°，763 mm，天阴。

晨六点三刻起。上午作函与马溶之，为建立沙漠研究所，要调文振旺来主持土壤室事，并谈土壤室出专报事。十点至院。地质部地质科学院朱院长派高振西来，问科协近来所拟各学会通则方面消息，因地质学会下月要开年会，所以要知道组织通则起草情况。我告以尚在酝酿中，待日后经各学会讨论，始正式提出科协大会通过。

十一点至北京医院看王洁泉牙科大夫。因右下板牙间有缝，饭后要进零星食物，每次剔除使牙床发炎，且有一牙有蛀要补。因蛀处孔大，今天只临时剔除腐蚀后补上水泥，日后再重补。

下午阅地球物理所出，湖南衡山顶上云雾台顾震潮等《云雾降水微物理特征问题》中顾所写1960年在衡山所做关于厚积云、积雨云、层积云中的雨滴谱等工作报告。

11月3日　星期六　晨低云St 10，5°，室内52°F。下午757 mm，风力3—4级，室内52°F。户外（五点下午）6.6°。

晨六点起，时天尚未明。昨天气预报有寒潮，要降温6°—8°，但今晨虽有风，而温度降低很少，气压则大大下降。六点半从寓出发，有秦秘书长司机林宝升开车（赵锡华今移家告假）往东郊飞机场，至西边楼下送Wm. Edward B. Du Bois及其爱人回国。查Du Bois系黑白混血人种，生于1868年，毕业于Fiske和Harvard大学，并至柏林大学，为Atlanta大学教授，致力于美国黑人生活的改进，为美国文艺学院Institute of Arts and Letters会员，著有*The Souls of Black Folk*（'03）、*John Brown*（'09）、*Dusk of Dawn*（'40）等书。据云，他去年秋离美国后入了党，曾在Jana因病开刀，后至美国又重做手术。他在58年曾来中国，郭老为做90寿辰，那时身体尚健，即席讲演。这次来在两次手术后，已大不如前云。今日飞往苏联经英国回加纳，作为恩克鲁马之顾问。今日来送者有唐明照、丁巽甫和Epstein等七八人，据云美国政府因其入党，所以不能再回美国云。因云低所以到九点多才飞。

十点回到院中。今日系秋季第一次政治学习，请外事处张彦同志报告。他谈三点古巴问题，即美国Kennedy宣称封锁Carribean Sea后，苏联赫鲁晓夫愿拆除在古巴所建设的短程的导弹事,中印边界问题和中苏关系问题。我到已迟一小时,所以第一部分未听到。十二点至四川饭店中膳。各人出五元,粮票三两。午后办公厅房管厅李队长来问,是否有需要生火。据云,院中花二万元装置新的热水锅炉,其工程师乃系前浙大毕业生,云十一月十六日前要能使用。

晚七点至文联礼堂,北京昆曲研习社演出《断桥》(白娘娘吴受琅,许仙许淑春)、《见娘》(王十朋李小蘩饰,王母萧漪)、《惊变》(唐明皇袁敏宣,杨贵妃周铨庵饰)、《长生殿》弹词(李延年傅润森饰)。十点半回。遇范祖珠夫妇,并送钱琢如、袁英回家。

11 月 4 日　星期日　晨晴+1.5°,室内 46°F, 757 mm。

晨七点起。上午阅宛敏渭《物候学》第三章稿。第一、二章我已于暑假前写好,第三章关于我国物候学现况。宛始于十月间交来,昨日起开始校阅。下午一点和允敏、张俊秀至东安市场吉祥剧院,看浙江省婺剧团演出折子戏《断桥》(倪芝兰起白素贞,李永兰起许仙)、《对课》(兰溪滩簧)(郑兰香起白牡丹,胡炳凡起吕洞宾)、《米栏敲窗》(西安高腔)(徐汝英起王金贞,徐勤纳起高文举)和《僧尼会》(金华滩簧)(郑兰香起小尼姑,吴光煜起小和尚),共达二小时廿分之久。婺剧是我国古老剧种之一,相传有四百年的历史,流传于金、衢、严、温、台一带。因金华古名婺州,所以称婺剧,具有高腔、徽调、乱弹、昆曲、滩簧、时调等六个系统,八百多个传统节目,三千多个曲牌。浙江婺剧团成立于 1956 年,演员中除少数系原婺剧界名艺人外,均系新培养青年。今日演出《断桥》特别出色,余三个折子戏亦不坏,曾有人看了四五次之多,但亦有人说山东吕剧现也在京公演,胜于婺剧云。

晚作函与杭大历史系徐规及国文系刘操南函。刘在浙大为助教多年,曾做数学史工作,现在杭大教国文,因在上海图书馆看到李约瑟《中国科学技术史》中提到他的一本著作,他就非常高兴,有欲再搞科学史的兴趣,所以特来函要我介绍与李约瑟,并寄来一大包关于数学史的文章(旧作)。我把这稿寄交钱琢如和李俨阅,并提意见。琢如对于刘操南工作是估价不高的。徐规对于我的《物候学》每一章油印稿提了四五点意见,统是引错或写错的字、诗句,我复函谢了他。今日房间骤冷。晚间全国科委招待科学教育电影会议闭幕的晚会,要我参加并会见他们。我因昨日流清涕,怕要感冒,所以未能往。九点多提早睡。

接北大本年气象专业毕业生龚奇儿来函(因分发到河北省地区台预报天气,希望到地理所)　接美国 Pittsburgh 大学毕业生 R. G. Knapp 函(要求供给中印边界的材料)

寄徐规函　刘操南函

11月5日　星期一　晨晴,晨七点廿分-0.6°,七点四十分+0.4°,室内47°F,760 mm。

物候与天气变迁。

晨七点起。上午九点至院。下午改宛敏渭所写的《物候学》,主要的缺点在前后重复,因此使读者乏兴趣而不能卒读,也可以表明作者思路不清或者根本脑子没有东西。改至晚间十点始改毕。今昨两[天],北京各街道上面为支援古巴,各工厂、学校游行,并持有 Castro 的大照片。昨日黄家驷、老舍等人也参加游行。

物候学与天气变迁。J. Sanson "Températures de la Biosphère et dates de floraison des Végétaux" *La Météorologie* Oct.—Dec. 1954, No. 36, 453—56, Paris. A study of temperature of biosphere at 3 levels, 1.50 m, 30 cm and 1 m deep underground. The mean yearly T of Biosphere at 1.50 m and -1 m have risen by 1° during the 50 years, but T at 0.30 m remained unchanged。M. Koyano "Flowering Dates of the Cherry" in 1955 中央气象台 *Memoirs of Industrial Meteorology* Vol. 19, pp. 71—76, Dec. 1955。又 *Flowering Dates of Cherry* 1956. Vol. 20, pp. 67—74, Jan. 1957。开花日期比关东寻常早四五天。在 March 23—27, 1955,东京的樱花已开,因为1—3月平均温度高。在1951—55,平均始花日期在东京为三月廿八。1956年,东京樱花初开在27—31三月,仍比寻常早三四天(按前后二个数字是矛盾的)。在另一文中 Shinohara,在 *Journal of Ag. Meteorology* Vol. 7, pp. 19—20, Dec. 1951,讲樱花开花时期最大影响是什么时,回答说樱始花前35—70〔日〕的平均温度。以上文摘取于 *Meteorological Abstracts and Biography Am. Met. Soc.* Vol. 10 Supp. No. 3 1959, Published May 1962。

11月6日　星期二　晨晴,凪,-1°(六点四十分),室内46°F,户外温度以每廿分钟升(1/2)°F的速度上升,760 mm。

晚中苏友好协会等七团体在怀仁堂庆祝苏联十月社会主义革命45周纪念,会上我国吴玉章同志、苏联大使及苏中友好协会代表团团长普罗科菲耶夫〔讲话〕。

晨六点半起。上午八点半,和沈文雄赴中关村地理所。将《物候》稿交与宛敏渭,嘱重抄后经我阅后交与全国科协的祁文霖,他现在管"知识小丛书"关于事务上事。全文约三万字,预期二三星期内可以抄好。和黄秉维所长谈,要地理所起稿,对院务会议提一议案,成立沙漠所筹备处。以目前划归地理所的治沙队为基础,成立地貌、植被、土壤、水文四室,于五年至十年后建成。地点定兰州,因有地理所的冰川冻土室和地球物理所的地球物理台上的气象组可以协助。和高泳源谈,并交阅近来英国《民族周刊》上面(十一月三日 *Nation*)所登印度驻华首任大使

Pandit一篇关于中印边界问题文,硬说阿克赛钦是十八世纪以来一直为印度的邦主查谟和克什米尔邦的辛格大君所管自治领,到1947年便成为印度联邦的一部分云云。据高泳源说,1860左右,Cunningham(英国)所著的*Ladak*一书(我在气象所时所买)则中国向以葱岭为界,而Cunningham说葱岭即Kara Korum,所以阿克赛钦既〔在〕喀喇昆仑以北,自应属于中国。高已将中印边界问题文写好(题目为“从地理事实来驳斥印方关于中印边界问题的错误论点”)。

晚七点至怀仁堂。中苏友好协会、对外文化联络会、中共青年团、政协、总工会、妇联、文联、科协等团体为庆祝苏联10月大革命庆祝45周纪念。会上吴玉章副会长讲话,大大赞扬了古巴对于美帝的斗志昂扬,但同时也提到中苏友谊。接着苏联大使契尔沃年科讲话中提列宁1918年写而未经发表的一篇文中题为“苏维埃政权当前任务”,说无产阶级战胜资产阶级以后,应当在组织国民经济方面,在组织生产方面取得胜利。……以经济成就给予世界为主要影响。也提到今年六月经济互助委〔员〕会劳动分工基本原则,蒙古人民共和国已被接受为成员,云云。

11月7日　星期三　晨晴1°,室内48°F, 760 mm。午后室内57°F, 757 mm。

晨六点半起。九点至院。和谢鑫鹤秘书长谈,关于在兰州建立沙漠研究所目前有计划筹备的需要。据云日前国务院会议时,周总理曾提现在城市人口人浮于事,应设法使受教育的人们上山下海,到沙漠入大湖去找生产工作。认为我们有16亿亩的沙漠,四亿五千万亩的湖泊。我个人意见则以为,治沙先得要有水,所以沙漠所必先筹划要找到水文地质方面人。与吴副院长谈关于出版事,他希望杨季璠仍能管校对工作。

下午阅高泳源交来关于中印边界稿。北魏郦道元所著《水经注》指出和阗河发源于仇摩置。经19世纪熟悉新疆地理的徐松考证,认为仇摩置即是察克马曲底雪山,在和阗额里济城南580里(《汉书·西域记》注)。以里程来算,仇摩置即今喀喇昆仑山。公元十世纪,后晋的张匡邺和高居海出使过于阗(938—948年)。高回国后撰出使记,说于阗南行1300里曰玉州云。到十八世纪末叶,清朝规定在喀喇河、喀什河上游的桑谷、树雅二地开采玉石(1783),二地在河流发源地。《回疆通志》说和阗城西有喀喇哈拾河,出西南420地地名桑谷、树雅,产玉。葱岭之名也早见于古书,A. Cunningham *Ladak*书中说组成拉达克和和阗地区间喀喇昆仑就是葱岭。按徐松说,大雪山在于阗南山之南,南山即昆仑山,而大雪山即喀喇昆仑。喀喇昆仑土名慕土塔克,即冰山之意。康熙时(1707—17)曾测绘全国地图,包括西藏,但当时尚未包有新疆。乾隆时平回疆,派何国宗测绘准噶尔盆地,于1759年派明安图入南新疆测绘。明安图曾至帕米尔,结果是乾隆《内府舆图》。他绘出喀喇喀什河源于泥蟒依山,为西南边界。十九世纪德国的克拉魄洛斯Klaproth 以《内府舆图》为蓝本,编制了四张中亚全图。T. Thomson 1848 年到了喀喇山口,还以为是昆仑山。同时的 H. Strachey 也是如此。其后 R. Show 在 1869 年越喀喇昆仑到新疆,还以为是很小山岭。

11 月 8 日　星期四　晨晴+ 3.5°,室内 51°F。下午五点 57°F, 760 mm,风力 4 级。

晨六点半起。听无线电广播周总理再次呼吁印度政府接受我国政府三项建议,即:(1)双方确认中印边界问题必须通过和平谈判,双方部队从实际控制线后撤 20 公里;(2)在印政府同意下,中国把东部边防部队撤回到实际控制线以北,在边界西段、中段,中印双方保证不越实际控制线,即传统习惯线;(3)为了谋求中印边界问题的友好解决,中印二国总理再次会谈。中国欢迎尼赫鲁来北京,如不便,周总理亦可去新德里。所谓实际控制线,乃 1959 年 11 月 7 日,当时存在于中印双方之间的实际控制线。具体地说,它大体上东段同所谓麦克马洪线,在西段和中段大体上同中国一贯指出的习惯线一致。广播也播了陈毅副总理在苏联大使馆的讲话,说马列主义者认为对帝国主义侵略者取什么态度是一个原则问题,……,一切革命者必须有鲜明的立场,而不能有任何含混不清的地方。

晨八点半至院。在郭院长办公室谈地理所关〔于〕农业区划的研究。这是支援农业的一项研究,由邓静中作了计划解释。这一项计划是自然区划的继续,我说了意见以后,于十点至王府井大街图书馆阅了《钦定理藩院则例》,因其中〔有〕对少数民族的条例,所以历史所审查者拒绝捷克科学院来要照片的要求,我以为没有理由拒绝。另一本意大利 Tucci 写的关于西藏书, 1949 年出,以庇护英国,否认西藏为中国领土,所以也不给翻印。但 Tucci 书既是罗马出版,欧洲到处图书馆可有,又何必如此秘密。十一点至出版社,和周社长谈至十二点。回。下午未出。晚在政协礼堂,院中约请浙江婺剧团演出折子戏。

〔旁注: Tibetan "Painted Scroll"〕

11 月 9 日　星期五　晨晴,七点-2°,室内 48°F。

晨六点三刻起。上午支援农业办公室在郭院长[处]开座谈会,听取生物学部过兴先同志报告。从三星期前开会后,生物学部已与各所做了接洽,把生物学各所的题目、单位、研究成果与检定做出来,做了各所的支援农业题目的统计,结果如下:

植物	37	综考会	31	地理	40

遗传	16	化学	8	地球物理	4
动物	26	化工冶金	1		
植生	12	地质	13		
〔在〕京生物学部	91				

经检查发现了新的问题,如除莠剂(娄成后),化学所持久肥料、化工所磷肥等。有若干所如地理所,题目虽多但不够落实,这是存在问题中一个问题。换言之,若干问题不够明确,如啮齿类防治(动物所)。其次是协作问题,不但内部协作,即外部协作也有问题。其三是条件问题。

十一点至北京医院看牙科。王洁泉看了所补的牙。二点半(下午),西安武功的生物土壤所杜豁然来谈。他是河北石家庄地方人,向搞水稻,认为应把他调到农业科学院。三点,上海科影王敏生、苏伟(♀)、刘泳、弓志(上三人编辑)、北京科影张文华(编辑)来谈,询水土保持、冰川、沙漠等地的科学影片题目,谈到五点回。和允敏至政协晚膳,遇叶渚沛、邹秉文夫妇、黄秉维等。七点,和沈文雄、林宝骆夫妇赴北京体育馆游泳,遇武衡、韩光同志等。

11月10日 星期六 晨晴0.5°,室内48°F, 752 mm。

晨六点半起。上午八点出发赴中关村至"四不要"礼堂,听潘梓年讲马克思主义哲学。此会系本院干部局所召集,为院中同人学习之用。到者有秦仁昌等,彬彬、沈文雄也在听讲。今天所讲分两部分:(一)无产阶级革命理论,马克思主义哲学。(a)马克思主义哲学对于大革命意义在于改变世界。过去哲学不谈实践,而马克思主义哲学是从实践出发,这是哲学史上一个大革命。马克思主张哲学是行动指导的思想。(b)世界是客观存在的,它有三个组成部分,即自然界、社会现状和人的思想精神。自然界是客观的,思想是主观的,而人的社会则由于二者的结合。客观的世界是不赖于主观的思想,有人类以前就有世界,但是人类要地球上生更多和更好的东西,要改造世界,这样客观与主观就发生了联系:客观是第一性的,主观是第二性的,第一性东西能决定第二性,但人的劳动可以起反馈作用,生产是主观改变客观的一个例,人不能不依自然条件来进行生产,但主观想法也可改变环境,三门峡就是一个例,这样就由主观思维影响到客观环境。(c)社会发展到社会主义时代起一改变就人有意识地利用自然规律来改造自然,客观规律是必然的,掌握规律就可操纵自如而得自由,这在哲学上是一个革命。(d)这一革命完成于历史唯物主义的建立。科学的进步使人类掌握许多自然规律,但对于社会问题很难解决,到最后还要靠上帝。历史唯物主义最基本原理之一是劳动人民是历史的创造者,没有劳动就是没有社会,人类既能靠劳动,就再不需要上帝。理论掌握了,群众就变为力量。劳动才能改造世界,而技术是改造世界的物质基础。历史唯物主义的关键性问题在于提出人的主观能动性。(二)主观和客观关系问题。(a)物质是第一性,思维是第二性的;(b)主观对客观有能动性作用, Engels 说认识了必然,才会有自由。机械唯物主义强调了自然规律的必然性,唯心主义强调了主观能动,片面发展抽象。主观唯心以为思维能决定一切,客观唯心也以精神为第一性,但把精神作客观看待,以物质为第二性。所以党的政策要归纳客观规律来定政策,客观规律变化无穷,所以辩证唯物主义也不断发展。毛泽东思想发展马列主义在两方面,提出自觉的主观能动性,以别于自发的、盲目的;深入了认识论,要以实践理论反复辩证来检验真理。

今日张俊秀把寓中大丽花尽拔去,留根作明年移植用。在今年新种的两株玉兰,依颐和园花园匠经验,于树身四周作沟加水后,日后将泥保护树身至 80 cm 高以过冬。玉兰叶落但花蕾近百。

11月11日 星期日 晨阴, ASt FSt 10, 7.6°,室内 50°F, 754 mm。晚室内 56°F, 754 mm。

Nagaland 首都 Kohima 25°48′N 94°17′E,印度东北边境的那加族。

晨六点三刻起。日间阅近来收到刊物,如国际地球物〔理〕学会今年八月份 Chronicle 报告。三月间在巴黎开国际安定太阳年筹备事宜,决定在 1954—55 年举行。和美国 *Nation* 周刊二月 24 号关于原子弹、氢弹防护所建筑问题的讨论。提倡者为 Nelson Rockefeller,纽约州州长。著者的题目是 Community Shelters, The Bail & the Trap"公共避难所的骗局",作者的名是 Roger Hagen。堪尼台〔肯尼迪〕政府已决定拨七亿美元要地〔方〕城市自己建造,地方出一元,国家可给二元补助,而这种避难所实际只能避空气的辐射、污浊,而不是真能给人民以原子弹、氢弹有效地区内的保护。政府目的无非要增加人民对于战争恐惧和无产阶级的厌恶,而使其引起好战心理,所以他说美国情况已经类似 Nazi 德国在卅年代时期的状况(*Nation* Feb. 24, '62)。以后在 8 月 11 日, *Nation* 又报道 Kennedy 要国会通过五百五十亿国防费用(1963 年从 62 年七月初起),其中包括了五亿六千八百万美金的避难所建筑费。国会通过了五百五十亿数字,但伍亿避难所却被削掉了。同期刊物谈到南越,说南越只有二万五千名共产党游击人员,而吴庭艳有二十万五千兵,民兵七万九千。美国兵有直升飞机、机械化部队等,但却处处吃败仗。原因很简单,吴庭艳不得人心。Homer Bigart,《纽约时报》的记者,已有详细报道。同刊(*Nation*)六月 16 号有一篇 George N. Patterson 关于《印度不报道的战争》"India's Unreported War"。印度东北边境在尼泊尔、缅甸边界有一种族名 Naga,人口近百万。在 1927—47 时 Naga 人主张不要放在印度独立国以内,但尼赫鲁不听。曾于 1947 年

8/14宣告独立。印度置之不理,办学校、医院,Naga人不去光顾。到1955开始战争,直到56年Kohima被围。战争极残酷,印度派兵四万(一说廿万),55年Naga死者已达十万,在狱中近十万。Naga曾于今年八月送Phize到UN去控诉,云云。

晚至民族馆听德国音乐家H.弗尔斯特指挥乐队奏曲,钢琴家Breitschnauer,小提琴家Schulz。

11月12日 星期一 晨微雨,毛毛雨,地湿,6.6°,室内56°F,759 mm。

今日上午理发。寓内院中的花木尽去,仅余两株白皮松和东北边的一排菊花,在松下阴处,所以到现在才初放几朵,其余花蕾每株均有。

晨六点三刻起。今日微雨,晨起地潮,但只下毛毛雨,而且时停时止,所以没有多少水下来。下午开始阅院科学史研究室所交来徐光启研究论文集,其中包括万国鼎"徐光启的学术路线和对农业的贡献",石声汉"徐光启和《农政全书》",梁家勉"《农政全书》撰述过程及若干有关问题",薄树人"徐光启的天文工作",梅荣照"徐光启的数学工作"及刘昌芝、汪子春"徐光启论治蝗"六篇文。万国鼎提出,徐光启在《毛诗六帖》中已提出读古书要善疑,"荒浅之识岂敢求胜前人,但欲求其所以然之故。求其故而不得,虽先儒因仍各流所论述,援引辨证,如云如雨,必不敢轻信无疑,妄书一字",云云。他生于嘉靖41年(1562),死于崇祯六年(1633),于1600遇利玛窦,1606年译《几何原本》,1604年开始学西洋科学。万文有一段讲徐光启的科学路线。

11月13日 星期二 晨阴,7.6°,室内50°F,凪,潮湿,755 mm。

晨六点三刻起。九点至中关村地理所,和宛敏渭谈。他将《物候》稿三章又重新看过一遍后,我认为可以交给"知识丛书"祁文霖。和高泳源谈《中印边界问题》文。他已交与外交部阅,若外交部认为可登,即寄《人民日报》。文焕然来谈,知其近一二个月来工作全不做历史气候,而应孙鸿烈的怂恿去做历史地理文献索引工作。说他把那工作做好后再做历史气候。我告以这不过是自欺欺人之谈。院中调他,原做历史工作,现在重要的方针是"三定",定方向、定任务、定人选,他如要做索引,则可放弃历史气候。文焕然脑筋糊涂,难望其有所成就。他研究历史气候时因《诗经》中"绿竹漪漪,有斐君子"而要研究竹。但把时间去研究竹子是得到古气候方面成就的,要知道古竹简是什么竹子做的。据陈嵘云,竹简是毛竹,那么研究目前的毛竹分布即行,何必研究竹子所有种类的分布呢?岂不是白费时间?其人之糊涂如此。

下午二点在院开党组支援农业会,到有关各所党员所长。现各所题目已搜集到共193个小题目,其中生物占91,地理有40个题目,可是各所多不通气,如地质所与地理所均做地下水和灌溉问题,但互不来往,各做各的。草地工作,动物所、植物所、地理所、综考会等统做,但无一中心问题。所以我认为支援农业办公室有做统一工作的需要。张副院长提到国家目前要过"两个关",即尖端关与农业关,也可说要"四蛋",即山药蛋、鸡蛋、原子弹和导弹,所以必须赶紧工作。最后勖以"定"、"进"二字。六点散。七点,和林医生夫妇至北京体育馆。

11月14日　星期三　晨晴,七点8°,室内50°F,胐,754 mm。下午晴,室内60°F,756 mm。寓中菊花已放几朵。

国际地球物理年。前伊利诺大学同学虞振镛昨日在协和因癌病去世,我于10/26日曾去探视。今日把缸中玉兰用绳、纸包扎。

晨七点起。上午九点至所,约朱岗昆来谈。1958年以来,国际地球物理年的印刷品陆续寄来,其中尤以苏联和日本为多。有若干均存我办公室,因地方小已不能容,所以要把过去的印刷品送到地球物理所,并要朱岗昆将若干〈复〉〔副〕本送转到有关机关。因此,发现有一信件系Измир地磁电离层所Пушков的因附在所送一本书中,迄未见到。此书乃系1959年太阳耀斑在7月11、15、17等日特大时,影响地磁、无线电和游离层有特大效应的讨论会记录。该书系Измир图书馆物,由Пушков转赠,我作函复谢之。据岗昆云,他个人工作曾经几度更变。前两年专搞火箭工作,在第二部〔旁记:据云,我们火箭至高不到60 km,而每星期一次价十万,可谓贵矣。〕现又回到所,主持第五室即宇宙线与地磁。按地球物理所现分为八室。第一室模拟组织工作。第二室云雾物理人工降雨(顾震潮),长期预告大气环流(叶笃正)。第三室地震(傅承义、李善邦)。第四室关于遥测方面工作。第五室即地磁(朱岗昆)。第六室电离层,由新回国的徐楚学、周威主持。近又建立了第七、第八室。八室有吴仁超等在做日地关系与夜天光。宇宙线工作仍在白家滩进行,约下星期三(11月廿一日)去。据云,所计数是Neutron Monitor、Mu介子和NO游离层,已由交通部与国防第五院合作进行设站,原只有七个,满洲里、乌鲁木齐等等,现已加至十一个或更多。宇宙线有计划在海拉尔、五台山、广州设立,但仅广州比较可靠。臭氧现只北京做,武汉似已停顿。谈到气球测高空,现0019的Sonde已能制造,但气球不能达20 km以上高空,一般只到15 km,要用尼□才行云。下午阅Пушков寄来文献。晚阅孙祥治寄来浙江大学校史草稿。

地磁游离层与无线电波研究所 Измир = Институт Земного Магнетизма Ионосферы И Распространения Радиоволи (Проф П. В. Пушков, Директор)

11 月 15 日　星期四　晨昙，ACu ASt 6，5.6°，室内 54°，风力 2，762 mm。中午飞雪子，未几即停。下午五点 6°，室内 52°F。晚 761 mm。

上午人大常委。下午和允敏至政协晚膳，遇陈维稷、胡宜男夫妇、巫宝三等。

晨六点三刻起。九点至人民大会堂举行全国人民代表大会常务委员会第 68 次会议，批准《中华人民共和国与朝鲜民主主义共和国通商航海条约》。次听取轻工业部副部长王新元关于生产情况的报告，说轻工业部供应 63 种生活资料，包括造纸（200 多种）、食品（包括烟酒）、日用品、化工，如肥皂、火柴、塑料、陶瓷、自行车、钟表，文教品如铅笔、墨水等等。去年年底有七百万工人参加。在 58—59 年以农业产品为原料占 67%，而工业原料只占 33%，近一年情况已不同，工业原料多于农业。以产品数目而论，如以 57 年为 100%，则 58 年 125%，59 年 160%，60 年 156%，但 61 年骤减至 95.2%，今年可望达 100%。其中以油料而论，从 1957 年 46 万 T 减〔至〕1961 年 20 万 T，使食物油和肥皂发生困难。现正设法，工厂出人造油脂如 CDT，以石油中石蜡制，上海有一厂可制五千 T 一年，兰州一厂出二千二百 T，天津将设五千 T 厂，今年共可以达八千 T，明年度可达一万三千 T。问题在于利用 10—19 个碳?，对 5—10 碳的尚未用?。据估计全国需要肥皂四十万 T，而明年尚只能出五万 T 肥皂。技术上和材料统有问题，如芒硝也不够。塑料的原料主要是聚氯乙烯，目前能产年三四万 T，轻工业部可得 16,000 T。近来新发现以石油废气可做人造棉（在美国 55 年三千 T，61 年十万 T），明年试制三百 T。自行车每年已出 41 万辆，要维持质量便要厘定标准。纸 57 年产 50 万 T，今年 45 万 T，明年可 55 万 T。七百万工人要减 22%，目前尚未达到。轻工业应有盈余，57 年得成本 56%，58 年 36%，59 年 30%，60 年 39.9%，61 年 17.6%，62 年可得 23.3%。近年减产最多是油料、烟和糖云云。讨论时梁思成提文教品如信纸、信封上印许多照相，既不好看又妨碍写字云云。李亚农提到人口问题，说六亿五是 1953 年的调查，但现在如每年加一千二百万，应可〔达〕八亿三千万?云云。

11 月 16 日　星期五　晨昙，FSt 8，3°，室内 50°F，760 mm。

室内有热气。下午虞佩玉、汤彦承二人来，特来报告虞的父亲已于十三日去世。

晨六点半起，太极拳 20 分钟。九点至图书馆。阅徐光启《农政全书》关于《授时》卷十“每岁立春，斗杓建于寅方，日月会于营室东井，昏见于牛，建星晨正于南”。这是辛树帜写信来问，说元《王祯农书》中说“昏见于午”，究竟孰是。我以为“昏见于午”是讲不通的，但“昏见于牛”也费解，因《礼记 · 月令》“立春日在营室，昏参中旦尾中”，牛和尾相去六小时，所以旦尾中时正值牛于清晨上山，不可能在昏见，可能是“日月会于营室东壁，昏见于井”，这样勉强可以解释，但井与参相差也不过40分,尚不到一小时也。十点半至出版社。

下午三点至院。晤谢秘书长,谈到中央有意要把友谊宾馆让给科技人员作为科学家之家。该大楼有床2400张,另有六个较小房子,所以科学院、北大、清华各校的高级科技人员以及各学会的开会、娱乐场统可以此处为俱乐部,内并有游泳池可以练习游泳,另又有一个小学云。

和谢秘书长一同至张副院长处,谈地学部应改组情形。自从地学部与综考会合并后,地学部等于瘫痪。最近支援农业事,生物学部由过兴先主持,做得很落实,而地学部则一事未做,所以我主张把地学部与综考会分开,设法要一个得力的副主任和秘书。副主任可考虑卫一清,秘书张日东不得力,张副院长拟调施雅风回到地学部,我也赞同,但要与地理所商之。此外,我也提到学部委员要重选若干人,地学部海洋没有委员,地理只黄秉维,测量只夏坚白一人,应把曾呈奎、方俊、任美锷以及新生力量如叶笃正等加入。四点回。

晚房中生火,尚系用四旧炉子,因新炉子尚未装好。系暖厂公司装,不包料,而工人技术很差,炉子又系废料,而费用达四万元之巨云。

11月17日 星期六 晴,ACu 1,风力1,-0.5°,室内已有火,760 mm。

晨六点三刻起,作太极拳20分钟。九点至院。今日院中政治学习,大家谈中印边界冲突和古巴反美及中苏邦交等三个问题。中午至前门外珠〔市〕口西的丰泽园山东馆中膳,每人各出五元钱三两粮票。据杜秘书长云,郭院长在福建尚未回,但所著电影剧本《郑成功》已写就,十六万字云。

午后四点至科学史室。晤席泽宗,我交他辛树帜函。函中询及《农政全书》中关于《授时》卷十有"日月会于营室……"几句话的疑问(见昨日日记)。席谈到星期四下午曾至故宫,和叶企孙看了清代汤若望所制天文仪器,并有一枚地球仪云。他又交我薄树人近著"清钦天监档案中的天象记录"一文,因我国历史上天文记载如日蚀、流星、黑子、北极光、客星等等均到明末为止。依例愈到近来应该愈精密,但这类记录反而缺少,这定由于没人整理材料之故。我曾与席泽宗谈过。他于今年六月到八月在中央档案馆中发现的"钦天监的档案"中搜集资料主要是钦天监的题本,其次是奏本,其中有日食、月食、月亮及五星凌犯、彗星、流星、新星、金星昼见等等。计搜集了日蚀记录41次,月蚀111次等。在清史馆档案中发现了一册"钦天馆监造"送国史馆的流星册,记载了嘉庆元年至十二年十二月止的全部钦天监流星记录,一共有175次之多。另一本日月珥、虹霓、直、背、抱等气册,足知历史上所列的天文记录,钦天馆都造有专册。在康熙年记录金星昼见有三次,离日在45°以上,有一次达47°10′。但在光绪十三年一件朱批奏上则说,查占书内载:金星形最大,星中无比距太阳45°以内昼见则占。

11 月 18 日　星期日　晨昙, CiCu 4, +2°, 室内有火 60°F, 761 mm, 风力 3—4 级。柳叶尚青未落, 杨叶已变黄。

晨七点起。上午彬彬、松松今日均未回。看了文字改革委员[会]的简化字, 并提了意见。看了 UIGG 的专报。对虞佩玉丁忧作了唁函。下午乃宜与林邦惠夫妇来, 知乃宜已被分配在力学所郭永怀部分, 而林则被分配在地球物理所三室, 即地震部分, 受李善邦指导。据云, 研究实习员均六人一个房间, 所以工作均须在所中进行, 宿中只供一榻之地, 能卧倒而已。中关村目前缺乏体育训练的空地, 球场多被辟为生产园地, 以致工间操的地点都发生问题, 所以一天工作 8 小时后晚上仍到室内工作, 这样对于青年健康是会有损害的。

三点和乃宜夫妇至中山公园看菊花展览。均系单朵, 但色样和形态繁多, 据云已达一千多种之多。也至水榭看了波兰的水利建设展览。四点回。六点半王回珠来, 知她在社会科学学院进修, 地点即在气象局对间。这是第四期, 有三百多人学习, 为司长、处长阶级居多也, 有工程师, 女同志只十一人。以自修为主, 分甲乙两班, 甲级半年, 乙级一年。学习《政治经济学》、《实践论》、《矛盾论》等, 云云。

北冰洋航行问题。North Sea Route 1961, First convoy left Murmansk mid June, 到 Yenisei 河, Igarka July 1, 早于平均三星期。最后船离开 Igarka Oct. 30。共航行 4 Months 之久。

11 月 19 日　星期一　晨阴+2°。下午落雪数片, 地不潮, 阴, St 10, 768 mm。

上午武汉微生物所高尚荫报告考察东欧四国病毒经过。

晨七点起。八点半至北京医院。看皮肤科, 郑大夫给以灰黄霉素一百粒, 吃三粒, 可用一个月之多。九点至院。武汉微生物高尚荫与王子芳(♀, 土壤微生物)于九、十两月在东欧保加利亚、匈牙利、波兰与人民民主德国考察情况, 共看了卅二个研究所, 其中保加利亚八个, 匈牙利十一个, 波兰八个, 德国 5 个。其中以匈牙利成绩最好, 波德次之, 而保加利亚最差, 水平远在我们之下, 即匈牙利也只能和我国相比, 在苏联、捷克之后。保加利亚对于兽医的病毒比较发达, 有兽医研究所和免疫所, 属农业科学院。不做核酸提纯工作, 很少看英美文献, 生化很落后。匈牙利卫生研究所有病毒系, 高教部门也有三个系, 在 Czegeld 医学院做理论工作最著成绩。Evanowich 曾来过中国做噬菌体, 并应用同位素设备也好, 另有日本电子显微镜和高速离心器等。理论方面做 Morgan 派工作, 做核糖核酸合成工作、病毒遗传工作。但农业所走 Michurin 路线。科学院没有微生物所, 只有一个室, 也做 transformation 和 transduction 工作。后者是把病毒同种而有不同基因者互相移植, 以看遗传变异。波兰设备次于匈, 生物物理有 Hiller 做昆虫, Sugar 教授做核酸,

Nemurico做昆虫。近来用病毒的防小儿麻痹症(Polio)疫苗,病率从0.34%减至0.018%。也做人工合成核苷酸。德国Jena有微生物治疗研究所,兽医研究所专做牛羊口蹄疫。Humbodlt大学在做肝炎病毒。据(Morta)云,已把病毒分离,是Spitez所分,分出十种。他是把血清加水使稀而做出,原因是浓时有Auto interference云云。欧洲肝炎也严重,但无有效药可治。最后,这次考察后知道,东欧各国对我情况不了解,看不到我们刊物,远不及了解日本。所派留学生〔不〕合口径,在保派一位研究昆虫生理,但无人指导。其次所派人基础差。这次考察波兰招待最差,匈牙利亦不好,没有专人招待,但科学家态度均好云云。下午作函数通,未出。

寄张保升函　龚奇儿函

11月20日　星期二　晨阴-1.6°, Low St 10, 768 mm。下午阴。寓中门前白皮松下东厢阶下有一株菊,四朵花全开,余则尚在展舒中,依其所得阳光多少而定先后。

晨六点三刻起,太极拳廿分钟。八点半驱车至中关村。九点和过兴先、陈道明、黄秉维及赵松乔等谈党中央农林牧办公室谭震林副总将召集会议,讨论开垦问题,包括海涂、湖滨、山地种植,治沙、开发草原和治理盐碱。要认真调查和研究,开展学术讨论,提出论文。赵松乔认为开垦荒地广种薄收政策,可以收到一点粮食,如昭乌达盟(赤峰),雨量三四百毫米,甘肃河西走廊均用洒播或漫撒播,但是容易起沙。云南西双版纳则是刀耕火种。但干燥地区产量不稳定,如武威可产四亿斤,而今年只产六千万斤,有五十万人口,所以粮食今年不足,甚至树皮吃光。此地射阳河可灌溉二三百万亩,今年水量降至40%。武威7分靠雨,三分靠雪,不如酒泉大部靠雪。陈道明说毛乌素的草地从56%→49%,而牲畜加60%。毛乌素去年死去五万头牲口,一般牲口统是秋肥冬瘦春死亡。内蒙全区输出粮食100万担?一年到北京,但有九百万人口。赵说青海太高,小麦只能种到2400 m,青稞3100 m,但草肥宜于畜牧。黄谈盐碱问题。我个人认为农林牧的分界要弄清楚。侯学煜也主张因地制宜。十二点散。

下午三点至政协会堂第四会议室,谈上星期六周总理在国务院的报告内提为中印边界致亚非国领导人二十多人的一封信内容(全信已在今日《人民日报》公布),由张奚若作了传达,到包尔汉、张孝骞、林巧稚、王芸生、章行严、史永、钱雨农诸人。据包尔汉,阿克赛钦是中国的"白石"读法之意,钦即中国,是维吾尔族语文。

11月21日　星期三　晨阴-0.6°, St 10,风力〔　〕, 766 mm。

在中印边界上,我军自动撤退至边界后20 km。上午参加全国地植物学会。下午至白家疃。晚黄继武和一女同志来谈。

晨六点三刻起。八点乘车出西直门至建筑工程研究所礼堂,参加第一次全国地植学和植物生态会议。到会约二百多人,遇钱雨农、刘慎谔、侯学煜、单人骅、吕炯、姜恕、周光裕(浙大毕业在山大)、曲仲湘、仲崇信等。植物学会理事长林镕致开会词,我代表院致了欢迎词后,陈昌笃代钱雨农读《十三年来中国地植物学和生态学的成就》。侯学煜报告《关于植物生态学、地植物学支援农业的任务及其研究方向》。在会上也遇到徐仁,知其全盘时间统在植物[所],我劝其搞第四纪的孢子花粉,从近古到远古,好像研究历史一样。又遇金鉴明。据云,其母亲名竺元珍,在杭州开杂货店,与波若相熟。金乃其养子。金毕业于浙大,现在植物所生态室云云。

下午二点半至中关村,约朱岗昆同赴十五 km 外之白家疃,在西北郊,离温泉不远。犹忆二年前曾到此地,与赵九章、尹赞勋同来。现已有卅多人,并建有宇宙线、地震、地磁、天文日光台等。宇宙线有 Neutron Monitor 中子堆,以 Proportional Tube 计算中子数,每十五分钟拍一张照片,系硬性中子。此项中子乃宇宙线所击撞而使 Tube 中的硼游离。其次则为 Пушков 所送大游离室 Ionization chamher,有一厚 1.2 cm 的铅皮球,内用 Resin 琥珀一层后内有钢球,中空为十个大〔气〕压的 Argon 气有 900 cm?。第三个仪器 μ-meson 系自制,Geiger-counter Tube 分为三层,每层隔一个 4 cm 厚的铅皮,以减少能通过的 μ-meson。此外在地磁室看了新到 Askania Werke 的 Schmidt 仪及 Martin 的仪器,和至地震室看了 Халин、Kupoc 及 Galitzen 地震仪。

11月22日 星期四 晨晴昙,ACu 5,-3°,770 mm。

上午至图书馆、出版社。下午至科学史室。晚至政协晚膳,遇熊迪之夫妇。偕允敏带刘光华来寓,稍坐谈词。

晨六点三刻起。听广播知昨我国自动宣布中印边界停火,得到世界的赞同。首先是英国《工人日报》和 Bertrand Russell,亚非各民族国家也一致赞许。

八点多,袁天钧来谈。知治沙队陈道明虽不得人心,但渠不肯放手,使地理所无从插手云云。八点半至院。与计划局夏光韦谈,知近来开了大区各分院会议,现不算直所属,分院已裁并,只余 56 所,年经费四千万元,建筑二百万元(1963)。南京地理所如何合并尚无办法,我主张移兰州或成都。九点多至图书馆晤顾家杰。向期刊部郭诚锡(♀)要 *Geografiska Annaler*《地理学评论》1959,据云只地理所有之。她交我 *Far Eastern Economic Review*《远东经济评论》Nov. 1, '62,内有 Mac Dougall 关于皇家学会代表团回英后记者招待会上报告。Sutherland 对于物理印象最好,谓冶金物理和电子学方面不久可追及英国, Thompson 说化学次于物理。而

Linder Brown 及 Waddington 对于我国生物认为落后，认胚胎学所作尚是1930年时代，对于分子物理未做工作，认设备很差。"pedestrian"是 Brown 用以形容我国的生化，对我国生物学与农业脱节，认为出于意料之外，批评大学不做研究。十点半至出版社，和赵、周、朱、郭诸社长谈至十二点回。中膳。

二点又至九爷王府科学史室，谈第五期《科学史集刊》，到钱琢如、叶企孙、夏纬瑛、陈邦杰和南农的万国鼎等。《集刊》五期稿有石声汉《西域引入植物与张骞关系》、周世德《沙船考》等文十篇，约十万字。今年出二期，明年也可出二期。夏纬瑛认为五谷中之稷即是谷子或小米，是粟的一种。稷古代也读粟与谡，马谡之谡同意。东北的肃慎也称稷慎。穄是粟的不粘者，穄关西称穈，古称粟云云。谈及《诗经》中之梅，夏认为《召南》、《曹风》有梅无竹怪云。晚至政协晚膳。

寄美国 Pittsburgh 大学毕业生 Knapp 昨日的《人民日报》一份二张

11月23日　星期五　晴，北风风力1，-5°，768 mm。下午晴，767 mm（五点）。重霜。菊花叶已有点萎，经今晨霜菊全萎。经此低温，槐树全落。

晨六点三刻起，作太极拳20′。早餐后八点半至院。九点开第八次院务会议，讨论计划局夏光韦提出近来分院会议所提出缩减分院的计划。当60—61年大扩张时，各分院的所曾达224个，三万五千人。今年五月精简后，减至88个所，19 000人。现各省的分院已归并为西北、西南、华东、中南、华南大区五个分院和东北分院筹备处（华北只有办事处），所共只有46个（本院直属所中有十五个老所归分院），经近来会议裁并的结果。而总院直属的现尚有52个，合分院也只有96个。此外南海海洋所成为青岛海洋所站，昆明地质所为地质所站，兰州地理所为北京地理所站。现华东南京地理所已取消，如何处置未定，要地学部做出规划。北京总部自然科学24个所，数理化9所，技术5个，生物6个，地学4个。此外社会科学部12个所。

此外，会中谈了《研究生管理细则》、《院录用人员考核检查暂行规程和登记表》。高原报告了在东北开（机械所主持）的会议，说我国拖拉机"东方红"只能用1500—1700小时，比原计划要少50%—70%云云。

晚七点，和允敏、杨太太至人大三楼小礼堂京剧晚会。中国戏曲学校实验京剧团演出四折戏：《挡马》，刘习中饰焦光普，陈国为（♀）饰杨八姐；《岳母刺字》，王梦云饰岳母，李春城饰岳飞，孙畹华饰岳妻；《青风寨》，袁国林饰李逵，史燕生饰燕青；《断桥》，刘秀荣饰白素贞，谢锐青饰小青，张春孝饰许仙。十点半回。

11月24日　星期六　晨昙，-2.4°。

下午周总理在人大常委70次会议报告中印边界问题。晚和允敏、彬彬、松松等至政协礼堂看影戏《红楼梦》,王文娟起林黛玉。

晨六点三刻起,做太极拳20′后早餐。十一点至院。阅法国 Centre National de la Recherche Scientifique, 15, Quai Anatole France, Paris 7e 寄来文献摘要两本,寄与中国科学史研究室。

下午三点至人大常委开第七十次会,听周总理报告中印边界问题。周总理首先报告了中印边界问题的背景形势。我们现在政治上是反对帝国主义、反动的民族主义和修正主义。《宪法》中规定,“同伟大的苏维埃社会主义共和国联盟,同各国人民民主国家建立牢不可破的友谊,日益增进同全世界爱好和平人民的友谊,和任何国家根据平等、互利、互尊主权、领土完整的原则上建立和平外交关系”。我们所反对三方面有其共同性也有区别。共同性是反革命的。修正主义要维护既得利益,不要民族革命,其中帝国主义是我们的死敌。苏联有四十年革命经验,他的修正主义不同于南斯拉夫为帝国主义走狗。印度则存在不顾人民利益而迎合帝国主义倾向。我们政策是以斗争取得团结,帝国主义是怕战争的。11/22日下午所载 *New York Times* 文可以说明。苏联的最大错误不在于在古巴撤出导弹,而在去古巴装导弹。古巴需要主要是防御,而不是进攻。所以苏联此举得一恶名而无好处,使古巴生错感觉,以为有了导弹就安全了。实际最重要是人,所以导弹可拆,而古巴人民抵抗心理是拆不除的。古巴事件和中印边界事件同时发生,是偶然的巧合,可以说帝国主义、反动的民族主义和修正主义同时暴露了他们的缺点。苏联在古巴装导弹,和57年苏联要组织中苏海军大队,是同样错误。我们要靠人民力量,帝国主义是怕人民的。尽管 Kennedy 要进攻古巴,重要的是古巴人民已经站起来了。以上是中印事件的背景形势。在和印度反动势力斗争时,我们不放松主要矛盾,和帝国主义的斗争,我们不忽视社会主义道路。在10/24古巴危机时,苏联对 MacMahon 说了几句公道话,但危机过去以后,苏联又取中立态度了。印度在尼赫鲁和大资产阶级领导下,是不会放松大英帝国主义传统的,他对 Kashmir 克什米尔、Nepal 尼伯尔、Sikkim 锡金、锡兰、缅甸以及 Naga 族的压迫、侵略,统表现出来他大印度主义野心。他也企图侵入西藏和新疆。十二年来中印已有三次斗争。第一次在1950年达赖到了边界,尼赫鲁企图使西藏宣告独立, 54—55年是友谊高潮,但反动派邀达赖、班禅去印度,周总理去印说服了达赖回藏。1959年3月达赖叛变后,又引起了中印西部边界问题,以后又引起在朗久和空格山口问题,那时我们单方面撤回巡逻, 20公里停止巡逻。但59— 61年印度西、东二方陆续侵入。尼赫鲁讲话食言,对巴基斯坦如此,对我们也如此。’60年我们要肯定六点,但他答允了又拒绝。在斗争中我们是克制的,但尼赫鲁买办立场不能改变,因此引起了第四次冲突,使他成为美帝走狗。没有大打击就不会使尼赫鲁有大暴露。10/24我们三点提议,他不加思索便拒绝了。在《尼赫鲁的哲学》二文中两次加以揭露了,因为他屡次拒绝,所以要给他第二打击。10/24日以后,印度弄得风声鹤唳、草木皆兵,连在东边的邦迪拉和西边班公湖的警察都逃走了。据被俘虏的准将说,印度士兵不能打,梅农说要打到最后一个人,但前线什么也没有,连御冬衣服都没有。美国的武器运到前线,箱子未开人已逃了。我们的胜利要归功于党和毛主席英明领导、人民的团结和将士的用命。在五千公尺高山打仗,不是一件容易事。这次事件使印度共产党受到一个教育,印度需要一批革命领袖,"富贵不能淫、贫贱不能移、威武不能屈"的领袖。从这次事件,也可看出毛主席的思想路线和军事策略值得我们学习。〔旁记:毛主席的策略是掌握主动、抓住时机、发挥效力、调动全局。〕毛主席和记者曾经说过,军事行动要有节制,"退避三舍"一也,"后发制人"二也,"来而不往非礼也"三也。曾经有人提许多问题:1)是否树敌太多?三方面敌人美国是主要的,美国承认 MacMahon 马克麦洪线,比英国露骨。最初支持印度者有30国,中立和支持中国者30国,但我们自动停火,将自动后撤声明发表,以致连英国罗素也赞成我们;2)我们是孤立的罢?事情要看发展趋势于我有利;3)不打行不行?问题在于印度要打;4)小打行不行?小打不起作用;5)大打会造成侵略么?我们无此意图,以斗争来团结才会成功;6)既打了不退行不行?也不行,我们不主张以武力改变现状,我们要维持正义;7)主动撤退是否示弱于人?在帝国[主义]有这样想法,但在全世界面前会取得同情;8)我退而他不退如何?这样他理屈;9)如他不谈如何办?也是他理屈;10)谈而不拢如何办?我们有经验,板门店谈了三年才解决。

11月25日　星期日　晨昙,ACu 5,-2.5°,风力1—2级,768 mm。

下午至吉祥〔戏剧〕看越剧。下午金鉴明来。

晨七点起。上午学习周总理昨日报告,并缮录到日记簿上。中午十一点和允敏、彬彬、松松到政协礼堂中膳。膳后一点至东安市场吉祥剧场,看冶金部的越剧团演出《沉香扇》。述解元徐文秀开封投亲未遇,至大雄寺与兵部尚书女蔡兰英相遇事,以后酿成一女三嫁同榜及第的状况。陈少鹏起徐文秀,徐逸秋饰蔡兰英,赵英饰丫头翠英。

11月26日　星期一　晨昙,Ci 3,-4°,768 mm。室内红梅开几朵。

晨七点起。八点半至建筑研究院礼堂四楼,参加地植物生态会议,讨论支持农业。张宏达、仲崇信统提到物候工作的需要。吴征镒提农林牧分区。吴中伦认为调查数字要精确。孙醒东谈到河北有两个低产区,一是石家庄向东至霸县、沧县,三千万亩,最高亩产700斤,二是张北附近六县,也三千万亩,包括五百万亩草地被开,坝上牲口饿死没有草吃。但张北一县今年大牲口死八千,另一县死一万,而保定推煤车乏牲口,要六七小孩拉煤车。如何利用草场是大问题。朱彦德报告云南西双版纳植胶,放火烧林。十二点半回。下午至院。

晚苏联大使馆“Временный Поверенный в Делах”(Charge d'Affairs) Ломанкин 和经济参赞赖索夫约看电影《饥饿草原》«Голодный Степь»等片子,并晚膳。遇李强、张有萱和外交部同志。

11 月 27 日 星期二 晨晴-4.6°,昙,风力 1, 766 mm。

晨七点起。八点半和沈文雄去地理所,与李秉枢谈近在长春开地理学会情况。据云分为二组,经济地理组论文中对于走经济路线或地理路线有争执。经讨论,多数认为应走地理路线。水文方面分水文物理、水文化学、区域和地方水文四组讨论。和施雅风、赵松乔、吕炯及宛敏渭谈。十二点回。晚和沈文雄、林宝骆夫妇至北京体育馆。

古代气候:日本樱花最迟开记录是淳熙十一年(1184)甲辰年 5 月 15 日。据《杭州府志》记录,淳熙十年冬大雪,自十二月至明年正月,或雪或雾或电或雨,冰沍尺余,连日不解。(陆放翁生于 1125 徽宗宣和七年,死于 1210 宁宗嘉定三年。)日本樱花最早开记录是在宋理宗淳佑六年 1246 AD,阳历 3/12 日。《杭州府志》1213、1216、1220 年均冬燠烦,冬无雪。另一个寒冷年是顺治十一年和十二年。谈迁《北游录》,于顺治十年 1653 闰六月从杭州出发(7/24 日阳历),于十一月七日到天津,阳历十八运河已冰。顺治十一年十二月朔日记云,闻畿内屡雪山东至厚二三尺,至腊月廿八癸未记云,沈叔明至自金华曰:“十月冻舟,吴门冰厚三寸有奇,各舟募壮士破〈兵〉〔冰〕,日行三四里,自通湾冻至嘉兴云。”今查《上海县志》,清顺治十一年冬十二月大寒黄浦冰,又清顺治十二年十一月廿一日大冷,浦水皆冰。《湖州府志》,顺治十一年冬长兴大雪旬余,羽族尽毙。又《太湖备考》,顺治十一年太湖冰厚二尺,二旬始解。元郭天锡日记,从至大元年 1308 至二年 1309 秋,从杭州至无锡运河冰冻,《太湖备考》元天历二年 1329 AD 冬大雪,太湖冰厚数尺,人履冰行,洞庭橘柑尽冻死。此外宋政和元年(1111 AD),明景泰五年(1454),明成化 12 年(1476)等 7 年也有太湖冰冻记录,(计 1111, 1329, 1353, 1454, 1476, 1503, 1513, 1568, 1578, 1654, 1665, 1683, 1700, 1761 M, 1861 M+1, 1877 m-1(光绪三年)和 1893 M 年均有太湖记载。见徐近之编历史记载初步整理“大江南”地区气候,《杭州府志》中载大寒冬天有 900, 1185, 1191, 1453, 1454, 1841, 1848, 1861, 1891。

《剑南诗稿》卷 17 陆放翁诗:“大雪江南见未曾,今年方始是严凝。巧穿帘罅如相觅,重压林梢欲不胜。毡幄掷卢忘夜睡,金羁立马怯晨兴。此生自笑功名晚,空想黄河澈底冰。”又“竹折松僵鸟雀愁,闭门我亦拥貂裘”。(《徽州府志》,顺治十一年冬奇寒,大木皆枯,河冰合月余不解。)

11月28日　星期三　晨晴-5°,胍,765 mm。晚晴,764 mm,N风。

晨七点起。听中央广播电台报告新闻。上午九点至院。张孟闻和黑龙江另一位动物教员来谈,渠等方从广州开动物学会回到北京。据孟闻云,数年不见,境况骤变,他的爱人已去世,次儿张元龙神经错乱,而自己又被评为右派,左迁黑龙江,所以他比前瘦了不少,但精神仍佳。据云在黑龙江哈尔滨书籍难买。我送他科学社出版 Bernal 著 *Sciences in History*《历史上的科学》译本和德文动物学 Nach Reilm?。下午作函数通。晚六点至北京饭店。庆祝阿尔巴尼亚独立五十周(1912)和解放18周年,遇徐冰、楚图南、陈康白太太。八点回。

太湖的大雪与寒潮:一、宋政和元年(1111)冬大雪,洞庭山橘皆冻死;二、元天历2年(1329)冬大雪,太湖冰厚数尺,人履冰行,橘柑悉冻死;三、元至正13年(1353)冬大雪,太湖冰厚数尺,人履冰如平地(《湖州府志》);四、明景泰五年(1454),自四年冬至正月积雪丈余,太湖诸港舟楫不通,禽兽、草木皆死;五、明成化十二年(1476)十二月,太湖冰舟楫不通者逾月;六、弘治十六年(1503),积雪四五尺,东西两山橘桂等尽毙;七、明正德八年(1513)二月大寒,太湖冰,行人履冰来往;八、明隆庆二年(1568)冬大雪,太湖冰,人皆履冰而行,自胥口至洞庭山;九、明万历六年(1578)冬严寒,大川巨浸冰坚五尺(《苏州府志》);十、顺治十一年(1654)冬大雪,冰厚二尺,二旬始解;十一、康熙四年(1665)冬大雪,太湖冰断,不通舟楫匝月;十二、康熙廿二(1683),太湖冰冻月余;十三、康熙卅九年(1700)十一月,太湖冰月余始解,橘尽死;十四、乾隆廿六年(1761),太湖冰一月有余(《荆溪县志》);十五、咸丰十一年(1861)十二月大雪,平地积四五尺,太湖冰半月乃解;十六、光绪三年(1877)冬太湖坚冰,经月不解(《乌程县志》);十七、光绪十九年(1893)冬,大雪严寒,太湖冰厚尺许(《吴县志》)。除注明县志外,余均见《太湖备考》和《续编》。

晚阿尔巴尼亚大使马利列及夫人在北京饭店庆祝独立五十周,解放18周。刘主席、周总理、陈外长均到,东欧各国大使无一到者,印度代办出了席。

寄杭州(马市街64号)田浩征信　上海顾济之　孙东成(马添新街30号)、傅婉芳、乃恺等信

11月29日　星期四　晨阴,St 10,-3.6°,764 mm。下午晴。北海的冰已合。

晨六点半起,太极拳20′。八点半至院,约武功植物土壤所崔友文同志谈。崔

此来是为了植物志写稿,已来两个月,他特函约我谈水土保持问题。他认为水土保持是一个长远工作,生物措施应占比重80%,工程措施20%,面比线更重要。认为三门峡做坝,应先把水土保持工作做好后才能施工。认为农、林两部应负大部责任,水利部居次要地位,而过去工作恰恰相反。认为山坡上只要1/5—1/4种适当草被和植林,就可以阻止水土流失。认为葛藤、杞柳和适当草类在陕甘南部种植,其收获不亚于种粮食。葛藤是多年生植物,保护土壤因叶大根多很有效,叶可做饲料,根也可吃,一年可长三丈多,所以认为应可研究。认为水土保持研究工作应由农业科学院为主,农业人员如杜豁然、雷震远(?)等在武功均不能安心工作,云云。

九点半至图书馆。阅今年9/22美国*Nation*上Samuel Shapiro所著"Cuba Today"一文。此人系Michigan州立大学的历史教授,近曾去Cuba三次,报导尚能凭公。认为Fidel或Raul Castro、Carlos Rafael等均深得人心,说法国经营Algeria驻了四十万军队,一百多万法国人到底还要退出。认为占据古巴是不现实的。Castro现有8—10万民兵,所以他的国家是稳固。从Guatanamo(古巴名Caimenera)进攻不合适。1957年古巴人每人收530元,但以100元购美国货,进口七亿美金。但1961年进口,苏联占了81%云云,可知苏联物质援助的重要性,云云。

今日接孙祥治自浙大回信。又接上海昆虫室退职人黄克仁函,拟交人事局办理。

11月30日　星期五　晨晴,北风,-2°, 764 mm。

四川阿坝甘孜垂直分布农作带,西藏对于垂直带的影响。晚至工人体育馆游泳。

晨七点起,作太极拳20′。阅郭敬辉、程鸿写的《1961年调查甘孜、阿坝地区远景经济开发意见》。十点至院。十二点回。午后继看了郭敬辉、程鸿的报告,系作为下月十七至廿三号在成都汇报时用者。我对于自然条件气候部分很不满意,因其写得寥寥数语,而且也不尽确切,如说从大气环流来看,本区西部高原冬半年为南北两支西风急流所包围。按西风急流并不在三四公里的高度,而在六公里以上(见《西藏高原气象学》第六章p. 213)。对于东南、西南季风与雨量的关系,也说得不清楚,好像季风到此就被消灭的样子。全文无一张图,更谈不到有照片了,也没有一张表。这是一个非常粗放的报告。但文中有积累了不少调查的成果,作了分析,如关于耕地类型的分布,说全区土地总面积23.8万km^2,其中290万亩已耕土地,占全区面积0.8%,林地占16.8%,草地占46.5%。〔旁记:1960年本区产木材275万m^3。〕从耕作上讲,可分为(1)稻麦两熟区;(2)两年三熟区;和(3)春麦区。其高度依纬度和经度而不同,愈向东向北则高度下降。如下表所示:

	岷江流域	大渡河流域	金沙江、雅砻江	积温
1. 稻麦两熟区	2000 m 以下	2300 以下	2500 m 以下	3000+
2. 两年三熟区	2500 m 以下		2700 m 以下	2000—3000
3. 春麦一熟区	阿坝州 2800—3300		甘孜州 3000—3700	1000—1700

据估计,万亩以上的宜农荒地均是天然草场,雨量、土壤相宜,但气温低,估计面积 960 万亩。可利用草场面积有 1.6 亿亩,是川省主要牧区,在查针梁子、折多山、炉霍、甘孜高原以北占 63%,以南的高山峡谷区占 37%。估计共载畜量为五百五十三万头,为现今 1.7 倍(即三百亩一牲口)。甘孜比阿坝纬度低 1°,经度向西 2°,高度要差 3— 400 m,森林面积 400 万公顷,蓄积量 5.6 亿立方 m,本区复被率 9.6%,以黑水、马尔康为最密。石渠、色达以北是无林高原,以冷杉、云杉为多,每公顷平均 300—500 m^3,年龄 170 年左右。

12 月 1 日　星期六　晨晴-1.6°,风力 1, 760 mm。放在室内的一盆红梅全开,但室内温度经常在 56°F—76°F 之间,空气非常干燥。

晨七点起,做太极拳 20′。八点半到院。九点在院政治学习。张副院长解释八中全会公报国内部分,即由资本主义过渡到共产主义的整个历史时期中,存在着无产阶级和资产阶级之间的阶级斗争。这是一个很复杂曲折的斗争,因此必须提高警惕。进行两条路线的斗争,既反对修正主义,也反对教条主义。社会上还存在着资产阶级的影响和旧社会的势力,存在着小资产阶级,小生产者自发的资本主义倾向。因此人民中还有一部分没有改造好的人。人数虽不多,但想走资本主义道路,所以阶级斗争是免不掉的。斯大林晚年在 30 年代,其初以为一切资本主义已经肃清了,但到后来才发现资产阶级的余孽,因此起恐慌,而把所有异己的人统当作资产阶级分子看待,铸成了大错。毛主席"人民内部"改正了这一点,这对于列宁主义又前进了一步,把"敌我矛盾"和"人民内部矛盾"分别开来,是非常重要的。

中午至北海仿膳吃中饭。膳后在郭院长室开了小组会,谈南京地理所处理问题。到谢秘书长、漆主任、夏光韦主任和李秉枢所长,我又找了黄秉维和尹主任(因为我不知道是党组开会)。南京地理所在 1955— 6 年时原想合并于北京,江苏省反对,使计划不能进行,但留在南京又未给与任务,反而声称地理所无用处(今年一月间郭影秋校长即如此表示),要与南大合并。院与南大意见又不一致,所以地理所主张把南京地理所搬重庆或成都,西南分院朱副院长表示赞同,地学部也赞成。我认为此事和今年夏天长远规划中要在西南建立据点相符合,所以也同意。目前只是要说服所中同人安土重迁的思想与江苏省本位主义的看法而已。此外,也谈了治沙队和沙漠研究所问题。

寄列宁格拉地理学会,祝贺 Жен. Лиговский 七十寿辰。

12 月 2 日　星期日　晨晴-0.6°, 760 mm。

晨七点起,太极拳 20′。上午洗浴。阅过兴先交来关于支援农业文。开始作《新疆维吾尔自治区农业自然资源调查和其开发利用报告》序言。综考会于 1956 年根据 12 年长远科技规划第三任务的规定,组织新疆考察队。当年有地貌、土壤、植物、昆虫、农业、畜牧、经济地理等七个专业组,考察了阿勒泰地区和玛纳斯流域的军垦农场,参加者 250 人,为院有关研究所,若干大学和高等学校及新疆自治区企业部门人员。1957 年继续以玛纳斯河流域为重点,扩大到天山北路伊犁与塔城地区,部分专业至天山东段北麓地带,初步完成北疆的考察。专业组又增加了水文组和水文地质组。1958 年工作移至南疆,东起哈密西至伽师,对天山南坡及塔里木平原进行了广泛而有重点的考察,特别对吐鲁番盆地,对于水源开发做了专题研究。这年秋我也去视察了。1959 年继续向西南移动,完成南疆昆仑山北麓地带的野外调查,同时还进行了天山北部额尔齐斯河与乌伦古河流域综合开发的考察工作。1960 年起在队长周立三、副队长于强的指导下,在前四年野外考察基础上编写《新疆维吾尔自治区资源开发利用及合理布局的远景设想》报告及下列六个专题报告: 1)水利资源及其评价; 2)天然草场资源的计算; 3)新疆水土资源平衡; 4)土地资源; 5)扩大森林资源与林业区划问题和 6)新疆的野生植物资源。和八个附件: 1)新疆盐碱土改良问题; 2)新疆地下水在农业灌溉方面的利用; 3)沙漠的开发和利用; 4)改变准噶尔盆地干旱面貌设想; 5)新疆的细绒棉; 6)新疆发展细毛羊问题; 7)全新铁路沿线地区的发展和布局; 8)新疆农牧产品合理运输问题。同时并编写了新疆经济地理、地貌、土壤、水文地质、水文地理、农业、畜牧业、气候及农业气候、鸟类和兽类、盐渍土发生及改良、植被及经济利用,十一本专著和新疆昆虫、新疆自然区划等等。

关于新疆考察。苏联曾于 56 年派穆尔扎耶夫为首专家共同商洽参加考察, 57 年 8 人, 58 年 10 人, 59 年 12 人。

12 月 3 日　星期一　晨昙 , Ci 5,-3.6°, 风向北, 风力 1, 760 mm。下午昙。

晨六点三刻起。九点至院。约周立三和新疆队同志来谈,知他们希望我写序言,是为十一本专著报告而不是为了远景设想。因为四年的调查工作,主要成果是在专题报告而不是在远景设想。虽是远景设想,合理布局对于眼前或有所补益。谈到南京地理所的处置问题,周上次来时院中已议定暂时不动,所以周回南京时湖泊部分人员已整装待发去武汉水生所,因周到而停止。可见院中举棋不定,使人莫知所从。

下午二点半，和允敏至王府井大街。我在和平宾馆理发，允敏至稻香村买水果，预备明天看病人。恽子强患食道癌和赵忠尧家小弟患肝炎，已约允敏于明日同行，并至七楼看姚杏仙母亲兰姑。

12 月 4 日　星期二　晨风力 3— 4 级，0°，风向 NW，763 mm。北海冰部分融解。

人民代表大会七十二次会议，化学工业部报告工作。

晨七点起，做太极拳 20′钟。八点至人大第一会议室开七十二次会议，听取化工部副部长李苏作工作报告。据云，化工部现能生产二万多种项目，分为肥料、农药、酸、碱、无机盐、有机染料、塑料、橡胶、合成纤维、染料等四五百种，油漆、颜料、化学试剂六千多种，化学矿（硫、磷、石灰），医药 800 多种，橡胶加工如轮胎、鞋子等，溶剂、助剂十六类。今天只谈食、穿、用的项目。吃，目前世界用肥集中在氮、〔钾、〕磷肥，最近以为比例应为 1∶1∶1。我们缺乏钾最严重，除靠草木灰和浙江平阳的明矾外，很少来源。对于粮食，氮肥可以提高营养，加磷可以使植物抗旱。在华〔南〕红壤更需磷，使瘠土变为肥土。加钾可以使水稻不致倒伏。近年化肥生产〔有〕很多增加，49 年只产二万七千吨(T)，62 年可出二百万 T，但只能供给每亩二斤半。但日本九千多万人，只有九千万亩地，平均每人不到一亩，稻谷生产每亩(60 年) 648 斤。能如此之高，用施化肥多，每亩 144 斤，照此数我们要一亿 T。世界每亩用肥最多是荷兰，每亩 259 斤。我们在天津、南京均出氮，在上海和衢州有磷肥厂，钾肥只有在平阳（浙江）和青海达布孙湖旁。现在我们能自制肥料厂的全部机器，明年还可以增加三四个能产肥五万 T 的厂。制氮肥原料是煤气和劣质煤，新法用石油和天然气。我们将从意大利买一个年产十万 T 规模设备，制尿素，含氮 46%，比制作$(NH_4)_2SO_4$为合适。磷肥全靠自己原料，在南宁有年产 40 万 T 厂，设备比氮肥简单，因后者要 300 个大气压和高温，我们的磷矿尚足用而钾不够。其次是农药，据估计我们年损失于害虫的粮食一二百亿斤。农药 52 年只产 1920 T，今年 86,600 T，加了卅倍，其中以产 666 为多，但需要不能满足。美国 58 年产五十八万 T。666 以苯为原料，所以不能出太多。现在所产农药有：（一）杀虫菌剂如$C_6H_6Cl_6$、DDT、敌百虫、1605 等，杀菌剂如硫粉、$CuSO_4$、Hg 汞；（二）杀鼠剂，为粮食保管用，如氯化钴、溴化剂等；（三）植物生长激素或抑制剂，如赤霉素；（四）除莠剂，如 2-4-D、赛力散以及有长久效力的希马丁等。据报告，1960 年冬察尔汗钾肥厂已经发展成为一个年产钾肥（含 KCl 40%—50%）十万 T，同时生产精钾、氯化镁等产品，盛销于全国十多省，并且要扩充成为一个大型工厂。冶金部在进行建立一个大型金属镁厂的设计，为供给飞机上需要。又据 1961 年三月西藏考察报告，西藏盐湖资源丰富,藏北、藏南有湖370个,占29 600 km^2。许多湖含有硼、B_2O_3、钾盐,已发现者在卤水中,班戈湖卤水含KCl平均1690 mg/L,储量一千〇八十万T。松佳里湖卤水含KCl 2141 mg/L,储量943万T,芒硝、石膏不在内。松佳里湖尤富于锂,平均卤水含LiCl二gr一公升,高出西尔兹湖8.5倍,胜于大柴旦1.7倍。

据1960化学所报告,正在研究察尔汗湖含钾卤水综合利用工艺研究,希望建立一个大型化工企业。青海柴达木察尔汗湖面积4500 km^2,含钾、镁、氯化物钾固体的有100万T,卤水厚十至十五公尺,远景储藏在数亿T,建立了察尔汗钾肥厂,并提高其质量。

12月5日　星期三　晨晴,风力1级,N,-3.6°,765 mm。

晨七点起,做太极拳20分钟。今日上、下午在院中。综考会为了17—25日在四川成都汇报西南考察工作,所以今天在第三会议厅讨论其中几个报告,计在成都将有写好22报告,但提出口头报告者今日只郭敬辉的"川南、滇北22万方公里地方的经济建设和自然资源合理布局",程鸿"阿坝州、甘孜州的荒地利用"和姜恕的"草地利用与改进"。上午9—12,下午2—6时。今日到者有漆克昌、孙新民、石湘君、张有实、李文彦、孙鸿烈、赵锋等。

下午二点至三点,又和柳大纲谈了青海察尔汗湖的钾盐的利用问题。据柳云,这一工作是1957年起首开始调查,在1960年在察尔汗湖面积4500 km^2,并曾〔在〕其湖旁建立化工厂。原计划是年产十万T,含KCl 40%—50%,但该厂由青海省主持,因计划太大,人数增加到四千人,曾一度销行广西、吉林等省,但以运输困难,质量不稳定,不受欢迎而缩小计划。但无论如何,从卤水制钾成本很低,青海太阳大,晒盐不费钱,困难在工艺过程要安排好,同时规模不能太大。而浙江平阳的钾肥厂,只能得10%的矿,所以成本是贵的。柳以为青海察尔汗湖的钾盐应该利用,至少在未得到钾盐矿以前是应该利用的。说苏联Соликамск是从地球化学研究得到的Volga中游Perm。

〔*旁记*:据柳云,樊平章在台湾,翰章在广东。〕

12月6日　星期四　晨晴-3°,N,风力1—2级,763 mm。下午户外40°F,760 mm。室内红梅已将残败。

晚解翼生来。前浙大毕业生,现在上海水利电力部勘测设计院。

晨七点起,作太极拳20′。八点半至院。约全国科委第五局局长田野来谈。他谈关于开辟农田资源,周总理和谭震林副总理曾有意召集会议,谈下列六方面问题：(1)山地利用；(2)治沙；(3)盐碱问题；(4)海涂；(5)湖滨利用和(6)草地。他说范长江有意见，说明年一二月间将〔开〕一系列的支援农业会，不如将六方面问题会议也放在一起。我赞成此说。田问我对于水土保持工作〔意见〕。我认为向山地取粮必须做好水土保持工作，否则一定会酿成损失，并也以崔友文的意见告诉了他。治沙问题周总理很注重，目前科委已有水土保持、盐碱、农林牧专业组，拟成立海涂湖滨专业组，并恢复西北干旱专业组。我赞成后者，且告他院正在想筹设沙漠研究所。对于海涂湖滨，我知道得很少。至于开荒，认为目前只有在黑龙江流域和新疆尚有大片荒地，估计新疆一亿七千万亩，黑龙江流域二亿亩，但前者需有水源和治理盐碱，后者要移民和排水。此外虽〔有〕零星的空地，为数不大，如阿坝、甘孜(西康)自治州，虽有可垦地六百万亩，但以气候高寒，40%以上只适于牧业，30%是森林，而不过3%—4%或二三十万亩能开垦而已。最后他约我推了几名委员，始告别。

九点至图书馆。十点半至出版社。和赵、周、郭社长谈(朱务善去广东从化休养)，说已定十二月十九日为开第一次出版编译委员会。下午五点至政协礼堂，和允敏晚膳。

晚〔七〕点，和钱乙藜太太、杨克强太太、允敏至人民大会堂三楼看北方昆剧院演出《钟馗嫁妹》(侯新英演钟馗)，《玉簪记》(虞俊芳演陈妙常，白云生演潘必正)和《单刀会》(侯永奎演关羽)。十一点多回。

接定安函

12月7日　星期五　晨晴，凪，-4°，760 mm。

晨七点起，20分钟太极拳。八点半，前浙大农经系毕业生(1937)解翼生来谈。他现在在上海水利部水电勘察设计院(地点嘉陵大楼，四川路东南京路惠罗对面，电话213497转规划组)。他从毕业后在泰和浙大作开垦工作一年，即调到何廉所主持工作。解放，在水电部搞水电设计已达十年，对于浙省新安江电站尤为熟悉。据云现有机器三组，能发六十多万kW，早已输至上海、杭州，但仍不足用。该处总工程师马君，亦浙大1935毕业生。徐洽时则在搞瓯江电站，规模更大，要发一百多万kW，但目前步骤已改慢。新安江淹没农田四十万亩，瓯江约二十万亩云。上海家用电户电价仍要三角一度，而在新安江本地，价实际只有三四分钱而已。他和过兴先、朱祖祥、赵明强、吴志华同班毕业云。

九点半至人大常委听化工部李苏继续报告工作(前部见四日日记)，谈合成纤维。人造纤维分为人造和合成二种。后者原料是矿物，不与粮食相矛盾而价廉，最便宜是用电石和天然气，其次是煤，再次是酒精。整个人造纤维在世界所用纤维比重1930年只3%，而1959年占21%。在化学纤维中合成纤维40年占1.8%，59年占20%。后者全球产量40年2270吨，50年五万六千吨，59年五十七万五千吨，可知其进度之速。在我国，合成纤维解放前是空白，55年开始研究。我们能力可产年二千多吨，今年只产九百T，八九个品种，全世界共有37品种，大部分我们已研究，要大力发展下列五类（八大类中的五类）。第一类尼龙（聚酰胺），全球产卅二万吨，美国称Nylon 66，1938年开始。苏联称尼龙六（Capron），德Peron（锦龙），日本安梅龙有六个碳所以称尼龙六。一般以碳酸、苯为原料，优点强度大、弹性高、耐洗，可用以制衣服、降落伞。国内生产尼龙六和六六，原料称"干岐"，以石炭酸制，重点做袜子。第二类聚丙烯氰或称人造羊毛，'50年后才开始，原料用电石或天然气，发展快，全球产十一万T（60年），耐热、耐磨，可以和羊毛混纺，可以制窗帘、防水布，缺点染色困难，国内已小量试验。第三类聚酯纤维，原料苯二甲酸与乙二醇，商品有Terylene、Backlin，优点不会变形，做衣服能保持原形，耐热到260°，并可作绝缘体用，40年发明，53年投入生产，59年全球生产八万吨，每年增加49.5%，已向英国买专利，原料甲苯、樟脑，缺点价贵，不易染色。第四类含氯乙烯，是含氯纤维最著的，种多，颜色好，耐酸、碱，可作内衣，国内少量制，缺点强度差，熔点低。第五种聚乙烯醇或微尼纶。

12月8日　星期六　晨晴，下有烟雾，N，风力1，-3°，758 mm。自寓有大烟囱，烟雾加多。八日瓦上霜重。

晨七点起，廿八分钟太极拳。八点半至院。曾呈奎、尤芳湖来谈。知渠二人近方从考查苏联学〔习〕回国，曾在苏几三个月，尤也近两个月。曾至黑海边Сухуми、Зеленжик、白海边、列宁城等地。据说列城的南北极所（从前北极研究所）管理海洋事务最多。物理海洋所已移Sevastopol作为地方所，但所中人大部留莫斯科。海洋所曾在莫斯科，尤曾在海洋〔所〕学习，所中Dobrovolski等虽曾亲热，但有戒心。据云理论方面注重于海洋环流及水声结构，仪器方面大有改进，尤其是海中自动记录站设在各种深度，一经无线电发令便能自报云。据尤芳湖老师度比宁云，他曾至美国二千T轮上看过，只认识二个仪器云。下午二点在力学所第九次星际航行学术报告。自动化所屠善澄讲"卫星的方位控制"。晚和允敏、彬彬、松松看德国电影《马门教授》。

12月9日　星期日　晨晴，北风1，户外3.3°，757 mm。

晨七点起，二十分钟太极拳。上午阅新到《莫斯科新闻》。洗浴。下午三点至北海公园。与彬彬同往，徒步来回，计走一小时四十分钟。从后门进园走至老门桥，上白塔又回至前门，然后绕园廊走回。在画航斋看了荒野等五人的画展，其中以版画为最多。我不爱看版画，以其太板。五人中荒野所画比较精彩，以山水画居多，有峨眉山、桂林等山水。北海已全冰，但尚薄，沿岸间有融者，非有一个寒潮不能滑冰，但漪澜堂滑冰的处所则已准备了一切。今年初冬温和更胜于去年。

三点三刻回。松松同班同学倪君来，同做一个结晶小收音机。五点半晚餐后，彬彬、松松等即回中关村。得宛敏渭函，他已将莫斯科物候历译出，我粗略地看了一遍，觉其中有许多问题，如冻土日期在初霜之前，与若干植物、动物的名词译法。

12月10日　星期一　晨晴，风NE，风力4级，+1.5°，763 mm。

晨七点起。八点半至院。上午西南考察队报告，由森土所〔　〕报告阿坝州的草炭Lignite资源。据云，两年的调查，估计共有资源卅亿T，其中含水50%—60%，如减至30%即可燃烧，灰分比较大而含Ca多，这对于作肥料不利，要有追肥可用，油份10%—15%，相当高，挥发Gas〔　〕%。热量每cc得2500—3000 Cal，已试过可作燃料，也可以护霜用，因其耐火。深度2 m以上，最深到6 m。含N 0.9%—1.2%，但是否能以蛋白作饲料不知道。综合利用可以出煤气、胶油与蒸馏提炼各种化学品，地点集中在阿坝州的北部。次南京大学副教授张〔　〕作了《云南橡胶宜林地》报告。据已勘定七百多万亩，主要在西双版纳、河口与德宏，但前两者比较气象情况比较合适，西双版纳六年可割胶，河口五年，而在德宏则是二三等地，估计统开垦种胶后年可产五十五万T。我们需要胶年年增加，1952年二万多T，而去年15万T，问题在两胶区交通，西双版纳很不方便，〈海〉〔河〕口略好，但面积比较小了。工人也有问题，如开发到七百万亩要25万工人，即每人管卅亩，但此可由渐而进。认为粮食要自给，在此两区有困难。此外认为保山、潞西两区可以种油茶树、油桐，到1500 m以上种核桃，云云。十二点回。下午未出。

晚继续看纪念徐光启文稿。阅梁家勉（广州西南农学院图书馆馆长）著《〈农政全书〉撰述过程及若干有关问题的探讨》。此文也写得很好，对于徐光启写《农政全书》的时间、陈子龙校对、印刷经过以及版本的经历统有了考证。

12月11日　星期二　晨阴，St 10，W，风力3—4级，NE，-0.6°，766 mm。

上午听对外贸易部林海云副部长（宁海人）报告工作。晚和林宝骆夫妇、沈文雄去北京体育馆游泳。回途在北京餐厅吃馄饨、汤面。今日游泳400 m。

晨六点五十分起，20分钟太极拳。今日天阴，希望能下雪。云行西，但下午有东北风，以为希望不小，但云层薄，至晚未下片雪。北京、华北、东北自八月以来干旱很久，小麦需雨甚急。八点半至院。和简焯坡谈我写新疆专刊的序言，谈毕，我作了某种修改。

九点半至人大常委听对外贸易部林海云副部长三年来工作报告。近年出口相当于57年的3/4,但工农产品的成分有所改变,57年农产品占全部37.6%,62年只占18.9%,棉织品出口大量增加,而出口中猪肉、粮食减少。61—62两年进口了一千万吨粮食,57年前曾出口粮食到一百万吨。工矿产品出口增加,59年占23.8%,62年35.5%,其中以钢材、玻璃、轮胎增加最快。进口方面轻工业原料增加,如纸浆即是一例。化肥两年进口125万吨,农药一万六千吨,糖二百万吨,橡胶廿万吨等。出口货物许多减少了,如对虾至多时到三万吨,每吨值一千五百美金,但近年大量减少,前、去年尤甚,今年大力增加,只有八千吨。今年全国出口三十多亿美元,若干出口货是要赔钱的,因价格不能高于国际市场。

改进办法。(1)建立出口商品基地。在江浙一带以240斤粮与若干化肥兑基地一只猪。在浙江最初只五县有基地,现已扩充至十五县。江苏交薄荷油一担?可兑三千斤粮食。(2)进口原料如棉花,加工后出口织布,可得50%利益,纸浆可得40%,橡胶做轮胎可得40%,并且使工厂开工,工人提高技术水平。中华门对外贸易部六楼有展览室,可以参观样品。(3)尚可一部分供应国内市场,广州有对外出口展览,每年春秋两次开展览。资本主义国家商人来者达二三千人。(4)利用香港把货外销,对虾售至美国。对外贸易缺点也多,价格掌握不够好。我国手工品技术高,可作高价艺术品卖,但货多则价低;包装差,如近年鸡蛋改用纸盒装,多卖九十万美金;茶叶提高一级质,可得235万美金,滇红现卖到每lb一美元;国产尼龙质量胜于外货,但包装不好,难以销行,改玻璃纸后价提高而反脱销。运输,猪从汉口到广州要144小时,死亡率达6%,但改快到53 h后死亡率只3%,云云。在人大,对外贸易部叶季壮补充说,我们欠苏联贷款本利72亿卢布,尚余三亿七千万卢布,还至六五年还清。每年不过九千万元,今年已早还清。香港出口每年一亿至一亿五,今年超出。十二点散。下午至地理所,与宛敏渭、段月薇、黄秉维等谈。

12月12日　星期三　晨昙,St 8,N,风力1—2级,-2.4°,762 mm。

晨七点起,作太极拳20分钟。上午阅全国科协新拟各专门学会的通则。十一点至院。回复了Пушков普什科夫的一封信,又捷克的一封关于要地球物理年资料的信。把新疆1956—60四年的专著的序言交与沈文雄抄写,寄给综考会。十二点回。下午作函数通。一致万寿山林业研究所陈嵘院长,问古代竹的种类和分布。晚阅科学史室梅荣照著《徐光启的数学工作》。

12月13日　星期四　晨昙,ACu 2,-2.2°,风力一,N,760 mm。

晨七点起,做太极拳20′。八点半至院。九点半至图书馆。十点半至出版社。

知十九日开会的报告和印刷品均尚未印好,而实际筹备已三四星期,可知做事之慢缓。在新聘的出版委员名单中不见杜润生秘书长名,问询始知于前次开院务常委会时他自己划去,而我也粗枝大叶,临时没有发现。十二点回。下午五点,和允敏至政协礼堂晚膳。因吃晚膳匆促(为了许广平膳后要报告),所以允敏吃得不落胃,晚起呕吐二次,膳后曾吃了一杯咖啡。晚阅薄树人著《徐光启的天文工作》。

美国的Space Program。据今年八月份*Science*报告,美国今年预备费1.5 billion美元,空军认为太少,正在争论。尤其是八月苏联两个"东方号"宇宙船上天以后是如此。美国Jodrell Bank射电天文台的Barnard Lovell认为,美国在宇宙飞行方面远落后,十年内无希望赶上。但美国人则以为美国在空中运行的卫星与苏联之比是94:26,在卫星的导航、控制与生命维持研究均在苏联之上,所以对于以30 billion美元的巨款达到送上月球第一个人,认为不值得。据苏联发表第一"东方号"宇宙船推动力是八十万lbs,第三、四号的不知道。美国Atlas的推动力卅六万lbs,而要到1965年才成功的"土星计划"是七百五十万lbs推动力。

12月14日 星期五 晨晴,西北风5—6级,-2°, 765 mm。

谭震林、聂荣臻副总理等召集支援农业会议。

晨七点起。九点和曾呈奎至中南海国务院办公室开会,由谭震林、聂荣臻二副总理召集,对围海涂、垦湖滨、开山种植、草原利用、治沙等六问题组织科学家作第一次座谈,为明年二月初开大会张本。谭副总理首先谈六方面的问题,说根据八届十中全会,成立农业改造委员会。有上述六项,但问题不少,要落实研究。围湖虽可以多得农田,但要影响江水蓄储和水产渔业饲料,二者利弊若何?海涂可以开垦,或是养殖水产。浙江对于围涂很有兴趣,全国据初步估计有三千多万亩。先做科学研究,不先决定办法。山地利用,关系土壤改良。水土流失,范围更广,因此要许多人来研究。我们有九千多万公顷森林,此数目尚不可靠。耕地是否十六亿亩?我们平地少,不能不靠山地,黄河中游水土保持是一个关键性问题。农业部要组织1400人来做水土保持工作,工程措施和生物措施如何并进?此外尚有红土、冷土待改良。草原利用范围大,一说有卅亿亩或说五十亿,但有的高寒,有的干燥,用作牧地比作农田更好,产羊毛、牛奶且有肥料。内蒙已到饱和点,二千多万牲口,四十多万牧民。仅新疆一个区每年废奶料达三亿斤之多,如何加工?土壤盐碱已做了许多工作,单冀鲁豫有8000万亩,占耕地20%。次生的二千万亩,如何依据科学来做治盐碱工作?如何把水位降低?治沙小块容易,大块不易办,面积也十几亿亩。总的说来是如何利用土地。聂副总理说,要在已有的基础上来展开工作,要集中力量打歼灭战,只能集中力量来研究。如草地集中搞内蒙和阿坝,取得经验再到别处,如西藏可稍缓。组织工作,农办由陶(大姊)桓馥,科委由范长江负责。当征询意见时,张含英、我和黄秉维提了意见。最后范长江说预备明年二月初(春节后)开一个会,由农机、气象、水利、热带作物、畜牧、植保、农、林、渔业?九个专业组和今日谈六个问题联合开会,分头进行。此外,农业部要召集农业技术改革规划,也同时开会,估计要20天云。中午散。

12月15日　星期六　晨晴-5°。日中晴。晚764 mm。

《人民日报》发表《全世界无产阶级联合起来反对我们的共同敌人》。晨政治学习。听孙冶方同志报告十届八中全会的报告中关〔于〕农业和商业部分,潘梓年谈辩证法。

晨六点醒,七点起。听无线电广播,报告在捷克斯洛伐克共产党十二次代表大会上中共党的声明。因捷克党攻击中共,所以我党呼吁弄清是非,加强团结,共同对敌。广播并将今日《人民日报》社论《全世界无产阶级者联合起来反对我们共同的敌人》,几一小时之久。正好今天学习政治,早餐后即往人民大会堂河北厅学习。今天约请经济研究所所长孙冶方讲经济问题(江苏人,年青时在苏联读书)(今天郭老方自游历山东沿海、浙江舟山和福建厦门等地一个月后回来,也到了会)。张副院长主持。孙首先谈八中全会关于农业方〔面〕巩固农业集体经济。第一步要实现集体化,在此基础才实现机械化与电气化。这一点并非新的。毛主席在'53年已经指出此根路线,而且估计要完成技术改革要四五个五年计划。现在集体〔化〕初步完成,要迅速地完成机械化,要实事求是,有重点有计划,因地制宜这样做。斯大林在列宁死后主张先要技术化,结果使富农得到发展,以后才改正。修正主义者强调物质基础,也主张先技术化。决议第二点,肯定统一国民经济基础要以农业为出发点,定农、轻(工业)、重的次序,马克思《资本论》各章均如此主张。第三点,明确工业发展方向转支援农业的轨道上来。苏联向以钢为纲是错误的,到目前农业没有过关。(4)具体分析问题,美国Iowa一个农民看了苏联农业落后情况后说,问题在于投资不当,化肥太少。(5)生产关系方面问题,过于高指标、高征收是错误的。(6)城乡教育问题。以上六点是十二点中最〔重〕要的。其次孙谈公报中商业部门,旨在发展生产保证供给。商业是工和农业的桥梁,可以妨碍,也可以促进工农业。49—50年解〔放〕后,短时间内做出市场商业上重大成绩。大跃进时有错误。高指标征收以后,农民以生产无利竞搞自留地,城市供应成问题,所以关键在于价格问题,价格太低就伤农,不能货畅其流,农民有了东西不肯出卖。次则供应先供城市也犯了错误,应该先供给乡村,得到农民愿售的货物以后才供应城市。以物换物引起投机倒把,所以行集市贸易市价即下降甚快。供应工作现有三个渠道,国营商业、供销合作社与集市贸易,这是第三。(4)要以国营为主,其余二者为辅,合作社管好集市贸易(不是自由市场),要恢复货币贸易。

12月16日　星期日　晴，Ci 4，-6.6°，SW，风力1级，763 mm。

晨七点的起。九点至工人体育馆游泳。礼拜公开开放，所以人较多。我游200公尺即出，来回一小时而已。为《徐光启论文集》（诞生四百周纪念）要作序言，阅了五篇文章以后就要着手作序。重新翻阅1933年出版的《增订徐文定公集》和我为《申报月刊》（三卷三期）所作《近代科学先驱徐光启》文。晚间修改了《申报月刊》文，这样就预备着手起稿了。

12月17日　星期一　晨昙，CiSt 4，-3°，凪，762 mm。

晨七点起。听广播新闻。九点赵社长来，为十九日开会（第一次出版编译委员会）时用的报告，约四五千字，我即阅改一过。十点半至院，并将报告稿交与赵仲池社长。十二点回。下午继续作（今天晨开始着笔）《纪念徐光启四百周诞生纪念论文集》序。由中国科学史研究室搜集得万国鼎、石声汉、梁家勉三人所作关于《农政全书》的三篇文字，和研究室同人薄树人对于光启天文工作、梅荣照对于他的数学工作文章共五篇文字，约七八万字的一本小册子。我重新阅读《增订徐文定公全集》（1933年出版）和《农政全书》的一部分，即着手写稿。今日完成约二千字之谱。十点半睡。

12月18日　星期二　晨昙，Ci 2，W慢，风力1，-4.4°，758 mm。

晨七点起。八点半去中关村。九点和段月薇谈。她是浙大地理毕业。我交她Lamb and Johnson著的*Climatic Variation and* 〔*observed changes in the*〕*General Circulation*阅读，她对于第一部分尚未读完，她还是解放以前毕业的，可知一般大学毕业生外文之程度。和宛敏渭〔谈〕，他已经把莫斯科自然历中的动植物名词请教了秦仁昌、郑作新和蔡邦华加以校正。我要他觅从前我作的小品文《说云》，不知登在何处，因集中需用所以要他查。十一点回。

至人大常委办公楼开常务委员会第76次会议，关于召开二届全国人民代表大会第四次会议和延期举行三届全国人民代表大会代表选举的问题（应在今年举行），决定二届第四次会议延至1963年第二季度遴选，三届全国代表〔大会〕延至63年下半年举行。次姬鹏飞报告了和越南民主共和〔国〕《通商航海条约》，并谈到今年十月九日独立的乌干达建立外交关系问题。乌干达在赤道非洲，人口六百七十万人，其中印度人七万、欧洲人一万多，七十年来属于英国；主要产棉花、咖啡，海拔一千公尺，有非洲最大的湖，即维多利亚湖；天气不太热，现成英国联邦之一；年产咖啡十万T，棉廿万T。所以，我们今年和非洲Algeria、Uganda、Burundi、

Rwanda四国发生外交关系。非洲五十九国,已独立33国,与我建立外交关系者十国,除上述者外,尚有Somalia、加纳、几内亚、摩洛哥、阿联、苏丹等六国云。通过越南民主共和国《通商航海条约》。

今日周总理做了约四十分钟简单报告国内问题。今年大会时所报告十项任务统已进行,相当顺利。今年粮食比去年可多200亿斤,烟、油也增加,惟棉花恐不能增,因江苏飑灾,河北、湖北尚好。职工今年减少九百万,连去年共减二千万人。城乡供应已改进,对外贸易也好。台湾海峡安定。中印边界问题,印度虽在叫嚣,但要组二百万人军队非二三年不可,连美国都不信能成。这次打溃印度兵二万人,士气涣散,印度士兵与军官语言不同,我们在瓦弄德让宗所得美国军火统原封还印度。俘虏尚有二千多,未宣布。

12月19日 星期三 晨晴,风力1—2级,NNE,756 mm。

开第五次院出版编译委员会。

晨六点三刻起。八点半和沈文雄至人民大会堂河北厅,开五次院出版编译委员会。按该委会成立于1954年,以编译局为基础。1956成立科学出版社,裁编译局,六月开第一次会议,陶副院长主持,郭老出席讲了话。九月开第二次,57年开第三次。嗣后委员会又管理了情报所、图书馆等工作,设立办事机构,达五十人编制。59年开第四次会议后,迄今三年半未开,办公室编制被取消,情报所归科委领导,图书馆、科学史室均独立,一时委员会也有取消之势,到最近才由院中决定成立,并通过新任委员。今天到者杨钟健、周太玄、王竹溪、王葆仁、尹赞勋、竺可桢、张素诚、赵飞克、赵仲池、赵忠尧、范新三、唐有祺、黄继武、郭永怀、郭佩珊、汤佩松、程茂兰、童第周、杨肇燫委员十九人。吴副院长特约请到会。列席者尚有出版社的组主任等。下午又到黄汲清与胡愈之两委员。议程三项,科学出版社主要情况和今后工作意见报告、63年出版计划、编译出版委员会简则。开会后我作了历史性叙述,赵仲池也作报告几〔一〕小时,开始讨论。吴副院长提学报、期刊问题,以为重视不够。童第周谈生物影印资本主义刊物太少,Cell印了一期又停。黄继武谈期刊,现已出53种,33种是社印,尚要恢复24种,对外交换有40种,近又批准22种云。王竹溪认为编译委员会和出版社的关系不够清楚。

十二点在"新疆"中餐(@300)。餐后二点继续开会。郭永怀谈有若干内部刊物应有地方可以出版,如风洞问题,订名词可以通过学会,纤维卡片应用很大。王葆仁谈学报缺编制,可向学会借用,63年的学报应增加数量。赵飞克认为以后十年只出三千五百种书,嫌太少。张素诚报告59年以来数学报稿来源大为增加,主张召集学报编辑开会,不赞成《中国科学》出短消息,怕不成熟。出版社应该:(1)规划如何改进印刷,汤佩松以〔为〕出版物应能反映国家科学水平,期刊要搞好;

(2)尽大力量来供给世界情况,使人不致掉队;(3)出版物提高水平。童主任提校对时必须把原稿送还,图亦然。唐有祺认为出版是服务工作,但能起推动作用。黄汲清主张建立名词编译机构,《地质学报》印七千份不够。胡愈之谈科技出版,50年以来共出45,600种书,出版社占6%,体制和领导问题,希望能出百科全书等等。六点散。

12月20日　星期四　晨晴-3.4°,763 mm。

原定12月20日院开党组会议,又改至1963年的一月五日开。今日上午九点,在国务院办公室开在京水土保持委员会,谭震林副总理出席。晚和允敏至钱乙藜家。

晨七点起,廿分钟太极拳后早餐。九点前和吴副院长一谈,关于科学出版社计划事。九点至国务院办公室。由农业部部长廖鲁言召集了水土保持委员会,到何基沣、惠中权、关文启、王化云以及专家张心一、孙渠、林镕、方正三等等。何基沣作一报告,说中央很关怀此工作。今年二月间公布以后,开矿、筑路须注意水土保持。四月发布加强水土保持工作到各省,六月十四又发布开公路又〔要〕注意水土保持,六月十九又发布人民公社开山要注意水土保持。山东、两湖、浙江等省已成立水土保持委员会。若干地区做水土保持已见效果,如宁夏盐池原是干旱区,畜牧从十万头加至七十万头?。榆林三边东到西三边造林,风沙已制止,三料已解决,农业也好。三圣公河水灌溉到处生树。广东电白用草皮(营养砖)盖地种木麻黄后完全绿化,但湖南开十万亩荒山毁坏了二十万亩山下地。陕北大量开荒出毛病。三门峡去年来泥十五万T,今年估计九万T,有三万T入库,现库中已达25万T而到334 m,只有94亿T库容而已。存在四个问题:(1)加强领导,省人委应加紧管理,不能完全由水利局管,要组织委员会。(2)问题在于开荒和放牧。(3)要出成果。山西李顺达(羊井沟?)和阳泉大泉山高进财的经验统是大众的,如何推广。引洪漫地是八里河的经验。(4)加强宣传教育云云。次讨论关于作好水土保持工作的几项规定草案,包括坡地开荒要注意水土保持。最后黄河中游十万平方里水土流失重点区治理规划。62年以前已治理好一万四千平方公里,希望20—25年能根本治理好全部七万一千平方公里严重水土流失区。治理措施包括培地埂、修梯田、水簸箕、捻窝地、修淤地等,以种草造林,石山区封山造林。最后谭副总理说,如一年搞四千 km^2,七年可搞五万亩,主要靠群众,但要派一万四千名专业水土保持干部,每人十平方。但要和群众结合造林,专业干部一万人,吸收城中年轻人,淤地种〔　〕生产,然后做水土保持。种树不种草,水土保持做不好,云云。

在办公厅中膳。下午至院,听陈道明、张主任报告呼和浩特治沙队情况。五点在政协礼堂晚膳。

12月21日　星期五　晨晴,风力1, NNE,-4°, 760 mm。

晨七点起,做太极拳廿分钟。九点至院。今日党组召集会议讨论参观各所问题。我于九点半到图书馆。交顾家杰馆长购珠穆朗玛 Mt. Everest Region 的图,皇家地理学会出版等单子。见英国 *Nation* Nov. 3, '62上 K. M. Pannikar 关于中印边界文,其中多曲解之〔处〕。这期的 *Nation* 也登了 Linus Pauling 反对 Kennedy 对古巴的封锁电。

十点半至出版社,和周、赵、郭三社长谈前天会议的收获。十二点回。下午阅《大众科学》寄来《物候学》稿。六点至工人游泳池游泳。

12月22日　星期六　晨昙, Ci CiCu 1,凪,晨-4.6°, 752 mm,晨大雾。

晨七点起。八点半至院。九点开院务常委。严慕光报告电工所已筹备四年,现有200多人,三个副研究员,并已做出若干成绩,应予以成立。决议通过成立电工所。次杜秘书长报告了明年度要以"充实内容、提高质量"作为院的主要任务,各学部要审查所属各所的"三定",时间在第一季度,并开所务会议和学术会议。年底党组参观各所实验室。次茅以升报告在哈尔滨所开的抗震工程会议,对于检阅成果、解决问题、取得成绩,分为水工(广东新丰江地震)、工用和民用建筑三组进行,有八十篇论文。以后要注意强地震观,解决地震烈度和抗震理论试验等问题。第三个项目改组治沙所和第四项英国皇家学会报告事,今日不讨论。第五项成立院的政策研究(局),通过。唐若愚报告有若干所成立的学术委员会。下午至地理所与吕炯谈农业气象,与气候组内部人员如段月薇等工作事。五点半,和彬彬、松松同回。晚至政协看影戏,墨西哥电影片《勇敢的胡安娜》。

12月23日　星期日　晨雾, CiSt 1,-0.6°,风力1, W, 750 mm。

上午孙诗圃来,贾祖璋、叶耀芳来。发国内外贺年片30张。

晨七点起。上午九点至工人体育馆游泳。十点回。北京科技出版社贾祖璋(海宁人)和叶君耀芳(♀)来谈,为出版《物候学》知识丛书事,已把原稿经两次审阅,提了若干条意见,可见科技社对于此书校阅是非常认真的。据云《物候学》大概出万本或五千本。我希望能多出,因为外埠常买不到通俗科学的书。未几上海中国茶叶出口公司(滇池路74号)孙诗圃和他儿子孙碚(北京地〔质〕学院62612班)来。当我接到孙从他寓所(孙家住新永安路63弄三号)写信给我时,我已忘其人的履历,谈后始〔知〕是在1947年杭州浙大于子三案件发生时他是杭州监狱长。于子三死于军统竺鸣涛之手,是在军统监狱。因当时浙大力争要竺鸣涛把于和同时被捕的黄新民、郦伯瑾送法院,但未获成功。于死后始将黄(现在广州)、郦(在宁波)送法院监狱,即孙所管。当时他虽非党员,但与党有联系,因他是商务学徒出身,一向和陈云(进商务比陈副总迟二年)副总理有旧,所以暗中要他照顾狱中进步人士云。他说陈副总理有极严重的心脏病,59年几于不能步履,近能走百步内外,曾以游泳、写字和拍照为消遣,迄今仍在南方云云。

午后二点,和允敏、彬彬、松松赴二七剧团看中央歌剧舞剧院演出《扬子江风暴》。叙述1932年"1·28"抗日斗争码头工人罢工、特务屠杀人民事,是聂耳生平所编唯一的歌剧,并歌唱冼星海所作歌词。计有女高音邹德华,男高音楼乾贵,女高音方晓天,男中音李维渤。四点多回。

12月24日 星期一 晨阴,St 10,-2°,风NNE,力1,755 mm。上午低雾,下毛毛雨。

晨丁院长颖、金院长善宝来。听外交部姬鹏飞报告"中蒙边界"。下午参观计算所和物理所。

晨七点起。上午八点半到院。把徐光启纪念稿交与沈秘书缮写。九点,农业科学院正、副院长丁颖和金善宝来。我知为谈农业气候事,所以事先约了吕炯。据丁院长谈,农业科学院决设立农业气象研究所,苦无高级人员,希望吕炯往一半时间,不兼行政。我事先与蔚光谈过,知他已主持地理所气候组,所以每周只能去一天。

十点至人民大会堂,听外交部姬鹏飞报告"中蒙边界"。两国长4400 km,除极〔北〕的250 km蒙已与伪满于1939年订界外,余均未曾划界。1945年蒙古独立,中国承认。中苏曾换文,说明以现在边界为边界,但既不划界又无地图,也没勘测,此事拖至如今。现中蒙两方地图不符,相差甚大。我们依照申报馆图,外蒙依照苏联图,相差竟至十七万 km^2。如照那时内政部方舆司傅角今图,则差十九万平方公里。1957年蒙方提出要订界,我方答应,同时勘察了实际控制线。58年蒙方所提界线与我方既差十七万平方公里,重勘结果大大缩小,只差一万六千 km^2。经十、十一月到如今不到两个月,会谈结果甚为满意。两方互让,在争执的一万六千 km^2 中,我方得1/3,蒙得2/3,但我方多得矿区(金矿和铬矿),而蒙方多得草地,泽登巴尔明日可到,预期可签字。

下午二点至计算所,和第四组同参观,由金所长先作说明。云计算所现有九百余人,工厂在外。已有二个屋,其中一座将为计算中心。首参观了104,系依照苏CMS2号做,每秒可计算一万次到七千。六十年已执行任务,有四千个电子管。此外一台119,系自己设计、装配全部,自己从五九年起花两年装,已能工作,但尚不稳定,每秒可计五万次,有六千个电子管。在此遇到了刚刚。三点半至物理所(共有十个室），参观了固体发光、高压和红外线。固体发光用 $ZnSO_4$ 或其他硫化物，高压可至五万—四万大气压，做人造水晶一千大气压即行。在计算所也看了黄昆〔?〕实验室。在做小型的二极管，要用硅到八个 9，可以代替大的插件，据云要过关需 8—10 年。六点和尹主任同回。

晚七点，至文化部看苏联电影«Люди И Звери»《人与兽》。上、下两集，谈一个苏联〔人〕被俘至资本主义国家的生活，十七年后回到苏联。

12 月 25 日　星期二　晨晴 -3°，风力一，753 mm。下午房中不生火 57°F，五点+2°，755 mm。

上午参观中关村化学所和自动化所。

晨七点起。八点十分，和尹赞勋同车去中关村参观化学所和自动化所。先看化学所。先做了一个说明，知化学所 56 年成立后一度达一千多人，现有六百多人，八个室，五个组，即物理化学、分析化学、有机化学和无机化学以及高分子四个室，所以共八个室。其中以高分子比较突出，因工作于 1953 即开始，钱人元主持这工作也有成绩。看了红外光谱、光散射仪定高分子结构工作。〔旁记：超速离心器每分六万五千转，X 光衍射仪。〕其中红外仪器系 Jena 制。看了稳定性硼同位素工作，仪器系苏联的，顺磁共振是自己新装的，可提升至二万大气压的高压器。也看了质谱仪在做硼同位素，系自制。在色谱实验〔室〕见了彬彬，这是第二室分析化学工作。看了后，觉高倍电子显微镜如日本所制能达 8—10 Ängstrom，甚为需要，因其能照出原物微体的照片。顺磁共振精密程度不及长春应化所，惟应用较方便，花两年功夫方装好云。

十点半至自动化所，由吕强副所长陪同参观并作解释。九个室，看了远距离控制和模拟部分。先看展览会所展览的火箭，系一低高火箭，可达六〈千〉〔万〕米，重 25 公斤〔?〕，推动力一吨。所以我们的火箭技术是落后的，日本火箭早已到 100 公里以上，而推动力，苏联第一、二“东方号”已有八十万 lbs 推动，即四百 T，而三、四号的推动力必更大。而美国的 Atlas 则有 180 T，65 年可以有，土星可有三千五百 T 的推动力矣。十二点廿分回。

下午三点，与宛敏渭谈《物候学》稿的问题。晚 6^h00 周总理宴请蒙古人民共和国部长会议主席尤睦佳 · 泽登巴尔。席间周总理讲了话，欢迎泽登巴尔并道中蒙亲善，未提反修正主义，但是提到反帝反美。泽登巴尔致答辞，也致意于中蒙亲善，但提到和平共处与苏联为此的努力。八点三刻散。

12 月 26 日　星期三　晨晴，CiCu 1，风 S，1，-3.2°，756 mm。

上午晤陈述彭、侯学煜。下午至中关村仪器厂。理发。

晨七点起。八点半至院。和地理所陈述彭谈《国家地图集》事。《自然地图集》1960年开始由地理所负责,原定二年完成,这是当时大跃进时的气概,但实际不够落实。现定于63年冬可以定稿,65或64年可以出版。图中有植被、土壤等三幅尚未定稿。同时测绘局白敏局长主张把普通地理图用一百五十万分一为主,但实际我们材料还不能配合这样大的图,所以陈一直主张用二百五十万分一,用后者可以避免重复,如甘肃、青海即可合为一图。而白主观要150万分一,但另一局长陈局长则要二百五十万分一,且要延期到1972年出版,则未免过迟云云。和侯学煜谈这次在广西开会,谈桂林NW 60 km华坪地方成立自然保护区,有地4000公顷,因该处烧山的习惯极为普遍云。

下午至中关村仪器厂,由向鹏举工程师作了说明。据云,现有工人500多人,去年最多时曾达一千人左右。见到自制质谱仪,对于不稳定和稳定同位素统可应用,据云系依照化学所苏联仪器制。次参观了物理、力学、化学、地球物理、地质等等工厂的出品,和上海、东北、兰州各分院所的出品。长春应化所和上海化学所统制有顺磁共振仪,上海有机化学所制的杀虫有机砷锡化合物、401棉虫和马铃薯的害虫药等。一共有9个室陈列,使人看了头昏脑胀,因为布置既无顺序,时间又如此局促,而我记性又坏,看了后面忘了前面。在楼第八室为远距离操纵,如陀螺和离子放大器等,真如刘姥姥进大观园,所得不多。解释者也无时间详细申述,完成任务为目的。我认为这样看展览益处不大,应该把时间延长或择要参观,每半天只看一个所,看得要精彩些,不是什么统看。六点回。

晚间把纪念徐光启论文集的五篇论文的意见写成一函复李俨,但因李进医院,所以交与钱琢如和严敦杰。并把沈文雄所抄写的我的序言复勘一下。十一点睡。

12月27日　星期四　晨晴,N,风力1,-5°,756 mm。

上午至北京医院。下午至中关村生物楼参观了地理所和动物所。《国风》半月刊中我所写的文,六期尚有我著《国际云图节略序》。

晨六点半起,做太极拳20′。八点半至北京医院,看林大夫,皮肤科医生。据云,我们虽能自制灰黄素,但因要酒精作原料,嫌贵。改原料,所做的药效果不好。他给我英国制的60粒Seofulvin。次看内科年轻刘大夫,量血压为66—100 mm,我要了Vitamin B_6和C。至图书馆借1932年《国风》,其中第十期《说云》一文,约二千五百至三千字左右。第五期有《天时对于战争之影响》一文,约3600字。经常投稿者有张钰哲、缪凤林、倪尚达、张其昀、范存忠、柳翼谋、徐近之等,间有投稿者王焕镳、翁文灏、马一浮、张江树、胡先骕等。我在十期也有三篇稿。第一期于1932年九月出版,第十期1932年十二月十六出版云。次至出版社和周秘书谈,并将辞海编辑所杭苇来函要出版社对名词提意见。又至科学史所,把所作纪念徐光启400周诞生论文集序言交与钱琢如。十二点回。

下午二点,至地理所和动物〔所〕参观实验室。地理所参观了制图室,由陈述彭作了说明。分为航测制图、普通地图集和自然地图集三部门。据现在状况,航测制图比测量制图快二倍。自然地图集参加单位有40多个,其中一半是在院内。次参观了工厂。回至生物大楼后参观了动物所。据云,动物所现有470人,副研以上23人,分为九个〔室〕,今天参观昆虫生理、昆虫生态和发展生理三个室。昆虫生理由钦俊德做了说明,重点是蝗虫和粘虫。蝗虫的生活史已搞清楚,所以治理有了办法。据云,蝗虫无论南、北均不能活到一周年,蝗虫对于食物确是选择很强,对于棉花、红〔薯〕兴趣不大。治蝗首要在于开垦荒地,这几点统和徐光启《治蝗疏》中所说一样。次至生态室,由马世骏作了解释,据云对于粘虫的生态尚不够了解。次至发展生理研究室,张致一以刺激素来试验对田鸡等卵子等影响。据云实验室条件甚有问题,常温不够,无煤气,而且甚至水源供应不上云。五点半启程回,和廖冰同回。晚蒙古大使宴会未往。

12月28日　星期五　晨阴, St 10, +0.6°, 757 mm。下午阴, 758 mm。

上午参观电子所、力学所。

晨六点半起, 20分钟太极拳。八点乘2361车,由赵锡华开车赴中关村电子所,参观实验〔室〕。该所有18个室,我们参观了第一室Radar、第二室(电子放大器)、六室及九室马大猷声学。在第一室看了Radar波的集中,如何除去噪声等工作。二室看到红宝石发光与高频(8 mm毫米波导管)。九室则是声的回声如何减免、测定等问题,用99%能反射声波的磁砖墙,也有用空中没有回声设备的试验吸声回声,均以木丝或穿有小孔的导板等。次至力学所,该所有13个室,我们只看了第十一室的风洞。用高压空气(八个大气压)的风洞,可以测至二倍声波的超声波机。也有用激波的风洞,用等离子体发电弧到八九千度的温度,以发生激波。在小的风洞中可得五倍声速(每小时六千公里左右)之试验。在高压风洞里并看到以照相照出尖头的冲击波照片。

次至颐和园附近(西苑)的581工厂的火箭三个,一个曾达16公里高空,另一个在61年年底则达58公里高空以测气压与温度,推动力一吨(2000磅)。初出速度每秒约1000米,二次仪器均收回,有损坏但可修理。据云用液体燃料每次发射需二万元,仪器本身约7000元在外。火箭全重41 kg,而仪器可二十公斤。现已重新计划,可把总重量减至卅公斤云。因时间关系未及看实验室。房屋狭窄要重建。

12月29日　星期六　晨昙，CiSt 7，-3°，风力3—4，764 mm。下午四点风力5—6级，WNW，-4.6°，763 mm。

晨七点半起。八点三刻至院。九点，召集院中海涂、湖滨、草地、山地、治沙和盐碱六组在京同志开会提意见，到黄秉维、谢鑫鹤、方正三、谷德振、姜恕、林镕、侯学煜、吕炯、李秉枢、寿振黄、陈道明和我十二人。围绕着水土保持发言。大家认为水土保持是一种综合工作，应该生物措施和工程措施并重，而且面的工作比较线和点更应注意。农业应与林、水方面配合来做工作。过去对于农业措施注意太少。研究工作注意不够，基本数字不可靠，不能希望短期内就做好工作，应训练人才和作普及教育。最后提议水土保持组加邓静中（草地组），加姜恕（海涂组），去掉李秉枢和吕炯。六组院中同人如下（湖海合为一组）：

	湖海（萧克）	山地（竺可桢）	草地（马溶之）	盐碱（张含英）	治沙（黄秉维）
京中	吕炯、李秉枢	竺可桢（召集人）、方正三、林镕	郭敬辉、侯学煜、寿振黄	谷德振	侯学煜、赵松乔、陈道明、黄秉维
京外	伍献文、曾呈奎、施成熙	虞宏正、张耕野、李庆逵、朱显谟、朱济凡	马溶之（召集人）		

讨论时据方正三云，美国水土保持成立于1933年，当时由前金陵大学的Lowdermilk的提倡而推广，因美国用机耕，所以大部分注意力集中在4°—9°的坡度上，美国大学均有水土保持课程。苏联对于水土保持重视不够，农学院也不设课。中国解放后依照苏联是错误的。美国的Thornswaite以研究蒸发出名，乃是水土保持局气象组组长。美国花在水土保持工作54年一亿四千万元，56年一亿七千万元。49州中有45州有水土保持局。赵松乔说我们对于基本数字没有弄清，如"何谓草地?"十二点散。

下午三点至北皇城根76号中直招待所，晤孙诗圃不值。出。至北京医院111号病房晤李俨。他患心脏病于二星期前来院，来时脉搏每分钟120，几不能语言，现已日渐平复，脉搏降至80，又以屋中水汀未装，要忽冷忽热不敢回去，将在院过年云。晚上海工人来寓修水汀，过去室中炉片大半不热，今日始查明系未接水箱之故。

12月30日　星期日　晨晴-8.8°，南风，风力1，762 mm。

晨七点起，廿分钟的太极拳。八点半到院。阅计划局交来的《科学奖金条例》和《发明条例》，由张兴富同志交我阅。我提了几点意见，以为1956年发奖金，学部花了不少时间，而所得结果反而引起许多纠纷，所以两年一次嫌多，而苏联、德国每年发奖，又比我们更频。究竟每年发或三四年一发值得考虑。此外奖金分三种，第三级奖只二千元，不如不要，年青人可以用升级办法。《发明条例》，没有经验不能提意见。次新技术局陆绥观来谈关于星际航行讲演事。我认为目前讲演不合大家需要，认为应更大众化，而观众范围应扩大，同时提高方面，应由有关所长、专家聚首一谈。中午和张副院长，杜、谢秘书长，章亮基等在院膳厅与大家中膳。一点回。下午作拜年片与谢景荪老师、郭应章、黄炳坤、董丽芬夫妇、傅承义、杨若宪夫妇、徐家汇李珩（晓舫）等。五点至中直招待所约孙诗圃晚膳。至政协膳厅，允敏和彬彬同往。今晚人特多，待一小时。

12月31日　星期一

今日补假一天。

晨七点起，20分钟太极拳。阅郭沫若老所著近作《郑成功》电影文学剧本。《郑成功》约十六万字，全书共九章，从1657年永历十一年郑成功在鼓浪屿发起进攻南京起，至永历十五年1662收复台湾止。他于1662年即因病去世，所以离他去世时已很近了。我对于郑成功一无所知，所以查了刘献廷的《广阳杂记》。刘对郑成功有很高估价，认为是文信国之上。中午松松约了科技大学四个同学在家中膳。下午阿六来。晚和允敏、彬彬、松松等至天桥剧场听音乐。十点回。

〔剪报〕

今年紀念的世界文化名人

新华社訊　苏联、中国和許多其他国家正紛紛通过各种形式紀念世界文化名人、伟大的俄国民主主义革命家、作家亚历山大·伊凡諾維奇·赫尔岑（一八一二—一八七〇）誕生一百五十周年。紀念赫尔岑的决定是世界和平理事会主席团一九六一年十二月十五日在斯德哥尔摩会議上作出的。

在同一次会上提出的在一九六二年紀念的世界文化名人还有：

查理斯·狄更斯（一八一二—一八七〇）英国作家，誕生一百五十周年。

欧·亨利（威廉·悉尼·波特尔）（一八六二—一九一〇）美国作家，誕生一百周年。

布萊斯·帕斯卡尔（一六二三—一六六二）法国数学家、物理学家、哲学家，逝世三百周年。

約·雅·卢梭（一七一二—一七七八）法国哲学家、作家，誕生二百五十周年。

杜甫（七一二—七七〇）中国唐代現实主义詩人，誕生一千二百五十周年。

維韦卡南达（一八六二——逝世时間不詳）印度哲学家、社会改革者，誕生一百周年。

洛貝·德·維加（一五六二—一六三五）西班牙剧作家，誕生四百周年。

〔本年事要〕

1/5日、20日　周总理在新年宴会讲话。
1/6　到科技大学讲“中印边界问题”。
1/9　规划科学小组。
1/16　参观石景山钢厂。
1/17　参观光学仪器厂。
1/18　参观电子管厂。
1/19　到综考会,要黄自立、张有实、李文彦等报告经济、农牧、水文、矿物四室情况。
1/21　中苏科学合作计划。
1/22　远景规划。
1/23　阿坝州泥炭报告。
1/25　地理规划小组会。
1/26　综考会做论文答辩。
1/27　院精简机构。
1/28　婉芳、祥清先后到京。
1/30　IQSY。
1/31　地学小组会。

2/3　苏联化学肥料。
2/4　除夕。
2/6　长望病重。
2/7　看李仲揆。
2/8　卫星 Tiros。
2/11　北京出发去广州。
2/13日　从北京到广州。
2/14　看陈寅恪、姜立夫,同行刘力秘书。
2/15　广州物候。
2/16　规划会议开幕。
2/19　元宵节吃狗肉。
2/21　晚至迎宾馆。
2/22　浙大到广州人数。
2/25　知钟心煊去世。

3/1　为苏、陈做寿。
3/2　周总理报告。
3/4　至从化。
3/5　陈副总理报告。
3/7　谈自然保护区。
3/8　我国游离层工作。
3/9　新丰江电站。
3/11　至虎门、黄埔。
3/12　科学规划会闭幕。
3/14　回北京。
3/19　新丰江地震。

6/4　批准成为预备党员。

8/7　地学部学部会议。

9/17　气象所工作。
9/22　皇家代表团到北京。
9/20，11/5，11/25、27、28　气候变迁。

10/17　周总理报告八届十中全会。
10/19　长白山植物分布。
10/20　印度军在西藏边界向我开火。
10/21　顾济之来。尤雅娱之姊来。
10/22、26　讨论治沙队改组。
10/26　看虞振镛在医院。

11/3　秋季第一次政治学习。送 Du Bois 回美国。
11/9　支援农业各所题目。
11/11　印度消灭那加人。
11/14　地磁电离所 Пушков。
11/19　龚奇儿入地球所。
11/21　在中印边界上，我军从印境自动撤退。
11/22　英科学家对于我院意见。
11/24—26　周总理报告中印边界问题。

11/28　庆祝阿尔巴尼亚独立50周纪念,周总理出席。
11/30　四川阿坝州垂直带分布。

12/1　南京地理所处理问题。政治学习。
12/2　新疆综合考察。
12/4　化工部在人大报告。
12/5　青海盐湖考察。
12/6　农业六方面开发。
12/7　化工部报告之二。
12/6—7　解翼生至我家。
12/11　外贸部报告。
12/14　谭、聂二副总理召集支援农业会议。
12/17　《纪念徐光启论文集》。
12/18　周总理在人大常委做十项任务报告。
12/19　第五次院出版编辑委员会。
12/20　开水土保持委员会。
12/21　中印边界。
12/23　孙诗圃、贾祖璋来。
12/24　中蒙边界。
12/29　院中开农业支援会议。

竺可桢日记

1963年

本年常住地为北京

常用温标为摄氏

1月1日　星期二　晨晴-3°,风力三四级,风向N。晚752 mm。

今午到老人会,前东大教授有熊迪之、陈鹤琴、廖茂如、邹秉文、秉志、钱崇澍和我,共九人。今午在宴会时遇到萧山人徐行之、王若真夫妇(国务院参事)。

晨七点起,作太极拳20′钟。八点张宝堃夫妇来,约明晨在地理所谈工作。八点四十分至人大礼堂东大厅,科学院领导同志团拜,到郭院长、李仲揆、张劲夫、吴有训、裴丽生副院长和钱三强、谢鑫鹤、秦力生副秘书长、杜润生秘书长以及各学部主任严、童、尹、潘和各所在京所长、副所长,办公厅、计划局、新技术局、图书馆、编译局、综考会等负责同志三百多人同爱人及年幼子女。在张副院长首先致词,郭院长向全体同〔志〕致贺以后,李仲揆、正之、丽生和我也简单地说了几句话,接着就请海军文工团演文艺节目,有河北山东少年歌舞、彝族酒杯舞、安徽抢扇双人舞、高音独唱(男和女)、箫管弦音乐独奏等节目,十一点散。

十二点至政协礼堂三楼。今日政协常〔委〕会请人大、政协和国务院参事室,约请在京七十岁以上老人。我坐第三十二桌,并带允敏同往,与连贯、周叔弢、刘仙洲及潘梓老夫妇一起。席间周总理讲了话,说今天共到七十以上老人218人,其中在80以上者45人,九十岁以上者三人,即朱启钤(93)、张难先(92)和沈钧儒(90),说五年以前政协礼堂曾请六十以上老人,那时周总理才六十,今年依徐冰秘书长提议,提高十年请七十以上老人,所以周总理就只能以主人资格参加,希望以后仍能更提高到八十岁、九十岁、一百岁,希望大家为争取活到100岁而努力云云。沈衡老今年今天值生日,所以也参加并说了几句话,即散。二点回。汪容、姚杏仙来,约杏仙等在寓晚膳。

晚六点半,和林宝骆夫妇、彬彬、沈文雄至北京体育馆游泳。

接万寿山林研所陈嵘同志函,知竹简问题已交南京林学院熊文愈教授答复。

1月2日　星期三　晨晴-10.6°,北风,风力3—4级,750 mm。下午至晚风。

下午在西郊万寿路十号国务院农林办公室二楼开支援农业六组会议。

晨七点起,做太极拳20′。八点半和沈秘书文雄至中关村地理所,先与宛敏渭谈《物候学》文的改进,和吕炯谈农业气象,与张宝堃谈气候区域与四季划分的工作。十一点半回院。十二点回寓。

下午三点至复兴门外万寿路十号国务院农林办公室二楼会议室,开围垦湖滨、围垦海涂、草原利用、盐碱化防治、治沙、山地利用和水土保持六个专题五个小组

(海与湖合为一组)组长会议,到者有科委范长江、田野同志,农办陶桓馥同志,山地利用组到组长、副组长何基沣、谢家泽,湖海组到肖克等,盐碱组到张含英等,治沙组到黄秉维等,草地组到蔡子泽等等。由各组先作了简单工作报告,盐碱组的规划已由水电部拟定一个初稿,水土保持由农业部拟定一个,于一月二十日左右开会讨论。盐碱因在郑州开了三天会议,所以已搜集了若干意见。关〔于〕围垦,据陶桓馥报告说,江西省曾有围鄱阳湖垦地150万亩计划,即缩小计划也要开31万亩。经组织长办和其他科技人员就地考察认为,要垦150万亩,则将缩小湖面提高水位10 cm以上而减少水产,所以不行。即卅一万亩中也还要减少五万亩。治沙组已提出一个提纲,林业部十一个治沙站,东北只章古台一站,新疆有4个站,认为要做长〔远〕研究工作,任务不仅限于治沙。草地组说内蒙解放〔后〕牲畜口数已加到四倍,西部缺水,所以目前注意东蒙,至今科学研究力量太薄弱。陶桓馥认为今年二月七日开会以前要做好六组的规划,大致与科技相似。这规划要从生产的迫切问题着眼,所以领导由行政方面主持,但要以科学的调查研究为根据。范长江同志认为可分为两部写,各组如有已经成熟的经验,行之有效,可以作为建议提出,由行政方面酌量处理。其有待研究的课题作为研究题目提出讨论(一月二十日)云云。六点散。

晚寓中烧火炉的工人单君来询对炉子工作的意见。十点四十分睡。

新年接到贺年片未复的有植物所金鉴明、乃宜等。又上虞哨金莫家湾冯文星函未复。

1月3日　星期四　晨晴,FrSt 1, N, 风力1, NNW, 0°, 752 mm。下午四点+5.6°, 752 mm。

晨六点三刻起,做太极拳20′钟。上午作函与郭院长,对其所著的《郑成功》剧本提一点小意见,即第三章(五)郑成功从厦门率兵北上,攻克扬州、镇江极为顺利,但到南京时因为守城将梁某以投降相约,使时间差池,清兵云集,此时郑的总帅余新为清兵所获。照刘献廷《广阳杂记》,余新投降于清,而剧本则称,余虽软弱,受了同被捉将士影响,亦不屈而死,不知究竟孰是?

十点至院和图书馆。十一点至出版社。下午未外出。晚七点至北京饭店参加1963年党组扩大会议预备会议,遇董杰和长春应化所张君。七点半张副院长作了一小时的报告,说明这次会议主要问题是贯彻八中全会的精神,有两个内容,即1963年工作安排和知识分子的改造。

1月4日　星期五　晨晴,风力4—5级, N,+2.5°, ACu 2, 752 mm。

晨七点起,做廿分钟太极拳。上午九点半至院。今晨沈文雄秘书告假回上海家中度阴历年,吴院长秘书赵正甫来。赵,浙江海宁〔人〕,由物理所调来,唐秘书仍回物理所。贾德修、陆绶观(新技术局)来,谈明日与钱学森约谈宇宙航行事。下午作函与章定安,为七十岁以上老人元旦宴会事。士楷、霞姊和二嫂寄钱(＄50和＄20),士樵、黄章恺、Гриневичая寄月份牌等等。又六点至工人体育馆游泳池游泳。管池者除刘永外,尚有姓安的、姓王的和姓刁的。今日遇林宝骆。

1月5日　星期六　晨晴, FrSt 1,风力3—4级, N by E, -9°, 760 mm。晚762 mm,风力4—5级。

成立宇宙航行委员会。

晨七点起,廿分钟太极拳。八点半至院。九点约冷冰及孙鸿烈来谈西藏考察问题,说前年考察经去年一年整理,已写出五十七篇论文,其中动物16篇、地质18、植物23,约有共七八十万字,可能出几个集刊,也有一部在学报上发表。此外尚有路线报告87万字,开发利用方案五篇十五万字,均可于今年二季度完成。为中印边界问题,考虑到国家需要,今年有提早派一个小队约卅人和军委合作进西藏的需要云云。谈至十点出。又李文彦、王遵伋二人来谈综考会的十年远景规划,根据各方意见又作了全部修改,不日铅印交与全国科委会。我主张重要措施中列入建立沙漠研究所,下设地貌、土壤、气候、植被、水文等室。

下午三点在郭院长办公室约钱学森所长、裴副院长、秦秘书长及贾德修、陆绶观等〔谈〕宇宙航行的计划。先据钱学森报告说,在1958年大跃进时要想搞卫星和火箭,在上海设立机电研究所,当时大家热情很〔高〕,并约了不少青年同志,去年下马。目前人多星散,但在松江仍留有五六万方之多的建筑。可做三桩工作:一是气象和地球物理、火箭总设计;二是它的回收和降落等;三是将来设计。该所据聂副总理指示,归军事科学院五局管理,这样有所隶属。据计划今年预备十二枚T 7号火箭,可达六十公里高空,仍用液体燃料,有效载重为二十公斤,全重第一节40 kg。同时用五院设计的重火箭可载一吨的,用五院的固体燃料。裴副院长认为要建立一个委员会,任务是取得高空科学数据,提出什么科学数据应探测,设计仪器和取得数据后的整理等三个项目。最后拟指定裴丽生、钱学森、秦力生、竺可桢、赵九章、贝时璋、郭永怀、陆元九、谷羽、卫一清等十一人为委员,报告党组,另开座谈会讨论各方有关问题。高级科普演讲照常进行。五点多散。

1月6日　星期日　晨晴,风NNW,风力5级,-9°, 767 mm。

晨七点起。上午九点和彬彬、林宝骆至工人体育馆游泳。近来每次游泳能游400米,因人少之故,今日人较多,只游300米。工人体育馆管理人王、刁、安等人以余年逾七十而能游三四百米为稀。安是五十多岁的人,但现在已游不了100米云。但我游泳时每50 m要休息二三分钟,不然也得要仰泳休息,不能连续不息,因这将会给心脏以很大压力。

阅院中党组扩大会议的文件一、二两批,共发十九件,至晚才阅完。其中注意知识分子的思想和实验室的建立两个问题。知识分子中无论青年、老人,均有15%的进步、80%中等和5%左右的落伍人员。尤突出者如动物所留苏学生柳建昌有很多修正主义谬论,说原子时代不能背诵列宁学说,55年入党后59年曾骗取路费回国休假。有机所高级研究员梅斌夫认为说现代修正主义与我们认识不同,做法不一样,可以不反。药物所有二人去香港不回,有二人申请未准。助研陈恩鸿以为工、农、知识分子统不满,只要有点火就会闹事。助研沈美玲还赏识这类议论。有机所从美回国副研曾广植以为国际形势现在西风压倒东风,认为我们搞不过尼赫鲁,教半天书以增加收入等等。这5%以落后人员正待好好的教育。海洋所毛汉礼近来有了很大进步,要想坐下来做研究工作。对于国家任务,如有机所已完成了几项,如开辟元素有机化学这一新的领域,把二机部所交全氟润滑油的任务于二年时间内完成,可以正式使用。国防科委五院的陀螺油研究,一年内研究成功,进入扩大试验。此外还研究了硼氢推进剂配方制药、燃烧性能、爆速爆热的测定,磷有机萃取剂的工作,氟的有机化学,氟高分子化学如聚四氟乙烯等。其所以得发展,乃由分工,各有所专,放手发扬民主制订研究路线,技术设计方案由青老人员、党政、技术工艺、老工人密切配合的成就。黄耀曾副所长任国防任务,汪猷副所长负责支援农业云。下午至北京医院晤吴副院长(304病房,在检验身体),111号李俨老。

党组扩大会议〔文件〕。原料和仪器影响研究工作。1)原料:北京化学所7室要做高分子分子量测定标准化工作,因原料要有机玻璃单体,国内买不到,无法做。五室蒋丽金做硼磷无机高分子,要硼氢化钠,国内没有生产,进口太贵,每公斤一千元,只好自己合成。又如三氯化硼国内不做,需用三氯化铝合成。但因 $AlCl_3$ 杂质多,只得自己从铝和氯做起。有的原料如氮纯度99%,北京虽有生产,但只供合成纤维厂。2)仪器:化学所7室高分子聚集态的研究,钱人元1958年就想做,但缺乏高倍电子显微镜。有机化学所这几年有显著进步,特别是62年三年中试制出13种国防尖端材料,其中已经正式投入生产的有4种,正在扩大试验的三种,有实验室结果的五种,完成142〔个〕研究报告。和二机部五院,依照党的指示,拧成一股绳(支援农业也要如此办法方好)(应该多做工作,少作宣传),1)互相交底,2)彼此来往,3)定期开会,4)联合检查。如全氟润滑油的任务,两年间开了五次协作会议和学术会议。二机部技术交底清清楚楚,联系的处长经常往来于京沪道上云。

1月7日 星期一 晨晴，N，风力4—5级，-6°，768 mm。

北京各滑冰场今日才开放。

晨七点起，廿分钟太极拳。九点至院。十点至北京饭店阅读院党组扩大会议所发文件，今天又发了一批文件，院中给我一间房子(365号)，室内温度高至84°F，我虽开了窗关了热气管，而室内温度曾维持直至下午四点。中膳在北京饭店中膳厅，现到者约一百八十人，遇过兴先、朱济凡夫妇、董杰等。中膳后与朱济凡谈片刻，睡半小时。四点回至院。至北海公园一走，近两日温度较低，以为滑冰场可以滑冰了，但一进北海公园前门却见桥旁的冰尽融解，即北海中近岸处也融了一大片。在漪澜堂滑冰场，虽万事俱备只待开场，但冰间亦见水洞，且冰厚不到三寸，怕今冬滑冰无希望。

1月8日 星期二 晨晴，风NNE，力一级，-7.6°，763 mm。

晨七点起。晨九点至北京饭店，参加科学院党组扩大会议大会，张劲夫副院长作报告，谈四个问题：1)1963年度院的工作；2)如何谋科学研究中技术的改进；3)知识分子思想改造；4)关于党的领导和党的生活问题。院本部在八字方针中今年将注意充实提高，“三定”落实，以后进而要使设备和制度也和方针、任务、人员一样能定下来，主要是抓实验室和干部升等升级、检查成绩等制度。各种制度、规划要切实可行。实验室要切合实际需要，电子所声学实验是一个好例子，回声可延至18″，已是国际标准。实验室环境要清洁、安静、安全和绿化。二则要亲自动手，勤俭起家，如钱人元化学七室自制光栅仪，虽简朴而应用胜于英国货。三是要有一个技术系统，如制图设计以至于创造。四是要一个工场，做扩大试验、修理、做配件等。1963年将建立一个精密仪器装备厂，为各所服务，不得已才进口。目前电子显微镜和红外光谱尚是两个缺口。薪给方面要能提高，不限于研究人员而已，绘图、翻译人员技术好也可支高薪。研究题目应分两类，任务方面应占70%—90%，纯理论10%—30%。目前重要的是国防和农业过关，将由秦、谢二秘书长作发言。国防方面一年汇报四次，农业也将这样，不能单以论文做考绩。思想问题，杜秘书长将有报告。领导要以三结合的方法把民主集中制更进一步搞好。下午参加党小组讨论精减人员、升职升薪问题。今年院编制27 700人(北京)，但有裁去二千人尚未走，称“编外”。晚在政协〔礼堂〕，郭院〔长〕邀看成都川剧团作川剧《萝卜园》(杨淑英饰梁月英)和高腔《好逑传》，并约晚膳。

1月9日　星期三　晨昙，Ci 5，风力〔　〕，N，-7.7°，762 mm。

晨七点起。张孟闻来谈，他从伍献文处得知今春院将在西双版纳开热带森林生物地理群落总结会议，所以曾和我说过说他想参加，但据近来接到的通知，则此会报告植物群落，参观西双版纳热带植物园和大勐龙群落站，实与水生所无关，与孟闻的两栖类更无关。九点至北京饭店参加地学小组讨论昨张副院长报告，发言者有孙自平、韩况石、冷冰、封行（南京地理所）、陈道明、解兆元等。

下午二点半至民族饭店开黄河中游水土流失重点区规划会议，到主任委员廖鲁言，委员何基沣、竺可桢、吴文启、屈健、张子林、惠中权等，和甘肃、陕西、山西、内蒙诸省区。廖部长讲话约1h30′，说黄河中游从河口到龙门这一段支流泥流最多，水土流失最大。这一段流域面积十万方公里，占46个县，估计每年泥土流失十万万T，即每km^2一吨，约可当5 mm（报告中误作二寸、5 cm，是显然错误的），这块地如何治理是主要问题。山区的水土保持是农林牧增产关键性问题，因肥料损失不赀，三门峡水库是另一问题。但山区要粮食自给固不行，完全不搞粮食也不行，要强调农林牧结合。有几点要注意：一是要发动群众积极性，二是制定规划要和生产相结合，三必须从实际出发与生产队相合作，四是农林牧须兼顾。这次开会一周，十八须结束。

四点半回。五点半晚餐。六点至工人体育馆游泳。七点至文津街北新设国防科学院看电影，一是美国58年制雷神Thor导弹，系1956年开始设计，最初四次失败，到1956年九月才成功。这是中程导弹，从500—2500 km，用液体燃料。已于1959年运至美国五个〈弹道〉〔导弹〕基地，每处三枚。次为八一制片厂的我国地—地1059型导弹，行程590 km，可载重20 T，用酒精、二氧化氢再加压缩空气。从1959年设计制造，一年时间即完成，试验结果圆满。八点三刻回。今日看电影者有郭老，钱学森，张副院长，杜、秦、谢秘书长以及到党组会议一部分人员。

1月10日　星期四　晨晴，风力4—6级，-8.8°，768 mm。晚风停。

晨七点起，做太极拳20′。八点半至院。九点至北京饭店655号房参加地学小组的党组座谈会。今日是谈张副院长关于实验室一部分，我对地学部北京各所提了一点意见，认为目前在充实提高方面着想，地学部确要用一股力。漆主任报告全院直属各所322个实验室中，一类好的实验室有90个，次等128个，劣等64个；而地学部134个实验室中只八个是头等，包括海洋所五个室，古生物（南京）一个，武汉测量室一个和地质所一个，而次等占73个，三等有39个。我以为原因一部分是客观的，即地学实验室本来是后起，又不是尖端，但主观能动方面也差。陈兴农谈到地理所办实验室困难在于提不出好的计划。沈玉昌想搞河床实验室有困难，我主张沈至三门峡下游看筑坝后河床冲刷和坝上游淤积情况。古生物王敬如设沉积岩实验室，筹备两年未就绪。地质所陈其峰谈碳十四同位素至今未能用，而且地质所夏天缺水。孙新民谈综考会土壤分析室完全不能完成任务以致标本压积废弃，绘图室、照相室均未成立。十二点散，在北京饭店中膳。

三点至院。和联络局曹文彬处长、吴宝璐（♀）谈63年接待外宾事，已经决定来北京的有英国剑桥大学晶体曲线可切耳教授、比利时实验生物勃莱色司夫妻、瑞典地磁专家埃夫因、日本电子显微镜专家颜正尹夫、丹麦神经生理专家勃雪戴耳等五人。此外日中友协将派一批科学家十五人云。出国方面，去英国皇家学会报聘3—5人，其中一人将〔为〕兰州高真空专家。非洲加纳邀请科协开会参加。巴基斯坦三月间科学会议，另派一个八人社会科学和四人自然科学的中国科学家。国际会议已定者有八月间药物会议（卫生部与药物所各派一人），摩洛哥开史前考古会议（派三人）。1964年并拟派人至北非和南美云云。四点至科学史室晤叶企孙、严敦杰，谈片刻。五点至政协晚膳。

晚和允敏至人大小礼堂，看川剧团演出《越王勾践回国》（蓝光临饰勾践），《抢伞》（高腔），《投庄遇美》（谢文新饰张鸿渐，舜华饰阎传凤），《萝卜园》（杨淑英饰梁月英，蓝光临饰梅廷选）。

1月11日　星期五　晨晴，风北之东，2—4级，-7.7°，765 mm。

晨七点起，太极拳20′钟。八点半出发赴中关村生物楼地理所。九点先约段月薇、吕炯谈。段月薇报告了近一个月来我交阅 Lamb and Johnson 著的 *Climatic Variation*《气候的变迁》文，登瑞典 *Geografisca Annaler* 1959—1961年两期的文。这文关于气候变迁和大气海洋环流说得较全面，认为1760年以来到现在二百多年中，地面气压的趋势是 Azore High，Atlantic Low 等活动中心统向东移经度10°或更多，同时大气环流型W和E有周期性变动。一般说来在温带内E型使南北空气交流频繁，北极冰薄，墨西哥湾流强，因而北欧气温也高，而赤道雨量也多。而W型多时，温带有趋向寒冷之势，北冰洋冰加厚云云。和文焕然谈半小时。他要定到1967年计划，我告以不如先定1963年的，他决做1840年以来北京天津区的气候的变化，希望于今年九月以前能够写出一稿。

下午三点至人民大会堂听彭真同志作报告，到各党派在京参加各党学习会议人员，以及各部院司、处长级、科学院的党组会议人员也全体到会。彭市长首先谈我们是否赞同革命，是否赞成殖民地对殖民主权国的（即帝国主义的）革命，是否赞成世界革命。次谈外交问题，认为目前是社会主义国家阵营与资本主义国家阵营斗争的问题，社会主义阵营一天一天地强健起来，而资本主义阵营则将软弱下去，形成东风压倒西风的形势。我们有社会主义国家团结力量、反殖民主义力量、爱好和平人民的力量和资本主义国家前进人士的四种力量,而帝国主义则有社会主义和资本主义、殖民主义和反殖民主义、资本主义国家相互间的、资本主义国家寡头政治与进步人士,以及资本家自己的相互矛盾的五种矛盾。至于社会主义国家间矛盾,目前主要是修正主义,认为这不会长远的,要不久解决的。不能把Eisenhower和Kennedy等人粉饰为和平爱好者,必须与之斗争。社会主义各国相互间要平等看待,不〈如〉〔许〕有父子或奴仆关系,不能互干涉内政有大国主义云云。五点半我先出至北京饭店,未听第三部分关于思想改造部分。

晚膳后至北京体育馆游泳,遇范长江。八点回北京饭店。与张耕野谈农业部建立水土保持研究所,以为水利部蒋德琦、地理所方正三、武功杜豁然、孙林夫、王树馨(水利)均可归农业部。九点半看苏联电影《运虎》和《列宁被害》。

1月12日　星期六　晨晴,风力1—2级,N,-6°,766 mm。

晨七点起,20′太极拳。发现昨天在人大礼堂听讲时,中间休息我将笔记簿放台上忘记收起在袋里,休息后又不再回原座,我只听了一半就回北京饭店,因此将笔记簿失落。今晨不见笔记簿,以为是昨晚在看影戏时脱衣掉落,但电话梁主任查不到。幸而大礼堂坐在我两旁的人我统认识,左边为季方,右边为杨秀峰,其中不知哪一位把日记簿送回科学院,由北京饭店电话通知,所以我于中午时即收回这一本日记簿。这对我应是一个严重教训,不能把笔记簿乱放台上,必须写好后即收好。

中午至北京饭店中膳,遇谢秘书长和夏光韦局长,统谈到治沙队问题。原定把治沙队撤回北京,但内蒙不同意,此事会引起乌兰夫出面来干涉。我以为应先立原则性,凡事应从积极发展着想,不能从消极看问题。从实际发展来看问题。在一般状况下,中央、地方统应照顾,如有不可避免的情况下,地方应服从中央。前次在国务院会议时曾提到草地要以内蒙为主(聂副总理主张),这是因为内蒙对畜牧有很大发展。但是治理沙漠大部问题在西北,所以我以为应从全国着想,草地研究机构可以放在内蒙,而沙漠研究所应在西北。

下午三点至友谊宾馆大楼335室开北大、清华、科学院三方会议,由聂副总理指定三个召集人韩光、张劲夫、蒋南翔同志,和北大陆平、周培源、张龙翔,清华张维、高景德(电机留苏学生),科学院竺可桢、汪志华,及教育部王新亚,科委赵石英等。首由三位召集人做了说明,大家统赞成科学院、北大、清华三方应密切合作。韩光同志提出组成委员会,由张劲夫为召集人,包括蒋南翔、陆平、张维、高景德、张龙翔、竺可桢、汪志华。先由汪、张、高三人于阴历年内搞出一个方案,二月间再开会讨论。晚至二七剧场看北京评剧院二团公演《孙庞斗智》,孙膑马泰饰,庞涓魏荣元饰。

寄赵九章允为《气象学报》于10个月内写中国古代气象文。复《民族画报》庄学平、水生所伍献文。

1月13日 星期日 晨昙，ACu 2，风力3—4级，N，-2°，762 mm。下午一点户外+3°。

竹子的分布(南京林学院林学系主任熊文愈来函)。

晨七点起，20′钟太极拳。八点三刻接林宝骆同至工人体育馆游泳。物理所钮迎嵩?和他女儿钮芬兰来，因钮芬兰于1962年夏在北大地球物理系气象组毕业后被分配至卅一中教物理，与她志愿不同，又因近来龚奇儿(同班同学)自天津调地理所搞古气候，所以也希望能调地理所，并说此事曾与吕炯谈过云云。我说下星期当与地理所一谈，但北京教育局恐未必肯放，因中学物理老师目前极为缺乏也。

午后三点半一人徒步至北海公园，从后入内，先至漪澜堂，溜冰的人不少方离去，因三点半正值休息时间。冰极好，平而无裂缝。今年结冰极迟，前星期来北海尚见一大段未结冰，从一月八〔日〕起方开始滑冰，到北京以来十二月不能滑冰尚是第一年，冰亦比往年为薄，在贮冰室左近看到冰厚只6″—8″，而往年常在一尺以上甚〔至〕二三尺厚。过少先队水电站附近看了新年画展，有油画、版画与水彩画，陈半丁所画黄鹂与桃花虽不错，但从大自然看来黄莺来时桃花早已落，好像把李太白与西施扯在一起有点不对头似的。董君的《梅花东风第一枝》和韩君的版画《在天山脚下》统好，版画很少是艺术性高的。四点三刻回。

晚接南京林学院熊文愈来函，谈毛竹分布事。我为了要知古代气候，所以要知道古竹简是否毛竹做。据熊君来函说，毛竹(*Phyllostachys pubescens*)目前的北界，是在河南为桐柏、信阳、罗山、固始，在安徽为金寨、六安，在江苏为江宁、句容，都能成片成林，但在小气候适应区域如江苏云台山，山东枣庄抱犊崮也引种而成林。因此古代毛竹可能因人为的破坏而不复存在云。同属的淡竹 *Ph. nigra var. henonis* 和刚竹 *Ph. bambusoides* 则分布稍北，青岛崂、蒙山，山西中条山、芮城、永济、平陆、垣曲，河南博爱、辉县、沁阳均有成片分布。北京中山公园、香山樱桃沟、万寿山亦有云云。又说古代竹简可能有一部是毛竹的。

1月14日 星期一 晨七点晴，风力1—2级，N，-6.2°，760 mm。

今晨五点李俨老因患心脏病在北京医院去世。

晨七点起。允敏说老杜来报告，今晨五点北京医院来电话通知，李俨老已于五点前因心脏病在北京医院去世。他病危已好几天，妻子和儿媳在旁护视。我于六日星期天下午曾去看他，见他面上浮肿比一星期前变动得更恶劣，回后曾和允敏谈说他病无起色,但不料他去世如此之速。九点至北京饭店,今天院党组大会,钱三强和钱学森二位同志作报告。三强谈国防有关研究主要是原子能,说院中有18个单位的研究与原子能有关,有700多大学生做这类工作。1960年八月苏联撤走专家,意欲与我为难,但我们却因此不能不自力更生而发展原子能科学,反加快了步骤,可称因祸得福。目前如关于防护油和铀的分析工作均有快进步。尽管国家尚不够工业化,60年以来我们已把这国防任务弄清楚,事情不简单,但也不神秘。美国于40—45年完成了原〔子〕弹任务,但也策动了全国力量。苏联花42—49七年,英国十年,法国十五年工夫,统调动了全国力量。60年对我们来说是一个大转变,建立了自力更生的观念,"驴子要鞭策才会上山"。一般的科学任务估计两年可以完成,其最秘密也不过2—4年可得基本解决。情况要看投资、工业状况与资源。要完成任务尚有若干困难,问题在于不能配套,各单位不能合作,但由于党的领导而发生作用。合作中第一关是与金属所的沈阳关,终于得到解决('61年夏),由于形势逼人不能不合作。炼铀方面有23种杂质,有几种要达到百万分一的纯度,这是必要的,但一说要达到亿分之一,则尚未看出有此需要。次如氢弹要从搜集文献做起,暗中摸索,走弯路是不免的。次谈学科与任务,年老科学家好做自己的一套,好像建造大会堂只顾大理〔石〕柱子、丝绸窗帘,而忘了整体。任务与学科问题,去年二三月间做长远规划强调学科,到九月间得了纠正,所以这次提出70%—90%和30%—10%分的办法。十点三刻休息后,钱学森谈如何进一步发挥老研究员的潜力,认为多数高研人员没有实践经验,有人甚至一枚火箭都没有见过,〔就〕要去研究火箭了。使高研人员到国防部门兼事会有好处的,那里有大批热情高而基础差的青年人可以合作。关于课题,与二机部合作,有多少高研人员所提出题目不一定很快会有结果。国防任务是综合性的,不能以所为单位来完成。如高速气动力学,必须力学所与数学所、计算所合作。我们大功率微波管尚未过关,要不要做激光发射?云云。下午至水土保持会。晚统一战线部宴会,在北京饭店大膳厅,我和茅唐臣、陈望道、许涤新、沙千里同桌。

寄孙诗圃、施成熙、熊文愈(南京林学院)、祁文霖函

1月15日　星期二　晨七点晴,-10°,风力1—2级,764 mm。

晨七点起,体操12′钟。八点半出发至中关村地理所,与黄秉维谈北大物理系气象组毕业生纽芬兰事,因她被派在北京卅一中为物理教师,愿至地理所工作,黄所长待与吕炯一谈。与瞿宁淑谈地理学会开理事会定在下星期,谈地理学会今年在杭于十一月开会讨论支援农业事。把南京林学院熊文愈来函谈竹子事交与文焕然一阅。十二点回。

下午三点至院党组大会,今日报告者有上海生化所王芷涯(♀),谈生化所得

日本购10Å电子显微镜后交彭加木管理。渠昔患淋巴腺肿瘤,迄今身体仍未完全康复。说上海需建立一个生物中心,需要质谱仪,电子显微镜缺一架约25Å。生化试剂100多种已能自制,由十七工人做出,所以这样看自力更生有办法。次电子所所长顾德欢谈,这次会议有三事很突出:(1)要出人才、出成果,“三定”以后可以按部就班做了;(2)学科任务的比例有明白了解,57—62年电子所人数忽多忽少,如56年171人,57年273人,58年大跃进901人,59年继续跃进1754人,60年2327人,61年减至1511人,62年1243人,这样忽增忽减浪费精力;(3)实验室要配套,五年之内要做出成绩。如能各所互相参观会有好处。最后原子能所郑林谈建立实验〔室〕八点,说全院北京有41个实〔验〕室,苏联帮助建立仅三个,原子堆和加速器只能算工具,不能算实验室(?)。八个条条是要明确实验室任务,长期和短期统一规划,物质条件要能自力更生。图书室和其余设备一样重要,要培养工程设计人员,招高中、初中生即可等等。六点散。

在北京饭店晚膳。膳后至北京体育馆游泳300米,八点多回。当我在游泳池时将所带一只Longines手表交与管理人邵某,回来时虽曾与邵告别但竟忘向他要回这表,记性之坏至于如此。十点半睡。

《参考资料》载今年冬天欧洲特冷,外国冬至英国之冷为七十年来再未有,荷、法、意等国大雪断绝交通,冻死达一千余人,新年又有一个寒潮。近载捷克河冻冷使发电受影响,不能供应城乡需要云。

1月16日 星期三 晨晴,N,风力1—2级,-10°,758 mm。

在党组大会发言一小时半。

晨七点起,体操12分钟。上午写今天下午在院党组扩大会议上发言稿,我谈关于支援农业研究工作的体会,约二千五百字。分为三部门讲:一、中国古代对于农业的贡献,二、近五十年世界各国增进农业生产的趋势,三、中国科学院对于支援农业科学研究的几个问题。关于第一个问题,着重谈了中国古代对于重农政策,水、肥、土方面的注意,尤其是维持土壤平衡肥力的方法,能长久维持土壤肥力而使之不流失减少的办法。甚至二十世纪初,F. H. King还著有*Farmers of 40 Centuries*一部书来专门称道。但中国尤其是汉族的重农政策也带来了困难,因为三千年以来重农的人生观如此根深蒂固,从三千年前造字时起,我们把男字写成力田,即每个男子应当成为田亩中的一个劳动力。这一观念不因地域气候而变动,所以在关内如此,到塞外草地上也是如此,酿成风沙为害。在平地要开垦,到山地也要开垦,酿成水〔土〕流失。而少数民族如蒙古族、哈萨克族在草地区均以游牧为生,藏族在高原草地上也如此。我们近来在青海、河西走廊或张北,统因开垦草地而引起风沙。黄河中游黄土高原十万方公里在汉代被开垦后,黄河泛滥频繁。从王莽到唐初八百多年,陕甘地区为少数民族管辖,又退耕还草地,这一长期黄河安澜。但唐以后又大事开垦,明清以后更甚,所以水土流失更为严〔重〕。每年要费数十万两银来维持,保持百万人工来防护。但这种历史上教训仍然未加警惕,在1958—59,甘肃省东部的子午岭西坡,十万亩森林(黄河中游仅存的林)又被全部开伐,以致庆阳区的葫芦河原来是清水河变成浊水河,而洪水大发淹没了四十万亩田。第二、三部从略,稿见笔记簿,共讲1h30′。接着谢〔秘〕书长作了报告。晚膳后回家。北京饭店今晚有相声,侯宝林等主演。

1月17日　星期四　晨七点四十分-6°,风南,1,755 mm。

晨七点起。八点半到嘉兴寺公祭李俨同志,他是福建人,生于1892年,享年72,曾入唐山路矿学校,1913年未毕业考入陇海铁路局任工务员,历升至副总工程师。解放初尚在西北铁路干线局,工作达42年之久,写有函谷关山洞及沿黄河路线等书,但同时却研究数学史,写有《中国数学史》、《中国算学小史》、《中国古代数学史资料》等二百余万字。今天到者有郭老、张副院长、刘仙洲、钱宝琮、叶企孙、华罗庚、张子高、向达、茅以升。家族到其子女、婿、媳和其夫人。郭老主祭,张副院长陪祭,茅唐臣谈生平事略,即志哀。棺木由车送八宝山。我以院党组会未往送,即至北京饭店。今日上午在党组会报告者有生物学部过兴先,华东分院党组杨殿陛。下午二点报告者地学部漆克昌,水利电力学院张子林和计划局夏光韦,技术科学部赵飞克。六点在北京饭店晚餐后回。

1月18日　星期五　晨晴,风N,4—6级,-8.8°,758 mm。

上午邮电部朱学范部长报告,在人大常委。下午院扩大党组总结。

晨七点起,大风并低温。九点至院。十点至人大常委,邮电部部长朱学范报告邮电通信工作两小时,尚未终结,到十二点即停,散会。下次八十次常务委员会再赓续报告。下午二点半在北京饭店七楼院扩大党组会议,张劲夫同志做这次会议的总结,谈七点:(一)会议收获,说党组领导有所提高,惟对修正主义缺乏批评。时间不够,未能充分发挥潜力。把63年工作和改造知识〔分子〕文件带回去。(二)对62年工作看法,重点在精简、“三定”和贯彻党的方针。今年中央尚须再减180万人,四月底完成,城市人口尚须减少数百万,“三定”中任务与学科的比例明确为70%—90%、10%—30%。(三)1963年注重充实提高,要在5年内把实验室建立第一等的。所要注意提拔中级干部,老成凋谢日少一日。(四)行政管理工作落在研究工作〔上〕,必须做好行〔政〕工作,要改进年青〔人〕的生活条件。(五)科技大学要坚持办下去。(六)分院工作要落实,如何酌量支援分院。(七)党的领导要加强。六点散。回晚膳。膳后和松松至正义路团总支部看影戏《甲午之战》,只看一半,因没有火并片中断,是以九点即回。

1 月 19 日　星期六　晨八点昙, ACu 5,-10. 6°,风力 1 级, 758 mm。

晨七点起, 20 分钟的太极拳。八点三刻至北京饭店参加院党组扩大会议,并政治学习会议。今天郭院长也到,请出席意大利共产党大会的曹一氓同志(去年十一月)报告,当时陶里亚蒂 Togliatti 曾公开地攻击我党。曹到意后,即有许多意大利共产党员询问他包围他,问他为什么要崇拜斯大林,为何不拉拢尼赫鲁,为什么叫美国为纸老虎等等。曹一一加以回答,说我国从没有一街道一村庄以斯大林为名。尼赫鲁做得对我们就赞同他,不对就反对他。所谓纸老虎是在战略上讲,在战术上美国是真老虎云云。曹,湖北人,今年六十,为历史所尹达之胞兄。二人均姓刘。在北京饭店午膳。膳后在北京饭店理发。回至院中,至北海公园一走,现冰厚已达 8″—12″。回家。晚和彬彬、允敏、吴妈、张俊秀及其子到政协礼堂看电影《尚小云的艺术生活》。松松去南苑参加同学结婚。

1 月 20 日　星期日　晨晴, NW,风力 5—6 级, -14°, 762 mm。

晨七点起。今日发大风,而温度之低为今冬天之最。八点三刻,和彬彬及林宝骆夫妇至工人体育馆游泳,因冷而风大,所以室温普通在 30°左右,而今天只 25°,游泳池因系玻璃房只一层玻璃,所以温度尚不到 25°,幸水温较高,大约在 25°—26°,我游了 200—300 米即罢。回至和平宾馆东院参加科协主任委员及秘书会议,到者李仲揆、吴正之、范长江、严慕光、茅唐臣、王顺桐、黄家驷、黄继武、张震球等。谈阴历正月初二日定在人大礼堂演出一个大型的游艺会,以招待科学家,是否包括社会科学家待上级决定,估计要招待四千科学工作人员,平均每人带三个家属就到一万二千人,再加人大委员和工作人员等,估计要招待二万一千人。节目和元旦招〔待〕军政人员者相似,但发票子,不至于一人带很多人来。次谈到各学会通则事。谈到十二点半,在和平宾馆中膳,膳后回。今日大风迄晚不止。晚七点至北池子南口晤阿恺母子。七点半至人大小礼堂看芭蕾舞《泪泉》,述鞑靼王吉列依侵波兰,获公爵波托兹基女玛利娅而爱之,但为其宠姬所杀耳。今晚芭蕾舞中张令仪(钟润良)饰玛丽娅,白淑湘饰宠姬扎列玛,刘庆棠饰鞑靼王吉列依。

1 月 21 日　星期一　晨晴,南风,风力 1—2 级,-11°, 760 mm。

晨七点起。今晨风已小,而风向来自南,温度不及昨日之低,而晚报昨日预告今天要到-19°,实际只-11°,相差竟达8°之多。晨八点半至院。和赵秘书谈片刻。九点到复兴门外万寿路十号农林办公室二楼会议室开会,到农办陶桓馥,科委范长江,农垦部朱莲青,科学院黄秉维,农业部程绍迥,林业部张克侠,水利〔部〕谢家泽、张含英,农业部蔡子伟、何基沣等。何作了水土保持山地利用规划的说明。说近一旬来曾在民族饭店开了一个水土流失最严重地区即黄河中游十万方 km^2, 46县,陕、甘、晋、内蒙四个省区会议。说我国农耕地十六亿亩中有七亿亩是坡地,其中五亿亩无梯田。如修梯田可以增产。全国改良草地已有十五亿亩。森林十五亿亩,其中东北占40%。榆林专区一千多万亩地,平均每亩年产粮只卅多斤,不如种草。如草木樨,年可得五六百斤并可肥田,这样可以解决三料问题。总〔之〕第一点山地利用要多种经营、综合处理;二则禁止乱开荒;三则省县水土流失严重区恢复水土保持机构;四则山上注意种油料作物;五则认真保护山林;六则建议陡坡开荒必须得农、林、水各部同意;七则加强科学研究工作。讨论时我提出,农业科学院必须成立水土保持研究所作为重点工作,我院武功土壤生物所可以协助配备人员,希望林业、水利机关也能协助。谈到陇东子午岭开伐林场四五十万亩,损失很多,应作为借鉴。谢家泽谈黄河泥沙比过去只有增加,因过去不注意治坡。山西王家沟封山育林收了效。子午岭西坡因1860年左右回汉互相屠杀使人口减少,森林得以保存。黄秉维主张要做水分平衡工作。朱莲青赞成水土保持工作要以农业为主体。张含英认为水土保持是地方性,与三门峡泥沙是两桩事。张克侠认为水土流失不限于山区云云。陶桓馥认为应总结经验,大泉山、子午岭经验统应予以研究。范长江认为应做十年规划,把科学研究题目和行政处理分开。十二点散。

1月22日　星期二　晨七点廿分晴, -11°,风N,力3—4级, 761 mm。

晨七点起, 20′太极拳。八点半从地安门出发至中关村,车走20′。我至地理所后,和方正三谈水土保持问题。他说中国做水土保持很受金陵大学 Lowdermilk 影响,在1942—3年时代沈宗瀚发起在天水建立水土保持站,当时蒋德琦、任承统等原是金大学生。解放后学苏联,始把水土保持工作放松,大学不教水土保持的课云云。我赞同农业部办水土保持研究所,认为在北京他可以兼任。与吕蔚光谈,现有北大气象专业1962年毕业学生钮芬兰愿至地理所工作,她被分配在31中教物理,昨又得南大气象系毕业生自北京来函,说被分配在河北气象台当会计员,也想到地理所。我将信件交蔚光,查明他们在校成绩、政治水准,以定是否调人。觅翻译杨郁华,知其已回南京度阴历年。段月薇来谈,她想搞古气候。我前已交阅英国 Lamb 和 Johnson 著的《大气环流与古气候》。我又告以目前经向环流与纬向环流对于中国东部各地的寒暖没有弄清楚,嘱她先把这一事实能弄明白,然后再看其余地区如西欧、美国的影响如何,这对于长期预告可以有帮助。十二点回。

下午孙新民、李文亮二人来,报告两星期前在成都西南综合考察,在成都汇报,听者70人。西南局很重视。我们提出了阿坝、甘孜等高寒自治州应以牧为主,林次之,农业是为牧、林服务。西双版纳地区为种橡胶大伐树木,使水土流失极为严重,对于此点省府极为注意。综考会为西南觅到二十五亿T的泥炭,已开始应用作燃料和肥料,牛奶厂、农场、军队统广泛应用云云。

五点和允敏、松松至政协晚膳,遇曾世英和在西藏搞地质两年的谌义睿。据云西藏铬品质高,有十万T,但交通不便云云。七点和林大夫去游泳池游泳。

1月23日　星期三　晨昙, Ci CiCu 2,凪,−10.6°, 762 mm。

晚阿恺、春兰夫妇在寓晚膳。

晨六点三刻起, 20′太极拳。上午看历来所摄照片并开始校阅《物候》稿。十二点至政协礼堂第三会议室,科学院哲学社会科学部宴会,到郭老、张、吴副院长、范文澜、潘老、杜秘书长、金岳霖、侯外庐、尹达、吕叔湘、刘大年等,此外尚有老研究员胡厚宣、徐炳昶、贺麟。老浙大人有贺昌群、郑奠及钱宝琮,三人皆为研究员,非学部委员。今天夏鼐、胡乔木、马寅初、陈翰笙等学部委员均未到。委员六十一人中已去世的有李亚农、李俨、杜国庠、罗常培、陶孟和、杨树达、郑振铎等七人,超出十分之一,迄今尚不到八年工夫耳。我们桌上就有一半年达七十,包括郭老、徐旭人(76)、潘老(70)、范老(70)和我五人。郭老又谈到去福州、厦门时觅到郑成功当时的银元两种,有花押"国姓林"及"朱成功"(见报)。见吴世昌,知其在文学研究所研究《红楼梦》,谓英文本即将出版。并交来前北京大学教授英国人 Wm. Empson 之子 Mogador,曾在北京孔德小学五年(47—52),现年20,今秋将入 Leeds 大学,愿于一月来北京就学八个月云云。我以为此事难望成功。膳后看电影《山高水远》(西藏)和《开山填海》(福建)。下午三点在院开今年第一次院务常委。日程有自然科学研究所研究技术人员定职升

〔剪报〕

談郑成功銀币

施嘉干

据1月18日的《北京晚报》报道,最近著名历史学家郭沫若在历史博物館曾做了关于发现郑成功銀币的报告。这个发现,使我国历史上开始西法鑄造銀币的时間(1649—1652)提早了二百年左右。

我手边正有郭老所述郑币的几种图片,现在发表如上:左,花押为"国姓大木"(郑成功字大木,曾被明隆武帝賜姓朱);右,花押为"朱成功"。就目前所知,郑氏币共有六七种,有花押的有三种,其余的只鑄有图案。种类虽异,但造型和制法大致相同。按流通数量来讲,可能以有寿星图案的流通最广,当时称为"老公銀"。

西洋鑄造銀币始于十五世紀中叶,到十六世紀末才达到完善。其方法是将銀子熔化后压鑄成薄的板片,再用冲切机按照需要的尺寸冲出圓形;然后再用鋼制冲模冲压出图案和文字;再把銀币放在滚边机上压出边紋(有齿紋和迴紋等)。从郑成功銀币的阳文的面与底和阴文的边紋看来,可以断定它的制作方法和当时广泛流通的墨西哥銀币、荷兰銀币相吻合,唯一的区别是:从綫紋上看,郑币所用机械压力較小,綫紋比外币略浅。

我們从郑成功銀币上,可以看出郑成功不但是伟大的民族英雄,在政治經济上有他伟大的抱負;而且从制造銀币的技术角度来看,在十七世紀六十年代,也有极大的先进意义和高度的技术成就。

职暂行办法，通过朱之鼎为《动物志》编辑委员、冷冰为西藏队副队长等事。晚约黄章恺、春兰晚膳。

1月24日　星期四　晨风力5—6级，-8.6°，764 mm。

晨七点起，20′钟太极拳后早餐。阅《物候学》稿，此稿经数人审核，最初系彭庆昭，几乎把涉及高深一点的理论完全去掉，使全文空无所有，经总审贾祖璋大部恢复。经此修改，我也发现原文写时确有不妥之处：一是文言太多，使干部不易了解；二是不相干（与物候只有间接关系的）东西拉得太多；三则尚有错误之处，如把Sudeten捷克地方作为德国地方，因原书德国人Schnelle著。

十一点至院中。十一点半至百货大楼购东方红软片二盒（@352）。午后樊纪顺来。又前在遵义房东傅梦秋之女儿傅珥和丈夫张副主任治安来，带来四个小孩，二男二女，九岁至七岁。我告以1961年曾去遵义，找不到碓窝井九号房子，并知他父亲已于1960年去世。她曾于1960年回遵义，把母亲接到北京。傅珊（三妹）仍留贵州教书，于去年来北京曾到我家，适那〔时〕我们去北戴河，所以未曾见到。我们约于春假去看他们，他们仍住万寿路铁道兵政治部。

晚六点和允敏、彬彬、松松至政协礼堂看影戏《地雷战》，未见有什么特色，但男小孩颇喜看，未九点即完。因今日系除夕，我们要司机把我们送到政协后即回家过年夜，迨九点半再接我们。但今日影戏却特短，所以又打电话叫赵锡华提早来接。至十点睡。

1月25日　星期五　阴历癸卯年元旦　晨晴，FrSt E，-8.2°，风力3—4级，763 mm。

晨六点三刻即起，20′钟的太极拳后七点半即早餐。餐后不久即有宿舍烧火炉的三个工人来拜〔年〕，未几吴副院长夫妇、小弟及其未婚妻、阎副〔所〕长等、尹主任夫妇均过来拜年。我们即随同作北皇城根32号第一宿舍的流水拜年。先至郁秘书长家，后至郭佩珊社长家，然后至杨老家，从此又至汪洋家、邓家、吕家及黄宗甄家。至九点，十六中学的吴昌孚来，他患膀胱结石，吃中国药金钱草两年余，虽未消除但已减小不痛云。十点至政协礼堂三楼，政协、人大同人团拜，陈叔老致辞后即演文艺节目，有山东快书、大鼓、杜近芳唱《凤还巢》、袁世海唱《牛皋招亲》、侯宝林相声等。十一点半先走，至北海公园，时滑冰方休息。十二点回。有乃刚、黄汛夫妇、乃超和其男小孩（二岁半）、黄汛的弟弟，在此中膳。下午陆续有人来拜年。

今日来拜年者，计院图书馆范新三、蔡国铭、顾家杰、办公厅章亮基、宫震、裴副院长丽生、谢秘书长夫妇、漆主任、孙新民、王遵伋、朱祖祥、赵明强夫妇、程茂兰夫妇、唐福海赵正甫两秘书、吕炯、宛敏渭、席泽宗等和武衡同志夫妇、宋纯光等院外同志。姚竺绍来谈。晚士楷夫妇来,未值。

晚膳后六点,和允敏、彬彬、松松及吴嫂、张俊秀同赴人民大会堂,中途至北池子南口一停,招章恺、春兰二人同往,到礼堂已六点廿五分,离开演期已只35′。我们直奔大礼堂看东方歌舞团、解放军总政文工团歌舞团、解放军军乐团三个团体合演节目,时大礼堂一楼已半满,前面红桌位置更多,幸尚有散在前排的个别空位,我和允敏得到第七排中间位置,时离七点仅20′。因春兰、阿恺未来过,所以约他们至二楼大宴会厅、四川厅等地周览一次,七点回座。以为可以如期演出,谁知今晚领导刘主席、董副主席等接见驻京部队四好连队代表、五好战士及神枪手、神炮手、技术能手等,直等至$20^h30'$始开演。节目中以王玉珍的演唱和军乐队奏乐最受欢迎,其次则陆军腰鼓、女高音独唱、日本稻田舞等。十一点半散。

苏联大使馆来片拜年者有参赞贾柯夫 B. A. Жарков、经济参赞克里苗诺夫 Ф. Клейменов。吴世昌,干面胡同15号1310。

1月26日　星期六　晨晴, FrSt 1,-4°,风力3—4级, N, 759 mm。

晨六点五十分起,体操十分钟。八点早餐。餐后出至东单某电影园看奥国电影《冰上梦》,从特技方面看做得很好,但一味崇拜金钱与美国主角滑冰技术好、年青,但貌并不美。十点多至朝阳门大街344〔号〕周鲠生家,适丁巽甫夫妇及其子也在,鲠生长女也回家,谈半小时。巽甫已近七十年,鲠生比我大一岁,所以统不免老态龙钟了。出至前拐棒胡同14号钱宝琮家,遇其爱人,钱与子克仁适来我家不值。又至谢鑫鹤、裴丽生家(响耳胡同),适丽生副院长已出去,与谢副〔秘〕书长谈片刻,遇郁文、廖冰夫妇。出至北兵马司十三号钱乙藜家谈片刻,回已十二点,中膳。

今日上午来者有钱宝琮和钱克仁,柳大纲、樊君珊夫妇,王淦昌、吴月琴夫妇,蔡邦华、陈绵祥夫妇,黄秉维、王爱云夫妇,长望夫人王回珠,寿振黄,童第周夫妇,电子所徐仲济等等〔补记:裴文中来,未值〕。下午浙大化学教授张启元的〔儿子〕张宜来,他于去年大学毕业后(清华毕业)在原子能所第二部工作。未几张家六弟女儿式敏和三女儿式权和丈夫王春(在中华书局工作)和三小孩也来了,一时室内顿热闹起来。式敏现已不再歌唱,而做编辑工作,仍在中央歌舞团。式权下放后现又回来,在做教育工作。式敏、式权小孩身体统好,喜活动,使我忆想到卅年代沙塘园时期的生活,但雨岩夫妇、外婆、侠魂、翼如、六弟、九弟等均已谢世,完全又一个时代,而这一时代的光明前途迥非三十年代旧时代可以比拟。

晚六点至人大会堂,和允敏、彬彬、松松同往。今晚由全国科学技术协会主办春节联欢晚会,请总政文工团与东方歌舞团联合演出。在演出前党的领导同志并在湖南厅接见了自然科学家和社会科学家,共到百多人,刘主席对我们讲了话,说社会主义建设,科学工作将能起很大作用,要大家努力。参看廿八日日记上的新闻剪报(《人民日报》)。

1月27日　星期日　晨-3°,风力3—4级,晴,756 mm。

晨六点三刻起,20′太极拳。士楷昨晚也住寓中,他也每晨打太极拳。九点和彬彬、松松、林宝骆夫妇至工人体育馆游泳馆,知今天早晨不开,要到十二点才开,乃废然而返。回后即陆续有人来,有中关村方面贝时璋夫妇、傅承义夫妇、郭永怀夫妇。郭系山东人,其夫人李氏系北京人,在科技大学教英文。杨昌业来谈。据云,农大早已搬至西苑方面,前副校长施平(原名施尔宜,浙大毕业)因58—9年间和学生公开演讲时说应尊师重道,并反对培植学生中的平均主义,被当时所批评,认为有右派之嫌疑。原来校中党书记一职即由陈姓校长(代孙晓村)代为书记。施初派为农业部做科普工作,近年来知施并未犯错误,又派他到华东为刘瑞龙副手,做农业工作云。李竞雄做遗传工作,对于玉米杂交甚有成绩。娄成后虽在植物所兼事,但仍在农大主持植生专业。叶君健、苑茵夫妇来,我劝叶能常去游泳,因他极〔好〕此运动。波若、乃超和小孩(二岁半男孩)竺坚来,又陈志刚母亲和乃贤带男小孩陈岩(五个月)也来,在寓中膳。坚坚肥硕可爱,但乃超不加管束,容易走入歧途。岩儿双目炯炯也可爱。中膳后将出去,沈思岩、杨增慧夫妇带茜蒙、凯蒙二女来,长女仍在政法学院习外交,将毕业,次女高三。蒋硕健和其爱人徐瑞秋来,他们统在北大化学系为讲师。〔旁记:今日林超来,金鉴明来。金在植物所。林,北大教授。〕

我和允敏先驱车至羊市大街67号晤武衡同志夫妇,次至新北京玉泉路太平路十一号四楼晤刘宝善夫妇。据云吴征铠又从北京调上海理化工程所。见其子和媳(宁波人),均在北大化学系。告别后至复兴路14号铁道兵政治部晤傅珥及张治安夫妇,遇傅梦秋夫人。谈及61年春我曾至遵义欲觅傅梦秋,知其已去世,碓窝井九号屋亦无踪可寻。我们曾住傅家六年之久。据〔云〕该〔屋〕造于傅珥出生之年,梦秋于60年冬去世,61年其妻即重来北京云。六点回。和彬彬、松松至工人游泳池游泳。七点回。晚膳。

1月28日　星期一　晨阴,St 10,-2.6°,758 mm。十点下微雪,十二点止,下午阴。

晨七点起。今日咳嗽加甚,因近一星期允敏、松松二人均咳嗽,加之阴历元旦以来,连日日间拜会来人很多应接不暇,而晚间又于廿五、六两日参加人大礼堂的演出节目,直至十一二点钟,所以我也开始于昨日咳嗽。晚(昨)又至游泳池游泳,所以今日觉力不支,量温度晨间36.7°、中〔午〕36.7°、晚体温到36.9°,比平常稍高,脉搏晨75、午68、晚75,也比平常稍高。喉痛已数日,今日起流清鼻涕,所以早餐后即睡,而拜年者尚络绎不绝地。晨间计有张奚若夫妇、汪德昭夫妇、黄汲清夫妇及曾膺联之子昭统。他从沈阳工厂转至自动化所曾经一番周折,因1959年院去调时沈阳厂不同意,到62年厂又要把他下放,让他自己觅事情。他母亲张爱清写信给我,我为之调查事实,自动化所确要他来,但北京市又要疏散人口,让他在北京等待两三个月之久,始决定调院,但沈阳厂又不愿让他来了。他现已调京,料想他母亲不久会来京。晚吃了一杯川贝母煮梨,该项贝母尚系60年马尔康王书记所送。今日几于整日卧床。

〔剪报〕

新华社二十六日訊 中共中央副主席刘少奇以及党的其他領导人邓小平、董必武、彭眞、李富春、譚震林、陆定一、陈伯达、康生、薄一波、楊尚昆等,今天晚上接見了一百多位著名的科学家。

刘少奇同志和科学家們进行了亲切的談話。他說,我們国家的进步,我們国家的农业現代化、工业現代化、国防現代化、科学技术現代化,都要依靠全国人民的努力,依靠科学家的努力,尤其需要老科学家的带头。只要大家努力,我們的国家一定会进步得很快。

刘少奇同志說,現在,我們国家的形势很好,我們希望在一九六三年取得更大的成績。他祝科学家們身体健康、工作順利、春节愉快。

被接見的自然科学家中,有在科学部門担任領导职务的水稻专家丁穎、地理学家竺可楨、物理学家吳有訓、小麦专家金善宝、数学家华罗庚、原子核物理学家錢三强、力学家錢学森、胸腔外科专家黃家駟以及老中医蒲輔周、青年科学工作者邓稼先、孙超和新近回国的病理学家侯宝璋等。

在社会科学方面,有历史学家翦伯贊、哲学家馮友兰、語言学家吕叔湘等著名学者。

1月29日 星期二 晨阴-4.6°,风力2—3级,759 mm。下午五点阴,风5—6级,-6°。

晨七点起。和士楷同早餐,餐后士楷即外出。九点我至北京医院看病(感冒),遇张席禔、边雪风。待半小时,看一年青刘医生。他匆匆只看了十分钟,认为是普通感冒,给与咳嗽糖浆、银翘解毒丸和S. M. P.(Sulfa药,退炎用)。回至科学院办公室与赵正甫谈片刻,回寓。下午松松自印照片,与倪姓同学同进行,结果失败了,我认为化学品不适当。阅《物候学》稿件,并对于审查稿件的彭庆昭等意见提出了我的意见,预备明天去地理所交给宛敏渭转送知识丛书出版社。今日下午风大而温度相当低,允敏虽有咳嗽但仍去民进的游艺会。

1月30日　星期三　晨-10°,晴,761 mm。下午四点半-3°,758 mm,NW,风力3—4级。

白蚂蚁的种类与气候区划。

晨七点起。九点至中关村地理所。约宛敏渭谈,我将《物候》一书文稿交与,嘱转致新知识丛书社,以便出版。因涂改较多,所以原稿必须誊清始可付印。我对于校订的意见已提了若干条补充。和文焕然谈,他对于古代气候研究工作想从竹子的分布入手,但又费多少时间在各类竹子的分布上。我告以只应注意于一种竹子如毛竹即行,不然竹子有一百多种,南至海南岛,北至寒带边,高山上也有竹子,这对于古气候全无用处,但他虽口中唯唯而行若无事。我告以在科学院考绩,要出成果,若一二年写不出论文岂不是等于交白卷?如若要做长篇论文也应分为若干步骤,每个时期统可交一定成绩。文做的题目是津京一带1640年以来的气候变迁,并非是一个大题目。和蔡邦华谈,知近研究白蚂蚁,有散白蚁在秦岭以北,家白蚁秦岭与南岭间,木白蚁在南岭以南。

接外交部国际司王章麟函(说张之毅在亚洲司,裘克安在教育司)

1月31日　星期四　晨晴,风力3—4级,-9°,760 mm。

晨七点起。今日咳嗽较好,脉搏和温度已正常(中午脉搏62,体温口含35.9°)。晨八点半至东单农业部旧楼二楼会议室,开山地利用水土保持会议,到农业部副部长蔡子伟、程、何基沣、杨显东、农业科学院丁颖院长、金善宝、朱则民、程绍炯副院长、农大沈其益等。据席凤洲(科委)报告,二月七日召集的农业科学技术会议将有1300人参加,分为三个阶段。2/7—18日,开农业、农机、畜牧、林业、气象、水利、植保、化工等十个专业组会议十天。以课目分为十八个小组,有农业区划、耕作、轮作、稻麦(33人),油料(20人),棉麻(25人),果、茶(22人),肥料(12人),灌溉、土壤改良(26人),山地和水土保持(25人),虫害(23人),病害(20人),农药(39人),畜牧(36人),兽医(16人),烟草、蚕丝、蜂蜜(24人),农经(34人),新技术应用和基础理论、荒地利用等。同时也以地域分,即北京、华北、华东、中南、西北、东北、西南等十一组,农业气象在气象专业组讨论。第二个阶段2/19—25七天,讨论农业技〔术〕改革。第三个阶段26—30五天,讨论围湖围海、山地、草地、盐碱和沙漠五组专题讨论,地点在西郊友谊宾馆。

下午三点至万寿路国务院农林办公室二楼开专题小组组长、副组长会议,到陶桓馥、范长江、田野、蔡子伟、张含英、肖克(农垦部)、张克侠(林业部)、程绍炯、朱莲青、黄秉维、赵松乔、汤逸人(畜牧)。今日下午谈草地,肖克说估计草地有五十亿亩,分草地为三种,即一等每亩产草150斤、二等80斤、三等40斤。估计每年一只〔羊〕吃草 1600 斤。估计可载大牲畜六千万头或羊三亿只。存在问题是乱开草地，青海省于 58 年开垦草地 570 多万亩，又因占用水源破坏草地四百多万亩，共破坏一千万亩，费了一亿七千万人民币办卅六个农场，结果几乎全部失败，酿成风沙为害，不能种植，而草地亦难复原。吉林省镇赉县建平公社挖掘甘草，一万多亩草地被破坏。呼盟草地好，但冬季〔不〕下雪即无饮水。鼠类破坏草原也厉害。1962 年锡林郭勒盟商都镶黄旗一次大雪寒潮，牲畜从原来的六十一万减到卅一万，这统要求很快解决的科学问题，云云。赵松乔、汤逸人、黄秉维、朱莲青等均提了意见。我因感冒了，五点多即先离席。

2 月 1 日　星期五　晨七点多 -10.5°，760 mm，轻雾，凪。下午二点半 -0.4°，758 mm，St 10。

晨七点起，因感冒未至外间体操。八点半至院。在院召集院各单位参〔加〕二月七日的农业科学技术会议的同人，提出对于会议的意见。全院有廿二个单位将参加会议，今日到者约 40 多人。我首先报告了昨日在农业部蔡子伟所报告的这次会议程序和开会情况，谢鑫鹤秘书长谈到这次开会的精神在于实现周总理所说"实事求是、循序渐进、齐头并进、迎头赶上"的政策。要各人对于农业粮食过关提意见，于星期一交院。动物所朱弘复提到研究所布局问题，认为一个时候有三百万人做植保预告是太多了。马世骏以〔为〕要鼓励人提意见。侯学煜认为生物、农业机构互不通气，近来召集农业草地会议，大家不知道科学院十年来所做关于自然分区、农业分区工作。广东开糖厂，但无蔗糖的来源，不能开工。新疆农场从德国引进数百只细毛羊，气候不合以致死亡。叶渚沛以为肥料小组十二人太少。蔡邦华说生物科学应结合农业。崔澂谈欧洲一百年来小麦增产三倍，要注意组织工作。陆师义说院与农业科学院没有密切配合，统一领导非常重要。姜恕主张"政治挂帅、经济为纲"的重要性。林业部人员均信更新以人工为主，植物学家不同意，应商谈。叶笃正认为工业、农业生产比例，十年廿年后的比例是否可以先决。顾震潮提天气预告与农业问题。十二点散。

下午未出，吴嫂去郊外厂甸（和平门外）庙会，允敏、松松出外访涂王回珠、侯学煜家、简焯坡家等。晚孙学圃的儿子孙碚从地质学院带托孙在上海所出的"的确凉"的衬衫两件来，价每件 12.50 元，系 Terylene 与棉织，不要布票而且不要工业券。据云可以阻电，所以有治风湿的效〔果〕，与电疗相似云。晚间电灯灭熄半小时。

2月2日　星期六　晨晴-7.7°,风力4—5级,N,764 mm。

上午听农业机械部报告。下午谈农业气象。

晨六点三刻起,做太极拳20′钟。因咳嗽未愈而外间风大气温低,实不适于做运动,所以到十点后有大量痰吐出,表示内外温度差得太大。九点至中关村地理所,一方送松松被单至宿舍,同时和瞿宁淑谈地理学会理事会原定于二月初开会,现因各类集会太多,拟延期几天再说。

十点回至人大会堂,听取农业机械部部长陈正人的报告。他已于昨报告二小时,今日继续报告,幸有书面报告,所以昨我虽不到也知道其内容。党的方针,目前机械化与半机械化并举,而以后者为主。拖拉机厂(洛阳)于59年建成,部分投入生产尚有天津、沈阳、长春和南昌,已达到年生产二万五到三万标准台。三年来国家用于这方面钢材已达230万T,大型修理厂已达183个,职工扩大到七万多人。"东方红"50型拖拉机质量近已好转。过去设计能用3000 hr,只能用1500 hr,漏油、漏气、漏水有所改良。科学研究人员已达1423人,两年来职工从九十七万减至四十万人。以后在20—25年内实现我国农业技术改革,首先三五年内建成生产中小型拖拉机,使生产能力达九万台标准台,可以解决淮河以北地区,以后再谋配套问题,如排灌和牧业、林业的机械化。日本有八千多万亩田,其中五千万亩是水稻,但日本机械化经验不同于华北,不始于田间而始于交通运输、副产品加工,到近来才注意田间机械化云云。"东方红"拖拉机,进口每台要二万〇九百元,而国内制售一万八千元,成本一万三而已。讲毕,钱乙藜、侯德榜和我提了意见。李烛尘提南疆焉耆博斯腾湖有大量芦苇,曾把每天能制纸20 T的厂移往,发现纤维很好、质量高,可以做人造丝,等于安东用好纸的人造丝。估计每年可收172万T的芦苇,五T芦苇可制人造丝一T,云云。

下午三点至院。和农业科学院丁老、金老、温甫、蔚光谈农业气象。

2月3日　星期日　晨晴,南风1—2级,-10.6°,767 mm。

晨七点起。九点和林宝骆夫妇、松松去工人体育馆游泳。星期日晨来游泳者人数极少,今日遇到铁道部俞副部长(宁波人,年五十四)与市政府关局长(年四十左右),其余尚有年青运动员六七人,正在刮洗墙窗与池边。工人体育馆旁有滑冰场,也于九点开。滑冰者百余人,也较北海、什刹海为少。十点多回。钱乙藜夫妇来谈。乙藜谈到农村中运输的问题,在南方我们向用水运,北方乏河流,要用驴载,乏驴用小车,但若无土路困难就更大,西北、西南多山岭那困难就更大得多了。解放〔后〕虽说公路筑不少,但仍赶不上需要,这也是事实。简焯坡爱人刘若端及三女孩来,长女已十岁,次女九岁,三女七岁。已能管家,长女记日记,次女算账。其幼子生下是白痴,到如今五岁,不及四五个月小孩的 IQ 云。刘若端仍在文学所,与吴世昌、罗大纲同所。

下午松松假期已告终,回中关村科技大学。三点多我乘车去建国门外日坛公园旁的肿瘤医院晤恽子强,遇其夫人,谈一刻钟。恽子强患食道癌,于五年前曾觉胃中不适,入院验无结果,以后也不以为意。去年秋天觉胃中不适又验,始知是胃癌。由北京医院、协和医院吴英恺、邓大夫等会诊决计开刀,但开出后因癌已与肺相连接不能割,因此西医束手。三个月前我闻李烛尘说有中医能治胃癌,即以介绍与科学院,但仔细探听方知全属医生自己的吹嘘,而李妄听之,大为失望。近张劲夫副院长从汉口请来一位胡佛根医生,是世传医癌的,到京后已吃过六副药,据恽的夫人云吃药后胃口稍好。我看其药方主要为柴胡,次为金银花、桔梗、甘草等,也无特别之处。我去时子强睡在床上,手足能动,目直视,据云能认人,口中尚能微微出声,不能作大转动。身重自 140 市斤减至 90 斤,每日饮两磅牛奶及其他流质食物,近来比较好转云云。出至北京饭店购桔子和梨, @ 75 ¢ 与 65 ¢ 。

2 月 4 日　星期一　晨晴-9.3°, 764 mm。下午晴。晚 762 mm。今日立春。

晨七点起,在室内做体操 10′钟。九点至院。十点至院图书馆,和范新三、顾家杰二馆长谈。十一点至朝阳门大街 117 号科学出版社,知社中关于编辑员升级问题已做了决定,有 50%的助理编辑员将升为编辑员,约二十多人。通州的印刷厂一直被评为“红旗手”得奖的工厂,今年和过去三年一样,被评为全市最优秀印刷厂云。又逐年来印刷错误也在减少,如书籍错字只占十五万分之一,期刊三万分之一,期刊脱期也减少。《数学通报》销路已加至六万八千份,超过过去《地理知识》的五万份。十二点回。

下午二点半至南河沿文化俱乐部,参加了亚非学会举办的演讲会,请吴晗报告伊拉克之行。他是去年十一月去伊拉克,为了举行纪念 Bagdad 巴格达建城 1200 周纪念,和纪念哲学家堪丁的九百周纪念。我们很惭愧,对于二者所知几等于 0。伊拉克面积四十四万 km^2,人口六百九十万人。南部如巴格达热极,夏天常达 40°,北部较凉。阿拉伯人占 79%,北部有二百万人 Kurd 族谋独立。其地唐书名仆克?,《天方夜谭》中称报达(Bagdad)。99%人奉回教,多穿黑衣,为纪念穆罕默德女婿被人刺死而衣黑。其地古为巴比伦,在 Euphrates 和 Tigris 河之间,五千年前即有很高文化,用楔形 Cuneiform 文字。巴比伦以屋顶花园著名,称世界七奇之一。其国长期受人侵略,巴格达建成后,于 1255 年为蒙古忽必烈(元世祖)之兄 Hulagu 所破而屠城,成为伊儿汗蒙古一部分。十七世纪又为土耳其所灭。第一次大战后降为英国次殖民地, 1921 年建立一个傀儡王朝。1958 年卡珊木领导革命成功成立军政府。经济情况,农民占 80%,全国有四千多万亩土地是耕地,占面积 23%,但过去大半属于王室,现已分配给农民,但农民无工具和水利,故仍贫困。近年每年进口粮食三四十万T,占粮的1/5。盛产椰枣,占全球80%,每年可卅万T,去年我国进口了七万T。谣言伊拉克枣传染肝炎,但伊拉克无肝炎。石油年产二千四百万T,储藏33亿T,占资本主义国家10.5%,但掌握在英、美、法、荷商人手中。科威特在其南,原属Irak,但英、美不承认之。58年八月和我建交,对中国非常友好,云云。

2月5日　星期二　晨昙,FrSt,-6.6°,761 mm,北风,风力1—2级。

上午至地理所听方正三报告民勤和德州农田蒸发。下午听李广申讲日蚀周期。理发。

晨七点起,在室内做工间操10′钟。八点半去中关村地理所,今日适值方正三讲德州和民勤土壤水分与农田蒸发的研究。首述自然条件,次谈土壤水分的测定和运动规律。对于此项工作,美国和英国做得很多,我国几乎是空白,南京土壤所不做此项工作。方的方法用负压计来估计,再讲蒸发力与农田蒸发规律。单知道土壤中的湿度是不够,要知道沙土、粘土同样湿度,它的负压力即到凋谢水平的水分是不同的,同时也要看地表所长的作物。下面一段讲水力蒸发器,我没有听。和吕蔚光、李秉枢、宛敏渭各谈了片刻。十一点至院。全国科协黄继武来谈,为召集各学会理事长谈学会通则事。十二点回。

下午二点半至朝阳门大街117号科学史室,约请河南新乡师范学院物理教员李广申讲《三统历》交食周期,以推定殷代安阳可见日食。他推想三统历的交食周期是从古代月食的日期推测出来。三统历基本数字如下:135个朔望月3986.63日,146个交点月3986.59日,145个近点月3995.41天。前二者相差很少,而第三相差较大,要差九天。三统历交食周期既为3986.63天,则相差不是整日。换言之,一次日食后第二次的经〔度〕要差245°,所以第一次看到日蚀的地方,第二个周期同地看不到日蚀。但是因为月亮绕行的不规〔则〕,其中有一个游移数,此数由于太阳的关系,至多不超过2 h。由于月亮关系,至多不超过11.7 h。二者相合到0.56天为最多。两次日蚀可见条件为:$L_2+L_1=0$或$=360°$,但三统历规定:$L_2-L_1=245°$。如上所说,所以可求出:$L_1=237.5°$,$L_2=122.5$或$L_1=57.5$,$L_2=302.5$,同时月亮须近黄道面上。从表中检得1922年9月21日爪哇日全食,1933年8月21日缅甸日环食,1944年7月26日缅甸日环食,1955年6月20日中沙群岛日全蚀,可知前说为不误。但中国纬度高,所以可能三统历从古代月蚀而找出周期。三个三统历周期为405个月,则游移不到半天(0.28日),共为11 960天,从此平均朔望月11960/405=29 43/81,此殆即邓平81分法云。后半谈漏刻徐疾与极光。我因怕坐久与感冒不利,先走。至北海公园一走。

2月6日 星期三 晨昙，东风1—2级，-7.7°，763 mm。

晨七点起。上午九点至院。科学史研究室严敦杰和黄炜(♀)二人来谈，该室因社会科学部的需要，要做一个十年规划，问我的意见。我表示十年之内世界科〔学〕史肯定要着手，但不能理、工、农、医全搞，只能搞一部分，如理或理工，此外农、医让其他部门搞。至于本国科学史当然应加紧出成果，并且要补空白，该室尚未成立学术委员会，应该早日成立以便集思广益。"三定"以来近又提出《14条》和《72条》，本年将注重搞实验室和提拔干部、升级。科学史研究室无实验可言，应注意图书馆。自楼韵午去湖南后，干部应能稳定下来，不要调动。

十点至国务院办公室开农业科学技〔术〕会议各负责人谈话会，到聂荣臻、谭震林二副总理，及农、林、水、气象各单位负责人，科学院谢鑫鹤、黄秉维、农业科学院丁颖、林业科学院郑万钧等。谭副总理首先表示，这次会议因牵涉科学研究人员，时间不能太长，以免妨碍研究工作。又因人多(1200人)，必须分组开会谈问题，首先具体研究项目要落实。农业规划虽说是20—25年，但最重要也是头十年。这次会议将由中共中央与国务院召集。次聂副总〔理〕提出此次会议以范长江、陶桓馥为正、副秘书长，除谈专业专题而外，应对于大农业以什么为纲要，要大家考虑。使各个规划能合成为一个大的计划，使大家能思想集中。此外，组织也是一个重要问题。马上要提二十年规划也许有困难，先搞十年作为基础，在此基础上搞一个轮廓。范长江报告会的准备情况，七号来不及开大会，定八日开幕。聂总报告，原来没有想到大农业要在十二专业基础上有一个大农业方向性指示，初步定十年规划十四天(三个大报告)云云。讨论时我和丁颖、黄秉维发了言。

下午二点在院讨论与北大、清华合作问题，到物理所施汝为、化学所柳大纲、电子所顾德欢、地理所李秉枢、数学所范凤岐、力学所高原、计算所阎沛霖、地物所卫一清、化工冶金所王力方、电工所林心贤、动物所高墨华、植物所姜纪五、生物物理所王克、地质所王耀华。

2月7日 星期四 晨昙，ACu 2—3，风力2级，N，-6.6°，766 mm。

晨七点起。八点半沈文雄秘书来，约同至友谊宾馆参加农业科学规划会议。农业组已把我房间分配北工字楼322号房间，这是农业专业组集中地点。科学院和分院参加本会议者共76人，而以农业组为多，马溶之、李庆逵、过兴先等也住此楼。和兴先、谢秘书长等首先交换了意见。这次会议有三个大报告，明天是谭震林副总理报告，两星期后有周总理报告，到终结时聂荣臻副总理将作总结报告。十点至南工字楼四楼，与范长江、丁颖、郑万钧等诸人谈。范长江说昨聂副总理提大农业问题，但对这问题如何提法，要有提意见，做一个提纲。因此要一个综合小组，包括农、林、牧、水、气象、农化的人来提出主要问题,在一星期之内把提纲做好,如有必要可以不参加别的会议。十点半我至科学院小组,因各所参加会议的人有76人,而自外埠来者对于这次会议的目标不甚了了,所以要开会先行加解释。谢秘书长谈了过去筹备情况和开会的目标,以及其重要性。我提到这次会议由中共中央和国务院出面召集,这可见国家的重视,但农业问题极为复杂,必须大家共同认识几个关键性问题有待解决,然后能统一大家的意见。所谓农业过关,如以农业部廖部长所提,要每人能产1000斤粮才是粮食过关,但我们人口究竟多少,尚不知道,而谈每人1000斤,岂非等于画饼充饥。十一点又至农业组领导小组开会,谈农业分组与组员组长人选问题。十二点散。在友谊宾馆膳厅中膳。今日遇外埠孙本忠、陈恩凤、张克威、席承藩、朱济凡、伍献文等。膳后睡半小时。洗浴。偕沈文雄乘车至科学院文津街办公室。

三点至沙滩综考会看成绩展览,见到新疆、黑龙江、西北、西南、西藏的考察成果,其中惟黄河水土保持工作展出较少,因大多数报告乃1956年即综考会未成立时的作品,但我办公室有之,可以送去。四点半至东、西琉璃厂看春节的文物展览。在东琉璃厂看宝古斋古今书画,韵古斋看金石、陶瓷。在西琉璃厂庆云堂看碑帖砚墨。遇章士钊,据云已84云。

2月8日　星期五　晨昙,Ci,-7.7°。晚762 mm,晴。今日元宵节。

全国农业科技工作会议开幕。

晨七点起,在院中作太极拳20′钟。八点十五分和沈文雄去友谊宾馆。今日中共中央和国务院召开全国农业科学技术工作会议,在大剧院开幕。此楼可坐二千人左右,开幕式由聂荣臻同志主持并致词,说这次会议包括农业、植保农药、畜牧、林业、热带作物、水产、水利、气象、农机内燃机、化肥、盐碱防治、山地利用、水土保持、农业经济等十四专业组十年规划草案的讨论和20—25年农业技术改革规划意见,和围湖、围海、山地利用、草原、盐碱、改造沙漠六个专题规划,盼大家知无不言、言无不尽。次谭震林同志作了报告,首先提出十二个问题要大家提意见:(1)水的问题,不但有灌溉问题而且有排涝问题。解放前大型水库只五个,1950—57造13个大型水库(一亿M^3容量以上),58—61年又造了183个,所以如今有201个,如何充分利用兴利除弊要大家商讨。(2)肥料,有机肥料和化学肥料,哪个为主?廿年以后产年二千万T是否太多或太少,氮、磷、钾比例应如何?一T化肥能增产粮二T,五千万T化肥就能加一亿T粮了,土肥一千斤据说只能增粮一二百斤。(3)土地改良问题,把坡地改成水平梯田可增产一倍。(4)湖滨是可围而种植,缩小储水面积减少水产是否值得做?山地可利用产油料或是种草搞畜牧或是植林,以何者为合适?沙漠如何利用?寻找水源恐非目前所能做,盐水也可以变淡,待之异日。(5)开荒问题,二十年内能开多少荒?草地如何利用?(6)植物保护,科学家已做出不少贡献,如何消灭螟虫?每年病虫害损失不下二百亿斤,农药的研究也重要,要找能抗病的品种。机械灭草和化学剂灭草哪个合适?(7)耕作技术问题,有深耕、密植、平整、轮种、套种等问题。(8)农业机械化主要是拖拉机问题,洛阳、天津两厂做45匹马力拖拉机,以后要做中小型机,十年内发展到四五十万标准台,速度快慢如何?(9)电气化问题,58—60因搞水力发电,农电发展快,57年农田电力只七万kW,62年增至18万千瓦。(10)畜牧业如何发展?草原改良牧草,如每个农夫养一只半猪是否太少?(11)林业,林业部已有规划,人工更新还是天然更新?(11)海涂可以养水产或鸭子。(12)农业气象,如消除冰雹、人工降水仍可试验。此外大中城市要几个,32个是否太多。总之科学研究要为生产服务,要走群众路线,云云。今天在会中和朱显谟、杨新美、杨惟义、崔友文、徐天锡、吴志华等人谈。

2月9日　星期六　晨七点晴,-8.2°,雾,能见度500 m,凪,761 mm。下午晴。晚758 mm。

农业科技工作会议小组讨论。

晨七点起。八点半驱车至友谊宾馆北工字楼,开第9组山地利用和水土保持小组会议,召集人蒋德麒和席承藩。九点开会,福建省科委陈铭福?报告说华东近开水土保持会议,福建九龙江输沙量,53年为每年35万T,近来山上大量开荒,加至每年183万T,几乎六倍。1908—58年五十年间九龙江淤河床0.3 m,但59—61年河床淤高1.2 m,粮食损失年13亿斤(按九龙江入厦门)。同时东山县因做水土保持成功,把沙荒变成沿海风景区(东山在福建最南)。席承藩谈江西开荒三百万亩酿成抚河、赣江大水。浙江富春江两岸森林斩伐一空。姜恕谈到高原区如青海也有开荒而酿成沙荒。方正三谈1943年在Lowdermilk影响下成立水土保持站于天水,蒋德麒、俞启葆、任承统等统在那时受了训练。科学院在河曲做水土保持规划,县执行之,做而得到益处。天水站发现了草木樨,对于水土保持有好〔处〕。黄河水利委员会在南小沟做治理沟与不治理的对比,流失水土为八千T与四百T之比。

下午继续谈。蒋德麒谈草木樨,57年天水售种子达三千三百T,但近来因要求当年收获,所以面积有减少。水平梯田可以增产,但人工太多而且当年也许减产,又要增加蒸发。复式梯田(30%面积做梯田)比较经济。山西离山王家沟刘廷征谈王家沟经验,说王家沟山坡95亩地已稳定高产,这是于1955在科学院等单位指导下做的规划(我当时曾去王家沟)。62年是旱年,雨量320 mm,但收每亩340斤。用土肥每亩30—50担(普通农民8—10担),另加20斤化肥,不灌水。该处山地坡度 20°—25°，海拔 1090 m，说科学〔院〕的缺点是不能坚持（不能常去指导）。黄河水利委员会刘万铨谈绥德、米脂一带水土流失严重，一方里年损失土一万七千 T，25°以上坡地占 60%。产量每亩坏年二三十斤，好年七八十斤一亩。羊群破坏森林。又说打坝淤地虽时被冲掉，但还是成功的?。张凤林（大泉山劳模）则说在平陆一带年年有工程被水冲去。五点半和松松同乘车回。

2 月 10 日　星期日　晨 St 10，-6°，N，风力 1—2 级，756 mm。下午风 5 级。

晨至工人体育馆游泳。

晨七点起。上午未出，仲揆和李太太来。仲揆近一年来精神颇佳，且体力似已稳定，惟血压高为可虑，在 180 的高压，而低压有时到 116 mm，所以颇有所顾虑。他又谈及近来举行丧事多在嘉兴寺，但该处环境十分惨淡，使人入内更增忧郁。作函与庄达卿、Petrov 等。阅文件，知地质所崔克信被评为右派后降级为五级编辑员（原三级研究员）已五年，近已摘去帽子，愿做考察研究。我主张调他至综考会。午后三点和允敏至恭俭（弓箭）胡同 60 号晤叶君健、苑茵夫妇。谈到韩素音，她于去年曾来北京，允写关于人民中国小说，尚未出版云。我约叶于下星期天去工人体育馆游泳。

2 月 11 日　星期一　晨昙，CiSt CiCu 4，-5°，风力 2—4 级，762 mm。

晨七点起。八点三刻到友谊宾馆，在北工字楼参加山地利用和水土保持组。张心一提出意见，以为水土流失的损失下游比上游大得多，由于下游土地膏腴而被淹没。水土流失最严重由于人民的乱垦乱伐。廖部长曾说水土保持是建设社会主义农、林、牧过关的主要措施，主要是要把农民思想改过来，要把全民所有的土地保管好，农业部应该主管水土保持。目前水土保持委员〔会〕虽在农业部，但农业部只是保管而已，会中只有九个人，而水土流失严重地区却有 150 万方公里，农业部不应是保管的，而是主办的。黄委工程人员谭节升谈，在绥德韭源沟一带依照科学院的规划利用坡地，林占 40%，农 26%，牧 21%。这 1.2 方 km 地原来农占 60%，但原来生产只 30 斤一亩，而现在 120 斤。综合利用于 54 年开始，54—56 亩产 70，57 旱年 107 斤，主要措施用了草田轮作，草木樨起了作用。小麦可收亩 166 斤，而且解决了十几个牲口饲料，也有了肥料。58 年以来维持每亩 250 斤，62 年大旱也得亩 102 斤，而绥德县平均只 24 斤。在比较沟上，证明综合治理可以减少泥土流失 52%—64%，云云。任承统提出了对于改进规划的意见（下午提）。下午发言者尚有席承藩、赵明甫、朱显谟、王兆凤、姜恕等。今日起中膳和晚膳均在餐厅楼下吃，膳后领导小组可以交换意见。八点回家。

2月12日　星期二　晨晴-5°,风力2级, N, 763 mm。

上午参加(农业科技工作会议)气象组,下午参加沙荒组。

晨七点起, 20′钟太极拳后,八点三刻到友谊宾馆北工字楼后,即往西颐中馆角楼二层会议室,参加气象组扩大会议谈气象的十年规划,遇徐尔灏、叶桂馨、高由禧、束家鑫及贵州来的赵恕。赵于解放后即去贵阳,现任贵州省气象工程师,据〔云〕前年五月间我到贵阳时,他曾来看我,未遇到云。今日所谈乃各小组汇报,农业气象由冯秀藻作汇报。这次虽称农业科技工作会议,而参加讨论规划者无农业人参加。杨昌业在农业大学教气象多年,但竟对于农业格格不入。今日幺枕生也到了,但未见吕炯。我提出意见,以为农业气象如〔无〕农业人参加,如做农业气候的区划将一筹莫展。天气预告尤其是小区域的天气预告,要看地方情形,则物候学大有可补益。建议农业与气象人员应在此次大会时能大家聚谈一次。

下午三点至西颐宾馆十五单元楼下参加治沙组,遇李鸣岗、高尚武、杨纫章(♀)、李孝芳、崔友文、李连捷、黄秉维等。座中有不少治沙行政人员主张治沙的重要性,以为科学研究是缓不济急。因此我提到远近应结合,眼前问题应求解决,但也不能不作长远打算,十年二十年是一个相当长时期,若使没有预见性,如何能做好十年二十年的规划。

六点回至友谊宾馆。晚膳。膳后七点半。今晚有冶金部越剧团演出的《沉香扇》,我已于年前看过,乃约南京水利学院施成熙来谈。施为了南京地理所的湖泊组不愿迁移往西南(四川重庆)事来谈,〈允〉〔因〕他水利学院当然不能脱离,而湖泊组同人也愿留南京。他并说南京地理所因行止不定人心惶惶,都望早日定南京地理所的行止。八点回。

接S. D. Richardson (N. Zealand Forest Service, Forest R. Ins., Private Bag, Whakarewarewa, Rotorua)、Dr. J. K. Gellett (Helene-Lange-Strasse 8, Potsdam, DDR)

2月13日　星期三　晨晴-6°, N,风力1, 762 mm。下午晴。

从今日起北京各冰场停止开放。

晨七点起,太极拳20分钟。八点三刻到友谊宾馆,知今天十点农业组听廖鲁言部长报告,小组停开会。和邹钟琳谈。邹系1920年左右东南大学学生,我那时在农学院教气象,其时学生而这次到会者也不少,如曾省、杨惟义、周拾禄,其中惟杨常见,余均罕见。十点在友谊宾馆大楼舞厅请廖报告,他讲了2h30′,谈1)农业增产情况, 2)远景打算, 3)对规划意见。一则1962年比61年粮食大概全国增200亿斤,其中中南90亿,华东60亿,西南40亿,其余地区无增减,棉花相差不多,牲口亦有增加。物价,市价如肉,北京1.20元,已比从前黑市便宜多。城市人口从

57年到59年两千万增至五千万,〔后〕三年中减少了一千万人。劳动力在农村中已基本恢复到57年,现在伙食农村比城市好。耕地57年有17亿亩,现则不到十六亿亩。中小农具因竹木缺乏比从前反少,农业机械则增加,57年只两万台拖拉机,现已十多万标准台。化肥,今年产氮肥160万T,磷钾不在内。是否能向外国多购肥料制造设备,以很快地建造起化肥基本措施。二则规划目的,是机械化、电气化、化学化与水利化。此外尚有中国农业科学遗产,一亿多农民现时工作中所受教训,和世界各国经验,三者似应合并为一炉结合起来。技术改革的重心在于机械化,普通一个农夫只能搞三千斤粮,只能养三四人,但在东北(友谊)某农场全部机械化后一人可搞三万至五万斤,已经稳定了四五年。除技术改革外,还有其他方法来发展生产。农业纲要中的"四五八"百斤一亩,是可以作为指标么?十年中化肥能不能达三千万T?产粮七千亿斤,氮、钾、磷的比例如何?统有待解决。全国复种指数是否38%—42%,指标不大靠得住,要科学家来检定。如以每人粮食而论,何时可以达@800斤,其中以500斤作粮、80为种子,其余作公粮、饲料等等,或者于1967年先达600斤一人,口粮人420斤。十年规划应有重点,如四化各地重点可不同,东北机械化,江浙排灌电气化,华南需化肥等等。另一重点是农业部署问题,如植棉应在新疆,还是在直鲁豫,开荒开多少,在何处开荒,是宜农还是宜牧,粮食面积应占作物面积的多少?三则关于农业规划的意见,首先规划要为生产服务,搞理论也是为了实践。农业科学技术与工业科学技术不同,因其地方性强。各地自然条件不同,如土壤、气候等,不能产同样农产品。同时农业是95%集体所有制而工业是全民所有制。次则生产实践非常重要,中国农业已有长期经验。同时科学技术规划要分工,也要合作。各单位也有协作问题。最后要抓紧时间,要落实。

2月14日　星期四　晨昙,CiSt Ci 6,-4.4°,风力1级,N,760 mm。

晨作太极拳20′钟。九点至友谊宾馆,在西颐宾馆的十五单元参加治沙组的讨论,同组有李连捷、侯仁之、李孝芳、杨纫章、赵松乔、朱震达、高尚武、李秉枢、黄兆华、黄秉维等等。今日讨论治沙组的中心问题,朱、高、赵三人提出了三种不同的中心问题,从七个到十四个,内容是大同小异。经过小组一二次的协商,当可得到同意的方案。但治沙组没有一个重大措施,我提请大家注意要落实,必须有重大措施。参加讨论者尚有袁天钧(秘书)、文振旺、陈梦熊(地质部水文地质局)、张汉豪(民勤站)、张锦熙(农业科学院)等。中膳后睡片刻。

下午二点半李孝芳(♀)和杨纫章(♀)来谈。她二人一在灵武(内蒙),一在青海格尔木,工作多年,对于治沙队有不少意见。李说1959年在工作中所采集的土壤标本,不但未分析,而且完全不见。侯学煜、刘慎谔全未管事,每年开学术会议费时多而无实效。各种成绩多系各协作单位所做,队本身并不做出一点成绩。杨说格尔木站撤消时,仪器与人一点不留,使青海省大为不满。灵武站也被无故撤消(磴口林业机关来函,不欢迎治沙队)。凡此皆证明陈道明主持不当。三点参加农业领导小组。晚膳后回。

2月15日　星期五　晨晴-2.6°,风力1, 766 mm。

晨七点起。上午八点半到北京展览馆,听科学院张副院长劲夫报告反修正主义,听演讲者有科学院院部的党员的半数,二千多人。在主席台上有裴丽生副院长、杜润生、谢鑫鹤和秦力生秘书长与潘梓老及我。在主席台上因放大器向前,所以声音反而听得不清楚,我只能听得2/3,而且张副院长大声嘶叫时愈难听懂。今日不准笔记,但假使能记我也记不下来。演讲分四部门讲:(1)苏联共产主义近年历史,尤其是斯大林的得失。斯大林是我国的朋友,他真心资助我国,但他也有过失,在国际方面有大国Chauvinism。在新疆、东北是如此,在东欧也是如此。晚年过于独断等。(2)中苏关系,赫鲁晓夫对于国际问题上的先后矛盾、举棋不定,如1956之对于波兰与匈牙利, 58年要中苏同办海军,对海南岛办水声要派人参加,60年骤然撤回专家与成套设备。近来竭力捧南斯拉夫,完全违背了1957年莫斯科宣言与1960声明。1959年把艾森豪威尔Eisenhower当作和平使者。我们要坚持原则、坚持团结,首先要把国内建设好。苏联党有四十多年历史,不会走南斯拉夫的道路。(3)斗争与团结,我们要自力更生,社会主义阵营的力量将一天天地成长,去年我们还债超出我们应还之数,二年后将悉数还清。而国债大部由于抗美援朝而起(在抗美援朝中我们牺牲六十万英勇士兵和一百多亿人民币),但由此也结了中朝不可破灭的友谊。(4)几个问题,如东风压倒西风等。十二点半散。

下午三点至友谊宾馆南工字楼四楼会议室,全会的各小组农业、林业、农机、热带作物、化肥、水利治碱、气象、水产八组作了报告(治沙组未有人来)。因此星期以来已可看出时间尚不够,十八、九不能完结,要推迟二三天始能告结束。晚膳后回。

2月16日　星期六　晨阴, St 10,-2.2°,风力2级, 766 mm。九点起下微雪,直至下午四点左右,地下积雪约1 cm。

铁道部报告。

晨七点起,作太极拳20′钟。八点半至北京医院看内科,遇边雪风看心脏病,他尚不知斯行健脑出血之事。边与斯系诸暨同乡,边的夫人也姓斯。我看了郭普远医生,告以两星期前感冒曾来院诊视,由刘医生给咳嗽糖浆等药,一星期后感冒好而咳嗽尚稽留不去,怕变成慢性气管炎,所以今日又来。郭医为我验肺与肝后又验了血压114—70 mm,并开给药Syntomycin 12粒,薄荷喉片一包十五粒、中药桑菊片三管(每管八片),又Epecal Mixture一瓶(止咳),另要我呼吸链霉素Streptomycin。但至治疗室要经过是否能吸链霉素的试验,要二十分钟方见分晓,而十点钟我在人大有会,所以未做呼吸剂即至人大。

在人大听铁道部余光生副部长报告铁路工作情况,见墙上挂有三个铁道分布图,而协助余做讲演者是前浙大学生董维宁,已二十多年不见矣。据余的报告,从1876年—1949年我国共建了两万多公里铁路,但到解放前夕只一万一千公里通车,解放后十二年的今日已有三万五千公里,西南、西北地区所占成分从5%加到20%。人员60年一度达二百多万,现有120万人。铁路的比例以每100 km^{2}面积有多少公里算,英2.9、日本7.1、美4.5、印度1.9,而中国只0.4 km。如以每十万人的所得铁道长度计,苏58 km、美208、英60、日28、印13、我国5 km。同时全国分布不平均,以百分计,东北27.2%、华北21%、华东15.2%、中南16%、西南8.2%、西北2.4%。如以100 km^{2}面积和十万人口支配〔计〕,则东北为69 km和21.8 km,华北0.47 km和11.3 km,华东0.68 km和3.47 km,中南1.56和3.27,西南0.12和2.92 km,西北0.15和12.3 km云云。营业方面,去年估计可上交利润二十亿元,1962年误点客货车减到10%以下,今年乌鲁木齐已通车。每年已能造千台机车、万辆客货车。最紧张货运,一是津浦路,南京浦口桥要到1969年才能造好;二是齐齐哈尔至关内,由于运汽油等;三是长沙广州一段。未来计划七条东西路线,五条南北路线。十二点半回。下午至友谊宾馆,三点半开领导小组会,四点半和陈凤桐谈,又和丁颖谈。六点回家。晚允敏等看英国影片《一个士兵的故事》,我未去。

寄Пушков函　贾祖璋函又送*Swift in Tower*书一本

2月17日　星期日　晨晴,NNW风,1,-6°,765 mm。

晨七点起。八点多叶君健即来,因我曾邀他去工人游泳池,未几林宝骆夫妇也来,遂偕同彬彬、松松同赴工人体育馆。时虽仅九点,而来馆训练游泳之人已不少,幸经管事刁君将池分成数段,一段专为小孩,一段为练习员,一段为高级干部,我只游200 m。十点多回。知幺振声曾来寓,他事先曾告我星期天要来,惜我于离家前忘告老杜要他等一下。下午阅农业科技会议大会文件。

2月18日　星期一　晨七点-4.4°,晴,风力小,767 mm。

晨七点起,20分钟的太极拳。八点半乘车至友谊宾馆,参加了水土保持小组大会,由蒋德麒、席承藩二人主持。一星期来,已将水土保持的原计划修改成为九个中心问题(原来四个)和56个专题。重大措施,要在科委领导下组织水土保持局,另设研究机构(讨论时我主张设山地利用水土保持的局,但反对设立一个综合水土保持所)。次设立中央水土保持研究所,我不赞成设立,因人员无从搜集,不现实。方正三谈1930年时代美国在Lowdermilk的主持下建立水土保持所,成绩良好。而且说美国玉蜀黍(包谷)每亩产量1880年26.4 bushel per acre,1930年25.9,反减低。但此后因水土保持,于1950年得34.6。此说引苏联专家话,我以为不可靠。下午三点开综合小组会,范长江主持,到张修竹、金善宝、杨石先、马溶之、程绍迥、赵九章、张含英、何康、朱树屏、陶鼎来(农机)、谢鑫鹤、沈其益、顾复生(江苏)、康迪、唐川(吉林)、刘春安、戴松恩等(丁颖告假)。六点散。晚膳后约顾震潮谈。

2月19日 星期二 晨阴,CiSt 10,0°,N,风力3级,765 mm。喜鹊开始在榆树上筑巢,但未成即中辍。

晨七点起,做20′分钟太极拳后早餐。八点三刻到友谊宾馆,今日参加气象组和农业组二组选出少数人协商农业气象事,到饶兴、张乃召、卢鋈、冯秀藻、朱则民、卜昴华、张文才(武汉华中农学院)、吕炯、杨昌业、幺振声、贾慎修、马世骏等,讨论气象组所定农业气象规划的六个中心问题。贾慎修提牧区灾害性天气预报重要性,同时也提畜牧区划的重要性。马世骏提病害预报对于昆虫害作物很重要,应特列项目。张文才谈果木生态物候的关系。辽宁苹果腐烂病很重要,有二百多万株受病,统在树的西边烂起,原因何在? 我提〈在〉"小气候"和"微气象"两个名词并用,应把其意义弄清。吕炯谈农业家应注意生态学。结果定农业、气象方面各派二三人整理今日各方意见,提出修改草案。我告朱则民除中心问题外要加重要措施,如农科院建立农业气象所如何组织,气象局如何加强农业气象工作等等。

下午三点在南工字楼四楼开综合小组〔会〕。今日仍务虚。发言者有杨石先谈农药研究组织问题。张含英谈协作,说水土保持协作关系没有搞好。过兴先谈培养干部,以为应有二年制农业学校做推广工作。河北科协季良以为规划应抓关键性问题,也要反应地区性。化工部谢继杰谈化肥问题,二十年内要达到氮肥二千万T、磷肥2000万T、钾肥一千万T,任务艰巨。但有若干措施急应着手,如利用焦炉气炼氮肥以代煤,以石膏制硫酸,以转炉氧气炼钢制合成氨,并可得磷肥等。沈其益谈干部培养与投资于研究问题。

午膳后与曾省同志一谈。他是东大学生,我1920年到东大时,他曾为我的助教一短时期,他以后留法国专习昆虫的寄生虫,解放后在武昌多年,现在农业科学院植保所,与农大在一个地方。曾,温州人。

接王季午函(为其女开平从银川调林土所与夫盛士骏一起事)

2月20日　星期三　晨晴-6°,凪, 766 mm。下午晴。

晨七点起,做廿分钟太极拳。八点三刻至友谊宾馆。九点约侯学煜谈他所写《农业区划》,约二万字并附一图。此文系自然地理区划为背景而写成,亦首先以积温分寒温带、温带、南温带、北亚热带、亚热带、北热带与热带七个带和高山区。然后再用雨量来分亚区,每区的农牧宜于培植什么统加以说明。这文对于农业分区讨论可起参考作用。我和过兴先、谢鑫鹤二人交换意见后,认为可以付印,以作农业组第一组即农业分区组讨论之依据。中膳时交与赵石英,赵允即交印。

十点半约张耕野、朱显谟与崔友文谈武功生物土壤所对于水土保持工作应如何进行事。缘在农业组水土保持小组中讨论时,大家赞同国家成立一个山地利用水土保持专局,以代替目前无所事事的水土保持委员会。对于研究工作没有一定决策,而目前武功所和黄河水利委员会的试验室是仅有的研究机构。崔友文在武功尚安心,而朱显谟则希望回土壤所。但在现时情形下国家如此重视山区利用,武功所不能脱手了事,所以要张、崔、朱三人谈出他们的意见。最后暂时决定武功生土所仍旧维持农业、土壤、生物三个室,但农业室要面向山地利用,而土壤、生物室也要以做水土保持为目的的研究工作。

下午李秉枢、施雅风来谈,又周立三来谈。四点至南工字楼开综合小组会,明天上午聂副总理报告后,明下午、后上午讨论报告,以后与专业组平行作业,有分区组会,分上、下午进行,再有二三天时间谈20—25年设想。专题小组,除原来的围湖围海、沙漠利用、山地利用、盐碱地改良和草地利用外,又加了热带、亚热〔带〕区的利用,共6组。

五点回至家后,约叶君健去游泳,因苑茵急性盲肠炎未往。我于六点至工人体育馆,遇杜润生秘书长,七点回。晚膳。八点杨增慧来,为其姨夫穆姓所藏马远、朱耷古画事。

2月21日　星期四　晨昙, Ci CiSt 4,-4.4°, 764 mm。

聂副总理作报告。晚至人大礼堂三楼看京剧一院演出《谢瑶环》,杜近芳起谢瑶环,李少春起武三思,张文英起武则天。

晨七点起, 20分钟太极拳。八点三刻至友谊宾馆的大剧院,听聂荣臻副总理对全国农业科学技术工作会议讲话,分为三部分:(1)介绍科学技术规划情况,(2)农业科学技术规划中几个问题,(3)提几点希望。第一部分谈到规划的指导思想和方针:一、关于自力更生,二、理论联系实际,三、战略上的远大目标与战术上扎实前进相结合。第二部分分为八点:1)农业科学技术规划的目标是农业四十条纲要,其中心问题是白龙江、黄河以北亩产400,淮〔河〕秦岭以北地区500斤,淮河以南 800 斤。2) 发展农业技术的全面观点,要把农林牧副渔全面安排、综合发展,要有大农业的观点。过去说以粮为纲,虽粮是主要的,但不能单一看待。粮食发展主要靠单位面积产量的增加。3) 不同地区农业改革技术的要求。不同地区要有所侧重,如东北要机械化最急,华东、华南要肥料、排灌电气化等。4) 工业支援农业,直接的有农机、化肥、电力、农药,间接的有各种代用品,如化学纤维、塑料等以及食品工业。5) 农业科学研究和推广。6) 农业技术经济研究。7) 现代农业科学技术研究,农民实践经验和祖国农业遗产研究。其中提到十年科学规划,我们要注意加强生物学。8) 组织力量和条件落实,要大家有全局观点,要协调组织力量,要拟出一些协调办法。要全国布局,也要因地制宜。第三部分提到埋头苦干,克服困难,多出成果。至十二点半才散。

下午三点,我参加水土保持组讨论聂副总理报告。有人提到农业要以粮为纲、多种经营的问题,我说如此提法乃是从全国着想,这是战略性口号,不能应用之于一个小区小社。如植物所庐山植物园下放给江西省,江西要植物园粮食为纲,结果庐山植物园把山上久年所植松砍掉许多,引起批评。西双版纳区植橡胶,要橡胶园粮食自给,引起大面积烧山垦殖,引起大量水土流失。五点,我至政协礼堂膳厅待允敏晚膳,她迟了半小时始来。七点至人大小礼堂,看北京京剧团演出新排《谢瑶环》,述武则天时宫人谢瑶环出访苏州为巡按使事。杜近芳饰谢瑶环,唱得极好,做工也不错。十点半回。

2 月 22 日　星期五　晨晴雾,-2.6°,风 S,1,757 mm。

晚六点三刻,恽子强同志(数理化部副主任)患食道癌在肿瘤医院去世。

晨七点起,廿分钟太极拳。早餐后驱车至西郊友谊宾馆,和陈康白一谈。陈现在华北科委工作,他欲邀集院中有关人员谈谈华北的农业,我介绍他熊毅、席承藩、黄秉维、赵松乔、侯学煜等,但恐大家会多未必均能参加耳。九点至十五单元(中馆)山地利用组。这一组因黄秉维不愿为组长,所以轮流做主席,以致乏领导核心,迄今尚谈中心问题,未暇讨论聂副总理报告。把大部时间讨论个别枝节问题上。我提意见认为应把中心问题定出后,指定负责单位,详细项目只要有一个轮廓即行,不必讨论过细,因为目前没有时间。

下午至南工字楼五楼,开扩大地理学会理事会。今天到者特多,计有黄秉维、李秉枢、曾世英、吕炯、侯仁之、周廷儒、陈凯、李之保、褚亚平、陈述彭、陈吉余、林超、施雅风、施成熙、李孝芳、杨纫章、任美锷、叶永毅、王守礼、周立三、沈玉昌。瞿宁淑做 1962 年地理学会工作总结,一年中开了三次学术会议,即水文学、经济地理和地图学。在太原、石家庄、大连三地开了演讲会。普及工作,开辟了《大公报》经济地理栏,并定期在北京广播电台报告世界 96 国地理,各组专业委员已达 144 人。

次报告1963年计划,定今年十一月在杭州开地理学会,以支援农业为主题,预备选读论文。刊物《地理月刊》发行已超出一万多,《地理学报》仍为季报。普及工作除广播外,预备出“地理知识丛书”。“地理小丛书”已出十种左右。次展开讨论,大家对于年会地点认为以支援农业为目标,则地点以北京为合适,拟呈全国科委从杭州改为北京。关于论文,主张于九月底前交入,预备审查、付印。审查由专业委员主持。我于五点即退席。出至院片刻,即赴工人体育馆。六点游泳,遇杜秘书长、林宝骆等。七点回。晚膳。十点半睡。

2月23日 星期六 晨晴+6°,风4—5级,Fs ACu 4,754 mm。

晨七点起,十分钟广播操。八点半至科学院。和童第周主任谈《动物志》是否需要外〔文〕摘要事。因委员会中有争论,大多数以为可以不要,我个人以为不如实事求是,目前国外懂汉文者人少,应加西文摘要。九点开今年第二次院务常委,讨论对外联络应注意事项及今年与国外来往的项目。以后凡各类经常问候信件,不涉及院事所事者,一概可以自由复函;已经审查可以公布文稿,单行本可以赠送,贺年片等同上。今年拟参加的国际学会,有八月20—23在捷克首都举行的国际药物学会,拟由院和卫生部派代表团参加,此外尚有若干小组会议。次讨论第五次出版编辑委员会经过情况,院出版的通县印刷厂数年以来一直是北京的红旗厂,应由院加以奖励,并于适当期间去参观一次。厂的印刷机器尚系上海科学公司旧物,应用已达卅多年,要重新购买。委员章则经修正通过。十二点半散。下午至友谊宾馆参加领导小组〔会〕。

2月24日 星期日 晨阴,ASt ACu 8,-1.6°,凪,760 mm。

晨七点起。十点至建国门外日坛医院瞻仰恽子强遗容,到郭院长、张、裴副院长、杜秘书长、于光远、沈其震、谢秘书长、漆克昌主任等多人。恽子强因久病,瘦弱不堪,在病卧期中重量竟减去一半。回。十一点王季午及其小女(在农学院四年级)和一位印尼华侨同学来。季午为其长女在银川而其丈夫又在沈阳林土所,所以欲调其女赴沈阳事。午后作函与桐城中学方不园,此人是浙大学生,抗战期间在遵义阿默?寺卧病五年后竟能毕业,我已忘记其人。他在桐城中学教书,以成绩优异,中学特奖给一本书。他因不忘我当时留心他的疾病,竟将该书转赠,我以为此书我不能受,在书端书数语寄还他。又前在武昌师大的吴葆之(竞)长子吴绪钧来函问其父在美经过。我与葆之同事武昌一年后,在上海虽常见,但不知其留学时底蕴。晚和允敏至怀仁堂,看南京部队政治部话剧团演出《霓虹灯下的哨兵》。

寄桐城中学方不园函又书一本　吉林水利厅王涌泉函　寄上海愚园路361弄34号吴绪钧

(葆之子)函

2月25日 星期一 晨风力4—5级, N,-3°,晴, 759 mm。下午风NW。

晨七点起, 20分钟的太极拳。八点半到北京医院治疗处,呼吸链霉素Streptomycin 2 cc。先在右臂上打一针以侦察链霉素有否反应,二十分钟后无反应乃用口吸链霉素1 cc,气入喉中约需10—15分钟。据云须连续做四次。十点至人民大会堂常委二楼会议室,听取外交部黄镇对于我国和巴基斯坦接壤地区边界协定的决议。据黄的报告,此事发生于1961 3/28日,巴基斯坦外交部表示有睦邻愿望, 1962年1/27日同意了订边界协定。不过双方同意在巴基斯坦和印度关于克什米尔的争议获得解决以后,有关主权当局将〔与〕我国重新进行谈判,以签订一个正式的边界条约。从去年9/17日起开始谈判条件, 10月20日正式谈判,两方图中有七千几百方公里的差别,经商讨后这七千多方公里地区以1700方公里归巴基斯坦,即星峡尔草原地区,北纬36°、东经76°地区左近。这星峡尔草原,为坎区提一部分,坎区提从清代起即每一〔年〕贡清廷一两半沙金,而清朝视坎区提为藩属。1891年以后也向英国进贡一两五沙金。1947年坎区提声明并入巴基斯坦。依照双方协议稿,双方以互谅互让的精神求得公平合理。疆界自东经74°34′、北纬37°03′起,严格沿流入塔里木河水系的塔什科老干河为一方,流入印度河水系的洪札河为另一方的大分水岭,向东转至南东行穿过明纬盖山口和基里克达坂,向东除小段外大体只照大分水岭。但有一段是沿溯克勒青河,沿河床中心而上至星峡尔河,坐标东经76°02′、北纬36°26′。从此有一支支脉再接喀喇昆仑山,沿塔里木河与印度河水系的大分水岭,过乔戈里峰(K 2)有洛阿特峰、加舒尔布鲁木山(8068 m)的山顶,以至喀喇昆仑山口。次对外文委朱光甫报告了坦噶尼喀共和国与我国文化协定。此系新独立国家,面积九十三万km^2,每方里(km)人口二人,总统尼拉尔,云云。下午至友谊宾馆参加农业区划组。晚膳后和中南分院梁忠队长谈广州地理所事,据云地理所现有何大章(气候)、罗开富(自然地理)、楼桐茂(地形)等人云。

2月26日 星期二 晨七点半风力5—6级, NNW,-4°,晴, 760 mm。

今日理发。

晨七点起。上午八点至北京医院治疗室吸Streptomycin 2 cc。八点半和允敏至北皇城根路嘉兴寺殡仪馆,吊唁恽子强之丧并公祭,遇程茂兰、叶企孙、李苏、李强。主祭者为郭院长,奏哀乐献花。秦力生谈恽子强生平事迹,他系恽代英之弟, 1922东大毕业, 24年入党后失去联络,于1942年赴解放区, 47年重入党,享年64

岁。祭毕随灵车赴八宝山葬地再行祭礼。回至院,和夏光韦、汪志华谈出版新疆土壤图事。十一点至和平宾馆理发,十二点回。

下午三点送允敏〔至〕北京医学院医院看苑茵之病。三点半至人大礼堂,听周总理作国内外形势报告。国外部门:从二次大战后到今十六年来发展可分为两个阶段:1946—55万隆会议,印度支那停战,是社会主义国家发展到强大时期,形成了十亿人民坚强阵营,这使世界大战打不起来。万隆会议以后,社会主义与帝国主义争取中间地带即民族主义国家,55年时还只19个亚非民族主义国家,而现在单非洲就有26国独立了,拉丁美洲有了古巴。民族独立运动是不能遏止的。为什么美国不敢侵犯古巴?为什么连委内瑞拉一只轮船被进步人士夺去,美国不敢拦夺呢?是怕拉丁美洲的舆论。但在这一时期社会主义阵营也出现了新矛盾,即是修正主义的发展,在民族运动中也产生反动民族主义,以尼赫鲁为代表。但帝国主义、反动民族主义和修正主义的反华大合唱是不会成功的,因为我们掌握了真理,而他们是以利害相结合,不会长久的,我们反帝战线倒有共同利益。总路线是在无产阶级原则的基础上发展社会主义国家关系,在五项和平共处原则上来发展民族主义国家关系,对帝国主义则要支持进步人士的斗争。国内之部:国内社会主义革命尚未完成,如自由市场的存在、分产到户的农业生产,但近年成绩是显著的。目前的六个任务:一、完成1963年国民经济计划;二、远景科学规划完成;三、要整军备战;四、进行社会主义教育;五、不久要推行五反运动:反贪污、反盗窃、反浪费铺张、反官僚、反分散主义;和六、要提倡卫生运动,主要节制生育,提倡晚婚。七点半散,遇高昌瑞(庞曾漱丈夫)。

2月27日 星期三 晨晴-0.6°,风力1,761 mm。

晨七点起。八点至北京医院吸链霉素2 cc。八点五十分至友谊宾馆,参加水土保持组,谈对于昨天周总理报告的体会。蒋德麒说听了周总理报告人口的节制问题,陕西绥德米脂一带人口增加达到3.5%一年,此数恐是没有减去死亡率的。和谢鑫鹤秘书〔长〕谈南京地〔理〕所搬四川事,因南京地理所同人79人大多安土重迁,本不愿移动。再加一部分有眷属的已有工作,入川不易找事。而且四川的待遇级别低于南京,入川要减低薪水;再加重庆、成都均无住宅,目前只能单身入川。而西南分院均无法解决,所以只能留南京。我以为西南几无积极争取的决心,地理所在华东也有工作,赞同留南京,与张副院长说明后作为院中决定。下午郭院长参观综考会在友谊宾馆大楼所布置的展览,从三点至五点参观毕,并提了意见。六点至工人体育馆游泳。

2 月 28 日　星期四　晨昙, CiCu CiSt 5,-1.5°,风力 1, N, 753 mm。

晨七点起。八点至北京医院吸取 Streptomycin 2 cc。今日是最后一次,觉对于支气管炎比较有效,与我同时治疗者有六十多岁的一位女同志,也觉有效。她曾在大夏〔大学〕做事,据云欧元怀仍健在,而王祉伟已去世云。九点至地理所与宛敏渭一谈。十点至友谊宾馆,参加综合小组各专业组,报告十天来情况。上午只报了三组,因为报告漫谈了许多组中情况,但是许多听者并无多大兴趣。下午三点继续报告,把时间限制一下,比较迅速。从这次报告可以看出,这次会议不但不能如期结束,而且要拖延时间直至三月底。科学工作人员均归心如箭,很不耐烦了。我个人为了要参加三月中在云南布置的生物群落会议,也得去滇,而且事先必须把院中未了之事做好。中膳后约吴德胜(♀)谈,她于 55 年时曾当我秘书半年,后调沈阳森土所与其丈夫李君在一起,留五年后又调武功生土所,已有二孩云。晚膳后约任美锷谈,知南京大学地理研究所未成立,该系以利用山地为重,加上 Karst、土地利用等工作,他目前已不兼南京地理所所长。八点半回。

3 月 1 日　星期五　晨晴+1.5°, 754 mm。北海冰解冻。

晨七点起。上午八点半至院。九点与谢鑫鹤秘书长同见张副院长,谈南京地理所是否迁移西南(成都)事(详尽见廿七日日记)。经与周立三、管文蔚、华东分院及江苏副省长、马识途(西南分院)及施成熙、李秉枢等谈后,觉移西南成都、重庆均无条件,而华东又挽留地理所留南京,所以决计不搬。治沙所原定由地理所培养成为沙漠所,五年后移往兰州。此事,华北局与内蒙以为治沙队将搬走,提出意见,现知道治沙工作将继续进行,而沙漠所也非五年内能完成,已与李华同志等谈妥。惟刘慎谔老欲自兼治沙所所长,不愿放弃,且以为应留呼和浩特。他已于数日前因咳嗽回沈阳,拟日后解释清楚。十点至图书馆与顾家杰谈片刻。十一点至科学出版社,谈昆虫学会出《昆虫知识》事,新疆出集刊、专刊事与新疆土壤图(百万分一)事。又和严敦杰谈邹树文所著《昆虫学(中国)史》稿,已交一年多,尚未付印,曾交刘崇乐、夏纬瑛审查,但统不提意见。邹近来函催询,说如〔不〕出版彼将要回稿件重新校正云云。

下午二点半至友谊宾馆晤朱弘复谈《昆虫知识》事。三点在南工字楼开综合组会,听各组汇报至五点半。乘车回家后即赴工人体育馆,游泳 400 米,遇杜润生、林宝骆、关局长等。七点一刻回。晚膳。寄陈柏青函,为其第六子奕升事。他是清华毕业,想从长春光机所调北京电子所。陈系前浙大体育教员,解放后未曾通过信。

3月2日　星期六　晨七点0°,昙, Ci 4,凪, 754 mm。

晨七点起。八点半至西四中直礼堂,听驻藏边防指挥主任尹发堂报告中印边界,计四小时。谈印度军队的组织内有 Sikh 和廓尔克人,均不甚调和,东段边界地势情形和当时战争情况,包围印军10/26日之举及以后印度人俘虏的情况,我军战斗英雄事迹与临走时当地人士恋恋不舍情况。惜我只能听懂他语言十分之六七,许多重要地方不能体会。至十二点半散。下午二点半至院开星际航行委员会,到钱学森、赵九章、顾德欢、郭永怀、陆元九、过兴先、谷羽、裴丽生。贝时璋因病由人代理。裴丽生谈了委员会成立经过,赵九章谈十年火箭卫星测空规划。五点半散。晚至人大礼堂三楼见话剧院演出《叶尔绍夫兄弟》,遇蒋金涛、王〔　〕等。

3月3日　星期日　晨0°,风力1, S, FrSt 1, 758 mm。

土炮散雹之说不可靠。

晨七点起,做工间操12分钟。八点三刻和彬彬、松松、林宝骆父子去工人俱乐部游泳,我游300公尺。十点半兰州地球物理所高由禧同志来谈。据云兰州地球物理所在地质大厦,分为大气物理与固体物理(地震地磁)两部。大气物理分为:1.云雾物理,做冷云工作,已建立几个实验室。2.天气气候组,共14人,有二位助研、7个大学生。做西北干旱气候的形成,找干旱规律,从降水着手,但没有使用飞机,水气如何循环是问题。中亚沙漠进来水气比出去者为少。Tellus, Starr 作文认为美国干旱区从地面蒸发得到许多水气。3.小气候组做固沙工作,与地理所合作。据云古气候工作未曾着手,因无人做此。他希望今年能得几个大学毕业生,去年6个,今年希望19个,并希能得3—10 cm 英国 Decan Radar(只有水平扫描),更好是日本的(有垂直扫描),要12,000—20,000镑外汇云。高由禧说土炮止雹到现在不能证实,只知土炮对于雨点谱只能影响到100米附近,再高就不行。而声波的影响也未证实。贵州气象局工程师赵恕亦认为土炮散雹未曾证实。下午五点赵九章所长夫妇来谈。

3月4日　星期一　晨晴,有微高雾,-2.5°,风力1级, S, 761 mm。

中蒙边界协定条约。

晨七点起,做太极拳20′。八点半至院部,开科学院、北大、清华科学合作小组会,到张劲夫、周培源、张龙翔、高景德、汪志华、王松柏。我因$10^h30'$人大有86次常委通过中蒙边界协定条约,所以要先走。提了几点意见,即合作是否包括社会科学在内,合作方式应包括共同做科学调查探测,双方应尊重对方对于贵重仪器和珍藏书籍的使用办法等。周培源方自匈牙利和张维参加世界科学工作者协会理事会,于昨天回。闻我方与修正主义的苏联人士相争颇烈云。

十点半在人大开会,外交部姬鹏飞做了中蒙边界条约的说明。据云中蒙边界西起奎屯山4050高地,东至塔尔根诺尔湖东北,全长4400 km,除诺门罕一段长170公里外从未勘定。57年11月蒙方提出要解决,58年3月复信同意。60年5月周总理去蒙古,泽登巴尔又重提。我们从57年起做准备工作,过去45中苏换文承认蒙古独立,曾提到以现在之边界为边界,但两国画法大不相同(相差在旧图上至十七万方公里),经过探勘以实际控制线为根据,两方地图仍相差16,329 km^2。1962年6月复文蒙方,会议于十月上半月在乌兰巴托开始,根据平等互利、按照实际管辖情况,五天会谈,得到协议,又于十二月10—25在北京会谈,起草边界条约,于二十六日泽登巴尔与周总理即签订边界条约。边界4400 km中一致的2450 km,不一致的1950公里,有30块地区出入最大,统经协商〔得〕到解决。这争执的16,329 km^2中有5620 km^2划归我,10 709归蒙,争执地区2/3是不毛之地,重要的如西岔河红山嘴有金、铍、锂、钽矿,大部归我,额尔敦敖包有铬矿8 km^2地区也划归我。同时,博格达山596 km^2地方本属蒙方,以430 km^2归蒙云云。

下午二点半至友谊宾馆与李庆逵谈片刻,参加山地利用、水土保持组小结。六点又参加了农业领导组〔会议〕。据云上午曾向谭震林书记报告,他指示规划要重点突出,全面安排。说农业区划一定要搞好。综合考察展览大家要看。山地利用、水土保持要在农办下成立一个机构,治沙以林业为主。提1400万元作高校研究、农业研究费用。下列问题即科学研究体制,氮、磷、钾肥比例,粮食过关等要讨论。

3月5日　星期二　晨阴昙,ACu 7,-2.6°,NW,风力1,761 mm。

晨七点起。上午接友谊宾馆电话后即去友谊宾馆,原定参加院图书馆会议,未能实现。先至农业区划组,因谭副总理昨天曾告领导小组,说农业区划必须做好。但农业区划小组郭敬辉到九点半未来开会。我遂回至北工字馆,适过兴先、周立三、谢鑫鹤陆续到我处,遂谈南京地理所已决定留南京后其任务问题。我意地理所既属华东,即以华东农业增产为重点,做山地利用和太湖流域丰产相结合的工作。其中湖泊室要以太湖、鄱阳湖为中心,像施成熙这样好大喜功,既搞湖又搞海搞沼泽,则大肆铺张,人少事多,必致一无所成。对于是否担任综考会任务,则意见不一致。周立三不愿担承,除非不做华东工作,俟明晨再决定。次讨论昨天谭副总理所指示诸点,如农业科学研究体制问题,农业科学院想从科学院调人有困难,因科学工作人员均不愿至农业科学院,因临时任务多不能专心做工作。所以我主张将〔北京〕农大与农科院合作,农大只招收一千至一千五百学生为将来研究员和教授的准备,不和其他农学院同样培植推广〈和〉普通农业技术人员,同时把农场设备改进,如此农大教授也会欢迎,因为他们会有更多时间做研究,而农科院得以大大加强。午后和曾省谈,知北京农大和农科院为合作办植保所将所址建在农大内,名义由沈其益兼,这好像是理想的,但农〔科〕院领导也从未检查,到近才知道二单位完全不能合作。我问曾省原因何在,据说没有重大问题,只是小问题,如写一篇文章何人出名、所内事何人负责等等。

二点半至地理所,和吕炯、陈兴农谈农业科学院要吕炯兼农业气象所业务领导?。蔡子伟、丁老将与我谈此事。我以询吕,他本人于兼所长事颇有兴趣,但鉴于1953—60七年经验,知单干有困难。我问以过去七年有什么成绩,他说除个人增长知识外,对公家一无所有云云。

晚七点和林宝骆至北京体育馆游泳池,回途至新侨265号晤王季午,不值。

寄士楷函(附江西一竺姓来函)　宁函　丁巽甫函(附杨增慧中国古画单)

3月6日　星期三　晨晴,风N,力1,-3.2°,764 mm。中午飞雪片,寻止。

晨七点起,作太极拳20′钟。八点半到友谊宾馆。今日在北工字楼322室谈南京地理所方向问题,到谢秘书长、漆克昌主任、施成熙、李秉枢、周立三、郭敬辉、江苏省陈主任和南京地理所冯行与地学部秘书刘琼钊等。首由周立三报告了南京地理所近况,全所110人,研究人员54人,研究员仅周立三与徐近之,无副研究员,助研亦少。施成熙是水利学院兼任研究员,每周只能去半天。有地理研究室与湖泊研究室,前者有经济地理和地貌组,后者有水能、水化学、水文和水生四组。目前以经济地理比较强,这次在京讨论湖泊室,已承担了12专题或中心问题(觉太多),而地理室也担任五个,经大家讨论后认为应本周总理所说精神"实事求是,循序而进",要量力而行,同时也要尽力而为之。以支援农业为重点任务,所以如山地利用、水土保持、农业区划等为重点,同时能兼顾〔对〕综考会的支援。湖泊则以围湖如太湖、鄱阳等为重点。此外,还要办好与围湖有关工作,并与地方(南京)大学、高校取得联系。十二点散。

午后与吕蔚光谈片刻。三点至院,和办公厅同志及沈文雄秘书至德胜门外北沙滩新造院屋"地学大楼"看屋宇。此屋原为科技大学所造,全楼六层,加地下室和小屋顶为八层,离地安门12公里,离地质所尚有6公里。因科技大学从万人左右将减少招生人数至2500人,所以不需此屋才给生物学部,但动物所、微生物所统不愿搬,结果才给予地理所、综考会和遗传所。地面面积八层共二万六千m^2,可用面积19 800,此数分给地理所8300、综考5300、遗传所4000,再留二千方为旁用。地理所在生物大楼时原只2800方,但加两倍后李秉枢仍认为不足,尚在争执中,我以为这不免过度了。房屋质量胜于地质楼,今年正造六千方的宿舍与二千人用膳厅云。四点半回。

七点至人民大会堂宴会厅参加刘主席宴请老挝国王西萨旺 · 瓦达纳，渠生于 1907 年，曾在河内、巴黎入学，同来者有首相富马等。

3 月 7 日　星期四　晨阴，St ACu 10，-11°，北风，力 2 级，764 mm。晚有下雪。

73 岁生日。

晨七点起，20 分钟太极拳。九点至友谊宾馆〈至〉南工字楼四楼，山地利用、水土保持组向陶桓馥同志报告小组总结，由何部长基沣和席承藩作了报告。计提出中心问题十个，其中八个是关黄河流域中游的题目，一个是关华南红土的，余一是关于山地。这样不平衡，由于过去水土保持集中在黄河中游，山地利用是今年才提出。如多提题目无单位能承担，所以要培植南方的山地利用力量。从这中心问题也可了解为什么农业部对水土保持不感兴趣，因黄河中游区域如能做好水土保持，也不能对农业生产的总数〈不会〉发生重大影响。中膳后回。二点半至文化俱乐部，地理学会和商务印书馆组织外国地理名著编译委员会，到商务陈翰伯及黄秉维、任美锷、侯仁之、陈原、李秉枢、林超、王守礼、吴传钧、王乃梁、高泳源、谌亚达，并推侯仁之为主任委员，周廷儒、陈翰伯、吴传钧为副主任委员。晚膳后回。

3 月 8 日　星期五　晨密雪，Nb 10，+2°，764 mm，雪地上厚 2 cm。

晨七点起。昨子夜后下微雪至十一点多始停，约共下雪 2—3 cm，抵雨 2—3 mm，这也不无小补。写回信给意大利 Como 湖的天文台 Osservatorio Astronomico，Merate，Mrs. Mildred Shapley Mathews，来函问中国历史上有否女天文学家，因为她正为全球古女天文学家做传。我查了《后汉书 · 曹大家(曹世叔之妻)传》下讲班昭于其兄固死后为续成《天文志》与《八表》事，举出认为班昭(32—104？AD)可以列为古天文工作有贡献的人。她信说，我可能认识她的父亲 Harlow Shapley。我告她在 1947 年曾在哈佛大学教员俱乐〔部〕中共进晚餐，并承他送 Draper 天文镜给与广州中山大学事。上午至院。与曹文彬谈，并交去给 Mrs. Mathews 信，又谈及复英国皇家学会 Linstead 来函事。十一点至图书馆与顾家杰谈片刻。午后未出，因今日妇女节，允敏乘 2361 汽车约沈性元等去开会。

3 月 9 日　星期六　晨阴，St 10，+1°，N，风力 1 级，764 mm。

晨七点起。上午八点三刻到友谊宾馆。今日开始农业科技工作会议第三阶段(第一阶段是 1963—72 十年规划，第二是廿年、廿五年设想，第三阶段是山地利用水土保持等六个专题的规划)。我参加山地利用水土保持组,到六十人左右。我主持首次会议,何基沣作了简单提纲的介绍后,方华荣(水土保持委员会办公室秘书)提出了关于山地利用水土保持工作的意见文件上应修正的地方,接着讨论。据何基沣报告,全国有七亿亩坡耕地,其中有三亿亩可修成为梯田,而现在已修成为梯田的只几千万亩,如能每亩增100斤,三亿亩可增三百亿斤,即一千五百万T,可抵消近三年(1961—63)进口之数,而现在我们每年外汇支出大部花在粮食上(?)(如每年进口五百万T,以二百元一T计亦只十亿,恐此说未必确)云云。任承统主张建梯田种牧草(草木樨)作为重点,禁止陡坡开荒。张凤林作了《竹枝词》反对强调只打坝,如"多种经济多种秋,亩亩可得稳丰收"等等。蒋德麒主张给山区以一个定义,说缓坡地区水土流失也严重,要从不合理的办法改为合理办法有一个过程,如陕北农民明知种草木樨可得丰收,但因当年粮不够吃,所以近年草木樨就减少了面积。地方要省一级重视,不能全靠水利厅,希望培养一批做规划干部,推广化肥要有重点等等。陈凤桐主张山地利用只谈山地不谈丘陵不够广泛,一定要禁止不合法的习惯,如乱伐森林放火烧山等等。田埂上可种豆科,如多年生胡枝子、紫穗槐、荆条等。南方应多种紫云英,北方多种苜蓿,要有奖励和惩罚制度。组织领导,大区必须有人,省一级在省人委主持比水利厅好,主张要综合利用。林业部吴君蔚提出西北要植水土保持林为主。

下午三点,聂荣臻副总理至友谊宾馆看综考会展览会,到范长江、漆主任、谢秘书长及各队队长周立三、朱济凡、郭敬辉等等。聂总看了三小时不觉厌倦,对于草地应以牧为主,沙地如何利用极关心。晚膳后回。十点睡。

3月10日　星期日　晨阴, St ACu St, N风, 1, +1°, 764 mm。

农业机械学校熊伯衡来。

晨七点起,十二分钟广播操。八点三刻和林宝骆及妻子同去工人体育馆游泳,我今天游了三百米。回寓。前浙大农经系教员熊伯衡来谈,知渠于1957年被评为右派,不久渠夫人也被当作右派,直至去年夏他被摘去帽子,他妻于去冬也免除了右派,所以今日特来面谈。他仍在农业机械学校,他妻子则教日文。在该校有几个前浙大学生,如陈立原为副教务长,现任系主任云。

今日农业规划会议曾通知,云领导要接见全体农业科技规划会议人员,要在12^h—14^h听消息,所以大会人员均不敢离家或寓所。至下午两点始通知,于三点去中南海怀仁堂接见少数人员后在后园照相。我于三点至怀仁堂,在东休息室遇范长江、黄家驷、丁颖、李仲揆、傅作义、李德全、王首道等。未几聂荣臻及谭震林二副总理亦来,郭沫若、陆定一继至。待廿分钟刘少奇主席来,最后毛主席与周总理、朱委员长、康生、彭真、邓小平等均来,乃至后园照相。毛主席与到会农学家、医学卫生人员在前排者一一握手,计照相人员达一千三四百人之多。四点半回。

五点半至南河沿25号欧美同学会理事会中,讨论今年是欧美同学会成立50周年纪念应如何布置。今日到叶景莘老、周培源、茅以升、罗婉芳、卢肇钧、赵君迈、方贤旭、金永祚等。叶老将历年所积集欧美同学会照片拿来,计有1913年成立时的照及第一批留学生(包括唐绍仪、梁敦彦等),及1916—1923等年照片。决定只是小做,时期定今年春夏间。七点和允敏至首都剧场看话剧《红色宣传员》,系朝鲜剧本,述乡村对于千里马运动增产事,极为感动,而事极平常。十点二十分散。

3月11日　星期一　晨晴,N,风力3—4级,+1°,764 mm。

晨七点起。上午八点三刻至友谊宾馆。今日上下午均在北工字楼山地利用水土保持组,听组中同人提意见,因已到第三阶段行将结束,所以更需要大家提最后修改意见。赵明甫以为没有把黄河中游十一万方里的水土流失的治理作为重点之重点是缺陷,以为重点措施提得不得当。高继善以为水土保持成专业局不宜庞大,试验站也不宜太多。以为黄河中游宜设防护林,不宜设用材林(因为目的是解决燃料)。畜牧应以饲料基地为主。张耕野:水土保持应为山地利用服务,中游山区二十个县农业生产抵不了关中一个县的粮食工作。中央与地方不相适应,中央〔主管〕局在农业部,而地方在水利厅。近年水土保持经费三亿元,其中黄河占一半,大部统用在打坝。山区要多种经营,向山区多要林材和皮毛,少要粮食,如何能过渡重农政策到重牧、重林政策。傅焕光说59—62年安徽省要山区粮食自给,破坏水土保持严重,省中烧荒山一百多万亩,62年开会后决定山区以林为主,丘陵农、林、牧兼顾。造水库多,浪费。以后凡造大型水库,上流必须先做好水土保持。提高土壤肥力。杉木长得快。长江淮河流域水土流失严重,江西抚河已变成沙河。席承藩:综合利用方针下达到县里会有许多问题,应调查研究何种树木最适宜。刘万铨提机械化不能忽视,要把水土保持、山地利用,用电影、广播来作宣传。说定西所有水库统被冲掉。在黄河流域研究工作由黄委领导有好处。张开铸:应以山地利用为中心,水土保持为基础。云南油料靠草本植物,不知利用木本油料。西南山地到处开荒后水土流失严重。下午广州来人又强调两广水土流失严重。云南山地水土流失,年4—5 cm,而下面为石头即不易变土。要禁烧山。西双版纳有一种铁道木,愈伐愈生得快,可作燃料林。南方也有葛藤和维蒂马来草可保持水土。广东韩江水土流失严重。吴君蔚谈西双版纳老乡第一年开垦种田,第二年“点桐”种油桐,第三年“抽杉”种杉木,十年遍山皆林。人少地方要研究机械造林。姜恕说有人主张打一万个坝可以阻止水土流失,这坝多给人民以麻烦。要多种经营,种橘、养蜂一齐来。王兆凤、邓静中、姜恕统提陡坡开荒问题。

3 月 12 日　星期二　晨昙，ACu 6，风力 2—3 级，N，+2°，766 mm。

晨七点起，太极拳 19′钟。八点三刻到西郊友谊宾馆，开领导小组〔会〕。今日农业科技规划会议第三阶段要结束，六个专题组到会讨论三天匆匆收兵，所以今日上午向领导小组作了报告。上午报告者有气象组（饶兴）、林业组（郑万钧）、水利（张子林）及电力（农村用）组作了汇报。据云农村用电五年中全国增长十倍，已达十二亿度，即每人二度，比日本 20°、美国 91°则相差尚远。惟电力仍贵，最贵在石家庄，每度要 1.40 ¢。太湖流域与珠江三角洲用电最多。据张子林报告，全国有盐碱地三亿六千万亩。

我报告了水土保持。这次会议把山地利用和水土保持合了起来，主要治理办法是农、林、牧、副、渔综合治理，但农与水有矛盾。水利方面主张以黄河中游十一万方 km 为重点的重点，但二十多县陕晋北部地区农粮生产不及关中一县之多。全国坡地农田七亿亩，做梯田只几千万亩。预备三十年中做三亿亩梯田，建议中央（农办）设立山地利用局。目前局是属农业部，而省、县的水土保持属水利厅，因此上下脱节不能指挥如意。主张对山地利用要综合治理，水土保持大众化，广开宣传。对于陡坡开荒、斩伐森林加以惩罚。十二点中膳。

二点和李文亮谈，朱莲青谈。三点开全国科协主席团会议，到范长江、黄家驷、孟目的、茅以升、吴有训、周培源、严济慈、张震球、陈继祖、杨显东、张含英、傅连璋、黄继武、王顺桐等。讨论自然科学专门学会通则草案，由黄继武作了说明。对于会员资格、会员种类、学会任务、与领导关系等问题大家提了意见，决定由竺可桢、严济慈、黄家驷、茅唐臣、杨显东、黄继武六人明晚再重新修改一次作为初步定案。晚膳后和科委会王局长，同至日坛北京体育馆游泳池游泳，遇林宝骆、武衡。

3 月 13 日　星期三　晨昙，CiSt 8，0°，N，风力 1 级，764 mm。

晨七点起，廿分钟太极拳。早餐后，八点三刻到文津街科学院。今日《人民画报》派敖君来拍照，为登《画报》之用，因需要一定形式的姿态，所以使个人不能自然地表现日常所有之态度，这样就不免有做作的样子，这是我所很不能赞同的。拍照计费了一小时。十点至人民代表大会常委会，今天是石油部副部长李人俊报告。首先说明在第二个五年中前三年的努力是在青海、新疆和四川，而在后二年（1961—62）在东北和华北。在后二年中增加贮藏量廿倍，解决了第三个五年所需的石油，每一公尺的钻探已可得 270 T，第一个五年计划只每公尺 40 T，而费用降低了 94%。天然气的贮藏量增加 60 倍，原油生产量第二个五年中产 2220 万 T?，而第一个五年中只 499〔万〕T?，天然气已增加至 48 亿立方，现在所产石油天然油已占 83%，而人造油只 17%。油的种类从 59 种〔增〕至 174 种，62 年已加至 410

种(全世界号称二千种)。重要的石油制品基本可自给。基本投资第二个五年计划时期比第一个五年加90.5%,原油生产62年比57年加二倍半,原油加工能力加1.8倍,打井总数(米)加三倍。兰州油厂已成世界三大油厂之一,能出200多种品种。在理论上中国创造了陆相生油、古生代地层找油、在地块(不一定在地槽)找油的新法。松辽平原安达(46°N, 126°E)一带石油矿的成因尚是保密的,而苏联石油专家勃拉基擅自发表。至于打井深度每月数目也有增加,57年每月270米,62年加至570米,一年可至三万多米(一个钻)。岩心收获已达85.6%,而57年只43%。已经从岩心作了一千三百万次的岩层储油对比。近已制成一种仪器,可以探测井中何层储油云云。十二点回。

下午五点至院党小组会议,到郭院长、裴副院长、杜秘书长、郝主任及秦力生秘书长。六点至友谊宾馆。七点开科协小组会议,修改各自然科学会会章通则,到范长江、黄家驷、杨显东、茅唐臣、严慕光及黄继武。九点半散。院〔党〕小组会议决定以后每月开一个,星期三开一次碰头会。四月二日星期三我在允景洪,五月一日是假期。

3月14日　星期四　晨阴, ASt ACu 10,+2°, 758 mm。下午阴,晚阴。

晨六点三刻起,做太极拳20′。九点至友谊宾馆参加了综合组,现农业科技规划会议已到终结阶段,各小组除农业分区、农学院校小组等外,已告结束,但尚有一个综合小组要起稿本计划的提纲。本组过去曾开过两次会议,但只是务虚而已,中经二三星期,情况又有改变,所以今晨又务虚一个上午。据范长江云,这组要到月底或四月十号左右才能结束,这实在拖得会期太长,幸而综合组原来人数不多。但今天开会的人却有各省区在内,人多话多,又费了不少时间。四川杨允奎谈四川情况,说川省农业科学研究经费年145万元,希望有条条领导,中央农业科学院要加强。华北季良谈所定任务有40%—50%不能落实。说农业科技队伍现只一万四千人,推广人多,研究人少,下乡不解决问题。江苏省代表说,这次会议前,农业部电各省区要十天之内提规划。做科学规划尤其是十年规划,一个省区之大,如何能做得好。我提到要农业过关必须提高科学研究水平,其中关键问题在于加强中央农科院。要从科学院调人不合适,因为科学院的人不愿至农科院。理由是农科院是一个门市部,很难做科研工作。不如两院全面合作,如科学院和清华、北大那样。其次农科院须与北京农大合并,可收两益之效。现在大学招生,农科不考物理、化学、数学,只考低级,如农科学生只做推广工作是合适的,但要做科研或大学教授而无理化底子是不合适的。建议国内有少数农业大学以培养研究、教学〔人才〕为主,如北京医科大学那样,年代不妨延至五年六年。学生少而教员教课时数也可减少,腾出时间做研究。如可能,可与农科院合而为一,如邹秉文提议那样云云。

十二点回家中膳。下午三点至院，与赵仲池谈。五点至政协，和允敏、沈性元(钱乙藜太太)晚膳。膳后在政协看妇女协会展览，有胡絜青的画，于立群、沈性元写的字，陈绵祥做的诗。七点至长安戏园，看俞振飞、言慧珠演《贩马记》中的《奇双会》和北昆满乐民、董瑶琴演《岳云招亲》。十点多回。

3月15日　星期五　昨晚雨，地潮湿但雨不多，七点+7.5°，ACu 6，北风，力1，758 mm。

下午周总理作精简报告。

晨七点起，20′钟太极拳。九点至北京医院检查身体。由女医生刘检查，得血压102—70 mm，心脏做了心电图，认为与前无异，可以认为满意，去云南西双版纳无碍。十点半至院。十二点，前天在我办公室《人民画报》所拍照片已拿来，我选了几张交与沈文雄秘书。下午三点至中南海怀仁堂，听周总理报告国家精简人员情况和以后企图。据云：(Ⅰ)两年来减少全国职工一千八百万人。1960年拿国家薪水的达五千万有余，到62年底减至3268万人，其中有学校新毕业而被用的约卅一万人，实际离职的达2100万人。(Ⅱ)减少了城市人口。1960年城市人口一亿三千多万人，一年半中减少二千二百万人，达一亿〇八百万。但人口增长很速，生小孩六百多万，净增(减去死亡)三百多万人。再加乡村流入的人，共加900万，实际只减少一千三百万，到62年底仍有一亿一千八百万人。原计划要减少到一亿一千万，尚差800万人。目前人口增加速度每年一千五百万人，要提倡晚婚和节制生育，从城市起。精减的效果很好。1)减少城市商品粮120亿斤一年，这样可以向农村少征收。2)减少国家工资支出年50亿元。3)60年职薪工资263亿，62年213亿，所省数可以作为今年下半年加薪用，同时也加强了乡村劳动力。4)工厂从六万二千个减少到四万二千个，县市企业也减少一半，基本建设从1700个减至600个，学校也减少了。5)供应品已增加到超过购买力。目前集市贸易尚嫌太多，占买卖的2.5%，要限制。6)金融财政已改好，去年预算支出减200多亿元，而收支平衡货币回笼也多了，发行人民币可缩小。(Ⅲ)今年上半年要减少职工156万人，城市人口要减800万人。(Ⅳ)要抓精简关节，要实行五反：即反贪污盗窃，反投机倒把，反铺张浪费，反官僚主义和反分散主义。并和“整顿、巩固、充实、提高”相结合，和整理金融结合起来，和反修正主义和社会主义教育结合起来，也和压少城市人口相结合。城市人口要占17%以下。(Ⅴ)要严格控制用人，减少管理机构，减少事务行政人员。(Ⅵ)今天会后各单位要指定一位副部长负责，和群众见面来动员，以一个半月为期，做到精简。六点散。至工人体育馆游泳400米。七点一刻回。

3月16日　星期六　晨晴+2.4°,北风,力1, 758 mm。

晨七点起, 20′钟太极拳。上午九点至院小组政治学习,学习组好久没有开会,所以今日到者特多。张劲夫副院长谈了修正主义的错误所在,主要是赫鲁晓夫的过失。叶笃正提到苏联制度中的缺点,斯大林有否过失。张副院长谈到过去一直认为斯大林的功〔大于〕过,《人民日报》曾做了结论是三七开,七成功而三成过。他的功劳是循列宁指出的道路,建立了世界上第一个社会主义国家和卫国战争时代的奋勇指挥打败纳粹,至于近来苏联科学上卫星上天实际也是在1929—30年奠基的。他的过失是最初以为社会主义完成,内部已无问题,但以后发现内部矛盾后又把它当敌我矛盾处理,把Buharin布哈林等人当作资本主义国家代理人,残杀许多不应杀的人。在外交方面有一时过于相信统一战线,要毛主席到重庆,不赞成国共对峙,直至解放军渡长江时尚反对解放军的前进。南京政府移广州,苏联大使馆也随往。解放后毛主席去莫斯科时也尚有争执,直至抗美援朝才信任我们。第二次大战后处理欧洲边界也表现了大国沙文主义(Königsberg是东普鲁士的重镇, Kant的生地,而苏联强占并改名为Kaliningrad是一个例)。

下午三点至院。讨论1963年工作的安排,这安排办法曾经党组扩大会议讨论决定。今以充实提高为目标,在工作上重点放在布置好实验室和做好同人的提拔升级等工作。目前又要忙于精简,因周总理报告精简尚有尾数,中央单位三万二千人,这样轮到我院恐尚有千人之数。次则进行"五反",反贪污盗窃(近来院中也有盗窃事情,光机所有人盗窃水银积累到数十公斤,地球物理所窃铜数百斤),反铺张浪费,反投机倒把,反官僚主义,反分散主义。我对于院所拟办法均赞同,惟认为建好实验室首先要有很好建筑师(如杨廷宝)或清华大学有人兼管。次认为仪器图书,书固重要,但院中档案管理很差,今日去友谊宾馆与农业部谈农业气象合作事, 1953、1957两次合同均找不到,云云。

五点至友谊宾馆,到蔡子伟、丁颖、卢温甫、范长江。丁老对于农业气象要靠农业人员一点总不能体会,谈得无结果,六点回。

3月17日　星期日　晨晴+6°,凪, 755 mm。

古气候物候。

晨七点起。上午九点和彬彬、松松、林宝骆夫妇等去工人体育馆游泳池游泳,因有感冒的趋向,所以我只游了50米即出,十点回寓。阅科学技术出版社交来缮〔写〕好的《物候学》稿件,改正了若干错误。我只看了1—5章,第六章以后系宛敏渭所写,我也提不出意见。最重要的改正是在第四章"物候古今不同"节下。在谈到第四表日本京都各世纪樱花开花平均日期的解释下,加了一段。据京都的表,樱桃开花在九世纪为四月十一，十世纪为四月十二，但至十一世纪延至四月十八，十二世纪延到四月廿四。据宋苏轼“蜀中荔枝出嘉州，其余及眉半有不”。陆游解释说，依诗则眉之彭山已无荔枝，何况成都，但唐诗人张籍却说成都有荔枝，籍所作《成都曲》有“锦江近西烟水绿，新雨山头荔枝熟”。与籍同时人白乐天在忠州作官时也常咏荔枝。按张籍、白居易（公元772—846年）统是九世纪人，而苏轼（1037—1101年）是十一世纪人，陆游（1125—1210）是十二世纪人，可见四川和日本一样，十一、二世纪较九世纪为寒冷。

下午三点和允敏、松松至王府井大街购一华达呢裤子，一条价34.60元，还要16个工业券，可谓贵矣。但如在苏联购买，价决不止此。松松同时买一条布裤只三元而已，但另要六尺布票。但我个人一年只一丈布票，而允敏只四尺而已，所以普通一人尚不够买一条。学生每人〔一〕年只六尺，可见布票之紧。在新华书店购得《徐文长》，系徐仑所著。徐文长（1521—1593）绍兴人，我幼年在东关常听裁缝、小工等谈徐文长故事，说得光怪放诞。来京后，观其绘画读其诗，深佩其人，所以渴欲知其生平事略。

院通县印刷厂几年来力争上游，连续六次荣获北京红旗单位的称号，由院务会议提出，由中国科学院给以嘉奖的信件。1962年又超额完成任务（生产计划），降低成本，提高产品质量，在黑色版面字迹和装订方面日臻精美，特予以表扬。

3月18日　星期一　从北京飞昆明　晨六点晴，月色大佳，10.6°，凪，750 mm。北京山桃花初开（1/3）。晚在云南昆明，雨后雾，房中20.5°，不生火，气压600 mm（1980 m）。

		高度
$7^h40'$	飞机自北京出发	100 m
$8^h06'$	天晴但Hazy	2700 m
$8^h38'$	过曲阳	2700
$9^h13'$	过太原	2700
$10^h06'$	过河津渡黄河	2700
$10^h42'$	到西安	320
$11^h30'$	从西安出发，机迅速上升	
$11^h48'$	过秦岭	达3600 m
$13^h30'$	到重庆	240 m
$14^h47'$	在云顶上	3300 m
$15^h25'$	过〔宣〕威入云南，下边少云	
$15^h58'$	开始下降	
$16^h08'$	至昆明在雨后，23°	1900 m

住翠湖宾馆三楼。至玉华医院看五官科王大夫。

晨五点一刻即起。早餐。沈文雄秘书和李秉枢所长来，同乘车并由赵司机送至东郊飞机场，允敏也送到飞机场。我们于六点廿分出，未七点即到机场。路上钻天杨两旁已长得很高，并有苹果、葡萄、梨等几千百亩，一路风景不错。七点四十分即上机，未几即别允敏出发。机为ИЛ 14两发动机，机号为460。上机人甚少，除我和李秉枢、李文亮、沈文雄四人外，另尚有二人，此外座位上有若干堆了货。据机上女报告员云，自北京至昆明飞行凡2200余公里，估计下午五点到，路上停三次。北京至西安1020公里，西安至重庆590公里，重庆至昆明621公里，一路平顺。在西安吃了中膳，每人60¢。西安小谷已抽青，与北京已是不同。过西安后云雾渐多，重庆阴天，间有太阳。在重庆机场有户外所种茶花已开到尽头，桃花也盛开，正值盛春时节了。到昆明则野外油菜花已黄足，蚕豆已老，翠湖铁茎海棠也盛开，正如江南清明时节或北京谷雨以后情况。翠湖上小燕Swallow群飞。我们到昆明后，即有吴征镒、金鉴明等在站相接。金于今日上午从南宁到此，同来尚有王献溥和江爱良。行李取出后，我们一行坐车至城内翠湖宾馆。我住207号，遇黄秉维、汤佩松、江爱良等。我从昨晚起左鼻孔觉疼痛并流清水，所以约宾馆张君陪同至昆华医院看一五官大夫王贞瑗(♀)，下江人，与我以点鼻药及消炎剂。六点晚膳。膳后和李、江、沈至湖滨一走。

3月19日　星期二　〔昆明〕　晨七点房中开窗15°，有阵雨，StCu，N，1，610 mm（1960 m）。上午阴，下午晴。昆明翠湖见小燕子。

上午在翠湖理发。下午至昆华医院看鼻炎。

昨晚因鼻炎顿觉担心，半晚把脉高至80跳一分钟，以为有体温，但手足又不那么〔热〕，因想今天到昆明后上楼梯倍感困难，始悉脉搏之高由于由北京顿升至昆明海拔1900 m之处，始稍放心。又想到上门牙两粒假牙系二三年前北京医院王民宪?大夫所装，装上时王洁泉大夫认为不甚合适，将来须改装，近来已觉摇动，可能由门牙发炎而致累及鼻子。

早晨六点天未明即起(昆明在东经103°E，而用120°E标准时，所以地方时与标准要相差68′)。在房中作太极拳20′。早餐后未出。闻云南大学前附属医院有牙科梁大夫颇有名声。适李文亮同志第五女(陈凡)现在物理所，曾在医科大学毕业，熟识本地医院情况，托其接洽，于午后前往诊视。午后曲仲湘与植物所唐燿来，曲将和大队同往西双版纳。三点和金鉴明、沈文雄及陈同至云大医院，知牙科梁大夫因病未来。看一蒋大夫，亦下江人，我告以因门牙发炎而延及鼻子，他诊视后认为门牙确装得不好，左门牙与牙根不相接，因此早已摇动且有脓水，但认为既不疼痛不致延及鼻端。鼻尖已肿乃是鼻炎另一问题，遂兴辞。重至昆华医院看王贞瑗，王大夫适将出门，遂约其再诊。她亦认为非牙根所延及，是鼻炎，先用金霉素将左鼻封起，并主张打青霉素油质1 cc，事先须验明有否反应，要二十分钟方分晓。此鼻〔科〕大夫王承烈同志亦来，年已六十多，据云杭州人，曾于1930时代在北极阁见过我。他原〔在〕上海德国人办宝隆医院，抗日战起1939年来昆明，以后即留昆明。据云以剪刀剪鼻毛必须先行消毒，不然有传染细菌至前脑之可能，认为余既无温度也不觉痛,所以尚不严重。打试验针廿分钟后无反应,乃为余打一针青霉素,打后休息了廿分钟才离院。闻昆明曾有打青霉素后而起反应者,故极为慎重云。五点半回。六点晚膳。膳后和黄秉维、李秉枢谈西南考察、农业气象合作等事。

3月20日 星期三 昆明 晨室内64°F, 600 mm,阴, St ACu 9,凪。

上午至云南安宁的温泉。下午至筇竹寺。

晨六点起,天未明,漱盥后作20分钟太极拳,天始微明。七点半早餐。九点昆华医院王贞媛女大夫来为诊治鼻炎。据〔云〕鼻肿稍退,再用金霉素封左鼻孔,并嘱继续吃红霉素。九点半出发,和吴征镒、汤佩松、李秉枢一车赴安宁,出西门行约40公里由小路至温泉。我曾于解放前来此,前年又和省政府张冲同志及家眷同来。前年来时正值五月,时叶子花盛开,今年则桃、李、梨、海棠(垂丝)、碧桃、玉兰、木瓜、樱桃均同时开着。此温泉于明代即出名,云南才子杨(修)慎菴为之鼓吹,明末〔自〕宜山徐霞客又曾步行来此,见其游记。今日系星期三,来者不多。我们在此洗一浴。每室有一人、三人、多人的,一室用费一元,不论人之多少。水不甚烫但觉热,故我不敢多留水中。在温泉遇徐仁,知其全部时间在北京植物所,于两月前来云南调查,适遇大雪致发寒热转成 Rheumatism,因来此休养云。在温泉中膳,膳时有奶饼、凤尾鱼等。云南人吃饭喜硬,故我多用面食。膳后昆明植物所副所长浦(女)君及金鉴明、王献溥等均来,我们又先出发至附近曹溪寺。内有元朝遗留梅花,实不足观,但有热带的玉兰,则为上次来时所未注意的。热带玉兰迄尚未开花。由此至珍珠泉,在山上可以见到螳螂川由滇池流出,向金沙江而去。由此我们车先行回昆明,在半途至筇竹寺。寺在玉案山顶,离平地约220 m处。据〔谓〕唐贞观时代建。大殿中有元朝白话文碑,一面系汉文,一面系蒙古文,写□二年建,当时昆明城名为鸭池城子。庙大门外有柳杉(孔雀杉)二株,其中一株围可二抱,据说系明宣德九年种(1434),其一则稍小。寺内有花木极盛,有梨七八株,可合抱,此外有植地上和盆景的花,如朱砂玉兰、桃、李、垂丝海棠、牡丹、山茶花等,均在盛放或将衰。另一特点是光绪14年四川艺人黎广修所塑的500罗汉,确有艺术价值。四点半回寓。五点,刘披云副省长及科委金泽主任来谈片刻。晚至云南艺术剧场看歌舞演出。

3月21日 星期四 昆明 晨晴,室内59°F, 602 mm。今日春分。下午晴。在昆明见燕子群飞。

昨晚至云南艺术剧场看文化部民族事务委员会庆祝云南省西双版纳傣族自治州成立十周年艺术团演出的歌舞、杂技,有刀美兰的傣族舞、阿依木尼莎的维吾尔族舞、金恒侠兄弟等的杂技(口技、试盘、戴帽等等)。七点半开始,十点半散,计三小时,演得不坏。

晨六点三刻起。今晨鼻肿和唇肿经王医加药后已大减退。上午九点半和黄秉维所长同至昆华医院,渠治风湿,我看王贞瑗大夫。渠认为已有进步,明日可以赴西双版纳。上午气象局(云南分局)樊平章同志来。樊君南大气象系毕业,解放后来昆明,曾在青岛气象学会年〔会〕(1958)相遇,曾著《云南省气象分区》等文。我询以云南土炮防雹效果,据云迄今未能证实有效。说云南与贵州同一纬度,所种的同类水稻,云南要比贵州高400米。他以为是由于贵州多雨而云南多阳光的关系。我以为经度也有关系,即按Hopkins定律,大陆性依离海的距离而增加,夏季大陆中心更热,同时西藏高原也有影响。

下午和吴征镒及沈文雄赴玉案峰下的洪洛涧的西南动物研究所,即以前的云南动物研究所。所长为潘清华,宜兴人,系潘梓年本家,前云大教授。据云动物所现有61人,有大学毕业生28人。有四个室,即西南区动物区系组、放射性生物、脑电生理(以猴子为主要对象)及形态室等。研究人员多为青年人,研究员惟潘与彭洪绶二人,而彭尚兼北京所事。该所于61年始迁玉案峰下。与军医科学院的研究所(专做小儿麻痹症预防疫苗,有同事100多)同时迁来。动物所现在房屋2700 m^2, 其中1400 m^2 为猴子所占。现有猕猴100多,每笼有一雄三雌,去年曾生小猴八只,今年已生七只。最初吃熟食,死亡甚多且不生育,现改吃生食,死亡大减少。参观后,我和四室少数同人谈了话。在潘所长家中膳。潘所长的长媳系王〔　〕,黄花之意,生长在上海,已有一子云。七点回。

3月22日　星期五　〔昆明至思茅〕　晨昆明晴,7°(窗口),风力2—3级,603 mm。下午至思茅,室内69°F,有阵雨,时晴时阴。在思茅闻黄莺。

晨七点起。早餐后收拾行装。十点半和黄秉维、李秉枢、沈文雄、吴征镒、李文亮、曲仲湘、朱彦丞、金鉴明、汤佩松等一行十六人至飞机场,即在飞机场中膳。膳后$12^h26'$乘ИЛ 14号飞机赴思茅,$12^h46'$即达3200米的高度。云南多山,山上树木也尚覆盖茂密。据吴征镒,以云南松为多,但至思茅以南则多为阔叶树。从昆明至思茅320 km,飞机价每人46元。$12^h26'$出发,$13^h52'$即到,只花1h26′而已。高度飞在3300左右,在机上见地冒烟不断,乃农民放火烧山所致。今日天气佳良,上有FrCu,其高度在海拔四千米以上,较之平原地区为高。$13^h12'$过红河,但不见元江城。$13^h34'$过李仙江,由此下降,至$13^h52'$到思茅机场。思茅高度(海拔)1300米,从前系有名的疟疾城市。民国年间曾一度变为废墟,城中五万人恶性疟疾猖獗,死者五千人,其幸免者多逃亡,以致十室九空,城外有猛虎出没。至解放后疟始绝迹,但蚊蝇仍不少。〔旁记:为了避疟,队中每人吃〔药〕五天,每天三粒。〕我等将行李安排后稍休息,至思茅藩城一走。街路以石灰岩岩块铺,大的店铺均已移至新区,老城有机关与住宅。我们在大街上经行一番,觉此处有三多,即糖多、小孩多、苍蝇多,闻再向南苍蝇更多,因在北京久已不见苍蝇,在思茅骤见,故以为多也。六点晚膳,有蚕豆、汽蒸鸡、土芥菜、面粉肉、猪肚等,可称味、色、香均佳,觉胜于翠湖宾馆。我们在思茅住外宾招待所,住屋是吴努来时曾住此云。思茅新街一带有不少新建设,如医院、工厂等。思茅现为区名,普洱县即属思茅,故以出茶著。晚上和汤佩松等打 Bridge 到九点半,即先睡。

寄允敏函

3月23日　星期六　〔思茅至小勐仑植物园〕　晨晴, 648 mm (1270 m),室内 64°F。晚达小勐仑植物园,晴,气压 704 mm (海拔 560 m),室内温度 74°F(=23°)。

晨因昨报告今天要晨七点出发,所以晨五点即起。今日天气极佳,既无风亦无云,惟远处有微雾。思茅向四周望均为山所包围,其山脊高下四周亦似相等。晨起做太极拳 20′,吃早饭已七点半,待出发已八点,计 Газ 69 一辆先行,余和大队坐大车继之。

晚吴征镒谈植物园建于 1959 年,有地在葫芦半岛上五千亩,山地五千亩,职工共 200 人+,大学生 30 多人。分二组,即经济植物和生物地理群落云云。

时间	地点	路牌	海拔	
8ʰ00′	思茅出发	575 km	1270 m	出发时衣服四件交彭姓女同志洗涤
8ʰ20′	过一水坝	586km?	1320 m	在坝的附近湖南移民大面积开荒,水土流失颇显著
9ʰ00′	过麻栎坪	598?		途中见有乔木,开白花者为羊蹄田,红花者为刺桐
9ʰ25′		610	880 m	
9ʰ50′ 10ʰ25′	普文坝	624	830 m	在此停半小时, 56 年 Сукачев 苏卡切夫来华时初勘定此地为生物群落站
11ʰ10′	松山	630	1000 m	松山以北一千米以上有思茅松,1600 米以上有云南松,松山以后虽在 1200 亦不见松
11ʰ34′	落水洞	646	1250	
12ʰ00′ 13ʰ00′	大渡岗	655	1280	在大渡岗吃队中所带点心
13ʰ20′	官坪	670	860	过大渡岗下坡,天气好,觉有夏天意味

（续表）

时间	地点	路牌	海拔	
$14^h18'$	土穀鞍	696	740	
$14^h20'$	小勐养	698	730	由此分路，一支向西南往允景洪（车里）转大勐龙，一支向东南至小勐仑，又行约10 km到植物园
	自小勐养另起路牌			
$15^h15'$	曼岭	+14	1050 m	自小勐养向东，地面起伏不平而气候似比前干，而且竹子渐多
$15^h27'$ $16^h04'$	优乐山（?）	+19?	880 m	地面草尽干，竹有枯死者
		+30	1160	
$16^h30'$ $16^h40'$	弄怕（合作社）	+36	1180	是优乐族所居村落
$17^h12'$	边卡×口	+48	1040	沿途见烧山极为普遍，路牌+25
$17^h18'$ $17^h30'$	自然保护区	+49 +58	900 m—620 m	为下坡，路上一段是自然保护区
$17^h55'$	渡罗刹河	+60	560 m	渡河后取一条小路至植物园
$18^h30'$	植物园	+10	560 m	

3月24日　星期日　小勐仑植物园　晨雾，二百公尺外不见人。室内62°F，户外13°（56°F），708 mm（海拔530 m）。中午房中开窗69°F，709 mm。下午六点74°F，因房间西晒所以下午热。西双版纳从12月到2月为干凉季，晚十时起雾至明中午，称雾季，3—4月为干热季，5—11月湿热季，月平均20°+。

晨六点半起。洗盥后早餐。在思茅未见蚊子，到小勐仑虽闻已有蚊子但尚少。晨起大雾，200米外不辨人物。昨晚闻杜鹃，今侵晨又闻。早晨吃面后，八点半即出发，全队一行约二十人，由园中年青同志裴盛基和张毓英（♀）等及周汉章带，同往植物园西区。园之东、西两区均在一个葫芦形半岛上。今晨参观西区有苗圃，从古巴去年吴征镒同志所带回一百卅多种品种的种子于培养后均已成活。至经济植物区，有可可长得比海南岛好，轻木树已长得人高。油果系本地产藤本，果中含油达80%，为最有希望的一种经济植物。至经济乔木区，除轻木外，有柚木、Mahogany、腰果、槟榔、油棕等。药用植物有萝芙木六种、大风子（治麻风）、美国产治癌病的Minka民加。次至蕉园，有产Manila Hemp的蕉，以及各种芭蕉、香蕉等等。十一点回。在招待所吃了园中所产木瓜与芭蕉干和大蕉、指头蕉等。香蕉佳者每亩年产可八千斤，干物质二千斤，另有三千六百〔斤〕蕉枝并叶，可喂猪二只。〔旁记：香蕉亩产八千斤，果枝干可喂猪不算，黄所长算利用日光3%。〕

下午三点大队人马乘大车赴东部的自然保护区,先走昨日进植物园所走之路约二公里,然后转入大路向东行。进至路牌+671公里处,是沿一条一沟为罗梭江的支流,顺流而下,至海拔510 m处停车,观看路旁的植被。据吴征镒所长说,乃是原始森林,但林下泥不深,积叶虽有亦不厚。我们爬上无路之山去看一枝大树 *Tetrameles Nudiflora*,系暹罗、缅甸一带盛产之物,树干不作圆形而作 Tetrahedron 形式,据云系数百年大树。至公路虽不过40米而极为费力,下至公路后又过一四根树干所架之桥到对岸,稍息后即回,时已五点一刻矣。

六点晚膳。江爱良等一行五人从昆明坐汽车,经墨江、元江到此,据云走二天多。元江前天最高气温38°,海拔360 m,为云南平均温度最高之地,墨江海拔1200 m。晚膳后又见南方山上放火烧山,昨晚见北方山上火光熔熔。据云傣族习惯刀耕火种,种三年后即放弃,另烧一块云。

3月25日　星期一　〔小勐仑植物园〕　晨大雾13°,708 mm(540 m海拔)。中午71°F,2 PM 81°F,晚十点房中75°F。北京杏花、连翘均开。

下午在植物所召开谈话会。

勐仑气象站记录,59—62年平均温年21.6°,一月15.8°,六月24.5°。年雨量约1500 mm,日照时数年1800 h。早晨多雾,而下午也有Haze。这是由于每天烧山烟雾多,而干季日中在谷内风不大,所以经常上层无云(干季),而下面烟雾迷漫。日落时太阳如鸡蛋黄,上午八点亦然,至九点前日边有毛作白色。余称前者为干雾,后者为湿雾。后至山巅气象站,有德国量雾器量得今昨雾量均以九点左右为最多,未几即消。

晨七点起。天黎明又见大雾迷漫,太阳初作红色如鸭蛋黄,疑是焚山灰烬所致。八点半雾更浓,能见度只100 m左右。我们先看了植物园实验室,水电均有问题。电系柴油机发电,水由河中引上,夏季水浑。实验室中有试验油瓜子油,一盘瓜果中含油54%—78%,在渣滓中含蛋白20%。见沈阳德克厂出品一个大天秤可称50 kg,称至3 g。次至氨基酸与氮的定量分析室等。参观后至葫芦岛东区,为多种经营实验区,主要是各种经济植物,以橡胶为主,有二百亩种胶,行距10 m,株距3 m。行距中预备种灌木,下再种豆科覆盖物。现正试验萝芙木遮阴试验,证明萝芙木在阴丛下长得好,碱类生产多;大叶茶(普洱茶)也长得合适。次看水土保持试验,在17°的坡度上四块同坡度的地,一保存森林,一为梯田,一为旱作,最后荒坡。所得结果如以森林区为100%,则旱谷区土量是180%,荒坡去草为160%,水的流失为440%与470%。自此行往低湿处的原始森林,几于树叶均起了菌,林中有几株刺桐高可30—40米,许多种藤木均牵丝攀藤地牵在上面,其顶可称为屋顶花园云。此区雨季时不能入内。最后至气象站,站中有量雾器为余初见,乏风向风力计,蒸发皿为 20 cm,太小。物候方面, 1960 起观测乔木 18 种,藤灌 41 种,草本 21 种,大多数是三四月或九十月开花。春季开花有刺桐 *Erythrina indica*、攀枝花 *Gossampinus*、凤凰木 *Delonix* 等。一年春秋两次开花有油瓜、萝芙木、木芙蓉。草本花集中于雨季。春花比广州早,如木棉广州三月,此间一月下旬到三月上;红木 *Bixa orellana* 广州 11—12 月,此间 8 中—11。〔补记:据吴所长云,使君子昔(唐?)从四川传云南,但现四川已太冷而不能繁殖,只云南有之。〕

3 月 26 日　星期二　下午到西双版纳自治州所在地允景洪(即车里)　晨雾 14°,室内 62°F, 706 mm (550 m)。下午五点房中 82°F, 703 mm (海拔 590 m)。晚室内 80°F。

今日将离小勐仑植物园,因咏七绝一首云:"南国风光无限好,百花正待雾中看。披荆斩棘开山苦,拾豆收瓜得果甜。装入葫芦岂止药,刀耕山谷皆为田。杜鹃夜夜啼归去,满不思乡坦腹眠。"

时间	地点	路牌		高度	
$8^h00'$	植物园勐仑	+4		560 m	
$8^h25'$ $8^h45'$	罗刹河	+64		520 m	罗刹河上雾在上升 steaming,其渡船以脚动舵可称脚划船。
$9^h15'$	动物站				在动物站看猴子,一小猴喜逐女同志,因从习惯上知女同志胆小,略凶即逃避,故知追逐。有一笼贮四猴,二雄二雌,其吃物有一定次序,先雄甲后雌乙、雄丙,最后雌丁,另一雌戊则皆不喜之。
$10^h00'$		+62	自然保护区	680 m	
$10^h15'$		+50		850	
$10^h38'$		+42		980	
$11^h15'$		+33		1160	
$11^h56'$	优乐山区	+19		870	
$12^h18'$	曼卡丫口	+16		1140	从此下坡一直到小勐养。
$12^h25'$		+13		1050	在自然保护区内,乔木的优势种为红椿与白椿。此时最夺目为大白树,即羊蹄甲,因正在开白花。
$12^h43'$		+4		850	
$12^h50'$	小勐养坝	0		730	
$13^h00'$	小勐养站	698 km		730	在此至云南大学生物站中膳。内有大榕树,气根已成桥。中膳后即出发赴自治州州长所在,即允景洪或车里。
$14^h06'$	小勐养站出发	698 km(从昆明算起)		730 m	
$14^h21'$		703 km		880	

（续表）

时间	地点	路牌	高度	
14^{h}24′		704 km	900	自离小勐养后，海拔又逐步上升至路牌712和716之间，达最高点，嗣后即下降，一路顿觉干热，沿途开垦山地多而环境干燥，乔木为竹子所代，而竹叶也多枯萎。
14^{h}38′		709	1050	
14^{h}52′		712	1020	
14^{h}58′		716	920	
15^{h}05′		720	850	
15^{h}13′		724	750	
15^{h}20′		728	650	
15^{h}25′	在此过澜沧江	730 km 江阔800米	560	过澜沧江时江水正浅，士兵在此练习带武器渡河，傣族妇女脱衣洗浴，满不在乎。
16^{h}40′	允景洪（车里）	734 km	570 m	住自治区招待所，闻其屋吴努来时曾住之。

晨七点起，收拾行装。早餐〔后〕出发，别张毓英（♀）、李近梅（♀）（张，川大生物系毕业生，陪我们参观。李，思茅人，整理床、屋）。坐大车赴西双版纳自治州州政府所在地允景洪。西双版纳植物园创始于1957年，苏联人提议在云南建立。1959年勘定地址时，尚不过招待所旁的石凳数块而已，以后陆续建立实验室、招待所，以迄于今有地万亩，人二百余。晚州长召存信、副州长刀有良及高书记来。据云自治州人口卅多万，以傣族为主，占40%—70%，汉族37%，共有13种民族云。晚膳后和朱彦丞至澜沧江边一走。九点睡。

3月27日　星期三　西双版纳允景洪至大勐龙来回　晨六点房中24°（75°F），户外18°（64°F），706 mm（540 m）。下午五点室内81°F，窗口朝西87°F，气压705 mm（560 m）。晚十点室内78°F，708 mm。

晨六点起。早餐后即乘大车和大队人马从允景洪（车里）出发，向东〔而〕西至缅甸边界的大勐龙。西双版纳原有十二个版纳（县），现只车里、大勐龙与小勐仑三个版纳，余均合并。自允景洪至大勐龙约三十公里，从前可不走山路，近因筑水库，所以改道绕，距离亦增加。沿途见傣族人民渐以瓦屋顶代草屋顶，亦人民生活改善的一方面。傣族建筑多为二层楼，下层养牛，上层住人，上楼处一台阶脱鞋其上。妇女均比汉族矮小，且有裸上体者，闻〈穿〉〔插〕秧、担水等事均妇女为之，男子牧牛与在家管小孩。一年只生产一季水稻，现值旱季，田中均空闲着。大勐龙坝址15 km×5 km，且有小河流经其地，如以灌溉，则一年可二造或三造。在丘陵上的树林多遭破坏，有国营农场梯田种橡胶。刀耕火种遍地皆是，洵为可惜。我们从车里于7^{h}20′出发，7^{h}30′过流沙河，9^{h}10′至满打鸠寨，9^{h}45′过曼卡瓦，9^{h}48′至小街，末一公里即至大勐龙龙山生物地理群落站,有林地315亩。于1957年吴征镒和佩朗诺夫等来此,认为此地比Сукачев所选普文地为合适。于58年乃作建站计划,现正在建筑砖房宿舍。我们至办公室稍息。此站现有同事十人,主任为吴义优,57年云大毕业。气象观测员有吕德康(嘉兴人,年22)、夏文孝(绍兴陶堰人,邵力子的外孙),均北京气象班毕业。我们即上龙山看样方,计共占地1/4 Hec,即2500 m^2,有研究落叶的数量或落果的测定,土壤呼吸,林下各层CO_2的多寡,有6 m深的土壤剖面。据云pH为5+。气象方面做辐射平衡,也有四个梯度对温度、湿度和风速测定,但因无铁塔,所以均以临时的绳索系乔木上,上下牵动把仪器临时带上以观测。我们〔问〕何以不作如东北之用木架?据云此间白蚁为害烈,一二年即可把塔吃空云。我们参观达两小时,回至办公室。我问吴义优以问题所在,他以要一个32米的铁塔以观测梯度云。中膳后二点出发回。四点半回至允景洪招待所。洗浴。晚和州长召存信至剧院看傣族歌舞团演八幕歌剧《召树屯》。

3月28日　星期四　西双版纳允景洪　晨阴雾,19.5°,室内75°F,709 mm(海拔510 m)。中午二点室内77°F,709 mm。晚十点半房中76°F。

晨七点起。八点早餐。九点即在允景洪州招待所开热带森林生物地理群落站1958—62四年总结会议,到约四十多人。来自旁的机关者,除同来之云大生物系朱彦丞、农林学院森林学院薛纪如外,尚有本地热带作物所的戴副所长。我致了开幕词,请云大曲仲湘教授谈建立生物地理群落站经过。站建立于1958年11月,成立大会有Зонн佐恩等七八专家到会。原定包括内容是:1)气候,2)土壤,3)植被,4)动物群落和5)土壤微生物。中心问题是物质能量交换转化和贮存的过程,目的为了掌握生物地理群落的生产潜力、光能利用、水分循环等问题。最初1956年3/8日Сукачев曾至思茅普文留一星期,1957年又来,曾至小勐养,但未发现更好之地。是年秋Федолов费多洛夫和吴征镒去大勐龙,建议在曼养广傣族村寨龙山上建立。最初投入工作者有江爱良、赵世祥(南开生物系毕业),工作于1958年11月开始。1959年7月赵世祥与一女同志赵锡璇为水淹死。当时订合同系中苏合作,60苏退出。现有同事十人,成立气候、土壤与植被三组云。次张克英报告气候,说气候工作最重要是热量平衡,大勐龙纬度在21°40′N左右,经度100°40′,海拔610 mm,终年辐射是有赢余,年总量137大卡,净得辐射63大卡,albedo为18%。一年分为干、湿二季,11—4月为干季,其中11—2称雾季,3—4称干季,5—10为湿季,RH平均81%,但3—4月只75%,11—2月80%的日数有雾,年120天,风向以SW为多,平均速度只1.2 m/sec,年气温平均为21.2°左右,年绝对最低3.6°,绝对最高37.7°。雨季开始五月上旬,年雨量1500 mm,雾日多,年可得露30 mm。林内辐射平衡的时间要比旷地落后2h,70%的辐射消耗于蒸发。〔*旁*

记:允景洪纪录1954—1961年反射率,1、4、8月旷地为25%、24%、17%,林内为33%、45%、30%。透射,1月7.1%,8月5%。〕林冠所截留的雨量,雨季占20%,干季60%,四年平均结果25%。据说巴西森林截留雨量到60%,甚至75%(此数待查)。十二点散。

下午二点半继续报告。气象首由张克英谈,继之以吕德康。吕报告土壤温度,平均林内土壤温度比旷地低6.6°。相对湿度,林冠上只比旷地同高度多4%。绝对湿度多0.5 mb。讲毕,江爱良提了若干意见。六点散。晚打桥牌。八点张爱萍上将约看影戏《水上春秋》,此片我已看过,因不好推辞,和大家重看一遍。九点半回。十点半睡。

3月29日　星期五　西双版纳允景洪　晨阴,St,户外16.5°(62°F),室内72°F,714 mm。晚昙,室内73°F,711 mm。

晨七点起。上午八点半继续作生物地理群落站总结,由高良作土壤组报告:(1)土壤水分特殊性质。在林下(坡上角度10°)打六米井不达地下水,在平地地下水1.5 m—2.5 m。水分,一般土壤下部多上部少,雨后径流流失估计只2%—5%。土壤流失,旷地大于森林一百八十倍。(2)土壤理化特性。热带土壤比其他地深厚。大勐龙山上土壤为砖红性红壤,深在10 m以上,表土25 cm,过渡层60—100 cm,以下为母质层,旷地上表层15—20 cm。(3)发育特点。参考了孟定材料,知土壤性愈下愈粘,介于红壤与砖红壤之间的一种土,SiO_2的破坏不及红壤而胜于砖红壤,铁铝在下层聚积。光换量大于砖红壤。此类土在北纬20°左右几成为带。pH上层为4.2,下层为5.0。(4)植物成分。有一百多种,三百多种植物根系密集在1 m地面下以内。凋落物反应,各气候带内分解的快慢,在热带内半年以内即分解,亚热带内一年至半年,温带二三年,寒带五年,但不同地理群落快慢也不相同。凋落物每公顷十公T,其中N占1%—2%,P_2O_5占0.1%—0.2%。竹林中残落物更多,至每公顷12 T。(5)土壤中CO_2和O_2。土壤愈深,CO_2愈多而O_2愈少,可由动物活动来解释。如白蚁大部在离地60 cm处。在林下CO_2年有二高峰,旷地只一个。土壤CO_2占1%时,大叶白颜树等仍可活。(6)生物地理群落应用于生产。可以依照天然生物地理群落来造成一个人造地理群落。刀耕火种也有现实意义,因为热带生长小循环快,烧后土壤有机体被破坏20%,但耕地要能固定,在小循环中可利用豆科植物如紫苏。次吴义优报告植被,说明植物不是代表性热带雨林,因有干季,所以第一层树冠叶小,80%是小叶型。植物关系不如温带那么简单,大部分落叶在干季,有30%树是落叶的。以属来定,52.5%的树属热带性,32%属亚热带性,15%属温带性。森林结构属热带类型,复杂而有层次。1959年凋落物每公顷14,218 kg,干物质8406 kg,此外并做了样本试验云云。

中膳后未睡。二点半继续讨论,发言者汤佩松、曲仲湘、王献溥(Сукачев 学生,植物所)、屠梦照(Зонн 学生,华南植物所)、蒋有绪(Deres 学生,林科院林研所)、薛纪如、江爱良等。晚和江爱良、周汉章去景洪气象站与何国庄谈。据云站成立于1953,现有同事九人。

3月30日　星期六　〔西双版纳允景洪〕　晨阴, St 10, 17.5°(63°F),室内71°F, 711 mm。中午室内73°F, 711 mm。晚九点半708 mm,房中76°F。

晨七点起。昨晚睡得很不好,因为今日总结时怕要作报告,不能不作准备,以致屡起小便,大约十二点后才睡着,四点多又醒了。上午九点分小组讨论,我参加气象小组。大勐龙生物地理群落站需要做梯度钢架,高要36 m以上,需八至十吨钢,非此不能满足。目前随时以绳索吊仪器到林冠是不合适的,我允于回昆明后向刘省长商榷,闻昆明目前钢产有剩余云。我也谈了物候的需要,黄秉维谈辐射平衡与水分平衡。十一点半又和吴征镒及本地允景洪热带作物所戴所长等谈合作与生物地理群落站任务问题,大家认为应结合实践,以山地利用为目标,藉 Сукачев 的方法找出规律,以利用山地。

下午三点继续开大会,谈生物地理群落站十年规划。吴征镒报告了上午小组会议情况,我说明了地理群落站不但要坚持而且要加强,在可能情况下加添土壤微生物组和动物组。汤佩松对于 Сукачев 的理论有点怀疑,以为如此细致量法,因素太多,不能得到很好结果,但大家认为寻找规律仍是必须的。金鉴明(植物所)、赵其国(土壤所)均以〔为〕生物群落站有重大意义。金以为可以结合实践,如经过林型、物候的观测。赵其国以为对于热带土壤肥力消长问题能有启发,因之可以应用到土地利用上。热带作物所(允景洪)副所长戴沅说此区缺乏薪炭,必须造20%面积的薪炭林。黄秉维所长提出他个人对于生物地理群落站看法,以为315亩林地面积太小,如移小勐仑植物园,彼处无大规模林则更不合适。以为在现在站旁应另辟人工群落林站,并做刀耕火种试验。最后由吴征镒和我致词,六点闭幕。

晚和汤佩松、李秉枢、吴征镒打桥牌三个 Rubber,九点半我先退。

3月31日　星期日　从允景洪到勐海,来回共行106 km　晨霾(灰),见红日一轮八点尚高照, 15°,室内68°F, 710 mm。晚七点室内77°F,户外25.6°(78°F), 704 mm。北京山桃花雨后全落。

晨六点三刻起。早餐后即出发。今日适值市民赶场,又值星期天,为大场日,我们到百货商店旁村民集市处拍数照。傣族来售货者多为女子,而来购物则汉族、哈尼族、傣族均有之。过市集向西行,沿流沙河一路直至佛海。西双版纳原有十二个版纳,西双即2×6之意,但现只景洪(即车里)、勐海(即佛海)和勐腊(小勐仑所在地)而已。沿途见到刀耕火种极为严重,直至一千公尺的高度,山上多为竹林所代替。七百公尺以上大白花树尚盛开(即羊蹄甲树),勐海附近坝上则另一种竹子也到处皆是,此竹能生长在一千 m 以上高度。十点四十分到勐海县新居,由副县长刀文昌、刀正刚及财务科潘琨同志招待。先至佛海制茶场,由周君解释,据云佛海1959年曾产五万担茶,但质不及今日。62年产15 000担,其中三千担系外销,滇红每磅250便士,一级滇红售600便士。所谓普洱茶,实际产于佛海,普洱不出茶。此外有沱茶(四川)、砖茶、紧茶(西藏)等等,多为绿茶。佛海茶树与Assam茶相同,系大叶茶,味浓而所含单宁多,多者达30%。小叶茶不过20%。大叶可采叶至四五十年,而小叶茶在浙江不过二十年。大叶茶树在糯乐山有达900岁者,高可30米。据周君云,100斤鲜叶干后可得七十斤,经烘干又发酵再烘干,则得25斤茶。我们看磨搓的机器,经二小时在95—100 RH房中发酵,又两次高温烘干后方成红茶,绿茶则不经发酵手续。参观毕,回至县署中膳。膳后购茶,我购一斤半一级红茶(@7.39),闻在北京每斤至少四十元,因一级品系出口货。在市上买红糖一斤(@一元)。见哈尼族女子盛装,头上带许多银洋及红绿色珠子,我们拍照多帧。中膳后至附近茶山茶叶研究所,所长蒋姓,绍兴人,据云有100多人,有茶山510亩,大部在糯乐山,正在做密植、施肥、选种,并从闽、赣等省引入小叶茶。据云去年12月廿七、八二天温度低至-4.8°,为51年开场以来所未有,大叶茶有冻死者。下午五点出发回,$6^{h}46'$到景洪。

时间	地点	高度	路牌
$8^{h}20'$	景洪	560 m	733 km
$8^{h}48'$	到流沙河发电站	570 m	741
$9^{h}29'$		960	756 km
$9^{h}45'$		1100	760
$9^{h}57'$	到糯乐山叉路	1170	767
$10^{h}10'$	沿途最高点	1200 m	772 km
$10^{h}18'$	勐海坝东端	1170	776
$10^{h}40'$	勐海县办公处	1180	786

4月1日　星期一　在勐海版纳住州招待所　晨允景洪阴,St 10,18°,室内72°F,708 mm。下午二点室内77°F,706 mm,五点81°F,704 mm。晚九点室内80°F。

上午看缅寺、热带作物所。下午访傣族。

晨七点起。八点半出发,至附近曼亭地方看—缅寺,即本地佛教寺院,因类缅甸寺,故称缅寺。内奉如来佛,虽是西双版纳最大寺,但极不清洁,佛前案上堆满蝙蝠粪,地上亦如之,而入内去鞋,实是矛盾。由一佛僧示我们以傣文的贝叶经,寺前有贝叶菩提树及荔枝、棕树等。出。九点一刻至热带作物所,由戴副所长与石所长招待,戴并作了介绍。据云此处原称试验场, 1956 年起知西双版纳区发展橡胶比海南岛更有希望,乃建立林垦局。作海拔试验,在 700—1400 m 植胶, 59 以后方向转入育种。今年二三月间北京会议(农业会议)决定本所任务是育种第一,要能抗寒、旱和风,无性培育芽接高产品种。此间 55、56 年植胶已割胶,能得每株 1/2 kg,估计以后每株可 1½ kg,但越南、柬国均能以优势品种得每株 3 kg,而好的更可达 6—8 kg。正在搜集优良品种,以有性杂交(授粉)、土壤管理为中心试行管理。植病有黑线病(沿割胶创伤处腐烂)、白粉病等。一般树长至 50 cm 高处有 50 cm 径可割,可割五六年工夫。算成本,劳力占 48%。胶间一日割,每工只能管五六百株。现做密植试验,以 3. 3 m×6. 6 m 和 4 m×5 m 为最好,太密不行。今年干旱和 12 月 27—28 日低温(+3. 9°)使胶落〔叶〕多,但二十天后叶即生好。我们去时满地铺落叶。据气象工作人员云,寻常温度〔下〕,林内最高温低于林外,但在落叶期则辐射反高于林外云。所有地五千亩,已种胶二千多亩,此外有油棕(六年生已结)、可可和轻木、胡椒。一般不如小勐仑,因后者较潮湿,雨量也多 300 mm。雾季每日可得 0. 2—0. 3 mm,估计可抵 200 mm 有效雨量,所以优于海南云。在林下喝了咖啡,并交换了意见,十二点回。

下午三点由王科长(♀)偕同至合作社社长家中访问,与谈 1h30′。据〔云〕社有 91 户, 1000 亩田。他一家六口去年分得二千四百斤粮,尚有自留地一亩多,坡地二亩。可以采薪,用铁道木。他 37 岁,生四男,只留一人,但有孙已三岁。傣文有 42 字母,现改良减至 36 云。傣僧也教气象、天文。今天为傣历 1325 六月七日,也是阴历有闰月,但 1325 不知起自何年耳。目前傣族生活尚好,但人口增殖为可虑。召州长名存信。晚召州长约请跳舞,我们至州长公署告别,汤佩松、柴园(♀)、周健刚(♀)等参加跳舞。〔补记:六二年二期郭潮生著《西双版纳傣族的佛寺建筑》有勐罕曼廷佛寺平面示意图,参看《文物》。〕

4 月 2 日　星期二　〔允景洪至思茅〕　晨窗口 16. 5°,室内 72°F, 708 mm (海拔 540 m),允景洪。晚思茅 646 mm (1290 m),室内 74°F。

晨七点起。热作所石所长、戴副所长等来送行。昨据召州长云,西双版纳州面积二万五千方公里,人口 1953 年为十九万人, 1963 年为卅三万人,其中四万人系湖南移民,可知人口增长之速。但农田面积有限,人口增长如此迅速,我为之寒心。昨下午在合作社社长家中谈时,他说他今年卅七,曾生四小孩死其三,剩一子已有孙,可知傣族结婚之早。从前小孩死亡率高,现卫生改善,人口增殖快。

时间	地点	路牌	高度	
$8^h00'$	允景洪(车里)	733	560 m	
$8^h10'$—$8^h40'$	过澜沧江	731		
$9^h30'$		717	970	
$10^h00'$—$12^h30'$	小勐养中膳	698	730	在此中膳,地点云大植物站
$13^h30'$	官坪	670	860	在51年此间有大群象和老虎
$14^h15'$	大渡岗	655	1280	$14^h20'$—$14^h36'$停车待修车轮
$15^h46'$	普文	624	830	普文是一个大坝,种有橡胶、菠
	普文	610	880	萝、咖啡等
$16^h27'$	麻栎坪	598 km	1030	到1170海拔,飞机草仍不少
$17^h00'$	水坝	586—582	1320	
$17^h30'$	思茅	575—572	1290	在思茅仍住外宾招待所原屋

昨起觉喉痛,今日起感冒流清鼻涕,而同时左鼻孔又觉疼痛,如上月十七八号北京飞昆明时情况,所以一到思茅就请李文亮队长向思茅医院请大夫来诊治。八点半内科陈大夫来,我告以在昆明昆华医院经王淑瑗、王承烈二大夫治疗经过,他看了我的喉鼻以后,认为感冒与鼻炎虽为二事,但有联系,认为红霉素要继续服用,再拿金霉素油膏来以治葡萄菌引起鼻炎,并戒弗以手捏鼻,唇肿则有入脑趋势云云。

4月3日　星期三　思茅　晨阴雾14.6°,室内69°F, 648 mm(1270 m)。午后二点房中74°F, 647 mm,下午见日光。晚室内74°F, 647 mm。

昨晚宿思茅专区干部招待所外宾室,子夜后大咳嗽,坐起后发汗,稍好即卧,至晨七点起。闻思茅气象台人言,思茅坝址不大,飞机要有8 km的能见度始敢降落和起飞。而此时三四月间能见度极坏,何日来机无把握。十点后和沈文雄至思茅新街一走,士兵占各店顾客之大半,盖思茅乃边疆重镇也。至新华书店购傣族歌手庄相著《幸福的种子》和《波玉遇着彩虹》,均以诗歌的体裁表现。傣俗以白象、孔雀、金鹿代表慈善,而以飞鹰、恶虎、毒蛇代表邪恶,虽是简单,却是真挚的。李队长又代购《百家姓》一本,数十年未寓目,上午翻阅发现许多字均所未识:闫(一安切)、万俟〈读〉(莫窝切与七一切)、厍(厂鹅切)、钭(刀藕切)、訾(字鞍切)。虽称百家姓,实际有440个单姓, 62个双姓。而若干姓如过(兴先)、秉(志)、沙(千里)、萨(空了)等姓均不在内。单姓中竺字为第402个姓,其全句为"游竺权逯,盖益桓公"。其下即为双姓,原书经至少一次的补充,因双姓后又有单姓,以后是双姓。书最初成于宋代,开始以赵钱为首,可窥一斑。李队长又为购《十万个为什么》六卷和七卷，系动物和地学。我粗放地翻阅第六本关于地学方面，其中有不尽不实之处。如第81页说在大气中上升一千公尺要降低摄氏1°，实际只adiabtic膨胀是如此，自然大气中每升1000 m约差6°。80页说赤道上上升三千公尺会降低卅度，与事实不符。p.25谈到苏联伏尔加河水面的升降，有一重要因素须考虑，即近年来人工用灌溉数目相当大。

我们到思茅后原以为今日三号可飞，孰知三四月间能见度小，照规定此处机场小，要到能见度达8 km才能飞，据气象站经验60%不达此数，所以我们不知何日能飞，希望能下一场大雨把烟瘴打消。晚八点半睡。

4月4日 星期四 从思茅飞回昆明 晨阴昙，FrSt，14°，室内20.5°，647 mm。中午到昆明，下午一点半600 mm，室内温度68°F。

下午理发。

晨六点三刻天方黎明即起看天，知昨晚虽未下雨，但能见度却比昨为好。至早餐时日出比昨为早，而垂直能见度佳，可见高层云和青天，所以有把握可飞昆明矣。早餐后九点前知昆明飞机已出发来，乃于九点半离招待所，别女招待彭同志（安徽人）至飞机场。思茅飞机场即在稻田中，只能飞一个方向，即东西（？）方向，幸此间风力小，关系不大，即在东西方向跑道既短，而二三公里外即有丘陵，幸丘不高，不过二三百公尺。九点四十分机从昆明来，10^h26分和黄、李二所长、朱彦丞、汤佩松、沈文雄、李文亮、吴征镒八人乘ИЛ十四民航机出发。一路平顺，走2h20′，于十一点四十分到昆明机场。在候机室遇伍献文、饶钦止等，他们一行七人从昆明至思茅转西双版纳，闻于上月廿八已到昆明云云。乘车至翠湖宾馆，住三楼330号。

$10^h26'$	思茅出发	1300 m
$10^h28'$	有霾Haze	1500
$10^h33'$	有霾Haze	1900
$10^h35'$	有霾Haze	2000
$10^h40'$	有霾Haze	2750
$10^h46'$	有霾Haze	3200
$11^h00'$		3320
$11^h04'$		3360
$11^h10'$	过哀牢山和红江	3400
$11^h20'$	开始下降	3300
$11^h33'$	见滇池西山	2900
$11^h35'$	已到机场	2500
$11^h40'$	昆明	1840

接允敏廿九日来信，知北京山桃已于上月十八日开，杏花、连翘于廿五日开，而未提及玉兰。何以今年桃、杏开花如此之早？

下午四点和黄所长至昆华医院。他看左臂风湿，我看感冒。首由王淑瑗看了鼻子，后由沈允斌医生给与口含与漱口药。回翠湖宾馆。晚膳后西南分院物理所沈惠龙、李炽、鲜春三所长来，因我原定去落雪看宇宙线站，因时间不够才作罢。据云物理所在离昆明城外一公里，地名下马村，现有同事百余人，以宇宙线和红外为主要对象，此外也做放射化学。宇宙线工作原在落雪做，现正拟迁至离落雪尚有 9 km、海拔 3200 m、离昆明约三百公里地名“220”〔处〕，正在装一加速器，磁铁重 250 T 云。从昆明前往“220”，可以一天赶至东川(即汤丹)过夜，第二天行 40 km 至落雪(或“220”)，回至汤丹，第三天回昆明。我因已定七日飞机票，又因感冒，所以决定不去了。

4 月 5 日　星期五　昆明　清明节　晨晴昙，窗口 12.4°，室内 601 mm (1900 m 海拔)。

晨六点多即起。上午八点半出发至黑龙潭(在城北北东十五公里左右)植物所和植物园，与汤佩松、沈文雄、李恒同行。我曾来此四五次之多，1956 年和 Герасимов 格拉西莫夫和 Ковда 柯夫达，前年和漆克昌等。首先参观了生理室，次至化学生物室，然后至木材室。该所现连热带植物园 、群落站(西双版纳)及丽江高山植物园，共有三百五十多人，而植物园占了半数以上，因其中有不少工人。所内分分类与地植物室，由吴所长兼管，植生室由吴爱人段金玉(李继侗学生)主持。化学室由山东人蔡君(曾被评为右派)主持，经济植物栽培蔡希陶，木材组唐燿。蔡希陶兼管小勐仑植物园，而周光倬则在植物园与群落站。实验室以化学最有基础，是 1956 年搞紫胶开始，现惟缺红外分析等，主要是化验油料作物。药物如黄〔　〕药提取(Hormone)酶，与上海黄鸣龙合作制激素。萝芙木制〔　〕治高血压，芳香油等等。存在问题：生理实验室初建缺乏设备仪器，我的意见可向院中在检查仓库时北京所中多余物件来分配，如缺乏冰箱应可易于解决。群落站要制梯度仪器，需钢八 T，@ 200 元一 T，加上运费约需一万五千元。因所系北京植物所分所，所以经费列在北京植物所，要向计划局设法。去年经费是五十七万，今年略少于此。植物园有地一万多亩(连山地)，从 1953 年起建立园地，布置整齐，连花房等不过二百亩，因无力建围墙，所以常有农民砍取篱笆毁坏生产等事。此外分院原化学所李炳尧(河北人，法国留学)因化学所归并工业厅专搞尼龙，而李专门搞芳香油，愿调北京化学所或此间植物所云。十二点回。

下午三点多至附近翠湖公园内看杜鹃展览，并至人民图书馆，房屋将倒，所以暂时停止借书。内部管理稍差。今晨和冯国楣、吴所长等参观植物园时，杜鹃尚盛放(据说可开一个月)，茶花(开三个月)、玉兰、海棠全落，日本樱桃和碧桃尚有开者，紫藤盛开，翠湖的海棠也落。今日系清明节，游湖人特多。晚八点气象局局长秦新法来谈。

4月6日　星期六　昆明至石林来回　晨昆明晴，12.6°，室内67°F，601 mm。下午至石林，昆明午后室内69°F。

晨六点起。七点早餐。七点半由翠湖宾馆出发，乘植物所小汽车，由谢仲信司机开车，往路南县之石林，在昆明之东约120 km，同行者黄秉维、李文亮和沈文雄。从昆明出发不久即到呈贡，昆明与呈贡是在一个坝上。此时田间蚕豆已老，小麦穗甚长，高及腰，预期月底可割。初所走路与去南面思茅同，至十八公里处分开。嗣后果园甚多，种桃、梨、苹果等。行卅里即到一水库，公路绕水库而行，弯曲甚。行五十公里至大营，见阳宗海，海深，水作蓝色。旁有一火力发电厂，路在海北端绕行，由此上坡至二千公尺又降四百米至宜良。宜良附近地比阳宗海尤低。小麦已熟，洋槐已开，已属立夏以后景象。此处山上树木更少，至岔路口已入路南彝族自治州，此处多沙彝。山间水土流失严重，地上几看不见树木，闻滇省水土流失以路南、建水、石屏等县为最云。$10^h44'$到石林招待所，现归县管，因事先无通知，故临时觅人嘱备中膳，并请一向导游石林，系Karst之最后期，洞穴上部尽去，只余地面上如石笋的石灰岩，望之宛若许多Cactus群立，高者也不过十米而已。我们从十一点循小道行一小时，其状如象、如虎、如剑、如床，各有名称。近人有题字颇多，不能一一悉逼视。石灰岩据秉维云系二叠纪深灰色，方解石的Vein多已被剥。十二点半在招待所中膳，膳后拍照即回。一点半动身，四点半即回翠湖。和金鉴明、沈文雄至杜鹃展览会一转。六点半和吴征镒、段金玉夫妇等同晚膳。

时间	地点	高度	距离
$7^h30'$	昆明出发	1860 m	0 km
$8^h05'$	呈贡	1860	18
$8^h25'$	(段家营)水库	2000	31
$9^h00'$	大营	1780	50
$9^h10'$	阳宗海北头	1720	53
$9^h30'$	山脊	1900	67
$9^h37'$	宜良坝	1540	74
$9^h45'$	宜良站	1540	76
$10^h14'$	萝卜村	1700	91
$10^h20'$	岔路口，一边至路南县一边至石林	1700	107
$10^h44'$	石林	1700	120

4月7日　星期日　从昆明飞重庆　晨昆明13°，602 mm。晚到重庆有阵雨。

晨五点起，即收拾行装，于六点由翠湖宾馆和汤佩松、李文亮、沈文雄同出发赴昆明飞机场。吴征镒、段金玉夫妇及植物所张崇声等送至机场，乘民航机652号飞机。于七点多上机，别吴征镒所长等。机中除我们四人尚有二人同行。昆明天气佳良，飞至3600米高度，未几下面即有云雾。每次自滇飞川过贵州，很少在贵州看到晴朗天气。八点二十分钟在2500米左右即降入云中，直至重庆不远降至六百公尺左右才看见地面。九点十分到重庆,天阴,值昨天降雨后所以空气潮湿,但能见度良好。以为停四十分钟即可飞,不料西安站来电说天气不良。欲去武汉,武汉站亦不开放。

十一点半中膳。下午西安仍未转好,我们一行四人随即至站旁招待所休息。三点后武汉虽已开放,但即使到武汉今日亦不能达北京,所以决停在重庆。先是我于前日晚在昆明打一电报给胡鸿慈,约其于今晨挈小孩至重庆机场晤面,但电中将重庆医学院误为重庆医院,又把陶煦误为陶澍。今晨到达重庆后在机场打电话,在电话簿中始知重庆有四个重庆市立医院。因悟胡在医学院,打电话给医学院,则今日系星期天不在院,所以无法接通。适在机场有一彭开昌君,其人系上海一带人,在重庆医学院附属医院养病,闻我们打电话觅重庆医学院人,愿带信通知对方。我即交与一条,彭君果然于下午七点交与鸿慈。鸿慈与其爱人张绵及渴平、思梅、小虎与两弟共七人乘院车自城内行三十多公里,于九点到达机场招待所。渴平和思梅我已十三四年不见。渴平和小虎现均在重庆(四十一中)初二级,思梅在初中一年级。思梅容貌颇似梅儿。张绵现任儿科医院副院长。全家住院,在重庆中山二路20号,电话3240。鸿慈在重庆医学院办公,改名陶煦,地点重庆市杨家坪附近袁家岗重庆医学院,电话九一五三一。谈至十点告别。

4月8日　星期一　从重庆飞北京　晨在重庆,室内16°,微雾。晚在北京,室内11°。玉兰初放,院中榆叶梅盛开。

晨在重庆机场招待所。六点起,盥洗后收拾行装至待机室,七点早餐。重庆机场为全国机场红旗单位,一切招待、整洁及伙食均为第一流。今日早餐只费八角钱,吃咖啡、四包点心、三个鸡蛋和一大碗馄饨,我们均觉不能应付。在站又以六角一斤价购苹果五斤,每斤只二个半,可知其硕大。八点我们即上机,未几出发。

时间	地点	高度	
$8^{h}00'$	重庆	200 m	
$8^{h}08'$		1300 m	在云下
$8^{h}12'$	达云中	1900 m	长寿、垫江一带,此时水田面积占总的50%
$8^{h}20'$		3100 m	大巴山以南水田极多,一过大巴山入陕西境内,水田即少
$8^{h}42'$	过通江	3100 m	
$8^{h}54'$		3680 m	见下面山顶在二千米或1500 m有白雪
$9^{h}04'$—$8'$	在大巴山区	3700 m	山上积雪相当厚
$9^{h}48'$	过秦岭		左面见太白山上积雪,但秦岭山上雪不及大巴山
$9^{h}54'$	飞机下降	2600 m	在机上看秦岭极为清晰
$10^{h}10'$	到西安	300 m	西安今晨7°,天气晴

（续表）

时间	地点	高度	
$11^h28'$	西安起飞	300 m	
$11^h48'$	过洛河	1900	在山西吕梁山1500 m以上有雪，太行山亦有
$12^h04'$	在黄河上	3100	机颠簸，但到河北北部及小五台不见雪
$13^h10'$		3700	机颇颠簸
$13^h20'$	逐渐下降		
$13^h34'$	平江水库	3040	
$14^h30'$	到北京机场		北京附近有云，颠簸稍好

到机场，允敏及汤佩松太太在站相接。我们与沈秘书、李队长同车至寓，进茶点，因中午未曾中膳也。下午吴副院〔长〕来谈。晚杨克强夫妇来谈，晤郁秘书长夫妇。九点半睡。

4月9日　星期二　晨晴+2°，室内49°F，758 mm。晚房中57°F。宿舍玉兰多开，玉簪和兰花抽芽出地，丁香开几朵。

晨六点多起。九点多至北京医院看咳嗽感冒，仍由三星期前诊视的刘锦葵大夫看。她认为我只是很轻的感冒，给与咳嗽糖浆与羚翘解毒丸。在院遇陆学善与钱临照。因我在云南时鼻尖曾发炎，所以又看了耳鼻喉科的窦大夫。他给我用灯照了鼻孔后认为鼻腔有点干而少毛，主张用理疗和擦油，所以又到理疗室用紫外线400 mμ以下的光几秒钟，但云须每日来照，十多日，约于每日$8^h20'$去。我至东单公园一走，见榆叶梅已盛开，此外有连翘和类梨的白花也开了。十一点半至院。十二点回。下午在家。据允敏云，寓中的玉兰四月一日已有点开，但久久不再放。昨我到家尚只东边一株顶上初开，今日午后同时一二十朵均开，好似等我回家似的。

4月10日　星期三　晨晴7°，室内54°F，752 mm。

晨六点起。收听中央广播电台Prag消息，知我国乒乓球队员庄则栋、徐寅生、张燮林、李富荣、王家声最后以5∶1的结果胜日本队，取得世界冠军，蝉联上次廿六届的宝座。

八点廿分至北京医院理疗鼻子。九点至东郊民巷中央招待所（即六国饭店，又称国际饭店），开农业发展和技术改革委员会。会有四十二个会员，谭震林副总〔理〕为会长，副陈伯达、陈正人和廖鲁言（兼秘书长），另设六个小组，即1. 机械化肥，2. 水利电气，3. 农业生产，4. 农垦，5. 计划平衡，6. 林业水产。今日上午谭副总理作了报告，说这委员会是计委的一个常设机构，不经常开会。这次讨论重点在方针任务，以务虚为主，目的在全面发展农业，进行农业技术改革，迅速提高单位面积产量，实现农业纲要的规定（四、五、八）。要把国家资金用于最易收效、得益最大的区域。方法上必须首先摸清情况，要领导、群众与专家三结合，要计算投资效益，或从人口、粮食平衡来计算。要摸清自然资源情况。次魏震五报告了各地方（高产区域）情况，陈正人报告机械化情况。十二点散。

4月11日　星期四　晨晴9°，室内60°F，752 mm。寓内玉兰花盛开，紫丁香初开（约1/4）。

晨六点多起，20′钟太极拳。八点至北京医院理疗鼻子几秒钟，用400毫微米以下的波长，据说要治疗六次。八点半到院。和朱济凡、李文彦谈全国农业科学技术工作会议附件四《关于自然资源破坏情况及今后合理利用与保护意见》，以我和雨农、农山、陈焕镛、刘崇乐、寿振黄、朱济凡、马溶之、郑万钧、王兆凤、黄汲清、程裕淇、朱树屏、贾慎修29人出名，经数次修改而成。我在思茅时曾接电报要我列名加入，今日始得见原稿，对于动、植、矿天然资源的应保护与目前浪费现象说得相当详尽。九点至人大常委会听地质部何长工报告工作，首谈地质部成立的历史，在1952年成立时只120人，设备简陋，现对于140多种矿产，102种已有储量。铁的储藏量有93亿T，倍于英、美(?)。煤1900亿T，其中山西一省554亿T，华北750亿T，广东、江西、湖南450亿T。华东75亿T，大部在山东云。铜在甘肃、安徽、山西、河北，铝占世界第二，储量十亿T以上，在贵州、河南、山东。磷在贵阳、襄阳、绵阳三阳。石油在松辽平原，觅到储量三亿五千万T的矿，是世界十大油矿之一。我国钻井只到三千米，美国到七千米，将来有希望得到更丰富、更深油田。

4月12日　星期五　晨昙9°，CiSt，风力1—2级，750 mm。下午有阵雨。

晨六点起。昨晚允敏有体温，昨晚起觉要呕吐，大抵系传染了我从南方带来的感冒，我自己虽不发热，但咳嗽至今未痊愈。九点至中央招待所（国际饭店）继续参加农业技术改革会议，谭副总理主席。他问到我去西双版纳时所见到的猪油果情况如何。这果在热带植物园时称为油瓜，雌雄异花。过去这是野生，不易繁殖。现知油果的雄花只在夜晚九点时开花，而且只一小时即闭，所以必须由人工授粉方式才能繁殖。九点开会。上午郑万钧、丁颖、竺可桢、须恺提了意见。须恺认为目前各部压积调查自然资源〔报告〕应互相流通。侯德榜谈到化肥时，认为液体NH_3是最好的氮，一T NH_3可以足够六千亩地，一T液体阿莫尼亚可抵五T硫酸铵。中膳后睡半小时。二点至院。和夏光韦谈四十分钟。三点回至国际饭店继续开会，下午提意见者沈其益、过兴先、金善宝、陶鼎来等。

4月13日　星期六　晨晴9.5°,室内59°F,749 mm。下午阴,晚雨。白丁香初开,紫丁香盛开,寓内玉兰已落,院中榆叶梅亦落,生物大楼前桃花盛开。

晨六点起。八点至北京医院诊治鼻炎后即至中央招待所参加农业科技改革委员会。今日发言者范长江,谈规划会议所做出的几项文件:一是全国农业技术发展规划纲要,花时最多而比较成熟的,可以看出我国农业的面貌;二是远景设想,统是个人看法,意见有矛盾,是不成熟的;三是六个专题方案,尚在草稿性质;另外出有简报汇编,全是个人意见。此外尚有自然区划与农业区划,其中缺乏社会状况。另一材料是人口、粮食与营养问题有争论的。最后是关于自然资源破坏情况和十大块的研究。所谓十大块,即:1)首都附近农业;2)太湖流域;3)商品粮地区,如黄淮流域;4)水土保持在武功;5)松辽平原;6)草地在内蒙西部;7)红壤在江西;8)热带以海南岛;9)林业;10)海洋。各提一个中心。此外发言者,有东北冯记新和华北张克让。下午至中关村地理所。晚上看电影,古巴电影。

4月14日　星期日　阴,微雨,9.5°,室内58°F,751 mm。

今日北京市人民会议选举投票,城郊区共170万选民。

晨六点起。今日感冒未愈而咳嗽加剧,是由于回北京后未能得休息而每日开会所致。同时鼻炎未消,有增剧的趋势,终日流清鼻涕,而左边鼻孔又觉疼痛。上次看的窦大夫年青经验少,似不及昆华的王淑媛和王承烈之有经验。我照窦医嘱做理疗,紫外光线照射四次和搽油膏,似对鼻炎无效。我说明过去在四十年前曾有鼻出血的病,后经美国医生(时在剑桥当学生)把鼻血管烧断后才止,但有一个时期当感冒要痊可时仍会流鼻血。我推想以上历史同现在征象有关,而窦医对此等过去历史似毫不注意,只说左鼻干燥少毛,这没有搔着痒处,所以不能对症下药〔使〕鼻炎消除。前次在云南我以为金霉素有效,而窦医主张不用。明日当去北京医院复诊。

上午九点至对门地安门中学参加市人民委员会投票,选定五人,即投了五人的票。因这次讨论代表人选时我不在北京,所以统不知彼等底细,闻一人为实行三自运动的神父,一为女同志云。下午阿六来。今日Prague 27届国际乒乓球赛结束,我国获男子团体、单打、双打冠军。

4月15日　星期一　晨阴,St 10,10.6°,室内〔　〕,748 mm。寓中玉兰多落,尚剩1/3,全开时共有76朵,现余28朵。紫丁香盛开。

晨六点起。广播电台报告了Prague二十七届乒乓赛个人决赛结果,中国队包办了男子单、双打,而日本包办了女子单、双打与混合双打。八点至北京医院诊视咳嗽,由苏明(♀)医生诊视,给以咳嗽剂 Codeine syrup 和 Ipecac,并消炎片、合霉素。九点至中央招待所开农业技术改革会议。今天提意见者有西南区张励,说四川云南耕地多在山区,四川占80%、云南70%、贵州90%,耕地面积共一亿五千万亩。每人1.8亩。有效水田只四千三百万亩。森林占全国第二位,三亿 Hec,二十亿立方储量。三省有大牲畜六百六十万头牛,粮食自给以外应可输出一部(过去四川可供每年四十亿斤,但61年以后,因改冬水田〈改〉为麦田以致减少产量,反而要输入。东北情形也如此,东北1952年调进关粮食50亿斤,平均也可达36亿斤,而62年反要外调21.6亿斤。东北种植二亿三千万亩,曾达每亩193斤,去年只134斤一亩)。西南平均产量水田每亩不到400斤,一亩旱田只100斤,平均不过二百多斤。据估计西南十年内耕地可以再加五千万亩到达二亿亩。灌溉四川平坝地区已解决,云南尚有400万亩未解决(西双版纳即未解决)。田间灌溉动力四川有廿万马力,云南八万,贵州二万。提高产量必须多增水田,多施肥料。橡胶现只种五万亩,在西双版纳五年内发展到80万亩。此外提意见者尚有计委王光伟(十年指标见下页),他说农业规划分为生产规划和技术改革规划二部门,要互相促进,要农、林、牧、副、渔同时发展,粮食是纲,但其余经济作物也要并举。要实现上山下水、利用草原,积极扩大耕地面积,积极作示范作用。利用古今中外的农业科学技术成就,解决国民吃穿用的问题。规划须群众、领导、专家三结合,要自上而下再〈从〉自下而上地做,要求各大区十年内达到四十条纲领中所提4、5、8百斤一亩的标准。北京顺义县已接近400斤标准,西北要搞1800万亩荒地,以供给当地工业发展用。西南考虑西昌、会理地区,华北考虑包头如何发展,东北重工业仍须发展。总之有地区平衡问题,首先是粮食平衡。讲后农业部魏震五、林业惠中权也发了言。下午水电钱正英、气象局饶兴发言。谭副总理作了总结,希望对于王光伟所提意见提出不同看法,六月底七月初会议时要具体讨论各小组规划。六点散会闭幕。

4月16日　星期二　阴湿, St 10, 11°,室内58°F,夙, 748 mm。

寓内紫丁香全开,白丁香也盛开,北海海棠、白丁香开盛,梨初开。

晨六点半起。八点至北京医院理疗鼻子,并看鼻科窦大夫。九点至院。约地学部张日东来谈,知尹主任去广西调查,于月底可回,但张本人二三日内又要去兰州,我深感地学部乏人负责管理各所事务。为了"三定""五定",数理化部、技术科学部均已开过各所所长或秘书会议,生物学部也个别与所作接洽,但地学部迄无动静。我问南京斯行健病状,据云仍卧床不能动弹,只是目能移动认识熟人,既不能说话,也不会饮食,全靠皮带以维持生命云。阅高泳源所作《关于中印边界问题》,

预备登日刊与《地理学报》。阅来往信件，其中有 Harlow Shapley 的女儿 Mildred 从意大利复我一函。下午三点和谢秘书长谈关于综考会与地学部事。又和方俊谈，据云测量制图所在汉口过去曾达 600 人，现有 280 人。分为大地测量、高空物理、航空测量、平差计算和仪器等五个室。重力测量现已着手做。高空物理只做游离层，固体潮也观测，需要精密到 10^{-11} 单位的 Galvanometer 云。五点多至北海公园。六点回寓。

王光伟“十年国民经济规划农业指标”（给 1967 年和 72 年指数）。全国粮 67 年 4000 亿斤，72 年 5200 亿。棉 67 年 3550 万担，72 年 4800 万担。大牲畜 ’67 8000 万头，’72 9200 万头。猪 1 亿 5 千万头—二亿头。1967 年全国征购 983 亿斤，比 57 年为少。橡胶 ’67 5 万 T，’72 7 万 T。粮食增产 63—67〔年〕每年要求加 240 亿斤。过去 1949 年 1627 亿，1957 年 3601 亿，希望到 67 年可以不进口粮食，平均每人粮 ’67 550 斤，’72 620 斤。预计人口数：’67 七亿三千七，’72 八亿人口，以后人口控制在每年加 1.5%。营养标准，’72 年接近 2300 Cal，布 ’67 18.5 尺，’72 25.5 市尺，肉 ’67 9.7 斤，’72 12.7 斤。耕地：目前作 15.5 亿，67 年 16.5 亿亩，72 年 17 亿亩。拖拉机，目前十六万台，67 年二十万台，72 年 27 万台。化学肥料 67 年 600 万 T，72 年一千万 T。农药 67 年 17 万 T，72 年 22 万 T。

4 月 17 日　星期三　晨晴 10°，室内 58°F，756 mm。下午阴。晚室内 61°F。

老张（俊秀）把大丽块根插入土内。下午兰州地质所报告。

晨六点半起。上午八点半至院。九点约地质所侯德封所长及第四纪室刘东生谈 C_{14} 研究室情况，地学部王遵伋也到场。C_{14} 的半衰期为五千年左右，可以解决全新统 Q_4 和上新统 Q_3 时期绝对年龄到五—七万年。1956 年 Scripps 研究所即做了工作，近美国 *Journal of Science* 上在美国、南美 Bogota、澳洲、欧洲等地做了第四纪以来七万年的泥炭等年龄测定，证明一万年以前各地均进入寒冷时期，年平均温度差 5°—10°，七万年以前与今相似。另一用途是检查氢弹爆炸，在二三千英尺以下的空气中 C_{14} 加多，57 年比 55 年五月多 4.9%，树上木头中多 4.2%，海水中 59 比 54 年多 20%。Libby 说从空中 C_{14} 的增加可以算出原子弹爆炸数目，如炸一个 megaton 增加多少 C_{14}，照 55—57 的比例可以算出炸了 48 个 megaton。关于 C_{14}，1949 年开始有论文，到 61 年已出 987 篇，近有两个专门刊物，*Am. Journal of Sc.* 的“Carbon dating supplement”。设备，一个 C_{14} 实验需要高度真空、电子管、放射性化学、玻璃技术等，至少费用六千英镑，要有三个人。全球现有 56 个 C_{14} 实验室，有 25 个已出数据，苏联占两个，日本、印度均无之，全球已有几千个数据。地质所于 59 年开始由陈明扬、李庆韦二青年主持，又与考古所合作。62 年后加强工作，调了原子能所和放射化学的人，采用气体方法，对化学系统、真空系统、技术系统和放大系统均已建立。真空须至 10^{-6},缺乏真空封蜡,测量系统缺乏正比计数管,北京电压又不稳,电子学系统也有问题,目前虽已能做出数据,但不可靠,所以存在问题是仪器设备和指导力量,特殊材料如高真空封蜡, 8000 V 高压电源,正数计数管。低能放射的测定,因树木中的碳一分钟计数不过 13—15 次。五千年前标本每分钟只七次,而空气中原有放射性每分钟却有 100 多次。在荷兰 De Vries 实验室,此数由正数计数管减至每分钟 0.2 次,而我们相差很远。以 C_{14} 定泥炭年龄最合适,有六个同在做一万年来气候的变动云云。此外也谈了黄土工作,说已写好廿二万字《黄河中游的黄土》,五月底可交稿;十五万字《中国黄土分布》文,六月交稿。从孢粉分析知道现趋势是向干旱,黄土中新黄土埋藏了黑垆土(草原),旧黄土埋藏了黑土(灌木林),也可看出古气候变迁云云。R. F. Flint & F. Brandtner "Climatic Changes Since the Last Interglacial", *Am. Journ. of S.* , May 1961.

4 月 18 日　星期四　晨七点昙, CiSt 5, 9°,室内 58°F,冚, 755 mm。寓内玉兰只一朵尚开,余均落。紫丁香全开。燕子尚未见。

晨六点半起。今日院内开第四次扩大院务会议,讨论中国科学院关于 1963 年主要工作安排的意见。杜润生秘书长作了报告,说过去一年做了两桩大事:一是精简院中同事,从五万七千人减至二万七千人,机构从 101 个减至 46 个。分院总人数从二万人减至一万三千人,机构从 116 减至 56 个。〔旁记:现编外人员尚有二千五百人,北京院回农村八千二百人。〕二是院中各所做了三定工作,即定出方针、任务与人员的职务。继苏联 60 年撤专家以后,又定了自力更生的方针。到今年〈年〉工作将把全力放在改进实验室和选拔研究、技术和行政人员。经费方面,53—58 年每年约为一千三百万元,而 58— 62 骤增为约一亿元,其中进口物资年约一千万元,北京建筑已有 8.2 万方之多。目前缺点在于计划性不够强。现在 32 个所,有 632 个实验室,只有 24%已过了关,预期要五年内全部过关。关于干部奖励提升制度,要以多标准、多途径的办法。钱学森主张要有一批内行的学术秘书,先把财务、管理、器材三方管好,不久将要发动五反运动,反贪污盗窃、投机倒把、铺张浪费、官僚主义和分散主义云云。讨论生物学部提建立一个生物研究中心,估计要 8—10 万美元的外汇。大家对于出版社统提了意见,汪猷说《化学学报》双月刊,每期只七十页,因此积稿太多,文作好后要两年多才能出版。汪德昭、刘崇乐、童第周对于出版社统有意见,我允于不久即开一编辑出版会议,事先并约了全国科协黄继武于明日下午一谈。

下午二点约宛敏渭谈,他以地理所减少一个物候观测员戴君甚为不满。三点继续院务常委至五点十分,我先离席到政协礼堂三楼晚膳,政协的厨房遭回禄,一时不能开火,所以在三楼吃点心,遇胡子婴。晚七点至人大三楼小礼堂看河南商丘专区越调剧团演出《李天保吊孝》，申凤美（♀）演李天保，戏中述一守财奴张忠实嫌李天保穷，不甘嫁女于李，佯称其女张凤姐病故的故事。称为越调，但颇类评剧，音乐也与越剧全不相同。

4 月 19 日　星期五　晨七点 10°，室内 59°F。近数日来多阴霾但无风，恐蒙古高原风大。晚 754 mm。北海公园榆叶梅几落尽，但也有尚开者，海棠盛极将衰，紫、白丁香盛开。

晨六点半〔起〕。上午八点多至北京医院复诊理疗科鼻子是否要再理疗。据医生云，暂可停疗。现在理疗医生均为卅岁以下的新毕业学生，一般说来经验差，所以一切尚是采取试验态度。上午九点偕沈文雄赴地理所，和黄、李二所长谈地理所的实验室，我主张把航空地图判读实验室首先能过关。古气候方面要龚奇儿随徐仁学孢子花粉，以后把我国各地的泥炭用 C_{14} 的同位素年代检定办法定出年代出来。和瞿宁淑谈了地理学会问题。十二点回。

下午四点至北海公园一走。晚阅院政策研究室印的《两年来工作的回顾》，其中关于成绩方面可以注意者如下：1962 年完成国家委托新技术任务或接近完者 52 项，其中有机化学所试制新材料 12 种，多数已投入生产。金属研究所铁钴基弹性合金可制钟表发条，已经辽宁厂使用。冶金所制出渗铬碳素钢可代不锈钢之用。硅酸盐所制出透紫外、红外线黑色玻璃。计算所每秒五万次计算机已经投入生产，每天算三四小时。为支援农业，实验生物所家鱼人工繁殖已掌握鲢、鳙鱼人工催产、人工孵化的技术。昆明植物所解决油瓜大量栽培。有机化学所合成 401 杀菌剂，能防止棉花苗期炭疽病、立枯病等。在工业方面，化工冶金所做出攀枝花钒钛铁矿冶炼。掌握测验技术方面，半导体所建立硅单晶及硅物理提纯设备，使硅棒纯度提高，电阻率达到八千欧姆厘米。物理所高压物理可产生四万大气压。应用化学所仿制了顺磁共振仪。北京仪器厂已试制了质谱仪。地质所已用“钾氩法”解决了内蒙和南岭的伟晶花岗岩年龄。地理〔所〕用航空照相技术绘成南方红壤丘陵地区七幅土壤图。微生物研究所已应用电子显微镜进行病毒结构研究。

4 月 20 日　星期六　晨阴霾，12°，室内 60°F，756 mm。廿日见两燕子在空中高飞，四天前曾闻燕子声，但不敢记录作为事实。

晨六点半起。上午九点至院。约人事局唐若愚局长来谈，为了云南昆明植物所要调前昆明化学所李炳尧参加芳香油分析工作。李现已调云南省化工厅化学所做尼龙工作，而李不愿在省所。孙敬之来谈，他仍在人大做经济地理，因三年前为人告发其发妻患高血压病来函要孙设法，孙置之不理，故受处分开除党籍，但据云现已查明他并未收到发妻的信,所以他恢复党籍云。吕炯来谈,知地理所气候室内部存在问题。据云室的副主任陈嘉珠对室内年老年青人员闹不团结,使年青人批评江爱良的新制仪器不合用。关于农业气象事从不向吕商量,任意决定,而吕则名义上为室主任。前日宛敏渭也说辞掉姓戴的事先不和他商量云云,在此也可以看〔出〕李秉枢的轻信。吕和江爱良均有去农业科学院的意向。和曹文彬谈,据〔云〕回复皇家学会 Linstead 电,为 Richardson 来考察森林事近才决定。

4月21日　礼拜天　晨昙, CiSt 2, 9.6°,室内 59°F, 760 mm,凪。下午晴。

晨六点半起,作太极拳 20 分钟。阅《红旗》7—8 期陈华癸著《农业生产和农业规划》文,作得很好。阐述农业科学近代发展的历史,说在中国两千年前已认识到肥料对于农作物产量重要意义,而在二十世纪初才有合成氨工厂的诞生。贾思勰《齐民要术》已提出绿肥,说凡美田之法绿豆为上,认为要发展农业生产必须重视农业科学研究。提到现代良种繁育科学已经掌握了杂种优势技术,能够提高玉米产量。最后谈到田间试验的方法,各种物质运动在特定地点条件下的具体作用云云。

昨日早晨已见两只燕子在高空飞,但在下午至景山徒步时,万春楼的屋顶却不见一只燕子,而一到夏秋时则以千百计燕子环绕亭柱群飞着,可能初到的是小燕 Swallow 而非 Swift。

晚周总理在人大会堂宴请阿拉伯联合部长会议主席阿里·萨布里。

4月22日　星期一　晨阴, St 10,凪, 13°,室内 62°F, 758 mm。下午雨数点。寓内玉兰花最后一朵落尽,紫丁香也落花,科学院白丁香盛开,牡丹已开,黄花刺梅初开。

晨六点半起,廿分钟太极拳。八点半至院,与杜秘书长谈关于地球物理委员会事。Fanselau 近有信与朱岗昆,要我们参加欧亚区的地磁与地电会议,而我们向来态度是有台湾在内的国际会议不参加,这一态度欧洲的科学家不甚了解。苏联科学家如 Пушков 普什科夫虽很同情中国,但不了解我们观点。人民德国则与西德曾合组运动员出席世界运动会,所以更不了解我们情况。这次平静太阳年的地球物理年,台湾只参加气象、臭氧与太阳,以郑子政主办的气象局为主,而国际的意旨则要以游离层、地磁、无线电、大气物理为主,所以明明台湾是卖空买空而已。晚苏联大使馆请晚会,纪念列宁 93 周生日纪念,演了一个列宁生平的影片,在大使馆遇到了德国大使 Hegen、Winonin 等。

寄北京大学林书闵函　杭大刘操南函

4 月 23 日　星期二　晨晴 9.6°,室内 59°F,凪, 756 mm。下午阴。

晨六点半起。昨晚彬彬因听化工部化工研究〔院〕演讲,回家睡。晨天好,但日间又阴。今年春天阴多而风不大,与往年不同。八点到北京医院吸链霉素 2 cc、青霉素 1 cc 入喉中以治气管炎,一共要吸五天。九点至地理所找文焕然谈,据报告渠正写历史竹(淡竹、钢竹)的分布,已有一些结果,预期八月间可写成一文。此外写河北南部石家庄区域的水旱规律,和南开及河北省气象局合作,另也做盐碱土〔论〕文云云。渠希望调兰州地理所冰川室袁樾方(浙江人,北大考古系毕业,'58)来京。和黄、李二所长及吕蔚光谈古气候工作,并要陈永申(南大气象系)、龚奇儿(北大气象系)等,决定要陈、龚二人学 C_{14} 技术以定泥炭年代而定出古气候变迁。气候室已成为地理所最大室,但老年人和青年人不团结,近知主要原因是由于行政的室副主任陈嘉珠常常不与室主任商量(吕),自作主张,常听年青人的意见而作决定,引起吕炯、江爱良、宛敏渭的不满。近来物候观测员被辞退,事先不与宛敏渭商量,决定后才与吕蔚光谈及。这和院中政策党支部不干涉室业务的政策不符,所以黄所长和我均主张把陈嘉珠另调职务。十二点回。下午三点至院,和王遵伋谈。

4 月 24 日　星期三　晨晴,风力 1—2 级, 10.6°,室内 60°F, 756 mm。

晨六点多起,廿分钟太极拳后早餐。八点至北京医院吸 Streptomycin 和 Penicillin,并看鼻科窦大夫,因昨天至北京体育馆游泳,游蛙式 100 m 后又游仰泳 100 m, 蛙式游泳要把头入水,逼腹部、肺部空气从水中鼻孔中出来,引起鼻腔中若干阻力。而我的左鼻孔过去似已有伤疤,经昨晚游泳晨间又觉痛,所以要诊视,大夫予以金霉素,嘱以后要用别的姿态来游泳。九点至院。郭佩珊来谈,渠欲把明天开会讨论学报出版再延迟几天,因为他方从医院出来而赵仲池又有旁的会。但此事经院务常委〈时〉讨论必须早日进行,所以不同意再延期。下午阅《1963—72 年科学技术发展规划纲要》并提了三点意见,寄还给科学技术委员会办公厅。

4 月 25 日　星期四　晴 9.6°,室内 60°F, 755 mm,凪。

晨六点半起。八点至北京医院吸青霉素 2 cc、链霉素 1 cc。回至院开出版编辑委员会所召集的编辑会议,到《数学学报》张素诚、《物理学报》王竹溪、《化学学报》柳大纲、梁树权、《动物学报》刘崇乐代理人、《气象学报》赵九章代理人、《地理知识》高泳源及电子所汪德昭和出版社周太玄、郭佩珊、全国科协黄继武等。王竹溪提《物理学报》要增〈加〉〔为〕月报,篇幅到 75 页,从今年九月起〈而〉发行,邮局不同意。每期和每年页数不得和所定数目有差别,校对审查有困难。梁树权认为出版能在文来后五个月已经很好,因为审查一文一般要三个月,出版两个月已算快。汪猷说文来要压积二年,说得过火。张素诚说《数学学报》和《数学进展》每年有600篇稿子,而只有100个人能审查,所以每人要审六篇稿一年。说去年每月学报收14篇稿,今年只收九篇,理由是各大学今年起纷纷自办报纸。说最难写是数学家传记,认以为目前最好不要出文集,数学南北有派别,所以他把南方做的稿送北方审,北方做的送南方。汪德昭主张办一个双周刊,能如法国 *Compte Rendu*。大家认为编辑、校对要增加。十二点散。下午三点我至北京图书馆看农业书展览,又至中山公园。晚至人大礼堂看山西蒲剧晚会。

4月26日　星期五　晨阴, StCu 10, W, 16°,风力2—3级, 751 mm。下午五点起雨数点,七点多雨稍大,至晚十点不止。寓中后院榆钱落地满铺阶前,柳絮也有飞者。

晨五点半起。阅昨晚全国科协谭星(♀)交来的文件,预备今晨在科协开会之用。九点至二里沟全国科协,召集理农工医少数学报编辑人员讨论编辑中存在问题,理论与实际问题。(昨今两日均约《地理学报》黄秉维,但均未到场)《昆虫学报》刘崇乐希望校对、审查能合在一起。说《中国科学》不登分类文,学报要注意形式。《化学学报》梁树权谈国外来稿是不是登,英国 Thomson 要求交换学报纸版。《作物学报》戴松恩提外文摘要许多俄文是不通的,无人审改。投三四万字长文又不准缩短。农业出版社质量低而价贵。《生理科学进展》刘君说,有人说中国生物科学水平低是不是合适,应该出外文的生物学的刊物。现在各大学各研究单位纷纷出刊物是不是对。学报可不给报酬只给单行本。《机械工程》武萍:文章是否不要用个人名义发表,反对给稿费,文章是否可转载国外,工业出版社质量不高而要费很多,所以价钱贵。中华医学会《医学杂志》计苏华谈该会原有18种期刊现只十种,尚嫌不足,多的已销到六万一种,保密的期刊在国内公开发售不合适,印刷质量差,图看不清。《生物学通报》汪振儒:交换的刊物国外来后应交编辑一阅,该报挂在师范大学,希望将来由科学出版社来印。《畜牧兽医》张鹤宇编辑:第一是水平问题,现来稿已较前为多,所以略好。与刘崇乐同,也以为理论与实践有争论,《昆虫学报》主张不登单谈实用而无理论的文章。十二点散。

从今天十三四位同志意见可以知道稿源现在比过去为好,许多学报希望扩充篇幅,若干在学报以外出专刊。不在科学印刷所印的,羡慕科学出版社质量好、负责心重。对邮局发行定得时间太死、不知道需要情况有意见。觉审查校对人力不够,等等。对于付稿费则有不同意见。下午六点至工人体育馆游泳250米,遇杜润生和林宝骆等。七点回。晚阅钱乙藜《西北水土流失报告》。

4月27日　星期六　晨阴湿，51°F，室内64°F，风力1，748 mm。日中阴。晚九点后雨。

晨六点半起。上午九点至和平宾馆理发。十一点至院。将昨阅公文交出，并复了意大利Como湖上天文台Harlow Shapely女儿的信和Петров佩特罗夫（列宁大学）的信。下午三点至人大常委听荣高棠关于Prag.二十七届世界乒乓球赛经过的报告。这次比赛，我国得了男子团体赛、男子单打和男子双打的锦标。日本得了女子方面和男女混合打的锦标，但人家估计男子团体与单打比其他锦标为重要，故大家吹嘘我们乒乓球的水平仍在日本之上，即日本的教练长谷川也如此看法。在运动员出发以前，周总理还亲自召见，谆谆以友谊高于锦标、集体高于个人为嘱。说此次我们派16个男子代表、10个女代表选手，从下届1965在南斯拉夫举行时每国至多男子以8名为限，女子5名云。晚和允敏、松松至新街口电影院看《锦上添花》电影。

	苏联农业粮食产量(Cereals)	粮食面积(百万Hec.)	每公顷(kg)
1962年	9000 m. poods = 150 millon tons	赫鲁晓夫答意大利报记者数字，*Moscow News* Ap. 27，'63	
1959年	7700 m. poods = 120 millon tons		
1961年	8400 m. poods = 140 millon tons		
1953年	5036 m. poods = 83.7 millon tons	106.7 (m. H)	784 kg
1956			
1958	8508 m. poods = 142 millon tons	128.3	1107 kg
1913		104.6	
1910—14	4380 m. poods = 73 millon tons	102.5	700 kg
1949—53	4942 m. poods = 82.4 millon tons	105.2	770 kg

根据*Plenary Meeting*，*CC of CPSU '58*。

4月28日　星期日　晨阴，St 10，12°，室内60°F，751 mm，风力4—5级，NW。下午出太阳，室内62°F，753 mm。寓中玉兰的叶子几全舒，玉簪花叶开始展开。中山公园紫藤已放，牡丹粉红已开，姚黄尚未。

晨六点半起，作太极拳20′钟。八点三刻和松松、叶君健、林宝骆夫妇至工人体育馆游泳池游泳。今日因虽系礼拜天，但系“五一”前夕，所以各机关并不放假，因此来游泳的特别少。我游泳300 m，今日更衣室气温32°，池中水温26°，这对于我颇为合适。拾点至院。十一点半回。下午和允敏至北兵马司十三号钱乙藜家，和乙藜夫妇同车同去西郊海淀水电部傅作义所布置的花园。园占地约十余亩，种有桃、梨和苹果及花木甚多。现丁香、牡丹、文冠果、碧桃、紫荆、紫藤等开着,海棠、桃花几已落尽。此外盆景尚有桂花、腊梅、菊花等。我们此来系要分点大丽花的佳种。园中有三个花匠,一姓刘,一姓严,另一是十六七岁的学徒也。园中有芍药、月季很多,均尚未开,有一Cottage式夏天避暑屋。据云桃、梨均57年栽,而早已结实云云。四点回城。至中山公园,从南门入内,先至来今雨轩旁兰室看兰花和杜鹃,均系盆景。当然杜鹃不能和昆明相比,兰花有来〔自〕上虞和海南岛者,杜鹃花均极矮小。次看园中满栽的牡丹,其中粉红色者已全开,白色也有开,姚黄的均未开。在花房旁见满开白花的文冠果,为他处所罕见。紫藤已开,但尚未开足耳。在水榭旁的花坞内陈列着多盆的月季花。西府海棠与桂花 *Osmanthus fragrans* 是木樨科,仙客来 *Cyclanthaceae* 巴拿马草科, *Tulip* 郁金香(*Tulipa* 郁金香属)等等。五点回家。晚七点,和允敏至人大礼堂三楼看《27届乒乓球比赛》电影。

4月29日　星期一　晨晴8°,室内57°F, 758 mm,凪。下午昙。院中白丁香已落,黄刺梅盛开。

晨六点半起。上午九点至院。科学出版社赵仲池来谈,云朱务善在广东从化温泉养病(糖尿病等)二个月已回京,但身体仍未愈。郭佩珊社长也患糖尿病,进医院两个月方出院。他个人正忙于党召集的出版会议和科委会武衡召集的科技出版会议云。关于综考会的图与报告,已决定花七十万元出十六种云。曹文彬来谈,为派代表去英国皇家学会报聘事,地学部拟派李璞或刘东生,生物学部冯德培、张香桐或曹天钦云。

下午三点,冷冰和孙鸿烈来谈西藏1960—61两年工作报告事。据云今年不入藏,预备明年入藏计划,我告以崔克信将调综考会,他于51—53曾至藏,可要其将入藏那时工作整理告一段落,以后视其行径再定其参加工作的程度。因53年藏民反动地主背叛时,他曾一度把秘密地图送交,经58年定为右派分子后,近已摘去帽子,故宜严加留意其人。至于1960—61年在藏考察报告,预期到六月底可以写好,要经审查才能付印。我说下年如去藏,要加农经或经济方面人员,因过去综考报告对于自然资源详,而对于社会经济却讲得〔略〕,聂副总理也已经指出此点。四点至科学史室晤严敦杰,知邹树文处已去复信,关于徐光启论治蝗文已登《集刊》第六期。交林书闵函与叶企孙先生。刘操南关于28宿文已退杭州大学。次至图书馆,和顾家杰、蔡国铭二馆长谈及1957年我在瑞士所购印刷机到达后迄今未应用,原因由于我国缺乏纸版和熟手打字的人,但蔡以为锌板、铝板均可代替,但需照相,可交地理所解决,我谓明日当与该所商之。

晚七点和允敏、吴太太至文联看北京昆曲研习社和清华大学合作演出《荆钗记》中《见娘》和《舟祭》,水利工程教授陈祖康(陈立夫堂弟)起王十朋。和许宝驹遗著《文成公主》,张茂润饰文成公主,傅润孙饰李宗道,徐书城饰禄东赞,过亚丽、韦梅饰二宫女,演得相当成功。今日观众有陈叔老、叶老、钱琢如、陈修和、叶圣陶等。

4 月 30 日　星期二　晨昙, CiCu 4, W, 12°,室内 60°F,凪, 756 mm。柳絮已纷飞。

晨六点多起。上午将黄继武交来《关于学报编辑出版的通知》阅竣改好,定于本月十二日召集理、工、农、医的各学报主任编辑讨论,并提意见。阅后交与科协谭星同志。十一点至院。十二点回。下午二点半至中关村地理所,和吕炯谈及他兼农业科学院农业气象研究所所长事。我一直劝阻他接受此职,因以为农业科学院如不加入农业方面人才,此所很难以办好。但农业部朱则民早已许诺吕蔚光有 200 人规模的研究所,因此吕早跃跃欲试。今日谈后始洞悉情况,我告他若兼所长必须有权,而且要有决心放时间在行政上。我将此事告与李秉枢、黄秉维二所长,他们也同样看法,最初时期以兼的名义,以后看情形再定。此外我也提了瑞士印刷机事情,要地理所派人与图书馆蔡国铭接洽,使工人了解如何修理,使该机能使用。与瞿宁淑谈关于学报编辑问题。宛敏渭交来《物候学》初校稿,因原稿已誊清交去,所以错字不多,惟外文方面颇有错误。我对图不满意,主张用更好的纸张。五点半和彬彬、松松、沈文雄同回。

晚膳后和允敏、彬彬、松松、张俊秀及吴嫂同乘车至政协礼堂看电影《燎原》,述 1921 年江西煤矿罢工事。十点半回。阅浙江大学寄来《浙江大学校史》第一部分。

5 月 1 日　星期三　晨北京天气晴, 12°,室内 62°F,风力 2—3 级, 757 mm。下午晴,二点房中 68°F,户外太阳下 90°F,窗口 76°F, 754 mm。柳絮纷飞,寓前两株槐榆树一早出叶,现齐,西边也出了叶。

晨六点起, 20′钟体操。八点廿分乘 2361 号汽车去西郊潭柘寺,以寺前柘树、寺后龙潭而得名。传说寺建于晋代三世纪,原名嘉福寺,离城有五十余公里。同行者允敏、彬彬、松松,出发后经阜成门,取新北京区至八宝山南到石景山钢铁厂,过山至门头沟已卅多公里,再西南行 22 公里过马鞍山经戒台寺始至潭柘寺。我和彬彬于前年夏天所长会议后曾来此和戒台寺,时值细雨。今天天气甚佳,路虽远但仍有不少游人,遇王之玺等一行。潭柘寺以八百年古银杏著名,称为帝王树。在大殿东首、西首配王树也是白果,则较小。大殿前有二娑罗树,此外尚有白果和松树均甚古老。东殿有流杯亭,后有竹园,取王羲之《兰亭序》“流觞曲水”、“茂林修竹”

之意。大殿前尚有腊梅与紫玉兰，均为北京难得见者，盖寺在山南，向阳，冬温也。殿西有一戒坛，系白石刻，雕刻也佳。大殿后有铜制香炉，系乾隆卅三年制。我们来时在途花 1h30′，在寺中浏览也一小时半始离去。寺外原有柘树已不见，现植有若干株，时方出有微小之叶在树上。寺中花卉不多，玉兰早谢，现惟紫丁香尚有开者而已。十一点廿分循原路回，十二点四十分到家。晚七点半和允敏、松松至天安门城楼看焰火和军事文工团所演出的节目，至九点半始回。

星期天我去工人俱乐部游泳池游泳，事先将左鼻孔放了金霉素，但以为右鼻孔不会受感冒所以未涂，游泳时也未将头沉至水下，但终不免水入鼻孔。至星期二晚即觉右鼻孔微痛，今日更甚，虽涂金霉素而右鼻孔底部已肿，明日又要看医生。

5月2日　星期四　晨晴 12.6°，室内 64°F，756 mm。下午阴，室内 70°F。

晨六点起。右鼻仍觉疼痛并红肿，晨间欲去北京医院诊治，但打电话知除急诊以外今天休息，所以只能待之明天。九点和允敏至王府井大街北京照相馆取所印照相，并至新华书店看新出书刊。十点一刻回。知尹赞勋主任方自广西考察回，即去晤谈地学部各事和院派人赴英国考察事。渠在广西曾遇江爱良与侯学煜，侯将去重庆云。

十点多前浙大毕业生张哲民（1940 土木系，建筑工程部科学技术局）、吴恕三（41 年机械系，哈尔滨锅炉厂）、刘颂尧（41 年土木系，水电部水电建设总局）、陈素子（42 年中文系，北京市教育局）、周敏先（41 年化学系，第一机械部生产调度局）、庞曾漱（42 年外文系，北京市女子第六中学）〔来〕。其中张哲民我曾于开会时遇见数次，庞曾漱四年前于春节曾和顾贻训、冯斐、楼韵午来我家，周敏先去年在北戴河曾见到，余人均二十年没有见面。他们来时和黄宗甄、林巧丏同来，因黄亦 1941 年浙大，而林为龙泉浙大国文系毕业者。彼等大部为党员，张哲民党资格最老。从严州迁吉安时，张哲民在浙大为学生，与我家同船，彬彬犹能记忆。陈素子则曾经在附小教过彬彬、宁宁。这几班（1940—41）系我到浙大头三年所招新生，所以对我尤亲近，而且那时正在搬迁中，所以也是患难之交。三班毕业后均给我全班照相簿，我如今犹留存，取出传观，大家非常喜悦。他们统是四十四五岁的人了，像张、吴、刘，也均部中中级的负责干部。张哲民说元旦见报载我已入党，他就非常兴奋云。我适接浙大寄来校史初稿，也交他们一阅。谈至十二点散。

午后我鼻肿有加剧趋势，适姚杏仙来，知其三哥维明（在沈阳冶金学校教物理）已来北京编教科书，并带了他五个月初生子来交其母亲（兰姑）一看。杏仙本人因恽子强过世后，高原由技术科学部调数理化，她亦随之调数理化部，留中关村办公。而技术科学部已由一机部钱志道（即冯斐丈夫）代高云。杏仙主张我今天急诊看医生，因鼻肿不容忽视。我从其劝，即乘李长运开车至北京医院，适窦医生在,诊后打 Penicillin 一针。五点回。

5月3日　星期五　晨微雨(六点半),15.6°,室内66°F,750 mm,StNi 10。下午阴又下几点雨,风力3—4级,St 10,747 mm。

晨六点起。鼻肿痛未消,八点至北京医院耳鼻喉科并先打青霉素一针二 cc。今日由一女大夫乌姓(冷高)者看,她说我右鼻孔底部发红肿痛,但尚未至灌脓成疖子,要再打两针青霉素,并说鼻中多涕而易打喷嚏,应服羚翘解毒丸,并嘱至楼上理疗。我至楼上遇丁巽甫夫妇,他们也来理疗。这次理疗是用超短波五分钟,明天再来后要检查礼拜天要否继续云。在医院遇赵九章所长与地质部水文地质局张局长,他二人均患鼻子过敏感易于打喷嚏来治疗。张说已病十多天不易治好,以休息为上云。乌医给我青霉素四管为明后日之用。十点半至新华书店外文部购 Костин 柯斯津新版«Климатология»《气候学》1961年,比1951年第一版已增加五十多页。十一点半至院。以电话告九章今日不能去参观地球物理所第二部,因医嘱休息。下午未出。

5月4日　星期六　晨晴14°,室内64°F,750 mm。下午晴。

今日系青年节五四,一大早天气很好。我昨晚和北京医院院长计苏华〔说〕,因鼻孔下红肿有生疖子趋势,打几针青霉素未立刻见效,所〔以〕要求住院。他立刻就答允,因五一后院中空位较多也。早餐后即收拾行装,未九点即和允敏、松松(时放春假)同乘2361车至北京医院,先打青霉素皮下针2 cc,以后楼上理疗超短波十五分钟,以后和允敏、松松至后面入院处办理手续。我未带医疗证,幸办事人看护李女士在门诊室认识我,才通融入院住303房。我最后一次来院检查是1960年8月间,已将三年未检查,所以此来亦可全身检查。女看护一为吕姓,日班,胡姓晚班,值班医生刘大夫。送允敏回去时见院长计苏华,问询之下知科学院有不少人,而且多是研究所所长在此治疗。不久前出院者华罗庚(十二指肠,出院去外埠休息)、顾功叙(神经失常,已经回家)。现在院者叶渚沛(心脏病)、何作霖(心脏病)、潘菽(心肌梗塞)、张钰哲(胃肠)、范新三(图书馆馆长,生疖子)和考古所所长夏鼐?(神经不正常),竟至八人之多。我以为这应引起院中注意,首先是暑假时所馆长应强迫休假才行。此外熟人有陆定一部长、侯德榜部长和卢温甫局长等。

下午沈文雄来谈片刻,是我嘱他送《参考消息》来的。晚膳后至花园中一走,现一年花事已尽,惟紫藤、月季开花而已。遇叶渚沛,他对于冶金部不能用其所提意见甚为失望。他说包头铁矿的整个计划错误,把极为稀有的矿物均废弃不用,损失极大云云。遇何作霖、范新三、卢温甫及陆定一等。9点又打青霉素一针。

5 月 5 日　星期日　晨阴,室内 25°, 749 mm, St 10。下午二点雨数点,阴。

晨六点半起。看护为磅轻重得 45. 3 公斤,穿两件单衣裤。脉搏 68 跳,体温 36. 8°。院的内科主任为吴洁和武汉调来的陶大夫,外科主任为王历耕,内科邓家栋则已升为副院长。今日上午有刘大夫和闻大夫(♀)先后来检查心肺,验得血压 60—110 mm。上午九点与晚间又各打青霉素一针,此外并不再有药治。据刘医云,检查从明日开始,查血液、肺部和做心电图,直至星期五。星期三、六有会诊,他对于鼻肿不甚注意。闻院中鼻科主任徐君系顾功叙联襟,亦未约之来。上午两次至后园一走,遇叶渚沛。他便谈对于冶金部意见极大,认为到 1967 年出 600 万 T 化肥尚有困难。据〔云〕1957 年粮产最高时稻米为八千六百万 T,此数迄未超过云。

下午睡一小时余。三点允敏来,知松松于中膳后即回校。尹主任来谈片刻。赵九章所长来,知温甫之病由于做农业规划时,在做气象规划时与卫所长起了争执,及参观了地球物理所的第二部后方知自己的无知,因此觉自己不免误己误人,甚至有自杀的念头。曾广琼来谈,知温甫之病发展很快,进院后已转好。我在后园徒步,遇温甫,他自知是神经失常,可知尚不十分严重,闻顾功叙所患之病系同类云。

晚膳后至楼下与范新三在医院四面徒〔步〕一周,入内看电视时遇潘菽太太,知潘住 116 号,患心肌梗塞症。他为了赶写《心理学》每晚至一二点钟睡,次晨一早即起,如是数月。一日觉心痛至医院做心电图,以为无恙,回家一晚心痛不能睡,及至送院始查出心肌梗塞,现入院已五十多天,尚不能起床云云。晚洗热水澡后睡至十二点,觉脉搏较高,按之得 84,觉鼻间肿似稍消,大概因鼻间毒消散之故,但至晨间脉又正常。

5 月 6 日　星期一　晨晴,天气佳,室内 25°, 748 mm。北京医院的一部花落尽,桃花亦同,只黄刺梅、紫藤尚开。

晨五点三刻即起,八点多又打青霉素一针(第七针)。内科主任吴大夫洁来为我听心肺后,我告以我前列腺肿大,晚间小便有点困难,常要起三二次,同时肛门有痔比较轻。未几耳鼻喉科魏大夫来,他说鼻生疖子最忌是用手挤,如挤入脑则有危险。普通均用打青霉素针消炎或用超短波有一样效力。我昨忘做超短波,故今日须重做。我问以何故从三月十七以来我鼻中四次发生感染,他说鼻中有生疖子最好是它出外消除,若任其在内消除则常会留一个 focus 随时可以重发,我之所以四次重发原因由此。

晨间有工友来拖地,我问其过去工作,答云在医院已廿年。北京医院前身为德国医院。此人姓孟,另一姓胡的则于1950年来此。

上午至二楼做超短波15分钟,下午至楼下X透视不过几分钟,这样的透视意义是不大的。晚间再打青霉素一针(第八针),我告看护明天不要再打,因已打八针,现鼻肿已退,多打无益,只是使微菌增加抵抗,下次再打将无效。而且臀部针孔已打满,也不舒适。三点多允敏来,我约其看看史良。她住309房,患血压高(220—120 mm)。闵刚侯住301,患甲状扁桃腺肿。和允敏下楼时遇黄秉维来看卢温甫,又遇白敏患肾脏病云。晚膳后至园中一走。七点看电视,为一中国文学史讲演,而大谈国民党特务机构,完全张冠李戴。我觉三年来电视的内容远不如从前好,虽是我们歌唱舞剧均有了进步。八点半打一针后九点睡,因常要小便,所以初睡时觉不能安眠,十一点后即好。

5月7日　星期二　晨阴,St ASt,凪,748 mm。下午ASt 10,749 mm。

晨六点起,做广播体操20分钟。八点半打青霉素一针。九点半至眼科等半小时,由左大夫诊视。他检量了眼珠压力为4是正常,验了视力,清楚地表示我左目远视能力比右目稍强。先是九点至楼下一楼做了心电图。管理者为年青女子上海人,方收一二十来岁女子也是上海人,方教她学习看机器,做心电图很不仔细,草草了事。问其有无问题,答称无他。与我同下楼的尚有史良,她是患有严重心脏病的人,做心电图也不过5′—10′钟而已。所以不久前潘菽做心电图验视后医生说正常,但回后当晚即心绞痛不可止,终夜不眠,次日送医院乃是严重的心肌梗塞。这样做心电图是无用的。十一点至二楼做了十五分钟超短波(7 m)电疗。

下午睡一小时。至外间园中徒〔步〕半小时。三点允敏来,知今晚院中请大家至北京展览馆看东方歌舞团演出,我们有两张票,彬彬已打电话要看云。吴副院长来,据云顾功叙神经失常相当严重,曾告人谓已几星期未能睡眠,并不进饮食,而实际他既能吃又能睡云。他入医院后,据计苏华院长告我说,予以一种新的美国药。此药对于大脑能起兴奋作用,使人愉快轻松,顾服之颇有效。卢鋈因有肝炎不能服此云。在《参考资料》(5/7日上午)提到美国制成一种男服节育新药,价比阿斯匹灵更廉,不影响性欲,白色,无味无臭,惟不能同时饮酒,要引起反胃云。据Seattle希勒医生报告,这种二胺化合物可以停止精子生产6—10周,与Steroid的压制性欲者又不同云。

阅高泳源著《中印、中缅、中尼、中巴边界问题》文,我原意要把我们解决中缅、巴、尼边界问题统经友好谈判以互让精神得到解决,而印度一定要提先决条件必须依照印度提出的解决办法,这是极其无理的。高著文中未把此点说清楚,文中也有几个小地名等有问题。下午遇白敏,我要他过目。今日在北京医院遇伍修权、冀朝鼎,均来验身体。

5月8日　星期三　晨晴,空中有霾,似远方在发风,房中25°,755 mm,风力1。下午晴,751 mm。北京医院洋槐盛开。

晨六点起。昨中午后不再吃一滴水,又行走了四五十分钟,所以夜晚只起一次,但十一点半后醒了两小时。早晨检小便见其中带混浊的颜色,不知何故。晨起作体操半小时。上午闻医生叶梅(♀)和刘元恕医生来查班,又听了我心与肺,摸了肝、脾。我要求鼻科医生再检验一次,以定究因何屡次发炎。今晨取血10 cc以检肝的功能,牙科李大夫检了我门牙,认为左边门牙已断要取出代以不固定的两枚。十点做了十五分钟理疗。何作霖来谈片刻,知其在院已月余,因血压高而心脏震荡,脉搏不匀,入院后已较好云。

午后睡一小时。至花园走半小时。北京医院建立已有60年历史,帝德以庚子赔款一部建立德国医院,当时有医生三人。近来屋宇基础和墙壁尚好,但屋顶已坏,三年前曾有重建的计划,后以精简下马,曾修缮了屋顶。后花园有地七八亩,种植银杏两株,径尺半。白杨数株,大者径三尺。椿树若干株,洋槐大小数十株,扁柏若干行,统长得不甚好。近来也种了松树,也未长好,并有桃树和丁香甚多。树中洋槐、椿、杨与白果,均长得高达五六十英尺,所以常有伯劳与啄木鸟栖息其间,近来因树多,已砍去几株。

晚和史良闲谈,知张志让年71,近与同乡女子结婚仅21岁,是其学生之妹云。张志让生平未娶,此为初婚云。七点半看电视,映电影《停战以后》。九点睡。晚间觉冷暖不合适,未能十分安睡。

今日《光明日报》登马坚《刺桐与泉州城》一文,择檄是阿拉伯油料植物(Zaytun即油果)的对音(马坚造的),即英文Olive,拉丁名*Oliva*,学名*Olea europoea*。九世纪传至中国,段成式《酉阳杂俎》说"齐暾树出波斯,亦出拂林国(东罗马),皮青白,花似柚……五月熟,西域人以为油……如中国之巨胜(芝麻)也"云云。《新旧约全书》译作橄榄是错误的。五代时留从效在泉州城周围种植刺桐树,泉州遂有刺桐城之名。

5月9日　星期四　晨晴,室内26°,750 mm,风。上午十一点晴,能见度低。

晨六点半起,作广播体操半小时。早餐后至一楼理发室理发。至106号晤何作霖。他于今日出院,云心脏血压已较前为好。他的痔疮打了针后也较好,他上楼要气喘,而办公室在三楼,这在地质所应该可以很易调整。十点做理疗十五分钟,遇王义舟入院验身体。阅科技情报第三次会议报告。下午刘元恕大夫来谈片刻。今日上午十点做了理疗,超短波15′,此外每天吃三粒合霉素,鼻肿已平复。我自己点双氧水和金霉素,一天二次,现惟觉鼻孔干燥而已。下午张俊秀送文件来。我至楼下 113 号晤张钰哲,他患胃溃疡在院已月余,上月廿二号已出院,但行动后大便又有血,所以又入医院重治。遇其女儿。

阅叶渚沛处借来 Gordon Childe 著 *What Happened in History*, Pelican Book,书中提到公元前三千年的一千年中,人类在近东发明了许多重要事迹,如轮车、牛轭(Harness)、砖术、陶轮 Potter wheels (p. 67)。再一千年而此等发现已东至中国、西至英国。(p. 69)用牛驾犁, 3000 BC 在美索不达米、埃及已知道,印度稍迟,到 1400 BC 中国也用了。在 p. 144 说道,只有中央亚细亚没有发掘,才使吾人无法知道在那时近东的各种发现如何传到远东的野蛮人去(Barbarians),而这种传送在 BC 二千年以前已经开始了。但在 1400 BC 以后,这种交流已经不是单方面的了,因为中国的文化已经不亚于西方了。(p. 165)到 1200 BC 近东青铜文化已结束,进入一个黑暗时期里,甚于中世纪。(p. 167)但到了五百年后铁器时代开始时,虽有一段没落,就加速大大发展起来了,比从前的一千五百年还要快。(p. 171) Alphabetic writing 在 Syria 已于 1100 BC 开始,为南阿拉伯国家所接受,又渐传至伊朗, 300 BC 到了印度,希腊在 1000—700 BC 也应用了。

〔剪报〕

1963 1/10四

古木奇聞

北京晚报

我国有很多千年以上的古树。

陕西省黄陵县黄陵寺的一株柏树,传說已有五千多年的历史,并相传系轩辕皇帝亲手栽植,现围粗三丈,树高四丈六。

山东省曲阜孔庙中的一株桧树,已活了二千四百年。

山西省太原市郊晋祠中一株周代柏树,已有两千多年的历史,现在树干仍很蒼健。

南京工学院内一株"六朝松"已活了一千四百多年。

四川省成都市郊杜甫草堂祠祠門左侧的一株"罗汉松",已活了一千二百多年,据說是当时杜甫亲手栽植的。

广西省貴县南山寺殿后洞口峭壁上的着一棵"不老松",已有一千多年,现在枝干仍旧挺立,欣欣向荣。至今人們常常用"福如东海长流水,寿比南山不老松"这句話,来祝福人們长寿。

福建省宁德县彭家村的一株大杉,树高五丈六,围粗二丈七,枝叶茂盛,蔽蔭亩余,据称也已有千余年的历史。

此外,还有泰山秦始皇封的"五大夫松",泰山岱庙的"汉柏",四川灌县青城山的"汉銀杏",湖南衡山福严寺的"唐代銀杏",北京市中山公园中的"辽柏"以及辽宁千山香碧寺的"蟠龙古松"等,都是千年以上的古树。 (敏桃)

5 月 10 日　星期五　晨北京医院阴昙, ACu St 9,室内 26°,瓬, 750 mm。

验肝功能抽血试验:胆固醇 100—200,胆红质<1. 02,蛋白质 4—5。

晨六点起,至晒台上做体操 20′钟。早餐。$8^h41'$作酚红排泄试验(PSP 试验),先吃水 400 cc,二十分钟后打一针静脉红色药酚黄素 1 cc,然后留小便,以后隔 15′、30′、60′、120′各小便一次。照例肾功能正常的,要能使后面几次小便变为绯红色,但我出小便前后四次并无差别,而且作茶黄色不知是否功能有问题? 适刘元恕大夫来,他亦不置可否,说要检查后才知道。据刘云,我过去验血结果白血球每cc(立毫米?)7000、红血球 4,320,000 个、转氨酶 24 单位、胆固醇 204、胆红汁 0.74、血糖 97.9,一般可以说是正常云。十点作超短波理疗一次,主持者说明日可以不做,而魏大夫则云要做 15 次(已做七次)。

下午三点允敏来,与之至 221 号房晤卢温甫,他患神经忧郁症,悲观、失眠,甚至有自杀的危险,所以其夫人曾广琼陪同在院。我告以失眠时要知道高卧在床,虽不睡也是一样休息。晚膳后又和温甫谈,他以为 1959、60 两年华北干旱,但 61 年并不干旱云。

今晨张钰哲交 Pergamon 出版的 *Vistas in Astronomy* Volume 4 来,其中有〈系〉剑桥大学 Arthur Bier、Ho Ping-yu、鲁桂珍、李约瑟、E. G. Pullyblank、G. J. Thompson 同著一文"An 8th Century Meridian Line",谈一行、南宫说〈在〉〔测〕滑台、浚仪、扶沟和上蔡四地的距离而得经度每度之长,为每度 351 唐里 80 唐步,文中把《旧唐书》作了翻译,并把离极度数算出得下表:

二地名(开封)	离极度之差	距离以唐里计	一度的唐里数
滑台白马—浚仪岳台	0.5	198.6	397.2
浚仪岳台—扶沟	0.5	167.9	335.8
扶沟—上蔡武津	0.5	160.4	320.8
	共 1.5°	共 526.9	平均 351.3

在 p. 15 文中引了我著《中国古代在天文学上伟大贡献》文,也提到 1761 年法国教士 J. B. Danville 以为白马距岳台的数字 198.6 系 168.6 之误,但与总数不合。p. 19 提到此时有印度的三个 clans 在中国做天文工作,为瞿昙 Chuthan、(Gautama) Chiaych、(Kásyapa)和 Chümolo (Kumara),但其以瞿昙悉达最为重要。他于 729 年写好《开元占经》,而一行、南宫说测量经度正在 721—725 年,所以几于同时。书中一部分是写在 718 年,尤其关于第 104 章《九执历》,即第六世纪 Navagraha 历见于印度 *Varaha Mora* 经中。在此处,中国书中第一次用到 zero (0)(中国古书向例遇到零便空一位),而且其中有一个正弦表。日本人 Yabunchi 近把此表转载他的文中,所以可能一行等已用了那时的正弦三角表,一行所用的黄赤道交角 obliquity of the ecliptic 也可从他的算法查出,其数为 e = 23°40′,李淳风也用 24°。一行所测四站不在一根南北子午线上,上述白马、浚义的经度和实际经度要差 0.31°。p. 25,一度之长为 351 里 80 步是一行所测。到了宋朝 Gaubil 曾说,以三度算一千里较为近似于实际(250 里)。一行的目的主要是证明古代"影千里差一寸"的说法,这在五世纪时已有人提出。一行虽未说地是球形,但以三百五十一里八十步为一度已有球形的含义。p. 27,到十七世纪,比利时教士 Antoine Thomas

(1644—1709)做了全国测量规划,这测量到1717才完成。而在其先首先要知道一里之长,所以决定测量一度之长。于1698年决定,1702年作了测定,在北京南Pa-shih地方测定1°之长是195里6步,当初制了五尺长铁杆在皇宫内,因为康熙要把1°作二百里算,所以把尺减了40分之一,一度为七万二千步,一分为1200步,一秒为二十步。这在法国Academy定米为赤道四千万分一前90年。

5月11日　星期六　晨晴, Ci ACu 4,风力2, 752 mm。下午二点室内27.5°, 750 mm,昙, Ci 5,风力3级, S。

晨未六点即起。在医院睡卧反而不如在家,中午也不过卧二三十分钟而已,但晚间常要醒二三次。晨查房医生女大夫闻叶梅和刘元恕大夫来,闻认为我血液验得胆红汁(见昨日记)现已正常,且肝似比前为小,胆固醇203亦不算高,至于昨所验PSP肾功能要检查后才知道。外科王历耕大夫来,他说他在浙江多年,问我前列腺和小便状况。我晚间平均每晚二次至三次,但多时可至五次,如日间运动晚可以不起。他以指入肛门检查,认为是初期前列腺涨大,未至二期更甚至三期。他说黄炎培等去前列腺是他动手术,并无后不良效果。我告以钱雨农、李范一状况,他说李范一是他动手术,割后最初半年小便有自流趋势,但现已好。他要我先做几个试验,然后用内服药,如不灵再试手术。他验我两睾丸均有水二三cc,但不疼痛。肛门有内痔云,可以便后热水洗净,用冷水使收缩。下午鼻科主任许大夫来(经常在协和),检验了我的鼻子后说,两鼻孔已无他,惟干燥,此后无须再打针、理疗或吃合霉素,可以用Cortisone涂鼻一天二次,游泳也无妨碍,但未谈鼻肿的原因。晚膳徒步廿分钟。七点至二楼看电视,有臧克家谈毛主席《沁园春》词。我不了解他谈的好处,他的讲话不是北京口音,所以就打一个折扣。电影《探乡亲》也做得粗俗不合理,可说一无好处。孩童歌唱尚不错,另有几个新闻片子,演至八点三刻,我很想看电影《李双双》,但为时已迟,所以未看。九点多睡,睡至十二点醒,觉热不可耐,起洗身后再睡。

5月12日　星期日　晨昙,房中27°,下午三点28°开窗, 748 mm。

晨六点起,六点半廿分钟体操。八点早餐。九点允敏和彬彬来,因今日系星期天,昨晚他们和松松看了电影《红色宣传员》,松松因校中有运动会一早即回校。杨克强夫妇来,知颜天明于前晚忽然便血,势不可挡。半夜来北京医院,于晨四点才有医生为之诊治,现血已止云。我们至德国老磅秤处称得克强84公斤,彬彬56.5 kg,允敏48.8,克强夫人49.0。我早晨45.7 kg,中午47 kg。至二楼210号晤张子高,他于五日进院来验前列腺是否要施手术,与我同病。他生于1886,比我大四岁,至多晚间要起三次。我说我晚上至多起五次,但非不得〔已〕不动手术,他也以为然。他正由王历耕检验来定是否要施手术。

下午睡一小时。至花园中徒步半小时。下午阅 *National Geo. Mag.* Lyman Briggs 一文,我记得 1914—18 时代曾有一 Harvard 同学有此名,不知此人即是否?晚膳遇陆定一、叶渚沛、卢温甫。七点半在理疗室楼上看电影《李双双》,由张瑞芳饰,做得很好,九点半散。

Lyman J. Briggs, Director Emeritus, National Bureau of Standards, "How old is it?" *The National Geographical Magazine*, Aug. 1958, Vol. 114, No. 2, pp. 234—255。摘要: C_{14} Half life 5568 年。Dr. Willard Libby,从前 Chicago 大学,现在 Atomic E. C. 。从 1949 年起以 C_{14} 量各种事物年龄,第一次量的是埃及 Djoser 墓中的槐树。此王在位约为 2700 BC,量得 2000 BC 以上,不甚精确。以后量埃及 Sesostris 王朝庭柱为 3621 年,而他在位约 3800 以前。也量出来有作假的东西,而最可靠的是树木年轮, Dr. A. E. Douglas 的发现,从加州红树 Sequoia 园中一株 1874 年砍倒三〔千〕年老的树取了 1031—928 BC 所生一段来量,平均为 2710 年,低估了二百年,用此法证明荷兰海岸七千年以前每年下沉 14″,目前只 4″。无论古代剩下五谷、炭灰、牛粪,均可当作标本,最初试验标本要几两重,现在只要一两百分之几(0.4 gr.)。C_{14} Counter 中,要辨别真的 C_{14} Charge 和 Background charge, 好的电子管仪器能使后者减至每分钟只二次,而普通 C_{14} 则每分钟 35 次。在活的树里要 Million million 个 C_{12} 中才有一个 C_{14}(p. 238)。C_{14} dating 结果把最后冰川日期能确定了。在 Wisconsin 冰期前进时破坏了 Two Creeks 的森林,从前以为是二万三千 BC 的事, C_{14} 方法证明在九千年 BC。而美国 Huron 湖、Michigan 湖五千年 BC 尚有冰。其次考古学家用此法把人类从事农业推早了二千年,在 Iraq 的 Jarmo 地方,有史以前四千年人类已种大麦、小麦,养家畜羊、山羊、猪、狗、牛和马。三则也定出人类到美洲的时期,最早人类可能是在近东或非洲,也许是五十万年前(?)。过去以为 Indians 到美洲不会在公元好久前,如 Hrdlicka 即如此说。但现证明人类在一万年 BC 已在美洲捉大象和 Bison, Maize 在四千年 BC 已种, 4000 年以前美洲已有铜。C_{14} 谱能够定四五万年老的东西,但 Dr. DeVries 荷兰(Groningen 大学)能在原有 C_{14} 二千分之一情况下查出,他可以做到七万年。在十七世纪英 Archbishop Ussher 说地球是上帝于 4000 年 BC 所造,但用同位〔素〕查出有卅五亿年的石头。

5月13日　星期一　晨阴,室内 24°(开窗), 749 mm, St 10,风力一, S。下午两点下雨数点, Fnb St 10,北风, 747 mm。晚间起风。洋槐花多已落。

今早餐前称得 46.5 kg,比初来多 1.2 kg,中膳后 47.1 kg。

晨六点起。上午九点至楼下 116 号晤潘菽,他进院已两个月,因心肌梗塞医生尚不许起床。据云他身体一向健康无病疾,但今年已67,工作过于疲劳所致。〔至〕205号晤颜天明,他于前晚因胃出血进院,昨已血止,但尚未查出什么原因。叶渚沛来谈,并以五月号《人民画报》见示,因其封面上有我的照片。内科主任吴洁大夫来,据检查心、肝、肾脏功能均正常,对老年衰退现象当然不免,前日所检查肾脏PSP为“60”,也是正常,所以普通不加分析,单看颜色不能辨认的。中膳后睡一小时。至花园中徒步30′钟。三点允敏来谈至五点,到楼下116号看潘菽和其夫人。晚膳后至前楼看电影《冰山上的来客》,述1951年时代新疆初解放时状况,镜头的光线不足,不能把天山美丽风景显出,极为可惜,片中有骑马夺羊的镜头,照得不错。十点睡。

5月14日　星期二　晨晴,755 mm,室内26°,WSW,风力1—2级。

晨六点起,六点二十分至花园中做太极拳二十分钟。早晨有不少人在园中作运动,王维舟虽年已77,也做太极拳。上午刘元恕大夫告我说,检查前列腺Prostate要到星期四才行,这样我出院又要推迟,至早到礼拜五了。叶渚沛来谈关于肥料问题几一小时,他对于冶金部很有意见。上午我对王明业写的《珠穆朗玛峰地区科学考察(1959—60年)的几点总结》提了若干点意见,该文系寄登《科学通报》者。下午阅高泳源寄来王士鹤写的《我国南疆的边界问题》,也提了若干意见。王明业文中提到珠穆朗玛峰西、北、东三方面的冰川,其长度是从10 km到17 km,尾端高度最低4700 m,雪线高度6300 m,为世界最高的雪线。冰川状况和1921年英国登山队时相比,上升200—300 m。其地多断层,总是北面上升而南面下降,南北坡的植被也大不相同,当时在绒布设有一个气象台,高度约为5000 m。年平均温度为-5°,七月平均温度为6°,最高到16°,与拉萨相比差别是相当大的。上午叶渚沛来谈一小时。下午允敏来。晚在三楼看电视,有评剧《夺印》,所唱语言不解,半途退出。

阅*Scientific American* Feb. 1963, pp. 77—96, N. D. Newell “Crisis in History of Life”。谈地质史许多生物灭种的原因,有以为是由于气候、地形的变迁,有以为是空气中增加放射线或氧气或水中缺乏了某种矿物质,或则以为由于特种病害的产生,或是由于生物本身产生了缺点,但作者以为均不能解释。比较合理是由于海洋面积的减少,自白垩纪以来,太平洋底沉下,所以目前的大陆比往时为高。在古生代、中生代大陆均甚低,海洋略升,大部大陆变了海,海面减少使生物死亡。到近来人为的影响很大,据估计直接或间接人类已灭亡了450种动物,最受影响是西印度群岛和南洋,近数百年来有70种species鸟已绝迹。

5月15日　星期三　晨晴，750 mm，室内26°。中午晴，749 mm。

晨六点前即起，至医院花园中作了廿分钟太极拳。昨晚睡不十分佳，又常起小便。今晨闻叶梅大夫和刘元恕大夫来，我询检验，答明天上午验后于星期五可以出院。上午严希纯来，知其近来因胆囊病施手术于五一节后动刀，现已收口，能上楼，他住117号房。据云最初以为是肝炎，于年初住东院，三星期未能证实，出去又以胆囊结石进院，最后检视得胆囊发炎影响肝脏。王历耕医主张施手术，由协和大夫动手，逐步麻醉四小时，现已两星期，可以走动自如并无痛苦云。下午睡一小时。至花园中走卅分钟。作函与 Joseph Needham。李约瑟于三月中旬寄一本新出期刊 *Science & Arts in China*，系 Derek Bryan 所编，是一季刊。李来信要大家写文章，我回复他说目前科学期刊多已重出，大家没有空，并应允寄他一本《物候学》"Phenology and Its Development in China"。三点允敏来谈，提到她们妇女学习小组中王立芬时时和同组人吵嘴。我以为她神经有点过于紧张，应该另眼看待，不能以普通妇人一样看待她的。晚膳后和卢温甫徒步半小时，看电视半小时，九点半睡。

阅《毛主席的好战士雷锋》，后面有摘录日记："对待同志要像春天般的温暖，对待工作要像夏天一样火热，对待个人主义要像秋风扫落叶一样，对待敌人要像严冬一样的无情。""青春只属于永远力争上游的人，永远劳动的人，永远谦虚的人。""是光荣的战士还是可耻的逃兵，那就要看你在困难面前有没有坚定不移的信念了。"

5月16日　星期四　晨晴，风力一，室内开窗26.8°，746 mm。

美国发射宇宙飞船信心七号。

晨五点半〔起〕。今天一早做肾脏功能检查，不吃东西、饮水，八点前做灌肠。八点半至楼下X光室先照一X光肾脏照相，以后花五分钟打一针显影剂2 cc，把下肚压紧，打针后7′钟、15′照二张，上楼后吃一杯水（150 cc），一小时后又照一张X光。据看护云这是检验肾脏有否癌等试验云。照毕回室一小时，$10^{h}15'$又照膀胱一张，出去小便立刻又照一张，十点半始进早餐。

今日和来收拾房间的服务员郝姓者谈，知他和孟〔姓〕者同于廿年前来，时北京医院尚是德国医院，已有此大房子和东楼，但前面门诊室系1950年开始建，1952落成。德国医院时代有德医三人，德女看护十四人，另有二个中国男看护和一个女看护。中国医生三人，一陈姓外科大夫现尚在院，已于1961年升为外科副主任云。服务人员除郝、孟二人外，尚有一张姓者在院已卅多年。此外一刘姓者能说德文、英文，前几年尚在挂号处给诊病者保管衣服，近年来已不见，据〔说〕已于61年病逝，年73云。

中膳后睡半小时。至园中徒步半小时。下午图书馆顾家杰来谈 15′钟。张俊秀拿《参考消息》来,云沈文雄今日下午有会未能来。晚膳后和卢温甫徒步半小时。七点在二楼看电视苏联国家女子篮球队和北京女子篮球队比赛,因苏联女子个子高出我国女子,15 号沙利莫娃高达二米,最初三分钟她未出场,我国女子队比较灵活占了优势,但苏联教练看形势不好立刻把这位长女子叫出。她老立在我们的篮下,别人把球打给她,她就顺手一放就进去了。我们教练虽想尽方法,不能对付,结果是以 43∶81 败北。

〔剪报〕

【美新处卡納維拉尔角14日电】有关美国22圈宇宙飞行的某些統計数字如下

宇宙航行員——美国空軍庫柏少校、年36岁。

任务——圍繞地球飞行22圈。

航程——飞行約600,000英里(960,000公里)。

飞行时間——34小时。

速度——每小时約17,500英里(28,000公里)。

預料的最低点——約100英里(160公里)。

預料的最高点——約170英里(272公里)。

宇宙飞船名字——"信心7号"。

宇宙飞船重量——在发射时4,000磅(1,800公斤),在飞行时3,000磅(1,350 公斤

飞行以后的漂浮重量2,400磅(1,080公斤)。

宇宙飞船体积——高9.5英尺(2.84公尺)、底部寬6英尺(1.8公尺)。

发射工具——"阿特拉斯130D",同把美国其他三名宇宙航行員发入軌道的 火箭

。

預料的着水地点——如果飞行到22圈的話,預料庫柏会在太平洋中途島东南約 (808哩

5 月 17 日　星期五

晨昙,ASt Fs 6,風,房中 27.3°(开窗),746 mm。午后 CiSt 6,房中 28.4°。晚家中 77°F。尹宅太平花盛开。

出医院回家。

晨五点三刻起,六点多至北京医院园中做体操 20′钟。遇严希纯,他已能在园中徒步半小时。和看护说明今日我要出院,并与刘元恕大夫讲要出证明我心脏无病可以游泳的证件。九点多王历耕大夫来,示以昨所撮的两张膀胱照片相示,即小便以前与小便以后的对比。小便颜色因事先打了药针可以看出,对比之下证明我排泄小便只能泄出 60%,余 40%在膀胱内(这是日中,半晚排泄能力更差),因此认

为有纠正的需要。纠正的方法有文有武，一般是〔先〕文后武，即先吃药，吃药无效才施手术。吃的是 Female hormone，这药有三种副作用，即一奶奶痛，二是反胃，三是减少性欲，但能使小便次数减少，停吃后即一切恢复原状云。

中膳后睡一小时。称秤得 46.6 kg（即 102 lbs），比早晨约重了两磅。至楼下花园中走半小时。三点允敏来接我回家。她付清了在院一切费用，住十三天付二十五元，其中包括水果钱六斤约五元。今日出院者尚有史良、张子高和范新三，在出院时并给王历耕所开的女 Hormone Stilbesterol 和吃胆固醇的维他命 B_6 与 C，以及搽鼻的 Cortisone 等。今日司机赵锡华因病，由一张姓代开车来。我入院住十三天，但在此期间天气由冬季转为夏季，入院时要穿夹大衣，今日穿冬制服觉热。洋槐花已全落，到家时见寓前的大丽〔花〕已长得几寸到一尺高，玉簪花叶均长大，玉兰、丁香叶全满，连吴嫂照顾〔的〕几只小鸡也长大不少。

六点晚膳。膳后晤杨钟健夫妇，克强告我说 Philadelphia 的 Prof. Coon 近寄来一本人种学书，其中谈到不少中国材料，我适在今年 February *Scientific American* 上看到这书的书评。晤吴副院长夫妇，谈及胆囊结石问题，说中医对肾脏结石（如苏加诺总统）有金钱草可以有效医治，苏加诺系吴阶平和一中医同治云。

5月18日　星期六　晨昙，Ci 2，凪，19°，室内 74°F，746 mm。晚八点大雨，九点后雨渐小，748 mm。

晨六点起，做太极拳廿分钟。八点半至院。九点政治学习，谈五反即反铺张浪费、贪污盗窃、投机倒把、官僚主义和分散主义。二礼拜前张副院曾做了动员报告，我已入北京医院未曾听到。今日吴副院长提议要各所提提意见。动物所郑谈避免浪费，要多用脑筋少费气力。汤佩松说要结合全国十年规划来做院中十年规划。秦仁昌主张各所要多配备技术人员。陈芳允说〔所〕中加工人员少，赶不上理论，因此做不出东西。说半导体所更差，现一个电子管只要四五块钱，而一个晶体管要二十多元。半导体〔所〕林兰英便说，该所助理研究员以上只共十三人，应集中人才。目前尚做不出好的（硅）晶体管，进步实在太慢，而金工方面缺乏人更甚，所以一年实际只做六个月工。研究所必须搬城外，与工厂在一起。同所陈君认为要做好晶体管不能靠物理的人，机械、自动化工程师更重要。最后张副院长谈，这次五反将与增产节约一起搞，但时间方面要使不影响研究工作，要先立后破云云。

上午山东海洋学院海洋物理系主任前浙大毕业生杨有楙来，和王方来谈，为要在海洋光学声学上应用的大功率 10 kW 发射仪等四套，希望新技术局能从嘉定县仪器厂供给。据云束星北尚未摘去帽子，现仍在医学院，而周北屏摘去帽子已回山大云。下午三点半至地理所与李秉枢谈印刷机事。阅 Петров 佩特罗夫所著《中国沙漠和半沙漠及其土壤植被改良》、《东天山作为地理界线》、《论白刺属》等三文,已均译成汉文。第三篇经林镕审查认为可用,交与马君转高泳源拟予出版。事先曾与黄所长谈过,他今日去石家庄未遇。晚阅院中文件。七点半黄继武来,谈科学技术出版会议事。此会要开两礼拜,我认为开得太长,浪费时间。

5月19日 星期日 晨继续雨, Nb 10, 20°,室内74°F,凪, 748 mm。中午雨止。

晨六点起,上午作早操十五分钟。九点半由张司机开车赴西〔直〕门外的洁华寺(在人民大学和民族学院之间一条路向西)附近看李仲揆夫妇。他近来身体尚好,谈及五月一日我国交通部的"跃进号"轮(15,000 Tons)赴日本处女航,在125°11′E、31°58′N地点沉没事。今日报载我国调查经过,是因触礁而沉。我查图上此地点正是上海至长崎的航线上略偏北,但仲揆以为是此一带济洲岛附近暗礁不少,而我国水手也〈须〉〔许〕航线不熟之故。现国家已派大批海轮前往调查附近海域。十一点又驱车至东城干面胡同十五号第一区三楼(科学院社会科学部宿舍),晤吴世昌夫妇,遇熊式一的女儿。又知罗大纲也住此楼,罗即罗杨柏之子,十六年前曾在巴黎相遇。下午未出。吴嫂今年养八只小鸡,已三个月,至今尚雌雄莫辨,今日忽有三只生病,更是无所措手。昨晚至今午共下二英寸〔雨〕,这对于庄稼是大有裨益的。

5月20日 星期一 晨昙, Ci,最低14°,最高26°。

张副院长去朝鲜访朝科学院,同行共七人。

晨六点起。八点半至北京饭店,参加了科委和文化部所召集的全国科技出版编辑委员会,会期两星期,因周太玄、赵仲池、郭佩珊三社长统到会,所以我只参加首次会议,在会中遇到王顺桐和黄继武。我看了本月十二日科委召集各科技刊物编辑部会议(那次会我在医院没有到)的总结,今日会议由武衡同志做了开幕报告后,即分组讨论,我即回至院中打电话与图书馆顾家杰同志,要他通知蔡国铭把我于1957年在瑞士所购的印刷机交与地理所地图室应用,该机以二万四千多瑞士法郎购置,迄今未曾使用,而地图室能应用该机,所以要图书馆交地理所。

下午二点半至力学所星际航行报告会,今日请国防医学科学院兼任生物物理研究所研究员陈定一报告苏联近地球空间飞行的医学、生物学研究近况(第十一次讲)。说苏联在1934年即成立专门机构发展火箭事业, 1953年宣布可以发射飞船或卫星, 57年十月第一个人造卫星上天。其进程可分为六个阶段:第一阶段用火箭以密闭舱运载狗到110 km高空,安全收回;第二个阶段小狗穿密闭服到

110—212 km 高空，安全收回；第三阶段在212—470公里高度生物探测，这阶段是在49—57年进行的；第四阶段以人造卫星载小狗作失重飞行；第五阶段飞船载了许多生物，从狗到单细胞生物，同时解决重入大气问题，为人类进入宇宙空间打良好基础；第六阶段即1961年4/12日人类进入宇宙空间（Гагарин 加加林），解决了高速反应、失重反应、宇宙线照射等问题。共进行了三个卫星五个飞船。从四个苏联宇宙人的经验知道，上飞船后脉搏即升高，从76—110跳，开始飞行又加高，但不久即下降。所穿服装能通风保温达90多小时，可以入冰水十二小时不觉冷。据云飞行员 Титов 季托夫在船中有错觉，即觉船中物事倒悬。

5月21日　星期二　晨阴，St 10，21°，室内74°F，凪，746 mm，潮湿。芍药盛开。

晚解俊民来，现在长春吉林大学。王惠也亦〔在〕该校。

晨六点起，作太极拳廿分钟。八点半乘车，由张司机开至中关村生物大楼地理所，约过兴先谈二小时。据〔云〕支援农业办公室定六月初召集一个各所秘书会议，院中所接受任务甚多，但重要的农业区划、盐碱土、水土保持、草原问题、农药和抗生素、钢渣磷肥生产六个问题。生物学部弱点是遗传所，目前祖德明是兼任，一周只能到两天，大部时间在农业科学院，而年青人中又无特出人才。生物物理目前也极薄弱，重点做放射性和宇宙生物，但对于农业工作未插手。上海方面生物比较强，但生理、生化和植物生理统偏重理论工作，外间对于生理所偏重医和理论也有意见。谈到宋达泉，农业会议时科委人员不使他参加见毛主席，给他一个很大打击云云。十一点回至院中。下午未出，阅关于稻麦生产书籍。晚七点，约叶君健、林宝骆和沈文雄赴北京体育馆游泳，我们到时尚早，所以人尚少，但未几即有多人来此，外间汽车达卅辆之多。郭院长夫妇、杜秘书长及武衡、范长江、韩光等均来，也遇冯仲云、曹禺、卓雄等等。至室内网球场参观数分钟，回已九点。

5月22日　星期三　晨阴，ACu 9.5 Parts（如 St），20°，室72°F，753 mm，凪。

张劲夫副院长去朝鲜。

晨六点起。上午八点半至院。九点约曾呈奎谈话，知他此来是参加海洋会议。现以科委的海洋组不是一个行政机关，而有许多行政事务海军部不能管。如海洋气象，气象局管不了，三上三下，现交给青岛海洋所也管不好。近来（五月一日）“跃进号”在济洲岛西南沉没，大概由于触礁，更显得有海洋局设立的需要。我个人也赞同，但以为应有一位有科学训练头脑的人来管才行。据云今年四月间在东海舟山群岛一次风暴，上海台未报出，以致数千只渔船被风吹覆，一部分流至台湾，一部至日本。过去在 1959 年也有一次,死人达万人以上,人称为“海洋老虎”。但此种风暴实际可以预报出来,主要是有组织和上海台取得联系,再作补充预告。和吕炯谈半小时。晚六点至工人游泳池游泳 300 米。

5 月 23 日　星期四　晨阴, ASt-ACu 下降 10, 16°,室内 72°F,凪, 754 mm。下午雨,至晚间不止。

晨六点起,廿分钟太极拳。八点半至北京医院看耳鼻喉科,由陈大夫(♀)诊治。我每次至医院诊治常换医生,最初几次是窦大夫,以后是乌大夫(♀),以后到医院是魏大夫、许大夫,所以我的病情发展大家不了然。陈医看后认为无异常之处,但戒勿以手去触鼻,以后不必再涂药,也可游泳,但对于过去数次发炎原因仍不知道。昨日张俊秀在厨房弄饭时忽然倒地,今日在门诊查得血压较高, 170—100,但根源何在不明。司机赵锡华则腰痛告假十天,以张姓司机代开车。上午九点半至图书馆和蔡国铭谈,要他把我在瑞士所购的印刷机交与地理所。至科学史室晤严敦杰,吴主任已病多时。晚见刘导生,他推刘仙洲和叶企孙,我以为刘已任清华副校长,再兼科学史室主任有困难,不如企孙,否则钱琢如也可考虑。五点至政协礼堂和允敏晚膳。七点至民族宫看解放军总政文工团歌剧团演出《夺印》,以周大信饰支部书记何文进,李冰饰陈友才,张越男饰胡素芳。十一点睡。

5 月 24 日　星期五　晨晴, Ci 2, 12°,室内 62°F,风力 2 级, 750 mm。

第五次院务常务会议。

晨六点一刻起。上午九点在院开五次院务常委,讨论接待行将来我国的古巴科学院代表团与朝鲜科学院代表团。前者以古巴科学院院长西门尼斯(地理学家)为队长,从 6 月 5 日到 21 日,后者以朝鲜科学院院长姜永昌为团长,来华日期尚未定。次谈科学仪器委员会第一次会议报告,提到仪器修理问题,说 58 以前国产的天平、离心机、酸度计、真空泵、X 光机还能使用,大跃进以来,特别是 59、60、61 年的产品,大都是买来即不能使用,造成很大积压云云。这实在是极大浪费。最后裴副院长报告“五反”院中发动(五月四日)后,已经进行党组、所长、局长级以上“洗澡”,于六月初完毕,以后要大家提意见,最后是揭发贪污、投机倒把等。十二点半散。今天郭院长也到会。下午阅《物候学》第三校稿。晚和赵正甫、沈文雄去北京游泳池。

5月25日　星期六　晨昙，ACu FrCu 5，W，风力二三级，18°室内，757 mm。

晨六点起，作体操十五分钟。上午九点至地理所和宛敏渭谈，把《物候学》小丛书稿交给他再作校对，该稿系三校，但尚有数处要改正。和李秉枢谈，要他把小印刷机拿来应用。午后三点开人大常委97次会议和国务院全体132次会议，周总理提出设立第四机械工业部（管理无线电、电子管等）及物资管理总局、外文出版发行局、全国物价委员会、国家编制委员会五个机关。听取陈毅外长关于刘少奇主席访问印尼、缅甸、柬埔寨、越南的报告。说印尼苏加诺对于进步和反动力量两面敷衍，喜做面子喊口号而不切实际。刘主席十二至雅加达，十三即举行空军练习，即在客人头上，而一架飞机失事离主席台不远，西洋客人即时离席。目前贪污公行、通货膨胀，最近又以不满政府而排华侨，苏加诺在此时期又去国外休假三周。缅甸奈温将军则纯粹军人专政，但经济状况以有180万T一年大米及木材出口，比较稳定，惟压制舆论太甚，有法西斯倾向。柬埔寨，三国中最好，国内的纺织、纸张、胶板、水泥四厂均我国代建，不但使数千人就业，而且每年赢余。所以西哈努克非常感激。越南是兄弟国家，去访完全为了政治，曾会谈七次云。

5月26日　星期日　晨阴，St 10，16°，室内66°F，风力三级，751 mm。

晨六点一刻起。八点半至崇文门外北京体育馆看网球比赛。首看女子单打，北京肖毅对四川戴知琳，结果为2比0。次看男子单打，北京体院的高宏谋和上海的彭志渊，三Set为6—1、6—3、6—2，高胜。按彭系去年全国网球赛的亚军，而竟如此惨败，不可解。闻高宏谋系前印尼的单打冠军，总之彭的反手很弱，高与彭的Volley统差，要谈世界水准尚早。至于女子则竟无一能Volley（上前拦网）。十一点半回。吴世昌夫妇来。下午和晚间阅 *Biometeorology* 第二次 *Bioclimatological Congress*（1960年九月伦敦举行），Pergamon Press印行，其中的两篇论文T. F. Noffsinger "World Populat. and Max. Crop Yield" pp. 461—473和Pascale and Damarid "Agroclimatic Wheat Crop Types in the World" pp. 607—614。

5月27日　星期一　晨昙，ACu 5，16.5°，室内68°F，751 mm。下午至北海公园闻布谷鸣，大概已到好几天。又珍珠梅初开。

晨六点一刻起。上午九点至院。今日请去古巴代表团报告访古经过。代表团以林镕为团长，团员刘桂五（历史）、汪猷（化学）、叶连俊（地质）和杨联奎（工程）。代表团于4/22日到古巴，5/21日结束，整一个月。去时走Moscow—Murmansk—冰岛—Havana，回时Havana—加拿大—捷克，到时有21人在机场欢迎，总统多尔哥蒂及工业部长格怀拉统接见了。谈各一小时。自 1861 年起即有科学院,以医学比较有成绩, Carlos Juan Finlay (1833—1915)第一提出蚊子 *Stegomyia faciata* 是黄热病的传播者,以后 Walter Reed、J. Carroll 等被送到古巴。在二十世纪初期使 Havana 免于黄热病。解放后成立委员会,以国会大会堂为院址,现已建五个所,即地理、民间艺术、历史、生物和科学技术情报所。苏联将帮助成立地震台与海洋所。古巴拟建气象所、应用数学所、动能所、地球物理、原子能与农业所。全院大约有三百人,科学工作者不超出 100 人。历史和生物正在做研究工作,其余在搜集材料,工作人员均年青人。高校有三个大学, Havana 大学有一万二千学生,有人文科学、理、工、农、医科,此外有东方大学与中央大学。教师多外国人,年老科学家多留美国。产业部门研究机构比较经费多,有烟草甘蔗试验场,对病害药用植物有基础。只有一个水电站 32 000 kW,希望合作,西门尼斯要求在农业基础理论、动力和历史方面,此外文献情报、电子管、自动化等云云。

5 月 28 日　星期二　晨阴, St 10, 20°,室内 72°F, 750 mm。

上午至地理所。下午看 581 单位即地球物理所第二部。

晨六点起。上午八点至北京医院外科看颈后一个疖子,由骆大夫诊治,用石性灰药膏敷创处,并给 SMP 四粒,约后日再来。十点至地理所,与李秉枢、李之保、陈凯(♀)及瞿宁淑开地理学会党组会,指定了理事人选 35 人,定今年年会在杭州于十一月开。传阅了国际地理学会秘书瑞士 Zurich 地理所 Prof. H. Boesch 来函,指定了若干学报编辑人员。又与宛敏渭谈片刻。中午在中关村福利楼中膳,因下午要至附近西苑看地球物理所二部(581)。二点半和赵所长同往, 581 我于今年开党组会时曾来过,但无暇看实验。二部有一室(秦馨菱主持)、四室钱骥、六室周炜、八室孙超。第一室搞人造卫星,现做如何隔离信号工作,如温度、气压、湿度的信号,一法是用时间来分,也看到 Doppler Radar。四室是做遥测工作,现用苏联制 Radar 仿制一架,正用汽车运往广德基地,可测 40 km 外的讯号,波长 10 cm。6 室是游离层,地面仪器系 Измир 伊兹米尔的 Пушков 普施科夫送,上升仪器在试制。8 室是气象火箭,是 TT 式,已放六枚,只一枚收回后数据尚好。现在广德放,每次花八万元,而且要二星期准备, 48 h 不停工作云云,高度 60 km。另地球物理火箭则可载重一吨到三百 km,但尚未试放云。晚看福建高甲戏《连升三级》,述明崇祯初年事,是一出讽刺戏,述财主子弟贾福古想娶才女甄似雪事,施佩明饰。

5月29日　星期三　晨阴,闷潮, 20°,室内74°F,凪, St 10, 747 mm。太平花已落。

上午和农业科学院金善宝、戴松恩谈。下午听周总理报告。

晨六点半起。八点半至院。九点半约农业科学院副院长金善宝和戴松恩谈农业气象事,我问中国农业家有否对于各地区的气象要素和单位面积粮食产量做过工作。据云不知道有此项〔工〕作。实际中国农业工作者对于气候不感兴趣,尽管中国古农书非常重视物候和气候,即是近来的农民也每年在阴历年初要敬土地神,祝风调雨顺。金院长提合作,要吕炯去农业科学院担任农业气象组主任,以十年为期。我认为十年太长,在这一时间内形势将大大改动。我认为要吕炯兼任可无问题,地理所和吕炯本人均同意,但不要以为吕兼职后万事大吉,主要是要农业的人参加,同时要给以好点工作环境,像过去合作七年也是吕担任主任,但是毫无成就可言。这次希望能得前七年的教训,把工作做好。他们也要求宛敏渭和江爱良能兼任。我说宛做物候工作,与农业气象本有关系,他在地理所一样工作,调农业科学院不见得能做更多工作。江搞气象仪器,地理〔所〕或不肯放。总之农业科学院不想自力更生,我看农业气候是无多大前途的。我并说马世骏、蔡邦华等均非搞气象的,但均做了不少农业气象工作,为何农业的人不注意气象?

下午三点至怀仁堂听周总理报告,题《中共中央在农村工作上的决定和五反》。说这一文件虽是谈农村,也可应用至城市。去年河北、湖南二省同志注意到资产阶级复辟问题,今年二月开党工作会议时,毛主席将这二个文件和其他文件交付农村干部学习。农村中现正展开"四清"问题,即清仓库、财物、账目及工分。要免除官僚主义、修正主义,必须明了阶级斗争、自然斗争和科学实验及调查。文件本身是从实践中来的。"跃进号"在五月一日济洲岛西南沉没的,前日下午调查船只已有报告,勘定是由于触礁沉没,出航是远洋处女航,触礁地点32°07′N、125°11′E,在海面下5.4米,而"跃进号"吃水深达9.7 m,所以触礁后即不可救药。沉没地点在礁东一海里半。"跃进号"的沉没成为世界新闻,载重13,900吨。去年造成后曾决定试航沿海半年,经再检查去远洋。但这次处女航前未经检查,沿海航行也未达半载,而且过去检查知道"跃进号"航行时偏向左,而速度表又偏慢百分之几,均未经校正。这样官僚主义应该会出乱子云云。周总理继续谈如此发展官僚主义会使变质,国家也会灭亡。要重新教育自己,重新组织革命队伍,要干部坚强才能克服敌人。农村工作文件中发挥了毛主席实践论,一切好的文件均从实践产生,文件虽专对农村说,但对城市中"五反"也很好,可有启发作用。以后就谈到十大问题,谈农村形势一天天地好转,两年粮食少征收219亿斤。劳动力增到二亿〇八百万,超过1957。粮食1960年二千九百多亿斤, 63年三千三百亿斤。企业方面59年9500个,去年减4600个。职工人数60年5043万人, 62年年底3300万人。城市人口60年一亿三千万人,去年一亿一千五百万人,今年上半年尚要减一百六十万。供应城市粮食比60年减二百亿斤。

5月30日　星期四　晨昙19°,室内73°F, CiSt 4,凪, 744 mm。晚八点雨,十点止。

晨六点廿分起。上午八点至北京医院看颈后的疖子,由李大夫诊视,说比前天已好多,说菌由毛管传入,已出了毒,两天可平复,并给以磺胺药涂创口,星期六再来。我问他关于前列腺事,我吃Stelberone已两星期,晚间小便从三次减为一二次,但小便似更为困难。同时有副作用,使两奶头涨而摸到时觉微痛。李大夫认为此药有效,也有没效的,如无效他认为不如早割除前列腺。我以钱雨农和李范一经历痛苦有点迟疑。九点到图书馆和顾家杰馆长及期刊部郭诚锡、胡文琼等〔谈〕,知今年外文书店定1964年期刊数目(资本主义国家)已有增加,计资刊增加到八万美金,估计种类可多50%。至于仪器外汇增加了四五万英镑,购书方面预计也有增加,但困难在于外文书店任意分配,某一机关所购的书不一定能分配给该机关。特种资料如英原子能委员会报告分配给原子能委员会,航空报告分配给航空学院。专利工作希望能有一定政策由哪个机关来管。影印,"永光"不热心,美国《气象月刊》只印到去年六月。均有与武衡一谈〔的〕需要。次至出版社,与赵仲池、〔　〕二社长谈一小时。至院,与联络局徐简〔谈〕,要她为接待古巴代表团Jemenez事先做好招待,看Karst工作,因他和其助手均专门Karst也。在北京医院时遇农业机械工程学院教授董维翰,据云从前在联大教书,德国留学。

今日接邵全声来信,他是浙大学生,于1945年费巩被特务暗杀时,他曾被戴笠监禁,如事情闹大就把他作为替罪羊,说他把香曾推入江内,以此恶毒计划来对付。后以费巩事大家不谈经年,以后于解放前他被放回出狱。我和费福焘曾至监狱探视。据来信,他现在杭州师范学院(文三街)中文系任教,并兼高中语文教师轮训班主任,58年以来被评为一等优秀工作者等等。其妻陆家桔也是浙大毕业,也在杭州教书,已有五个孩子云云。下午五点至政协礼堂,和允敏晚膳。

5月31日　星期五　晨七点卅分18°,室内74°F, CiSt 7,风力2级, 750 mm。

上午开地理学会理事会。

晨六点起。上午八点三刻至二里沟全国科协开地理学会理事会二次常务理事会,到侯仁之、李秉枢、李之保、周廷儒及瞿宁淑。讨论项目有《自然科学专门学会试行通则草案》,我说明内容后大家无意见,决定李秉枢、王钧衡、瞿宁淑三人为地理学会新章则委员会委员,拟一草稿,提在理事会讨论。次谈理事会改选问题,现已达35人，其中新增吕炯、吴传钧、白敏、陈述彭四人。1960年参加的李之保、瞿宁淑、梁希杰（华中师范学院在武汉），又贵州原拟增梁祖荫代表西南大区，拟改为北碚赵廷鉴，将来也许要增加新疆杨利普，则成36人。次谈63年学术年会准备工作，定十一月中在杭州举行，已有江苏、上海、河南等八个分会开会作了准备，报来的已有69篇论文，预备在十月半前交到。杭州分会已在筹备，招待人数90人。次讨论如何加强学报和《地理》的出版与编辑，学报现由各分会轮流编辑，常嫌水准不齐。如西北编一次，寄来稿多不能用，以后要改方法。改组编辑委员会，加添外埠编辑，除原来黄秉维、侯仁之、林超、李孝芳、侯学煜、吴传钧、吕炯、王乃梁、杨鉴初、沈玉昌、陈述彭、张宝堃、叶永毅、周廷儒外，加钱宁、曹廷藩、任美锷、文振旺、周立三、严钦尚、谭其骧、丁锡祉、施雅风、陶诗言、程纯枢等，去曾世英、仇为之、张世俊等三人。总编黄秉维，助编高泳源。《地理》主持编辑瞿宁淑。次谈《地理译丛》由情报所承印，指定王乃梁、李世英、程鸿、丘宝剑和上海、南京各一人为编辑。最后谈及明年八月在伦敦开国际地理学会事，秘书长瑞士 Zurich Bosch 已有来函催我国入会，定复函指责不应由台湾代表中国。十二点散。

下午至新华书店购书，买 Capt. Antonio N. Jemenez 希门尼斯著《古巴地理》，此书 *Geografia de Cuba*，于1954年革命胜利前付印。因是书阐述了居民生活条件，作了客观说明，揭发了大庄园制黑暗，第一版出版后为马蒂斯塔下令没收，因其不合暴政味。于1959年元旦革命成功后重出。书凡廿九章524页，包括自然、人文和区域地理，有很多图是相当通俗而富于革命内容。

6月1日　星期六　晨晴18°，室内73°F，风力2级，748 mm。

晨六点一刻起。上午八点至北京医院看外科颈后疖子，换了纱布敷药后即出，据看护云毒出一部分，但尚有余毒，所以要星期一二再来。至和平宾馆理发。至院中。接北京大学地质地理系王恩涌寄来周慧祥写《中国喀斯特》稿。因希门尼斯系洞穴专家，他此来和其助手 Massip 统不免要看洞穴，而我对于 Karst 全为门外汉，不能不为准备。我翻阅了希门尼斯著的《古巴地理》汉译稿（商务出版），书中自然、人文、经济、政治成分相当匀称，气象地质谈得很少，不用专门名词，对于古巴的被西班牙、英、美征服和人民的疾苦写得详细，对于劳动人民富有感情。书中引十九世纪初期 John Quincy Adams 之言说，古巴很像悬在西班牙树上一枚苹果，成熟以后一定会落到吸引力大的近邻口中，称之为古巴引力定律论，可见美国垂涎古巴已达一百五六十年之久（p. 9）。书中也提到古巴居民的如何形成，以及人口的增长和蔗田庄园的关系。华人去古巴也是到蔗田工作，形似农奴。白人未到前，古巴印第安人最多不达廿万。1774年达十七万，均为白种和黑奴。1907年一百七十五万，近来已达六百万，其中白种占72.8%，黑人12.4%，印白混种14.5%，黄种

0.3%云(p.144)。古巴出口糖占80%。革命前161家制糖厂,美国占36家,且是最大的,占生产的37%。生产最多年1952年达七百十万 Tons,以后出口受限制,所以下降了,直至1959年革命(p.248)。

下午二点半黄继武来谈近来科委武衡召集科技期刊出版编辑会议情况。说以后将抓科技书籍(期刊)、学报、通俗刊物、译报、专著五个方面。现已出版专门学报57种,到明年年底可68种,通报已有19种,计划增加31种,两共118种云。并约我于星期二(六月四日)去参加大会。

6月2日　星期日　晨 Ci,昙, 19°。下午室内78°F, 743 mm, Ci CiCu 7。枣花开。

Karst 的研究(周慧祥,♀)。

晨六点半起。自上月十七日从北京医院出来后,依王历耕大夫的指示,十八日起每天吃阴性 Hormone Stilbestrol 六枚,三日后改为四枚。吃了一礼拜后即觉奶涨,晚间乏 erection,但胃中不觉有异,小便次数则从三四次(晚间)减为一二次。第二礼拜奶涨更甚,而奶头加大,小便次数虽减少而更不易出。因此吃半个月后今天即停,以看是否小便会更难于出来,如更困难即须施手术了。上午九点至沙滩甲28号旁门,晤黄墨谷及其丈夫曾竹绍。曾明日即将去四川璧山大足观摩石刻,于七月中方回云。为我雕头像已放大,视之虽形象神似,但嫌颈短而貌较现在为年青。黄墨谷已不在文学研究所,调至河北师范教汉文,其夫妹仍住一起。出至南池子晤黄羽仪夫人林涟,遇宁而及其子小尼。和允敏至景山公园一走,见芍药花已尽败,现只月季尚有开者。

阅北大地质地理系讲〔师〕周慧祥著稿《中国喀斯特》。据云,从1929年两广地质调查所即注意 Karst,解放后为建水利枢纽减少渗漏地下水、铁道公路建筑、农工业用水、煤田进水等问题而引起注意。〔以〕地质时代论,华北从上奥陶纪、下石炭纪即多抬升为大陆,所以 Karst 作用限于古生代华南海相沉积,主要是在泥盆纪以后,主要在石炭纪、二叠纪。但即在中生代,川东、滇东、扬子江中游,厚度仍可达一千米以上,可以发育喀斯特。但我国西北部和东南部均缺乏 Karst,因岩浆活动之故。华北因新构造运动活动大,所以 Karst 作用不易成熟,不如华南河流长,输水能力大,活动活跃。但最重要的影响是外力作用。气候,全国为五个区,即南岭以南热带区、秦岭至南岭间亚热带区、秦岭以北温带区、半干燥干燥区和高寒地区。后二者因水少和不流动,所以喀斯特不发达。其余三区尤以热带、亚热〔带〕区最为发达,并可细分,如桂林附近即可分三级峰林,高度250—300米、100—150米、40—50米。七星岩、白鹤洞是在第三级岩洞,时期为白垩纪、更新世初期和更新世晚期所成。愈向西部上升幅度愈大,活动也愈大。

6月3日　星期一　晨阴，St 10，凪，20°，室内75°F，745 mm。下午79°F。

晨六点起。近日来晚上小便觉困难非常，一晚起三四次，自二日起停止吃Stilbestrol以看是〔否〕会更坏。因吃阴性Hormone前晚间小便的涩，不如出北京医院后之甚。我很想到游泳池游泳，而颈间的疖子又拖延不痊，真急人。所以今天八点前又至北京医院看外科，看护说毒尚未尽泄出，换了棉纱就了事，也不知何日能收口。我又看外科李大夫（骆大夫?），询以前列腺情况，何以吃阴性Hormone后并无改进。他说在X光照片上看出我前列腺已相当高，我现73心脏当尚好，若待年纪更大，若心脏不许施手术那更麻烦。我告以同事中（李范一、钱雨农）等施手术后不但经过几个月小便不能自主时期，而且以后仍然有困难，好像前列腺又肿胀。他说小便次数仍将多，但前列腺不会再生云云，结果待一时期看发展情形再定。

九点半至院。则黄继武所派的高昌瑞已在办公室。黄意要我明日在科技出版会议中不但要谈学报和通报，而且也要〔谈〕科学通俗出版刊物。但通俗刊物销路很广，它是大众所需要的东西，其重要性不下于通报等高级刊物，我一人谈这问题一定不能透彻，所以我主张由王顺桐来谈（或请茅唐臣）。沈文雄因妻子在上海，所以不安心在北京工作，其妻又患肝病，欲调北京，而北京以限制人口甚严不能来。她在医院作看护，若有北京调上海的看护〈士〉，则或可商得对调。关于工作方面，我对于行政方面无甚意见，但他做经济地理，我认为单搞广泛的经济地理，一定不能深入，不如专门一种技术经济地理如冶金。他说他想搞工业经济地理，但这也仍然是广泛了。下午在太阳〔下〕体操半小时。

阅王振铎《张衡候风地动仪的复原研究》，载今年出版《文物》第二、四、五期。对日本、英国近来研究此道的人如日本大森芳吉、今村明恒、服部一三、John Milne、荻原尊礼的研究和中国吕彦直、李善邦的工作做了概述后，提出了自己的意见，认为候风地动是一个仪器。王振铎从日本荻原尊礼找出倒摆的装置得到了启发，在复原设计中提出八道设计。

寄婉芳、宁和祥清、姚尚午、黄章恺、徐规函　北大地学系王恩涌函

6月4日　星期二　晨六点半19°，室内75°F，风力1级，Clear，748 mm。下午六点81°F。珍珠梅盛开。

晨六点起。昨日下午在太阳下体操半小时，出了汗，晚上不但小便少而且易于出来，所以今天继续，看是否继续有效。晨八点三刻至中关村地理所和左大康谈我国的太阳辐射问题，他已于去年写好一篇《中国地区太阳总辐射的空间分布特征》。据我国26号站，西藏有格尔木、昌都、拉萨三个站1957年7月至1960年四年多的记录。再根据乌克拉莫采夫的方程式，算出了另外136个地点的年、月总辐

射量,作了估计并讨论。可知我国西部西藏、新疆年辐射量特高,至 200—160。但东部因受季风影响,在春夏比同纬度要略低,而四川盆地有一个低区域,只 90 千卡/厘米^2,这一工作补充了世界的一大块空白,我认为是重要工作。和文焕然谈,知其工作进行仍不迅速,而且患血压高的病。十一点回院。和裴副院长谈,知他明日将〔在〕行政干部大会上代表党组检查铺张浪费、官僚主义与分散主义,但我因事先已允科学技术委员会到科技出版社作总结报告,所以不能参加了。据裴副院长云,第一阶段即院领导干部"洗澡"至五日告一结束,从六月六日至十五要各干部提意见,十五以后则各所各单位内部提意见并学习,六月十五至廿五,局所长以上干部学习《中央农村工作若干问题的决定》,廿六后再搞贪污、盗窃及投机倒把到七月底。过去清查物资,我院积压八千万元。

下午未出,作明日在科学技术出版会议发言的预备。关于科技出版的特点,首先是发展迅速,二十世纪初尚不过几千种,而现在达几十万种之多,因此有文摘之需要。生化是二十世纪初才独立成一学科,但估计 1962 年文摘中有四十万条之多。世界期刊如《自然》是 Norman Lockyer 为创办人之一,从 1861 主其事直至 1920 始终是为主编,所以他的规模世界引为圭臬。晚王顺桐来谈,说明日科技出版会议于九点在北京饭店七楼开会,要我对于科普刊物也能提到。

6 月 5 日　星期三　晨晴, Ci,最高 30°,最低 18°。

晨六点起,太极拳 20′钟。上午八点至北京医院看外科,颈后的疖子已结痂,医生认为可以不再敷药。九点至北京饭店七楼,开科技委员会和文化部所召集的全国科技出版会议。今日上午要我代表科协讲话,我述三点:一是科技出版的重要性,提到近年科技出版物如世界科技期刊的迅速增加,二十世纪初到 60 年代自数千种加至数十万种(?)。单生物化学, 1962 年 Abstract item 有四十万条之多,因此不能不分门别类出期刊。但同时也要有一种综合的刊物来报道全国自然科学的进展,如法国的 *Comptes Rendu* 或英国的 *Nature* 等。*Nature* 创办于 1869 年,第一任主编 Norman Lockyer 时只 26 岁,作为终生事业直任至 1920 逝世时止。次谈解放以来我国科技刊物的进展,以气象而论,从 1914— 49 卅年出了四百篇论〔文〕,解放后到 1960 则有七种刊物,单《天气月刊》十年(51— 60 年)登了二千篇。据美国 Rigby 计算, 1950—55 时中国气象文章以数目论只占第卅位,但到 1960 占世界第五位。地质文章解放前共出二千篇,解放后据估计有 25 000 篇。数学近十年中有 1370 人作了文章,其中有华罗庚、陈建功、苏步青、谷超豪、秦元勋、吴文俊等八人各写了廿篇以上。我去英国时, Pergamon Press 竭力希望我们把期刊交给他们翻译。三谈以后规划,目前已批准出 57 种学报、19 种通报,而通报需要尤急。初步计划到 1964 年再出 11 种学报、32 种通报,但主要办好已出的几种学报与通报。

谈整一小时。次中宣部包玉静谈中宣部对于刊物政策,说1959年刊物书籍全国用26万T〔纸〕,去年只用了十五万T云云。

下午阅裴副院长今日上午在北京展览馆院干部大会上关于检查铺张浪费、官僚主义、分散主义的报告。说61—63年贪污盗窃案院中有109起,其中贪污一万以上二起。化工冶金所放在室外二千吨煤被陆续偷光,光机所石英20公斤被盗去后又化名以一万元售给所中。器材压积不用浪费8660万元,违章建筑3863平方米。半导体改建实验室花140万元,人员大进大出造成极大浪费云云。下午体操半小时。六点至工人游泳池游泳。晚和允敏至北兵马司13号晤钱乙藜沈性元夫妇,因乙藜病精神恍惚,去杭沪休养,明日去沪。

6月6日　星期四　晨五点雷响,六点半雨,未几止。室内79°F,户外22°,748 mm, Nb 10,风力1—2级,二点又雨约一刻钟。

晨六点廿分起。上午九点至院。和谢秘书长谈地理所吕炯兼农业科学院农业气象组(以后农业气象研究所)主任问题。两院合作合同已由金善宝副院长交来,应予以早日答复。九点半至王府〔井〕大街图书馆,吴小尘副馆长谈〈定〉1964院各所订资本主义国家期刊问题。明年外汇将有增加,资方书刊从150万美元加到190万元,因之各单位的期刊数均有加增。情报所最多九千份,国防科学院七千多份,教育部名下各大学六千六,科学院五千四,而卫生部也有二千。问题在于各年的期刊数目增减太大,以致期刊忽有忽无,这是订期刊所最忌的。如科学院从61年到62年减少了48%即4600份,62到63年又减27%即1800份,而今年所订64年则可比今年多60%即1900。如此变动,使一千多份期刊统缺了1963年,以后很难补全,所以我以为期刊的份数不能增减太多,但书籍购买多少不妨各年有出入,因若干书籍今年不买明年仍可买到也。下午为此事作了一函与武衡。

下午作函与武衡与王振铎。王近在《文物》第二、四、五各期中载有《张衡候风地动仪的复原研究》,引证近来考古出土文物与中西载籍甚为详尽。文中也提到候风地动仪的名称,因我向来认为候风地动仪是两件仪器,一是地动,一是候风仪,但细思《三辅黄图》中说,要千里风来鸟乃动,可见得此非现时的风向仪,或是《三辅黄图》解释错了,此时只能存疑。王振铎以为风与地震有关,确有道理。他文中引张德钧《候风仪》文,登《文物》1961年第二期,当借阅。

晚七点至人大会堂,刘主席宴请朝鲜民主主义人民共和国最高人民会议常任委员会委员长、劳动党中央委员会政治局委员崔庸健及其同人。崔曾在昆明讲武学校毕业云。宴后并有歌唱节目、刘诗昆钢琴、朝鲜鼓舞(安)等。又下午四至六点瑞典大使为Flag Day请鸡尾酒会,未往(因允敏要听讲)。

6 月 7 日　星期五　晨晴 21°,室内 72°F, 750 mm,凪。

下午至后库北大医学院附属医院三楼看赵锡华之病,系胆囊梗塞肝大之症。

晨六点起。上午九点至院。阅 Blumenstock 著 *Ocean of the Air* 中关于气候变迁一章(1959 年出版)。十一点至人大会堂。今日周总理报告今年第四次(二届代表)人大会议将延至第四季度开(原定在第二季度),原因是现值第三个五年计划开始,积了两个五年计划失败与成功的经验,必须做好这次计划,能待至第四季度国内经济状况与国外形势更清楚,对于做第三个五年计划将会更有利。至于延期则第一届人大第一次会议 1954 年召开在九月,五八年满期时也到九月才开,到今年年底中苏间情况当更清楚。目前农工业和文教形势统在好转,又值三反五反时期,所以选举第三届人大代表也延期到年底,名额将从 1230 名增至 3000 名(因原来城市每十万人选一名,乡村七十万选一人,已改为城市每五万人、乡村每四十万人〔选一人〕,再加人口增加城市尤快,所以人数要加至三千人)。报告后一致通过。晚过兴先来,和谢秘书长及张兴富同听过君报告“支援农业工作”。

阅《文物》1961 年二期张德钧(p. 23)谈候风仪。《尔雅》云:“错革鸟曰旟。”郭璞注云:“此谓合剥鸟皮,置之竿头,即《礼记》云:载鸿及鸣鸢”,即有候风的作用。沈约《宋书·礼志》以为,卤簿前驱九旗“罩网旄头之属”,所以“相风”。又载何承天文说曰:“战国并争,师旅数出,悬乌之设,务察风祲。”盖古代战争,无论攻城守地,除在短兵相及外,都以弓矢为重要工具,而弓矢之准确与否跟所遇风之顺逆有很大关系,所以战争中必须测知风向。《文选》郭璞《江赋》李善注引《兵书》曰:“凡候风法,以鸡羽重八两,建五丈旗,取羽系其岭,立军营中。”这就所谓旄头的一种。何承天说的“悬乌”应当是“乌形”。郭缘生《述征记》载:“长安南有灵台,高十仞……又有相风铜乌。或云遇千里风乃动。”(《抱朴子》云:“一日一夜者千里风也。”李淳风《乙巳占》:“凡风,飞沙走石,千里。”)长安为西安,长安灵台为太史观象天文之台,郭缘于此看到“相风铜乌”,是西汉时已有候风仪矣。《淮南子·齐俗篇》曰:“若綄之见风。”綄,羽也。

寄武衡及王振铎函　寄霞姊 30 元　二嫂 20 元

6 月 8 日　星期六　晨晴 20°,室内 74°F,风力 2, 750 mm。

晨六点起,作太极拳二十分钟。九点至院。今日裴副院长召集各副院长、各专业所长等对党组等的官僚主义、分散主义、铺张浪费提意见。裴副院长首先指出党组负责人张副院长、裴副院长及秦、杜、郁、谢四秘书长,四人均有多吃多占的事情。工作方面,物资的浪费惊人(参看 6 月 5 日日记),压积物资达 8660 万元,违章建筑 3863 平方。院中 20 多个单位向苏联进口同位素,合同规定容器必须在限期内(一年内)退回苏联,否则按天算罚款(每卅只一千斤豆),62 年以前已罚 83 万斤大豆,到今尚有 30 个容器没有下落。我们虽能自制容器,但照合同必须还原来的容器。财务方面也有损失,定了货收不到货 1586 笔。对干部工作,主要是 58 年以后大进大出,国家计委已向我要各所的设计任务书,二年多来曾精简二万多人,现在又感觉业务人员不足,但每年大学生仍要收 1600—2000 人。院的经费近年有很大增长,在第一个五年计划期间平均每年在 1300 万左右,到了第二个五年计划每年平均一亿元左右,加上基建行政费,每年达二亿以上,所以浪费经费是不少的。今日提意见时大家对于基建问题提得最多。

下午至地理所约杨郁华谈《物候学》译稿,我未能细阅杨的译稿,但觉 Schnelle *Pflanzen Phänology* 是一本好书,而杨从俄文本译出,译得尚好,所以介绍给科学出版社出版。和黄秉维谈,他现做水分热量平衡,摊子摆相当大。热量在德州,而石家庄做水分,和土壤所分工也未清楚。我告了他吕蔚光兼农业气象工作(农业科学院)事。

晚七点和允敏、彬彬、吴嫂、张俊秀等至政协看影戏《红日》,述新四军退出江苏时消灭国民党 74 师事。十点四十分回。

6 月 9 日　星期日　晨 16.5°,室内上午十点 74°F,746 mm。

晨六点半起,作太极拳 20′钟。上、下午均未出。阅图书馆借来《文物》月刊 1960—1962 年内载《绍兴徐文长青藤书屋二三事》。62 年第九期有赵万里《南行日记》,谈至 1961 年 11 月和浙江图书馆陆京安从杭去绍兴事,住龙山招待所,参观鲁迅纪念馆,隔壁为文物保管委员会,藏书七万多册。有明刻本《金丹正理大全》,书中谈到气功。明刻本《新序》卅卷有刘宗周蓝笔批阅明刻《王十朋会稽三赋》一卷。有徐文长手卷,李慈铭、赵之谦手札,陆游放翁沈园故址曾赋《钗头凤》词。壁间有陆子坦(放翁子)夫妇墓志二方。下午至禹陵、秋瑾故屋,及徐文长青藤书屋云云。又 62 年 10 期内有和平《记青藤书屋》。此屋于 62 年一月对外开放,在绍兴前观巷,是徐渭出生地,也是晚年久居之处,因其幼时手植青藤故名。附近有大乘庵,邑人金□于崇祯六年(1633 年)建碑,今已不见,但大乘庵旧址的墙内有清同治癸酉 1873 碑,高二米,上刻“明徐文长先生故里”。他七十岁时曾写一篇《青藤书屋八景图》,但万历 21 年(1593)他逝世,屋即易主。到清乾隆 58 年(1793)二百年间至少八易其主。清初画家陈老莲亦曾住此,手植藤,于老莲去世后即坏。乾嘉年间有尚古主人陈姓兄弟三人重加修葺以复旧观。嘉庆九年阮元写有《陈氏重修青藤书屋记》。青藤八景至今尚留有天池与漱藤阿二景。所书“自在岩”字尚在,但位置已移。现存青藤一株,虽后植已干粗如臂,旁墙上刻董瑞书“漱藤阿”三字。山人在《八景图》中写天池道:“藤下天池方十尺,通泉,深不可测,水旱不涸,手书

‘砥柱中流’”,现存情况相似。晚接中华书局寄来的《新辞海》试用稿,从一笔到四笔瓦字止,已有五公斤重, 2960页,估计全书有一万五六千页之多,笨重得很难应用。晚作函与蒋硕德、厉无咎、竺士樵。

寄蒋硕贞、厉无咎、士樵、邵全声函

6月10日　星期一　晨晴,晨室内72°F,户外最高35°,最低19°。晚746 mm。

晨六点起,廿分钟太极拳。八点至北京医院看外科,因我颈间的疖子后面的治好后,三四天前在右后方又另生一个小疖子,所以去看外科。由李大夫诊治,给以Sulfamethopyridine(SMP),每日口服二粒,加涂Sulfanilamide于疖子上,并要我至楼上作理疗。理疗科由文大夫诊治,据云需用紫外线照射创处1′30″,又用超短波(7米)照射十五分钟,先照二天再看。理疗是在试验时期。十点半回至院中。下午未出,中膳后在寓前豆架上捉去黑色有翼的蚜虫。此类蚜虫乘风而来,生长繁殖极快,捉了两天,其势稍衰。下午四点半做体操半小时。近三四天来我经常做半小时的体操,如能出汗则于晚间小便有益,即次数少而易下。

晚阅综考会寄《西辽河流域的洪水问题》,系张有实等写,写得尚不错,惟气候部分写得太差。阅气象局寄来《世界气象简讯》,其中有关于苏联人Давитая达维塔娅著“美国气候和农业气候”一文。美国气候站,自愿站外共有3500个,农业气候站280。资料用电子计算器整理。在N. Carolina有全国气候保管中心,三亿五千万张打孔卡片,编制了许〔多〕气候手册,重视生物气候学研究,对提高生产率有关。要创造适应条件的工艺过程,和克服某些气象因子对工艺的不利影响。若大街两旁的屋高位于街宽,则在底层只能得到15%阳光。有26个大学有气候课或农业气候, Wisconsin大学农业气候系有25位专家。农业气候工作主要是四方面: 1)确定作物生长、发育、产量,牲畜生产率,病虫害传播与气候条件的关系; 2)根据栽培业和畜牧业发展的需要,作地区的农业气候鉴定; 3)灾害气候因子,如干旱、尘暴、台风、霜冻的频率,地理分布及其预防; 4)农业气象预报方法的研究。美国广泛采用塔维塔亚、萨波日尼柯夫、谢良尼诺夫提出频率和保证率方法。

6月11日　星期二　晨晴20.6°,室内76°F, 747 mm。下午三点窗外97°F。

今晨沈钧儒先生去世。

晨六点起,廿分钟太极拳。九点至嘉兴寺殡馆公祭朱弘复夫人刘玉素,以患风湿症心脏病去世,年53。她毕业于清华大学,并曾至美国留学,初习组织以后专业昆虫学,曾在辅仁大学教授,解放〔后〕至科学院昆虫所(动物所)。其父亲刘仙洲今日也到场,童第周主任主祭,陈世骧读生平事迹,致哀词后出殡于西山八大处,所生子女见到一女一子。在祭堂遇徐仁和张玺、简焯坡等。十点至院。十一点至北京医院作理疗。下午五点多至北京医院太平间旁吊唁沈钧儒老家族并瞻仰遗容。沈老于四年前曾患肺炎,打 Penicillin 过多,致起反作用几濒于危。这次的病,据千家驹说,也是肺炎,已病多时,于二月间即〔住〕北京医院。我于五月四日进院时,他已回家。但到五月底又进医院,迄今晨终于不治,惜去世前我未能一面。六点由张司机开车赴工人体育馆游泳,因今日系公开馆日所以游泳人多,我只游 125 米即回。

〔剪报〕

东方第五号驾驶员 Valery Fyodorovich Bykovsky

东方第六号女驾驶员 Valentina Vladimirovna Tereshkova

84

东方六号”載人宇宙飞船

上海解放日报 6/18

三十分（莫斯科时間），苏联向地球卫星軌道发射了世界上第一个由妇女——苏联女公民、宇宙航行員瓦連金娜·弗拉基米罗夫娜·捷列什科娃駕駛的“东方六号”載人宇宙飞船。

在这次飞行中将继續研究宇宙飞行各种因素对人体的影响。并将对这些因素对男人和女人的影响作比較分析，进行更广泛的医学——生物学研究，进一步研究和改善在联合飞行条件下駕駛宇宙飞船的系統。

“东方六号”載人宇宙飞船的軌道參数接近預計的参数。根据初步的数据，“东方六号”卫星式飞船围繞地球的运行周期为八十八点三分钟，离地面最近的距离（近地点）和最远的距离（远地点）分別为一八三公里和二三三公里，軌道平面与赤道平面的交角約为六十五度。

宇宙航行員捷列什科娃发报用的频率为二〇·〇〇六兆周和一四三·六二五兆周。

飞船上还安装了一台“信号”发射机，它的工作频率为一九·九九五兆周。

現在，同时在宇宙空間飞行的“东方五号”宇宙飞船和“东方六号”宇宙飞船之間已經建立了双方联系。

“东方五号”宇宙飞船和“东方六号”宇宙飞船上的各种系統工作正常。

6月12日　星期三

古巴科学代表团到北京。

晨六点起。八点至北京医院理疗。由文大夫诊视后因右颈疖子肿加大,故把尖端挑破敷药,照 7 m 超短波 15′钟,紫外光 4′。至院中,知古巴代表团昨从莫斯科出发,今下午到北京。午后三点乘车出发,由张司机开车赴东郊机场,在场相接者有郭院长、裴副院长、杜秘书长、各学部主任以及曾去古巴的林镕、刘桂五、叶连俊、杨联奎等卅多人。四点廿六分 ИЛ 18 飞机到达,我们即至机场。代表团团长为 Capt. Antonio N. Jemenez 是科学院主任委员,团员胡里奥·利维论·布鲁索耳(历史兼档案局局长)及阿来付·拉尼耳·凡尔台斯(三人)。在机场大家介绍了姓名、职位,即送至北京饭店。七点我并和林镕、刘桂五与简焯坡陪同古巴代表团晚膳。膳后至中南海外交部办公处,听陈毅副总理指示招待古巴代表团意见。因时间已近十点,陈外长已谈毕,所以不久即回。

6月13日　星期四　晨昙,Ci CiSt Cu 7,24.6°,室内80°F,风力2,746 mm。

晨六点起,做太极拳20′钟。八点至北京医院照射右颈上的疖子,紫外光线5′和超短波15′。九点回院。新华社派摄影师顾君(♀)来为我拍照,并于九点三刻同至科学出版社拍照。和赵、周、郭三社长谈出版《植物志》封面,内页有外文名称,书名和机关用拉丁文,而出版社用英文即Science Press。和严敦杰谈片刻,知徐光启纪念刊已付印,但尚未送来校对。与周太玄等谈,决定科学出版社承印地学期刊与书籍(复印资本主义国家刊物),过去"永光"承印而不印,以致大家订期刊而收不到。

下午三点半周总理在怀仁堂继续报〔告〕五反,今天注重在谈官僚主义。周总理说上次讲了十个问题:一是资产阶级复辟问题,二是两条路〔线〕斗争问题,三是走群众路线问题,四是依靠谁的问题,五是避免高高在上官僚主义,六是解决人民内部矛盾和敌我矛盾问题,七是组织阶级斗争,八是农村中搞"四清"(清算账目、仓库、财务、工分),九是干部参加劳动问题,十是用马列主义方法进行调查研究,必须亲自参加劳动,走群众路线,才能引起对群众的感情。十个问题是社会主义革命运动主要方面。

官僚主义。主席在农村工作文件中提到要避免官僚主义、修正主义和教条主义,必须知道阶级斗争、生产斗争和科学实验三者是建设社会主义国家和强大国家的三项伟大革命运动。所以我们先学习反修正主义以及反官僚、分散和铺张浪费。为什么官僚主义如此严重,由于大多数领导人是封建家庭出身,必须长期在思想上和分散主义、本位主义、个人主义、宗派主义作斗争,才能少犯官僚主义。国务院下七十三个机构统犯官僚主义,分析起来有下列二十种。

官僚主义有二十种之多:1)强迫命令,是高高在上官僚主义;2)骄傲自大,主观片面;3)从早到晚忙忙碌碌;4)唯我独尊,官气冲天;5)不学无术,耻于下问;6)不晓政治,不钻业务;7)遇事敷衍,巧于躲避,人情世故熟悉万分,对上蒙蔽对下讨好;8)领导无方,尸位素餐;9)糊里糊涂,饱食终日,无所用心;10)唯唯否否,心中无数,文件要人代批;11)机关庞大,人员众多,浪费压积;12)指示多,表格多,会议多多益善,徒具形式;13)一人做官,全家享福;14)脾气越来越坏,享受越来越高;15)假公济私;16)薪水愈多愈好,工作愈少愈好;17)互相排挤,既不集中又不民主;18)宗派主义,任用私人;19)恶劳爱逸,革命意志落后,政治生活退化;20)纵容坏人,欺蒙群众。在400多领导干部中,以上廿种或多或少已发生。

对于阶级斗争，首先学习三个文件：（一）《增产节约运动》；（二）《中共中央对农村工作若干指示》；（三）最近人大和中共中央要发表的一篇纲要性文章《反对现代修正主义25个问题》。领导干部要过五个关：思想关、政治关、社会关、家庭关、生活关。

6月14日　星期五　晨晴22°，室内79°F，747 mm。

晨六点起，太极拳20分钟。八点至北京医院。遇乐天宇，知其患风湿需理疗（太阳灯）。遇蔡畅也在做X光照射。文大夫为我诊颈上疖子，我告以二三天内即去上海，她认为很难以短期完全痊可，今日又挑破疖子的头要我到外科加药。我做了十五分钟的超短波后又照射七分钟紫外光后来至外科。因已约看牙科王洁泉，取上星期五交去修理之牙床（Bridge）。王洁泉和王主任看了我牙以后，约于我上海回后再定期来看。

下午二点半至地理所，原定Jemenez和其助理兰尼今下午至地理所，但到地理所后始知计划又改变去看气象局。我于三点到气象局，适叶连俊、丘宝剑等陪同Jemenez和兰尼及翻译也到气象局，由饶兴、张乃召、程忆帆等一行陪同参观。Jemenez先看一Radar wind。据云现有仿苏联样自制的三套，能看风向至40公里距离，但如角度小即不精确。次看了Punch card以及计算仪器。然后看Radiosonde（新的只重800 gr.），以及温度、气压calibrating机器与Wind tunnel。次看天气制图以及无线电传递等。据饶兴局长报告，现单北京台局共有六七百人，学校不计在内。卢温甫已出院，但病仍未痊可。五点半回。六点晚膳。

晚七点至政协礼堂，今日中国科学院与中古友协欢迎古巴科学院代表团，到代表团长Antonio Nanis Jemenez，团员胡里奥·利维罗·布鲁索耳、阿来付·拉尼耳·凡尔台斯（名字、父姓、母姓），台上（主席台）陈毅副总理、中古友协副会长冯基平、郭沫若、武衡、杜润生、张劲夫、吴有训、张友渔、郑为之、任映伦以及古巴代办佩德罗苏。冯基平首先致词后，郭沫若讲了二小时欢迎来自英雄气概古巴的科学代表团，说肯尼迪在大力宣传和平战争，若果要和平为什么不从关塔那摩撤出去，不从台湾撤出去。希门尼斯说，凡是树立起来社会主义的红旗，帝国主义是永远拔不掉的，最后并欢呼中国三面红旗。九点半放映风景片《延安风景》和《桂林风景》。十点四十分回。

6月15日　星期六　晨晴21°，室内76°F，747 mm。

晨六点起，做太极拳20′钟。八点至北京医院，先理疗超短波15′以后看文大夫，她主张我再看外科，又至楼下外科贴一个小膏药在右后颈疖子上。回至科学院后九点半至北京饭店六〇七号,约希门尼斯和兰尼、列维罗等及简焯坡与翻译黄世康等乘23601车赴颐和园。我问希门尼斯古巴人姓名次序,据云先是名,后父姓,最后〔母〕姓,如Fidel Castro Rus, Rus乃母姓, Castro乃父姓也。到颐和园,则郭院长、吴副院长、杜秘书长已在园相等。至码头上船,开往龙王庙,过十七洞桥。然后转向西北,经石舫至后海,由北宫门附近上岸,徒步行上山,经佛香阁下排云殿,至乐寿堂中膳。膳后休息一小时。我与简焯坡谈明日离京后代表团在廿三号回京前的日程。三点古巴科学代表团与我国派出代表团郭院长、(裴副院长未到、)杜秘书长、我和张友渔四人商谈中国古巴科学合作条款和两年行动计划。这一工作在林镕去古巴时已大致谈妥,今日作了正式肯定,计合作协定共十一条,系和其他东欧各国相似,行动计划规定随时如有增减可以变动。古巴方面提出我们赠送标本中有白蚁White ants (Termite)(Termitedae),古巴同志不知白蚁为何物,他们提出要物理方面的年久的期刊。两方均同意合作条文与近二年的行动计划,只待代表团回后签字而已。五点即从颐和园出发回。和简焯坡至院,和裴副院长谈关于明日出发前应准备工作。裴副院长早胸有成竹,如合约及行动计划必须带走,因毛主席在杭州可能要接见,古巴所要仪器单必须抄一份带去等等。六点回。晚膳后曾呈奎和海军司令部吕部长来,带来《关于加强海洋工作的几点建议》交阅。

6月16日　星期日　〔北京飞上海〕　晨晴21°,室内79°F (26°), 753 mm。下午上海雨, max. 26°, min. 19°。

晨五点起,早餐后七点三刻出发。和允敏赴机场,由张司机开车。今日院雇一专机ИЛ 14号656号从北京飞上海,在沪停三日,拟直飞柳州,然后乘汽车至桂林留三日,遄回北京。同行者裴丽生、翻译黄世康、黄玉清、贾德修、王仁泉及地质部岩洞专家张寿越。古巴代表团Capt. Antonio Nynis Jemenez、Prof. Julio Le Riverenò Brusone (Instituto de Historia, Compotela y San Isidro, Havana)和Alejo Lanier Valdes三人,古巴公使代办和林镕、刘桂五、叶连俊等,杨联奎、简焯坡、黄秉维等均来送往。$8^h30'$机开行。ИЛ 14机每小时行320公里,自北京至上海凡1209公里, $9^h15'$在1800米高度飞行, $9^h30'$过济南, $9^h35'$渡黄河,不久升至2500 m, $11^h30'$渡长江经南京又下降至1700 m。到上海龙华机场,即有市政府副市长刘述周、上海分院副院长王仲良、冯德培、周子竞以及各所所〔长〕(汪猷)、中古友好协会冯国柱、上海分院秘书长胡永畅在场相接。乘车至南京路的和平宾馆(从前Cathay Hotel),由裴副院〔长〕召集刘市长、王院长、汪猷同志谈在上海日程。先定今日下午参观少年宫和兴业路共产党第一次代表大会的会场,得古巴代表团同意后即中膳。膳后由刘述周陪同赴兴业路中共第一次代表大会会场,据管理人员云,当时代表十二人,党员亦只五十七人而已。代表中有毛主席和董副主席,有何叔衡等三人后被国民党所杀害,一切陈列仍如原来。上楼梯极狭亦未改。其隔壁有一室陈列党中要人照片,其中有毛主席年青时在北京大学图书馆时照片,刘主席1920年照片以及周总理、邓颖超照片。在此以前先到少年宫,看少年宫各音乐班、剪纸班、工艺班的工作。闻中小学学生轮流每周来一次,我们所看到小提琴、钢琴、戏剧、工艺、飞机模型、轮船模型班等,演唱了古巴歌曲,使代表团非常感动。五点半回和平旅馆。七点至前文化俱乐部,市长柯庆施老招待晚膳,到主人舒文、副市长刘述周、石西民及科学院王、周、冯副院长、黄耀曾、邹元爔、黄鸣龙、罗宗洛、周仁、高怡生、严东生等。

6月17日　星期一　在上海　晨室内73°F,窗口20°, 752 mm(和平饭店六楼),阴。日中阴, St 10。

上午至展览馆。下午和刘泽蔚、杨毅看病并配眼镜。晚至大世界。

晨五点即起,做20′太极拳后,六点半在63号裴副院长房中听中央广播电台广播《关于国际共产主义运动总路线的建议》,系中共中央委员会六月十七日回答苏共中央委员会三月卅日的来信。首先提出中苏两党间存在分歧,希望七月五日起的会谈能消除分歧加强团结,为召开各国共产党和工人党代表会议创造有利条件。因此,就国际共产主义运动总路线提出自己的观点,计25条:1)1957年《莫斯科宣言》和1960年《声明》规定了国际共产主义的共同纲领,坚决捍卫他是国际共产主义运动重要迫切任务;2)原则是什么?是全世界无产者联合起来,同被压迫民族联合起来反对帝国主义和反动派;3)国际共产主义总路线,既是建立反对以美国为首的帝国主义和各国反动派〔的〕统一战线,如片面地归纳为和平共处、和平竞赛、和平过渡,就违反《宣言》和《声明》;4)当代基本矛盾是社会主义阵营和帝国主义阵营的矛盾,资本主义国家内无产和资产阶级的矛盾,被压迫民族和帝国主义的矛盾,帝国主义和帝国主义的矛盾;5)只承认第一种矛盾而抹煞其余的矛盾的错误观点应受批评,也不能认为第一种矛盾会在和平竞赛中自然消失;6)现在世界上已有一个社会主义阵营,这个阵营是阿尔巴尼亚、保加利亚……捷克等十二个代表参加的,是否坚决维持这个阵营成为每一个党的试金石,如果不维护社会主义阵营的团结,甚至追随南斯拉夫社会主义的修正主义者的力图取消社会主义阵营,或者援助资本主义国家来攻击社会主义的兄弟国家,那就是背叛整个国际无产阶级;7)美帝是世界反动主要堡垒,是全世界人民的敌人,如寄托幻想在同美帝国主义的合作上面,要把人们引入迷途;8)亚非拉美地区民族民主革命同社会主义革命运动是当代历史两大潮流(余十七条从略)。

今日上午和希门尼斯一行先至中苏友谊大厦看工业展览,代表们对于轻工业甚为注意,尤其对于照相机、丝织品之类。据汪猷云,在古巴,电风扇、自来水笔尽为中国产品云。次至美术工艺研究所,昨见到的剪纸专家王子淦作了解释,说工艺人从前均奔走江湖难以糊口的人,他当场剪了两只凤凰送给代表。又看老艺人赵某以手捏面粉捏出小孩送给希门尼斯,代表们均甚感动。今日下午代表们购物件。我和分院办公厅主任杨毅至华东医院看疖子,由外科大夫罗恩钊诊治。出至南京路吴良材眼镜店配眼镜,和刘泽蔚回。

6月18日　星期二　〔上海〕　晨阴, St 10, 22°,室内70°F, 751 mm(上海和平六楼)。下午昙, 749 mm,室内75°F。

晚孙诗圃(学诗)夫妇来。

晨五点半起,体操20′钟。听北京广播电台,和裴副院长等谈半小时。我将《参考资料》中关于 *Saturday Evening Post* 关〔于〕希门尼斯在古巴岩洞中为苏联找潜艇基地消息交与裴副院长。早餐后即和希门尼斯、汪猷等出发赴闸北电机仪表厂,由厂长(宁波人)〔　〕君陪同参观。据云该厂成立于1954年,从300人增加到2000人,厂址从三千平方加到三万方,厂中工人40%为女子,平均年龄在卅以下。现能制57种电表,其中有 Galvanometer 等已销行古巴,能自制八线示波器 8 lined Oscillograph,据云楼下有专门制备出口古巴之车间,正在装修中,厂甚清洁,惜无 air condition 设备。临走遇颜任光,知其在厂为副厂长兼总工程师。临走前希门尼斯为工人所包围,同拍了照始出。

十一点至枫林桥旁的有机化学所,由汪所〔长〕陪往,由黄鸣龙、黄耀曾诸研究人员先坐谈片刻,据汪云,最初成立时只4人,现已达四百多人,主要是(支援国防与支援农业两方面工作,理论方面黄鸣龙做属 Hormone 激素支援国防尖端,已经正式投入生产的有4种产品,正在扩大试验的三种)。农业方面有杀虫剂和杀菌剂,其中有一种杀菌剂为了治红薯的菌病,单浙江已用了二百万斤之多(南京农科所曾说此项杀菌剂无效)。一点和希门尼斯同乘车回。

前秘书杨宣仁来。他在南汇中学教英文,因不安于位,屡欲调上海科学院。此次在上海《解放日报》上见我来上海,特来见我。中膳后与杨宣仁同出至第一百货商店(即从前"大新"),购尼龙制游泳裤一条(10.50元)。回至和平楼下理发。五点半乘车至延安路华东医院看外科,由罗医诊治,治毕回。

晚膳后和希门尼斯等一行人去汾阳路(前贝当路)工人文化宫参观文艺活动,由朱君领导,先在文化宫巡行一周,然后至各娱乐室坐听音乐、看跳舞各约十分钟。因事先准备得好,博得古巴代表们欢心,最后由朱君解释文化宫系十二万多工人的组织,分为30多种文娱活〔动〕云,今天看到十二三种。十点半回。

1964年国庆节补记:今日是杨杏佛在上海被军统特务暗杀的卅周年。据沈醉写的材料(载《文史资料选集37》),是戴笠领导所干的第一次血腥罪行,蒋介石于四五月间即下令杀杨,而且要在上海宋庆龄寓附近执行。

6月19日　星期三　从上海飞柳州，又从柳州乘火车到桂林　晨上海雨，风力3—4级，21.5°，室内72°F，746 mm。

晨五点即起，收拾行装。六点即和古巴代表团、裴副院长、王仁泉、贾德修、张寿越及翻译黄玉清、黄世康一行上机656号，由上海市刘述周候补书记、科委舒文及分院王仲良、周子竞、冯德培、汪猷、黄耀曾等送至机场。时上海阴雨，因台风已在台湾东，估计今日下午上海风将更大。$7^h15'$，656号机起飞，机上共有六人，机师杨冠升和王清运、机械员毛德波、报务员李清旭、领航员卞有清、服务员龚根娣（♀，宁波人）。$7^h46'$过杭州，高度3000米，已在云上，天气渐变晴朗。$8^h35'$下面只见F. cu，$8^h50'$过鄱阳湖。$8^h10'$过浙皖交界经百丈山时飞机在2500 m。$10^h30'$到长沙，即在机场吃了点心，由湖南同志在此招待。在路上希门尼斯只是睡眠，对于地理、气象情况一无兴趣，余二人亦各看报纸、期刊，沿途景物不知欣赏，也无问题提出。在长沙，希门尼斯要蚕豆种，吃了荔枝又要荔枝种移植古巴。裴副院长为谈我国的研究系统，希乏兴趣。他说回去要看周口店，问我们是否有碳14设备，但他不知道碳14不能定北京人年龄。长沙天气晴，27°。$12^h25'$从长沙起飞，$12^h40'$在2700米，$13^h45'$过桂林在1600 m，$14^h18'$到柳州。因桂林飞机场受Karst影响陷落不能用，所以要到柳州后再乘火车到桂林。从上海到长沙，机行1100公里，凡3h15′。从长沙到柳州550公里，机行1h45′。在柳州即有柳州市长孙芸生、副市长王少白、林英、科委陶希晋等在机场相接。希门尼斯急于看Karst，所以即驱车至立鱼峰。他在此拍了许多照片，对于一群闲人小孩随之跟走，他不嫌麻烦，引以为乐。历史学家Riverenò对于Karst毫无兴趣，留在山下极感孤独。我和裴副院长及市长走至半山亭，亦未上顶，未几下山过柳江至江北岸柳州饭店进餐。因快车是中午时去桂林，已过时，所以要等$17^h54'$慢车才能走。到柳州后骤觉炎热如伏天，上车后有专车一节带往。

6月20日　星期四　桂林　晨阴，凪，室内29°，St 10。午阴，ACu 9，室内87°F，735 mm（桂林）。下午85°F室内，736 mm。

住榕湖饭店的三宅。晚市长魏凌风请晚膳。

晨六点半起作日记。八点半早餐后九点多出赴叠彩山，崔副市长及我们一行均陪同古巴代表团前往。此山又名桂山或风洞山，先沿石级五十余步至叠彩亭，有清代秦焕写“叠彩山”三字。唐人元晦写“四望山”石刻我们未见到，因希门尼斯要照相，沿途耽搁时间，所以我们先行经风洞，南北对穿。洞口有卧佛已摩得通身发亮，有康有为刻的字及袁子才诗。由蹬道曲折上至望江亭，再登三百级到明月峰，是为绝顶，离地101 m。上有拏云亭，峰顶石坛原为五代时楚王马殷所筑，又叫马王台，宋时张栻曾建尧山、漓水二坛于此。从山上可以俯瞰桂林全景，有“天外奇峰排玉笋”、“山如碧玉水清罗”之慨，在此拍一全体照。我和裴丽生、陶希晋、崔副市长先下，在望江亭稍息，陪 Riverenò 先下。据 V 云，希门尼斯不顾 V 的身体，到处游山玩水，而对于国家真实情况不加考察。V 患糖尿病与痔疮，年事五十，比希长十岁，甚引以为苦。我们劝他下午去看人民公社。未几希门尼斯一行也下山，才乘车至独秀峰。

午后三点半，先和崔市长等一行驱车至东江月牙楼。至四点半希门尼斯始来，并直接赴附近普陀山下的七星岩，我和崔市长也随往。裴副院长和陶希晋则随 Riverenò 赴附近蔬菜人民公社。七星岩又名栖霞洞，在北斗七星第三星的半山上。岩口西北向，高二丈、宽六七丈。从前岩至第六洞的天梯凡 800 米，为桂林最著名岩洞。洞中掌故很多，刘三姐与白马郎即其中之一。入洞口下八十余步至第一洞天，有广场高数丈可容千数百人，高崖上有老君台、鲤鱼跳龙门等，Jemenez 指出壁上有 Ripple mark。第三洞天有石台，台下有女形石像，相传即刘三姐曾和白马郎歌唱三昼夜之处。第六洞天高广无际，有“二龙过江”，并有一桥。桥下的水与漓江相通，相传北宋时有道士石仲元住此。我行洞中，以光线不足，由柳州来的苏秀莲（柳州饭店）与张天真（人民医院）相扶而行，至五点半出洞。又在洞外照相。六点半回到榕湖。

6月21日　星期五　桂林　晨阴，ACu St，738 mm，室内 83°F，下雨数点即晴昙。晚房中 88°F（31°），凪。

从桂林坐小轮游艇至阳朔。晚回桂林住榕湖饭店。

晨六点起。七点早餐。七点一刻希门尼斯、Riverenò、兰尼和裴丽生、陈亮、陶希晋等一行乘汽车至解放桥，上游艇（今年四月新造成），由小轮拖行下漓江（桂江）去阳朔，翻译、拍影记者、苏秀莲、张天真（看护）及张寿越、王仁泉、贾德修等同行。沿途希门尼斯逢山必摄影，全途共摄 252 张之多。$7^h30'$从解放桥出发，$8^h10'$过柘木圩，$9^h35'$过大圩，已行卅里，约四分之一全程。$11^h20'$过黄牛峡。在未到黄牛峡以前，我们在大宝滩附近稍停，希门尼斯即脱衣跃入水中。事先约定年青能游泳人员随之入水，我亦下水约二十分钟。王仁泉、张寿越、黄玉清也游泳若干时。过大宝滩以后渐入佳景。$11^h50'$到冠岩时已入阳朔县境，船稍停，希门尼斯在洞口又拍了许多照。此处有水从沟中流出，但不能深入开轮，即中膳。从冠岩至兴坪一段漓江为最美丽处。我膳〔后〕又登舱看风景，犹忆卅多年前（1932?），科学社在桂林集会后和同人从桂林坐船（埠船），经阳朔至梧州改乘轮至广州，时当八月正值大水，下水也要三天。如今水小要一礼拜才能到梧州。$13^h30'$过浪石滩，$14^h20'$过画山，此处壁上之回文如九马，其下为二郎山峡。$14^h50'$过兴坪镇，15^h 过螺蛳山。

摄影记者为我拍三个照,均在兴坪,因兴坪山水甲阳朔。$15^h30'$—$16^h40'$,先因拖船搁浅,后因螺旋桨打坏换桨,花了一个多小时,直至六点半方到阳朔。希门尼斯提议今晚留阳朔,我告以阳朔系不到万人小县(桂林廿二万人,柳州卅万),住船中则无设备。且蚊蚋多,在日中轮上无风处小黑蚋即咬人。所以我们一上岸即换车(汽车在此相等),疾驰回桂林。路比1940年时宽直,且不需渡江,于下午$7^h46'$回榕江饭店。洗冷水浴后,和陶、裴、陈亮三同志晚膳后至附近礼堂看晚会,有《采茶舞》、《北京—哈瓦那》以及《刘三姐》的片断。从《戏媒》到《定情》以及《歌墟》,其情节与我在北京所见到影戏大不相同,起刘三姐者为原来的黄婉秋。十一点散。

6月22日　星期六　晚从桂林回柳州　晨房中84°F,窗口82°F,桂738 mm,Fcu 4,凪。中午后二点半室87°F,FrCu,中午雨数点。晚闷热,89°,多蚊子,不能成寐。

晨六点起。八点早餐。希门尼斯和张寿越、黄世康去穿山芦笛洞(新发现),我和陶希晋、裴丽生一行陪同Riverenò和翻译黄玉清去月牙楼。因R比较能深入了解情况,而且对马列主义的深谛有所了解也。他对于近来苏联不发表中共六月十五的答复不认以为然。对铁托,以为他走错了路,但认以为南斯拉夫人承认他为英雄。以为拉丁美洲古巴而外,Venezuela将可能成为第二个社会主义国家,而Guatemala又次。说美国对于科学家Linus Pauling、历史学家Aptheker和经济学家Paul Sweezy均不给签证至国外,说宗教虽是落〔后〕东西,但古巴的Padre Sardinas是红主教。又说巴西共产党Prelos有前途,但新领袖Amazona则是落后的云云。十二点回榕江饭店。

下午和裴副院长、陶希晋主任一行游城西北新开洞芦笛岩。洞作环形,绕一周约500 m。洞内有不少游人题字,最早系唐贞元七年,此外有宋绍兴、清嘉庆以及民国时代的。但近几十年洞已封闭,至1959年始再开,重新装电灯、辟路线。希门尼斯和张寿越于上午来时曾钻研一番,认为其中有直立刀矛形〕,而中空者如柱状颇可资研究。此洞与七星岩同在一个水平,系Q_4时代云。

回。整理行装后即至火车站上车,由魏凌风市长、陈亮主任、黄云书记等一行送别。在车中我问希门尼斯,他对苏联方面送第六号"东方"宇宙船Tereshkova〔　〕,认为是因明日在莫斯科召集世〔界〕妇女大会,这是一种很好宣传。对于中共六月十四号复苏共函,他说他已全部阅读。他说意思很清楚,但苏共未将该信公布,是因为其中提到斯大林和赫鲁晓夫,并批评了赫。他个人意见七月五号中苏二方会谈不会有结果。Riverenò今日上午认以为南斯拉夫目前尚未是资本主义国家,但有堕落到资本主义社会的趋势云云。十点卅分车到柳州,即有孙市长等相接。回到柳州饭店吃冷点后已十二点。女招待员是上海人(♀),名王巧英,已来此四年云。晚闷热。

6 月 23 日　星期日　从柳州飞回北京，途中在汉口停一小时　晨柳州六点 30.5°，742 mm。半夜在柳州起风，下雨数点，FrCu ACu 3。

昨晚睡已十二点，在柳州饭店别墅楼下洗冷水浴后即睡。房中温度 89°F，无风，睡一小时半后因热不能再睡。起开电风〔扇〕，风动帐开，蚊子进来，又起捉蚊子，停电扇，但未几忽起风开帐，又起捉蚊子。至侵晓五点多微明，闻楼上有人打门，乃起收拾行装，五点四十分到门外一走。柳州饭店即在柳江旁，因广西一月多未雨，所以柳江水低，但清可澈底。原定六点半早餐，七点半即从柳州出发飞武汉转北京，但机场来电话，说桂林附近有雷雨不能起飞，而北京方面事先关照飞行务必慎重，每次起飞前必须试飞一次，以看机器是否无问题。因代表急于回北京，我们正想由重庆经西安飞北京，今日尚可到，否则乘中午十二点从柳州去武汉转北京火车于廿五晨也可到。到八点半来电话，说桂林前方已无阻碍，即过柳江到飞机场，由孙市长芸生、副市长王少白、陶希晋等一行送至机场。$9^{h}40'$ ИЛ 14 656 号机从柳州起飞，达 800 m 即入 FrCu 云中，$9^{h}56'$达 1700 m，$10^{h}06'$达 3000 m，下面除 FrCu 无他云。$10^{h}14'$机升至 3700 m，云顶高的达四五公里。我们在绕雷雨区的东面向北飞行，以后机即下降，$10^{h}51'$降到 3100 m，以后即在此高度飞行。$11^{h}38'$经长沙未停，$11^{h}38'$过湘江降至 2600 m。$12^{h}33'$达武汉机场，天晴，29°。即有分院王仲济、高尚荫、王力泉办公厅主任、杨德之(♀)相接。在机场中餐后 $13^{h}49'$从武汉机场出发，$15^{h}24'$过郑州，机在 2400 m 高度，下面无云，上有 AlSt，空中温度 20°。$16^{h}00'$过成安，$17^{h}30'$到北京，即有谢秘书长、张友渔、刘桂五、林镕、杨联奎、简焯坡、叶连俊诸位和允敏、沈文雄在场相接。我们广西之行整一星期，到此结束，Jemenez 等一行尚称满意。我告他在桂林时间太短，他说以后重来要住一个月。他向张寿越要广西地质图，但我们不能供给。回家后知彬彬、松松即在家中，留沈文雄在寓晚膳。到京后觉京中之热不亚于桂林、柳州。晚九点半睡，睡约二小时后醒，后觉热，起步庭中开门窗，觉稍好，天明即起。

6 月 24 日　星期一　回北京　晴，六点 25°，室内 83°F，七点 745 mm，Ci 4，风力 3—4 级。

建议设立海洋局。

晨五点多即起。离家一星期，寓前花木尽为红蜘蛛所摧残，豆叶已枯，玉兰和大丽的叶也发了黄。九点至院。接到 57 年〔前〕澄衷学校一位同班同学刘宁烓的儿子刘家权(在天津无缝钢管厂)一封信，附他父亲见了我在《人民画报》上照片后所写一首诗:“一别迢遥五十年,仪容相对各嫣然。人民景仰崇楷式,世界欣瞻当代贤。大器自应成晚岁,雕虫犹喜习新篇。南来有日重相见,把酒书窗旧雨前。”诗虽不像诗人的作品,但意思甚好,当于日内回他一封信。总之澄衷老同学此时也不〔多〕矣。希门尼斯等一行今日看明陵和长城,晚六点左右毛主席召见。张副院长约在中午时在北京饭店320号中餐,要裴副院长报告去上海、桂林情况。我和杜秘书长、裴副院长均于十二点先后到达,但张副院长因陪同昨日到京的以姜永昌为首的朝鲜科学院代表团,上午参观半导体研究所,直至一点半未出来。所以我们和吴明瑜、贾德修在320号吃了中饭。裴副院长说他可简单地报告张副院长,要我先回,所〔以〕二点我先回家。至五点得电话,郭院长在人大会堂福建厅相等,要裴副院长报告去上海、桂林情况,我即赶去,裴副院长已开始报告。至五点半郭院长因要去见毛主席即告别,我亦回。晚间中国古巴友好协会在人大礼堂(三楼)演出节目,我未往,在家阅近一周的《参考资料》。

今日上午科普出版社的贾祖璋与祁文霖来谈,知《物候学》因迫不及待,未待我作最〔后〕校正已付印,于下月可以出版。图未加大,但用较好的纸印,日后如有需要再放大出版。

建议设立海洋局。从1945—62统计,海上渔民受大风袭击而死亡为数不小。六年中达5687人,失踪船只一万〇三百只。今年二月间又有一次未报的大风浪,把渔船漂浮到台湾、日本,渔民称为气象老虎。我们所获鲐鱼只日本1/40,近年各种鱼类均减少。1961年世界石油贮藏增至420亿T,比1950加3.5倍,多数在浅海。我国石油近年有发现,但储〔量〕不过十多亿,年产600万T。此外沿海可垦滩涂约一千万亩,天津新港泥回淤每年500万T。军事方面跃温层、温盐度变化均重要。所以有设海洋局需要。参加讨论:杨有楙、吕炯、郑重、曾呈奎、赫崇本、任美锷、毛汉礼、张孝威、刘恩兰、刘好治、业治铮。

6月25日　星期二　晨晴22°,室内78°F, 748 mm。下午三点室内86°F, 748 mm。

晚古巴大使馆临时代办L.佩德罗苏请代表团希门尼斯上尉。

晨六点起。在院中为两株玉兰喷涂除虫药,因小红蜘蛛极为猖獗。九点至院。阅英国皇家学会秘书长Patrich Linstead三封来信:一是为了我们答应森林学家Dr. S. D. Richardson (Aberdeen大学)去东北带岭(已去,本月廿日回国);一是为了Dr. N. Kurtis (牛津大学研究低温)于明年来中国讲学;一是为今年我们要派五位同志(有机化学、生理、生化、laser及第四纪地质)去英国考察事。他以为今年秋天最合适。阅院中节约和“五反”运动的情况简报(三期至十五期)。这一运动院中于五月四日张副院长报告开始,在六月初旬裴副院长又作了全院报告,是领导小组六人"洗澡下楼",以后接着就是司局长党员同志的检讨,到六月中旬裴副院长又在礼拜六学习时要大家(各所所长)提意见。到六月底这"三反"告一段落,以后就是后"二反",反贪污盗窃和投机倒把。院中经这次揭发,浪费惊人。单压积器材、乱搞基建等就在一亿元以上,而贪污盗窃竟达111起,投机〔倒把〕38起。万元以上共六起,千元以上35起。仓库保管员竟敢吞没白金770克,值1700万元。北京38个单位105〔人〕已作了检讨。官僚主义极普遍,如生物学部成立试验农场与中心试验站,不征求大家意见。林兰英要一台炉子加工,两年无结果。办公厅谢寿华妻魏良假造证据不加揭发。对于办公厅郝桐生检讨不够彻底,意见多。综考会漆克昌看不起尹主任,遇事不征求同意,说我只能小处抠抠,提不出像样的意见。古脊椎动物杨老对副所长吴侬意见大。院里建筑问题很多,北郊917大楼原为科技大学的物理楼,共二万五千八百多方,花四百十万元,后〔科〕技大缩小人数,改拨地球物理所与生物物理,两所各花五十万和二十万,修改后又不肯搬,结果又改拨地学部。宿舍更成问题,化学所有19对青年夫妇没有房子住,电子所8个产妇生小儿后没处安置,搬不出医院。中关村每年要生1000多小孩,目前有五百小孩不能进小学,另500不能进幼儿园托儿所。办一个医院,看护怕传染病,医生诊断常错误。此外也提印刷厂厂长钟福贵,1934年红军老干部,一贯艰苦朴素。物理所王鹤平、电工林心贤检讨好。

6月26日 星期三 晨晴,户外22°,室内81°F, 747 mm。

晨六点起。今晨外间温度尚低,洗去大丽花叶上的红蜘蛛,觉极为费力。九点至院。又接苏联地学部主任 Шербаков 谢尔巴科夫的信,提到 Мурзаев 穆尔扎耶夫对于新疆著作已将出版,另一著作是库兹涅佐夫的《新疆地表水》,并将手稿寄来(摘要),如感兴趣可将全部手稿寄来云云。拟即复他一函。九点半至地理所。Jemenez 原说十点半到地理所,但以等周总理接见,直至十一点始来地理所。他到所后即送我以一顶蓬蓬如鸟巢的草帽及鳄鱼皮制钱包,送允敏以海蚌壳制的颈圈等。由黄所长介绍了地理所概况后,首先参观了图书馆、制图室和大地图集室与孢子花粉室。他对于实验无兴趣,最注意的是广西 Karst。送他全份《地理知识》和近期《地理学报》。看毕回家已一点。下午未出。

六点半至人民大礼堂三楼河南厅,陈毅副总理接待朝鲜代表团。该代表团于廿三晨到达北京,现也住北京饭店,团长为科学院院长姜永昌(内阁成员之一),团员有金应三(机械)、郭大洪(黑色金属)、郑桂宣(物理数学研究所所长)、崔运庆(农业机械研究所所长)、李永立(技术科学指〔导〕局局长)、赵东葵(无机化学研究所)、李洧燮(原子能所)、金明潾(南浦分所)、金柱七(抗生素)、朴苍海(综合工厂总工程师)、李圣浚(自动化室主任)、姜文基(同上)、沈道铉(高分子化学室主任)、梁旺复(自动化室主任)、吴世天(微生物遗传学)、韩道海(机械制造)、崔承奎(科学交流处)、姜元亨(自动化室)及翻译申在善。我三年前(1961年六月)去朝鲜时院长为白南云,招待我们的副院长朴成旭,统已调走。此外,对外联络的沈在殷、韩次男(♀)、李铉基、社会科学部金锡亨、书记全斗焕(现为副院长)、生物学元洪九、技术科学金德模、数理化部李容奎、化学所吕庆九、经济所金洗镇,无一来者,而来的廿个代表中竟无一认识,可见朝鲜科学院变动之快。

八点看晚会演出,在大礼堂三楼有总政文工团歌唱、舞蹈、姜诚(♀)的朝鲜鼓舞、枷椰琴弹唱、新疆舞,及杂技表演叠椅倒立(訾丽华)、空竹(王桂荣)等,魔术(訾吉发)、古彩戏法(杨小亭)等。散已十一点半。

6月27日　星期四　晨阴, St 10, 27.4°,室内84°F,闷热,凪, 746 mm。晚87°F, FrSt。

《大地图集·自然地理集》编辑情况。

晨因闷热睡眠不佳,侵晓即起,即户外也因多云而热不散。九点至院。今日地学部小组听陈述彭谈《大地图集》中《自然地理集》编辑情况。自1956年成立大地图集委员会(在科学院下),1957年曾将《自然地图集》交与科学院地理所,即着手和其他国家大地图集作比较。58年陈述彭和白敏等一行去苏联,与苏联同志作了商谈,58年后即组织稿件,共有150个专题,45单位参加。其中科学院有16个所,包括地理、地质、地球物理、古脊椎动物、土壤、植生、昆虫、动物、海洋、水生、森土、古生物、天文等等。1960年7月曾开过一次编委会,定了原则性,密级定为秘密级。嗣后即分头编稿,到63年底可以完成精绘60%,试印20%,到明年即审查内容。《自然地理图集》分八个图组,即一般、地质、地貌、气候、水文、土壤、生物、海洋,共180图、45个单元。61年7月曾重编图例,到今年中尼、中巴、中朝、中缅均已定,可以在上照修改。图的质量不平衡,气候用8800台站,但久暂大不相同。定今年七月中旬开会讨论自然区划,十一月在杭州开会(地理学会),明年四月召开一次编委会。全世界有二十二个出国家大地图集,其他多在于能解决问题,如关于选择品种。中华书局只能接受印刷任务,则似可交中华书局。第一卷《普通地图集》至今写稿尚未定,但到62年已用去36万元,专职有30人之多,而《自然地图集》一向专由地理所制图,十四人做,除购八万元的复制外,均由地理所经常费开支。估计印1000份要22万元,印3000份则30万元亦足。报告后谢秘书长、漆克昌和尹主任均发表了意见,大家认为应迅速付印,一方将情况报告院,由院呈科委,定期再汇报一次,然后指定专款由科委指定中华印刷。十二点散。下午本定两点陪同希门尼斯去参观周口店猿人古迹,后以周总理召见,谈话至五小时之久而作罢。四点半我至王府井大街礼品店购送希门尼斯礼物。晚膳后与郁文、廖冰夫妇谈半小时。九点睡。

6月28日　星期五　晨阴22°,室内82°F,阴,St 10,747 mm。下午室内87°F,晴。

晚郭院长在北京饭店中七楼饯别古巴代表团希门尼斯。

晨六点起。上午九点至院。约科学出版社赵仲池、郭佩珊来谈,为朱济凡来函要恢复林土所1960年以前该所出版的集刊,不过将三种合为一种,年出两期,每期约十五万至廿万字,谈后决计照准。地质所第四纪研究室要恢复刊物,也来函至学部,拟嘱暂缓,因地质刊物现已有四种之多。为了Jemenez送了我礼物,我和裴副院长商酌,说可以还礼,因这是私人馈赠,本来此时精简节约的时期大可不必。我得裴院长同意后即将所购烟盒、扇子、别针等送往北京饭店转交。中午得电话说郭院长和裴副院长等均不回送,据说是杜秘书长意见,以为不要送。我以裴副院长昨晚说要送而今天又有不同意见,事出两歧。送与不送本无关系,不过院中要有一律办法,不要此送而彼不送。至于郭院长那是特例,我们不必和他一样。后遇裴副院长,知他也不送了。

下午二点半周总理召见朝鲜科学院代表团,到郭、李、张、裴、吴副院长、曹映主任、武衡主任等。朝鲜代表团由姜永昌院长率领而来。该代表团非常严肃,有中国古代非礼不视的气概,正襟〔危〕坐不随便嬉笑。甚至最初坐下既不饮茶也不吸烟,正与古巴代表团完全不同。周总理和客人讲了两小时的话,从汉唐汉族侵略边疆民族谈起,说唐薛仁贵东征,中国历史当作英雄看待,这是大国主义,与汉马援征交趾一样。目前中朝两国成为兄弟之邦,有唇齿的关系,朝鲜可说是抵抗帝国主义中朝的前线,而我们是后方,中朝应把过去历史重写。其次,在1917大革命以后,尤其是"九一八"以后,中朝的抗日战争又是一个历史时代,直到解放前夕。第三则目前中朝两国文化交流日益加多,因是文字、语言更有统一需要,朝鲜语分为平壤、汉城、延边三派,延边语和文字不与平壤相同,应该〔统〕一起来。

6月29日　星期六　晨晴,六点22°,室内79°F,746 mm,凪。

晨五点半起。六点廿分和尹主任(赞勋)乘车去东郊飞机场,送别希门尼斯去莫斯科,来送者有郭院长、吴副院长、裴副院长、杜秘书长及林镕、张友渔、简焯坡等院中同人,及古巴大使馆代办佩德罗苏、一等秘书密尔夫妇、中古友好协会秘书任映仑,以及捷克、匈牙利等公使馆同人等。希门尼斯在昨晚饯别宴会上讲了半小时的话,说中国有三点他认为值得大家学习:一是招待客人非常周到(好),二是对人真正平等,三是看精神重于物质。这话说得非常巧妙,句句好像赞扬中国批评苏联,而实际究是什么意思却不明确。希门尼斯有口才而脑子灵敏,是很好的一个外交家,在古巴政治上他以后应能起很好作用,但作为科学院院长是否合适那是另一问题。他并不是科学家,此来对于我院各研究所可说毫无兴趣,最大兴趣为自己搜集 Karst 材料,回去为报纸写几篇文章(据 Riverenò 的话)。R 批评他只顾自己。R 已是五十岁的人,身体不好,但要同他一起到桂林看岩洞, R 毫无兴趣,游岩洞时坐在山下既不入洞也不登山,屡次说愿留旅舍与人谈谈。

下午为沈文雄欲在地理研究所做点研究工作事,同乘车赴地理所与吴传钧(室主任)谈。据说沈系党员,南大毕业,成绩中上, 1957 毕业,今年 28,人尚忠实。院中因鉴于前秘书刘力事,所以很谨慎地要一个可靠而又接近地学的人作我秘书,因气候方面只丘宝剑和左大康为党员,但二人工作重,不能离,所以考虑沈。但沈结婚不久,而妻子身体不好,所以常念家。工作方面他一向搞工业经济地理。吴劝他搞农业经济地理,他不愿,但我办公室中无工业经济地理书籍,与我的工作也相去远。我也以为他能搞农业经济地理,对现时工作比较合适。

6 月 30 日　星期日　晨五点雷响不绝,但雷声大雨点小,户外 24°,室内 82°F。六点雨停, St 10, 742 mm。

晨五点半起。今日星期天,彬彬未回。松松已考毕,大考成绩均在 4、5 分之数,从明起有两星期的实验,于七月十五日放假。中午她的上海倪姓同学来,于晚膳后同回校。

我阅叶渚沛(Yeh)寄来"The problem of maximizing our agricultural production (An agrobiometric approach)"文,凡打字 76 页共二万多字。据云他留心中国农业问题,十多年以前曾经写了一篇中国的肥料问题,无人加以注意,这次加以改进重写。文分两部分,第一部分系为普通读者,他认为要在二十年内解决中国人吃穿问题,必须根据科学原理应用于农业上,而他称为 Quantitative agrobiology,为 agrometrics 或 Dynamics of growth of vegetable matter under specific conditions。他认为很少人知道有 Baule-Wilcox rule,即使知道也是以其为 Law of diminishing return 不加以注意,但他认为苟加以留心应用,可以解决我国农业上的若干问题。第二部分专门谈 Baule-Wilcox rule。他并寄来一本 F. E. Bear 的 *Soils and Fertilizers* 的书,其中有一章谈到 Baule-Wilcox rule,按此 rule 实起源于德国人 E. A. Mitscherlich 的用花盆试验 N、P、K 三种肥料对于作物生产之影响。我于 1951 年六月去柏林时,曾至柏林西北郊 Paulinenaue 地方参观了一个植物培育研究所 Forschungsinstitut der Steigerung des Pflanzen Träger,由所长 Mitscherlich 陪同参观。他用几千个盆子以净洁沙泥加上各种分量的 N、P、K 等肥料一一加以培养,以观其生长的效果而得出结论。Baule 和 Wilcox 从这一出发点,而得出加各种肥料的效应。

7月1日　星期一　晨晴24.4°,室内83°F, 744 mm。晚八点阴,室内88°F,闷热。几天来气象台天天报雨,但除昨晨有雷声大雨点小的风暴外,未雨。

晨六点起,近来因天热旬日未做操。上午九点至院。山西秦化行来,系前气象研究所学生,曾要他去西藏代王廷璋工作。他随马步芳由青海入藏,在青海忽不告而别。他今天说明方知去延安。他是甘肃人,但现在山西偏远地方作秘书工作。我问其对于山西水土保持工作有否注意,他说他一向注意,但河曲即在偏关附近,他却不知道河曲实行了科学院水土保持的计划。阳高大泉山张凤林、高晋材的工作全国闻名,他也不知道。他离北极阁大约在1934年,迄今将卅载,他说今年已五十一,发亦种种矣。下午阅叶渚沛文。

复刘宁雉函

7月2日　星期二　晨二点半雷雨半小时变小雨, 25°,室内82°F, 744 mm。

晨五点三刻起。八点半出发赴中关村地理所,和瞿宁淑谈到孙敬之恢复中国地理学会理事一职。因两年前曾因他与前妻纠葛而被革党员,但后又经恢复党员,此事未经人民大学的正式通知,所以会中也未正式通知恢复理事之事。和高泳源谈,知《中印边界问题》一文已登《大公报》十三日。我个人以为此文应广为宣传,应登《地理学报》以便使国外大家知道。关于中缅、中尼、中巴的边界文,已交外交部审阅,迄未得复。和宛敏渭谈,知《物候学》于付印前他亦未曾校对(最后一次)。十二点回。下午阅叶渚沛文。晚膳后和沈文雄赴北京体育馆游泳,遇林宝骆和冯仲云等。九点回。

7月3日　星期三　晨阴, St 10, 24.6°,室内81°F, 746 mm。下午二点半85°F。

李富春、李先念两副总理报告。

晨五点多起。上午九点至院。十点人大常委开九十九次会议,李富春副总理做关于第二个五年计划后两年的调整和执行情况的报告,至十一点四十五分止。下午四点又继续报告,其大致要点如下:从58—60年大跃进后,我国连续遭了自然灾害,农业严重减产,实际工作发生了指标过高,建设规模过大,粮食征购任务过重,财政下放过多,监督不严,曾经出现国民经济不协调,支出大于收入。60年苏联当局片面地废除了几百个缔结的经济和技术合同,统给我们财政经济方面很大困难,党和国家采取了一系列措施。1960下半年提出"整顿、巩固、充实、提高"八字方针, 61—62贯彻了这个方针,克服缺点和错误, 62年实现了财政平衡,出现好转局面。因为一边编制一边修改,所以两年没有及时提到人大常委(以上是李先念副总理报告的头一部)。与现代修正主义的愿望相反,中国共产党更高地举起了反帝的旗帜,提高了国际威望。我们不以原则来做交易,反修正主义八篇文章发表后在世界各国发行了二百七十多万份,坚持马列主义的力量正在重新组合壮大起来。下面是调整执行第二个五年后两年计划的情况:(1)集中主要力量加强农业战线,使农业生产有较快的恢复。粮食征购数字,60年856亿,61年679亿,62年639亿斤。粮食增产自61年达2900亿斤,62年3100亿斤。油料、烟、麻也开始上升,惟丝、茶、棉、糖尚未。棉产60年2126万担,61年1600万,62年1500万。发展农业生产仍然是今后中心任务。(2)降低重工业生产品,增加农业生产资料。钢产量60年1845万T,61年877万T,62年667 T;煤60年39,200万T,61年27,800万T,62年22,000万T。但农业生产资料显著增加,氮肥60年93万T,62年161万T。石油60年520万T,61年531万T,62年575万T。努力发展塑料、人造纤维,两年增加新钢种62种,加钢材品种四千种。(3)缩小基建规模,调整投资比例。全国基本建设投资60年384亿元,61年123亿元,62年68亿元。提高了直接支援农业的工业(农机农化),从16.6%到24.7%。提高煤、木材、有色金属和石油工业投资,增加生产能力:石油315万T,发电113万kW,煤1300万T,化肥33万T,人造纤维3700 T。(4)大量减少职工和城市人口。城邑人数60年13,073万,61年12,707万,62年底11,639万,职工人数60年5043万,61年4153万,62年3308万人。(5)、(6)、(7)、(8)各项从略。

7月4日　星期四　晨晴,凪,24°,室内82°F,746 mm。晚晴,745 mm,室内86°F。

晨六点起,准备小组报告预备党员一年时期中学习情况。九点至院。十点至人大常委听财政部长李先念报告1961年和1962年国家决算。1961年收入356亿06百万元,支出367亿02百万元,1962年收入313亿3千3百万元,支出305亿2千6百万元。61—62年大量减少农民农税负担,第一个五年计划平均年373亿斤,1960年347亿,61年236亿斤,61—63年三年不变。粮食统购也减少了,1960年为856亿斤,61年679亿斤,62年637亿斤,同时粮食收购价格也提高了。国家〔支〕出数字60年为582亿,比62年多出276亿元。其中基建费大大减少,60年为297亿元,61年90亿元,62年57亿元。国防建设62年为56.7亿元,比上年50亿增加了(是否由于中印边界问题?)。减少职工数目,61—62共减1700万名,薪工从1960年263亿元降到214亿元。我国克服困难并不采取提高物价或增加税收的办法,而物价自平,由于切实增产节约的原因云云。十一点多散。我至和平宾馆理发。下午本定昨日要我在党小组中做转正式党员检讨,后改今天,又以党组另有会再改期。晚至军事博物馆看西藏边境去年10—11月冲突时照片展览,并有苏联制直升飞机高至 5500 m 和美国制 7000 m 的。

7 月 5 日　星期五　晨晴 24°,室内 82°F。下午三点室内 87°, 743 mm。晚晴 88°F, 743 mm。

晨五点半起。上午六点半出发,赴机场送我国党代表赴莫斯科开中苏两党的会谈。定于今日开始,计代表邓小平、彭真、康生、杨尚昆、伍修权和刘宁一六人,此外尚有随行人员。今日至机场送行者刘少奇主席、周总理、朱委员长等一行二百多人,各人民民主国家使馆人员也不少到场。到 $7^h30'$, TU-104 机即从机场起飞,预计莫斯科时间中午可到,下午即可开会。今日报载苏共中央 7/4 日的声明,中有苏共出席代表名〔单〕,即 M. A. 苏斯洛夫、B. У. 格里申、Ц. Ф. 安德罗波夫、Л. Ф. 伊利切夫, П-А. 萨丘科夫和 B. 契尔沃年科六人。声明中攻击了中共中央六月十四信件中"对苏共进行诽谤性攻击,又粗暴地企图在苏联散发此文件,从而干涉苏共党内部事务,旨在进一步恶化中苏关系云云",中共中央即于今日发表声明,不能同意此七月四日声明。

上午八点三刻至院。九点半至人大常委办公楼接待室,参加讨论李富春、李先念两副总理关于 61—62 年调整计划和执行情况报告及国家决算的报告(大要见前两天日记),同组到者杨明轩、徐冰、邓初民、史良、华罗庚、陈垣、吴玉章、武新宇、季方、胡愈之、茅以升、高崇民、许广平、谭震林、许德珩、沈雁冰、杨秀峰、李四光(单雄代)、陈此生、杨放之、杨东莼、张际春等。许广平问了决算的项目是如何安排的。季方提出地方预算和中央预算的安排。邓初民询问农、轻、重的次序是否一时权宜之计。茅以升问是否全部棉花制了布。我问粮食生产数字, 1958 年据李富春副总理(59 人民大会报告)为 7500 亿斤, 1959 为 5401 亿斤,但这数目不落实,究竟 58、59、60 三年的数目是多少?据谭副总理和计委薛暮桥说, 58 年 4100 亿, 59 年 3400 亿, 60 年 2800 亿,因此可以说粮食产量有如下表所示,可与解放前最高年 1936 年的 2774 亿斤和 49 年的 2161 亿斤相比:

1952 年	1953 年	1954 年	1955 年	1956 年	1957 年	1958 年	1959 年	1960 年	1961 年	1962 年
3087 亿斤	3138 亿斤	3208 亿斤	3496 亿斤	3650 亿斤	3700 亿斤	4100 亿斤	3400 亿斤	2800 亿斤	2900 亿斤	3100 亿斤

以上数我亦认为是比较可靠。因华北而论, 59 年并不干旱, 60—61 年是两年大旱,所以 60—61 年也是粮食最少年。我又提另一问题,即目前我们究竟有多少人口? 1953 年调查数字是 57,500 万人,现在已十年,如照 2% 累进应该已达七亿。据谭副总理说,到去年六月底是六亿七千万人,后经计委人说是 66 770 万人,增加

速度是平均 1.7%。但去年因为情况好，所以去年速度是 2.4%。散会时我问谭副总理，前次开农业科技改革会议时曾说七月初将再开一次会议，不知何时可开。他说因开会目的不明，所以尚未定期。以为人口应该稳定在八亿，营养稳定 2350 克，然后来定国家应有的粮食和肉类等水平，我认为这是很科学的。

下午四点又至人大常委开会，谭副总理谈到两年来整顿、巩固的情况，说钢我们有 1200 万 T 的设备，但轧钢设备落后，近机械化程度提高了。煤是开发问题。苏联背信弃义，60 年召回 1300 名专家，废除 330 个合作合同，230 多个合作项目，增加我们建设困难，如（洛阳）拖拉机厂有三个车间未完成，电影制片厂只给硝酸法不给醋酸法。农业方面今年夏收好，惟南方患旱。北京红星公社花每亩 280? 元的灌溉设备，只要有化肥年年可丰收。农村展开社会主义教育有必要云云。

下午六点至工人体育馆游泳。

7 月 6 日　星期六　晨六点 25.6°，阴，St 10，室内 84°F，风，743 mm。晚不能成寐。

《科学通报》编辑会议。

晨五点半起。上午八点半至院。九点参加院《科学通报》所召集新成立第五届编辑委员会，以严济慈为主任委员，共有编委 77 人。其中常务委员二十三人，有王应睐、王葆仁、尹赞勋、过兴先、朱洪元、沈同、沈其益、汪德昭等，赵石英、黄继武亦在内。严济慈首要我讲话，我提三点意见：希望将来能由月报改为周刊；更多地能体现百家争鸣；希望编辑尤其主任编辑能稳定。次严济慈（慕光）提出了关于加强通报编辑工作的决议和编辑部工作条例、稿件处理制度、委员会组织简则等。应幼梅报告了编辑实际情况，目前稿件来源尚充足，每月外来稿件〈月〉五十篇左右，印行 15,000。在《通报》上曾讨论有争论的问题，如大田作物群体、个体，人猿是人还是猿?和第四纪气候等。现只有五位编辑主任，应幼梅（生物）、叶蒸（机械）、汤元?（化学）、唐希尧（原子能）和刘学元（♀），连续工作已均五六年至十多年了。次大家提意见，多数认为应从速改成半月刊。原来计划今年维持每期 72，明年加至 96 页，后年改为半月刊；少数人主张改名，《通报》目的多数以为是报道国内科学成果、世界科学界情况和党对科学方针。

下午四点至人大常委办公室招待处，参加两李副总理报告讨论会，朱委员长也参加了，郭院长主持。薛暮桥报告了计委方面整顿、巩固情形，说第一个五年计划时期工业生产增加了两倍而农业只长 25%，第二个五年计划工业增一倍而农业反下降，可见工农业生产是不同的。61—62 年市场供应决定于农业生产，因 58 年生产好，所以 59 年轻工业仍能上升，到 60 年才下降。因为今年生产棉花，要到明年才织为布。同时工资增加，57 年 157 亿，60 年 263 亿，而物资供应只 150 多亿，因此供不应求。同时农产品收购价提高,农民有更多人民币,所以农工购买力增加二百亿,而商品反减少五十亿,引起市场上的恐慌。60年许多货市价比牌价高三倍。解决办法改"为煤铁让路"政策为"为农业让路",基本建设金从383亿减至67亿,职工从五千万人减至三千万,减少1800万〈人〉城市人口。如每人吃400〔斤〕粮,城市供应就可减少72亿斤。工资减少年69亿,农产品价格提高,但收购数和贷款减少,这样农民购买力从82亿(60年)减至64亿(61年)至43亿(62年)。又卖高〔价〕物品,一方面供给了少数人需要,而国〔家〕两年内多得38.5亿元,因此物价下降而货币回笼去年20亿,今年半年30亿,目前货币已和59年数相等云云。次计委郭鸿涛报告。又次韩光报告,说科学研究机构56年154个,1961增至1310个,62年缩减至780个,其中中央的380个。研究人员62年十八万人,其中大专以上毕业的六万人,而美国、苏联各四十万人,大学教授副教授八千人,助教讲师十万人,56年长远规划大部已可说是完成云云。

7月7日　星期日　晨晴,六点20.6°,室〔内〕78°F,凪,744 mm。晚室内84°F,741 mm。

晨五点半起。上午写请转为正式党员申请书。尹赞勋主任来,谈及今年开地层会事,据云李副院长和武衡均赞同,但第三季度容有困难,定四季度,我答以我已见过文件并赞同今年开会。下午二点半至人大大礼堂,参加外交部、对外贸易部、教育部、中国科学院和北京市机关团体欢迎被苏联政府无理要求召回"不被欢迎的"大使馆的梅文岗、鲁培新、王耀同和留苏大学生刘道玉与科学研究工作〔者〕姚毅等五人。三点开始大会,到七千人。首由前驻苏联大使刘晓讲话。次梅文岗做了一小时的报告,说赫鲁晓夫蒙蔽人民的政府在苏联极不得人心,尤其对于苏联帮助印度来攻击我国,许多人至大使馆要看中共中央6/14复苏共中央的信。毛主席在苏联声名盖世。最后陈毅外长谈了廿五分钟,说我们要坚持原则、坚持团结,所以苏联驱逐我们使馆人员,打破大使馆窗柜,我决不报复,并严防有暴徒捣乱云云。五点大礼堂有节目,我至欧美同学会听昆曲社的清唱演出,遇俞平伯、王伯祥、唐山同学许君、吴世昌、叶圣陶、章元善等。听许君孙女唱《红楼梦》中《宝玉痴诔哭晴雯》。六点和允敏同回。

今日彬彬回家,中午曾同往政协礼堂中膳,此为食堂遭回禄〔后〕第一次。他膳后即回中关村,云到中关村要乘校车到人大礼堂参加大会。他原要在大礼堂相等,但管理人员不许,必须在中关村上车。但他回到中关村后,则车已于在约定时间前开出,所以他又乘公共汽车回到人大会堂,待我去人大时,经我与收票者说明始得入内。

7月8日　星期一　晨晴昙，ACu 1，22.6°，室内79°F，742 mm。第一次闻蝉声（在家）。

下午周总理报告国内外情况。

晨五点半起。上午九点至院。复物理所李荫远一函，为《科学通报》审查黄〔　〕《关于第四纪气候的讨论》文。黄对于第四纪时代长江以南在丘陵区有冰川遗迹发生疑问，引起地质界的争论。下午四点至人大常委听周总理作报告：1）当前国际形势；2）国内阶级斗争；3）生产斗争和科学实验；4）文化革命和思想改造；5）自力更生与国际义务；6）人口问题和伟大前途。对于第一问题谈两小时，1）国际形势四大矛盾中，社会主义阵营和帝国主义阵营的矛盾是主要矛盾，但不是一成不变的，如1914—15、1941—45帝国主义阵营内部矛盾是主要矛盾。目前社会主义阵营内因为修正主义的抬头也发生了矛盾，主要是赫鲁晓夫的任性使气。如1956年对波兰兄弟党事件要派兵弹压，而对于匈牙利反动派闹事反而要撤兵，经我劝告而止，可知其人的马列主义修养差。1960年骤然把1300个苏联专家撤走又是一个表现。我们对于这类无理行动，如最近驱逐我大〔使〕馆梅文岗等五人出境将不取报复行动，相反地我们要团结。这一斗争，和修正主义的矛盾将是长期的。旁人以为我们外交上优点是有忍耐性，能等待。朝鲜板门店讲和讲了两年才成，接着我们和美国在波兰华沙谈判已谈了八年了。2）阶级斗争在农村和城市中将分别进行，在乡村中是四清工作：清仓库、清账目、清财务、清工分。在城市将是五反运动：反官僚主义、反分散主义、反铺张浪费、反投机倒把和反贪污盗窃，其中反官僚主义尤是长期工作。3）《农村工作60条》、《科学研究14条》将是今后方针来建立无产阶级的文化革命。4）要依靠自己，要自力更生，这也不是自私自利。我们帮助别人，要与人同甘共苦，不贪图享受。5）经过两个五年计划，摸到一点规律，要做到农业现代化、工业现代化、国防现代化和文化教育现代化，前途是光明的。下次要提几个问题，即是人口问题，人多好还是人少好？城市乡村人口比例如何？要实行节育与晚婚，要面对乡村。毕业生要下乡工作一年等云。讲到七点半始毕。又今日下午二点半至综考会听了马溶之对今年去四川、贵州调查报告，到侯学煜、崔克信、谢鑫鹤、孙新民等诸人。晚至民族文化宫看西藏军区文工团演出《雪山朝阳》，十一点半回。

7月9日　星期二　晨阴25.5°，室内83°F，St CiSt 8。下午雷响未下雨。午后室内84°F。

晨五点半起。上午九点至院。觅卢其尧找日本水稻生产与气候关系材料，系大美久保所著。卢其尧所介绍系日本 *Geophysical Magazine*，写得很清楚，而我把它

当作 *Geographical Magazine*,因此找不到这篇文章,可称我的主观,也是我的糊涂地方。十点半回院。与干部局苏健民等谈。据说有从苏联和波兰回国留学生,要礼拜四由我和裴副院长主持召集一次谈话,我于下午约裴副院长秘书贾德修说明他们(留学生)只有一小时时间,所以不能多谈,请裴副院长谈谈院内情况,我谈了国家对科学政策问题。

据报告说,植物所胡先骕(步曾)心脏病复发,已进阜外医院,我即于下午三点多去阜成门外医院看他,住内科三病房四室。我去时适有植物所郑斯绪及一川大毕业女同志与步曾第三子在室中。郑乃郑万钧之子,曾在 Ленинград 见过他。步曾第三子原在沈阳(南开数学系毕业)研究所任事,因身体不好在家。步曾本人外貌上看不出,据云系心脏受血管硬化影响,医生不准其下床,或劝其少讲话。他说蔡希陶从非洲加纳、马里等四国采集了四百多种标本,尤其油料作物四种,甚可宝贵,可引种于我国南方。他也谈到明年是庐山植物园成立卅周,也忆及 1929 年在印尼同游 Buitenzorg 植物园事。在此遇老工程师支秉渊,知其因血压高进医院已一个月,近胆固醇已从 280—290 减至 160,系食包谷油的效果。知他向来在沈阳工厂,现调在一机部研究所做工程师。其儿子支德瑜则在第一汽车厂为工程师,女儿支德勤也在北京云,二人均浙大毕业。

晚七点和林宝骆医生至工人体育馆游泳,八点半回。和郁文秘书长夫妇和吴副院长等谈今夏休假问题,国家今年拨了大连、庐山、青岛和北戴河房子,其中北戴河只二所房子住二十家,而要去的人多,如轮流各住 20 天就不能应付,最成问题。

7 月 10 日　星期三　晨晴 24.5°,室内 80°F, 746 mm。晚室内 85°F。

招收研究生结果。

晨五点三刻起。上午着手抄写申请转为正式党员,至十一点已写好,共写二千字,即于晚间交郁秘书长爱〔人〕廖冰。十一点半至院。下午六点和吴副院长至工人体育馆游泳,遇曹禺与杜润生。晚和廖冰谈片刻,说此次五反运动中许多干部对于院中体制有问题,尤其对于各所分成了新技术局和计划局两个口,以尖端所归新技术局,而其余所归计划局,一切器材、建筑归新技术局,这样把所有不是尖端所,尤其是生物学部、地学部的所,除少数所如地球物理、生物物理外,对于器材和建筑统不〔能〕排上队。

7 月 11 日　星期四　晨六点 24°,室内 81°F, Ci 3, 744 mm。

今日上午开第六次院务常委,讨论(1)中国科学院访问小组(林镕、汪猷领队)访问古巴的报告,(2)代表团(张副院〔长〕领队)访问朝鲜民主主义共和国的报告，(3)批准中朝、中保二国科学合作63年执行计划和中古、中罗科学院合作协议及63—64执行计划，(4)63年招考研究生情况，(5)取消中初级研究技术人员休假的意见，(6)生物物理所四个所学术委员会名单。今年研究生原定47个单位248位导师招收185名，现初步确定取195名，占69.6%。今年因在职干部和本届毕业生均可报考，所〔以〕考生比去年多，总人数为2457人，来自167所高等院校。去年只630人，29所学校，参查合格的235人，每8.4人取1，有1883参加考试，总平均51.77，录取标准总平均60分以上，其中有一门在40—60之间或两门在50—60之间，基础课和专业课在65以上。去年录198，成绩比今年差，因去年录取比例1∶2.1。下午五点半和裴副院长同苏联及波兰回国留学生讲话，有地球物理所刘祖滨，长春地质所关祖□，遗传所谷明光，地质所李志必，水生所谈泽秀(♀)等。

7月12日　星期五　晨六点阴，St 10，22°，室内79°F，743 mm，凪。上午下雨约半小时，寻止，下午晴昙。晚743 mm，室内82°F。

晨六点起。九点至院。和侯学煜谈他这次去西南所看到情况。他出差两个半月，最初到广西，从桂林、南宁到百色去花坪(桂林附近)看了自然保护(近我到桂林时陶希晋也提到说有七万亩森林受保护)，然后至重庆。在川先到东川，循渠江经达县直至大巴山山足，然后回至南充，经成都至灌县后回重庆，又至贵州、遵义、湄潭、威宁、毕节，下至安顺回贵阳。据说桂黔川三省因58年大跃进大片山上开荒引起水土流失，广西靖西县原只31万亩田，大跃进要开荒69万亩，合成一百万亩，两年开十二万亩，造成极大损失，要把山种木薯、红薯，山上泥土冲掉了3 cm，山上林被烧，平地上肥田盖了沙土，原来泉源断绝，水田变了旱田，耕地面积反而减少。贵州毕节海马箐已是二千米高度地方，原来出药物、绵羊，大跃进时要开山种水稻，原来有四个人民公社八千亩地，58年后开山结果，使水源断绝，不能再种。威宁二千米以上山地可养牛羊，改种水稻也失败。平坝耕地减少1/10，主要是良田为水库和公路所占。遵义种双季稻失败，因冬天太冷太长之故，云云。次谈及西南考察计划，他认为业务队长不定，孙新民、李文亮统不和调查人员同至乡间，只在成都、贵阳间居留，不是好办法。说计划没有大家商讨即定下，所以植物所有两个队在贵州不和西南合作，地方分院、队亦未能配合。我说西南队计划要搞到1968年，依区域顺序普查，这类工作所谓普查只适宜于边疆无人之地，可以取得第一手材料。如嘉陵江、渠江则两千年来已是人口众多之地，早已作了普查，我们应该把省中提出重要问题区域去做(如我们有力量)，做普查工作则白费时间。下午六点至工人体育馆游泳400米。

7月13日　星期六　晨晴27.6°,室内77°F, 744 mm。

水土保持。

晨五点半起。上午九点至老钱局农业部九二楼水土保持局,听黄河水利委员会副主任赵明甫的报告。他和同事共六人于五月初出发,至陕西的延安区和榆林区及内蒙伊克昭盟等地视察水土保持。在陕西看了无定河、秃尾河、清水河等十二个县四个实验站及内蒙的结果,走了六千公里路,认为水土保持近年成绩甚大,问题不少。今年一月中央水土保持会议有很大影响,劳力的20%在冬季作了水土保持工作。延安专区出了廿三万人,今年做的工作质也好,延安专区做梯田有四不修:高达1.50米不修,风沙区不修,土不到2米厚不修,要保留宿土,问题在于国家政策常在变动。在内蒙伊盟沙蒿固沙有效,次则银条和酸枣,内蒙比较地平可以生物措施为主。此外政策方面也很重要,如凭工计分、等价交换,这样群众不以做水土保持工作为负担。农民目前要的是化肥和工具,在内蒙主要是工具,陕北是化肥。在延安、榆林调查十七个县的人民公社, 62年虽大旱,水平梯田、淤地坝还是起了作用,新修的800—1300个淤地坝受欢迎。草木樨种后第一年可多收50%,到第三年还受益。内蒙欢迎酸枣、银条、沙蒿,能起固沙作用。水平梯田有1/3减产,地埂冲毁的50%。在大跃进时期,上山开荒破坏森林50%—80%,淤地坝60%未被利用,过去做的水土保持工作利用不到一半。好的经验有米脂、乌江峁管理的淤地坝,呼和浩特东干江人民公社做的林粮兼顾工作。陕北人口多,对粮食压力大,人口增加快,如绥德、子长县, 56年六万多人,现已十一万人,从前每人可分四五百斤,现只二三百斤。单提倡种草植林不能解决人民粮食问题。陕北在第三个五年计划中有开荒十万亩的计划,神木县就有问题。内蒙一个公社一年开了一万三千亩的荒,云云。下午阅叶渚沛文,至晚间始将参考文看毕,明日可回复叶渚沛的信。晚彬彬回。又波若和飞飞来,知贤贤和陈志刚夫妇不和,陈的母亲受气以致半身不遂云云。

7月14日　星期日　晨阴昙, ACu 9, 26.6°(80°F),室内82°F, 744 mm。下午阴,晚九点大阵雨。

晨五点三刻起。上午松松自学校回,科技大学已放假,今日下午第一届毕业典礼。我为叶渚沛的如何使农粮高产文阅竣后写了一封信,提了一点意见。我对于他文中有几个数目字加以更正,如说我国有开垦的农地尚有7.6亿亩,是过于夸大。说美国农业工人占全国工人的14%,而近来统计实际占8%。说稻米的平均亩产量1957年不及解放以前几年等等。午后二点我乘张滋良所开2361车赴复兴路17号政治学院,参加科技大学首届毕业典礼。此次毕业有1600人,其中200人系为他单位代办的。我到时,郭院长和严慕光、华罗庚、郁文等与毕业同学已均在场上预备照相,未几聂荣臻副总理、陈毅副总理与杨秀峰部长相继至。拍照后即至政治学校礼堂,参观了毕业班论文的展览后,三点多在大礼堂开会,严济慈主席请郭沫若院长讲话,他以做党的好儿女,要以普通工人姿态出现,以革命家的高标准来衡量自己和不断地勤奋学习四点。他提毛主席“阶级斗争、生产斗争和科学实验,是建设社会主义强大国家的三项伟大革命运动,是使共产党人免除官僚主义,避免修正主义和教条主义的保证”。次聂副总理讲话,奖励学生要学生虚心学习,培养自己,以阶级观点来分析问题,要加入〔与〕资产思想作斗争,要学生有崇高的理想,要勤俭办科学,弗以小浪费是无所谓的。陈毅副总理提到修正主义近来的嚣张,他预料马列主义、修正主义和帝国主义将三分天下,而最后胜利将属于马列主义。此外讲话者有裴副院长、家长、计划委员会王光伟、学生会主席邓述慧,和毕业生代〔表〕李相林致答词,礼毕已六点四十分。七点回。七点半和允敏、松松至长安大戏园看天津越剧团演出《春草闹堂》,丁汉君饰春草,谢桂云饰小姐谢素云,筱少卿饰薛玫庭。十一点回。

7月15日　星期一　六点晨23°,室内82°F,晴, FrSt,凪, 743 mm。晚八点起风,电光四闪,但未下雨。寓中玉兰开了一朵花。

晨六点起。晨将写好致叶渚沛的信交沈文雄打字。阅人民教育出版社交来十二年制初中《中国地理试用课本》,这一教本我已提过意见,但教部出版社因行将试用,所以要我上、下册统看一遍,但实际地理各省分论我提不出多少意见,不如专门在气候、海洋方面较为精细地审阅。我在书中看气候区域(张宝堃的)已被应用,从这图和书中的内容就可以看得出亚热带与热带的界线是不合适的,因书中定这界线应是一年无冬季的地方,从书中图上可以看出广州是终年无冬,而在分带图上广州却在亚热带。第六三页说冬夏季风交锋才容易形成降水云云。

7月16日　星期二　晨晴24.5°,室内81°F,凪, 742 mm。

晨六点起。八点半和沈文雄去中关村。九点朱岗昆来谈,为复苏联 Незмир 地磁天电所所长 Пушков 的来信事。他是国际太阳平静地球物理年一个委员,于今年三月间罗马开会时曾提出要求我们参加而驱逐台湾,但前部分提议通过,而后部分则20∶10票否决了,所以他来信问我们要点材料,预备下次大会上再提。我和朱岗昆谈后改正了他预备的信稿。和郭敬辉谈关于西南综合调查计划,认为原来调查十年计划太长而且没有重点。和过兴先谈支援农业规划,认为院中同人大家对于此不够注意,应于暑后在院务常委谈一次。要沈文雄把我复叶渚沛函面交他,约明晨九点在院中一谈。下午三点至北京展览馆，院中开大会发动五反运动中的后二反，即贪污盗窃和投机倒把。院中贪污达万元者已有二起。此外动物所外间三个站有两个站长均有奸污妇女事情，其中一个诱奸十一个妇女之多，另一个则为贪污犯。晚七点和沈文雄至北京体育馆游泳，并看印度尼西亚国家羽毛〔球〕队和我国青年羽毛球赛，男子单打方凯祥比印尼蔡瑞全为 1∶2 之比。

7 月 17 日　星期三　晨六点 25°，室内 82°F，昙，ACu 4，凪，743 mm。午后雨，一小时寻止，晚晴。

晨六点起。九点至院。和叶渚沛谈，他对于我阅读他写的关于农业文章极为感激，他认为我所提意见他可以接受。他对于肥料在 1936 年左右已发生兴趣，1952 年回国后又重新研究，认为 Baule-Wilcox 定律有道理。他在有一次会上与范长江发生争执，范要加他以反动的帽子，他说他要长江向他公开道歉。他对于包头钢铁厂的意见很大，认为十几亿的建设统浪费了，今春开会时大家不相信他主张，经辩论后大家认为他是正确的。他批评化工部要想包揽一切肥料厂，说侯德榜作了部长反不能讲话了。他深叹年已六十而不能将其怀抱应用，但他说星期五谭震林副总理约其谈农业事。所以我劝他说，目前党的负责者已经逐渐采纳建议，他的怀抱可以逐渐得到发挥。他对于院中只注意尖端不满意，说技术科学部只有他的所是非尖端的。他给我看钒钛铁矿高炉冶炼问题和 *Atlas* 月刊。（在 *Atlas* Jan. 1963 看到从 *Нова Мир* 文学期刊上亚历山大索耳寺生著“Ivan Denisovich 狱中一天”。）

下午五点至院。党小组讨论我转为正式党员问题，到裴丽生、郁文、谢鑫鹤和郝桐生。我事先已写了申请书，我把它读了一遍后，谢秘书长首先赞同转正。郁秘书长说我须多读党的文件，以为我应和科学家多谈，尤其老科学家，把党的政策告他们。我承认这一工作我做得不够，如今晨和叶渚沛谈后，觉这类工作我要抓。听说施履吉对工作很有意见，我也应和他谈一次。贝时璋不重视农业，和党的政策也不相合。裴副院〔长〕也认为这是重要工作，郝主任允于数日内交我若干文选，我可阅读。郝说小组通过转正后，支部大会开会时我可不到，因我定 25 去青岛，我说我随时可以回，而且 8/20 以后一定回。六点散。回家后和松松至工人体育馆游泳，遇曹禺和杜润生。

7 月 18 日　星期四　晨阴昙，外间 24°，室内 83°F，744 mm。下午晴。

晨五点三刻起。上午九点至图书馆，和范新三、蔡国铭谈及明年订期刊事。至出版社，和周太玄谈出版期刊和出版李珩所翻译 Flamarion《通俗天文学》和《天体物理》二书事。前者有一百万字,后书也有七十万字云。至科学史研究室与钱琢如谈,知他于五六月间曾至南京、杭州、苏州一个多月。在南京住佘坤珊家三天,在杭州住浙大。浙大数学系,当琢如56年离浙大〔时〕只20个教师,现已一百多。周茂清为主任,白正国则在杭大。浙大学生最多时达八千人。在杭曾遇丁庶为、王国松、杨耀德诸人,未见吴馥初、王季梁和郑晓沧云云。十一点和松松至政协礼堂会同允敏中膳,遇蔡邦华、刘崇乐、王淦昌、赵忠尧诸位的太太及邹秉文夫妇、胡庶华等。一点回。下午未出,整理过去的照片。

7月19日　星期五　晨晴23.1°,室内80°F(六点钟),凪,747 mm。

晨六点起。八点半至院。综考会西藏队冷冰和孙鸿烈来谈,本月卅一至8月14将开会讨论西藏两年1960—61的考察结果。已写好的论文有地质方面15篇(已登《古生物学报》和《地质学报》)25万字;昆虫五篇在《昆虫学报》发表;鱼类五篇(沈嘉瑞、张春霖等著)十一万字;自然地理六篇,左大康、王明业著,尚未发表。拟出170万字的论文集二本,全部包含在内,作为内部资料发行,第三季度可以送出版社。此外尚有专业报告十二种共约一百万字,包括农业(请庄巧生审阅)、畜牧(贾慎修)、水利(张有美)、林业(王战)、土壤、盐湖和开荒调查、山地利用。据云,后勤部副部长洪流有计划要在西藏开荒一百万亩作为基地,以出产粮食和饲料以养马,我认为这要谨慎从事,过去在青海河西走廊开荒造成大失败,要引为教训。孙鸿烈认为在西藏可以开荒至4600米高度,我以为气候变化无常,不能十年中有一年荒,所以必须谋求相当大的Safety Factor,不能在饥饿边缘上去开垦。今日要沈秘书(文雄)向人大常委要订本月廿四号晚去青岛车票。阅文焕然著《战国时代以来华北西部栽培竹林变迁的探讨》。六点至工人体育馆游泳300米。十一点睡。

7月20日　星期六　晨晴,Ci CiSt 6,23.1°,室内80°F,746 mm。

晨六点起。九点至中关村地理所,首和文焕然谈他著《战国时代以来竹子北界变迁》文,其中可以看出,目前北界和年等温线14°是相符合的。从甘肃到河北有向北的趋势,即从北纬34°(天水)到36°以上的河北漳河流域的临漳。在历史上曾有一个时期,河南的淇园无竹子,一是北魏郦道元时代(第五世纪),一是在明末清初,此外竹子北界似稳定的。所谓竹子,乃指刚竹、淡竹而言云。和陈述彭谈《大地图集》出版问题,照原来说定要由测绘总局出版,由中华书局承印,但科学出版社以为院的刊物应由院出版,这事才发生周折。事实上院出版社是无力承印的。十一点半和松松同回。松于前日去赵忠尧家,今日接回。下午阅《人民日报》所登苏联共产党中委会给各级党组织信。八点至政协看影片《兄妹探宝》。

7 月 21 日　星期日　晨阴昙，25°，室内 84°F，744 mm。晚闷热，昙阴，88°F。

晨六点起，上午未出。因待电话通知接莫斯科会议代表回国之邓小平、彭真同志，至十点后去问询，始知于下午二点可到。彬彬得电话知婉芳于廿三号晨可到北京。阅教育部交来《中国地理教本试用本》，其中关于《序言》与第三章《大气总论》、第四章《气候》中多有错误之处，如云“冬夏季风交锋才容易形成降水”或容易引起误会，如云“大气的厚度约有三千公里”云云。下午一点廿分到飞机场，遇夏衍与梁思成。夏衍云梁是瘦子会会长，我亦有资格参加。夏本人与胡愈之均浙江人，亦均瘦小。遇韩光，问及《大地图集》事。二点 TU 104 机到机场，邓小平、彭真、康生、伍修权等一行下飞机，受等群众五千人热烈欢迎。今日毛主席亦来，与群众握手时我适立在章行严、张难先之旁。张已九十多，章亦八十几。毛主席与张寒暄数语，问章著《柳文》有否出版。晚七点和允敏、松松至政协礼堂屋顶看国片《暴风骤雨》，遇谢季华（家荣）夫妇、杨克强夫妇儿媳等。

7 月 22 日　星期一　晨阴，St 10，27°，室内 85°F，风力 1，746 mm。九点半起雨，十点后大雨，十一点半起倾盆大雨，外间温度 24.6°。

云南气候分区。

晨五点多即起，因闷热非凡，所以睡眠不佳，起二次，侵晨即不能安睡。九点至院。约教育部中等教育组同人明日来办公室谈中学地理教本，并约刘东生谈去英国考察事。十点起雨，我去和平宾馆理发。十点半回时雨已稍大，至十一点半倾盆大雨，直下至十二点，约半小时。寓前院中砖地上水深半尺许。下午樊纪顺来，据云他近曾去武汉，天气热极，床椅触手皆如炙。乃珏（阿六）来，知他今年北大化学系四年级，曾去红星人民公社稻田拔草一个月。红星人民公社系京郊最新式人民公社，四化已做得不错。社员已称工人，每月可得 30 元至 60 元。稻田一造可称 800 斤，每亩用化肥 70 斤，水用机械打永定河河水，所以不怕旱。六点和松松至工人体育馆游泳 200 米。至外边看浅水游泳池水极污浊，至不敢下，水色黄浊而表面一层如油腻物质。

晚阅任美锷、杨纫章著《中国自然区划的若干问题》，批评黄秉维的综合自然区划不用综合原则而用生物气候原则，以为各个区域可以用不同指标。但如此做法，区划的目的便不能十分明显。科学院之所以用生物气候原则，由于这一区划是以服务于农业为目的。任、杨二人文中提到云南时，以为云南是热带的山原，所以不能和东面的两广相比。在云南南部和中部，800 米以下为热带，800—1000 米或

1100米亚热带,在两广(海南岛除外),二百至五百米以下为热带,500—1000米以下为亚热带,与云南不同。物候上昆明桂花、菊花四季开花,海拔二千米尚有红壤,但在两广只限于低丘上。云南也残留有许多第三纪残留景观,如昆明砖红壤古风化壳(矽铝率1以下)系古代湿热气候所发育。第三纪残留植物有木莲 *Manglietia Fordiana*、柏那参 *Brassaiopsis hispiela*、木瓜红(安息香科)*Rehderodendron* 等等云。

7月23日　星期二　晨阴昙,ACu St 9,22°(六点),室内80°F,風,744 mm。

古生物的灭亡的原因。

晨五点半起。今日婉芳定六点卅五分乘火车到北京,彬彬、松松去接,到站后始知火车要迟二小时才到。九点至院。地质所刘东生报告秋天去英国应注意之点,我告以英国科学研究的情况,在科学大臣 Hailsham 下有科学技术部与医学研究会 MRC 及农业研究会 ARC,此外则各大学。并给以参考材料,要他注意购买零件、书籍。十点,教育部中等教育司芮乔松、叶立群二人来谈初中《中国地理》教本。我告以我个人未能把上、下册全部阅读,只看了准备知识第三章关于"大气和地理总论",第四章"气候"部分,认为说"大气厚度约有三千公里"之语不妥,因六公里以上空气不够人呼吸,一百公里以上只余百万分一空气。我指出"气候"一章热带和亚热带界线定得纬度太低,应该在五岭之南,约在北纬24°左右,否则与书中所说凡是一年无冬季叫热带,广州无冬季,但却在亚热带。回家后知婉芳等于九点始到北京站,天舒路上不舒服,有点发热。下午阅 *Sc. Amer.*。晚六点和允敏至北京饭店,阿拉伯联合共和国代办穆斯塔法约请十一周年国庆。

Norman D. Newell "Crisis in the History of Life", *Scientific American* Feb. 1963, pp. 77—96. 在地质史上有二千五百 families 种动物,其中2/3已经灭绝,平均生命是七千五百万年。植物的进化可分为三个时期,即 Ferns & mosses 蕨类和藓类、Gymnosperms 裸子植物和 Angiosperms 被子植物。其中有一个短时期的突变,但有长期的稳定。裸子植物源于志留纪末泥盆纪初,而被子植物到侏罗纪末才开始,但动物却在各时期有大量的灭亡。最著的是寒武纪末三叶虫 Trilobites 2/3 的灭绝,在寒武时代有六十 Families 之多,最显著的时代是奥陶纪、泥盆纪、二叠纪、三叠纪和白垩纪之末。二叠纪之末动物的一半 Family 不见了。大洋植物影响更大,如 fusulinid 几乎全不见。Brachipoda 也大部不见,两栖类的75%和爬虫类80%亦不见了。三叠纪末也有同样现象,恐龙开始出现来代替两栖和爬虫类,当时尚有 Ammonites 25 families,至侏罗纪只一属了。到了白垩纪末动物属中1/4不见,但植物很少变动。不见的动〔物〕包括蛩龙 Ammonites 和 flying reptiles。大概而论,凡是进化保守的容易留存,而专门过甚的容易灭亡。白垩纪末以多浅海与平匀气候著,在第四世纪可以奇怪的是,许多大的动物在亚、欧、美洲原来同非洲一样丰富,但到一万一千年到六千年以前一个时期逐渐灭迹。其时气候不是变冷而是变暖,但森林带一部变为草地与沙漠,原因何在尚不可知云。数千年来人类繁殖后,动物灭亡更多,全球达450 Species,以西印度群岛和太平洋、印度洋为甚。

7月24日　星期三　晨阴24°,室内80°F, 742 mm。下午三点阵雨40′。

晨六点起。上午八点半和沈文雄赴中关村地理所。九点和科技委员会韩光同志及李秉枢、陈述彭等谈《国家大地图集》中关于《自然地图集》事。《自然地图集》180幅图已绘制就绪,现要把任务交给中华书局印行,但尚缺若干条件,要国家指拨如上等纸张、九两金子和封面漆布等等。此事须由科委设法才能拨给,此外要32万元专款作为制图用。已写了一个报告给科委,经聂总阅后认为此图对建设工作能起作用,所以要韩光主任来审阅图件。经由陈述彭作了说明以后,韩光同志即前往阅图。我因与张宝堃、侯学煜、黄秉维、郭敬辉等约好谈自然区划,所以没有〔和〕韩主任同去阅图。韩知道了尚有若干图如海道、海深、磁差、地心吸力、矿产等图因密级高,所以未能引入。韩主张少数印刷作为内部参考用。我赞成作活叶本印,可以插入。和侯学煜等谈自然区划中关于热带与亚热带界线,侯学煜认为目前把此线放在我国南海沿岸雷州半岛南部放得太南,以为应在柳州以南、南宁以北,在回归线相近。说毛竹、杉木、三年油桐、漆树、杜仲、茶树、栎树chestnut oak等只能在此线以北才长好,而芒果mango、番石榴、荔枝、洋桃、菠萝、木瓜、椰子、木菠萝、肉桂、八角只能在此线以南长好。热带以桃金娘科、榕树、无患子科、棕榈科、红树林mangroove为主,我也以为应向北移到五岭以南,但在厦门、南宁以北。十二点回。午后二点半至北京医院看蒋国彦大夫。看蒋的病人多,所〔以〕要许多天前约定,我是四十几天以前挂号约定的。我告以前列腺肿大,吃了王历耕所给阴性苛孟Hormone后,小便次数虽略减而困难增加,后经运动出汗后困难始减少。他以此是外科,不置可否,劝我多走路(以秉农山、徐特立为例),并要我打丙种蛋白质一针,以预防肝炎。

7月25日　星期四　北京至青岛　昨晚在车中闻雨声不断,晨阴,下午出太阳,到青岛晴昙。早晨车中五点76°F,上午81°F,下午二点87°F。六点至青岛栖霞路12号, 81°F, 743 mm。

昨晚九点别允敏,与沈文雄秘书、彬彬、松松、婉芳及二岁半的小天舒(飞飞)乘张滋良开2361车至北京东车站时有微雨,故不觉炎暑。我买软席52元,彬彬等硬席26元,连快车卧铺在内。虽软席,亦相当挤,只一辆。坐软席者几乎均是军人,同房系陈播,也去青岛休养者,带了两个小孩八岁至十岁。晚上因开窗,而我铺

廿四晚	$21^h47'$	北京出发，微雨
	$23^h50'$	天津
廿五日	$5^h25'$	平原
	$7^h47'$	济南
	$8^h14'$	济南
	$9^h19'$	周村
	$10^h00'$	张店
	$12^h05'$	坊子
	$12^h23'$	坊子
	$13^h37'$	高密
	$13^h45'$	高密
	$15^h18'$	沧口
	$15^h22'$	沧口
	$15^h34'$	青岛

在临风一面，所以觉风稍大，但极凉爽。五点车到平原即起，晨至济南早餐，车至潍县中餐。沿途见山东雨量充沛，庄稼丰盛，预料秋收不坏，惟德州附近水稍多耳。下午$3^h47'$到青岛站，即有童主任、曾呈奎、孙自平两所长及毛汉礼等在站相接，即驱车至栖霞路十二号稍谈片刻。我和沈文雄、松松各住一室，彬彬、婉芳夫妇及小飞飞住一室，把十二号的二楼全占了。但三年前（60年）此楼只住我和杨宣仁二人，去、前两年夏天均无人住，实在太可惜了。十二号厨房大师傅老蒋已从北京回到青岛，他曾在裴副院长家一度做厨子。而前年女服务员薛桂枝已不在而代之以明慧云。我住的房间即三年〔前〕住过的，我爱其开门望海，风景佳丽。四点半童主任等告别，彬彬、松松即去第一游泳场游泳，我洗一浴。疗养所所长为杨克富。晚膳后我至十五号院休养所，遇北京院顾家杰、吴汝康，上海罗士苇、黄鸣龙，南京裴鉴等诸君，闻在此休养已达三十人之多。周仁、冯德培不久均将来此云。八点回。童主任、曾、孙二副所长来谈，知朝鲜科学院回聘，请院中要海洋所派干湿地专家关于培养芦苇的人，而此方面则院中无人可派。

7月26日　星期五　青岛　晨六点晴，户外74°F，室内78°F，744 mm，CiCu ACu 5。下午晴，室内84°F，游泳池海水24°，气温27.7°，气压754 mm。

晨五点半起，作太极拳二十分钟。七点半早餐。八点半和彬彬、婉芳、松松、沈文雄一行带天舒往青岛市中，先至栈桥望海。栈桥旁过去有许多小孩游泳，但现在已经禁止，惟沿岸仍有小孩在水中。至中山路天真照相馆复印照相并买水果，青岛价贵于北京，如西瓜香瓜等要一角六一斤，小菜亦贵，西红柿一角一斤。北京西红柿只二分一斤，西瓜八分至一角。回栖霞路后看书，摇摇欲睡。彬彬、松松等去第一游泳池，婉芳因小飞飞（天舒）有感冒，所以不能下水。天舒现已两岁半，因平时太溺爱，事事听其便，所以脾气极不好，一不如意就哭，看见生人不大方，时时刻刻要以自己为中心人物。所以弄得婉芳很苦，因为教小孩必须使小孩听话，不然就得事事听小孩的指挥了。

下午睡一小时（十二点中膳）。二点半起。三点乘车至第二游泳场，因初次只三张票，所以由杨所长克富陪同往第二游泳场，比较人少，但今年人更少。因外国专家均已离去，少数外宾均往北戴河，所以场内无一外宾。场中分为两半，东边系交际处招待,西边为疗养所的同人游泳处。今日天气好,风不大而浪小,在场中游泳者不及二三十人。此场沙不及第一游泳场,因大小潮线间有许多石粒,而海底又有水草,但人少比较洁净耳。遇张闻天,他是河海工程学生,未毕业即去延安,我于51年去莫斯科时,他为驻苏大使,以此相识。后以彭德怀案中被党处置,现名义上仍为外交部次长,但不大出面。1960年夏天我曾在青岛见他一次,据云他去年住在栖霞路12号,今年则住疗养院附近云。五点回。严希纯偕物理所吴乾章来。严于三月间在北京医院相见时,他方施胆囊去石手术,施手术后要休养五个月,所以来青岛云。六点晚膳后至福山路鱼山路一走。七点半在楼下打桥牌至九点半。下午杨有楙和海洋学院院长许亮来,为了要院新技术局在嘉定仪器厂1964年制15 kW水声发射器。

7月27日　星期六　青岛　晨晴, Ci ACu 1。五点半室内76°F,户外23°(73°F), 风力1, 747 mm。晚七点77°F,阴昙, Ci St低, E,海水23°。

晨五点半起。七点半早餐后即和沈文雄及栖霞路15号看护去山东医学院附属医院看牙科,缘我右下牙中有小臼牙有缝,餐后菜肉易于塞入,以致疼痛。数次经北京医院王洁泉大夫诊视,把略加修补后可以相安于一时,但半年数个月后食物又塞进缝里引起疼痛。今日去山大附属医院,经事先接洽优先诊治,由有经验之戴大夫诊治,自八点半至九点半为补好一孔。据云因原来修补之物质陷下,所以食物又可以入内。如要永久,要用轻金属,今日仍以暂时填住的办法可相安于一个时期,惟戒二小时内不嚼东西,二十四小时内不吃硬物云云。回途至莱阳路水生所看张尔玉之病,他因血压高180—110 mm而引起左股神经痛,难以行走,医生劝卧床静养。

中膳后睡一小时。二点三刻乘车去山海关路第二游泳池游泳,我们全体同志出发。遇巫宝三,知他住疗养院在黄海路二号,与昨日严希纯所讲之疗养院在居庸关9号又不相同。据巫宝三云,在他疗养院有科学院同人十余人,包括黄武汉云。回途买西瓜一个,价@13¢一斤,比北京8—10¢一斤为贵。今天海水温度23°。

晚五点半杨石先、高原和化学所副所长来,知化学会与化工学会将于30〔日〕到八月七日在青岛华侨饭店开年会,化学会将与化工学会分立为两个学会,到会者将有150人之多。石先要我到会代表科学院讲话,我坚辞不能去。据石先云,农业的害虫如蚜虫、红蜘蛛等今年极为猖獗,普通虫药如666等未必有效,而1059虽是吸收有效药,但毒性很大。近来上海新出一种虫药名乐果,毒性低而有效,可以应用云云。晚膳后毛汉礼、范宜君夫妇及女儿(毛彦平)来谈片刻。据毛云,今年海洋水温比往年为低,因此也影响了气温。晚七点半至工人剧场,看上海市滑稽剧团演出《满园春色》,述满意斋饭店三个堂倌的事。

7月28日　星期日　青岛　晨一二点下雷雨，E风至晨不止，六点N。室内77°F，747 mm。上午阴，下午五点又有雷声，七点阵雨。

晨六点起。昨子夜后大雨，未起，以致外面所晒衣服均潮了。早餐后雨已停。九点我乘车至中山路至华侨饭店（即从前的新新旅馆）回看杨石先，渠等系开化学会议而来。1958年开全国气象学会时，我和涂长望、赵九章住在栖霞路12号，而大多数气象学会会员也住此间。今日来此，适杨石先、王葆仁、柳大纲诸人均不在，闻王季梁也将从杭州来此，今日可到，住太平角云。在中山路以@25¢购桃子二斤，乘车至居庸关9号疗养所晤严希纯不值，在此磅秤得95市斤。十点半回。中膳后睡一小时。四点和彬彬、松松、婉芳、小飞飞及沈文雄等徒步至中山公园，见池中正在练习以无线电操纵小艇。并至动物园，适雷声隆隆，杨克富所长以汽车来接，遂回栖霞路。时曾呈奎、孙自平和尤芳湖在寓相等，谈至六点。尤芳湖要我在物理海洋班毕业典礼讲话，我坚辞。晚童第周主任来，知他明日回北京。打桥牌至九点。九点半睡。

7月29日　星期一　青岛　晨六点24°，室内77°F，阴天，FSt ASt，地下潮湿，NW，风力1，748 mm。上午昙，下午阴，晚十二点后微雨，SE。

晨六点起。天阴，十点起转昙。彬彬带小飞飞赴医学院附属医院看飞飞的咳嗽。阅布德科著《地表面热量平衡》，本书内容丰富，但不免陷于啰嗦。上午接祁文霖函，并附寄《物候学》一本，知该书已出版，并知气象局已购置数百本云云。接中国化学会1963年年会论文摘要集，计分析化学34篇，无机化学26篇，〔物理化学〕39篇，有机化学54篇。论文来自科学院各所，外有北大、南开、南大、兰州大学、川大、厦门、浙大等校，尤以北大和南开为多（科学院除外）。上午十一点至海边一走。下午方欲去游泳而天阴。四点和彬彬、松松、沈文雄等至第一游泳场雇一舢板，在海中游行一小时，彬彬并跳入游泳，时虽太阳照耀一刻钟但未几又阴。至六点晚膳。膳后至十五号晤吴乾章、顾家杰、严幼芝（科学出版社）、朱显谟、裴鉴、罗士韦、童第周、罗来兴等。今晚严幼芝、顾家杰、罗来兴和童主任乘车回北京。

7月30日　星期二　青岛　晨阴，St低云高雾，室内74°F，窗口22°，SE，风力3级，748 mm。上午阴雨，中午阴，下午阴，SE风。

晨五点半起。上午阅布德科著《地表面热量平衡》第四章，关于热量平衡和自然地理过程的动力因子。氏断定限制植被的发育条件的不是空气中缺乏二氧化碳，而是光合作用植物效率（即植物体合成作用上消耗的能量与投入的太阳能总量的比）是不高的，一般等于 0.1%—1%（平均 0.5%）。在最有利的条件下，这个系数可到 5%，很少超过这个数字云云。下午三点，和沈文雄、松松至海滨水族馆一走，时天阴有欲雨状态，至晚天光似有放晴之意。晚膳后，出后门至福山路 36 号毛汉礼家，他住此间已六七年。遇汪安琪（汪懋祖〔之女〕）的〔丈夫〕杨纪珂，在生物物理所工作（专门统计方法）。

7 月 31 日　星期三　青岛　晨雨，窗口 22°，室内 74°，749 mm，Nb 10，SE。上午雨，下午阴，晚又雨，晚 75°F。

今天我国政府发表声明，号召世界各国政府，建议全面禁止和销毁核武器。

晨六点起。今晨五点冯德培同志夫妇和其 29 岁儿子嘉元乘轮由上海到青岛大港码头，适天开始下雨，由杨克富所长去接至栖霞路十二号寓楼下。原沈文雄住楼上，腾出房间至楼下与杨所长同住，而让冯嘉元住楼上。冯嘉元复旦大学毕业（哲学系），现在上海医学院教马列主义。冯院长（上海分院副院长）夫妇均台州宁海人。1960 年也曾来青岛，于我和杨宣仁来时彼等已回上海云。下午和德培夫妇至中山路取照片，系三年前所拍照，并至山东出〔口〕产品陈列馆，有棉织、石雕、漆器等，但其中有一部并非山东产品。市上水果佳者仍少，公园桃尚要二星期，而三年前则八月初已上市。晚膳后，青岛市委派马主任来谈，说八月二日邓小平副总理将在北京人大常委报告中苏会谈经过，要我和严希纯、赵九章、汪干夫（渠等二人昨方到青岛）是否回北京，如不去则留青岛听传达报告，我以到此不久不去京。晚阅 *Nature*。

8 月 1 日　星期四　〔青岛〕　晨六点阴，有毛毛雨，潮湿如霉天，窗口 23°，室内 75°F，NbSt ACu FrSt 10，750 mm。上午出太阳，下午阴昙。晚阴，室内 76°F，752 mm。

下午五点纪育沣来谈，知彼在化工局，希望〔与〕科学院合办一个试剂工厂。

晨五点半起。早膳后，九点半赵九章来，知其和政协同人住在湛山二路五号。据云七月初曾去波兰华沙参加 Cospar（Committee on Space Research）会议，说苏联代表白拉刚拉伏夫 A. A. Blagoravov 见中国代表不理睬，即曾经到过地球物理所的人也当作不认识，而相反地美国代表卡里宁反而同我们招呼，从此可知 Пушков 的辞职和其平常政见不同有关。据九章云，同来的政协委员有翁文灏、汪胡桢和郑洞国等云。十点半和松松、婉芳及沈文雄至第一游泳场游泳。十二点回。下午三点天阴，和松松等带小飞飞至湛山寺望海。晚膳后罗士韦和裴鉴来。据裴云，寓前一枝大树系和人参同科，名铁楸。

"'Star-fish' high-altitude nuclear explosion", July 9, '62. 这 Explosion created a flux of electrons in the outer Van Allen zone 约一百倍于 usual Max., and near the equator produced synchrotron radiation of about twice the intensity of the cosmic radio noise. *Nature* Apr. 13, '63。

"Higher Education in Technology" by Dr. J. Rose, *Nature* April 13, '63, pp. 128—183,说英国在1959年每百万人中只有1800学生在大学,除土耳其、挪威和Eire以外是欧洲最少的。举例说丹麦百万人中2800,南斯拉夫3930人,波兰5060,捷克5960人,新西兰5570人,中国1200人。

MIT四年毕业,头二年重点在数、理、化。W. B. Rogers学校的鼻祖曾说,大学教育应有一个职业目标,深湛的训练本身有其教育目标。学习要从实践开始,最好从实验与车间中学习,学习原则性的东西比记事实更重要,人文科学应与应用科学一起教。MIT至今依此办理,虽为时已100年,在工程师学位上MIT的PhD每年占全国13.6%,现有3600学生2700 graduates,做900 research procjects。美国1958年高中毕业生35%进大学,若有1800大学,其中100个是高级的。美国政府花二十亿镑为学生津贴,4.5亿镑为教育费用,单Cal.一州所费于大学等于英国全国。英国只中学毕业男生1/4、女生1/6能入大学。苏联有750高等学校,二百六十万学生,人口2.5%是大学毕业生,1957年有二十万六大学毕业生,八万是工科的。莫斯科大学有15 000学生,2450教员,列大9500学生云。

8月2日　星期五　〔青岛〕　阴,潮湿甚。晨六点23.1°,室内76°F,vars,FrSt低不到100 m,StCu 10云来自东海上,752 mm。上午昙,低雾。下午晴昙。晚七点阴,九点见月亮。

晨五点半起。上午九点和松松、沈文雄及婉芳去第一游泳场游泳,虽有太阳而四边多雾,风不大。十二点回。下午睡片刻。三点半又到第二游泳场游泳,太阳比上午好,但海水温度只23.5°,因连续五天阴雨之故。晚七点朱显谟来谈,知他于明日乘轮赴大连转沈阳林土所。今年土壤学会定八月十五在沈阳开年会。谈到今年陕西关中小麦,据云因四五月间多雨,所以收成反不如去年之佳。关于水土保持工作,他认为今年开农业会议时农林方面希望做此工作,但水利部分赵明甫因经费关系不肯放手,而赵在表面上又推科学院主持工作,因科学院既不争经费也不争人云。

"Hazard of New Drugs" *Science* March 22, '63. p. 1180, Thalidomide是一种药,吃了于病人没有多大害处,但若一个孕妇于某时期吃了Thalidomide会生残缺不全的小孩。p. 1182, Many deplore the unrestricted use of antibiotics because of a well-formed fear that their use may lead to increased incidence of diseases that are less responsive and less well-understood than those they are to combat ... The wide use of penicillin has resulted in fostering the resistant strains of staphylococcus。*Science* March 22, '63. p. 1191,陈国辉 Ko-Kuei Chen 从63年3月起 became prof. of pharmacology at the Indiana University of Medicine, Indianapolis. He retired from the director of the pharmacological research devision at Eli Lilly Co. 。按,陈系凌叔华的妹夫。

寄允敏函　蒋硕德函

8月3日　星期六　〔青岛〕　晨五点大雾24°,室内77°F, SE,风力1, 751 mm,潮湿,室内衣潮。日中山上雾,平地晴昙,下午阴昙。

至崂山上清宫与太清宫。

晨四点半户外闻机器脚踏车行动声音,噪闹不绝。起视,在雾中苍茫看到有二个机器脚踏车在寓中附近的体育场上循环行走,使附近居民均不得安寝。六点十分早餐。七点坐114号 Molotov 小汽车和 Газ 69 号各一辆出发赴崂山南路,同行者彬彬、松松、婉芳、小飞飞、沈文雄、冯德培夫妇及嘉元、黄鸣龙夫妇、杨克富所长、明慧云等及保卫科一人。至湛山路二路五号赵九章寓一停,约其次女理曾前往,渠与松松同级,爬山时可以和松松同行。八点十分行25公里至沙子口,在海滨有土法修理船厂,大部为渔民村落。在此稍停后再前行不久即上山路,所乘 Molotov 车已旧而力不足,时抛锚,须上水。九点十分至去上清宫的停车处,即下车。上山时山上有雾所见不远,但不觉热。循小径拾级行,我和保卫科同志领先,从中途起数级共577级,至山岭之巅估计当在300 m的海拔。在此稍息,待大队人马来,结果全部登上山。由此下山,问樵夫说半里即至上清宫,但行了一公里有余始至上清宫。据《青岛游览指南》,“上清宫在明霞洞南,建于宋代,庙内有铜玉皇像,宫前原有白牡丹,说是蒲留仙《聊斋》中香玉即指此。元邱长春真人曾住此,写有‘道山’二字,另一石壁上有‘上清宫’三字,尚有七绝十首”云云。我们到此,见院外有白果树一株,直径一米,门内二株大亦相等,其中一株结果累累,二门上有上清宫匾,想即是邱处机所写。院子很小,所云大殿旁右殿七真像,左殿三清像原极卑陋。殿前白牡丹已早不见,种有普通牡丹和栀枝花,另有紫薇一株,殆亦数十年物,铜像甚小无足观。有道士,叩问不解语言,问其“道山”二字也茫然不知所对。$11^h30'$从上清宫出发,循一溪下行赴下清宫,$11^h50'$经一瀑布,高达三四十米。在此稍息后又前行,时雾已消,颇觉热。十二点多至公路上桥边,我们来时曾经此,实际要至上清宫也可在此停车。由桥边等车来。一小时后乘车行约一公里停车,下山至下清宫,在海边。下清宫又名太清宫,也是宋代建,元邱长春,明张三丰,清蒲松龄、康有为曾居此。宫内有三个独立院,院址比上清宫为大。我们来时从沿海滨公路下经竹林,竹细和北京相似,想系刚竹,经三清殿有一槐树甚大,传是唐槐。三官殿前有耐冬二株,相传《聊斋·绛雪》即指此。我们到三官殿稍息后,至三皇殿右吃带来的面包、鸡蛋与香肠、西瓜等。在三皇殿右方有不少花木,一株外国玉兰尤青葱可爱。此外有木绣球、辛夷。在三皇殿前也有白果树一株。到下清宫已 $13^h10'$,在此〔停〕一点半钟,$14^h40'$离下清宫至公路上,$15^h10'$开车回青岛。在沙子口停十分后于 17^h 回到栖霞路,洗浴后晚餐。彬彬、松松又至第一游泳场游泳。青岛交际处张科长来,约于今天晚上至太平路新建礼堂看吕剧演出《逼婚》,是一个喜剧,至十一点回。由市长兼青岛市第一书记谭启龙出面招待。

8月4日　星期日　〔青岛〕　五点半 23.1°,室内 77°F, FrSt SE,风力 2—3级, E。

晨六点起。上午八点半王季梁(琎)来。季梁从浙大别后十四年罕少见,数年前在开政协人大时曾一度见过,相隔四五年重见,比前远为消瘦,知其精神尚佳,惟患气管炎耳。今年七十七,长余四岁。同来者有浙大前化学讲师陈嗣虞,发亦白矣。曾呈奎夫妇来谈。九点半,偕彬彬、松松、婉芳赴第二游泳场,时有 St 云在海滨,约四十分钟后太阳渐渐出来,至十点半已经云散天晴。十一点三刻回。下午阅冯德培借阅 *Man and His Future*, London Churchill 公司 1963 年出版,内有 Colin Clark "Agricultural productivity in relation to population"文,说只要有五百方米地就可供给人需要粮食,再加五百方可得每年 45 公斤的鸡和肉。估计 250—300 kg 为粮食的最低限度 Subsistent unit,估计 1 kg 的小麦产生 3150 cal 热量。如〔以〕牛津大学的试验为标准,每方公尺种 broccoli 菜,每天每 m^2 可生产 40— 45 gr 的 dry matter。如这样计算,只 27 m^2 便可供人的需要。在旧石器时〔代〕每人要十方公里地,新石器时代 1/10 km^2,但日本人只要 1/16 公顷或 640 m^2 云。晚和冯院长夫妇及杨克富所长打麻将,至晚十一点睡。连续两日运动和爬山沟,手足有点影响。

寄祁文霖函　青岛科协

8月5日　星期一　〔青岛〕　晨六点 22.6°,室内〔　〕,晴昙。下午阴昙。晚室内 78°F,有月光, St 8, 750 mm。

今日在第二游泳场磅称,桢 93 市斤,彬彬 113 市斤,松松 85,天舒 25,婉芳 108 市斤。

晨五点半起。上午九点半至第二游泳场,和冯院长夫妇等同往。今日天气甚佳,但第二游泳场人不多,可称颇为冷落。我们在东边浴场,因有防护堤遮蔽,所以有微风也无浪,但邻近青岛疗养所则今日已有波浪。我们到青岛疗养〔所〕磅称,天舒去年在北戴河称得 21 市斤,今年 25。松松在 1960 年未病小儿麻痹症时曾到一百十五六磅即 104 市斤,而现在竟只 85 市斤,但比来时已略重矣。她既不吃鱼虾又不喜牛奶不吃羊肉,我劝其不能如此选择,不合胃口可当作药吃。第二游泳场除前一次见张闻天外,竟无一熟识之人。十二点回。途至中山公园问桃子是否有卖,答以昨星期天工人不上班,今日无桃子可以出卖,而昨下午问时则云今天有桃出卖云云。回至栖霞路始知十五号已收到桃子七十多斤,要我们去买。拿到后始知桃子均系生的,既无香味又不好吃。下午阅63年英国出版的*Man and His Future*,系谈生物学、农业、医学、卫生等的集刊,作者多系知名之士。午后睡一小时。四点和沈文雄徒步出发,由栖霞路经文登路、莱阳路,过鲁迅公园至太平路,转入中山路至"天真"洗照片,又吃了冰淇淋。从栖霞路到"天真"共走适一小时。乘街车回。洗浴,寓中冷水常断绝,所以要热水洗澡。晚和彬彬、松松、沈秘书打桥牌至九点。

J. F. Brock "Sophisticated diets and man's health", *Man and His Future* pp. 36—56. 近代烹调使人们可以延年益寿,在美国1960年五岁小孩,白人男孩可以活到63.8,女子到70.7,但黑人只能到61.9和66.2岁。在南非洲种族的差别更大,南非生下小孩白人到67,而黑人只43岁。近代烹调与饮食习惯,如米过白则生beriberi,糖过多使牙不好,脂肪使人肥而短命。45岁的人如重量超出250 lbs则寿命减1/4,大便不通,消化不良等。许多心脏病由于血液中胆固醇的变动,尤其是Triglycerides和Phospholipid,这变动由于所吃脂肪。

8月6日　星期二　〔青岛〕　晨五点半24°,室内79°F,高雾,FrSt FrCu 8—9,E风, SE,风力3, 750 mm。

晨五点半起。四点半寓前体育场上又闻有机器脚踏车练习声音,使人不能安睡。早餐后(七点半)阅*Man and His Future*一小时。十点和冯德培夫妇、冯嘉元及彬彬、松松、婉芳、小飞飞至第二游泳场。在1960年我们来时第二游泳场有许多苏联专家,所以颇为热闹,现在则颇为冷落。每天十点到时仅我们数人而已,十一点以后零落地有十来人至,但至多也不达二十人。西边的疗养院有一二十人于十点后来晒太阳浴,但很少人入水。十二点回。中膳后睡片刻。二点多,和彬彬、松松、沈文雄等一行至中山路"天真"照相馆印洗软片,并至太平路31号晤王季梁,因他将于八日回杭州。适他于几分钟前外出,我送他新出版《物候学》一本,并托他转送徐规和郑晓沧各一本。我先回,阅书一小时。五点至附近湛山精舍山上一走。晚膳后和冯院长夫妇再至湛山精舍。七点多回。九点多睡。

Gregory Pincus "Control of reproduction in mammals" pp. 79—90, *Man and His Future*. Ovulation-controlling mechanism,女子脑中有一部名为hypothalamus能产neurohumour,进入pituitary gland,激引产生一种Hormone gonadotropin,又名Luteinizing Hormone (L. H.),进入ovary后能使Follicle破裂而排出蛋(卵)。Ovulation

Inhibitors 有一种 Oestrogen 名为 Enovid,妇女吃后可以不生育。于月经后五天连吃二十天,最初服时会使经期缩短,但不久即正常,所服量从 2.5 mg—10 mg。这药从 1956 年试验起认为有 97%—99%效。Pincus 试验口服避孕是和一位姓张的开始的。(p.79)他是 Research Director, Worcester Foundation For Experimental Biology, Shrewsbury, Mass.。

各种避孕药效果如下:

	Douche	Safe period	Jelly	Withdrawl	Condom	Diaphram	Enovid
Pregnancy per 100 women years	31	24	20	18	14	12	1.2

8 月 7 日 星期三 〔青岛〕 晨五点晴昙, 24°,室内 78°F, FrSt 3—4, SE, 748 mm。

晨五点半起。早餐后(七点半)阅 *Man and His Future* 关于人种学家 Coon 的意见(见下)。十点,和冯德培院长和彬彬、婉芳、沈文雄等赴第二游泳场。近日温度较高,沙已烫足,但因海中有第八号台风,所以浪较大。遇巫宝三。十二点回。下午四点白季眉来。他现在海洋学院,今年已 65,而身体不好,血压高,过去患眼眩,近又患腿肿不能动,在青岛疗养院二年半,近已大半痊愈云,在校无课,正在写"世界事物均一体"的文章云。和冯院长夫妇、彬彬等乘 Station wagon 赴贮水山公园,但出门不久即抛锚。我等看一时修理不好,乃徒步由西门进入中山公园至花卉园,看菊花、大丽花展览。园内的水杉已很高,直径约一尺,见盆景中有槟榔与鱼尾葵?、木槿、叶子花等。六点多回时,汽车尚在抛锚。晚和冯院长夫妇打麻将至十点。

"Future of the mind" (in a book *Man and His Future*) p.326 (in Discussion), C. S. Coon, Prof., U. of Pennsylvania: The Chinese do not like the idea humanity being one race. Ever since the Communists have been in power they have been spending a lot of money sending palaeontologists around to fill the gap between *Sinanthropus* man who is about 400,000 years old and the upper cave men who are about 一万年 old。This is so that they can prove Weidenreich's theory of the continuity of the evolution of the Mongoloids apart from the rest of mankind. Now they have got 6 skulls that fill the gap and they feel very happy about it.

接允敏

8 月 8 日　星期四　〔青岛〕　晨晴，FrS SE，五点半 24.5°，室内 79°F，东南风 2—3 级，749 mm，有第 8 号台风在海上 28°N 133°E，向西北走。

晚彬彬乘火车回北京，$10^h20'$车。

晨五点半起。作函与允敏，要今晚 $10^h20'$乘车回北京的彬彬带交。十点和黄鸣龙夫妇、彬彬夫妇往第二游泳场游泳。因坐 117 号小车，所以要跑第二次，接冯德培夫妇和嘉元、沈文雄前往，但司机蒋未懂我的话，将车开回莱阳路海洋所，等我们发觉为时已迟矣。十二点回。下午三点冯院长去医学院作报告，我和冯太太、嘉元、彬彬夫妇小孩、松松至第一游泳场租帆船入海驶帆，但因已在下午四点多，帆船多已外出，只剩下一帆船无人驶帆，所以不能如愿。据云租帆船每小时一元。我们徒步至鲁迅公园，并在展览馆看八公尺长的姆鲨，系新近在江苏为海军获得者。六点回。晚打麻将四圈，我未能获胜一次，所以输了二个底。十点睡。

"Longevity of Man", Alex Comfort, Res. Fellow in the biology of senescience, University College, London, *Man and His Future* pp. 217—229. 医药只能使人不短命，但不能使人长寿。十九世纪时以为将来普通人可以活到一百五十或两百岁是妄言，平均只能活到 75—80 岁，而且同时成长年龄在减少，据估计出生至 Puberty 在过去一百年减少四个月。有两样事物可以促使短命，一是 over-eat，二是 Radiation，医药和工业的 ionizing R。长生不老是人之愿望（中国有灵芝），西洋称 philosopher's stone 哲人石，"To hold to an unfailing bodily health, a constant vigour and tranquillity of mind, to preserve these into a green and rugged old age, until without a struggle or a sickness body and soul part company." p. 221, Quoted from Boerhaave, 1737。研究年老学在美国盛行，已经有 800 teams，每年增 200 个，究竟有什么结果，现尚难说。人之所以老，推论原因有三：（1）by loss of irreplaceable cells and structures。（2）Faulty copying in cells which divide clonally。（3）the settling of low turnover colloids and other macromolecules。第一个理论以为 deterioration of fixed post mitotic cells 是管年老的机构，但第二个说法 Somatic mutation 相信的人较多。照现在的进步，不久平均寿命可从 75 到 85 岁，就是这样，一百个人当中也只有二人能活到 90，一千人口有一人活到一百岁云。

8 月 9 日　星期五　〔青岛〕　晨晴，SE，风力 1—2 级，24°，室内 80°F。第八号台风到 28°N 后从 NW 转向 NE 向九州进行，青岛气象台报告今天最高到 29°，为今年最高。

上午唐世凤夫妇来谈。

晨五点半起。上午十点和冯、黄二家赴第二游泳场游泳。今日温度较高，十一点水温已25°,气温29.8°,预计下午要达32°,而沿场边沙炽热烫足。第二游泳场浪小,因有堤岸长达100多米之故。我问管场人,何以不要大众游泳者把场上石子一起拾取,使行路大为方便,据说曾拾取五次之多,但每拾一次不久即有许多小石砾盖在上面,惟到冬季则岸上却满布沙泥,疑是筑堤所致。冯德培疑心石子原在地中,余然其说,因场面东南,夏季东南风堤阻止沙的来源,风把上面沙子吹去剩了砾石,到冬季风转西北,又把沙子吹来所致。

上午九点海洋学院图书馆馆长唐世凤夫妇二人来。知渠等均患血压高病已三年,所以我1959年见后一直未见到,1960年已病。唐本人高至180 mm,其夫人至230 mm。唐目前正在编《中国航海史》,在学校未教课。唐,江西泰和人,云泰和浙大1938年所筑土堤至今尚在,为地方保全田亩(过去每三年要淹水一次),数千亩田得以幸免云。又说松山侠魂和衡儿之墓,迄他回乡时均保存完好,松山离他家仅十多里云。下午三点和冯家一起至第一游泳场租一帆船出海,由船上一人施舵和帆。帆有大小两乘帆,大者高约8 m宽2 m,小者高6 m宽1.8 m。在青岛湾内行驶,今日风浪极小,南风1—2级,但冯太太和婉芳统吐了。

Albert Szent-Györgyi "The promise of medical science" pp. 188—195, Director of Research, Inst. of Muscle Res., Mar. Bio. Labs, Woods Hole. What is the meaning of "Life", ... We have to descend one dimension deeper, into the dimension of electrons and quanta. Physics has shown by descending into the world of the smallest particles, we can understand properties of extensive systems, like copper wires which may transmit a message from one side of the Atlantic to the other, a region covered by solid state physics. p. 192, The next forward thrust will be from the penetration of wave mechanics and solid state physics into biology and medicine. It may enable us to see, what energy means for the living organism and what the mysterious "living state" is. The beginnings have been made. A. and B. Pullman translated the chemical structures and function of a great number of biological catalysts into the language of wave mechanics, and B. Commoner, on the electron spin signals given in photosynthesis, enzyme action etc... I feel that I will be unable to master the new principle and wave mechanics, which ask for a new breed of biologists, versed in math. and theo. physics.

8月10日　星期六　〔青岛〕　晨六点24°,室内81°F, S,南风1—2级, ACu 3。

青岛市举行全国少年运动会。下午贺昌群来。晚曾呈奎来。

晨五点起,今日因天热未做太极拳。八点多和冯太太、松松、婉芳及沈文雄至青岛运动场参观全国少年田径运动会。因我们去时已过了八点开始时间,所以我们虽有来宾票但不得其门而入,环绕了全场一周半后始得入内。在主席〔台〕上

〔的〕荣高棠见了我,要我坐台上,适教育部林砺儒副部长也在,打了招呼。我们去时适在做开幕典礼,接着是青岛的中小学广播体操表演和集体表演。同时尚有北京来的体育人员的撑杆跳表演。未几运动会开始。这次少年运动会参加的有28个省、区、市单位,每单位各15人,从1—15是北京,16—30是上海,61—75是浙江。我们只看了女子六十米预赛,即乘车接冯院长(在汇泉角看朋友)至第二游泳场。今日水温25.2°(十一点),气温29°,而水极平稳。未几黄鸣龙夫妇及广东中南分院化学所所长鄞云鹤也来,鄞已经65,而年如四十多岁妇人。十二点多回栖霞路。下午睡一小时后,四点贺昌群来。贺在科学院历史所及图书馆,但在北京很少见他,他说血压高180—130 mm,现从事隋唐土地所有权迁变史。晚和杨所长克富、冯太太等打麻将四圈后,和曾呈奎、冯氏夫妇谈到十点五十分睡。

8月11日 星期日 〔青岛〕 晨晴,五点半23.1°,室内81°F, S, 1级,746 mm。中午室内85°F。晚五点有雷声,微雨,晚82°F,觉热。

周子竞到青岛。晚张作梅等来。

晨五点半起。六点周子竞和其次子周夔从上海坐民生轮到青岛大港,住栖霞路十二号楼下,从此寓中更加热闹了。周夫人因身体不好未来,而子竞本人近两年来也健康较差,所以要次子来青招呼。此来系休养兼参加本月十四号开幕冶金学会议,邹元爔等亦同船来。八点半张尔玉、孙自平二所长来,约星期三汇报所中工作。九点和松松、婉芳及沈文雄赴湛山二路五号晤赵所长不值,我等即至第二游泳场游泳。今日海甚平而温度也较高,十一点已廿五度。下午睡一小时。中南分院化学所所长鄞云鹤来谈她做人造纤维与天然纤维改进工作,据云罗布麻系她1952年即着手利用,现在兰州的董君系由她指导工作。说用苎麻 Ramie 和化学纤维并用,可以使混合品起丝光、耐用,且可以代替舶来品海岛棉。说哈尔滨的大麻 Hemp 用以制 Linen,而杭州的黄麻 Jute 则以制麻袋云。晚七点半至曾所长寓,即在十五号旁,谈及美国 N. Acad. of Science 已有七个中国人,即林可胜、林家翘、吴健雄、杨振宁、李政道、陈克恢。

H. J. Muller "Genetic progress by voluntarily conducted germinal choice" pp. 247—262, Prof. of Zoology, Indiana University, Nobel Prize 1946 for mutation by X-ray. 在美国现在通行 artificial insemination of donors (AID) for the purpose of circumventing a husband's sterility,估计每年有五千到一万小孩出生,同时也使我们后代各种 defective 的人可以减少。但通行起来要有许多限止方行, germ cell bank 要选择最良好的 donor, 做父母的应该知道 donor 的详细历史,这 germ 至少要已保藏了廿年云云(p.260)。Joshua Lederberg, Prof. of Genetics, Stanford University, Nobel Prize 1958 for medicine, pp. 263—273: The basic strategy of life is that of molecular structure. The linear, bi-helical structure of deoxyribonucleic acid (DNA) tells us the mechanism of molecular reproduction—the selection of nuclein molecules that have a complementary fit to the available space on the existing DNA chain.

Joshua Lederberg (continued from the previous page) Now we can define man. Genotypically at least, he is 6 feet of a particular molecular sequence of C, H, O, P atoms—the length of DNA tightly coiled in the nucleus of his provenient egg and in the nucleus of every adult cell, 5 thousand million paired nucleotide units long. This store of "information" could specify 10 million kinds of proteins (pp. 263—264). Evolution is the duplication and exploitation of structural error... Mistakes in molecular reproduction—mutations—are inevitable: one of evolution's marvels is that they are so rare, ... we do not in fact yet know the actual nucleotide sequence of any gene. Only in microorganism, whose DNA content is from a millionth to a thousandth of man's, can we substitute one DNA molecule for another in the genetic composition of a cell, and then inferentially judge the 化学的 differences between them. Human talents are widely disparate: much of the disparity has a genetic basis... The recent achievements of molecular biology strengthen our eugenic means... As further extensions of experimental cytology, we might anticipate the *in vitro* culture of germ cells and such manipulations as the interchange of chromosomes and segments. The ultimate application of molecular biology would be the direct control of nucleotide sequences in human chromosomes, coupled with recognition, selection and integration of the desired genes.

8月12日　星期一　〔青岛〕 晨晴昙, FSt 3,烟直上,闷热, 24°,室内 82°F, 746 mm。

冯德培回沪。下午理发。

晨五点半起。近日虽在立秋以后,而气温与海水温度反一天高一天。今晨气温 24°,海水温也 24.2°,好像青岛也有梅雨,和长江流域相〔似〕,不过时间稍迟,在小暑与立秋之间。立秋前后天气转晴,而有两三天的长风,如苏东坡所云的棹舶风似的。今日得允敏函,知北京从八月三日起一直下雨。由于低气压从四川移来,四日即到达河北省西南部,移动缓慢。这低气压中心向北有一个辐合带,六日起已影响到北京,七日朝阳区下雨 407 mm,北京城内八日暴雨,共降 318 mm,打破了 59 年 7 月 31 日降雨 244 mm 纪录。北京城内交通断绝。彬彬于八日离青岛,于九日下午四点到京,而雨于九日中午已停。允敏函中又说彬彬在北京出发称得 123 lbs,在青岛海滩称得 113 市斤换算应为 124 lbs,相差 1 lb 而已,但回家后重磅为 132 lbs,竟增了九磅云,可知磅秤各个大小不同。今日上午我们在第一游泳场磅得我92市斤,松松85,婉芳109,飞飞25,沈文雄103。午后三点冯德培离寓赴大港,乘民主17号回上海。四点我至中山路青岛理发馆理发。五点回。和子竞及周夔等至中山公园。晚硅酸盐所严东生来。

H. Hoagland "Potentialities in the control of behaviour" (Director, Worcester Foundation of Exp. Biology, Shrewsbury, Mass.) p. 299—314: Most of the ethical beliefs we hold strongly are established by accidents of birth and what we learn before we are 7... The strongest beliefs may bear little relation to the common good. The world has continually been sundered by the hates of rival groups and these could, in a nuclear age, soon render man an extinct species (p. 305). Control of behavior by pharmacological agents, such as 1. ephedrine which decrease fatigue, 2. anti-depressant drugs as iproniazid, 3. tranquillizers for treatment of schizophrenics as chlorpromazine and reserpine and *Rauwolfia* alkaloids, 4. sedatives as meprobamate and, 5. psychoactive drugs produce transient psychotic states. Their primary value is for research purposes in producing model psychoses in normal persons... The promiscuous use of the milder tranquillizers has given cause for alarm (in U.S.), they constitute the largest item of sale in 美国的 drug stores today. Barbiturate sleeping pills are being used as a substitute for alcohol by some juvenile groups. A drink called a "goof ball" is made from sleeping pills dissolved in Coca Cola, and barbiturate addiction has become a serious problem among some teen-agers.

8月13日　星期二　青岛　晨阴, ACu FrSt 9, 26°,室内82°F,烟直上,觉潮湿, 744 mm。上午十一点有阵雨,十点起即起风,有黑云从北来,下午雨,至四点始停,五点出太阳。

晨五点半起。九点半至第二游泳场。我们到场总是全场第一,十点左右始有另一家集〔体〕游泳几位女同志来。今日云多,到十点即见西北方有大块黑云,风起云涌而来,我们即上岸洗浴而回。至家后十一点开始下雨,雨虽不大但继续直至下午四点。午后睡一小时。三点半和沈文雄至中山路"天真"照相〔馆〕一转,后至莱阳路水产部水产研究所晤所长朱树屏,谈及近年来渔业收获。据云去年收获连淡水鱼只二百万T,而最高1957曾达三百多万T,去年带鱼略有起色,今年仍不很好,朱以为要在长江口的东南方另辟渔场始可增加收获。谈到对虾,驯养已成功,但因换壳时身软无力抵抗,往往为同类所吞噬,因此无办法推广云。晚十二号同人至十五号聚餐,遇梁树权、罗士韦、黄鸣龙王晓麟夫妇等,到曾呈奎夫妇、科技大学老年教授张达德和杨纪珂、许国志。晚打麻将至十二点。

8月14日　星期三　青岛　晨六点昙，Ci CiSt 6，21.6°，室内77°F，风力1级，NNW，746 mm。下午晴佳。晚80°F。

晨五点半起。今日雨后天气极佳。九点半和松松、婉芳、小天舒及沈文雄去第二游泳场游泳。该场看护在测验人的血压，于入水前量后进海水片刻血压即升高，若干救生船上人员入水前110，入水后不久起再量即130。今日婉芳入水前量90 mm，入水即出量102 mm，但游泳后反不见增高，不知何故？黄鸣龙入水前120，入水再出即到150。十一点半回。下午松松和冯太太、婉芳等至中山路购物事。允敏来函要买点东西送婉芳，我提议以婉芳游泳衣已破旧应购一新的，但她不要呢的，嫌重，而购布缺乏布票，此间又无尼龙的，所以松松只买了玩具给小天舒。下午我作函与允敏及宁宁，并寄照片。下午开始写《论决定农产品单位面积〔产〕量的几个气候因素》文，预备在十一月间杭州地理学会宣读。晚膳后至鱼山路十号海洋学院图书馆长唐世凤、王敏家。上午在游泳场遇广州中山医院柯院长及电子所同人黄武汉。

Technical Cooperation in Agriculture, *Nature* May 11, 1963, Editorial p. 513. In the decade 1948—58, remarkable increase in crop yields throughout the world, were the main source of a mean increase of 3 percent in production, and a wave of optimism about the prospects of the problem. This rate projected forward to year 2000, would treble the total output of food and this would be enough to ensure a moderate improvement in level of nutrition of mankind. Unfortunately, outside the industrialized countries, the rate of growth has slackened... the most urgent task remains technological, to apply to farming throughout the world the methods and results of agricultural science.

8月15日　星期四　青岛　晨阴，St ASt StCu，南风一级。五点半24°，室内79°F，746 mm。下午阴。

晨六点起。上午九点半至第二浴场游泳时，浴场看护士为大家验血并量血压，首先是为浴场的救护人员，我看他们血压均低，在110 mm左右，入水后一二分钟重量即高出一二十mm，以后再游泳血压又降。我今日试验未入水前为92—62（疑是102—62之误），入水略动作即起重量为120—74。以后游泳200米，毫不费力地游，又量为118—64。昨黄鸣龙量初为120 mm，入水后重量150 mm，其中变动之意义，看护亦不明了。十二点回。下午睡半小时。

三点至莱阳路28号海洋所听曾呈奎、张尔玉、孙自平三所〔长〕汇报工作，直至六点。除三所长外尚有郭志坚所长与赵汝英（♀）计划科同志。与1960年时期同，全所有七个研究室，但分为58组共703〔人〕，不包括湛江南海所，今年尚须增加大学生 58 人。实验动物自张致一去动物所后,娄康后代为主任。副研以上全所 17 人,去年有四个助研升为副研,海洋地质已有张占瑾、张文佑主持。地球物理由傅承义学生刘光鼎兼(在北京地质学院),地貌由任美锷、杨怀仁等,海洋物理仍由毛汉礼。其余尤芳湖、任允武、管秉贤三人不久也可升为副研。至于动物两室初由张尔玉,海洋植物由曾呈奎领导。全所研究问题 72 个,其中甲类应用 57,乙类理论 15。船只"金星"、"水星"、"海燕"(即从前"水星")、"海鹰"、"海鸥"和"珊瑚"(在南海)六只,其中星字级排水量有 1000 T 左右,海字级较小。六只船共吨位 5876 T,有船员 130 人,维持费年 110 万元。"金星"每小时能行 14 浬,要用重柴油 0.8 T。船长姓戴,近来专做海洋物理。"水星"做海剖面工作,原为气象一号做海洋剖面测量,与海军部合作各出一船。海军有刘好治、刘恩兰、李守训等人。所中有一个修配厂在莱阳路,工人 35 人,有六台车床、一台铣床、刨床。三年来主要工作: 1)海洋普查,已出报告有十一方面,多为生物,困难在于新种、新属定名困难(可派人至 Naples,因该所有很〔好〕图书馆),但水文物理有材料甚多,要保密不能出版(回去和武衡、韩光一谈); 2)海带, 58 年起做遗传工作, 60 年选出二个优良品种海青 1 与 2 号,可以在 13°以上温度正常生长,全国今年可产五 T, @70 ¢ ,近年量增而质差; 3)紫菜,人工养殖方法已搞出, 60 年后曾一度停顿,全国年产只 6000 T。而日本十万 T,蛋白质优良,为日本人工养殖的二大宗收入之一,每年可五千万至一亿元美金出口,另一大宗是珍珠贝。海洋所存在问题:海洋〔所〕每年可出七十篇论文,其中有若干登《海洋湖沼学报》,如毛汉礼著四万字长的海洋调查报告,部分登在《海洋科学集刊》,今年已出三期。另出书刊(见前)十一种 monograph,包括软体动物、海藻、潮汐预报与海洋调查(渤海)。水文物理等保密工作不能出版,已有五六百幅图,五六十万字如何处理?基建问题,原定全所五万六千方。60 年要造一万多方,欲行又止。1964 年希望能拨给一二万方,夏光韦与谢秘书长已应允。辅助人员海洋所只占研究人员 50%,应加至 70%,但编制有限如何办。各研究室是否要派行政副主任,标本用 alcohol 只 50%,非燃品,但火车不准带等等。

六点至太平角体育馆旁看地皮,共六十亩四万方,临第一浴场东端。晚和冯太太等打麻将四圈。十点睡。

8 月 16 日　星期五　青岛　晨阴, St StCu ACu 10,有时雨几点, 25°,室内 81°F, 风力 1 级, SW, 746 mm。十点海水温度 24.5°。

婉芳、飞飞乘中兴轮赴上海转宁波。

晨五点半起。上午八点三刻〔军事〕医学科学院副院长蔡翘夫妇来,知贺诚已辞去〔军事〕医学科学院院长职务。关于 Polio 小儿麻痹症后果,他认为肌肉不发达由于少数指导肌肉动作的若干神经细胞死去了，因此肌肉不能动作而退化，要教育其他神经细胞能兼顾此项肌肉细胞。我曾要松松学自由式游泳，希望腿的动作能对于她的神经细胞起作〔用〕。又关于昨日我下水后血压骤高，他说这是由于初入水血管骤变紧小，所以血压骤高，但运动若干时后血管已惯常所以又恢复云。九点半至第二游泳场，今日为婉芳最后一次游泳，我们拍了不少照片。十二点回。下午三点婉芳和飞飞出发赴大港坐中兴轮去上海，同轮有广州化学所鄞云鹤同志。松松、沈文雄、冯嘉元统去送行至码头。四点多海洋学院杨有樑来谈一小时，知其今晚去北京参加十九〔日〕开始的物理学会。谈到他在浙大是1936年，和张绍忠、王淦昌同年去的，时王在山大，而张在南开，以后他到湄潭，最后三年在永兴。云李政道时在永兴为一年学生，颇为束星北所赏识。李在浙大一年后去联大，据云李系苏州人。他说孙沩（建德时我们房东）现在上海华东师大教物理，云邹国兴他也教过。晚写农业与气候文。

8月17日　星期六　青岛　晨阴，ASt ACu StCu 10，北风，风力1。六点24.6°，室内79°F。早晨山蝉到25°已叫，单声蝉到26°有阳光才叫。下午晴，晚窗口78°F，上午阴。

上午至金星轮。晚董振钧、姚再镐来。

晨五点半起。上午十点和松松、沈文雄、冯太太及冯嘉元、梁树权、杨克富等乘〔车〕至青岛大港码头上"金星"轮，则曾呈奎、张尔玉二所长已先在。上轮后由代理船长Cap.朱（金山人）和机轮刘君招待。据云"金星"原系美国的Coaster，于1918年建造，排水1400吨，载〔重〕835 T，二次大战改为拖轮，胜利后由UNRRA善后总署拨归中国，解放后归交通部，曾赴东北拖木头至上海。1956年我曾与章伯钧（时为交通部长）商为海洋所要船，结果把船改建拨交海洋所，从57到今已六年，船长戴近请假中。船用重柴油机器1000匹马力，每小时约0.8吨，24 h不停用16吨，可装240 T油，所以能在海上继续航行15天，能在7—8级大风中行驶云。次看了船上仪器，有回声测探器至二千米，有定向器、雾中Radar航驶器，均系我上次来"金星"时所已见过的。船比较干净，虽建造已45年而机器如新，闻新造三千吨的"756号"于明年上海造船厂可以造好云。十二点在船上中餐，用宁波菜，据说水手多宁波人故。"金星"、"水星"均须在外航行十天后须回上海或青岛加油，国〔产〕柴油东北生产甚多，供过于求，所以上海、大连各炼油厂均极忙碌，而油筒又不足。二点回。天霁。松松等〔至〕第一游泳场游泳，我写《农业与气候》文。至五点与周子竞及周夔至中山公园一走。今年中山公园桃子已过时，市上也少见桃子，大概今年为桃子小年。六点回。晚膳后兰州董振钧和武功生土所姚再镐来。据董云，罗布麻近略有进展，由陕西省设立厂做麻棉混纺，目前麻棉各半，因棉去年只1500万担,所〔以〕3/4棉厂机器停工,急于要各种纺织材料云。晚继续写文。

8月18日　星期日　〔青岛〕　晨晴, Ci,六点22°,室内79°F, N,风力1—2级, 748 mm。晚七点户外25°,室内80°F,晴。

晨五点半起。今日天气佳良又值星期天,八点多出发至湛山二路十五号内10楼看军事医学科学院蔡翘,适遇其夫人将外出,遂与蔡谈一刻钟。据云该院现有六个研究室,外科室由沈克非主持,在上海尚未成立为所云。至湛山二路五号晤赵九章。他与周亚卫夫妇同住五号,系一平房,近第三游泳场。谈及海洋所,他不赞〔同〕尤芳湖搞水声,认以为潮与浪更重要,水声已有电子所汪德昭进行,做重复工作不经济,关于此点我也赞同。同时他极反对成立海洋局,已向范长江提十点理由。我则以为海洋局的目标先要弄清楚,如单为海上气象预报那万不必设立。但我国沿海一万一千公里,将来要发展远洋航海、商船航行等工作。五月一日"跃进号"在朝鲜海峡触礁沉没,海洋知识太欠缺是一原因。如海洋局目的是在指导一切关于海洋问题,则设立亦是需要。不过目前〔无人〕能担任工作,所以先得培养人才然后再设局。十点回至第二游泳场游泳,至十二点回。前星期五忘掉一肥皂盒子,今日询游泳场管事老张得以取回。下午继续写气候因素与稻米、小麦产量。四点多,海洋所张兆瑾来。张原在长春地质所,黑龙江资源考察他也参加,后与领队者不协退出,于两年前长春地质所海洋地质部分合并至海洋所后来此。据云海洋地质室已有五十多大学生,不可谓少矣,约明日下午去看。五点多至十五号晤黄鸣龙王晓麟夫妇,据云黄夫妇于1954—55初回时,在上海无热气过冬,颇以为苦,因之二人均患气喘、风湿之症云云。六点回。

余观测各种蝉鸣。今晨山蝉到24°即鸣,单声蝉25°,双声蝉到27°,日已很高始鸣。但晚间山蝉早无声息,到日落西山后,余二种仍鸣。单声蝉时至25°将黑始息,双声蝉到24°已入黄昏始息。

8月19日　星期一　〔青岛〕　晨晴昙, Ci CiSt 6。五点半24°,室内79°F,风力静止, 749 mm。下午阴,晚三点下阵雨。

晨五点半起。今日将《中国气候与稻麦产量的关系》写毕,共六千字,其中尚有许多数目字要待回北京后才能补充填入。九点半乘车至太平角第三游泳场,子竞与周夔父子、冯太太嘉元母子亦同往。第三游泳场在第一、二游泳场之东,沙多无小石子,优于第二游泳场,系海军等游泳场所。因黄鸣龙之二兄鸣珠在上海军医学校做事,我们由他介绍得以入内。鸣珠抗战前在杭州医学院。据云抗战前其六弟鸣皋结婚,曾要我在杭州证婚,事隔二十多年,我早已忘了。据云鸣皋今尚在浙江水利局为工程师云。第三游泳场海底极平，今日上午又逢退潮，所以需涉水半里始能游泳，石堤亦高而铁网完全高矗立在空中。遇赵九章、尤芳湖、管秉贤和毛汉礼等，九章已能游200—300米云。

下午睡一小时。三点至莱阳路25号海洋所海洋地质室，现由张兆瑾主持，据云该室现有70多人，只张一人为研究员，无副研究员，三个〈研实员〉〔助研〕，大学毕业生五十人，分为沉积组、地貌组和构造组。先与张兆瑾谈，据云他意要以沉积为重点，但张文佑则要做构造工作，我问将来方向是否建立海洋地质所。郭志坚所〔长〕极主张建所，以为要了解中国沿海地质有此需要，但地质所也能做此工作。与张谈一小时，不得要领。以后由地貌组蔡爱知报告黄河泥沙进退。据云在辽河、黄河口一带均有广数百尺、高数十公尺的贝壳堤。此等贝壳堤是在没有沉淀而海浪剥蚀的时候才能成功的，现在已在内地，如辽河口贝壳堤以外已成一个大三角洲，这贝壳堤据今去两年工作是黄河由江苏入海时所成。在宋代到咸丰约十一世纪到十九世纪中800多年时期，长江口行轮的北线逐渐淤塞，长江北岸将与崇明岛相合，而南岸冲刷，这是由于黄河泥沙涌来之故。另一问题是海南岛珊瑚礁之深只10米，而且在衰退中，因此区海水温度冬天在22°左右，适在珊瑚岛能长之线上。可能在六千年前温度较高，珊瑚岛比目前更形发达。次构造组范时清谈辽河、长江、珠江口外均有溺谷至二三十米深，可能是冰川时期海平面低落时所成，曾在庙岛一带做爆破地震无结果云。山东半岛与辽东半岛有一线相连，为一断层线，云江苏沿海板沙很多云云。在海洋地质组并匆匆参观了海底照相、重力仪、光谱测矿物仪及温差定粘土仪等。

8月20日　星期二　青岛　晨晴昙，FrSt SE，ACu NNW，云量3—4，户外23.1°，室内80°F，风力1，Variable，748 mm，十一点海水温度24°。今天山蝉21°已鸣，到26°单声、双声均鸣。

下午至海洋物理室。

晨五点半起。今日风力较大，海上波浪汹涌，但尚未生白浪。九点半至第二游泳场，来者极少，十二点回。下午三点廿分到海洋所莱阳路二十五号海洋物理室，由毛汉礼、尤芳湖、任允武、管秉贤等及书记林君报告物理组状况。据云，本室人员七十余人，与地质、地貌、海洋生物、无脊椎动物组人数相等，分为海洋调查（毛汉礼）、波浪（管秉贤）、潮汐（任允武）及水声（尤芳湖）与仪器等组。第一问题是出版和保密问题，1959—60年海军部主持的沿海普查工作已出版了十多本刊物，如潮汐、海底地形等，但作为绝密材料，作研究工作不能引用书中数字。该次测量花两年时间，费近千万，但只是出数本刊物，无人阅读，又有何用处。如黄海北部有一个冷水团，这一个事实作为绝密材料不能发表。山东省政府某机关曾告发海洋所失密一百数十处,均载在《海洋湖沼学报》与本所刊物。以后曾把尤芳湖关于潮汐,范时清关于地貌等四篇文字重印,交与各方(如汪德昭、汪志华等人提意见,汪亦认为冷水团应保密)。现在调查工作有四十万字无法付印,只油印了几份,因此许多地方来所,费几个月来抄写(如南海所)。我告以综考会情况,科委有意把保密也能印刷,使领导同志也能看到(关于海流、海底地形在28°以北,台湾海峡以南124°E以西的地段也应在国家大地图集中有地位,可以作为机密活页本出版)。谈到海流、黑潮只对东海南部有影响,其水不入台湾海峡,向四国九州以东移动,所以对中国沿海影响不大。亲潮则到北海道以北为止,不入黄、渤海。以为我们今年海水冷由〔于〕冬天气温低(要查今冬华北气温差)。谈至五点,参观了仪器室后又至汇泉角水声室的办公室。该屋临海,原系青岛市政府拨给苏联专家居住,因苏联方面毁约未来,所以该屋作水声与实验生物生理部门之用。水声有Sonar仪器,也做散光实验和爆炸实验。总之水声尚在初步建设中,波浪也未有新的工作。六点回。晚和冯太太等麻将四圈。九点曾呈奎来看周老子竞。十点睡。

8月21日　星期三　〔青岛〕　晨晴,五点半21°,室内79°F, NW,风力1—2级, ACu St 1, 750 mm。下午阴, St 10,户外81°F,室内同。下午天阴,所有蝉统停止鸣,外间27°。晚雨。

下午叶渚沛来,未值。

晨五点半起。上午九点半和冯德培太太、嘉元、周子竞父子及黄鸣龙夫妇、松松和沈文雄至第二游泳场,今日天佳但稍有浪,所以近岸水仍浊。十二点回。据黄鸣龙太太云,渠家与张钰哲、冯德培均为亲家,鸣龙二子娶钰哲女儿Anna,而鸣龙女则嫁德培长子,嘉元为其幼子云。今日得婉芳自上海18日来函,知其上中兴轮后,以上舱同轮的酆云鹤房子有空铺,所以搬至上舱,既宽畅〈所〉〔且〕门向外。晚间下舱的人嫌闷均不能睡,至上舱甲板上,至次日十七下午海上又遇大雷雨云。

下午三点至莱阳路21号海洋所实验生物室。娄康后今晚去广东要预备论文,由其妻吴尚勤及同组刘君介绍情况,副所长孙自平和计划室赵汝英(♀)也来。据吴,现该室有30多〔人〕,分为三个组即生态组、生理组和胚胎组。生态组由刘君主持,现集中力量搞船的附属物藤壶等这一严重问题。这类动物(也有植物)附着于船的底部,二三个月的时间即可在木底或铁壳底长三四英寸厚,如"金星号"每小时本可行14浬/h,减至8浬/h。过去多用铜汞药,既贵而效能小,后与上海有机所、大连油漆厂合作,制成一种有机锡药品,需量甚小,而加入漆上,可以阻止附属物生长。附属物中以藤壶为最普通,只能活四五个月,到十月十一月就要死,因其不耐寒。我四十年前在普陀岛上花岗岩上见藤壶为数甚多,附着于岩上,至今犹忆及之,在幼虫时期能浮游时附于岩上云。次谈及胚胎组主要工作,在做金鱼卵细胞中将核取出放另一鱼细胞生出小鱼,有两种母鱼的形态。如细胞核鱼原为单尾,而另一细胞鱼来自龙眼,小鱼可以单尾而龙眼,从此可以〔知〕细胞质也能遗传云云。四点半回(生理组在汇泉做神经生理,未去看)。(蛋细胞中取细胞核用65倍显微镜即可做云。)

晚约海洋学院气象水文系教授黄彬华(原名华文)来,因毛汉礼等以为今年海水比往年冷(2°),以为是去冬大陆冷,但北京比往年热。黄也以为青岛近来冬季短,去冬亦然,他不相信黄海冷水团能阻止亲潮流入,以为青岛从二三月起有雾直至八月初,往年至八月三,今年八月十日,由于亲潮云。

8月22日　星期四　〔青岛〕　晨阴,潮湿,户外23.1°,室内78°F, St StCu 10,风力NW 1, 750 mm。上午有阵雨,下午房中79°F,有阵雨。

晨五点半起。六点半早餐。今日提〔前〕一小时,因要乘车赴李村,由朱司机开车前往,李村系去崂山、北九水路上,往年均在此过路而已,今日以此为目的地。七点十分出发,七点四十分即到。先至青岛郊区人民公社,由社中同人指定至杨克庄(?)大队看酒花Hop,主要人民大队,由王社长作了介绍,说全社一万一千人,8000亩地,有劳动力四千多,分为十一个大队。杨克庄大队约一千人口,去年全社生700多小孩,死者三百多人,所以人口增长为年3.5%左右。最后由大队队长介绍情况,说酒花解放以前种得甚少,全靠进口。李村于1952年开始种74亩,53年180亩,54年又加至三百多亩。啤酒厂以每斤六角收购,并每斤酒花给粮一斤。每亩地可产酒花四五百斤,今年加肥多可产六百斤,大队不给公粮,去年也无公积金,每劳力可得平均150元。采花在春季与秋季,春季始于清明,秋季目前开始。每采30斤给六角,一人一天可采120斤,即得2.40¢。采花多系年青、年壮女社员,因此工作与采茶相似。酒花系把根裁去插种,老根可活至数十年。次至加工厂。酒花到厂后去杂草,用煤炉热气熏至50°—60°熏干。五斤熏至一斤,然后回潮用机器压成饼。每饼27公斤,然后包装送酒厂。闻全国需30 T一年,每公斤价二三十元。各省如上海崇明均有种,惟云南、贵州尚乏此,但面积均数百亩,亩产以山东为高云。次看了苹果园,由王场长作介绍。据〔云〕有地二千多亩,大部为山地,种有金帅、红星、红玉、印度、国光等。每年可出四百多万斤,每亩约十四株,山上亩株数较多,每株可产三百斤左右。90%种苹果,此外尚有桃、梨等。今年天冷,所以迄今尚未能出售。三年前我们来此,时尚归附近农业科学研究所所有,而现在场地似已扩充。

下午四点和周子竞至中山路新新公寓(华侨饭店)晤叶渚沛,他说他的粮食一文已由聂春荣交人去翻译,并说他对于中国产肥料的估计已得化工部彭涛等的重视云。晚间孙自平所长和电子所在青岛所设的水声站王站长来。据云工作重点在于噪声,也有三十多人,从河北省分院合并至电子所而来。此站似应与海洋物理水声组合并。打麻将至 $10^h50'$PM。

8月23日　星期五　青岛　晨晴昙, ACu 3,六点 20.5°,室内 76°F, NW,风力 1—2 级, 751 mm。

晨五点半起。上午天阴未下水。阅 John Russell *World Population and World Supplies*。十点多和周子竞、周夔、冯太太、冯嘉元、沈文雄及松松至中山公园,见 Cosmos 在园中开得很好,我在乌鲁木齐曾看到这类花在招待所盛开。十二点回。下午二点半天仍阴,和松松、黄鸣龙夫妇去第二游泳场,在场上遇到张有萱与吕正操。天仍阴,四点回。晚膳后黄鸣龙夫妇来谈,我们以啤酒、新煮花生(长生果)招待,并约大司务蒋、小明、慧云,司机蒋、朱等五人同饮。至八点半又打麻将四圈。十点半睡。

《老残游记》:《老残游记》二十回,镇江刘鹗(铁云)著,初发表于《绣像小说》月刊,时在 1903 年庚子八国联军入北京,刘鹗得太仓储粟赈北京饥民。1908 年清廷以私售仓粟流〔放〕新疆,病死于迪化(乌鲁木齐)(1909)。今日所购系 1963 年北京人民文学社出版,陈翔鹤校、戴鸿森注本。其第二回"历山山下古亭遗踪,明湖湖边美人绝调"中谈到济南大明湖与趵突泉,说大明湖历下亭子上悬了一幅对联"历下此亭古,济南名士多",上写杜工部句,下写道州何绍基书。本月廿五我们游大明湖时到历下亭,系用帚子大门上写历下亭,两边对联是照杜工部诗《陪李北海晏历下亭》,原句"海右此亭古,济南名士多",不具杜工部和何绍基名。书中也谈到铁公寺、千佛山,第三回谈游趵突泉。说大池之中有四五亩地阔宽,两头均通溪河。池子正中三股大泉,翻上水面有二三尺高。据土人云当年冒起有五六尺高,不知怎样就矮下去了。这次我们去,池不过一亩大,水高约二尺,仍旧是三股水。吕祖殿变了展览馆,展览剪纸。又说趵突泉向东……有个二丈见方方池就是金线泉,有条金线,仿佛游丝一样在水面上摇动,以为是两股泉水挤出一条线来。

8月24日　星期六　〔青岛—济南〕　晨晴佳,五点半 20.6°,室内 74°,海上有低雾, 751 mm, NW,风力 1 级。24°山蝉鸣, 24.6°单声蝉鸣,到 26°双声蝉开始鸣。下午三点室内 81°F,晴昙, ACu ASt FrCu 3,十一点海水 24°。晚八点下雨,直至十点半不止。

晨五点半起。作太极拳 20 分钟,到青岛大概 2/3 时间早晨做了太极拳,其余因雨或天热未做。今日天晴朗而风小,八点半和周、冯两家乘车去青岛市中山路美术工艺社。冯太太购了贝壳的烟灰盒等以送人。回途在栖霞路停数分钟接黄鸣龙夫妇往第二游泳场。今日海上风平浪静,确是可爱,遇出版社陈一霆、科委张有萱。今日游二次,共约500米。

下午三点多,冯德培太太和次子冯嘉元赴大港乘"民主五号"轮回上海。嘉元学哲学,毕业后在上海医学院教课,今年24,人木讷不甚谈吐,近患肝炎、神经质高血压,前天在海上入水前130 mm,入水后加至170 mm。松与之不相识,但相处一星期后便成莫逆,几乎形影不离,可怪也。下午冯太太和嘉元赴大港乘轮回上海,沈文雄、松松、黄鸣龙太太坐老爷车Station wagon送行。我和子竞在楼下大门边凉棚下谈天几两小时,送行人始回,知大车在港口因轮胎无气抛锚,待Warsaw车去接始回,因此耽搁了时间云。

晚膳后和松松至栖霞路廿一号看曾呈奎夫妇,坐片刻,渠等方从办公室回。尚未晚膳,所以即出。回十二号,阅毛主席词。九点左右尤芳湖、张兆瑾、孙自平、曾呈奎、郭志坚三副所长、毛汉礼等均来送行。九点三刻别子竞父子、杨克富所长等,乘车至车站。我坐软席,松松和沈文雄坐硬席,出发赴济南。北京青岛不通车已数日,因石家庄附近大水,京汉路不通,所以从广州或重庆去北京的人原乘京汉路入京者均要绕道津浦,因之青岛北京车暂时停开。我们不知道何日可通,所以在济南改坐飞机。济京飞机票价30元,比火车软席27元只差三元而已。$10^{h}30'$别曾呈奎所长等,车即开。我同房一王姓军官并带五岁男孩一人。天雨不止。

8月25日　星期日　从济南回北京　晨济南晴昙,室内70°F,上午晴。下午北京晴,30°。

晨五点即起,见天色已霁,知今天到济南有飞北京希望。七点五十二车抵济南站,误点13分钟,即有山东省交际处招待所萧君在站相接。乘招待所汽车和松松、沈文雄赴纬五路的招待所。此屋已老,据萧君系前日本领事馆云。我们上楼在04和08号房间休息梳洗,并吃青岛蒋厨子所做蛋糕作早点。八点多又和萧君赴济南市,因知上海飞机要八点多才从上海出发经合肥停后才来济南,预期到济南机场总要在十一点半,所以可以游济南城二三小时。萧君山东人,对情况极熟,据云济南人口已102万,以商埠纬四路和城内大街较为热闹。著名名胜大明湖和趵突泉均在旧城内,城墙大部已拆去。我们先至大明湖旁的珍珠泉,有大珍珠泉小珍珠泉之别,系从前军阀韩复榘寓所,现作招待所。次至大明湖。我于1949年夏曾来此,以后和Ковда柯夫达到济南时到了趵突泉,似未到此。今日值星期,风和日丽,游人乘小舟荡湖不少,我们坐了方舟船先至历下亭,亭前有杜甫诗句"海右此亭古,济南名士多"。犹忆1922年陶知行发起教育改进社在济南开会,我和柳翼谋、白眉初参加并游大明湖、曲阜等名胜。当时柳老戏作小说章回说"白教授明湖失足,竺博士牛后谈天"。时隔四十年,白、柳二君已先后谢世多年矣。从历下亭又放舟至铁公寺,系纪念铁铉,嘉其拒燕王称兵也。由此走至北极阁乘车赴趵突泉。大明湖中红荷、白荷尚在盛开,闻湖中产鱼、藕和蒲菜。趵突泉水清流急,据云每秒出一吨水,温度18°,冬夏不变。如以年均为12°气温,则其深度当在360 m。此外有金线泉,系两股温度不同水混合而成,有一线来往波动着。在李清照纪念馆有漱玉泉,大明湖趵突泉均有郭老墨迹。十点回寓招待所。十点半别交际处萧君至机场。十二点机312号从合肥来,中膳后一点上机,下午二点一刻到北京,即有允敏、司机张及小石在〔机〕场相接。三点半回。晚和彬彬、松松至政协屋顶上看游艺。

8月26日　星期一　晨八点25°, St 10, 748 mm。

晨六点起。六点半听广播。九点至院。阅来往信件若干封。今晨尹赞勋和孙云铸等出发赴莫斯科转巴黎开国际石炭纪地层会议,将有一个半月的勾留。和谢秘书长谈,知明日将开扩大院务会议,讨论授与印度尼西亚共产党领袖艾地以名誉学部委员称号。当时周总理提以院士名义,但我院无院士,若为外国人而特立院士衔亦不便,也有人主张用名誉研究员。李副院长主张用科学院成员名义。经大家商量认为用名誉院士较为妥当,下午开学部委员会来讨论此事。和裴副院长谈,亦谈及此事。这是一桩创举,但从此次会议想到学部委员从1960年四月在上海开会后迄未举行,照例应每年举行,而现已三年,而且学部委员有出缺的,若干课目如海洋竟无一人,应行补选。裴副院长说郭老也主张明年应开学部委员会云。关于海洋所,我主张应由学部讨论海洋所将来是否一个所或二个或三个所的问题。十一点至王府井大街新华书店。十二点回。这次去青岛的总账已由沈秘书算出,计共用359元,而彬彬、松松和婉芳等三人去青岛票八十元以及我随身带卅元、松松随身带10元均不在内,合共约460之数,而我的来往旅费尚是公家所出,这笔账可称不小了。

下午未外出,阅出外期间的报刊和参考资料,《光明日报》载湖南兴化县荥溪人民公社吴浩明,今年54岁,从小住麻水塘,因常有洪水所以养成看天习惯。1921年又发生旱灾饿死许多人,就天天记载天气情况,四十二年如一日,这些日记还很好保存着。解放以后吴浩明的知识对于农时预告很起了作用,60年他被邀参加专区和省气象会议,他的日记除天气外也记了丰收、歉收等。

晚和允敏和松松等徒步赴北兵马司街13号钱乙藜家。他们夫妇方从广东从化养病回,据云乙藜病已痊而沈性元则仍常患感冒云。

8月27日　星期二　晨23.1°,室内81°F,晴, 747 mm。

第七次院务会议,并请在京学部委员参加通过赠艾地名誉学部委员。

晨六点起,因天气闷热未做体操。八点吴副院长来谈一刻钟。九点至人民大会堂河北厅参加科学院第七次院务会议,并请了在京的学部委员讨论科学院赠给名誉学部委员,并赠与印度尼西亚共产党领袖艾地以名誉学部委员名称。到者六十余人为学部委员,再加院务常委,约一百二十人左右。郭院长主席,读了印好的说明,张劲夫做了说明,关于名称问题,最初有主张给以院士名称,后以院士系新创名称不甚合适,而学部委员自1955年选出后已有8年历史,在外国也已译成Academician,所以不必再称院士。郭院长并提出前中央研究院已有院士之称,不便再用。李副院长赞成英文名称为Honorary Member of Academia Sinica。李约瑟已用了Foreign Member of A. S. 。拥护赠与艾地以名誉学部委员名称者有:于光远、周培源、吴晗、鲍尔汉、张稼夫、侯外庐、冯友兰、张锡钧等。张锡钧提到李约瑟时说,李对于国民党颇有留恋,在其工作室内中国图上插有一面国民党五色旗(按此事已得驻英代办处注意,并已告知李本人)。最后一致通过院设立名誉学部委员和赠给艾地以名誉学部委员。张副院〔长〕并说明科学院三年未开学部会议,明年应开一次学部会议,并应增聘学部委员。裴副院长说院中曾有赠给李约瑟以名誉学部委员之意。会上我有提了意见,认为赠与第一个名誉学部委员从社会学部开始是合适的,因为我国马列主义水平之高是举世无双的,并说科学院授予荣誉虽是学部组织规〔程〕第三条第七项,但学部尚是第一次审议这一赠与,而院也是第一次决议。十一点半散。

下午三点至院。看7/6—7/18中苏两党代表在莫斯科会议记录文件,计开九次会议,记录四本三百多页,估计约18万字。讨论时系两方各说各的,一边说完后一边再提反驳意见。苏方队长为苏斯洛夫,我方邓小平。苏方首先提出六点意见,即:(1)世界共产党共同目标,以宣言和声明为准则;(2)经济原则,成功与否视乎能否超越资本主义在经济方面;(3)主要矛盾是社会主义与资本主义;(4)亚非拉丁美洲的革命不是主要重点;(5)列宁所说的和平共处原则;(6)南斯拉夫不是如中国所说的资本主义国家。

晚七点和沈文雄、松松至北京体育馆游泳。

8月28日　星期三　晨六点半23.1°,室内79°F, 747 mm,晴,风力1。下午晴昙。

晨六点起。到北京前以为北京不比青岛热,但今年北京有秋老虎,不但日间而且夜晚也是很热。今日上午九点起下午三点起在院中看文件“中苏莫斯科会谈”,今日看了七月十日、十二日即第四、五次的会谈。第四次由苏斯洛夫发言,而五次由邓小平发言。苏方提出莫斯科宣言与声明是以苏共二十次代表大会的议决为底子的,其中批评了斯大林个人迷信和奠定和平相处的路线。我方反对以和平共处、和平竞争、和平过渡为国际共产主义的总路线，不能赞成苏美合作来解决世界问题，并责问苏联以支援国际经费 1/4 支援印度。苏方提出 1956 年二十大以后我方最初各领导均曾赞同批评个人迷信，何以 58 年以后又不赞同，并责我方负恩背义，说曾经在许多方面支援我们。六点至工人体育馆游泳。晚作函数通。

寄士樵、钱坤珊(厚载)、方俊、王芸生函

8 月 29 日　星期四　晨阴，St 10，25.6°，室内 82°F，746 mm。晚起风，83°F，阴。

晨六点起。昨晚与今晨仍热，八点起下雨，但至十点即止。九点至院。阅中苏莫斯科会谈文至十一点。下午从三点至五点半把九次会议记录花二天半时间看了一遍。九次会议，第一、三次是苏斯洛夫报告，第二、四是邓小平报告，第五次苏共中央书记波诺马廖夫，第七次是中央书记安德罗波夫，第六次是我方彭真，第八次是康生。第九次为结束会议，大家谈公报如何印发及下次会谈事。谈时一方阐述不作讨论，因此我们所提问题苏方往往避而不谈，如关于分歧从何而起，战争根源是什么，是否依靠美苏合作能得胜利。相反地，苏联提出世界大势决定因素是世界社会主义因素，不是亚非拉丁美地区的反殖民运动，又说列宁主张不同社会制度的和平共处，以为进行和平经济竞争是惟一取胜道路，批评我们说新的世界战争是不可避免的，称这政策是冒险主义、民族主义。我们讲话中一一予以答复。上午十一点至和平宾馆理发。下午至新华书店换上午所购《官场现形记》和《二十年目睹之怪现状》(我佛山人吴趼人)及刘鹗(铁云)的《老残游记》。

8 月 30 日　星期五　晨微雨后地潮。六点 23.1°，室内 80°F，ACu FrSt 10，746 mm。日中晴。

晨六点起。八点半至院。九点至中关村生物大楼地理所晤宛敏渭，因《物候学》已出版，此书系作知识丛书，在科普出版社出版，印数 23,400 本，字数 46,000。稿费 588 元，二人平分为 294，再加制图费五十元。书中图太小看不清楚，而且有数处有错误。和黄秉维所长谈，他在北戴河休假二十天，我询以植物利用太阳辐射最多的实例。他说美国曾举一个例，说玉米能利用太阳辐射到 15%，但未举出处。我认为此数是太大了。阅丹麦地理学报，其中有 Niels Nielesen 即地理所所长一篇文章，说丹麦地理所要想成立多年，常以苦无立足之地，经三四十年的奋斗，才在第二次大战后得到 1550 m^2 的空间，但我们地理所得到 20,000 m^2 尚嫌不够。

中午赵锡华司机爱人来，知赵又第三次进了北大医院，他于六月间我去桂林时进院，初疑是肝炎或胆囊结石，但又有恶性肝癌嫌疑。医院要开刀诊视，他不允，出院发高烧后又进院，略好又出院，所以北大医院认为他不能和医院合作。我最初认为开刀验视也好，但也不便作主。今日他爱人来，说希望转肿瘤医院。我于二点至北大医院二部，则尚未上班。三点参加抗议吴庭艳、美帝在南越反佛教暴行大会后，又至北大医院十一楼外科部门，则赵的爱人与沈文雄已先在。我至时，赵锡华坐在床上，他虽能走动但清瘦，据云胃口不好。我至医务处，则外科主任钟大夫不在，由一个石大夫谈。据说曾抽小部肝来验视，无肝炎征象，验视抽出肝部二次均如此，亦看不出是 Carcinoma，仍可能是恶性癌。我认为恶性癌的成分很大，主张迅速开刀诊视，对于转肿瘤医院，他认为本院有治癌设备，可以不必云。

二点三刻至人大参加保卫世界和平委员会、亚非团结委员会、佛教协会、妇联、青联、文联、科协等十三团体举行的支持南越人民反美、吴大会，郭老主席，廖承志、巨赞、学生代表潘丽华、南越代表阮氏萍讲了话。六点至工人体育馆游泳。

8月31日　星期六　六点25°，室内81°F，阴昙，FrSt ACu 8，744 mm。上午微雨。

竺伯铭（士樵第三子）来。

晨六点起。上午九点至北大医院，欲觅牙医王洁泉诊视，询看护知王医病胃已一个月未到院。我因右边下臼牙在青岛时曾由戴医临时修补，欲在京更做永久的修补，所以认为可以等待，所以允一星期后再去。十点至院。十点半回。和允敏及松松至政协礼堂中膳。膳后回。二点半士樵第三子伯铭来，他今年25岁，已在浙大机械〔系〕毕业，分发到北京，由市政府分发。据云浙大本届毕业生1800中有400人分发到北京，其中二百多人到机一、机二、机三、机四部，而一百多人到市委。市委有今年大学毕业生四千多人，到九月初才能分定到某一机关云。浙大机械系教授无一是解放前老教授，惟一的老教授王仁东已转至浙大化工系教机械。伯铭专门是机械制造，现住在永安门外一旅馆中。伯铭的大哥在山东青岛附近军队中服务（少尉衔），二哥在安徽邮局，大妹在学校考高中，二妹残废（软骨病双腿不能走），小妹在中学。另一弟弟系贵州庶母出，已回贵州，每月须寄廿元赡养，所以士樵的负担亦重云。他此来于廿四到京，见津浦路上德州至天津一段有大水，水面已近铁轨，至廿六日北京上海车断。（士楷从庐山回，于廿五回唐山，从南京宁宁来函始知之。）伯铭来时，我适要去文华殿看曹雪芹逝世百周纪念大会展览，所以约他同去。文华殿布置了六个展览室，从曹雪芹生世、生平事迹、时代背景、著作时代生活至石头记版本，国文翻译至电影等等。参观人颇拥挤，以少壮者为多，尤以女青年为多。四点多回。约伯铭在寓晚膳。膳后允敏又至文联大楼看昆曲出演，我和彬彬（膳后回）、张俊秀、吴太太及媳妇至政协礼堂看 Argentine 片《隐蔽的天堂》，述在墨西哥一个湖区旁的鸟兽生活情况，并约沈文雄、松松（下午回校开会）

在影园相会同看影戏。十点回。时雨已早停,有月光。

9月1日 星期日 晨阴,六点28.6°,室内76° F, St StCu ASt 10, St S, 745 mm, 风力1。

晨六点起。上午改写《我国稻麦产量与气候的关系》关于日光辐射部分。中国日光辐射年总量在西部是从南向北减少,而在东部则长江流域和华南反而少于黄河流域,最少乃在四川盆地。这是一个非常特异的形态,因一般太阳辐射是从低纬度向高纬度而减少的。今日清晨听广播电台广播《中国政府发言人声明》,是评苏联政府8月21日的声明,驳斥苏联领导人散布所谓中国要使人类死掉一半的谎言,苏联领导人迷信核武器,一笔抹杀各国人民反帝斗争。嘲笑苏联领导人围着核武器转,唯恐旁人拿去,唯恐旁人也有。引《庄子·秋水篇》中"惠子相梁,庄子往见之"一段中,庄子曰:"南方有鸟,其曰宛雏,子知之乎?夫宛雏发于南海,而飞于北海,非梧桐不止,非练实不食,非醴泉不饮。于是鸱得腐鼠,宛雏过之,仰而视之曰:'嚇,今子欲以子之梁国而嚇我邪?'"以喻以小人之心度君子之腹。

下午松松因科技大学开学回校,彬彬亦至所,沈文雄在寓中膳后亦去。三点我至长安大戏园购今晚《晴雯》票,并至王府井取照片与修理的照相机,又至朝阳门大街美术馆看天津泥人张展览,看者人极拥挤,大部为年青农工子弟。泥人张从十九世纪中叶起,已五代相传云。四点回。士俊来。据〔云〕蚕丝虽江浙比去年略好,但无起色,远落后于解放前。我问其原因,则以养蚕为一种个体妇女手工业,公社制,个人不能养蚕,同时茧价太低。丝价虽昂,但中国一担茧只抵一担丝的20%—30%,而日本则可抵60%—70%云,但也不能提高,因农民手中钱多,则供应物资即感不足。谈到家务,知其第三子竺西已考取清华技术物理系,长子竺碚在北大力学系四年级,次竺平在工业管理学校,四子在河北中学高中。

晚七点和黄宗甄到长安戏园看《晴雯》,系北昆剧团演出。据黄云,他系瑞安人,和伍献文同县,苏步青平阳,姜立夫〔平阳〕,谷超豪永嘉。

9月2日 星期一 晨六点18.4°,室内74°F, 746 mm。下午晴。

晨六点起。改写《我国稻麦产量与气候的关系》,前已发现Dudley Stamp著*Land for Tomorrow*书中数字之不可靠,近又找出John Russell书中的数字陈旧要更改。前已托戴松恩代为寻找,一星期来无消息,势必向图书馆查,最近FAO联合国粮农组织报告或可查得。今晨得冯德培太太朱舜之寄来在青岛所摄照片25张,其中半数以上是重的,以一部分交与傅婉芳与沈文雄。今日下午北京照相馆我摄照片也印好,两相对比,相差不多。午后将照片取来分发与婉芳、文雄及冯、周、黄各家。这次软片系过时的 Agfa,一般说来比及时的中国软片尚好。

为了授与印尼共产党艾地(爱迪 Eddy)以名誉科学院学部委员名义,英文翻译大事周章。因行礼时有一张英文译文的声明,经仲揆和我各提了意见,又经正之阅改,经三四次修改初步定稿,于今日交郭老批阅。午后六点和沈文雄去工人体育馆游泳,今日系公开开放时间,所以来游人多,我只游 100 m 即回。

心肌梗塞和冠〔状〕动脉硬化。*Diseases of Arteries* by T. Crawford, Prof. of Pathology, U. of London。由于血管内部 intima 的变形而成 atherosclerosis 血管硬化病,因脂肪的积累而使动脉变狭,而腔室(Lumen)变小,甚至血中积出硬块而成心肌梗塞。在 1908—1913 和 1944—49 两期间比较,冠状动脉阻塞 Coronary thrombosis 致死在 London Hospital 增加十倍,但其余动脉管病致死的只有减少未增加,而且在热带、远东地区死亡率远少于欧美,在体育活动较多人中死亡率也较少,理由是胆固醇 Cholesterol 在脂肪中沉积于血管致血管变狭。1913 年 Vogel 证明如兔子食物中加胆固醇,就使大动脉变狭,从统计来看也清楚,美国人每年千人中有 4.5 人死于此病,加拿大 3.7,丹麦 1.6,日本 0.7,非洲 1/10 人。

9 月 3 日　星期二　晨晴昙, Ci 2, W,速度高。六点 18°,室内 74°F,风力 1, 747 mm,已有秋天景象。九月初犹闻燕子鸣声(可能是过路的燕子,从北方去南方)。

晨六点起。八点半和沈文雄至中关村地理所。和李秉枢所长谈地理所迁移至北郊问题。据云北郊大厦八月初(八日)因大厦底层大雨后进了水,几乎全满,而大楼之墙如此单薄,有地方有倒坍之虞,玻璃窗有全倒者,所以至今不敢接收,今年似乎无法迁移。我个人屡次建议院中,应该有一个像样的建筑工程师和有经验而可靠的监工人员,在房屋验收以前,必须有工程师和监工人员仔细检查始可接管。和瞿宁淑谈国际地理学会明年 8 月在伦敦开会,曾来函要我们参加。此函系三月间来,迄今未复,现拟好一稿,以我们本来是会员国,现由台湾占会员国地位,我们不参加。不但如此,而且一切国际地理学会的小组会也不参加。但今年七月初,国际地球物理学会 IUGG 下的 Cospar 的会又派了赵九章、钱骥等二人至波兰出席,可见对外文委似乎不明白这其间的组织关系,因此每次国际会议必得要大事周旋始能决定,我要瞿把此事说清楚。十一点至院。十二点回。

下午将青岛所照照片(已全数印出)全部整理加以说明,并分别寄给傅婉芳、朱舜之、周子竞、黄鸣龙等。晚膳〔后〕写函与上述诸人。前接浙江安吉农场第四生产队丁应豪来函,说他家在湖州,于六月初受雷击把房子烧掉,并把几岁小女儿烧死。他岳母(即我二哥的次女珍姑)在杭州闻讯得病,由他接至湖州,要我接济他卅元之数。适前天士俊来,我示以丁应豪函,士俊说他方接他母亲(二嫂)函说他在杭州,珍姑未提有病之事,事出两歧。我因写信给士樵,要他查明。

9月4日　星期三　晨晴,六点半18°,室内75°F,风力1—2级,748 mm。

冷冰报告1960—61年西藏考察成果。晚游泳。

晨六点起。上午九点至院。听综考会西藏1960—61年考察队队长冷冰关于今年七月卅日至八月七日总结该考察队工作成绩讨论会的报告。据云该讨论会系分农业组和地质组进行,农业组开会八天,地质四天。到讨论会的人除该队人员外,有李连捷、庄巧生、贾慎修、程伯鲁?、李博渊?、程绍迥和李璞、崔克信、王大椿、尹赞勋、袁复礼、植物侯学煜、昆虫杨〔　〕等。说土壤组队员中有土壤所3人、东北林土所二人,所以工作比1951—53年做得好,而且取回的土壤标本均已分析得出结果。植被方面有经验人较少,也做了垂直分带工作,说3700—4000为针叶林带,以下为混合林。在日喀则、江孜二专区,调查知4200—4600米之间可以种稞麦。在羊卓雍湖区开垦种植青稞已有二百年历史,200年以前不能种,可能由于低温(little ice age)。除青稞外,尚能种小油菜、马铃薯、圆根(即芜菁)。圆根有十斤重者,马铃薯大的也一斤。据〔云〕亚东附近的帕里气象站无霜期平均年只19天(西藏夏季温度之高胜于赤道上的同海〔拔〕地方)。据C. E. P. Brooks著*Climate in Everyday Life* "Appendix"(拉萨) 29°43′N 91°02′E, Alt. 3658 m,一月平均T -0.9°,七月16.2°。Kashmir的Leh 34°10′N 77°42′E,一月-8.2°,七月17.0°。但南美洲Ecuador的京都Quito 0.14°S 78°32′W,海拔2850 m (9350′),终年是(57°F) 13.9°,七月和一月均13.9°。据初步估计,西藏可开荒地在日喀则、江孜二区也只240万亩,易开的有100万亩,最好的有30万亩。目前最缺是马的饲料,至于草场资源并不丰富,因为每亩产量低,目前估计牲口有1000万头,估计至多增加200万头,潜力不大。牲畜应以提高质为主,羊卓雍湖区产细羊毛。地质方面已写出专业报告,工作比前次做得粗。比较藏北超基性岩工作尚好,从昌都到奇林1200 km,藏南从雅鲁藏布江的拉布索至西面拉孜800 km,两个带有铬铁矿。藏北在东巧,藏南在拉布索,已开采。一本《超基性岩》已写好付印。煤在唐古拉山以南有希望,在唐古拉山口西100多km的土宁格拉有一亿T贮藏,有60层,每层均薄。藏南地区没有找到煤。水文在雅鲁藏布江测得径流流量为一千亿立方,年可出7000万kW,发电6400万kW。稀有元素Li 1升可二千毫克,富于大柴旦。铯优于美国最好矿,此外有铷、钾、硼等等。

寄朱舜之、傅婉芳、周子竞、黄鸣龙照片　士樵函

9月5日　星期四　晨晴昙，Ci 1，20°，室内75°F，753 mm。十一号台风近广东省。

科学院授与Kawan D. N. Aidit艾地以名誉学部委员名称。

晨六点起。九点至人民政协礼堂第一会议室座谈莫斯科中苏会议（七月六日至二十日），董老必武主席，张以之〔张子意？〕报告召集会议缘由后，许德珩首先发言，继续发言者有史良、陈其尤、陈其瑗、邵力子、蔡廷锴。据史良，在北戴河休假的人大委员对于中苏莫斯科会议文件曾看了两个礼拜。她个人看了两遍后又重复看了一次，据她说共有二十二万字，但据我估计至多十八万字，可能是低估了。大家一致谴责了赫鲁晓夫。李维汉发言提出有若干人心中存在的问题：1）我们与世界的大国帝国主义美国、反动民族主义尼赫鲁和修正主义赫鲁晓夫三者同时敌对，他们组织英、德、日本、台湾以反对我们，这样反华大合唱势力之大为历史上所未有，是否应考虑树敌太多；2）我们主张全面销毁核武器、禁止全面试验的策略如何？3）赫鲁晓夫背弃马列主义，我们与之斗争，针锋相对毫不相让，是否逼人太甚，是否可以妥协一点；4）过去一直是一边倒，现在如何领导？最后由董老发表了意见，但我耳重听，而他的湖北话我又不能全懂，所以不知道所讲是什么。在政协中膳后已一点半，回。改《我国气候特点与粮食生产》文。

晚膳后六点三刻至人民大会堂河南厅，时郭院长、张、裴副院长已先在，谈今日晚上给印度尼西亚共产党领袖（第一书记）迪·奴·艾地以名誉学部委员事。此事国家极为重视，聂荣臻副总理先到，继之者有周总理、吴玉老、邓小平副总理、彭真、陆定一、康生、陈伯达、刘宁一、廖承志、周扬、朱委员长、伍修权等。七点半印度尼西亚来宾亦至，除艾地外，有合作国会副议长鲁克曼（也是共产党副主席）、代表团员尤淑夫、国际部副部长纳苏蒂安与艾地秘书吞让等。七点四十分在三楼礼堂开幕，到院学部委员在京委员一百七八十人和院中一部分研究员、行政人员及所请大学教授等共六百多人。由李副院长主席，郭院长致开幕词，授予艾地同志证书，艾地致答词，礼毕，凡一小时。休息廿分钟后，九点演出京剧《三打白骨精》，系警惕修正主义戏。十一点散。

9月6日　星期五　晨晴16.1°，室内72°F，755 mm。

晨六点起。十一点至院。闻李鸣岗等曾来办公室邀于月中去沙坡头开会，讨论如何继续工作使包兰铁路不致遭腾格里沙漠所吹来的沙掩没铁路轨道。我曾于1957年初夏去沙坡头，彼时已实行Петров佩特罗夫所提用草格子办法把沙定下来，但草已腐烂。要在方格中种好植物始能将沙永久固定，这一工作原交铁道部出款，林业部植树，哪知林业部拿到钱后去做生产工作，把草方格置之不顾。几年以来草方格已腐烂而树木未长,沙障将失其效用,所以我们不能不把此事提出付诸讨论。李鸣岗等以为此事重要,须有院中主持,我亦认为应去,但以为应把开会期缩短,不要延长一二十天浪费时间,决定十四去,留三四天即回,如此则一星期可以来回。

今日上午九点至十一〔点〕、下午均在改写《我国气候几个特点和对粮食影响问题》文,找出澳洲南方小麦区 Adelaide 的温度、年雨量、小麦开花至成熟期雨量,与郑州相似,惟温度则郑州年平均 14°而 Adel 为 17°。因澳洲也是季风气候,雨量与我国北方一样不稳定,所以小麦的产量全看雨量而定。从 1890—1952 年的图表(John Russell *World Population and World Food Supplies* 第 410 页)就可以看出是上下波动,二者如一辙。我国华北情形亦类〔似〕。澳洲小麦亩产量极低,与印度相仿,但稻米产量却极高,与西班牙、意大利相仿,则以稻米有灌溉而小麦不灌溉,从此可以知水利之重要。又查出拉萨与 Bolivia 首都 La Paz 一称为在世界屋脊,一则为世界最高城,统在 3650 米海拔。La Paz 纬度 13°S,比西藏拉萨低 16°,但夏季最热月平均温拉萨比 La Paz 高出 5°,种小麦的限度二处均为 3800 米云。

9 月 7 日　星期六　晨阴,六点半 20°,室内 75°F, ASt ACu 10, 752 mm。下午风力 3—4 级,房中 76°F, 751 mm。

晨六点十分起。听了无线电广播。十点半至院。今日约前北极阁气象研究班学生赵春吾来谈。据云自 1930 年以后,他一直在长沙气象台服务工作,迄今卅多年。据云和他一起去到湖南的同班人,如欧阳楚豪等均已于 1956 年代离开了。他在离长沙 20 公里的一个农业气候站工作,他此来是参加中央气象局会议的。他问到农业气象应如何做,我告以中央气象台认为农业气象预告是惟一的工作。但预告虽重要,还不是农业气象本身工作。如解决长沙应该种双季稻或单季稻,这是农业气象问题了。据赵春吾意见,以为种双季稻是适合于长沙区域的。因解放以后,梅雨提早到五月,六月后半月缺雨。双季稻早稻是清明前下种,小暑收获,晚稻大暑下种,霜降收获云。目前长沙区 1/4 的稻田已种了双季稻。我问其我在武汉时学生鲁直厚是否尚在长沙,他并不知其人,想已退休或物故了。我给他新出《物候学》一本,他赠我以长沙带来的湘莲。我说精神食粮更重要,以后盼他寄工作上的成就。下午睡半小时。二点半至王府井大街购新出政府声明,已见报端,但说未到。晚松松回,看青岛所撮照片,现沈文雄撮的也已印出,所以合上海寄来和我所照者共达七八十张之多了。

今日上午九点至北京医院看牙科,因王洁泉尚在病中,看了任大夫。为右下第六、七位置牙间有缝,过去已修补,至青岛后觉疼痛,由戴大夫临时补上,但声明到京后须再修补,因青岛无适当材料。近数日又觉有不稳现象,所以要重补。经任大夫发现六、七两牙均有洞要补,六牙的神经已取出,今日把他重补,七牙约下次再补,在挂号处登记星期四八点(十二号)。

9月8日　星期日　晨昙,六点半 17.6°,室内 72°F, 752 mm, St 8,风力 1—2 级。

空中不闻燕子鸣。

晨六点多起。上午十点半和允敏、松松乘车赴交道口电影院,看八一厂制国家影片《碧海丹心》,讲解放军 49 年解放海南岛故事。片的声音低,我们坐在后排不易听清楚。交道口电影院屋顶不高,透气不畅,坐位则尚算好,但星期〔天〕上午小孩众多,秩序不甚佳。片中有不少海浪镜头,但少海南岛风光。最后用"天涯海角"岩石上军队汇齐结束这也很〔不〕现实,因为天涯字的岩石是在海南岛的西南角,片中以帆船载军队到岛上必须走最近路线,不会到天涯海角那边去的。今日将气候和农业生产一文作最后修改,题目定为《我国气候的几个特点和粮食生产的关系》。据戴松恩给我的近来世界各国稻米单位面积产量数字,我算出 1953—1957 年即第一五年计划时期世界各国单位面积产量和 1934—38 五年相比,进步最快的是阿联,增加 37.6%,其次是北朝鲜 36.3%(但数目字是 1953、1961 两年的平均,所以不是完全相同数年份,可南朝鲜同其余各国相同年份是 15.7%),美国 24.3%,其次为日本 12.2%,澳洲 10.0%。我国只增加每亩 2 斤。实际 1953—57 最高数字仍为西班牙 773.6 斤,次为澳洲 709.3 斤,又次为意大利 661.4 斤,埃及 645.7 斤,日本 551.2 斤。我国为 342 斤,反居北朝鲜 435、南朝鲜 369、美国 431 之下了。文中最费周折的是日光辐射能利用率平均取 1%或 5‰,如取第一数字,每亩要产 1620 斤,第二数字只 810 斤。以后决定采取第一数字。此文在青岛写时不过花了一星期,回后时间虽分散,总数也在一星期来修改,但仍不能认为是满意的。晚间我查明上次去中卫是在 1959 年的六月,离今四载。于 6/27 日至磴口, 6/30 到银川(坐火车), 7/1 日从银川至灵武,二日从灵武至吴忠均坐汽车。时李孝芳(♀)为灵武站站长, 7 月三日从吴忠市经青铜峡至中卫, 7/4 日至沙坡头,但住在中卫县招待所, 7/5 日从宁夏到兰州坐车 10 h, 7/6 从兰州坐飞机回北京。

9月9日　星期一　晨阴昙, ACu 8,晨七点 22°,室内 76°F,风静止, 752 mm。下午室内 77°F。

晨六点一刻起。上午至院。将青岛所起草而回京所修改一篇题为《我国气候几个特点对于粮食生产的影响》一文修改完毕,约共八千字,今日交与沈文雄秘书预备先缮写一遍,誊清后铅印。图三张,明日拟交与地理所去制。全文约八千字,写得尚不够仔细,想以后尚有修改之处。此文拟在今年十一月间杭州会议时提出,作为论文宣读。其中最突出之处是从抗战前五年1934—38和大跃进前五年1953—57相比,世界各国稻米产量最突出的增加是在阿联与北朝鲜,统增加到30%以上。而世界单位面积产量最高的国家如西班牙并无增加,意大利只有减退,日本虽也增加,但不能算最快,我国则原封不动,东南亚如印度、巴基斯坦反而减产。另一点是世界稻米产量最高国家如意大利、西班牙、埃及、澳大利〔亚〕统是夏天有很高的太阳辐射,这一点也很可注意。我国新疆、西藏辐射亦大,但西藏因海拔高温度不够;南疆有高温,将来有高产粮食希望。小麦目前价格低,将来供过于求的趋势将更甚,所以米麦能并种的地方以种大米为是。从农业部《农业统计资料手册》看来,在1952、1957两年材料(在page 48),各省市稻米产量(每亩)是天津第一,比上海多1/3,而北京次之。以各省而论,以陕西为最高,其次是四川、浙江,广东却近末位,这和太阳辐射与灌溉是有关的。晚六点至北京饭店,出席朝鲜大使韩益洙约请庆祝朝鲜民主主义共和国成立十五周纪念,与武衡、季方等同桌,周总理到会并讲了话,朝鲜驻京代办郑凤珪首先致辞,七点半散。

北朝鲜1962年产粮食500万T,比1949〔年〕265.4万T多几于一倍,1946年是189.8万T(朝鲜展览)。又据崔庸健的报告,1962年北朝鲜出大米1320万T,钢105万T,化肥78万T,水泥237万T。纺织业二亿五千万米,比1948年多31倍。施肥增2.6倍,灌溉增六倍,拖拉机一万七千五百余标准台(@15 HP)。水产每人80 kg,比1948加21倍。

9月10日　星期二　晨阴昙,ACu ASt 8,七点22.6°,室内76°F,凪,闷,752 mm。下午三点半雨一小时。十二号台风在台湾东向WNW进行,有在福建浙江登陆趋势。

晨六点十分起,作太极拳廿分钟。八点半和沈文雄去中关村地理所。和李鸣岗、赵松乔、谢鑫鹤、李秉枢、黄秉维、刘勋等谈去宁夏中卫沙坡头看包兰路生物固沙和机械固沙成绩,以及与铁道部、林业部共开的座谈会。据李鸣岗云,会议在中卫举行,因沙坡头地方小,容不下廿多人,时期定本月十五至十九。今日已有三人去筹〔备〕,李、赵二人于十二动身。我和谢秘书长十四号中午走,十五号晚十二点左右可到。日程暂定十五日汇报,十六日至沙坡头实地观察,有20 km路,但最后1.5 km公路已为沙所掩,要步行(此点与1959年情形不同)。晚间回到中卫,十七、十八两天讨论,十九闭幕云。沙坡头工作在保护包兰铁路,使轨道不至于被沙所掩,据经验看来最初以为紫蒿很适宜,现才知道紫蒿适于移动沙丘,到固定后紫蒿就不行。四五年来试验都认为花棒(锦鸡儿)、黄柳和沙拐枣三者最合适。梭梭怕水,在沙坡头普遍不行,虽在新疆是好的。要固沙必使土壤结皮才行,沙坡头雨量 203 mm 平均,最多可至 300 以上,最少也有 88 mm。机械固沙用草方格是有效的,1957 年所做草方格迄今虽有一部被沙埋,一部烂去,但大部尚可用。生物固沙意见不一,但最好是上述三种植物。赵松乔提这次开会目标是要定沙坡头工作站以后方向,谈和铁道部、林业部工作问题以及肯定成绩。铁道部年出 100 万元要林业部植林固沙,但林业部的中卫局在林场做生产工作,对于固沙兴趣不大。我意回途由兰州飞北京,在兰州尚可视察在西北各所情况。晤瞿宁淑,据说北京市地理学会拟于廿二至廿四日开三天会议选拔论文,要我在青岛写的文也在会宣读,我说只要届时能赶回就行。据李秉枢云,地理所要搬北郊,但屋不坚固,墙薄而地不能受重量,甚至图书馆都难安置云云。晚林涟(羽仪太太)来谈她做的街道卫生工作。

9月11日　星期三　晨阴,七点 20°,室内 75°F, St 10,闷, 754 mm。

上午至院阅苏寄文(旁注:苏联寄来文)。下午至飞机场接古巴代表。

晨六点半起。上午九点至院。接苏联地理所副所长寄来关于 Kec 所著《黄土高原的黄土》一稿,共有 166 张图,做得甚为仔细。此外尚有 Armand 一稿未见到,Armand 文是一篇序言。苏联为黄土工作曾寄来五次稿件,在 1960 以前两次稿件我们已复信说收到,但后两次均未复函,所以希望能复一信。下午四点至东郊飞机场,接科学技术协会和世界科协北京中心邀请来北京参加世界科协北京中心第一次科学讨论会筹备会的古巴代表气象学家 Augustin Anita 和古巴奥连特省教育和科学工作者协会总书记 Orlando Nunius。后者是年青人,在大学教学,前者已六十岁。据说六月底来中国的 Lanier 原是跟他工作的,近才和 Jemenez 一起工作。今日去机场接者尚有全国科协王顺桐、世界科协北京中心主任张维及古巴大使馆一等秘书费尔南斯夫妇、翻译黄玉清等。知道 Anita 等一行经捷克和苏联没有停留,于今晨由 Moscow 出发到 Irkutsk 改乘 ИЛ 18 来京。

我因牙痛所以未能陪他们去北京饭店同晚膳。上星期六上午至牙科,由任蔼莉大夫(♀)为治理右下 6、7 两牙。6 牙神经已早取出, 7 牙也要修补。因食物入内常引起疼痛,所以去青岛时在 7/26 即至医学院附属医院补好。当时戴大夫曾说没有好材料,临时补起,到了北京再设法。回后因觉所补处有不稳现象而我又要去外埠,所以又至北京医院觅王洁泉大夫,但王已病胃,月余未到院,不能再等,所以要找另一大夫,星期六由任补。补后星期一即觉疼痛,晚上不好睡,星期二吃食时,当心痛稍好,但右下颚肿,所以定明晨去看。

9月12日　星期四　晨七点20°,时下微雨,地潮, St ACu 10,室内74°F, 754 mm。下午阴,室内76°F, 751 mm。

今年八月大雨和黄河三门峡问题。

晨六点廿分起。八点至北京医院看牙科任蔼莉大夫(♀),她一见我右牙床肿便知上次补牙未补好。过去我也以北医的牙科医生多为年青乏经验的人,所以指定要王洁泉大夫诊治,不料他因胃病未来,所以不能不将就,不料第一次即出了毛病。任大夫看后认为只能将上次所补第六牙重新开出,所以将上次所补上的尽行磨去,因牙神经已取出,虽不觉痛,仍甚紧张。我告她礼拜六将去宁夏中卫,所以她要我今天即打两针青霉素@2 cc,上、下午各一针,明日、后日也同,此外吃S. M. P.每天四粒,明日上午$11^{h}40'$再来诊视。九点多回院后即至二里沟水电科学院。今日张副院长受周总理之嘱咐,要科学院谈谈八月初旬华北大水问题〔旁记:北京8/1日—8/10日降雨共564 mm〕,到水电科学院张子林院长、黄文熙、谢家泽、于忠?副院长等。据张报告说,今年七、八两月在华北区31 000方公里范围共降水有1380 KM^3,等于三个黄河年水量,雨量集中在八月初的十天内。8/8日北京有317 mm的雨,这均为历史上所未有的。海河流域大水年为1917、1924、1939, 1956年为最近的大水年,但均不及此次之大。1956年1180 KM^3, 1924年1190 KM^3。全国下雨一天最多是广东徐闻,在台风雨中得470 mm(?)。但这次在保定南的望都一天下了五百多mm,邯郸雨也大,火车轨道被水冲去。过去北京24h最大雨是224 mm, 1883 7/29日,而8月份最大是144.0 mm(在1881),均远不及今年的8/8日〔旁记:依《气资》004,香港在1926年7/19日得雨534 mm〕。其次于忠报告了三门峡水库问题,黄河泥沙在陕州平年16亿T,平均一立方水中有36公斤沙。三门峡蓄水60—62两年积了廿五亿T泥,现则以防洪为主不发电,水小就放。平年十六亿泥,有四亿T要淤积在三门峡下河床中。在60—62蓄水期,清水冲刷了十二亿T,现若不蓄水则下游泥又将淤积。在上游更严重,潼关渭河口因黄河回水而淤积,最高水位曾提至335 m,使渭河流域地下水面提高而盐碱化,同时把低地淹没,损失很大。所以把三门峡水位又降〔至〕228 m。十二点散。张子林又提水利科学院现900人,希望再加150,党组归院领导及仪器、稀有元素等。

9月13日　星期五　晨晴,六点半17.6°,室内72°F, 752 mm,凪。下午阴。

晨六点半起。我右下〔牙〕床的肿比十二日略好,但未全退,因任蔼莉大夫消毒未干净之故。今天上午十一点到北京医院打一针青霉素后又去看任大夫。她看了肿稍退后认为仍应继续服合霉素,每日四片(她昨要我吃八片但只开四片),连续明后两天共四天。今日下午我未去打青霉素,因为我认为一天一次已足,两次不免多了。我觉脸上肿未消，而右下6齿又未补好，咀嚼时有问题，明日又要去宁夏，我实在担心。今年出差前统有点小毛病，去西双版纳时鼻中生疖子，去青岛时牙痛，而这次又是牙痛。上午今日接陈述彭寄来地理小丛书《地图史话》，浙大寄来《浙江大学校史初稿》第一编二部分，讲抗日战争开始到解放一个时期，正值我长校时期，写得相当详细。又接温州地理学会第二届年会中朱烈所写《温州月令》，是依据1960—61年的物候记录，提清代钮琇在广州曾著《广州月令》收在《觚賸》中。此书倒是可以一查的。他在物候记录中，桃李之桃误作山桃，柳絮误作柳花。据记录，温州桂花开花始于十月三日，菊花十月廿日，但不知杭州、南京如何，依理应更早。下午复了士楷信，他信中提出在南京时看到珞珈路宅中人多是不三不四，如祥清的异父姊张玉琴，从前以贩卖鸦片为业，曾被判五年徒刑；其丈夫马兴成投机走私先后两次，解放后被判五年徒刑；另一女流氓孙美云专事聚赌抽头云云。但张玉琴系希文在世时由祥清父母邀其住入，总之希文没有弄清祥清身世而结婚是一大错误，也可以说我当时完全不过问也是不对的。

寄士楷、厉无咎、张孟闻与霞姊

9月14日　星期六　〔北京—宁夏〕　晨雨，NbSt 10，户外17.8°，室内74°F，750 mm。上午阴，室内75°F。

晨六点半起。上午微雨，早餐后八点至北京医院打一针青霉素，因不能决定是否决计拔第七颗右下齿，所以未再去看任大夫。但右牙床虽不觉痛，但如摸着牙床仍觉不适。因车已约定，所以只得硬着头皮出差去宁夏了。九点至院。十点回家。十一点约沈文雄在家中膳，膳后和允敏、张俊秀乘车同至东郊车站。尚有一刻钟车要开，时谢鑫鹤〔副〕秘书长及其秘书刘勋已先在，我和沈、谢、刘同住软席铺一室内。别允敏、张俊秀。车于$11^h55'$出北京站，到$12^h20'$车又经西直门，自南口至青龙桥一段，车行非常缓慢，七十公里走了几于三小时。傍晚六点到张家口，见空中有小燕飞过。今年这一带雨量比较多，地土相当湿润。过张家口则天已晚，而我于晚膳后八点即睡。犹忆上次（1959六月）来时火车上买不到食物，以后买了一元的月饼充饥，情形极为狼狈。这次完全不同，不但火车上有餐

	时间		km
	$11^h55'$	北京东站出发	0
	$13^h18'$	南口	19
	$13^h38'$	南口	19
	$14^h50'$	青龙桥	70
	$15^h15'$	康庄	
	$16^h50'$	下花园	148
	$17^h26'$	宣化	173
	$18^h06'$	张家口	198
	$19^h53'$	永嘉堡	212
	$21^h18'$	阳高	319
	$22^h40'$	大同	375
十五日	$1^h33'$	集宁	503
	$3^h26'$	卓资山	569
	$5^h30'$	呼和浩特	662

车，而且各站均有卖物的人立在站栏杆兜售生意。其中也不少是很好的，如南口的秋白梨价廉物美，康庄、下花园售鸡蛋均大而新鲜，一元十个至十二个。过张家口已入晚，阳高、大同、集宁均在夜中过去了，没有能见什么。在火车上服务员态度极好，晚间觉天气冷，尚来给我和谢秘书长一张毯子。

9 月 15 日　星期日　从北京至宁夏中卫，在北京至中卫火车上（43 次车）

晨六点起，则车已过呼和浩特，经萨拉齐车站美岱台一带。上次到此，系在六月间，觉田野极为干枯荒凉，而这次则铁路均潮湿，站旁煤如山积。所种多高粱，虽不丰盛，但在关外有此景象也不易，其时小米正在收割。向北看大青山上牛山濯濯，光秃得可怜，但山上一有庙宇，便有森林，可知并不是山上不能植林，是被人为破坏了，至少包头以东是如此。在东头有大砖厂，闻所出砖瓦大部销外蒙。又有制糖〔厂〕一个，因规模大，所以附近能供应的甜菜只够四个〔月〕开工。中午到乌拉特前旗时，则北面大青山已不见，北面不见有山。自五原起，沿铁路见到灌溉渠道，因此树木也相当多。头道桥附近见到固定沙丘（1075 km），到磴口、三盛公附近，即黄河桥上火车由西岸转向东岸，此处站名巴彦高勒。1961 年 6 月间，兰州开北京四十四次车，曾因风沙盖没了轨道，火车在晚间出轨行 800 m 后，到离黄河仅 50 m 处才发觉，可称险极，侯学煜曾在〔该〕次车上云。我们这次于 $15^h50'$ 从西到东过河，过河后见草方格虽多被沙掩没，但阻沙前进效力是见得到的。沿途仍有大批山羊、骆驼在吃草。$17^h30'$ 又从东到西又过黄河桥。过桥后即为石嘴山大煤矿。八点多过银川。九点休息二小时后起，至 $12^h24'$ pm 到中卫。我们四人外，尚有地学部张日东、计划局朱桂林等，在站即有人来接至中卫招待所。

时间	地点	km
$7^h20'$	美岱台	747
$8^h40'$	包头东	810
$9^h15'$ $9^h45'$	包头	817
$10^h35'$	白彦庄	873
$11^h49'$	乌拉特前旗	930
$12^h54'$ $13^h04'$	五原	988
$14^h01'$	临河	1045
	三盛公	1105
$15^h32'$	巴彦高勒	1134
$16^h41'$	碱渠	1159
$17^h21'$	海渤湾	1189
$17^h52'$	三道坎	1215
$18^h24'$	石嘴山	1243
$19^h38'$	平罗	1282
$20^h34'$	银川	1349
$22^h13'$ $22^h19'$	青铜峡	
$23^h33'$ $23^h37'$	石空	
$24^h24'$	中卫	1503

9 月 16 日　星期一　〔中卫县〕　晨阴，室内 72°F。日中阴。晚室内 74°F。

宁夏中卫县招待所，海拔 1200 m。

晨六点半起。七点五十分和黄秉维、李秉枢、朱济凡、刘慎谔、谢秘书长、赵松乔、李鸣岗、朱震达、刘媖心、袁天钧、刘勋、沈文雄等一行三十人左右，乘 Газ 69 和一卡车同往沙坡头。相距 19 km，九公里过迎水桥，由此沿铁路平台路线走（因前时所走公路已为沙所埋）至 702 路牌（从包头算起至兰州为 999）。下车看草方格，见草方格虽已经 1957(8)—63 五六年的风沙侵蚀，但大部仍还保存，可说是成效清楚。土内的草也未烂去，惟沿线有空隙处，沙即乘隙而入。综此看来，几年来沙坡头把风沙拦住，而巴彦高勒（即磴口）虽风沙不及沙坡头大，几于使火车落入黄河，这是草方格的成绩。但是这项工作不能一劳永逸，要年年继续做下去，所以不是治本而是治标的办法，幸而中卫、银川、中宁等若干县均大种水稻，稻草容易得到。据云用卵石铺盖与草方格一样有效，但在中卫价贵，一曰五倍云。沥青固沙做了一点试验，但成绩不佳，因主持者缺乏经验之故。至于植物固沙，开始时以籽蒿、沙拐枣和花棒为最好。此时正值花棒开花时节，但为长远计划，则油蒿胜于籽蒿，而锦鸡儿、黄柳恐亦胜于花棒。黄柳和差把嘎蒿均来自东北，是东北最重要的固沙植物，刘慎谔试种有年。黄柳之根能一年长至 13 米，且系与地面平行生长，沙移动愈多则愈长得好，这是黄柳的特性。梭梭在沙坡头一般均长不好，大概因为雨量（203 mm）太多之故。我们看了山上植物情形后，即下山至沙坡头新屋（于去年建）中膳。膳后至原来旧屋所在处（即鸣沙山下）菜园一走。沙坡头梨、枣均佳，梨远胜于中卫亦胜于北京。由此上山至沙坡头车站，时在二点四十分，因汽车尚有三四里路，所以我们乘兰州到包头火车回。于四点二分由沙坡头站出发，$4^h46'$到中卫城站。下车时适黄章恺夫妇来找。他们接母亲星期六函，知我于星期六晚可到，即至其家（中卫中学家属住宅）。系四五家合住，进门一大厅，有炕和客座。据春兰云，他们学校已于月初开学，有学生 600 人，他母亲和妹妹也住此，并介绍了两位女教师来。在阿恺家吃了晚膳，见了他的小孩，已一岁，怕生人。膳后和春兰、阿恺至招待所，交与黄太太所托带件和允敏送小孩毛线衫与他们。

9月17日　星期二　〔中卫〕　晨阴，室内 69°F，外间 14.6°，雨，Nb 10，风力 1。日中至晚微雨。

晨六点半起。七点半早餐。九点开始在招待所会议室开会，讨论沙坡头治沙各种措〔施〕的结果。朱济凡所长说他第一次来中卫沙坡头是在 56 年，当时是一片沙荒，不见一点绿，想不到可以铺铁路。八年中间景观大有改变，中卫雨量 240 mm，如可以治沙，则更潮湿，地更无问题。说花棒、沙枣、柠条均是豆科，可以增进土中肥料。并主张做 500 m 长、50 m 宽三个草方格带在路北。在路南筑 100 m 长、50 m 宽带二个，即 30,000 m^2。如〔每〕方花 70 ¢，即 21 000 元。因目前所做草方格太不整齐，所以很难下断语。当时苏联专家主张做 25,000 m 宽，现在

500米已足够了。苏联专家设计方格是1 m×1 m, 1 m×2 m和2 m×2 m,现知2 m×2 m不合用。次铁道部工程师赵性和谈,说沙波头草方格固沙是肯定有效,在沙侵不及沙坡头严重的三盛公,近两年两次出事(一次在61年六月),而沙坡头得安然通车。当1954设计包兰路线时原要走南线,因其地(1920年固原地震时)有九级地震不能筑高桥,所以走了北线,于56年动工, 58年造成,全线999 km。不但三盛公流沙出问题,银川也出过问题。其他铁道如青藏在格尔木,新疆在伊宁统有流沙问题。而且中卫地位日益重要,太原中卫线、宝鸡中卫线、武威中卫线统在计划中。铁道部欲在中卫设立枢纽,要三千亩地,四五千人,在中卫或迎水桥作中心,所以风沙问题是重要的。其次风沙为害在西北年年增加,一因植被破坏,二因交通便利人口增加,目前在沙坡头因草方格做得较好,所以沙子侵蚀尚少,惟只做路北不做路南,所以路南有沙蚀现象。沙坡头从包头起算是707公里,在孟家湾713积沙多。认为草方格带有250—300即行,卵石压路也有止沙结果,但价比草方格〔贵〕五倍。林业部吴士隆认为油蒿、花棒、银条统能止沙,黄柳没有大片的。朱震达赞成在腾格里沙漠前端造成一个高沙丘带,使其缓步进行,因沙丘愈高进行愈缓。铁道部在53年做了中卫二千分一图, 63年又做一次二千分一图,两相对比可以知道沙漠前进情况。从这二图上可以测出每年沙丘进度,也可以从此断定防护带要多宽。

下午继续讨论。刘慎谔所长谈,以为机械固沙是暂时的办法,而生物固沙是永久的。先要肯定成绩,八年来机械固沙是有成绩的,但机械固沙总不是长久之计。全面固沙要靠油蒿,过去用籽蒿是一个错误。林业部造林过去不能固沙,理由是没有和灌木、草皮相配合。应该先种半灌木和灌木,然后种草,最后乔木。应先在沙区取得一个立足点,先占领优势地位,把沙丘中落沙坡统种了树、灌木和草,估计会改变地形、风向。次杨喜林谈,以为应种黄柳、花棒和油蒿。李鸣岗说明在Ord时最好用油蒿、东北差把嘎蒿。说当初沙坡头用籽蒿是因为油蒿子细不易得。次赵松乔谈,说沙障高度一般是垅距十分之一,风的波距则为Amplitude的五倍。方格作用可以肯定,问题是寿命,同意李鸣岗意见,可达十年之久。草方格需草,草的来源,中卫无问题,但他处很困难。格尔木用卵石,民勤用粘土。关于生物固沙要考虑地区性,干沙层一般是10 cm,其下为湿沙层,如干沙层少于10 cm,则面上有侵蚀,>10 cm表示堆积。树种油蒿、花棒、沙拐枣和银条是肯定了,但对于黄柳虽适于章古台,但该处雨量500 mm,未必适于干旱区。沙坡头站应以铁路防沙为主。李鸣岗谈茶房庙于56年设气象站,由中央气象局指令中卫设立, 61年中卫要取消,函院归呼和浩特治沙站处理,同意取消。到62年铁道部要重设,允出房子,气象〔局〕出仪器,院出二人名额,已三方约定,但铁道〔部〕要建屋时函治沙队,治沙队又不作复。以为植物固沙在雨量100 mm可行，100 mm以下有困难。到敦煌看到梭梭、蒿子长得好，不知是何原因？六点散。晚膳。晚间和谢秘书长等谈回途计划。

今日中午中卫县马县长（中卫人）、田秘书长来谈。知中卫县解放时只八万六千人口，1953年十万六千，今年十四万多人，回族极少。中卫城中二万有浙江人一千，上海七百人。农田三十多万亩，水稻七八万亩，小麦十万亩左右。轮耕一年稻，两年麦，这样不致提高地下水位而使土盐碱〔化〕。今年干旱，雨量迄今不到100 mm，平均240 mm，但小麦每亩360斤，稻400斤。春小麦灌五次水，有美理和复兴二渠可引水，每年积一层泥，使城外之地高出城内。渠系明清间造。中宁也有南渠、北渠，平均山地每人可十五亩，但水田只一亩多。今年可交外运粮一千七百多万斤。种枸杞子1700亩为第一类物资，一斤枸杞得五斤粮。水果有梨、桃、枣及葡萄。地产煤和石膏。美理渠每年要清泥两次，要六万多工云。此间水稻立夏播种，秋分前收，现已尽收好。全县有12个公社。

9月18日　星期三　在中卫　晨昙，阴，ACu StCu 10，外间11.6°，室内66°F。晚霁，房中67°F。

购枸杞一斤，@5.50。

晨六点半起。今日停电所以没有能听广播，做20′太极拳。早餐后九点继续开会讨论。森林场马场长说，草方格经久耐用，过去轨道南没有做是错误，又说701有缺口对路轨是威胁。次中卫副县长马成德说，过去龙口湖有庙离沙有三华里，但50—54四年间沙已越庙而过，57年后草方格起了作用。问题〔是〕年代不少〔了〕。欲铺卵石子，缺乏石源。说沙丘附近多有好水，做方格要草，今年内可供给三百万至五百万斤，劳动力可供给二千工日到四千工日。此间二十里外即有煤，不患燃料，要教育群众不采所种植物，不放牧至沙障。次中卫固沙林场造林股长唐宝善说，57年秋到63年共做草方格一万四千亩，有1 m×1 m，1 m×2 m和2 m×2 m三种。生物固沙一万二千五百亩，所种为沙枣、小叶杨、花棒、黄柳、柠条（锦鸡儿）、艾籽蒿，其中籽蒿占93%。各种沙障到目前破坏的占1/3。此外还做了活沙障，每方270株，成活率0.7%，但工大，比草方格大十多倍。花棒长得最好，黄柳只有在背风坡有活的，次于花棒为沙拐枣与柠条。在沙丘上以落沙坡和丘顶长得最好，迎风坡差，所种梭梭全部死亡。直播，无草方格多失败，但大面积设草方格运输有困难。次黄秉维谈，草方格的作用在延缓起沙，无方格风沙到4.5 m/sec就起沙，有方格要到9 m/sec，同时速度也减少20%。麦秆可作肥料，是否以芨芨草来代。沥青固沙应继续研究，Юнатов尤纳托夫认为柠条有希望，引外国种目前有需要。李鸣岗认为蔡希陶去非洲时应嘱带回沙漠植物。

下午二点继续开会。赵松乔认为沙坡头应专做铁路固沙。朱所长说铁道、林业负责人是吕正操、惠中权部长〔 〕。土壤组陈隆恒认为生物固沙与机械固沙统应做。休息后我提了几点意见,认为肯定成绩,体会任务之重要。治沙是生产斗争,毛主席说阶级斗争、生产斗争和科学实践是社会主义建设三大革命任务。谢秘书长说以后组织有困难可以上达,科学研究要有储备。最后李秉枢谈了目前应解决的若干问题。六点多散。晚阿恺夫妇偕小孩来。

寄允敏函

9月19日 星期四 中卫 晨阴, St 10,户外12.4°,室内65°F,风力0。九点后天渐开朗,十一点出太阳,下午、晚晴。

至昭化寺(即头道湖)来回。

晨六点起。七点一刻早餐。七点五十和黄秉维、李秉枢、朱济凡及植物所林舜华(♀)、孔令韶及一新华社记者乘治沙队 Газ 69 汽车由四川胡司机开往内蒙古自治区巴盟巴彦浩特市所管的头道湖(即昭化寺),离中卫96 km。天气最初全阴,但昨晚天色佳,所以我料其必晴。$7^h50'$出发后,在灌区中行,大有江南景象,沟中满潴流水,水稻已熟,正在打收,所缺者惟水牛。自中卫城直至照壁山下,水渠均可引水。据新修未印县志,此渠系元郭守敬所计划。现能灌田二十二万亩,如亩收年400斤,即年八千八百万斤,其利可谓厚矣。但一过照壁山后则满目荒芜,相隔一山景观之差如此。$9^h10'$到甜水井,从此又在原上,但系半荒漠景观。此一段直至乱井,路久不修,极为颠簸。从分水岭起,因无井所以称为无水草原,羊不来吃草,"红砂"、"珍珠"等灌木得以保存,覆盖度有30%,但骆驼仍能来吃。11^h 至头道湖,属于内蒙巴盟,又名昭化寺。在此治沙队设有一个中心站,59、61年曾来廿余人,现则仅黄银晓、邸醒民、陈必寿(后二人属治沙队)及同来的林舜华、孔令韶五人而已。我们略息,吃了羊肉后,即乘车向东南行十九 km,看了以篱笆围圈的封山育草三公顷

时间	地点	距离
$7^h50'$	中卫城出发	0
$8^h08'$	X路口	14 km
$8^h25'$	到照壁山,又名麦驮山	23 km
$9^h10'$	甜水井	45 km
$9^h45'$	分水岭	54 km
$10^h33'$	乱井	72 km
$11^h00'$	头道湖	96 km
$11^h40'$	出发向SE看封山育草	行15 km
$13^h00'$	回头至头道湖站	
$13^h30'$	又出发向西至治沙站	
$14^h33'$	又回昭化寺	
	中膳	
$16^h04'$	从昭化寺出发回	96 km
$16^h24'$	五个水	80 km
$16^h36'$	乱井	72 km
$18^h00'$	甜水井	45 km
$18^h30'$	下照壁山	23 km
$18^h40'$	X路口	14 km
$19^h10'$	中卫	0

地。系今年才围,结果尚不可知。植物以"红砂"、"珍珠"为主,也有霸王、冬青与草若干种。看毕回至头道湖站,吃牛奶一杯。又乘车向西行至地方植林站,遂步行往 59 年所种小叶杨和榆树林带,要先经芨芨草、白刺盐洼地,然后至半固定沙丘,再西有一林带,前面即为腾格里沙〔漠〕。目前沙为林带所阻,据云其速度向东南行,每年只 1 m,高 7—8 米,但此亦非长远之计也。

下午二点半又回至昭化寺治沙站中膳。膳后至昭化寺喇嘛庙,解放前此庙有 600 个喇嘛,解放后加以教导。在 61 年藏族部分人叛变时,昭化寺大喇嘛曾欲响应。蒙俗,年青人亦多不做喇嘛,过去一家三男子有两个做喇嘛。寺内颇清洁,中间大殿、后殿左右厢亦各有殿,壁上和殿间均挂有恶鬼像,闻尚有一青牛捉少女像,则秘不以示人云。回途见羊群、驼群仍有在荒草原吃草者。我以这一带生产大队应计算出地的载畜量,然后依计划养畜,现在状况是羊驼之数远超载畜量,引起沙漠日益扩大。晚七点回。膳后,马成德副县长来。

9 月 20 日　星期五　中卫—兰州　晨晴, ACu 3, 12.6°,室内 65°F。

从中卫到兰州 299 公里,硬席卧铺 5.30+6.40。

		距包头
10ʰ46′	中卫出发	
11ʰ04′ 11ʰ10′	迎水桥	698 km
11ʰ40′ 11ʰ42′	沙坡头	707 km
12ʰ00′ 12ʰ07′	孟家湾	715 km
12ʰ40′ 12ʰ58′	长流水	725 km
13ʰ12′	小茶房庙	735 km
14ʰ05′	甘唐	762 km
14ʰ16′	一碗泉	748 km
14ʰ45′	营盘水	上水
16ʰ04′	一条山(景泰)	
16ʰ26′	兴泉堡	
16ʰ46′	喜家水	
17ʰ41′	赵家水	
18ʰ06′	红岘台	
19ʰ14′	狄家台	
22ʰ10′	兰州	

晨六点半起。七点半早餐。餐后和谢秘书长鑫鹤、李鸣岗、李秉枢、沈文雄至县人民政府晤马成德县长和田秘书长。谈片刻即出,回至招待所。未几阿恺夫妇来。至十点由马县长成德、黄章恺春兰夫妇及李鸣岗老送至车站。别谢鑫鹤、李秉枢,渠等将于明晚乘车直接回北京。余人如赵松乔、袁天钧等均已去灵武。十点四十六慢车开往兰州。中卫出发后车即上坡,坡度最大 3.7%,从迎水桥起,铁路即入腾格里沙漠,以沙坡头(707)一段最严重。但方格比较做得好,路旁平台上铺卵石 2—5 cm 直径,很起作用。迎水桥路南没有方格,有沙侵入轨道,危险。沙坡头有水井,水由车带来,在 714 一段沙已侵入到轨道旁。在长流水有井上水,到甘唐已出了腾格里沙,从迎水桥到甘唐只 64 km,走三小时十九分。离腾格里沙后,景观仍极荒凉,覆盖 5%—10%,但不绝地仍见有羊群。一条山,即地图上景泰附近,出石膏,在兴泉堡附

近见有许〔多〕砾石田,以砾石盖田上,但大部似多放弃。至喜家水见有灌溉田亩,但面积极小。山上见有风蚀雅旦地形,过赵家水见黄土中有窑洞,以后黄土渐厚,山亦渐多,至狄家台过白银厂。晚十点十分到兰州,即有省委孙健峰秘书长、省科委金仲华、地质所王健生、冰川冻土室雷钧、高由禧等来接。

9 月 21 日　星期六　兰州　晨阴, StCu 10,窗口 61°F,室内 70°F。日中晴,室内 74°F。

晨六点起,听无线电广播。七点五十分早餐,餐前洗热水浴。九点至地质大楼。招待所与地质大楼极为邻近,但因国庆节地质大楼广场要检阅,所以要绕道几半公里始可到。今日汇报地球物理、冰川冻土和地质三个单位。先由高由禧谈西北地球物理所, 59 年筹备, 60 年正式成立,现有 136 人,加银川地震室 13 人。第一室分为云雾物理、天气气候和小气候三组,研究人员 49 人,技术 26 人。云雾小组 23 人,天气气候 15 人,仪器实验 12。第二室是地震地磁,第一室全为国家任务,地形对天气影响、中小型气候、干旱气候规律、高层气流组织、沙区小气候。云雾物理做人工催化、冰雹和地形,曾于今年 5—8〔月〕在甘南藏族自治州合作〈地方〉做三个月工作,是山区与高原边界上。雹来在春秋二季,年 10—20 次,温度高水多时反少。土炮影响小,冲击波只能影响 100 米,声波范围也只 400 米。此间云发展极快, 1″可向上发展 40 m,为世界少有,明年拟以飞机观测。天气气候组做西北降水特征、环流天气系统。定西今年夏一次大雨二三小时 70 mm,冲掉许多屋宇,死 3 人。预备做祁连山南北坡气候对比,做气流场模拟,在固定高低气〔流〕状况下、移动情况下与机械性下三种作比较。兰州季风与东部不同, 1 km 半至三 km 以下无季风, 3—5 km 显著有季风, 5 km 以上无季风。仪器做了雷电计数器、电场自计器、冰雹密度仪等,沙区需要热电风速计、脉动湿度计、辐射仪均未着手。二室因无时间未谈。次冰川冻土室雷玉钧谈(施雅风去西藏),室中有 67?人,分冰川、冻土、干旱水文、小气候和地貌五个组,研究人员 44,业务人员 22,技术人员 13 人。今年重点项目总结新疆 61— 62 年冰川工作,已写出 15 篇报告, 6 篇预备中。1963 年 5— 9 月至祁连山武威石羊河做了水文工作,有五个实验室:模拟冰川条件分析室、冻土实验室、水的力学实验室、孢子花粉室与冰和岩石鉴定室。今年未做高山化雪,因条件差,要步行三天才到祁连山上。又该室李中成报告石羊河工作,共 24 人参加,用 58 年航空照片,一部人在冰川做工作,一部在下面,要到 65 年才完成。黑化要继续做。说夏天祁连山到下午二点每日下雨,在 3500 m 高度有小湖泊可储水。在 3500—2400 有针叶林,解放前砍伐大部。冰川下限 4100 m,雪线 4300 m,升高很快, 56— 63 年升 2 米,东部变化更大。最后兰州地质所计划处龚道民报告,谈所有 324 人,助研 29 人(陈庆宣已调北京),实研〔研究实习员〕102,

技术45人。七个研究室,即石油、地下流体力学、盐湖地球化学、矿床、水文工程地质、区域地质及中心试验室。有七个重点题目: 1) Ordos石油生成理论,已打出一天出一T多油; 2)青海湖盆第四纪石油生成; 3)硼的积累问题; 4)多相生油问题; 5)引渭水, 55水从宝鸡闸经扶风至武功共98 km,能灌200万亩,研究渗水坍方; 6)准格尔超基性岩及7)河西走廊北山地质。下午又至地质楼参观地质所,地球物理所,冰川冻土室。晚省府陈曾固书记、何成湘省长、孙健峰秘书长约晚膳。晚至兰州剧院看《假婿乘龙》。十一点廿分回。今晚在兰州所看《假婿乘龙》即七月十四日在北京所看越剧团的《春草闹堂》。

9月22日　星期日　〔兰州—北京〕 晨七点兰州阴, St FSt 10,窗口61°F,室内71°F。

昨晚甘肃省书记陈曾固和副省〔长〕何成湘约晚膳时,曾谈甘肃省人口现为一千三百万(按1953年为一千一百卅万人),粮食今年可四十五亿斤(去年42亿),过去1957年号称90—110亿斤是虚报的。他认为科学院在兰州有八个所,自从西北局移西安,兰州没有一个科学院总机构,以致群龙无首,前月张副院长来时曾允派一干部来此负责,希望即能实现云。我允回京后再与张副院长面谈。此外地学三单位认为基金缺乏,影响工作。冰雪队希望能明年建550方作为实验〔室〕。地球物理所希望自己独立建五千方。地质所水文地质提出要地下流体力学研究室和水文地质合并成所,要一架103计算机(二十万元)和电网计分仪(十万元),以解决西北地下水和油气在地下运行问题。据说该室所算数据已在松辽油田应用。主持该室为一苏联回国留学生郭尚平。昨参观时在冰川室地貌组看到1318 Stereo-autograph系Zeiss西德出品,对于从高处照相两三张可以划出等高线作了说明。

晨七点起。八点早餐。昨因西安雨,太原来机没有起飞,所以今日班机停开,但有载货飞机去京也,为ИЛ型机客机改装为货机。我等四人决计前往。至十点坐汽车至机场,兰州机场甚小,而且在皋兰山南坡,若有南北来〔风?〕与飞机走道成直角即不能飞。甘肃省府孙健峰秘书长及地质所王健生等送至机场。十点四十别送行人,上607号飞机。$10^h46'$从兰州机场飞出,天阴。$12^h22'$到西安下雨,在此中膳。$13^h44'$从西安起飞时,雨虽停但天气恶劣。据〔云〕西安已有二十多天阴雨不止,现庄稼希望转晴。$15^h24'$到太原,天阴,温度21°午(晨13°)。太原飞机场极小,屋宇亦简陋,与西安大不相同。$15^h50'$从太原起飞。$16^h48'$过白洋淀时,见有面积约50 km×100 km为水所浸,有若干房屋亦立在水中,可见保定以南、邯郸一带水灾之严重,即八月初七八天霪雨所造成。$17^h26'$到北京东郊机场,即有允敏和张司机在此相接。别朱所长先回,和沈文雄在寓晚膳。

9 月 23 日　星期一　晨昙阴,户外 16°,室内 69°F, 757, ACu 6,凪。

晨六点半起。上午九点至院。阅来往文件,接 Joseph Needham 从奥国 Alps Carinthia 来的一个明片,大约他已得我们邀请他明年来京的消息,不然他是不会来片的。另得任美锷、金永祚、王芸生等函,知气象学会将于廿七开理事会。欧美同学会于星期日开纪念会。北京市地理学会定廿二到廿四开学〔会〕年会,选拔今年杭州年会论文并会员代表大会。所以这几天会是五花八门的,再加世界科协廿五起也开预备会议。和吴副院长谈,知瑞典的地球物理家已到京。上午十点朱济凡来,谈关于去年人大提出关于自然保护区提案的办法。此案曾由人大提案交与国家科委办理,并与林业部、科学院拟定办法。六月间科学技术委员会七局局长田野曾和我说,林业部缺乏魄力,此事应由农办陶大姊出来主持才行。但说后我未与陶接过头,所以怕此事从此搁起,我要朱与田野一谈。下午阅过去十天的《参考资料》,关于苏联向加拿大和澳洲进口小麦有不少报道,摘录如下:

苏联农业。苏联采取大规模开垦后最初获得粮食增产,但 59 以后因新开土壤肥力减少而化肥不足以致逐年减产。1962 年只产 90 亿 Pood,为了应付供给东欧和古巴,不得不向加拿大和澳洲购小麦和面粉。今年向加拿大以五亿美元购 22 800 万 bushel (一千一百万 Tons)的小麦,占了加拿大出口小麦 2/3,如以 50 lbs 为一 bushel 则价格为每公斤 4.5 ¢ 。又从澳洲以九千万美元购 2,900,000 T 小麦,即每公斤 3.1 ¢ 。苏联也想向美国购小麦,但美国小麦价要每 bushel $ 2.40,政府补贴 60 ¢ ,出口到苏联不补贴,则每磅要 4.8 ¢ ,每公斤要 9.6 ¢ ,价比较贵多矣。9 月 27《参考消息》又说苏联至今已定购加 650 万 T、澳 160 万吨,共 810 万 T,为 1962 年苏小麦产量的 15%。可能苏小麦从去年 5200 万 T 降至今年 4600 万 T (美国新闻处)。又一消息说苏曾以 2 亿 5 千万美元向美买 300 万 T 麦。

9 月 24 日　星期二　晨晴 12°,室内 65°F,风力 2 级, 756 mm。

杨老来谈。晤郁秘书长。

晨六点起。上午九点至中关村生物大楼地理研究所,和李秉枢谈片刻,知他乘 44 次火车于昨自中卫县回北京。至五楼图书馆阅 *Monthly Weather Review*,知去年冬天欧洲东部特冷,有地区甚至低于平均 10°,西伯利亚东部与 Okhotsk 海也冷,但大部地区尤其是太平洋与大西洋则较平均为暖。东欧之冷大约和造成今年秋收歉有关,而 Okhotsk 海的低温(差 2—3°)则与今年青岛海水之冷有关。十二点回到院中。在地理所时江爱良来,谈他在广西龙州、徐闻、茂名种橡胶经〔验〕,以为茂名、龙州、南宁等地虽同在北纬 32°左右,但龙州所种橡胶已死一半,南宁附近已全死。而茂名的橡胶则尚好,且已割胶得二千吨,七八倍于广西全省之胶量云。这是因为茂名北面有山挡住,冷空气难进而易退云。

今日接到几方面寄来单行本,有朱炳海的《梅雨的气候分析》,《中国的降水变率与旱涝》。H. H. Lamb(英国气象局)寄来"On the nature of certain epochs which differed from the modern (1900—39) normals"(登在 *Proceedings of the WMO-UNESCO, Rome, 1961, Symposium on Climatic Changes*)和南大任美锷、徐近之等寄来的文件。Lamb 文中说清初是一个寒冷期, 1780—1820 时北大西洋比现在要冷 1°—3°, 而 1600 时则更冷。在 1300—1600 年中欧天气冷达到祸害程度,这时冰川也向下向前行。尼罗河多雨里海水面高,但赤道附近(White Nile)雨反少。从 800 AD—900 AD 在格林兰附近少浮冰, 1020—1200 时更少见。大西洋可能要比现时热 2°—4°,葡萄比现在可向北种四五个纬度,森林线比现时高一二百米。北美洲也然。到 1300 变冷。晚和沈文雄至北京体育馆,知因锅炉已坏停游泳。

9月25日　星期三　晨昙, ACu 5,七点 13°,室内 62°F, 747 mm。下午六点室内 68°F,下午起风 4—5 级。

庆祝世界科学工作者协会北京中心成立。柴达木水文。

晨六点起。今日本拟去参观南郊红星公社,适因今日世界科协成立北京中心,开成立大会,所以我就未能去公社,于八点二十分到友谊宾馆大剧院参加成立大会。今日到者有法国 Bignard(世界科学工作者协会秘书长)、日本柘植秀臣、井上清、澳洲射电天文学教授(Sydney 大学) Christian 以及阿尔及利亚、缅甸、蒙古、尼泊尔、马里、尼日利亚、加纳、几内亚、墨西哥、巴基斯坦、索马里、朝鲜等国共二十多人(蒙古是科学院副院长札木次率领,墨西哥是 Louis Arrnas 工程师)。陆定一、聂荣臻二副总理也到场,由聂总先在招待室讲了欢迎词。九点即开大会,周培源主席说明北京中心成立由来后,请中心负责人张维作报告一小时,科协主席李仲揆致词后休息。请朝鲜郑镇石(李开基)谈北朝鲜科学发展情况,说朝鲜(北)已有八十所高等学校, 81 个研究所,人员八万一千,已设有博士院。郑专门研究人造纤维,〔据〕说对维尼龙有贡献,每人今年可得合成纤维等 50 米。次日本柘植秀臣讲了话。又次,总会秘书长 Bignard 讲世界科协除巴黎、伦敦二中心外已在印度 Delhi 及捷克 Prag 和北京设中心。据 B 私人与我谈,谓经济极为困难,所以不敢多开会,希望将来能多得会员,发展到无会员国家。1963 7/11, B. 和 Bernal 及 Powell 出名,向三国要求全部停止核爆炸云云。最后请缅甸 Nini 博士讲话。十一点半散。照相后回。

下午三点至院。阅南京任美锷寄来《地理集刊》1963 年 1 期中杨纫章、章海生所著《柴达木盆地水文地理初步研究》,说察汗乌孙河靠雨量径流量年变化大,为 1.45。其西的鱼卡河靠融雪变率为 1.29,诺木洪河靠潜水其变率为 1.10。又说柴达木盆地水利资源径流为 47.2 亿方,但有效径流只 29.1 亿方,地下水动储量为 31.3 亿方。又说西南季风可到察汗乌孙 98°E, 36°10′N(德令哈 97°E, 37°10′)。

晚八点科技协会、世界科协北京中心张维、中华医学会傅连暲宴请外国来宾,聂总、郭老出了席, Bignard、Tsuge 讲了话。十点散。

9 月 26 日　星期四　晨晴 13.4°,室内 62°F, 754 mm,风 3—5 级。

晨六点半起。上午九点至友谊宾馆继续参加世界科协亚洲中心成立大会,讲话者有 1. 越南代表黎维文,说在法帝国统治下全越只有一个大学、十所初中。目前单北越已有十多个高等学校,几百万〔学生〕进了学校,科学研究机关也已成立。2. 非洲马里地理学家巴果约果谈,从 1963 年独立后走上向社会主义的道路,祛除殖民主义遗毒,去年成立一个师范大学。已开始应用太阳辐射能,成立工程、人文科学研究所。3. 墨西哥工程师埃尔纳司:与美国为近邻,一直受美帝的侵略,要把帝国主义势力赶出去,科学工作是重要的。4. 澳大利亚克利斯汀生(射电天文)说,澳洲因工农业统在资本家手中,所以科学不能发达,大部优秀科〔学工〕作人员统到外国去,大多数科学家对于政治对于实用均无兴趣。5. 尼泊尔尤喜博士(低能物理):尼泊尔有铁、铜、石棉资源待开发,水利资源丰富,但交通不便,以为国家应自力更生。6. 古巴阿尼泰(气象):社会主义国家如苏联在科学上进步快,而帝国主义要利用科学来消灭世界。帝国主义的剥削使拉丁美洲陷于穷困,拉美儿童死亡率达千分之九十, 5—14 岁儿童入学只 20%至 60%。7. 巴基斯坦的化学家卡里穆拉说,从 Karachi 至北京目前要三天,如航空协定签订只要一天。说巴要同所有各国友好,对北京中心将予以全力支持。巴基斯坦代表还说,释迦牟尼生于巴基斯坦而非印度。8. 阿富汗喀布尔大学教授瓦里:公元前 100 年希腊罗马与中国发生来往统经过阿富汗,明朝时也曾有来往,可知两国有悠久的关系。9. 加纳代表安波福说,今年我国曾派植物和药物专家去加纳,加纳也派针灸专家来中国学习。阿尔及利亚植物学家达来巴提到和平问题。十一〔点〕半散。

下午继续开会,我未能往。下午阅奥勃鲁切夫著《中央亚细亚荒漠》文,系述一俄罗斯蒙古杂种人 Φ. K. 古库什金在新疆与内蒙一生探险的故事,死后游记稿由奥改正出版。但可能书中大部是奥自己个人所经历的事,所以译本称奥勃鲁切夫著。我认为可能是遗稿由奥改正出版。奥书中提到新疆奇台的大陨石称“银色的骆驼”。下午杨增慧来谈一小时余,彬彬自大连回。

9 月 27 日　星期五　晨晴,六点半 12°,室内 62°F,风力 1—2 级。下午晴。

气象学会理事会。欧美同学会, CEM 1910 年班的同学。

晨六点半起,做太极拳20′钟。九点至院。作函与徐近之、路季讷、王芸生。路季讷是C. E. M.同班,与我一道于1910年乘“中国号”轮东渡到美洲的。据他来信知道他还是在办一个化工厂,但近来他常外出旅行,曾至天台、雁荡,不久要到四川。他与我不通讯已二十年,从他信中知陆次兰、陈伯庄(原名陈延寿)、刘寰伟、柯成懋等均还健在。C. E. M.的1910年出国的,在北京我所知道只有钱崇澍与我而已。在上海有徐尚、路季讷、刘寰伟、庄俊、柯成懋、周铭、周仁,以我所知就有八人之多。杭州有孙恒,在国外有赵元任。七十多人中现所知者只此十有余人,真可谓屈指可数。上午和联络局栗岫石谈,去年约请英国皇家学会五人代表团十月一日观礼,时队长Linder Brown (Sir)和Sir Gordon Sutherland均上了天安门,而Prof. Waddington未能上,但物理学会约请的Meikel John在牛津尚未升教授却也上了天安门。以此我认为W极引为不快,而且临走时在飞机场上不待告别即上飞机,回国后对我国生物也不多谈,所以我以为今年对此要注意。

午后三点至地球物理所开气象学会年会,安排1964年学术活动。定明年十一月开气象学会成立四十周年会,地点北京,不邀请国外专家,论文于明〔年〕一月交稿。农业气象学术会议定在三月中旬在南京举行。现气象学会专业组共四个,即大气物理、天气、气候与农业气象云。四点半我至院图书馆阅学报。五点半回。

晚七点半至欧美同学会。和金永祚、赵君迈、方贤旭、陈中天等人谈。欧美同学会原定在本月十五日开会,现拟延期至下月十三日下午四点。八点回。乃贤来,知陈伯母中风未愈,乃贤、志刚仍在北京。又说他去近郊牧羊劳动一个月。力学所今年又进两百大学生,共达千人,而他于去年毕业,今年要到科技大学教五年级课云。

9月28日　星期六　晨阴昙,ACu,W,14.6°,室内64°F,756 mm。下午阴,754 mm,70°F。

第102次人大会议(常委)。

晨六点三刻起。上午九点至北京医院看牙科,遇王云章。他因专门研究菌类,所以他被调从植物所至微生物所。但许多真菌其实不能称为微生物,所以他和他手下年青人一直不安心于微生物所。但因微生物所所长戴芳澜与副所长邓叔群均系研究真菌,均不赞成把真菌分给植物所,所以目前王要回植物所有困难云。王的儿子七八年前曾在青岛见过,现已在科技大学三年级,并在武汉横渡长江云。在医院也见了赵飞克与曾昭抡。九点半始见任大夫,因我十点有人大常委会议,所以今日无时间修补,约定至十月十一日上午十点半。好在我右下6、7两牙近来尚不觉疼痛。在挂号处挂王历耕号,据云外科不挂王历耕,又挂了内科蒋国彦号,定在十月九号下午。

十点至人大常委开第102次常委,听取国防部关于修改军官服务条例,和成立第五和第六机械工业部。第一机械工业部管各项民用机械,第二是尖端机械,第三航空机械,第四电子管机械,第五 Tank 等陆军用机械,第六海军用机械云(第六工业部部长方强,第五机械工业部部长邱创成)。十一点至王府井大街百货大楼一走,买国产酒精寒暑表,价79¢。目前纸张、鞋帽、毛织品甚多,惟棉织品需要布票耳。至附近新开荣宝斋支店,以八元价购明夏仲昭画的竹石,上有沈周(石田)题的诗。拟送给日本法政大学生物学教授 Tsuge 柘植秀臣者,因过去他曾送了日本画和塑料制衬衫材料。我曾问过周培源校长是否应该回礼,他认为这是应该的。

晚古巴大使皮诺桑托斯出名邀请至大使馆,庆祝在古巴举办古中友好协〔会〕成立,并庆我国十四周国庆。古巴大使 Santos 和陈副总理讲了话,并引9/7日 *New York Times* 上 Nelson Rockefeller 批评 Kennedy 十大错误的言论。冷餐毕,有古巴与中国联合歌舞节目。宴会在古巴大使馆草地上举行,正值月夜,倍觉可爱。遇刘清扬、倪斐君等。

9月29日 星期日 晨阴, St 10, 16.5°,室内68°F, 754 mm。

今日照常办公。西南综合考察计划1964—68。科学名词。

晨六点半起。上午八点半至院。孙新民来谈西南综合考察计划。据孙新民云,西南考察第一目标是把四川作为粮食基地。57年465亿斤, 58年493亿斤,占全国总产12.7%(以上数字嫌夸大)。但61年只250亿斤, 62年300亿斤,认为作为商品粮食基地有潜力。(2)拟以贵州的威宁为山地利用榜样。海拔二千米有7000 km^2,近来曾伐林开荒,造成五十万亩地水土严重流失,应退耕还牧还林。威宁草海曾有堵海开垦的计划,是否可行?(3)则水利资源,如渠江水力是否利用发电,这一问题交通部、水电部、农业部有争执。(4)西南工业基地西昌是否相宜?时间以1963—1972十年为期,措施方面要加强综考力量,并聘请冯仲云、马识途、张冲、郭敬辉、熊宇忠(西南局科委)、侯学煜、周立三、任美锷、张荣祖、吴传钧、崔克信、张有实等为学术委员以审查计划、总结报告等。另一重要问题则业务领导缺人,周立三、马溶之、郭敬辉均不愿就。并说范长江主任提议要在十一月底开一次西南综合考察会议,加强该地区科学研究,时间十一月底。我提意见认为十年时间太长,要缩短,至多五年,到1967。以后西南如有需要仍可组织。在四川东部与贵州遵义等地均已开发,除非西南局有特殊问题要解决,综考会不必插手。认为第二、第四两题是合适。第三中小型水利应是水电部承担之事。业务领导周立三、马溶之统不能兼顾,应以郭敬辉为宜。在西南进行综考,应取得四川大学和西南农学院合作。学术委员任务与各所学术委员名称相同,可改一名字云云。十二点回。

午后阅中国文字改革委员会送来刘泽先对于科学名词问题,认为过去音译、意译统不能统一译名,所以主张现在就改以拼音字母来翻译。他并举 Hydrochinone 一个字已有卅三种译法,人名 Менделеев 门捷列夫有 34 种译法,说科学院出版《化学化工术语》(1955)与《英汉有机化合物名词》(1959)中译名一致〔者〕只占 21.7%。说林启寿著《合成有机药物化学》(1954)与陈新谦新编《药物学》(1957)译名不同占 61%。这一问题确是急应加以改正。因胡愈之提醒我,才细看来文,这是我的官僚主义。

世界上科技文献。1959 年统计,每十五年增加一倍, 1961 年又说每七年增加一倍。单科技期刊已超过十万种,每年发表论文二三百万篇。美国《化学文摘》1956 年用了期刊七千种、八十五个国家八万篇论文, 61 年到达 745,200 篇文字。

9月30日　星期一　晨晴,七点 15°,室内 66°F,风力 2—3 级, 752 mm。寓中大丽花有开者,东边一株白花,西边红花,但经夏,除白者曾开一朵外,余均不开。

晨六点廿分起,做 20 分钟太极拳后早餐。九点至院。将校对好油印《我国气候的几个特点与其对粮食作物生产的影响》一文交与沈秘书,预备先寄黄秉维、汤佩松、吕炯、吴传钧、戴松恩、金善宝和叶渚沛等七人审阅提意见。我并于下午作函与戴、金、汤诸人。午后将前日所购夏仲昭画的竹石复制品送至友谊宾馆北配楼 3345 号交与柘植秀臣,回途至王府井的北京照相馆取照片。

晚周总理在人民大会堂宴会厅举行外宾招待会,我参加招待世界科协北京中心来会的越南代表黎维文、裴辉荅与古巴代表 Augustin Anito、Osanande Nunes。我去才六点半,但人大三楼宴会厅已坐了人,我的座桌是 110 桌,据说今晚共有 408〔桌〕,可坐四千多人,遇钱学森、华罗庚、茅唐臣等,我同桌有钱三强、沈其益、武衡和一西班牙文翻译和越南文翻译。据沈其益,昨天晚上北京中心成立大会从下午开起,直开至今晨五点始结束,连开 16 h。由于会上意见有分歧,主要是由反帝反殖民主义,许多人口头上赞成反帝或至少不反对,但写在纸上便提出异议,以是相持不下。我想法国的 Bignard 他是总会秘书长,开会初期就看得出他是不赞成反帝的。此外非洲若干国家、蒙古,甚至 Algeria 的代表也不一定赞同。但据云最后还是放进宣言中。明年定八月间在北京开讨论会,以未发展地区的政治经济为主要题目,人数在二三百之间云。今日宴会于七点多开始,周总理讲了话,极受到会四千多人的欢迎。膳毕毛主席到了场,群众拍掌达十分钟之久,九点多即散。我出来时问 Algeria 代表 Stenan Taleb(细胞专家), Algeria 有否沙漠研究所。他说他们现在没有,希望不久会组织。我因读 Ritchie Calder *Men Against the Desert* 书中 pp. 26—27 说 Beni Abbes 有一个小沙漠实验室,有生物、考古、物理专家云云。

10月1日　星期二　建国十四周国庆　晨晴佳，7^h 12.6°，室内 62°F，758 mm，风力2级。下午晴。晚月光大好，南风3级。

国庆来庆祝的有右列诸人：Д. Арманд 阿尔曼德、列宁城植物所 Линчевский 林切夫斯基，同植物所 Федолов 费多洛夫、Мурзаев 穆尔扎耶夫、Юнатов 尤纳托夫。晚七点至天安门，和允敏、松松看焰火和文艺演出。和张志让谈厉德寅事。

晨六点半起，听广播，作太极拳。九点至天安门。今日天气晴佳而风和日丽，天安门广场上民众二十万人已整齐地排好。在穿白色制服的军乐队后面立有大学学生、工厂农场的干部，各持鲜花以红色纸花排出"1949—1963"、"毛主席万岁"和"国庆"三色字样，屡相变换。竺松今年值科技大学毕业班，也立在群众中，被排在军乐队后的第一排。我去天安门时遇周培源，知这次世界科协北京中心成立于前天(廿九)晚，闭幕时有剧烈的争执。因大会总结宣言中要提反帝与反殖民的字样，总会秘书长 Bignard 坚持不要，而蒙古人民共和国代表附和之，相持不下。最后以"会议参加者的绝大多数认为，1964年科学讨论会的主题应为有关争取和维护民族独立，发展民族经济与文化，改善和提高人民生活的科学问题"，"会议参加者绝大多数认为，帝国主义和殖民主义是造成亚非拉地区的科学文化落后的主要根源，是对民族解放运动的主要障碍和对世界和平的严重威胁"云云。十点庆祝国庆正式开始。彭真同志讲了话，述我国农、工业情况的好转，由于贯彻了执行以自力更生为主，以农业为基础的方针，国际上坚持马列主义和无产阶级国际主义，维护社会主义阵营的团结，支援被压迫人民对帝国主义的侵略政策持不懈的斗争云云。次检阅队伍，毛主席、刘主席、周总理、朱委员长均在台上，重要外宾有印尼合作国会副议长鲁克曼、阿尔及利亚国务部长阿乌兹加尼、柬埔寨国家顾问松山、美国黑人领袖 Robert Williams、日本工业展览会总裁石桥湛山。检阅至十二点十分礼毕。

在天安门散后，我因接松松，所以等待了约卅分钟在北长安街南口始接到，同回。下午将旧期刊点数以备出让，计有苏联地学会期刊：'54 1—6，'55 1—6，'56 1—6，'57 1—6，'58 1—6，'59 1—6，全。地理所集刊：'52 4—5，'53 1—5，'54 1—6，'56 1—6，'57 1—6，'58 1—5，'59 1—6，'60 1—6，'61 1—6，'62 1—6，*Geog. Jour.*：'57 1—4，'56 1—4，'55 1—4，'54 2—4，*Geo. Rev.*：'57 1—4，'55 2—4，'50 3—4。*Discovery*：1947 1—12，'48 1—12，'49 1—4，1950 1、6—12，'51 2—11，'52 1—2、4—12，'53 1—12，'54 1—12，'55 1—12，'56 1—7、9—12，'57 1、3—12，'58 2—4、8、10—12，'60 1—12，'61 1—12。

10月2日　星期三　晨阴，St，七点 12°，室内 63°F，756 mm。

晨六点半起，作太极拳 20′。上午阅《南斯拉夫是社会主义国家么?》文。熊伯衡夫妇来谈,知渠在农业机械学校被评右派,帽子摘去后近又以年逾六旬在退休之列,其爱人在图书馆也同时退休,但因年力尚强所〔以〕希望仍能工作。退休可支七成薪水,生活是不成问题的,意欲在科学院经济所觅事。我对于经济所情形不熟悉,但允遇经济所所长孙冶方为之一询,实际我想无此需要。因熊伯衡夫妇对于日文颇有造诣,而且目前熊爱人尚在教日文,所以我问了他日文字母的读法。钱乙藜夫妇来,又傅姬夫妇和傅珥夫妇来。傅〔姬〕丈夫姓徐名应潮,在二机部,系清华毕业,与傅姬为同学。其丈夫曾住在碓窝井九号,时在我们去遵义以前,其时彼年岁尚幼。傅珥丈夫张主任治安则在军部铁道兵团政治部副主任。傅姬谓傅梦秋去世前曾写有词若干首,愿交文学所审阅是否有出版价值云云。

午后乃宜、林邦慧夫妇来。四点我至北海公园,徒步走来回,计 1h20′。今日公园开放不收费,所以游人甚多。熟人只遇到吴觉农与杭州蚕桑学校校长陈泽民。晚六点和允敏至北京饭店参加几内亚建国五周纪念,我们同桌有胡愈之夫妇、周培源夫妇及外交部秦君,前年在英国代办处曾代宦乡为代办。据〔云〕非洲与我建交者目前为十国,连也门、伊拉克、叙利亚西亚三国为十三国云。七点半和允敏至兵马司钱家看电视《迎春花》,电视目前尚不甚清晰,加之我耳又重听而目又不明,所以兴趣索然,回时已 $10^{h}24'$。

10 月 3 日　星期四　晨晴昙,风力 4 级, 14°,室内 64°F, 755 mm。下午昙。晚 64°F。

晨六点四十分起,作太极拳 20′。上午九点和允敏去新北京复兴路 14 号铁道兵团政治部副主任张治安即傅珥家,傅姬的母亲今日亦在傅珥家。谈到 1940—46 年代我们住碓窝井九号情况,宛如在目前。据云,傅姬的丈夫徐应潮(福建人)当时随其父母去贵州遵义,于 1939 年住在傅家。他们当天搬出,我托士楷即当日移去住了,我到 1940 年才搬去,允敏则于 40 年四月才到遵义。徐应潮和傅姬同进小学,又同进初中一年级,从 1939 别后两无消息。但在考大学时又同考入清华,后遂成夫妇,现已有两小孩,大的入了中学云,也可谓天作之缘矣。徐现在第二机械工业部。傅二太太又说在碓窝井时,波若曾允把乃宜送给她当儿子,因其时乃宜尚属手抱孩提。十一点至太平路 11 号军委医药科学院四楼看刘宝善夫妇。据刘云,贺诚已于去冬被免去院长职,在昆明养病,以殷姓者继任。十二点回寓。

下午阿六(乃珏)和伯铭来,知伯铭已被分发至市政府微电机厂,在永安门第二传染病医院附近,厂中有工作人员 700 多。冯德培来,知于国庆节日来京,定九日乘飞机赴英国皇家学会至 London 二三星期的招聘。渠 1945 年以〔后〕未曾至英国云,其老师 A. V. Hill 等已早退休,但同辈人后起之秀颇不少。我托其带一个信与 Joseph Needham,说其带口信与冀朝鼎,已于冀逝世前告我。我并转达了科学院与对外文委(据说文委已通知他明年来我国)。和冯同去者尚有有机化学所黄维垣,系美国 Harvard 大学学有机化学者,另二人或三人将于十一月出发前往(其中可能有地质一人刘东生)。五点半告别。

阅《文史资料》38辑张邦永(浙江省委文史资料委员会供稿)《华工参加第一次世界大战的片段回忆》。述1917年8月14日我国对德宣战参加第一次世界大战后,英法两国立刻招募华工去法。张时方读完清华中等科要升入高等科,就考英国使馆招考当翻译,月薪120元。和张静愚等经威海卫订合同三年为期,搭太古公司轮二千多人由加拿大渡大西洋至英国,转法国 Arrau 掘战壕,以后又到 Calais 运粮。说英国人常不按照合同办事,经过一位张姓的工人斗争后方改进待遇。说青年会派了周辨明、吴维德、晏阳初三个人在华工大营办事,云英国所招十万华工死三千多。

张在法国 Calais 时还在一家杂货店遇到一个北京西郊海淀人,是八国联军掳去的,那时才18岁。有二子在当兵,三女在身边,丈夫已死五年多。说在法国一提到中国人就显得不够尊重,因祖国太乱太弱之故。说听到 Clemenceau 说中国不过一个地理名词,就使她伤心。

10月4日 星期五 晨晴冷,8.4°,室内57°F,761 mm,风力1—2级。

晨六点三刻起,做太极拳20′。今日寄出士樵函。寄与珍姑洋卅元,珍姑是我二哥第二女,嫁与其表兄丁某。此人原经营小买卖,现以年老不能经营。他们生了二子,长名(英豪)应豪,次名世德。应豪在安吉农场第四生产队,收入甚微,把其儿子交与其母亲珍姑去养。而世德近年结婚,所〔以〕收入亦有限。珍姑自己原在李天助医生家做保姆,略有收入。现要招呼外孙又不能做事,所以弄得拮据万分,到处借债。三月前丁应豪来信说他在安吉之屋被雷击并打死小女,其丈母又病被接去到安吉。前次士俊来时我问他是否知道此事,他说近接其母亲信知其姊在杭州没有去安吉,我就晓得丁应豪之信不可靠,要向我诈取卅元。其方法与何元晋的儿子两年前从昆明来信骗钱一样。我就写信给士樵问询珍姑是否在杭州,发现她根本不知道有雷击丁应豪家之事,但说丁家拮据,而且曾经向士樵借去廿元至今未还。为此我就接济珍姑卅元,由士樵转交,这样即使她还了士樵廿元尚有十元可多,总之无论在城在乡不搞生产是不行的。

晨九点至院。阅《文史资料选辑》第33,内有李维城、宫廷璋所写《杨氏家族与聚兴诚银行》一文,提到四川杨骏臣家商业资本办理银行事。杨家住重庆江北岸,初光绪年间以开杂货铺起家。杨骏臣儿子杨文光聚兴诚做棉纱生意赚了钱,文光派他儿子希仲去日本岩仓大学读交通,希仲看到三井、三菱洋行事业非常羡慕。1910年杨希仲在日本与湘人陈蜕庵的〔女〕儿陈撷芬结婚,赴美国 Illinois 研究院读书。1913 年返国,即着手改组聚兴诚,出口桐油。希仲的弟弟粲三则从山西票号学习银行事业,于 1915 年成立聚兴诚银行。希仲任总理,粲三任协理。1919 文光逝世,希仲与粲三闹意见,欧战后亏累颇多,权落在粲三手上。再加四川 1918 以后军阀互争地盘,总处移汉口。希仲又因乏嗣纳一妾,以致陈撷芬郁郁而死(又说希仲早已生子在美国留学),希仲自己也于 1924 年去世(一说两次谋自杀)。我与杨希仲、陈撷芬是伊利诺大学同学,我也是 1910 年到, 1913 年离开,所以同学了三年。那时他们初婚不久伉俪甚笃,别后未通音问, 1938— 45 期间我常至重庆,在江北见他二人茔墓,始知均已下世。

寄士樵附珍姑款卅元、张志让、阿恺照片、朱济凡、徐规

10 月 5 日　星期六　晨七点 9°,室内 58°F,冈,晴, 755 mm。下午晴, 66°F。

晚至长安大戏院看张君秋演出(《诗书会》又名《绿牡丹》)。

晨七点起,作太极拳 20′。上午,今天在嘉兴寺公祭张春霖,他于上月底因心脏病不治去世,我是治丧委员会委员,但今天到十一点始记得是公祭的日期,而治丧礼节照例简单,不会占多少时间,所以只得作罢了。十一点至院。十二点回。下午二点至北京展览馆参加 1963 年日本工业展览会开幕典礼,今天颇为郑重,薄一波副总理、彭真市长及郭老夫妇均到场,在剪彩以前工业展览团总裁石桥湛山致辞。石桥年已 80 余,于 1959 年曾来我国,当时中日两国完全没有来往,曾与周总理〔谈〕如何恢复邦交,幸而有得成就,这次展览是一个表现云云。次中国贸易促进委员会南汉宸、日本工业展览会代表铃木一雄、人民对外文化协会楚图南等致词,在京日本和平人士西园寺公一致辞。展览团团长宿谷荣一报〔告〕筹备经过,说 1956 年 10 月他曾作为日本展览会负责人来北京, 1956 年以后中日曾一度差不多没有贸易,到去年 12 月同中国国际贸易促进会订了协定,发展中日贸易议定书。这展览会在东京、大阪、名古屋、北九州引起很大反应,表示赞同的县长市长有 742 名,地方议会议长 195 名,商工会议 127,工商团体 100 个,日本政府拨了补助金,大小厂商都表示参加。展出厂商有 630 家之多,日本在国外展出规模之大,史无前例,数量质量均远超出上次。机械工业占了大部,而电子应用机器、化学纤维、染色加工、理工器材水平均高,有些展品精密度非常高。但日本国内外形势复杂,有些产品本来想运来,由于各种原因不能实现云云。$2^h50'$剪彩后入内,我看 1h40′,见到精密仪器有 JEM 6.99 Å 的电子显微镜,另一种是 4.9 Å 的。柳本展出天平可称百万分一 gr。此外尚有红外线、航海用 Radar 可测一千多公里远、气体分析 Gas chromatography 等等仪器。四点半出至北京医院 215 号看李书城,其爱人薛君也在,谈询施手术情形。据云上月廿五施行全身麻醉,四小时始醒,但现只十天已能行〔动〕自如,且已拆线,胃部割去大部。据李云是胃溃疡,但实际是胃癌。渠年已

82,而施手术后神色甚佳,且已照常做运动,实受平日锻炼之〈施〉〔赐〕。据云胃素正常,今夏到北戴河始觉胃胀,十多日回京,即入医院观测二周即开刀,但仍切去胃之大半云。

10月6日　星期日　晴,最高25°,最低5°。

樊纪顺来。吴相如来。

今日全天未出外,写《论阴历和阳历的合理化》,这是应《人民日报》电话里的要求。因为上月廿三日梁思成发表了一篇《节气和阴阳问题》以后,大概引起人家兴趣,要求我写的。我觉得梁文中关于日历的如何改进问题并不大,问题是在目前的阴历不合理,而阳历也不合理甚至更不合理,所以我就乘此机会来谈谈历法是否要合理化的问题。我在查阅文献时,发现前英国钦天监 Spencer Jone 在他所著 *General Astronomy* 的 p. 63 上,都公开提出改进现行 Gregory〔历〕的主张,这可见可改进历法也是天文学家大家所希望的了。今天下午我才动笔,写到晚上才写一半,要明日才能写成。

10月7日　星期一　晨七点晴, 8.5°,室内60°F,風, 760 mm。晚雨。

今日继续写改进历法稿,到晚十点多才写毕,但仍然要誊改。上午至院。发现德国大使前曾来贺国庆函,并送一花篮至中德友好协会,但今日系德国十四周国庆,我的贺函于今午才寄去,沈秘书对于这类事太不关心了。我曾要沈问中德友好协会,今晚的德国大使馆国庆我是否应出席,到今日下午才得复,以为以不去为是。但前天我已经遇到大使 Hagen 和 Bri,所以不去将来见面时颇难以置词。以后我又打电话给对外文委,认为可以去,所以六点我和允敏还是去了。有聂总、陆总、陈叔老等出席, Hegen 大使讲话时提到德国是第一批国家在莫斯科禁核条约上签字,但并不提美帝否认有效,又提跟苏联的合作,显然态度并不友好。七点多散。

10月8日　星期二　晨七点阴雨, 12°,室内62°F, Calm, 756 mm, St 10。日中昙。

晨六点三刻起。昨晚微雨,今晨地潮湿。上午八点半和沈文雄去中关村地理所,与黄秉维所长谈地理学会开年会事。以人大、政协今年大会定在十一月中旬在京开会,若如地理学会在杭州于十月十九开会,则必要冲突,我既不能去,恐黄秉维因政协大会关系亦有困难。所以我意应即开一理事会来讨论,同时年会论文以及代表人选也要早点确定为是。李秉枢所长谈,说今年加薪照例三级以上不加,但地学方面也有卢衍豪从二级升一级,顾震潮从三级升二级,所以他主张黄秉维应升为一级,并已提出于院。我对于此事不了解情况,拟以与谢秘书长一谈。童第周主任来谈,据云曾和娄康后及上海实生所陈君(做 Tissue culture)同往广东研究培养珍珠蛤蚌问题。日本有十一万人业此,有六千个养殖场,有研究所,每年出口可二亿美元。此合浦养珠始于宋,以后传于日本。日本气候不及两广和暖,蚌类在我国比日本易长。日本向从我国进口蚌,所以我们海洋所拟把此作为湛江研究问题重点之一,我甚赞成此事。湛江所拟移归广州,我们二人均以为广州为不相宜。我也告以在青岛时曾与孙、曾二所长谈,将来地质海洋不必成所,但现在规模却已不小。遇文焕然,他明将去西北考察竹的北限。回至院中,遇冯德培、黄维垣,他们明日赴莫斯科转伦敦。下午四点至人大常委,彭真同志报告今年人大政协仍合并开会,定在十一月中旬开始,会前有一个月时间可以视〔察〕。次谈外交形势,说苏联可能召集世界共产党会议大会,我们决居于少数地位,苏联要把我们除名,但我们继续反新修正主义决不后退,又说 Козлов 柯兹洛夫已于九月间被幽禁?云。

10月9日　星期三　晨晴,室内 62°F,户外 11°。晚十点半室内 66°F,756 mm。

理发。上午至团和农场。晚至北京展览馆看电影《41号》。

晨六点三刻起。上午八点至科学院。将前天(六号)所写的《论阴历和阳历的合理化》文由沈文雄写好后寄与《人民日报》,约 2800 字。九点和过兴先、谢鑫鹤、沈文雄、姜纪五、赵正甫、张致一爱人等乘小汽车赴南门外的团和农场看水稻高产。经红星农场时,曾在红星的稻田区一停,据云红星稻田用肥每亩 80 斤 $(NH_4)_2SO_4$,密植每亩插秧二万蔸之谱。今年估计可收八九百斤,水是用机器井,所以不患旱。据云肥不要施太多,一亩 60 斤 $(NH_4)_2SO_4$ 已足。最初种下,谷雨下种,立夏插秧,寒露到霜降可收。也有小麦收后夏至插秧(立夏播种),现在也黄熟,霜降可收,实际只有 120 天。小麦今年 300 斤,稻估计可收 700 斤,合一千斤,但这样做嫌人力不足。次我们到团和农场,系一劳改农场,有地 16 700 亩,以二千亩种水稻,二千亩种菜蔬。据〔云〕一人可以管六亩稻田,但只能管三亩蔬菜。这农场以高产水稻著名。队长姓王,系从天津小站种米有经验后来此,农场建立于 1956,全系平地,用井灌,年灌五次。问灌多〔少〕水,答云不知。肥料每亩 70—80〔斤〕$(NH_4)_2SO_4$,少量厩肥,密植每亩即三万蔸。今年许多地方倒伏,原想可收 1000 斤以至 1300 斤,但据已收割的看来只能是一千左右。因密植所以倒伏,但王队长认为只要施肥灌水得法可以不倒伏。用机器直播可以每人日播二百多亩,人工插秧一人只能插四分。也有人工直播的,成绩都相仿。北方春旱,但五月不要多放水,免得徒长。每亩所出谷子重量和稻草相似,为 1∶1。北方种稻可较南方密,因南方太阳辐射少于北方。该农场去年上缴利润一百五十万元,去年种棉二百亩,@100多斤皮棉(300斤子棉)。十二点回。下午至北京医院看蒋国彦大夫,量血压60—110。理发。晚至北京展览馆看苏联片。

10月10日　星期四　晨七点阴, FrSt St 9, 14.2°,室内63°F, 761 mm。

农业排灌的机械化。

晨六点半起,作廿分钟的太极拳。上午八点半至院。九点至朝阳门大街科学出版社,和周太玄、赵仲池及朱务善谈,首先是关于化学名词的用中国方块字翻译抑用译名拼音化问题,这事十年以来化学家中一直有争论。主张拼音最力的是刘泽先,而出版社陶坤则不主张用外来语科学名词的,这已争论了多年。到1957年《光明日报》曾于九月间发起了化学名词的整理与讨论,发表了北京三个高等学校化学老师的意见,以后编译出版委员会(即今之出版社)还出版了一本化学名词讨论集。现在刘泽先又到处写信,提出要改革的意见,所以有重新谈开之必要。朱务善意今年再由《光明日报》来辟一栏,专讨论科学名词,以化学名词为主,要我写一篇绪言,长短不计。次则到明年开一次化学家讨论会,我认为可以。但人民代表大会二届四次会议就要开会,我要到外地视察,所以绪言要尽快先写,我需要点材料。次则明年的会最好和中国化学会合开。十点至人大常委104次会议,与政协常委合开,决定二届四次人大会议和三届政协常委会议定十一月中旬(十五六)召开,开会前可至外地或在北京视察,事忙和病者可以不参加。视察必须于十一月十二前结束,大家无异议通过。下午抄录小日记簿中各项友人地址。晚五点至政协晚膳。六点和允敏、沈文雄至展览馆。去展览馆者尚有吴承洛太太和陈翰笙太太,看至九点出,回时已九点半。接张俊秀爱人函,来问张与吴嫂有否暧昧情事,但实际吴嫂已决定和一个修理脚踏车的人不久结婚,所以谣言是不足信的。

今日《人民日报》载江苏、广东均大力推广机电排灌。江苏省1908—49年只发展六万多马力电排灌设备,占稻田面积8%, 1949—57排灌动力增加一倍, 58—63年五年增加了七十万匹马力,农田灌溉由49年220多万亩加至二千五百万亩,十倍以上。从前十年九涝低洼,现在已能及时排除积水。广东珠江三角洲建成小型排灌站1303个,能力55 000 kW,受益农田154万亩,邻近地区已有580万亩用电力排灌。今年虽严重干旱,由于用电力,仍然保证90%以上稻田有水,使早稻增产。湖北省六分之一水田已用电力排灌。

10月11日　星期五　晨阴, St 10,七点 13°,室内 62°F,风 1—2 级, 761 mm。晚微雨。

地理学会理事会。补右下第七牙。

晨七点起。上午八点半至二里沟全国科协开地理学会理事会,决定今年年会改在 11 月 12 日起,因原定 11 月 19 日起,要与第二届人大四次会议冲突(已定在十一月中旬召开),所以提早,若延迟则又怕到阳历年终了。一致通过。关于预备在这次大会中提出重选理事名单原提卅六人中,天津(河北省委)主张以河北师范大学地理系主任邓授林代鲍觉民,已补上。甘肃主张要加师范大学的荣书之,因此人对地理方面大家不见经传,而甘肃已有兰州大学地理主任李文,所以认为无需要。讨论后再加白敏、陶诗言(气候)、沈玉昌(地貌)、林超和严钦尚(上海提)等五人。今日孙敬之也出席,这是复党籍后第一次。十点半至北京医院看牙科任蔼莉(♀)大夫,前次只补了右下第七颗(神经未死),因觉有点痛,所以停了一个月未补第六颗(神经已死),今日将六牙补好。七牙现已不觉痛。下午将小日记簿上的所有中外通讯地址整理重抄,录入新购小簿中,直到晚十一点睡。今日收到过兴先、汤佩松所提我著《我国气候的几个特点与其对粮食生产影响》文意见,统很有补益,汤关于光合作用尤重要,即着手修改。

10月12日　星期六　晨七点阴, St Ni 10, 13°,室内 62°F, 758 mm。

周总理谈外交形势。晚至西煤厂沈家看电视《年青的一代》。

晨七点起,作太极拳 20′钟。十一点至院。阅《人民日报》交来我所写《阴历阳历合理化》校样,排得如此之紧,实在很难改正。下午三点至中南海〔　〕堂听周总理对于国事的报告,这报告是对参加近开的关于计委、建委以及各部召〔开〕会〔议人〕员而谈的,我们是作为旁听而参加。共报告了四个钟头,报告内容第一部分是外交,主要是反美斗争,要团结世界上 90%的人民来反美帝和其随从者,包括修正主义。我们战线不会太宽,也不会被孤立或引起世界大战。我们要高举: 1)马列主义和反对现代修正主义的旗帜, 2)莫斯科宣言与声明, 3)国际主义和反对大国沙文主义, 4)民族自力更生和 5)无产阶级反帝反殖民主义五个旗帜。我们一向主张和平共处,但反对侵略。美帝侵占了台湾,我们不能与他和平共处。修正主义的五条:一个主义(修正主义),两个全民(全民的党,全民的国家),三个和平(和平共处、和平竞赛、和平〔过渡〕),四个联合(美帝、印度、南斯拉夫、一切反动派),五反(反苏人民、反民族解放、反反帝、反世界人民、反华)。对修正主义有四句话: (1)坚持原则,后发制人; (2)坚持路线,区别对待; (3)坚持团结,反对分裂; (4)坚持斗争,留有余地。关于我们的策略,毛主席说要用中国从前所说下面三句话:

(1)“不为天下先”(见《老子》),后发制人;(2)用《左传》所说要“退避三舍”(引《左传》晋文公城濮之战),我们对印度作战就是如此;(3)《礼记》“来而不往非礼也”。这统是策略性的老法,但也可以教育人民。今日世界潮流基本是四个矛盾:帝国主义与社会主义、与被压迫民族、与自己人民和帝国主义各国间的矛盾。其中照目前形势,焦点在帝国主义与被压迫民族的矛盾。近来武装斗争发生于 Algeria、古巴、老挝、越南、印尼等地,所以主要矛盾目前发生在民族反帝斗争中。我们并不孤立,孤立是美帝。第二部分是关于国内,这是讲给建设计划会议人听的,说苏联已经建设社会主义,但尚无一套进社会主义办法,必须自己摸出来。苏联农业为主的口号,斯大林提出后不久放弃,至今未过农业关。我们要自力更生,但苏联经验于我们有好处。毛主席说再要两年我们可以搞一个独立工业、基础农业。今年天灾仍不少,仍有一千多万亩浸水里。古巴最近台风损失四亿元,但我们损失更大云云。七点五十分回。晚膳后和允敏至沈思岩家看电视。

寄朱炳海、吴世昌(寄傅梦秋《词调辑遗》、《词调拾遗》、《词调拾遗补》十六本)、傅姬、祥清、宁宁、士楷、竺庆　寄竺庆洋十五元

10 月 13 日　星期日　晨晴,七点 10°,室内 60°F,风力 1—2, 757 mm。

今日磅得桢 100、允敏 102?、彬彬 122、松松 98。

晨七点起。今日系星期日,彬彬、松松均回,我要他们把从前(1947)在美国所购幻灯 Argus All Purpose Projector 装好。此灯因放箱子多〔年〕,灯泡已坏,向上海购订,近始得到,今日才能使用。但因下午他们二人均回校、所,而我以事忙,未能放映耳。上午打电话给邵力子,问他何日去杭州。他说十五号下午去杭州,考察人将聚谈一次,大约十七日出发,他夫人傅学文已在上海云。下午四点至欧美同学会,今日为庆祝欧美同学会成立五十周纪念。我到时,叶景莘老、金永祚、赵君迈、卢肇钧等已先在。章行严为当时发起人〔中〕惟一在北京者,其余发起人中尚在世者有蒋梦麟、李石曾、王景春三人,或在台湾或在国外。今日到者除章行严外,有统一战线部副部长张执一、市政府秘书长李续刚、陈岱孙、周培源夫妇、何思源、蔡方荫等一百多人,先拍一照,后入座谈话。章行严谈到当时发起时情况,以为目前旧人均已衰老,接替要有新人。他在日本留学时,以为着围棋日本人为不可及,但今年竟有十九岁的陈祖德赢了日本来京九段杉内雅男和八段宫本直毅。叶老谈了 1913 年来欧美同学会经过五个阶段及会所的改修建筑情况。茅唐臣谈了过去留学生的作用以及今日欧美同学会存在的原因。周培源谈近在北京开世界科协北京中心成立斗争的经过。最后市副秘书长李续刚谈了他个人对于欧美同学会看法,与茅老所谈相合。张部长则照相后即离去。据叶景莘说,他夜晚小便每须七八次,吃王历耕所开女 Hormone 只有加剧,而且副作用大,所以无补于事。八点我先回。

阅1959年McGraw书店出版*Natural Resources*书中F. W. Went, Director, Missouri Botanic Garden所著的"Photosynthesis"一文,知光合作用最初成品不是甲醛CH_2O,而是$(CH_2O)_6$,即葡萄糖,说要三四个量子的力才能从CO_2还原一个原子C。

10月14日 星期一

上午改写《我国气候的特点》文,尤其是因汤佩松提的意见。下午黄秉维来谈,亦为此事。晚和允敏至人大礼堂三楼看云南京剧晚会。演《战洪州》,以关鹔鹴起穆桂英,唱得好,也打得好,可称文武全才。十点半回。

10月15日 星期二

晨阴, St 10,七点11°,室内60°F, 755 mm,风力1—2级。晚62°F, 759 mm,风5—6级,骤冷。

晨七点起。上午八点半至院。九点至人大常务委员会议室谈政协人大视察事。我加入浙江组,到者共十二人,计有邵力子、张琴秋、沈兹九、张䌹伯(年78)我五人为代表,余七人为委员,有罗隆基、李俊龙、林汉达、王梁材、王卓然、赵君迈及〔 〕(史良的丈夫)等。副秘书长辛志超报告了今日要推出组长、副组长各一人,并约定何时出发。大家商讨后决定选邵老为组长,我为副。日期定十八日乘上午$10^h25'$的廿一次车,次日$15^h45'$至上海,$17^h05'$离上海,22点左右到杭州。家眷无明文规定,但七十岁以上的人,为照顾起见可以带,所以允敏可同走。随行秘书为李念武(♀),武汉一带人。家属旅费膳宿自理。十点回院。姚竺绍(杏仙)来谈,知北京天文台台址迄未选定,因此程茂兰既无房子又无仪器,变得无事可做,而人家批评以为他这几年没有成绩。216天文镜现归南京仪器厂制,由南京天文台领导,而南京方面不急于造216,把大部时间放在为南京台制仪器。龚祖同为厂长,对于此也不满意云。

午后二点半至中关村地理所。和江爱良谈,他要我阅《关于广西热带作物小气候》文,我未能细看,且广西我调查不够,所以提两点意见:一是文中没有引用文献,对于前人工作未利用,二是文字方面欠整洁,我主张他要多看《毛选》。次马溶之来谈,他方自东北调查开发西辽河流域事回京。据云调查团主持人系华北局陈康白,而主事者实为天津赵克。其人主观极深,硬要说西辽河流域没有盐碱,也不会起风沙,要埋没事实来大开一千万亩地。我告以苏联在哈萨克斯坦开垦失败的例子。吕炯来,他于新婚后,近前往武汉参加了水生湖沼学会。五点回。又下午与叶渚沛谈。他要我为其文作序言(关于农田施肥方面)。

10 月 16 日　星期三　晨晴 7.3°，室内 56°F，762 mm，风力 1。

晨七点起，做廿分钟太极拳操。接人大办公室电话，知原定去杭州的人大政协代表委员于十八日晨 $10^h25'$ 车出发，因此时外宾纷纷回国，去南方者多，所以改于十九晨 $10^h25'$ 出发。这倒正合我意，因为我怕有许多事情办不了，能迟一天最好。邵力老来谈去杭州视察事，他定明日即去上海，因其夫人已在上海相等，于二十日一同去杭州。他说在杭州留二星期到上海，我意也如此。为叶渚沛写他所作文《如何获得农业高产量》的〔序〕文，我原以为无此需要。他以大多数人不知他过去工作，以为他是冶金专家，对于肥料方面工作不受重视，尤其对冶金部意见更深，我亦不便坚拒，所以给他作三百字的序言，并复他一封信。下午和允敏至王府井大街，我以 5.40 购日本制富士牌 135 号软片一盒而回。阅《我国气候的几个特点和其对于粮食作物的影响》一文的改正稿，以便付印。晚阅内蒙古大学化学系学生李天赐来函，长十一页，报告其发现历盘经过及其用途，可很快从阴历变阳历，而且发现了许多著作中错误。我以外行，又值事忙，所以始终没有和他面谈。晚间复他一封函。

寄厉无咎函　傅婉芳函　汤佩松函　傅姬函　吴世昌函　士樵函

10 月 17 日　星期四　晴 4°，室内 50°F，760 mm。

晨七点起，廿分钟太极拳。八点半到院。九点开北大、清华、科学院三方合作委员会会议，讨论三个文件：1）三方合作的几点意见；2）1963 年度合作计划，计有十九个研究所和北大 8 个系、清华六个系商定了 1963 年的计划，计①共同研究项目 61 项，包括地质、地理、沙漠考察、锗硅合金性质、铁磁共振、催化化学、植物代谢，②关于培养干部方面有指导毕业论文 33 人，接受实习 153 人（原子能、半导体、地球物理三所占 147 人），学校协助研究所指导研究人员进修 16，到校旁听 97 门，共 199 人，③关于学术活动有固体物理、流体力学等定期座谈会等，④关于仪器设备合作等。关于合作事项科学院已指定计划局（汪志华），教育〔部〕指定科技办公室（王新亚），北大指定自然科学处（张龙翔），清华指定科学生产处高景德负责；3）关于合作计划情况的报告。今日到者张劲夫、竺可桢、汪志华、教育部蒋南翔、王新亚、北大陆平、周培源、张龙翔、清华蒋南翔（兼）、张维、高景德、科技规划委员会赵石英（王〔　〕）等。讨论后张副院长提到各高等学〔校〕分配毕业生时，希望能派成绩优良的到科学院。十点至院图书馆。范新三馆长提到院五反中图书馆的贪污案三者三起。一为管理善本图书的武作成，安徽人，原为采访组组长，后改至善本部，已来院 10 年，于五月间（五反前）已发现武全人（前图书馆馆员）拿若干善本书者出售与中国图书公司，其人为公司所扣，此人之妻即报告武作成，武即潜逃无踪。派二人追踪，曾在安徽某地旅馆宿一宵，但至今无下落。总务〔科〕王茂寿事庶务,购木器贪污二千元,重复本〔部分〕胡国张也有大量贪污。关于基建,希望在中关村有6000〈千〉〔平〕方基建。计划局主张在原来屋上加一层,迄未定。我以为不如从计划局意见,至于长远规划不如在北郊。次至九爷王府,和周太玄及严敦杰、钱琢如谈片刻回。下午至政协吃了一杯咖啡。晚七点和允敏至西单辟才胡同相近的西单工人俱乐部看电影,魏喜奎(♀)主演的《杨乃武与小白菜》。系评剧改写,此事出在杭州余杭县,由于杨乃武(举人)与毕秀姑(小白菜)为邻居,两小无猜,后秀姑被葛家当作养媳,又为官府刘姓者所欲占,将秀姑之夫毒死,而归其罪于杨乃武。狱讼经历三四年之久,官官相护,逼秀姑硬指杨乃武所为。适以慈禧与浙江省巡抚杨姓不睦,欲因故去之,乘机以杨乃武案参杨。余小时在绍兴常闻此故事。

寄复李天赐(内蒙大学,作历盘)函　叶渚沛函

10月18日　星期五　晨七点8°,室内55°F, 760 mm,风力三级, N。北京图书馆门口的树和科学院门前银杏的叶均黄色。寓内大丽花开。白菊花含苞甚小,要一礼拜后才能放。

1963—72十年科技规划。

晨七点起,太极拳念分钟。上午为出版社作本月底在《光明日报》展开化学名词讨论会的序言,约五六百字。十一点至院。马溶之来谈,他明晨回南京。谢秘书长来,交来关于上月在中卫开治沙会议的报告,以我名义送交科委聂副总理。十二点回。午后阅中华书局新出版(1958)古吴墨浪子辑《西湖佳话》和田汝成(明)辑《西湖游览志余》。二书中均提到南齐时的诗妓苏小小古词云"妾乘油壁车,郎乘青骢马,何处结同心,西陵松柏下",是她所吟与少年郎君阮郁的事。据《西湖佳话》中说,她于二十岁出头即死,滑州刺史鲍仁为之埋于西泠桥旁云云,此话大概是不可靠的。

下午阅治沙会议报告,并为赵九章所长出证书与党组,又阅了《西湖游览志余》。晚阅《1963—72年科学技术发展报告》,中说1956—1962年7年中科学研究机构从381→1312,专业从事研究人员从18,000→68,000人,其中大学毕业55,000人(苏联1962年45万人,美国38.7万人)。水平方面,大致认为世界先进国家40年〔代〕的水平。工业落后,塑料原料美国80%来自石油化学工业,而我国大部来〔自〕煤或乙炔化学。水利资源开发不达1%。美国晶体管有1000多种,我国只8种,电子管美国三千种,我国只266种,通用电子计算机美国16 000,我国10台,运用速度达一百万次,而我国尚只一万次。产煤每工人美国14.7,我国0.736 T。十年规划七点目标:1)为农业增产提供科学成果;2)掌握六十年代工业科学技术;3)保证国防尖端任务;4)加强资源考察和资源利用;5)增进人民健康,进行计划生育研究;6)加速发展基础科学;7)培养人材,充实设备。十二年规划提

出喷气技术、原子能、电子学、半导体、计算技术〔、自动化〕六者为重点。这次十年计划选出了70个重点研究项目,国家重点卅项,其中农业方面十项(自然调查,农业区划),交通运输、资源探勘十三项(氧气转炉炼钢,铬、铂、钽、铌),基础科学五项(光受激发射),医学科学一项。这是中央科学小组,国家科委党组给主席及中央报告。文件二是《1963—72科学技术发展规划纲要》,包括六个部门,共77卷,3537个中心问题,18 415个研究试验题目。要在今后二十至二十五年内完成农业的技术改革。“自力更生、迎头赶上”是发展我国科学技术的方针:1)集中力量打歼灭战,2)全面安排,充实基础,3)学习国外成就和开展创造性研究,4)专业研究和群〔众〕性实验活动相结合。文件三:《63—72年科学事业发展规划》,这是33个中央部门的科学技术事业规划,要培养科学技术人员十年内到二十万人(大学毕业以上)。1)要全面安排,重点突出。2)集中力量,形成拳头。3)充实现有,填补空白。4)分期分批,合理布局。5)加强中间试验环节。农业方面:建设高产地区、黄淮地区、内蒙草原等十大研究试验基地。充实和发展作物育种,植物保护,畜牧饲料,培植森林,农业机械化等。资源方面:加强综合考察和特〔种〕资源开发利用的研究机构,如海洋资源、盐湖、稀有金属等。壮大队伍(14万人),增加科学实验投资(47.1亿元),安排仪器生产是三项主要措施。

科学研究经费占国民收入:美3.1%,苏2.2%,英2.6%,日1.8%。

10月19日 星期六 〔北京—蚌埠—上海〕 晨七点6°,室内55°F,760 mm。

和允敏同赴杭州。

晨七点起,太极拳20′。收拾行装。早餐后沈文雄来,交他旧眼镜一副,要他于十一月初到上海去配远近两用的眼镜,因目前所带一副,配时镜上有点毛病。九点即出发,由张兹良开车直至火车站贵宾休息室,时同去的服务员李念武已先在,并遇到同去杭州的沈兹九胡愈之夫妇、张䌹伯夫妇、王卓然参事和龙夫人(树华)、张琴秋和她秘书、罗隆基、李俊龙、林汉达、王梁材、赵君迈、王深林,以及去上海的叶企孙、陈半丁、葛志成、刘王立民、贝时璋、李觉、冯宾符等等。上车后又遇去南京赵九章、朱岗昆、钱骥等。去杭州的和去上海的同在一个包厢30513内,所以极为热闹。我和允敏与王卓然夫妇同一房间,因熟人甚多,大家谈谈颇不寂寞。王卓然,东北人,今年70,曾于抗战时

	地点	时间
十九日	北京	$10^h25'$出发
	天津	$12^h30'$
		$13^h00'$
	沧县	$16^h25'$
	泊镇	$17^h21'$
	德州	$18^h34'$
		$18^h49'$
	禹城	—
	济南	$20^h40'$
		$21^h10'$
	泰安	—
	兖州	—
二十日	徐州	$3^h20'$
	符离集	—
	蚌埠	$6^h38'$
		$6^h58'$

代东北大学校长，识丁绪宝等等。其夫人姓龙，四川人，年44，系续弦云。

10月20日　星期日　北京—南京—杭州途中　在津浦路车中，室内不开窗68°F，晴。

晚十一点到杭州。在车站接者有副省长王醒、省人民委员副秘书长张澄秋、统战部副部长魏鉴清、政协副主席汤元炳、副市长陈礼节、政协市副主席吴去非、水产厅唐巽泽等。

地点	时间
浦口	$11^h50'$
南京	$13^h32'$
	$13^h50'$
镇江	$14^h46'$
常州	$15^h16'$
	$15^h30'$
无锡	$16^h05'$
苏州	$16^h56'$
上海	(15^h45)
	$18^h05'$
上海	(17^h05)
	$19^h07'$
松江	$19^h57'$
嘉善	—
嘉兴	$21^h20'$
峡石	—
杭州	$22^h46'$

昨$10^h25'$车开后一路平顺，未至天津即见轨道两旁均是大水，惟天津附近不见水。过了天津又见一片汪洋，以沧县附近为甚，至泊镇附近始不见水，此乃8月初至8月9日大雨致造成。水中尚可见土墙墙脚，盖房屋已被冲去，可称浩劫。我们进膳时也和王卓然同桌，他虽年已古稀，但每朝在床上作半小时的运动。他在国务院参事室，曾著《外交人名字典》，拟编科学家人名字典，故对于科普也极有兴趣。王有女在上海，已有子女四五人，到上海时曾来看王。张絅伯，宁波人，日本留学，习唐史。曾在杭州高等学校教书，所以陈布雷、陈立夫、果夫皆为其学生云。张在上海做银行界事垂五十年，其子女十多人均在上海，此去至宁波专看渔业。在车上遇贝时璋，他去上海视察，并参加动物实验生物会议。谈到王季玉女士，现在杭州但不知其住址，其侄子如王守武兄弟均在物理所，侄女王明珍亦在物理所。谈到费香曾事。据云庞曾漱(♀)之父亲为贝之同学云。赵九章提到近瑞典来的一位天体物理学家阿芬赖对于电子物理甚有研究，近也研究地球来源、太阳物理等，但政治看法很不对头。他喜欢一人到处探问，所提问题也极特别。如看京〔剧〕《玉堂春》，问翻译此时中国尚有如此善良妓女否？问我们薪水大小差别等等。赵和钱骥、朱岗昆系往南京参加天文学会云。昨日车过济南后即睡，今晨起车已到蚌埠。此车站系新造，和郑州相同，也为新的省会，原来的安庆省会是无发展余地的。因沧州德州一段路路基不好，所以到上海已迟一小时。原定$5^h45'$ PM可到，迟至$6^h46'$，无法把卧车调到沪杭路上，所以临时通知将行李收拾调换车辆。上海市人委派秘书长杨实人君来。杨原在科学院办公厅，于二年前调至上海者。$7^h09'$ PM车开，于$10^h46'$ PM到杭州，即有副省长王立夫(王醒)、省人委办公厅王文长、省委统战〔部〕赵华、人大代表唐巽泽在站相接。在站稍息后，即驱车至南山路大华饭店，我和允敏住209号房。十一点半睡。

10 月 21 日　星期一　在杭州　晨七点户外 11°,室内 64°F, W,风力 1。

住大华饭店省委会交际处。

晨六点半起。七点半集体至膳厅早餐。餐后,我们代表由邵力老主持在会议室开了谈话会,谈大家要看的对象。因明日使团(各国大使馆)一百多人从黄山到此,要去看新安江水电,到廿六才走,所以我们廿六前不能去新安江。对象方面各人所看不同,张絅伯、林汉达要看渔业,张琴秋看棉花到余姚慈溪,所以不能完全统一。九点省副省长王立夫(醒)来,未几周省长建人来,大家认为先把 26 号的日程安排,各人提出要看目标,如浙江大学、人民公社、张小泉剪刀、联合丝织厂等等,交由省人委办公厅王文长局长安排。十点散。和邵老、允敏、李俊龙、王深林、林汉达乘车去西泠印社看了吴昌硕纪念馆。吴号缶翁,为齐白石所景念三艺人之一,安吉人,活到 84 岁,其墓在超山。1937 年我去超山观梅时曾至其墓上,并拍了照。次驱车循新造环湖路至蒋庄,即在花港观鱼旁晤马一浮。十多年不见,须发已全白,今年 81 岁,小邵老一岁,但精神尚佳,已目不能视远,所以不常下楼,由其内侄女护视之。据〔云〕陆维钊、王驾吾、夏承焘等在杭尚常见面云。十二点回。士樵和晓沧来,均未见到。

下午两点半出,在大华码头乘汽轮,由省人委办公厅主任王文长陪往,和我们全体人员十九人游西湖,先经平湖秋月至三潭印月,游览一周后至蒋庄到花港观鱼,并游第六公园。凡有地四百多亩,种有玉兰、桂花和大片草地,由此乘车至北山灵隐。灵隐修好以后,我曾来过一次,今天有知客僧心空等说明了寺中情况。据云有和尚五十余名,自己种菜可以自给。前两年颇为拮据,现则每人可得二十八斤粮,且每人收入可卅元,以九元作伙食费外,尚有二十余元可作零用和储蓄、添补衣服等等。住持名大悲,系前人民大会代表。佛教协会副会长巨赞前亦在灵隐云。

晚市科联科普主任唐桐、办事员张忠来谈,王立夫、邵力子、李俊龙、赵君迈参加谈话。唐报告了浙江省科普情况,据说专职人员九人,各县 20 人。从去年八中全会后各省加科普以重视,浙省现有 33 个专门学会, 4000 多会员。66 个县市中有 61 个县有科普组织,有技术推广站,科普会员二万多人。在学校、工厂、医院建立小组,重点工作用分发资料、小册子等。东阳、兰溪等十三个县有 153 种资料印发 40 多万字,讲演 800 多次,关于节育、病虫害、避孕等,听众 12 万人。十多次展览会, 500 多次画廊展览,演科学影片。(灌溉用电浙省死了廿多人。)省科协有科技普〔及〕委员会,陈立是主任。富阳有一个科技小组,萧山有一个计划生育中心,人民夜〔校〕宣传科学常识。

10月22日　星期二　杭州　晨七点10.6°,室内60°F, 766 mm, ACu 3。八点半St 10。

晚请卫生厅厅长谈生育节制。晚士樵和竺美云(浙大化工系)、竺元珍来(竺子兰),王劲夫夫妇来访。

晨六点半起,作太极拳20′。早餐($7^h30'$)后略息。九点至会议室听取副省长李益新的报告。李原为工业厅厅长,现管省的工农经济方面。他首谈农业,说今年粮食产量估计146—148亿斤(晚稻尚未收割),比去年略有增加,但较1957年的156亿仍有减色。经济作物,棉的面积增加十万亩,今年可收110万担;蚕茧去年22万7千担,今年可24万7千担;麻183万担,比去年多二万担;其余如毛竹也超去年。畜牧业,牲口达600万头,惟耕牛增加不多,全省96万只,仍比57年105万头为少。两年造林160万亩,从去年起搞农村经济、社会主义教育与提高生产积极性。灌溉面积比去年加129万亩,其中电灌100多万亩,全省电力排灌已有700多万亩。灌排电力43万马力,比去年多四万。杭嘉湖已成立排灌系统(宁、绍尚未成立)。全省水田二千一百万亩,机灌约1/3。浙江省防涝还是一个大问题,如平湖、德清、吴兴一带水排太湖,但一遇NE或NW就无法排水而成涝。计有一百多万亩,只有800多万亩不愁旱涝,上虞、余姚也怕涝。城市人口62年到九月止已减64万人,吃商品口粮者已经减80万人。黄岩县因精耕细作,全县每亩可得800斤,几年来已稳定。嘉兴、嘉善因人口少,只能产亩500斤。工业总值廿亿〇六千万元,比去年加5%。支援农业多出氮肥,已增加五倍。食盐今年产卅万T,手工业虽有增,不能比上海。去年产一亿八,今年到九月底已一亿四千万元。市场今年转好,供应改善,物价下降,货币回笼。收购物资值十七亿,比去年加10.9%,其中农产品占7亿元。棉原定收80万担,现已收100万担。茶去年23万担,今年25万担。猪可到100万只。物价指数价平均减16.9%,牌价、市价相差不大。人口问题大,人口增加超出粮增加,全省人口27,000,000人, 1953年22,000,000人,十年多五百万人。

下午至湖墅(拱辰桥)杭州丝绸印染厂参观,由王局长等陪同参观。除我们组员外,王季梁、郑晓沧也参加了。由杨厂长首先作了报告。据云该厂是57年计划建厂,于61年出品,有一万锭,六百台机,计划每年能出一千八百万米各种丝绸,去年出了一千一百万米,面积464亩,建筑65 000 m^2,尚有扩充余地。机器有国内,也有捷克、苏联、日本等国的。今年1—3季度出产值二千六百万元,用丝116 T,织了417万米,利润253万元,新品种有同合成纤维混纺。工人3700人,女工占62%,工资平均56元左右,年龄平均卅以下。看了缫丝、纺织、印染三个车间。五点回。

10 月 23 日　星期三　杭州　晨晴 10. 6°，室内 62°F，SE，风力 1—2 级，764 mm。下午晴 70°F，NW。

上午参观梅家坞茶叶生产队，云栖。下午至玉泉浙江大学。晚至庆春路晤竺元珍、竺士樵。在杭州曾遇金华人鲍鉴清，德国留学，在东北教书。

晨六点半起，体操 15′。今日有一批代表、委员张絅伯夫妇等赴宁波看渔业，另一批张琴秋部长及胡愈之夫妇赴慈溪、萧山看棉花。我和允敏、李俊龙、王卓然龙树华夫妇、罗隆基、王深林、赵君迈、陆殿栋等由王文长处长陪同至梅家坞茶叶生产队（属西湖人民公社），由卢应豪大队长作报告。据云该大队 228 家 1120 人，劳力 603。以种龙井茶为主，占收入 86%。共有 648 亩茶园，于 58 年新开了 280 亩，此外尚有 40 亩菜子园。今年收二万五千斤。此外养 75 只母猪，二十只奶羊。山地一万一千亩，以种马尾松、毛竹为主。生产茶叶逐年提高，每亩产量 54 年初办社 140 斤，55 年 143 斤，58 年人民公社成立 198 斤，到 1962 年加至 264 斤一亩。采茶分三季，摘三十多次，直到霜降为止。收入也历年增加，'49 年 150 元，52 年 365，'54 年 420 元，58 年 712 元，62 年 1080 元。每一个劳力 62 年得 600 元，这是净收入。此外税收 9%，成本 20%，公积 9%，公益 2%。种茶一人至多管一亩。茶价头等八元一斤，去年采十七万多斤干茶（初采茶四斤可晒一斤干茶）。采茶均系妇女，现用双手采茶法，一人一天可采 25 斤，用单手只能采到十斤。全国三八红旗手沈顺照能每日采 75 斤。六级以下茶可用机器采，一机可抵五人工夫。以工分计，大队妇女占工分 45%，由公家配给粮食。但超额完成每 100 元值的茶，给廿斤粮和一丈七尺半〔布〕，一斤茶平均以一元计。施肥每亩 350 斤，以菜饼为主，化肥用得少。去年出茶籽七千五百斤。种茶用条播方法，用密植法 1 m×4 m，从前 4 m×4 m 云云。次至全国茶叶科学研究所。所长刘家坤，山东人。阮姓研究员任生化生理室者，复旦毕业。据云 58 年成〔立〕初只 13 人，现在 64 人，工人 50。其初只栽培、加工二室，近加了育种、生理生化和器械三室。有 170 亩地，建筑 6400 方米。投入生产 77 亩，今年产 211 担茶。研究课题有栽培、植保、生理生化、育种、制茶、机具七方面。提高单位面积产量是重要问题，过去每亩 30 斤—150 斤，有二亩地改善后 59—62 每亩产 395 斤。群众不信化肥，但施硫酸氨至二百斤仍有效，100 斤较合适。多用一斤硫酸氨（17 ¢）多得一斤茶。主要害虫是尺蠖虫，七八年发一次，光合作用以三叶四叶最为合宜。化学上三大成分丹宁、水清素与咖啡碱，氨基酸有十四种之多，云云。出。回已十二点多矣。

下午至玉泉浙江大学，浙大党委书记李平如、副校长周庆祥、王谟显等招待。校长〔由〕副省长陈伟达兼。副校长刘丹主持。王谟显报告说有 9 个系，数学、物理、化学、机械、电机、化工、无线电、土木和光学仪器。学生 7996 人，教师 1359 人，教授副教授 73 人，助教 850 人，讲师 341 人，职工 1800 人。共有廿五万平方建筑，科〔学〕研究工作有90项中心问题,有64人专职研究。〔旁记:在浙大时去看了丁庶为允仪夫妇,遇秋贞、朱妈和张启元太太,和前龚司机,拍了一个照。〕

10月24日　星期四　杭州　晨晴,七点12.6°,室内65°F, 761 mm, SW,风力1级。下午晴, 69°F。

上午至萧山山河人民公社。晚约地质局刘局长、朱仲翔来谈,据〔云〕局中同事原九千人,现减至五千人,详情见小本日记。

晨六点半起,做太极拳廿分钟。上午八点一刻出,分乘小车四辆赴萧山山河人民公社看水稻成绩。经由南湖路净寺、虎跑、钱塘江大桥,半小时后到山河人民公社。由许绍荣作了介绍报告,全社2378户, 11 036人,劳力4492人,有7879亩田。劳力整个2775,半个1717。平均每人得地7分,共十一大队151个生产队。解放前85%地为地主、富农有,公社中有331做长工, 55人为乞丐, 40户出卖儿女。解放后生产逐年提高,初期亩产400斤,解放前200斤, 58年人民公社化820斤, 62年872斤。61年萧山大旱73天未下雨,比1934年60天未雨更旱,但因47 km电线、20台电动机共210 kW,四只船运流动电灌共62 HP, 152渠道47 km长,排灌用电达99%,所以虽旱仍收每亩881斤。过去是“三个阵雨叫皇天,三个太阳叫老天”,现在不怕旱也不怕涝。62年十四号台风(八月初)两天下352 mm雨,平地三尺,两天就打完水。水打入三江,钱江水面比田高,所以不怕旱。63年早稻603斤,估计晚稻也可得五百斤。大队有一个十三人科研组。改良制度,提倡种早稻,一年三造逐年增加。也做选种、植保工作。密植,当初是一尺见方,现改为5″×3″、5″×4″,每亩二万八千撮秧。也种蚕豆与草子,前者更有效,但草子可以早收。用化肥早稻八斤,晚稻10斤,另加菜饼。牲畜五千多头,家畜11 934只。社员每人原粮58年503斤, 59年530斤, 61年550斤, 62年598斤。53—54社缺五十一万斤粮, 58年以后有多,平均每年上交120万斤。现金分配1957年每户分156元, 58年215元, 59年291元, 60年318元, 61年347元, 62年367元。此外公积金中以五十一万元盖了一个仓库,此外置耕牛等。58—63年95%家庭装了电灯,有九所学校,学生677人,卫生所有医务人员十一人。1961、2两年生小孩147人,即人口出生率为7.3%,而死亡率可能不到1%,这是最大问题。此外许主任也以为绿化程度不够,畜牧太少。我们周围一走后回。

中膳后二点至湖墅“张小泉”剪刀厂,由陈厂长作介绍说, 53组合作社, 58年三个合作社成立杭州工厂,工人870人,生产剪刀为主。有六个车间,分剪配、电镀及装配三部,生产水平提高。1929年为解放前最高水平,杭州市160万把。53年186万把, 57年单“张小泉”368万把, 63年估计410万把。民用剪占97%,此外有园艺、工业、冶金、医药等剪刀,去年利润卅万元。说材料中半山的铁不合用,因

C、Ph、S高。三点半出至西湖绸伞厂，由陆厂长报告。说有16道手续，1932年开始，职工已发展到190人，因修正主义斗争，原可行销25万把，今年只出4万把内销，工资平均43.7，女工占5/6。

10月25日　星期五　杭州　晨晴14.6°，室内65°F，761 mm，WSW，一级风。晚75°F，W，三级。

今日阴历重九，我们约同队人赴玉皇山登高，并至虎跑。

晨六点半起。今日早餐时才知道去衢州化工厂只我和允敏、李俊龙等四人，而原来提议去的人胡愈老、邵力老均以身体不好未往，所以我决计改变计划，明日不去衢州，因此在杭有更多时间。原定今日去杭大，因今日重九，所以改去玉皇山登高，同往者王深林、赵君迈、罗隆基、傅学文、李念武、看护陈丽英（♀）、王文长主任（省人委办公厅）、张局长。坐小汽车四辆，至玉皇山东边脚下，下车拾级而登。适刀茅巷小学有二百多学生由老师率领亦在此时登山，其中有士樵幼女在内，并遇二位小足六十四五岁烧香妇女同时上山。我于解放前在浙大甚爱爬玉皇山，来此不止十次之多，但解放以后却未曾来过。从前主持此山之老道一度和日本人合作，解放后又附加了许多头衔，到处招摇撞骗，我深恶其人，闻已劳改云。沿途树木已比前高大，但远望八卦田、六和塔，仍如往年。在紫来洞稍息后即又上山，经七星亭到玉皇山顶。在此饮了茶，休息并着棋打麻将，至十二点半吃了方大司务所做的素菜。此处素菜极著，胜于北京，甚至胜于上海功德林。膳后休息一小时。二点半下山。至四点徒步至虎跑，在虎跑寺饮茶，试验了水的Tension。看了东北老虎，据云要吃每天20斤肉、三磅牛奶云。大家认为今日之游极乐，而又值重九登高，风和日丽，实不可多得。到四点三刻乘车回。晚膳后与允敏至延龄路买布鞋和松子糖等等。回大华招待所遇丁庶为、允仪夫妇，张启元、诸畹青夫妇和迪青（前浙大校长办公室工友，现已有三个儿子高中毕业）和允仪之侄子等来，又王仁东太太来。和力子谈及日程时〔知〕明天改上午去杭州大学，下午去图书馆和博物馆、西泠印社展览，星期日自由活动。据邵老云，他已接到七八封人民来信，照例这类信均交由浙江人委去办理云。晚洗一热水浴即睡，因天气骤〔热〕又有蚊子，所以很久不能成寐，而电台广播则说不久寒潮将到云。

寄傅婉芳函及电　崔东伯（为浙江人民出版社事）、吴寅生杭州大学1-142室函　钱元泉函

10月26日　星期六　杭州　晨昙，7点16.5°，66°F，WNW，2—3级，762 mm，St ACu 9。上午69°F。下午晴，74°F。

上午参观杭大，下午参观农大。杭大校长为吕知先。

晨六点半起。昨晚因天热睡不佳,今晨户外16.5°,但风已转WNW,所以不久将有寒潮。早餐时遇鄢云鹤。她与允敏为女师大同学,年已60多人,但看来像五十许人,现在广州为化学所所长,暑假在青岛相遇。八点半和允敏、梁秘书长至老和山杭州大学,由副校长朱福炘、林淡秋、左达、副书记朱子英接待。据左达报告,杭州大学是1958年杭州师大所改。现有男女学生2400,女学生占1/4,为少数,教职员共1060人,教授40多人,讲师150人,现为文理学院,文科有国文、外文、政治、教育、历史五系,自然科学有数、理、化、生物、地理五系。大部为四年毕业,间有五年毕业的,有三十名研究生。杭大我所认识的人比浙大为多,有地理严德一,物理朱福炘,化学陈嗣虞、王季梁,数学徐瑞云、陈建功,生物江希明(历史徐规,教育陈立,国文王驾吾、夏承焘等,李絜非,外文德梦铁、张君川等)。因为时间上的关系,这次只看了地理和物理,两系有同一情况,即大部书籍和仪器均移往复旦。因当初浙江省将浙大文理停办,浙大只办工学院,到如今书籍方面尤其受影响不少。首先看地理系,由严德一陪同视察。地理有一个单独建筑,因目前尚只办了四年,所以房子尚空,校图书馆也设在内。现有地理和气象两个专业,我认为地质有设专业的需要,并请朱仲翔去兼课。物理也另有楼,遇斯何晚、梁仙翠('47)、王锦光(搞物理史)。物理系有固体物理(半导体为主)、无线电和理论物理三个专业,由梁仙翠、斯何晚、朱福炘陪同参观,至十点四十分告辞而出。和允敏及政协梁秘书长(山东人)同至黄龙洞,洞已大加修葺,远胜于前矣。

下午和省委统战部处长赵华同至华家池浙江农大,即从前农学〔院〕旧址。但现在房屋已较前大大增加,从五六千方加至五万多方,学生二千五百人。由副校长蒋芸生及陈鸿逵、朱祖祥、祝汝佐等教授及陈锡臣同志陪同参观。校长丁振麟、副校长萧辅均在病中。据蒋芸生副校长云,现有田1700亩,其中700亩在华家池。学生2499人,其中30%系女生。教师271,其中教授34人,副13人,讲师71,余为助教。行政辅助人员423人。有农学、园艺、土壤、农化、植保、蚕桑、茶叶、农机、畜牧兽医和农业物理九个系,但农物已不招生。每系与农业科学院合并为一,院长兼校长等等云。谈毕参观了病虫害和土壤两个系及同位素设备,有钴700 gr,用250 kW X光发射器及用C 14、P 32的实验室。五点回。晚七点至胜利剧园看浙江第一越剧团演《血泪荡》,高佩饰任腊梅,屠笑飞饰笑面虎,裘大宦饰出洞虎,钱兴佩饰任老爹。十点半回。

10月27日　星期日　杭州　晨七点11.6°,晴,室内65°F, ESE,风力1。中午760 mm, ASt ACu。

上午至九溪十八涧、龙井、花圃、岳坟。下午座谈。晚至奎元馆晚膳。上午赵明强、吴载德来。晚朱福炘、严德一来,邵本惇(浙大1933)来。

晨六点半起，20分钟太极拳。八点半，和王引之、王卓然龙树华（♀）夫妇、赵君迈、陈半丁、陆殿栋、罗隆基、允敏（♀）、李念武（♀）等乘汽车四辆赴九溪十八涧。自离浙大(1949)以后，余未曾来西湖游览，而这次竟大事游山玩水。九溪十八涧与梅家坞同在钱塘江路旁的小路中，不过梅家坞更远，亦同以种茶为主，但梅家坞与龙井各为一大队，同属西湖人民公社。九溪十八涧茶场原有茶室设在桥旁，今日依旧，但前面的一沟从前只二尺阔，现则开广为二丈，系水泥制。在此小歇后，即驱车至龙井。从前龙井至九溪茶场没有大路，须走小径，现则已开公路。经龙〔井〕大队后至龙井寺小歇，饮茶，并在龙井井旁拍数照，遂至玉泉旁之公园管理处植物园。花圃中有菊花方盛开，数百盆兰花与茶花，包括云南茶花，园中植有久年的五针松、玉兰和红叶李、梅花。月季花方盛开，莺褂树，五爪、七爪枫等树，芙蓉、大丽花等均开着，在此拍数照出。至岳坟看盆景展览，十一点半回。

下午二点半视察团座谈会。张琴秋（纺织部〔副〕部长）谈慈溪产棉为全国高产第一，平均86斤。而慈溪67万亩地，以48万亩种棉。最高四门人民公社150斤，五洞寨125斤皮棉，而全国平均只三十多斤而已。五洞寨人民公社有地一万亩另95亩。慈溪棉种以岱字棉为主，用垅作深耕，用草子、蚕豆作绿肥。作套种，每亩用24斤化肥，棉价高，棉农劲头大，一担棉可得奖八十斤肥料或八十斤米。平均每人分不到7分地。今年收获好，所以慈溪人民穿衣比绍兴好。一人可留自用棉二斤。农民要求农药质要好，要喷雾器。今年慈溪原计划可收83万担，现则实110万担。沈兹九继续谈五洞寨公社7385户，劳动力3448，问题在于余姚、慈溪二县原耕均濒海滨，近则把海田归慈溪而山地归余姚，以致两不利。如天旱时余姚在上游不肯放水，以致起争端。次王卓然谈看察之科普工作，他曾和科普办公室主任高谈以后，又至杭少年宫、富阳科学小组谈如何支援农业。谈至五点散。张、王、陆诸人乘6^{h}30′ PM车赴上海。

六点，我、允敏至解放路官巷口奎元馆吃蟹虾面。此馆专卖面，以此出名，每天有七千人次，自六点至晚九点，我们到时座无虚席。幸大华事先电话通知，由项姓服务员招待吃虾蟹面，@1.15。知其主任名莫镜生，膳后至厨房遇莫镜生。七点回。

10月28日　星期一　杭州至新安江　晨六点三刻14°，室内66°F，ESE，风力1，759 mm，St。下午在新安江偶有微雨。晚九点新安江电站755 mm，67°F。

由李学善厂长招待。新安江水库容量178亿立方，三千八百七十倍于西湖。

晨六点半起，20′太极拳。早餐后至延龄路看了延龄路大华照相馆所洗之照片后即出发，共有五辆小汽车。于八点四十分自大华饭店出发，经六和塔循钱塘江左岸而行。9^{h}35′过富阳，这一带山上树木苍郁，但富阳、新登到富春江边入桐庐后即发现山上有严重开荒现象。在杭州界内18—19路牌处，水土保持略有问题，即

时间	地点	距离
$8^h40'$	杭州出发	0
$9^h35'$	富阳	38 km
$10^h06'$	梅溪	59
$10^h11'$	新登	64 km
$10^h32'$	富春江	78 km
$10^h44'$	桐君山	90 km
$10^h54'$ $11^h24'$	桐庐	93
$11^h57'$	程头	122 km
$12^h22'$	洋溪	146 km
$12^h27'$	白沙	150 km
$12^h40'$	新安江	163 km

种茶有 Terrace 但无保护,入桐庐后不但无工程而且无 Terrace, 54—55 里牌以后即如此,直至桐庐。在桐庐过江后停半小时,由县长招待饮茶。十一点廿四分出发,于 $12^h40'$到新安江水电站,李学善厂长招待。一点中膳。膳后二点三刻至大坝后上轮船至新安坝上游行驶,据云可以上驶至安徽屯溪相近约二十公里地点,计 170 km。在坝下水深 80— 90 m,水库面积为 580 km^2,可蓄水 180 亿立方。水中有鱼,大者可达七八十斤,多为草鱼、青鱼等。轮上驶一小时,绕蜜〔山〕岛一周而回。上岸后在大坝上面一走,大坝高至基层 105 m,长 628 m。晚李学善厂长作了报告,说此为我们自己设计、自己造机器的电站, 57 年四月开始动工, 56 年批准, 60 年 4 月第一个机器发电。此电站系徐洽时(任水利厅副厅长)、潘圭绥设计。据三年来经验可称满意。共九台机器,每台发 72 500 kW,共 652 500,已装三台,平均可发十九亿度电,水大时可 25 亿度,水小年十七亿度,以 60%供上海、江苏, 40%杭州、浙江。当开工时有工人二万,连家属六万五千人,用水泥一百七十多万方,钢一万 T。大坝长 460 m,阔从 38 m 至 8. 5 m,基础宽 97 m,投资四亿〇三百万。只要七台机,四年可以偿还。水库占 580 平方公里,直至屯溪附近,大于西湖 108 倍,水量 3184 倍。淹没二十多万亩田,但桐庐建德下游三十万亩免于水灾。移民二十四万,其中 13 万人就地安插。从经济效益看,三年建一电站不易,荷兰水利专家也满意。现有 605,搞水电只十一人,平均年龄 25。每发电 1°只花四厘,火电十倍于此。63 年将加一台, 64 年又加一台, 67 年九台完成。

10 月 29 日　星期二　从新安江回杭州　天阴, St 10,室内 65°F,户外 16. 5°, 755 mm。下午回杭途中晴。晚杭州房中 70°F,晴佳, 760 mm。

晨六点起,在三楼做了廿分钟太极拳。七点早餐。八点和李学善厂长参观发电厂,见三、四、五三座已装就,尚一、二和六、七、八、九六机未装。在此遇浙大 43 年电机系毕业学生夏庚杰。九点从新安江出发,由李厂长陪乘小汽车五辆、大车一辆,行七公里至白沙,此为新建德人民政府所在地。白沙原有渡头,系去兰溪要道,从前水大颇有危险,现已〔有〕大石桥,于 59— 60 年一年中造成,花 150□,全桥系石制六孔,上类芦沟桥。每柱冠以石狮,共有 264 个狮子。桥长 364 m、高 24 m、宽 9 m。桥南有迎客亭,上有碑,有郭沫若院长题“白沙桥”三字。在此停半小时后,

时间	地点	距离(路牌)
$9^h00'$	新安江出发	162 km
$9^h10'$ $9^h40'$	白沙桥	150
$9^h46'$	洋溪	146
$10^h10'$ $12^h30'$	梅城 (旧建德)	134+7
$12^h58'$	程头	122
$13^h30'$	桐庐	93
$13^h40'$ $13^h50'$	桐君山	90
$15^h05'$	松溪	59
$15^h30'$	富阳	38
$16^h30'$	杭州	0

别李厂长,出发。我和允敏、李主任本坤同车,先循原路至洋溪后入一小路去建德。我长浙大时曾于 1937 年十月因日寇已在江苏海边登陆,杭州危险,所以移建德,于次年年初杭州沦陷,去建德至泰和。车直至冶金部所办冶金学校,为从前建德县人委所在地。由高书记杰兼校长,陈秀、杨学润二副校长,教员柴颖堂(建德人)和前浙大毕业生现在冶校教课之潘超霁('47 农经)、童毓华(47 农经)、黄纬(44 外文)等陪同,谈建德近况。据高校长(南通人),冶校一度曾发展至三千学生,现只 700 人,但连教职员家眷也尚有 1600 人。梅城(旧建德)无自来〔水〕。新安江虽近但高压线不到此,用火电,每度 65 ¢ 。二则交通不便。三则物价较贵。四则地方小,分为两处上课,费钱太多,希望能有六和塔原之江大学地方云。又知近一年建德县人口增长达 4.5%云。十二点中膳后即离梅城,循原路至桐庐,在桐君山停片刻,于下午四点半回西湖大华饭店。和邵老谈以后计划。晚膳后,杭州师范学院舒鸿、吴士煊来谈,知高尚志现在上海化工学院,李培恩、蔡竞平均已过世。又士樵、珍姑和杨其泳来。崔东伯来,未值。

10 月 30 日　星期三　至绍兴　晨晴, St 3, 15°,室内 68°F, W,风力 2—3 级, 762 mm。晚晴, 62°F。

上午听解县长报告。下午至陆放翁沈园、秋瑾故居、鲁迅纪念馆、青藤书屋。

晨六点半起。八点至延龄路大华取照片。八点四十分和邵老夫妇、王文长主任、郑晓沧、赵君迈、李俊龙、王深林、徐行之、鲍鉴清(吉林医科大学)、陈半老、蔡作屏、李本坤主任等一行出发,经钱塘桥至萧山。在萧山停数分钟,即经钱清至绍兴。在绍兴县人民委员〔会〕交际处,先由解联和县长报告,并邀本地商会会长 76 老翁金汤厚参加。解县长作了报告,说绍兴人口 858 000 人, 210,000 户,其中农民 639,000 人。有水田 634,000 亩,旱地 74,000 亩,鱼荡 99,000 亩,山地 850,000 亩。全县面积 1441 km^2,平原占 40. 6%,山地 48. 4%,河流 10. 5%。全县有七镇 62 个公社, 1120 个生产大队, 8854 个生产队。今年春小麦因旱减产,但早稻丰收,共五十万〇四十亩,平均 487 斤(去年 435 斤),总收二亿四千五百万斤,比去年多19. 3%。晚稻预计可得每亩400斤,共种五十九万亩。畜牧也有大发展,生

$9^h10'$	杭州出发	0
$9^h40'$	萧山	26
$10^h10'$	柯桥(绍兴站)	52 (62)
$10^h30'$	绍兴	70

猪到今年九月十八万九千只,〔比〕去年多四万只。淡水鱼今年预计可得八万五千担,比去年加二成。鱼苗增6.3%,开始不靠外边供应,茶叶14 500担。水利建设,重要的是三江闸重建。始于1536年汤太守,长106.3米,28个孔,流量280 M^3/秒,是56—57改建。施工后改用电力,每天排水增一百万M^3。新建马山坝六孔,每孔高8 m,排水320 M^3/秒。闸门弧形钢板,用电力上下,费140万元。现已能排水40秒公方。另一个建设是姚家埠,长28 m,每孔三米高,排水78秒公方,用27万元。现在可排20 M^3/s,目前工作不配套,尚不能把大水排除,如去年八月飓风的大水。平景江水库坝高31 m,水库蓄水2400万M^3,设计要高至41 m,是钢骨水泥坝。机电灌溉线长达1680里?,灌溉面积505,000亩,占水田91%,有616台电动机。文教方面,49年只三所初中,现18所完全中学、六所初中,学生七千六百人,高中一千四百人,小学七万六千人。民办有一个完全中学,四个初中。计划生育,去年人口增加2.5%,出生30 061人,死亡8954人,实增21,107人,宣传效果尚看不出。下午参观陆放翁的沈园,已无园亭景象,也无遗迹。次至秋瑾故居,其床、桌一如六十年前,并有许多照片,尤其是男装照片。次至鲁迅故屋,其纪念馆为沈氏宅,隔邻为故居,对街为寿镜吾三味书屋,室内暗黑无光。及故居与后园,见了闰土的孙子,由此至徐文长青藤书屋。

10月31日　星期四　回杭州　晨六点半9°,室内60°F, Ci ACu 7,晴昙,风力1。

晨六点多起。未早餐即与绍公安局何君(皋埠人)去县人委交际处(旧龙山旅馆)前面的龙山(又称府山),拾级而登至顶。山后有越王台已废,有风雨亭纪念秋瑾,均未往,即下山早餐。$8^h30'$出发至西郭门外,在埠头下拖轮循河往灵芝公社。约四十分钟抵灵芝公社,由该社蒋社长和大队丁队长作了介绍。该社1835户,人口7885,分十一个大队80生产队,有一个联合渔场。有水田7122亩,水面3123亩,三个机站,十个小学。生产,53年@420斤,57年705斤,59年866斤,61、62年因台风减产,63年估计1041斤。春化早稻已收582斤,估计晚稻486斤。渔业,57年每亩80斤,62年126斤,63年可133斤,共收四十万斤。价29¢一斤,与米价比为一比三。已养鱼苗花鲢64万尾。菱角600亩,收26万斤(58年),62年34万斤,63年八十到一百万斤。革命草62年200亩,不妨碍鱼和菱。62年养猪1014只,@每户0.5只,63年2110只。62年捕鱼18,468元,63年可30,740元。五台柴油机,五台电动机。农货三万四千元,贫农资金二万五千元。用化肥每亩16斤,有拖拉机二架。缺点:种草子太多,矮脚南是丰产,种得太少;养猪不够全面,水面欠综合利用云云。谈毕我们参观了稻田,知去年八月一次台风,大水浸水稻达七天(萧山在上游只二天,所以无妨碍)。徐副队长(♀)谈了计划生育,说本社女子多,有四千多,陆江一个大队 62— 63 年两年人口增 7.5%。现大家要知道节育,用节育环云云。十一点回至西郭门外,乘车至会稽山禹王庙。抗战前曾和叔永夫妇、刚复至此(参看 62 年 5/16 日,记有钱竹汀《游绍日记》)。此庙系六朝梁时 545 AD 初建,最近 1932 张载阳为省长时重修,由章太炎作《重建禹王庙碑记》,成于 1933 年 7 月。大殿建得颇为堂皇,大殿前有岣嵝碑,大殿东有窆石亭,古代李白、元稹、陆游均曾游此,鲁迅并著有《理水》历史小说云。

十二点回。约章定安已在交际处相等,他今年 70 神色尚佳,惟患腰痛,介绍其与晓沧、陈卓如、陈半老、邵力老相见,并约在寓中膳后即告别。我和允敏由统战部(杭州)王显桐与绍兴县委公安局何家荣(皋埠人)陪同下于二点左右出发, $14^h18'$ 抵皋埠(74 路牌), $14^h23'$ 樊江(78), $14^h25'$ 陶堰(80 km), $14^h40'$ 东关马家桥(89 km)。和允敏、王、何二君徒步至大木桥下我家旧宅,木桥已改为石桥,上架钢骨水泥。和霞姊、二嫂、范国梁之弟范国忠、惠康夫妇、惠成爱人贞姑也从杭州来。陈阿东(我异母妹之子)与女儿。霞姊今年 79,因头晕不便行走,比前龙钟。二姐 87,眼光差。我为她们照数相,三点半告别。下午三点三刻至东关前天华寺所设东关完全小学,即毓菁旧址,现已有 800 学生,至后天华寺设立东关中学。四点从东关出发回。五点三刻回大华饭店。晚士樵、金君和竺元珍夫妇来。

11 月 1 日　星期五　杭州　晨晴,六点半 10°,室内 65°F, W,风力 1—2 级,763 mm。

上午看朱仲翔、王国松。下午座谈视察所见。晚朱妈、士樵爱人来。晚孙祥治、江希明、徐瑞云夫妇来。

晨六点半起,二十分钟太极拳。早餐后九点和允敏出外看朋友,先至东街路横河桥八中对面小河下太仓里遇王太太,劲夫出外视察不在家。王家佣人系宜兴人美珍,向在浙大工作,嫁与工友某,与允敏相熟。由王太太领往相近横河桥宝华里二号孙祥治家,孙夫妇均出外办公。再驱车至北中山路朱仲翔家晤其夫人,本系杭州人,她老母八十九岁尚健在,未几朱仲翔回。谈叶左之死后其夫人仍住佑圣观,其第二子原患神经病与羊癫疯,已于二年前病故。长子在新疆也于解放〔　〕去世。留第三子在农业厅已有三小孩,第四子在东北未回。和仲翔同至佑圣观 157 晤叶左之(良辅)〔太太〕,适逢其长孙从学校放学回。与叶太太谈片〔刻〕,相别已十四年,人尚康健,惟照顾三小孩忙碌不堪,所以近曾病倒。其媳妇也在杭州学校工作。至医科大学晤王季午夫妇,均不在。十二点回。中膳。膳后稍息,童第周夫妇〔来〕。渠患痔在沪流血,有人劝其来杭请陆奇医生诊治,因此来杭云。中膳时遇程孝刚、叶企孙、翁文灏、谈家桢等从上海来杭,将去新安江视察水电厂。下午二点王季午太太来,我要允敏与之谈,我即至会议室参加今日下午的汇报。二点四十分浙江省副省长李益新来,未几周建人省长来。开始报告,由邵老首先谈了视察概况。我谈两点,农业方面认为平原上排灌的重要性,以萧山山河人民公社为例,1962年十四号台风降雨352 mm,平地水深三尺,二日排尽,晚稻未受害,得1016斤一年。但绍兴灵芝人民公社因在下游,受同一台风之害,排灌七天始退,因此受了损害,只得805斤,少于1959年885斤。61年十月台风为害更甚,只662斤。绍兴解县长报告三江闸排灌280秒公方,近已加100方,再加马山闸可排320秒公方,姚家坝28秒公方,排水力增加二倍多,再加电线可以通至宁绍,所以涝灾绍宁可以减免。在山区水土流失,在杭州〔 〕比较做得好,但桐庐县以西如建德就很严重。次谈高教,认为杭大与浙大应合并为一校云云。次李俊龙谈新安江、黄麻厂,张绹伯谈渔业,赵君迈谈浙大仪器管理,胡愈之谈群众读物有封建迷信及黄色刊物,宁波区发动市民捐黄色书,共得二万多本。沈兹九认为应为新安江专出一书或剧本。林汉达、罗隆基、陈半丁谈后,李省长说,去年浙江已退耕80万亩云。

11月2日　星期六　〔杭州—上海〕　晨大雾,能见度50 m,12°,室内62°F,763 mm,胍。晨四点月光很好,但早晨六点大雾,直至十点后雾渐散。

晨六点半起。七点半早餐。晓沧、周庆祥、蔡作屏赴余杭看水库,咏霓、谈家桢等赴新安江,张绹伯夫妇、林汉达等乘$9^h05'$车赴上海。我和允敏、邵老傅学文夫妇、胡愈之沈兹九夫妇、赵君迈、李俊龙、王深林及李念武秘书(♀)等出发至城内都锦生织锦厂。到后由副厂长张驾路作了报告(厂长为陈善莲,也是工人出身,五个副厂长只二人是前资本家)。知现有工人1623人,女工占40%。一天三班工作。厂址面积五万方米,建筑二万平方。在日本占据时代,斩除桑树,曾受到极大破坏,到解放前尚只17台手工机,职工42人。解放后有很大发展,把手织机改为电动机,提高能效六倍。手织时只能用很少颜色,现则有二十几种之多,52年比49年产品多5.3倍,生产率亦就提高四倍。60年比58年又提高35%,总值加40%,一等品占58年的92%,但至60—62提高到99%。62年以后贯彻整顿、巩固、充实、提高八字方针,解放初只一百种花样,现已一千五百多种,颜色多至36种。天安门广场前尼龙旗6公尺长是厂设计,人民大会堂中湖南馆的丝绣均是都锦生〔制〕。工人待遇增加,平均工资月65元,平均年龄42岁。54年起用保险条例,出勤率94%。因老工人多,空气温〔度〕调节夏天至高37°冬天到20°。谈毕,参观了车间。都锦生厂内非常洁净,而且全部绿化了。十点告别,驱车至城隍山,即吴山。在大井巷口上山,山上已筑有新楼,原为吕祖庙遗址,楼尚未完成,但四壁已〔有〕时下名人如张宗祥、沙孟海等字,一般游人暂时不准上楼。过去城隍山上庙宇林立,拆字相面的人极多,现则几乎一律清除。但吴山顶上瓦砾尚不少,最可爱是上面有古老樟树多株,有一株称为宋樟。自此下山,经大井巷回。

下午二点理发。三点和邵老去里西湖北山路玛瑙寺周建人省长宅,与建老夫妇谈三刻钟出。至统一战线部晤余纪一部长、黄先河副部长。黄,温州人,据云到雁荡离杭460公里一天可到,乘车劳顿,不如上海乘轮至温州,则一小时可到云。晚餐后,和邵太太傅学文、胡愈之沈兹九夫妇、赵君迈、李俊龙、罗隆基等乘$6^h47'$车赴上海,$18^h47'$开车,22^h到。晚从杭州乘车赴上海,由市人委秘书长杨实人等接至上海大厦。

寄宁波市狮子街52号食品分公司孙宝山先生、士楷函

11月3日　星期日　在上海　晨六点半室内66°F,760 mm,W,风力1—2级。中午阴(中午窗口20°),下午微雨,晚上69°F。

住上海大厦1308号房。今日星期日,休息。

晨六点多即起。上海大厦在外白渡桥口,所以轮船进出众多,晚上也有轮船汽笛叫的声音,不如锦江饭店的安静。但目前上海外宾仍极众多,和平饭店与锦江均住满,即上海大厦也住了外宾矣。早餐后本拟外出,以市政府首长要来拜访,首先是市委联络组组长严政(♀),以后又由蒋秘书长通知,至十点后刘述周副市长兼华东分院(科学院)院长来,谈上海市农业方面近来有很大进展,粮食每亩年产一千斤以上,皮棉在100斤以上,水利有很大发展。困难是如松江以地下水高常患涝,嘉定地较高就免于此患。上海地下虽有煤气,但均极浅,不能持久利用,也未打过深井。

中膳后和允敏驱车至岳阳路320号中国科学院,先至30号115宿舍,晤丁光生和其岳母沈葆德。知光生已有三个小孩,最小的也七岁。普生仍在New Jersey,每月有信来往。次至宿舍28号,晤冯德培太太朱舜之。知冯院长尚在英国,于九号始能返上海,遇其女儿嘉珍。次至附近太原路63弄6号晤陈衡哲,见其女儿书书与其丈夫(在徐家汇天文台工作)。长女以都、儿子以安均在美国不愿回,以书在虹口外语学校教英文,衡哲除看牙科医生以外不轻出。据云赵志道等人亦十年不见。叔永逝世到本月九日适为两周年,其骨灰暂存厝于上海某公墓单位云。

四点多至南京路吴良材眼镜店,问是否能配远近双用眼镜,据云无适当材料,相差400—500即困难,只能用贴补办法,但如此则容易脱胶,如我目前所用的镜即患此。至王开洗印照片。六点回。晚膳。

11月4日　星期一　在上海　晨雨，StNi 10，窗口16.5°，室内65°F，760 mm，SE，风力2—3级。

上午张市长作报告。下午至泰兴路无线电三厂。晚沈文雄来，杨实人（市委秘书长）〔来〕。

晨六点半起。早餐后九点至上海大厦十七楼浙江视察组和江苏视察组，听取上海副市长张承宗报告上海概况。据云工农业统增产，财政收入有积余。今年冬天较冷，而春夏多虫，所〔以〕夏收没有完成任务。小麦增产，但抵不上油菜、蚕豆的减产，差一万多斤。秋收晚稻、棉花均好。全县有540万亩田，种棉120万亩，计划可收85万担，迄今已收七十万担，估计可以超八十万担得到一百多万担。粮食平均三造，可超每亩一千斤，比去年增4%—5%。因大部尚未收齐，所以确数不知。全县共有197个公社，有十多个公社丰收，棉亩产100斤以上。化肥每亩42斤，机电灌溉占70%，今年12号台风使低地浸水中，幸排灌迅速，不过三四天而已。为农村基建花了一千五百万元，出农药一万一千T，修理农具一万三千件。机耕面积约五十万亩，占10%。工业方面，可完成预计160亿元，比去年加6%，估计可得167亿元。145种工业品种，卅多种大量增长，大部为支援农业用，如炼油设备、合成纤维、肥料、肥皂等等。又如炼镍已达到水准，电灯泡可用平均一千五百小时。新品种有356种。电焊有了改进，照相机的反光镜已大批生产，F 3.5的“四信”牌（上海177元）已通行于市。合成组有毛混纺奥伦为冬天用，每日可售一万多尺。做一套衣服卅多元，夏天有的确凉也时行。有短波的半导体收音机，每架160元。手表上海牌有日子的售170元，单看钟点的130元。为了节约，今年节电用煤五十二万T，一亿五千九百度，木材五万六千立方。〈劳力生产〉〔劳动生产率〕到今年九月每工人一万一千元，估计全年每工人一万五千元财富。市场也好转，穿的问题比较困难，合成纤维比去年加三倍。到九月止每人平均吃肉十斤。价格比较稳定，总指数比62年减10.8%，估计今年可上交四千多万元，钞回笼八千万元，信贷收回近一亿元。科学文化重点在于建设中小学，新加57所，扩建51所。城郊乡共一千多万人口，内两百万职工，大中小学生两百卅一万人，其中大学生五六万人，中学生五十万人，小学生180万人。生死相抵，每年增加1.9%，人工流产也普遍可用机器震荡。研究所有28个，属中央的不在内云云。

下午浙江组同人赴泰兴路无线电三厂，由厂长齐西钊、副厂长王兴和、书记辛益德陪同参观。据王副厂长报告云，全厂工人三千一百人，因系棉纱厂（永安三厂）所改组，大部职工自永安三厂来，所以迄今女工占全厂60%。改做收音器颇有困难。59后鼓足干劲，革新项工作达二百个，62年做四种收音器，两个六灯泡，一个半导体收音器，已接近日本水平。价每架160元云。参观了工具车间、检验车间、装配车间。第三无线电厂目前造收音器以六灯为最多，年产多时至卅万架，平常廿五万架。广播器和半导体无线电收音器将要出口。上午张市长报告时曾谈到上海港去年来港船只吨数达三千六百万 T,即每天约八万吨。将来拟在张家浜建立一万 T 可以出入口的码头云。

11 月 5 日　星期二　〔上海〕　晨昙, St FrSt 8, 18°,室内 68°F, 760 mm, SE,风力 2 级。下午天阴有阵雨, 72°F, 758 mm。

上午参观上海市农业科学院(沪西)。下午参观安达化学纤维一厂(浦东)。

晨六点多起。听广播知十六号开人大会议。早餐。和李俊龙、赵君迈、傅学文、王葆真(年 84)等一行,由上海农业科学院副院长纪乐天同志、市委副秘书长于志陪同,赴新北新区的农业科学院。中途在西延安路虹桥附近的农业机械研究所看浦东鸡场。据云浦东鸡母鸡七八个月可重四五斤,公鸡七八斤,一年半公鸡可重十多斤云。九点廿分到农业科学院,由副院长纪乐天做了报告。该院于 57—58 年建立为农事试验场, 1960 年成立为院,有七个所,即作物育种、园艺、化肥、植保、畜牧、农机等七个所,共 914 人,其中农业工人三百多,技术研究人员 308 人。正、副研究人员 5 人,助理研究员 24 人,实习研究员 144 人,技术员 55 人。新建实验楼五座, 9200 m^2,有地 1200 亩。工作以油菜、棉、粮为主,取得一定成果,注意整理地方品种,引种了外来粮、棉、蔬菜 110 种,五千多品种,单蔬菜 320 种。油菜有“胜利 521 号”,抗病强,增产 14.9%。用海陆棉杂交得一种可与岱字棉相比,长纤维达 39 mm,可纺高级纱达七十支细度。栽培小麦与晚稻间种,可提早十五天,麦产平均 350 斤,比平均高 150 斤。用尼龙薄膜保温可提早早稻十四天至春分。试行棉花番薯间作,密植二万五千莚一亩。蔬菜有木耳、番茄、蘑菇、平菇等。有种菌名灵芝,可以医神经衰弱与失眠。平菇据日本小松说可以医癌。也做化肥、病害试验,用乐果乳剂。用土霉素防治猪气喘病有效。用 35 HP 拖拉机拉旋转机耕土,深至 4″—5″。已造十台轻型电犁云云。次至外参观。研究员陈梅朋系法国留学生,专研究菌类。室内以木屑培养白木耳、灵芝、蘑菇、平菇等,以层叠床架,每架四层。据〔云〕白蘑菇已大量出口,单上海出三百 T,每 T 价 2600 美金。十一点廿分辞别农学院回。

下午二点半至浦东安达一厂人造毛厂参观,和江苏、上海两参观团一同前往,有两大车四小车。偕同陈叔老、史良、沙千里、胡愈之等前往。浦东一带变成上海蔬菜供应地,所至田地均种了菜。到厂后由李厂长报告,说该厂于 1960 年开始建立,于十一个月建成,原为安达棉纺厂,是大跃进产物。响应自力更生号召,自行安装设计,图纸一部由苏联供应。职工人数 887 人,面积 35 亩,另加 30 亩二硫化碳厂。原料系棉子上短棉毛,溶于水中作成纸板,经处理后溶化在碱水中,用二硫化碳滤去气泡,经盐酸硬化,曾经每平方寸 2400 头子的吹射,再结成丝后硬化。每天要用七千 T 水,每年要 1200 T 的二硫化碳。安达一厂 61 年产人造毛 121 吨, 62

年 1810,今年 3000 T。相当于二十万亩棉田,120 万头羊的毛。

11 月 6 日　星期三　〔上海—无锡〕　晨雾,能见度 500 米,19°,窗口室〔内〕69°F,756 mm。

上午参观上海吴泾化肥工厂。下午乘 46 次赴无锡。

晨六点半起。早餐。八点半出发,乘大汽车赴上海南市吴泾化肥厂。大车走需 45′,经徐家汇、漕河泾(由延安路衡山路到徐家汇)至吴泾化肥厂,由薛永辉厂长、罗局长、陈书记等陪同参观,同去者有沙千里部长、胡愈老夫妇、张学铭、王葆真及浙江组留沪人员赵、李、王、罗诸人。由薛厂长(无锡人)作了五十分钟介绍,知该厂于 1958 年开始筹备,59 年兴建,61 年九月份正式验收,于 62 年出产五万多 T 硫氨。厂的特点是高温(500°)高压(320 大气压),设备要非常严密。过去统是国外进货。解放后化肥能自力更〔生〕地做出成套设备,本厂是第一厂,曾得到一百多家厂的大力支援,使水平大大提高。因为高压不能漏气,所以管子的金属要用 X 光验检。一台高压机要花三个季度工夫才能制就。第三台机器于今年八月份才装好(1800 kW 电动机)。有 98 T 重的锅炉两架,一是哈尔滨造的,尚适用,一是杭州造的,焊接同金属统有问题。基建过程中曾派工人至南京先进厂学习八个月,暴露出基建上问题,因没有打桩,房子下沉时发现不平衡下沉。生产方面五月批准后,六月发现合成塔漏气严重,因为不是全部不锈钢,一部分是碳钢。到今年六月份有了裂缝,采取措施来补救,所以浙江衢州厂走在本厂前面。从 1 月到 5 月,今年每吨成品要亏损五六十元至一百元,九月份减少亏负至 15. 77 元。出厂价要 184 元,车间成本 176 一吨,到十月份才转亏为盈。硫氨成本只要 120 元,降低水耗与电耗 96 元。同时合成尿素 NH_3 每 T 336 元,硫酸市价为 151 元,可盈余 31 元。原料黄铁矿来自铜官山和湖南,现有五万 T 设备以外,第二期要加二万五千 T 至五万 T。以后加尿素四万 T,硫氨十万 T 云云。污水用矿石中和,把污泥放在矿渣同时运出,矿渣尚含硫化铁 40—50 未能利用。有四个车间,工人 2400 人,平均工资 65 元,厂址 30 公顷,建筑 65 000 m^2。以后参观了四个车间。以麻袋装成品,每袋 100 公斤(@ 18. 60 元)。据云开工以来未曾出过爆炸。十一点兴辞而别。十二点中餐,遇丁巽甫、翁文灏、陈立、葛志成。

下午二点由蒋秘书长送我和允敏至闸北车站,$14^h35'$车开,同行有杨定安等二人。在苏州遇华罗庚去南京。$16^h49'$到无锡,由人委邓平秘书长来接,在无锡住南中山路时郎中巷招待所。晚允敏表亲李骏千太太及其女儿蕴芝、儿子鉴松〔来〕,住公园旁楼元街。

寄霞姊函　婉芳函附照片

11月7日　星期四　在无锡　晨阴昙，ACu 8，16.5°，室内68°F，759 mm，风力1。下午阴，70°F，S，风力2级。

上午参观红旗公社。下午游太湖、蠡园、鼋头渚。晚$7^h15'$至人民礼堂看锡剧《六里桥》，晚无锡徐市长来坐片刻。

晨六点半起。七点多早餐后，我和邓平秘书长去南郊人民公社红旗，允敏雇一辆汽车和李鉴松母子赴梅园附近上坟。红旗人民公社在华村，离城12公里，由何书记、徐社长作了介绍。地在太湖边，有耕地四万亩，人口8400户，34 000多人。劳力一万三千，以女子为多。有24个大队，水稻三万三千多亩。生产成果，58年水稻亩630斤、小麦128斤；62年水稻660斤、小麦189斤；今年估计水稻740斤、小麦160斤，春花菜蔬百来斤。各种水稻比较：世界稻（闻从日本移来，又名农垦58号）1030斤（70亩），"老来青"840斤，苏稻37亩得859，糯米815斤，412种707斤，早稻头红621斤。下种在谷雨前后，要到立冬才收割，差不多要五个月，所以不能种两季水稻。早稻曾种过，但失败了。化肥每亩用16斤（国家配8斤）。有猪17,000、羊4000，用河泥每亩六七十担，有耕牛〔　〕只。电气化很普遍，有低压线63公里，高压线25公里。十一个电灌站（参观一个有70马力），二只流动船，一十七台柴油机，试用电犁，有300台脱粒机。电力主要用以排灌，电力每〈分〉度7.4¢。每年出蚕茧二千〇四十担（去年），今年2600担。一担蚕茧国家收购并配给300斤稻谷、100斤化肥、30尺布，所以人民乐于推广。价一担蚕茧110元。害虫一亩地平均用四斤农药，螟和稻苞虫也有，但病更严重。陈永康长住苏州，但曾来红旗公社三次，最重要是掌握施肥和灌水的时间与三黄三黑。无锡一亩种二万五千蔸，陈永康只种二万蔸，肥水握把不会倒伏。1962年每人口粮530斤，一劳力可得260工分云。次参观了电犁，每天可耕七亩，深8寸。出壳机每天4万斤，壳占7%。打稻麦两用机每天可打十多亩所产稻麦。有十一个电站，看了一个75马力，每小时打二万吨水的排灌站。据云无锡不怕涝，但怕旱，太湖海拔3.5 m云。十一点告别回。

下午由邓平秘书长陪同游太湖旁名胜，先至蠡园，小汽车二十分钟，约十二三公里。解放初水生研究所在蠡园时，我曾和允敏住此二三天，但不久水生所即移汉口。蠡园已与隔邻的渔庄相合并，渔庄原来主人也为王乐水，即时郎中巷招待所主人，一别十年矣。在此稍息，遂驱车至鼋头渚，从后门入，然后下梯至前门。到广福寺有杨天骥写对联，过小南海、飞云阁、长春桥，至前门已四点，回寓$4^h30'$。

11月8日　星期五　从无锡到南京　晨无锡雨，12°，室内66°F，763 mm，北风，风力3—4级，Nb 10。下午南京768 mm，房中62°F。晚八点769 mm，室内63°F。

住南京饭店（前国际俱乐部）104号。

晨六点三刻起。上午七点半早餐。八点邓平秘书长和金延副秘书来谈。八点半驱车至西门内连元路29号李骏千表亲的家中。本人适去北京，遇见其爱人与幼子鉴松，坐片刻即出。回至时郎中路招待所，算清账目后即乘车赴无锡车站。与允敏、杨定安等同行，由邓、金二秘书同送至车站。$10^h45'$ 14号特快车自上海开来，停十分钟即开，别邓、金诸人。在车上又遇陈半老、叶企孙、罗隆基、刘王立民等，渠等从上海回北京。$11^h31'$过常州，停十分。十二点在车中膳。膳后$13^h57'$车至南京站，即有吴学义、媳妇孙祥清在站相接（上次我来南京1956时希文尚健在，而今过世已将三年矣）。〔省〕人委员方有、顾复生院长、王文通、赵〔　〕诸君接至南京饭店二部（即从前的国际俱乐部在中山北路，与山西路相差只一站路），住104号。与顾复生、吴学义等谈片刻。顾系省科委副主任兼农业科学院江苏分院院长，吴学义则系久年老友。

下午张钰哲、华罗庚、管文蔚来谈。据管云，南京区要达到稻、麦两熟一千斤不难，但以目标将提高至一千二百斤，以后至一千五百斤，则比较困难。说太湖流域尚有6%地区年产只百多斤，而大部地区只年产五百多斤，至于年产800斤尚系极少数地区云。我告以浙江均以水稻两熟为主，而江苏如无锡、南京均以稻麦两熟为主，麦每亩平均不过二百斤，而早稻可产四五百斤，是否江苏也能水稻两熟。他说过去曾试过，均失败了，由于天气之故云。张钰哲谈216天文镜，我国方在自制，但近又拟向英国订购216的一架云。

晚五点和允敏至珞珈路48号，则吴学义已先在，见了祥清的父母。据云吴学义先告祥清说今日允敏一人回宁，所〔以〕他要她们预备住宿之地，因此祥清让出了房间，至车站后始知我们二人同回。我们吃了预备好的螃蟹后晚膳。我到祥清屋中见了形如小型收音器，以为是无线电收音器，细视始知是希文骨灰，为之一惊。我为希文写的一首诗也贴在其上，右为希文照片，见之为之黯然。七点告别回南京饭店。

11月9日　星期六　在南京　晨阴，七点9°，室内62°F，769 mm。中午室内64°F，昙，768 mm。

上午至南京大学看地理系、气象系。下午至农业科学院。

晨六点半起。七点半早餐。八点南京大学副校长高济宇来接我至南大。校址系解放前金陵大学，但现已扩充到 700 亩，十二万 m^2 建筑。理学院有天文、物理、化学、数学、地理、地质、气象七个系。文理共六千多学生，而文学院只一千二百学生，与物理一系相等。老教员地质系李学清已七十多岁，现不教课但也常至系。此外徐克勤、任美锷等。张士一在师范大学，徐养秋已告老，楼光来、李方训已于近年物故，张江树至上海化工学院，所以仅存老人也分散了。到校后遇地理系任美锷、杨纫章、杨怀仁、朱炳海、李海晨、黄仕松、徐尔灏、幺振声等，坐定略谈。地理系由系主任任美锷作了报告，知有教职员 79 人，职工 15 人，学生 446 人，其中以自然地理专业组为多，202 人。气象系由徐尔灏系主任作了报告，有教职员 55 人，职工 24 人，学生 487 人，研究生 8 人，越南留学生 17 人。分为天气、气候、大气物理三个专业。开 35 课，有天气、小气候、云雾物理七个实验室，大气湍流也在内。研究项〔目〕关于低纬度环流，高压移动，中小尺度天气系统，台风，农田小气候等。大气物理方面有暖云降水机制，积云水滴分布，催化剂用盐于积云中十三次，五次有效降雨，也做高大气物理。地理所做调查工作，有遵义、柴达木、云南、内蒙草原四处，与综考会合作。地貌组做天津新港淤泥。海岸地貌调查在珠江三角洲白藤堵海问题，已解了上游水涝问题，用排灌方法，电每度只 5 ¢，所以可用电排灌。河流地貌，贵州 Karst，大别山冰川，常熟农业地理，江苏农业区划等等。次参观了地理方面制图，花粉，土壤，航空摄影实验室和气象云雾物理（1/4 m^3 的云雾室可降温至 -80°）等等。图书，气象系 8000 种，地理系 17,000 种云云。十一点谈半小时回。

下午二点和王文通同志到江苏农业科学院，由分院院长顾复生等在院内招待。首由顾君介绍了该院概况，该院有稻麦（杨立炯、梅籍芳）、经济作物（华兴鼐）、园艺、土肥（沈梓培）、植保（朱凤美）、农业物理（冷福田）、生理生化（奚元龄）、畜牧兽医八个系和农业气象、农业经济二个组。技术行政人员 400 多人，其中技术人员占 340 人。农田工人 409 人。全省苏州、镇江、扬州、南通、盐城、淮安、徐州七个专区均〔有〕研究单位，多则 70 人，少则三四十人云云。次杨立炯报告了水稻品种，如“老来青”系陈永康所培养，稳定高产。此外尚有“南京一号”（籼米）、“公社六号”均系高产种。认为南京至苏州均为稻麦两熟区，不宜早稻。梅籍芳谈小麦。华兴鼐谈棉花，海岛棉与陆地棉（岱字棉）杂交已成功，不久可扩至二百万亩。南通、金华较为适宜，南通可六十斤皮棉一亩。过去从埃及进口，年八九十万担。主要是飞机、汽车的轮胎，所以与国防有关。现海陆棉杂交已成功，云南只产五万担，我们尚需二百万亩。次朱凤美谈稻病虫害，谈江苏农业病害说水稻螟虫用 666 拌土，已解决了螟害。有机磷内吸药已试了四年，一般毒性太高，乐果毒性低，但只能于莱蔬蚜虫。稻病最严重是稻瘟病、白叶枯病和斑纹枯病。用陈永康三黑三黄法试用配料可以减少病害。黄色表示缺氮要加肥，《沈氏农书》已指出此点。白叶枯病已八十年尚无防治方法，氯霉素和 α-Naph. acetic acid 可能有用。纹枯病可用 CH_3AsS，结果很好。土壤组沈梓培谈徐淮一带有盐碱七百万亩，南方有白土缺少营养,是问题。江苏共有八千万亩田,二千万亩是低产,多在徐淮。沿海尽速种粮,可用英国进口的大米草种于沙滩不怕盐,是南大教授仲崇信提议引进。五点半回。

11月10日　星期日　从南京至杭州　晨七点8°,室内61°F, 767 mm, St 10。

21次车行程原须依照下表,但15ʰ前行至丹阳,因常州附近桥须修理,停车九小时,至子夜始开出。

21次车	
南京	12:34 12:50
镇江	13:59 14:07
常州	15:18 15:30
无锡	16:05 16:15
苏州	17:15 17:22
上海到	18:45

87次车	
上海开	19:09
松江	20:08
嘉兴	21:07
杭州	22:45

晨六点半起。早餐后和王文通、允敏、祥清、友朝、明芝去城南太平天国展览馆,途经北极阁。九眼井前考试院成贤街一带已新辟马路大改旧观,从鸡鸣寺向南开一新路,在成贤街之东名东海路,直达大行宫与中山路相交,是在小铁路拆掉后筑。南京城现有人口一百五十万,单城区也一百万云。晨八点半顾复生院长来谈,未几宁宁、祥清带友朝和明〔芝〕来,遂乘〔车〕赴夫子庙太平天国纪念馆,王文通与广西林秘书等在另二汽车上同行。经新街口至夫子庙太平天国展览馆,由吴馆长荣成作了介绍,据云其地系明初徐达开府之处(但一说在花牌楼,宁宁只知有大行宫,不知有花牌楼)。馆中陈列有洪秀全石刻头像,太平天国各项文书,大部系复本,天皇玉玺(复本)及太平天国的制度。一般说来,如农业政策、文字改革是进步,但迷信亦不少,如名称多所忌讳,如东王杨秀清,清字也避讳,改清明节为菁明。对我最有兴趣,〔是〕辛酉(1861年)颁布的《天历》,以物候与阳历平行。以366日为一年,每逢单月31日,双月卅日,日子以节气命名。二十节气均15天,惟立春、清明、芒种、立秋、寒露、大雪六节有16日。四月萌芽月令,以四月五月为例,称立夏一为四月节,立夏十四下雨,立夏四北方地寒始种苞米。芒种一种黄豆,芒种二石榴花开等等。十点驱车至鸡鸣寺,寺旁已开一门,但有阶梯,只能步行去后湖。我们登鸡鸣寺,庙中有尼姑六七人,尚有香火,豁蒙楼的匾系曾国藩〔题〕,已撤去。十一点回南京饭店,留吴学义、宁宁等在此中膳。膳后至下关。我乘21次车赴杭,允敏乘14次车回京。

11月11日　星期一　又到杭州　晨上海阴。下午杭州阴昙, St 10,东风2级,中午15°,室内63°F, 766 mm。

昨日21次车在丹阳停歇,待常州修桥,至子夜始开出。我于昨晚八点多即睡,至车开后曾起二次。车在常州附近又停一二小时。至四点到无锡我即起,六点左右车始抵上海,误点十一小时有余。我于昨晚令车上服务员打一电话与上海市委,说明车到上海后不能去杭州,盼派人来接。到上海站后即有市委苏君来接,并备有小汽车接往上海大厦十一楼稍息并进点心,同车来沪的刘培桐君也同至大厦。至晨七点和刘、苏二君开车至车站,$7^h28'$乘55次车赴杭州,苏君送至车上,未来得及下车车即开行,结果送我们至嘉兴始下车($9^h18'$到嘉兴,停十分)。路上不再停车,$10^h41'$到杭州,即有杭州政协李本坤、黄秉维、瞿宁淑、沈秘书等在站相〔接〕。李局长主张我仍住大华。地理学会虽在华侨〔饭店〕开会,但黄所长已先住大华,所以我也至大华,仍住209号,即十月十九至十一月三号曾住之原房间209号。

中膳后睡一小时。二点至六公园华侨饭店三楼开地理学会理事会,到郭敬辉、侯仁之、黄秉维、李之保、王钧衡、周廷儒、严德一、李秉枢、李春芬、丁锡祉、周立三、任美锷、李文(甘肃地理行政工作)、曹廷藩、褚亚平、瞿宁淑、王恩涌(北大)和我,由瞿宁淑说明了这次年会筹备经过。这次会议正式代表和特约代表计共120人,来宾及列席同志在外。论文已分发二百篇。理事会提名已有四十一人,最近又加广东何大章、南京朱炳海。日程:十二开幕式,修改会章通则草案,讨论理事名单。下午开小组会,五点成立新理事会。14日至17日各组宣读和讨论论文,18—19组间讨论,20号游览,21号大会发言,22号闭幕。20日游览地点新安江、绍兴或杭州附近。讨论后以新安江太远,大车来回要十小时,所以决计在绍兴。推大会主席团竺可桢、黄秉维、任美锷、侯仁之、周立三、周廷儒、李春芬、曹廷藩、李秉枢、李文、郭敬辉、严德一、王钧衡和丁锡祉。四点半散。和周立三、任美锷至岳坟,时正在展出菊花会。五点半回。

晚省委宣传部宋副部长、科委王主任等来谈,又士樵、沈文雄等来。闻童第周主任因痔发入浙江医院,其夫人叶君住楼下105号云。九点半睡。

11月12日　星期二　晚从杭州出发回北京　晨七点阴,StCu 10, 12.6°,室内62°F, SE,风力2, 762 mm。下午阴,760 mm, 64°F。

中国地理学会第三次全国代表大会及63年综合性学术年会开幕。

此次重到杭州,气候和三星期前初到杭州无异。查十月廿三日记气温尚比今日低2°,气压低2 mm,可知杭州秋天温度的稳定,物候也无大变化。法国梧桐叶稍黄。菊花当时初开,现已盛开。桂花于国庆节盛开,我们初来已所余无几,现则完全过去矣。天气前次在杭十三天均佳,离杭后天气即坏,昨重到杭州又见青天白日,故乡对我不薄。

晨八点到西湖第六公园华侨饭店,是杭州比较新筑而最大的旅馆,系对外营业,一般伙食要取30%—40%的赢利,房间比大华为小。遇胡焕庸、傅角今、曾昭璇、徐近之、吕炯、漆克昌、杨纫章、李孝芳等多人。八点半在华侨饭店五楼开会,王钧衡秘书长报告了日程和主席团名单，由侯仁之为主席宣布开会，说今日到会代〔表〕九十一人（名额96人）及列席四十人。这是七年来第一次会议，我以理事长名义致了开幕词半小时，说明这次学会已收到论文二百多篇，将由专业讨论，择优分别出版。会议至廿二日共十一天，明日起即进行学术活动，主要课题是支援农业。今日下午选举新理事，讨论李副理事长秉枢会务报告与会章。地理工作人员应〔加〕强联系实际，但同时也不能放弃理论研究，次则专题性研究与综合性研究要并重云云。次浙江省科协副主任委员陈君致了欢迎词十分钟。次李秉枢读了七年来地理学科工作报告，说近一年来开了地图、经济地理、水文三个专业会，四年来共收到948篇论文，《地理学报》作双月刊出版，《地理》作为月刊，1964年另出《地理译丛》，科普工作在《大公报》辟了经济地理知识专栏，25个省市已建立省市地理学会，出了小型地理丛书28本。今年年初农业规划有365项是与地理直接有关的。次王钧衡报告了会章，瞿宁淑报告了新理事名单。十一点散会。

下午一点半开分组会议，讨论工作报告。四点选举新理事，计丁锡祉、王乃梁、王守礼、王恩涌、王钧衡、傅角今、邓绥林、白敏，白耀、孙敬之、任美锷、吕炯、李文、李之保、李孝芳、李秉枢、严钦尚、严德一、李春芬、沈玉昌、竺可桢、周立三、周廷儒、吴传钧、林超、侯学煜、施雅凤，陈述彭、陶诗言、梁希杰、黄秉维、郭敬辉、曾世英、曹廷藩、杨纫章、褚亚平、谭其骧、赵廷鉴、瞿宁淑、朱炳海、梁忠，共四十二人。我即和沈文雄回至大华招待所晚餐，由李本坤处长王文长主任送到车站，童第周夫人、瞿宁淑、沈文雄亦来送行。同行者有浙江省人大代表多人，他们坐一专车，我则另购软席。于$18^{h}47'$开车，22^{h}到上海，仍由上海市委苏君接至待客室，转乘22次快〔车〕赴京。

11月13日　星期三　从杭州回北京途中　车上756 mm，晴，晨在南京遇雾，停留五小时。

昨晚在京沪廿二次车中，觉温度极高。晚间十一点多登车，而同房客二人系大连铁路局办事员，到$23^{h}55'$子夜开车后尚要开无线电听京戏，问其所唱何戏、唱者何人，也统不知道。至晨七点起，车早已到南京，但因江上有大雾不通航，所以在下关等候达五小时之久。原定浦口$7^{h}10'$开车，待至下午$13^{h}16'$才开出，自此一直未能赶上时间。我至浙江代表政协的专车中与他们谈心，车中32位置均已满，所以我未能厕身其间。与郑晓沧、蔡作屏、周副校长（浙大）等谈关于生物学上和农业上问题。蔡作屏说，他过去捉麻雀，希望能生蛋得胚胎，但室内养麻雀久久不生蛋。说大跃进时代猪牛杂交、牛兔杂交之无意义。红虫决不能作为蛋白质的来源。说维生素C可以治胃癌。晓沧也极迷信维生素C，每餐吃0.1 g的三粒，但他的精神确是矍铄。与徐洽时谈新安江水电形势之佳不及瓯江，因瓯江只淹没二十万亩而新安江要淹卅万亩，同时瓯江发电大于新安江，可惜现已下马。七里泷则将来仍要建立电厂。说黄坛口现只三万 kW，而其上游尚可加一坝，也为三万 kW。说绍兴马山坝造好，东关之潦水可以从孙端出海，不必经三江闸云云。季梁体较弱，而其夫人德氏又患风湿不便行动，不能随之来。与建功谈浙大与杭大合并事，他希望杭大能做研究工作，但反对与浙大合并而称理工大学，因理科有自己使命不仅为工科服务而已。马一浮与其外侄女汤君来谈，为前浙大生物系毕业生王有燮事。王于毕业后曾出洋留学，现在马来西亚为南洋大学生物学教授，因王父亲王蕴达年已86，希望其长子有燮回国，所以希望谈家桢、贝时璋能为觅一枝栖，使他能回云云。我答应与贝时璋等商之，但预料科学院未必能争取他。自离浦口后车仍走得很慢，而却波动得很厉害，据说是因为车上的避震器坏了，因舶来品无以代替之故。时间方面一直落后 $5^h30'$，如蚌埠应于 $11^h20'$到，但到时已 $16^h56'$，徐州应于 $14^h33'$到，而到时已 $20^h13'$，济南应于 $21^h20'$到，而到时已在子夜后 $2^h45'$。

11 月 14 日　星期四　〔杭州—北京〕　早晨到济南晴。下午至北京，五点晴，759 mm。

昨晚睡得不甚好，一则因昨日中已睡，二则车跳动既厉害也不规则。季梁在车上有点头晕并咳嗽。据马一老的内侄女云，马老与汤夫人结婚不久，其翁即在四川病危，在那种封建制度社会下，汤夫人去四川奉侍汤药十五个月后马翁病故，其夫人也不久去世，马一浮即单身去国外飘游，其身世亦可称悲惨云。今年 82，口中只余一齿但不愿补牙，目已不能读小字书，耳亦稍聋矣，但其记忆能力似尚佳，如谈家桢、贝时璋等名字犹均记忆。晨 $5^h30'$车始至德州。这一带的水似已退，地上方在耕种，但只能种蔬菜一类速生植物，小麦已过了播种期。未到天津即见一片汪洋，与去时情形无异。$9^h46'$到天津西站，停十九分钟，$11^h48'$到丰台，因车已误点，路上(去北京路上)有货车挡住去路，所以又停车四十多分，到 $12^h17'$才开。$12^h40'$左右到北京，即有允敏和张俊秀及张司机(芝良)开车来接。一点至寓。中膳后允敏去妇联小组开会。我于三点至院。阅来往信件。接胡步曾、辛树帜及一个素不相识自称中国庠生法政进士、英国剑桥大学学士张儆彬函。并寄来新加坡南洋孔教会出版的《华夏传统思想习惯考略》，有黄开禄博士(Wis.)为之序，并有英文题目 What is the Real Spirit of Chinese Culture?，1962 年出版。因读了我在《人民日报》(《谈阳历和阴历的合理化》)一文，认为是为中国人吐气，所以写信给我，其实我知道的历法实在太少了。四点至前门饭店向人大报到，购维生素 C 和 B 各一瓶。

接邹树文函及稿　辛树帜函　胡先骕函　罗开富函　张儆彬函(敌园老人)

11月15日　星期五　晨昙，FrSt 5，七点 2°，室内生火 68°F，762 mm。晚微雨。寓中菊花有一朵盛开，大丽花等尽除去。路上杨柳尚绿，榆叶未落。

晨六点半起。上午至院。九点在人大常委办公楼开第二届全国人民代表大会常务委员会第109次会议，通过十六日开幕二届人大四次大会的日程、主席团人选和提案审查委员会的委员名单。彭真秘书长说明这次会议仍和政协委员同开，会期十五天至十一月卅号止，为不公开性质。说四年内已病故四人，计林伯渠、李济深、陈嘉庚和沈钧儒，因已届任满所以不再补。十一点散。又至怀仁堂，参加了共产党党员参加人大和政协会议人员〔会〕。彭真同志作了报告，说三届人大选举明年九月底以前选出，十一月开第一次大会，第一、二届人数是1126，那是因为怀仁堂地方小不能多，现已有大会堂，所以人大代表将增加。过去乡村每八十万人选一名，城邑每十万人选一代表，改为乡村四十万人、城邑五万人选出一名。城邑以人口过卅万人者当之，这样估计代表人数将有3040人。明年将普查一次人口。据统计1953年我国人口六亿〇一百九十万，到57年加至六亿五千六百六十三万人，至今年六月又加至六亿八千一百廿一万人，若再加台湾1141万人、香港353万人、华侨600万人，则已超出七亿云云。代表名〔额〕为照顾少数民族，西藏由12改为24，青海9名改为18，宁夏15名，华侨仍30名，军队120名云。

下午三点在人大常委会议室开最高国务会议，周总理作了外交内政报告。四大矛盾：无产阶级在帝国主义统治下的矛盾，帝国主义与民族主义的矛盾，帝国主义各国间的矛盾和帝国主义与社会主义国家间的矛盾。此外马列主义和修正主义不能合流，但分而不裂。我们准备谈判，但会见时互相谩骂是无益的。中苏战争是不可设想的，但大概打不起来，因此要搞中苏友好。外交上仍是一边倒，要强调革命、反美帝、搞社会主义，彻底拥护马列主义。十二月陈外长将去非洲。国内形势好转，社会主义经验要从实践中取得，所〔以〕1963—65三年作为过渡，自力更生地建立社会主义，要计划生育云云。

11月16日　星期六　晨阴，St 10，七点 6°F，室内有火，760 mm。

第四次二届人民代表大会开始。

晨六点半起。上午八点半至人大会堂浙江厅开浙江小组会议，推举周建人、吴宪及我为召集人，通过大会日程、主席团及提案审委人选即散会。十点在大礼堂开大会预备会议，朱德委员长主席。彭真同志报告这次大会日程及大会不公开原因，大致与昨日在党组会所报告者相同。谓人口在1953年五六亿，现则为七亿。工业产值53年447亿元，60年1874亿元，62年900亿元。职工人数53年1800万人，60年4500万人，62年3200万人。代表名额第一、二届1126人，第三届3040

人。在会中将发三个文件,即1. 厉行节约,五城市五反运动;2. 关于农村工作若干问题;3. 关于农村社会主义教育问题云云。

下午三点继续在人大常委会议厅开国务最高会议(继昨),要大家发表意见。发言者有程潜、陈叔通、黄炎培、王绍鏊、赵九章、冯德培、傅作义、季方、史良和陈其尤等。陈叔通提反修正主义过去只限在《人民日报》和《红旗》上,昨刘主席认为应大家发动批评修正主义,使人心为之大快。陈叔老又以为不应畏首畏尾。傅作义谈自力更生的政策是正确的,要社会主义国家大家依靠苏联,于苏联也不利。冯德培谈我们字典中不应有“怕”字,说近看了英国情况,认为我国科学技术在相当时期内可以赶上他。谈至七点散。

今日晚膳时彬彬、松松均回家。彬彬患沙眼已一二十年,迄今不愈,金霉素亦乏效。松松在校忙于考试,几于每周均有数项考试,到明〔年〕一月将赴兰州实习一个月,于阴历年始回。今日中午忽接电话,说社会科学部在怀仁堂有重要活动,要科学院各副院长参加,但赵正甫秘书只写了一点在怀仁堂有重要活动要我参加,我不知何事,而其时正值大家休息。我前往怀仁堂始知系社会科学部大会结束,今日拍照,我未参加该会,去拍一照,毫无意义。遇于光远,他说正在计划组织写一部《通俗科学大纲》之类云。

11月17日　星期日　晨大雾,七点2.5°,风力1级,760 mm。

晨七点起,作二十分钟太极拳后和允敏、彬彬、松松早餐。九点至民族饭店三楼看辛树帜,他已出去开小组〔会〕,遇其夫人亦是湖南人,坐片刻。再至七楼晤晓沧,室内无人,想也去开小组会议矣。回家洗浴,并将在杭州、绍兴时所撮小照写标题。

下午二点半至人民大会堂湖南厅,遇李四光和老舍等,毛主席、刘主席等来接见人民代表大会的主席团,团中多数人我均不认识。毛主席面甚丰满,但背有点伛,一女孩护之以行。三点在大会堂开会,朱德委员长主席,即请李富春副总理作《关于1963年国民经济计划执行情况和1964年国民经济计划草案》的报告,首先说明去年大会时,周总理曾经指出国内外形势均朝着向我有利方面发展,一年来证明是正确的。一年来贯彻了以农业为基础以工业为主导的总方针,报告分为四部分:1. 自力更生为主进行社会主义建设;2. 国民经济开始好转;3. 64年计划安排;4. 发展农村社会主义教育,城市五反和增产节约运动。毛主席早已明确指出,社会主义的建设主要应当依靠我们自己力量,要把一切积极因素统调动起来,外国经验一切好的统要学。连续三年(59—61)灾害,粮产大幅度地下降,也发生了没有按总路线进行的错误。60年七月苏联当局撤退1390名专家,撕毁343个专家合同,废除257个科技合作项目,加重我们困难,因此提出“调整、巩固、充实、提高”的八字方针，浙江省新安江电站、上海吴泾化工厂和松辽油田的开发统是自力更生的实例。钢的品种从57年的372种增加到1962年的850种，石油的副产〔品〕从140种加到416种，已能产17种塑料、三种合成纤维。培养了二百万科技人员，其中工程86万5，医药60万，农业17万人，自然科学9万4千人。苏联领导批评我们单干，主张经济一体化，美其名为分工，实则大国沙文主义。我国经济已好转，初步估计62年比61增产粮食一百亿斤，棉花增三百万担，糖多2400万担，大家畜多二百万头。工业总产加5.9%，基本建设完成82亿元，出口总额超预计10%，对外援助达九亿六千万元。63年财政收入327亿预算数，实收340亿元。用于农业方面资金62亿元，比62年增18亿，供应化肥540万T，比62年加219万T，供应排灌机械62万HP，提高棉花收购价格，今年九月比62年12月物价指数下降6%，集市贸易价格下降50%，调整了工资增长数年十一亿元，决定从1963—65作为过渡时期，第三个五年计划于1966开始。

64年主要任务：农业总产比63年加10%，工业总产加12%，财政收入380亿，基建投资108亿，粮食增产180亿斤，棉花450万担，油料750万担，增加棉田五百万亩，支援农业物资化学肥料575万T，钢58万T，工业生产64计划比63年钢加170万T，原油150万T，化肥110万T，木材260万M^3，棉布九亿米，人造纤维7300T。64年招大学生14万5千人，比63年多1万5千，高初中350万人，专业中校21万6千人。

11月18日　星期一　晨阴，St 10，3.6°，756 mm，地潮，凪。日中阴。晚751 mm。

晨六点三刻起，作太极拳20′钟。上午作函与宁宁、祥清、邹树文、张敞彬。绍兴东关的本群（不具真姓名）要造马家桥为平桥（以便车走）、改造大街和礼堂要坐椅等三事，我回信答应以该信转与周建老省长。复胡步曾函。为了物候学展开工作，近得气象局函，知该局已决于64年成立试点，并将通知和规格发出。复宛敏渭文，关于《物候学》重版，我要把太平天国时（1861）所颁行的《天历》中的萌芽月令的情况放在第九页上。

下午三点开人民代表大会全体会议，郭院长主席，我也坐在前排。李先念副总理报告，关于1963年国家预算草案和执行情况和1964年国家预算初步安排的报告。第二个五年计划期间（58—62年）国家预算收入总数为2192亿元，比第一个五年计划期间增60.6%，绝大部分来自国营企业，农业税没有增加反减7.8%。支出方面：经济建设加89.7%，文教建设加51.7%，国防费减9.3%。第二个五年计划70%用于文教、经济建设，而美帝用60%于国防，谁是好战？农民负担减轻，第一个五年计划每年征收农业税平均373亿斤，从1961年起三年不变，每年只236

亿斤,同时农副产品价格提高,粮食销购价格不变,农民得好处。近两年收入已大于支出。63年预算收支相抵可多二亿元,工业产值63年比62加5.9%,农业产值5.8%。64年指标,收入支出380亿元,农产总值加10%,工产总值12%。

寄东关本群函(为修马家桥、东关大街及大会堂凳子事。无锡东峰人民公社告发干部作风恶劣,不具名,姓徐发)

11月19日　星期二　晨雾,St 10, 2°,凪, 750 mm。上下午晴。晚751 mm。

晚郭院长在北京饭店七楼宴请朝鲜科学院副院长全斗焕及半导体代表团十四人。

晨七点起,作太极拳20′钟。上午八点半至院。九点至人大礼堂浙江厅开小组讨论会,这次到会浙江组人员中缺席者有马叙伦(卧病已四五年)、倪斐君、霍士廉(从未到会)、冯宾符诸人,陈叔老、邵力老、叶熙老则常到,钱雨老有时来,马寅老则第一次小组会是出席的。上午先阅读预算(1963年)执行情况和经济主要指标及1964年经济主要指标如下。下午继续讨论。

1963年收入预算数336.59亿,预计执行349.59亿,支出预算336.59,执行预计349.59,其中估计有结余11.59亿。主要指标如下:

	63年计划	63年预计	64年计划	加
工业总产	867亿元	900亿元	977亿元	12.7%
农业总产	445亿元	455亿元	490亿元	10.1
粮食(大豆)	3227—3254亿斤	3200左右	3410—3435	5.6—5.7
棉花	1994—2194万担	2000万担	2442—2553	16.4—22.5
	4489万担	3757万担	5238万担	15.4—16.8
油料花生菜油芝麻	4540万担			
大家畜(万头)	7124	7214	7480万头	5.0%
猪(万头)	10,253	11,424	12,781	24.7%
羊(万头)	13,953	14,088	14,929	7.0
水产品(万T)	245	237	260	6.1
棉布(亿米)	26	31.8	35	34.6%
呢绒(万米)	3,515	4,083	4520	28.5%
人造纤维T	15045	17,365	22,390	48.8%
肥皂 万T	20.9	23.6	24.2	15.8
钢 万T	670	740	840	25.4
铝 万T	7.2	8.1	9.3	29.2
煤 万T	20,046	20,850	21280	6.2
原油 万T	607.8	640	760	25.0
水泥万T	665	746	868	30.5
化肥万T	224.7	300	335	49.1%

11月20日　星期三　今日小雪　晨阴，St 10，3°，风力2级，756 mm。上午飞雪珠又变小雨。晚阴，755 mm。

开始吃蛤士蟆。

晨七点起，太极拳20′钟。今日上、下午均在人大礼堂浙江厅讨论李富春和李先念两位副总理报告。我们代表卅六人中病号很〔多〕，马寅初、马夷初是经常病的，这次告病假的尚有冯宾符、钱崇澍，时而告病假者潘天寿、叶熙春、陆士嘉，已达七人之多，而霍士廉、倪斐君又不出席，所以虽有36人，而出席经常不过二十人而已。但陈叔老已近九十高龄每会必到，邵力老则政协与人大兼顾，可称老当益壮。今日工人代表（杭州锅炉厂工程师）云，说富阳用毛竹做土纸，2000斤毛竹要烧九千斤松木方能做成纸浆，柴价每斤二分就要180元，并要11天工夫。但新安江电站成立后用电只要1400°，@7 ¢一度，则98.00元已足，而且只要三天工夫，既省钱又省时间，而富阳山上可以绿化。他说改柴用电是他建议的。张琴秋谈浙江蚕丝业，说61—62比前有进步，产量虽增，质量不好。浙省桑田一百多万亩，多是间作，桑下种豆使桑受影响，少生叶子。64年起省府拿出六千万斤粮补助农田，使40万桑田不间作。不间作每亩可得800斤叶子，间作只300斤，所以今年只产20万担茧，以后希望能产60万担。棉花慈溪县平均亩产108斤皮棉，浙江全省87斤，而全国平均只36斤，河北省一千二百万亩，平均32斤。人造纤维要用材木纤维或棉子短毛，所以来源不畅，合成纤维如维尼龙尚在开始。重棉政策交100斤皮棉可得化肥85斤、布10尺、粮35斤。次杨匡保谈，今年去广东潮州视察，潮阳、澄海、潮安、揭阳四县均为千斤县。在澄海视察，观云大队早稻777斤、晚稻801斤，有二亩九分地产1054斤和1158斤，已超二千斤。揭阳县有1000多亩田，两造得815和801斤，县里有15个技术人员，改良品种做得好，全用矮脚种，不论早晚稻。浙江黄岩今年七个月不下透雨水尚能收800斤，由于长潭水库可灌溉和绿肥种得多，今年比去年增产14%。顾功叙谈松辽平原现年产500万T，从57年开始测量，59年国庆打得油大量出来（估计储量十亿T以上），最近在山东北部又找到一个大油田。严景耀在北京视察石景山钢厂，25 000工人，去年生小孩7100个，人口问题是严重的。

11月21日　星期四　晨阴，St 10，2°，風。上午阴，755 mm。下午雨。晚九点半起风，天上有星，753 mm。

晨七点起，20′钟太极拳。早餐后八点半，至人民大会堂浙江厅参加浙江小组讨论。上午俞平伯谈视察北京人民公社共三个。其中以周口店丘陵区人民公社为最苦，过去要打井至卅米才能有水灌溉，现用电机打水，产量年年上增。’61年667

斤,'62 年 713 斤,今年 817 斤。但人口增长快,54 年 587 人,61 年 733 人,63 年 866 人,耕地只 1156 亩云。王季午谈,解放前药品如青霉素依靠进口,现则有出口,每年数百万美元收入。认为若干医学科学研究机构是否已达标准,高校研究经费有否规定?人口问题,各省人口去年均增加 3%或更多,而全世界只 1.6%—1.7%,以为以后不会达 3%的速度。董聿茂问科学院没有在浙江省设立科学研究机构,对浙省是损失。贝时璋谈李富春副总理报告中谈科技队伍已达二百万人,其中 80 万系新学科的科技人员。近在沪参加实验动物学会,论文 600 多篇,50%是青年人工作,科技人员二百万人中农业只十七万人,是否太少了。中膳后回休息。

二点半又至人大会堂,吴宪副省长作了浙江省概况报告。浙江省概况:1)农业生产今年虽春旱、秋天十二号台风有影响,但浙江仍是丰产。十二号台风损失粮二亿斤,去年十四号台风损失 6 亿斤。早晚稻合计可收一百四五十亿斤,比去年多一成。棉花 125 万亩,比去年多十万亩,可收皮棉 110 万担,平均每亩 86 斤,单产之高向所未有。麻去年 186 万担,今年可增 1/10。蚕茧 27 万担,茶 24 万担。猪达 460 万头,比去年加 34%。羊 300 万头,比去加 30%。但牛则〔比〕过去减少,今年尚不能增加,因牛皮价高,多屠宰而经营不好。增加灌溉面积 129 万亩,电灌加一百万亩,全省已达 700 万亩,杭嘉水田 75%已电灌。另一增产因素是国家大力支援,如化肥 31 万 T,比去年加 70%。农药二万五千 T,农业投资一亿元,农贷一亿二千万。此外城市人口下乡卅万,干部参加劳动。工业情况今年产值 29 亿(农业 25 亿元)。化肥增产幅度最大,比 62 年多五倍。衢州化工厂能产 10 T 合成毛、2 万 T 石灰氮、三万 T 磷肥。龙山化工厂产碳酸氢钾肥,从平阳明矾制,希望明年成厂。同时质亦提高,石灰氮含氮可到 15%,电灯泡能用 1400 h。企业亏损减少。衢化今年可余 140 万元,上缴利润增加。市场情况,收购产品十九亿五,比去年多 10%。其中农副产〔品〕多 28%、工产品 2%,棉 108 万担,猪 105 万只,水果、烟叶多加了。今年人口 2780〔万〕,每人粮 500 斤云云(可参考十月廿二日日记,李维新副省长报告)。五点半散。

11 月 22 日　星期五　晨晴,風,-1°, 758 mm。下午晴。晚 756 mm。

美总统 Kennedy 被刺客打死在 Dallas, TX。

晨七点起,20′钟太极拳。早餐后至人大礼堂浙江厅,小组讨论中共中央发《目前农村工作中若干问题的决定》、《农村社会主义教育中一些具体政策的规定》以及城市中五反、增产运动中的指示。唐巽泽作了长篇的发言,说浙省商界中投机倒把的人估计达到 15%,余杭塘栖〈寺〉达 30%,金华商界搞单干的达 19%。有人主张"要毛主席的领导、走赫鲁晓夫路线、行南斯拉夫措施",要鼓励人道主义、福利主义,主张利润不要上交。说"国营不如私营,私营不如单干"。乡下婚姻浪费,修祠堂、家谱颇为普遍。严景耀谈苏联领导人不承认人民内部矛盾,我们认为在过渡时期一直有阶级斗争,行科学实验可以免瞎指挥。文芸(近一年调安徽)说,安徽今年初旱后又大水,所以早、晚稻均受灾。安徽曾于1961—62搞分产到户工作,是地主、富农所发起的,富农粮多就卖黑市。从去年三月起发动乡村进行四〔清〕阶级斗争教育,于今年九月才开〔始〕挽回。先提高干部认识,然后再以提高群众水准。

下午三点在怀仁堂开人民代表大会,报告有四川省李大章、轻工业部李烛尘、北京附小教员陶淑范、民兵组织者傅秋涛、苏省省长管文蔚、上海副市长曹荻秋、哈尔滨车〔辆〕厂苏广铭以及闽省陈绍宽。李大章说,四川省粮食62年比61年增15.4%,今年又增10%。棉花增一倍,64年估计尚可增10%、棉花增20%。川省平均每人1.5亩地。63年新修机电水利工程可灌溉110万亩,连小型水库共达二百多万亩云。李烛尘说,轻工业产品产值1962年比57年加73%,63年又加12%。上海市副市长曹荻秋说,上海钢的品种57年只80种,62年364种。五年化肥、农药、塑料、人造纤维、抗菌〔素〕有很大发展。上海手表每年产80万只,宝石游丝发条统自制。管文蔚:江苏有4300万人口,今年虽有水灾,预计比去年可增粮产10%。每亩皮棉可达50斤一亩。机电设备已达76万马力,70%稻田用机电排灌。陶淑范在北京师大二小教书,已近四十年,钱学森曾受他熏陶云。六点廿分散。回。

11月23日　星期六　晨阴昙,St FrSt 7,-1°,风力1—2级,758 mm。

下午陈毅副总理报告外交(见廿四日记)。

晨六点三刻起。早餐后八点三刻至人大礼堂参加人大报告大会,今日发言者有公安部谢富治、对外贸易叶季壮、蔡邦华、江苏刘国钧等。据谢云,各省城乡仍有反动分子活跃。如上海市的隋吉卿贿赂十七个单位、卅四公社采办员,盗窃国家大量物资,获暴利廿万元。不少地主在乡中修家谱,起祠堂。去年五月苏联派特务至新疆伊宁市策划〔反〕革命暴乱,偷窃国家机密叛国外逃。蔡邦华谈农林害虫防治途径,说曾到山东昆仑山、牙山、崂山和泰山防治松毛虫。昆仑山五万亩松林因1953年以来用药防治,近年用一百六十万斤至五十万斤(666粉),松毛虫仍大量发生,寄生性天敌显著减少,林内不见飞鸟,疑是为666所毒死。但森林已郁闭长成,和附近民有森林相比仍然好多。昆仑山之西200华里的牙山,有松林7000多亩已郁闭成林,虽发现少数松毛虫,历年不成灾,也未用药剂,鸟类和天敌繁殖。泰山高1500 m,已造成八九年油松林,但每亩八九百株,过于密植,飞鸟不来,生物群落贫乏。松毛虫极猖獗,每树虫数多达400余。崂山林场60 000多亩,近年发生一种毁灭性害虫松干蚧黄虫。’52年使二万亩赤松摧毁过半,只关帝庙一小片松林又保护天敌又连续用石硫合剂奏效。曲阜孔庙古柏参天,百鸟荟集无害虫为患云。今年二月英国《周末评论》曾发表美国 Rachael Carson 著 *Silent Spring* 一书引起争论,她认为虫药用得太多。刘国钧谈江苏省徐淮区废黄河黄泛区二百十三万亩造林经过,已经种上林八万四千亩。外贸部叶季壮部长谈,近年对外贸易大有更动和改进。59年苏联的比重是58%, 63年下降至28%,因他们不接受过去我们供给商品。资本主义所占贸易59年24%, 63年50%。从前进口的工业品现已能自制并出口,如钢材、机床、青霉素、无线电收音器等。对蚕、茶等出口品行奖励办法,如给化肥、棉布等,又以进养出,即进口长棉出口棉布。近年大量进口化肥和粮食, 61—63三年进粮食一千四百万T,化肥420万T。今年出口比去年增20%,出口多于进口。

11月24日　星期日　晨晴-1.5°, 756 mm。晚 CiSt, 758 mm。

晨七点起,做太极拳20′。上午九点至人民大会堂河北厅文字改革委员会谈简化汉字、推广普通话、汉语拼音等问题。到吴玉老、胡愈之、黎锦熙、曾世英、袁翰青、林汉达、丁巽甫、叶圣陶、杭苇、车向忱、陈鹤琴等。吴玉老谈简化字已达二千(公布),但尚不够用,曾世英曾向人大提案要把地名(少数民族区)汉语拼音等。谈至十一点,我先离席至友谊宾馆,今日全国科协在友谊宾馆布置科学会堂初步就绪,会堂由会议楼、北配楼、北工字楼餐厅和附属办公用房组成,为学术会议及交谈社交使〔用〕,定明年元旦正式开放。今天是局部开放,我去得迟,遇范长江、王顺桐、黄继武及吴副院长、钱临照、冯〔　〕等。主楼原为苏联专家〔子女〕的中学,大部是教室,大概可以容30—40人之数,所以光线充足。另有一个较大会议室,下有餐厅,目前只有冷点而已。十二点半回。下午三点至民族饭店晤马一浮(720)不值,遇郑晓沧、竺英和其弟兄、季梁等。又至前门饭店四楼#457,遇吴宪省长秘书尹明道,告以明晨我在浙江小组告假事。晚七点至虎坊桥工人俱乐部和人大代表看京戏: 1)李长春主演的《强项令》, 2)李世济主演的《祝英台抗婚》, 3)赵燕侠主演《盘夫》。时已十点半,尚有李丽主演《虹桥赠珠》,未看即回。

昨外交部长陈副总理发言报告目前外交形势,提出我国站在反帝的最前线,不断取得新的胜利,而美帝不绝的失败,为美帝效劳的修正主义露出了他们的真面目。我们要高举四张旗帜: 1)高举反对帝国主义旗帜,美帝形势一天天地坏下去,国外有250个正式军事基地, 2300个据点,已到了不可维持局面,孤立中国政策也失败了; 2)大力支持亚非拉美民族斗争旗帜,亚非拉美是今日风暴中心; 3)高举马列主义反对修正主义旗帜,是要不要革命的问题; 4)高举我们对外总路线,即团结社会主义国家、反对帝国主义侵略和支持民族主义斗争云云。

11月25日　星期一　晨晴，NW，风力2—3级，760 mm，-2°。下午发西北风。

上午院中小组讨论院工作规程。下午人民代表大会。

晨六点半起。八点至院。张副院长召集院出席人大政协一部分人谈话，因修正主义和帝国主义想窃取此次人大的情报，所以我们对于人代所发文件务必小心弗遗失。次讨论杜秘书长等所拟中国科学院工作条例，因目前有若干重大政策问题如院长是公选还是任命、要否行院士制统未定，所以一时不能制定，不如先试行若干条的工作条例。由杜秘书长作了说明，提出组织体制、计划制度、学术领导等方面的几条，因大家尚未细看所以不能详细讨论。十点半即散。

下午二点半至大会堂。三点大会继续发言。下午发言者有赛福鼎谈修正主义在新疆的颠覆破坏，于去年四五月间在塔城伊犁地区诱骗数万居民非法逃往苏联，抢走大小牲畜23万头，荒芜土地60万亩。又于5月29日在伊宁车站发动反革〔命〕暴乱，夺取枪枝交苏联领事馆，冲进伊宁自治州人委抢走公章档案，以武力镇压了事。出事时苏联领事馆派人暗中指挥。新疆耕地49年18,000,000亩，63年4700万亩，灌溉面积从一千五百万扩大到三千六百万亩。粮食总产49年20亿斤，今年四十多亿斤。棉花今年66万担，增七倍。牲畜从49年1100万头加至2200万头。小工厂原只13个，现有1100个，总值八亿元。公路从3300到23 800 km。石油工业部余秋里报告，在二个五年内石油储量增加20倍，天然气增加60倍，松辽油田也是世界最大之一，苏美如此大油田也只各有一个。63年原油比57增加三倍多，天然气13倍多，石油产品达440种。山东白如冰发言，谈山东虽遭水灾但粮食比去〔年〕增加一成，棉花一倍多。（陕西省长方仲如说，陕西今年粮食〔比〕去年加4%，棉花44%。）上海第三钢厂工人韩忻亮谈比先进、学先进、赶先进、帮后进例子。书面发言的有李庆逵，谈磷肥生产和施用的意见，说解放后查明磷矿贮量与品位都居于世界前列，在生产上也已经大面积施用，建议在华南、华东酸性土以钙镁磷、钢渣磷为主，北方、西北用可溶性磷肥，其中双料过磷酸钙和磷酸铵优于过磷酸钙云云。

晚至北京体育馆看今年女子蓝球全国冠军赛。新疆与北京女青年队比赛，结果49—63。

11月26日　星期二　天气骤冷，-4.6°，NW，风力3—4级，ACu 4，763 mm。菊花叶子尽枯落，榆落叶。

晨七点起，二十分钟太极拳。今日温度骤低，《人民日报》预报零下7°。我在七点量院内温度（石凳上）为-4.6°，见菊花叶子尽枯萎，仅开的一朵紫菊花虽尚开着,但料想今日经太阳晒后明日亦要萎下去了。前两日树上(榆槐)尚有不少叶子,今昨两日已落尽,皆因温度到达3°以下之故。九点至人大会堂浙江厅,浙江小组讨论陈毅副总理23号的报告。十二点中膳。膳后回。见《参考消息》上说,22号刺杀肯尼迪的嫌疑犯李・奥斯华尔特在警察局里被一个夜总会老板Rubenstein所刺死。美国司法界极为黑暗,这种情况表示警厅有意让一个坏蛋把奥斯华尔打死以灭口,以后可以任意地说奥是共产党员,刺杀肯尼迪是共产党所为。

下午二点和允敏至北海公园河西看菊花展览,共分为八室,种类比杭州还多,但因天气冷所以统是暖房养的。我照了几张照相。二点半至人大会堂大会议厅,今日继续发言,有内蒙主席乌兰夫、第一机械部部长段君毅、陕西政协主席方仲如、上海一棉女工杨富珍、河北省长刘子厚、解放军张令彬、延吉人民公社金时龙和福建民兵洪顺利,此外尚有梁思成等十数人书面发言。乌兰夫以内蒙与蒙古人民共和国对比,内蒙解放前牲口只800万头,今年增至3700万,灌溉面积达一千一百万亩。蒙古共和国在乔巴山时期曾从一千三百万头增至3600万,但泽登巴尔执政以来牲畜不停下降,到目前只2000万头云。段君毅说,解放前我国只能生产老式简易机床,现能制十三种高精度机床,80种自动化、半自动化机床,像定位误差只6微米的坐标镗床,大型机器能制五万kW火力发电设备、72 500 kW水力发电设备,钻井3200 m石油探钻机,轧辊直径1.150米的轧机,卷筒直径五米的煤矿竖井用卷扬机。杨富珍(♀)以完全纯粹上海话表达了如何专心棉线接头为国家增进生产和提高各厂的生产能率。刘子厚谈,今年八月2—9日,邯郸、邢台、石家庄一带暴雨,500 mm达四万二千平方km,1000 mm以上5390 km^2。临城县灰山地方24小时降水624 mm,比海南岛凌水417 mm为多。海河洪峰达78 000 M^3/sec,经过天津入海洪水达190多亿M^3,每天只泄2亿。大会后主席团开会决定,大会要延期至十二月三日,因目前已发言者55人,未发言者120多人。

11月27日 星期三 晨晴,风力1,N,-5°,756 mm。

晨七点起,20′太极拳。早餐后$8^h30'$至院,和气象局程纯枢、蒋金涛(♀)、杨科长(♀)及另一同志(♀)及赵九章所长谈气象观测时间事。缘1954以前中央气象局观测时间均为Standard Local Time,与解放前同,1954以后改为苏联制,完全为Local Time,但到60年七月忽以曾广琼的建议,以敢想敢说敢做的精神改为全国一律用北京标准时制。此法对于天气无所谓,对于气候极为不合适,所以农业方面啧有烦言。近曾开会讨论,意见颇不一致,农业气候人员主张用地方时,气候人员和天气人员主张用标准地方时。我与赵所长均以为从长远着想以用标准地方时为妥,设如太阳珥爆发时影响到磁暴也影响气候,若用地方时,从纪录上面很麻烦,查出要多少时间才影响到各地的温度,所以主张呈聂总时把此意说明。十点半至人大浙江小组。中膳后未回,而〔去〕中国照相馆取照片。

下午三点参加人大大会。今日继续听取代表意见,有黄炎培、张霖之、刘西尧、杨惟义、王保京、万里等发言。张霖之说,1958—59指标过高的流弊使采掘关系失调,经60年提出八字方针到现在情况已大改善,到今年九月扭转那种采掘失调局面,可知花了三年工夫。刘西尧说黄河三门峡拦河坝闸门起重机,太原重型机械厂因苏技术人员离开,不到一年时间即制成一座350 T的起重机。王保京提出,在陕西建立棉、麦两熟新种,由科学小组试验得成功。万里谈北京工业,说解放前北京是消费城市,工人不过七万,占人口4%。现人口增加至600万,而工人占15%。以电子厂而论,60年苏联专家离开时只能做40种,现已能做140种,可见自力更生之效。到五点半我先走,至工人体育馆游泳300 m。七点回。

11月28日　星期四　晨七点-2.5°, N,风力1级, Ci CiCu 4, 764 mm。

晨七点起,20′太极拳。九点至人大会堂继续报告大会。中膳后回至院中,沈文雄秘书已于昨日回京。三点又至人大会堂,和刘崇乐谈建立自然博物院提案。晚七点至政协礼堂看上海京剧院、上海青年京昆剧团和辽宁歌剧院演出京剧。《火凤凰》以张美娟起白鹭,京剧《中山狼》童祥苓起东郭先生,京剧《秋江》以杨春霞起陈妙常。舞蹈有《草笠舞》、《织网舞》、《节日之夜》,其中以《节日之夜》最受群众欢迎。至九点半尚有《雁荡山》和《樵夫与画女》舞未演出,我先回。在剧场遇吴学周、叶企孙。

今日上下午发言者有张鼎丞、邓宝珊、李德全、刀京版、王鹤寿(冶金部)、季方、林汉达等。李德全报告吸血虫病已治好三百万人(占患者50%+),上海第六人民医院为工人王存柏断手再植成功,继上海广慈医院抢救严重烧伤工人邱财康以后又一光辉事迹,在罗马召开第20届国际外科学术会议上予以很高的评价。各县医院已有二千多个,共十五万张〔病〕床,近二三年内分配到县医院高校毕业生已达四万名。在全国成立计划生育专题研究委员会,并已开始了避孕药具和口服避孕药研究。王鹤寿谈1952年我们能炼钢种只160种,第一五年计划时代增加212种,第二五年计划又加了500种左右,并新创造了适合于我国情况新品种,如可以代替镍铬钢的新钢种。1963年预计合金钢、优质钢统比57年加三倍,特薄钢板五倍,高级矽钢片四倍,不锈钢七倍。林汉达为十一人签名文字改革工作之代表十一个人发言,主张简化汉字,推广普通话,推行汉语拼音方案,但林讲话时宁波口音仍不免。晚七点至政协礼堂看上海京剧团等演出(见上面)。

寄张志让、厉无咎函

11月29日　星期五　晨晴,七点-4°, NNE,风力3—4级, 771 mm。

晨七点起, 20′钟的太极拳后早餐。餐毕至人大礼堂继续参加二届代表四次大会,听大会中发言。上午发言者有陈叔通、杨秀峰、侯德榜、阿旺嘉错(甘孜自治州)、姚依林等。陈叔通谈自力更生方针的正确性。杨秀峰谈高教, 1950—63年114万高校毕业生中58年以后占70%,而在教育方针方面引毛主席:"我们的教育方针,应该使教育者在德育、智育、体育几方面都得了发展,成为有社会主义觉悟的有文化的劳动者。"侯德榜谈会前曾至浙江、江西视察,认以为化肥方面,钙镁磷肥由于农民实践出现了具有创造性的科学施用方法,对稻、麦、油菜增产显著。"以磷增氮"或"以磷生氮"的办法,钙镁磷肥可从电炉或高炉中进行,镁化合物与磷酸钙反应而得,含有效磷18%—20%。镁可从蛇纹石中得之。钙镁磷肥是碱性肥料,特别适用于南方。一般田地种草籽(紫云英)可得亩一千二三百斤,用30斤钙镁磷肥可增至亩三四千斤,草籽绿肥二千斤可抵32斤硫酸铵。姚依林(商业部)说,今年国内收购量粮食比去年加8%,棉花40%,化肥产量加42%,但估计明年尚不能提高居民棉供应,因为所多出(比去年)150万担要用在: 1)人口增长; 2)塑料底布鞋用布(30万担); 3)救灾区用30万担和收购经济作物的奖励(50万担)等云。此外尚有丁颖书面发言,认为西北阳光好可以密植,每亩三四十万穗不致倒伏,干旱区只要有水灌溉不怕天晴。内蒙解放〔前〕灌溉面积427万,现则1800万亩。新疆原只1580万亩,现达4400万亩,占耕地95.6%。宁夏原170〔万〕亩,现达300万亩。也提到西北浪费化肥,用 NH_4NO_3 到亩100斤。主张轮作、去草等。山西代表蒋次升谈,山西兴县白家沟由于农牧结合,得使牲畜繁殖而粮食增产。

下午三点开会,彭真同志报告三届人民代表大会名额和选举问题,讲话者有程潜、周信芳、傅作义、李延禄等。傅作义说,今年农业用电预计比57年多17倍,排灌站装机容量比57年多25倍。八月上旬漳卫、子牙、大清三河系统130 000 km^2大水,十天中落570亿 M^3 雨,径流量302亿 M^3,天津1917、'39二次被淹。

11月30日　星期六　晨晴-6°,午后阴昙, ACu CiSt 8, 768 mm。

晚 $8^h45'$ 至新街口看 Albania 电影。

晨七点起, 12分钟广播操。早餐后八点三刻至人大会堂浙江厅讨论彭真同志第三届全国人民代表大会代表名额和选举问题的决议,与代表名额和选举的说明。决议规定代表名额从1226名加到3040名,按人口每四十万选一代表,三十万以上人口城市每五万人出一代表。人口特少的省、区不得少于十人,各少数民族代表不得少于300人,武装部队120人(原60人),华侨30人(不改)。但说明中提到第一、二届代表中妇女均少,二届代表中只150人,占12.2%。所以希望三届能多选，但未在决议中有所规定。所以讨论〔中〕我就提出是否议决中应有规定，照现在妇女代表名额各省也多寡不一，黑龙江占名额1/4，北京、上海为代表名额1/5，江苏、浙江、山西、湖南、湖北1/6，山东、河南、新疆1/7，广东、河北、内蒙1/8，福建1/9，甘肃、安徽1/10，江西1/11，四川、西藏、吉林1/12，辽宁、广西、贵州1/13，云南、华侨1/15。青海代表9人，宁夏代表5人，均无女代表。军队60人，有一女代表，可见人数很不平衡。讨论后认为在议决中加入办法有困难，但说明中单提150人女代表太少，还不够明确，因为若使加一倍到300，人数多了些，但比例数在3040总数中反而少了，所以一定要提高12.2%的数字，作为本组的提议。

下午三点继续开大会，宁夏李景林、医生王淑贞、林巧稚等，西双版纳召存信（今年四月一日我曾至他处一谈）、疆设兵团陶峙岳、鄞云鹤（♀）、刘淑清（♀）、高凤琴（♀）等发言。李景林说，今年宁夏枸杞增产70%，粮食20%。王淑贞谈上海计划生育，主张避孕是最积极而无害的办法。召存信谈西双版纳粮食从53年来增产74%，但他没有说人口从十九万加至卅四万。陶峙岳谈新疆建设兵团63年比62粮食加30%，棉花71%，甜菜84%。鄞云鹤谈种苎麻以解决衣的问题，56年已在广州、株州建立二大厂。困难是太光不好纺，经过处理可与合成纤维涤纶合纺成麻的确良。麻帘子线可用于轮胎上。东北工厂家庭妇女高凤琴以东北土语谈妇女工作，说得挺动听。今日书面发言者有张玺、董聿茂谈珍珠贝，张伯声谈地质。六点散。晚膳。

12月1日　星期日　晨阴，St 10，-2.6°，凪，765 mm。

晨姜立夫来谈，夫人和儿子同来。下午参加亚非学会理事会。晚看舞剧《红旗》。

晨七点起，早操太极拳20′钟。早餐。姜立夫夫妇带其幼子（在北大教数学者）来寓谈半小时，知立夫近来气色颇佳。他患心肌梗塞已四年之久，近来因掌握了身体机能，医生也摸熟了他的病根，所以反有起色。他开会只到半天，并有他太太护视，住前门饭店四楼。十一点和彬彬、松松至工人体育馆游泳，星期日人颇不少。回。乃宜夫妇来，在寓中膳。下午三点至民族文化宫参加亚非学会理事会，到会长周扬，副胡愈之、鲍尔汉及理事丁西林、王亚南、王芸生、田汉、向达、陈翰笙、陈翰伯、周谷城、张志让、马坚、翁独健、常任侠、朱谦之、孙耀华、黄秉维、翦伯赞等。周扬主席，张铁生作半年来工作报告。自4/19日成立以来，开过12次小型座谈会和专题报告。《亚非月刊》每期8万字，已出十一期。明年要开年会，国外日本亚非学会冈山果次郎曾来函作了联系。拟做的全国图书目录，目前尚未能举办云云。次周扬谈亚非学会要发展必须要搜集资料，储备人材。休息后要大家发言，陈翰笙谈编辑的困难，他和陈翰伯、楼适夷是出版负责人。我提地图重要性，指出亚非各国著作第一批翻译卅二本单子中有17本历史，但无一本地理。（周扬同志提出亚非学会理事欧阳予倩、冀朝鼎二人出缺,补二女同志韩幽桐、章涛。)六点回。晚膳后至天桥剧场,看中央歌舞剧院演出四幕七场朝鲜舞剧《红旗》。$9^h30'$散。

《合浦养珠》,张玺、董聿茂在人大的报告。我国养贝产珠起于宋朝,在《文昌杂俎》中已载有用淡水蚌蛤插入假珠养成珍珠。十三世纪又养成佛像形珠。十八世纪外国才仿效我国。二十世纪日本发展珍珠事业,每年出口(1961年)至三千五百多万美元,六十吨珠子(年产量73 T)。合浦产一等珠每两1300元,二等珠500元。根据《合浦县志》,从汉朝起即采捕海产珍珠,明洪熙十二年有捕珠船400条,珠民8000多人,年产珍珠28 000两。田汉62年曾有诗云:"南来初看《还珠记》,当日珠民重可悲。碧浪曾翻千斛泪,夜光能换几餐炊……"云云。现我政府已在大亚湾和湛江专区建立几个人工养殖珍珠试验场,海洋所南海分所在湛江建立贝类生态生理研究组。

12月2日　星期一　晨昙-4°,凪。晚七点764 mm。北海上结有薄冰。

晨七点起,20′钟太极拳。早餐后九点至院。约科学史研究室严敦杰和一位秘书吴〔　〕(♀)来谈近来波兰科学院来函征求1965年国际科学史会议将在波兰开会,问我们是否出席,并指出要发文件给哪几位人员。开会期间是1965年七八月间。我交科学史研究室讨论提意见,但该室自李俨去世后,吴品三又生病不到室,所以成为无人负责状态,不出主意。我以为65年应争取出席,并早日预备论文。十点约综考会西南考察队孙新民来,问明年一二月间在成都召集西南地区长远规划工作会议事。据孙云,此事系聂副总理交与范长江办,而范又要综考来主持,孙与漆主任曾为此事去成都接洽,作准备工作。西南局马识途副主任并曾提了意见,说在西南工作的人对于西南地区的经济建设问题的提法是先抓粮食,其次是交通,第三是动力,第四是天然气。又说综合考察就是发现问题提出问题,综考会在今年三月间农业科技会议上的展览会就起了这种作用。综考队虽然也要研究经济布局、经济建设规模等问题,但最主要是提出技术资料。明年一二月间会议希望科委与计委联合举办云云。

下午三点到人大会堂,听贺龙副总理报告《为建设强大的国防力量而奋斗》,说美帝1964年预计军费开支600亿美元,而修正主义者尚为美帝美化说要和平。周总理谈国内外形势,说近年来形势向社会主义国家有利方面发展(有若干地方和陈毅副总理所讲相同),说约翰生登台势头也许不同,但方针不肯改,要四种力量联合起来以反对美帝。在Kennedy未死以前预备好的演说中,也谈到帝国主义间的矛盾、美国经济的困难等,并提到美国的三和一霸、修正主义的三和一怕和有主张我们的三和一少(少援助)主义都行不通。说修正主义要停止争论,我们不赞同,要扩大,使真相大白。说十三年来我已支援了七十三亿九千万元,80%在社会主义国家，54%钱已付出。休息后，谈社会主义教育与阶级斗争。至十点散。

12月3日　星期二　晨晴-6°，761 mm，凪。

晨七点起，20′太极拳。早餐后九点至人大常委会，开主席团扩大会议，讨论今日下午应通过的1963年国民经济计划和64年国民经济计划、63年国家预算和64年国家预算初步安排的审查报告与决议，三届人大代表名〔额〕和选举问题的决议和审查报告等。十点散。十点半至浙江厅开小组会，又讨论上项议案，直至十一点半散。在二楼中膳后回。三点又至人大大礼堂开人大、政协联合大会。张国华作了中印边界争执问题中武装部队保卫边疆情况的报告，荣高棠作了上月在雅加达参加新兴运动会的报告。今日到会者人大方面951人（会员人数1226，报到人数1012人），休息后，通过各项决议，除上述二种外，尚有常务委员会工作报告，提案共170件审查意见报告和大会后公开的公报。在休息期间主席团又开一会议，讨论各项议决案修改文字和公报措辞，以便提交大会，所以大会休息时间延长至一小时余。五点半继续大会，通过议决案和公报后时已将六点。执行主席彭真起而说明，近中共中央得赫鲁晓夫11/29日来函，请邓小平同志宣读并加以解释。邓小平同志乃读苏共中央以赫氏具名致毛泽东主席和中共中央函，函中首先说苏共和中共意见有分歧（小平同志说去年七月尚不承认），但是枝节问题，并不是不可解决的。要求以后在经济、文化、科学方面更密切联系，解决边疆上国界问题（尤其在若干点上）和停止论战。以为如此于中苏两国统有好处。苏联方面愿派专家和成套设备来中国，只要中国愿接受，我们社会主义国家要联合起来反帝云云。邓小平同志认为这是因为赫向美国求和碰了壁，同时苏联人民、大多数党员和社会主义国家党与意大利、澳洲党也不赞同赫的办法才有此举。说他有三怕：怕帝、怕教条主义与怕人民。但是信中语气还是友好，中共考虑后要予以答复。讲毕，奏国歌。散已八点，晚膳后回。和允敏〔至〕民族饭店晤姜立夫、张钰哲，遇季梁、晓沧。

12月4日　星期三　晨晴，七点-4°，凪，754 mm。

晨七点起，20′钟太极拳。八点半至院。九点半至中关村地理所和瞿宁淑谈杭州地理学会情况。据云，此次地理学会年会开得尚好，选出全部候选理事，包括孙敬之和朱炳海，理事长仍推了我，副理事长黄秉维、侯仁之、任美锷与李秉枢。有人对于王恩涌、李之保二人地理界年事与作业统差，有不同意见。论文共310篇，以经济地理、地貌为多，气候次之。这次开会时日本人文地理学会会长藤冈谦二郎有信给我，并介绍冈山大学地理学教授河野通博。承冈山市派代表团来中国之便要经济地理人员与他谈话，所以他去杭州和周立三、吴传钧谈了五小时云。河野

1941 年京都帝大毕业论文谈长江治水问题云。十二点回。下午看文件。晚六点至工人体育馆游泳。七点至天桥第二次看舞剧《红旗》,和允敏、吴太太同往。十点回。

12 月 5 日　星期四　晨昙, ACu, -5°, N, 风力 1, 757 mm。

晨七点起, 20 分钟太极拳。九点至院。张副院长召集出席人大、政协院中同志,谈毛主席提出的"阶级斗争、生产斗争和科学实验是建设社会主义三项伟大革〔命〕运动"指示的认识和体会,并联系到如何贯彻到今后我院实际工作中去。严济慈、李薰、蔡邦华、叶渚沛、陆元九、赵九章、汪猷、尹赞勋和邹仪新统讲了话,大家认为所谓科学实验乃指广义的科学实验而言,均以把科学实验提到那么高的位置而兴奋,但为什么和阶级斗争与生产斗争二者并列为三项大革命运动,则意见并不一致。有人认以为三者不可分也不能分,有人以为应用科学实验方法到生产斗争和社会斗争〔中〕去。我个人以为实验不但仅仅为了觅知识,要有真知灼见必得有大智大勇,在千万人以为不可,我首凭诸真理以为可,就应该曰可。鲁迅诗"横眉冷对千夫指,俯首甘为孺子牛",此鲁迅之所以为硬骨头。我们在工作中敢于承认错误,同时当 90 国签三国莫斯〔科〕协定,但我们少数国家敢于指出其为骗局,也是大智大勇,所以这也是革命一部分。下午辛树帜夫妇来谈。

12 月 6 日　星期五　晨晴, N, 风力 1—2 级, -5°, 757 mm。今冬早晨北飞乌鸦大大减少,往年百数成群,今年只有二三只稀疏北飞。

晨七点起,卅分钟太极拳后早餐。九点至中关村地理所。将宛敏渭来函交与李所长一阅,缘物候事由宛一人管理,觉太繁重,而气候室又不能为宛说话,所以宛十分烦恼。我就将此意告知了黄秉维所长,希望能再添一人帮助宛工作。得日本人文地理学会会长藤冈谦二郎来〔函〕译出,他要求寄给他《地理学报》和《地理知识》,函由冈山县的河野博士带来,预备寄去学报作为交换。接英国皇家学会 John J. Lawrie 函,送两篇论文。得对外文委指示,关于苏联专家参加黄土高原和新疆考察结果在苏联发表,问李一氓和张副院长,均认为因 1960 年 8 月苏联撤退了专家,根据 1961 年 6 月 19 日中苏换文中声明,过去中苏所订 122 项科技合作项目作为无效。所以黄土高原 Kes (♀) 工作虽已完成于 1960,她的文章发表,院无义务提意见,只能约私人提出意见。至于新疆工作尚未完成就撤退科学家,片面撕毁协定,我院已不能承担任何义务。关于英国 Benyon 来函要求参加国际宁静地理物理年 IQSY 事,则答以台湾不驱逐在外,我们不参加。下午阅北京出版社东单麻线胡同三号金光群来函,为审查宛敏渭著《怎样观测物候》稿,我因无时间细阅只提出了两点意见。晚六点和沈文雄至工人体育馆游泳，我游300 m。遇韩光同志、吴局长等。七点回。

12月7日　星期六　晨晴，NNE，风力1—2级，-3.6°，761 mm。下午晴，四点3°，761 mm。

晨七点起，20分钟的太极拳。上午九点至院。约对外联络局第一处（社会主义国家）田遥、冯敏两位女同志，谈捷克与中国两国科学院合作协议。缘捷克大使赛迪维将于礼拜一来院，和一位副院长商谈，此事过去两年均由吴副院长经手，近因吴副院长陪同朝鲜来访的全斗焕副院长赴上海、南京，所以院派我接待。据张从周局长等书面报告说，捷克大使虽无从前那么热诚，但态度尚正常，1962—63年执行计划也大部完成，料想不至于有什么问题。贾德修来谈，说为我党员转正问题，应该批准为候补党员后一年（应为今年六月）即应办理，但因党小组（支部）不能抽出时间，所以延至下星期举行。要我先谈一年半来自己情况，大概半小时，然后有支部、党组来决定是否转正云云。

午后阅国外寄来文件，有苏联 Измиран 地磁游离层和无线电波研究所 Пушков 普什柯夫的通知，说以后 Ursigram 除太阳、地磁的情况以外，将加五日内游离层的预告，要我们注意。同所的 Зевакина 泽娃金娜是这方面欧亚区负责人，寄来从美国印发的关于 IQSY 时期的 Communication Arrangements（A. H. Shaplay 出函）的函件和附件若干。Зевакина 要我们告知她我们的游离层负责单位与负责人。我们不加入 IQSY，所以无义务告诉她。又接德国地理学会会长 Johannes F. Gellert 所寄来文章八篇，其中七篇是谈中国地质与气象的，如在 *Petermanns Geog. Mitteilungen* 62年登出“Das Lössproblem in China”黄土问题和东部中国的气候地貌观察等，因均系德文，我看得很慢，也无暇阅读。午后觉似有感冒，因上午在院房中气温到80°F受暑之故。晚七点多和允敏、松松、彬彬等去政协礼堂看影戏《金沙江边》。

接 Пушков, Н. В.（Измиран）函　P. A. Зевакина（同上）寄 Ursigram 的内容　J. F. Gellert（Potsdam）赠文若干篇

12月8日　星期日　晨晴，7^h -6°，北风，力1—2级，766 mm。

什刹海冰场未开放，已有人滑冰。

晨七点起，20′太极拳。今日因感冒流鼻涕不止，上午起，下午更甚。阅《人民日报》和《红旗》半月刊中自九月六日以来评苏共中央的公开信（7/14日发布），一评是《苏共领〔导〕同我们分歧的由来和发展》，二评《关于斯大林问题》，三评《南

斯拉夫是社会主义国家吗?》(9/26日),四评《新殖民主义的辩护士》(10/22),五评《在战争与和平问题上两条路线》(11/19日)。今天我阅读了一评、二评、三评和五评,其中一、二评是重阅。对于新修正主义路线的错误了解得更为清楚一些,其中有一点,我以为有商量余地的就是以斯大林比伊凡雷帝,似尚可商榷,因伊凡雷帝是帝俄时代除彼得大帝外最杰出的,虽然时代不同,尚可与斯大林并提的。今日彬彬、松松均在家。下午松松有友自西安来。

12月9日　星期一　晨七点-3.2°,天阴,St 10,NNE,风力1,766 mm。下午阴霾,风力2级。

晨七点起,20′太极拳。因感冒,九点半至北京医院,由女大夫闻有梅诊视,给以Theophorine药品,每天吃两粒,及鼻通,因下午我要接见捷克大使赛迪维。下午三点在院第三会议室接见了赛迪维,他带来翻译一人,据说可以懂我的绍兴官话,但我仍不放心,所以要吴浩然作了翻译。今天接见时尚有参加两位联络局女同志:一处的副处长田遥和办事员冯敏。赛迪维来后寒暄数分钟,即提出捷克科学院来函要求1964—65年继续合作,也说了一番客气话,在友好空气中谈了半小时。他们提出希望在天文(太阳活动)、中文字典及文学方面派人来,并提出是否能派人去Prague订合同或是由大使馆在Prague订立合同。我就感谢他们好意,并说仔细考虑后加以答复。晚因感冒觉倦极,晚餐后八点半即睡。体温36.7°,脉搏70跳,量血压110—72 mm。今日已将在杭州购买的蛤士蟆(吉林地区一种蛤蟆,保护卵子的胶质)四两(价约十五元),已吃完,近二十天不觉有好的或坏的影响。

12月10日　星期二　晨8点-3.6°,764 mm,风力2级,天晴。下午晴,764 mm,北风。

院请田家英同志报告农村工作情况。

晨七点起,因感冒未做体操。八点半去北京展览馆,参加院党组请田家英报告《我国农业生产和农业情况》。中央近来所发目前农村工作中若干问题的决定,和农村社会主义教育运动中一些具体政策的规定,乃依据61—62年情况提出。1961年9月毛主席曾说那时是沟底情况,就要好转,果如所料,一则粮食上升很快即其例。1957年3700亿〔斤〕,58年4000亿,59年3400亿,60年2800亿,61年2916亿,62年3175亿(63年3275?)。过去增产最快为52年380亿,55年280亿,62年270亿斤。63年受灾面积五亿亩,成灾二亿五,受灾面积比62年小而成灾面积反大。估计可增100亿斤,只是中下年成。二则农民生活有改善,62年农民平均口粮363斤,比61年多31斤,自留地均未算在内。三则生产积极性提高,单干风已大部停止,由于肚子能吃饱又受了社会主义教育。四则市场情况转好,供应多,价目下降。总的说,今年比去年降低8.5%,自由市场降80%,以上统由党的政策见了效果。主要是去掉了瞎指挥,去掉了高指标。毛主席说58年形势虽好,但估计前途不正确,到61年又太悲观了。农村是小规模手工业经济,不能忍受打击。毛主席估计明年极大部分地区将生一农业生产高潮(如北京区今年产17亿斤,明年20亿斤)。当然并不是没有困难,经济作物是弱点,如棉花58年3900万担,62年只1500万担,今年也只1900万担。尚有七十万人每日口粮只半斤,若不改善,单干风尚会再起。生产水平比57年尚低20%,61年以来农村阶级斗争剧烈,《决定》所举九种类型,前四种是由于地、富、坏分子,后五种由于反动分子。一则从59年以来,地、富、坏、反分子有所增加,62年共有28,000多件事故,63年上半年14,000件。主要是干部受地、富、坏分子影响,封建迷信作风乘机而起。二则《60条》肯定自由市场,农村有两种市场,投机倒把从此起。三则人民公社是新制度,大家无经验,变动大,事情乱。四则十年来未曾整风,贪污又盛行。五则政治工作不够强。上述党的两个文件是此情况下提出的,要解决三个问题:1. 如何阻止农村资产阶级路线的发展?2. 如何调动人民积极性?3. 如何改变干部作风?这是农村工作根本问题。小农经济、城乡差别、工农差别,均要长期存在,剥削阶级的残余仍会存在,新的资产阶级还会产生,所以两条路线斗争不会停,争取农民要用示范教育。三个问题:如何组织农村新社会?如何使贫下中农与无产阶级一样?如何建立贫下中农组织?人民公社干部有2300万人,只72万人是脱产的,4%投机倒把,要他们参加劳动云云。十二点半散。

12月11日　礼拜三　晨7^h -5°,凪,晴,761 mm。晨大雾,能见度500 m。瓦上重霜。

晨七点十分起,未做太极拳,因感冒未愈,但未发热。开始写申请批准为正式党员报告。十点多至院。接科普出版社来函,关于前和宛敏渭合著的《物候学》,该社已向各方征求意见。《物候学》颇得好评,认为深入浅出,对于各项看法也尚正确,但有人提意见以为"物候"一名称太生疏了,有的说后面部分引用外国例子太多了。我即将该函转与宛敏渭,作为下次三版时参考,因再版已将付印,来不及改也。下午三点,和允敏、吴太太、杨太太、沈秘书乘车至中关村,她们去赵家看赵忠尧太太方从医院出来。我和过兴先谈支援农业问题,我主张院与农业科学院、北京农大全盘合作,如与清华、北大那样。四点半至图书馆看交换期刊。五点半和允敏等回寓。

12月12日　星期四　晨大雾,能见度300—200 m,-3°。晚五点+0.5°,759 mm。

晨七点起。八点《人民日报》即来,花了几乎两小时看六评苏共中央的公开信《两种根本对立的和平共处政策》,列宁和斯大林和平共处政策,和苏共领导的和平共处政策。这是一评以后最主要对赫鲁晓夫一回击,最后说到妄想同美帝国主义合伙来主宰世界,到头来是绝对不会有好下场的。开头就引列宁"关于战争与和平的报告"中说道:无论按国际帝国主义的客观地位来说,或按他所体现的那个资产阶级的经济利益来说,它都不能和苏维埃共和国和睦相处。以后到1919年11月又说:这是常有的事,你打痛了敌人,他就会来讲和的。我们不止一次地向欧洲帝国主义者老爷们说,我们同意和平,但是他们却幻想奴役俄国,现在他们懂得他们的幻想一定不能实现了("农村工作中第一次讲话")。上午十点多到院。和刘导生谈,他要我兼科学〔史〕研究室主任,我坚不允,主张钱宝琮担任。下午继续写报告。

12月13日　星期五　晨阴雾,重霜,松树上有雾淞,-3.5°,760 mm。

总工会发起1964年登高僧赞高峰(希夏邦马峰)。

晨七点起,因感冒又发不做太极拳。九点至院。阅综考会来文,知总工会因1956年以来,迭有资本主义国家要求来我国攀登高僧赞峰,因此预备明年1964派登山队前往,要综考会组织一个科学队伍同往,以十人为限。此事据说已得国务院批准。过去一年综考会想入藏,总未能成事实,因总工会认为增加负担不肯应允。体委因有贺龙副总理的主持自然容易核准,我们有此机会自不应该轻易放过。综考会拟派16个人,计地质3人、地貌3、气候2、水文2、植物2、土壤2、动物1、自然地理1,并要地质所、地理所、土壤所、动物所和综考会、北大、南大出人。我考虑之下,认为水文、气象派人去益处不大,因登山最好是明年五月,若派人一月出发,三月到拉萨,六月就回,那水文、气象完全落空,于登山队无益。动植物也只五月起有作用,所以科学队伍时间必须至明年十月间才能回。其次人选质比量更要紧,一定要在业务已经有点经验,而且最好在西藏已经做过一二季度工作人员。所以我赞同20号以前开一会议,讨论一次。下午三点我至中关村与黄秉维所长谈此事,他说施雅风今年曾到西藏做冰川工作,我认为他是适宜作为副队长或队长的。年前我曾要图书馆买英国皇家地理学会1962年出版G. S. Holland、G. R. Crone作的*A Map of Mt. Everest*, 17S 6d, 十万分一缩尺29″×25″。此图以珠穆朗玛为中心。查高僧赞与珠穆朗玛相去约120 km,在十万分一图上不会有高僧赞,但至少该图是很好参考,可惜尚未买到。晚间我又阅1952年剑桥出版H. W. Telman *Nepal*

Himalaya，书中他在 49—50 年曾和登山员 P. Lloyd、植物家 Polunin、地质家 J. S. Scott（后二者系年青人）于 49 去尼泊尔，于五月底到 Katmandu，49 年工作在 Langtang Himal 东经 85°30′。这是在西藏边境，其西北 20 公里即高僧赞峰 26,291′，附近称为未经测量之地（p. 38）。到边界时曾有意图欲越界一探高峰，但乏路可走，所以未如愿（p. 7）。他称 Gosainthan 是圣地的意思，西藏名 Shisha Pungma. 我以为 Gosainthan 即高僧赞译音，必是梵文。在牛津图上译为 Gosaithan，高度 8016 m。

12 月 14 日　星期六　晨晴有雾，-6°，树上仍有霜淞，野外一片白，759 mm。

上午十点院党支部小组开会批准我为正式党员。晚和杨克强夫妇至大众（从前广德）戏场，看中国评剧二团《向阳商店》，有张淑桂、于萍、魏荣之等。

晨七点起，未作太极拳。早餐后九点至院。十点开党〔支〕部会议，开会讨论是否批准我转为正式党员问题，到张副院长，秦、郁二秘书长，张从周、陈道明、沈文雄、贾德修。贾为支部代理书记，所以由他主持会。他先告我要我报告半小时，即为预备党员后学习工作情况。我于昨前两日已写好约四千字的一个报告（并嘱沈文雄抄了数份），备述我一年半来除院中日常任务以外，主要是参加了十年长远科技规划，尤其是农业规划。而且谈了去年八九月间党八大十中全会的公报后，认识到支援农业的重要性，所以把业余时间可能地集中在支援农业工作会议上，并把写《物候学》和徐光启 400 周诞生纪念刊、地理学会支援农业报告会和为叶渚沛文写序事，作了经过情形报告。次谈到在考察视察所见到农村人民公社中，党支援农业的政策在电灌、增加肥料在迅速起作用。最后讲到自己自修学习情况。讲后郁秘书长提出小组中已初步谈过，认为我一年半中作预备党员尚称合格，拟予以批准转正。但认为政治上要加强学习，党规、党章尚未熟悉，党的文件要多看，对国外常有接触，所以要提高警惕。贾德修也以为警惕性不高，事务主义重，要加强阶级斗争观念。支委决定可以转正，要大会讨论。沈文雄、陈道明、张从周、刘绠主任诸同志提了意见。张副院长说，入党有一个过程，初入党觉悟尚不高，但入党以后，必须努力逐步提高，从政策上的认识过渡到全面认识。入党时只有初步的认识，承认党纲是第一步，至于能精能熟是以后事。要把党的路线成为个人宇宙观的体系，旧的东西要慢慢地改造。看人要以阶级观点，对坏人要斗争，对同志要帮助，原则性不强就不能区别人。如对陶行知说革命的人好，若干不革命的人也好，这是不对的，鲁迅就爱憎分明。忠厚虽好，但要有阶级性。秦秘书长谈，要不断提高自己认识，要防备周围的人“过亲戚关”，克服非无产阶级思想。今日到者二十七八人，付表决全体通过。十一点半散。

12 月 15 日　星期日　晨晴，S，风力 1，-3.6°（七点），766 mm。

称得 104 lb.。

晨七点起，做太极拳 20′。上午十点李书城来。他暑假后因患胃不适，由医查明是胃癌（据他自己说是胃溃疡），割去胃的一半，全身麻醉四小时，九天后即拆线，不到两周到步行自如，迄今不到半年已饮食如常。他今年 82，重 41 kg，血压 130（140）—80 mm。每天早起做气功 1h30′，一天两次太极拳，每次 20′—30′。吃饭每天 4—5 次，每次均不多。经常早晨吃小米稀饭和红枣三枚，多吃水果蔬菜，每餐均吃维他命 C 和 B。晚间睡 7—9 h，小便两次。我问何以避前列腺肿大，他说用气功可以指挥使气能通丹田至小便处，似乎使小便不致闭塞。常以眼药洗眼，看书每次不超出 45′，到目前耳聪目明。晚间可跳舞四小时，不觉倦云。他说人生要乐观，不要着急，不要烦恼，不要多用脑筋。我说要乐观、不要着急和烦恼我可做到，但不要多用脑筋这在科学岗位上就办不到了。阅《人民日报》昨今两日发表朝鲜平壤经络研究所金凤汉教授关于经络系统的发明中有所谓凤汉小体、凤汉管，乃自成一个系统。古代中国针灸术中有所谓“穴”，穴就是凤汉小体所在处，以针刺激可以影响各部分的生理。我国气功也须从凤汉系统得到解释也未可知。

下午林超来。他为写中国地理学史中近四十年情况搜集材料，要我在 1920 年时代在东南大学所写的讲义，正巧我有一全份三本交了他。他曾经向周汉章要，但他只有下卷而已。又为北大地质地理系要我于年底去北大和全系学生、教员晚膳，我告以阳历年时会多，我未必能去。

上午洗浴。下午阅 *Moscow News* 12/9 日苏共中央赫鲁晓夫的报告。他把 1963 年农业收成不好完全归咎于去冬严寒而今春夏干旱，但实际苏联面积如此之大，即农业区也非今年全部冬寒春夏旱。如哈萨克斯坦今冬甚和暖，但收成极坏，完全由于草地不适于农业。但赫氏仍一味以为草地开了增加不少粮食，同时又批准草田轮作，此人可称至死不悟。晚李念武来取照片。

12 月 16 日　星期一　晨晴-3.6°，雾。晚七点晴，756 mm。

晨七点起，未做太极拳，因昨晚觉冷，感冒仍未愈。九点至院。将美国 *Geographical Review*、英国 *Geographical Journal* 和苏联的《地理所集刊》、《全苏地理学会双月刊》以〔及〕*Life & Culture*、*News* 与美国 *Discovery* 各若干卷交至院办公室，送孙承烈去成都成立西南地理研究所之用，因平地起炉灶很不容易。我在 1928—30 年代在南京办气象研究所时有经验，最初困难在于缺乏书籍仪器，而书籍中期刊过时后尤不易得。气象研究所气象期刊之所以能如此完备，我花了国家多少钱也花了多少时间才能做到。所以我对孙有同情，尤其成都无一地理单位，更不容易找到参考书。十点半至和平宾馆理发,十一点半回。下午三点至北京医院看张钰哲,他于上星期日以胃溃疡割去胃的2/3,昨天已拆线,一星期后今天已吃面,经过可称良好。据云胃割去后仍能自长。时钰哲太太方在房中,我即将允敏要我送她的香水一瓶交与,同时也交与竺宁所要的钢笔。今日有大批汽车开入医院,似有政府重要人物生了急病,但不知是何人耳。至王府井新华书店购得1964年农历一本,其中有一《九九歌》云:"一九二九不出手,三九四九冰上走,五九六九沿河看柳,七九河开,八九雁来,九九加一九,耕牛遍地走。"九九自冬至日算起,古代早已有之。苏轼诗"算来九九无多日",可知由来已久。从七九河开,当是河南、山东等的民谣,和今日气候也相差不远。九九加一九,正是春分时节,耕牛要遍地走,也许是战国时候的口诀也未可知。今日下午去北京医院时见到院内小汽车拥挤,多为军部车,疑心有要人病重,后知人大常委副主任罗荣桓以心脏今日下午病故。昨日接消息,知院技术科学部委员蔡方荫也去世。

12月17日 星期二 晨晴, Cu Lenti. 1,八点半0°,风力3级, 763 mm。

下午院生物学部座谈北朝鲜金凤汉教授经络系统研究。

晨七点多起。前天晚上觉冷,昨晚又有点发热,早晨把脉80,量体温36.9°,而平常我的脉搏为60左右,早晨体温在36°以〔下〕。九点至北京医院门诊,由闻有梅医生诊治,她以我的体温不高,要我验血中白血球,我至化验处从耳边取血,验得白血球13,400,正常应在六千到八千。我上次验血只每cc 5200,可知白血球相当高,是乃体中发炎的征象。她问我前列腺状况,小便是否有困难,正巧我感冒后晚间觉小便有困难,但昨日以有较多运动,所以困难较少。闻医本欲要我打青霉素一日两次,但恐吹风于感冒不利,所以改给口服药四环素(抗生素的一种)和复合维他命B。十一点至院。

下午二点至院。生物学部召集朝鲜金凤汉教授经络系统的座谈会,《人民日报》曾于12/14日登载了金凤汉在平壤研究成果报告,卫生部派了张锡钧教授等出席,院上海生理所也派遣胡旭初前往,报告于11/30日举行,张锡钧等一行至今尚未回。今日到者有中国医学科学院实验医学所所长张鋆,医学科学院医生张孝骞,组织化学研究员张作干,北大生化教授张龙翔,生理教授赵以炳,生化教授沈同,动物所张致一,北京医学院讲师谭曾鲁及我院过兴先、应幼梅、谢秘书长及人大常委李书城。张鋆认为金凤汉教授曾于1961年提出这一问题,当时想派人去观瞻未能如愿,但现在虽讲得更详细,但有若干可有疑问,非待张锡钧等回后作报告才能了解。认为经络系统是神经还是血脉本来有争论,而现在又提出凤汉管。沈同认为血管和淋巴腺管中又有凤汉管,管中有管如何通到外面有疑问。张作干认为组织方面有若干问题未弄清。打针后几秒钟就见效,而经凤汉管要数小时。张孝骞认为如系一个系统,则对于临床可起作用。谈至四点半散。回。八点多钟即睡。

12月18日 星期三 晨-6°。下午五点S风,763 mm,晴。

晨今日感冒仍未愈。晨起脉搏80,温度36.6°,未做太极拳,终日未出。本拟整日休息不见客,但九点半沈文雄来谈半小时,他常问我有何缺点,我告以他对于上海家务太关心了。当然壮年时代夫妻两地是不好的,但他有念念不忘的情形,时常想回家之念。十点青岛海洋所尤芳湖、曾呈奎、毛汉礼及新任命的梁副所长来谈。渠等来北〔京〕为刊物中有人告发有严重失密事。这事已闹了一年,缘海洋所在海面调查已有上二三百万字材料不能出版,因为保密关系。海军部意见以为我们只要搜集材料自己知道就行,何必要出版,更何必要使外国人知道。过去管秉贤搜集日本、美国期刊上材料出版,也说是泄密。近尤芳湖潮汐报告时间表,和海洋调查中说黄海北部有冷水团存在,统说是严重失密。这次在北京开会讨论,海军部和院有关所统派了人,计划局夏光韦、联络局张从周也参加。最初海军部刘恩兰不了解情〔况〕,大肆批评,汪德昭也批评得严厉。后经解释,许多材料国外已早公布,实无保密需要,如黄海北部冷水团日本人早已知之。中国科学院保密工作暂行规定第七条不需要保密的有一条,“根据和引用公开文献资料写成的文章和应用外国公开的科学技术资料是为释密事项”,但海军部人仍不以为然云。谈到出版,海洋所有百万字要作为秘密级出版,但科学出版社尚无此项出版物,希望能特辟一栏,如经费无着可由所中担任。关于海洋所建筑,64年已决定拨九千方作为生物海洋大楼之用,1970年前预备建33,000方,花六百五十万至七百万元,以生物海洋和海洋物理为主云云。谈至十一点半始出。下午睡一小时半。

12月19日 星期四 晨晴,$7^{h}00'$-6°,凪,761 mm。

晨七点起,未做太极拳。体温虽稍低,但热未退尽,因数日前已约好看外科王历耕,所以八点即到北京医院。我在五月间住院时因小便困难要王诊治,王给以阴性Hormone名为Stilbestrol,每日吃三次,每次二片,我吃了二星期(5/19—6/2),因晚上小便次数虽减少而困难增加,且觉奶涨,所以停止。王医认为很奇怪,因他人吃此统有效,如和我同时进医院又同时出院专去医治前列腺的张子高。据说每天吃18粒(因他前列腺膨胀已是第三期而我尚只第一期),服后很有效,不但晚间小便次数减少,而且前列腺缩小从三期到一期。所以王医认为目前我既无痛苦可以不服,如觉痛苦可以每天服二粒试一个月,可能上次增加痛苦是旁的原因云。九点又看了内科闻有梅,她看我所记录三日来体温,觉热度虽不高而退不净亦以为怪,仍主张吃四环素与羚翘解毒丸再说。今日在医院遇到了清华刘副校长、前东大化

日期	体温		
	$8^h00'$	$12^h00'$	$20^h00'$
12/17	36.9	36.7	37.4
12/18	36.6	36.7	37.2
12/19	36.1	35.7	37.0
12/20	36.2	36.1	36.1
12/21	35.8	35.7	36.1

学系毕业生金应文(现在铁道研究院工作)、张宝堃、陈万里、吴景超等。下午睡二小时。晚间复张傚彬函。张傚彬原名张璋,河南固始人,前清时张简盦侍郎之子。进秀才后又游学英国剑桥大学得学士位,归国考试授法政进士。曾为驻苏联西伯利亚总领事,又任清华、师大、辅仁等教授,专门讲财政史。日寇来京时,专门闭门著述有《敌园诗草》十二种。著《青年必读》,印尼华侨印行于新加坡。著有《大学浅解》,其继配缪夫人系苏联文学士,为之译成俄文寄往莫斯科科学院。今秋《人民日报》要我为梁思成阴阳历文作一评论,我为作《谈谈阴阳历的合理化》,他看了大事称赏,来函交赞。因此遂与通信,他并寄来《大学浅解》、《敌园诗草》摘存等三种。

12月20日 星期五 晨晴-3.5°, 767 mm。下午晴。

微有感冒未出外。晚长春吉林工业厅赵承和(赵津之子)来。

晨起体温未退尽,所以未做太极拳也未出外。沈秘书来谈,知明日中国体育运动委员会在北京体育馆于$8^h30'$召集院中有关各所、综考会和北大、地质部、地质学院、气象局、外交部第一亚洲司等单位代表,讨论64年4、5月间攀登西藏境内希夏邦马峰(高僧赞峰)。在登山同时,拟各有关部门组织一支综合科学考察队,对该山进行综合考察,于明日就有关科学考察任务、组织、经费等问题共同进行讨论。我为此事曾和黄秉维所长谈,要他准备一个材料,这材料也于今天寄来。据材料说,高僧赞峰见于苏联的«Атлас Мира»《世界地图》和德国 *Stieler's Hand Atlas*。我上次查两图时因光线不好而房间冷,均未见到。坐标据美国 *Columbia Lippincott Gazetteer of the World* 为85°47′E, 28°21′,而 Mason Kenneth *Abode of the Snow — A History of Himalaya* N. Y. 1955, p. 29、36,则为85°46′55″E、28°21′07″。西德 *Der Grosse Brock-Haus* Ⅳ卷在 Gosain 条下,说成是尼泊尔境内喜马拉雅山的高峰。苏联出版地图也有很大错误,如 Юсоф 的"Тибет 西藏"和康斯廷斯基的《尼泊尔》统有此种错误,英国 Ella Maillart?著 *Nepal Himalaya — A Journey to the Gosiankind*, 1953, p. 141 有高僧赞南北二峰图,简图很清楚。*Geographical Journal* 第60卷一期并有沃莱斯敦并有亲身经历描写这二高峰的文,说甚似欧洲 Alps 的 Matterhorn 峰云云。又希夏邦马峰高度各图书不一致,大都作8013米, Leipzig 出版 *Weltatlas — die Staaten der Erde* 1957 和 Oxford 作8019, Stieler 作8020, Юсоф《西藏》书附图作8073而书中又作8820,但大多数作8013或8014米。

12月21日　星期六　晨晴，NE，风力1，-5°，758 mm。

晨七点半起。今日起体温可说已复元（见十九日日记表中），闻医生所给药也吃完了。昨晚八点多忽来一人，自称赵津之子，要见我。查赵津原系南京文德里科学社的一个服务员，这尚是四十年前（1921左右）的事，其时杨杏佛和秉农山在南京成贤街文德里创立科学社生物研究所，找安徽合肥人赵津来工作，那时他才二十多岁。他在社服务十年，我看他人尚老实，到1930左右介绍与邵翼如。翼如于1936年死后随默君，解放后默君去台湾，我只知她的宁沪房屋是交赵津管的，以后就无消息了。今日来的赵津之子名承和，据云他于1946年随默君至南京住珞珈路48号（当时23号），和希文一起住了四年之久。他比希文小十岁，深受希文刻苦、爱人的影响。待南京解放，希文决计留京不走，并鼓励赵承和要劳动。据承和说，他受了希文影响，于50年向东北去工厂求工作，不顾赵津的反对。他因自己努力，终于被受雇于长春吉林省工业厅，念念不忘于希文。于1958年回故乡合肥时曾至南京看希文。时希文已被评为右派，在浦口劳动得病，由我保出在南京被雇写讲义。时隔五年，此次又从吉林回家，路过南京又到珞珈路遇祥清，始知希文已于1961年1月18日去世。他就不胜痛惜，和祥清谈得甚为详尽。并说希文死后帽子既未摘去，他认为他是好人，赵可作见证，设法使希文能摘去帽子。并且他一定要来北京看我，才回吉林云。所以他特来寓见我。解放前后我虽在珞珈路见过他，但已忘掉，今与谈后才记得他当时住在珞珈路的。我告以希文生性鲠直，说话毫无隐讳，但耳软易听人言，所以生此，被评为右派，而又自己不小心身体，祥清又不常去看他，以致死时竟无人在旁。谈时赵为泪下，我也不禁惨然，继思人已死去，悲伤何益。谈半小时，我给赵承和希文小照一张而别。

今日上午九点至人民文化宫礼堂，和邵力老等公祭罗荣桓元帅，又派沈文雄代表出席北京体育馆讨论1964年登高僧赞峰（希夏邦马峰）事会谈（见昨日记），会中决定科学测量队伍十五六人前往云。

12月22日　星期日　晨阴昙，CiSt，0°（?），S，风力1级，752 mm。

晚郭院长请朝鲜全斗焕副院长。

今日因药已吃完（闻医生所给四环素），所以未服药，至晚间温度又略高，但并不觉不适。惟上星期在北京医院验血时，查得白血球为13 400，有点不放心，而前天去医院时又未重查。今晚林宝骆医生来，认为有复查之必要，所以到廿三晨和允敏同至医院重新查验血，验得白血球为8700，虽略高于普通，但比上次所验已低下几乎一半，似可放心矣。今日星期天，终日未外出，直至晚六点赴人民大会堂山东厅，郭院长宴请朝鲜半导体代表团全斗焕副院长及大使馆代办郑奉珪等。全等一

日期	体温		
	$7^h30'$	12^h	20^h
22	35.9°	36.4°	36.6°
23	36.2°	35.6°	36.6°
24	36.0°	36.0°	

行14人已来我国一个多月,考察半导体,现提前回国。此次来华无所不要,据张副院长云,影印刊物送给七吨之多,我们帮助与国真可谓仁至义尽矣。看半导体,所有大厂小厂一律都看,甚至青岛等小地方小厂也去看。

12月23日　星期一　晨阴, ACu 8,-1.6°, 746 mm。下午发西北风六级。

上午听聂总报告。下午院党组扩大会议。

晨七点起。八点和允敏至北京医院看闻有梅医生,我在化验室耳边取血后,因有会,即赴政协礼堂,留允敏在医院,经验得血中白血球数为8700,比上周13 400减退不少。闻医认为目前体温不高,打青霉素无益,给以A. P. C.及牛黄解毒丸(中药)。八点四十分到政协礼堂则已座无虚席,幸遇一科委同志引至休息室,遇韩光、张有萱、范长江三主任和裴副院长,未几聂总来即开始报告。我等在台上,聂总所讲几全听不见,装耳机后始明晰。报告至$12^h40'$,内容如下(聂总这次演讲是向毛主席汇报了十年科技规划以后得毛主席指示而作的):科学技术的现代化是农业、工业、国防现代化的关键,没有科学的发展,工、农、国防事业发展就要少慢差费。在56年以前我们在化工科学不注意,事业就发展得慢,56以后投资增加,化工发展就快。为了做好社会主义经济建设,要实现下列七项任务:1)为农业增产提供科学成果;2)重点掌握工业新技术,以便建立新的工业体系;3)保证国防尖端技术,使国防设备现代化;4)加强资源利用和考察;5)保护人民健康;6)发展基础科学,充实空白学科;7)充实研究中心,成立重点研究中心,培植一批又红又专队伍。做好上述七项任务,来追赶世界科学水平。要做好组织工作,近来石油部在松辽油田取得成绩,由于效仿解放军政治工作,以后要花力量在科学单位的组织上。学校、医院统已建立一种制度,关于课程、诊病有一定办法,但科学研究没有制度,研究时间没有保证。要提倡三八作风(三大纪律八项注意〔此为作者错误释义〕),提高政治觉悟,使十年规划能实现。聂总说,为了如何实现规划,他今天首先发言,以后要大家提意见。他的发言从三方面来讲:①任务;②方法;③提高工作人员水准。1.要做好科学技术服务工作,可归纳为下列十项任务:(甲)计划,包括长远和年度计划,有32个重点,3500中心问题,具体题目近二万个,每个要有人负责,要组织协调工作;(乙)成果,包括研究、调查、中间试验,以至推广,已定二亿七千五百万元为新品种试验用800个项目,中间试验194项目五千万元;(丙)队伍,关于如何培养、分配、调动、晋级、奖励等安排,要使青年有奔头(博士学位),派留学生要有规章制度;(丁)器材,要有专门途径来解决,上海已设科学服务处、科学器材公司,要加强管理;(戊)投资,国家投资不少;(己)宣传出版,国际书店管出口,外文书店管进口,出版也要整顿,进口资方书籍年拨二百多万美金,情报工作要做好,要观摩,经常要和国际水平比;(庚)计量问题,要成立一个系统;(辛)标准化问题,不能品种庞杂;(壬)国际活动有大量工作,如买专利不是简单的事,国外考察今年 425 人,接待外国科学人员 200 人。明年要派 1000 人出外,总理要科委负责做此工作;(癸)科协工作,有学会工作和科普工作,现有 46 个学会, 800 个支会,科普工作也重要,建立北京中心。2. 工作方法,尚在摸索中,暂要求下列四点:a)走群众路线,要深入行伍摸清问题,不能刚愎自用,也不能优柔寡断。要靠专业组,目前国家科委已有 70 个专业组,过去找专业组不够,每组要有一个学术秘书来钻进去,变成内行;b)要依实际情况来反映,要做卡片,容易审查,一步步踏实做;c)要全面安排,重点突出,重点要摸得更细。十年规划要抓两头:吃穿用问题和国防尖端。32 个重点要做出样本;d)方针任务执行时要具体化,做得愈细愈好,列宁说不能忽略小事,因为大事是小事积累而成,但不能有事务主义,成天随事务团团转。一个战局未完,马上想第二步,如着棋然。3. 提高工作人员水平:a)政治觉悟是基本的,青年同志尤要注意,但老干部也要不断提高,不能放松;b)要从实际出发,从实践中学习;c)通过自己工作来学习,要虚心听批评,要开展比学赶帮;d)培养青年干部。

12 月 24 日　星期二　晨晴,风 NW, 5 级,-11°, 763 mm。

中山公园冰场开放。外文书店成立大会。

晨七点起,未做太极拳。今日起骤冷,比昨天要冷到十度以上(摄氏)。上午未出,阅昨天聂副总理报告。今晨范长江召集的农业技术改进座谈会,我要沈文雄代出席,所谈的是关于做农业区划,如何集中力量使比较高产地(五亿亩)能更高产,同时要做好十个样本等问题。我院过兴先、朱弘复诸君出了席。下午二点至民族宫餐厅中国外文书店成立大会。过去新华书店有外文部,在北京也称外文书店,但实际只是新华书店的一部分。现因外文部的重要而且性质不同,所以新华书店把外文部分出,称外文书店。新华书店由文委领导,而外文书店则由科委领导。今日到者有韩光、武衡、文委曹暎、外文书店副经理朱晓光、军委科委张君、科学院朱务善、范新三、北京图书馆邹工?副馆长、教育部吴司长、市政府李续刚副秘书长等。由朱晓光作了简单成立外文书店报告,说今年有二百万元购资本主义国家书籍期刊,明年可增加到二百五十万元。并谈外文书店是管进口外国书刊,而新华书店则国外部门专管中文译成外文出口工作云。办公暂在民族宫八楼。至于影印部门将另设东方出版〔社〕来主持其事。科学出版社影印部门已交出。有一女同志柳静管理其事云。朱晓光〔讲毕〕,各方提了若干意见即散会。时四点左右,我至院中一转,并至外文书店询 Moscow 出版 *Science & Humanity Yearbook* 尚未到。五点回。

晚人大礼堂有上海昆曲演出未往。

昨吴副院长从上海回，知他陪全斗焕参观后又留四天，在上海嘉定科学单位。据云计算技术所已做出五万次一秒的机器，日本 8Å 的电子显微镜已应用，由彭加木在管理。他今年尚去新疆三个月，建立化学所。彭君是 1956 年上海院成立时，我号召大家去新疆而前往者。又云有机所也做了不少成就，黄鸣龙在做甾族口用避孕药云。

12 月 25 日　星期三　晨 $7^h30'$ -13°，766 mm，SSW，一二级。

晨七点起，未做太极拳。早餐后八点半至民族饭店四楼 452 房间。九点至地学小组（410 号房），谈前天张副院长的报告关于 1964 年工作安排部分，朱务善、冷冰、漆克昌等发了言。大家于"比、学、赶、帮"在工厂没有问题，如应用到科学院研究所如何做法，对于老科学家的教育问题，任务、方向问题等。朱务善主张要出版一种《发现与发明》。我认为研究所做"比、学、赶、帮"在某几方面也可做，如建立实验所，以设备的精简、管理的得法、分析数字的精确、工作的迅速等，统可以互相评比先进后进。图书馆的内容管理等等也一样。次则教授、研究员的训练年青研究人员也可以方法不同，有的循循善诱，有的根本自流，严师门下出高徒，这也是可以互相学习的。不但科学研究所如此，各学部也然。生物学部对于配合支援农业抓得紧，可资地学部的学习。谈到组织方面，认为学部委员 1960 年四月三次会议后，迄今三年多无动静，郭院长已提过 1964 要开一次，地学部尤需要。学部委员，地理只一个人，气象只二人，海洋一个人没有，应该增添人员。学部成立九年了，死的学部委员已十多人，过去六十岁的现已七十岁。年壮人亦宜，老年人急需有生力军。同时一批有成绩的人要提升，如松辽平原油田的发现以我国自己理论，如理论有贡献，不管他是研究助理员或研究员也应升为学部委员。过去生物学部赵洪璋发明"碧玛一号"小麦也是一个例。中膳后在民族饭店睡一小时。洗浴。三点至 510 号房参加生物学部，西南马识途院长希望"全国一盘棋"，新所老所互相支助，要生物学部来主持这工作。朱济凡谈提拔一班中级干部，譬如 5%—10%的助理研究员有成绩者升为副研究员。六点回。晚樊纪顺来。

12 月 26 日　星期四　晨晴 -10.6°，764 mm，风力 2 级，N。

北海公园冰场开放。与赵局长谈科学出版社。

晨七点起。早餐后八点至北京医院，首先验血中白血球，今日检每 cc 只 4600 个，这较正常数 6000—8000 为少，比我往常也少了。经闻有梅听肺部后认为正常。她说我感冒后白血球加至 13 400，疑有发炎，星期一已减低至 8700，现又降至

4600,这表示已无发炎之嫌,脉和体温稍〔高〕无妨云,并要我至 X 光部透视肺部,结果并无异常之处。遂出,至院中。十一点回。

下午二点半至民族饭店,约科学出版社赵仲池谈话。据赵仲池报告,科学出版社的影印部分即第二部,现已交与全国科委,而全国科委成立一个东方出版社来管理其事,柳静(♀)即为负责人,所以在北京有 22 个编制人员,做选题的严佑芝等全部移交。而上海印刷影印部分的工厂和工人 300 多人也全部交东方出版社,但天津的永光影印社则仍归地质部领导。因此目前编制北京部门从 300 多人减少到 280 人,最大困难在于校对需要人,出版社原有 80 现只 40 人,因此感到人手不足,雇临时工由生产费内开支。至于工作方面,1963 年书籍出版四千万字,1964 加至 4800,期刊三千万字不动。他希望能把上海科技出版社作为北京科学出版社分社,因为二社的分工搞不清楚。出版社内部组织近因周社长病倒,金〔　〕下放,郭佩珊去学习,因此工作堆在赵一人身上。已成立一个总编室,由陈一霆负责,罗见龙(生物)、钱介福(物理兼技术科学)和王志洁辅之。说地学组(第三组)已有前联络局郑海航主持,吴凤鸣为秘书云,足见科学出版社内部也不够强健也。

六点在民族饭店膳后与施雅风谈。他今年曾入藏,由格尔木进藏。从兰州至格尔木三〔天〕,从格尔木至拉萨,此路较可靠,但旅客较辛苦。如走昌都则住宿地方较好,但路险不可靠,但曾去波密见山上有大泥流为别处所未见。这一带雪线 5000 m,但冰川可下到 3700,已在森林上限之下云。晚和允敏等看北京京剧一团袁世海演《黑旋风》,遇郭院长、程茂兰、柳大纲、吴副院长等。

12 月 27 日　星期五　晨晴, NNE,风力 1,-10.6°, 763 mm。

上午开全国出版工作领导小组。

晨七点起。八点五十分到三里河国家科委二楼,武衡同志召集全国科技出版工作领导小组第一次会议,到武衡、文化部胡愈之、科协王顺桐、出版局柳静、工业出版社陶局长、农林办公室及国防科委代表人员,谈 1964 年出书计划。学报方面现有 57 种, 64 年加化工、电工、水产、植生、航空、声学、寄生虫、动物分类八种,共为 65 种;通报等中级刊物原 19 种,增《气象》、《解剖学通报》、《心理学通报》、《热带作物》、《茶叶科学》、《耕作肥料》、《土木工程》、《无线电技术》、《农田水利与水土保持》、《针灸学》和《造纸》12 种。1964 年将有科技文摘 30 种,索引 27 种,特种文献 28 种,共计约一亿五千万字。快报 36 种,译丛 89 种,消息二种,约九千万字。《科学技术动态》10 种一千多万字。三共二亿五千万。学报、通报估计一亿至一亿五千万字。书籍,各局社尚未交来计划,尚不能估计也。影印这部〔分〕今天未谈,以纸张而论,影印数字超过于其余的总数。柳静谈从今年年初开科技出版会议后,各部尤是化工、农业、邮电部等均已注意,化工出版社要做出十年选题规划。售书统有上升,惟科普书反而下降。关于保密刊物,已出版一种地质所著《铌钽稀土矿物及地球化学》作为秘密级,这是第一号。已收到科学研究成果76个,各学报、通报稿源大增。讨论问题时发现书籍由新华书店发行,期刊由邮局发行。但不定期和内部刊物无单位承担发行,最好由新华书局或邮局发行。讨论整顿内部刊物的办法,我提到科普刊物应加强,对外刊物,各学科应办好学报,作为中国代表刊物,不赞成教育部另办高级分科学报。关于学报、通报,认为统应该有书评,代表一般读者的意见,也可作为以后评奖优秀科技著作的参考。十二点我先离席。午后三点至北京医院215号看钱老。他于本星期一觉胃痛不可支,发现胃已穿一洞。星期二24日下午开刀割去4/5,经半身麻醉四小时,经过甚好。我去时正在灌葡萄糖,从右手血管内大约有1500 cc,据云每天灌十多小时之久,因有气喘所以要小心,尚微有体温,最高37.8°云。至129号晤周太玄,他于一周前心脏病入院,据云心理所潘菽所长尚未出院,但能走动而已。至216晤张钰哲,他于二星期后可出院云。四点回。和沈秘书谈。

12月28日　星期六　晨昙,ACu 2,-7.2°,755 mm,风力1级。

什刹海冰场开放。上、下午听石油部余秋里报告大庆石油会战。

晨七点起。八点半至人大礼堂,今天国务院要十七级以上党员干部,听石油部部长余秋里(江西兴国人)报告大庆石油会战。会战从1960年6月开始,三年半时间,动员四万多人,七万多件设备,在松辽平原大庆油田(萨尔图)展开会战。有史以来经济建设上一次会战,结果已拿下一块大油田,面积860 km^{2}已经探清,并开发工作146 km^2。这是世界上九块大油田之一,已探明储量可以应付近五年发展。三年多钻〔　〕口井,在1000米深以上。钻井速目前达每月2491米,〔比〕58—59年1210米快一倍,比57年快三倍。与外国比也是快的。苏联最大油田罗马什金花1948—51三年时间才了解他面积,我们1959/9月—1960/12月已了解大庆的储量(三年内打了一千多个油井)。这是得毛主席理论力量。苏联在十一个月打了三万多米,而我们1961年在同样条件下九个月打三万一千四百多米,三年内打了一千多口井。其次我们建成了产原油600万吨生产规模矿井和炼油一百万T设备。在此146 km^{2}内把公路、油管、贮油设备统做好了。苏联第〔　〕个大油田杜伊马兹在45—55年十一年时间才建成975万吨原油生产规模,而我们在大庆只用三年多时间就建成六百万原油生产规模。今后达到上千万吨的规模,要比苏联快。炼油厂完全自己设计,比兰州苏联设计好,所出产品也优于兰州厂。在现场进行原油地面集输工艺流程试验,共调查了二百三十二口井,取得八万七千多个数据,创造了单管密闭油气混输和水套式加热炉的工艺流程。而苏联罗马什金油田仅依据十六口井,600个样品,结果有若干油田没有摸清。我们在1961年主任地质工程师李德生、总工程师闵豫、大学教授秦同路等八十多干部,每天要对300多层计算三万多次岩心材料,抽45个小油〔井〕,摸得一清二楚。调查了二百卅二口井情况,取得八万多数据,先后攻破了油井保温、回压、计算等技术关。1963年进一步扩大油田开发面积,实现了井下无落物,井场无油污。岩心收获率60年50.3%,63年95%(苏联平均只45%)。油田内部油管长达637 km,不漏气达99.92%,打井结果成功率98.4%,产油的井有900多个。堵塞走气外国用合金钢,我们用橡胶。要塞哪一层,可任意指挥。投资仅七亿多,已收十亿元,劳动生产率每人15 000元。锻炼很好一支队伍,有阶级观念,技术水平,吃苦耐劳。这会战成功是总路线、毛主席思想的产物。不是完全依靠技术,而是主要依靠政治上表现,即坚定不移政治方向。采取革命手段,以革命干劲把三十多辆车、三百六十台机器在没有公路地方运进去。有了革命精神就会团结一致,高度革命精神代替物质条件。光有干劲不尊重科学是虚劲,不解决生产问题,受到客观纪律的惩罚。克拉玛依三四百方公里,只取了十多井,结果统做错了。大庆油田取了一万一千四百岩心,四千五百井,三万多公里岩层,好像860 km² 走一遍。

12月29日　星期日　晨晴,七点-6°, N,风力1, 763 mm。

大庆油田会战。

今日星期天,上、下午未出。上午阅 *Man and His Future*。下午作函与张儆彬、任美锷、杨宣仁等,又阅昨日石油部部长余秋里的报告。这次大庆石油会战,三年工夫夺下一个860 km² 大油田,成立规模600万T一年的出油基地,确是中国经济史上一件大事。余秋里和石油部副部长康世恩均归功于毛主席思想起了作用,首先是集中力量打歼灭战。我个人体会以为我们应问一下为什么这歼灭战不打在煤炭工业或纺织工业,而要打在石油工业。这从毛主席的《矛盾论》中可以得到答案,就是我们主要矛盾是在石油缺乏,正如古巴一样,古巴一年要用360万T油,每天要苏联供一万T轮船载油给它,所以它依赖苏联的地方太多了。我们要自力更生,不能如此依赖人家,所以选了石油来打歼灭战。第二个问题是为什么这歼灭战不在克拉玛依打,也不在四川或老君庙打,这要靠我们掌握第一手的资料,要地质科学研究和调查了。〔*旁注*:康世恩副部长汇报〕所以余部长说高举革命精神与科学技术相结合。他说,“搞工农〔业〕是与自然作斗争,革命是人的因素,有觉悟方有干劲,向科学进军是要掌握自然规律,掌握了自然规律才能作好建设。搞好一个建设不容易,但搞坏很容易,以玉门为例,一个时候放弃了6—7 km² 面积采油。高度革命精神和严格科学精神必须结合起来,光有干劲而不尊重科学是虚劲,不解决生产问题,将来要受到客观规律的惩罚,是行不通的”。苏联杜依玛兹油田面积400 km²,开始制定方案只有16口井、404块岩样的分析数据。而大庆油田根据85

口井、28,493 块岩浆的分析,无怪杜依玛兹油田费时多,十一年时间才建成,而我们很顺利。到目前为止钻井取岩心 11 400 m。三则〔测〕地层压力 9480 井次, 55 万次岩样分析, 160 万化学分析, 1744 次岩层对比,弄清了油田。松辽油田成功基本原因: 1)建设成功是总路线产物,毛泽东思想产物,一切要采取革命手段; 2)高度革命精神与科技相结合; 3)现代化事业要有论证,搞社会运动必须依靠群众; 4)领导一切为了搞好生产,要参加劳动; 5)认真做好基础工作,样样有条例; 6)领导关心群众生活。三年来提拔年青干部 1663 名,提为总工程师 8 名,提为主任工程师、主任地质师 63 名,提为工程师、地质师 301 名,统是卅左右的人。

晚人大三楼新年晚会,访问日本、香港回京艺术团有杨乃珍唱苏州评弹,刘凤打鼓舞,王玉珍女声独唱,赵青红绸舞,刘天一二胡,刘德海琵琶独奏,孔建华笛子独奏。

12 月 30 日　星期一　晨七点-8.2°,晴, N,风力 2 级, 760 mm。

晨七点起,做 20′太极拳。八点三刻至民族饭店,参加地学二组小组讨论前天石油部部长余秋里关于大庆油田大会战的报告。大家以为余部长报告做得全面,短期间内调动四万多人,思想工作做得好,才得扭成一股绳,团结在一起,群众有自觉性。有的说三面红旗是灵魂,使老教授如张英也能长期留在油田。或说石油部三年工夫能拿下一个 600 万 T 一年的油田,是毛泽东思想应用得好的结果。一年能钻井一万多米,也是世界纪录。第二是把油田情况了解清楚,打歼灭战,从银川油田全部人马 200 多钻机撤到大庆,从克拉玛依和四川一部也到大庆,没有魄力是调不动的。地质所要调动一架显微镜都困难。所有石油力量从探勘、计算、开发、炼油一起统上去。有人说中心思想是马列主义,领导要能亲自动手。有人说地理所红旗举得不高,因为领导抓业务不够(?)抓政治思想不够。最后谈到科学院是否可以学,大家认为可以学。至十二点。大家主张下午阅读文件,明日上午讨论科学院如何学,如何干。

今日见卫生部在朝鲜观摩金凤汉教授经络系统研究的考察团钱信忠 12 月十八日的信。他认为经大家仔细考察参观,认为凤汉小体、凤汉管确是成一个系统,在组织形态上无疑问了。可怪的是过去对肉眼所能见的没有看到,并且大小血管和淋巴腺管内都有凤汉管,在脉管内呈游离状,心脏、主动脉、肝静脉都有,随脉管的分支而分支。可以见到凤汉〔管〕内有色素流动,将钢丝穿入小体内或管内,钢丝起特别运动,管内充满呈青绿色物质(用荧光镜看)。金教授认为是脱氧核糖核酸,金日成首相建议要成立一个国际机构。金凤汉相信东方古代经络学来自千百次反复实验,有科学基础,他学习了毛主席《实践论》和劳动党政策之后更相信,因而刻苦钻研到底云。中膳后民族饭店睡一小时。二点半到院。三点到北郊地质所古脊椎动物所看一年内在新疆乌鲁木齐东在三叠纪二叠纪所发掘的恐龙和鸟的始祖水飞龙，以及在蓝田所发掘的蓝田人的颚骨 Jaw Lower，是在 Q_2 层发现，与老虎头骨在一起。

寄张儆彬、杨宣仁、任美锷等函

12 月 31 日　星期二　晨晴，N，风力 3—4 级，-5°，766 mm。

古脊椎动物。谈中国最大陨石。

晨七点起，做太极拳 20 分钟。早餐后至中关村地理所，约瞿宁淑谈 1964 年要在北京开北京中心会议，时间在八月，届时要各学会提出论文，定一月五日星期天开一个地理学会常务理事会。和文焕然谈他近来关于古气候工作，他曾经去河南、陕西一带视察竹子的北限，说河南博爱（35°8′N，113°05′E），而古代之淇近安阳，纬度相差不过一度而已。据云博爱有竹一万七千亩，是一种淡竹，可吃笋，陕西则面积无如此之大云。孙承烈来谈，他说地理所历史地理部分工作现集中搞古气候。中印边界河道变迁，近因天津附近大水，所以水电部提出要搞海河的变迁史。孙将于新年去成都主持西南地理〔所〕，现已有十五个技术人员，但四川方面不肯放行政人员。回至院中，阅出版社关于科学译名的一个报告。下午作复外间来拜〔年〕片。解放后此风已绝，近一二年始渐渐旧习惯恢复。最初由于回苏联人的贺年贺节，近则此风又盛行。新华书店、荣宝斋又有大量贺年片，我不甚喜此习惯，但除后辈如子侄甥婿外，均作回片。今年除国外已寄了卅多封外，国内有谢景荪老师、李珩、熊庆来、贝时璋、傅承义等。今日系阳历年夜，彬彬于六点回，晚膳后去国务院看电影，松松因考后有晚会，所以未能回。晚间得一电，使我吃一惊，启函始知自长春吉林轻工厅赵承和的贺年电。九点半睡。今晚国务院电影未往，彬彬去看了。

昨下午至北郊古脊椎动物室，遇贾兰坡、吴汝康、刘献庭和年青参加新疆乌鲁木齐孙文璘及陕西蓝田发掘古生物的队里张玉萍等，见他们均一致兴奋，认为发掘了肯氏兽、水飞龙等，为祖国发现了宝藏。同时我问有否去奇台附近的银色骆驼陨石地点，年青同志给我两照片，据云此陨石在新疆准噶尔盆地乌伦古河右岸，离奇台 335 公里，在奇台之北，二台之南。陨石最长 2.7 m、宽 2.0 m、高 1.7 m，估计重 20 T，为世界次大的铁镍质陨石，苏联人名之曰 Armanti。

〔附录〕

滑冰赛，1963 年。国际速度滑冰决赛在日本东京举行。

	男子		女子	世界女子 World Record
	一月八日牡丹江	Jan. 12 苏联 Alma Ata		
500 米	王文生 42.1″	E. Grishin 40.2″	王淑媛 47″	Tamara Rivola 45.6″
1500 米	罗致焕 2′16.4″		王淑媛 2′42.4″	Tamara Rivola 2′25.5″
3000 米		4′39.7″		
5000 米	王金玉 8′14″	Matusevich 7′54.2″		
10 000 米	王金玉 17′5.5″			
全能冠军	王金玉 189.914		王淑媛第六名	
世界全能		约翰尼孙 Norway 183.035		

东京 2 月 20—24 在轻井泽举行全世界速〔度〕滑冰决赛，中国选手王金玉得全能第五名，罗致焕第十名，得分为 181.215 和 183.468。第一名为瑞典约 · 尼尔孙得，178.446。均打破了从前世界纪录 186.487。罗致焕得 1500 m 冠军，时间 2′9.2″。王淑媛得全能第六名，198.366。第 1—5 均为苏联女子，第一名为斯科布利科娃，得 190.816。王淑媛得 1000 米第二名，1′34.6″。

1963 年 4 月，在捷克举行第 27 届国际乒乓球比赛个人锦标〔赛〕。

〔剪报〕

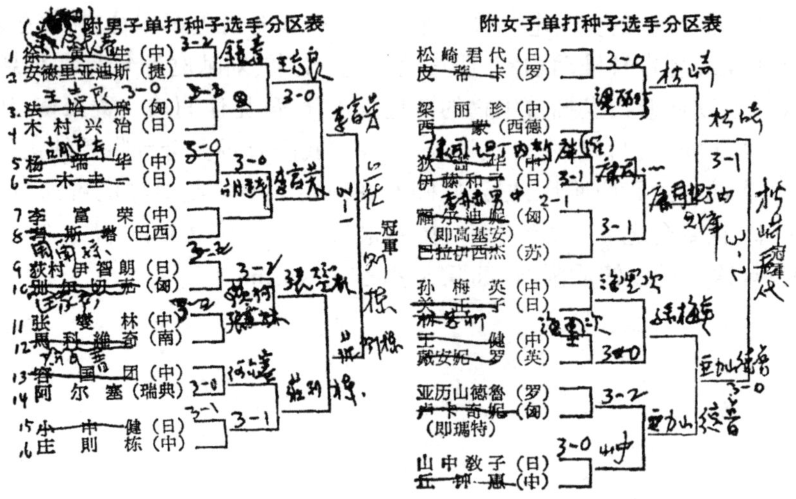
附男子单打种子选手分区表

安德里亚迪斯（捷）
木村兴治（日）
杨瑞华（中）
三木圭一（日）
李富荣（中）
（巴西）
荻村伊智朗（日）
张燮林（中）
阿尔塞（瑞典）
庄则栋（中）

附女子单打种子选手分区表

松崎君代（日）
梁丽珍（中）
（西德）
伊藤和子（日）
（即高基安）
（苏）
孙梅英（中）
王健（中）
戴安妮·罗（英）
亚历山德鲁（罗）
（即瑪特）
山中教子（日）

〔以上附于 3 月 8 日〕

1963年2月全国农业科技会议的意见反映:靠不住的成绩不要随便发表。1962年《人民日报》曾发表有机化学所合成农药"乙基大蒜素"对防治某些病害的效果,朱凤美拿来作试验证明没有什么效果。江苏农科院畜牧所助研李瑞敏反映与科学院合作很困难。畜牧所发现猪脑袋里有一个控制食欲的机构,破坏后可以加速长膘,试验结果5%—6%有效,要求生理所解决,被拒绝,说生理所研究理论不解决实际问题。钟俊麟反映,北京植物园引进许多东西死了不少,因为温室不保温。蔡希陶说昆明植物所可搞结合山地利用、水土保持、研究热带作物配置,引进好的亚热带作物,木本植物行距等栽培措施。

〔以上附于4月5日〕

S. Chandrasekhar 侯朔嘉 Director, Indian Institute of Population Studies, Madras, *China's Population*, Hongkong University Press, 1959 (pp. 1—67)。著者观点极端反共产主义的。本文系依据1953年的我国人口统计而立论的。作者于1958年11—12月到北京搜集材料,外交学会给与便利,使其得看到内部材料,和与若干政治外交人员相接触,并到外埠访问。但书中在许多地方有恶毒的攻击和批评。书中首先把1953年我国内政部1953年人口调查时所颁发的十八条规则加以介绍,说明这人口是以1953年六月卅日为根据的。说调查时统是由各户家长到乡村的调查户口登记自报为原则,出门的人口仍留在本地,称为 de jure population 而不是 de Facto 的。说所调查只不过五个项目,即1与家长关系、姓名、地址、性别、年岁与种族。因时间不到一年,极为匆促,不像日本、印度有十六个项目,其中缺乏职业与教育程度尤为可惜。因氏为人口专家,所以分析得比较以科学方法。据云详尽的分析尚须另出一书。在印度每十年做一次调查,每次要三年的筹备,而我们是1953年四月才筹备,预备半年了事,但结果也拖到54年四月云。许多人像 George Cressey 就不相信六亿以上的数目。他写了一本 *Land of the 500 Million*, 作者认为数目虽不是有意欺人,但有缺点。认为调查人口者应挨户访问较为可靠,虚报的罚款太少,调查时间拖得太长(几个月)而限期却太紧。计算均用人工不用机械,事先没有 Pilot survey 作一试验。调查人口的目的为了选举,不是为调查人口本身。而且有若干人口专家如陈达、费孝通、吴学超均未参加,云云。下面讲数目字,以面积论,中国9,597,000方公里(3 657 765方哩)(香港、澳门不在内),仅次于苏联8 597 000方哩和加拿大3,843,144方哩,其次为巴西3,286,170和美国3,022,387(但阿拉斯加、夏威夷加入后,美国面积已为3,615,210方哩,与中国几相等)。不算台湾和海外侨民大陆人口573,876,670(54年6月政府报告)或574,206,940(54年11月统计局)。少数民族占6.06%,其中有十族:僮(六百六十万)、维吾尔(三百六十万)、回(三百五十万)、彝、藏、苗、满、蒙(一百四十万人)、佈依(贵州)和朝鲜族均在一百万以上。男女的差别,男占51.82%,女占

48.18%。其比例:在一岁以下为104.9%(女作100),1—2岁106.2%,3—6岁110.0%,7—13岁115.8%,14—17岁113.7%,以后陆续下降,36—55 106.8%,到56+女子反多,比例为86.7%。以年岁论,全国十七岁以下占41.1%,50以上只占13.5%,将来人口兴旺,80—90岁的人有185万,一百以上3384人。86.74%住乡村,13.26%住城邑。所谓乡村是人口在二千以下大部为农民。十五岁以上识字的人37%。大陆上每千人出生率、死亡率:1952年为37,18;53年37,17;54年38,13;55年35,12.4;56年32,11.4;57年34,11.0。所以人口增加每年2.1%。大城邑上海53年为40.4(生)、9.9(死),55年41.4,8.1;57年45.7,5.9;北京55年40.6,9.4;57年42,7.1。(据《参考资料》五月廿三上午版,日本一九六一年出生率为16.8,死亡率为7.4,年增长率不到1%。在1947—1950年,日本每年增人口170万,而62年只50万人,由于节制生育,日本采取流产为主要手段。)

〔以上附于6月9日〕

《气候变迁》,吕蔚光。中国历史时代气候概况,引金人蔡珪诗"吴侬笑向吾曹说,昔岁江行苦风雪。扬锤启路夜撞冰,手皮半逐冰皮裂",可知当时苏州行船要包铁皮,要用锤碎冰。徐近之整理资料,《上海县志》载明正德元年1506冬,黄浦冰经月不解,车骑负担共行冰上。《太湖备考》明弘治十六年(1503)冬大雪积四五尺,东西两洞庭山橘柚尽死,明正德八年(1513)二月大雪寒,太湖冰行人履冰来往,这一年洞庭湖也冰。余见小本日记1963 5/6日pp. 52—53。Hawaii大学Blumenthal?著有一书*Ocean of the Air*,1959出版,第13章谈Climatic Change。"Paleoclimates" *Nature*, 1963 May 11, pp. 535—36,"Report on New Castle Meeting" by Departments of Physics and Geology:1.海底与大陆结构不同,2. Radioactive decay,3. Paleomagnetism,使古气候问题提到日程上,证明近一二亿年来大陆有漂流,此外如煤、珊瑚的分布,冰川等亦可作佐证。单抓痕不能认定是冰川,Tillite也容易认错。青岛地貌组蔡爱时报告,海南岛的珊瑚礁厚度仅10米,而且在衰退中,其过去的最好时期可能在6000年前的所〔谓〕optimum大西洋时代。范时靖报告在辽河、长江、珠江口外海底下均有溺谷(Drowned valley)直至20—30米以下,这或是在冰川时期所成。朱炳海《近百年来苏南气候变迁的趋势和今后数年天气倾向估计》(《南京大学学报》62年19—32页),根据上海1873年,南京1905年以来温度降水资料,10年滑动平均作了研究。知上海一地可以代表苏南,十九世纪中上海廿八年的平均和31—60年平均相比,年平均与秋冬平均上升0.8°,春夏上升0.5—0.6°,同时降水量增加。以四十年度上升最显,50—60年有下降趋势,但夏温仍上升,与王鹏飞所计算出全国升温以36—45十年为最著,冬季蒙古高压近西南Aleutian低压近大陆中高纬度盛行高指标环流则热,夏副热带高压偏西北则热。

P. Jagannathan "Trends in the characteristic of seasonal variation of T. in the arid and semiarid regions of India", *Journal of Indian Met. & Geophysics*, Vol. 14, No. 1 Jan. 1963, pp. 3—22. Willet found that a pronounced upward trend has been in progress since 1885 of about 2.2°F in mean T and 1.0°F in annual range(?). The rising trend has been most pronounced in the high and middle lat. of N. hemisphere. (Willet "Trends of the past century" *Proc. of Met. Roy. Soc.* London, pp. 195—200, 1950.) Pranramk and Jagannathan found no systematic increase or decrease of Max. and Min. T. (IU. 9.9, *10th General Assembly Sc. Proc. Int. Ass. Met.*, Rome, 1954). The important feature that is brought out is the decrease of T though small, at practically all stations during the period of Max. solar activity at arid and semiarid stations. Braner −0.3°C, Jasper −0.1, Poona −0.2, Minusinsk −1.6, Tashkent −0.1, Bagdad −0.2, Heliva −0.1, Khartoum +0.2, Phoenix −0.2, Buenos Aires −0.2, Alice Spring (USA) 0.0。

《竹的北界》,文焕然(看袖珍日记本1963年7/19日)。

广东省人民代表林李明在二届四次大会上说(63年11月22日),1963年为六十年罕见大旱,从去年九月雨后到六月才下透雨,24 400水库自流放水只54个,可以抽水35个,宝安、连平、阳江、钦县507条大、中、小河流断流的440条,靠电动抽水机2200多来抽。今年不但不减产反增,去年增收3%粮,佛山、潮安、揭阳三县到一千斤。(广东历史资料1899年是大旱,广东省1943年大旱,今年又大旱。)

〔以上附于7月8日〕

老态的进展。从今年觉耳聋,去年已有点感觉,曾至北京医院验视,认为是老态,毋须配耳机,且谓耳机愈用愈不灵,惟觉听演讲时有不便耳。从今年觉听电话困难更大,甚至别人在房中讲话,相隔过远即难听清,十公尺以外有困难,近则在七八公尺也有困难(八月廿四在青岛)。此外如体育运动时,不能跳动已有四五年了,近来觉脚举得太高,于心脏亦不好过,所以若干动作在广播体操也有影响。性欲的减退。不能落夜至十二点以后等(12月10日)。目前耳虽有点聋,但在洗澡间灶鸡(如蟋蟀)鸣尚能闻,开会时尚能听到大部人讲的话。我看杨克强在开会时就有困难,所以不参加讨论。三年前滑冰为三小孩所撞跌伤左上臂,迄今冬天稍冷觉痛。前天(十二月卅日)去古脊椎动物室,上四层楼即觉有点吃力了,幸而作两次上去,中间有平地行程。

气候变迁。*Geo. Rev.* Jan. 1963, pp. 123—129. "Pleistocene Climate in Low Latitude" by Richard F. Flint & H. B. Davis, Prof. of Geology in Yale. 热带中气候变迁可用下列方法：1. Fossils of pollen grains and tree line。2. Oxygen isotope ratio O 18/O 16 in Pelagic foraminifera worked out by Emiliani (*Jour. of Geology*, Vol. 63, 1955, pp. 538—578)。海水温度与今不同，可自 + 1°至 - 5°。3. 雪线。1928 年 Klute 在德国《冰川学报》*Zeitschrift für Gletscherkunde* pp. 79—93 已经指出，在许多地方已升高 500 m 至 1200 m，温度可差 6°—7. 2°，冰川时期雪线低，使赤道区与热带区温差大，故风也大。4. Pluvial Lakes。北美洲西南有 120 Pluvial Lakes，此区从前雪线比现低 1200 m，孢子和 mollusk 化石标本证明要比现今低 7°到 3°，当时湖大，也是表示雨多，料想比今多 60%而蒸发量比今少 30%。5. Inactive Dunes。南非有 75 万方 km, Argentina 有三十万方 km，目前雨量 250— 650 mm，可能那时在 250 mm 下。6. Deflated basin or pan。由风的剥蚀成功，深度一般小于 3 米，但也有深至 30 米，在半干旱区雨量 250— 600 mm，如无草盖覆即受风剥蚀，如美国 Great Plains、南美 Patagonia 到目前风剥仍 active。7. 河流沉淀和剥蚀，在雨量 250—350 mm 时沉淀最多。8. Relict Soil，如 Lateritic soil 证明湿热天气，非洲目前热带干区有之。9. Solution and precepitation of carbonates。

〔以上附于 12 月 31 日〕

〔本年事要〕

1/16　我在院党组大会上发言一小时,谈我国农业问题。
1/20　和阿恺到人大小礼堂。

2/3日　全国农业科学技术会议开幕。
2/11日　谈水土保持。
2/16　听铁道部报告(在人大)。
2/21　聂总报告。
2/22　恽子强病,胃癌去世。
2/24　我国和巴基斯坦边界。
2/24　吴葆之。
2/27　吸链霉素治气管炎。

3/1　南京地理所移四川事。
3/4　中蒙边界协定条约。
3/6　九一七大楼。
3/18　北京飞昆明。
3/19　昆明发鼻炎。
3/20　到云南安宁温泉。
3/22　在思茅。

4月　到昆明思茅。

5/30　接邵金声来函。

6/19　从上海飞柳州。
6/20　陪古巴代表团到桂林。
6/21　阳朔。
6/23　回北京。
6/28　饯别古巴代表团。

7/25到8/24　在青岛。
8/31日 今伯明来。

9/15　授与印尼艾地以名誉学部委员。
9/16　在中卫。
9/20　在兰州。

10/12　周总理在中南海谈外交形势。
10/10—19　十年科学规划报告。
10/20日　去杭州。
10/28　到新安江。
10/30　绍兴。

11/3　在上海看陈衡哲,配眼镜。
11/4　上海概况。上海无线电厂。
11/5　参观上海纤维厂、农业科学院。
11/6日　上海化肥厂。
11/8　到南京。
11/10　又到杭州。

12/13　中国最大陨石。
12/14　批准我为正式党员。
12/17　座谈金凤汉经络系统。
12/23　聂总报告十年规划,院党组扩大会议。
12/28　余秋里报告大庆油田。

附录一　第 16 卷人名简释表

竺可桢日记中涉及大量人物。《全集》自第 6 卷起，于每卷日记之末附列该卷“人名简释表”，供读者阅读时参考。本表选目和释文规则如下：

一、本表根据日记中记述的人物选择编制，以正名列条，按汉语拼音字母排序。

二、力求释文简明。为有助于对日记记述内容的理解，释文主要列出有关人物在本卷日记所记时段的身份或工作机构，并附列日记中经常出现的别名。

三、对日记中确认记述有误的人名，以订正名列条。

四、为读者所熟知的中国近现代史上军政、工商、文艺等界之名人，一般不列入本表。在日记中出现次数较少且已在文中表明其身份者，以及仅在读书笔记和出席会议人员名单中涉及的人物亦不列入。

五、组织机构、专业职称等专有名词，在释文中采用通用缩略词。本表中出现较多者有：

国家科学技术委员会→国家科委

中国科学院→中科院

中国科学技术协会→中国科协

中国农业科学院→中国农科院

中国医学科学院→中国医科院

中国科学院学部委员→学部委员

物理学数学化学部→数理化学部

综合考察委员会→综考会

××研究所(室)→××所(室)

副研究员→副研

助理研究员→助研

六、关于家庭成员和亲属人物，卷末另附“竺可桢家系人物表”、“张侠魂家系人物表”、“陈汲家系人物表”。

七、请注意参考此前各卷的人名简释表。

八、本表针对阅读需要而设，并不等同于人名索引。

白敏	国家测绘总局副局长。
贝时璋	中科院生物物理所所长，学部委员。
蔡国铭	中科院图书馆副馆长。
蔡邦华	中科院昆虫所副所长，动物所副所长，学部委员。
陈道明	中科院综考会治沙队副队长，院办公厅秘书处处长。
陈世骧	中科院昆虫所所长，动物所所长，学部委员。
陈述彭	中科院地理所副研，地图室主任。
程茂兰	中科院北京天文台(筹备处)台长。
程裕淇	中科院地质所副所长，学部委员。
戴松恩	中国农科院副秘书长。学部委员。
丁颖	中国农科院院长。中国科协副主席。学部委员。
杜润生	中科院党组副书记，秘书长。
范长江	国家科委副主任。中国科协副主席。
范新三	又记作"范圣五"。中科院图书馆馆长。
方俊	君选。中科院测量制图研究所所长，测量与地球物理所所长。
冯德培	中科院生理生化所所长，上海分院副院长，生理所所长，学部委员。
冯秀藻	中央气象局农业气象室副主任。
冯仲云	水利电力副部长。
傅承义	中科院地球物理所研究员，学部委员。
高由禧	中科院地球物理所、兰州地球物理所副研。
谷德振	中科院地质所水文地质工程地质室主任，综考会南水北调队副队长。
谷羽	中科院新技术局局长。
顾功叙	中科院地球物理所副所长，学部委员。
顾家杰	中科院图书馆副馆长。
顾震潮	中科院地球物理所研究员。
郭敬辉	中科院地理所副所长。
郭沫若	全国人大常委副委员长。中科院院长，哲学社会科学部主任，学部委员。
郭佩珊	科学出版社副总编辑，副社长。
郭永怀	中科院力学所副所长，学部委员。
过兴先	中科院生物学部副主任。
韩光	国家科委常务副主任。
郝桐生	中科院办公厅主任。
何作霖	中科院地质所研究员。
侯德榜	化工部副部长。中国科协副主席。学部委员。
侯德封	中科院地质所所长，学部委员。
侯仁之	北京大学地质地理系主任。中国地理学会副理事长，历史地理专业委员会主任。
侯学煜	植物生态学家。中科院植物所研究员。
胡先骕	步曾。中科院植物所研究员。
华罗庚	中科院数学所所长，数理化学部副主任，中国科技大学副校长，学部委员。

黄秉维	中科院地理所所长，学部委员。
黄汲清	地质部地质科学研究院副院长。中科院地学部副主任，学部委员。
黄继武	中国科协书记处候补书记。
黄家驷	中国医科院院长。中国科协副主席。学部委员。
黄鸣龙	中科院有机化学所研究员，学部委员。
简焯坡	中科院综考会新疆综合考察队副队长，院联络局副局长。
江爱良	中科院地球物理所助研。
金善宝	中国农科院副院长。学部委员。
李秉枢	中科院地理所党委书记、副所长。
李鸣岗	中科院林业土壤所副研，综考会治沙队沙坡头中心站站长。
李庆逵	中科院土壤所副所长，学部委员。
李善邦	中科院地球物理所地震室主任。
李四光	仲揆。中国科协主席。地质部部长。中科院副院长，学部委员。
李文亮	中科院综考会云南热带生物资源队副队长。
李宪之	北京大学地球物理系教授。
李俨	数学史家。中科院自然科学史室主任，学部委员。
林超	北京大学地质地理系教授。
林镕	中科院植物所副所长，学部委员，生物学部副主任。
刘崇乐	中科院昆虫所研究员，动物所研究员，西南动物所所长，学部委员。
刘慎谔	士林。中科院林业土壤所副所长，植物室主任，综考会治沙队队长。
刘媖心	中科院林业土壤所助研，综考会治沙队沙坡头中心站副站长。
柳大纲	中科院化学所所长，学部委员。
刘东生	中科院地质所研究员。
刘力	中科院办公厅秘书。
卢鋈	温甫。中央气象局副局长。
吕炯	蔚光。中科院地理所气候室主任，中国农科院农业气象研究所所长。
罗宗洛	中科院植物生理所所长，学部委员。
马溶之	中科院土壤所所长，综考会黄河中游水土保持综合考察队队长。
毛汉礼	海洋物理学家。中科院海洋所副研。
茅以升	铁道部铁道科学研究院院长。全国科普协会副主席，中国科协副主席。中科院技术科学部副主任，学部委员。
聂荣臻	国务院副总理，中央科学小组组长，国家科委主任，国防科委主任。
潘梓年	中科院党组成员，哲学所所长，哲学社会科学部副主任，学部委员。
裴丽生	中科院党组副书记，副院长。
漆克昌	中科院综考会副主任，地学部副主任。
钱宝琮	琢如。数学史家。中科院自然科学史室研究员。
钱崇澍	雨农。中科院植物所所长，学部委员。
钱三强	二机部副部长。中科院副秘书长，原子能所所长，学部委员。
钱学森	中科院力学所所长，学部委员。国防部五院副院长。
秦力生	中科院党组成员，副秘书长。

秦仁昌　　中科院植物所植物分类室主任。
曲仲湘　　植物生态学家。云南大学生物系教授。
任美锷　　南京大学地理系主任。
邵力子　　全国人大常委,全国政协常委,民革常委。
沈其益　　北京农业大学副校长。中国农科院植物保护所所长。
沈文雄　　中科院办公厅秘书。
沈玉昌　　中科院地理所研究员。
施雅风　　中科院冰川积雪冻土所筹委会负责人,地理所冰川冻土室主任。
孙鸿烈　　中科院综考会助研,西藏科考队学术秘书。
孙新民　　中科院综考会办公室主任,黑龙江流域综合考察队办公室主任。
汤佩松　　中科院植物所副所长,学部委员。
童第周　　中科院生物学部主任,学部委员。
涂长望　　中央气象局局长,学部委员。
宛敏渭　　中科院地理所助研。
汪志华　　中科院计划局局长,政策研究室主任。
王淦昌　　中科院物理所研究员,学部委员。杜布纳联合核子研究所副所长。
王顺桐　　中国科协书记处常务书记。
王应睐　　中科院生化所所长,学部委员。
王竹溪　　北京大学物理系理论物理教研室主任,副校长。学部委员。
吴传钧　　经济地理学家。中科院地理所副研。
吴有训　　正之。中科院副院长,数理化学部主任,学部委员。
吴征镒　　中科院昆明植物所所长,学部委员。
伍献文　　中科院水生生物所副所长,学部委员。
武衡　　国家科委副主任,学部委员。
席承藩　　中科院土壤所研究员,综考会土壤队副队长。
席泽宗　　中科院自然科学史室助研。
夏光韦　　中科院计划局副局长。
谢家泽　　水利电力科学研究院副院长。
谢鑫鹤　　中科院党组成员,副秘书长。
熊毅　　中科院土壤所研究员、副所长,综考会土壤队队长。
徐尔灏　　南京大学气象系主任。
严敦杰　　中科院自然科学史室副研。
严济慈　　慕光。中科院技术科学部主任,中国科技大学副校长,学部委员。
严钦尚　　华东师范大学地理系教授。
杨石先　　南开大学校长,元素有机化学所所长。学部委员。
杨显东　　农业部副部长。
杨钟健　　克强。中科院古脊椎动物研究室主任,学部委员。
叶笃正　　中科院地球物理所研究员。
叶企孙　　北京大学物理系教授。学部委员。
叶渚沛　　中科院化工冶金所所长,学部委员。

殷宏章	中科院植物生理所副所长,学部委员。
尹赞勋	中科院地学部主任,学部委员。
尤芳湖	中科院海洋所助研。
郁文	中科院党组成员,副秘书长,院机关党委书记。
恽子强	中科院数理化学部副主任,学部委员。
曾呈奎	中科院海洋所副所长,学部委员。
张宝堃	豹昆。中科院地球物理所研究员。
张劲夫	中科院党组书记,副院长。国家科委副主任。
张乃召	中央气象局副局长。
张文佑	中科院地质所副所长,学部委员。
张有萱	国家科委副主任。
张钰哲	中科院紫金山天文台台长,学部委员。
赵九章	中科院地球物理所所长,学部委员。
赵松乔	中科院地理所研究员,综考会治沙队民勤综合试验站副站长。
赵石英	国家科委九局局长。
赵忠尧	中科院物理所研究员,学部委员。
赵仲池	科学出版社副社长。
郑作新	中科院动物所研究员。
周立三	中科院地理所副所长。
周培源	力学家,理论物理学家。北京大学副校长。
周太玄	科学出版社社长、总编辑。
周廷儒	北京师范大学地理系主任。
朱岗昆	光焜。中科院地球物理所研究员。
朱济凡	又作朱济藩。中科院林业土壤所所长。
朱务善	科学出版社副社长。

附录二　竺可桢家系人物表

父辈	同辈	子辈	孙辈
竺嘉林	竺三益—三益嫂	竺士樵—陈性花	先觉、伯钦、伯铭、伯钧、竺熔、竺韵
		女适朱胜连	
	阿水		
竺嘉贵	阿遇		
竺嘉祥—顾金娘	大姐阿桂适何氏	何元晋	
		何元成	
	大哥竺可材(承祖)—大嫂	竺兰英(兰姑)适姚寿臣	姚维钧
			姚维明
			姚月美
			姚竺绍(杏仙)
		竺士楷—潘波若	竺乃超
			竺乃贤
			竺乃刚
			竺乃飞
			竺乃宜
			竺乃珏
			竺乃恺
		竺瑛(珍姑)适丁祖炎(荣南)	丁功祺
			丁××
	三姐(霞姊)竺美凤适范氏	范惠康	范国梁、范再良
		范惠成—徐氏	
		范惠森	
		女适杨其泳	杨鹤坤、杨鹤峰
	二哥竺可谦(明祖)—丁氏	竺士芳—易绍先	竺庆(乃胤)
		惠姑适金家声	金克南
		莼姑适丁士元	丁应豪(思福)
		芬姑	
		竺士俊—过郁芬	竺瑜、竺瑾、竺珊、竺玲、竺碚、竺平、竺西、竺庆

（续表）

父辈	同辈	子辈	孙辈
	竺可桢(烈祖)—张侠魂	竺津(希文)—孙祥清	竺明芝
		竺梅适胡鸿慈(陶煦)	陶渴平、胡思梅
		竺衡(希平)	
		竺安(彬彬)—傅婉芳	竺天舒、竺为群
		竺宁适郭应章	竺友朝、郭友军
	竺可桢—陈汲(允敏)	竺松(小宝)适黄峰	黄珞(璐)、黄亮
竺嘉祥—阿英	桂姑适陈氏	陈阿毛	
		陈春生	

注：楷体字为女性，下同。

附录三　张侠魂家系人物表

父辈	同辈	子辈
张通典(伯纯)—	大姐适黄氏	黄冷玉
何承徽(仪孝堂老人)		黄孝怡
	二姐张默君(昭汉)适邵元冲(翼如)	邵英多(能能,蒋硕能)
		邵天宜(天毅,森森)
		邵传志(邵元冲之堂侄)
		丁炜文(邵元冲大姐之女)
	五姐张淑嘉适蒋作宾(雨岩)	蒋硕民—杨维仪
		蒋硕英—陈桂馨
		蒋硕德适厉德寅
		蒋硕贞适程毓淮
		蒋硕豪—阮美娥
		蒋硕杰—马煦静
		蒋硕治—朱兆平
		蒋硕平—刘邦沛
		蒋硕美
		蒋硕安适甘保祥
		蒋硕健—徐瑞秋
	蒋作宾—汤润琼	蒋硕忠—张有芷
		蒋硕孝适程其恒
		蒋芝秀(蒋作宾大哥之女)
	张侠魂适竺可桢	见竺可桢家系人物表
	六弟张元祜(叔同)—李辉(歆华)	张式超
		张式苹适莫朝显
		张式敏适严良堃
		张式权适王春
		张式仪适张仲恢
		张式慈—傅超敏
		张式业—陈肖梅
		张式金
		张式功—杨光
	九弟张元群(仁甫)—周慧玉	张式琦

（续表）

父辈	同辈	子辈
		张式尧
		张式和
		张式烈
		张式鲁
		张式琰
		张式善
	十二弟张元雄（君任）—文玄茀（弗）	张式弘
	（满弟，雄弟）　（满嫂，慢嫂）	张式国
		张式镖
张通鉴—魏茂先	六姐张稼梅适徐庭翼	徐芝纶
		徐芝荣
	三哥—三嫂	张式愚
		张式平
	张元定（天翼，汉弟）	

附录四　陈汲家系人物表

父辈	同辈	子辈
陈焕之—龚氏	陈伯嘉	
	陈沄适诸氏	
	陈淑(允仪)适丁绪贤	丁普生—沈敏真
		丁光生—周传青
陈仲英—杨文贞	陈浣	
	陈源(通伯,西滢)—凌叔华	陈小莹适秦乃瑞(Chinnery)
	陈洪(次仲)—王宗瑶	陈贻春—陈亿顺
	陈汲(允敏)适竺可桢	见竺可桢家系人物表
	陈洵(序叔)	

注:附录二至四家系人物表只为方便读者阅读竺可桢日记之用,并非正式的家谱。

附录五　竺可桢日记中常见略语符号表

ac.	英亩
A. Cu 或 AlCu	高积云,其后的数字表示云量。
AC	交流电
Alt.	高度(海拔)
Amp, ampere	(电流)安
A. St	高层云
Atm	大气压
Bushel	蒲式耳(干物量, 等于 8 加仑)
Cal.	(热量)卡
¢	美元分(或中国分)
cc.	西西
Ci	卷云
Ci. Cu	卷积云
cm	厘米
Ci. St	卷层云
CNRRA	行政院救济总署
Cu	积云,居里(放射性强度)
cu.	立方
cu. m. 或 C. M.	立方米
Cu. Nb	积雨云
d.	(英币)便士
DC	直流电
DM	德国马克
E	东
F, Fr.	法郎。在云形之前表示“碎”, 如 FrSt 为“碎层云”。
ft.	英尺
g, gm, gr, gram	克
Gal	加仑
Hec.	公顷
HK $	港元
HP	马力
h, Hr, hr.	小时
in.	英寸
kg	千克
km	公里
kW	千瓦
kWh	千瓦时
L	升
Lat.	纬度
Lent.	荚状
Lent. Cu	荚状积云
Long.	经度
£	英镑
M, m	米
Max.	极大值
mb.	毫巴
mg.	毫克
mi.	英里
mil.	百万
Min.	极小值
MM, mm	毫米
N	北
Nb	雨云
NW	西北
NE	东北
NNW	北西北
oz.	盎斯, 唡
p.	页码, 便士
Pint	品脱

pp.	页码(两页以上)	V, volts	伏
RH	相对湿度	W	西
S	先(仙)令	yd.	码
S	南	Рб	卢布
SW	西南	∝	正比于
SE	东南	♂	男性
SSE	南东南	♀	女性
SF, SFr.	瑞士法郎	′	英尺(长度)
$	美元(或中国元)	′	分(时间、角度)
sq.	平方	″	英寸(长度)
St.	层云	″	秒(时间、角度)
St. Cu	层积云